Anne Poidevin.

TEXTES ESSENTIELS

LA PSYCHANALYSE

Distributeur exclusif au Canada : les Éditions Françaises Inc.
ISBN 2-03-741008-5

TEXTES ESSENTIELS

LA PSYCHANALYSE

ROLAND CHEMAMA

LAROUSSE

17 Rue du Montparnasse 75298 Paris cedex 06

Directeur de collection
Emmanuel de Waresquiel

Responsable d'ouvrage
Bethsabée Blumel

Correction-Révision
Joëlle Guyon-Vernier
et Edith Zha

Maquette
Delacroix Assistance Graphique

Composition et mise en page
Anagram

Couverture
Simone Matuszek

Fabrication
Michel Paré

SOMMAIRE

AVERTISSEMENT DE L'ÉDITEUR

Le recueil Textes Essentiels : La Psychanalyse, conçu avec le souci d'éviter une approche trop éclectique, s'organise autour d'un projet présenté dès son introduction. Ce projet faisait la part grande à l'œuvre de Freud, socle de l'édifice psychanalytique, et à celle de Jacques Lacan, qui en a repris et renouvelé les questions décisives.

Alors que sa rédaction était achevée, certaines difficultés nous ont empêchés de le publier dans son intégralité, tel qu'il avait été conçu par l'auteur.

En ce qui concerne les écrits de Freud publiés par les Presses universitaires de France, celles-ci nous ont demandé de ne reproduire que les textes issus des éditions les plus récentes, conformément au vœu de Messieurs Bourguignon, Cotet et Laplanche, qui dirigent la publication, dans une traduction totalement refondue, des *Œuvres complètes*.

Quant aux textes de Lacan, leurs ayants droit se sont opposés à toute reproduction. Nous avons donc maintenu dans cet ouvrage l'indication des textes originellement choisis, ainsi que leurs présentations.

Les indications de sources et la bibliographie aideront nos lecteurs, là où les textes manquent.

INTRODUCTION

La psychanalyse est d'abord une méthode, inventée par Freud pour tenter d'entendre le discours de l'inconscient, et pour obtenir une sédation du symptôme. Il serait inconcevable de présenter ses développements théoriques en les détachant de l'expérience à partir de laquelle ils se constituent.

Cette méthode a pu étonner, voire rebuter, quelques esprits prétendument scientifiques. Lorsqu'un analyste, ou son patient – celui que nous appelons « analysant » – interprète un rêve, un acte manqué, un lapsus, lorsque cette interprétation est présentée dans un texte psychanalytique, le lecteur peut avoir le sentiment de se trouver en présence d'une explication seulement vraisemblable. L'interprétation procède des associations du sujet, soit. Mais n'est-ce pas dire qu'un autre analysant aurait fourni des associations tout autres, qui auraient conduit à un résultat tout à fait différent ?

Une telle remarque témoignerait bien sûr d'une méconnaissance radicale de la visée même de la cure. La psychanalyse ne cherche pas, à ce niveau tout au moins, à constituer des modèles d'intelligibilité extérieurs aux individus qu'ils concernent. La vérité de l'interprétation, c'est une vérité pour tel sujet singulier, une vérité qui intègre le sujet lui-même dans sa définition. Ce dont il s'agit précisément, c'est de saisir comment tel sujet est conduit nécessairement aux associations qui sont les siennes en fonction de la place qu'il occupe dans un univers qui, pour nous, est essentiellement univers de discours.

Tout cela n'est pas sans conséquence. La psychanalyse se développe comme élaboration rationnelle, elle tend à la scientificité, elle peut rendre compte de sa logique propre, qui est parfaitement rigoureuse. Pourtant, même les développements les plus abstraits, parfois les plus formalisés, se constituent sur le fond d'une expérience qui est toujours singulière, dans son principe comme dans sa réalité.

Les théories analytiques, de ce fait, sont diverses, à la mesure même de la diversité des modes d'entrées dans l'expérience. Faut-il alors les prendre comme équivalentes, juger de chaque contribution d'après le seul critère de sa cohérence interne ? Celle-ci est assurément essentielle, parce qu'elle renvoie d'abord à l'engagement de chaque analyste dans sa pratique. C'est pourquoi nous avons souhaité, autant que possible, ne pas trop découper les textes reproduits ici, et présenter dans leur intégralité les articles ou chapitres que nous avons choisis[1].

1. Nous avons seulement dû supprimer les références de chaque texte aux parties de chaque ouvrage que nous ne conservions pas.

Cette option réduisait le nombre des textes retenus[1]*, et obligeait à mettre en œuvre des critères de choix rigoureux. Nous avons laissé une place tout à fait considérable à l'œuvre de Freud. C'est à partir des questions qu'elle pose que l'on peut mettre en perspective les contributions, les avancées, parfois les difficultés ou les conflits qui jalonnent l'histoire de la psychanalyse.*

À notre sens l'œuvre de Lacan a une importance équivalente. C'est cependant une œuvre difficile. Les textes écrits sont souvent resserrés, elliptiques ; ils peuvent sembler hermétiques au lecteur non spécialiste. Les séminaires, au contraire, amènent les thèses essentielles très progressivement, sans exclure détours et rectifications – un peu à la façon dont procède la cure elle-même[2]*. Nous avons néanmoins inclus un nombre de textes non négligeable. Surtout, la double référence à Freud et à Lacan permet bien souvent d'ordonner les autres contributions.*

C'est le même souci d'exposition qui nous a fait choisir un plan chrono-thématique. Il n'était guère concevable de juxtaposer des auteurs présentés de façon totalement indépendante. Un plan purement historique, par ailleurs, aurait négligé le fait que les mêmes questions sont reprises à des époques différentes, que des thèses formulées à un moment donné prennent leur sens ultérieurement, de façon rétroactive (dans une existence, de même, la psychanalyse souligne ces effets d'« après-coup »). Nous avons donc tenté de saisir la façon dont les principales questions viennent au jour dans l'histoire de la psychanalyse. Cela obligeait à repérer à quel moment elles étaient posées de la façon la plus décisive, et à interroger à partir de là les articulations qui anticipaient sur ces développements fondamentaux ou qui les reprenaient ultérieurement. Dans chaque chapitre, les textes sont ordonnés de façon chronologique. Une seule exception, le tout premier texte, daté de 1909, qui donne un accès facilité à la psychanalyse, conçue comme une mutation sans précédent dans l'histoire humaine.

1. En ce qui concerne les bibliographies qui accompagnent les textes du recueil, de même, nous n'avons pas visé à l'exhaustivité, évidemment impossible, mais indiqué quelques références éclairantes dans la perspective même des choix auxquels nous avons procédé.
2. Ajoutons qu'à ce jour (juillet 1993) le tiers seulement des séminaires de Lacan a été publié.

I

NAISSANCE DE LA PSYCHANALYSE

Invité en 1909 à prononcer cinq conférences à l'Université Clark à Worcester, dans le Massachusetts, Freud y affirme pour commencer que « si c'est un mérite que d'avoir appelé à la vie la psychanalyse, celui-ci ne me revient pas ». « J'étais étudiant, poursuit-il, lorsqu'un autre médecin viennois, le Dr Joseph Breuer[1]*, appliqua ce procédé d'abord au traitement d'une jeune fille souffrant d'hystérie*[2]*. » Qu'en est-il au juste ?*

À plusieurs reprises Freud a été amené à exposer les origines de la psychanalyse. Il le fait chaque fois avec un grand souci de les replacer dans le contexte culturel et médical de l'époque ; il ne manque jamais de préciser, par exemple, ce qu'il doit à un Charcot[3]*, ou à un Bernheim*[4]*. Il ne s'agit pas là d'une déférence particulière, pas plus qu'il ne s'agit, dans l'attribution à Breuer de la paternité de la psychanalyse, d'une modestie réelle ou exagérée. Freud se désignera d'ailleurs plus tard, explicitement, comme le fondateur de la psychanalyse*[5]*. Mais c'est dans un contexte où il s'agira d'assumer une responsabilité : il est le fondateur de la psychanalyse puisque c'est sur lui que parviennent les attaques dirigées contre elle. Il n'empêche qu'il prend généralement soin de ne pas présenter la psychanalyse comme une doctrine sortie tout entière, de pied en cap, de sa propre réflexion. La théorie psychanalytique rend compte d'une expérience, celle de la cure, et cette expérience elle-même se développe dans un contexte déterminé, celui de ces tentatives faites par de nombreux médecins, vers la fin du dix-neuvième siècle, pour mieux comprendre et mieux soigner certaines pathologies quelque peu déroutantes, en particulier l'hystérie, « maladie » dont on connaissait depuis longtemps la symptomatologie très diversifiée et dont les symptômes fonctionnels (anesthésies et paralysies locales, parésies, douleurs violentes, etc.) ne correspondaient à aucune lésion anatomique.*

---

1. Breuer, Joseph (1842-1925) : Médecin et physiologiste autrichien, disciple de Helmholtz. Au moment de sa rencontre avec Freud, c'était déjà un praticien estimé, connu en particulier pour ses recherches sur la physiologie de la respiration.
2. Voir *infra*, p. 22.
3. Charcot, Jean Martin (1825-1893) : Clinicien français de premier plan, fondateur, avec Guillaume Duchenne, de la neurologie moderne. Nommé, en 1862, à l'hôpital de la Salpêtrière, à Paris, il y ouvrit en 1882 un service de neurologie qui devait attirer de très nombreux étudiants, venant de tous pays. Freud, en 1885, put suivre son enseignement et y saisir en particulier l'usage de l'hypnose pour la compréhension des troubles hystériques.
4. Bernheim, Hippolyte (1837-1919) : Médecin français, fondateur de « l'école de Nancy », il se rendit célèbre par ses travaux sur la suggestion et l'hypnose.
5. Voir notamment S. Freud, *Sur l'histoire du mouvement psychanalytique*, Gallimard, 1991.

Sigmund Freud est né le 6 mai 1856 à Freiberg, en Moravie, une petite bourgade de l'actuelle République tchèque. « Mes parents étaient juifs, » dira-t-il dans sa présentation de lui-même[1], *« je suis également resté juif ». Dès l'âge de quatre ans, il est amené à Vienne par ses parents, qui s'y installent, et il y restera presque jusqu'à sa mort. Pendant ses années de jeunesse il n'éprouve « aucune prédilection particulière pour le statut et l'activité de médecin »*[2]. *« J'étais plutôt mû par une sorte de désir de savoir, lequel se rapportait toutefois plus à la condition humaine qu'à des objets naturels* [...] *»*[3]. *Il choisit néanmoins la médecine, une des seules carrières intellectuelles ouvertes à l'époque à un jeune juif autrichien.*

Après des études médicales et des recherches principalement consacrées à l'histologie du système nerveux, Freud, dans l'obligation de commencer une activité de praticien, acquiert le grade de « Dozent » (chargé d'enseignement) de neuropathologie et part pour Paris afin de compléter sa formation. Il y est l'élève de Charcot, s'intéressant particulièrement à « ses dernières investigations sur l'hystérie »[4] *: « démonstration de l'authenticité et de la régularité des phénomènes hystériques* [...] *occurrence fréquente de l'hystérie chez les hommes* [...] *production de paralysies et de contractures hystériques par la suggestion hypnotique* [...] *»*[5]. *En somme les hystériques ne sont pas des simulateurs. Leur symptôme est bien réel même s'il ne s'explique pas anatomiquement. Il concerne les hommes aussi bien que les femmes, ce qui, malgré l'étymologie (« hystérie » vient du mot grec qui signifie « utérus »), interdit d'en rechercher une localisation dans le corps féminin. Enfin les expériences relatives à l'hypnose vont, entre autres, rappeler à Freud le récit que Breuer lui avait fait de la thérapie d'Anna O, de la guérison par l'hypnose à laquelle il fait allusion dans sa première conférence à l'Université Clark*[6].

Quel est, aux yeux de Freud, à nos yeux encore, le principal mérite de Breuer ? Appelé en consultation auprès de celle qu'il appelle Anna O – Bertha Pappenheim[7] *de son vrai nom – incapable avec les moyens médicaux ordinaires de soulager ses souffrances, « il lui accorda sympathie et intérêt »*[8]. *Il essaya surtout de l'entendre, de l'écouter réellement. Et comme il arrivait à la jeune fille, dans ses états d'absence, « de murmurer pour elle-même quelques mots qui donnaient l'impression de provenir d'un ensemble psychique qui occupait sa pensée »*[9], *il la mit lui-même, au moyen de l'hypnose, dans un état semblable et lui répéta ces quelques expressions. « La malade se prêta au jeu et reproduisit ainsi en présence du médecin les créations psychiques qui l'avaient dominée durant les absences et s'étaient trahies dans les paroles exprimées ça et là »*[10].

---

1. *Sigmund Freud présenté par lui même*, Éd. Gallimard, Paris, 1984, p. 17.
2. *Ibid.*, p. 15.
3. *Ibid.*, p. 15.
4. *Ibid.*, p. 22.
5. *Ibid.*, p. 22-23.
6. En ce qui concerne l'hypnose il faut ajouter que Freud fut très frappé de voir que les sujets mis par Bernheim en état d'hypnose et qui ne semblaient pas pouvoir se souvenir des événements survenus au cours de celui-ci en avaient toutefois gardé un souvenir, qu'ils pouvaient rappeler à eux dans certaines conditions. Cela devait l'encourager à penser que ce qui est inconscient peut faire retour à la conscience.
7. Bertha Pappenheim (1859-1936). Cette femme viennoise, rendue célèbre sous le nom d'Anna O. par sa cure avec Breuer, se consacra par la suite, sous son véritable nom, à l'aide sociale et à l'émancipation des femmes.
8. Voir *infra*, p. 24.
9. *Ibid.*, p. 24.
10. *Ibid.*, p. 24.

Le cas est resté célèbre. On sait par exemple comment Anna O, qui souffrait d'une impossibilité de boire, en vint à se plaindre un jour, sous hypnose, de sa gouvernante anglaise, qu'elle n'aimait pas. « Elle raconta avec tous les signes du dégoût comment elle était entrée dans la chambre de celle-ci alors que le petit chien de la dame de compagnie, une bête répugnante, buvait dans un verre. Elle n'avait rien dit, car elle voulait être polie. Après avoir donné encore une fois une expression énergique à sa colère rentrée, elle demanda à boire, but sans inhibition une grande quantité d'eau et se réveilla de l'hypnose le verre contre les lèvres. Du coup le trouble avait disparu pour toujours[1]*.» Breuer, ajoute Freud, constata que « presque tous les symptômes étaient nés de cette manière, comme des restes, comme des précipités si vous voulez, d'expériences émotionnelles que nous avons appelées par la suite "traumatismes psychiques" et leur particularité s'éclaircit à travers leur rapport à la scène traumatique qui les avait causés. Ils étaient, pour user du terme technique, "déterminés" par les scènes dont ils figuraient les résidus mnésiques, ils n'avaient plus à être décrits comme des réalisations arbitraires ou énigmatiques de la névrose »*[2].

On ne cherchera pas dans ce texte une théorie très approfondie de fonctionnement psychique. Nulle trace ici de théorie du refoulement proprement dit. Quant aux traumatismes, faut-il vraiment y voir l'élément pathogène déterminant ? Outre qu'on pourrait se demander précisément ce qui peut donner sa valeur traumatisante à un fait qui aurait pu paraître anodin, il est à noter que, dans la suite immédiate de ce passage du texte, Freud relève que, contrairement à ce qu'on attendait, « ce n'était pas toujours une seule expérience vécue qui laissait derrière elle un symptôme ; c'était la plupart du temps un très grand nombre de traumatismes analogues et répétés »[3]*. Or il est notable qu'un traumatisme répété reste à peine un traumatisme. Il ne peut plus être conçu comme une rupture brutale, inattendue, du cours des choses, il participe précisément de la répétition, c'est-à-dire de ce qui organise l'univers du sujet et où, sans doute, il met du sien. Freud devait d'ailleurs, par la suite, réviser totalement sa théorie du traumatisme comme élément pathogène déterminant*[4].

Ce qui, en revanche, est tout de suite évident, c'est la cohérence que prend le texte dès lors qu'on relève dans ce cas princeps ce qui est réellement essentiel. Lacan fera plus tard remarquer que l'absence de « prise de conscience » corrélative de l'état hypnotique permet de donner toute sa portée à la verbalisation comme telle. Si le sujet « guérit » c'est de pouvoir dire, et cette explication est congruente avec ce qui cause le symptôme : un « ne pas dire », n'avoir pas pu dire, en ce cas, le dégoût qui l'étouffe. Quant à la nature du symptôme, elle peut alors se définir comme expression, métaphore, autre façon de dire ce qui n'a pu être dit par la parole, et qui disparaîtra, sitôt que le sujet aura pu, précisément, verbaliser ce qui n'avait pu l'être.

Breuer a-t-il mis au monde la psychanalyse ? Si Freud devait vraiment partager avec d'autres la gloire de ses découvertes, il faudrait plutôt penser aux hystériques, ces patientes souvent spirituelles, parfois géniales, dont Freud et Breuer eurent à s'occuper. Car elles représentent, en ce temps des débuts, le sujet lui-même, celui que trop souvent on oublie lorsqu'on cherche à déceler dans un « malade » les signes objectifs d'un état pathologique, alors qu'il ne demande qu'à se faire entendre.

1. Voir *infra*, p. 24.
2. Voir *infra*, p. 25.
3. *Ibid*, p. 25.
4. Voir *infra*, chap. II.

Il faut bien dire d'ailleurs que, dans la voie qu'il avait lui-même ouverte, Breuer ne put aller très loin. La fin de la cure d'Anna O est ici intéressante, ayant plus qu'une valeur anecdotique. Breuer s'était occupé d'elle pendant de longs mois, de décembre 1880 à juin 1882, et en avait été si absorbé que cela commençait à susciter la jalousie de son épouse. Il décida de mettre fin au traitement, d'autant que l'état de sa patiente s'était bien amélioré. Il fut néanmoins rappelé le soir même, et la trouva nerveuse et agitée, souffrant violemment des douleurs d'un accouchement hystérique, celui d'un enfant imaginaire dont le père n'aurait été autre que son propre médecin. Celui-ci l'hypnotisa, la calma, mais dès le lendemain il partit pour Venise avec son épouse, qui elle-même accoucha, neuf mois plus tard, d'une fille. Breuer avait reculé devant la violence des sentiments de sa patiente, devant ce qu'on devait appeler plus tard le transfert. Il n'était pas prêt non plus à reconnaître l'importance de la sexualité dans l'étiologie de l'hystérie.

Freud et Breuer collaborèrent cependant durant quelques années, et cette collaboration aboutit à un ouvrage commun, les Études sur l'hystérie, *qui témoigne d'une sorte de compromis théorique. Les deux auteurs s'accordent à voir la cause du symptôme hystérique non dans le traumatisme précisément, mais dans l'absence de réaction à ce traumatisme, qu'il s'agisse d'une réaction affective, d'une réaction par le langage, ou encore d'une rectification de la portée du traumatisme liée à son intégration « dans le grand complexe des associations »*[1]. *Mais à quoi est due l'absence de réaction elle-même ? Là-dessus, Breuer et Freud introduisent deux explications sensiblement différentes, et dont on peut aujourd'hui se demander si elles sont conciliables, même si à l'époque elles sont présentées comme correspondant à deux types différents de formation du symptôme.*

Breuer avait dans l'idée que les symptômes hystériques étaient dus à des représentations qui avaient coïncidé avec de fortes émotions paralysantes, ou encore avec des états psychiques anormaux : engourdissement semi-hypnotique, rêverie, auto-hypnose, etc.[2]*... C'est ce qu'il appelle les états hypnoïdes. Freud en revanche introduit l'idée d'une réaction impossible parce que la situation sociale l'interdisait, ou encore parce qu'il s'agissait de choses que le sujet voulait oublier, de choses qu'il refoulait. Refoulement, voici donc un terme qu'on trouvera pour la première fois dans la communication préliminaire des* Études sur l'hystérie.

Mais Freud devait faire plus encore. À travers des présentations de malades très détaillées, il en vint à distinguer deux principaux modes de formation des symptômes. Dans le premier, où les symptômes se forment par association, ils sont déterminés en quelque sorte par contiguïté, comme par exemple lorsqu'une douleur antérieurement présente s'associe à un choc psychologique, ce qui la fait ensuite persister. Et on verra dans le cas de Fräulein Elizabeth comment Freud est amené à supposer que « l'une de ses jambes douloureuses dut être en contact avec la jambe enflée de son père lors du changement des pansements » : « à partir ce cette époque, l'endroit de la jambe droite ayant subi ce contact resta le siège et le point de départ de ses douleurs, zone hystérogène [...] dont le choix s'explique clairement dans ce cas »[3]. *Plus intéressant est sans doute le second mode de formation de symptômes, par symbolisation, tel qu'on le rencontre par exemple chez Fräu Cecilie M... :*

1. S. Freud et J. Breuer, *Études sur l'hystérie*, P.U.F., 1956, p. 6.
2. *Op. cit.*, p. 8-9.
3. *Op. cit.*, p. 139-140.

« Alors âgée de 15 ans, elle gardait le lit, veillée par une grand-mère, fort sévère. Soudain l'enfant se mit à crier car elle éprouvait une douleur térébrante au front, entre les deux yeux, et cette douleur persista pendant plusieurs semaines. Dans l'analyse de cette douleur qui réapparut trente ans plus tard environ, la malade déclara que sa grand-mère l'avait regardée d'une façon si "perçante" que ce regard avait pénétré profondément son cerveau ; elle avait craint que cette vieille dame ne l'eut considérée avec méfiance. En me faisant part de cette idée, elle éclata d'un rire sonore et la douleur se dissipa alors de nouveau.»[1] *On voit déjà ici comment le sujet découvre l'effet du langage lui-même, en l'occurrence du double sens des mots. C'est parce qu'un regard méfiant peut être dit « perçant » que le sujet peut souffrir, au front par exemple, d'une douleur en vrille.*

Sur la psychanalyse première conférence

(1909)

SIGMUND FREUD

(1856-1939)

Ce texte reprend la première des conférences que Freud fit aux États-Unis, en septembre 1909. Il y avait été invité à l'occasion du vingtième anniversaire de la Clark University (Massachusetts). Reçu amicalement par un petit cercle qui commençait à s'intéresser à son œuvre, au premier rang duquel il faut placer J.J. Putnam, professeur de neurologie à l'université d'Harvard, il était accompagné de Ferenczi, son disciple préféré, et de Jung, dont il espérait beaucoup à cette époque. Ajoutons encore que ce voyage lui donna l'occasion de rencontrer le philosophe William James qui put lui témoigner de son intérêt pour les développements de la psychanalyse. Freud parlait en s'aidant de quelques notes, et en fait il improvisa beaucoup. Le texte des conférences, qui constitue une excellente présentation de l'histoire de la psychanalyse et de ses théories essentielles, fut rédigé dans les mois qui suivirent et eut un grand succès populaire.

Source : *Über Psychoanalyse, in Gesammelte Werke,* 18 vol., Londres, Imago, 1940-1952, tome VIII. Cette édition (à présent S. Fischer Verlag Gmbtl Frankfurt am Main) sera désormais indiquée G.W. Traduction française (Cornelius Heim) ; *Sur la psychanalyse, cinq conférences,* Gallimard, 1991.

Bibliographie : L. Freeman, *l'Histoire d'Anna O.,* P.U.F., 1972 ; S. Freud et J. Breuer, *Études sur l'hystérie,* P.U.F., 1956 ; M. Robert, *la Révolution psychanalytique,* Payot, 1964 ; *l'Introduction de la psychanalyse aux États-Unis,* correspondance de James Jackson Putnam avec Freud, Jones, Ferenczi, William James et Monton Prince, éditée et présentée par Nathan G. Hale, trad. de l'anglais par Catherine Collin, Gallimard, 1978.

1. *Op. cit*, p. 143-144.

Mesdames, Messieurs,

C'EST POUR MOI UN SENTIMENT NOUVEAU et déroutant que de me présenter en conférencier, dans le Nouveau Monde, devant des auditeurs avides de savoir. Je suppose que je dois cet honneur uniquement au fait que mon nom se rattache au thème de la psychanalyse, et mon intention est donc de vous parler de psychanalyse. Je vais tenter de vous donner, sous la forme la plus concise, un aperçu de la genèse et du développement de cette nouvelle méthode d'investigation et de guérison. Si c'est un mérite que d'avoir appelé à la vie la psychanalyse, celui-ci ne me revient pas[1]. Je n'ai pas participé à ses premiers commencements. J'étais étudiant et en train de préparer mes derniers examens, lorsqu'un autre médecin viennois, le Dr Joseph Breuer[2], appliqua ce procédé d'abord au traitement d'une jeune fille souffrant d'hystérie (1880 à 1882). Nous nous occuperons d'abord de l'histoire de cette malade et de son traitement. Vous la trouverez exposée en détail dans les *Études sur l'hystérie*[3] que Breuer et moi publiâmes par la suite.

Mais auparavant encore une remarque. Je n'ai pas appris sans plaisir que la plupart de mes auditeurs n'appartiennent pas à la corporation médicale. Ne croyez surtout pas une chose : que pour suivre mes exposés il soit nécessaire de posséder au préalable une formation médicale. Nous ferons, certes, un bout de chemin avec les médecins, mais bientôt nous nous séparerons d'eux pour accompagner le Dr Breuer dans une voie très particulière.

La patiente du Dr Breuer, une jeune fille de vingt et un ans pourvue de grands dons intellectuels, développa, dans le cours de sa maladie, qui s'étendit sur plus de deux ans, une série de troubles physiques et psychiques qui méritaient à coup sûr d'être pris au sérieux. Elle souffrait d'une paralysie rigide des deux extrémités droites avec anesthésie ; quelquefois elle présentait la même affection dans les membres gauches du corps, des troubles des mouvements des yeux, avec diverses perturbations de la vue ; elle avait de la peine à tenir sa tête droite, une intense toux nerveuse et éprouvait du dégoût devant l'ingestion de la nourriture ; elle fut incapable une fois de boire pendant plusieurs semaines malgré une soif torturante, souffrait d'une dégradation de la parole allant jusqu'à la perte de la capacité de parler ou de comprendre sa langue maternelle, connaissait enfin des états d'absence, de confusion, de délire, d'altération de toute sa personnalité, auxquels nous aurons à accorder notre attention par le suite.

Avec un tel tableau clinique, vous allez être enclins à admettre, même si vous n'êtes pas médecins, que nous avons affaire à une affection grave, probablement du cerveau, offrant peu de perspectives de rétablissement et pouvant conduire rapidement au décès de la patiente. Mais croyez-en les médecins : ils vous apprendront que dans une série de cas présentant des symptômes très graves, il est légitime de concevoir un pronostic différent, et bien plus favorable. Lorsqu'un tel tableau clinique se rencontre chez un sujet jeune de sexe féminin, dont les organes vitaux internes (cœur, reins) se révèlent normaux à un examen objectif, mais qui a subi de violents

1. [*Addition de 1923* :] Voir toutefois à ce sujet mes remarques dans *Sur l'histoire du mouvement psychanalytique* [1914*d*], où j'assume l'entière responsabilité de la psychanalyse.

2. Le Dr Joseph Breuer, né en 1842, membre de la *Kaiser liche Akademie der Wissenschaften* [Académie impériale des Sciences], s'est fait connaître par ses travaux sur la respiration et la physiologie du sens de l'équilibre.

3. Une partie de ma contribution à cet ouvrage a été traduite en anglais par le Dr A.A. Brill, de New York *(Selected Papers on Hysteria and Other Psychonevroses by* S. Freud, no 4 de *Nervous and Mental Disease Monograph Series,* New York [1909]. Troisième édition, augmentée, 1920).

bouleversements affectifs, et que les différents symptômes s'écartent de ce qu'ils laissent attendre par certains caractères plus fins, les médecins ne prennent pas un tel cas trop au tragique. Ils affirment qu'on n'est pas alors en présence d'une affection organique du cerveau, mais de cet état énigmatique, appelé hystérie depuis le temps de la médecine grecque, qui est capable de simuler toute une série de tableaux de maladies graves. Ils considèrent alors que la vie n'est pas en danger et tiennent pour vraisemblable un rétablissement même complet de la santé. Il n'est pas toujours facile de distinguer une telle hystérie d'une affection organique grave. Mais nous n'avons pas besoin de préciser ici comment on procède à un diagnostic différentiel de ce genre ; il nous suffira de savoir que le cas de la patiente de Breuer était un de ceux où aucun médecin expérimenté ne manquerait de conclure à l'hystérie. Nous pouvons également noter ici le rapport médical, qui relève que la maladie fit son apparition pendant que la patiente soignait un père tendrement aimé (frappé d'une grave maladie, qui devait entraîner sa mort), et qu'elle dut renoncer à ses soins, parce qu'elle tomba elle-même malade.

Jusqu'ici, nous avons eu l'avantage de faire route commune avec les médecins ; à présent nous n'allons pas tarder à nous séparer d'eux. Vous ne devez en effet pas vous attendre à ce que, pour un malade, les perspectives d'aide médicale s'accroissent sensiblement du fait que le diagnostic d'hystérie se substitue à celui d'une grave affection organique du cerveau. L'art médical est dans la plupart des cas sans ressources contre les affections cérébrales graves, mais un médecin ne sait rien faire non plus pour combattre l'affection hystérique. Il doit laisser à la nature bienveillante le soin de décider quand et comment elle réalisera son pronostic prometteur[1].

La reconnaissance de la maladie comme étant de l'hystérie ne change donc pas grand-chose pour le malade, mais change d'autant plus de choses pour le médecin. Nous pouvons remarquer qu'il prend à l'égard de l'hystérique une tout autre attitude qu'à l'endroit du malade organique. Il ne voudra pas témoigner au premier la même sympathie qu'au second, du fait que son mal est beaucoup moins sérieux, bien qu'il semble vouloir passer pour tout aussi grave. Mais un autre facteur entre encore en jeu. Le médecin, qui a appris au cours de ses études tant de choses qui demeurent ignorées du profane, a pu se faire certaines représentations des causes des maladies et des changements qu'elles opèrent par exemple dans le cerveau d'un malade souffrant d'apoplexie ou d'une tumeur maligne. Ces représentations doivent nécessairement être adéquates jusqu'à un certain point, car elles permettent au médecin de comprendre les particularités du tableau clinique. Mais devant les particularités des phénomènes hystériques, tout son savoir, toute sa formation anatomico-physiologique et pathologique le laissent sans ressources. Il ne peut comprendre l'hystérie, il se trouve lui-même devant elle dans la situation d'un profane. Et c'est là une situation désagréable pour quelqu'un qui fait généralement si grand cas de sa science. Les hystériques perdent donc sa sympathie ; il les considère comme des gens qui enfreignent les lois de sa science, comme les orthodoxes regardent les hérétiques ; il les tient pour capables de tout le mal possible, les accuse d'exagérer et de vouloir tromper délibérément, de simuler ; et il les punit en leur retirant son intérêt.

1. Je sais que cette affirmation n'est plus exacte, mais dans ma conférence je me transporte avec mes auditeurs avant 1880. Si les choses ont changé, c'est pour une bonne part du fait des efforts dont je retrace schématiquement l'histoire.

Le Dr Breuer n'a certes pas mérité un tel reproche de la part de sa patiente ; il lui accorda sympathie et intérêt, bien qu'au commencement il ne sût comment l'aider. Il est vraisemblable qu'elle lui facilita la tâche par les remarquables qualités de son esprit et de son caractère, dont il rend témoignage dans l'exposé qu'il a consacré à ce cas. Son observation bienveillante lui permit d'ailleurs bientôt de lui apporter une première aide.

On avait remarqué que, dans ses états d'absence, d'altération psychique accompagnée de confusion, la malade avait l'habitude de murmurer pour elle-même quelques mots qui donnaient l'impression de provenir d'un ensemble psychique qui occupait sa pensée. Le médecin, qui se faisait répéter ces mots, transporta dès lors la malade dans une sorte d'hypnose et lui répéta chaque fois ces mots pour l'inciter à y rattacher quelque chose. La malade se prêta au jeu et reproduisit ainsi en présence du médecin les créations psychiques qui l'avaient dominée durant ses absences et s'étaient trahies dans les paroles exprimées çà et là. C'étaient des fantaisies d'une profonde tristesse, souvent d'une beauté poétique – des rêves diurnes, dirions-nous – qui prenaient en général comme point de départ la présence d'une jeune fille au chevet de son père malade. Lorsqu'elle avait raconté un certain nombre de ces fantaisies, elle était comme délivrée et ramenée à la vie psychique normale. L'amélioration, qui durait plusieurs heures, cédait ensuite la place, le lendemain, à une nouvelle absence, qui était à nouveau supprimée grâce à l'expression des fantaisies qui s'étaient formées derechef. On ne pouvait se soustraire à l'impression que le changement psychique qui se manifestait pendant les absences était une conséquence du stimulus qui procédait de ces formations de fantaisies hautement riches d'affect. La patiente elle-même qui, curieusement, ne parlait et ne comprenait que l'anglais à cette époque de sa maladie, donna à ce traitement d'un genre nouveau le nom de « *talking cure*[1] » ou le désigna plaisamment comme un « *chimney sweeping*[2] ».

Il en résulta bientôt, comme par hasard, qu'un tel ramonage psychique permit d'atteindre encore plus de choses que la mise à l'écart passagère des perturbations psychiques sans cesse récurrentes. Il fut également possible d'obtenir la disparition de symptômes morbides lorsque fut remémoré, dans l'hypnose, avec une manifestation d'affect, à quelle occasion et grâce à quelle connexion ces symptômes étaient apparus pour la première fois : « Il y avait eu en été une période de chaleur intense et la patiente avait très durement souffert de la soif ; car, sans pouvoir donner aucune raison, il lui était devenu impossible de boire. Elle prenait dans la main le verre d'eau désiré, mais sitôt qu'il touchait ses lèvres, elle le repoussait comme un hydrophobe. Ce faisant, elle se trouvait manifestement, pour ces quelques secondes, dans un état d'absence. Elle ne vivait que de fruits, de melons, etc. pour calmer sa soif torturante. Lorsque cela eut duré environ six semaines, elle grommela un jour, en état d'hypnose, contre sa dame de compagnie anglaise, qu'elle n'aimait pas, puis raconta avec tous les signes du dégoût comment elle était entrée dans la chambre de celle-ci alors que le petit chien de la dame de compagnie, une bête répugnante, buvait dans un verre. Elle n'avait rien dit, car elle voulait être polie. Après avoir donné encore une fois une expression énergique à sa colère rentrée, elle demanda à boire, but sans inhibition une grande quantité d'eau et se réveilla de l'hypnose le verre contre les lèvres. Du coup, le trouble avait disparu pour toujours[3]. »

1. Cure de parole.
2. Ramonage de cheminée.
3. J. Breuer et S. Freud, *Études sur l'hystérie* [Traduction modifiée, comme dans les citations suivantes.]

Permettez-moi de m'attarder un instant sur cette expérience. Personne n'avait encore écarté un symptôme hystérique par de tels moyens, ni n'avait en même temps pénétré si profond dans la compréhension de sa cause. Si l'espoir devait se confirmer que d'autres symptômes encore, peut-être la majorité des symptômes de cette maladie, étaient nés de cette manière et devaient être supprimés de cette manière, la découverte de Breuer devait nécessairement être riche de conséquences. Celui-ci ne ménagea pas sa peine pour s'en persuader et explora méthodiquement la pathogenèse des autres symptômes morbides, qui étaient plus graves. Il en était réellement ainsi : presque tous les symptômes étaient nés de cette manière, comme des restes, comme des précipités, si vous voulez, d'expériences émotionnelles, que nous avons appelés par la suite « traumatismes psychiques », et leur particularité s'éclaircit à travers leur rapport à la scène traumatique qui les avait causés. Ils étaient, pour user du terme technique, *déterminés* par les scènes dont ils figuraient les restes mnésiques, ils n'avaient plus à être décrits comme des réalisations arbitraires ou énigmatiques de la névrose. Relevons toutefois un écart, un point où l'attente ne se réalisa pas. Ce n'était pas toujours une seule expérience vécue qui laissait derrière elle un symptôme ; c'était la plupart du temps un bon nombre, souvent un très grand nombre de traumatismes analogues et répétés qui convergeaient pour produire cet effet. Cette chaîne entière de souvenirs pathogènes devait être ensuite reproduite en une succession chronologique, et ceci à rebours : le dernier d'abord et le premier à la fin, et il était tout à fait impossible de s'avancer jusqu'au premier traumatisme, souvent le plus efficient, en sautant par-dessus ceux qui s'étaient produits plus tard. [...]

Si, Mesdames et Messieurs, vous me permettez de généraliser, chose inévitable dans une présentation aussi abrégée, nous pouvons résumer les connaissances que nous avons acquises jusqu'ici par la formule : *nos malades hystériques souffrent de réminiscences*. Leurs symptômes sont des restes et des symboles commémoratifs[1] de certaines expériences (traumatiques). Une comparaison avec d'autres symboles commémoratifs, dans d'autres domaines, nous conduira peut-être à une compréhension plus profonde de cette symbolique. Les statues et monuments dont nous ornons nos grandes villes constituent de tels symboles. Si vous faites une promenade à travers Londres, vous trouverez devant une des plus grandes gares de la ville une colonne gothique richement décorée, la *Charing Cross*. Au XIIIe siècle, un des anciens rois Plantagenêt, qui fit transporter à Westminster le corps de sa femme chérie, la reine Éléonore[2], éleva des croix gothiques à chacune des stations où le cercueil fut déposé, et *Charing Cross* est le dernier des monuments destinés à conserver le souvenir de cette procession funéraire[3]. Dans une autre partie de la ville, non loin de London Bridge, vous apercevrez une haute colonne moderne, nommée en abrégé *The Monument*. Elle est censée rappeler le grand incendie qui éclata dans les environs, en 1666, et détruisit une grande partie de la ville. Ces monuments sont donc des symboles commémoratifs, tout comme les symptômes hystériques ; jusqu'ici la comparaison semble légitime. Mais que diriez-vous d'un Londonien qui, aujourd'hui encore, resterait tristement en arrêt devant le monument qui rappelle le cortège funéraire de la reine Éléonore au lieu de vaquer à ses affaires, avec la diligence que réclament les conditions de travail

1. Nous traduisons ainsi *Erinnerungssymbole*, litt. « symboles de souvenirs » ; de même plus loin *Erinnerungszeichen* (litt. « signes de souvenir ») est traduit par « signes commémoratifs ».
2. Éléonore ou Aliénor de Castille, morte en 1290, épouse du roi d'Angleterre Édouard Ier.
3. Ou plutôt une réplique de ce monument. Le nom de *Charing* viendrait, à ce que me communique le Dr E. Jones, des mots *chère reine*.

modernes, ou au lieu de songer avec joie à la jeune et fraîche reine de son cœur ? Ou que diriez-vous de cet autre Londonien qui, devant le « Monument », pleurerait sur sa chère ville natale réduite en cendres, alors que, depuis ce temps, elle est renée bien plus brillante qu'autrefois ? Eh bien, les hystériques et les névrosés se conduisent comme ces deux Londoniens dénués de sens pratique ; non seulement parce qu'ils se souviennent des expériences douloureuses qu'ils ont faites longtemps auparavant, mais parce qu'ils restent attachés à elles par leurs affects ; ils n'arrivent pas à se libérer du passé et négligent pour lui la réalité et le présent. Cette fixation de la vie psychique aux traumatismes pathogènes est un des caractères les plus importants de la névrose, des plus significatifs sur le plan pratique. [...]

Les mécanismes psychiques des phénomènes hystériques
(1893)

SIGMUND FREUD
(1856-1939)
et JOSEPH BREUER
(1842-1925)

Le texte sur « Les mécanismes psychiques des phénomènes hystériques » publié en 1893 a été reproduit en 1895, accompagné d'observations de malades et de considérations théoriques, dans les Études sur l'hystérie. *C'est un article historiquement fondamental : pour la première fois, en effet, deux médecins attribuaient la cause de troubles physiques graves à des facteurs psychiques : « C'est de réminiscences, surtout, que souffre l'hystérique ».*

L'affaire n'avait pas été simple. Sollicité par Freud pour collaborer à des recherches communes, Breuer avait marqué quelques résistances, qui relevaient de la difficulté qu'il avait eue à admettre les sentiments si vifs qu'Anna O. avait pu lui manifester à l'époque de sa cure. Le fait que Freud, lui aussi, soit l'objet de manifestations passionnelles, de sentiments qui devaient par la suite être mieux connus comme sentiments transférentiels, put le rassurer : ce qui s'était passé n'était pas dû à quelque imprudence personnelle. Mais il insista pour que, dans leurs publications communes, la question de la sexualité soit laissée à l'arrière-plan.

La thèse essentielle de l'article concerne la psychogenèse du symptôme hystérique. Celui-ci découle non du traumatisme lui-même, mais de l'absence de réaction – d'« abréaction » – au traumatisme, à la représentation pathogène :
« [...] Si les représentations devenues pathogènes se maintiennent dans toute leur fraîcheur et toujours aussi chargées d'émotion, c'est parce que l'usure normale due à une abréaction et à une reproduction dans des états où les associations ne seraient pas gênées leur est interdite. » *À quoi est due cependant cette absence d'abréaction ? L'article évoque* « [...] la dissociation du conscient, appelée “double conscience” dans les observations classiques, (qui) existe rudimentairement dans toutes les hystéries. La tendance à cette dissociation, et par là à l'apparition des états de conscience anormaux que nous rassem-

blons sous le nom d'états "hypnoïdes" serait, dans cette névrose, un phénomène fondamental. »

Dans l'avant-propos de la seconde édition, en 1908, Breuer souligne qu'il a cessé de s'occuper de ce sujet, qu'il n'a pris « aucune part à son important développement », et n'a « rien su ajouter aux données de 1895 ». Quant à Freud, il ne souhaite pas alors modifier un texte qui peut intéresser le lecteur pour lui-même, ainsi que comme étape d'une histoire. « L'évolution, les modifications de mes vues au cours de treize années de travail sont trop considérables pour que je risque, en les ajoutant à cet ancien exposé, d'en altérer entièrement le caractère. Au reste, je n'ai aucune raison de vouloir supprimer ce témoignage de mes premières opinions. Je ne les considère d'ailleurs pas comme erronées, mais seulement comme des tentatives pour aborder des concepts qui, après des efforts prolongés de ma part, ont fini par s'imposer. »

Sources : Sigmund Freud et Joseph Breuer, *Über den psychischen Mecanismus hystericher Phänomene*, 1893, repris in *Studien über Hysterie*, 1895, G.W.I. Traduction française (Anne Berman), *Études sur l'hystérie*, communication préliminaire, P.U.F., 1956.

Études sur l'hystérie
(1895)

SIGMUND FREUD
(1856-1939)

La partie centrale des Études sur l'hystérie *est constituée par les « Études de malades ». La première est celle d'Anna O, soignée par Joseph Breuer. Les suivantes concernent des patientes de Freud : Emmy von N..., Lucy R..., Katharina..., Elizabeth von R... À cette liste s'ajoutent encore quelques autres cas, évoqués en note ou dans le texte lui-même, comme celui de Cecilie M..., dont il dit que « des raisons personnelles » lui interdisent « d'exposer tous les détails », mais auquel il se réfère plusieurs fois dans le texte. C'est pourquoi le tissage des observations devient, au fil des présentations, de plus en plus riche et intéressant.*

On pourra s'intéresser plus particulièrement à l'« analyse critique » qui suit, dans le texte de Freud, l'exposé du cas de Fräulein Elizabeth von R... Celle-ci souffrait de douleurs « de nature indéterminée », notamment à la face antéro-supérieure de la cuisse droite. « Le diagnostic ne fut guère facile à établir » mais Freud confirma qu'il s'agissait d'une hystérie. La malade, en effet, ne pouvait décrire avec précision son mal, trouvait toutes les expressions de la langue insatisfaisantes, ce qui indiquait que son attention était plutôt tournée vers autre chose, vers « des pensées et des sentiments liés à ces souffrances ». D'autre part « si (à l'occasion de l'examen médical) l'on pinçait la peau ou les muscles hyperalgiques, ou si l'on exerçait une pression sur eux, ses traits prenaient une singulière expression de satisfaction plutôt que de douleur. Elle poussait des cris – comme pour des chatouillements voluptueux [...] *rougissait, renversait la tête et le buste en arrière, fermait les yeux ». Il est frappant de voir comment Freud sait, dès 1892, percevoir dans le symptôme hystérique ce qui a valeur de jouissance.*

Elizabeth von R... avait soigné, pendant un an et demi, son père malade, et les pre-

mières douleurs étaient apparues alors qu'elle avait été tentée de prendre de l'agrément à une soirée passée avec un jeune homme qui l'attirait, ce qui l'avait éloignée de son père et qu'elle s'était ensuite reproché. Mais elles s'étaient surtout installées un peu plus tard lorsque, inconsciemment amoureuse d'un beau-frère, elle avait été sur le point de se réjouir de la mort de sa sœur, ce qui rendait libre le jeune homme. Ces diverses circonstances, qui sont présentées dans l'exposé du cas, sont reprises dans l'analyse critique, assez clairement pour qu'on puisse s'en faire une idée exacte.

C'est dans cette même « analyse critique » que Freud rassemble, à partir du cas de Cecilie M., « une vraie collection » de cas de production du symptôme « par symbolisation » :

« [...] D'autres incidents étaient, pour elle, accompagnés d'une sensation de coup de poignard dans la région cardiaque (« ça m'a donné un coup au cœur »). Pour supprimer le mal de tête hystérique, il faudrait, sans aucun doute, le traiter comme une douleur créée par un problème intellectuel (« j'ai quelque chose dans la tête »). Et, en effet, la douleur disparaissait chaque fois que le problème en question était résolu. La sensation d'aura hystérique de la gorge se produisait parallèlement à la pensée : (« me voilà obligée d'avaler ça »), lorsque cette sensation se trouvait provoquée par quelque offense. » [...] *On voit bien ici comment Freud commence à entendre le discours de l'inconscient, discours polysémique « imagé » comme peut l'être, par exemple, la locution.*

Source : Sigmund Freud et Joseph Breuer, *Studien über hysterie,* G.W.I. Traduction française (Anne Berman), *Études sur l'hystérie*, P.U.F., 1956.

Bibliographie : L. Israël, *l'Hystérique, le sexe, et le médecin*, Denoël, 1976 ; C. Melman, *Nouvelles Études sur l'hystérie*, Éditions Joseph Clims-Association Freudienne, 1984.

II

DE LA THÉORIE DU TRAUMATISME SEXUEL À CELLE DE LA SEXUALITÉ INFANTILE

Une histoire de la psychanalyse ne pourra jamais se constituer comme telle si elle vise à être seulement l'histoire positiviste des résultats d'un savoir, ou inversement l'histoire finalisée d'une vérité déjà en germe dans ses premiers énoncés, et qu'il n'y aurait qu'à développer[1]*. Parce que la psychanalyse ne progresse elle-même qu'à travers ses rectifications, son histoire doit intégrer l'erreur comme moment nécessaire d'un questionnement, et l'hypothèse même la plus risquée, comme première mise en place, indispensable, des enseignements de l'expérience. Ainsi en va-t-il, notamment, de la théorie freudienne de la séduction infantile.*

Certes, en première approximation, les choses peuvent paraître simples : s'étant engagé, à la suite de Breuer, dans le traitement des névrosés, Freud commence par supposer qu'un traumatisme, ou une série de traumatismes, est à l'origine de leurs symptômes : un traumatisme, ou plusieurs traumatismes sexuels, survenus pendant l'enfance. C'est ce qu'il écrit le 8 octobre 1895 à Fliess[2]*, en distinguant du même coup entre l'étiologie de l'hystérie et celle de la névrose obsessionnelle : « l'hystérie est déterminée par un incident sexuel primaire survenu avant la puberté et qui a été accompagné de dégoût et d'effroi. Pour l'obsédé, ce même incident a été accompagné de plaisir »*[3]*. Il abandonne néanmoins assez vite cette théorie dès lors qu'il se met à douter de la réalité de ce que rapportent ses patients, ses patientes hystériques notamment, qui font état presque systématiquement de violences sexuelles exercées par un adulte très proche, leur père bien souvent ; dès lors, en même temps, qu'il se convainc de l'existence des pulsions sexuelles dans l'enfance, dont le refoulement explique la névrose, et sans doute le fantasme de séduction lui-même. Et de même que c'est à*

1. On pourra se reporter, à propos des problèmes généraux que pose l'histoire des sciences, à l'œuvre de Georges Canguilhem, et notamment à l'article concernant « l'Histoire des sciences dans l'œuvre épistémologique de Gaston Bachelard », in *Études d'histoire et de philosophie des sciences*, Vrin, 1968.
2. Fliess, Wilhelm (1858-1928), médecin berlinois, spécialisé dans les maladies du nez et de la gorge. Il a conçu une théorie de l'étiologie des névroses fondée sur l'idée de corrélations entre le nez et les organes génitaux. Convaincu de la bisexualité de tous les êtres vivants, il avait cru pouvoir dégager, parallèlement au cycle féminin de vingt-huit jours, un cycle masculin de vingt-trois jours. Freud et lui furent liés d'une profonde amitié qui dura de 1887 à 1902, période durant laquelle ils correspondirent longuement et fréquemment. C'est durant cette période que Freud élabore ses principales théories, mais aussi procède à son auto-analyse, toutes choses dont il entretient Fliess. C'est pourquoi les lettres de Freud à Fliess, publiées aujourd'hui dans le recueil *Naissance de la psychanalyse,* ont une particulière importance.
3. Freud, lettre à W. Fliess, 8 octobre 1895, in *la Naissance de la Psychanalyse*, P.U.F., 1956, p. 112.

Fliess qu'il a d'abord fait part de sa découverte, de même c'est à Fliess qu'il fera savoir sa déconvenue : « Je ne crois plus à ma neurotica [...] dans chacun des cas, il fallait accuser le père de perversion [...] alors qu'une telle généralisation des actes pervers commis envers des enfants semble peu croyable (et puis) il n'existe dans l'inconscient aucun "indice de réalité" de telle sorte qu'il est impossible de distinguer l'une de l'autre la vérité et la fiction investie d'affect »[1]. Bref il faudrait renoncer à toute explication spécifique de la névrose si entre-temps une autre approche, fondée cette fois sur l'existence d'une sexualité infantile, et sur la théorie du refoulement, n'avait commencé à émerger. Et le lecteur d'aujourd'hui, qui connaît l'œuvre ultérieure de Freud, ne serait-ce que les Trois Essais sur la théorie sexuelle, *pourrait sans dommage se passer de toute référence à la théorie de la séduction précoce.*

À cette présentation schématique, faut-il opposer le fait que dès les premiers textes, Freud nous dit que chez le névrosé obsessionnel, à la différence de ce qui se passe chez l'hystérique, l'expérience sexuelle infantile n'a pas été passive, qu'il s'agit d'« agressions exécutées avec plaisir, et de participation, à des actes sexuels, ressentie avec plaisir : donc d'une activité sexuelle »[2], que les obsessions sont précisément des « reproches transformés » qui se rapportent à cette action de l'enfance ? Mais Freud, là où il opère cette distinction entre les deux névroses, affirme, en même temps que la scène où l'enfant a été passif, et qui est antérieure à l'agression active, reste nécessaire : « J'ai trouvé du reste dans tous mes cas de névrose de contrainte[3] un soubassement de symptômes hystériques qui se laissaient ramener à une scène de passivité sexuelle précédant l'action à plaisir. Je présume que cette conjonction est conforme à une loi er que l'agression sexuelle prématurée présuppose constamment une expérience vécue de séduction. »

L'essentiel aussi bien n'est pas là. Si la théorie de la séduction précoce continue de nous intéresser, c'est par le type de démarche, de conceptualisation qu'elle met en œuvre, plus que par ses résultats.

Ce qu'il convient ici de souligner, à propos de la séduction, ou de l'agression sexuelle, c'est que Freud n'en fait jamais la cause directe de la névrose, au sens où on l'entendrait dans une perspective mécaniste, dans une chronologie psychologique, simplificatrice. Le symptôme, nous l'avons déjà dit, est plutôt lié à l'impossibilité de réagir à ce qui fait traumatisme. Cela suppose en fait une causalité à deux temps. L'événement traumatique, auquel l'enfant n'a pu réagir adéquatement, est resté inscrit dans le psychisme, prêt à faire sentir ses effets comme un problème non résolu. Et c'est au moment où, avec la puberté, la question sexuelle doit être reprise que le traumatisme, réactivé, joue son rôle pathogène. Son refoulement sera d'autant plus nécessaire que l'excitation, à ce moment de la puberté, sera plus forte, et c'est comme on le sait, le refoulé qui fera retour sous forme de symptôme. « Si l'expérience vécue sexuelle tombe à l'époque d'immaturité sexuelle, si son souvenir est éveillé pendant ou après la maturité, alors le souvenir a une excitante incomparablement plus forte qu'en son temps de l'expérience vécue (...) Les traumus de l'enfant agissent après coup,

1. S. Freud, lettre 69 à W. Fliess, in *la Naissance de la psychanalyse*, P.U.F., 1956, p. 190-191.
2. Voir *infra*, p. 42.
3. L'édition récente des œuvres complètes de Freud que nous reproduisons a remplacé par l'expression « névrose de contrainte » ce qui était ordinairement traduit par « névrose obsessionnelle ».

comme des expériences vécues toutes fraîches, mais alors inconsciemment »[1] *Cette dimension de « l'après-coup » Freud ne devait jamais l'abandonner. Il en fit plutôt une forme tout à fait essentielle du fonctionnement psychique, celui-ci reprenant sans cesse, à partir du point où le sujet en est, ce qui, antérieurement, s'est déjà inscrit.*

Il y a cependant autre chose. Ce qui se dégage, avec cette notion d'un souvenir enfoui, agissant dans l'après-coup comme agent pathogène, c'est déjà une représentation nouvelle de la sexualité qui en fait, non la fonction au développement naturel que l'on pourrait croire, mais le parasite souvent perturbant d'un organisme biologique ou d'une individualité psychique. Dans les Études sur l'hystérie, *Freud parle d'abord de l'organisation pathogène comme d'un « corps étranger », puis rectifie en rappelant qu'« un corps étranger, bien qu'il modifie les couches de tissus qui l'entourent et qu'il y provoque une réaction inflammatoire, ne se lie nullement à elles ». Ici le plus étranger est en même temps le plus intimement mêlé au moi. L'organisation pathogène agit « plutôt comme une infiltration »*[2]. *Mais, qu'il soit corps étranger ou infiltration, le sexuel est de toute façon pensé par rapport au sujet, comme une altérité radicale, comme l'Autre qui, à l'intérieur de lui-même, vient le déterminer. Cela reste vrai pour tout sujet et non pas seulement pour ceux qui auraient été victimes d'un traumatisme.*

Or on sait ce qui peut faire croire au sujet qu'il a été victime d'un traumatisme alors même qu'il n'en a pas été ainsi dans la réalité ; on sait ce qui est le plus étranger en lui-même et ce qui en même temps organise le monde de son désir, le plus personnel : c'est le fantasme, dont on aura à reparler. Sans doute Freud dut-il lui reconnaître d'autant plus d'importance qu'il l'avait d'abord sous-estimé. L'erreur qu'il avait lui-même commise, en prenant pour réel ce qui était fictif, devait témoigner en fin de compte de la force de ces fictions.

Publiés en 1905, les Trois Essais sur la théorie sexuelle *donnent la première présentation d'ensemble de la nouvelle doctrine. La sexualité y conserve un rôle explicatif de premier plan, non plus cette fois en tant qu'accident d'une histoire individuelle, mais en tant que donnée irréductible de la condition humaine. On relèvera cependant qu'eux aussi posent des problèmes d'interprétation.*

La tradition a voulu y voir surtout une description de la sexualité infantile, qui de fait occupe la partie centrale de l'ouvrage[3], *et plus précisément une théorie des stades – stade oral, stade anal, etc. – plus facile à ramener au développement physiologique de l'enfant. Mais ces « stades », ou pour mieux dire ces « organisations prégénitales de la libido » qui ne sont présentées en tant que telles qu'à partir de la troisième édition, en 1915, ne constituent pas pour Freud l'objet d'une description directe, positiviste, de l'enfant. Elles sont précisées à partir de la cure des adultes, et ce qui importe le plus à Freud, au-delà des descriptions particulières, c'est de faire reconnaître comme sexuelles une série d'activités infantiles qui généralement n'étaient pas perçues comme telles, à commencer par le suçotement par exemple, activité en apparence bien « innocente », mais qui se rattache au baiser de l'adulte, voire à la fellation, à travers quelques transformations certes, mais des transformations qui laissent subsister une réelle continuité.*

1. Voir *infra*, p. 41.
2. S. Freud et J. Breuer, *Études sur l'hystérie*, P.U.F., 1956, p. 235.
3. Voir *infra*, p. 48 sq.

Il y a ainsi deux conditions à la description d'une sexualité infantile. La première tient dans la définition de la « libido », énergie psychique de la pulsion sexuelle susceptible de prendre les formes les plus diverses, de la perversion à la sublimation[1]. *La seconde repose précisément sur une étude des perversions de l'adulte : si on dit que l'enfant, qui n'a pas d'activité génitale, peut avoir une activité sexuelle, c'est du fait de la proximité de ses investissements d'objets, des « buts » que vise sa satisfaction, et des buts sexuels du sujet pervers. C'est pourquoi la première partie des* Trois Essais *porte sur « les aberrations sexuelles ».*

Encore ne faudrait-il pas croire, à la lecture du titre de cette partie, que Freud étudie les « pervers » comme il ferait d'individus hors normes, au comportement singulier, bizarre, voire dégoûtant ou horrible[2]. *Il établit au contraire une continuité entre le « normal » et le « pervers ». Traitant par exemple de la « déviation par rapport au but sexuel », après avoir parlé de la déviation par rapport à l'objet (homosexualité, etc.), il indique que, si l'on définit le but comme « l'union des parties génitales dans l'acte appelé accouplement »*[3], *les « buts sexuels préliminaires » (le plaisir de voir et de toucher par exemple) s'écartent déjà de cette finalité. Ainsi, l'écart pervers ne procède pas d'une autre logique que celui auquel procède chacun, dès lors qu'on ne fait pas de la sexualité un simple rapprochement génital, essentiellement orienté vers la procréation. Mieux, la « déviation par rapport au but » procède essentiellement d'une « surestimation » de l'objet sexuel. C'est parce qu'il ne peut se résigner à « la restriction du but sexuel à l'union des parties génitales proprement dites » que le « pervers » mais aussi bien l'homme « normal » élève « au rang de buts sexuels des activités intéressant d'autres parties du corps »*[4]. *On voit, au passage, que la spécificité de la perversion tend ici à se réduire et que, si la psychanalyse doit la maintenir, ce devra être avec de tout autres bases.*

Les Trois Essais, *comme les ouvrages antérieurs de Freud, continuent à poser la question de ce qui détermine la névrose. Si la sexualité de l'enfant a une dimension perverse (quelles que soient les précautions à prendre dans le maniement de cette notion), si l'enfant est un « pervers polymorphe », à la fois voyeur et exhibitionniste, sadique, masochiste, scatophile... ce seront surtout les composantes perverses de la sexualité infantile qui seront refoulées, et c'est ce refoulement qui déterminera le symptôme, celui-ci exprimant de façon détournée ces désirs pervers. « La névrose est pour ainsi dire le négatif de la perversion. »*[5]

Mais, au-delà de ce résultat particulier, on ne peut nier que cet ouvrage fondamental ait bousculé bien des habitudes de pensée. Ce n'est pas que l'on ait ignoré jusqu'alors que l'enfant puisse avoir quelques désirs sexuels (les éducateurs le savaient au moins assez pour proscrire, par exemple, la masturbation). Ce n'est pas

1. Dans les *Trois Essais sur la théorie sexuelle*, Éditions Gallimard, 1987, p. 190, Freud nous dit que dans la sublimation « les excitations excessives provenant de différentes sources de la sexualité trouvent une dérivation et un emploi dans d'autres domaines [...] On trouve là une des sources de l'activité artistique [...] »
2. Le terme allemand « Abirrung » n'a d'ailleurs pas la connotation de réprobation que le mot « aberration » peut avoir en français.
3. *Op. cit, p. 57.*
4. *Op. cit, p. 59.*
5. *Op. cit, p. 80.*

non plus qu'on ait négligé l'étude des perversions : les ouvrages de Krafft-Ebing[1] *ou d'Havelock Ellis*[2]*, entre autres, sont là pour en témoigner. La révolution freudienne est cependant incontestable.*

La sexualité, dans les Trois Essais[3]*, n'a plus aucun des caractères qu'on lui reconnaissait auparavant, tant dans « l'opinion populaire » que dans les œuvres des savants. Elle n'attend pas la puberté pour apparaître. Elle se constitue, dès l'enfance, selon les aléas d'une histoire individuelle. Elle peut prendre les voies les plus diverses, emprunter les cours les plus paradoxaux, exactement comme elle suivrait les pentes les plus communes. Ainsi est-il désormais impossible de la considérer comme obéissant à un instinct. Rien d'instinctif, rien de naturel, rien de finalisé dans la sexualité humaine.*

Depuis Freud, nous savons, surtout, que le désir ne se définit pas par l'objet qu'il vise dans le temps où le sujet l'éprouve, mais par celui qui le détermine, un objet dont le prototype est le sein maternel, à l'arrière-plan de cette pulsion orale que nous évoquions plus haut. Or l'objet du désir infantile est un objet radicalement perdu. Loin de nous promettre des retrouvailles plus faciles avec un objet naturel, la psychanalyse souligne la place du manque dans l'existence humaine. Ce manque, le sujet s'en arrange comme il peut et ses divers modes de réponse orientent son destin, névrotique, psychotique, ou pervers.

Nouvelles remarques sur les névropsychoses de défense

(1896)

SIGMUND FREUD

Sur la douzaine d'articles écrits par Freud entre 1893 et 1898, celui-ci, qui date de 1896, est assurément l'un des plus importants. Les conceptions cliniques de Freud se précisent et lui permettent maintenant d'aborder des problèmes nouveaux. On trouvera ici en particulier sa première incursion dans le domaine des psychoses. Elle repose sur l'observation et le traitement psychanalytique d'une femme de trente-deux ans « à laquelle on ne pourra refuser l'appellation de paranoïa chronique ».

Le titre déjà met en évidence ce que Freud dans l'article considère comme déterminant dans le trouble névrotique : c'est la défense, ici synonyme de refoulement, puisque Freud n'a pas encore formé l'idée d'une pluralité de mécanismes de défense. Le moi, selon le texte, se défend contre la représentation inconciliable, et c'est ce conflit qui est pathogène.

On notera la complexité de la présentation de la névrose obsessionnelle, dans la description très fine des diverses formes qu'elle peut prendre. Freud établit en particulier que le refoulement peut porter non seulement sur les traces mnémoniques de l'activité sexuelle infantile, mais sur les reproches que le sujet névrosé se fait à lui-même.

---

1. Krafft-Ebing, Richard von (1840-1902), Psychiatre allemand, professeur de psychiatrie à Strasbourg, puis à Graz, enfin à Vienne, a donné avec la *Psychopathia sexualis*, une description détaillée des divers types de troubles de la sexualité, et notamment une approche fine et précise des perversions.
2. Ellis, Henry Havelock (1859-1939) dont l'enfance se déroula en Océanie, se consacra notamment à des recherches d'ethnologie sexuelle, et plus généralement de sexologie, voire de psychologie.
3. Voir *infra*, p. 48 sq.

Source : *Neue Bemerkungen über die Abwehrneuropsychosen*, G.W. I., Traduction française (J. Altounian, A. Bourguignon, P. Cotet, J. Laplanche) : « Nouvelles remarques sur les névropsychoses de défense », in *Œuvres complètes,* t. III, P.U.F., 1989, p. 121-146.

Sous le nom de « névropsychoses de défense », j'ai rassemblé en 1894 dans un petit article (*Neurologisches Zentralblatt,* n°s 10 et 11)[1] l'hystérie, les représentations de contrainte ainsi que certains cas de confusion hallucinatoire aiguë, parce que pour ces affections s'était dégagé ce point de vue commun que leurs symptômes apparaissaient de par le mécanisme psychique de la défense (inconsciente), c'est à dire, lors de la tentative de refouler une représentation inconciliable qui était entrée dans un opposition pénible avec le moi des malades. Dans tel ou tel passage d'un livre du Dr J. Breuer et de moi-même paru depuis lors, Études sur l'hystérie[2], j'ai pu ensuite expliciter et montrer sur des observations de malades dans quel sens doit être compris ce processus psychique de la « défense », ou « refoulement ». C'est précisément là que se trouvent aussi des indications sur la méthode laborieuse, mais parfaitement fiable, de la psychanalyse, dont je me sers dans ces investigations qui en même temps constituent une thérapie.

Mes expériences au cours de ces deux dernières années de travail m'ont alors renforcé dans l'inclination à faire de la défense le point nucléaire dans le mécanisme psychique des névroses mentionnées, et m'ont permis d'autre part de donner à la théorie psychologique un fondement clinique. À ma propre surprise, je suis tombé sur quelques solutions simples mais étroitement circonscrites des problèmes des névroses, dont je vais dans les pages qui suivent rendre compte provisoirement et en abrégé. Je ne puis faire concorder avec cette sorte de communication le fait d'adjoindre aux affirmations les preuves dont elles ont besoin, mais j'espère pouvoir m'acquitter de cette obligation dans une présentation détaillée.

I
L'étiologie « spécifique » de l'hystérie

Que les symptômes de l'hystérie ne deviennent compréhensibles que si on les ramène à des expériences vécues agissant « traumatiquement », et que ces traumas psychiques se rapportent à la vie sexuelle, voilà qui a déjà été énoncé par Breuer et moi dans des publications antérieures. Ce que j'ai aujourd'hui à ajouter comme résultat uniforme de mes analyses menées sur 13 cas d'hystérie concerne d'une part la nature de ces traumas sexuels, d'autre part la période de la vie dans laquelle ils surviennent. Pour la causation de l'hystérie, il ne suffit pas qu'à une époque quelconque de la vie se produise une expérience vécue qui effleure de quelque façon la vie sexuelle et devient pathogène par la déliaison et la répression d'un affect pénible. Il faut bien plutôt que ces traumas sexuels appartiennent à l'enfance précoce (à l'époque de vie avant la puberté) et il faut que leur contenu consiste en une irritation effective des organes génitaux (processus similaires au coït).

Cette condition spécifique de l'hystérie – passivité sexuelle en des temps présexuels –, je l'ai trouvée remplie dans tous les cas d'hystérie analysés (parmi les-

1. Die Abwehr-Neuropsychosen, *GW*, I ; cf. *supra*, p. 21-37.
2. *Studien über Hysterie, GW*, I ; *OCF.P*, II.

quels deux hommes). À quel point l'exigence d'une disposition héréditaire est amoindrie par ce conditionnement que constituent les facteurs étiologiques accidentels, il n'est besoin que d'y faire allusion ; de plus, il s'ouvre une voie pour comprendre la fréquence incomparablement plus grande de l'hystérie dans le sexe féminin, car, même à l'âge d'enfant, c'est lui qui appelle de préférence des attaques sexuelles.

Les objections les plus immédiates contre ce résultat seraient sans doute que des attaques sexuelles contre de petits enfants surviennent trop fréquemment pour qu'une valeur étiologique revienne à leur constatation, ou que de telles expériences vécues doivent précisément rester sans action parce qu'elles concernent un être sexuellement non développé ; de plus, qu'on doit se garder d'imposer aux malades, par l'examen, cette sorte de prétendues réminiscences, ou de croire aux romans dont ils se créent eux-mêmes la fiction. À ces dernières objections, on doit opposer la requête que personne ne veuille bien juger avec trop d'assurance dans ce domaine obscur, s'il ne s'est pas encore servi de l'unique méthode qui est en mesure de l'éclairer (la psychanalyse, pour rendre conscient ce qui est jusqu'à présent inconscient)[1]. Le premier de ces doutes, pour l'essentiel, est liquidé par la remarque que ce ne sont pas les expériences vécues elles-mêmes qui agissent traumatiquement, mais leur revivification comme souvenir, après que l'individu est entré dans la maturité sexuelle.

Mes treize cas d'hystérie étaient sans exception d'une espèce grave, tous avec une durée de maladie de plusieurs années, quelques-uns après un traitement hospitalier assez long et sans succès. Les traumas d'enfant que l'analyse mit à découvert pour ces cas graves, durent dans leur totalité être nécessairement qualifiés de dommages sexuels graves ; à l'occasion il s'agissait de choses véritablement abominables. Parmi les personnes qui s'étaient rendues coupables d'un tel abus[2] lourd de conséquences, se trouvent au premier chef des bonnes d'enfant, gouvernantes et autres domestiques, auxquels on confie les enfants avec bien trop d'insouciance ; sont représentées en outre avec une fréquence regrettable des personnes enseignantes ; dans sept de ces treize cas pourtant il s'agissait aussi d'attentateurs enfantins innocents, le plus souvent des frères qui avaient entretenu des relations sexuelles pendant des années avec leurs sœurs légèrement plus jeunes. Le déroulement était bien chaque fois semblable, tel qu'on a pu le suivre avec certitude dans tel ou tel cas, à savoir que le petit garçon avait fait l'objet d'un abus de la part d'une personne du sexe féminin, que de ce fait, en lui, la libido fut prématurément éveillée et qu'ensuite, quelques années plus tard, il répétait dans l'agression sexuelle envers sa sœur exactement les mêmes procédés auxquels on l'avait lui-même soumis.

La masturbation active, il me faut l'exclure de la liste des nuisances sexuelles de l'âge d'enfant précoce pathogènes pour l'hystérie. Si pourtant elle est si fréquemment trouvée à côté de l'hystérie, cela provient du fait que la masturbation elle-même, beaucoup plus fréquemment qu'on ne pense, est la conséquence de l'abus ou de la séduction. Il n'est pas rare du tout que les deux parties du couple enfantin tombent plus tard malades de névroses de défense, le frère de reperésentations de contrainte, la sœur d'hystérie, ce qui naturellement donne l'apparence d'une disposition névrotique familiale. Mais cette pseudo-hérédité se résout parfois de façon sur-

1. Je suppose même que les si fréquentes fictions d'attentat des hystériques sont des fictions de contrainte qui procèdent de la trace mnésique du trauma d'enfant.
2. *Abusus*. Dans le reste du texte : *Mißbrauch*.

prenante ; dans l'une de mes observations, le frère, la sœur et un cousin un peu plus âgé étaient malades. De l'analyse que j'entrepris avec le frère, j'appris qu'il souffrait de reproches selon lesquels il était responsable de la maladie de la sœur ; lui-même, le cousin l'avait séduit, et de celui-ci il était bien connu dans la famille qu'il était devenu victime de sa bonne d'enfant.

La limite d'âge supérieure jusqu'à laquelle le dommage sexuel entre dans l'étiologie de l'hystérie, je ne puis l'indiquer avec certitude ; je doute pourtant que la passivité sexuelle, après la huitième ou dixième année, puisse rendre possible le refoulement, si elle n'en est pas rendue capable par des expériences vécues antérieures. La limite inférieure remonte aussi loin que la remémoration en général, donc jusqu'à l'âge tendre de un an et demi ou deux ans ! (deux cas). Dans bon nombre de mes cas, le trauma sexuel (ou la série de traumas) est compris dans la troisième et la quatrième année de vie. Je n'accorderais pas moi-même foi à ces étranges trouvailles si elles n'acquéraient, de par l'extension de la névrose ultérieure, une pleine crédibilité. Dans chaque cas, une somme de symptômes morbides, habitudes et phobies, n'est explicable que si l'on se reporte à ces expériences vécues des enfants, et la texture logique des manifestations névrotiques rend impossible de récuser ces souvenirs émergeant de la vie d'enfance et fidèlement conservés. Il serait assurément vain de vouloir obtenir ces traumas d'enfant en questionnant un hystérique en dehors de la psychanalyse ; leur trace n'est jamais décelable dans la remémoration consciente, mais seulement dans les symptômes de maladie.

Toutes les expériences vécues et excitations qui, à la période de vie après la puberté, préparent ou occasionnent l'éruption de l'hystérie, n'agissent, cela peut être mis en évidence, qu'en éveillant la trace mnésique de ces traumas d'enfance, laquelle ne devient pas alors consciente mais conduit à la déliaison d'affect et au refoulement. Il s'accorde bien avec ce rôle des traumas ultérieurs, qu'ils ne sont pas soumis au strict conditionnement des traumas d'enfant, mais peuvent varier dans leur intensité et leur complexion, depuis le terrassement sexuel effectif jusqu'à de simples approches sexuelles, et à la perception sensorielle d'actes sexuels chez d'autres ou à des communications reçues, concernant les processus sexués[1].

Ce qui, dans ma première communication sur les névroses de défense, restait non élucidé, c'était : comment donc les efforts déployés, par ceux qui étaient jusque-là en bonne santé, pour oublier une telle expérience vécue traumatique pouvaient-ils avoir pour succès d'atteindre effectivement leur but, le refoulement visé, ouvrant ainsi toute grande la prote à la névrose de défense ? Cela ne pouvait pas tenir à la nature de l'expérience vécue, car d'autres personnes, malgré les mêmes facteurs occasionnants, restaient en bonne santé. L'hystérie ne pouvait donc pas être complètement expliquée à partir de l'action du trauma ; on devait avouer que la capacité à la réaction hystérique avait déjà existé avant l'action du trauma.

1. Dans un article sur la névrose d'angoise (*Neurol. Zbl.*, 1895 n°2), j'ai mentionné que « une première rencontre avec le problème sexuel peut provoquer, chez des jeunes filles en voie de maturation, une névrose d'angoisse qui, de manière presque typique, se trouve combinée avec de l'hystérie ». [Cf. *supra*, p. 41-42.] Je sais aujourd'hui que l'occasion lors de laquelle fait éruption une telle angoisse virginale ne correspond précisément pas à la première rencontre avec la séxualité, mais que chez ces personnes il s'est produit auparavant, dans les années d'enfance, une expérience vécue de passivité sexuelle, dont le souvenir est éveillé lors de la « première rencontre ».

À la place de cette disposition hystérique indéterminée peut maintenant venir, totalement ou partiellement, l'action posthume du trauma d'enfant sexuel. Le « refoulement » du souvenir d'une expérience sexuelle pénible vécue lors d'années de plus grande maturité ne réussit qu'à ces personnes chez lesquelles cette expérience vécue peut mettre en action la trace mnésique d'un trauma d'enfant[1].

Les représentations de contrainte ont également pour présupposé une expérience vécue d'enfant, sexuelle (d'autre nature que dans l'hystérie). L'étiologie des deux névropsychoses-de-défense offre maintenant la relation suivante avec l'étiologie des deux névroses simples, neurasthénie et névrose d'angoisse. Les deux dernières affections sont des effets immédiats des noxæ sexuelles elles-mêmes, comme je l'ai exposé en 1895 dans un article sur la névrose d'angoisse[2] ; les deux névroses de défense sont des conséquences médiates de nuisances sexuelles qui ont exercé leur action avant l'arrivée de la maturité sexuée, à savoir des conséquences des traces mnésiques psychiques de ces noxæ. Les causes actuelles qui engendrent neurasthénie et névrose d'angoisse jouent fréquemment en même temps le rôle de causes éveillantes pour les névroses de défense ; d'autre part, les causes spécifiques de la névrose de défense, les traumas d'enfant, peuvent en même temps poser le finement pour la neurasthénie qui se développe ultérieurement. Enfin le cas n'est pas rare non plus où une neurasthénie, ou une névrose d'angoisse, au lieu d'être maintenue dans son existence par des nuisances sexuelles actuelles ne l'est que par un souvenir de traumas d'enfant, qui continue à agir[3].

1. Une théorie psychologique du refoulement devrait aussi nous renseigner sur la raison pour laquelle seules des représentations à contenu sexuel peuvent être refoulées. Elle peut partir des indications suivantes : l'activité de représentation à contenu sexuel engendre, on le sait, dans les organes génitaux, des processus d'excitation semblables à ceux qu'engendre l'expérience vécue sexuelle elle-même. On peut admettre que cette excitation somatique se transpose en excitation psychique. En règle générale, l'action correspondante est, lors de l'expérience vécue, beaucoup plus forte que lors du souvenir de celle-ci. Mais si l'expérience vécue, beaucoup plus forte que lors du souvenir de celle-ci. Mais si l'expérience vécue sexuelle tombe à l'époque d'immaturité sexuelle, si son souvenir est éveillé pendant ou après la maturité, alors le souvenir a une action excitante incomparablement plus forte qu'en son temps l'expérience vécue, car, entre-temps, la puberté a augmenté dans une mesure incomparable la capacité de réaction de l'appareil sexuel. Or c'est un tel rapport inversé entre expérience vécue réelle et souvenir qui semble comporter la condition psychologique d'un refoulement. La vie sexuelle offre – de par le retardement de la maturité pubertaire par rapport aux fonctions psychiques – la seule possibilité qui se présente pour cette inversion de l'efficacité relative. Les traumas d'enfant agissent après-coup comme des expériences vécues toutes fraîches, mais alors inconsciemment. Il me faudrait renvoyer à une autre fois des discussions psychologiques plus poussées. – Je remarque encore que l'époque de la « maturation sexuelle » qui entre ici en ligne de compte ne coïncide pas avec la puberté mais tombe avant celle-ci (huitième à dixième année).

2. Cf. *supra*, p. 33.

3. [Ajout de 1924 :] Cette section est dominée par une erreur que j'ai depuis lors confessée et corrigée de façon répétée. En ce temps-là, je ne m'entendais pas encore à faire la différence entre les souvenirs réels et les fantaisies des analysés sur leurs années d'enfance. En suite de quoi j'attribuais au facteur étiologique de la séduction un caractère significatif et une validité générale qui ne lui reviennent pas. Après le surmontement de cette erreur, la perspective s'ouvrit sur les manifestations spontanées de la sexualité enfantine, que j'ai décrites en 1906 dans les *Trois traités sur la théorie sexuelle*. Cependant, tout ce qui est convenu dans le texte ci-dessus n'est pas à rejeter. À la séduction reste conservée une certaine significativité pour l'étiologie et je tiens même, aujourd'hui encore, pour pertinents nombre de développements psychologiques.

II

Essence et mécanisme de la névrose de contrainte

Dans l'étiologie de névrose de contrainte, des expériences vécues sexuelles du temps de l'enfance précoce ont la même significativité que dans l'hystérie, ici pourtant il ne s'agit plus de passivité sexuelle, mais d'agressions exécutées avec plaisir et de participation à des actes sexuels, ressentie avec plaisir, donc d'activité sexuelle. Est en corrélation avec cette différence des conditions étiologiques le fait que, dans la névrose de contrainte, le sexe masculin apparaît privilégié.

J'ai trouvé du reste dans tous mes cas de névrose de contrainte un soubassement de symptômes hystériques qui se laissaient ramener à une scène de passivité sexuelle précédant l'action à plaisir. Je présume que cette conjonction est conforme à une loi et que l'agression sexuelle prématurée présuppose constamment une expérience vécue de séduction. Mais s'agissant précisément de l'étiologie de la névrose de contrainte, je ne puis encore donner de présentation achevée ; j'ai seulement l'impression que ce qui décide si, sur la base des traumas d'enfant, soit apparaître de l'hystérie ou de la névrose de contrainte dépend des conditions temporelles du développement de la libido.

L'essence de la névrose de contrainte peut s'énoncer en une formule simple : les représentations de contrainte sont chaque fois des reproches transformés, faisant retour hors du refoulement, qui se rapportent toujours à une action sexuelle du temps de l'enfance, exécutée avec plaisir. Pour expliciter cette proposition, il est nécessaire de décrire le déroulement typique d'une névrose de contrainte.

Dans une première période – période de l'immoralité enfantine – surviennent les événements qui contiennent le germe de la névrose ultérieure. Tout d'abord, dans l'enfance la plus précoce, les expériences vécues de séduction sexuelle qui rendent ultérieurement possible le refoulement, puis les actions d'agression sexuelle contre l'autre sexe qui ultérieurement apparaissent comme actions à reproche.

À cette période met fin l'arrivée de « maturation » sexuelle – elle-même souvent anticipée. Alors un reproche s'attache au souvenir de ces actions à plaisir, et la corrélation avec l'expérience vécue initiale de passivité rend possible souvent, seulement après une contention consciente et remémorée – de le refouler et de le remplacer par un symptôme de défense primaire. Scrupulosité, honte, méfiance de soi-même sont les symptômes par lesquels commence la troisième période, celle de la santé apparente, à vrai dire celle de la défense réussie.

La période suivante, celle de la maladie, est caractérisée par le retour des souvenirs refoulées, donc par le ratage de la défense, en quoi reste indécidé si le réveil de ces souvenirs se produit plus fréquemment par hasard et spontanément ou par suite de troubles sexuels actuels et pour ainsi dire comme effet marginal de ceux-ci. Les souvenirs revivifiés et les reproches formés à partir d'eux, n'entrent pourtant jamais dans la conscience sans être modifiés, mais ce qui devient conscient comme représentation de contrainte et affect de contrainte, ce qui pour la vie consciente se substitue[1] au souve-

1. *Substituiert.* Mot à mot : substitue.

nir pathogène, ce sont des formations de compromis entre les représentations refoulées et les refoulantes.

Afin de décrire d'une façon visualisable et conforme à la vraisemblance le processus du refoulement, du retour du refoulé et de la formation des représentations de compromis pathologiques, on devrait se décider à des hypothèses tout à fait déterminées sur le substrat de l'advenir psychique et de la conscience. Aussi longtemps qu'on veut éviter de le faire on doit se contenter des remarques suivantes, plutôt comprises au figuré : il y a deux formes à la névrose de contrainte, selon que c'est seulement le contenu mnésique de l'action à reproche qui se fraie par contrainte l'entrée dans la conscience ou bien aussi l'affect de reproche rattaché à celle-là. Le premier cas est celui des représentations de contrainte typiques, dans lesquelles le contenu attire sur lui l'attention du malade et où n'est ressenti comme affect qu'un déplaisir indéterminé, alors qu'au contenu de la représentation de contrainte seul conviendrait l'affect du reproche. Le contenu de la représentation de contrainte est déformé d'une double façon par rapport à celui de l'action de contrainte à l'âge d'enfant, premièrement en ceci que quelque chose d'actuel se trouve mis à la place de ce qui est passé, deuxièmement en ceci que le sexuel se voit substituer[1] quelque chose d'analogue, de non-sexuel. Ces deux modifications sont l'effet du penchant au refoulement, qui ne cesse d'être en vigueur et que nous entendons attribuer au « moi ». L'influence du souvenir pathogène revivifié se montre en ceci que le contenu de la représentation de contrainte est encore partiellement identique au refoulé, ou bien se déduit de lui par une suite de pensées correcte. Si l'on reconstruit, à l'aide de la méthode psychanalytique, l'apparition de telle ou telle représentation de contrainte, on trouve qu'à partir d'une impression actuelle deux cheminements de pensées distincts ont été suscités ; celui d'entre eux qui est passé par le souvenir refoulé se révèle du point de vue logique être formé tout aussi correctement que l'autre, bien qu'il soit incapable de conscience et incorrigible. Si les résultats des deux opérations psychiques ne s'accordent pas, on n'en vient pas à une sorte d'aplanissement logique de la contradiction entre les deux, mais à côté du résultat de pensée normal pénètre dans la conscience, comme compromis entre la résistance et le résultat de pensée pathologique, une représentation de contrainte d'apparence absurde. Lorsque les deux cheminements de pensée aboutissent au même résultat, ils se renforcent l'un l'autre, si bien qu'un résultat de pensée obtenu normalement se comporte alors, psychologiquement, comme une représentation de contrainte. Chaque fois qu'une contrainte névrotique survient dans le psychique, elle provient du refoulement. Les représentations de contrainte ont, pour ainsi dire, cours contraint[2] psychique, non pas à cause de leur valeur propre, mais à cause de la source dont elles sont issues ou qui a apporté une contribution à leur valeur.

Une deuxième configuration de la névrose de contrainte se produit quand ce n'est pas le contenu mnésique refoulé mais le reproche, également refoulé, qui obtient par contrainte une représentance dans la vie psychique consciente. L'affect de reproche peut, du fait d'un ajout psychique, se transformer en n'importe quel autre affect de déplaisir ; ceci advenu, plus rien ne fait obstacle au devenir-conscient de l'affect substitutif[3]. Ainsi, ce qui est reproche (d'avoir accompli d'action sexuelle à l'âge d'enfant) se transforme avec facilité en honte (si un autre venait à l'apprendre), en angoisse hypocondriaque

1. *Substituiert wird durch.* Mot à mot : est substitué par.
2. *Zwangskurs* : en langage financier – cours forcé.
3. *Substituierend.* Mot à mot : substituant.

(devant les conséquences nuisibles pour le corps de cette action à reproche), en angoisse sociale (devant la vindicte de la société pour ce délit), en angoisse religieuse, en délire d'observation (peur de trahir à d'autres cette action), en angoisse de tentation (méfiance justifiée envers sa propre force-de-résistance morale), etc. De plus, le contenu mnésique de l'action à reproche peut être conjointement représenté dans la conscience, ou être totalement en retrait, ce qui rend très difficile la reconnaissance diagnostique. De nombreux cas, que lors d'une investigation superficielle on tient pour de l'hypocondrie commune (neurasthénique), appartiennent à ce groupe des affects de contrainte ; en particulier, ce qu'on nomme « neurasthénie périodique » ou « mélancolie périodique » semble, avec une fréquence insoupçonnée, se résoudre en affects de contrainte et représentations de contrainte, reconnaissance qui, thérapeutiquement, n'est pas indifférente.

À côté de ces symptômes de compromis, qui signifient le retour du refoulé et par là un échec de la défense dont le but avait été originellement atteint, la névrose de contrainte forme une série d'autres symptômes d'une provenance tout autre. Le moi, en effet, cherche à se défendre contre ces rejetons du souvenir initialement refoulé et crée, dans ce combat défensif, des symptômes qu'on pourrait regrouper sous le nom de « défense secondaire ». Ce sont là en général des « mesures de protection », qui ont rendu de bons services lors du combat livré contre les représentations de contrainte et les affects de contrainte. Si ces aides réussissent effectivement dans le combat défensif à refouler de nouveau les symptômes du retour imposés au moi, alors la contrainte se transfère aux mesures de protection elles-mêmes, et crée une troisième configuration de la « névrose de contrainte », les actions de contrainte. Jamais celles-ci ne sont primaires, jamais elles ne contiennent autre chose qu'une défense, jamais une agression ; l'analyse psychique démontre à leur sujet que – malgré leur singularité – elles sont chaque fois à élucider totalement, en les faisant remonter au souvenir de contrainte qu'elles combattent[1].

La défense secondaire contre les représentations de contrainte peut se produire par déviation forcée sur d'autres pensées au contenu le plus contraire possible ; de là, en cas de réussite, la contrainte de rumination, régulièrement sur des choses abstraites, suprasensibles, parce que les représentations refoulées avaient toujours affaire avec la sensualité. Ou bien le malade essaie de se rendre maître de chaque idée de contrainte une à une par un travail logique et en référence à ses souvenirs conscients ; ceci conduit à la contrainte à penser et à examiner, et à la manie de doute. L'avantage de la perception sur le souvenir, dans ces examens, d'abord amène et ensuite contraint le

1. Au lieu de nombreux exemples, un seul : un garçon de onze ans s'était aménagé sur un mode contraignant le cérémonial suivant avant d'aller au lit : il ne s'endormait pas avant d'avoir raconté à sa mère par le menu toutes les expériences vécues du jour ; sur le tapis de la chambre à coucher ne devait se trouver le soir aucun petit bout de papier et aucune autre rognure ; le lit devait être poussé tout à fait contre le mur, trois chaises se trouver devant, les oreillers être placés d'une façon tout à fait déterminée. Lui-même devait pour s'endormir donner d'abord un certain nombre de fois des coups avec ses deux jambes et alors se mettre sur le côté. – Cela s'élucida de la manière suivante : il était arrivé, il y a des années, qu'une servante qui avait à mettre au lit ce joli garçon profitât de l'occasion pour se coucher alors sur lui et abuser sexuellement de lui. Lorsqu'alors ultérieurement ce souvenir fut un jour éveillé par une expérience vécue récente, il se manifesta à la conscience par la contrainte au cérémonial ci-dessus, dont le sens était facile à deviner et fut dans le détail établi par la psychanalyse : les sièges devant le lit et celui-ci poussé contre le mur – afin que personne ne puisse plus avoir accès au lit ; les oreillers disposés d'une certaine façon – afin qu'ils soient disposés autrement que ce soir-là ; les mouvements des jambes – donner des coups pour écarter la personne couchée sur lui ; dormir sur le côté – parce qu'il lui avait tu, par suite de l'interdiction de la séductrice, cette expérience vécue sexuelle et d'autres ; enfin la propreté entretenue du sol de la chambre à coucher – parce que c'était jusqu'à ce jour le principal reproche qu'il avait dû encourir de sa mère.

malade à collecter et conserver tous les objets avec lesquels il est entré en contact. La défense secondaire contre les affects de contrainte produit encore une plus grande série de mesures de protection, qui sont susceptibles de transformation en actions de contrainte. On peut grouper celles-ci selon leurs tendances : mesures d'expiation (cérémonial fastidieux, observance des nombres), de prévention (toutes sortes de phobies, superstitions, maniaquerie, accroissement du symptôme primaire de scrupulosité), de peur de la trahison (collection de papiers, crainte des êtres humains), d'enivrement (dipsomanie). Parmi ces actions et impulsions de contrainte, ce sont les phobies qui jouent le plus grand rôle comme limitations de l'existence pour le malade.

Il est des cas où l'on peut observer la façon dont la contrainte se transfère de la représentation ou de l'affect à la mesure prise ; d'autres où la contrainte oscille périodiquement entre le symptôme de retour et le symptôme de défense secondaire ; mais en outre, des cas encore où absolument aucune représentation de contrainte n'est formée, le souvenir refoulé étant au contraire aussitôt représenté par la mesure de défense apparemment primaire. Ici est atteint d'un bond ce stade qui d'habitude ne vient achever ce déroulement de la névrose de contrainte qu'après le combat défensif. Des cas sévères de cette affection se terminent par la fixation d'actions de cérémonial, par de la manie de doute généralisée ou par une existence d'original, conditionnée par des phobies.

Que la représentation de contrainte et tout ce qui en est dérivé ne rencontrent aucune croyance provient sans doute de ceci que, lors du premier refoulement, s'est formé le symptôme de défense de la scrupulosité, qui, lui aussi, a acquis valeur de contrainte. La certitude d'avoir vécu moralement pendant toute la période de la défense réussie rend impossible d'accorder croyance au reproche qu'implique bel et bien la représentation de contrainte. C'est seulement de façon transitoire, lors de la survenue d'une nouvelle représentation de contrainte, et de temps à autre, lors d'états d'épuisement mélancolique du moi, que les symptômes morbides du retour obtiennent aussi, par contrainte, la croyance. La « contrainte » des formations psychiques ici décrites n'a, d'une façon tout à fait générale, rien à voir avec la reconnaissance par la croyance et ne doit pas non plus être confondue avec ce facteur que l'on désigne comme « force » ou « intensité » d'une représentation. Son caractère essentiel est bien plutôt l'impossibilité à être dissoute par l'activité psychique capable de conscience, et ce caractère ne connaît aucune modification, que la représentation à laquelle la contrainte adhère soit « éclairée » plus fortement ou plus faiblement, avec une intensité plus ou moins grande, qu'elle soit « investie d'énergie », etc.

La cause de ce caractère inattaquable de la représentation de contrainte ou de ses dérivés n'est toutefois que sa corrélation avec le souvenir refoulé provenant d'une enfance précoce, car, lorsqu'on a réussi à rendre cette corrélation consciente, ce pourquoi les méthodes psychothérapiques semblent déjà suffire, alors la contrainte aussi est résolue.

III

Analyse d'un cas de paranoïa chronique[1]

Depuis assez longtemps déjà je nourris le soupçon que la paranoïa aussi – ou des groupes de cas qui appartiennent à la paranoïa – est une psychose de défense, c'est à dire que, comme l'hystérie et les représentations de contrainte, elle provient du refou-

1. [Ajout de 1924] bien plus exactement : Dementia paranoides.

lement de souvenirs pénibles, et que ses symptômes sont déterminés dans leur forme par le contenu du refoulé. Devrait être propre à la paranoïa une voie particulière ou mécanisme de refoulement, de même que, par exemple, l'hystérie effectue le refoulement par la voie de la conversion dans l'innervation corporelle, et la névrose de contrainte par substitution (déplacement le long de certaines catégories associatives). J'ai observé plusieurs cas qui étaient favorables à cette interprétation, mais n'en avais trouvé aucun qui la prouvât jusqu'à ce que, grâce à la bonté du Dr J. Breuer, il me devint possible, il y a quelques mois, de soumettre à une psychanalyse, dans une intention thérapeutique, le cas d'une femme intelligente, âgée de trente-deux ans, à laquelle on ne pourra refuser l'appellation de paranoïa chronique. Je rapporte ici déjà quelques-uns des éclaircissements obtenus lors de ce travail, parce que je n'ai aucune perspective d'étudier la paranoïa autrement que sur des exemples très isolés, et parce que je tiens pour possible que ces remarques puissent amener un psychiatre plus favorablement placé en ce domaine à faire droit au facteur de la « défense » dans la discussion maintenant si vive sur la nature et le mécanisme psychique de la paranoïa. Naturellement, loin de moi la pensée, avec l'observation unique qui va suivre, de vouloir dire autre chose que : ce cas est une psychose de défense, et il pourrait bien, dans le groupe « paranoïa », y en avoir d'autre qui le sont également.

Mme P..., trente-deux ans, mariée depuis trois ans ; mère d'un enfant de deux ans, est issue de parents non nerveux, mais, à ma connaissance, ses deux frère et sœur sont également névrotiques. Il y a doute sur le point de savoir si même, entre vingt et trente ans, elle n'a pas été passagèrement déprimée et égarée dans son jugement ; dans les dernières années, elle était en bonne santé et capable d'activité jusqu'à ce que, six mois après la naissance de son enfant, elle manifestât les premiers indices de la maladie présente. Elle devint renfermée et méfiante, montra de l'aversion pour le commerce avec les frères et sœurs de son mari et plaignit que les voisins, dans la petite ville, se comportassent envers elle autrement qu'avant, avec impolitesse et sans égard. Progressivement, ces plaintes s'accrurent en intensité, sinon en précision : On avait quelque chose contre elle, bien qu'elle n'eût aucune idée de ce que ça pouvait être. Mais il n'y avait aucun doute, tous – parents et amis – lui refusaient leur considération, faisaient tout pour la vexer. Elle se cassait la tête pour savoir d'où cela provenait ; elle ne le savait pas. Quelque temps après, elle se plaignit qu'elle était observée, qu'on devinait ses pensées, qu'on savait tout ce qui se passait à la maison chez elle. Un après-midi, il lui vint soudainement la pensée qu'on l'observait le soir lorsqu'elle se déshabillait. Désormais elle appliqua, lorsqu'elle se déshabillait, les mesures de précaution les plus compliquées, elle se glissait au lit dans l'obscurité et ne se dévêtait qu'une fois sous la couverture. Comme elle évitait tout commerce, qu'elle se nourrissait mal et qu'elle était d'humeur très dépressive, elle fut envoyée pendant l'été 1895 dans un établissement hydrothérapique. Là survinrent de nouveaux symptômes et ceux déjà présents se renforcèrent. Au printemps déjà, un jour qu'elle était seule avec sa femme de chambre, elle avait éprouvé une sensation dans le bas-ventre et avait alors pensé par-devers elle que la jeune fille avait à ce moment une pensée inconvenante. Cette sensation devint plus fréquente pendant l'été, presque continuelle, elle ressentait ses organes génitaux « comme on ressent une main lourde ». Alors elle commença à voir des images dont elle était épouvantée, des hallucinations de nudités féminines, en particulier un bas-ventre féminin dénudé avec sa pilosité ; à l'occasion aussi, des organes génitaux masculins. L'image du bas-ventre poilu et la sensation organique dans le bas-ventre venaient le plus souvent ensemble. Les images devinrent très tourmentantes pour elle, car elle les avait régulièrement lorsqu'elle était en compagnie d'une femme, et il s'y rattachait l'interprétation qu'elle voyait alors la femme dans la nudité la plus inconvenante, mais qu'au même moment la femme avait d'elle la même image (!). En même temps que ces hallucinations visuelles – qui disparurent de nouveau pour quelques mois après leur première survenue dans l'établissement de soins » des voix commencèrent à l'importuner, qu'elle ne reconnaissait pas et ne pouvait s'expliquer. Lorsqu'elle était dans la rue, on disait : C'est Mme P… – La voilà qui s'en va. Où va-t-elle ? On commentait chacun de ses mouvements et chacune de ses actions, à l'occasion elle entendait des menaces et des reproches. Tous ces symptômes empiraient lorsqu'elle était en compagnie ou même dans la rue ; aussi refusait-elle[1] d'aller dehors, elle déclara ensuite avoir le dégoût de la nourriture et déclina rapidement.

C'est ce que j'appris d'elle lorsque pendant l'hiver 1895 elle vint à Vienne suivre mon traitement. J'ai présenté cela de façon circonstanciée pour éveiller l'impression qu'il s'agit effectivement d'une forme tout à fait fréquente de paranoïa chronique, jugement avec lequel s'accorderont les détails, à fournir encore ultérieurement, des symptômes et de son comportement. Les formations délirantes servant à l'interprétation des hallucinations, elle me les cacha alors, ou bien elles n'étaient pas encore effectivement survenues ; son intelligence n'était pas amoindrie ; la seule chose frappante qui me fut rapportée, c'est qu'elle avait de façon répétée donné rendez-vous à son frère vivant dans le voisinage, pour lui confier quelque chose, mais qu'elle ne lui avait jamais communiqué quoi que ce soit. Elle ne parlait jamais de ses hallucinations et même finalement plus guère des vexations et des persécutions dont elle souffrait.

Ce que j'ai maintenant à rapporter de cette malade concerne l'étiologie du cas et le mécanisme des hallucinations. Je trouvai l'étiologie lorsque je mis en application, tout comme dans une hystérie, la méthode de Breuer, tout d'abord pour l'exploration et l'élimination des hallucinations. Je partais là de la présupposition qu'il y a nécessairement dans cette paranoïa, comme dans les deux autres névroses de défense connues de moi, des pensées inconscientes et des souvenirs refoulés qui peuvent être amenés à la conscience, de la même façon que dans celles-là, par surmontement d'une certaine résistance, et la malade confirma aussitôt cette attente en se conduisant dans l'analyse tout à fait comme, par exemple, une hystérique et, dans son attention à la pression de ma main (conférer les « Études sur l'hystérie »[2]), en amenant des pensées qu'elle ne se souvenait pas avoir eues, qu'elle ne comprenait pas tout d'abord et qui contredisaient son attente. La présence de représentations inconscientes significatives était ainsi démontrée pour un cas de paranoïa aussi, et je pouvais espérer ramener également la contrainte de la paranoïa au refoulement. Ce qu'il y avait seulement de particulier, c'était qu'elle entendait intérieurement ou hallucinait les indications issues de l'inconscient, la plupart du temps tout comme ses voix.

Sur la provenance des hallucinations visuelles, ou du moins des images vivaces, j'appris ce qui suit : l'image du bas-ventre féminin survenait presque toujours en même temps que la sensation organique dans le bas-ventre, mais cette dernière était beaucoup plus constante et très souvent sans l'image.

1. *Verweigerte.*
2. *Studien über Hysterie, GW*, I ; *OCF.P*, II.

Les premières images de bas-ventres féminins étaient survenues dans l'établissement hydrothérapique peu d'heures après que la malade eut vu, de fait, un certain nombre de femmes dénudées dans la salle de bains, elles se révélaient donc être de simples reproductions d'une impression réelle. On était alors en droit de présupposer que ces impressions n'avaient été répétées que parce qu'il s'y était rattaché un grand intérêt. Elle donna l'information qu'elle avait alors eu honte pour ces femmes ; elle-même, aussi loin qu'elle se souvienne, avait honte d'être vue nue. Étant obligé de considérer cette honte comme quelque chose de marqué de contrainte, j'en conclus, d'après le mécanisme de la défense, qu'ici avait dû être refoulée une expérience vécue, lors de laquelle elle n'avait pas eu honte ; je l'invitai alors à laisser émerger les souvenirs qui appartenaient au thème du vécu de honte. Elle me reproduisit promptement une série de scènes de dix-septième à sa huitième année, dans lesquelles elle avait, au bain, eu honte de sa nudité devant sa mère, sa sœur, le médecin ; mais la série débouchait sur une scène à six ans, où, dans la chambre des enfants, elle se dévêtait pour aller dormir, sans avoir honte devant le frère présent. Sur mes questions, il vint au jour qu'il y avait eu de nombreuses scènes de ce genre, et que pendant des années les frères et sœurs auraient eu pour habitude de se montrer nus les uns aux autres avant d'aller dormir. Je compris alors ce qu'avait signifié l'idée incidente soudaine qu'on l'observait lorsqu'elle allait dormir. C'était un morceau non modifié du vieux souvenir à reproche, et elle rattrapait maintenant en honte ce qu'elle avait omis enfant.

Le soupçon qu'il s'agit ici d'un rapport entre enfants, comme il en va si fréquemment dans l'étiologie de l'hystérie, fut renforcé par de nouveaux progrès de l'analyse, au cours desquels se produisirent simultanément des résolutions de tel ou tel détail faisant fréquemment retour dans le tableau de la paranoïa. Le début de son humeur dépressive coïncida avec une querelle entre son mari et son frère, à la suite de laquelle ce dernier ne franchit plus le seuil de sa maison. Elle avait toujours beaucoup aimé ce frère et elle en fut beaucoup privée à cette époque. Mais, en dehors de cela, elle parlait d'un moment de son histoire de malade où pour la première fois pour elle « tout devint clair », c'est à dire, où elle parvint à la conviction que son soupçon d'être l'objet du mépris général et de vexations intentionnelles était vérité. Cette certitude, elle l'acquit par la visite d'une belle-sœur, qui, au cours de la conversation, laissa tomber ces mots : « Lorsque quelque chose de semblable m'arrive, je le traite à la légère, par dessus l'épaule ! » Mme P... prit d'abord ce propos sans défiance ; mais une fois que sa visite l'eut quittée, il lui sembla que, dans ces mots, était contenu un reproche envers elle, comme si elle était habituée à prendre à la légère des choses sérieuses ; et à partir de ce moment elle fut certaine qu'elle était victime de la médisance générale. Lorsque, pendant l'examen, je lui demandai par quoi elle s'était sentie fondée à rapporter ces paroles à elle-même, elle répondit que le ton sur lequel la belle-sœur avait parlé l'en avait persuadée – à vrai dire après-coup ; ce qui est bien sûr un détail caractéristique de la paranoïa. Je la contraignis alors à se souvenir des paroles de la belle-sœur avant le propos incriminé, et il en résulta que celle-ci avait raconté que dans la maison paternelle il y avait eu avec les frères toutes sortes de difficultés, en y rattachant la sage remarque : « Dans chaque famille il se passe toutes sortes de choses qu'on aimerait couvrir. Mais quand c'était à elle que quelque chose de semblable arrivait, elle le prenait à la légère. » Mme P... dut alors avouer que c'était à ces phrases précédant le dernier propos que s'était rattachée son humeur dépressive. Comme elle avait refoulé ces deux phrases qui pouvaient éveiller un souvenir de son rapport au frère et n'avait conservé que la dernière phrase insignifiante, elle était obligée de rattacher à cette dernière la sensation que sa belle-sœur lui faisait un reproche ; et comme le contenu de cette phrase n'offrait pour cela aucun étayage, du contenu elle se rabattit sur le ton avec lequel ces mots avaient été prononcés. Voilà un document vraisemblablement typique prouvant que les mésinterprétations de la paranoïa reposent sur un refoulement.

C'est de façon surprenante que se résolut aussi son procédé bizarre de convoquer son frère à des rencontres lors desquelles elle n'avait ensuite rien à lui dire. Son explication était la suivante : elle avait pensé qu'il comprenait nécessairement sa souffrance pour peu qu'elle le regarde, car il avait connaissance de la cause de celle-ci. Comme de fait ce frère était l'unique personne qui pouvait avoir connaissance de l'étiologie de sa maladie, il en résulta qu'elle avait agi pour un motif qu'elle ne comprenait certes pas elle-même consciemment, mais qui paraissait pleinement justifié dès qu'on mettait sous lui un sens issu de l'inconscient.

Je réussis alors à l'amener à reproduire les diverses scènes dans lesquelles avait culminé le commerce sexuel avec le frère (pour le moins de la sixième à la dixième année). Pendant ce travail de reproduction, la sensation organique dans le bas-ventre prit part à la conversation, comme il est observé régulièrement dans l'analyse des restes mnésiques hystériques. L'image d'un bas-ventre féminin nu (mais maintenant réduit à des proportions enfantines et sans pilosité) se mettait en même temps également en place, ou bien était absente, selon que la scène en question avait eu lieu en pleine lumière ou dans l'obscurité. Le dégoût alimentaire trouvait aussi une explication dans un détail répugnant de ces processus. Après que nous eûmes parcouru la série de ces scènes, les sensations et les images hallucinatoires avaient disparu pour ne pas faire retour (du moins jusqu'à aujourd'hui)[1].

J'avais donc appris que ces hallucinations n'étaient rien d'autre que des morceaux provenant du contenu des expériences vécues d'enfance refoulées, des symptômes du retour du refoulé.

Je me tournai alors vers l'analyse des voix. Ici il y avait avant tout à expliquer qu'un contenu si indifférent : « Voici Mme P… qui s'en va » – « Elle cherche à présent un logement », etc., puisse être ressenti si péniblement par elle ; ensuite, par quelles voies c'étaient justement ces phrases anodines qui en étaient arrivées à être

1. Lorsque plus tard une exacerbation supprima les succès, d'ailleurs pauvres, du traitement, elle ne revit pas les images choquantes d'organes génitaux étrangers, mais elle eut l'idée que les étrangers, dès qu'ils se trouvaient derrière elle, voyaient ses organes génitaux.
[L'ajout suivant apparaît dans l'édition anglaise de 1924. Il est daté de 1922 et l'on ne possède pas le texte allemand. En voici la traduction.]
Le compte rendu fragmentaire de cette analyse, tel qu'on le trouve ci-dessus, fut écrit alors que la patiente était encore en traitement. Peu de temps après, son état empira au point que le traitement dut être interrompu. Elle fut transférée dans un établissement où elle traversa une période d'hallucinations sévères avec tous les signes de la dementia praecox. [Selon l'édition anglaise de 1924, la première partie de cette note, celle qui fut rédigée en allemand, se rapportait à cette période.] Cependant, contrairement à ce qu'on craignait, elle guérit et rentra chez elle, elle eut un autre enfant tout à fait sain et fut capable pendant une longue période (douze à quinze ans) d'accomplir toutes ses tâches de façon satisfaisante. Le seul signe de sa psychose antérieure, fut-il rapporté, c'est qu'elle évitait la compagnie de tous ses parents, ceux de sa propre famille et ceux du côté du mari. À la fin de cette période, ses conditions d'existence ayant subi des changements très défavorables, elle retomba malade. Son mari était devenu incapable de travailler et les parents qu'elle avait évités furent obligés de venir en aide à la famille. Elle fut de nouveau envoyée dans un établissement où elle mourut peu après d'une pneumonie.

mises en relief par le renforcement hallucinatoire. D'emblée il était clair que ces « voix » ne pouvaient pas être, comme les images et les sensations, des souvenirs hallucinatoirement reproduits, mais plutôt des pensées venues à voix haute.

La première fois qu'elle entendit des voix, c'était dans les circonstances suivantes : elle avait lu avec une grande tension le beau récit de O. Ludwig, *Die Heiterethei*[1], et avait remarqué que pendant la lecture elle était absorbée par des pensées qui montaient en elle. Immédiatement après, elle alla se promener sur la route et voici que les voix lui dirent subitement, alors qu'elle passait devant une chaumière : « Telle était la maison de la Heiterethei ! voilà la fontaine et le buisson ! comme elle était heureuse malgré toute sa pauvreté ! » Alors les voix lui répétèrent des passages entiers qu'elle venait de lire ; mais restait incompréhensible la raison pour laquelle la maison, le buisson et la fontaine de Heiterethei, et précisément les passages les plus banals et les plus décousus de la fiction, s'étaient nécessairement imposés à son attention avec une force pathologique. Cependant, la solution de l'énigme n'était pas difficile. L'analyse donna que, pendant la lecture, elle avait eu d'autres pensées aussi et qu'elle avait subi une incitation venant de tout autres passages du livre. Contre ce matériel analogies entre le couple de la fiction et elle-même et son mari, souvenirs des intimités de sa vie conjugale et des secrets familiaux –, contre tout cela s'était élevée une résistance refoulante, parce que cela, selon des voies de pensée faciles à mettre en évidence, était en corrélation avec sa crainte sexuelle et aboutissait ainsi, en fin de compte, au réveil des anciennes expériences vécues d'enfant. Par suite de cette censure exercée par le refoulement, les passages anodins et idylliques qui, par contraste et aussi par voisinage, étaient connectés avec les passages réprouvés, acquirent pour la conscience le renforcement qui leur rendit possible la venue à voix haute. La première des idées incidentes refoulées se rapportait par ex. à la médisance à laquelle l'héroïne vivant dans l'isolement était exposée de la part des voisins. L'analogie avec sa propre personne fut facilement trouvée par elle. Elle aussi vivait dans une petite localité, n'avait de commerce avec personne et se croyait méprisée des voisins. Cette méfiance envers ses voisins avait son fondement effectif en ceci qu'elle avait été obligée au début de se contenter d'un petit logement où la cloison de la chambre à coucher, contre laquelle se trouvaient les lits conjugaux du jeune couple, était attenante à une chambre des voisins. Dès le commencement de son mariage s'éveilla en elle – manifestement par réveil inconscient de son rapport entre enfants, dans lequel ils avaient joué à l'homme et à la femme – une crainte sexuelle ; ce qui constamment la préoccupait c'était que les voisins pourraient percevoir mots et bruits à travers la cloison de séparation, et cette honte se transforma chez elle en suspicion envers les voisins.

Les voix devaient donc leur apparition au refoulement de pensées qui, au terme de leur résolution, signifiaient à vrai dire des reproches à l'occasion d'une expérience vécue analogue au trauma d'enfant ; elles étaient de ce fait des symptômes du retour du refoulé, mais en même temps des conséquences d'un compromis entre la résistance du moi et la puissance de ce qui fait retour, compromis qui dans ce cas avait amené une déformation allant jusqu'à rendre les choses méconnaissables. Dans d'autres cas où j'eus l'occasion d'analyser des voix chez Mme P..., la déformation était moins

1. *Die Heiterethei* (1864), récit villageois de Otto Ludwig (1813-1865) mettant en scène une joyeuse virago de Thuringe.

grande ; cependant les mots ententus avaient toujours un caractère d'indétermination diplomatique ; l'allusion vexante était la plupart du temps profondément cachée, la corrélation de telle phrase avec telle autre était déguisée par une expression de nature étrange, des formes de langage inhabituelles, etc. : caractères qui sont propres en général aux hallucinations auditives des paranoïaques, et dans lesquelles j'aperçois la trace de la déformation par compromis. La parole : « Voilà Mme P... qui s'en va, elle cherche un logement dans la rue », signifiait par ex. la menace qu'elle ne guérirait jamais, car je lui avais promis qu'après le traitement elle serait en mesure de retourner dans la petite ville où son mari avait un emploi ; elle avait pour quelques mois loué provisoirement un logement à Vienne.

Dans certains cas, Mme P... percevait aussi des menaces plus nettes, par exemple concernant les parents de son mari, mais dont l'expression réservée continuait à contraster avec le tourment que lui causaient de telles voix. D'après ce qu'on sait par ailleurs des paranoïaques, je suis enclin à admettre qu'il existe une paralysie progressive de cette résistance affaiblissant les reproches, si bien que finalement la défense échoue complètement et que le reproche originel, le mot injurieux que l'on voulait s'épargner, revient sous une forme non modifiée. Cependant, je ne sais pas si c'est là un déroulement constant, si la censure des paroles de reproche ne peut pas être absente dès le début ou bien persévérer jusqu'à la fin.

Il ne me reste plus qu'à exploiter les éclaircissements obtenus sur ce cas, en vue d'une comparaison de la paranoïa avec la névrose de contrainte. Le refoulement, en tant que noyau du mécanisme psychique, est ici comme là mis en évidence, le refoulé est dans les deux cas une expérience-vécue-d'enfant sexuelle. Toute contrainte provient du refoulement, également dans cette paranoïa ; les symptômes de la paranoïa admettent une classification semblable à celle qui s'est révélée bien-fondée pour la névrose de contrainte. Une partie des symptômes prend, là encore, sa source dans la défense primaire, notamment toutes les idées délirantes de méfiance, de suspicion, de persécution par d'autres. Dans la névrose de contrainte, le reproche initial a été refoulé par la formation du symptôme-de-défense primaire : méfiance de soi-même. Ici, le reproche a été reconnu comme bien-fondé et, à fin de compensation, la valeur que la scrupulosité s'est acquise dans l'intervalle sain préserve maintenant d'avoir à accorder croyance au reproche qui fait retour comme représentation de contrainte. Dans la paranoïa, le reproche est refoulé sur une voie qu'on peut désigner comme projection, tandis qu'est érigé le symptôme de défense de la méfiance envers d'autres ; ici la reconnaissance est retirée au reproche, et, comme à fin de rétorsion, il manque alors une protection contre les reproches faisant retour dans les idées délirantes.

D'autres symptômes de mon cas de paranoïa sont à désigner comme symptômes de retour du refoulé et comportent aussi, comme ceux de la névrose de contrainte, les traces du compromis qui seul leur permet l'entrée dans la conscience. Ainsi l'idée délirante d'être observée pendant le déshabillage, les hallucinations visuelles, les sensitives, et le fait d'entendre les voix. Un contenu mnésique, presque non modifié, devenu seulement indéterminé par omission, se rencontre dans l'idée délirante mentionnée. Le retour du refoulé dans des images visuelles se rapproche plutôt du caractère de l'hystérie a coutume de répéter sans modification ses symboles mnésiques, tandis que l'hallucination mnésique paranoïaque subit une déformation comme celle qui échoit à la névrose de contrainte ; une image moderne analogue se met à la place de celle refoulée (bas-ventre d'une femme adulte au lieu de celui d'un enfant ; voire même, sur lui, la pilosité particulièrement nette parce qu'elle manquait à l'impression originelle). Tout à fait propre à la paranoïa et impossible à éclairer plus avant dans cette comparaison est le fait que les reproches refoulés font retour sous forme de pensées venues à voix haute, tandis qu'ils doivent consentir à une déformation de deux sortes, une censure qui mène au remplacement par d'autres pensées associées ou au voilement par mode d'expression indéterminé, et la mise en relation à des expériences vécues récentes simplement analogues aux anciennes.

Le troisième groupe des symptômes trouvés dans la névrose de contrainte, les symptômes de la défense secondaire, ne peut être présent comme tel dans la paranoïa, puisque, contre les symptômes faisant retour, qui eux trouvent croyance, aucune défense ne se fait valoir. Comme substitut de cela se trouve dans la paranoïa une autre source de formation de symptôme ; les idées délirantes parvenues à la conscience par le compromis (symptômes du retour) posent des exigences au travail de pensée du moi, jusqu'à ce qu'elles puissent être admises hors de toute contradiction. Puisqu'elles sont elles-mêmes non influençables, le moi doit nécessairement s'adapter à elles, et ainsi aux symptômes de la défense secondaire dans la névrose de contrainte correspond ici la formation délirante combinatoire, le délire d'interprétation, qui débouche dans la modification du moi. Mon cas était de ce point de vue incomplet ; à l'époque il ne faisait encore rien voir des tentatives d'interprétation qui prirent place seulement plus tard. Je ne doute pourtant pas qu'on puisse encore constater un résultat important si l'on applique la psychanaluse même à ce stade de la paranoïa. Il pourrait bien se produire que la soi-disant faiblesse de remémoration des paranoïaques soit, elle aussi, une faiblesse tendancieuse, c'est à dire reposant sur le refoulement et servant ses intentions. C'est après-coup que sont refoulés et remplacés ces souvenirs absolument pas pathogènes, qui se trouvent en contradiction avec la modification du moi que les symptômes du retour exigent impérieusement.

Lettre à Fliess
(21 septembre 1897)

SIGMUND FREUD

Les lettres de Freud à Fliess, publiées en français dans un recueil appelé Naissance de la psychanalyse *(P.U.F., 1956), peuvent intéresser le lecteur à plus d'un titre. Fliess avait été présenté à Freud par Breuer en 1887; ils avaient dans les premières années des situations assez semblables et des préoccupations voisines. Fliess, comme Freud, était le fils d'un négociant juif de la classe moyenne, qui vivait, il est vrai, à Berlin, c'est-à-dire dans une ville où les conditions intellectuelles, économiques et politiques étaient alors beaucoup plus favorables qu'à Vienne. Freud lui voua sans doute l'amitié la plus forte qu'il éprouva durant sa vie. Surtout, malgré le caractère très spéculatif des vastes conceptions de Fliess, il accorda à son jugement assez de valeur pour lui exposer ses propres idées dans le temps même de leur formation. La lettre 69, notamment, datée du 21 septembre 1897, a une valeur historique de premier plan. C'est celle où Freud annonce qu'il a renoncé à sa neurotica, c'est à dire à sa conception d'ensemble du mécanisme pathogène dans les névroses. Freud ne peut plus croire, à cette date, à l'idée que l'hystérie soit due dans chaque cas, à un traumatisme sexuel, à un acte pervers commis par le père ainsi qu'on le lui disait si souvent :* « [...] La perversion, en ce cas, devrait être infiniment plus fréquente que l'hystérie puisque cette maladie n'apparaît que lorsque les incidents se sont multipliés et qu'un facteur affaiblissant la défense est intervenu. [...] » *Freud ajoute à cette occasion :* « [...] qu'il n'existe dans l'inconscient aucun " indice de réalité " de telle sorte qu'il est impossible de distinguer l'une de l'autre la vérité et la fiction investie d'affect. (C'est pourquoi une solution reste possible, elle est fournie par le fait que le fantasme sexuel se joue toujours autour du thème des parents). [...] » *En fait, cela fait quelque temps que Freud doute de la réalité de la séduction par l'adulte qu'invoquent les névrosés et en particulier les hystériques. Mais il n'a pu formuler la théorie de la sexualité infantile qu'à partir du moment où son auto-analyse a été poussée assez loin pour lui faire retrouver en lui-même des souvenirs remontant à trois et quatre ans et allant dans le sens de cette nouvelle conception. On notera à cet égard que l'auto-analyse de Freud, comme les autres psychanalyses en général, n'a été possible que dans une situation de transfert, un transfert qui portait, précisément, sur Wilhelm Fliess, Freud supposant à celui-ci un savoir qui l'éclairerait sur lui-même.*

Sources : Sigmund Freud, *Aus den Anfängen der Psychoanalyse, Briefe an Wilhelm Fliess, Abhandlungen und Notizen aus den Jahren (1887-1902)*, Londres, Imago, 1950. Traduction française (Anne Berman) *Naissance de la psychanalyse*, P.U.F., 1956.

Bibliographie : O. Mannoni, « l'Analyse originelle », in *Clés pour la psychanalyse, ou l'Autre scène,* Seuil, 1969.

Trois Essais sur la théorie sexuelle
(1905)

SIGMUND FREUD

Ce texte est extrait de la deuxième partie des Trois Essais sur la théorie sexuelle, *publiés en allemand en 1905. Cette date est relativement tardive. Elle témoigne d'une élaboration ardue, entamée depuis 1897, date à laquelle Freud abandonne la théorie de la séduction précoce. Peut-être même les premières hypothèses sont-elles antérieures à cette date. Sans doute le contenu des* Trois Essais *était-il trop nouveau pour que même Freud puisse le soutenir plus rapidement. Il faut d'ailleurs aussi noter que de 1905 à 1924, c'est-à-dire de la première à la sixième édition, Freud ne cessa de retoucher et d'augmenter un texte qui était certes essentiel, mais qui par là même demandait toujours à être précisé, pour échapper, autant que faire se pouvait, aux malentendus et aux interprétations tendancieuses ou malveillantes.*

Cette seconde partie est consacrée à la sexualité infantile. La première partie concerne les « aberrations sexuelles », dont l'étude reste indispensable si l'on veut comprendre la thèse qui fait de l'enfant un « pervers polymorphe ». Enfin, la troisième partie est consacrée aux « métamorphoses de la puberté », c'est-à-dire à l'âge où, après une phase de latence, l'objet du désir sexuel est non découvert mais redécouvert.

Source : Sigmund Freud, *Drei Abhandlungen zur Sexualtheorie*, G.W., V. Traduction française (Philippe Koeppel), *Trois Essais sur la théorie sexuelle*, Gallimard, 1987.

Bibliographie : S. Freud, « Les théories sexuelles infantiles », in *la Vie sexuelle*, P.U.F., 1969.

[...] [2] Les manifestations de la sexualité infantile

Le suçotement

POUR DES MOTIFS que nous apercevrons ultérieurement, nous prendrons comme modèle des manifestations sexuelles infantiles le *suçotement* (succion voluptueuse[1]), auquel le pédiatre hongrois Lindner a consacré une remarquable étude (1879).

Le *suçotement*[2], qui apparaît déjà chez le nourrisson et qui peut se poursuivre jusqu'à la maturité ou se maintenir durant toute la vie, consiste en une répétition rythmique avec la bouche (les lèvres) d'un contact de succion, dont la finalité alimentaire est exclue. Une partie de la lèvre elle-même, la langue, ou toute autre région de la peau qui se trouve à portée – même le gros orteil – peuvent être pris comme objet de cette activité. Une pulsion d'agrippement, apparaissant à cette occasion, se manifeste par exemple par un tiraillement rythmique simultané du lobe de l'oreille et peut s'emparer dans le même but d'une partie d'une autre personne (le plus souvent son oreille). La succion voluptueuse s'accompagne d'une distraction totale de l'attention et conduit, soit à l'endormissement, soit même à une réaction motrice dans une sorte d'orgasme[3]. Il n'est pas rare que la friction de certaines parties sensibles du corps, de la poitrine, des organes génitaux externes, se combine avec la succion voluptueuse. Beaucoup d'enfants passent par cette voie du suçotement à la masturbation.

Lindner lui-même[4] a clairement reconnu et souligné sans réserves la nature sexuelle de cette activité. Dans la chambre d'enfants, le suçotement est souvent assimilé aux

1. « *Das Ludeln (Wonnesaugen).* »
2. « *Das Ludeln oder Lutschen.* » Il n'y a malheureusement pas d'équivalent français pour ces deux termes synonymes, en usage dans de nombreux dialectes germaniques.
3. Ici se révèle déjà quelque chose qui est valable pour toute la suite de l'existence, à savoir que la satisfaction sexuelle est le meilleur des somnifères. La plupart des cas d'insomnie nerveuse se rapportent à une insatisfaction sexuelle. Il est bien connu que des nourrices peu scrupuleuses endorment les enfants qui crient en leur caressant les parties génitales.
4. Ce paragraphe remplace, à partir de 1915, le passage suivant (qui ne figure que dans les deux premières éditions) : « Aucun observateur n'a douté de la nature sexuelle de cette activité. Pourtant, les meilleures théories élaborées par des adultes à propos de cet exemple de comportement sexuel infantile nous laissent dans l'embarras. Prenons le découpage de Moll [1898] de la pulsion sexuelle en pulsion de détumescence et pulsion de contrectation. Le premier de ces facteurs ne peut jouer aucun rôle dans le cas qui nous occupe et le deuxième ne peut être reconnu qu'avec difficulté, puisque, selon Moll, il apparaît plus tardivement que la pulsion de détumescence et qu'il est dirigé vers autrui. » – En 1910, la première phrase de ce paragraphe supprimé en 1915 appelait la note suivante : « À l'exception de Moll » (1909).

autres « mauvaises habitudes » sexuelles de l'enfant. De nombreux pédiatres et spécialistes des nerfs ont élevé contre cette conception une objection très rigoureuse, qui repose sans aucun doute sur une confusion entre « sexuel » et « génital ». Cette contestation soulève la question délicate et inéluctable de savoir quelle est la caractéristique générale à laquelle nous prétendons reconnaître les manifestations sexuelles de l'enfant. Je pense que l'enchaînement des phénomènes, que nous avons pu discerner grâce à l'investigation psychanalytique, nous autorise à envisager le suçotement comme une manifestation sexuelle et à étudier précisément en lui les traits essentiels de l'activité sexuelle infantile[1].

Autoérotisme

Nous avons le devoir d'examiner minutieusement cet exemple. Relevons, comme ce qui nous paraît être le caractère le plus frappant de cette activité, que la pulsion n'est pas dirigée vers d'autres personnes ; elle se satisfait dans le corps propre de l'individu, elle est *autoérotique*, pour employer une heureuse expression introduite par Havelock Ellis (1898)[2].

Il est clair, en outre, que l'acte de l'enfant qui suçote est déterminé par la recherche d'un plaisir déjà vécu et désormais remémoré. Dans le cas le plus simple, il trouve la satisfaction dans la succion rythmique d'un endroit de la peau ou des muqueuses. Il est également facile de deviner à quelle occasion l'enfant a fait les premières expériences de ce plaisir qu'il aspire désormais à renouveler. La première et la plus vitale des activités de l'enfant, la tétée du sein maternel (ou de ses substituts), a dû déjà le familiariser avec ce plaisir. Nous dirons que les lèvres de l'enfant ont tenu le rôle d'une *zone érogène*, et la stimulation réalisée par l'afflux de lait chaud fut sans doute la cause de la sensation de plaisir. Au début, la satisfaction de la zone érogène était sans doute associée à la satisfaction du besoin alimentaire. L'activité sexuelle s'étaye tout d'abord sur une des fonctions servant à la conservation de la vie et ne s'en affranchit que plus tard[3]. Lorsqu'on voit un enfant rassasié quitter le sein en se laissant choir en arrière et s'endormir, les joues rouges, avec un sourire bienheureux, on ne peut manquer de se dire que cette image reste le prototype de l'expression de la satisfaction sexuelle dans l'existence ultérieure. Puis le besoin de répétition de la satisfaction sexuelle se sépare du besoin de nutrition, séparation qui est inévitable au moment où les dents font leur

1. [*Ajouté en 1920* :] Un certain Dr Galant a publié en 1920 dans le *Neurol. Zentralblatt*, n° 20, sous le titre de « *Das Lutscherli* », l'aveu d'une jeune femme qui n'avait pas abandonné cette activité sexuelle enfantine et qui décrit la satisfaction du suçotement comme entièrement analogue à une satisfaction sexuelle, en particulier à celle que procure le baiser de l'être aimé. « Tous les baisers ne ressemblent pas à un « *Lutscherli* » ; non, non, loin de là ! On ne saurait décrire le bien-être qui vous parcourt tout le corps pendant que vous suçotez ; on est carrément absent de ce monde, entièrement satisfait et dans un état de bonheur tel que tout désir disparaît. C'est un sentiment merveilleux ; on n'aspire qu'à la quiétude, une quiétude que rien ne doit interrompre. C'est tout simplement d'une beauté indicible, on ne ressent ni peine ni souffrance et l'on est transporté dans un autre monde. »

2. [*Ajouté en 1920* :] H. Ellis a toutefois défini de façon quelque peu différente le terme d'« autoérotique », dans le sens d'une excitation qui ne serait pas provoquée de l'extérieur, mais surgirait à l'intérieur même du corps. Pour la psychanalyse, l'essentiel n'est pas la genèse, mais la relation avec un objet. [Dans les éditions antérieures, cette note se présentait ainsi : « H. Ellis ne fait que pervertir le sens du terme qu'il a inventé, en comptant au nombre de phénomènes de l'autoérotisme toute l'hystérie, ainsi que la masturbation et tout ce qui s'y rattache. »]

3. Phrase ajoutée en 1915. Cf. « Pour introduire le narcissisme » (1914), II.

apparition et où la nourriture n'est plus exclusivement tétée, mais mâchée. Pour la succion, l'enfant ne se sert pas d'un objet étranger, mais de préférence d'un endroit de son propre épiderme, parce que celui-ci est d'un accès plus commode, parce qu'il se rend ainsi indépendant du monde extérieur qu'il est encore incapable de dominer et parce qu'il se crée de cette façon une seconde zone érogène, même si elle est de valeur inférieure. L'infériorité de ce deuxième endroit sera une des raisons qui le conduiront plus tard à rechercher une partie de valeur équivalente : les lèvres d'une autre personne. (« Dommage que je ne puisse m'embrasser moi-même », pourrait-on lui faire dire.)

Tous les enfants ne suçotent pas. On peut supposer que les enfants qui le font sont ceux chez lesquels la signification érogène de la zone labiale est constitutionnellement renforcée. Que cette signification subsiste, et ces enfants, une fois adultes, deviendront de friands amateurs de baisers, développeront un penchant pour les baisers pervers, ou, si ce sont des hommes, auront un sérieux motif pour boire et pour fumer. Mais qu'intervienne le refoulement, et ils ressentiront du dégoût pour la nourriture et produiront des vomissements hystériques. En vertu de la double destination de la zone labiale, le refoulement se portera sur la pulsion alimentaire. Un grand nombre[1] de mes patientes affectées de troubles de l'alimentation, de globus hystérique, de sensations d'étranglement et de vomissements ont été d'énergiques suçoteuses durant leur enfance.

Le suçotement ou succion voluptueuse nous a permis de distinguer les trois caractères essentiels d'une manifestation sexuelle infantile. Celle-ci apparaît par *étayage* sur une des fonctions vitales du corps[2], elle ne connaît encore aucun objet sexuel, est *autoérotique* et son but sexuel est sous la domination d'une *zone érogène*. Posons par anticipation que ces caractères valent également pour la plupart des autres activités des pulsions sexuelles infantiles.

[3] Le but sexuel de la sexualité infantile

Caractères des zones érogènes

On peut encore tirer de l'exemple du suçotement différentes données qui permettent de préciser les caractéristiques d'une zone érogène. C'est un endroit de la peau ou des muqueuses dans lequel des stimulations d'un certain type suscitent une sensation de plaisir d'une qualité déterminée. Il ne fait pas de doute que les stimuli qui engendrent le plaisir sont liés à des conditions particulières, que nous ne connaissons pas. Parmi celles-ci, le caractère rythmique doit jouer un rôle, l'analogie avec le chatouillement s'impose. Il paraît moins certain que le caractère de la sensation de plaisir provoquée par la stimulation puisse être défini comme « spécifique », quand c'est précisément dans cette spécificité que résiderait la facteur sexuel. En matière de plaisir et de déplaisir, la psychanalyse tâtonne encore tellement dans l'obscurité, que l'hypothèse la plus prudente sera aussi la plus recommandable. Nous tomberons peut-être plus tard sur des raisons qui semblent soutenir l'idée d'une qualité spécifique de la sensation de plaisir.

La propriété érogène peut s'attacher de façon toute particulière à certains endroits

1. « Toutes », uniquement dans la première édition.
2. Ce premier caractère n'apparaît qu'à partir de 1919 ; les éditions antérieures ne mentionnent que les deux suivants.

du corps. Il y a des zones érogènes prédestinées, ainsi que le montre l'exemple du suçotement. Mais ce même exemple nous apprend aussi que n'importe quel autre endroit de la peau ou des muqueuses peut servir de zone érogène et doit par conséquent posséder une certaine aptitude à cela. L'induction de la sensation de plaisir dépend donc davantage de la qualité du stimulus que des propriétés de l'endroit du corps concerné. L'enfant qui suçote va à la découverte de son corps et se choisit quelque endroit pour se livrer à la succion voluptueuse, qui, par la force de l'habitude, deviendra ensuite son endroit favori ; si, ce faisant, il tombe par hasard sur une des régions prédestinées (mamelons, parties génitales), celle-ci conservera évidemment la primauté. Une capacité de déplacement[1] tout à fait analogue réapparaît plus tard dans la symptomatologie de l'hystérie. Dans cette névrose, le refoulement touche dans la très grande majorité des cas les zones génitales proprement dites, et celles-ci défèrent leur stimulabilité[2] aux autres zones érogènes, habituellement dédaignées dans la vie adulte, qui se comportent alors tout à fait comme des parties génitales. Mais en outre, n'importe quel autre endroit du corps peut, exactement comme dans le cas du suçotement, être doté de l'excitabilité[3] des parties génitales et élevé au rang de zone érogène. Zones érogènes et hystérogènes[4] présentent les mêmes caractères[5].

But sexuel infantile

Le but sexuel de la pulsion infantile consiste à provoquer la satisfaction par la stimulation appropriée de la zone érogène qui a été choisie d'une manière ou d'une autre. Cette satisfaction doit avoir été vécue auparavant pour laisser derrière elle le besoin de sa répétition et nous pouvons nous attendre à ce que la nature ait pris de solides précautions pour ne pas laisser cette expérience de la satisfaction au hasard[6]. Nous avons déjà fait connaissance avec le dispositif qui remplit ce but dans le cas de la zone labiale, il s'agit de la connexion simultanée de cet endroit du corps avec l'alimentation. Nous rencontrerons encore d'autres dispositions similaires sous forme de sources de la sexualité. L'état de besoin exigeant la répétition de la satisfaction se révèle de deux façons : par un sentiment singulier de tension, qui a plutôt un caractère de déplaisir, et par une sensation de démangeaison ou de stimulation d'*origine centrale* et projetée dans la zone érogène périphérique. On peut donc également formuler le but sexuel de la manière suivante : il s'agirait de substituer à la sensation de stimulation projetée sur la zone érogène une stimulation externe qui suspende la sensation de stimulation en provoquant la sensation de la satisfaction. Cette stimulation externe consistera la plupart du temps en une manipulation analogue à la succion.

1. « *Verschiebbarkeit.* »
2. « *Reizbarkeit.* »
3. « *Erregbarkeit.* »
4. Le terme de « zones hystérogènes » vient, comme on sait, de Charcot, chez qui il désignait les points hypersensibles du corps dont l'excitation pouvait déclencher ou stopper l'attaque hystérique. Sur le glissement qui s'est opéré chez Freud entre ce concept et celui de zones érogènes, voir l'article « zone hystérogène » du *Vocabulaire de la Psychanalyse*, de Laplanche et Pontalis (1967).
5. [*Ajouté en 1915* :] De plus amples réflexions et les résultats d'autres observations conduisent à attribuer à toutes les parties du corps et à tous les organes internes la qualité de zone érogène. Cf. sur ce point ce qui est dit plus bas sur le narcissisme. [Dans l'édition de 1910, on trouvait à cet endroit la note suivante : « Les problèmes biologiques relatifs à l'hypothèse des zone érogènes ont été évoqués par Alfred Adler (1907). »]
6. [*Ajouté en 1920* :] On ne peut guère s'abstenir, dans des débats biologiques, de recourir à une façon de penser téléologique, même si l'on sait qu'il n'existe, dans les cas particuliers, aucune garantie contre l'erreur.

Il est parfaitement conforme à notre savoir physiologique que le besoin puisse également être éveillé de façon périphérique par une modification réelle de la zone érogène. Cela nous paraît seulement quelque peu étrange, dans la mesure où il semble que pour être suspendue, la stimulation en exige une autre, appliquée au même endroit. [...]

Prédisposition perverse polymorphe[1]

Il est instructif de constater que, sous l'influence de la séduction, l'enfant peut devenir pervers polymorphe et être entraîné à tous débordements imaginables. Cela démontre qu'il porte dans sa prédisposition les aptitudes requises ; leur mise en acte ne rencontre que de faibles résistances parce que, suivant l'âge de l'enfant, les digues psychiques qui entravent les excès sexuels : pudeur, dégoût et morale, ne sont pas encore établies ou sont seulement en cours d'édification. À cet égard, l'enfant ne se comporte pas autrement que la femme moyenne inculte, chez qui subsiste la même prédisposition perverse polymorphe. Dans les conditions habituelles, celle-ci peut rester à peu près normale sexuellement, mais, sous la conduite d'un habile séducteur, elle prendra goût à toutes les perversions et en maintiendra l'usage dans son activité sexuelle. Dans son activité professionnelle, la prostituée met à profit la même prédisposition polymorphe et, par conséquent, infantile ; et, si l'on considère le nombre immense de femmes prostituées et de celles à qui il faut accorder des aptitudes à la prostitution bien qu'elles aient échappé au métier, il devient en fin de compte impossible de ne pas reconnaître dans l'égale prédisposition à toutes les perversions un trait universellement humain et originel.

Pulsions partielles

Au demeurant, l'influence de la séduction ne nous aide pas à lever le voile sur les débuts de la pulsion sexuelle, mais brouille la vision que nous en avons, dans la mesure où elle met prématurément l'enfant en présence de l'objet sexuel, dont la pulsion sexuelle infantile ne manifeste de prime abord aucun besoin. Toutefois, il nous faut convenir que la vie sexuelle enfantine, quelque prépondérante que soit la domination des zones érogènes, présente elle aussi des composantes dans lesquelles d'autres personnes figurent dès le début en tant qu'objets sexuels. Telles sont les pulsions, apparaissant de façon relativement indépendante par rapport aux zones érogènes, du plaisir de regarder-et-de-montrer[2] et de la cruauté, qui n'entrent en relation intime avec la vie génitale[3] que plus tard, mais qui se font déjà sentir au cours de l'enfance en tant que tendances autonomes, d'abord distinctes de l'activité sexuelle érogène. Le petit enfant est avant tout dépourvu de pudeur et montre, à certaines périodes de ses premières années, un plaisir[4] incontestable à dénuder son corps en mettant particulièrement en évidence les parties génitales. La contrepartie de ce penchant considéré comme pervers, la curiosité de voir les parties génitales d'autres personnes, ne devient vraisemblablement manifeste qu'un peu plus tard dans l'enfance, lorsque l'obstacle constitué par le sentiment de pudeur a atteint un

1. « *Polymorph pervers.* » Il n'y a pas lieu de revenir sur la traduction française consacrée : « pervers polymorphe ». Elle marque mal cependant l'articulation des deux mots, dont le premier (en allemand) est un adverbe. Il faut donc comprendre « polymorphiquxement pervers » ; l'anglais dit plus exactement : *« polymorphously pervers »*.
2. « *Schau- und Zeigelust.* »
3. « Vie sexuelle », dans les deux premières éditions.
4. « *Vergnügen.* »

certain développement[1]. Sous l'influence de la séduction, la perversion scopique peut prendre une grande importance pour la vie sexuelle de l'enfant. Pourtant, il me faut conclure de mes investigations dans les années d'enfance d'individus bien-portants aussi bien que de malades névrosés, que la pulsion scopique est susceptible d'apparaître chez l'enfant en tant que manifestation sexuelle spontanée. Les petits enfants, dont l'attention est attirée un jour sur leurs propres parties génitales – le plus souvent par le biais de la masturbation –, ont coutume de franchir le pas suivant sans intervention extérieure et de développer un vif intérêt pour les parties génitales de leurs compagnons de jeu. Comme l'occasion de satisfaire ce genre de curiosité ne se présente la plupart de temps qu'au moment de la satisfaction des deux besoins excrémentiels, ces enfants deviennent des *voyeurs*, d'ardents spectateurs de l'évacuation d'urine ou de matières fécales des autres. Après l'entrée en jeu du refoulement de ces penchants, la curiosité dirigée vers les parties génitales des autres (du même sexe ou de l'autre) subsiste en tant que poussée lancinante qui, dans bien des cas névrotiques, devient la plus puissante force pulsionnelle participant à la formation des symptômes.

C'est dans une indépendance encore plus grande à l'égard du reste de l'activité sexuelle, lié aux zones érogènes, que se développe chez l'enfant la composante cruelle de la pulsion sexuelle. Le caractère infantile est en général facilement porté à la cruauté, car l'obstacle qui arrête la pulsion d'emprise devant la douleur de l'autre : la capacité de compatir, se forme relativement tard. L'analyse psychologique approfondie de cette pulsion n'a, comme on sait, pas encore abouti ; nous sommes en droit de supposer que la motion cruelle provient de la pulsion d'emprise et surgit dans la vie sexuelle à un moment où les parties génitales n'ont pas encore pris leur rôle ultérieur. Elle gouverne alors une phase de la vie sexuelle que nous décrirons plus loin en tant qu'organisation prégénitale[2]. Les enfants qui se distinguent par leur cruauté particulière envers les animaux et envers leurs camarades, éveillent généralement à juste titre le soupçon d'une activité sexuelle intensive et prématurée émanant des zones érogènes, et, en cas de précocité simultanée de toutes les pulsions sexuelles, il semble que l'activité sexuelle érogène soit tout de même celle qui est primaire. La suppression de la barrière de la pitié comporte le danger que cette association formée durant l'enfance entre les pulsions cruelles et les pulsions érogènes ne s'avère indissoluble dans l'existence ultérieure.

La stimulation douloureuse de l'épiderme fessier est connue de tous les éducateurs, depuis les *Confessions* de Jean-Jacques Rousseau, comme une des racines érogènes de la pulsion passive de cruauté. Ils en ont déduit avec raison que les châtiments corpo-

1. La formulation définitive de cette phrase date de 1920. Dans l'édition de 1905 on pouvait lire : « La contrepartie..., n'intervient que plus tard dans l'enfance... » En 1910, Freud y ajoute « vraisemblablement ». Puis, en 1915, « n'intervient » fut remplacé par « ne devient manifeste ». Enfin, en 1920, « un peu » fut ajouté avant « plus tard ». – Sur le thème de l'exhibitionnisme chez les petits enfants, voir aussi *L'Interprétation des rêves* (Freud, 1900), p. 213.

2. La dernière phrase et la seconde moitié de la précédente ont été modifiées en 1915. Dans les deux premières éditions, elles se présentaient ainsi : « Nous sommes en droit de supposer que les motions cruelles dérivent de sources qui sont à proprement parler indépendantes de la sexualité, mais qu'elles sont susceptibles, par anastomose, d'entrer précocement en liaison avec celle-ci en un point proche de leur origine respective. L'observation nous apprend cependant qu'il y a des interférences entre le développement sexuel et le développement de la pulsion scopique-et-de-cruauté [*Schau- und Grausamkeitstrieb*], qui restreignent à nouveau l'indépendance présumée des deux pulsions. »

rels, qui sont pour la plupart appliqués à cette partie du corps, doivent être évités chez tous les enfants dont la libido est susceptible d'être poussée dans les canaux collatéraux par les exigences ultérieures de l'éducation culturelle[1]. [...]

[5] Les recherches sexuelles infantiles[2]

La pulsion de savoir

A LA MÊME ÉPOQUE, alors que la vie sexuelle de l'enfant connaît sa première floraison, de la troisième à la cinquième année, apparaissent également chez lui les débuts de l'activité attribuée à la pulsion de savoir ou pulsion du chercheur[3]. La pulsion de savoir ne peut être comptée au nombre des composantes pulsionnelles élémentaires ni subordonnée exclusivement à la sexualité. Son action correspond d'une part à un aspect sublimé de l'emprise, et, d'autre part, elle travaille avec l'énergie du plaisir scopique. Ses relations avec la vie sexuelle sont cependant particulièrement importantes, car la psychanalyse nous a appris que la pulsion de savoir des enfants est attirée avec une précocité insoupçonnée et une intensité inattendue par les problèmes sexuels, voire qu'elle n'est peut-être éveillée que par eux seuls.

L'énigme du sphinx

Ce ne sont pas des intérêts théoriques mais des intérêts pratiques qui mettent en branle l'activité de recherche chez l'enfant. La menace qui pèse sur ses conditions d'existence du fait de l'arrivée effective ou présumée d'un nouvel enfant, la crainte de la perte de soins et d'amour liée à cet événement, rendent l'enfant songeur et perspicace. Aussi, conformément à l'histoire de l'éveil de cette pulsion, le premier problème qui le préoccupe n'est-il pas la question de la différence des sexes, mais l'énigme : d'où viennent les enfants[4] ?

---

1. [*Ajouté en 1910* :] En 1905, mes affirmations sur la sexualité infantile formulées ci-dessus étaient essentiellement justifiées par les résultats de l'exploration psychanalytique d'adultes. À l'époque, l'observation directe de l'enfant ne pouvait pas être utilisée à sa pleine mesure et n'avait livré que des indications isolées et de précieuses confirmations. On est parvenu depuis, grâce à l'analyse de certains cas de maladie nerveuse de la prime enfance, à pénétrer directement la psychosexualité infantile. Je puis signaler avec satisfaction que l'observation directe a pleinement confirmé les conclusions de la psychanalyse et qu'elle a fourni du même coup un témoignage probant de la validité de cette méthode de recherche. Par ailleurs, l'« Analyse de la phobie d'un garçon de cinq ans » (1909) nous a révélé bien des éléments nouveaux, auxquels la psychanalyse ne nous avait pas préparés, par exemple qu'il existe une symbolique sexuelle, une représentation [*Darstellung*] du sexuel par des objets et des relations non sexuelles, qui remonte à ces premières années de la maîtrise du langage. En outre, mon attention a été attirée sur une lacune de la description proposée ci-dessus, qui, dans un souci de clarté, pose la distinction conceptuelle des deux phases de l'*autoérotisme* et de l'*amour d'objet* également comme une séparation temporelle. Les analyses citées (ainsi que les communications de Bell) nous apprennent toutefois que les enfants de trois à cinq ans sont capables d'un *choix d'objet* tout à fait perceptible et accompagné d'affects violents. [Dans l'édition de 1910, cette note se terminait ainsi : « Une autre contribution à notre connaissance de la vie sexuelle infantile, qui n'a pas encore été mentionnée dans le texte, se rapporte aux recherches sexuelles des enfants, aux théories que les enfants construisent à ce sujet (cf. mon article sur ce thème (1908), à la portée considérable de ces théories sur les névroses ultérieures, et à leur rapport avec le développement des facultés intellectuelles des enfants. »]
2. Cette section parut pour la première fois en 1915.
3. « *Wiss- oder Forschertrieb.* »
4. On retrouve la même affirmation dans « Les théories sexuelles infantiles » (Freud, 1908), p. 17 et dans « Analyse de la phobie d'un garçon de cinq ans » (Freud, 1909), p. 187. En revanche, dans « Les Explications sexuelles données aux enfants » (1907), p. 10, Freud soutient l'opinion inverse. La question est définitivement réglée dans une note de « Quelques conséquences psychiques de la différence anatomique entre les sexes » (1925), p. 127 : « Cela, pour la fille tout au moins, n'est sûrement pas pertinent ; chez le garçon il en ira parfois ainsi, parfois autrement, ou bien ce seront les occasions dues au hasard qui décideront... »

Sous un aspect déformé qu'on peut aisément rectifier, cette énigme est aussi celle que pose le Sphinx de Thèbes. Bien au contraire, le fait qu'il y ait deux sexes est d'abord accueilli par l'enfant sans rencontrer d'opposition ni soulever de questions. Il est évident pour l'enfant mâle de prêter à toutes les personnes qu'il connaît un organe génital identique au sien, et il lui est impossible d'accorder le manque d'un tel organe avec sa représentation de ces autres personnes.

Complexe de castration et envie du pénis[1]

Cette conviction est maintenue énergiquement par les garçons, défendue opiniâtrement contre les contradictions qui ne tardent pas à se dégager de l'observation et n'est abandonnée qu'après de durs combats intérieurs (complexe de castration). Les formations substitutives de ce pénis perdu de la femme jouent un grand rôle dans l'élaboration de la forme de nombreuses perversions[2].

L'hypothèse d'un même organe génital (viril)[3] chez tous les êtres humains est la première des théories sexuelles infantiles notables et lourdes de conséquences. L'enfant ne tire pas grand profit de ce que la science biologique soit forcée de confirmer son préjugé et de reconnaître le clitoris féminin comme un véritable substitut du pénis. La petite fille ne tombe pas dans une telle attitude de refus lorsqu'elle s'aperçoit que l'organe génital du garçon est autrement formé que le sien. Elle est immédiatement prête à l'admettre et succombe à l'envie du pénis qui culmine dans le désir, important quant à ses effets ultérieurs, d'être elle-même un garçon.

Théorie de la naissance

De nombreux êtres humains sont capables de se souvenir clairement de l'intense intérêt qu'ils ont voué, pendant la période prépubertaire, à la question de savoir d'où venaient les enfants. Les solutions anatomiques étaient à l'époque très variées : ils sortaient de la poitrine, ou étaient extraits du ventre après incision, ou encore le nombril s'ouvrait pour les laisser passer[4]. En dehors de l'analyse, il est rare qu'on se souvienne des recherches entreprises à ce sujet durant les premières années de l'enfance ; elles ont depuis longtemps succombé au refoulement, mais tous leurs résultats concordaient. On obtient les enfants en mangeant quelque chose de précis (comme dans les contes), et ils sont mis au monde par l'intestin de la même manière que sont évacuées les selles. Ces théories enfantines rappellent certaines dispositions du règne animal, en particulier le cloaque des espèces inférieures aux mammifères.

Conception sadique du rapport sexuel

Lorsque les enfants sont témoins, à un âge aussi tendre, de rapports sexuels entre les adultes – la conviction des grands que le petit enfant est encore incapable de comprendre quoi que ce soit de sexuel leur en fournissant l'occasion –, ils ne peuvent

1. « *Penisneid.* »
2. [*Ajouté en 1920* :] On est en droit de parler également d'un complexe de castration chez les femmes. Les enfants mâles et femelles construisent une théorie selon laquelle la femme avait elle aussi, à l'origine, un pénis qui a été perdu en raison d'une castration. La conviction finalement acquise, que la femme ne possède pas de pénis, entraîne souvent chez l'individu mâle un mépris durable pour l'autre sexe.
3. « *Die Annahme eines nämlichen (männlichen) Genitales.* » Le texte semble jouer ici sur une homophonie impossible à rendre en français entre « *nämlich* » (même, identique) et « *männlich* » (masculin).
4. [*Ajouté en 1924* :] L'abondance de théories sexuelles est très grande dans ces années tardives de l'enfance. Le texte n'en donne que peu d'exemples.

manquer de considérer l'acte sexuel comme une sorte de mauvais traitement ou de violence et de lui donner, par conséquent, un sens sadique. La psychanalyse nous apprend aussi qu'une telle impression de prime enfance contribue grandement à disposer à un déplacement sadique ultérieur du but sexuel. En outre, les enfants se préoccupent beaucoup de savoir en quoi peut consister le rapport sexuel ou, ainsi qu'ils l'imaginent, le fait d'être marié, et cherchent la plupart du temps la solution du mystère dans une union qui s'accomplirait par le truchement des fonctions de la miction et de la défécation.

L'échec typique des recherches sexuelles enfantines

De façon générale, on peut dire des théories sexuelles enfantines qu'elles sont les reflets de la propre constitution sexuelle de l'enfant et qu'en dépit de leurs erreurs grotesques elles témoignent d'une meilleure compréhension des processus sexuels que celle qu'on attendrait de la part de leurs auteurs. Les enfants perçoivent aussi les modifications que la grossesse entraîne chez leur mère et savent les interpréter correctement ; la fable de la cigogne est très souvent racontée à des auditeurs qui l'accueillent avec une méfiance profonde, mais le plus souvent silencieuse. Toutefois, dans la mesure où deux éléments restent inconnus de la recherche sexuelle enfantine : le rôle fécondant du sperme et l'existence de l'orifice sexuel féminin – les même points, du reste, que ceux dans lesquels l'organisation infantile est encore en retard –, les efforts des chercheurs restent malgré tout régulièrement infructueux et s'achèvent sur un renoncement qui entraîne souvent une dégradation durable de la pulsion de savoir. Les recherches sexuelles de ces premières années de l'enfance sont toujours solitaires ; elles représentent un premier pas vers l'orientation autonome dans le monde et éloignent considérablement l'enfant des personnes de son entourage, qui jusque-là jouissaient de sa pleine confiance.

[6] Phases de développement de l'organisation sexuelle[1]

Nous avons jusqu'à présent souligné, en tant que caractères de la vie sexuelle infantile, qu'elle est essentiellement autoérotique (qu'elle trouve son objet dans le corps propre) et que ses différentes pulsions partielles aspirent sans liens réciproques et indépendamment les unes des autres à l'acquisition de plaisir[2]. L'aboutissement du développement est constitué par la vie sexuelle dite normale de l'adulte, dans laquelle l'acquisition de plaisir est entrée au service de la fonction de reproduction et où les pulsions partielles, sous le primat d'une zone érogène unique, ont formé une organisation solide permettant d'atteindre le but sexuel dans un objet sexuel étranger.

Organisations prégénitales

L'étude, à l'aide de la psychanalyse, des inhibitions et des perturbations de cette évolution nous permet de reconnaître les prémices et les étapes préliminaires d'une telle organisation des pulsions partielles, qui constituent elles-mêmes une sorte de régime sexuel. Ces phases de l'organisation sexuelle sont normalement traversées en douceur,

1. De même que la précédente, cette section n'a été ajoutée qu'en 1915.
2. « *Lusterwerb.* »

sans trahir leur existence autrement que par des indices. Ce n'est que dans les cas pathologiques qu'elles sont activées et repérables à l'observation superficielle.

Nous appellerons *prégénitales* les organisations de la vie sexuelle dans lesquelles les zones génitales n'ont pas encore pris leur rôle prédominant. Nous avons jusqu'à présent fait la connaissance de deux d'entre elles, qui évoquent un retour à des états primitifs de la vie animale.

Une première organisation sexuelle prégénitale de ce genre est l'organisation *orale* ou, si l'on veut, *cannibalique*. Ici, l'activité sexuelle n'est pas encore séparée de l'ingestion d'aliments, il n'y a pas encore, dans ce cadre, différenciation de courants opposés. L'objet de l'une de ces activités est aussi celui de l'autre, le but sexuel réside dans *l'incorporation* de l'objet, prototype de ce qui jouera plus tard, en tant qu'*identification*[1], un rôle psychique si important. Le suçotement, dans lequel l'activité sexuelle, détachée de l'activité alimentaire, a abandonné l'objet étranger pour un autre objet appartenant au corps propre, peut être considéré comme un reste de cette phase fictive d'organisation qui nous est imposée par la pathologie[2].

Une deuxième phase prégénitale est celle de l'organisation *sadique-anale*. Ici, l'opposition entre deux pôles qui se retrouve partout dans la vie sexuelle est déjà développée ; cependant, ils ne méritent pas encore les noms de *masculin* et de *féminin*, mais doivent être désignés comme *actif* et *passif*. L'activité est entraînée par la pulsion d'emprise par l'intermédiaire de la musculature corporelle ; c'est avant tout la muqueuse érogène intestinale qui fait figure d'organe à but sexuel passif ; il y a des objets pour les deux tendances, mais ce ne sont pas les mêmes. En même temps, d'autres pulsions partielles se manifestent de façon autoérotique. Dans cette phase, la polarité sexuelle et l'objet étranger peuvent donc déjà être constatés. L'organisation et la subordination à la fonction de reproduction font encore défaut[3].

Ambivalence

Cette forme d'organisation sexuelle peut se maintenir durant toute la vie et accaparer de façon permanente une grande partie de l'activité sexuelle. La prédominance du sadisme et le rôle de cloaque de la zone anale lui confèrent une empreinte spécialement archaïque. Ce qui la caractérise en outre, c'est que les couples d'opposés pulsionnels sont développés de manière sensiblement identique, phénomène que l'on décrit sous l'heureuse dénomination d'*ambivalence*, introduite par Bleuler.

L'hypothèse des organisations prégénitales de la vie sexuelle repose sur l'analyse des névroses, et il n'est guère possible d'en mesurer la valeur sans connaître ces dernières. Nous pouvons nous attendre à ce que la poursuite de l'effort analytique nous réserve encore bien davantage d'informations sur la structure et le développement de la fonction sexuelle normale.

Afin de compléter le tableau de la vie sexuelle infantile, il faut ajouter qu'un choix d'objet analogue à celui que nous avons défini comme caractéristique de la phase de

1. Voir par exemple *Psychologie des foules et analyse du moi*, VII (Freud, 1921).
2. [*Ajouté en 1920* :] À propos des restes de cette phase chez des névrosés adultes, cf. le travail d'Abraham (1916). [*Ajouté en 1924* :] Dans un travail ultérieur (1924), Abraham a décomposé aussi bien cette phase orale que la phase sadique-anale qui lui succède en deux subdivisions, caractérisées par un comportement différent à l'égard de l'objet.
3. [*Ajouté en 1924* :] Abraham attire notre attention sur le fait que l'anus dérive de la *bouche primitive* des prédispositions embryonnaires, ce qui apparaît comme un prototype biologique du développement psychosexuel.

développement de la puberté est souvent, sinon régulièrement, effectué dès l'enfance, à savoir que l'ensemble des aspirations sexuelles se dirige vers une seule personne, dans laquelle elles cherchent à atteindre leurs buts. Tel est alors le point le plus proche de la forme définitive de la vie sexuelle après la puberté qui puisse être atteint pendant l'enfance. La seule différence réside dans le fait que la synthèse des pulsions partielles et leur subordination au primat des parties génitales n'est pas réalisée dans l'enfance, ou seulement de manière très imparfaite. L'établissement de ce primat au service de la reproduction est donc la dernière phase que traverse l'organisation sexuelle[1].

Choix d'objet en deux temps

On peut considérer comme un phénomène typique que le choix d'objet s'accomplisse en deux temps, en deux vagues. La première vague commence entre deux[2] et cinq ans et la période de latence entraîne sa stagnation ou son recul ; elle se caractérise par la nature infantile de ses buts sexuels. La deuxième intervient avec la puberté et détermine la conformation définitive de la vie sexuelle.

Le fait, qui se réduit pour l'essentiel à l'effet de la période de latence, que le choix d'objet se fasse en deux temps, a néanmoins une portée considérable sur les perturbations de cet état final. Les résultats du choix d'objet infantile réagissent sur la période ultérieure ; ils sont soit conservés tels quels, soit ravivés à l'époque même de la puberté. Mais en raison du développement du refoulement, qui a lieu entre les deux phases, ils se révèlent inutilisables. Leurs buts sexuels ont subi une mitigation et constituent dès lors ce que nous pouvons appeler le courant *tendre* de la vie sexuelle. Seule l'investigation psychanalytique est en mesure de prouver que derrière cette tendresse, cette vénération et cette déférence se cachent les vieilles tendances sexuelles, désormais inutilisables, des pulsions partielles infantiles. Le choix d'objet de la puberté doit renoncer aux objets infantiles et prendre un nouveau départ en tant que courant *sensuel*. La non-convergence des deux courants a bien souvent pour conséquence que l'un des idéaux de la vie sexuelle, le rassemblement de tous les désirs sur un seul objet, ne peut être atteint[3]. [...]

1. [*Ajouté en 1924* :] J'ai moi-même modifié ultérieurement (1923) cette description en intercalant, à la suite des deux organisations prégénitales, une troisième phase dans le développement de l'enfant ; celle-ci mérite déjà le nom de génitale, présente un objet sexuel et un certain degré de convergence des tendances sexuelles sur cet objet, mais se distingue de l'organisation définitive de la maturité sexuelle sur un point précis. Elle ne connaît en effet qu'une seule sorte d'organe génital, l'organe masculin. Je l'ai nommée de ce fait le stade *phallique* d'organisation (« L'organisation génitale infantile » [1923, p. 113 et s.]). D'après Abraham [1924], son prototype biologique est la disposition génitale indifférenciée de l'embryon, identique pour les deux sexes. [On peut s'étonner que Freud, toujours soucieux de mettre à jour ses *Trois Essais*... au fur et à mesure des apports nouveaux, n'ait pas intégré à l'édition de 1924 son article de l'année précédente sur l'« Organisation génitale infantile », d'autant plus que, d'une part, cet article a pour sous-titre : « À intercaler dans la théorie sexuelle », et que, d'autre part, il indique, dans le cours de son article, à quelle place (ici même) les idées qu'il développe devaient s'insérer dans le livre.]
2. « Trois ans », dans les trois premières éditions.
3. Voir, sur ce thème des deux courants : « Contributions à la psychologie de la vie amoureuse » (Freud, 1912), p. 59 sq.

III

L'AUTO-ANALYSE FREUDIENNE ET LE COMPLEXE D'ŒDIPE

Pour renoncer à la théorie du traumatisme sexuel, pour adopter celle de la sexualité infantile, une condition se révéla nécessaire : Freud ne put formuler les fondements de sa théorie qu'après avoir fait, sur lui-même, l'épreuve de l'auto-analyse. Ce fut celle-ci, et elle seule, qui lui permit de s'assurer de ce que, depuis quelque temps, il soupçonnait : l'existence chez l'enfant, même en dehors de toute entreprise séductrice de l'adulte, d'un investissement amoureux et sexuel, généralement orienté vers le parent de sexe opposé. Mais il est bien clair par ailleurs que l'auto-analyse de Freud est une des sources essentielles, bien plus généralement, de quelques-unes des principales découvertes de la psychanalyse, au premier rang desquelles il faut compter l'interprétation des rêves.

L'auto-analyse de Freud fut une vraie analyse. Systématique à partir de l'été 1897, elle avait sans doute commencé plus tôt puisque, dès 1895, Freud avait analysé complètement un de ses rêves, celui qui concerne Irma[1]*. Quant à son achèvement, il est particulièrement difficile de donner une date : Freud devait affirmer plus tard qu'à partir de 1897 il ne cessa jamais de s'analyser. Comme toute analyse, la sienne ne fut pas déterminée seulement par le souci de « se comprendre », voire, dans le cas de Freud, d'apporter, à partir d'une observation de soi, une contribution à la connaissance. Freud voulait aussi se débarrasser de quelques troubles névrotiques, associant notamment angoisse et inhibition, troubles dont il aurait pu, comme d'autres, s'accommoder, mais qu'avec courage il préféra affronter. Comme toute analyse, elle fit alterner les moments d'exaltation, ceux de la découverte, et les périodes de découragement. Enfin il n'y manqua même pas la dimension du transfert : lorsqu'il retrouve un souvenir essentiel, lorsqu'il bute sur quelque difficulté, c'est à Fliess que Freud s'adresse, comme si celui-ci était dépositaire, à l'avance, de ce savoir inconscient qui commence à se révéler.*

Ainsi les théories de Freud, pour générales qu'elles soient dans leur application, tiennent en grande partie à une expérience singulière : celle d'un homme qui invente un dispositif, un type de discours qui lui permet de faire émerger quelques-unes de ses déterminations inconscientes. Cela choque-t-il encore aujourd'hui quelques esprits prétendument scientifiques, ceux qui voudraient imposer, jusque dans le champ de la psychologie, la statistique ou l'expérimentation ? La psychanalyse assume cette dimension subjective de l'expérience, elle la revendique comme condition nécessaire de ses avancées. On a su que très vite la pratique de l'analyse didactique devait s'imposer comme nécessaire à la formation des analystes. Or celle-ci ne diffère – ou ne devrait différer – en rien de l'analyse que demandent les sujets névrosés. C'est

1. S. Freud, *l'Interprétation des rêves*, P.U.F., 1967, chapitre II.

l'analyse personnelle, et elle seule, qui peut assurer l'analyste de l'existence même des processus inconscients ; c'est elle, en ce sens, qui peut lui éviter de retomber dans les travers ordinaires de la « compréhension » psychologique.

Freud n'aurait pas pu mener à bien son auto-analyse sans interpréter ses propres rêves, mais en même temps il n'aurait pas pu inventer l'interprétation des rêves s'il n'avait entrepris de s'analyser lui-même. C'est ce qui fait de la Traumdeutung (l'Interprétation des rêves) *un ouvrage tout à fait singulier, témoignant non pas seulement d'un questionnement rigoureux, mais d'une aventure subjective inédite.*

Certes Freud n'est pas le premier à tenter de saisir en lui désirs et affects ; il n'est pas le premier à tenter de les décrire sans complaisance. Des écrivains, avant lui, ont voulu faire œuvre d'introspection et leur apport, Freud le reconnaîtra lui-même, n'est pas chose négligeable. Mieux encore, des philosophes ont pu fonder leurs élaborations rationnelles sur une démarche où le sujet se trouve impliqué. C'est le cas d'un Descartes, dont les Méditations métaphysiques *ne peuvent être écrites qu'à la première personne. Seul un « je » peut faire l'expérience de la pensée comme première certitude, et de l'être comme immédiatement lié à cette pensée. Mais précisément, en même temps qu'il présente sa propre expérience, Freud renouvelle le statut de ce « je » qui s'adresse à nous. Ce n'est plus un « moi » qui s'imaginerait avoir la maîtrise de ce qu'il pense. C'est un sujet (au sens, si l'on veut, où l'on est sujet à quelque affection, au sens où le sujet se définit par son assujettissement) qui perçoit que, dans le rêve notamment, quelque chose est en train de se dire, quelque chose qui le concerne très directement, et que pourtant il ne peut comprendre. Accepter d'entendre cette voix qui parle dans le rêve, cette voix qui est la sienne propre même s'il ne peut la reconnaître comme telle, voilà l'expérience inédite que nous transmet* l'Interprétation des rêves.

On sait, au demeurant, à quoi est lié, dans cet ouvrage, le décentrement du sujet : à la reconnaissance du sens du rêve : « Après complète interprétation tout rêve se révèle comme l'accomplissement d'un désir[1] ». Encore faut-il s'entendre sur ce qu'on appelle ici désir. Freud parle d'un désir inconscient, un désir que le sujet ne se connaît pas. Pourtant le rêve princeps, celui qui ouvre la Traumdeutung *(après présentation de la « littérature » concernant les rêves), semble exprimer un désir bien conscient : celui de se déculpabiliser. Si l'état d'Irma[2] ne s'est guère amélioré, ce n'est pas la faute de Freud, c'est la faute de son ami Otto, coupable de quelque négligence thérapeutique, ou encore de la malade elle-même, qui n'a pas accepté la « solution » que Freud lui proposait. Or ce souhait de se déculpabiliser, Freud en est bien conscient à ce moment-là. Reste que le rêve va sans doute plus loin. À travers lui, Freud affronte quelque chose d'un réel effrayant (la gorge avec ses eschares, et, à l'arrière-plan, l'intérieur du corps, peut-être aussi le sexe féminin). Ce réel, qui est aussi bien l'objet de sa découverte, il en perçoit la dimension sexuelle : la triméthylamine, évoquée à la fin du rêve, est un produit de décomposition du sperme. Ainsi, au-delà du désir de se disculper, il y a le désir de dévoiler, en*

1. *Op. cit.*, S. Freud, p. 112.
2. Sur le rêve de l'injection faite à Irma on se reportera particulièrement à ce que Lacan a pu en dire à son séminaire, les 9 et 16 mars 1955 (Séminaire II, *le Moi dans la théorie de Freud et dans la pratique de la psychanalyse*, Seuil, 1978).

même temps que les mécanismes du rêve, son sens sexuel ; il y a aussi le désir de faire reconnaître ce désir. C'est cela qui se manifeste ici, avec une force qui va sans doute au-delà de ce que Freud en percevait lui-même.

Si les causes déterminantes des symptômes sont liées au refoulement, si celui-ci procède d'un conflit entre pulsions sexuelles et interdits, conflit dont les termes essentiels sont en place dès la petite enfance, il paraît évident que la psychanalyse doit faire resurgir les souvenirs d'enfance refoulés.

L'auto-analyse de Freud, pour ce que nous en connaissons, accorda effectivement une place importante à la reconstitution de souvenirs d'enfance. L'un d'eux lui fournit même l'occasion d'un article important, Des souvenirs-couverture[1].

Cet article, qui date de 1899, repose principalement sur l'analyse d'un souvenir d'enfance à laquelle aurait procédé, dans un dialogue avec Freud, « un homme de trente-huit ans, de formation universitaire », un homme qui a conservé un intérêt pour les questions psychologiques, « bien que sa profession en soit éloignée[2] ». En fait il ne fut pas difficile aux élèves et aux compagnons de Freud de repérer, par divers recoupements, que le souvenir dont il est question dans l'article appartient à Freud lui-même, que le dialogue n'est qu'un artifice de présentation mis au service d'un souci de discrétion.

La scène relatée par Freud semble, au premier abord, assez anodine : des enfants qui jouent dans une prairie, les garçons arrachent ses fleurs à une petite fille, une paysanne offre à celle-ci, pour la consoler, un gros morceau de pain noir, les garçons en obtiennent également ; le goût de ce pain, dans le souvenir de Freud, est « absolument délicieux[3] ».

Dans l'analyse de ce très simple souvenir, deux choses sont particulièrement notables et éclairantes pour situer tout souvenir d'enfance. La première tient au statut même à donner à ce type de souvenirs. Plutôt que comme la reproduction d'une réalité événementielle il faut les prendre comme écrans, comme surfaces où se projettent, et en même temps se dissimulent, quelques questions que le sujet a pu se poser sur les options décisives de l'existence : ici le travail, la réussite, et l'amour, la sexualité.

Dans cette perspective, une indication de Freud prend plus qu'une valeur méthodologique. Il s'agit, dans l'analyse de ce souvenir, de se demander à quel moment de l'existence il a resurgi. En fait, il tire son importance de la nostalgie avec laquelle Freud évoque, dans sa jeunesse, le bonheur qu'il aurait pu avoir s'il avait épousé Gisela Fluss, mariage qui lui aurait procuré, en même temps que l'amour, une réelle aisance matérielle. Voilà de quoi est faite l'intensité de la satisfaction liée au goût du pain[4].

Une telle remarque autorise ici à réévaluer la notion même de souvenir-écran. La psychanalyse s'est orientée depuis Freud vers une pratique moins systématique, où l'on est moins soucieux de rechercher dans le passé des événements, voire même des expériences complexes : celles-ci, aussi bien, ne retentissent-elles pas dans le présent, dans les rêves, les associations d'idées, les traits répétitifs du comportement ou du discours ? Aussi tout souvenir, dès lors que le sujet parle, a principalement pour sens de

1. Nous employons aussi le terme « souvenir-écran », plus usité que celui de « souvenir-couverture ».
2. Voir *infra*, p. 70.
3. Voir *infra*, p. 71.
4. Il y a ici un déplacement. Sur ce mécanisme voir *infra*, chapitre IV.

répondre aux questions qu'il se pose au moment où il parle. C'est de là que le souvenir tire l'essentiel de sa valeur, et non de sa conformité avec un événement réel. En ce sens il n'y a peut-être pas de spécificité du « souvenir-écran » en tant que tel et l'article de Freud prend une portée beaucoup plus générale.

On peut enfin relever ce qui constitue le nerf de la démonstration de Freud : si le souvenir des fleurs arrachées à la petite fille, ou encore celui du pain délicieux ont pu venir exprimer quelque chose des désirs réactivés par la perspective d'un mariage avec Gisela Fluss, c'est du fait de « ponts-verbaux » : ne sait-on pas ce que signifie « arracher à une jeune fille sa fleur » ? Et ne parle-t-on pas de « gagner son pain » pour désigner, en général, la nécessité du travail liée aux exigences vitales ?

Une des grandes découvertes de Freud, opérée elle aussi à la faveur de l'auto-analyse, c'est le complexe d'Œdipe.

Il est difficile aujourd'hui de mesurer la portée de cette découverte. L'idée est passée dans le discours commun, et chacun sait, au moins par ouï-dire, qu'il a aimé d'un amour incestueux son parent de sexe opposé, et haï son parent de même sexe, ou tout au moins rivalisé avec lui. On sait également, éventuellement, que ce qui est essentiel ici c'est surtout l'interdit, la prohibition de l'inceste, qui, séparant le garçon – et d'ailleurs la fille également – de sa mère, lui permet de désirer ailleurs, lui permet sans doute, tout simplement, de désirer. La psychanalyse nomme castration l'interdit qui vient fixer des bornes au désir et par là lui assure une légitimité à l'intérieur de ces frontières.

Pour autant le complexe d'Œdipe ne devrait pas nous apparaître comme un dogme fixant une fois pour toutes la direction vers où s'orientent les questions en jeu dans la psychanalyse. Lacan, plus tard, devait réexaminer ce qu'il appelle le « mythe » de l'Œdipe. Non que ce mythe soit une fiction dont le sujet pourrait se passer. Le mythe de l'Œdipe est nécessaire comme l'est la fonction paternelle. L'homme, cependant, n'a pas d'accès direct à ce qui pourrait être l'objet de sa satisfaction tout simplement parce qu'il parle. L'Œdipe, alors, constitue la version historicisée, dramatisée, d'un impossible structurel.

On verra d'ailleurs que Freud, dans la lettre 71 à Fliess[1]*, datée du 15 octobre 1897, rattache tout de suite sa découverte à des œuvres littéraires majeures : non seulement l'*Œdipe *de Sophocle, mais* Hamlet *de Shakespeare. C'est une façon sans doute de détacher sa théorie de ce qu'elle peut conserver de trop individuel, et en même temps de marquer que l'Œdipe renvoie, dans le monde humain, au règne même de la culture, ou encore à ce que l'on pourra appeler le symbolique.*

Lettre à W. Fliess
(15 octobre 1897)

SIGMUND FREUD

Des textes comme celui-ci nous apportent bien autre chose que le simple exposé d'une théorie. On y voit Freud poursuivre son dialogue avec Fliess, y compris sur des points qui, par leur caractère général, peuvent nous sembler dépassés (est-ce de la féminité ou de la virilité qu'émane le refoulement ?). On le voit surtout accomplir sur lui-même

1. S. Freud, *la Naissance de la psychanalyse*, P.U.F., 1956, p. 196-199.

un travail dont on se représente mal l'audace : s'analyser soi-même n'est déjà pas commode, mais, dans ce cas, il s'agissait en même temps d'en inventer la méthode, et de s'y fier. On accordera en ce sens une attention particulière à la façon dont Freud suppose, en toute logique, que la disparition d'une bonne qui avait eu une certaine importance dans sa vie avait dû laisser une impression dans son esprit, même si cette impression s'était accompagnée d'un déplacement.

Freud a déjà évoqué dans une lettre précédente l'éveil de sa libido vers « matrem », qu'entre deux ans et deux ans et demi il avait eu l'occasion, lors d'un voyage, de voir toute nue ; ce 15 octobre 1897 il semble en être arrivé à une théorie plus complète du complexe d'Œdipe, qu'il va pouvoir dès lors présenter comme universel :

« [...] J'ai trouvé en moi, comme partout ailleurs, des sentiments d'amour envers ma mère et de jalousie envers mon père, sentiments qui sont, je pense, communs à tous les jeunes enfants, même quand leur apparition n'est pas aussi précoce que chez les enfants rendus hystériques (d'une façon analogue à celle de la « romantisation » de l'origine chez les paranoïaques – héros, fondateurs de religions). S'il en est ainsi, on comprend, en dépit de toutes les objections rationnelles qui s'opposent à l'hypothèse d'une inexorable fatalité, l'effet saisissant d'*Œdipe Roi*. [...] »

Source : S. Freud, *Aus den Anfängen der Psychoanalyse, Briefe an Wilhelm Fliess, Abhandlungen und Notizen aus den Jahren (1887-1902)*, Londres, Imago, 1950 ; traduction française (Anne Berman) : *la Naissance de la psychanalyse, Lettres à Wilhelm Fliess, notes et plans (1887-1902)*, P.U.F., 1956.

Bibliographie : Ernest Jones, *la Vie et l'œuvre de Sigmund Freud*, tome I, La jeunesse, P.U.F., 1958. Octave Mannoni, *Freud*, Seuil, 1968.

Des souvenirs-couverture[1]

(1899)

SIGMUND FREUD

Cet article repose sur l'évocation d'un fragment d'autobiographie, puisque c'est Freud qui se dissimule, comme S. Bernfeld l'a démontré, derrière l'évocation de cet « homme de trente-huit ans, de formation universitaire ». C'est pourquoi son intérêt est double. Freud formule quelques thèses essentielles sur la nature de ces souvenirs très anciens où le plus souvent le fantasme se mêle à la réalité ; mais aussi, et peut-être surtout, il nous montre, non les résultats d'un travail psychique mais le détail de son fonctionnement. On notera cependant qu'au-delà de l'amour pour la jeune fille évoquée dans l'article, et qui, dans la réalité, s'appelait Gisela Fluss, un biographe contemporain de Freud, Peter Gay, soutient que Freud devait aussi avoir reporté sur la mère de celle-ci son propre amour pour sa mère. Il est vrai que les « souvenirs » d'enfance, comme toutes les formations psychiques, sont surdéterminés.

Freud reviendra sur le rôle du fantasme dans le souvenir dans Un souvenir d'enfance de Léonard de Vinci. *Dans « Remémoration, répétition, et élaboration » (in* la

1. *Über Deckerinnerungen*, G.W., I.

Technique psychanalytique*), il reviendra sur l'idée que les souvenirs-écrans, qui condensent un grand nombre d'éléments infantiles réels et fantasmatiques « contiennent* [...] *véritablement tout l'essentiel ». « Ils représentent les années oubliées de l'enfance aussi justement que le contenu manifeste des rêves en représente les pensées. »*

Source : *Freud, über Deckerinnerungen*, G.W., I ; traduction française (J. Doron, R. Doron), « Des souvenirs-couverture », in *Œuvres complètes*, t. III, P.U.F., 1989, p. 253-276.

Bibliographie : S. Bernfeld, « An unknown autobiographical fragment by Freud », *American Imago*, 4, n° 1-3-19, réédité *in Yearbook Psychoanalytical*, 1947, 3-15-29. P. Gay, *Freud, une vie*, Hachette. Jean-Marie Forget : « Le souvenir-écran – Précision et surprise », in *le Discours psychanalytique*, n° 7, février 1992. Éditions Clims – Association Freudienne.

Dans le contexte de mes traitements psychanalytiques (en présence d'hystérie, de névrose de contrainte, etc.), j'ai souvent été amené à me soucier des fragments de souvenirs, qui, issus des premières années de leur enfance, sont restés dans la mémoire des individus. Comme je l'ai déjà indiqué ailleurs, il faut attribuer aux impressions de cette époque de la vie une grande significativité pathogène. Mais un intérêt psychologique est dans tous les cas assuré au thème des souvenirs d'enfance, parce qu'une distinction fondamentale se fait jour ici de façon frappante entre le comportement psychique de l'enfant et celui de l'adulte. Il ne fait de doute pour personne que les expériences vécues de nos premières années d'enfance ont laissé des traces ineffaçables dans l'intérieur de notre âme ; mais lorsque nous interrogeons notre *mémoire* pour apprendre quelles sont les impressions sous l'action desquelles nous sommes destinés à demeurer jusqu'à la fin de notre vie, ou bien elle ne livre rien, ou bien elle livre un nombre relativement restreint de souvenirs à l'état isolé, d'une valeur souvent problématique ou énigmatique. Que la vie soit reproduite par la mémoire en tant que chaîne cohérente d'événements, cela ne se réalise pas avant la sixième ou la septième année de la vie, chez beaucoup cela n'arrive qu'après la dixième seulement. Mais à partir de là s'établit aussi une relation constante entre la significativité psychique d'une expérience vécue et son adhérence à la mémoire. Ce qui, en vertu de ses effets immédiats ou survenus peu après, apparaît important, voilà ce qui est noté ; ce qui est estimé inessentiel est oublié. Lorsque je peux me souvenir d'un événement longtemps après, je trouve dans le fait de cette conservation dans la mémoire une preuve qu'il m'a fait jadis une profonde impression. J'ai coutume de m'étonner quand il m'est arrivé d'avoir oublié quelque chose d'*important*, plus encore peut-être d'avoir gardé quelque chose d'apparemment indifférent.

C'est seulement dans certains états de l'âme pathologiques que la relation, valable pour l'adulte normal, entre l'importance psychique et l'adhérence mémorielle d'une impression est de nouveau dénouée. L'hystérique par exemple se montre régulièrement amnésique pour tout ou partie de ces expériences vécues qui ont conduit à l'éruption de ses souffrances, et qui, pourtant, de par cette causation, sont devenues pour lui significatives ou, cela mis à part, peuvent aussi l'être en raison de leur contenu propre. J'aimerais considérer l'analogie entre cette amnésie pathologique et l'amnésie normale quant à nos années d'enfance comme une indication précieuse sur les relations intimes entre le contenu psychique de la névrose et notre vie d'enfant.

Nous sommes tellement habitués à cette absence de souvenirs concernant les impressions d'enfant que nous avons coutume de méconnaître le problème qui se cache derrière elle, et que nous sommes enclins à la faire dériver, comme allant de soi, de l'état rudimentaire des activités animiques chez l'enfant. En réalité l'enfant normalement développé nous montre dès l'âge de trois à quatre ans une quantité innombrable d'opérations de l'âme hautement composées, dans ses comparaisons, ses déductions et dans l'expression de ses sentiments, et on ne peut considérer sans plus qu'il doit nécessairement exister une amnésie pour ces actes psychiques si pleinement équivalents aux actes psychiques ultérieurs.

Une condition préalable indispensable pour l'élaboration de ces problèmes psychologiques qui se rattachent aux premiers souvenirs d'enfance serait naturellement de collecter du matériel en constatant au moyen d'une enquête quelles sortes de souvenirs de cette époque de la vie un assez grand nombre d'adultes normaux sont capables de communiquer. V. et C. Henri[1] on fait en 1895 un premier pas dans cette direction en diffusant un questionnaire établi par eux ; les résultats extrêmement stimulants de cette enquête à laquelle cent vingt-trois personnes firent parvenir une réponse furent publiés par ces deux auteurs en 1897 dans l'*Année psychologique*, tome III[2] (*Enquête sur les premiers souvenirs de l'enfance*[3]). Mais comme je suis loin actuellement d'avoir l'intention de traiter le thème dans son intégralité, je me contenterai de mettre en relief les quelques points à partir desquels je peux parvenir à introduire ce que j'appelle « souvenirs-couverture ».

L'âge de la vie auquel est situé le contenu du souvenir d'enfance le plus précoce est le plus souvent l'époque qui va de deux à quatre ans (il en est ainsi pour quatre-vingt-huit personnes dans la série d'observations des Henri). Mais il y a des individus dont la mémoire remonte plus loin, même jusqu'à l'âge antérieur à l'achèvement de la première année, et d'autre part des personnes chez qui le souvenir le plus précoce ne provient que de la sixième, septième, voire huitième année. Avec quoi sont habituellement en corrélation ces distinctions individuelles, il n'est pas possible de l'indiquer pour le moment ; mais on remarque, disent les Henri, qu'une personne dont le souvenir le plus précoce date d'un âge très tendre, peut-être de la première année de vie, dispose aussi d'autres souvenirs isolés provenant des années suivantes, et que la reproduction de l'expérience de vie sous forme de chaîne de souvenirs continue commence chez elle à une date – peut-être la cinquième année – plus précoce que chez d'autres dont le premier souvenir date d'une époque plus tardive. Ainsi ce n'est pas seulement le moment de survenue d'un premier souvenir, mais c'est la fonction toute entière de la remémoration qui est avancée ou retardée chez telle ou telle personne.

Un intérêt tout particulier sera porté à la question de savoir quel est habituellement le *contenu* de ces souvenirs d'enfance les plus précoces. En partant de la psychologie des adultes on devrait s'attendre à ce que dans le matériau du vécu soient sélectionnées, comme dignes d'être notées, ces impressions qui ont provoqué un affect puissant ou qui peu de temps après ont été reconnues comme significatives de par leurs conséquences. Une partie des expériences collectées par les Henri semble confirmer aussi cette attente, car elles mentionnent comme les contenus les plus fréquents des premiers

1. Victor Henri était secrétaire de la rédaction de l'*Armée psychologique*, dirigée par Alfred Binet.
2. P. 184-198.
3. Titre en français dans le texte.

souvenirs d'enfance, d'une part des circonstances occasionnant peur, honte, douleurs corporelles, etc., d'autre part des événements importants tels que maladies, décès, incendies, naissance de frères ou de soeurs, etc. On serait ainsi enclin à admettre que le principe de la sélection mémorielle est le même pour l'âme enfantine et pour les adultes. Il n'est pas incompréhensible, mais il vaut toutefois la peine de le mentionner plus expressément, que les souvenirs d'enfance qui ont été conservés doivent nécessairement porter témoignage de la sorte d'impressions sur lesquelles s'est dirigé l'intérêt de l'enfant à la différence de celui de l'adulte. Ainsi s'explique alors facilement que, par exemple, une personne communique que, de l'âge de ses deux ans elle se souvient de divers accidents survenus à ses poupées, mais qu'elle est amnésique pour les événements sérieux et tristes qu'elle aurait pu percevoir alors.

Mais voici que, s'opposant de la façon la plus tranchée à cette attente et ne manquant pas de provoquer de quoi être légitimement déconcerté, nous entendons dire que chez maintes personnes les souvenirs d'enfance les plus précoces ont pour contenu des impressions quotidiennes et indifférentes qui, au moment où elles se vivaient, ne pouvaient, même sur l'enfant, déployer aucune action affective, et qui pourtant ont été notées avec tous les détails – on aimerait dire, avec suracuité – tandis que des événements à peu près contemporains n'ont pas été conservés dans la mémoire, même si, d'après le témoignage des parents, ils avaient à l'époque saisi l'enfant d'une manière intense. Les Henri parlent ainsi d'un professeur de philologie dont le souvenir le plus précoce, situé à l'époque qui va de trois à quatre ans, lui montrait l'image d'une table au couvert mis, sur laquelle se trouve une coupe avec de la glace. De la même époque date aussi la mort de sa grand-mère qui, au dire de ses parents, a beaucoup ébranlé l'enfant. Mais l'actuel professeur de philologie ne sait rien de ce décès, de cette époque il se souvient seulement d'une coupe avec de la glace.

Un autre rapporte comme premier souvenir d'enfance un épisode d'une promenade au cours de laquelle il cassa une branche à un arbre. Il croit encore aujourd'hui pouvoir indiquer à quel endroit cela se produisit. Il y avait là plusieurs personnes et l'une d'elles lui apporta de l'aide.

Les Henri qualifient de tels cas d'occurrences rares ; d'après mes expériences – collectées il est vrai pour la plupart auprès de névrosés – ils sont suffisamment fréquents. L'un des informateurs des Henri a risqué, pour ces images mnésiques incompréhensibles en raison de leur caractère inoffensif, une tentative d'explication qu'il me faut déclarer tout à fait pertinente. Il pense que dans de tels cas la scène en question n'est peut-être qu'incomplètement conservée dans le souvenir ; c'est justement pourquoi elle paraît insignifiante ; c'est dans les constituants oubliés que serait sans doute contenu tout ce qui a rendu l'impression digne d'être notée. Je peux confirmer que cela se passe effectivement ainsi ; je préférerais seulement au lieu d'« éléments oubliés de l'expérience vécue » dire « laissés de côté ». J'ai souvent réussi, par traitement psychanalytique, à mettre à découvert les pièces manquantes de l'expérience vécue des enfants et ainsi à apporter la preuve que l'impression dont un fragment était demeuré dans le souvenir répondait effectivement, une fois complétée, au présupposé de la conservation mémorielle du plus important. Il reste que cela ne donne pas l'explication de la sélection étrange que la mémoire effectue entre les éléments d'une expérience vécue ; il faut se demander pourquoi c'est justement ce qui est significatif qui est réprimé et ce qui est indifférent, conservé. On ne parvient à une explication qu'en pénétrant plus profondément dans le mécanisme de ces processus ; on se forme alors la représentation que deux forces psychiques participent à la survenue de ces souvenirs, dont l'une prend pour motif l'importance de l'expérience vécue pour vouloir la remémorer, tandis que l'autre – une résistance – répugne à cette mise en relief. Les deux forces agissant en sens opposé ne se suppriment pas l'une l'autre ; on n'en arrive pas au point que l'un des motifs terrasse l'autre – avec ou sans dommages –, mais il survient un effet de compromis, à peu près analogue à la formation d'une résultante dans le parallélogramme des forces. Ici le compromis consiste en ceci : ce n'est certes pas l'expérience vécue en question qui, elle-même, délivre l'image mnésique – en cela la résistance finit par avoir gain de cause –, mais bien un autre élément psychique qui est lié à l'élément choquant par des voix d'association rapprochées ; en cela se montre de nouveau la puissance du premier principe qui voudrait fixer des impressions significatives par l'instauration d'images mnésiques reproductibles. Le conflit a donc pour succès qu'au lieu de l'image mnésique originellement bien fondée, il en survient une autre qui, en échange de la première, se trouve *déplacée* d'un cran dans l'association. Étant donné que ce sont justement les constituants importants de l'impression qui ont éveillé l'effet choquant, le souvenir de remplacement doit être dépourvu de cet élément important ; c'est pourquoi il sera volontiers banal. Il nous apparaît incompréhensible parce que nous aimerions bien voir dans son contenu propre la raison de sa conservation mémorielle, alors qu'elle réside bel et bien dans la relation de ce contenu à un autre contenu réprimé. Pour me servir d'une parabole populaire, une certaine expérience vécue à l'époque de l'enfance prend valeur dans la mémoire, non pas parce qu'elle est elle-même de l'or, mais parce qu'elle s'est trouvée dans le voisinage de l'or.

Parmi les nombreux cas possibles de remplacement d'un contenu psychique par un autre, qui trouvent tous leur réalisation dans diverses constellations psychologiques, le cas rencontré dans les souvenirs d'enfant ici considérés, à savoir que les constituants inessentiels d'une expérience vécue représentent dans la mémoire les constituants essentiels de cette même expérience, est manifestement l'un des plus simples. C'est un déplacement le long de l'association de contiguïté ou, si l'on considère le processus dans son ensemble, un refoulement avec remplacement par quelque chose de voisin (dans un contexte spatial et temporel). J'ai eu une fois l'occasion de communiquer à partir de l'analyse d'une paranoïa[1] un cas très semblable de remplacement. J'y parlais d'une femme ayant des hallucinations, à laquelle ses voix répétaient de grands fragments de l'« *Heiterethei* » d'O. Ludwig[2], et justement les passages de la fiction les plus banals et les plus décousus. L'analyse prouva que c'étaient d'autres passages de cette même histoire qui avaient éveillé les pensées les plus pénibles chez la malade. L'affect pénible était un motif pour la défense, les motifs pour la poursuite de ces pensées n'avaient pas à être réprimés, et il en résulta comme compromis que les passages inoffensifs se détachèrent dans le souvenir avec une force et une netteté pathologiques. Le processus reconnu ici : *conflit, refoulement, remplacement avec formation de compromis*, fait retour dans tous les symptômes psychonévrotiques, c'est lui qui donne la clé pour comprendre la formation de symptôme ; il n'est donc pas sans significativité que la preuve de sa présence puisse être faite également dans la vie psychique des individus normaux ; que chez les hommes normaux, il influence précisément la sélection

1. Weitere Bemerkungen über die Abwehr-Neuropsychosen, *Neurologisches Zentralblatt*, 1896, n° 10 (Nouvelles remarques sur les névropsychoses de défense. Cf. *supra*, p. 136-146.
2. Cf. *supra*, p. 46.

des souvenirs d'enfance, voilà qui apparaît comme une nouvelle indication sur les relations intimes que nous avons déjà soulignées entre la vie d'âme de l'enfant et le matériel psychique des névroses.

Les processus manifestement très significatifs de la défense normale et pathologique et les déplacements subséquents auxquels ils conduisent n'ont, à ma connaissance, pas du tout été étudiés jusqu'ici par les psychologues, et il reste encore à constater dans quelles strates de l'activité psychique et à quelles conditions ils prennent valeur. La raison de cette négligence pourrait bien être que notre vie psychique, dans la mesure où elle devient objet de notre perception interne, *consciente*, ne laisse rien reconnaître de ces processus, si ce n'est dans les cas que nous classons comme « fautes de pensée », ou dans maintes opérations psychiques visant un effet comique. L'affirmation selon laquelle une intensité psychique peut se déplacer d'une représentation qui alors reste abandonnée, sur une autre qui dès lors reprend le rôle psychologique de la première, produit sur nous un effet déconcertant analogue à certains traits du mythe grec, lorsque par exemple des dieux revêtent un humain de beauté comme d'un voile, alors que nous, nous ne connaissons la transfiguration que par un jeu de physionomie modifié.

Des investigations supplémentaires sur les souvenirs d'enfance indifférents m'ont ensuite enseigné que leur apparition peut encore se produire autrement, et que derrière leur caractère apparemment inoffensif se sache habituellement une profusion insoupçonnée de significations. Sur ce point, toutefois, je ne veux pas me limiter à une simple affirmation, mais je vais développer largement un exemple particulier qui, parmi un assez grand nombre d'exemples analogues, m'apparaît comme le plus instructif, et qui gagne assurément en valeur du fait qu'il se rapporte à un individu qui n'est pas ou qui n'est que très peu névrosé.

Un homme de trente-huit ans, de formation universitaire, qui, bien que sa profession en soit éloignée, a conservé un intérêt pour les questions psychologiques, a, depuis que j'ai pu le libérer par la psychanalyse d'une petite phobie, dirigé l'an dernier mon attention sur ses souvenirs d'enfance, qui avaient déjà joué un certain rôle dans l'analyse. Après avoir pris connaissance de l'investigation conduite par V. et C. Henri, il me communiqua sous forme de résumé la présentation suivante :

« Je dispose d'un assez grand nombre de souvenirs d'enfance précoces, que je peux dater avec une grande certitude. À l'âge de trois ans révolus j'ai en effet quitté la petite localité de ma naissance pour aller résider dans une grande ville ; or mes souvenirs ont tous pour cadre la localité où je suis né, ils datent donc de la deuxième à la troisième année. Ce sont le plus souvent de courtes scènes, mais très bien conservées, et formées avec tous les détails de la perception sensorielle, s'opposant par là tout à fait aux images mnésiques de mes années de maturité, auxquelles l'élément visuel fait complètement défaut. À partir de la troisième année les souvenirs deviennent plus clairsemés et moins nets ; il se présente des lacunes qui doivent englober plus d'un an ; ce n'est qu'à partir de la sixième ou la septième année, je crois, que le courant du souvenir devient continu. Je répartis en outre en trois groupes les souvenirs qui s'étendent jusqu'à l'abandon de mon premier domicile. Un premier groupe est formé par les scènes que mes parents m'ont racontées après-coup à plusieurs reprises ; pour celles-ci je ne me sens pas sûr de pouvoir dire si j'ai eu l'image mnésique depuis le début ou si je ne me la suis créée seulement après un de ces récits. Je remarque qu'il y a aussi des incidents auxquels, malgré une description réitérée émanant des parents, ne correspond chez moi aucune image mnésique. Au deuxième groupe j'accorde plus de valeur ; ce sont des scènes qui – autant que je sache – ne m'ont pas été racontées et qui, pour une partie d'entre elles, n'ont même pas pu être racontées parce que je n'ai pas revu les partenaires de l'action : bonne d'enfants, compagnons de jeu. Du troisième groupe je parlerai plus tard. En ce qui concerne le contenu de ces scènes et, partant, leur prétention à être conservées dans la mémoire, je voudrais soutenir que je ne suis pas sans avoir quelque orientation sur ce point. Je ne peux certes pas dire que les souvenirs conservés correspondent aux événements les plus importants de cette période ou à ce que je jugerais tel aujourd'hui. De la naissance d'une soeur, qui est plus jeune que moi de deux ans et demi, je ne sais rien ; le départ, le spectacle du chemin de fer, le long voyage en voiture qui précéda, n'ont laissé aucune trace dans ma mémoire. J'ai noté en revanche deux petits incidents durant le voyage en chemin de fer ; comme vous vous en souvenez, ceux-ci sont apparus dans l'analyse de ma phobie. Ce qui pourtant aurait dû me faire le plus d'impression, c'est une blessure au visage qui me fit perdre beaucoup de sang et qui fut recousue par le chirurgien. Je peux aujourd'hui encore tâter la cicatrice qui témoigne de cet accident, mais je n'ai connaissance d'aucun souvenir qui renvoie directement ou indirectement à cette expérience vécue. Peut-être d'ailleurs n'avais-je pas encore deux ans à ce moment. »

« En conséquence, je ne m'étonne pas des images et des scènes des deux premiers groupes. Ce sont assurément des souvenirs déplacés, dans lesquels l'essentiel est resté le plus souvent absent ; mais dans quelques-uns il est au moins suggéré, dans d'autres il m'est facile d'entreprendre de les compléter d'après certains indices, et quand je procède ainsi il s'établit pour moi une bonne cohérence entre les bribes de souvenirs isolées, et j'aperçois clairement quel intérêt enfantin a recommandé à la mémoire justement ces événements-là. Mais il en va autrement avec le contenu du troisième groupe dont j'ai jusqu'à présent réservé le commentaire. Il s'agit d'un matériel – une scène assez longue et plusieurs petits tableaux – dont je ne sais effectivement que faire. La scène me paraît assez indifférente et sa fixation incompréhensible. Permettez-moi de vous la dépeindre : je vois une prairie rectangulaire, un peu en pente, verte et à l'herbe drue ; dans le vert, énormément de fleurs jaunes, de toute évidence du pissenlit[1] commun. En haut de la prairie, une maison de paysan devant la porte de laquelle deux femmes debout bavardent ensemble avec animation, la paysanne, un foulard sur la tête, et une bonne d'enfants. Dans la prairie jouent trois enfants, je suis l'un d'entre eux (âgé de deux à trois ans), les deux autres : mon cousin, qui a un an de plus, et sa soeur, ma cousine, qui a presque exactement mon âge. Nous cueillons les fleurs jaunes et tenons chacun à la main un bon nombre de fleurs déjà cueillies. C'est la petite fille qui a le plus beau bouquet ; mais nous, les garçons, nous lui tombons dessus comme d'un commun accord et lui arrachons ses fleurs. Toute en pleurs elle remonte la prairie en courant et en consolation reçoit de la paysanne un grand morceau de pain noir. À peine avons-nous vu cela, nous jetons les fleurs, nous nous précipitons aussi vers la maison et réclamons de même du pain. Nous en recevons à notre tour, la paysanne coupe la miche avec un long couteau. Ce pain a dans mon souvenir un goût absolument délicieux et là-dessus s'interrompt la scène. »

« Qu'y a-t-il donc dans cette expérience vécue qui justifie la dépense mémorielle à quoi elle m'a amené ? Je me suis vainement cassé la tête à ce sujet ; faut-il mettre l'accent sur notre manque de gentillesse à l'égard de la petite fille ? Est-il possible que

1. *Löwenzahn*, mot à mot : dent de lion.

le jaune du pissenlit, qu'aujourd'hui bien sûr je ne trouve pas beau du tout, ait alors tant plu à mes yeux ? ou bien est-ce qu'après les gambades dans la prairie le pain a eu pour moi un goût tellement meilleur qu'à l'ordinaire, qu'il en est résulté une impression ineffaçable ? De relations entre cette scène et l'intérêt, facile à deviner, qui assure la cohésion entre les autres scènes d'enfant, je ne peux pas en trouver non plus. J'ai au demeurant l'impression qu'il y a dans cette scène quelque chose qui ne va pas ; le jaune des fleurs se détache beaucoup trop fort sur l'ensemble, et le bon goût du pain m'apparaît lui aussi outré comme par hallucination. Je suis ici forcé de me souvenir de tableaux que j'ai vus un jour à une exposition parodique, dans lesquels certains constituants, naturellement les plus inconvenants, par exemple les tournures des dames peintes, étaient rapportés plastiquement au lieu d'être peints. Pouvez-vous m'indiquer une voie qui conduise à l'éclaircissement ou à l'interprétation de ce souvenir d'enfance superflu ? »

Je jugeai à propos de demander depuis quand ce souvenir d'enfance l'occupait, s'il pensait qu'il faisait périodiquement retour dans sa mémoire depuis l'enfance, ou si par hasard il avait émergé à quelque moment ultérieur, à la suite d'une occasion restant à remémorer. Cette question fut toute la contribution que j'eus à apporter à la solution du problème ; le reste, mon partenaire, qui n'était pas un débutant dans ce genre de travaux, le trouva de lui-même.

Il répondit : « À cela je n'ai pas encore pensé. Maintenant que vous m'avez posé cette question, j'ai la quasi-certitude que ce souvenir d'enfant ne m'a pour nullement occupé dans mes jeunes années. Mais je peux également me rappeler l'occasion d'où a procédé le réveil de ce souvenir et de beaucoup d'autres souvenirs de mes premières années. À l'âge de dix-sept ans, étant lycéen, je suis en effet revenu pour la première fois dans ma localité natale pour y passer des vacances, et cela en tant qu'hôte d'une famille qui nous était liée d'amitié depuis ces temps antérieurs. Je sais très bien quelle profusion d'excitations a pris alors possession de moi. Mais je vois déjà qu'il me faut vous raconter maintenant tout un grand morceau de l'histoire de ma vie ; il fait partie de l'ensemble et vous l'avez fait surgir par votre question. Écoutez donc : je suis l'enfant de gens aisés à l'origine, qui, à ce que je crois, avaient vécu suffisamment à l'aise dans ce petit trou de province. Alors que j'avais à peu près trois ans, une catastrophe survint dans la branche industrielle dont mon père s'occupait. Il perdit ses biens et nous dûmes par nécessité quitter cette localité pour aller résider dans une grande ville. Vinrent alors de longues et dures années ; je crois qu'elles ne valaient pas la peine qu'on en tire quelque chose de notable. En ville, je ne me sentis jamais vraiment à l'aise ; je pense maintenant que la désirance pour les belles forêts du pays natal, dans lesquelles, à peine capable de marcher, j'avais déjà coutume d'échapper à mon père, ne m'a jamais quitté, comme en témoigne un souvenir conservé de cette époque. C'étaient mes premières vacances à la campagne, celles de mes dix-sept ans, et j'étais, comme je l'ai dit, hôte d'une famille amie qui depuis notre changement de résidence avait connu une grande ascension. J'avais l'occasion de comparer le confort qui régnait là-bas avec le mode de vie qui était le nôtre à la ville. Mais maintenant rien ne sert d'esquiver davantage : il me faut vous avouer qu'autre chose m'excita puissamment. J'avais dix-sept ans et la famille qui m'accueillait avait une fille de quinze ans dont je tombai aussitôt amoureux. Ce fut mon premier engouement, qui ne manqua pas d'être intense mais fut tenu parfaitement secret. Peu de jours après, la jeune fille retourna dans l'institution qu'elle avait quittée elle aussi pour les vacances et cette séparation après une aussi brève rencontre ne fit qu'exalter ma désirance. Des heures durant je m'adonnai à des promenades solitaires à travers les magnifiques forêts retrouvées, occupé à bâtir des châteaux en Espagne, qui étrangement ne tendaient pas vers l'avenir mais cherchaient à améliorer le passé. Si seulement la faillite n'était pas survenue jadis, si seulement j'étais resté au pays natal, si j'avais grandi à la campagne, si j'étais devenu aussi robuste que les jeunes hommes de la maison, les frères de la bien-aimée, et si j'avais ensuite repris la profession de mon père et finalement épousé la jeune fille qui bien sûr au cours de toutes ces années serait forcément devenue intime avec moi ! Je ne doutais naturellement pas un instant que dans les circonstances que créait ma fantaisie, je l'aurais aimée d'un amour aussi ardent que celui que j'éprouvais effectivement alors. Étrangement, lorsque maintenant je la vois à l'occasion – le hasard a fait qu'elle s'est mariée ici – elle m'est extraordinairement indifférente, et pourtant je peux me souvenir exactement combien la couleur jaune de la robe qu'elle portait lors de notre première rencontre m'a fait de l'effet longtemps après, quand je revoyais cette couleur quelque part. »

Cela sonne tout à fait comme la remarque que vous aviez introduite, selon laquelle le pissenlit commun ne vous plaît plus du tout aujourd'hui. Ne supposez-vous pas qu'il y a une relation entre le jaune du vêtement de la jeune fille et le jaune tellement sur-net des fleurs dans votre scène d'enfant ?

« C'est possible, et pourtant ce n'était pas le même jaune. La robe était plutôt d'un brun-jaune, comme la giroflée d'or[1]. Cependant, je peux au moins mettre à votre disposition une représentation intermédiaire qui pourrait vous servir. J'ai vu par la suite dans les Alpes que beaucoup de fleurs qui ont des couleurs claires dans la plaine revêtent, sur les hauteurs, des nuances plus foncées. Si je ne me trompe fort il y a fréquemment dans les montagnes une fleur très semblable au pissenlit, mais qui est d'un jaune foncé et correspondrait donc tout à fait pour la couleur au vêtement de la bien-aimée d'alors. Mais je n'ai pas encore terminé, j'en viens à une deuxième occasion plus proche dans le temps, qui a agité en moi mes impressions d'enfance. J'avais revu la localité à dix-sept ans ; trois ans plus tard j'étais en visite chez mon oncle pendant les vacances, je rencontrai donc de nouveau les enfants qui avaient été mes premiers compagnons de jeu, ce même cousin, d'un an mon aîné, et cette même cousine, du même âge que moi, qui apparaissent dans la scène d'enfant de la prairie aux pissenlits. Cette famille avait quitté ma localité de naissance en même temps que nous et avait retrouvé une belle aisance dans la lointaine ville. »

Et êtes-vous là aussi tombé de nouveau amoureux, cette fois-ci de votre cousine, et avez-vous échafaudé de nouvelles fantaisies ?

« Non, cette fois-ci il en alla autrement. J'étais déjà à l'Université et j'appartenais entièrement aux livres ; ma cousine ne me disait plus rien. À ma connaissance je n'ai pas fait alors de telles fantaisies. Mais je crois qu'entre mon père et mon oncle il existait un plan selon lequel je devais échanger mes études abstruses pour des études mieux exploitables pratiquement et après avoir achevé mes études m'installer dans la localité de résidence de mon oncle et prendre ma cousine pour femme. Lorsqu'on remarqua combien j'étais plongé dans mes propres desseins, on laissa bien sûr de nouveau tomber le plan ; mais je pense que je l'ai sûrement deviné. Ce n'est que plus tard,

7. *Der Goldlack.* Mot à mot : laque d'or.

jeune savant, alors que la nécessité de la vie me rudoyait et qu'il me fallait attendre si longtemps pour avoir une situation dans cette ville-ci, que j'ai sans doute dû penser plus d'une fois qu'en fait mon père avait eu en vue mon bien en voulant par ce projet de mariage me voir dédommagé de la perte que cette première catastrophe m'avait causée pour toute la vie. »

J'aimerais donc situer dans cette époque de vos pénibles combats pour le pain l'émergence de la scène d'enfance dont il est question, si vous me confirmez encore que c'est pendant ces mêmes années que vous avez fait connaissance pour la première fois avec le monde des Alpes.

« C'est exact, les promenades en montagne étaient alors le seul plaisir que je me permettais. Mais je ne vous comprends pas encore très bien. »

Un instant. De votre scène d'enfant vous faites ressortir comme l'élément le plus intense que le pain de campagne a pour vous un goût tellement excellent. Ne remarquez-vous pas que cette représentation ressentie de façon presque hallucinatoire correspond à l'idée de votre fantaisie, ou si vous étiez resté au pays natal, si vous vous étiez marié avec cette jeune fille, votre vie aurait pris une forme, ô combien aisée, exprimé symboliquement : comme il aurait eu bon goût votre pain pour lequel vous avez combattu à cette époque ultérieure ? Et le jaune des fleurs fait allusion à la même jeune fille. Vous avez d'ailleurs dans la scène d'enfance des éléments qui ne se laissent rapporter qu'à la deuxième fantaisie, celle où vous vous seriez marié avec votre cousine. Jeter les fleurs pour recevoir un pain en échange ne me paraît pas un mauvais travestissement de l'intention que votre père avait à votre égard. Vous deviez renoncer à vos idéaux non pratiques et vous engager dans des « études gagne-pain », n'est-ce pas ?

« Ainsi donc j'aurais amalgamé les deux séries de fantaisies concernant la manière dont ma vie aurait pu prendre une forme plus aisée, empruntant à l'un le “jaune” et le pain “de campagne”, à l'autre les fleurs jetées et les personnages ? »

C'est cela ; projeter les deux fantaisies l'une sur l'autre et en avoir fait un souvenir d'enfance. La séquence sur les fleurs alpestres est alors en quelque sorte la marque de l'époque de cette fabrication. Je peux vous assurer qu'il est très fréquent que l'on fasse inconsciemment de telles choses, pour ainsi dire comme une fiction poétique.

« Mais alors ce ne serait pas là un souvenir d'enfance, mais une fantaisie reportée en arrière dans l'enfance. Pourtant un sentiment me dit que la scène est authentique. Comment cela s'accorde-t-il ? »

Pour les indications de notre mémoire il n'y a absolument aucune garantie. Mais je veux bien vous accorder que la scène est authentique ; vous êtes alors aller la chercher parmi d'innombrables autres, semblables ou différentes, parce que grâce à son contenu – en soi indifférent – elle était appropriée à la présentation de deux fantaisies qui étaient pour vous suffisamment significatives. Un tel souvenir, dont la valeur consiste en ce qu'il représente dans la mémoire des impressions et de pensées d'une époque ultérieure dont le contenu est connecté au sien propre par des relations symboliques et autres du même genre, je l'appellerais un *souvenir-couverture*. En tout cas vous cesserez de vous étonner du fréquent retour de cette scène dans votre mémoire. On ne peut plus la qualifier d'inoffensive lorsque, comme nous l'avons trouvé, elle est destinée à

1. *Triebfedern*. Rappelons que : *Trieb* = pulsion.
2. Allusion fréquente chez Freud au dernier vers du poème de Schiller « Die Weltweisen » (Les sages du monde, 1795).

illustrer les plus importants tournants de votre histoire de vie, l'influence des deux plus puissants ressorts[1], la faim et l'amour[2].

« Certes elle a bien présenté la faim, mais l'amour ? »

Dans le jaune des fleurs, je crois. Je ne peux d'ailleurs pas dénier que la présentation de l'amour dans cette scène d'enfance qui est vôtre demeure bien en retrait derrière mes autres expériences.

« Non, en aucune façon. La présentation de l'amour est bien ce qu'il y a là d'essentiel. Maintenant seulement je comprends ! Songez donc : ôter sa fleur à une jeune fille, cela signifie bien déflorer. Quelle opposition entre l'impudence de cette fantaisie et ma timidité dans la première occasion, mon indifférence dans la seconde. »

Je peux vous assurer que d'audacieuses fantaisies de cette sorte forment le complément régulier de la timidité juvénile.

« Mais alors ce ne serait pas une fantaisie consciente, que je puis remémorer, mais une inconsciente, qui se transforme en ces souvenirs d'enfance . »

Des pensées inconscientes qui prolongent les conscientes. Vous vous imaginez : si je m'étais marié avec celle-ci ou bien avec celle-là, et derrière cela fait son apparition l'impulsion à se représenter ce mariage.

« À présent je peux poursuivre moi-même. Ce qui dans tout ce thème attire le plus le jeune vaurien c'est la représentation de la nuit de noces ; que sait-il de ce qui suit ! Mais cette représentation n'ose pas se faire jour, l'ambiance dominante faite de discrétion et de respect vis-à-vis des jeunes filles la maintient réprimée. Ainsi reste-t-elle inconsciente... »

Et s'esquive dans un souvenir d'enfance. Vous avez raison, c'est précisément ce qu'il y a de grossièrement sensuel dans la fantaisie qui fait qu'elle ne se développe pas en une fantaisie consciente mais doit se contenter de trouver accueil dans une scène d'enfance, comme allusion, formulée avec des fleurs.

« Mais pourquoi justement dans une scène d'enfance ? C'est ce que j'aimerais demander. »

Peut-être justement pour l'amour de l'inoffensif. Pouvez-vous imaginer que quelque chose soit plus fortement opposé aux si mauvais desseins d'agression sexuels que des activités d'enfant ? Il y a au demeurant des raisons plus générales qui sont déterminantes pour le fait que des pensées et des souhaits refoulés s'esquivent dans les souvenirs d'enfance, car vous pouvez mettre ce comportement très régulièrement en évidence chez des personnes hystériques. Il semble aussi que la remémoration de ce qui est depuis longtemps passé soit facilitée en soi par un motif de plaisir. « *Forsan et haec olim meminisse juvabit.* »[1]

« S'il en est ainsi, j'ai perdu toute confiance dans l'authenticité de cette scène des pissenlits. Je me dis – que lors des deux circonstances occasionnantes mentionnées émerge en moi cette pensée, soutenue par des motifs réels bien saisissables : "Si tu t'étais marié avec cette jeune fille ou bien avec cette autre, ta vie serait devenue bien plus agréable" ; – que le courant sensuel en moi répète la pensée de la proposition conditionnante dans des représentations telles qu'elles puissent lui offrir satisfaction ; – que cette deuxième version de la même pensée reste inconsciente par suite de son inconciliabilité avec la disposition sexuelle dominante, mais est mise par là-même en état de persister dans la vie psychique, alors que la version consciente est éliminée

1. « Peut-être sera-t-il un jour agréable de se souvenir même de ces choses » (Virgile, *Enéide*, I, 203).

depuis longtemps par la réalité qui s'est modifiée ; – que la proposition restée inconsciente aspire suivant une loi en vigueur, comme vous dites, à se transformer en une scène d'enfance qui, en raison de son caractère inoffensif, a le droit de devenir consciente ; – qu'à cette fin elle doit connaître une reconfiguration ou plutôt deux, l'une qui ôte à la proposition de tête ce qu'elle a de choquant en l'exprimant en images, une seconde qui comprime la proposition subséquente sous une forme apte à la présentation visuelle, ce pourquoi est utilisée la représentation médiane pain – études gagne-pain. Je comprends que par la production d'une telle fantaisie j'ai en quelque sorte instauré un accomplissement des deux souhaits réprimés, celui de la défloration et celui du bien-être matériel. Mais après avoir pu d'une manière aussi complète me rendre compte à moi-même des motifs qui ont conduit à l'apparition de la fantaisie des pissenlits, il me faut admettre qu'il s'agit ici de quelque chose qui ne s'est absolument jamais produit, mais qui s'est introduit en fraude et irrégulièrement dans mes souvenirs d'enfance. »

Il me faut maintenant me faire le défenseur de l'authenticité. Vous allez trop loin. Vous m'avez laissé vous dire que toute fantaisie réprimée comme celle-ci a tendance à s'esquiver dans une scène d'enfance ; ajoutez-y maintenant que cela ne réussit pas sans la présence d'une trace mnésique telle que son contenu offre des points de contact avec celui de la fantaisie et qui en quelque sorte vient au devant de celle-ci. Une fois qu'un tel point de contact est trouvé – ici c'est la défloration, la prise de la fleur – le reste du contenu de la fantaisie est remodelé à l'aide de toutes les représentations intermédiaires recevables (pensez au pain !) jusqu'à ce qu'il en ait résulté de nouveaux points de contact avec le contenu de la scène d'enfant. Il est fort possible que dans ce procès la scène d'enfant elle-même soit soumise également à des modifications ; je tiens pour assuré que par cette voie sont produites également des falsifications du souvenir. Dans votre cas la scène d'enfance semble avoir été seulement ciselée ; pensez à la mise en relief excessive du jaune et à l'exagération du bon goût du pain. Mais le matériel brut était utilisable. S'il n'en avait pas été ainsi, ce souvenir n'aurait justement pas pu s'élever d'entre tous les autres, jusqu'à la conscience. Vous n'auriez pas eu comme souvenir d'enfance une telle scène ou peut-être en auriez-vous eu une autre, car vous savez bien quelle facilité vient à nos traits d'esprit pour jeter de partout à partout des ponts de liaison. Outre votre sentiment que je ne voudrais pas sous-estimer, quelque chose d'autre encore plaide d'ailleurs pour l'authenticité de votre souvenir de pissenlits. Il contient des traits que l'on ne peut résoudre au moyen de vos communications et qui ne s'accordent pas non plus avec les significations provenant de la fantaisie. Ainsi par exemple lorsque le cousin vous aide à dérober les fleurs à la petite fille. Pourriez-vous mettre un sens en liaison avec cette aide qui vous est apportée dans la défloration ? Ou encore avec le groupe de la paysanne et de la bonne d'enfants, en haut, devant la maison ?

« Je ne le crois pas. »

La fantaisie ne se recouvre donc pas entièrement avec la scène d'enfance, elle ne fait que s'étayer sur elle en quelques points. Cela plaide pour l'authenticité du souvenir d'enfance.

« Croyez-vous qu'il soit souvent de mise d'interpréter ainsi des souvenirs d'enfance apparemment inoffensifs ? »

D'après mes expériences, très souvent. Voulez-vous pour plaisanter essayer de voir si les deux exemples communiqués par les Henri admettent d'être interprétés comme souvenirs-couverture pour des expériences vécues et des souhaits ultérieurs ? Je veux dire : le souvenir de la table au couvert mis, sur laquelle il y a une coupe avec de la glace, ce qui doit être en corrélation avec la mort de la grand-mère, et le second, celui de la branche que l'enfant casse au cours d'une promenade, ce pourquoi quelqu'un d'autre lui apporte de l'aide ?

Il réfléchit un instant : « Du premier, je ne sais que faire. Un déplacement est très vraisemblablement en jeu, mais les maillons intermédiaires ne peuvent être devinés. Quant au second j'oserais une interprétation, si la personne qui le communique comme sien n'était pas un Français. »

C'est à moi maintenant de ne pas vous comprendre. Qu'est-ce que cela peut changer ?

« Cela change beaucoup de choses car c'est vraisemblablement l'expression langagière qui assure la liaison entre le souvenir-couverture et le souvenir couvert. En allemand l'expression "*sich einen ausreissen*"[1] est une allusion vulgaire et très connue à l'onanisme. La scène reporterait en arrière dans l'enfance précoce le souvenir d'une séduction intervenue plus tard, amenant à l'onanisme, puisqu'il y a bien là quelqu'un qui y aide. Pourtant cela ne va pas parce que dans la scène d'enfance, il y a là, aussi, tant d'autres personnes. »

Tandis que le dévoiement vers l'onanisme doit obligatoirement avoir eu lieu dans la solitude et en secret. Pour moi, c'est justement cette opposition qui plaide pour votre conception ; elle sert une fois de plus à rendre la scène inoffensive. Savez-vous ce que cela signifie lorsque nous voyons en rêve « beaucoup de gens étrangers », comme cela arrive si fréquemment dans les rêves de nudité au cours desquels nous nous sentons si terriblement gênés ? Rien d'autre que... le secret qui se trouve ainsi exprimé par son opposé. Au demeurant cette interprétation reste une plaisanterie ; car en réalité nous ne savons pas si le Français reconnaîtra dans les mots *casser une branche d'un arbre*[2] ou dans une phrase un peu rectifiée, une allusion à l'onanisme. »

Le concept de *souvenir-couverture* en tant que tel, qui doit sa valeur pour la mémoire non à son contenu propre mais à la relation entre ce contenu et un autre contenu réprimé, devrait, grâce à l'analyse qui précède et qui a été communiquée avec la plus grande fidélité possible, être devenu quelque peu clair. D'après le type de cette relation on peut différencier diverses classes de souvenirs-couverture. Nous avons trouvé des exemples de deux de ces classes dans ce que nous appelons nos souvenirs d'enfance les plus précoces, à savoir lorsque nous faisons entrer sous le concept de souvenir-couverture la scène infantile incomplète et, de par cette incomplétude, inoffensive Il est à prévoir que des souvenirs-couverture se formeront aussi à partir des restes mémoriels des époques de la vie ultérieures. Qui ne perd pas de vue le caractère principal de ceux-là : une grande aptitude à rester en mémoire et en même temps un contenu totalement indifférent, décèlera facilement dans sa mémoire des exemples de ce type en grand nombre. Une partie de ces souvenirs-couverture à contenu de vécu ultérieur doit sa significativité à la relation avec des expériences vécues de la jeunesse précoce restées réprimées, donc à l'inverse du cas analysé par moi, dans lequel un souvenir d'enfant est justifié par un vécu ultérieur. Suivant que s'établit l'un ou l'autre rapport

1. Littéralement : « s'en arracher un ».
2. En français dans le texte.

temporel entre couvrant et couvert, on peut qualifier le souvenir-couverture de *rétrograde* ou d'*anticipant.* D'après une autre relation on différencie des souvenirs-couverture positifs et négatifs (ou souvenirs *contre-offensifs*) dont le contenu est en rapport d'opposition avec le contenu réprimé. Le thème mériterait bien une prise en compte plus approfondie ; je me contente ici d'attirer l'attention sur la complexité des processus – au demeurant tout à fait analogues à la formation de symptômes hystériques – qui prennent part à la constitution de notre trésor de souvenirs.

Nos souvenirs d'enfance les plus précoces feront toujours l'objet d'un intérêt particulier parce que le problème mentionné d'entrée – comment se fait-il donc que les impressions qui auront le plus d'effet pour tout l'avenir n'ont pas besoin de laisser derrière elles une image mnésique ? – invite à réfléchir sur l'apparition des souvenirs conscients en général. On sera sûrement enclin de prime abord à éliminer comme constituants hétérogènes, parmi les restes mémoriels de l'enfance, les souvenirs-couverture dont nous venons de traiter et à se faire des autres images cette représentation simple, à savoir qu'elles apparaissent simultanément à l'expérience de vie comme conséquence immédiate de l'action exercée par le vécu et qu'elles font à partir de là, par moments, retour suivant les lois connues de la reproduction. Mais l'observation plus fine fournit des traits isolés qui s'accordent mal avec cette conception. Ainsi, avant tout, le trait suivant : dans la plupart des scènes d'enfant significatives et d'ordinaire irrécusables on voit dans le souvenir sa propre personne comme enfant, dont on sait qu'on est soi-même cet enfant ; mais on voit cet enfant comme le verrait un observateur en dehors de la scène. Les Henri ne manquent pas de faire remarquer que beaucoup de leurs informateurs mettent expressément en relief cette particularité des scènes d'enfant. Il est désormais clair que cette image mnésique ne peut pas être la répétition fidèle de l'impression reçue jadis. On se trouvait en effet en plein dans la situation et on ne faisait pas attention à soi, mais au monde extérieur.

Partout où dans un souvenir la personne propre entre en scène ainsi, comme un objet parmi d'autres objets, on peut avoir recours à cette opposition entre le moi qui agit et le moi qui se souvient comme une preuve que l'impression originelle a connu une surélaboration. On dirait qu'une trace mnésique de l'enfance a été retraduite à une époque ultérieure (époque de réveil) en plastique et visuel. Mais d'une reproduction de l'impression originelle, rien ne nous est jamais parvenu à la conscience.

Il faut accorder encore davantage de force probante, en faveur de cette autre conception des scènes d'enfance, à un second fait. Parmi les souvenirs infantiles d'expériences vécues importantes qui entrent en scène avec une précision et une netteté égales, il y a quantité de scènes qui, lorsqu'on a recours à un contrôle, – par exemple par le souvenir d'adultes – se révèlent falsifiées. Non pas qu'elles aient été inventées de toutes pièces ; elles sont fausses dans la mesure où elles transportent une situation en un endroit où elle n'a pas eu lieu (comme aussi dans un exemples communiqué par les Henri), fusionnent ou permutent entre eux des personnages, ou bien se donnent à reconnaître somme toute comme l'assemblage de deux expériences vécues séparées. Une simple infidélité du souvenir ne joue justement pas ici, étant donné la grande intensité sensorielle des images et la capacité opératoire de la fonction mémorielle dans la jeunesse, un rôle considérable ; une investigation minutieuse montre bien plutôt que de telles falsifications du souvenir sont tendancieuses, c'est-à-dire qu'elles servent aux fins du refoulement et remplacement d'impressions choquantes ou désagréables. Il faut donc que ces souvenirs falsifiés aient eux aussi pris naissance à une époque de la vie où de tels conflits et de telles impulsions au refoulement pouvaient déjà se faire valoir dans la vie d'âme, donc longtemps après celle qu'ils remémorent dans leur contenu. Mais là aussi le souvenir falsifié est le premier dont nous ayons connaissance ; le matériel de traces mnésiques à partir duquel il a été forgé nous est resté inconnu dans sa forme originelle.

Avec une telle façon de voir, l'écart entre les souvenirs-couverture et les autres souvenirs provenant de l'enfance se réduit dans notre estimation. Peut-être y a-t-il doute en général sur le fait de savoir si nous avons des souvenirs conscients provenant de l'enfance ou pas plutôt simplement se rapportant à l'enfance. Nos souvenirs d'enfance nous montrent les premières années de la vie, non comme elles étaient, mais comme elles sont apparues à des époques d'évocation ultérieures. À ces époques d'évocation, des souvenirs d'enfance n'ont pas *émergé*, comme on a coutume de le dire, mais ils ont été alors *formés,* et toute une série de motifs, bien éloignés de viser à la fidélité historique, ont influencé cette formation aussi bien que la sélection des souvenirs.

L'Interprétation des rêves
(1900)

SIGMUND FREUD

Plus qu'à aucun autre, Freud était attaché à son ouvrage sur les rêves. Ernest Jones nous rapporte qu'il lui demanda un jour laquelle de ses œuvres il préférait. Freud sortit de sa bibliothèque l'Interprétation des rêves *et les* Trois Essais sur la théorie sexuelle. *De ces deux livres il privilégiait encore le premier, qui à son idée devait durer plus longtemps. De fait, quelles que soient les rectifications apportées depuis 1900 à quelques points de doctrine, l'idée d'une interprétation des rêves et les grands principes qui la rendent possible constituent un des apports essentiels de la psychanalyse à la connaissance du sujet humain.*

Freud pensait que c'était dans les conceptions populaires que l'on avait le mieux saisi l'importance des phénomènes oniriques : les savants, quant à eux, adoptaient jusqu'alors une position bien méprisante à leur égard. Il recense pourtant avec un grand soin, dans son premier chapitre, la « littérature scientifique » concernant le rêve. Cela lui permet de montrer que déjà avant lui des auteurs s'étaient rendu compte de divers phénomènes étonnants, comme le retour, dans le rêve, de souvenirs très précis que le rêveur avait oubliés, et qui lui sont ensuite confirmés par son entourage. Le rêve témoigne d'une activité psychique qui va au-delà de celle dont le sujet peut être conscient. Pourquoi alors lui refuserait-on un sens ?

Le chapitre II, auquel on s'intéressera plus particulièrement, donne une première idée de la méthode d'interprétation des rêves, appliquée au premier de ses rêves que Freud interpréta complètement. Dans ce rêve, resté célèbre, Freud reproche à Irma, lors d'une réception, de ne pas avoir accepté sa « solution », qu'il n'explicite d'ailleurs pas dans sa présentation : « [...] Je lui dis : “Si tu as encore des douleurs, c'est réellement de ta faute.” – Elle répond : “Si tu savais comme j'ai mal à la gorge, à l'estomac et au ventre, cela m'étrangle.” [...]. *»*

Freud prend peur, se demande s'il n'a pas laissé échapper un symptôme organique et il réexamine donc Irma. Des collègues s'en mêlent et discutent du cas. L'un d'eux apparaît, finalement, comme le responsable vraisemblable de l'aggravation de l'état d'Irma : « [...] Mon ami Otto lui a fait récemment un jour où elle s'était sentie souffrante, une injection avec une préparation de propyle, propylène... acide propionique... triméthylamine (dont je vois la formule devant mes yeux, imprimée en caractères gras)... Ces injections ne sont pas faciles à faire... il est probable aussi que la seringue n'était pas propre. [...] »

Ce rêve dans son ensemble peut apparaître comme un rêve de justification : si Irma va mal, ce n'est pas de la faute de Freud, c'est de sa faute à elle, ou encore de la faute d'Otto. Mais, précisément, il ne s'agit pas d'interpréter un rêve dans son ensemble. Freud prend l'une après l'autre chacune des phrases du rêve manifeste. Chacune conduit à une ou plusieurs séries d'associations qui concernent notamment les femmes ou La femme et l'image que Freud en a. Ainsi, en même temps qu'une présentation de la méthode d'interprétation des rêves, le chapitre II de la Traumdeutung *représente bien un moment de l'auto-analyse de Freud. Il se termine néanmoins sur des considérations générales :* « [...] Quand on applique la méthode d'interprétation que j'ai indiquée, on trouve que le rêve a un sens et qu'il n'est nullement l'expression d'une activité fragmentaire du cerveau, comme on l'a dit. *Après complète interprétation, tout rêve se révèle comme l'accomplissement d'un désir.* ».

Le chapitre qui suit est consacré à la déformation dans les rêves. Si en effet le rêve nécessite une interprétation, c'est que le désir qui s'y réalise se déguise pour échapper à la censure. Freud aborde ensuite le matériel et les sources du rêve, le travail du rêve, enfin la psychologie du rêve.

Source : S. Freud, *Die Traumdeutung, Gesammelte Werke*, t. II-III ; traduction française (I. Meyerson) : *l'Interprétation des rêves*, édition révisée par Denise Berger, P.U.F., 1967.

Bibliographie : S. Freud, *Nouvelles Conférences sur la psychanalyse*, conférence 1, *Révision de la science du rêve*, Gallimard ; J. Lacan, *Séminaire II, Le moi dans la théorie de Freud et dans la pratique de la psychanalyse*, chapitres 13 et 14, Seuil ; C. Melman, *Nouvelles Études sur l'inconscient*, Bibliothèque du trimestre psychanalytique, publication de l'Association Freudienne Internationale.

IV

LES FORMATIONS DE L'INCONSCIENT

Comment l'inconscient, inaccessible par définition, lieu Autre, radicalement Autre, peut-il être abordé par la psychanalyse ? Si la mise au jour de processus inconscients semble bien constituer une condition sine qua non de la cure, elle n'en reste pas moins paradoxale. L'hypnose, que pratiquait Breuer, et que Freud adopta au commencement, paraissait appropriée au but recherché (l'état hypnotique semblant plus proche, de par sa nature même, des formes de la vie psychique qu'il s'agissait de révéler). Mais Freud devait abandonner l'hypnose, trop aléatoire, et qui rencontrait souvent une opposition de la part de ses patients. Dès lors, comment procéder ?

Nous reviendrons, ultérieurement, sur les problèmes strictement techniques. Il convient déjà de formuler les principes d'une réponse possible. Si l'inconscient n'est pas, pour l'analyste, totalement inaccessible, c'est qu'il s'exprime, à sa façon, non seulement dans le symptôme, mais dans le rêve, le lapsus, l'acte manqué, le mot d'esprit, en un mot dans ce que l'on peut désigner comme formations de l'inconscient.

Le lapsus pour commencer : parce que chacun peut en faire couramment l'expérience, Freud a toujours considéré que cet exemple constitue un bon point de départ pour se familiariser avec ce qu'apprend la psychanalyse. Tout le monde ne souffre pas de symptômes, ou tout au moins tout le monde n'a pas l'impression d'en souffrir. En revanche, chacun fait des lapsus, et il n'est ordinairement pas difficile de montrer que ces lapsus sont motivés. Dans un contexte qui ne l'autorisait pas, un souhait repoussé par le sujet vient interférer. Cette interférence produit un accident dans le discours que chacun, aujourd'hui, s'emploie à interpréter. De fait il n'est pas difficile d'imaginer que celui qui devant présider une séance de discussion commence par la dire close (et non ouverte) ne devait pas en attendre grand-chose de bon.

Nous avons parlé de souhait repoussé, et non par exemple de désir refoulé. Dans les exemples que choisit Freud, exemples généralement empruntés à la vie quotidienne, le sujet est souvent conscient de ce qu'il souhaite, il est seulement réticent à admettre ce qu'il perçoit en lui. Pourtant, même dans ce cas, le lapsus reste souvent surprenant par un aspect ou par un autre, et c'est la surprise qu'il ménage qui en fait souvent tout l'intérêt. Un monsieur s'entretient avec une dame « au cours d'une soirée chez des amis communs, et on parle des préparatifs qui se font à Berlin en vue des fêtes de Pâques. Il lui demande : "Avez-vous vu l'exposition de la maison Wertheim ? Elle est très bien décolletée.*" Il a admiré, dès le début de la soirée, le décolleté de la jolie femme, mais n'a pas osé lui exprimer son admiration ; et voilà que l'idée repoussée en arrive à percer quand même, en lui faisant dire, à propos d'une exposition de marchandises, qu'elle était* décolletée, *alors qu'il la trouvait tout simplement très* décorée. *» Et Freud ajoute « Il va sans dire que le mot* exposition *prend, avec ce lapsus, un double sens »*[1]. *C'est là sans doute le point le plus intéressant : avant même ce lapsus, c'est dans un mot très anodin (« exposition ») que le sujet exprimait sans le savoir jusqu'où allait son intérêt pour ce qui s'offrait à son regard. Le lapsus attire l'attention là-dessus, mais c'est une fois de plus la polysémie des mots dont nous nous servons le plus couramment qui permet au désir de se dire sans qu'on y prenne garde.*

Le rêve nous fera faire ici un pas de plus. Ce que Freud souligne, dans de nombreux textes, ce n'est pas seulement qu'un même élément du rêve peut prendre deux significations différentes. C'est qu'il peut signifier une chose et son contraire.

*Nous nous trouvons là devant une des thèses les plus surprenantes de la psychanalyse. « La manière dont le rêve exprime les catégories de l'*opposition *et de la* contradiction *est particulièrement frappante : il ne les exprime pas, il paraît ignorer le "non". Il excelle à réunir les contraires et à les représenter en un seul objet. Le rêve représente souvent aussi un élément quelconque par son désir contraire, de sorte qu'on ne peut savoir si un élément du rêve, susceptible de contradiction trahit un contenu positif ou négatif dans les pensées du rêve. »*[2] *On retrouvera cette thèse dans le chapitre* XI *de l'*Introduction à la psychanalyse, *chapitre que nous reprenons ici*[3].

Il est assurément difficile de donner idée de ce qui peut amener l'analyste à cette conception. Elle est étroitement solidaire de l'expérience, et ce sont les associations du rêveur qui conduisent souvent à donner à un même élément deux significations opposées. La nature même du désir humain, cependant, justifie assez ce type de représentations. Le désir ne va pas sans l'interdit, qui, certes, le limite, mais en même temps définit le cadre dans lequel il est légitime. Et c'est parce que le désir et l'interdit sont étroitement unis qu'un seul et même élément, souvent un seul et même mot, peut venir les dire tous deux en même temps, ou tout au moins les exprimer tour à tour. Le mot « flamber » dans un rêve peut renvoyer à la fois au feu de la passion et à celui qui doit punir le sujet trop audacieux.

Freud, pour sa part, essaya d'appuyer cette thèse sur des références linguistiques. Il se référa à un ouvrage de K. Abel sur les mots primitifs, ouvrage où le philologue tente de démontrer qu'un grand nombre de mots, notamment dans les langues les plus anciennes, peuvent signifier deux notions contraires (fort-faible ; saint-maudit, etc.)[4].

Dans son détail, l'ouvrage d'Abel a été largement discuté, notamment par Émile Benveniste[5]. *Celui-ci souligne un grand nombre d'erreurs ou d'approximations qui concernent en particulier les étymologies proposées par Abel. Toutefois É. Benveniste conclut son article sur la stylistique. À ce niveau on ne peut nier la place que peut prendre, dans notre usage du langage, un procédé tel que l'antiphrase. De fait, c'est tous les jours que nous disons : « c'est malin » pour signifier que ce n'est pas très*

1. S. Freud, *Psychopathologie de la vie quotidienne*, Payot, p. 80.
2. S. Freud, *l'Interprétation des rêves*, P.U.F., p. 274.
3. Voir *infra*, p. 111, sq.
4. Cf. S. Freud, « Des sens opposés dans les mots primitifs », in *Essais de psychanalyse appliquée*, Idées Gallimard, p. 59-67. Le texte de K. Abel, paru en brochure en 1884 a été incorporé l'année suivante dans les *Sprachwissenschaftliche Abhandlungen (Essais philologiques)*.
5. Cf. É. Benveniste, « Remarques sur la fonction du langage dans la découverte freudienne », in *Problèmes de linguistique générale*, TEL Gallimard, p. 75-87

intelligent. L'inconscient ne fait que systématiser ce genre de rhétorique, et le rêve le démontre particulièrement bien.

C'est aussi à partir du rêve que Freud mit en lumière deux des principaux mécanismes de l'inconscient. Freud appelle rêve latent le rêve que l'on dégage par l'interprétation, le rêve en tant qu'il recèle le désir ; il appelle rêve manifeste le rêve tel que le rêveur s'en souvient. Entre le rêve latent et le rêve manifeste il y a une élaboration, destinée à travestir le désir, pour qu'il échappe à la censure. Cette élaboration, au rebours de laquelle fonctionnera l'interprétation, se fait notamment par condensation et déplacement. La condensation remplace plusieurs éléments du rêve latent par un seul élément du rêve manifeste ; elle forme un tout composite à partir d'éléments qui peuvent avoir quelque chose de commun. Le déplacement remplace un élément par un autre qui s'y trouve relié de façon plus ou moins éloignée, ou encore il transfère l'accent psychique d'un élément important du rêve sur un autre élément de bien moins grande importance : la censure s'en trouve déjouée, mais le rêve devient étrange, apparemment incompréhensible. On notera, à la suite de J. Lacan, que condensation et déplacement peuvent être rapprochés de ce que la linguistique décrit comme métaphore et métonymie. La métonymie fonctionne sur un axe « horizontal », celui de la contiguïté de la phrase, par exemple. On dit « boire un verre » au lieu de « boire l'eau contenue dans un verre ». Le déplacement dans le rêve procède de même. Quant à la métaphore, on pourrait souligner qu'elle est créatrice de sens, en faisant valoir qu'elle permet de rassembler plusieurs lignes de signification. On peut aussi noter qu'elle fonctionne dans l'axe de la substitution, l'axe « vertical » des linguistes, celui qui nous permet de choisir un terme à la place d'un autre, celui qui fait dire au poète, (Victor Hugo, Booz endormi*) : « sa gerbe n'était pas avare ni haineuse ». Booz n'est plus présent dans la phrase, mais du même coup l'idée de fécondité peut venir s'exprimer, anticipant sur la suite du poème. À la métaphore, on associera la condensation, conçue comme « surimposition des signifiants ».*

Le lecteur intéressé par le rêve n'en restera pas à l'étude de ces deux mécanismes de l'élaboration, même s'ils sont essentiels. On trouvera dans le chapitre VI de la Traumdeutung *des développements très précis sur d'autres procédés à l'œuvre dans « le travail du rêve ». Il s'agit notamment de ce procédé de figuration par lequel une pensée abstraite est représentée d'une manière plus concrète, comme lorsque nous parlons d'une façon imagée. Il s'agit également de la figuration par symboles, qui pose tout le problème d'un symbolisme universel, à l'œuvre dans les rêves mais aussi dans les mythes, les contes, les œuvres d'art, le folklore des peuples. Il faut cependant en venir aux autres formations de l'inconscient.*

En 1901, un an après la Traumdeutung, *Freud fait paraître un petit ouvrage passionnant, consacré exclusivement à ces petites perturbations qui pourraient nous faire sentir, quotidiennement, les effets des processus inconscients : la* Psychopathologie de la vie quotidienne. *Le premier chapitre reprend un exemple auquel Freud avait déjà consacré, trois ans auparavant, un article particulier*[1]. *Cet exemple est resté particulièrement célèbre. Le doit-il à son côté achevé, parfait, à l'élégance d'une démonstration resserrée autour de quelques articulations langagières très précises ? Freud, au cours d'une conversation avec un compagnon de voyage, oublie le nom du peintre*

1. Voir *infra*, p. 85, sq.

Signorelli. Il est alors intéressant de voir la façon dont il analyse les noms qui lui viennent à l'esprit lorsqu'il essaie de se souvenir du nom oublié. Ou bien faut-il penser que le texte doit sa célébrité à la force avec laquelle y sont rendues les inquiétudes fondamentales de l'homme : la sexualité, l'impuissance, et aussi la mort ? Sans doute faut-il ici combiner ces deux explications. Alors même qu'il dit tout de son malaise, au point de nous faire saisir mieux qu'ailleurs ce qui produit le refoulement, Freud s'exprime sans aucun pathétique, et l'on voit combien l'analyse prolonge ici le parti pris rationaliste jusque dans un domaine où on ne l'attendait pas[1].

On retrouvera une inspiration voisine dans le Mot d'esprit et ses rapports avec l'inconscient, *publié en 1905. Ici aussi l'intérêt en est au moins double. D'une part Freud se livre à une étude formelle très minutieuse, une étude qui reprend notamment les procédés d'élaboration qu'il a étudiés dans le rêve. Condensation et déplacement par exemple se retrouvent dans le mot d'esprit et permettent d'en comprendre certaines formes. Dans une pièce des* Reisebilder *(Tableaux de voyage), intitulée « les Bains de Lucques », H. Heine profile les traits du buraliste de loterie et chirurgien pédicure Hirsch-Hyacinthe de Hambourg. Cet homme, en présence du poète, se targue de ses relations avec le riche baron de Rothschild et termine par ces mots : « Et aussi vrai, monsieur le Professeur, que Dieu doit pourvoir à ma prospérité, j'étais assis à côté de Salomon Rothschild et il m'a traité tout à fait comme son égal, d'une manière tout à fait famillionnaire »*[2]. *« Rothschild m'a traité tout à fait comme son égal, peut-on comprendre, d'une manière tout à fait familière, c'est-à-dire autant qu'un* millionnaire *est en mesure de le faire »*[3]. *On voit que, sans la condensation de « familière » et de « millionnaire », une telle formule n'aurait plus rien de spirituel. L'analyse du mot d'esprit nécessite une attention précise aux mécanismes du langage. Mais on pourra peut-être ici accorder un intérêt plus grand encore à ce que Freud appelle les « tendances de l'esprit ». Par l'esprit, en effet, celui qui avait dû rentrer en lui-même la plainte ou la dérision peut enfin les laisser paraître et voilà que, parce qu'il fait rire, il désarme l'Autre*[4] *qui pourrait le critiquer. Cela peut aller assez loin lorsqu'un marieur par exemple rompt brutalement, d'une plaisanterie inattendue, la démonstration que son office semblait requérir. Aux petits bourgeois calculateurs qu'il est censé servir il fait voir à présent leur ridicule, et d'une façon telle qu'on ne peut qu'en rire. « Celui qui laisse ainsi échapper la vérité, écrit Freud, est en réalité heureux de jeter le masque ». Nous cherchions comment l'inconscient peut se révéler : le mot d'esprit en donne idée, il en constitue, pour le moins, une présentation métaphorique.*

1. Cf. à ce sujet S. Freud, *Introduction à la psychanalyse*, Petite Bibliothèque Payot, p. 16-18. Freud reconnaît que les matériaux de la psychanalyse « sont constitués généralement par ces faits peu apparents que les autres sciences écartent comme trop insignifiants, par le rebut du monde phénoménal. » Estimera-t-on qu'il s'agit là d'« événements négligeables, se trouvant en dehors de l'enchaînement de la phénoménologie du monde et qui auraient pu tout aussi bien ne pas se produire ? Mais en brisant le déterminisme universel, même en un seul point, on bouleverse toute la conception scientifique du monde. »
2. S. Freud, *le Mot d'esprit et ses rapports avec l'inconscient*, Gallimard, 1988, p. 56.
3. Loc. cit., p. 58.
4. C'est précisément à partir de cette analyse du mot d'esprit que Lacan propose, dans le séminaire, V (*les Formations de l'inconscient*) une des voies d'accès qui introduit le mieux à cette dimension du « grand Autre ».

Sur le mécanisme psychique de l'oubliance

(1898)

SIGMUND FREUD

De tous les textes de Freud, celui-ci constitue sans doute un des plus attachants. On y voit plus qu'ailleurs peut-être le lien intime entre la constitution d'une théorie – ou mieux le développement d'une façon spécifique d'aborder la réalité – et l'attention aux menus accidents de la vie quotidienne. Freud aimait l'Italie. Il appréciait sa culture, ses architectes, ses artistes. Malgré une activité très prenante, il multipliait, sitôt qu'il le pouvait, voyages et visites. Or, il lui arrive un jour, lors d'un déplacement entre Raguse et une ville voisine en Herzégovine, d'oublier le nom de Signorelli, peintre de ces fresques d'Orvieto qu'il avait tant admirées. L'analyse de cet « oubli de nom propre », vivante et précise, permettra de voir comment, dans les incidents triviaux de la vie quotidienne, l'analyste ne surprend pas seulement l'émergence du désir, mais aussi l'insistance du questionnement le plus difficile pour l'homme, celui qui noue la sexualité et la mort. Peut-être peut-on alors dire que Freud anticipe ici de beaucoup sur ce qui lui apparaîtra plus clairement vers 1920. On pourra se reporter au chapitre XI, *« tendance à la répétition et pulsion de mort » (infra,* p. 225, sq.*).*

Source : S. Freud, *Zum psychischen Mecanismus der Vergesslichkeit*, G.W. I. Traduction française (J. Altounian, A. Bourguignon, P. Cotet, A. Rauzy) « Sur le mécanisme psychique de l'oubliance », in *Œuvres complètes*, t. III, P.U.F., 1989, p. 241-252.

Bibliographie : S. Freud, *Psychopathologie de la vie quotidienne*, Payot.

TOUT UN CHACUN a bien expérimenté sur lui-même ou observé sur d'autres le phénomène de l'oubliance que je voudrais ici décrire et ensuite élucider. Il concerne de préférence l'usage de noms propres – *nomina propria* – et se manifeste de la manière suivante : dans le contexte et au beau milieu d'une conversation, on se voit obligé d'avouer à son partenaire que l'on ne peut trouver un nom dont on voulait justement se servir et de lui demander son aide – le plus souvent infructueuse : « Comment s'appelle-t-il donc... ? , un nom si connu ; je l'ai sur le bout de la langue ; il m'a échappé à l'instant. » Une incontestable et irritante excitation, semblable à celle des aphasiques moteurs, accompagne alors les efforts suivants pour trouver le nom dont, d'après notre sentiment, on aurait pu disposer il y a encore un moment. Dans les cas appropriés, deux phénomènes marginaux sont à remarquer. Premièrement, que l'énergique tension volontaire de cette fonction que nous appelons attention se montre impuissante à trouver le nom perdu, si longtemps qu'elle soit maintenue. Deuxièmement, qu'au lieu du nom recherché un autre se met aussitôt en place, que l'on reconnaît et rejette comme n'étant pas le bon, alors qu'il fait pourtant constamment retour. Ou bien l'on trouve dans sa mémoire, au lieu d'un nom de remplacement, une lettre ou une syllabe que l'on reconnaît comme parties constitutives du nom recherché. On dit par exemple : il commence par un B. Une fois qu'on a finalement réussi, par une voie quelconque, à retrouver le nom, il s'avère dans l'immense majorité des cas qu'il ne commence pas par B et qu'il ne contient absolument pas la lettre B.

Le meilleur procédé pour s'emparer du nom recherché consiste comme on sait à « ne pas penser à lui », c'est-à-dire à distraire de cette tâche la partie de l'attention dont on dispose volontairement. Après un laps de temps, le nom recherché vous « fond » alors dessus ; on ne peut pas se retenir de le crier, au grand étonnement du partenaire qui a déjà oublié l'incident et n'a d'ailleurs pris qu'une part minime aux efforts du parleur. « Mais peu importe comment l'homme s'appelle. Poursuivez donc votre récit », a coutume de déclarer celui-là. Pendant tout le temps nécessaire au règlement de l'affaire et même après la distraction intentionnelle, on se sent préoccupé dans une mesure que l'intérêt de toute l'affaire ne peut en fait éclairer[1].

Dans quelques cas semblables d'oubli de noms dont j'ai fait moi-même l'expérience j'ai pu par analyse psychique me rendre compte du déroulement des faits alors intervenu, et je veux relater en détail le cas de ce genre le plus simple et le plus transparent. Pendant les vacances d'été j'entrepris un jour, à partir de la belle Raguse[2], de me rendre en voiture jusqu'à une ville voisine en Herzégovine ; la conversation avec mon compagnon avait pour sujet, comme on peut le comprendre, la situation des deux pays (Bosnie et Herzégovine) et le caractère de leurs habitants. Je parlais des diverses particularités des Turcs qui y vivent, telles que je les avais entendu décrire il y a des années par un collègue ami qui avait longtemps vécu parmi eux en tant que médecin. Un moment plus tard notre entretien se porta sur l'Italie et sur les peintures, et j'eus l'occasion de recommander instamment à mon compagnon de route d'aller un jour à Orvieto pour y voir les fresques de la *Fin du Monde* et du *Jugement dernier*, dont un grand peintre avait orné une chapelle de la cathédrale. Le nom du peintre cependant m'échappait et demeurait introuvable. Je forçai ma mémoire, je fis défiler devant mon souvenir tous les détails de la journée passée à Orvieto, j'acquis la conviction que pas la moindre chose n'en était effacée ou sans netteté. Au contraire, je pouvais me représenter les peintures avec une plus grande vivacité sensorielle que je n'en suis habituellement capable, et avec une particulière acuité se tenait devant mes yeux l'autoportrait du peintre – le visage grave les mains croisées – que celui-ci a placé dans le coin de l'une de ses peintures à côté du portrait de celui qui l'avait précédé dans ce travail, *Fra Angelico da Fiesole* ; mais le nom de l'artiste, qui est habituellement si courant pour moi, se cachait obstinément. Mon compagnon de voyage ne put me venir en aide ; mes efforts soutenus n'eurent d'autre succès que de faire émerger deux autres noms d'artistes, dont je savais pourtant qu'il ne pouvaient pas être les bons : *Botticelli* et en second lieu *Boltraffio*[3]. Le retour de la liaison phonétique Bo dans les deux noms de remplacement aurait peut-être pu conduire quelqu'un de non averti à supposer que celle-ci appartenait également au nom recherché ; mais je me gardai bien de faire place à cette attente.

Comme, étant en voyage, je n'avais pas accès aux ouvrages de référence, il me fallut bien pendant plusieurs jours m'accommoder de cette défaillance du souvenir et du tourment intérieur qui y était lié et faisait retour plusieurs fois par jour, jusqu'au moment où je rencontrai un Italien cultivé qui me libéra en me communiquant le nom *Signorelli*. Je pus alors de mon propre chef ajouter le prénom de l'homme : *Luca*. Le souvenir sur-net des traits du visage du Maître sur sa peinture ne tarda pas à pâlir.

Quelles influences m'avaient donc fait oublier le nom de *Signorelli* qui m'était si familier et qui s'imprime si facilement dans la mémoire ? Et quelles voies avaient conduit

1. Ni d'ailleurs l'éventuel sentiment de déplaisir qu'il y a à être inhibé dans une action psychique.
2. L'actuel Dubrovnik. Le compagnon de Freud était l'avocat berlinois Freyhau.
3. Le premier de ces noms m'est très familier, le second par contre n'est guère courant.

son remplacement par les noms de *Botticelli* et de *Boltraffio* ? Un léger retour en arrière sur les circonstances dans lesquelles l'oubli se produisit a suffi à élucider les deux points.

J'avais, peu avant d'en venir au thème des fresques de la cathédrale d'Orvieto, raconté à mon compagnon de voyage ce que, des années auparavant, j'avais entendu dire par mon collègue sur les Turcs de Bosnie. Ils traitent le médecin avec un respect particulier et, tout au contraire de notre population, ils se montrent soumis face aux arrêts du destin. Quand le médecin est obligé de communiquer au père de famille que l'un de ses proches est voué à la mort, il s'entend répartir : « *Herr*[1], que dire à cela ? Je sais que s'il pouvait être sauvé, tu lui viendrais en aide. » – À côté de cette histoire, un autre souvenir reposait dans ma mémoire, à savoir que le même collègue me raconte quelle importance est impartie aux jouissances sexuelles dans l'échelle des valeurs de ces Bosniens. Un de ses patients lui dit un jour : « Tu sais bien, Herr, si *cela* ne marche plus, alors la vie n'a pas de valeur. » Il nous sembla alors qu'il fallait admettre une intime corrélation entre les deux traits de caractère du peuple bosnien, illustrés ici. Mais ensuite, lorsqu'en excursion en Herzégovine je me souvins de ce récit, je réprimai le dernier de ces souvenirs dans lequel était abordé le thème de la sexualité. Peu après, le nom de *Signorelli* m'échappa et les noms de *Botticelli* et de *Boltraffio* se mirent en place à titre de substituts.

L'influence qui avait rendu le nom de *Signorelli* inaccessible au souvenir ou, comme j'ai l'habitude de le dire, l'avait « refoulé », ne pouvait procéder que de cette histoire réprimée concernant la valeur accordée à la mort et à la jouissance sexuelle. S'il en était ainsi, alors les représentations intermédiaires qui avaient servi à la connexion des deux thèmes devaient forcément pouvoir être mises en évidence. La parenté de contenu – ici Jugement dernier, « Jour du Jugement », là mort et sexualité – paraît minime ; comme il s'agissait du refoulement d'un nom hors de la mémoire, d'emblée il était vraisemblable que la connexion se soit produite entre nom et nom. Or *Signor* signifie... *Herr* ; mais le « Herr » se retrouve dans le nom Herzégovine. En outre il n'était certainement pas sans importance que les deux discours des patients, que j'eus à me remémorer, continssent un *Herr* en adresse au médecin. La traduction de *Signor* en *Herr* était donc la voie par laquelle l'histoire réprimée par moi avait entraîné dans le refoulement le nom recherché par moi. L'ensemble du processus fut manifestement facilité du fait que dans les derniers jours à Raguse j'avais constamment parlé italien, c'est-à-dire que je m'étais habitué à traduire dans ma tête de l'allemand en italien[2].

Aussi lorsque je m'efforçai de retrouver le nom du peintre, de l'appeler à sortir du refoulement, l'influence de la liaison dans laquelle ce nom s'était fait prendre entretemps devait se révéler. Je trouvai, il est vrai, un nom d'artiste, pas le bon cependant, mais un nom déplacé, et la ligne directrice du déplacement était donnée par les noms contenus dans le thème refoulé. Botti*celli* contient les mêmes syllabes terminales que Signor*elli* ; étaient donc réapparues les syllabes terminales qui ne pouvaient pas, comme le fragment initial *Signor*, nouer une relation directe avec le nom d'Herzégovine ; mais le nom de *Bo*snie, régulièrement connecté au nom Herzégovine, avait montré son influence en orientant la substitution sur deux noms d'artistes, qui commencent par le même *Bo* : *Bo*tticelli et ensuite *Bo*ltraffio. La découverte du nom Signorelli se révéla donc perturbée

1. *Herr*, tout comme *signore* en italien, a gardé les deux significations de *monsieur* et de *seigneur*.
2. On dira : explication « recherchée et contrainte » ! Cependant cette impression était obligée de se produire parce que le thème réprimé tend par tous les moyens à instaurer la liaison avec le thème non réprimé et que, ce faisant, il ne dédaigne pas non plus la voie de l'association extérieure. Une situation de contrainte analogue à celle où l'on forge les rimes.

par le thème situé derrière, dans lequel apparaissent les noms *Bo*snie et *Her*zégovine.

Pour que ce thème puisse manifester de tels effets, il ne suffit pas que je l'aie un jour réprimé dans la conversation, ce pour quoi bien sûr étaient déterminants des motifs fortuits. Il faut bien plutôt admettre que ce thème à son tour se trouve lui-même en liaison intime avec des cheminements de pensées qui existent chez moi dans l'état du refoulement, c'est-à-dire qui, malgré l'intensité de l'intérêt qui leur échoit, rencontrent une résistance qui les tient à distance de l'élaboration par une certaine instance psychique et par conséquent du devenir conscient. Qu'à cette époque il en ait été effectivement ainsi chez moi du thème « mort et sexualité », j'en ai des preuves multiples provenant de mon auto-exploration, que je n'ai pas besoin de fournir ici. Mais je peux attirer l'attention sur un effet qui procède de ces pensées existant dans le refoulement. L'expérience m'a appris à exiger que chaque résultat psychique soit nécessairement conduit à sa pleine élucidation et même à sa surdétermination, et il m'apparaît maintenant que le deuxième nom substitutif *Bo*ltraffio, dont seules jusqu'ici les deux premières lettres se justifient par l'assonance avec *Bo*snie, requiert une détermination supplémentaire. À ce propos, je me souviens maintenant que ces pensées refoulées ne m'ont à aucune époque davantage occupé que quelques semaines auparavant, après que j'eus reçu une certaine nouvelle. Le lieu où cette nouvelle m'a atteint[1] s'appelle *Trafoi* et ce nom est trop semblable à la seconde moitié du nom Bol*traffio* pour ne pas avoir exercé un effet déterminant sur son choix. On pourrait essayer de reproduire ces relations, maintenant clairement établies, dans un petit schéma :

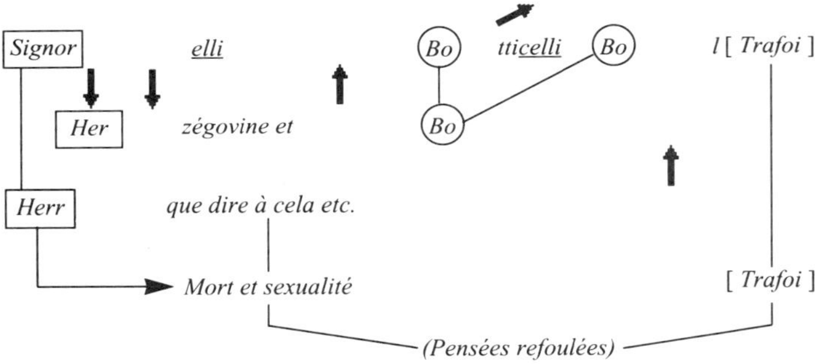

Il n'est peut-être pas en soi sans intérêt de pouvoir percer à jour le déroulement d'un tel incident psychique qui fait partie des troubles les plus minimes dans la maîtrise de l'appareil psychique et qui est conciliable avec une santé psychique par ailleurs inaltérée. L'exemple ici illustré gagne un puissant surcroît d'intérêt lorsqu'on apprend qu'il peut avoir pour nous tout simplement valeur de prototype pour les processus morbides auxquels les symptômes psychiques des psychonévroses – hystérie, activité représentative de contrainte et paranoïa – doivent leur apparition. Mêmes éléments et jeu de forces identique entre eux, ici et là. De la même manière et au moyen d'associations semblablement superficielles, une suite de pensées refoulées s'empare, dans la névrose, d'une impression récente inoffensive et la tire vers le bas avec elle dans le refoulement. Le même mécanisme qui, de Signorelli, fait naître les noms substitutifs

1. *Getroffen*, où l'on retrouve la syllabe « troff ».

de Botticelli et de Boltraffio, à savoir la substitution par des représentations médianes ou de compromis, gouverne aussi la formation des pensées de contrainte et des illusions mnésiques paranoïaques. Sans cela incompréhensible – et de fait non comprise par le partenaire – l'aptitude d'un tel cas d'oubliance à délier continuellement du déplaisir jusqu'au moment de la liquidation trouve sa pleine analogie dans la manière dont des masses de pensées refoulées attachent leur capacité d'affect à un symptôme dont le contenu psychique apparaît à notre jugement totalement inapte à une telle déliaison d'affect. Enfin la résolution même de la tension, du fait de la communication du bon nom par une source étrangère, est un bon exemple de l'efficacité de la thérapie psychanalytique qui tend au redressement des refoulements et déplacements, et qui élimine les symptômes par le rétablissement du véritable objet psychique.

Parmi les nombreux facteurs qui coopèrent à la survenue d'une faiblesse de la mémoire ou d'une défaillance du souvenir, il ne faut donc pas omettre de voir la part du refoulement, laquelle peut être mise en évidence non seulement chez les névrosés, mais aussi, sur un mode qualitativement semblable, chez les hommes normaux. On est en droit d'affirmer, très généralement, que la facilité – au bout du compte aussi la fidélité – avec laquelle nous évoquons dans la mémoire une certaine impression, ne dépend pas seulement de la constitution psychique de l'individu, de la force de l'impression à l'époque où elle était récente, de l'intérêt qui se tournait alors vers elle, de la constellation psychique présente, de l'intérêt qui est accordé maintenant à son réveil, des connexions dans lesquelles l'impression fut impliquée, etc., mais également du caractère favorisant ou défavorisant d'un facteur psychique particulier qui se rebellait contre la reproduction de quelque chose pouvant délier du déplaisir ou par la suite amener à une déliaison de déplaisir. La fonction de la mémoire, mémoire que nous aimons à nous représenter comme des archives ouvertes à tous ceux qui ont le désir de savoir, est donc soumise à l'endommagement par une tendance de la volonté, tout comme n'importe quelle partie de notre action orientée vers le monde extérieur. La moitié du secret de l'amnésie hystérique est mise à découvert quand nous disons que les hystériques ne savent pas ce qu'ils ne *veulent* pas savoir, et la cure psychanalytique, qui se voit sur sa route forcée de combler ces lacunes mnésiques, parvient à comprendre qu'une certaine résistance, dont la grandeur doit être contrebalancée par du travail, agit à l'encontre de la restitution de chacun de ces souvenirs perdus. Dans les processus psychiques en gros normaux, on ne peut naturellement pas avancer l'exigence selon laquelle l'influence de ce facteur partial de revivification dans la mémoire surmonte assez régulièrement tous les autres facteurs entrant en ligne de compte[1].

Concernant la nature tendancieuse de notre remémoration et de notre oubli, j'ai vécu il y a peu un exemple instructif parce qu'il me trahit, dont j'aimerais ici donner communication en annexe : j'avais l'intention de m'inviter pour vingt-quatre heures chez un ami qui vivait malheureusement bien loin de moi, et j'étais plein des choses que j'avais à lui communiquer. Mais auparavant je me sentis obligé de rendre visite, à Vienne, à une famille

1. Il serait erroné de croire que le mécanisme mis à découvert ci-dessus ne vaut que pour de rares cas. Au contraire il est très fréquent, par exemple : un jour où je veux raconter cette même petite aventure à un collègue, le nom de mon informateur sur les histoires de Bosnie m'échappe soudain. Solution : j'avais joué aux cartes immédiatement avant. L'informateur s'appelle *Pick ; Pick* (pique) et *Herz* (coeur) sont deux des quatre couleurs intervenant dans le jeu, de plus reliées par une petite anecdote où l'intéressé se désigne lui-même et dit : mais je ne m'appelle pas Hertz (coeur), je m'appelle Pick (pique). *Herz* se trouve de nouveau dans le nom *Herz*égovine ; le coeur (Herz) en tant qu'organe malade, joue lui-même un rôle dans les pensées qualifiées par moi de refoulées.

amie dont un des membres avait établi sa résidence dans la ville en question, afin d'emporter salutations et messages pour l'absent. On me donna le nom de la pension dans laquelle il habitait, le nom de la rue et le numéro de la maison, et eu égard à ma mauvaise mémoire, ont écrivit l'adresse sur une carte que je rangeai dans mon portefeuille. Le lendemain, lorsque je fus arrivé chez mon ami, je débutai : J'ai juste une obligation à accomplir, susceptible de troubler notre tête-à-tête ; une visite dont je m'acquitterai tout d'abord. J'ai l'adresse dans mon porte-cartes. Mais à mon étonnement je ne l'y trouvai pas. J'en étais donc bel et bien réduit à ma mémoire. Ma mémoire des noms n'est pas particulièrement bonne, mais pourtant incomparablement meilleure que celle des chiffres et des numéros. Alors que pendant toute une année je suis allé comme médecin dans une maison déterminée, je me trouve régulièrement mis dans l'embarras par le numéro de la maison, si c'est un nouveau cocher qui doit m'y conduire. Dans ce cas pourtant, j'avais justement gardé en tête le numéro de la maison, il était sur-net, comme par dérision ; mais de nom de la rue et de la pension il n'était resté nulle trace. Des données de l'adresse j'avais oublié tout ce à quoi aurait pu se rattacher un point de repère pour découvrir la pension en question, et tout au contraire de mon habitude j'avais conservé le chiffre inutile à mes fins. Je ne pus donc faire ma visite, j'en fus consolé avec une rapidité frappante et me consacrai totalement à mon ami. Lorsque je me retrouvai à Vienne devant mon bureau, je sus trouver du premier coup l'endroit où j'avais « par distraction » rangé la carte avec l'adresse. Dans cette méprise, cacher inconsciemment en rangeant[1], avait été active la même intention que dans mon oubli, cette méprise[2], curieusement modifié.

Le Mot d'esprit et sa relation à l'inconscient

(1905)

SIGMUND FREUD

Le Mot d'esprit et sa relation à l'inconscient *est souvent classé parmi les œuvres de Freud qui constituent des « applications » de la psychanalyse. De fait Freud y étend l'usage de sa méthode d'analyse à un domaine extérieur à la cure, puisqu'il rend compte des mécanismes à l'œuvre dans le mot d'esprit ainsi que des sources inconscientes du plaisir qui lui est lié. Il faut néanmoins souligner que c'est la pratique même de la psychanalyse qui conduit nécessairement à s'intéresser au mot d'esprit. N'est-ce pas l'inconscient lui-même qui joue sur les mots ? N'a-t-on pas vu comment telle hystérique éprouve une douleur térébrante au front, pour peu qu'on l'ait regardée avec un regard perçant ? Fliess déjà avait été surpris du grand nombre de jeux de mots et de plaisanteries que Freud rapportait lorsqu'il lui parlait de sa pratique. Sans doute de tels étonnements poussèrent-ils Freud à tenter de se rendre compte à lui-même de la place du trait d'esprit dans la subjectivité.*

Après une courte introduction, Freud présente la technique du mot d'esprit, qui est semblable à celle qu'il a déjà analysée, notamment dans le rêve (condensation, dépla-

1. *In diesem unbewubten Verstecken.*
2. *In meinem Vergessen.*

cement, etc.). Nous reproduisons ici le chapitre qui suit, consacré aux « tendances de l'esprit », où l'on perçoit au mieux ce qui se fait jour à travers le mot d'esprit, ce qu'il peut y avoir de libérateur dans ces moments où le sujet « jette le masque ».

La suite de l'ouvrage développe de nombreuses thèses tout à fait essentielles notamment quant au plaisir que procure le mot d'esprit : diminution de la tension liée au refoulement, mais aussi retour du jeu enfantin avec les mots, avec leur sonorité plus encore qu'avec leur sens.

Source : S. Freud, *Der Witz und seine Beziehung zum Unbewusten*, G.W., t. 6 ; traduction française (D. Messier) *le Mot d'esprit et sa relation à l'inconscient*, Gallimard, 1988.

Chapitre III

[1]

Lorsqu'à la fin du chapitre précédent j'ai mentionné la comparaison établie par Heine entre, d'une part, le prêtre catholique et l'employé d'une entreprise de gros et, d'autre part, le pasteur protestant et le petit commerçant indépendant, j'ai ressenti une inhibition qui voulait me déterminer à ne pas utiliser cette comparaison. Je me suis dit qu'il se trouverait probablement, parmi mes lecteurs, quelques personnes pour qui, non seulement la religion, mais aussi son organisation et son personnel étaient dignes de respect ; ces lecteurs, pensai-je, ne ressentiraient que de l'indignation devant une telle comparaison et se trouveraient mis dans un état d'affect qui leur ferait perdre tout intérêt pour la question posée, à savoir si la comparaison apparaissait spirituelle en elle-même ou bien seulement par suite de la présence de certains éléments ajoutés. Dans d'autres comparaisons, par ex. dans celle, voisine, de l'agréable clarté lunaire qu'une certaine philosophie répand sur les objets, il n'y aurait pas lieu de craindre d'exercer sur une partie des lecteurs une telle influence, gênante pour notre investigation. Le plus dévot des croyants resterait dans un état d'esprit lui permettant de se faire une opinion sur le problème qui nous occupe ici.

Il est facile de deviner auquel de ses traits caractéristiques le mot d'esprit doit la diversité des réactions qu'il provoque chez ceux qui l'entendent. Dans un cas, le mot d'esprit est à lui-même sa propre fin et ne sert aucune intention particulière ; dans l'autre, il se met au service d'une telle intention : il devient *tendancieux*. Seul le mot d'esprit qui possède une tendance risque de rencontrer des personnes qui auraient voulu ne pas l'entendre.

Le mot d'esprit non tendancieux a été qualifié par Th. Vischer de mot d'esprit « *abstrait* » ; je préfère, quant à moi, l'appeler mot d'esprit « *innocent* ».

Ayant opéré, dans les pages qui précèdent, une distinction entre mot d'esprit fondé sur des mots et mot d'esprit fondé sur des pensées en nous appuyant sur le matériel qui sert de point de départ à leur technique, il nous incombe d'examiner la relation qui unit cette répartition et celle que nous venons de proposer. Il s'avère qu'entre elles deux (mot d'esprit fondé sur des mots et mot d'esprit fondé sur des pensées, d'une part, et mot d'esprit abstrait et mot d'esprit tendancieux, d'autre part), il n'existe aucune relation d'influence mutuelle : ces deux façons de répartir les productions spirituelles sont entièrement indépendantes l'une de l'autre. Il se peut que quelqu'un ait eu l'impression que les mots d'esprit innocents étaient en majorité des mots d'esprit fondés sur des mots et qu'en revanche la technique plus compliquée du mot d'esprit fondé sur des pensées se trouvait la plupart du temps mise au service de tendances puissantes ; seulement, si certains mots d'esprit innocents travaillent avec des jeux de mots et des homophonies, il en existe d'autres, tout aussi innocents, qui se servent de tous les moyens du mot d'esprit fondé sur des pensées. Il n'est guère plus difficile de montrer que, du point de vue de la technique, le mot d'esprit tendancieux n'est pas tenu d'être autre chose qu'un mot d'esprit fondé sur des mots. Ainsi, par ex., les mots d'esprit qui « jouent » avec les noms propres contiennent fréquemment une tendance offensante, blessante, et il va de soi qu'ils appartiennent au groupe de mots d'esprit fondés sur des mots. Ce qui n'empêche pas que les plus innocents de tous les mots d'esprit sont des mots d'esprit fondés sur des mots. Tel est, par ex., le cas des *Schüttelreime*[1] [contrepèteries « résolues » et rimées], un genre fort apprécié depuis quelque temps et dont la technique consiste en une utilisation multiple du même matériel accompagnée d'une modification tout à fait particulière :

« *Und weil er Geld in* Menge *h*atte / *lag stets er in der* Hänge*matte.* »

[« Comme, toujours, il eut *roupies* et *pica*illons / Toute sa vie durant *piqua* des *roupi*llons. »]

Personne ne contestera, nous l'espérons, que l'agrément procuré par ce genre de vers rimés, par ailleurs sans prétention, est le même que celui qui nous permet de reconnaître qu'il s'agit d'un mot d'esprit.

On trouve quantité de bons exemples de mots d'esprit abstraits ou innocents fondés sur des pensées parmi les comparaisons[2] de Lichtenberg, dont certaines nous sont déjà connues. J'en ajouterai quelques autres :

« *Ils avaient envoyé à Göttingen un petit in-octavo et on leur avait rendu quelque chose qui, dans son corps et dans son âme, était un in-quarto*[3]. »

« *Pour construire cet édifice comme il se doit, il faut avant tout lui donner une bonne assise, et sur ce point je n'en connais pas de plus solide que celle qu'on obtient en faisant suivre chaque lit de briques Pour d'un lit de briques Contre.* »

« *Le premier met au monde la pensée, le deuxième la tient sur les fonts baptismaux, le troisième lui fait des enfants, le quatrième lui rend visite sur son lit de mort et le cinquième l'enterre.* » (Comparaison accompagnée d'une unification.)

« *Non seulement il ne croyait pas aux fantômes, mais il n'en avait même pas peur.* » Ici l'esprit réside exclusivement dans la figuration par le non-sens, qui, de deux choses, met au comparatif celle qui est habituellement jugée inférieure et au positif celle qu'on estime la plus importante. Si l'on renonçait à cet habillement spirituel, on obtiendrait : il est beaucoup plus facile de dépasser le stade de la peur des fantômes en utilisant sa raison que de se défendre d'y céder quand l'occasion s'en présente. Nous n'avons plus du tout affaire à quelque chose de spirituel, mais il s'agit quand même d'une remarque d'ordre psychologique pleine de pertinence et qu'on n'a pas encore appréciée à sa juste valeur, celle-là même que Lessing avait exprimée dans la célèbre phrase :

« Ils ne sont pas tous libres, ceux qui se moquent de leurs chaînes[4]. »

Je voudrais saisir l'occasion qui s'offre ici pour écarter un malentendu toujours pos-

1. Ce mot signifie littéralement « rimes secouées ».
2. *Gleichnisse*. Voir la notice terminologique.
3. Cet aphorisme repose sur la métaphore suivante : le petit in-octavo est un jeune étudiant fluet et encore peu lettré qu'on envoie à l'université de Göttingen et qui, lorsqu'il en revient, est un homme d'âge mûr, corpulent et savant, peut-être même un professeur, en tout cas un individu assez étoffé pour faire penser à un « gros volume ».
4. Lessing, *Nathan der Weise* (1779), IV, 4.

sible. En effet, le mot d'esprit « innocent » ou « abstrait » ne doit nullement être compris comme synonyme de mot d'esprit « dépourvu de contenu », mais être défini simplement comme étant l'opposé des mots d'esprit « tendancieux », groupe dont nous aurons à parler ultérieurement. Comme le montre l'exemple cité plus haut, un mot d'esprit « innocent », c'est-à-dire dépourvu de tendance, peut lui aussi avoir un contenu très riche et énoncer une pensée de valeur. Mais le contenu d'un mot d'esprit est indépendant de ce mot d'esprit, il est le contenu de la pensée qui, en l'occurrence, reçoit une expression spirituelle grâce à un agencement particulier. Incontestablement, de même que les horlogers ont coutume de doter un mécanisme particulièrement remarquable d'un boîtier lui aussi précieux, de même il peut arriver que les meilleures réalisations en matière de mot d'esprit[1] soient précisément utilisées pour habiller les pensées les plus riches de contenu.

Si nous examinons maintenant avec une minutieuse attention à quoi correspond la distinction entre contenu de pensée et habillement spirituel dans le cas du mot d'esprit fondé sur des pensées, nous aboutissons à une vision du problème qui nous permet d'expliquer pour une large part l'incertitude où nous sommes quand nous devons porter un jugement sur les divers mots d'esprit. Il s'avère en effet – et c'est bien surprenant – que l'agrément que nous procure un mot d'esprit tient à l'addition de deux impressions, celle que produit le contenu et celle que donne la réalisation en matière de mot d'esprit, et que la présence de l'un des deux facteurs nous illusionne véritablement quant à la portée de l'autre. Seule la réduction du mot d'esprit nous permet de faire la lumière sur notre erreur de jugement.

Du reste, il en va de même pour le mot d'esprit fondé sur des mots. Lorsque nous entendons : « Faire l'apprentissage de la vie, c'est apprendre ce qu'on ne souhaitait pas apprendre », nous sommes stupéfaits, nous croyons être en présence d'une vérité nouvelle, et il nous faut un certain temps avant de reconnaître sous ce déguisement l'idée banale selon laquelle « Dommage rend sage » (K. Fischer). La remarquable réalisation en matière de mot d'esprit qui consiste à définir l'« apprentissage de la vie » [« *Erfahrung* »] en utilisant presque uniquement le mot « apprendre » [« erfahren »] nous fait illusion à un point tel que nous surestimons le contenu de la phrase. Il nous arrive la même chose dans le cas du mot d'esprit fondé sur une unification que Lichtenberg a fait au sujet du mois de janvier, lequel n'a rien à nous dire que nous ne sachions déjà depuis longtemps, à savoir que les vœux de bonne année se réalisent aussi rarement que les autres souhaits. Et nous pourrions citer beaucoup d'exemples similaires.

C'est l'expérience contraire que nous faisons avec d'autres mots d'esprit, dans lesquels, à l'évidence, nous somme conquis par la pertinence et la justesse de la pensée, de sorte que nous disons de la phrase que c'est un mot d'esprit très brillant, alors que seule la pensée est brillante, la réalisation en matière de mot d'esprit étant, elle, souvent assez faible. Dans bien des mots d'esprit de Lichtenberg précisément, le noyau de la pensée est fréquemment de bien plus grande valeur que l'habillement spirituel, habillement auquel nous étendons, dans un second moment et bien à tort, l'appréciation positive que nous avions portée sur le premier. Ainsi par ex., la remarque sur le « flambeau de la vérité » est une comparaison à peine spirituelle, mais elle est si pertinente que nous aimerions souligner qu'il s'agit là d'une phrase particulièrement spirituelle.

1. *Witzleistungen.*

Les mots d'esprit de Lichtenberg sont surtout remarquables par leur contenu de pensée et par leur aptitude à atteindre leur but. Gœthe a dit avec raison que les idées qui venaient à cet auteur, idées qu'il formulait avec esprit ou sur le ton de la plaisanterie, cachaient de véritables problèmes ou, plus exactement, qu'elles étaient bien près d'apporter la solution de certains problèmes. En notant, par ex., cette idée pleine d'esprit qui lui est venue :

« Il lisait toujours *Agamemnon* là où était écrit *angenommen*[1], tant il avait lu Homère » (c'est-à-dire, sur le plan de la technique, stupidité + homophonie), il n'a fait rien de moins que découvrir le secret même du raté de lecture[2]. On peut dire des choses similaires de ce mot d'esprit dont la technique nous était apparue fort peu satisfaisante :

« Il était surpris que les chats eussent le pelage percé de deux trous à l'endroit précis où se trouvaient leurs yeux. » La stupidité qui est affichée ici n'est qu'apparente ; derrière cette remarque simplette se dissimule en réalité un grand problème, celui de la conception téléologique de l'anatomie animale : il n'ira nullement de soi que la fente qui se trouve entre les paupières s'ouvre à l'endroit où la cornée est à nu, tant que l'histoire de l'évolution ne nous aura pas expliqué cette coïncidence.

Gardons en mémoire ceci : devant une phrase spirituelle, nous ressentons une impression globale, qui ne nous permet pas de dissocier la part propre au contenu de pensée de celle qui revient au travail du mot d'esprit. Peut-être trouverons-nous par la suite un parallèle qui, dans ce domaine, sera encore plus significatif.

[2]

DANS L'EXPLICATION THÉORIQUE que nous voulons donner de l'essence du mot d'esprit, les mots d'esprit innocents seront forcément plus précieux pour nous que les mots d'esprit tendancieux, et ceux qui sont dépourvus de contenu plus que ceux dont le sens est profond. Par exemple, les jeux de mots innocents et dépourvus de contenu vont nous présenter le problème du mot d'esprit sous sa forme la plus pure, car avec eux nous échappons au danger d'être embrouillés par l'existence de la tendance et de voir notre jugement faussé par la présence d'un sens de grande qualité. Un tel matériel peut permettre à notre recherche de faire un nouveau progrès.

Je choisirai comme exemple un mot d'esprit fondé sur des mots qui soit aussi innocent que possible :

Une jeune fille reçoit l'annonce d'une visite pendant qu'elle est en train de faire sa toilette. Elle se met alors à soupirer : *« Ach wie schade, gerade wenn man am* anziehendsten *ist, darf man sich nicht sehen lassen »* [littéral. : « Ah, comme c'est dommage ! C'est juste au moment où on est le plus *attirant / le plus en train de s'habiller* qu'on n'a pas le droit de se montrer[3] »].

Mais comme des scrupules me viennent quant à savoir si j'ai le droit de parler de mot d'esprit dépourvu de tendance, je vais remplacer cet exemple par un autre, qui est fran-

1. Accepté.
2. [*Verlesen*] Cf. ma *Psychopathologie de la vie quotidienne* (1901 *b*), 10e éd., 1923. [Chap. x, mais aussi chap. vi (A), exemple 8. Cette « idée incidente » de Lichtenberg sera également étudiée à la fin de la deuxième des *Conférences d'introduction à la psychanalyse* (1916-1917).]
3. R. Kleinpaul, *Die Rätsel der Sprache*, 1890.

chement simplet et auquel une telle objection ne pourrait probablement pas être faite.

Un jour que j'étais invité à table dans une famille, on servit à la fin du repas l'entremets qu'on appelle *roulard* et dont la confection présuppose chez la cuisinière une certaine habileté. Aussi l'un des convives demanda-t-il : « C'est un gâteau maison ? », ce à quoi le maître des lieux répondit : « Mais bien sûr. C'est un *home-roulard* » (*home rule*).

Cette fois, nous n'examinerons pas la technique du mot d'esprit, mais nous tournerons notre attention vers un autre élément, qui constitue le facteur le plus important. Ce mot d'esprit improvisé procura aux personnes qui l'entendirent un certain plaisir – je m'en souviens nettement – et il nous fit rire. Dans ce cas comme dans tant d'autres, la sensation de plaisir éprouvée par l'auditeur ne peut provenir ni de la tendance du mot d'esprit ni de son contenu de pensée : il ne reste plus qu'à mettre cette sensation de plaisir en relation avec la technique du mot d'esprit. Ainsi donc, les moyens techniques du mot d'esprit que nous avons décrits précédemment – condensation, déplacement, figuration indirecte, etc. – sont capables de provoquer une sensation de plaisir chez l'auditeur, et ce, même si nous ne sommes encore nullement à même de découvrir comment une telle capacité peut bien leur échoir. C'est de cette façon très simple que nous obtenons la deuxième proposition permettant d'expliquer le mot d'esprit. La première s'énonçait comme suit : le caractère spécifique du mot d'esprit tient à la forme sous laquelle il est exprimé. Songeons d'autre part qu'au fond, la deuxième proposition ne nous a rien appris de nouveau. Elle ne fait qu'isoler quelque chose qui était déjà contenu dans une de nos expériences antérieures. Rappelons en effet que lorsqu'on a réussi à réduire le mot d'esprit, c'est-à-dire à remplacer sa formulation par une autre tout en conservant soigneusement son sens, on en a supprimé par là même non seulement le caractère spirituel, mais aussi l'effet hilarant, c'est-à-dire le plaisir qu'on prend au mot d'esprit.

À ce stade de notre recherche, nous ne pouvons poursuivre sans nous confronter préalablement à nos autorités philosophiques.

Les philosophes qui incluent le mot d'esprit dans le domaine du comique et qui traitent du comique lui-même dans le cadre de l'esthétique, caractérisent la représentation de type esthétique par la condition suivante : dans ce type de démarche, nous ne voulons rien obtenir des choses ni rien en faire, nous n'avons pas besoin des choses pour satisfaire l'un de nos besoins vitaux majeurs ; nous nous contentons, au contraire, de les considérer et de jouir de la représentation. « Cette jouissance, ce mode de représentation sont d'un type purement esthétique, qui ne repose que sur soi, ne trouve sa fin qu'en soi et ne remplit aucune autre fin vitale » (K. Fischer).

Nous ne sommes pas – ou très peu – en contradiction avec ces propos de K. Fischer, peut-être ne faisons-nous que traduire sa pensée dans notre langage quand nous soulignons qu'on ne peut quand même pas affirmer que l'activité consistant à faire un mot d'esprit ne poursuit aucune fin ou aucun but, puisqu'à l'évidence elle s'est fixé comme but de faire naître du plaisir chez l'auditeur. Je doute que nous soyons à même d'entreprendre quoi que ce soit sans qu'une intention entre en ligne de compte. Quand nous utilisons notre appareil psychique dans un but qui, précisément, n'est pas la satisfaction indispensable de l'un de nos besoins, alors nous le laissons travailler tout seul pour son plaisir, alors nous cherchons à retirer du plaisir de l'activité qui lui est propre. Je suppose que c'est là, d'une façon générale, la condition à laquelle est soumise toute représentation esthétique, mais je m'y connais trop peu en esthétique pour vouloir développer cette proposition jusqu'à son terme. Pour ce qui est du mot d'esprit, en revanche, je puis affirmer, en me fondant sur les deux découvertes faites précédemment, qu'il s'agit là d'une activité ayant pour but d'obtenir un gain de plaisir à partir des processus psychiques (intellectuels ou autres). Il existe à coup sûr d'autres activités qui poursuivent la même fin. Peut-être se distinguent-elles par le domaine d'activité psychique où elles veulent puiser du plaisir, peut-être est-ce par la méthode dont elles se servent à cette occasion. Nous ne pouvons présentement en décider ; par contre, nous nous appuyons sur le fait que désormais la technique du mot d'esprit et la tendance à l'économie par laquelle celle-ci est partiellement dominée sont mises en relation avec la production de plaisir.

Mais avant de commencer à résoudre l'énigme que constitue la question de savoir comment les moyens techniques du travail du mot d'esprit peuvent exciter le plaisir de l'auditeur, nous nous souviendrons que, dans un but de simplification et pour obtenir une transparence plus grande, nous avons complètement mis de côté les mots d'esprit tendancieux. Néanmoins, il nous faut chercher à expliquer quelles sont les tendances du mot d'esprit et de quelle façon celui-ci sert ces tendances.

C'est avant tout une observation qui nous dissuade de laisser de côté le mot d'esprit tendancieux dans les recherches que nous menons sur l'origine du plaisir pris du mot d'esprit. L'effet de plaisir du mot d'esprit innocent est, la plupart du temps, modéré : un agrément visible, un léger sourire, voilà en général tout ce qu'il est capable de susciter chez l'auditeur, et encore doit-on, le cas échéant, mettre une part de l'effet produit sur le compte de son contenu de pensée, comme nous avons pu le remarquer grâce à des exemples appropriés. Le mot d'esprit dépourvu de tendance ne réussit presque jamais à déclencher ces brusques éclats de rire qui rendent le mot d'esprit tendancieux si irrésistible. Comme il peut arriver que tous les deux aient la même technique, il nous est permis de supposer que le mot d'esprit tendancieux dispose très probablement, en vertu même de sa tendance, de sources de plaisir auxquelles le mot d'esprit innocent n'a pas accès.

Il est désormais facile d'avoir une vue d'ensemble des tendances du mot d'esprit. Là où le mot d'esprit ne constitue pas une fin en soi, c'est-à-dire là où il n'est pas innocent, il se met au service de tendances, de deux seulement au total, qui peuvent elles-mêmes être envisagées d'un point de vue unique : il s'agit soit du mot d'esprit *hostile* (celui qui sert à commettre une agression, à faire une satire, à opposer une défense), soit du mot d'esprit *obscène* (celui qui sert à dénuder). Une fois de plus, il convient d'emblée de remarquer qu'il n'existe aucune relation entre le type technique du mot d'esprit – que celui-ci soit fondé sur des mots ou sur des pensées – et ces deux tendances.

Mais il faut davantage entrer dans les détails quand on veut exposer de quelle façon le mot d'esprit sert ces tendances. Pour cette recherche, j'aimerais commencer, non pas par le mot d'esprit hostile, mais par le mot d'esprit qui dénude. Ce dernier a certes été beaucoup plus rarement jugé digne d'être étudié que l'autre, comme si, dans ce cas, la répugnance inspirée par le sujet s'était transférée sur le type de mot d'esprit. Seulement nous ne voulons pas, quant à nous, nous laisser désorienter par cela, car nous allons rencontrer à l'instant un cas limite du mot d'esprit qui promet de nous apporter des éclaircissements sur plus d'un point obscur.

On sait ce qu'on entend par « grivoiserie » : dire des grivoiseries, c'est mettre intentionnellement l'accent dans ses propos sur des faits et des réalités de nature sexuelle. Toutefois, cette définition ne résiste pas mieux que d'autres à l'examen. Il n'existe, en dépit d'elle, aucune raison pour qu'une conférence sur l'anatomie des organes sexuels u sur la physiologie de la reproduction ait le moindre point commun avec une grivoi- rie. Il est, en outre, nécessaire que la grivoiserie s'adresse à une personne détermi- ée, par qui on se trouve excité sexuellement et qui est censée être informée, en coutant la grivoiserie, de l'excitation de celui qui parle et s'en trouver elle-même xcitée sexuellement. Il se peut aussi qu'au lieu d'excitation, elle en éprouve de la onte ou de l'embarras, état qui signifie seulement une réaction contre son excitation t, par ce biais, un aveu de cette même excitation. Ainsi donc, la grivoiserie s'adresse riginellement à la femme et elle peut être assimilée à une tentative de séduction. uand ensuite un homme, dans un groupe composé exclusivement d'hommes, prend u plaisir à raconter ou à écouter des grivoiseries, la situation d'origine, qui, à la suite 'obstacles de nature sociale, ne peut être réalisée, est alors implicitement représentée. elui qui rit de la grivoiserie qu'il entend, rit de la même manière que celui qui est pectateur d'une agression à caractère sexuel.

Le sexuel qui forme le contenu de la grivoiserie englobe plus que ce qui est particu- er à chacun des deux sexes, il s'y ajoute les choses communes aux deux sexes sur les- uelles porte la honte, c'est-à-dire l'excrémentiel dans toute l'étendue du terme. Or 'est là l'étendue que possède le sexuel au moment de l'enfance, lorsque existe pour la eprésentation une sorte de cloaque à l'intérieur duquel la séparation entre le sexuel et 'excrémentiel se fait mal ou pas du tout[1]. Partout dans le domaine mental propre à la sychologie des névroses, le sexuel continue d'inclure l'excrémentiel, d'être compris ans son sens ancien, infantile.

La grivoiserie est comme une mise à nu de la personne sexuellement différente à qui lle s'adresse. En prononçant les propos obscènes, elle contraint la personne agressée à e représenter la partie du corps ou l'acte en question et elle lui montre que l'agresseur e représente lui-même de telles choses. Il ne fait aucun doute que l'envie[2] de voir les arties sexuelles dénudées constitue le mobile originel de la grivoiserie.

La question à résoudre ne peut que se clarifier si nous remontons maintenant usqu'aux faits fondamentaux. L'inclination qui nous porte à regarder les choses parti- ulières au sexe quand elles sont dénudées est l'une des composantes originelles de otre libido. Elle est peut-être déjà elle-même un substitut, qui remonte à un plaisir u'on doit supposer primaire, celui de toucher les parties sexuelles. Comme cela se roduit si fréquemment, l'acte de regarder a relayé ici aussi celui de toucher[3]. La ibido du regard ou du toucher est présente en chaque être humain sous une double orme, active et passive, masculine et féminine, et, selon que prédomine l'un ou l'autre aractère sexuel, elle se développe de façon prédominante dans l'une ou l'autre direc- ion. Il est facile d'observer, chez les jeunes enfants, l'inclination qui les porte à se nettre eux-mêmes nus. Là où le germe de cette inclination ne connaît pas son destin abituel, qui est de se trouver recouvert et réprimé, il se développe jusqu'à devenir la erversion des hommes adultes connue sous le nom de propension à l'exhibition. Chez a femme, l'inclination à l'exhibition passive se trouve presque régulièrement recou- verte par la grandiose réalisation réactionnelle que constitue la pudeur en matière

1. Cf. mes *Trois Essais sur la théorie sexuelle*, qui sont parus en même temps (1905).
2. C'est la pulsion de contrectation de Moll (*Untersuchungen über die Libido sexualis*, 1898). [Ce terme, qui a été créé par Moll, vient du mot latin *contrectatio* (« attouchement »). Freud y fait également allusion dans le premier de ses *Trois Essais* (5, note 3, p. 85).]
3. *Lust*.

sexuelle[1], mais non sans que lui soit ménagée une petite porte de sortie dans le domaine du costume. Montrer combien alors le degré d'exhibition qui reste permis à la femme est extensible et variable, selon les conventions et les circonstances, ne sera pas nécessaire ; il me suffira d'y faire allusion.

Chez l'homme, cette aspiration subsiste à un degré élevé, en tant qu'élément partiel de la libido, et sert d'introduction à l'acte sexuel. Quand, lors des premières avances faites à la femme, cette aspiration se manifeste, elle ne peut que se servir de la parole et ce, pour deux motifs. Premièrement, afin de s'annoncer à la femme, et deuxièmement, parce que l'acte de réveiller la représentation par la parole peut mettre la femme elle-même dans l'état d'excitation correspondant et réveiller en elle l'inclination à l'exhibition passive. Ce discours galant[2] n'est pas encore la grivoiserie, mais il va se transformer en grivoiserie. En effet, lorsque la femme montre rapidement qu'elle est prête, alors les propos obscènes sont de courte durée, ils cèdent aussitôt la place à l'acte sexuel. Il n'en va pas de même quand on ne peut compter que la femme montrera rapidement qu'elle est prête, mais qu'au lieu de cela, ce sont ses réactions de défense qui se manifestent. Alors le discours sexuellement excitant, en prenant la forme d'une grivoiserie, devient une fin en soi : étant donné que l'agression à caractère sexuel est arrêtée dans sa progression jusqu'à l'acte, elle en reste au stade consistant à provoquer de l'excitation et prend plaisir à voir apparaître les indices de cette même excitation chez la femme. À cette occasion, d'ailleurs, l'agression change aussi de caractère, exactement comme le fait toute motion libidinale à laquelle s'oppose un obstacle : elle devient franchement hostile, cruelle, autrement dit elle appelle à l'aide la composante sadique de la pulsion sexuelle pour lutter contre l'obstacle.

La première condition de la formation de la grivoiserie est donc le refus de céder manifesté par la femme, ou du moins un refus qui semble ne rien signifier d'autre qu'un ajournement et qui laisse paraître que toute tentative ultérieure n'est pas vouée à l'échec. Le cas idéal où la femme oppose une résistance de cette sorte est fourni par la présence simultanée d'une autre homme, d'un tiers, car alors il est quasiment exclu que la femme cède dès le début. Ce tiers acquiert bientôt une importance extrême pour le développement de la grivoiserie. Mais il convient d'abord de ne pas perdre de vue la présence de la femme. Chez les gens de la campagne ou dans les auberges fréquentées par le petit peuple, on peut observer que c'est seulement quand la serveuse ou la patronne s'est approchée que la grivoiserie apparaît. Ce n'est qu'à un échelon social supérieur que le contraire se produit, la présence d'une personne de sexe féminin mettant un terme à la grivoiserie : cette sorte de conversation, qui présuppose à l'origine la présence d'une femme éprouvant de la gêne[3], les hommes se la réservent pour des moments où ils seront seuls, « entre eux ». Ainsi, au lieu de la femme, c'est peu à peu le spectateur, ici l'auditeur, qui devient l'instance à laquelle la grivoiserie est destinée, et cette dernière se rapproche déjà du fait d'une telle transformation, du caractère d'un mot d'esprit.

À partir d'ici, notre attention peut être retenue par deux facteurs, qui sont le rôle du tiers, de l'auditeur, et les conditions déterminant le contenu de la grivoiserie elle-même.

1. *Sexuelle Schamhaftigkeit.* Signalons qu'on utilise le substantif *Schamhaftigkeit*, qui est formé sur la racine *Scham* [« honte »], pour désigner une légère propension à éprouver de la gêne, de la confusion et à rougir.
2. *Werbende Rede.* Le verbe *werben* signifie « chercher à gagner les faveurs [d'une femme] ».
3. *Sich schämend.*

Le mot d'esprit tendancieux a généralement besoin de trois personnes : outre celle
ui fait le mot d'esprit, il en faut une deuxième, qui est prise comme objet de l'agres-
on à caractère hostile ou sexuel, et une troisième, en qui s'accomplit l'intention du
ot d'esprit, qui est de produire du plaisir. Nous aurons ultérieurement à rechercher
s raisons plus profondes qui expliquent cet état de choses. Provisoirement, nous nous
n tiendrons à un fait, celui précisément qui s'y révèle, à savoir que ce n'est pas celui
ui fait le mot d'esprit qui en rit également et donc jouit de l'effet de plaisir que celui-
produit, mais que c'est l'auditeur inactif. La même relation existe entre les trois per-
onnes dans le cas de la grivoiserie. Voici comment on peut décrire la façon dont les
hoses se déroulent : l'impulsion libidinale du premier des trois, dès qu'elle voit sa
atisfaction inhibée par la femme, manifeste une tendance hostile à l'égard de cette
euxième personne et fait appel à la troisième, qui à l'origine était perturbatrice, afin
'en faire son alliée. Du fait des propos grivois tenus par le premier des trois, la femme
st dénudée devant ce tiers, lequel, devenu désormais auditeur, se trouve gagné par le
ait que sa propre libido est satisfaite sans effort.

Il est curieux de constater que de tels échanges de grivoiseries sont extrêmement
ppréciés par les gens du commun et qu'ils constituent une des matérialisations
nmanquablement présentes d'une atmosphère de franche gaieté. Mais il est égale-
nent intéressant de remarquer que, dans ce processus compliqué, qui présente tant de
raits propres au mot d'esprit tendancieux, la grivoiserie elle-même ne se voit poser
ucune des exigences formelles qui caractérisent le mot d'esprit. Montrer en paroles la
udité non voilée procure du plaisir au premier et fait rire le tiers.

C'est seulement quand nous nous élevons jusqu'à la société des gens bien éduqués
ue vient s'ajouter la condition formelle propre au mot d'esprit. La grivoiserie devient
pirituelle, et on ne la tolère que si elle est spirituelle. Le moyen technique dont elle se
ert la plupart du temps est l'allusion, c'est-à-dire le remplacement d'une chose par un
lément petit, par un élément qui entretient avec cette chose des relations lointaines et
partir duquel l'auditeur reconstruit en idée[1] ce qui est une totale et franche obscénité.
lus le décalage est grand entre ce qui est directement livré par la grivoiserie et ce qui
st impérativement suggéré à l'auditeur, plus le mot d'esprit devient fin, et plus alors il
eut légitimement se risquer aussi à monter haut dans la bonne société. En dehors de
'allusion grossière et de l'allusion fine, la grivoiserie spirituelle a à sa disposition – il
st facile de le montrer par des exemples – tous les autres moyens du mot d'esprit,
u'il soit fondé sur des mots ou sur des pensées.

Dès lors, on peut enfin toucher du doigt ce que le mot d'esprit réalise quand il est au
ervice de sa tendance. Il rend possible la satisfaction d'une pulsion (de la pulsion
ubrique et hostile) en s'opposant à un obstacle qui lui barre la route, il contourne cet
bstacle et puise ainsi du plaisir à une source de plaisir qui était devenue inaccessible
du fait de l'obstacle. L'obstacle qui barre la route n'est, à proprement parler, rien
d'autre que l'incapacité de la femme à supporter le sexuel quand il n'est pas voilé,
ncapacité d'autant plus grande que le niveau culturel et social de celle-ci est élevé.
C'est que la femme, qui, dans la situation de départ, est pensée comme présente, conti-
nue de l'être par la suite ou bien, pour dire les choses autrement, elle continue, même
absente, d'exercer une influence intimidante sur les hommes. On peut observer que
certains hommes appartenant aux classes supérieures, lorsqu'ils sont en compagnie de

1. *In seinem Vorstellen.*

filles de basse condition, se trouvent aussitôt incités à faire retomber la grivoiserie spirituelle au niveau de la grivoiserie simple.

La puissance qui, chez la femme, mais aussi, dans une moindre mesure, chez l'homme, rend plus difficile ou impossible à atteindre la jouissance procurée par l'obscénité non voilée, cette puissance, nous l'appelons le « refoulement » et nous identifions en elle le même processus psychique que celui qui, dans les cas de maladies graves, maintient éloigné de la conscience des complexes entiers de motions ainsi que leurs dérivés, et qui s'est révélé être un des principaux facteurs de déclenchement de ce qu'on appelle les psychonévroses. Nous reconnaissons à la civilisation et à l'éducation de haut niveau une grande influence dans la formation du refoulement, et nous supposons que dans ces conditions une transformation de l'organisation psychique se produit qui peut aussi être léguée en tant que prédisposition héritée et qui a pour conséquence qu'une chose habituellement ressentie comme agréable apparaît désormais inacceptable et se trouve refusée au moyen de toutes les forces psychiques. Du fait du travail de refoulement effectué par la civilisation, des possibilités de jouissance primaires, mais désormais rejetées par la censure qui agit en nous, se trouvent perdues pour nous. Or, pour la psyché de l'homme, tout renoncement sous cette forme est très dur, et c'est ainsi que nous découvrons que le mot d'esprit tendancieux offre un moyen d'annuler rétroactivement le renoncement et de regagner ce qui a été perdu. Lorsque nous rions d'un mot d'esprit obscène plein de finesse, nous rions de la même chose que ce qui fait rire le paysan en train d'écouter une grivoiserie grossière. Dans les deux cas, le plaisir provient de la même source. Mais quant à rire de la grivoiserie grossière, nous n'y arriverions pas, nous en aurions honte, ou bien elle nous semblerait dégoûtante. Nous ne pouvons rire qu'à partir du moment où le mot d'esprit nous a prêté son aide.

Nous avons donc, semble-t-il, confirmation de ce que nous avions supposé au début, à savoir que le mot d'esprit tendancieux dispose d'autres sources de plaisir que le mot d'esprit innocent, pour lequel tout plaisir est, d'une façon ou d'une autre, attaché à la technique. En outre, nous pouvons souligner une nouvelle fois que, dans le cas du mot d'esprit tendancieux, nous sommes hors d'état de distinguer grâce à notre intuition[1] quelle est la part de plaisir qui provient des sources fournies par la technique et quelle est celle qui provient des sources fournies par la tendance. Ainsi donc, nous ignorons, rigoureusement parlant, de quoi nous rions. Pour tous les mots d'esprit obscènes, nous commettons de nettes erreurs de jugement sur la « bonté » du mot d'esprit, dans la mesure où celle-ci dépend de conditions formelles ; la technique de ces mots d'esprit est souvent très indigente, le succès, attesté par le rire, qu'ils remportent, énorme.

[3]

NOUS ALLONS EXAMINER à présent si le mot d'esprit joue le même rôle quand il est au service de la tendance *hostile*.

D'emblée, nous rencontrerons ici les mêmes conditions. Les impulsions hostiles qui nous poussent contre nos semblables sont soumises, depuis notre enfance individuelle comme depuis celle de la civilisation humaine, aux mêmes limitations, au même refoulement progressif que nos aspirations sexuelles. Nous n'en sommes pas encore au

1. *Empfindung*.

point de pouvoir aimer nos ennemis ou de leur tendre la joue gauche après avoir été frappés sur la droite ; en outre, tous les préceptes moraux qui visent à apporter des restrictions aux actes de haine continuent, aujourd'hui encore, de présenter des indices extrêmement nets qui montrent qu'à l'origine ils devaient s'appliquer à la petite communauté des membres d'une tribu. De même que nous nous ressentons tous, à bon droit, comme appartenant au même peuple, nous nous permettons de ne pas tenir compte de la plupart de ces restrictions quand nous sommes confrontés à un peuple étranger. En revanche, à l'intérieur de notre propre cercle, nous avons quand même fait des progrès dans la maîtrise des motions hostiles. Comme le dit crûment Lichtenberg : là où, maintenant, on vous dit « Excusez-moi », autrefois on vous aurait fichu une claque. Interdite par la loi, l'hostilité qui se traduit par des actes de violence a été relayée par l'invective, laquelle se sert de mots, et notre meilleure connaissance de l'enchaînement des motions humaines nous enlève un peu plus chaque jour, par sa logique du « *Tout comprendre c'est tout pardonner*[1] », la capacité de nous mettre en colère contre notre semblable lorsqu'il s'est mis en travers de notre chemin. Doués de fortes prédispositions à l'hostilité alors que nous sommes encore enfants, l'éducation individuelle qui nous rend plus civilisés nous enseigne plus tard que c'est manquer de dignité que d'avoir recours aux insultes, et même là où le combat est resté autorisé en soi, le nombre des choses qu'on n'a pas le droit d'y utiliser comme moyens s'est accru de façon extraordinaire. À partir du moment où nous avons dû renoncer à exprimer notre hostilité par des actes – empêchés en cela par la tierce personne qui, n'étant pas animée par la passion, a intérêt à voir sa sécurité personnelle préservée –, nous avons commencé, tout à fait comme dans le cas de l'agression à caractère sexuel, à développer une nouvelle technique, celle de l'outrage, qui a pour but de recruter cette tierce personne dans la lutte contre notre ennemi. En rendant l'ennemi petit, bas, méprisable, comique, nous réussissons par un biais à jouir de l'avoir dominé, jouissance dont la tierce personne, qui n'a dépensé aucun effort, nous donne témoignage par son rire.

Nous voilà donc prêts à envisager le rôle que joue le mot d'esprit dans l'agression à caractère hostile. Le mot d'esprit va nous permettre d'exploiter les ridicules de l'ennemi que nous ne pouvions licitement ni évoquer tout haut ni mettre en avant de façon consciente parce que des obstacles s'y opposaient, il va donc une fois de plus *tourner des limitations et ouvrir des sources de plaisir devenues inaccessibles*. En outre, il va soudoyer le lecteur grâce au gain de plaisir qu'il lui procure, obtenant de lui qu'il prenne notre parti sans procéder à un examen des plus rigoureux, de la même façon que d'autres fois, nous-mêmes, soudoyés par le mot d'esprit innocent, avions l'habitude de surestimer le contenu de la phrase exprimée d'une manière spirituelle. « Mettre les rieurs de son côté », telle est la locution parfaitement adéquate qu'a trouvée notre langue.

Que l'on envisage par ex. les mots d'esprit de monsieur N. disséminés tout au long du chapitre précédent. Il s'agit exclusivement de propos outrageants. C'est comme si monsieur N. voulait crier bien haut : « Mais vous savez bien que le ministre de l'Agriculture n'est lui-même qu'un gros bœuf ! Fichez-moi la paix avec votre *** ; il crève de vanité, cet homme ! Jamais encore je n'avais lu quelque chose d'aussi ennuyeux que les articles de cet historien sur Napoléon et l'Autriche ! » Mais étant une personnalité haut placée, il lui est impossible d'exprimer sous cette forme tous ces

1. Cité d'après Madame de Staël.

jugements, qui sont pourtant les siens. Aussi ont-ils recours à l'aide du mot d'esprit, lequel leur garantit de la part de l'auditeur un accueil qu'en dépit de la véracité éventuelle de leur contenu, ils n'auraient jamais reçu s'ils s'étaient présentés sous une forme non spirituelle. L'un de ces mots d'esprit est particulièrement instructif, celui du « *roter Fadian* », qui est peut-être le plus saisissant de tous. Qu'y a-t-il donc en lui qui nous force à rire et qui détourne complètement notre intérêt de la question de savoir si le pauvre écrivain est victime ou non d'une injustice ? C'est, à coup sûr, la forme spirituelle, c'est-à-dire le mot d'esprit. Mais de quoi rions-nous donc à cette occasion ? Indubitablement de la personne elle-même, qui nous est présentée comme étant un « *roter Fadian* », et tout particulièrement du fait qu'elle a les cheveux roux. Rire des défauts physiques des autres est une attitude dont l'homme bien éduqué s'est déshabitué ; d'ailleurs, pour lui, le fait d'avoir les cheveux roux ne fait pas partie des imperfections physiques risibles. En revanche, c'est bien l'opinion qu'en ont l'écolier et l'homme du commun, et même aussi les gens qui possèdent le niveau d'éducation de certains élus communaux ou parlementaires. Et c'est ainsi qu'avec le plus grand art, ce mot d'esprit de monsieur N. nous a permis, à nous qui sommes des adultes et des personnes fines et sensibles, de rire des cheveux roux de l'historien X. comme le feraient des écoliers. Cela n'entrait certainement pas dans les intentions de monsieur N. ; mais il est très douteux que quelqu'un qui laisse libre cours à son esprit[1] en connaisse obligatoirement les intentions précises.

Si, dans ces cas, l'obstacle à l'agression que le mot d'esprit avait aidé à tourner était d'ordre intérieur – on se révoltait contre l'outrage pour des raisons esthétiques –, il peut être, d'autres fois, de nature purement extérieure. C'est ce qui se passe dans le cas de Très Gracieux Seigneur qui, frappé par la ressemblance que l'étranger présente avec sa propre personne, demande à celui-ci : « Madame votre mère est-elle un jour allée au château ? » et s'entend répondre du tac au tac : « Elle non, mais mon père oui. » L'homme interrogé aimerait certainement assommer l'insolent qui, par une telle allusion, ose faire outrage à la mémoire de sa mère chérie ; mais cet insolent est Très Gracieux Seigneur, que l'on ne peut assommer, ni même offenser, si l'on ne tient pas à payer pour cette vengeance durant toute son existence. Il faudrait donc avaler l'offense sans broncher ; mais, par bonheur, le mot d'esprit indique la voie à suivre pour avoir sa revanche sans courir de danger : il convient de reprendre l'allusion grâce au moyen technique de l'unification et de la retourner contre l'agresseur. Ici l'impression qu'il s'agit d'un mot d'esprit est à tel point déterminée par la tendance que, devant la spirituelle repartie, nous sommes enclins à oublier que la question de l'agresseur, par l'allusion qu'elle contient, est elle-même spirituelle.

Les cas où l'outrage ou bien la repartie offensante se trouvent empêchés par des circonstances extérieures sont si fréquents qu'on utilise le mot d'esprit tendancieux avec une prédilection toute particulière quand on veut rendre possibles une agression ou une critique à l'égard de personnes occupant une position plus élevée et faisant usage de leur autorité. Le mot d'esprit constitue alors une révolte contre une telle autorité, une émancipation vis-à-vis de la pression qu'elle exerce. Aussi bien est-ce dans ce facteur que réside le charme de la caricature, de laquelle nous rions même quand elle n'est pas réussie, simplement parce que nous tenons la révolte contre l'autorité pour un de ses mérites.

1. *Witz*.

Si nous ne perdons pas de vue que le mot d'esprit tendancieux se prête autant aux attaques contre ce qui est grand, digne et puissant et auquel l'existence d'inhibitions intérieures ou de circonstances extérieures offre une protection contre un franc rabaissement, alors s'impose à nous une conception particulière de certains groupes de mots d'esprit qui semblent s'occuper de personnages de médiocre valeur et sans pouvoir. Je veux parler de histoires de marieurs, avec lesquels nous avons fait connaissance pour telle ou telle d'entre elles, lorsque nous avons examiné les diverses techniques du mot d'esprit fondé sur des pensées. Dans quelques-unes d'entre elles, comme par ex. celles où il est dit : « Elle est aussi sourde » et : « Qui donc voudrait prêter quelque chose à ces gens-là ! », on a ri du marieur comme d'un homme imprudent et irréfléchi, qui est rendu comique par le fait que la vérité lui échappe d'une façon pour ainsi dire automatique. Mais est-il possible d'accorder, d'une part, ce que nous avons appris de la nature du mot d'esprit tendancieux et, d'autre part, l'intensité de l'agrément que nous procurent ces histoires, avec la médiocrité des personnages dont le mot d'esprit semble rire ? Sont-ce là des adversaires dignes de lui ? Ne peut-on affirmer bien plutôt que le mot d'esprit ne met en avant les marieurs que pour atteindre une cible plus importante et que, comme dit le proverbe, il frappe le bât alors que c'est à l'âne qu'il pense[1] ? Cette conception n'est vraiment pas à écarter.

L'interprétation des histoires de marieurs qui précède peut être poursuivie. Je ne suis pas tenu, il est vrai, de m'engager dans cette entreprise, je puis me contenter de voir dans ces histoires des « bouffonneries[2] » et leur contester le caractère de mots d'esprit. Il existe donc aussi un mode de détermination subjectif du mot d'esprit ; notre attention est maintenant attirée sur lui et nous aurons à l'examiner ultérieurement [au chapitre v]. Cela veut dire qu'il n'y a de mots d'esprit que ce que je reconnais comme tels. Ce qui pour moi est un mot d'esprit peut n'être pour un autre qu'une histoire comique. Mais quand un mot d'esprit permet ce doute, cela ne peut provenir que du fait qu'il possède une belle face[3], une façade – dans les cas qui nous occupent une façade comique – dont se rassasie le regard de l'un, tandis qu'un autre pourra tenter de découvrir ce qui se cache derrière. Il nous est aussi permis de soupçonner que cette façade est destinée à aveugler le regard scrutateur et que de telles histoires ont donc quelque chose à cacher.

Quoi qu'il en soit, s'il est vrai que nos histoires de marieurs sont des mots d'esprit, ce sont des mots d'esprit d'autant meilleurs, puisque, grâce à leur façade, elles sont à même de cacher, non seulement ce qu'elles ont à dire, mais aussi le fait qu'elles ont quelque chose – quelque chose d'interdit – à dire. Mais si l'on poursuivait l'interprétation, ce qui mettrait en évidence ces choses cachées et démasquerait ces histoires à façade comique comme étant des mots d'esprit tendancieux, on obtiendrait la chose suivante : tout individu qui laisse échapper la vérité dans un moment où comme ici, elle se soustrait à sa surveillance, est content, au fond, de s'être débarrassé de son attitude simulatrice. Voilà une découverte d'ordre psychologique pleine de justesse et de profondeur. Jamais personne ne laisse l'automatisme qui fait apparaître ici la vérité au

1. Le proverbe allemand auquel Freud fait allusion (« *Den Sack schlägt man, den Esel meint man* »), a comme équivalents français : « On frappe sur le sac pour que l'âne le sente », « Qui ne peut frapper l'âne, frappe le bât » ou encore : « Il bat le chien devant le lion. »
2. « *Schwänke* ». Ce terme désigne précisément de petites histoires drôles d'un comique souvent grossier.
3. *Schauseite*.

grand jour s'emparer de soi sans y consentir intérieurement[1]. Mais en même temps le personnage ridicule du *schadchen* se transforme en un être sympathique parce que digne de pitié. Comme il doit être heureux, cet homme, de pouvoir enfin jeter à bas le fardeau de la simulation, tant il est vrai qu'il saisit la première occasion pour crier toute la vérité ! Au moment où il se rend compte que l'affaire est perdue, que la fiancée ne plaît pas au jeune homme, il révèle bien volontiers qu'elle a encore un défaut caché, qui n'a pas attiré l'attention de celui-ci, ou bien, lorsqu'il présente un argument qui, sur un point de détail, est décisif, il profite de l'occasion pour exprimer aux gens pour le service desquels il travaille le mépris qu'ils lui inspirent : « Qui donc, je vous le demande, prêterait quelque chose à ces gens-là ! » Tout le ridicule de la situation retombe désormais sur des personnages qui n'ont été qu'esquissés dans l'histoire, à savoir sur les parents, lesquels considèrent un tel marché de dupes comme licite, simplement parce qu'il s'agit de trouver preneur pour leurs filles, sur le sort pitoyable des jeunes filles qui se trouvent mariées dans de telles conditions, sur l'indignité des unions conclues dans de telles circonstances. Le marieur est l'homme indiqué, celui qui peut légitimement exprimer une telle critique, car c'est lui qui est le plus au courant de ces abus, mais il n'a pas le droit de les publier, car c'est un pauvre homme, qui, précisément, ne peut vivre que de l'exploitation de tels abus. Or c'est un conflit similaire que connaît l'esprit populaire[2], lui qui a créé ces histoires et d'autres similaires ; car il sait que le caractère sacré des unions conjugales pâtit grandement de l'évocation des circonstances dans lesquelles celles-ci ont été conclues.

Rappelons-nous aussi la remarque que nous avons faite quand nous avons examiné la technique du mot d'esprit, à savoir que souvent le non-sens contenu dans le mot d'esprit se substitue à la moquerie et à la critique contenues dans la pensée présente derrière le mot d'esprit, ce en quoi, du reste, le travail du mot d'esprit fait comme le travail du rêve ; nous trouvons ici une nouvelle confirmation de cet état de choses. Le fait que la moquerie et la critique ne s'adressent pas à la personne du marieur, qui, dans les exemples précédents, n'apparaissait que comme souffre-douleur du mot d'esprit, ce fait est avéré par une autre série de mots d'esprit, dans lesquels le marieur est désigné, tout au contraire, comme le maître de la situation, comme celui dont la dialectique s'avère être de taille à résoudre chaque difficulté. Il s'agit d'histoires dont la façade est logique au lieu d'être comique, de mots d'esprit fondés sur des pensées sophistiques. Dans une de ces histoires, le marieur s'entend à présenter le défaut de la fiancée (elle boite) de façon à passer par-dessus grâce à son argumentation : selon lui, ce serait là au moins « une bonne chose de faite » ; par contre, une autre femme, aux membres droits, courrait en permanence le danger de tomber par terre et de se casser une jambe, et alors surviendraient la maladie, les souffrances, les frais médicaux, tous désagréments que l'on s'épargnerait avec cette femme boitant déjà. Ou bien, dans une autre histoire, il parvient à repousser toute une série de critiques que le prétendant formule à l'endroit de la fiancée, en répondant à chacune d'elles prise séparément par de bons arguments, pour opposer ensuite à la dernière, qu'on ne peut minimiser, la réfutation suivante : « Que vous faut-il donc ? Vous voudriez qu'elle n'ait aucun défaut ! », comme s'il ne demeurait pas nécessairement quelque chose des objections précé-

1. C'est le même mécanisme qui domine le « raté de parole » [« *Versprechen* »] et d'autres phénomènes d'autotrahison. Voir *Psychopathologie de la vie quotidienne.*
2. *Volksgeist.*

dentes. Il n'est pas difficile de mettre en évidence, dans ces deux exemples, le point faible de l'argumentation ; et c'est d'ailleurs ce que nous avons fait lors de notre étude de la technique. Mais autre chose nous intéresse désormais. Si les propos du marieur reçoivent une aussi forte apparence de logique, qu'un examen minutieux permet d'identifier comme étant une simple apparence, c'est que derrière eux se trouve une vérité, à savoir que le mot d'esprit donne raison au marieur ; la pensée ne se risque pas sérieusement à lui donner raison, elle substitue à ce sérieux l'apparence que le mot d'esprit met en avant, mais ici, comme c'est si fréquemment le cas, le sérieux est trahi par la plaisanterie. Nous ne nous fourvoierons pas en supposant que toutes ces histoires à façade logique pensent réellement ce qu'elles affirment grâce à un raisonnement intentionnellement fautif. Ce n'est qu'à partir du moment où le sophisme est utilisé pour figurer la vérité de façon cachée qu'on lui confère le caractère propre de l'esprit, qui dépend donc principalement de la tendance. En effet, ce que les deux histoires sont censées donner à entendre, c'est que le prétendant se rend réellement ridicule lorsqu'il dresse avec tant de soin la liste des diverses qualités de la fiancée, alors que celles-ci sont toutes bien minces, et qu'il oublie, ce faisant, qu'il doit s'attendre à prendre pour épouse un être humain avec ses inévitables défauts alors qu'il est bien évident que la seule qualité qui pourrait rendre supportable la vie conjugale avec cette femme à la personnalité plus ou moins imparfaite serait l'inclination mutuelle et la volonté de s'adapter à l'autre avec amour, sentiments dont il n'est pas question dans tout ce marché.

La dérision du prétendant contenue dans ces exemples, à l'occasion de laquelle c'est désormais le marieur qui joue, d'une manière tout à fait adaptée, le rôle du maître de la situation, trouve dans d'autres histoires une expression beaucoup plus claire. Plus celles-ci sont claires, moins elles contiennent de technique propre au mot d'esprit : elles ne sont, pour ainsi dire, que des cas limites du mot d'esprit, n'ayant plus en commun avec la technique de celui-ci que la formation d'une façade. Toutefois, étant donné que la même tendance est présente et qu'elle se cache derrière la façade, elles ont comme propriété de produire tout l'effet d'un mot d'esprit. En outre, l'indigence des moyens techniques utilisés permet de comprendre que bien des mots d'esprit de cette sorte ne peuvent, sans perdre beaucoup de leur valeur, se passer de l'élément comique du jargon, lequel produit un effet similaire à celui de la technique du mot d'esprit.

Voici une telle histoire, qui, bien que possédant toute la force d'un mot d'esprit tendancieux, ne laisse plus rien reconnaître de la technique de ce dernier. Le marieur demande : « Qu'exigez-vous de votre future fiancée ? » Réponse : « Qu'elle soit belle, qu'elle soit riche, et aussi cultivée. – Entendu », dit le marieur, « mais avec ça, moi je fais trois beaux partis ». Ici la leçon est donnée à l'homme directement, et non plus sous l'habillement d'un mot d'esprit.

Dans les exemples étudiés jusqu'ici, l'agression voilée était encore dirigée contre des personnes, dans les mots d'esprit sur les marieurs elle visait toutes les parties intéressées par le marché que constitue le mariage, c'est-à-dire la fiancée, le fiancé et leurs parents. Mais les objets de l'attaque lancée par le mot d'esprit peuvent tout aussi bien être des institutions, des personnes en tant qu'elles sont les représentantes[1] de ces mêmes institutions, des règles morales ou religieuses, des conceptions de la vie, toutes

1. *Träger*.

choses qui jouissent d'une telle considération que l'objection à leur égard ne peut apparaître autrement que sous le masque d'un mot d'esprit, et qui soit celui d'un mot d'esprit recouvert par sa façade. Les thèmes visés par ce mot d'esprit tendancieux ont beau être peu nombreux, les formes et les habillements qu'il revêt sont extrêmement divers. Nous ferions bien, je crois, de distinguer ce genre de mot d'esprit tendancieux par un nom particulier. Quel est le nom approprié ? Nous le trouverons bien, une fois que nous aurons interprété quelques exemples relevant de ce genre.

Je voudrais évoquer à nouveau deux histoires, celle du gourmand appauvri surpris en train de manger du « saumon à la mayonnaise » et celle du professeur ivrogne, que nous avons racontées comme étant des mots d'esprit fondés sur un déplacement sophistique, et j'aimerais en poursuivre l'interprétation. Entre-temps, nous avons appris ceci : lorsqu'à la façade d'une histoire s'attache l'apparence de la logique, c'est que la pensée aimerait dire très sérieusement : « Cet homme a raison », mais que, devant la contradiction qu'elle trouve en face d'elle, elle ne se risque pas à lui donner raison autrement que sur un point sur lequel il est facile d'établir qu'il a tort. La « chute[1] » choisie est le juste compromis entre le fait qu'il a raison et le fait qu'il a tort, ce qui ne tranche certes pas la question, mais correspond bien au conflit qui existe en nous-mêmes. Ces deux histoires sont tout bonnement épicuriennes, elles disent : « Oui, cet homme a raison, il n'y a rien qui soit au-dessus du plaisir, et il importe assez peu de savoir de quelle façon on se le procure. » Cela sonne comme quelque chose de terriblement immoral et cela ne vaut d'ailleurs probablement guère mieux, mais au fond ce n'est rien d'autre que le « *Carpe diem* » du poète, qui invoque le caractère incertain de la vie et la stérilité du renoncement vertueux. Si l'idée que l'homme évoqué par le mot d'esprit sur le « saumon à la mayonnaise » a probablement raison, nous inspire une telle répulsion, cela provient seulement de ce que, pour illustrer la vérité, il y est fait référence à un plaisir de la plus basse espèce, dont, nous semble-t-il, on peut très bien se passer. En réalité, chacun de nous a connu des heures et des moments où il a admis le bien-fondé de cette philosophie de la vie et où il a reproché à la morale de ne savoir qu'exiger sans dédommager. Depuis que la référence à l'au-delà, lieu où tout renoncement est censé être récompensé par la satisfaction, ne rencontre plus notre adhésion – il existe, du reste, très peu de gens pieux dès qu'on fait du renoncement le critère de la foi –, depuis ce moment, donc, le « *Carpe diem* » est devenu un avertissement sérieux. Je veux bien différer[2] ma satisfaction, mais est-ce que je sais si je serai encore là demain ?

« Di doman' non c'è certezza[3]. »

[« Du lendemain il n'est point de certitude. »]

Je veux bien renoncer à toutes les voies de la satisfaction que la société réprouve, mais suis-je certain qu'elle me récompensera de ce renoncement en m'ouvrant – même après un certain délai[4] – une de celles qui sont autorisées ? Il est possible de dire tout haut ce que ces mots d'esprit murmurent, à savoir que les désirs et les appétits de l'homme ont le droit de se faire entendre à côté d'une morale exigeante et manquant d'égards, et on a trouvé, de nos jours, des phrases énergiques et saisissantes pour dire que cette morale

1. « *Pointe* ». Ce terme possède en allemand un unique sens, celui d'effet final surprenant et souvent spirituel apparaissant en conclusion d'un développement, notamment d'un mot d'esprit.
2. *Aufschieben*.
3. Laurent de Médicis [(1449-1492). Cité d'après *Il Trionfo di Bacco e di Arianna*].
4. *Aufschub*.

n'est qu'un règlement égoïste prescrit par les quelques riches et les quelques puissants qui peuvent à tout moment et sans délai satisfaire leurs désirs. Tant que la médecine n'aura pas progressé au point de garantir notre vie et que les institutions sociales n'en auront pas fait davantage pour la rendre plus réjouissante, il sera impossible d'étouffer la voix qui, en nous, se révolte contre les exigences de la morale. Tout homme honnête finira un jour par faire cet aveu, au moins en lui-même. On ne pourra trancher ce conflit qu'après en être passé par le détour d'une autre façon de voir les choses. Il faut être capable de rattacher sa vie à celle d'autres personnes, de s'identifier intimement à d'autres personnes au point de pouvoir surmonter le problème du raccourcissement de sa propre durée de vie, et l'on n'a pas le droit de satisfaire de façon illicite les exigences posées par ses propres besoins ; il faut au contraire les laisser non satisfaites, car seule la persistance de tant d'exigences non satisfaites pourra permettre le développement de la force capable de modifier l'ordre social. Cependant, tous les besoins personnels n'admettent pas qu'on les déplace de la sorte pour les transférer à d'autres personnes, il n'y a pas de solution universellement valable et définitive à ce conflit.

Nous savons maintenant comment nous devons appeler les mots d'esprit similaires à ceux que nous avons interprétés en dernier : ce sont des mots d'esprit *cyniques* ; ce qu'ils dissimulent, ce sont des *remarques cyniques*.

Parmi les institutions que le mot d'esprit cynique a l'habitude d'attaquer, aucune n'est mieux protégée par des préceptes moraux, et avec plus de soin et d'insistance, mais aucune également ne se prête mieux aux attaques que l'institution du mariage, qui constitue d'ailleurs, par voie de conséquence, la cible de la plupart des mots d'esprit cyniques. Aucune revendication n'est, en effet, plus personnelle que celle qui concerne la liberté sexuelle et il n'est pas de domaine où la civilisation ait tenté d'exercer une répression plus forte que dans celui de la sexualité. Un seul exemple suffira à illustrer nos intentions, l'« Inscription portée sur l'album du Prince Carnaval », que nous avons mentionnée : « *Eine Fräu ist wie ein Regenschirm – man nimmt sich dann doch einen Komfortabel.* » [« Une femme, c'est comme un parapluie... Tôt ou tard, on prend un fiacre. »]

Nous avons déjà traité de la technique très compliquée de cet exemple : c'est une comparaison stupéfiante et apparemment impossible, mais qui, comme nous le voyons maintenant, n'est pas spirituelle en elle-même, c'est aussi une allusion (fiacre = voiture publique) et – en tant que moyen technique très puissant – une omission qui accroît l'inintelligibilité. Cette comparaison pourrait être explicitée de la façon suivante : on se marie pour se prémunir contre les sollicitations de la sensualité, mais il s'avère tôt ou tard que le mariage ne permet pas la satisfaction d'un besoin quelque peu impérieux, exactement comme quand on emporte un parapluie avec soi pour se protéger contre la pluie et que tôt ou tard on se fait mouiller par la pluie. Dans les deux cas, on est obligé de se mettre en quête d'une protection plus forte, ici d'une voiture publique et là de femmes accessibles pour de l'argent. À présent, l'esprit est presque entièrement remplacé par le cynisme. Personne ne se risque à dire tout haut et publiquement que le mariage n'est pas l'organisation qui permet de satisfaire la sexualité d'un homme, à moins, par exemple, d'y être poussé par l'amour de la vérité et le zèle réformateur d'un Christian von Ehrenfels[1]. Ainsi donc, la force de ce mot d'esprit tient à ce que – par toutes sortes de détours – il l'a quand même dit.

1. Cf. ses articles dans la *Politisch-anthropoligische Revue*, II, 1903. [Un autre écrit de Christian von

C'est un cas particulièrement favorable au mot d'esprit tendancieux que celui qui se présente quand on dirige contre sa propre personne la critique et la révolte qu'on a en vue, ou bien, pour exprimer cela avec plus de circonspection, contre une personne à laquelle sa propre personne a part, c'est-à-dire une personne collective, par exemple son propre peuple. Cette condition que constitue l'autocritique peut nous expliquer que ce soit précisément sur le terrain de la vie populaire juive qu'un certain nombre des mots d'esprit les plus remarquables aient pris naissance, mots d'esprit dont nous avons d'ailleurs donné ici quantité d'échantillons. Ce sont des histoires inventées par les Juifs et dirigées contre des particularités juives. Les mots d'esprit sur les Juifs faits par des non-Juifs sont la plupart du temps des bouffonneries[1] pleines de brutalité, dans lesquelles on s'épargne de faire de l'esprit par suite du fait que le Juif est considéré par les non-Juifs comme un personnage comique. Les histoires juives qui émanent de Juifs admettent cela elles aussi, mais elles connaissent les véritables défauts des Juifs ainsi que le réseau de relations qui unit ceux-ci à leurs qualités, et le fait que notre propre personne ait part à ce qu'il s'agit de blâmer crée la condition subjective permettant le travail du mot d'esprit, à laquelle, en d'autres circonstances, il est difficile de satisfaire. J'ignore d'ailleurs si, ce cas mis à part, il arrive fréquemment qu'un peuple se moque dans une aussi large mesure de sa propre nature.

Je puis indiquer comme exemple de ce que je viens de dire l'histoire évoquée qui raconte comment un Juif voyageant en chemin de fer se départit instantanément de toute tenue dès qu'il se rend compte que le nouveau venu dans le compartiment est un de ses coreligionnaires. Nous avons cité ce mot d'esprit comme exemple de concrétisation par un détail, de figuration par un élément extrêmement petit : il est destiné à illustrer la façon de penser démocratique des Juifs, qui ne reconnaît aucune différence entre maîtres et serviteurs, mais qui apporte malheureusement aussi de la perturbation dans la discipline et l'action collective. Une autre série de mots d'esprit, qui est particulièrement intéressante, illustre les rapports mutuels entre Juifs pauvres et Juifs riches. Leurs héros sont le « schnorrer » et l'hôte secourable ou le baron. Le schnorrer, qui est admis à venir manger tous les dimanche dans la même maison, se présente un jour accompagné d'une jeune homme inconnu qui fait mine de s'attabler avec les autres. « Qui est cet homme ? » demande la maître de maison et il obtient comme réponse : « c'est mon gendre depuis la semaine dernière. Je lui ai promis qu'il serait nourri la première année. » La tendance de ces histoires est constamment la même. Elle se dégagera le plus nettement de celle qui suit : le schnorrer mendie auprès du baron l'argent nécessaire pour partir en cure à Ostende ; à cause de ses douleurs, le médecin lui a recommandé d'aller aux bains de mer. Le baron estime qu'Ostende est une station balnéaire particulièrement chère et qu'une ville plus économique conviendrait aussi. Mais le schnorrer repousse cette proposition en disant : « Monsieur le baron, quand il s'agit de ma santé, rien n'est trop coûteux pour moi. » C'est un magnifique mot d'esprit fondé sur un déplacement, que nous aurions pu donner comme un modèle de son genre. Le baron veut manifestement économiser son argent, mais le schnorrer répond comme si l'argent du baron était le sien propre, argent dont il peut alors bien sûr faire moins de

Ehrenfels (1859-1932), philosophe, professeur à Prague, donna à Freud l'occasion de rédiger *la Morale sexuelle « civilisée » et la nervosité moderne* (1908 *d*), ouvrage dans lequel il fait lui-même plusieurs remarques critiques à l'égard de l'institution du mariage.]

1. *Schwänke*.

as que de sa santé. On se trouve ici incité à rire de l'insolence de cette prétention, mais l est exceptionnel que ces mots d'esprit ne soient pas dotés d'une façade qui égare la ompréhension. La vérité qui se cache derrière, c'est que le schnorrer, qui, dans sa pen-ée, en use avec l'argent du riche comme avec le sien propre, a effectivement presque le droit, d'après les préceptes sacrés des Juifs, de faire cette confusion. Naturellement, 'attitude de révolte qui a donné naissance à ce mot d'esprit est dirigée contre cette Loi dont même l'homme pieux ressent durement l'oppression.

Voici ce que raconte une autre histoire : un schnorrer rencontre dans l'escalier de la maison du riche un confrère qui lui déconseille de poursuivre son chemin. « Ne monte pas. Aujourd'hui le baron est de mauvaise humeur, il ne donne à personne plus d'un florin. – Je vais quand même monter », dit le premier schnorrer. « Pourquoi lui ferais-e cadeau de ce florin ? Est-ce que lui me fait cadeau de quelque chose ? »

Ce mot d'esprit se sert de la technique du non-sens en ceci qu'il fait prétendre au chnorrer que le baron ne lui fait cadeau de rien, au moment même où il s'apprête à mendier ce cadeau. Mais ce non-sens n'est qu'apparent : il est presque exact de dire que le riche ne lui fait cadeau de rien, puisqu'il est obligé par la Loi de lui donner 'aumône et qu'il ne peut, rigoureusement parlant, que lui savoir gré de l'occasion qu'il lui fournit de faire le bien. La conception commune, bourgeoise de l'aumône se trouve ici en conflit avec la conception religieuse. Elle se révolte ouvertement contre cette dernière dans l'histoire du baron, qui, profondément ému par le récit des souf-frances du schnorrer, sonne ses domestiques et leur dit : « Fichez-le dehors, il me fend e cœur ! » Cette présentation sans fard de la tendance produit à nouveau un cas limite du mot d'esprit. Entre la plainte, qui, elle, n'est plus spirituelle – « Il n'y a vraiment aucun avantage à être un riche quand on vit parmi des Juifs. La misère d'autrui vous empêche de jouir de votre propre bonheur » – et ces dernières histoires, il n'y a guère qu'une différence : la concrétisation par une situation particulière.

C'est un cynisme profondément pessimiste que celui dont témoignent d'autres his-toires, qui, techniquement parlant, constituent à nouveau des cas limites du mot d'esprit. En voici une : un homme dur d'oreille va consulter un médecin, qui, faisant le diagnos-tic exact, déclare que le patient boit vraisemblablement trop d'eau-de-vie et que c'est la raison de sa surdité. Il lui déconseille de continuer, et l'homme dur d'oreille promet de bien suivre ce conseil. Quelque temps après, le médecin le rencontre dans la rue et lui demande d'une voix forte comment il va. « Je vous remercie », répond celui-ci. « Vous n'avez pas besoin de crier comme ça, docteur, j'ai cessé de boire et je recommence à bien entendre. » Quelque temps plus tard, la même rencontre se produit. Le médecin lui demande de sa voix habituelle comment il se sent, mais il se rend compte que l'autre ne comprend pas. « Hein ? quoi ? – Il me semble que vous recommencez à boire de l'eau-de-vie », lui crie le médecin à l'oreille, « et c'est pour ça que vous recommencez à ne rien entendre. – Il se peut que vous ayez raison », répond l'homme dur d'oreille. « J'ai recommencé à boire de l'eau-de-vie, mais je vais vous dire pourquoi. Tant que je n'ai pas bu, j'ai entendu. Mais tout ce que j'ai entendu ne valait pas l'eau-de-vie. » Techniquement, ce mot d'esprit n'est rien d'autre qu'une concrétisation ; le jargon, les ressources propres à l'art du récit servent à provoquer le rire, mais, tapie derrière, se pose une triste question : cet homme n'a-t-il pas raison dans son choix ?

C'est à la misère des Juifs dans ses aspects divers et tous désespérés que ces his-toires pessimistes font allusion, histoires que je suis obligé d'adjoindre au mot d'esprit tendancieux eu égard à ce contexte.

D'autres mots d'esprit, qu'on peut dire cyniques en un sens similaire du terme et qu ne sont pas uniquement des histoires juives, attaquent les dogmes religieux et l croyance en Dieu elle-même. L'histoire du « coup de mirettes du rabbi », qui ava pour technique l'erreur de raisonnement consistant à assimiler la fantaisie et la réali (on pourrait aussi soutenir qu'il s'agit d'un déplacement), est un tel mot d'espr cynique ou bien critique, dirigé contre les faiseurs de miracles, mais aussi, à coup sû contre la croyance aux miracles. C'est un mot d'esprit franchement blasphématoir que celui qu'aurait fait Heine lorsqu'il était mourant. Quand le prêtre appela aimable ment son attention sur la grâce divine et lui laissa espérer qu'il obtiendrait de Dieu l rémission de ses péchés, il aurait répondu : « *Bien sûr, qu'il me pardonnera ; c'est so métier*[1]. » C'est là une comparaison rabaissante, qui, sur le plan technique, n'a à pe près que la valeur d'une allusion, car seuls ont un *métier* (que ce soit un commerce o une profession) des hommes tels qu'un artisan ou bien un médecin, et ils n'ont qu'u seul *métier*. Cependant la force de ce mot d'esprit réside dans sa tendance. Ce qu'il a dire n'est rien d'autre que : « Bien sûr qu'il me pardonnera, c'est bien pour ça qu'il e là, c'est à cette fin seulement que je me le suis procuré (comme s'il s'agissait d'u médecin, d'un avocat). » Et c'est ainsi que ce mourant qui gît sans force sent une foi encore s'éveiller en lui la conscience qu'il s'est créé un Dieu et qu'il l'a doté d'un pou voir afin de se servir de lui à l'occasion. Peu de temps seulement avant son anéantisse ment, la soi-disant créature se révèle être le créateur.

[4]

AUX TROIS GENRES du mot d'esprit tendancieux traités jusqu'ici, à savoir
le mot d'esprit qui dénude, ou obscène,
le mot d'esprit agressif (hostile),
le mot d'esprit cynique (critique, blasphématoire),
j'aimerais en adjoindre un nouveau, le quatrième et le plus rare, dont il faut explique le caractère par un bon exemple.

Dans une gare de Galicie, deux Juifs se rencontrent dans un train. « Où tu vas ? demande l'un. « À Cracovie », répond d'autre. « Regardez-moi ce menteur ! » s'écri le premier furieux. « Si tu dis que tu vas à Cracovie, c'est bien que tu veux que je croi que tu vas à Lemberg. Seulement, moi je sais que tu vas vraiment à Cracovie. Alo pourquoi tu mens ? »

Cette histoire de grande valeur, qui donne une impression d'excessive subtilité, do manifestement son effet à l'emploi de la technique du non-sens. Le second Juif e obligé d'essuyer le reproche de mensonge parce qu'il a fait savoir qu'il allait Cracovie, ville qui, à dire vrai, est le but de son voyage. Toutefois, ce puissant moye technique – le non-sens – est ici couplé à une autre technique, celle de la figuration pa le contraire, car d'après l'affirmation, non contredite, du premier Juif, le second me quand il dit la vérité et il dit la vérité au moyen d'un mensonge. Ce mot d'esprit néanmoins un contenu plus sérieux, qui est la question des conditions de la vérité ; d nouveau, le mot d'esprit signale un problème et met à profit le caractère peu sûr d'u

1. En français dans le texte.

de nos concepts les plus usuels. S'agit-il de vérité quand on décrit les choses telles qu'elles sont sans se préoccuper de savoir comment l'auditeur va comprendre ce qui est dit ? Ou cela n'est-il que vérité jésuitique, et l'authentique souci de la vérité ne consiste-t-il pas bien plutôt à avoir des égards pour l'auditeur et à lui transmettre une reproduction fidèle de son propre savoir ? Je considère les mots d'esprit de cette sorte comme suffisamment différents des autres pour leur assigner une place particulière. Ce qu'ils attaquent, ce n'est pas une personne ou une institution, mais la sûreté de notre jugement lui-même, qui est l'un de nos biens spéculatifs. Aussi le nom qui leur conviendrait serait-il celui de mots d'esprit « *sceptiques* ».

[5]

Au cours des analyses[1] que nous avons faites sur les tendances du mot d'esprit, nous avons peut-être obtenu maints éclaircissements et, à coup sûr, trouvé largement de quoi nous inciter à poursuivre nos investigations ; mais lorsqu'on combine les résultats obtenus dans ce chapitre avec ceux du chapitre précédent, on débouche sur un problème difficile. S'il est exact de dire que le plaisir apporté par le mot d'esprit est attaché d'une part à la technique, d'autre part à la tendance, quel est donc le point de vue commun permettant de concilier ces deux sources, si différentes, du plaisir procuré par le mot d'esprit ?

Introduction à la psychanalyse

(1917)

SIGMUND FREUD

*Freud, qui donnait des cours à l'université depuis une trentaine d'années, avait été frappé, en octobre 1915, du brusque accroissement du nombre de ses auditeurs. Il décida de publier désormais le contenu de ses conférences. Ce sont les leçons de l'hiver 1915-1916, puis de l'hiver 1916-1917 qui constituent le texte de l'*Introduction à la psychanalyse. *Cet ouvrage, dont on lira ici le chapitre* XI, *constitue l'ouvrage le plus populaire de Freud, celui qui a connu le plus grand nombre d'éditions et qui a eu le plus de lecteurs. Dans la première partie Freud amène son auditoire aux thèses fondamentales de la psychanalyse en partant des faits les plus quotidiens, du lapsus, de l'acte manqué, du rêve. La seconde partie est plus didactique, mais reste très accessible à des lecteurs non-spécialistes. Freud écrira par la suite de nouveaux ouvrages de présentation de la psychanalyse, mais il cesse, à la fin de l'hiver 1917, son enseignement à l'université.*

Source : S. Freud, *Vorlesungen zur Einfürung in die Psychoanalyse*, G.W., XI ; traduction française (S. Jankélévitch) : *Introduction à la psychanalyse*, Payot, 1961.

1. *Erörterungen.*

Chapitre XI

SI VOUS AVEZ RÉUSSI à vous faire une idée du mécanisme de la censure et de la repré
sentation symbolique, vous serez à même de comprendre la plupart des rêves, san
toutefois connaître à fond le mécanisme de la déformation des rêves. Pour comprendr
les rêves, vous vous servirez en effet des deux techniques qui se complètent mutuelle
ment : vous ferez surgir chez le rêveur des souvenirs, jusqu'à ce que vous soyez amené
de la substitution au substrat même du rêve, et vous remplacerez, d'après vos connais
sances personnelles, les symboles par leur signification. Vous vous trouverez, au cour
de ce travail, en présence de certaines incertitudes. Mais il en sera question plus tar

Nous pouvons maintenant reprendre un travail que nous avons essayé d'abord
antérieurement avec des moyens insuffisants. Nous voulions notamment établir le
rapports existant entre les éléments des rêves et leurs substrats et nous avons trouv
que ces rapports étaient au nombre de quatre : rapport d'une partie au tout, approxima
tion ou allusion, rapport symbolique et représentation verbale plastique. Nous allon
entreprendre le même travail sur une échelle plus vaste, en comparant le contenu man
feste du rêve dans son ensemble au rêve latent tel que nous le révèle l'interprétatio

J'espère qu'il ne vous arrivera plus de confondre le rêve manifeste et le rêve laten
En maintenant cette distinction toujours présente à l'esprit, vous aurez gagné, au poi
de vue de la compréhension des rêves, plus que la plupart des lecteurs de mo
Interprétation des rêves. Laissez-moi vous rappeler que le travail qui transforme l
rêve latent en rêve manifeste s'appelle *élaboration du rêve*. Le travail opposé, cel
qui veut du rêve manifeste arriver au rêve latent, s'appelle *travail d'interprétation*. L
travail d'interprétation cherche à supprimer le travail d'élaboration. Les rêves du typ
infantile, dans lesquels nous avons reconnu sans peine des réalisations de désirs, n'e
ont pas moins subi une certaine élaboration, et notamment la transformation du dés
en une réalité, et le plus souvent aussi celle des idées en images visuelles. Ici nou
avons besoin, non d'une interprétation, mais d'un simple coup d'œil derrière ces deu
transformations. Ce qui, dans les autres rêves, vient s'ajouter au travail d'élaboratio
constitue ce que nous appelons la *déformation du rêve*, et celle-ci ne peut être suppr
mée que par notre travail d'interprétation.

Ayant eu l'occasion de comparer un grand nombre d'interprétations de rêves, je su
à même de vous exposer d'une façon synthétique ce que le travail d'élaboration fa
avec les matériaux des idées latentes des rêves. Je vous prie cependant de ne pas tir
de conclusions trop rapides de ce que je vais vous dire. Je vais seulement vous prése
ter une description qui demande à être suivie avec une calme attention.

Le premier effet du travail d'élaboration d'un rêve consiste dans la *condensation* c
ce dernier. Nous voulons dire par là que le contenu du rêve manifeste est plus petit qu
celui du rêve latent, qu'il représente par conséquent une sorte de traduction abrégée c
celui-ci. La condensation peut parfois faire défaut, mais elle existe d'une façon gén
rale et est souvent considérable. On n'observe jamais le contraire, c'est-à-dire qu'
n'arrive jamais que le rêve manifeste soit plus étendu que le rêve latent et ait u
contenu plus riche. La condensation s'effectue par un des trois procédés suivants :
certains éléments latents sont tout simplement éliminés ; 2° le rêve manifeste ne reço
que des fragments de certains ensembles du rêve latent ; 3° des éléments latents aya
des traits communs se trouvent fondus ensemble dans le rêve manifeste.

Si vous le voulez, vous pouvez réserver le terme « condensation » à ce dernier procédé seul. Ses effets sont particulièrement faciles à démontrer. En vous remémorant vos propres rêves, vous trouverez facilement des cas de condensation de plusieurs personnes en une seule. Une personne composée de ce genre a l'aspect de A, est mise comme B, fait quelque chose qui rappelle C, et avec tout cela nous savons qu'il s'agit de D. Dans ce mélange se trouve naturellement mis en relief un caractère ou attribut commun aux quatre personnes. On peut de même former un composé de plusieurs objets ou localités, à la condition que les objets ou les localités en question possèdent un trait ou des traits communs que le rêve latent accentue d'une façon particulière. Il se forme là comme une notion nouvelle et éphémère ayant pour noyau l'élément commun. De la superposition des unités fondues en un tout composite résulte en général une image aux contours vagues, analogue à celle qu'on obtient en tirant plusieurs photographies sur la même plaque. Le travail d'élaboration doit être fortement intéressé à la production de ces formations composites, car il est facile de trouver que les traits communs qui en sont la condition sont créés intentionnellement là où ils font défaut, et cela, par exemple, par le choix de l'expression verbale pour une idée. Nous connaissons déjà des condensations et des formations composites de ce genre ; nous les avons vues notamment jouer un rôle dans certains cas de lapsus. Rappelez-vous le jeune homme qui voulait *begleit-digen* (mot composé de *begleiten*, accompagner et *beleigiden*, manquer de respect) une dame. Il existe en outre des traits d'esprit dont la technique se réduit à une condensation de ce genre. Mais, abstraction faite de ces cas, le procédé en question apparaît comme tout à fait extraordinaire et bizarre. La formation de personnes composites dans les rêves a, il est vrai, son pendant dans certaines créations de notre fantaisie qui fond souvent ensemble des éléments qui ne se trouvent pas réunis dans l'expérience : tels les centaures et les animaux légendaires de la mythologie ancienne ou des tableaux de Böcklin. D'ailleurs, l'imagination « créatrice » est incapable d'inventer quoi que ce soit : elle se contente de réunir des éléments séparés les uns des autres. Mais le procédé mis en œuvre par le travail d'élaboration présente ceci de particulier que les matériaux dont il dispose consistent en idées, dont certaines peuvent être indécentes et inacceptables, mais qui sont toutes formées et exprimées correctement. Le travail d'élaboration donne à ces idées une autre forme, et il est remarquable et incompréhensible que, dans cette transcription ou traduction comme en une autre langue, il se serve du procédé de la fusion ou de la combinaison. Une traduction s'applique généralement à tenir compte des particularités du texte et à ne pas confondre les similitudes. Le travail d'élaboration, au contraire, s'efforce de condenser deux idées différentes, en cherchant, comme dans un calembour, un mot à plusieurs sens dans lequel puissent se rencontrer les deux idées. Il ne faut pas se hâter de tirer des conclusions de cette particularité qui peut d'ailleurs devenir importante pour la conception du travail d'élaboration.

Bien que la condensation rende le rêve obscur, on n'a cependant pas l'impression qu'elle soit un effet de la censure. On pourrait plutôt lui assigner des causes mécaniques et économiques ; mais la censure y trouve son compte quand même.

Les effets de la condensation peuvent être tout à fait extraordinaires. Elle rend à l'occasion possible de réunir dans un rêve manifeste deux séries d'idées latentes tout à fait différentes, de sorte qu'on peut obtenir une interprétation apparemment satisfaisante d'un rêve sans s'apercevoir de la possibilité d'une interprétation au deuxième degré.

La condensation a encore pour effet de troubler, de compliquer les rapports entre les éléments du rêve latent et ceux du rêve manifeste. C'est ainsi qu'un élément manifeste peut correspondre simultanément à plusieurs latents, de même qu'un élément latent peut participer à plusieurs manifestes : il s'agirait donc d'une sorte de croisement. On constate également, au cours de l'interprétation d'un rêve, que les idées surgissant à propos d'un élément manifeste ne doivent pas être utilisées au fur et à mesure, dans l'ordre de leur succession. Il faut souvent attendre que tout le rêve ait reçu son interprétation.

Le travail d'élaboration opère donc une transcription peu commune des idées des rêves ; une transcription qui n'est ni une traduction mot à mot ou signe par signe, ni un choix guidé par une certaine règle, comme lorsqu'on ne reproduit que les consonnes d'un mot, en omettant les voyelles, ni ce qu'on pourrait appeler un remplacement, comme lorsqu'on fait toujours ressortir un élément aux dépens de plusieurs autres : nous nous trouvons en présence de quelque chose de tout à fait différent et beaucoup plus compliqué.

Un autre effet du travail d'élaboration consiste dans le *déplacement*. Celui-ci nous est heureusement déjà connu ; nous savons notamment qu'il est entièrement l'œuvre de la censure des rêves. Le déplacement s'exprime de deux manières : en premier lieu, un élément latent est remplacé, non par un de ses propres éléments constitutifs, mais par quelque chose de plus éloigné, donc par une allusion ; en deuxième lieu, l'accent psychique est transféré d'un élément important sur un autre, peu important, de sorte que le rêve reçoit un autre centre et apparaît étrange.

Le remplacement par une allusion existe également dans notre pensée éveillée, mais avec une certaine différence. Dans la pensée éveillée, l'allusion doit être facilement intelligible, et il doit y avoir entre l'allusion et la pensée véritable un rapport de contenu. Le trait d'esprit se sert souvent de l'allusion, sans observer la condition de l'association entre les contenus ; il remplace cette association par une association extérieure peu usitée, fondée sur la similitude tonale, sur la multiplicité des sens que possède un mot, etc. Il observe cependant rigoureusement la condition de l'intelligibilité ; le trait d'esprit manquerait totalement son effet si l'on ne pouvait remonter sans difficulté de l'allusion à son objet. Mais le déplacement par allusion qui s'effectue dans le rêve se soustrait à ces deux limitations. Ici l'allusion ne présente que des rapports tout extérieurs et très éloignés de l'élément qu'elle remplace ; aussi est-elle inintelligible, et lorsqu'on veut remonter à l'élément, l'interprétation de l'allusion fait l'impression d'un trait d'esprit raté ou d'une explication forcée, tirée par les cheveux. La censure des rêves n'atteint son but que lorsqu'elle réussit à rendre introuvable le chemin qui conduit de l'allusion à son substrat.

Le déplacement de l'accent constitue le moyen par excellence de l'expression des pensées. Nous nous en servons parfois dans la pensée éveillée, pour produire un effet comique. Pour vous donner une idée de cet effet, je vous rappellerai l'anecdote suivante : il y avait dans un village un maréchal-ferrant qui s'était rendu coupable d'un crime grave. Le tribunal décida que ce crime devait être expié ; mais comme le maréchal-ferrant était le seul dans le village et, par conséquent, indispensable, mais que, par contre, il y avait dans le même village trois tailleurs, ce fut un de ceux-ci qui fut pendu à la place du maréchal.

Le troisième effet du travail d'élaboration est, au point de vue psychologique, le plus intéressant. Il consiste en une transformation d'idées en images visuelles. Cela ne veut pas dire que tous les éléments constitutifs des idées des rêves subissent cette transformation ; beaucoup d'idées conservent leur forme et apparaissent comme telles ou à titre de connaissances dans le rêve manifeste ; d'un autre côté, les images visuelles ne sont pas la seule forme que revêtent les idées. Il n'en reste pas moins que les images visuelles jouent un rôle essentiel dans la formation des rêves. Cette partie du travail d'élaboration est la plus constante ; nous le savons déjà, de même que nous connaissons déjà la « représentation verbale plastique » des éléments individuels d'un rêve.

Il est évident que cet effet n'est pas facile à obtenir. Pour vous faire une idée des difficultés qu'il présente, imaginez-vous que vous ayez entrepris de remplacer un article de fond politique par une série d'illustrations, c'est-à-dire de remplacer les caractères d'imprimerie par des signes figurés. En ce qui concerne les personnes et les objets concrets dont il est question dans cet article, il vous sera facile et, peut-être même, commode de les remplacer par des images, mais vous vous heurterez aux plus grandes difficultés dès que vous aborderez la représentation concrète des mots abstraits et des parties du discours qui expriment les relations entre les idées : particules, conjonctions, etc. Pour les mots abstraits, vous pourrez vous servir de toutes sortes d'artifices. Vous chercherez, par exemple, à transcrire le texte de l'article sous une autre forme verbale peu usitée peut-être, mais contenant plus d'éléments concrets et susceptibles de représentation. Vous vous rappellerez alors que la plupart des mots abstraits sont des mots qui furent autrefois concrets et vous chercherez, pour autant que vous le pourrez, à remonter à leur sens primitivement concret. Vous serez, par exemple, enchantés de pouvoir représenter la « possession » (*Besitzen*) d'un objet par sa signification concrète qui est celle d'*être assis sur (daraufsitzen)* cet objet. Le travail d'élaboration ne procède pas autrement. À une représentation faite dans ces conditions, il ne faut pas demander une trop grande précision. Aussi ne tiendrez-vous pas rigueur au travail d'élaboration s'il remplace un élément aussi difficile à exprimer à l'aide d'images concrètes que l'adultère (*Ehebruch*)[1] par une fracture du bras (*Armbruch*)[2].

1. *Ehebruch*, littéralement : rupture de mariage.
2. Pendant que je corrigeais les épreuves de ces feuilles, il m'est tombé par hasard sous les yeux un fait divers que je transcris ici, parce qu'il apporte une confirmation inattendue aux considérations qui précèdent :
[Le Châtiment de Dieu].
Fracture de bras (*Armbruch*) comme expiation pour un adultère (*Ehebruch*).
La femme Anna M..., épouse d'un réserviste, dépose contre la femme Clémentine K... une plainte en adultère. Elle dit dans sa plainte que la femme K... avait entretenu avec M... des relations coupables, alors que son propre mari était sur le front d'où il lui envoyait même 70 couronnes par mois. La femme K... avait déjà reçu du mari de la plaignante beaucoup d'argent, alors que la plaignante elle-même et son enfant souffrent de la faim et de la misère. Les camarades de M... ont rapporté à la plaignante que son mari a fréquenté avec la femme K... des débits de vin où il restait jusqu'à une heure tardive de la nuit. Une fois même la femme K... a demandé au mari de la plaignante, en présence de plusieurs fantassins, s'il ne se déciderait pas bientôt à quitter sa « vieille », pour venir vivre avec elle. La logeuse de K... a souvent vu le mari de la plaignante dans le logement de sa maîtresse, en tenue plus que négligée. – Devant un juge de Leopoldstadt, la femme K... a prétendu hier ne pas connaître M... et nié par conséquent et à plus forte raison toutes relations intimes avec lui. Mais le témoin Albertine M... déposa qu'elle avait surpris la femme K... en train d'embrasser le mari de la plaignante.
Déjà entendu au cours d'une séance antérieure à titre de témoin, M... avait, à son tour, nié toutes relations avec la femme K... Mais hier le juge reçoit une lettre dans laquelle M... retire son témoignage fait précédemment et avoue avoir eu la femme K... pour maîtresse jusqu'au mois de juin dernier. S'il a nié toute relation avec cette femme, lors du précédent interrogatoire, ce fut parce qu'elle était venue le trouver et l'avait supplié à genoux de la sauver en n'avouant rien. « Aujourd'hui, écrivait le témoin, je me sens forcé à dire au tribunal toute la vérité car, m'étant fracturé le bras gauche, je considère cet accident comme un châtiment que Dieu m'inflige pour mon péché. »
Le juge ayant constaté que l'action punissable remontait à plus d'une année, la plaignante a retiré sa plainte et l'inculpée a bénéficié d'un non-lieu.

Connaissant ces détails vous pourrez dans une certaine mesure corriger les maladresses de l'écriture figurée lorsqu'elle est appelée à remplacer l'écriture verbale.

Mais ces moyens auxiliaires manquent lorsqu'il s'agit de représenter des parties du discours qui expriment des relations entre des idées : *parce que, pour la raison que*, etc. Ces éléments du texte ne pourront donc pas être transformés en images. De même le travail d'élaboration des rêves réduit le contenu des idées des rêves à leur matière brute faite d'objets et d'activités. Vous devez être contents si vous avez la possibilité de traduire par une plus grande finesse des images les relations qui ne sont pas susceptibles de représentation concrète. C'est ainsi en effet que le travail d'élaboration réussit à exprimer certaines parties du contenu des idées latentes du rêve par les propriétés formelles du rêve manifeste, par le degré plus ou moins grand de clarté ou d'obscurité qu'il lui imprime, par sa division en plusieurs fragments, etc. Le nombre des rêves partiels en lesquels se décompose un rêve latent correspond généralement au nombre des thèmes principaux, des séries d'idées dont se compose ce dernier ; un bref rêve préliminaire joue par rapport au rêve principal subséquent le rôle d'une introduction ou d'une motivation ; une idée secondaire venant s'ajouter aux idées principales est remplacée dans le rêve manifeste par un changement de scène intercalé dans le décor principal dans lequel évoluent les événements du rêve latent. Et ainsi de suite. La forme même des rêves n'est pas dénuée d'importance et exige, elle aussi, une interprétation. Plusieurs rêves se produisant au cours de la même nuit présentent souvent la même importance et témoignent d'un effort de maîtriser de plus en plus une excitation d'une intensité croissante. Dans un seul et même rêve, un élément particulièrement difficile peut être représenté par plusieurs symboles, par des « doublets ».

En poursuivant notre confrontation entre les idées des rêves et les rêves manifestes qui les remplacent, nous apprenons une foule de choses auxquelles nous ne nous attendions pas ; c'est ainsi que nous apprenons par exemple que l'absurdité même des rêves a sa signification particulière. On peut dire que sur ce point l'opposition entre la conception médicale et la conception psychanalytique du rêve atteint un degré d'acuité tel qu'elle devient à peu près absolue. D'après la première, le rêve serait absurde parce que l'activité psychique dont il est l'effet a perdu toute faculté de formuler un jugement critique ; d'après notre conception, au contraire, le rêve devient absurde dès que se trouve exprimée la critique contenue dans les idées du rêve, dès que se trouve formulé le jugement : c'est absurde. Vous en avez un bon exemple dans le rêve, que vous connaissez déjà, relatif à l'intention d'assister à une représentation théâtrale (trois billets pour 1 florin 50). Le jugement formulé à cette occasion était : ce fut *une absurdité* de se marier si tôt.

Nous apprenons de même, au cours du travail d'interprétation, ce qui correspond aux doutes et incertitudes si souvent exprimés par le rêveur, à savoir si un certain élément donné s'est réellement manifesté dans le rêve, si c'était bien l'élément allégué ou supposé, et non un autre. Rien dans les idées latentes du rêve ne correspond généralement à ces doutes et incertitudes ; ils sont uniquement l'effet de la censure et doivent être considérés comme correspondant à une tentative partiellement réussie, de suppression, de refoulement.

Une des constatations les plus étonnantes est celle relative à la manière dont le travail d'élaboration traite les oppositions existant au sein du rêve latent. Nous savons déjà que les éléments analogues des matériaux latents sont remplacés dans le rêve manifeste par des condensations. Or, les contraires sont traités de la même manière que les analogies et sont exprimés de préférence par le même élément manifeste. C'est ainsi qu'un élément du rêve manifeste qui a son contraire peut aussi bien signifier lui-même que ce contraire, ou l'un et l'autre à la fois, ce n'est que d'après le sens général que nous pouvons décider notre choix quant à l'interprétation. C'est ce qui explique qu'on ne trouve pas dans le rêve de représentation, univoque tout au moins, du « non ».

Cette étrange manière d'opérer qui caractérise le travail d'élaboration trouve une heureuse analogie dans le développement de la langue. Beaucoup de linguistes ont constaté que dans les langues les plus anciennes les oppositions : fort-faible, clair-obscur, grand-petit sont exprimées par le même radical (« opposition de sens dans les mots primitifs »). C'est ainsi que dans le vieil égyptien *ken* signifiait primitivement *fort* et *faible*. Pour éviter des malentendus pouvant résulter de l'emploi de mots aussi ambivalents, on avait recours, dans le langage parlé, à une intonation et à un geste qui variaient avec le sens qu'on voulait donner au mot ; et dans l'écriture on faisait suivre le mot d'un « déterminatif », c'est-à-dire d'une image qui, elle, n'était pas destinée à être prononcée. On écrivait donc *ken*-fort, en faisant suivre le mot d'une image représentant la figurine d'un homme redressé ; on écrivait *ken*-faible, en faisant suivre le mot de la figurine d'un homme nonchalamment accroupi. C'est seulement plus tard qu'on a obtenu, à la suite de légères modifications imprimées au mot primitif, une désignation spéciale pour chacun des contraires qu'il englobait. On arriva ainsi à dédoubler *ken* (fort-faible), en *ken*-fort et *ken*-faible. Quelques langues plus jeunes et certaines langues vivantes de nos jours ont conservé de nombreuses traces de cette primitive opposition de sens. Je vous en citerai quelques exemples, d'après C. Abel (1884).

Le latin présente toujours les mots ambivalents suivants :
altus (haut, profond) et *sacer* (sacré, damné).

Voici quelques exemples de modifications du même radical :
clamare (crier) ; *clam* (silencieux, doux, secret) ;
siccus (sec) ; *succus* (suc).

Et en allemand :
Stimme (voix) ; *stumm* (muet).

Le rapprochement de langues parentes fournit de nombreux exemples du même genre :

Anglais : *lock* (fermer) ; allemand : *Loch* (trou), *Lücke* (lacune) ;

Anglais : *cleave* (fendre) ; allemand : *kleben* (coller).

Le mot anglais *without*, dont le sens littéral est *avec-sans*, n'est employé aujourd'hui qu'au sens *sans* ; que le mot *with* fût employé pour désigner non seulement une adjonction, mais aussi une soustraction, c'est ce que prouvent les mots composés *withdraw*, *withhold*. Il en est de même du mot allemand *wieder*.

Une autre particularité encore du travail d'élaboration trouve son pendant dans le développement de la langue. Dans l'ancien égyptien, comme dans d'autres langues plus récentes, il arrive souvent que, d'une langue à l'autre, le même mot présente, pour le même sens, les sons rangés dans des ordres opposés. Voici quelques exemples tirés de la comparaison entre l'anglais et l'allemand : *Topf* (pot) – *pot* ; *boat* (bateau) – *tub* ; *hurry* (se presser) – *Ruhe* (repos) ; *Balken* (poutre) – *Kloben* (bûche), *club* ; *wait* (attendre) – *täuwen*.

Et la comparaison entre le latin et l'allemand donne : *capere* (saisir) – *packen* ; *ren* (rein) – *Niere*.

Les inversions dans le genre de celles-ci se produisent dans le rêve de plusieurs manières différentes. Nous connaissons déjà l'inversion du sens, le remplacement d'un sens par son contraire. Il se produit, en outre, dans les rêves, des inversions de situations, de rapports entre deux personnes, comme si tout se passait dans un « monde renversé ». Dans le rêve, c'est le lièvre qui fait souvent la chasse au chasseur. La succession des événements subit également une inversion, de sorte que la série antécédente ou causale vient prendre place après celle qui normalement devrait la suivre. C'est comme dans les pièces qui se jouent dans des théâtres de foire et où le héros tombe raide mort, avant qu'ait retenti dans la coulisse le coup de feu qui doit le tuer. Il y a encore des rêves où l'ordre des éléments est totalement interverti, de sorte que si l'on veut trouver leur sens, on doit les interpréter en commençant par le dernier élément, pour finir par le premier. Vous vous rappelez sans doute nos études sur le symbolisme des rêves où nous avons montré que se plonger ou tomber dans l'eau signifie la même chose que sortir de l'eau, c'est-à-dire accoucher ou naître, et que grimper sur une échelle ou monter un escalier a le même sens que descendre l'un ou l'autre. On aperçoit facilement les avantages que la déformation des rêves peut tirer de cette liberté de représentation.

Ces particularités du travail d'élaboration doivent être considérées comme des traits *archaïques*. Elles sont également inhérentes aux anciens systèmes d'expression, aux anciennes langues et écritures où elles présentent les mêmes difficultés dont il sera encore question plus tard, en rapport avec quelques remarques critiques.

Et pour terminer, formulons quelques considérations supplémentaires. Dans le travail d'élaboration, il s'agit évidemment de transformer en images concrètes, de préférence de nature visuelle, les idées latentes conçues verbalement. Or, toutes nos idées ont pour point de départ des images concrètes ; leurs premiers matériaux, leurs phases préliminaires sont constitués par des impressions sensorielles ou, plus exactement, par les images-souvenirs de ces impressions. C'est seulement plus tard que des mots ont été attachés à ces images et reliés en idées. Le travail d'élaboration fait donc subir aux idées une marche *régressive*, un développement rétrograde et, au cours de cette régression, doit disparaître tout ce que le développement des images-souvenirs et leur transformation en idées ont pu apporter à titre de nouvelles acquisitions.

Tel serait donc le travail d'élaboration des rêves. En présence des processus qu'il nous a révélés, notre intérêt pour le rêve manifeste a forcément reculé à l'arrière-plan. Mais comme le rêve manifeste est la seule chose que nous connaissions d'une façon directe, je vais lui consacrer encore quelques remarques.

Que le rêve manifeste perde de son importance à nos yeux, rien de plus naturel. Peu nous importe qu'il soit bien composé ou qu'il se laisse dissocier en une suite d'images isolées, sans lien entre elles. Alors même qu'il a une apparence significative, nous savons que celle-ci doit son origine à la déformation du rêve et ne présente pas, avec le contenu interne du rêve, plus de rapport organique qu'il n'en existe entre la façade d'une église italienne et sa structure et son plan. Dans certains cas, cette façade du rêve présente, elle aussi, une signification qu'elle emprunte à ce qu'elle reproduit sans déformation ou à peine déformé un élément constitutif important des idées latentes du rêve. Ce fait nous échappe cependant tant que nous n'avons pas effectué l'interprétation du rêve qui nous permette d'apprécier le degré de déformation. Un doute analogue s'applique au cas où deux éléments du rêve semblent rapprochés au point de se trouver en contact intime. On peut tirer de ce fait la conclusion que les éléments correspondants du rêve latent doivent également être rapprochés, mais dans d'autres cas il est possible de constater que les éléments unis dans les idées latentes sont dissociés dans le rêve manifeste.

On doit se garder, d'une façon générale, de vouloir expliquer une partie du rêve manifeste par une autre, comme si le rêve était conçu comme un tout cohérent et formait une représentation pragmatique. Le rêve ressemble plutôt, dans la majorité des cas, à une mosaïque faite avec des fragments de différentes pierres réunis par un ciment, de sorte que les dessins qui en résultent ne correspondent pas du tout aux contours des minéraux auxquels ces fragments ont été empruntés. Il existe en effet une *élaboration secondaire* des rêves qui se charge de transformer en un tout à peu près cohérent les données les plus immédiates du rêve, mais en rangeant les matériaux dans un ordre souvent absolument incompréhensible et en les complétant là où cela paraît nécessaire.

D'autre part, il ne faut pas exagérer l'importance du travail d'élaboration ni lui accorder une confiance sans réserves. Son activité s'épuise dans les effets que nous avons énumérés ; condenser, déplacer, effectuer une représentation plastique, soumettre ensuite le tout à une élaboration secondaire, c'est tout ce qu'il peut faire, et rien de plus. Les jugements, les appréciations critiques, l'étonnement, les conclusions qui se produisent dans les rêves, ne sont jamais les effets du travail d'élaboration, ne sont que rarement les effets d'une réflexion sur le rêve : ce sont le plus souvent des fragments d'idées latentes qui sont passés dans le rêve manifeste, après avoir subi certaines modifications et une certaine adaptation réciproque. Le travail d'élaboration ne peut pas davantage composer les discours. À part quelques rares exceptions, les discours entendus ou prononcés dans les rêves sont des échos ou des juxtapositions de discours entendus ou prononcés le jour qui a précédé le rêve, ces discours ayant été introduits dans les idées latentes en qualité de matériaux ou à titre d'excitateurs du rêve. Les calculs échappent également à la compétence du travail d'élaboration ; ceux qu'on retrouve dans le rêve manifeste sont le plus souvent des juxtapositions de nombres, des apparences de calculs, totalement dépourvues de sens ou, encore, de simples copies de calculs effectués dans les idées latentes du rêve. Dans ces conditions, on ne doit pas s'étonner de voir l'intérêt qu'on avait porté au travail d'élaboration s'en détourner pour se diriger vers les idées latentes que le rêve manifeste révèle dans un état plus ou moins déformé. Mais on a tort de pousser ce changement d'orientation jusqu'à ne parler, dans les considérations théoriques, que des idées latentes du rêve, en les mettant à la place du rêve tout court et à formuler, à propos de ce dernier, des propositions qui ne s'appliquent qu'aux premières. Il est bizarre qu'on ait pu abuser des données de la psychanalyse pour opérer cette confusion. Le « rêve » n'est pas autre chose que l'effet du travail d'élaboration ; il est donc la forme que ce travail imprime aux idées latentes.

Le travail d'élaboration est un processus d'un ordre tout à fait particulier et dont on ne connaît pas encore d'analogue dans la vie psychique. Ces condensations, déplacements, transformations régressives d'idées en images sont des nouveautés dont la connaissance constitue la principale récompense des efforts psychanalytiques. Et, d'autre part, nous pouvons, par analogie avec le travail d'élaboration, constater les liens qui rattachent les études psychanalytiques à d'autres domaines tels que l'évolution de la langue et de la pensée. Vous ne serez à même d'apprécier toute l'importance de ces notions que lorsque vous saurez que les mécanismes qui président au travail d'élaboration sont les prototypes de ceux qui règlent la production des symptômes névrotiques.

Je sais également que nous ne pouvons pas encore embrasser d'un coup d'œil d'ensemble toutes les nouvelles acquisitions que la psychologie peut retirer de ces travaux. J'attire seulement votre attention sur les nouvelles preuves que nous avons pu obtenir en faveur de l'existence d'actes psychiques inconscients (et les idées latentes des rêves ne sont que cela) et sur l'accès insoupçonné que l'interprétation des rêves ouvre à ceux qui veulent acquérir la connaissance de la vie psychique inconsciente.

Et maintenant, je vais analyser devant vous quelques petits exemples de rêves afin de vous montrer en détail ce que je ne vous ai présenté jusqu'à présent, à titre de préparation, que d'une façon synthétique et générale.

V

UNE THÉORIE DU PSYCHISME ?

La psychanalyse s'est constituée à partir d'une pratique clinique, c'est-à-dire à partir de l'élucidation de ce qui produit le symptôme. Elle a fait la preuve de sa rigueur et de sa fécondité en démontant les formations de l'inconscient, ces lapsus, ces actes manqués, ces rêves, négligés jusqu'alors par la pensée scientifique. Mais ni Freud ni ses successeurs n'ont voulu – ou n'ont pu – en rester là.

Ce n'est pas tout, en effet, que d'analyser un fonctionnement. Il semble qu'il faille aussi dire ce qui le permet. Ce n'est pas tout que de montrer que le rêve ou le symptôme obligent à supposer l'existence de l'inconscient. Il faut bien faire quelques hypothèses sur la nature de l'inconscient lui-même. Ce sera l'objet de ce que Freud appelle sa métapsychologie. Freud désigne par là un ensemble de modèles théoriques plus ou moins éloignés de la description empirique des phénomènes et qui permettent de concevoir la réalité même du psychisme et les principes de son activité[1].

C'est dans le Projet de psychologie scientifique[2], *datant de 1895, que l'on trouve la première tentative de présentation systématique d'une théorie freudienne de « l'appareil psychique ». Cette théorie, vu les préoccupations de Freud à l'époque, semble bien destinée principalement à résoudre quelques problèmes théoriques posés par la clinique de l'hystérie. Il convient en effet de rendre compte du caractère inassimilable du vécu sexuel de l'hystérique (du « traumatisme »). Il faut d'autre part construire un modèle permettant de concevoir le refoulement, soit l'inscription d'une trace mnésique inaccessible, et de distinguer la représentation, refoulée, de l'affect, qui a un destin sensiblement différent*[3]. *Pour en rendre compte, Freud élabore un modèle très com-*

1. La métapsychologie prend en considération trois points de vue : le point de vue topique, c'est-à-dire celui qui rend compte de la différenciation de l'appareil psychique en un certain nombre de systèmes considérés comme des « lieux » psychiques différents ; le point de vue dynamique qui considère les phénomènes psychiques comme résultant du conflit et de la composition de forces antagonistes ; le point de vue économique enfin selon lequel les processus psychiques consistent en la circulation et la répartition d'une énergie quantifiable, désignée comme énergie pulsionnelle. Sur la pulsion voir chap. suivant, p. 143, sq.
2. S. Freud, *Projet de psychologie scientifique*, in *la Naissance de la psychanalyse*, P.U.F., 1re édition, 1956.
3. Précisons les termes de cette distinction. Un affect, un état affectif lié à une représentation pathogène peut dans l'hystérie se voir converti en énergie somatique, cette « conversion » produisant donc le symptôme. Il peut dans la névrose obsessionnelle se trouver déplacé sur une autre représentation apparemment indifférente. Ce qui se trouve à proprement parler refoulé ce n'est donc pas l'affect mais la représentation pathogène elle-même. Ce sont des représentations, selon Freud, qui forment le contenu de l'inconscient. On notera cependant qu'ici la représentation (Vorstellung) n'est pas comme on pourrait le croire une sorte d'image, qui serait dans une relation de ressemblance avec son objet. En tant qu'elle s'inscrit sous forme de « trace mnésique » elle s'apparente plutôt à un élément fonctionnant dans un système d'écriture. Freud use par ailleurs du terme « Vorstellungsrepräsentanz » qu'on a pu traduire par l'expression « représentant-représentation », pour indiquer que dans le psychisme la représentation est un représentant de la pulsion au sens somatique.

plexe, mais où on peut relever qu'il s'agit avant tout de spécifier divers lieux d'inscription des représentations psychiques entre perception et conscience. On trouvera un schéma simplifié de cette théorie dans la lettre 52 à Fliess[1]. Dès cette époque Freud attache une très grande importance à ce qu'il appelle « principe de plaisir ». Il s'agit pour l'appareil psychique d'éviter le déplaisir, lié à l'excitation. Or le désir accroît l'excitation, et menace en ce sens le fonctionnement même de l'appareil psychique. De là la nécessité de réguler le désir, de mettre en place un système de filtres, de barrières, de déviation des excitations.

Parce que Freud a tenté, dans cette première théorisation, de décrire l'appareil psychique comme un système neuronique, on estime parfois, pour le valoriser ou pour le déplorer, qu'il entreprend là de constituer une théorie mécaniciste, de ramener les faits psychiques à un modèle biologique. En réalité, il faut plutôt considérer que sa conception du désir en fait un terme inassimilable dans toute description psychophysiologique[2].

Qu'on lise d'ailleurs la lettre 52 à Fliess. Les perceptions, puis leurs diverses inscriptions (signes de perceptions, inconscient, préconscient) apparaissent ou circulent dans un système neuronal. Mais le terme même d'inscription engage dans une conceptualisation tout autre. Plutôt que de neurones, c'est de textes qu'il s'agit ici, de transcriptions, de traductions. L'objet d'une perception se trouve d'abord transcrit dans le système inconscient. Si, de là, il ne parvient pas jusqu'à la conscience, c'est que la traduction ne peut se faire. Comme le dit Freud : « c'est le défaut de traduction que nous appelons, en clinique, refoulement. »[3] Freud ne manquera d'ailleurs pas de préciser plus tard, par exemple dans son article sur « l'inconscient », dans la Métapsychologie, que « toutes les tentatives pour deviner [...] une localisation des processus psychiques, tous les efforts pour penser les représentations comme emmagasinées dans des cellules nerveuses [...] ont radicalement échoué. [...] Pour le moment, notre topique psychique n'a rien à voir avec l'anatomie ; elle se réfère à des régions de l'appareil psychique, où qu'elles se situent dans le corps, et non à des localités anatomiques »[4].

Le désir au sens freudien s'oppose à toute conception du psychisme fondé sur le modèle de l'adaptation d'un organisme à son milieu. Quant au principe de plaisir, il ne doit pas être conçu comme une régulation ménageant un accès satisfaisant à la réalité. Il suffit, là-dessus, de lire les « Formulations sur les deux principes du cours des événements psychiques », et en particulier une note où Freud décrit les formes que peut prendre la satisfaction pour le nourrisson[5], les formes qu'elle prendrait pour tout un chacun si nous étions sous le seul empire du principe de plaisir. Le nourrisson, lorsqu'il a éprouvé une fois la satisfaction de ses « besoins internes », entendons notamment de la pulsion au niveau oral, tend à la retrouver par la voie la plus courte. En un mot il « hallucine » le sein maternel. C'est pour cela qu'il faut supposer, parallèlement au principe de plaisir, un principe de réalité, qui nous engage à accepter des détours, c'est-à-dire à remplacer une satisfaction directe mais finalement destructrice par une satisfaction différée, au prix, d'ailleurs, de contraintes parfois assez mal

1. S. Freud, *la Naissance de la psychanalyse*, P.U.F., 1956.
2. Cf. là-dessus J.P. Hiltenbrand, article « appareil psychique » in *Dictionnaire actuel des signifiants, concepts et mathèmes de la psychanalyse*, Larousse, 1993.
3. S. Freud, *op. cit.*, p. 156.
4. Voir *infra*, p. 137.
5. Voir *infra*, p. 128.

acceptées. Cette pente du sujet vers la déréalisation est un des premiers paradoxes que met en relief la psychanalyse : elle anticipe sur la théorie de la pulsion de mort et modifie radicalement l'idée que nous nous faisons ordinairement du plaisir.

La démarche de Freud concernant le principe de plaisir est assez représentative de sa façon d'aborder les questions métapsychologiques. Dans son article sur « l'inconscient »[1], il décrit (point v) « les propriétés particulières du système inconscient ». Ces propriétés, reconstruites à partir de leurs effets, nous avons déjà commencé à les présenter. Ce sont : « l'absence de contradiction » relevée plus haut à propos du rêve, le « processus primaire (mobilité des investissements) », qui est à l'œuvre dans la condensation et le déplacement, « l'intemporalité » (un désir inconscient n'est pas modifié par l'écoulement du temps, il peut faire retour vingt ans après son apparition avec la même force qu'au départ). C'est aussi, précisément, le fait que les processus inconscients n'ont pas « égard à la réalité », qu'ils sont « soumis au principe de plaisir ». Freud distingue donc, avec l'hypothèse de l'inconscient, un niveau où le principe de plaisir règne seul, même si, le plus souvent, il compose chez chacun avec le principe de réalité ; plus généralement il se montre particulièrement soucieux de présenter dans sa spécificité le fonctionnement inconscient même si, pour le sujet, ce fonctionnement ne peut être perçu qu'à des moments particuliers, dans des temps ponctuels d'ouverture.

La question délicate porte alors sur le rapport de l'inconscient et du conscient. La remise en chantier de ce point difficile, qui reste chez Freud lui-même assez problématique, devait amener Lacan à des élaborations nouvelles.

Lisons en effet attentivement l'article sur « l'inconscient ». Freud y établit que tout fait psychique n'est pas conscient. Mais cela ne suffit pas : il faut en effet distinguer l'inconscient, inaccessible dans les conditions ordinaires[2], du préconscient, c'est-à-dire de ce qui n'est pas actuellement perçu par la conscience, mais qui, en droit, pourrait l'être (partie accessible de la mémoire par exemple)[3]. Freud parle parfois de trois systèmes. Mais la différence essentielle sépare plutôt deux systèmes : préconscient-conscient d'un côté, inconscient de l'autre. C'est entre ces deux systèmes que fonctionne ce que l'on peut appeler la censure, c'est-à-dire l'instance qui permet ou non à une représentation de devenir consciente.

Freud pose cependant, à propos du rapport entre les deux systèmes, un problème qui n'est pas négligeable. Certes les inscriptions inconscientes et préconscientes-conscientes semblent se faire en deux lieux strictement distincts de l'appareil psychique. Il faut bien pourtant reconnaître, dit-il « la possibilité, pour une représentation d'être présente simultanément en deux endroits de l'appareil psychique et même, régulièrement, quand elle n'est pas inhibée par la censure, de s'avancer d'un lieu à l'autre,

1. Voir *infra*, p. 132, sq.
2. Une présentation plus précise de l'élaboration freudienne nous amènerait à distinguer ici, du refoulement proprement dit, un « refoulé originaire », qui exerce une force d'attraction sur les contenus ultérieurement refoulés. Mais le refoulement originaire pose des problèmes très délicats dans la théorisation freudienne. S'il semble bien y jouer un rôle nécessaire, il demande lui-même à être expliqué, ce que Freud fait assez partiellement en évoquant un « contre-investissement », une mobilisation d'énergie destinée à limiter l'afflux d'excitations externes.
3. Notons qu'ici aussi des nuances s'imposent. Voir S. Freund, Métapsychologie, p. 104 : « Nous découvrons que demeurent inconscientes beaucoup de formations préconscientes dont nous avions tout lieu de penser que leur nature leur permettait parfaitement de devenir conscientes. »

éventuellement sans quitter son premier emplacement, sa première inscription »[1].

La question pourrait ici paraître abstraite. Comment concevoir qu'une représentation soit inscrite à la fois en un lieu et en un autre ? De quelle étrange ubiquité s'agit-il là ?

Ce type de question a pourtant une place non négligeable dans l'expérience. Si le désir inconscient fait retour dans la vie quotidienne, dans le lapsus par exemple, on conviendra que ce qui est refoulé est en même temps ce qui pourrait être le plus apparent, pour peu seulement qu'on apprenne à le percevoir. Lacan, pour faire valoir cette dimension de l'expérience, se référait à une nouvelle d'Edgar Poe, « la Lettre volée », où un ministre indélicat déjouait les recherches les plus poussées de la police en déposant une lettre appartenant à la reine, lettre qu'il dissimula non au fond de quelque tiroir secret, mais simplement retournée, dans un porte-cartes visible de tous[2]. *J. Lacan, par ailleurs, proposait une formulation topologique*[3] *de la question qui nous occupe ici. Dans la bande de Möbius, qu'on peut figurer par une ceinture qu'on aurait refermée après une demi-torsion, l'endroit rejoint l'envers : la bande de Möbius n'a qu'une seule face et un seul bord. L'inconscient, de même est « à l'envers », mais peut surgir dans le conscient en tout point du discours*[4].

Il y a encore autre chose. Freud, dans son article sur « l'inconscient », discute de la possibilité de supposer, plutôt qu'un clivage inconscient-conscient, une « double conscience ». Il rejette ce type de formulation. Entre autres arguments, il fait en effet valoir « que les processus psychiques latents, que nous inférons, jouissent d'un haut degré d'indépendance réciproque, comme s'ils n'étaient pas en relation les uns avec les autres et ne savaient rien les uns des autres ». Si l'on commençait donc à parler d'une seconde conscience, il faudrait en admettre une troisième, une quatrième, et peut-être « une série infinie d'états de conscience »[5]. *Cette conception est assurément insoutenable. Mais ne peut-on voir, dans la question posée par Freud, l'indice d'un problème réel ? Si l'inconscient est constitué par des processus tellement différenciés, cela n'est-il pas à prendre en considération ? L'inconscient ne possède pas cette unité, cette unicité que les philosophes attribuent à la conscience. Il n'est pas un vrai moi dissimulé au fond de moi. Il est, de part en part, ouvert à l'Autre, et c'est cela qui le fait tenir en nous ce discours complexe, c'est cela qui nous donne à entendre, au-delà de nos énoncés stéréotypés habituels, une partition polyphonique, une musique à plusieurs voix.*

Qu'on commence à lire, pour suivre le fil de cette thèse, « Fonction et Champ de la parole et du langage en psychanalyse »[6]. *On y verra l'inconscient défini à partir du rapport à l'Autre : « L'inconscient est cette partie du discours, concret en tant que transindividuel, qui fait défaut à la disposition du sujet pour rétablir la continuité de son discours conscient. »*[7] *Cela, nous avions commencé, dans les chapitres précédents, à l'apprendre. L'inconscient est formé de ce que le sujet n'a pas pu dire à l'Autre, de*

---

1. Voir *infra*, p. 137.
2. Voir là-dessus, J. Lacan, *le Séminaire sur* « la Lettre volée », in *Écrits*, p. 11-61. La nouvelle d'Edgar Poe fait partie des *Histoires extraordinaires*.
3. La topologie constitue une branche des mathématiques qui traite des questions de voisinage, de transformation continue, de bords et de surfaces indépendamment des distances métriques.
4. Cf. sur ce point notamment Marc Darmon, *Essais sur la topologie lacanienne*, Éditions de l'Association freudienne, et plus simplement Marc Darmon, article « topologie » in *Dictionnaire de la psychanalyse*, Larousse.
5. Voir *infra*, p. 135.
6. J. Lacan, « Fonction et champ de la parole et du langage en psychanalyse », in *Écrits*, Le Seuil, p. 258.
7. *Ibid.*

ce qu'il n'a pas pu entendre de ce que l'Autre lui signifiait. Mais cet Autre, qui est-il ? Plutôt qu'un autre particulier, son partenaire, son semblable, il s'agit précisément de l'Autre du langage, cet Autre que nous rencontrons du fait que nous parlons, Autre posé dans son Altérité absolue parce que toujours quelque malentendu nous en sépare. L'inconscient, en ce sens, c'est le « discours de l'Autre ». Cela au double sens du génitif. C'est de l'Autre qu'il s'agit dans ce que dit le sujet, fût-ce sans le savoir. Mais aussi, c'est à partir de l'Autre qu'il parle et qu'il désire : le désir du sujet, c'est le désir de l'Autre. On voit combien nous sommes loin, ici, d'une théorie centrée sur la distinction classique d'un intérieur et d'un extérieur, distinction qu'on aurait pu croire constitutive de toute théorie du psychisme[1].

Lettre à Fliess

(6 décembre 1896)

SIGMUND FREUD

*Dans la correspondance entre Freud et Fliess, la lettre 52, datée du 6-12-96, a une importance particulière. En septembre 1895, Freud a rédigé fiévreusement, en quinze jours environ, l'*Esquisse d'une psychologie scientifique, *texte qu'il a envoyé à Fliess le 8 octobre. Puis, dans les mois qui suivent il fait savoir, à diverses reprises, à son correspondant, qu'il est loin d'être satisfait de cette œuvre. Trop de choses lui paraissent encore mal fondées, incertaines, discutables. À la fin de 1896, en revanche, les questions ont eu le temps de décanter. La lettre 52 ici n'a bien sûr pas l'ampleur de l'*Esquisse. *Mais Freud adhère cette fois de façon plus nette à ses propres hypothèses. C'est ici, en somme, que l'on trouve une des premières élaborations cohérentes relatives à l'appareil psychique, une élaboration qui anticipe sur celle de* l'Interprétation des rêves, *et sur un article également important :* Note sur le bloc magique *(in* Résultats, idées, problèmes, *t. 2, P.U.F.).*

Freud propose à Fliess le schéma suivant :

	I	II	III	
Percp.	Percp. S.	Incs.	Précs.	Consc.
x x ---------x	x -----------x	x -----------x	x -----------x	x
x	x x	x x	x	x

Dans ce schéma, Percp représente [...] « les neurones où apparaissent les perceptions et auxquels s'attache le conscient, mais qui ne conservent en eux-mêmes aucune trace de ce qui est arrivé, car *le conscient et la mémoire s'excluent mutuellement* ». [...]

Entre perception et inconscient Freud insère Percp. S. « premier enregistrement des perceptions *», «* tout à fait in,capable de devenir conscient *».*

Viennent ensuite :[...] « *Incs.* (l'inconscient) est un second enregistrement ou une seconde transcription, aménagé suivant les autres associations – peut-être suivant des rapports de causalité. Les traces de l'inconscient correspondraient peut-être à des sou-

1. Ici encore un peu de topologie ne serait pas inutile. L'inconscient n'est pas l'intérieur d'une sphère dont la surface extérieure, seule accessible, représenterait le conscient.

venirs conceptionnels et seraient aussi inaccessibles au conscient.

Précs. (le préconscient) est la troisième transcription liée aux représentations verbales et correspondant à notre moi officiel. » [...]

Quant à Consc, *investissement découlant de ce* Précs., *il représente lui aussi une activité de perception, la perception consciente d'un processus psychique.*

Ce passage d'une inscription à une autre est comparable à une activité de traduction. Rappelons que, dans cette perspective, le refoulement est un défaut de traduction.

Source : S. Freud, *Aus den Anfängender Psychoanalyse Briefe an Wilhelm Fliess, Abhandlungen und Notizen aus den Jahren (1887-1902)*, Londres, Imago, 1950 ; traduction française (Anne Berman) : *la Naissance de la psychanalyse, lettres à Wilhelm Fliess, notes et plans (1887-1902)*, P.U.F., 1956.

Bibliographie : S. Freud, *L'Interprétation des rêves*, chapitre 7, P.U.F. ; S. Freud, « Note sur le bloc magique », in *Résultats, idées, problèmes*, P.U.F.

Formulations sur les deux principes du cours des événements psychiques

(1911)

SIGMUND FREUD

Quoique très bref, ce texte ne manque pas d'importance, Freud part de cette constatation que « le névrosé se détourne de la réalité ». Cette remarque demanderait certes à être précisée, puisque le psychotique fait de même. De façon plus massive, mais l'essentiel n'est pas là : il conviendrait plutôt d'examiner ce qui se substitue à cette réalité dont le sujet se détourne. Freud reprendra cette question dans « Névrose et psychose », et dans « La perte de la réalité dans la névrose et dans la psychose », articles qui datent tous deux de 1924 et qui ont été publiés en français dans Névrose, psychose et perversion *(P.U.F., 1973).*

Ici les choses sont orientées autrement. C'est que, pour le sujet humain, la constitution de la réalité comme telle ne va pas de soi. En effet, notre appareil psychique, pense alors Freud, tente toujours de fonctionner selon le « principe économique de la moindre dépense. Une fois qu'il a connu une satisfaction, il s'accroche aux sources de plaisir dont il dispose ». Ainsi s'explique, sur le plan sexuel, le fait que « la satisfaction fantasmatique [...] *soit maintenue si longtemps à la place de la satisfaction réelle mais qui exige des efforts et des ajustements ». Le problème n'est donc pas simplement de rendre compte de ce qui fait que le sujet se détourne de la réalité, mais de ce qui l'amène à en tenir compte. À cet égard, le cas de l'artiste est intéressant : « il donne forme à ses fantasmes pour en faire des réalités d'une nouvelle sorte, qui ont cours auprès des hommes comme des images très précieuses de la réalité ».*

Le principe de réalité semble bien fonctionner dans ce texte comme étant au service du principe de plaisir, lui-même défini à partir d'une tendance à l'économie. Plus tard, avec l'introduction de la pulsion de mort, l'attention des analystes sera attirée sur ce qui peut pousser le sujet à engager les choses tout autrement, du côté d'un risque plus radical, du côté non de l'économie mais de la dilapidation, de l'excès. Le concept lacanien de jouissance sera construit à partir d'une élaboration de cet ordre.

Source : *Formulierungen über die zwei Prinzipien des psychischen Geschehens*, G.W., VIII ; traduction française (J. Laplanche), « *Formulations sur les deux principes du cours des événements psychiques* » *in* S. Freud, *Résultats, idées, problèmes*, I, P.U.F., 1984.

NOUS AVONS DEPUIS LONGTEMPS REMARQUÉ que toute névrose a pour conséquence, et donc vraisemblablement pour fin, d'expulser le malade hors de la vie réelle, de le rendre étranger à la réalité. Aussi bien un fait de ce genre ne pouvait-il échapper à l'observation de Pierre Janet ; il parlait d'une perte « *de la fonction du réel* »[1] comme d'un caractère propre aux névrosés, mais sans dévoiler la connexion de ce trouble avec les conditions fondamentales de la névrose[2].

L'introduction du processus de refoulement dans la genèse de la névrose nous a permis d'acquérir une idée de ce rapport. Le névrosé se détourne de la réalité, parce qu'il la trouve intolérable, dans sa totalité ou en partie. Le type le plus extrême de cette façon de se détourner de la réalité nous est proposé par certains cas de psychose hallucinatoire, dans lesquels doit être dénié l'événement qui a provoqué la folie (*Griesinger*). Mais en vérité chaque névrosé agit de même à l'égard d'un petit fragment de la réalité[3]. La tâche qui nous incombe maintenant est d'examiner dans son développement la relation du névrosé et de l'homme en général à la réalité, et d'intégrer ainsi la signification psychologique du monde extérieur réel au corps de notre doctrine.

Dans la psychologie fondée sur la psychanalyse, nous nous sommes habitués à partir des processus psychiques inconscients, dont les caractères propres nous ont été révélés par l'analyse. Nous tenons ces processus pour les plus anciens, pour primaires ; nous pensons qu'en eux se perpétue une phase de développement pendant laquelle il n'y avait pas d'autre sorte de processus psychiques. La tendance maîtresse à laquelle ces processus obéissent est aisée à reconnaître ; on la désigne comme principe de plaisir-déplaisir (ou, plus brièvement, principe de plaisir). Ces processus tendent à l'obtention du plaisir ; l'activité psychique se retire des opérations qui peuvent susciter du déplaisir. Nos rêves nocturnes, notre tendance pendant la veille à nous arracher aux impressions pénibles, sont des restes de la domination de ce principe et des preuves de son emprise.

J'en reviens à des pensées que j'ai développées ailleurs (dans la partie théorique de *l'Interprétation du rêve*) lorsque je suppose que l'état de repos psychique a été troublé initialement par les exigences impérieuses des besoins intérieurs. Dans ce cas, ce qui était pensé (désiré) était simplement posé de façon hallucinatoire, comme il arrive aujourd'hui encore chaque nuit avec nos pensées de rêve[4]. C'est seulement le défaut persistant de la satisfaction attendue, la déception, qui a entraîné l'abandon de cette tentative de satisfaction par le moyen de l'hallucination. À sa place, l'appareil psychique dut se résoudre à représenter l'état réel du monde extérieur et à rechercher une modification réelle. Par là, un nouveau principe de l'activité psychique était introduit : ce qui était représenté, ce n'était plus ce qui était agréable, mais ce qui était réel, même

1. En français dans le texte.
2. P. Janet, *les Névroses*, 1909, Bibliothèque de Philosophie scientifique.
3. Otto Rank a attiré récemment l'attention sur un passage de *Schopenhauer* témoignant d'une intuition remarquablement claire de cette relation causale (*le Monde comme volonté et représentation*, t. II, cf. *Zentralblatt für Psychoanalyse*, n° 1/2, 1910).
4. L'état de sommeil peut fournir l'image même de la vie psychique avant la reconnaissance de la réalité, parce qu'il présuppose le déni délibéré de celle-ci (désir de dormir).

si cela devait être désagréable[1]. Avec cette instauration du *principe de réalité* un pas était franchi, qui s'avéra riche en conséquences.

1) Tout d'abord les nouvelles exigences rendent nécessaire une série d'adaptations de l'appareil psychique, que nous ne pouvons exposer que très rapidement en raison de l'insuffisance ou de l'incertitude de nos idées.

L'importance accrue de la réalité extérieure augmente elle-même l'importance des organes des sens tournés vers ce monde extérieur et de la *conscience* qui y est attachée ; celle-ci apprend à saisir, au-delà des seules qualités de plaisir et déplaisir, jusqu'ici seules intéressantes, les qualités sensorielles. Une fonction particulière est instituée qui doit prélever périodiquement des données du monde extérieur pour que celles-ci soient connues à l'avance quand surgit un besoin intérieur impossible à ajourner : l'*attention*. Cette activité va à la rencontre des impressions des sens au lieu d'attendre passivement leur apparition. Il est vraisemblable qu'en même temps un système de *marques* est par là introduit, qui a pour but de mettre en dépôt les résultats de cette activité périodique de conscience ; c'est là une partie de ce que nous appelons la *mémoire*.

À la place du refoulement, qui excluait de l'investissement, en tant qu'elles provoquaient du déplaisir, une partie des représentations qui surgissaient, apparaît l'*acte de jugement* qui doit décider impartialement si une représentation déterminée est vraie ou fausse, c'est-à-dire si elle est ou non en accord avec la réalité ; il en décide par la comparaison avec les traces mnésiques de la réalité.

La décharge motrice qui, pendant la domination du principe de plaisir, sert à débarrasser l'appareil psychique de l'accroissement des excitations et parvient à cette tâche par des innervations envoyées à l'intérieur du corps (mimique, extériorisation d'affects), prend alors une nouvelle fonction, dans la mesure où elle est employée à une modification appropriée de la réalité. Elle se change en *action*.

La suspension, devenue nécessaire, de la décharge motrice est assurée par le *processus de pensée* qui se forme à partir de l'activité de représentation. La pensée est dotée de qualités qui permettent à l'appareil psychique de supporter l'accroissement de la tension d'excitation pendant l'ajournement de la décharge. Elle consiste essentiellement en une activité d'épreuve où sont déplacées de plus petites quantités d'investissement au prix d'une moindre dépense (décharge) de celles-ci. La condition nécessaire

1. Je vais tenter de compléter la présentation schématique faite ci-dessus par quelques développements. On m'objectera à bon droit qu'une telle organisation qui est entièrement soumise au principe de plaisir et qui néglige la réalité du monde extérieur ne pourrait pas se maintenir en vie, ne fût-ce qu'un instant, de sorte qu'elle n'aurait absolument pas pu apparaître. Mais l'utilisation d'une fiction de ce genre se justifie quand on remarque que le nourrisson, à condition d'y ajouter les soins maternels, est bien près de réaliser un tel système psychique. Il hallucine vraisemblablement l'accomplissement de ses besoins internes, il révèle son déplaisir, lorsque l'excitation croît et que la satisfaction continue à faire défaut, par la décharge motrice des cris et de l'agitation et il éprouve ensuite la satisfaction hallucinée. Un peu plus tard, l'enfant apprend à utiliser ses manifestations de décharge intentionnellement comme moyens d'expression. Comme les soins donnés au nourrisson sont le prototype de la façon dont plus tard les enfants sont élevés, la domination du principe de plaisir ne peut véritablement prendre fin qu'une fois totalement accompli le détachement psychique d'avec les parents. – Il y a un bel exemple d'un système psychique fermé aux excitations du monde extérieur et qui peut satisfaire jusqu'à ses besoins de nourriture de façon autistique (selon le mot de Bleuler), c'est le petit oiseau enfermé avec sa provision de nourriture dans la coquille de l'œuf, pour lequel les soins maternels se réduisent à fournir de la chaleur. – À mes yeux ce n'est pas une rectification mais seulement un développement du schéma en question que d'exiger, pour le système vivant selon le principe de plaisir, des dispositifs au moyen desquels il peut se soustraire aux excitations de la réalité. Ces dispositifs ne sont que le corrélatif du « refoulement » qui traite les excitations internes déplaisantes comme si elles étaient externes, c'est-à-dire les rapporte au monde extérieur.

pour cela est une transformation des investissements librement déplaçables en investissements liés et une telle transformation est atteinte par le moyen d'une élévation du niveau de l'ensemble du processus d'investissement. La pensée est vraisemblablement, à l'origine, inconsciente dans la mesure où elle se borne à s'élever au-dessus de la pure activité de représentation en se tournant vers les relations entre les impressions laissées par les objets ; elle n'acquiert par la suite des qualités perceptibles à la conscience que par la liaison aux restes verbaux.
2) Une tendance générale de notre appareil psychique, que l'on peut ramener au principe économique de la moindre dépense, semble se manifester dans le fait que l'on se cramponne avec ténacité aux sources de plaisir dont on dispose et que l'on y renonce difficilement. Avec l'introduction du principe de réalité, une forme d'activité de pensée se trouve séparée par clivage ; elle reste indépendante de l'épreuve de réalité et soumise uniquement au principe de plaisir[1]. C'est cela qu'on nomme la *création de fantasmes* qui commence déjà avec le jeu des enfants et qui, lorsqu'elle se poursuit sous la forme de *rêves diurnes*, cesse de s'étayer sur des objets réels.
3) Le remplacement du principe de plaisir par le principe de réalité, avec les conséquences psychiques qui en découlent, a été ici schématiquement présenté et même réduit à une seule proposition ; en réalité, il ne s'accomplit ni d'un coup ni simultanément sur toute la ligne. Au contraire, tandis que ce développement se poursuit pour les pulsions du moi, les pulsions sexuelles se séparent de celles-ci d'une façon très significative. Les pulsions sexuelles se comportent tout d'abord d'une manière auto-érotique, elles trouvent leur satisfaction dans le corps propre et, de ce fait, ne parviennent pas à la situation de frustration qui a imposé l'instauration du principe de réalité. Plus tard, lorsque commence pour elles le processus qui consiste à trouver l'objet, il subit aussitôt une longue interruption du fait de la période de latence qui retarde le développement de la sexualité jusqu'à la puberté. Ces deux facteurs – auto-érotisme et période de latence – ont pour conséquence que la pulsion sexuelle est suspendue dans son développement psychique, et reste bien plus longtemps sous la domination du principe de plaisir à laquelle, chez beaucoup de personnes, elle ne peut absolument jamais se soustraire.

Eu égard à ces conditions apparaît une relation plus étroite entre, d'une part, la pulsion sexuelle et le fantasme et, d'autre part, les pulsions du moi et les activités de conscience. Le caractère très intime de cette relation nous frappe aussi bien chez les sujets normaux que chez les névrosés, quoique les considérations précédentes issues de la psychologie génétique fassent connaître qu'il s'agit là d'une relation *secondaire*. La longue persistance de l'auto-érotisme rend possible que la satisfaction fantasmatique liée à l'objet sexuel, immédiate et plus aisée à obtenir, soit maintenue si longtemps, à la place de la satisfaction réelle mais qui exige des efforts et des ajournements. Le refoulement reste tout-puissant dans le domaine de la création de fantasmes : il a pour résultat d'inhiber, *in statu nascendi* et avant qu'elles puissent se faire remarquer de la conscience, des représentations dont l'investissement peut occasionner une libération de déplaisir. C'est là le point faible de notre organisation psychique ; il peut être utilisé à ramener sous la domination du principe de plaisir des processus de pensée qui étaient déjà devenus rationnels. Une partie essentielle de la prédisposition psychique à la

1. De la même façon une nation dont la fortune repose sur l'exploitation des richesses de son sol réserve tout de même un domaine déterminé, qui doit être laissé dans son état original et préservé des transformations de la civilisation (Parc de Yellowstone).

névrose réside donc dans le fait que, sur la voie qui mène à tenir compte de la réalité, l'éducation de la pulsion sexuelle subit un retard, et elle réside, en allant plus loin, dans les conditions qui rendent possible ce retard.

4) De même que le moi-plaisir ne peut rien faire d'autre que *désirer*, travailler à gagner du plaisir et éviter le déplaisir, de même le moi-réalité n'a rien d'autre à faire que de tendre vers l'*utile* et s'assurer contre les dommages[1]. En fait la substitution du principe de réalité au principe de plaisir ne signifie pas une suppression du principe de plaisir mais seulement une façon d'assurer celui-ci. On abandonne un plaisir immédiat, aux conséquences peu sûres, mais ce n'est que pour gagner, sur cette nouvelle voie, un plaisir plus tardif, assuré. Cependant cette substitution a causé une impression endopsychique si puissante qu'elle se reflète dans un mythe religieux particulier. La doctrine selon laquelle on est récompensé dans l'au-delà pour avoir renoncé – volontairement ou par contrainte – aux plaisirs terrestres, n'est rien d'autre que la projection mythique de cette révolution psychique. En développant ce modèle dans toutes ces conséquences, les *religions* ont pu imposer le renoncement absolu au plaisir dans cette vie en échange de la promesse d'un dédommagement dans une existence future ; mais de cette façon, elles ne sont pas parvenues à surmonter le principe de plaisir. C'est la *science* qui réussit le mieux à le surmonter, bien qu'elle procure aussi un plaisir intellectuel pendant le travail et promette comme résultat final un gain pratique.

5) L'*éducation* peut être décrite, sans plus considérer, comme une incitation à surmonter le principe de plaisir et à lui substituer le principe de réalité ; elle veut par conséquent venir en aide à ce processus de développement qui porte sur le moi et elle se sert à cette fin des primes d'amour dispensées par les éducateurs ; c'est pourquoi elle échoue quand l'enfant gâté croit qu'il possède cet amour de toute façon et qu'il ne peut le perdre en aucune circonstance.

6) L'*art* accomplit par un moyen particulier une réconciliation des deux principes. À l'origine, l'artiste est un homme qui, ne pouvant s'accommoder du renoncement à la satisfaction pulsionnelle qu'exige d'abord la réalité, se détourne de celle-ci et laisse libre cours dans sa vie fantasmatique à ses désirs érotiques et ambitieux. Mais il trouve la voie qui ramène de ce monde du fantasme vers la réalité : grâce à ses dons particuliers il donne forme à ses fantasmes pour en faire des réalités d'une nouvelle sorte, qui ont cours auprès des hommes comme des images très précieuses de la réalité. C'est ainsi que, d'une certaine manière, il devient réellement le héros, le roi, le créateur, le bien-aimé qu'il voulait devenir, sans avoir à passer par l'énorme détour qui consiste à transformer réellement le monde extérieur. Mais il ne peut y parvenir que parce que les autres hommes ressentent la même insatisfaction que lui à l'égard du renoncement exigé dans le réel et parce que cette insatisfaction qui résulte de la substitution du principe de réalité au principe de plaisir est elle-même un fragment de la réalité[2].

7) Pendant que le moi accomplit sa transformation de *moi-plaisir* en *moi-réalité*, les pulsions sexuelles subissent les modifications qui les conduisent, par diverses phases intermédiaires, de l'auto-érotisme initial à l'amour d'objet qui est au service de la fonction de reproduction. S'il est exact que chaque stade de ces deux lignes de développe-

1. Bernard Shaw a su trouver les mots qui expriment la supériorité du moi-réalité sur le moi-plaisir : « To be able to choose the line of greatest advantage instead of yielding in the direction of the least resistance » (*Man and Superman. A comedy and a philosophy*).
2. Cf. une idée semblable chez O. Rank, *Der Künstler* (l'Artiste), Vienne, 1907.

ment peut devenir le siège d'une prédisposition à une affection névrotique ultérieure, on est amené à faire dépendre ce qui détermine la forme de celle-ci (le *choix de la névrose*) de la phase du développement du moi et de la libido pendant laquelle est intervenue l'inhibition de développement prédisposante. Les caractéristiques temporelles des deux développements, qui n'ont pas encore été étudiées, et la possibilité de leur déplacement l'un par rapport à l'autre prennent ainsi une importance insoupçonnée.

8) Le caractère le plus déroutant des processus inconscients (refoulés), auquel les chercheurs ne s'habituent qu'en surmontant de grandes répugnances, tient à ce que dans ces processus l'épreuve de réalité n'est pas valable, la réalité de pensée équivaut à la réalité extérieure, le désir à son accomplissement, à l'événement ; ceci découle directement de la domination du vieux principe de plaisir. C'est aussi pourquoi il est si difficile de distinguer entre des fantasmes inconscients et des souvenirs devenus inconscients. Mais qu'on ne se laisse jamais entraîner à introduire l'étalon de réalité dans les formations psychiques refoulées ; on risquerait alors de sous-estimer la valeur des fantasmes dans la formation des symptômes en invoquant précisément qu'ils ne sont pas des réalités, ou de faire dériver d'une autre origine un sentiment de culpabilité névrotique parce que l'on ne peut pas prouver l'existence d'un crime réellement commis. On a l'obligation de se servir de la monnaie qui a cours dans le pays que l'on explore – dans notre cas, la *monnaie névrotique*. Qu'on essaye par exemple d'élucider un rêve comme celui-ci. Un homme, qui a autrefois soigné son père pendant la longue et douloureuse maladie qui l'a mené à la mort, rapporte que, pendant les mois qui ont suivi cette mort, il a rêvé, de façon répétée, ceci : *son père était de nouveau en vie et il parlait avec lui comme autrefois. Mais en même temps il ressentait de façon extrêmement douloureuse que pourtant son père était déjà mort, seulement il ne le savait pas.* Il n'y a pas d'autre moyen pour comprendre ce rêve d'allure absurde que d'ajouter « selon son désir » ou « par suite de son désir » après les mots « que pourtant le père était mort » et d'adjoindre aux derniers mots « qu'il le désirait ». La pensée du rêve est alors : il lui était douloureux de se souvenir qu'il n'avait pu s'empêcher de désirer pour son père la mort (comme délivrance), lorsque celui-ci vivait encore, et comme ç'aurait été terrible si son père s'en était douté. Il s'agit alors du cas bien connu des reproches qu'on adresse à soi-même après la mort d'une personne aimée, et le reproche renvoie dans cet exemple à la signification infantile du désir de mort dirigé contre le père.

Si j'invoque que les insuffisances de ce petit article, plus introductif qu'exhaustif, sont inévitables, cela ne suffira peut-être pas à les excuser. Dans les quelques propositions sur les conséquences psychiques de l'adaptation au principe de réalité, j'ai dû faire mention d'opinions que j'aurais préféré garder encore par-devers moi et dont la justification n'ira certainement pas sans peine. Je veux cependant espérer que les lecteurs bienveillants ne manqueront pas de saisir où commence, dans ce travail également, la domination du principe de réalité.

L'inconscient
(1915)

SIGMUND FREUD

Freud appelle « métapsychologie » la partie la plus générale de sa doctrine, celle qui contient les principes, souvent hypothétiques, qui peuvent fonder l'ensemble du système. Un certain nombre de textes métapsychologiques jalonnent son œuvre, mais il conçut en 1915 le projet plus spécifique d'écrire des Éléments pour une métapsychologie *(*Zur Vorbereitung einer Metapsychologie*). Des douze articles prévus initialement cinq furent écrits entre le mois de mars et le mois de mai. Ce sont eux que l'on regroupe habituellement sous le nom de* Métapsychologie. *Freud écrivit ensuite les sept autres articles, mais il ne les publia jamais, sans doute parce qu'après la guerre, des idées tout à fait nouvelles, relatives notamment à la pulsion de mort rendirent caduques de vastes pans de ces œuvres. Un seul de ces derniers articles a été retrouvé, la* Vue d'ensemble des névroses de transfert, *publiée en français en 1986 (Gallimard).*

Dans son article sur l'inconscient, *partiellement reproduit ici, Freud présente de façon précise l'ensemble des problèmes, voire des difficultés qui sont liées à cette notion. Cela va d'une démonstration de la nécessité et de la légitimité de l'hypothèse de l'inconscient lui-même jusqu'à des considérations cliniques très élaborées. Celles-ci concernent par exemple la distinction entre hystérie et schizophrénie, ou encore « l'hystérie d'angoisse », c'est-à-dire cette formation névrotique particulière où l'investissement libidinal inconscient n'est pas « converti » en symptôme somatique, mais se décharge sous forme d'angoisse et se transforme fréquemment en phobie dès lors qu'elle trouve un objet où se fixer. On sera néanmoins particulièrement attentif aux « propriétés » de l'inconscient, déduites de phénomènes tels que le rêve, mais présentées ici de façon systématique.*

Source : S. Freud, *Das Unbewusste*, G.W., t. X ; traduction française (J. Laplanche et J.B. Pontalis), « *l'Inconscient* », in *Métapsychologie*, Gallimard, 1986.

Bibliographie : C. Melman, *Nouvelles Études sur l'inconscient*, Bibliothèque du Trimestre psychanalytique, publication de l'Association freudienne, 1990. M. Tort, « À propos du concept freudien de "Représentant" (Repräsentanz) », in *Cahiers pour l'analyse* (publiés par le cercle d'Épistémologie de l'École Normale Supérieure), n° 5, 1966.

1. Justification de l'inconscient

[...] On nous conteste de tous côtés le droit d'admettre un psychique inconscient et de travailler scientifiquement avec cette hypothèse. Nous pouvons répondre à cela que l'hypothèse de l'inconscient est *nécessaire* et *légitime*, et que nous possédons de multiples *preuves* de l'existence de l'inconscient. Elle est nécessaire, parce que les données de la conscience sont extrêmement lacunaires : aussi bien chez l'homme sain que chez le malade, il se produit fréquemment des actes psychiques qui, pour être expliqués, présupposent d'autres actes qui, eux, ne bénéficient pas du témoignage de la conscience. Ces actes ne sont pas seulement les actes manqués et les rêves, chez l'homme sain, et tout ce qu'on appelle symptômes psychiques et phénomènes compulsionnels chez le malade ; notre expérience quotidienne la plus personnelle nous met en présence d'idées qui nous viennent sans que nous en connaissions l'origine, et de résultats de pensée dont l'élaboration nous est demeurée cachée. Tous ces actes conscients demeurent incohérents et incompréhensibles si nous nous obstinons à prétendre qu'il faut bien percevoir par la conscience tout de qui se passe en nous en fait d'actes psychiques ; mais ils s'ordonnent dans un ensemble dont on peut montrer la cohérence, si nous interpolons les actes inconscients inférés. Or, nous trouvons dans ce gain de sens et de cohérence une raison, pleinement justifiée, d'aller au-delà de l'expérience immédiate. Et s'il s'avère de plus que nous pouvons fonder sur l'hypothèse de l'inconscient une pratique couronnée de succès, par laquelle nous influençons, conformément à un but donné, le cours des processus conscients, nous aurons acquis, avec ce succès, une preuve incontestable de l'existence de ce dont nous avons fait l'hypothèse. L'on doit donc se ranger à l'avis que ce n'est qu'au prix d'une *prétention intenable* que l'on peut exiger que tout ce qui se produit dans le domaine psychique doive aussi être connu de la conscience.

On peut aller plus loin et avancer, pour étayer la thèse d'un état psychique inconscient, que la conscience ne comporte à chaque moment qu'un contenu minime si bien que, mis à part celui-ci, la plus grande partie de ce que nous nommons connaissance consciente se trouve nécessairement, pendant les plus longues périodes, en état de latence, donc dans un état d'inconscience psychique. Si l'on tenait compte de l'existence de tous nos souvenirs latents, il deviendrait parfaitement inconcevable de contester l'inconscient. Nous nous heurtons alors à l'objection selon laquelle ces souvenirs latents ne devraient plus être qualifiés de psychiques mais correspondraient aux restes de processus somatiques, dont le psychique pourrait resurgir. Il n'est pas difficile de rétorquer qu'au contraire le souvenir latent est, indubitablement, le reste d'un processus psychique. Mais il importe davantage de bien se rendre compte que l'objection repose sur l'assimilation, non exprimée, mais posée d'emblée, entre le conscient et le psychique. Cette assimilation est ou bien une *petitio principii* qui ne permet plus de se demander si tout ce qui est psychique doit aussi être conscient, ou bien une affaire de convention, de terminologie. Sous cette dernière forme, elle est naturellement, comme toute convention, irréfutable. La question demeure néanmoins ouverte de savoir si elle se révèle suffisamment utilisable pour que l'on doive s'y rallier. On est en droit de répondre que l'assimilation conventionnelle du psychique et du conscient n'est absolument pas utilisable. Elle brise les continuités psychiques, nous précipite dans les difficultés insolubles du parallélisme psychophysique, prête le flanc au reproche de surestimer, sans fondement évident, le rôle de la conscience et nous contraint à abandonner prématurément le domaine de la recherche psychologique, sans pouvoir nous apporter de dédommagements tirés d'autres domaines.

En tout état de cause, il est clair que la question de savoir si l'on doit concevoir les états latents de la vie psychique, qui sont incontestables, comme des états psychiques inconscients ou comme des états physiques, menace d'aboutir à une querelle de mots. Il est donc opportun de mettre en évidence ce que nous connaissons avec certitude de la nature de ces états qui font problème. Or, ils nous sont, à l'heure actuelle, parfaitement inaccessibles par leurs caractères physiques ; aucune représentation physiologique, aucun processus chimique ne peut nous fournir une idée de leur nature. D'autre part, il est sûr qu'ils entretiennent le contact le plus large avec les processus psychiques conscients ; ils obtiennent, moyennant l'accomplissement d'un certain travail, d'être transposés en ces processus conscients, d'être remplacés par eux et ils peuvent être décrits avec toutes les catégories que nous appliquons, aux actes psychiques conscients, tels que représentations, tendances, décisions et autres choses du même genre. En vérité, nous sommes obligés de dire d'une bonne partie de ces états latents qu'ils ne se distinguent des états conscients qu'en ce que précisément la conscience leur fait défaut. Nous n'hésiterons donc pas à les traiter comme des objets de la recherche psychologique, et à les mettre en un rapport très étroit avec les actes psychiques conscients.

Le refus obstiné d'accorder un caractère psychique aux actes psychiques latents s'explique par le fait que la plupart des phénomènes considérés n'ont pas été objets d'étude en dehors de la psychanalyse. Celui qui ne connaît pas les faits pathologiques, qui se borne à tenir les actes manqués des hommes normaux pour des hasards et se contente de la vieille sagesse selon laquelle tout songe est mensonge[1], celui-là n'a plus besoin que de négliger encore quelques énigmes de la psychologie de la conscience pour s'épargner l'hypothèse d'une activité psychique inconsciente. Du reste, les expériences hypnotiques, en particulier la suggestion posthypnotique, ont démontré, de manière tangible, avant même l'époque de la psychanalyse, l'existence et le mode d'efficace de l'inconscient psychique.

Mais l'hypothèse de l'inconscient est aussi une hypothèse pleinement *légitime* dans la mesure où, en l'établissant, nous ne nous écartons pas du tout de la manière de penser que nous tenons habituellement pour correcte. La conscience ne procure à chacun de nous que la connaissance de ses propres états psychiques ; qu'un autre homme ait aussi une conscience, c'est là une inférence qui est tirée, *per analogiam*, pour nous rendre le comportement de cet autre homme compréhensible, en se fondant sur la perception de ce qu'il dit et fait. (Il serait à la vérité plus juste, du point de vue psychologique, de décrire les choses ainsi : nous prêtons, sans réflexion spéciale, à tout être en dehors de nous, notre propre constitution, et donc aussi notre conscience ; et notre compréhension présuppose cette identification.) Cette inférence – ou cette identification – fut étendue jadis du moi aux autres hommes, aux animaux, aux plantes, aux êtres inanimés et au monde pris comme un tout ; elle se montra utilisable tant que la ressemblance avec le moi-individu fut souveraine, mais on put de moins en moins s'y tenir au fur et à mesure que l'autre s'éloigna du moi. Aujourd'hui, notre jugement critique est déjà moins assuré de la conscience des animaux, refuse la conscience aux plantes et abandonne au mysticisme le soin d'admettre une conscience de l'inanimé. Mais, là même où la tendance originaire à l'identification est sortie victorieuse de l'examen critique, à savoir dans le cas de cet autre qui nous est le plus proche, l'humain, l'hypothèse de la conscience repose sur une inférence et ne peut bénéficier de la certitude immédiate que nous avons de notre propre conscience.

Or, la psychanalyse n'exige rien, si ce n'est que ce procédé d'inférence soit aussi appliqué à la personne propre, bien qu'assurément il n'existe pas de tendance constitutionnelle à le faire. Si l'on fait ce pas, il faut dire que tous les actes et toutes les manifestations que je remarque en moi et que je ne sais pas relier au reste de ma vie psychique doivent être jugés comme s'ils appartenaient à une autre personne et que l'on doit les expliquer en leur attribuant une vie psychique. L'expérience montre aussi que, si, dans le cas de la personne propre, on refuse de reconnaître certains actes comme psychiques, on s'entend fort bien à interpréter ces mêmes actes – c'est-à-dire à les intégrer à l'ensemble du psychisme – chez les autres. Manifestement, il y a ici un

1. *Träume sind Schäume* : mot à mot « les rêves sont de l'écume ». (*N.d.T.*)

obstacle spécifique qui détourne notre recherche de la personne propre et l'empêche de parvenir à une connaissance correcte de celle-ci.

Or, ce procédé d'inférence, appliqué, en dépit de la résistance intime, à la personne propre, ne conduit pas à la découverte d'un inconscient, mais, pour s'exprimer plus correctement, à l'hypothèse d'une autre, d'une seconde conscience, unie dans ma personne à celle qui m'est connue. Seulement, la critique trouve ici l'occasion justifiée de faire quelques objections. Premièrement, une conscience dont le propre possesseur ne sait rien est encore quelque chose de différent d'une conscience étrangère et l'on peut se demander si, après tout, une telle conscience, à laquelle fait défaut le caractère le plus important, mérite encore discussion. Qui s'est montré réticent à admettre un psychique inconscient ne pourra s'estimer satisfait si on lui propose à la place une *conscience inconsciente*. Deuxièmement, l'analyse indique que les processus psychiques latents individuels, que nous inférons, jouissent d'un haut degré d'indépendance réciproque, comme s'ils n'étaient pas en relation les uns avec les autres et ne savaient rien les uns des autres. Nous devons donc être prêts à admettre en nous, non seulement une seconde conscience, mais aussi une troisième, une quatrième, peut-être une série infinie d'états de consciences, qui nous sont tous inconnus et qui ne se connaissent pas les uns les autres. Le troisième argument à considérer, le plus sérieux, c'est que, comme nous l'apprend l'investigation psychanalytique, une partie de ces processus latents possède des caractères et des particularités qui nous apparaissent comme étranges et même incroyables et qui vont directement à l'encontre des propriétés de la conscience connues de nous. Nous sommes par là fondés à modifier l'inférence que nous avons appliquée à la personne propre : elle ne prouve pas qu'il y a une seconde conscience en nous, mais qu'il existe des actes psychiques qui sont privés de conscience. Nous aurons également le droit d'écarter la dénomination de « subconscience » comme incorrecte et trompeuse. Les cas connus de « double conscience[1] » (clivage de la conscience) ne prouvent rien contre notre conception. Ils se laissent parfaitement décrire comme des cas de clivage de l'activité psychique en deux groupes, la même conscience s'y appliquant alternativement à l'un ou l'autre camp.

Il ne reste pas d'autre solution à la psychanalyse que de déclarer les processus psychiques inconscients en soi et de comparer leur perception par la conscience à la perception du monde extérieur par les organes des sens. Nous espérons même que notre connaissance tirera un profit de cette comparaison. L'hypothèse psychanalytique de l'activité psychique inconsciente nous apparaît d'une part comme une forme dérivée de l'animisme primitif qui nous renvoyait partout en reflet des consciences semblables à la nôtre, et d'autre part comme la suite de la correction apportée par Kant à notre conception de la perception externe. De même que Kant nous a avertis de ne pas oublier que notre perception a des conditions subjectives et de ne pas la tenir pour identique avec le perçu inconnaissable, de même la psychanalyse nous engage à ne pas mettre la perception de conscience à la place du processus psychique inconscient qui est son objet. Tout comme le physique, le psychique n'est pas nécessairement en réalité tel qu'il nous apparaît. Toutefois, nous n'allons pas tarder à apprendre avec satisfaction que la correction de la perception interne n'offre pas une aussi grande difficulté que celle de la perception externe, que l'objet intérieur est moins inconnaissable que le monde extérieur.

1. En français dans le texte. (*N.d.T.*)

2. La pluralité des significations du terme d'inconscient et le point de vue topique

Avant de poursuivre, il nous faut prendre acte d'un fait important, mais aussi embarrassant : l'être-inconscient n'est qu'un signe distinctif du psychique qui ne suffit d'aucune façon à le caractériser. Il y a des actes psychiques qui, quoique de dignité très variable, ont en commun le caractère d'être inconscients. L'inconscient comprend, d'une part, des actes qui sont simplement latents, temporairement inconscients, mais qui, le reste du temps, ne se distinguent en rien des actes conscients et, d'autre part, des processus, comme les processus refoulés, qui, s'ils devenaient conscients, se détacheraient du reste des processus conscients de la façon la plus tranchée. Nous mettrions fin à tous les malentendus si, désormais, dans la description des diverses sortes d'actes psychiques, nous laissions de côté la question de savoir s'ils sont conscients ou inconscients, pour les classer et les relier uniquement selon leur rapport aux pulsions et aux buts, selon leurs connexions et leur appartenance aux systèmes psychiques hiérarchisés. Mais, pour diverses raisons, ceci est irréalisable et nous ne pouvons donc pas échapper à une ambiguïté : nous employons les mots conscient et inconscient tantôt en un sens descriptif, tantôt en un sens systématique qui indique l'appartenance à des systèmes déterminés et la possession de certaines propriétés. On pourrait aussi essayer d'éviter la confusion en désignant les systèmes psychiques, que nous avons reconnus, par des noms arbitrairement choisis qui ne feraient pas la moindre allusion au fait d'être conscient. Seulement, il faudrait au préalable rendre compte du fondement de la distinction des systèmes, et, là, on ne pourrait éluder le fait d'être conscient, car il est le point de départ de toutes nos recherches. Peut-être cela nous aidera-t-il un peu de proposer au moins de remplacer, dans l'écriture, conscience par la désignation *Cs* et inconscient par l'abréviation correspondante *Ics*, lorsque nous employons les deux mots au sens systématique.

Passant maintenant à une présentation positive, nous énoncerons un résultat de la psychanalyse : un acte psychique en général passe par deux phases, deux états, entre lesquels est intercalée une sorte d'épreuve (*censure*). Dans la première phase, il est inconscient et appartient au système *Ics* ; s'il est écarté par l'épreuve que lui fait subir la censure, le passage à la deuxième phase lui est refusé ; il est dit alors refoulé et doit nécessairement rester inconscient. Mais, s'il réussit dans cette épreuve, alors il entre dans la deuxième phase et appartient désormais au deuxième système que nous décidons d'appeler le système *Cs*. Mais son rapport à la conscience n'est pas encore déterminé de façon univoque par cette appartenance. Il n'est pas encore conscient mais bien plutôt *susceptible de devenir conscient* (selon l'expression de J. Breuer), autrement dit il peut maintenant, sans résistance particulière, et pourvu que certaines conditions se trouvent remplies, devenir objet de la conscience. Eu égard à cette possibilité de devenir conscient, nous appelons aussi le système *Cs* le « *préconscient* ». S'il s'avérait que le fait, pour le préconscient, de devenir conscient est déterminé, lui aussi, par une certaine censure, alors nous séparerions plus strictement l'un de l'autre les systèmes *Pcs* et *Cs*. Pour le moment, il suffit de retenir que le système *Pcs* partage les propriétés du système *Cs* et que la censure remplit avec rigueur son office au passage de l'*Ics* au *Pcs* (ou *Cs*).

En admettant ces (deux ou trois) systèmes psychiques, la psychanalyse a fait un pas de plus dans la direction qui l'éloigne de la psychologie de conscience descriptive, elle s'est donné une nouvelle façon de poser les problèmes et un nouveau contenu. Ce qui la distinguait jusque-là de la psychologie, c'était principalement la conception *dynamique* des processus psychiques ; à cela s'ajoute maintenant sa décision de se référer également à la *topique* psychique et d'indiquer, pour un acte psychique quelconque, à l'intérieur de quel système ou bien entre quels systèmes il se joue. Cette entreprise lui a également valu le nom de *psychologie des profondeurs*. Elle peut être enrichie par un autre point de vue encore, comme nous allons le voir.

Si nous voulons prendre au sérieux une topique des actes psychiques, nous devons porter notre intérêt sur une question qui surgit à cet endroit et nous met dans l'embarras. Si un acte psychique (bornons-nous ici à considérer un acte de la nature d'une représentation) fait l'objet d'une transposition du système *Ics* dans le système *Cs* (ou *Pcs*), devons-nous admettre qu'à cette transposition est liée une fixation nouvelle, pour ainsi dire une deuxième inscription de la représentation en question, inscription qui peut donc être aussi contenue dans une nouvelle localité psychique, et à côté de laquelle persiste l'inscription inconsciente originaire ? Ou bien devons-nous plutôt croire que la transposition consiste en un changement d'état qui se fait sur le même matériel et dans la même localité ? Cette question peut paraître abstruse ; il faut pourtant la soulever si nous voulons nous faire une idée plus précise de la topique psychique, de la dimension de profondeur du psychique. C'est une question difficile, parce qu'elle dépasse la simple psychologie et ne va pas sans toucher aux relations de l'appareil psychique à l'anatomie. Nous savons que de telles relations, au sens large, existent. L'activité psychique est liée à la fonction du cerveau comme elle ne l'est à aucun autre organe – c'est là un résultat inébranlable de la recherche. On est allé un peu plus loin – mais sans savoir jusqu'où – en découvrant que les parties du cerveau ont des valeurs inégales et des relations différentielles à des parties du corps et à des activités mentales déterminées. Mais toutes les tentatives pour deviner, à partir de là, une localisation des processus psychiques, tous les efforts pour penser les représentations comme emmagasinées dans des cellules nerveuses et pour faire voyager les excitations sur des fibres nerveuses ont radicalement échoué. Le même destin s'offrirait à une théorie qui envisageait de reconnaître dans le cortex le lieu anatomique du système *Cs*, de l'activité psychique consciente, et de placer les processus inconscients dans les parties subcorticales du cerveau. Il y a là une lacune manifeste, qu'il n'est pas possible, actuellement, de combler et qui, de plus, ne relève pas des tâches de la psychologie. *Pour le moment*, notre topique psychique n'a rien à voir avec l'anatomie ; elle se réfère à des régions de l'appareil psychique, où qu'elles se situent dans le corps, et non à des localités anatomiques.

Notre travail est donc libre sous ce rapport et peut progresser selon ses propres besoins. Il sera également utile de se souvenir que nos hypothèses ne peuvent prétendre d'abord avoir d'autre valeur que celle d'une représentation figurée. La première des deux possibilités envisagées – la phase *Cs* de la représentation signifiant une nouvelle inscription, située à un autre endroit, de cette même représentation – est sans doute la plus grossière, mais aussi la plus commode. La seconde hypothèse, celle d'un changement d'état simplement *fonctionnel* est, d'entrée, la plus vraisemblable, mais elle est moins souple, moins facile à manier. À la première, l'hypothèse topique, est liée l'hypothèse d'une séparation topique des systèmes *Ics* et *Cs* ainsi que la possibilité, pour une représentation, d'être présente simultanément en deux endroits de l'appareil psychique et même, régulièrement, quand elle n'est pas inhibée par la censure, de s'avancer d'un lieu à l'autre, éventuellement sans quitter son premier emplacement, sa première inscription. Cela peut paraître étrange mais s'appuie sur des impressions issues de la pratique psychanalytique.

Si l'on communique à un patient une représentation qu'il a, à un moment donné, refoulée, et que l'on a devinée, cela ne change d'abord rien à son état psychique. Et notamment ce n'est pas parce que la représentation précédemment inconsciente est maintenant devenue consciente que le refoulement est levé et ses effets supprimés, comme on pouvait peut-être s'y attendre. Au contraire, on n'obtiendra tout d'abord qu'un refus renouvelé de la représentation refoulée. Mais maintenant le patient a effectivement la même représentation sous une double forme et en des endroits différents de son appareil psychique ; premièrement, il dispose du souvenir conscient de la trace acoustique de la représentation qui lui a été communiquée et, deuxièmement, comme nous le savons avec certitude, il porte en lui, à côté de ce souvenir mais sous l'ancienne forme, le souvenir inconscient de ce qui a été vécu. En réalité, la suppression du refoulement n'intervient pas avant que la représentation consciente, une fois surmontées les résistances, ne soit entrée en liaison avec les traces mnésiques inconscientes. C'est seulement quand ces dernières sont elles-mêmes rendues conscientes que le succès est atteint. Par là, il semblerait s'avérer, à un examen superficiel, que les représentations consciente et inconsciente sont les inscriptions, différentes et topiquement séparées, d'un même contenu. Mais la moindre réflexion montre que l'identité du souvenir communiqué et du souvenir refoulé du patient n'est qu'apparente. Avoir entendu et avoir vécu sont deux choses de nature psychologique tout à fait différente, même si elles ont un contenu identique.

Ainsi, nous ne sommes pas d'emblée en mesure de trancher entre les deux possibilités discutées. Peut-être rencontrerons-nous par la suite des facteurs susceptibles de faire pencher la balance en faveur de l'une des deux. Peut-être allons-nous découvrir que notre façon de poser le problème était insuffisante et que la distinction de la représentation inconsciente d'avec la représentation consciente doit être déterminée tout autrement. [...]

5. Les propriétés particulières du système *Ics*

La distinction des deux systèmes psychiques prend une signification nouvelle quand nous prêtons attention au fait que les processus de l'un des systèmes de l'*Ics* manifestent des propriétés qui ne se retrouvent pas dans le système immédiatement supérieur.

Le noyau de l'*Ics* est constitué par des représentants de la pulsion qui veulent décharger leur investissement, donc par des motions de désir. Ces motions pulsionnelles sont coordonnées les unes aux autres, persistent les unes à côté des autres sans s'influencer réciproquement et ne se contredisent pas entre elles. Lorsque deux motions de désir dont les buts devraient nous paraître inconciliables sont activées simultanément, les deux motions ne se soustraient pas l'une de l'autre, ni ne se suppriment l'une l'autre, mais elles concourent à la formation d'un but intermédiaire, d'un compromis.

Il n'y a dans ce système ni négation, ni doute, ni degré dans la certitude. Tout cela n'est introduit que par le travail de la censure entre *Ics* et *Pcs*. La négation est un substitut du refoulement à un niveau supérieur. Dans l'*Ics*, il n'y a que des contenus plus ou moins fortement investis.

Il y règne une beaucoup plus grande mobilité des intensités d'investissement. Par le processus de *déplacement* une représentation peut transmettre tout son quantum d'investissement à une autre, par celui de *condensation*, s'approprier tout l'investissement de plusieurs autres. J'ai proposé de considérer ces deux processus comme signes caractéristiques de ce que nous appelons le *processus* psychique *primaire*. Dans le système *Pcs* règne le *processus secondaire*[1] ; dans le cas où un tel processus primaire peut se dérouler sur des éléments du système *Pcs*, il apparaît « comique » et provoque le rire.

Les processus du système *Ics* sont *intemporels*, c'est-à-dire qu'ils ne sont pas ordonnés dans le temps, ne sont pas modifiés par l'écoulement du temps, n'ont absolument aucune relation avec le temps. La relation au temps elle aussi est liée au travail du système *Cs*.

Pas davantage les processus *Ics* n'ont égard à la *réalité*. Ils sont soumis au principe de plaisir ; leur destin ne dépend que de leur force et de leur conformité ou non-conformité aux exigences de la régulation plaisir-déplaisir.

Résumons-nous : *absence de contradiction, processus primaire* (mobilité des investissements), *intemporalité* et *substitution à la réalité extérieure de la réalité psychique*, tels sont les caractères que nous devons nous attendre à trouver aux processus appartenant au système *Ics*[2].

Les processus inconscients ne nous sont connaissables que dans les conditions du rêve et des névroses, donc dans des circonstances où des processus du système supérieur, le système *Pcs*, ont été *rabaissés* (par régression) à un stade antérieur. En eux-mêmes ils sont inconnaissables et même incapables d'exister parce que le système *Ics* a été recouvert très tôt par le système *Pcs*, qui s'est emparé de l'accès à la conscience et à la motilité. La décharge du système *Ics* dans l'innervation somatique va donner le développement d'affect, mais ce moyen de décharge lui est contesté, comme nous l'avons vu, par le *Pcs*. À lui seul, le système *Ics* ne saurait mener à bien dans des conditions normales aucune action musculaire appropriée, à l'exception de celles qui sont déjà organisées sous formes de réflexes.

La pleine signification des caractères du système *Ics*, caractères que nous venons de décrire, ne pourrait nous apparaître dans toute sa clarté qu'à partir du moment où nous les confronterions et les mesurerions aux propriétés du système *Pcs*. Mais cela nous entraînerait si loin que je propose, ici encore, de surseoir et de n'entreprendre la comparaison des deux systèmes qu'en relation avec l'examen approfondi du système le plus élevé. Nous ne mentionnerons donc d'ores et déjà que ce qui est le plus urgent.

Les processus du système *Pcs* montrent – et ceci, d'ailleurs, qu'ils soient déjà conscients ou seulement susceptibles de le devenir – une inhibition de la tendance à la décharge des représentations investies. Lorsque le processus passe d'une représentation à une autre, la première conserve une partie de son investissement et seule une petite part subit le déplacement. Des déplacements et des condensations tels que ceux qui se produisent dans le cas du processus primaire sont exclus ou très limités. Cet état de choses a conduit J. Breuer à admettre l'existence dans la vie psychique de deux états différents de l'énergie d'investissement, un état d'énergie toniquement liée et un état d'énergie librement mobile, tendant à la décharge. Je crois que cette distinction représente jusqu'à ce jour notre vue la plus profonde sur la nature de l'énergie nerveuse et je ne vois pas comment on peut l'éviter. Nous aurions un besoin urgent, afin de nous représenter les choses du point de vue métapsychologique – bien que ce soit peut-être là une entreprise encore trop risquée – de poursuivre la discussion sur ce point.

1. Voir les développements du chapitre VII de *l'Interprétation du rêve* qui s'appuie sur les idées exposées par J. Breuer dans les *Études sur l'hystérie*.
2. Nous réservons de mentionner dans un autre contexte un autre privilège important de l'*Ics*.

Au système *Pcs* reviennent encore : l'instauration d'une capacité de communication entre les contenus des représentations, de sorte qu'ils puissent s'influencer réciproquement ; l'ordonnance temporelle de ses contenus ; l'introduction de la censure ou de plusieurs censures ; l'épreuve de réalité et le principe de réalité. La mémoire consciente, elle aussi, paraît dépendre totalement du *Pcs*, elle doit être nettement distinguée des traces mnésiques dans lesquelles se fixent les expériences vécues de l'*Ics*, et correspond vraisemblablement à une inscription particulière, telle que celle que nous voulions admettre en ce qui concerne le rapport de la représentation consciente à la représentation inconsciente mais que nous avons alors rejetée. C'est dans ce contexte que nous trouverons aussi le moyen de mettre fin à notre hésitation concernant la dénomination du système le plus élevé que nous appelons actuellement de façon indifférente tantôt *Pcs*, tantôt *Cs*.

Il y a lieu aussi de mettre en garde contre une généralisation prématurée de ce que nous avons dégagé ici au sujet de la répartition des opérations psychiques entre les deux systèmes. Nous décrivons les choses telles qu'elles se présentent chez l'homme adulte chez lequel le système *Ics* au sens strict ne fonctionne que comme niveau préliminaire de l'organisation supérieure. Quant à savoir quels sont le contenu et les relations de ce système au cours du développement individuel et quelle signification lui revient chez l'animal, cela ne peut se déduire de notre description mais doit faire l'objet d'une recherche indépendante. Nous devons encore nous attendre à découvrir chez l'homme des conditions pathologiques dans lesquelles les deux systèmes changent de contenu comme de caractères ou même les échangent entre eux.

Fonction et champ de la parole et du langage en psychanalyse

première partie

(1953)

JACQUES LACAN

(1901-1981)

L'article de Jacques Lacan intitulé « Fonction et champ de la parole et du langage en psychanalyse » est historiquement fondamental. Il l'est d'abord du point de vue de l'histoire apparente, de l'histoire événementielle, institutionnelle. Il l'est bien plus encore à un tout autre titre, puisqu'il articule de façon déjà assez précise les principaux éléments d'une théorie qui allait marquer tout le développement de la psychanalyse, en France d'abord, mais bientôt également dans le reste du monde.

La psychanalyse avait pénétré en France assez tardivement. Ce n'est qu'en 1926 qu'avait été fondée la Société Psychanalytique de Paris (S.P.P.) par Marie Bonaparte, Eugénie Sokolnicka, A. Hesnard, R. Allendy, A. Borel, A. Laforgue, R. Lœwenstein, G. Parcheminey et É. Pichon. Lacan avait été reçu comme membre adhérent en 1934. La petite société, éprouvée par la guerre, reprit progressivement ses travaux dans les années qui suivirent. De premières divergences apparurent à propos de la psychanalyse « laïque », c'est-à-dire pratiquée par des non-médecins. Mais c'est la création d'un ins-

titut de formation, en 1953, qui cristallisa les conflits. De nombreux analystes en formation, en effet, ne supportèrent pas l'organisation tatillonne et autoritaire de l'enseignement qui avait été adoptée à l'instigation de Sacha Nacht. Après diverses péripéties, qu'il est inutile de rapporter ici, une minorité de membres titulaires (J. Lacan, F. Dolto, D. Lagache et J. Favez-Boutonier) démissionnèrent de la S.P.P., croyant que la Société Française de Psychanalyse, qu'ils créaient à cette occasion, n'aurait aucune peine à se faire reconnaître par l'I.P.A. (l'Association Internationale de Psychanalyse). Cet optimisme se révéla illusoire, l'I.P.A. invoquant notamment la pratique de Lacan dans la direction de ses cures jugée peu orthodoxe (pour Lacan par exemple, la fin d'une séance n'a pas à être déterminée par l'horloge, elle doit autant que possible faire scansion, en fonction du dire de l'analysant). Mais la presque totalité des « élèves », qui avaient d'ailleurs été à l'origine de la crise, et dont beaucoup étaient en analyse chez Lacan lui-même, suivirent celui-ci. C'est pour eux que Lacan exposa, en septembre 1953, à Rome, son intervention sur « Fonction et champ de la parole et du langage en psychanalyse ».

Du point de vue théorique, ce texte constitue véritablement une refondation de la psychanalyse. Lacan part d'une évidence première, celle de la psychanalyse comme expérience de parole. Si la parole a un pouvoir thérapeutique c'est que l'histoire même du sujet « est constituée par la parole adressée à l'autre ». Mais dans cette histoire il y a des trous, des choses que le sujet n'a pas dites, des paroles de l'autre qu'il n'a pas entendues, pas saisies. L'inconscient, dès lors, c'est le discours de l'autre (Lacan écrira plus tard l'Autre pour le distinguer du semblable, du partenaire que chacun se donne dans un jeu spéculaire). L'inconscient, c'est « cette partie du discours concret en tant que transindividuel, qui fait défaut à la disposition du sujet pour rétablir la continuité de son discours conscient ».

Lacan, ici, reprend et systématise la conception freudienne qui lie l'existence de l'inconscient à l'effet d'une censure, c'est-à-dire d'une opération portant sur un discours : « [...] L'inconscient est ce chapitre de mon histoire qui est marqué par un blanc ou occupé par un mensonge : c'est le chapitre censuré [...] ».

La « vérité » est-elle alors inaccessible ? Si elle peut, dit Lacan, être retrouvée, c'est qu'elle est « écrite » ailleurs. On pourra, comme fait l'historien, tenter de la lire :

« [...] – dans les monuments : et ceci est mon corps, c'est-à-dire le noyau hystérique de la névrose où le symptôme hystérique montre la structure d'un langage et se déchiffre comme une inscription qui, une fois recueillie, peut sans perte grave être détruite ;

– dans les documents d'archives aussi : et ce sont les souvenirs de mon enfance, impénétrables aussi bien qu'eux, quand je n'en sais pas la provenance ; [...] »

À quoi Lacan ajoute l'évolution sémantique « stock et acceptions du vocabulaire qui m'est particulier », *les traditions, les légendes* « qui sous une forme héroïsée véhiculent mon histoire ».

Un dernier point est intéressant, parce qu'il montre comment l'écoute analytique peut porter sur la logique même, ou sur la syntaxe d'un texte. La vérité peut aussi être lue :

« [...] – dans les traces, enfin, qu'en conservent inévitablement les distorsions, nécessitées par le raccord du chapitre adultéré dans les chapitres qui l'encadrent, et dont mon exégèse rétablira le sens. [...] »

Ainsi Lacan va-t-il, dans son texte, de la parole au langage. Celui-ci constitue pour lui l'ordre symbolique, celui qui distingue les sexes et sépare les générations, celui où chacun doit trouver sa place. Lacan en donne une présentation plus explicite dans la partie suivante. Il part du symbole considéré en général (objet échangé dans le pacte social, par exemple). Il va de là jusqu'aux mots, qui détachent l'homme du rapport immédiat à la chose, mais la fontaussi subsister comme telle au-delà de ses transformations ou de sa disparition empiriques. Voir aussi là-dessus le chapitre VI, p. 143.

Source : J. Lacan, « Fonction et champ de la parole et du langage en psychanalyse », in *Écrits*, Seuil, 1965.

Bibliographie : R. Chemama, « Inconscient et langage », in *l'Inconscient*, recueil collectif sous la direction de Jacques Mousseau et Pierre François Moreau, Retz C.E.P.L., 1976. J. Dor, *Introduction à la lecture de Lacan*, t. I, Denoël.

VI

DE LA QUESTION DE LA PULSION À CELLE DE L'OBJET

Le concept de pulsion apparaît assez tôt chez Freud, plus précisément en 1905 dans les Trois Essais sur la théorie sexuelle. *Il constitue de plus un des concepts fondamentaux de la théorie, un concept qu'il est nécessaire d'avoir compris si l'on veut saisir les développements théoriques ultérieurs. Pourtant, ce n'est qu'en 1915 que Freud y consacre une étude systématique, étude dans laquelle il regroupe des éléments qu'il avait amenés de façon plus parcellaire antérieurement. À cette date-là, en effet, il entreprend une série d'articles concernant la métapsychologie. Le premier d'entre eux sera consacré à sa théorie des pulsions. C'est un texte qui pose nombre de questions, mais dont il faut situer d'abord toute la portée, toute la nouveauté.*

Parce que le mot allemand « Trieb » a parfois été traduit par instinct, parce que la pulsion est définie comme concept limite entre le psychique et le somatique, la théorie des pulsions a donné lieu à quelques contresens. On a cru pouvoir chercher dans la pulsion une sorte de nature primitive de l'homme, un appétit sexuel ou vital originel.

Rien de tout cela pourtant ne tient lorsqu'on va au cœur de l'article. Ce qu'on y trouve c'est une approche tout à fait nouvelle de la pulsion, approche qu'il faut bien dire grammaticale.

Dans les Trois Essais sur la théorie sexuelle, *Freud avait montré que les pulsions sexuelles ne se présentent pas d'emblée organisées au service d'une génitalité qui leur donnerait sens, génitalité dépendant d'ailleurs elle-même de la maturation biologique de la puberté. Il y a déjà chez l'enfant des pulsions partielles, comparables aux activités du pervers, qui suivent chacune leur évolution propre et ne se fondent pas nécessairement en un tout harmonieux. La nouveauté de « Pulsions et destins des pulsions »*[1] *c'est de décrire de façon rigoureuse leurs transformations, en distinguant plusieurs « destins », comme par exemple le « renversement dans le contraire » ou le « retournement sur la personne propre ». On verra, en lisant le texte, avec quelle précision Freud différencie, en ce qui concerne la transformation du sadisme en masochisme, le retournement sur la personne propre, qui devient l'objet de l'activité de violence, et le renversement, qui fait passer de l'activité à la passivité. Cela le conduit à une description de trois temps de développement de la pulsion : « a) le sadisme consiste en une activité de violence, une manifestation de puissance à l'encontre d'une autre personne prise comme objet. b) Cet objet est abandonné et remplacé par la personne propre. En même temps que le retournement sur la personne*

1. Voir *infra*, p. 146, sq.

propre, s'accomplit une transformation du but pulsionnel actif en but passif. c) De nouveau est cherché comme objet une personne étrangère, qui, en raison de la transformation de but intervenue, doit assumer le rôle du sujet. »[1]

Ayant posé ces trois temps Freud dispose d'une grille qui va lui permettre de situer les comportements pervers, mais aussi névrotiques, de l'adulte. Dans la névrose obsessionnelle, par exemple, « la transformation ne va pas au-delà du stade (b) ». « Le besoin de tourmenter devient tourment infligé à soi-même, autopunition et non masochisme. De la voix active le sujet passe non pas à la voix passive, mais à la voix moyenne réfléchie »[2]*. La pulsion, on le voit, n'a rien d'une donnée purement naturelle de la réalité humaine. Elle n'a rien d'un instinct allant de façon nécessaire vers son objet. Elle se modifie, se renverse, prend en somme les formes les plus diverses. Ce n'est pas pour autant que ces modifications soient aléatoires. Elles suivent des lois rigoureuses, semblables à celles qui ordonnent tous les comportements humains, semblables en l'occurrence aux procédés grammaticaux qui régissent nos diverses langues.*

Que reste-t-il alors de l'ancrage somatique de la pulsion ? La réponse est difficile.

Bien sûr dans son article Freud part de l'excitation corporelle, considérée en général. Il distingue ensuite entre une excitation d'origine externe et une excitation d'origine interne, cette dernière seulement étant à l'origine de ce qui est à proprement parler pulsion. Mais les premiers exemples de pulsion qu'il donne sont ceux de la faim et de la soif, qui n'appartiennent pas à la sphère des pulsions sexuelles, qui font partie pour lui des « pulsions du moi », ou « pulsions d'auto-conservation ». Or les pulsions d'auto-conservation et les pulsions sexuelles s'opposent, et cette opposition est importante. Freud, en effet a toujours évité de tomber dans un pansexualisme. L'homme n'est pas un être qui pourrait se consacrer tout entier à l'appétit sexuel, à la « libido ». Si celle-ci se trouve chez lui entravée, ou à tout le moins disciplinée, il faut supposer au niveau des pulsions elles-mêmes un dualisme, une opposition, un conflit irréductible[3].

Cette opposition n'est pas sans conséquence. Dans les Trois Essais *on pouvait avoir l'impression que la pulsion orale, au sens sexuel, s'étayait sur un besoin relatif à l'auto-conservation, en l'occurrence sur la faim. L'article de 1915 ne supprime pas, bien sûr, toute possibilité d'intrication des pulsions. Mais Freud reconnaît que « la psychanalyse, jusqu'à maintenant, n'a pu nous apporter de renseignements relativement satisfaisants que sur les pulsions sexuelles, précisément parce que, dans les psychonévroses, elle ne pouvait observer, pour ainsi dire à l'état isolé, que ce groupe de pulsions ». Cela nous conduira à spécifier la question de l'ancrage corporel de la pulsion, la question de la pulsion comme concept limite entre le somatique et le psychique.*

Dès les premières pages de son texte, Freud distingue la « poussée » d'une pulsion, son « but », son « objet » et sa « source ». Ce sont ces différentes coordonnées que

1. Voir *infra*, p. 151.
2. *Ibid*, p. 151.
3. Il est curieux de voir comment Freud peut présenter cette opposition elle-même dans le vocabulaire de la biologie. « La biologie nous enseigne que la sexualité ne saurait être mise sur le même plan que les autres fonctions de l'individu, car ses tendances dépassent l'individu et ont pour fin la production de nouveaux individus, c'est-à-dire la conservation de l'espèce. Elle nous montre en outre que deux conceptions du rapport entre le moi et la sexualité se côtoient, également justifiées ; selon l'une l'individu est l'essentiel : la sexualité est alors tenue pour une de ses activités, la satisfaction sexuelle pour un de ses besoins ; selon l'autre l'individu est un appendice temporaire et passager du plasma germinatif, quasi immortel qui lui a été confié par la génération. » (S. Freud, « Pulsions et destins des pulsions », *in* Métapsychologie, Gallimard, 1986, p. 23).

nous pouvons à présent envisager. Nous les reprendrons ici à partir d'un commentaire que Lacan en a proposé en 1964[1]. *Ce commentaire donnera idée de la façon dont un texte de Freud peut être repris, relu à travers les développements ultérieurs de l'expérience, bref, remis au travail.*

La poussée d'une pulsion, pour Freud, c'est « le facteur moteur de celle-ci, la somme de force ou la mesure d'exigence de travail qu'elle représente »[2]. *La poussée renvoie ainsi au point de vue économique. Lacan, en 1964, reprenant cette notion, insistera sur le fait que la poussée de la pulsion, qui n'est pas provoquée par l'extérieur, doit être conçue comme une force constante. Or « la constance de la poussée interdit toute assimilation de la pulsion à une fonction biologique, laquelle a toujours un rythme »*[3].

Voyons le but, à présent. « Le but d'une pulsion est toujours, dit Freud, la satisfaction. »[4] *Celle-ci, conformément au principe de plaisir, suppose la suppression de « l'état d'excitation à la source de la pulsion ». « Mais, ajoute-t-il, quoique ce but final reste invariable pour chaque pulsion, diverses voies peuvent mener au même but final* [...] *différents buts peuvent s'offrir pour une pulsion ; ces buts se combinent ou s'échangent les uns avec les autres ». Ainsi Freud relève, à partir de sa pratique, que des activités apparemment très désexualisées, comme les activités artistiques peuvent donner une issue à la force pulsionnelle sexuelle : c'est la sublimation. D'une certaine façon, c'est là un des apports principaux du concept de pulsion. Il permet de poser un substratum commun pour des aspects différents de la réalité humaine, comportements pervers, symptômes névrotiques, ou encore, par exemple, valeurs morales. Lacan reprendra cela avec force dans son séminaire : « Pour l'instant je ne baise pas, je vous parle, eh bien je peux avoir exactement la même satisfaction que si je baisais »*[5]. *C'est souligner combien la conception psychanalytique de la libido est distincte des représentations traditionnelles de la sexualité humaine.*

Venons-en maintenant à la question de la source avant d'aborder celle de l'objet. Si la pulsion doit conserver tout de même un ancrage biologique, ce doit être évidemment au niveau de sa « source », si l'on entend par là « le processus somatique qui est localisé dans un organe ou une partie du corps et dont l'excitation est représentée dans la vie psychique par la pulsion »[6]. *Il faut cependant noter que tout organe ou toute partie du corps n'a pas une chance égale d'accéder au statut de source de la pulsion. Ce que nous pouvons relever avec Lacan, c'est que la pulsion orale concerne la bouche plutôt que l'œsophage ou l'estomac, soit une partie du corps qui a une structure de bord, ainsi d'ailleurs que la marge de l'anus. Si le corps est bien en jeu dans la pulsion ce n'est pas dans sa réalité globale, mais pas davantage dans le fonctionnement global d'un organe ou d'un système. La pulsion procède plutôt de ce qui découpe le corps. Elle ne représente que partiellement, ou « partialement » la fonction physiologique*[7].

1. Commentaire issu du séminaire de 1963-1964 sur *les Concepts fondamentaux de la psychanalyse*, Le Seuil, 1973.
2. Voir *infra*, p. 148.
3. J. Lacan, *op. cit.*, p. 150.
4. Voir *infra*, p. 149.
5. J. Lacan, *op. cit.*, p. 151.
6. Voir *infra*, p. 149.
7. On pourra se reporter là-dessus à un passage de « Subversion du sujet et dialectique du désir dans l'inconscient freudien », in *Écrits*, p. 817, qui articule cette question de la « source » de la pulsion avec celle de l'objet, à laquelle nous en venons : « La délimitation même de la "zone érogène" que la pulsion isole du métabolisme de la fonction [...] est le fait d'une coupure qui trouve faveur du trait anatomique d'une marge ou d'un bord : lèvres, "enclos des dents", marge de l'anus, sillon pénien, vagin, fente palpébrale [...]. Observons

Nous avons réservé pour la fin la question de l'objet, parce qu'elle peut introduire directement, à partir du texte freudien, un des concepts les plus importants de la psychanalyse contemporaine.

On peut d'abord relever que le fait qu'il faille distinguer le but de la pulsion (la satisfaction) de son objet montre bien qu'il n'est pas essentiel à la pulsion d'atteindre dans sa réalité concrète un objet particulier. Cela conduit à deux idées.

D'une part, comme le dit Freud, « l'objet est ce qu'il y a de plus variable dans la pulsion »[1]*. La psychanalyse montre combien un intérêt ou un attachement peut facilement se reconvertir en un autre, combien un objet que l'on croyait essentiel peut finalement se révéler indifférent.*

Mais surtout, si l'objet n'a pas, par nature, telles ou telles caractéristiques concrètes, s'il ne se confond pas, en particulier, avec un objet biologiquement satisfaisant, c'est la définition même de l'objet qui se trouve changée. La pulsion orale, en tant que pulsion sexuelle, ne vise pas la nourriture. Elle concerne un objet qui ne se réduit à aucun des objets concrets qui se substituent l'un à l'autre, et qui ont plutôt fonction de leurres : elle vise ainsi un objet qui ne peut que manquer. Cet objet, Lacan l'appelle objet petit a. « L'objet petit a, dit-il le 13 mai 1964, [...] n'est pas introduit au titre de la primitive nourriture, il est introduit de ce fait qu'aucune nourriture ne satisfera jamais la pulsion orale, si ce n'est à contourner l'objet éternellement manquant[2] *».*

Ce type de formulation étonne-t-il ? Pourtant il s'accorde avec ce que l'on peut concevoir de la pulsion à partir de la théorie de l'Œdipe. Si l'on voit dans la personne de la mère l'objet primitivement perdu, si par ailleurs toute la sexualité humaine se constitue à partir de cette perte et de l'interdit qui la cause, si l'objet est par définition hors d'atteinte, la pulsion ne pourra jamais, au mieux, qu'en faire le tour.

Nous reviendrons sur cette question de l'objet petit a qui doit aussi se concevoir dans son rapport au désir, ou encore au fantasme. Mais il faudra revenir aussi sur la question de la pulsion sexuelle : si la lecture de Pulsions et destins des pulsions *que nous proposons avec Lacan est cohérente, ce texte donne à la sexualité une coloration très particulière dont la portée apparaîtra mieux à partir de la présentation de la pulsion de mort.*

Pulsions et destins des pulsions

(1915)

SIGMUND FREUD

Comme l'Inconscient *(voir* supra, *p. 81),* Pulsions et destins des pulsions *fait partie des textes regroupés sous le titre* Métapsychologie.

Les traducteurs ont choisi le mot « pulsion » pour traduire le terme allemand « Trieb ». « Instinct » en effet ne convient pas. L'instinct est un comportement fixé par

que ce trait de la coupure n'est pas moins évidemment prévalant dans l'objet que décrit la théorie analytique : mamelon, scybale, phallus [...], flot urinaire [...]. Car ne voit-on pas que le trait : partiel, à juste titre souligné dans les objets, ne s'applique pas à ce qu'ils soient parties d'un objet total qui serait le corps, mais à ce qu'ils ne représentent que partialement la fonction qui les produit. »

1. Voir *infra*, p.149.

2. J. Lacan, Séminaire XI, *les Quatre Concepts fondamentaux de la psychanalyse*, Seuil, p. 164.

l'hérédité, et présent chez tous les individus d'une même espèce. Ce n'est pas de cela qu'il s'agit chez Freud, qui insiste au contraire sur la plasticité de la pulsion, sa capacité à viser les objets les plus divers.

Le concept de pulsion apparaît dans les textes freudiens en 1905, dans les Trois Essais sur la théorie sexuelle, *où il a déjà une place importante. En revanche ce n'est que dans l'article de 1915 que Freud regroupe les éléments constitutifs d'une pulsion (poussée, source, objet, but), ce qui lui permet d'en proposer une description totalement élaborée.*

Source : S. Freud, « Trieb und Triebschicksale », G.W., X ; traduction française (J. Laplanche et J.B. Pontalis) « Pulsions et destins des pulsions » in *Métapsychologie*, Gallimard, 1988.

Nous avons maintenant acquis du matériel pour distinguer l'excitation pulsionnelle des autres sortes d'excitations (physiologiques) qui agissent sur le psychique. Premièrement, l'excitation pulsionnelle ne provient pas du monde extérieur, mais de l'intérieur de l'organisme lui-même. C'est pourquoi elle agit aussi de manière différente sur le psychique et exige, pour être éliminée, d'autres actions. En second lieu : on a dit l'essentiel au sujet de l'excitation lorsque l'on a admis qu'elle agit comme un impact unique ; elle peut alors être supprimée aussi par une unique action appropriée, dont il faut voir le type dans la fuite motrice devant la source d'excitations. Naturellement ces impacts peuvent se répéter et s'additionner, mais cela ne change rien à la conception du processus et aux conditions de la suppression de l'excitation. La pulsion, au contraire, n'agit jamais comme une *force d'impact momentanée* mais toujours comme une force *constante*. Et comme elle n'attaque pas de l'extérieur mais de l'intérieur du corps, il n'y a pas de fuite qui puisse servir contre elle. Il existe un meilleur terme que celui d'excitation pulsionnelle : celui de « besoin » ; ce qui supprime ce besoin, c'est la « *satisfaction* ». Elle ne peut être obtenue que par une modification conforme au but visé (adéquate) de la source interne d'excitation.

Plaçons-nous dans la situation d'un être vivant qui se trouve dans une détresse presque totale, qui n'est pas encore orienté dans le monde et qui reçoit des excitations dans sa substance nerveuse. Cet être sera très rapidement en mesure d'effectuer une première distinction et de parvenir à une première orientation. D'une part, il sentira des excitations auxquelles il peut se soustraire par une action musculaire (fuite) : ces excitations, il les met au compte d'un monde extérieur ; mais, d'autre part, il sentira aussi des excitations contre lesquelles une telle action demeure vaine et qui conservent, malgré cette action, leur caractère de poussée constante ; ces excitations sont l'indice d'un monde intérieur, la preuve des besoins pulsionnels. La substance perceptive de l'être vivant aura ainsi acquis, dans l'efficacité de son activité musculaire, un point d'appui pour séparer un « dehors » d'un « dedans ».

Nous découvrons donc l'essence de la pulsion d'abord dans ses caractères principaux : origine dans des sources d'excitation à l'intérieur de l'organisme, manifestation comme force constante ; nous en déduisons un de ses autres caractères : impossibilité d'en venir à bout par des actions de fuite. Mais, au cours de cette discussion, quelque chose n'a pu manquer de nous frapper qui nous force à un aveu supplémentaire. Nous n'appliquons pas seulement à notre matériel d'expérience certaines conventions, sous la forme de concepts fondamentaux, mais nous nous servons aussi de mainte *présupposition* compliquée pour nous guider dans l'élaboration du monde des phénomènes psychologiques. Nous avons déjà fait intervenir la plus importante de ces présuppositions ; il ne nous reste plus qu'à la mettre explicitement en évidence. Elle est de nature *biologique*, elle opère avec le concept de tendance (éventuellement celui d'adaptation) et s'énonce ainsi : le système nerveux est un appareil auquel est impartie la fonction d'écarter les excitations à chaque fois qu'elles l'atteignent, de les ramener à un niveau aussi bas que possible ; il voudrait même, si seulement cela était faisable, se maintenir rigoureusement dans un état de non-excitation. Ne nous laissons pas arrêter, pour le moment, par l'indétermination de cette idée et attribuons au système nerveux, en termes généraux, la tâche *de maîtriser les excitations*. Nous voyons alors combien l'introduction des pulsions complique le schéma physiologique simple du réflexe. Les excitations externes n'imposent qu'une seule tâche : se soustraire à elles, ce qui se fait par des mouvements musculaires dont l'un finit par atteindre le but ; ce mouvement, étant le plus approprié, deviendra par la suite une disposition héréditaire. les excitations pulsionnelles, qui ont leur origine à l'intérieur de l'organisme, ne peuvent être liquidées par ce mécanisme. Elles soumettent donc le système nerveux à des exigences beaucoup plus élevées, elles l'incitent à des activités compliquées, engrenées les unes dans les autres, qui apportent au monde extérieur ce qu'il faut de modifications pour satisfaire la source interne des excitations ; elles le forcent avant tout à renoncer à son intention idéale de tenir à l'écart l'excitation, puisqu'elles entretiennent un afflux d'excitations inévitable et continu. Nous pouvons donc bien conclure que ce sont elles, les pulsions, et non pas les excitations externes, qui sont les véritables moteurs des progrès qui ont porté le système nerveux, avec toutes ses potentialités illimitées, au degré actuel de son développement. Naturellement, rien ne nous empêche d'admettre que les pulsions elles-mêmes, du moins pour une part, sont des sédimentations d'effets de l'excitation externe qui, au cours de la phylogenèse, ont agi sur la substance vivante et l'ont modifiée.

Lorsque, ensuite, nous constatons que l'activité des appareils psychiques les plus développés, est également soumise au *principe de plaisir*, à savoir, est réglée automatiquement par les sensations de la série plaisir-déplaisir, nous pouvons difficilement refuser une nouvelle présupposition : ces sensations reproduisent le processus de maîtrise des excitations. En ce sens, assurément, que la sensation de déplaisir est en rapport avec un accroissement de l'excitation, et la sensation de plaisir avec une diminution de celle-ci. Nous tenons néanmoins à maintenir le caractère hautement indéterminé de cette hypothèse, tant que nous n'aurons pas réussi à déceler la nature de la relation entre plaisir-déplaisir et les variations dans les quantités d'excitation qui agissent sur la vie psychique. On peut assurément imaginer toutes sortes de relations, et des relations qui seraient assez complexes.

Si, en nous plaçant d'un point de vue biologique, nous considérons maintenant la vie psychique, le concept de « pulsion » nous apparaît comme un concept limite entre le psychique et le somatique, comme le représentant psychique des excitations, issues de l'intérieur du corps et parvenant au psychisme, comme une mesure de l'exigence de travail qui est imposée au psychique en conséquence de sa liaison au corporel.

Nous pouvons maintenant discuter quelques termes qui sont utilisés en rapport avec le concept de pulsion, comme : poussée, but, objet, source de pulsion.

Par *poussée* d'une pulsion on entend le facteur moteur de celle-ci, la somme de force ou la mesure d'exigence de travail qu'elle représente. Le caractère « poussant » est une propriété générale des pulsions, et même l'essence de celles-ci. Toute pulsion est un morceau d'activité ; quand on parle, d'une façon relâchée, de pulsions passives, on ne peut rien vouloir dire d'autre que pulsions à but passif.

Le *but* d'une pulsion est toujours la satisfaction, qui ne peut être obtenue qu'en supprimant l'état d'excitation à la source de la pulsion. Mais, quoique ce but final reste invariable pour chaque pulsion, diverses voies peuvent mener au même but final, en sorte que différents buts, plus proches ou intermédiaires, peuvent s'offrir pour une pulsion ; ces buts se combinent ou s'échangent les uns avec les autres. L'expérience nous autorise aussi à parler de pulsions « *inhibées quant au but* », dans les cas de processus pour lesquels une certaine progression dans la voie de la satisfaction pulsionnelle est tolérée, mais qui, ensuite, subissent une inhibition ou une dérivation. On peut supposer que même de tels processus ne vont pas sans une satisfaction partielle.

L'*objet* de la pulsion est ce en quoi ou par quoi la pulsion peut atteindre son but. Il est ce qu'il y a de plus variable dans la pulsion, il ne lui est pas originairement lié : mais ce n'est qu'en raison de son aptitude particulière à rendre possible la satisfaction qu'il est adjoint. Ce n'est pas nécessairement un objet étranger, mais c'est tout aussi bien une partie du corps propre. Il peut être remplacé à volonté tout au long des destins que connaît la pulsion ; c'est à ce déplacement de la pulsion que revient le rôle le plus important. Il peut arriver que le même objet serve simultanément à la satisfaction de plusieurs pulsions : c'est le cas de ce qu'Alfred Adler appelle l'*entrecroisement des pulsions*. Lorsque la liaison de la pulsion à l'objet est particulièrement intime, nous la distinguons par le terme de *fixation*. Elle se réalise souvent dans les périodes du tout début du développement de la pulsion et met fin à la mobilité de celle-ci en résistant intensément à toute dissolution.

Par *source* de la pulsion, on entend le processus somatique qui est localisé dans un organe ou une partie du corps et dont l'excitation est représentée dans la vie psychique par la pulsion. Nous ne savons pas si ce processus est régulièrement de nature chimique ou s'il peut aussi correspondre à une libération d'autres forces, mécaniques par exemple. L'étude des sources pulsionnelles déborde le champ de la psychologie ; bien que le fait d'être issu de la source somatique soit l'élément absolument déterminant pour la pulsion, elle ne nous est connue, dans la vie psychique, que par ses buts. Étant donné ce que se propose la recherche psychologique, une connaissance plus exacte des sources pulsionnelles n'est pas rigoureusement indispensable. Parfois on peut remonter avec certitude des buts de la pulsion à ses sources.

Devons-nous admettre que les différentes pulsions issues du corporel et agissant sur le psychique se distinguent aussi par des qualités différentes et que c'est pour cette raison qu'elles se comportent dans la vie psychique d'une façon qualitativement différente ? Cela ne semble pas justifié ; il nous suffit plutôt d'admettre simplement que les pulsions sont toutes semblables qualitativement et doivent leur effet uniquement aux quantités d'excitation qu'elles portent, et peut-être aussi à certaines fonctions de cette quantité. Ce qui distingue les unes des autres les opérations psychiques des diverses pulsions se laisse ramener à la différence des sources pulsionnelles. En tout cas, ce n'est que dans un autre contexte que nous pourrons ultérieurement élucider la signification du problème de la qualité des pulsions.

Combien peut-on proposer de pulsions ? et lesquelles ? Ici, de toute évidence, l'arbitraire a le champ libre. On ne peut rien objecter à celui qui emploie le concept d'une pulsion de jeu, d'une pulsion de destruction, d'une pulsion grégaire quand l'objet l'exige et qu'on reste dans les limites de l'analyse psychologique. Mais on ne devrait pas négliger de se demander si ces motivations pulsionnelles, si spécialisées en un sens, n'admettent pas une dissection plus poussée en direction des sources pulsionnelles, en sorte que seules les pulsions originaires insécables pourraient prétendre avoir une importance.

J'ai proposé de distinguer deux groupes de ces pulsions originaires, celui des *pulsions du moi* ou *d'auto-conservation* et celui des *pulsions sexuelles*. Mais cette distinction n'a pas l'importance d'une présupposition nécessaire comme, par exemple, l'hypothèse concernant la tendance biologique de l'appareil psychique (cf. *supra*) ; elle est une simple construction auxiliaire, qui ne sera conservée qu'aussi longtemps qu'elle s'avérera utile et qui pourra être remplacée par une autre sans que cela change grand-chose aux résultats de notre travail de description et de mise en ordre des faits. Le motif de cette distinction se trouve dans l'histoire du développement de la psychanalyse, qui a pris comme premier objet les psychonévroses, ou, plus exactement, parmi celles-ci, le groupe que l'on peut désigner comme « névroses de transfert » (hystérie et névrose obsessionnelle) : elles ont permis de comprendre qu'à la racine de toute affection de ce genre on doit trouver un conflit entre les revendications de la sexualité et celles du moi. Il est toujours possible qu'une étude approfondie des autres affections névrotiques (surtout des psychonévroses narcissiques : les schizophrénies) nous oblige à changer cette formule et, en même temps, à grouper autrement les pulsions originaires. Mais pour l'instant nous ne connaissons pas cette nouvelle formule et nous n'avons même pas d'argument qui viendrait contredire notre opposition entre pulsions du moi et pulsions sexuelles. [...]

Quels destins les pulsions peuvent-elles connaître au cours du développement et de la vie ? Nous devons limiter cette investigation aux pulsions sexuelles, qui nous sont mieux connues. L'observation nous apprend que les destins des pulsions sont les suivants :

Le renversement dans le contraire.
Le retournement sur la personne propre.
Le refoulement.
La sublimation.

Comme je n'ai pas l'intention de traiter ici de la sublimation et que d'autre part le refoulement exige un chapitre particulier, il ne nous reste qu'à décrire et discuter les deux premiers points. Si l'on tient compte des motifs dont l'action s'oppose à ce que les pulsions suivent leur voie de façon directe, on peut aussi présenter les destins pulsionnels comme des modes de la *défense* contre les pulsions.

Le renversement dans le contraire, à y regarder de plus près, se résout en deux processus différents : le *retournement* d'une pulsion *de l'activité à la passivité* et *le renversement du contenu*. Les deux processus, étant essentiellement différents, doivent être traités séparément.

Des exemples du premier processus sont fournis par les couples d'opposés sadisme-masochisme et voyeurisme-exhibitionnisme. Le renversement ne concerne que les *buts* de la pulsion ; le but actif : tourmenter, regarder est remplacé par le but passif : être tourmenté, être regardé. Le renversement du contenu ne se trouve que dans un cas : la transformation de l'amour en haine.

Le retournement sur la personne propre se laisse mieux saisir dès que l'on considère que le masochisme est précisément un sadisme retourné sur le moi propre et que l'exhibition inclut le fait de regarder son propre corps. L'observation analytique ne laisse aucun doute sur ce point : le masochiste jouit, lui aussi, de la fureur dirigée sur sa propre personne, l'exhibitionniste partage la jouissance de celui qui le regarde se dénuder. L'essentiel dans le processus est donc le changement de l'*objet,* le but demeurant inchangé.

Il ne peut cependant nous échapper que retournement sur la personne propre et retournement de l'activité à la passivité, dans ces exemples, se rejoignent ou se confondent. Pour élucider ces relations, une recherche plus approfondie est indispensable.

Pour le couple d'opposés sadisme-masochisme, on peut représenter le processus de la manière suivante :

a) Le sadisme consiste en une activité de violence, une manifestation de puissance à l'encontre d'une autre personne prise comme objet.

b) Cet objet est abandonné et remplacé par la personne propre. En même temps que le retournement sur la personne propre, s'accomplit une transformation du but pulsionnel actif en but passif.

c) De nouveau est cherchée comme objet une personne étrangère, qui, en raison de la transformation de but intervenue, doit assumer le rôle du sujet.

Le cas (*c*) est ce qu'on appelle communément masochisme. La satisfaction passe, également dans ce cas, par la voie du sadisme originaire, dans la mesure où le moi passif reprend, sur le mode fantasmatique, sa place antérieure, qui est maintenant cédée au sujet étranger. Qu'il existe aussi une satisfaction masochiste plus directe, c'est ce qui est on ne peut plus douteux. Un masochisme originaire qui ne serait pas issu du sadisme, de la façon que j'ai décrite, semble ne pas se rencontrer[1]. L'hypothèse du stade (*b*) n'est pas superflue si on la rapporte au comportement de la pulsion sadique dans la névrose obsessionnelle. On y trouve le retournement sur la personne propre sans qu'il y ait passivité vis-à-vis d'une autre personne. La transformation ne va pas au-delà du stade (*b*). Le besoin de tourmenter devient tourment infligé à soi-même, autopunition et non masochisme. De la voix active le verbe passe non pas à la voix passive mais à la voix moyenne réfléchie.

Pour concevoir le sadisme, on se heurte également à cette circonstance : cette pulsion semble, à côté de son but général (ou, pour mieux dire peut-être : à l'intérieur de celui-ci), poursuivre une action commandée par un but tout à fait spécial. Il faut humilier, dominer, mais aussi infliger de la douleur. Or la psychanalyse semble montrer qu'infliger de la douleur ne joue aucun rôle dans les buts originairement poursuivis par la pulsion. Pour l'enfant sadique, infliger de la douleur n'entre pas en ligne de compte, ce n'est pas ce qu'il vise. Mais, une fois que la transformation en masochisme s'est accomplie, les douleurs se prêtent parfaitement à fournir un but passif masochiste ; nous avons en effet toutes raisons d'admettre que les sensations de douleur, comme d'autres sensations de déplaisir, débordent sur le domaine de l'excitation sexuelle et provoquent un état de plaisir ; voilà pourquoi on peut aussi consentir au déplaisir de la douleur. Une fois qu'éprouver de la douleur est devenu un but masochiste, le but sadique, infliger des douleurs, peut aussi apparaître, rétroactivement : alors, provoquant ces douleurs pour d'autres, on jouit soi-même de

1. [Addition de 1924.] Dans des travaux ultérieurs (voir : *Le problème économique du masochisme*, 1924) j'ai soutenu, en ce qui concerne les problèmes de la vie pulsionnelle, une thèse opposée.

façon masochiste dans l'identification avec l'objet souffrant. Naturellement, on jouit, dans les deux cas, non de la douleur elle-même, mais de l'excitation sexuelle qui l'accompagne, ce qui est particulièrement commode dans la position de sadique. Jouir de la douleur serait donc un but originairement masochiste, mais qui ne peut devenir un but pulsionnel que chez celui qui est originairement sadique.

J'ajouterai, dans le souci d'être complet, que la *pitié* ne saurait être décrite comme un résultat de la transformation pulsionnelle au sein du sadisme, mais exige la notion de *formation réactionnelle* contre la pulsion.

Des résultats assez différents et plus simples nous sont fournis par l'étude d'un autre couple d'opposés : les pulsions qui ont pour but regarder et se montrer (voyeur et exhibitionniste dans le langage des perversions). Ici aussi on peut proposer les mêmes stades que dans le cas précédent :

a) Regarder, comme *activité* dirigée sur un objet étranger.
b) Abandon de l'objet, retournement de la pulsion de regarder sur une partie du corps propre ; en même temps : renversement en passivité et instauration d'un nouveau but : être regardé.
c) Introduction d'un nouveau sujet auquel on se montre pour être regardé par lui.

Il n'est guère douteux, ici aussi, que le but actif apparaît avant le but passif, que le regarder précède l'être regardé. Mais il y a une différence importante par rapport au sadisme : pour la pulsion de regarder, on découvre un stade encore antérieur à celui décrit sous (*a*). La pulsion de regarder est en effet, au début de son activité, auto-érotique ; elle a bien un objet, mais elle le trouve dans le corps propre. C'est plus tard seulement qu'elle est conduite (par la voie de la comparaison) à échanger cet objet avec un objet analogue du corps étranger (stade *a*). Or ce stade préliminaire est intéressant en ce que c'est de lui que proviennent les deux situations du couple d'opposés résultant, selon que le changement est entrepris à l'un ou l'autre endroit. On pourrait proposer ce schéma pour la pulsion de regarder :

α) Regarder soi-même un membre sexuel :	= membre sexuel être regardé par la personne propre
β) Regarder soi-même objet étranger (plaisir de regarder actif)	γ) objet propre être regardé par personne étrangère (plaisir de montrer, exhibition)

Un tel stade préliminaire manque dans le cas du sadisme, qui, d'emblée, se dirige sur un objet étranger ; pourtant il ne serait pas, à proprement parler, absurde de le construire à partir des efforts de l'enfant voulant se rendre maître de ses propres membres[1].

En ce qui concerne les deux exemples de pulsions ici considérés, on peut remarquer que la transformation de la pulsion par le renversement de l'activité en passivité et le retournement sur la personne propre ne portent jamais, à strictement parler, sur tout le quantum de la motion pulsionnelle. La première direction, active, persiste, dans une certaine proportion, à côté de la seconde, passive, même quand le processus de

1. Voir la note p. 151. (Note ajoutée en 1924.)

transformation de la pulsion est très largement accompli. L'unique énoncé correct sur la pulsion de regarder devrait être : tous les stades de développement de la pulsion, le stade préliminaire auto-érotique aussi bien que les formations finales active et passive, persistent l'un à côté de l'autre ; ce que nous avançons là devient évident si nous nous fondons, non plus sur les actions auxquelles conduit la pulsion, mais sur le mécanisme de la satisfaction. D'ailleurs, il est peut-être légitime de concevoir et de présenter les choses d'une autre façon encore. On pourrait décomposer la vie de toute pulsion en vagues isolées, séparées dans le temps, homogènes à l'intérieur d'une unité donnée de temps et ayant entre elles à peu près le même rapport que des éruptions successives de lave. On peut alors se représenter approximativement les choses ainsi : l'éruption pulsionnelle première, la plus originaire, se perpétuerait sans changement et ne subirait absolument aucun développement. Une vague suivante serait soumise, dès le début, à une modification, par exemple le retournement en passivité, et s'ajouterait alors, avec ce nouveau caractère, à la vague antérieure et ainsi de suite. Si l'on jette ensuite un regard d'ensemble sur la motion pulsionnelle, depuis son début jusqu'à un point d'arrêt donné, la succession de vagues qui vient d'être décrite ne peut que fournir l'image d'un développement déterminé de la pulsion. [...]

Les quatre concepts fondamentaux de la psychanalyse

(1964)

JACQUES LACAN

Comme Fonction et Champ de la parole et du langage en psychanalyse, *le séminaire sur les quatre concepts fondamentaux de la psychanalyse peut être replacé dans un contexte historique, institutionnel. Après la scission de 1953, la Société française de psychanalyse a été considérée comme ne faisant plus partie de l'Association internationale de psychanalyse, de l'I.P.A. S'appuyant sur un travail considérable mis en place en six ans, elle a reformulé, en 1959, une demande d'adhésion. Celle-ci a suscité une enquête de l'I.P.A. qui fixe finalement une série de conditions : l'instance internationale rappelle, de façon administrative, sa conception standardisée de l'analyse didactique, conception où le nombre des séances, leur durée, leur articulation à l'enseignement théorique sont réglés de façon formelle ; mais surtout elle exige la mise à l'écart de Françoise Dolto et de Jacques Lacan, estimés ne pas pouvoir se plier à ces règles. Lorsqu'en novembre 1963 les négociations poursuivies aussi loin que possible, notamment par Serge Leclaire, se révèlent stériles, il est temps pour chacun de prendre position. Une partie de la S.F.P., avec notamment Daniel Lagache, choisit l'I.P.A. et abandonne Lacan. Celui-ci fonde, le 21 juin 1964, l'E.F.P., l'École française de psychanalyse, qui sera ensuite appelée École freudienne de Paris.*

Durant cette année de troubles institutionnels, Lacan n'est pas resté inactif sur le plan théorique. Il a annoncé, le 20 novembre, qu'il arrêtait son séminaire, qui devait cette année-là être consacré aux « Noms du Père ». Mais il reprend son enseignement dès le 15 janvier 1964, en évoquant, à propos de son exclusion, l'excommunication (le « kherem ») de Spinoza, son bannissement de la synagogue, qui avait été assorti du « chammata », associant à l'excommunication la condition de l'impossibilité d'un retour.

*L'enseignement, cette année-là, articule essentiellement des questions portant sur l'*inconscient, *défini comme effet de signifiant et structuré comme un langage, sur la* répétition, *sur le transfert envisagé comme temps de fermeture lié à la tromperie de l'amour, enfin sur la* pulsion, *que Lacan aborde plus directement et plus complètement qu'il ne l'a fait jusqu'alors. C'est sur la pulsion que porte le chapitre* XIII *(leçon du 6 mai 1964).*

Nous avons montré plus haut la portée qu'a le commentaire lacanien pour concevoir de façon plus nette l'orientation de la théorie freudienne des pulsions. Le lecteur verra aussi dans cette leçon à quelles interrogations Lacan en vient quant à la visée de la cure. « L'objet de la pulsion, *dit-il,* le sujet ne peut qu'en faire le tour. » *Il y a ici quelque chose d'inaccessible, dont chacun doit s'arranger. Par ailleurs* « les patients ne se satisfont pas, comme on dit, de ce qu'ils sont » *:*

« [...] Et pourtant, nous savons que tout ce qu'ils sont, tout ce qu'ils vivent, leurs symptômes mêmes, relève de la satisfaction. Ils ne se contentent pas de leur état, mais quand même, en étant dans cet état si peu contentatif, ils se contentent. Toute la question est justement de savoir qu'est-ce que c'est que ce *se* qui est là contenté.[...] »

Comment alors se justifie l'intervention psychanalytique ? « Disons, *indique Lacan*, que pour cette sorte de satisfaction, ils se donnent trop de mal. Jusqu'à un certain point, c'est ce *trop de mal* qui est la seule justification de notre intervention. »

Et il poursuit :

« [...] Ce que nous avons devant nous en analyse, c'est un système où tout s'arrange, et qui atteint sa sorte propre de satisfaction. Si nous nous en mêlons, c'est dans la mesure où nous pensons qu'il y a d'autres voies, plus courtes par exemple. En tout cas, si nous nous référons à la pulsion, c'est dans la mesure où c'est au niveau de la pulsion que l'état de satisfaction est à rectifier. [...]. »

En 1963-1964, les séminaires, pour la première fois, ont eu lieu à l'École normale supérieure, et cela a coïncidé avec un net élargissement de l'audience lacanienne.

Source : J. Lacan, le Séminaire, XI, *les Quatre Concepts fondamentaux de la psychanalyse*, Seuil, 1973.

Bibliographie : *Le Trimestre psychanalytique*, publication de l'Association freudienne, 1990, n° 1, *l'Oralité.*

VII

QUI EST PSYCHANALYSTE ?

Pour qui la considère aujourd'hui de l'extérieur, l'histoire du mouvement psychanalytique apparaît comme une succession d'affrontements violents, de scissions et d'exclusions. On pourrait s'étonner que des praticiens compétents, doublés de théoriciens souvent profonds, en viennent à de tels conflits. Il n'est pourtant pas difficile de saisir que la pratique même de la psychanalyse amène chacun à se déprendre des représentations idéalisées des motivations humaines et à renoncer au masque illusoire d'une sagesse qui viendrait recouvrir désirs et pulsions. Sans doute aussi les analystes sont-ils d'autant plus attachés à défendre, même violemment, leurs choix théoriques qu'ils sont confrontés, plus que d'autres, à cette absence de garantie qu'il y a dans tout choix humain, à ce fait structural que nulle harmonie préétablie ne peut faire coïncider le désir avec son objet. Dans cette élaboration sans cesse reprise où ils doivent inventer leur chemin, ils ne peuvent le plus souvent se déterminer qu'en s'opposant à ce que d'autres, avant eux ou parallèlement, peuvent instaurer.

Tout cela était déjà vrai dans les premières années du siècle. Mais il y avait alors quelque chose de plus : la psychanalyse, jeune encore, pouvait apparaître plus fragile. C'est du moins le sentiment que l'on a en lisant le texte de Freud Sur l'histoire du mouvement psychanalytique[1]. *Freud n'est pas du tout assuré que sa doctrine pourra se maintenir dans sa forme la plus authentique. Il est trop conscient de ce qui apparaît comme une sorte de résistance culturelle à la psychanalyse. Aussi préfère-t-il ne pas laisser la confusion s'instaurer sur quelques points décisifs. Si Adler d'abord, Jung ensuite développent des thèses qui risquent d'édulcorer la théorie psychanalytique (et qui d'ailleurs pourraient rassurer ceux qui s'en méfient), il vaut mieux souligner tout de suite le fait qu'elles s'y opposent. Ainsi les choix seront clairs. On sera pour ou contre la psychanalyse, mais on saura au moins pour ou contre quoi on prend position.*

*Alfred Adler, médecin viennois, né en 1870, avait rejoint Freud dès 1902, alors que celui-ci était particulièrement isolé. Il joua un rôle important dans le petit groupe qui se réunit chez Freud à partir de cette date, la Société psychologique du mercredi, puis à partir d'avril 1908, lorsqu'elle fut constituée, dans la Société psychanalytique de Vienne[2]. Il en fut élu président en 1910, au moment de la constitution de l'*Association Internationale, *sur la proposition de Freud. Il fut aussi nommé rédacteur en chef d'une des deux revues psychanalytiques de l'époque, le* Zentralblatt für psycho-analysis.

1. S. Freud, *Sur l'histoire du mouvement psychanalytique*, Gallimard, 1991, voir *infra*, p. 177, sq.

*Lorsque les désaccords devinrent trop importants, Freud demanda à Adler de renoncer à ses responsabilités. Celui-ci quitta l'*Association psychanalytique internationale *en octobre 1911 et fonda (« avec un goût parfait », relève Freud) la « Société pour une psychanalyse* libre *» (Verein für* freie *Psychoanalyse). Plus tard il renonça à toute prétention à inscrire sa doctrine dans le champ psychanalytique et adopta la dénomination de « psychologie individuelle ».*

Comment caractériser les divergences adlériennes ? Elles sont considérables, même si elles n'apparaissent que peu à peu, entre l'année 1907 et l'année 1911. Durant toute cette période, Adler fait de nombreuses communications devant le groupe viennois[1] *et c'est à la suite d'un long débat de fond, qui occupa quatre séances en janvier et février 1911, que les désaccords finirent par déboucher sur une rupture.*

Adler part d'une thèse fondamentale qu'il développe dans un ouvrage de 1907, la Compensation psychique de l'état d'infériorité des organes[2]. *Selon lui, les différents organes et appareils du corps humain sont d'inégales valeurs. Chez certains individus notamment, « l'infériorité » importante d'un organe s'accompagne de manifestations morbides centrées sur cet organe. Cet état d'infériorité étant souvent héréditaire, on trouvera alors chez plusieurs membres de la même famille des affections organiques localisées sur un même organe ; cancer du rein chez l'un, lithiase rénale chez l'autre, énurésie chez un troisième. Or, s'il est médicalement connu qu'il y a le plus souvent, au niveau du corps, tentative de compensation de l'organe défaillant (après ablation d'un rein le second effectue le travail qu'ils faisaient tous deux jusque-là), Adler y ajoute cette idée originale selon laquelle au niveau de la « superstructure psychique » il y a également tentative de compensation. Mieux, c'est à partir de cette tentative de compensation qu'il faut comprendre les phénomènes psychologiques les plus importants, des manifestations du génie à celles de la névrose. Adler faisait valoir que Beethoven était sourd, que Mozart avait les oreilles mal formées, que Schumann avait souffert d'hallucinations auditives. Mais, parallèlement à des cas de ce genre où il y a une sorte de plus-value compensatrice, dans de très nombreuses situations, du fait de l'insuffisance trop grande de l'organe, du fait aussi de la « contrainte de la vie et de la civilisation », « le processus compensateur s'arrête à mi-chemin ». À ce moment-là, la tension accumulée sur l'organe déficient s'accompagne d'une tension psychique non moins importante : voilà l'origine de la névrose.*

Freud accueillit d'abord assez favorablement l'idée d'une tentative de compensation de ce que le sujet pouvait vivre comme « infériorité ». Mais les conceptions qui accompagnaient cette thèse ne pouvaient qu'être rejetées.

On peut noter d'emblée qu'elles renvoient toujours, en dernier ressort, à des explications biologiques. Explications qui, dans le monde humain, ont toujours quelque chose d'insuffisant : il ne suffit pas d'être sourd pour être grand musicien et nombre de grands musiciens ne sont pas sourds. De même, qui ramènerait aujourd'hui les différentes manifestations du dégoût à des perturbations du « réflexe vélo-palatin » ?

Les termes mêmes dont Adler se sert pour présenter le « parallélisme psychophysique » sont sans doute significatifs. Il parle de « superstructure psychique ». On ne peut oublier à cet égard que, membre du parti socialiste autrichien, Adler connaissait

1. On pourra suivre les différents temps de ce débat en se reportant aux « minutes de la Société psychanalytique de Vienne », publiées sous le titre *les Premiers Psychanalystes*, tomes 1 à 3, Gallimard, 1976.
2. Voir *infra*, p. 159, sq.

l'œuvre de Marx, sur laquelle il fit un exposé à la Société psychanalytique de Vienne. Sans doute la « superstructure psychique » est-elle déterminée chez lui par une infrastructure organique, de même que, dans une certaine conception du marxisme (vraisemblablement réductrice), la superstructure idéologique n'est qu'un reflet de l'infrastructure économique.

L'extension du rôle de l'organique chez Adler se fait au détriment de celui du conflit psychique comme facteur déterminant de la névrose ; au détriment finalement de la notion même d'inconscient. Freud l'avait remarqué très tôt. Dès lors qu'elle passe de l'organique au psychique, la théorie adlérienne se présente en fait comme une psychologie du moi, un moi qui perçoit plus ou moins clairement la tâche de compensation qui est la sienne, mais qui n'est finalement jamais divisé.

On percevra bien à cet égard ce qui sépare Adler de Freud en examinant le concept de « protestation virile », dont Adler fait une des données essentielles de la vie psychique tant pour les femmes que pour les hommes. On pourrait croire que cette notion désigne quelque chose qui se rapporte à la question du sexe chez le sujet humain. Mais, en fait, Adler assimile cette protestation virile avec le désir de se trouver dans une position dominante, désir qui orienterait toute la vie psychique. Dès lors, en même temps que la connotation proprement sexuelle de ce désir tend à s'effacer, toute la dimension complexe contradictoire du désir se trouve résorbée. « Prenons, dit Freud, une des situations fondamentales du désir infantile, l'observation par l'enfant de l'acte sexuel entre adultes[1]. » Un garçon, par exemple, qui observe cela peut « se mettre à la place de l'homme actif ». Il peut aussi, en même temps, « s'identifier à la femme qui souffre cela ». Or Adler ne tient pas compte, avec sa notion de « protestation virile », de cette seconde possibilité d'identification qui accompagne pourtant souvent la première, et qui revêt la plus grande importance dans le destin névrotique. C'est qu'Adler « s'est si totalement absorbé dans la limitation jalouse du moi, qu'il ne tient compte que des motions pulsionnelles qui sont agréables au moi et favorisées par lui ; le cas de la névrose, où ces motions s'opposent au moi, se situe précisément en dehors de son horizon »[2].

En ce qui concerne Jung, il convient ici d'être plus bref, à défaut de pouvoir être beaucoup plus long. Son œuvre a marqué davantage que celle d'Adler le champ de la psychologie[3], sans doute par ce qu'elle comportait d'appel à une dimension proprement spiritualiste. On sait par exemple de quelle façon il systématise la notion de bisexualité psychique, chaque homme ayant en lui une part féminine inconsciente (« anima »), et chaque femme une part masculine inconsciente (« animus »). On connaît aussi la place qu'il donne à une notion totalement originale, celle d'inconscient collectif : selon lui on rencontre dans l'inconscient des instincts, des impulsions, des images primordiales (les « archétypes »), qui n'ont pas été acquis individuellement. Il y aurait ainsi, au-delà de notre inconscient individuel, un niveau plus profond qui constituerait notre héritage génétique commun. Mais ces deux théories ne sont bien sûr que deux des principaux piliers d'une œuvre très vaste. Le lecteur qui voudra se familiariser avec elle y découvrira un monde foisonnant d'images, de représentations, de mythes,

1. Voir *infra*, p. 179.
2. Voir *infra*, *ibid.*
3. Elle a même marqué le langage courant. Les termes « introverti » et « extraverti », dans leur usage si trivial aujourd'hui, viennent de sa théorie des types psychologiques.

d'autant que la culture très étendue de l'auteur lui permet les associations et comparaisons les plus diverses, parfois les plus surprenantes.

Et pourtant dans le cas de Jung, plus encore que dans celui d'Adler, on ne peut manquer d'éprouver à quel point sa théorie s'éloigne très vite de la psychanalyse, si du moins on consent à réserver ce nom à ce qui s'organise de façon rationnelle à partir de l'apport de Freud. En ce sens, le rapprochement entre les deux hommes et les deux démarches constitue plutôt un malentendu circonstanciel, qui demanderait à être lui-même éclairé.

Fils d'un pasteur, né en 1875, près de Bâle, Jung était, au début du siècle, l'adjoint du professeur Bleuler, célèbre pour ses travaux sur la schizophrénie, et directeur du Burghölzli, la clinique psychiatrique de l'université de Zurich. Il rencontre Freud en 1907, l'accompagne aux États-Unis en 1909, devient, sur sa proposition, président de l'Association psychanalytique internationale en 1910. Mais, dès 1914, rompant avec Freud, il renonce à cette responsabilité de tout premier plan, que Freud lui avait confiée parce qu'il voyait en lui son successeur, son fils spirituel.

On peut s'interroger sur cette confiance excessive de Freud envers Jung, on peut surtout se demander ce qui fait qu'il la lui accorde si rapidement. Freud lui-même a dit en diverses occasions qu'il avait été soulagé de rencontrer une reconnaissance provenant d'une clinique universitaire prestigieuse – et zurichoise. Sa crainte était en effet à l'époque que la psychanalyse reste confinée à l'intérieur d'un petit groupe de médecins juifs, viennois pour la plupart. Le ralliement de Jung aurait préfiguré la dimension universelle que la psychanalyse devait légitimement prendre ; il aurait témoigné de ce que, désormais, elle appartenait au fonds culturel de l'humanité. Mais il faut bien dire que cette explication n'est pas totalement convaincante, qu'elle laisse dans l'ombre la question de ce que Freud attendait de ses disciples[1].

En revanche, on saisit plus facilement autour de quoi se fit la rupture. Jung lui non plus n'avait jamais vraiment accepté le rôle donné par Freud à la sexualité. Il se refuse à reconnaître qu'elle est à l'œuvre dans toutes les constructions de la civilisation. Il tente de réintroduire une dimension spirituelle que Freud négligerait, et cela a des conséquences, bien sûr, au niveau de sa conception de la cure, au niveau des valeurs morales qu'il propose à ses patients. Mais il est intéressant de voir de quelle façon il procède par rapport aux théories freudiennes. Il prétend ne pas abandonner la théorie freudienne de la libido. À l'en croire, il lui donnerait simplement une extension plus grande. La libido se confond chez lui avec l'« instinct vital » en général, avec un « vouloir vivre »[2] *qui englobe aussi bien la sexualité proprement dite, que, par exemple, l'instinct de nutrition*[3]. *Doctrine assurément plus acceptable ! Qui se choquerait de la place donnée à la libido si celle-ci ne conserve plus sa dimension spécifiquement sexuelle ?*

Il serait intéressant de suivre de près la façon dont Freud, au moment même des conflits, mais aussi dans les années suivantes, prend en compte la portée considérable

1. Voir chapitre VII, *infra*, p. 167, sq.
2. Voir *infra*, p. 167, sq. Jung se réfère à Schopenhauer, philosophe allemand (1788-1860) selon lequel c'est la volonté ou le « vouloir vivre » qui constitue l'essence de l'homme, une volonté identifiable à la « force vitale ».
3. Voir *infra*, p. 167, sq. Jung prétend par ailleurs que Freud, dans son analyse de Schreber (voir *infra*, chapitre IX) avait dû lui-même en venir à identifier la libido avec l'ensemble de l'activité psychique. Ceci fut discuté par Ferenczi, puis par Freud lui-même en particulier dans *Pour introduire le narcissisme*.

des questions posées par Adler et Jung. Il n'est pas interdit de penser que la controverse avec Adler se trouve à l'arrière-plan de ce qui lui fait reformuler sa théorie sexuelle et la centrer plus précisément autour de la question du phallus[1]. *Si Freud, par ailleurs, est tellement attentif, au moment où les pulsions du moi semblent se confondre avec les pulsions sexuelles, à ne pas tout ramener à un seul type de pulsions*[2], *n'est-ce pas en partie parce qu'il a éprouvé, avec Jung, ce à quoi un tel monisme pouvait conduire ? Il est vrai qu'il y a sans doute d'emblée chez Freud une option méthodologique essentielle. Comme toute démarche rationnelle, la psychanalyse met en place des structures différenciées, des concepts qui, en s'opposant les uns aux autres, permettent de répartir les phénomènes fournis par l'expérience. Renoncer à le faire, ce serait s'enfermer dans une pensée sans rigueur, où tout finit par se confondre.*

Le rôle du système nerveux central dans la doctrine de l'infériorité organique. Psychogenèse et étiologie des névroses et psychonévroses

(1907)

ALFRED ADLER
(1870-1937)

On a souvent dit que Freud, soucieux de défendre ses thèses contre tout infléchissement, empêchait ses élèves de développer des apports réellement originaux. Un ouvrage comme la Compensation psychique de l'état d'infériorité des organes, *d'Alfred Adler, apporte la preuve du contraire. Sa publication, en 1907, n'amena aucune rupture. Mieux, Adler fut élu en 1910, sur la recommandation de Freud, président de la Société psychanalytique de Vienne. Pourtant ce livre s'éloignait déjà sensiblement de l'orientation freudienne, en situant en dernier ressort l'étiologie de la névrose, comme d'ailleurs celle de la création, dans une infériorité biologique plutôt que dans un conflit psychique. Freud semble avoir estimé que les thèses d'Adler pouvaient s'intégrer dans l'édifice de la psychanalyse, où elles auraient constitué une exploration de certaines conditions physiologiques du développement de la névrose. C'est de fait Adler qui, progressivement, tira des conséquences très différentes du développement de sa doctrine.*

Le chapitre VI, que nous publions ici, est particulièrement représentatif de l'élaboration d'Adler à cette époque, en particulier de sa conception du « parallélisme psychophysique ».

Source : Alfred Adler, *Studie über Minderwertigkeit von Organen*, 1907, trad. française (Dr. H. Schaffer) : *la Compensation psychique de l'état d'infériorité des organes*, Payot, 1956, chapitre VI.

1. Voir *infra*, chapitre VIII, p. 183, sq.
2. Voir *infra*, chapitre XI, p. 225, sq.

Bibliographie : Herbert Schaffer, *la Psychologie d'Adler*, Masson, 1976 ; Manès Sperbert : *Alfred Adler et la psychologie individuelle*, Gallimard, 1972 : *les Premiers Psychanalystes*, Minutes de la société psychanalytique de Vienne, t. I, 1906-1908, éditées par Herman Nunberg et Ernst Federn, traduit de l'allemand par Nina Schwab-Bakman, Gallimard, 1962.

Nous voulons mentionner au sujet de ce chapitre quelques réflexions qui découlent logiquement de notre étude. Fidèle à notre conception nous ne devons exclure au moment de l'étude d'un organe inférieur ni la moelle épinière, ni le cerveau. Il faut même souligner que la présence simultanée de plusieurs infériorités organiques – dont nous avons déjà tracé la caractéristique – s'étend également à certaines parties et voies du système nerveux central et que bien souvent la valence de chaque organe se trouve en proportion directe avec celle de la voie nerveuse correspondante, en rapport étroit avec cet organe dont elle reçoit ses excitations et vers lequel elle transmet ses impulsions. Il est vrai qu'il ne faut pas s'attendre à un rapport mathématique. L'infériorité peut se maintenir à un niveau donné et ne peut intéresser que l'organe ou simplement certaines parties de l'organe. Ou encore, les exigences de la vie, de la domestication, de la civilisation provoquent une surcompensation qui, sa résistance suffisante étant admise, se réalise au niveau du système nerveux central. Les différences quantitatives résultant du degré de l'infériorité, de sa localisation et de l'importance de la compensation peuvent être considérées, envisagées, étudiées du point de vue psychologique uniquement comme manifestations qualitatives. Cela se comprend aisément lorsqu'on juxtapose dans leurs résultats les trois constellations les plus importantes de l'infériorité organique et nerveuse, à savoir : la dégénérescence, la névrose, le génie. Les organes inférieurs incapables de compensation sont voués à l'anéantissement sous les influences des exigences extérieures dans un laps de temps plus ou moins long. La nature crée d'autre part, à partir d'organes inférieurs et grâce à la compensation, des appareils dont la morphologie et dont le fonctionnement plus souple permettent dans beaucoup de cas un rendement parfaitement satisfaisant. Ces appareils sont parfois même mieux adaptés aux conditions environnantes, étant donné qu'ils ont trouvé un surcroît de force grâce à leur lutte victorieuse avec les obstacles extérieurs et que de ce fait ils ont passé cette épreuve avec succès. Entre ces cas extrêmes se trouvent des formes mixtes et des cas chez lesquels la compensation ne s'est pas entièrement réalisée, soit du fait d'un insuffisant matériel de réserve, soit du fait d'un épuisement prématuré de ces forces, entraînant des troubles du processus de la compensation. Dans certaines conditions ces cas fournissent le groupe des névroses et des psychonévroses. Nous allons développer en détail certains aspects de cette question.

Semblable au cas de la croissance normale, le développement fonctionnel et morphologique des organes et de leurs voies nerveuses respectives se présente comme étant le résultat d'une excitation extérieure ou encore comme la conséquence de l'incessante tendance à développer le rendement du matériel inférieur. D'une façon générale le système nerveux central prend à sa charge la majeure partie de cette compensation. Elle ne sera pas seulement de nature *physique*, un développement particulier des voies nerveuses et des fibres d'association, transformation d'une déficience héréditaire de réflexe en une hyperréflectivité, mais avant tout de nature *psychique* grâce à un intérêt particulier qui tentera de protéger l'organe inférieur en l'entourant d'une attention particulière afin d'en écarter tout préjudice. Ces minimes traumatismes éveillent l'attention du psychisme et finissent à force de répétition par le stimuler et le fixer sur l'organe inférieur.

À partir du moment où l'organe inférieur, ne suivant plus sa course normale, est obligé de se plier au joug de la civilisation, cette impulsion psychique subit une nouvelle incitation. Nous reviendrons à ce mécanisme par lequel les instincts organiques se trouvent modifiés, améliorés ou psychiquement enrichis, parfois transformés dans leur opposé, mécanismes que Freud a nommés « refoulement organique ».

Par rapport au mode de travail de l'organe normal ce mode de fonctionnement exige un *surcroît d'effort* qui se manifeste comme tel dès l'enfance du sujet. Il s'agit du groupe de ces enfants timides, pâles, anxieux dont le développement et l'avenir ne peuvent être considérés comme étant assurés tant qu'ils n'en auront pas fini avec le problème de leur organe inférieur, tant qu'ils n'auront pas réalisé sa compensation, tant qu'ils ne seront pas en état de fournir sans effort un rendement satisfaisant. Dans le cas contraire, lorsque le rendement de l'organe se réalise non pas grâce au système nerveux central mais à ses dépens, la surcharge se fera certainement sentir et provoquera occasionnellement un trouble de la compensation qui, suivant son degré et suivant la constellation psychique du moment, se présentera comme une neurasthénie, une névrose d'angoisse ou obsessionnelle ou encore comme une hystérie.

En étudiant les défauts d'enfant – qui jouent dans notre étude une si grande importance – et en suivant leurs cours nous pouvons clairement évaluer l'infériorité et la tendance à la compensation qui en résulte. Toute activité libre du nourrisson et de l'enfant est liée à une sensation de plaisir ou du moins aspire à cette sensation : le jeu, le saut, la course, la vue, l'ouïe, le fait de sucer, d'uriner ou de déféquer. Ces sensations représentent le lien grâce auquel l'enfant se trouve socialement lié à son entourage et au monde extérieur. Ils sont perceptibles directement, dépendent de l'activité organique et on retrouvera facilement leur trace chez l'adulte. C'est la sensation de plaisir qui est cause de l'opiniâtreté avec laquelle le défaut persiste pour finalement céder à la volonté accrue de l'enfant sous l'effet suggestif de l'action thérapeutique. Freud a pu retrouver dans la psychanalyse des névroses cette sensation primaire du plaisir et j'ai pu moi-même régulièrement la découvrir dans tous mes cas. Le fait que j'ai pu retrouver dans les rêves des adultes bien portants, ayant souffert dans leur enfance de pareils défauts, le souvenir de cette sensation de plaisir sous forme d'un désir réalisé me semble tout à fait convaincant. Il en est ainsi des anciens énurétiques qui rêvent périodiquement d'eau, de natation ou de feu.

Les organes à peu près normaux pourvus d'une innervation et d'un système nerveux central convenables s'intègrent sans difficultés aux exigences des facteurs culturels. Cela ne nous étonne pas étant donné qu'ils ont eux-mêmes contribué à bâtir et à donner un sens à cette civilisation. D'autre part il faut mentionner que les exigences extérieures modifiées et accrues, des déceptions, des soucis, des influences traumatisantes, des atteintes morbides, des changements de milieu peuvent dévoiler l'infériorité d'un organe et de sa superstructure nerveuse et troubler ainsi une compensation maintenue jusqu'alors dans un équilibre convenable. *Les organes inférieurs se heurtent dans le monde environnant à des difficultés et des dangers, ce qui correspond au rôle de leur relation naturelle avec le milieu extérieur et qui représente finalement la base de la sélection naturelle de Darwin.* Ce n'est qu'au prix d'un surcroît d'efforts que l'organe inférieur pourra triompher dans cette situation. Déjà l'organe normal se trouve placé devant le problème de l'adaptation qui doit soumettre ses évolutions capricieuses et indépendantes à la contrainte de l'éducation ; ce qui oblige le psychisme à assurer certaines tâches qui au début ne semblent pas faciles, mais qui dans la moyenne des cas réussissent sans heurt grâce à une augmentation de la capacité de rendement. En cas d'infériorité des organes et d'une insuffisance correspondante des parties respectives du système nerveux, l'adaptation au facteur culturel des organes et de leur fonctionnement ne se réalisera pas entièrement. Dans ces conditions la fonction ne suit pas les voies culturelles exigées mais travaille avant tout en faveur d'un gain de satisfaction. Nous trouvons donc dans le développement de l'organe à valence normale une certaine soumission du principe du plaisir aux rendements exigés par le milieu – nous pourrions les appeler « exigences morales » – dont la victoire définitive assurera l'éducation culturelle de l'enfant. L'harmonie entre le rendement physique et psychique, un *parallélisme psychophysique* dans le vrai sens du mot, caractérise le développement de l'enfant à valence normale. Il n'en est plus de même pour l'organe inférieur. Lorsqu'il s'agit d'un développement nettement insuffisant de l'organe et des voies nerveuses respectives tout facteur culturel sera refusé et il en résultera des états d'idiotie ou d'imbécillité. Dans des cas moins accentués l'organe inférieur travaillera d'une façon indépendante en vue d'une acquisition de plaisir, hostile à toute intervention du psychisme, et cela tant qu'il attendra la relève morale – état que Freud appelle le refoulement. Entre temps l'organe s'est habitué à ce genre de fonctionnement lui rapportant une sensation de plaisir et ce refoulement qui doit s'effectuer, se réalisant avec un certain retard se heurtera à une résistance organique plus grande. La lutte persistante qui en résulte sera ressentie comme une contrainte douloureuse. Cet état de choses se manifeste d'une façon très claire dans le développement culturel des fonctions urinaires ou intestinales. Abandonnées à leur propre développement ces fonctions se réalisent chez le nourrisson d'une façon spontanée et de ce fait se trouvent doublées de ce plaisir sensuel qui revient aux accomplissements organiques instinctifs. L'influence de l'entourage suffit chez l'organe à valence normale et à superstructure psychomotrice satisfaisante pour aménager le fonctionnement de la vessie et du tube digestif d'une façon « moralement satisfaisante ». Je voudrais seulement ajouter à ces observations si importantes les remarques suivantes : les défauts d'enfant ne sont que les manifestations extérieures et perceptibles du dynamisme psychique et ils traduisent le manque d'une compensation suffisante dans la superstructure psychomotrice de l'organe. Par les excitations périphériques qui lui viennent de la vessie, du côlon, mais aussi de l'œil, des oreilles, de la peau, du tractus digestif ou de l'appareil respiratoire, cette superstructure se trouve stimulée dans son développement organique profond et parallèlement – si les voies nerveuses se montrent satisfaisantes – se réalise un développement psychique adapté aux exigences du milieu environnant. En ce qui concerne l'organe inférieur le parallélisme du développement psychophysique cède la place à une contrainte psychophysique. La superstructure psychomotrice de l'organe inférieur se trouve en lutte continuelle avec la recherche du plaisir à la faveur d'une « mission morale » de l'organe. Le résultat dépend de la plasticité de cette superstructure primitive, de la capacité de développement des cellules du cortex et de l'effet des excitations périphériques qui les touchent. En cas de progrès l'infériorité primitive de la substance psychomotrice réalisera sa compensation. Nous avons déjà mentionné que bien souvent cette compensation mène à une plus-value de l'organe grâce à une plus-value de sa superstructure *psychomotrice.*

La plus-value compensatrice peut être parfaite et les relations accrues psychiques et physiques ainsi que leurs associations féconderont tout le psychisme, tout en lui donnant son cachet particulier. À partir de ce point de vue nous pouvons comprendre l'élaboration des œuvres extraordinaires, voire géniales, comme d'ailleurs aussi la réalisation des conditions préalables menant au choix d'une profession et fournissant la base à certaines bizarreries ou particularités caractérielles. J'ai déjà mentionné l'état de dégénérescence de l'oreille de Mozart, de Beethoven, j'ai mentionné l'oreille de Bruckner stigmatisée par son nævus ; j'ai rappelé le défaut d'enfant déterminant le développement du langage chez Démosthène. On dit de Moïse, orateur et chef d'un peuple, qu'il avait une « langue gourde ». Les manifestations hallucinatoires dans la psychose de Schumann nous montrent l'exacerbation et surcompensation de la superstructure psychique de son appareil auditif, mais en même temps – comme dans toute hallucination – l'échec d'une tentative de compensation psychique et d'une harmonie psychophysique. Clara Schumann (Libmann : *Une vie d'artiste d'après son journal et sa correspondance*) raconte de son enfance : « Elle (la domestique chargée de sa surveillance) n'est pas bavarde et c'est sans doute cette circonstance qui explique que je n'ai commencé à prononcer mes premiers mots qu'à partir de l'âge de 4 ou 5 ans et qu'à cette époque je comprenais à peine quelques mots. » Et d'ailleurs : « Étant donné que j'avais si rarement l'occasion d'entendre parler et que j'avais peu envie de parler moi-même... mes parents se plaignaient souvent (lorsque je commençais à parler) de ma mauvaise ouïe. Au fur et à mesure que je commençais à parler et que je me rendis compte de ce qui se passait en moi et autour de moi cet état s'améliora, sans disparaître, vers ma huitième année. » Il s'y ajoute la remarque de son père : « Il en est ainsi au début d'une vie d'artiste, elle commence par une pénible dissonance. Ultérieurement, grâce à l'abondance des mélodies harmonieuses prodiguées à d'innombrables êtres elle devient une source de joie d'une clarté rare, voire le modèle d'une harmonie sereine et accomplie pour l'art et la vie. » Un de nos plus renommés virtuoses du piano, R.B., souffrait pendant son enfance d'une otite purulente bilatérale avec suppuration du tympan.

J'ai déjà mentionné les signes de dégénérescence, défauts d'enfants, les anomalies réflexes qu'on rencontre chez les chanteurs, comédiens et orateurs. Ces signes, ainsi que les fréquentes atteintes morbides du tractus respiratoire de ces sujets ou des membres de leur famille, nous permettent de supposer l'existence d'une infériorité primitive du tractus respiratoire avec surcompensation ultérieure dans le domaine psychique. Il en est de même pour la profession de cuisinière et pour les gourmands – nous y avons déjà fait allusion. J'insiste sur le fait que chez ces personnes il existe de fréquentes atteintes morbides du tractus digestif et que leur dentition est souvent défectueuse. Ces défauts ne sont certes par le résultat de l'ingestion de mets épicés ou trop chauds mais s'installent à la suite d'un état d'infériorité du tractus digestif. Il en est ainsi de l'ulcère peptique dont la tendance récidivante et dont la transformation cancéreuse ne peuvent être expliquées que de cette façon. On retrouve chez les peintres des conditions analogues. Je ne veux pas traiter le cas de certains peintres de ma connaissance tel Lenbach. Les enquêtes ophtalmologiques faites dans les écoles de peinture montrent jusqu'à 70 % de sujets atteints d'anomalies de l'appareil visuel.

Voici les conclusions qui s'imposent en cas de surcompensation réussie, conclusions qui nous permettent d'expliquer et de corriger les erreurs de Lombroso. D'autre part que se passe-t-il si la compensation échoue, si l'impulsion psychique, résultat d'un besoin physique – d'un côté insuffisance de l'organe, de l'autre côté contrainte de la vie et de la civilisation – rencontre un matériel cérébral insuffisant, si le processus compensateur s'arrête à mi-chemin ? Il résultera évidemment de ce rapport psychophysique un état de haute tension psychique, tension qui, en face d'exigences accrues, entraînera l'échec du sujet. Les moindres difficultés de la vie humaine, les examens, les contrariétés et les frayeurs et toutes sortes d'autres affections provoquent ces pertes d'urines ou d'excréments et cette rechute du défaut d'enfant qui a été refoulé avec tant de peine, défaut qui représente l'amplification et le façonnage d'une activité réflexe accrue. Ces sujets bégaient, vomissent, rient ou pleurent, exécutent des mouvements de grattage, s'arrachent les cheveux, sursautent, clignent des yeux, présentent des rhumes spasmodiques, louchent pour regarder un objet de près, etc. Toutes ces manifestations sont trop connues pour qu'il soit nécessaire de les exposer en détail.

Nous pouvons conclure à partir des processus permettant de surmonter un défaut d'enfant ou encore de dominer les difficultés résultant d'un organe en état d'infériorité à l'existence de mécanismes de compensation dans la superstructure psychique. Si donc jusqu'à présent les défauts d'enfant se présentaient comme étant les signes extérieurs d'une infériorité organique, ils se manifestent dans le fond comme les jalons signalant la direction de la vie psychique – semblables aux figures sonores de Chladny – des signaux indiquant la compensation pour le moment insuffisante de certaines infériorités périphériques ou centrales.

En ce qui concerne les anomalies réflexes de l'organe inférieur je dois encore ajouter que le réflexe déficient se trouve doublé d'une manifestation psychique accrue, grâce au développement compensateur de la zone psychomotrice attenante. En cas d'absence du réflexe vélo-palatin par exemple on constate chez certains sujets dans des moments de contrariété une sensation nauséeuse ou une sensation d'étranglement. Ce rapport est assez fréquent. N'ayant pas été signalé jusqu'à présent en neurologie, je cite le cas suivant.

E.J., âgée de 46 ans, institutrice, célibataire, fut un jour l'objet de remarques contrariantes proférées par son père. La nuit elle rêve que son père lui brûle la gorge avec une bougie. Elle s'éveille en sursaut, couverte de sueur, ressent une sensation pénible de brûlure et de pression dans le fond de la gorge, le larynx et la bouche. Elle cherche à reprendre sa respiration, craint d'avoir perdu la raison et finit par vérifier s'il n'y a pas une fuite de gaz dans sa chambre. Elle vomit à plusieurs reprises un liquide de coloration verdâtre. D'après ses dires elle vomit souvent en cas de contrariété. L'examen nous montre une constitution normale sauf la présence d'une petite hernie ombilicale – motif de fréquentes attaques hypocondriaques – ainsi que l'absence du réflexe vélo-palatin et pharyngé. La langue n'est pas chargée, pas de nausée le matin, pas de douleurs gastriques. L'appétit est normal. D'après l'anamnèse la malade était une enfant fragile qui mangeait peu et qui souffrait souvent, pendant la puberté, de renvois, de spasmes de sanglots et de vomissements. D'après notre exposé il s'agit d'une infériorité du tractus digestif (hernie, anomalies réflexes) qui se trouve surcompensée dans la superstructure psychomotrice : vomissements en cas de perturbations de l'équilibre psychique. Depuis l'âge de 20 ans la malade a une certaine tendance à l'adiposité.

J.P., âgé de 45 ans, commerçant, vomit lorsqu'il aperçoit un cheveu ou une mouche près de sa nourriture, et même lorsqu'il les invoque dans sa pensée. D'autres fois un événement contrariant peut également le faire vomir. Pendant son enfance il n'avait aucun sentiment de dégoût et pouvait même fourrer dans sa bouche les choses les plus répugnantes. Plus tard il est devenu gourmet et gros mangeur et s'est transformé d'un adolescent élancé en un obèse pesant 105 kilos. Un rêve – qui sous des aspects ressemblants revient fréquemment – paraît caractéristique : Quelqu'un lui fourre constamment dans la bouche une masse dégoûtante, il risque d'étouffer et se réveille angoissé. Un de ses fils souffrit d'énurésie et de perte involontaire des matières jusqu'à l'âge de 15 ans. Le réflexe vélo-palatin est aboli, le réflexe pharyngé fortement diminué. Il s'agit dans ce cas également d'une infériorité surcompensée du tractus digestif avec une faculté réflexe diminuée dans la zone périphérique et accrue dans la zone centrale.

A.W., âgée de 28 ans, mariée, vomit à la moindre contrariété. Absence du réflexe vélo-palatin. Jusqu'à l'âge de 8 ans son frère souffrit d'énurésie et de perte involontaire des matières. Son père âgé de 54 ans souffre, semble-t-il, depuis toujours de constipation. Nous retrouvons l'infériorité du tractus digestif se manifestant de différentes manières chez les membres de la famille. Chez notre malade, accentuation du réflexe central en tant que signe d'une surcompensation.

Même si extérieurement elle dévie du développement cérébral normal, la phénoménologie de la surcompensation réussie ou ratée montrera la même structure intime et les mêmes traits fondamentaux que cette dernière.

Le rendement de la superstructure centrale correspondante à l'organe montrera une *attention* uniformément répartie en cas d'organe à valence normale, correspondant aux relations des organes avec le milieu extérieur et dirigé vers l'entourage, ou par contre une attention répartie d'une façon irrégulière suivant la surcompensation organique et accrue lorsqu'il s'agit d'un organe en état d'infériorité. Une compensation réalisée d'une façon insuffisante donnera une attention qui s'éveille facilement mais dont le rendement sera faible, ou encore un manque total ou une insuffisance de la tension dans les cas d'infériorité centrale persistante. Déjà ce phénomène psychique nous montre de nouveau les différences considérées depuis longtemps comme caractéristiques pour juger le cerveau normal, les névroses et les psychonévroses dont les fondements ne peuvent être saisis qu'à condition d'admettre la doctrine de l'état d'infériorité des organes. Nous tenons à souligner que le but de cette étude est de ramener toutes les manifestations des névroses et des psychonévroses à une infériorité organique, au degré et à la modalité de cette compensation centrale insuffisamment réalisée et à un trouble naissant du mécanisme de la compensation.

Les affections nerveuses organiques se présentent d'après notre conception comme étant des cas dans lesquels l'infériorité localisée se manifeste par des transformations inflammatoires ou des manifestations de dégénérescence. Dans ces cas la combinaison d'affection organique et d'affection fonctionnelle, tout à fait typique dans beaucoup de tableaux cliniques apparaît comme une coordination nécessaire. On pourra facilement saisir l'influence de la thérapeutique psychique ou hypnotique. À cette occasion, nous croyons devoir mentionner aussi la différence entre le développement psychique normal des souvenirs et de la mémoire et leur développement basé sur une surcompensation. Nous ne devons pas oublier que les notions de souvenir et de mémoire caractérisent justement ce qui nous est perceptible du dynamisme psychique et que les processus psychiques sous-jacents se déroulent d'une façon continue et en rapport avec d'autres manifestations telles les sensations et les mécanismes du jugement et de la volonté. Ils sont d'ailleurs en rapport étroit avec l'organe extérieur récepteur ou exécuteur dont la relation avec l'entourage détermine la modalité et le contenu de tous les phénomènes centraux. On peut soutenir de ce fait qu'à chaque organe correspondent dans la superstructure psychomotrice son souvenir et sa mémoire en tant que fonction du domaine psychique respectif. En ce qui concerne l'organe inférieur, sa compensation ou surcompensation centrale donnera lieu à des hausses fonctionnelles parmi lesquelles nous retrouvons une mémoire accrue. Parmi la totalité des souvenirs prédomineront par leur nombre et leur intensité ceux qui appartiennent à l'organe inférieur, voire à sa sphère psychique respective surcompensée.

Il appartient à la caractéristique de notre civilisation et aux reflets qu'elle engendre dans l'âme humaine de contraindre l'œil, l'oreille et les organes du langage à des rendements particuliers ; même dans les limites du normal la superstructure psychique atteindra un développement fortement différencié. En cas de compensation ou de surcompensation le rendement de la mémoire en rapport avec la particularité organique se trouvera accru mais aussi exposé à tous les dangers qui menacent la croissance accélérée des segments inférieurs : perturbation de la compensation sous forme de troubles de la mémoire, amnésie, accentuation des associations, etc.

Je ne peux pas m'étendre davantage sur ces notions. Une manière de voir semblable concerne le développement de la faculté critique dans la superstructure de l'organe inférieur, l'amplification de l'introspection, de l'inspiration, de l'intuition et du saisissement génial des faits, ainsi que le développement du caractère hallucinatoire du psychisme, de l'idée à valence supérieure basée sur le fondement d'un mécanisme compensateur qui entraîne dans leur domaine la faculté de la volonté, les sensations de plaisir et de malaise. Tous les phénomènes névrotiques qui se manifestent par leur effet moteur appartiennent au terrain moteur de la superstructure compensatrice : les tics, les formes de paralysie, de crampes dans l'hystérie, l'épilepsie, etc., dont le tableau clinique se calque sur la constellation respective de la superstructure psychomotrice, tout en gardant un certain rapport avec le processus compensateur des mécanismes réflexes. La crampe des écrivains, la crampe professionnelle s'insèrent également dans cette énumération des perturbations du processus compensateur.

Les défauts d'enfant à caractère d'autosatisfaction tels que le fait de sucer son pouce, ses lèvres, le chatouillement de la peau, l'attouchement de l'anus traduisent une tendance à la recherche d'une satisfaction, tendance particulière à l'organe inférieur, bouche, intestins, organes génitaux. Il en est de même de l'énurésie nocturne. Si nous nous souvenons que tous les organes inférieurs se trouvent peut-être régulièrement doublés d'un organe sexuel inférieur – et qui se caractérisent par une tendance accrue à rechercher le plaisir – si nous y ajoutons que presque tous les enfants souffrant d'un défaut procèdent à des attouchements de leur appareil génital, force nous est de constater que *la possession d'organes inférieurs entraîne facilement une précocité sexuelle pouvant conduire à la masturbation précoce*.

Si le développement s'est produit dans ce sens, deux centres cérébraux au moins subiront un accroissement d'excitations et une impulsion psychique amplifiée, centres dont l'un se trouve en rapport avec l'appareil sexuel en état d'infériorité. Il est compréhensible que les deux domaines psychiques soient liés, comme cela se passe en cas d'audition colorée, phénomène qui doit son existence à une superstructure surcompensatrice de deux organes inférieurs. Des groupements psychiques apparaissent ainsi très tôt, groupements qui prennent leur origine dans deux catégories d'impressions : d'une part dans la sphère sexuelle affective et rationnelle, d'autre part dans la superstructure psychique provenant de l'œil, de l'oreille, de la bouche, des organes d'excrétion, de la peau, du nez. Dans tous ces cas le sort de l'ensemble psychique dépendra de l'harmonie et de l'égalisation parfaites ou insuffisantes de deux infériorités correspondantes, l'infériorité centrale et l'infériorité périphérique. Le sort de l'être humain dépend en fin de compte de la compensation réussie ou insuffisante du sujet, compensation permanente ou momentanément perturbée. La vue d'ensemble se trouble à partir du moment où intervient le facteur sexuel pour influencer et envahir la superstructure psychique. Dans ces conditions la compensation peut être totale, mais elle peut se développer uniquement dans un domaine restreint de la psychomotricité ou encore faire défaut complètement. Nous n'avons pas à examiner ici le cas particulier tel qu'il se présente dans les psychonévroses. Je voudrais simplement mentionner que les intéressants phénomènes psychiques du refoulement, du remplacement, de la conversion – que Freud a trouvés dans ses analyses psychiques et que j'ai également découverts comme étant les éléments les plus importants des psychonévroses – apparaissent dans le psychisme, caractérisés comme je viens de le mentionner, en tant que superstructure d'un état d'infériorité organique. En plus cette manière de voir explique la révélation constante de la « base sexuelle » des psychonévroses. La compensation parfaite que nous trouvons chez certains artistes, certains génies, dans certaines professions présente avec les psychonévroses de nombreuses similitudes fonctionnelles psychiques et cette compensation parfaite présente surtout avec l'hystérie un point de fuite commun : le caractère hallucinatoire du psychisme.

Le passage suivant que nous citons d'après l'œuvre de Grimm « La Mythologie germanique » prouve à quel point notre conception de la compensation et de la surcompensation de l'organe correspond à l'esprit folklorique :

« Comme chez les dieux on retrouve aussi chez les héros des membres déficients. Odin est borgne, Tir est manchot, Locki (égale Héphaistos ?) paralysé, Hod aveugle, Vidar muet ; Hagen est également borgne, Walker manchot, Gunther et Willand paralysés. Il existe de nombreux héros aveugles et muets, mais il semble être le propre de la nature des héros qu'un défaut de l'enfance ou de l'adolescence fasse inévitablement partie de leur évolution et que partant de cette déficience l'apparition rayonnante de leur supériorité se soit ensuite subitement manifestée, comme si la force retenue s'était brusquement extériorisée. À ce sujet il faut également mentionner la cécité des Guelfes ainsi que celle des héros dont parle le folklore hessois et souabe. »

Concept et Théorie génétique de la Libido
(1911)

CARL GUSTAV JUNG
(1875-1961)

Ce texte constitue sans doute un point tournant dans l'histoire des relations entre Jung et Freud, c'est-à-dire dans l'évolution qui allait conduire à la rupture celui que Freud avait considéré, quelques années durant, comme son « dauphin ». Jung devait plus tard situer le début de leur dissension à l'époque du voyage commun en Amérique (1909). Il n'en avait pourtant rien dit alors. En revanche dès 1906, au moment où il prend contact avec Freud, Jung exprime des réserves quant à la place que celui-ci donne à la sexualité et conteste, « de l'intérieur » du système, la prééminence de la libido dans l'étiologie des troubles psychiques : ne faudrait-il pas donner une place à l'autre groupe de pulsions, représenté notamment par la faim ? Freud, tout en ne s'y opposant pas en principe, indique que jusqu'alors c'est toujours dans le refoulement des pulsions sexuelles qu'il a dû saisir le mécanisme produisant la névrose. Jung paraît acquiescer mais il apparaîtra plus tard qu'il n'a rien abandonné réellement de sa position critique.

En 1911, cependant, il procède autrement. Prolongeant une controverse avec Abraham relative à la démence précoce, c'est-à-dire à la schizophrénie, il ne cherche plus à limiter l'importance de la libido, il « étend » la signification du concept. Celui-ci finit par se confondre avec une force vitale indéterminée, une autre forme de cette « volonté » à laquelle Schopenhauer donne une place prépondérante chez l'être humain. Il va de soi qu'ainsi transformé le concept devient tout à fait recevable. C'est ce que Jung écrira à Freud, sans gêne apparente, en 1912, après un voyage en Amérique : il a rendu la psychanalyse plus acceptable en excluant les questions sexuelles.

Il est d'ailleurs significatif que, si le titre original de l'ouvrage d'où est tiré ce chapitre est Métamorphoses et Symboles de la libido, *Jung en proposera une version remaniée sous le titre :* Métamorphoses de l'âme et ses symboles.

Source : C.G. Jung, *Wandlungen und Symbole der Libido*, in Gessamelte Werke, Raschezr Verlag (Zurich), puis Walter Verlag (Olden), t. V ; trad. française (Louis de Vos), *Métamorphoses et Symboles de la libido*, Montaigne (Aubier), 1931, chapitre 2.

Bibliographie : C. Baudouin, *l'Œuvre de Jung et la psychologie complexe*, Payot, 1963. *Correspondance Freud-Jung*, Gallimard, 1975. F. Fordham, *Introduction à la psychologie de Jung*, Imago, 1979. E. Glover, *Freud ou Jung*, P.U.F., 1950.

L'HISTOIRE DE CE CONCEPT a sa principale source dans les « trois discours » de *Freud* « sur la théorie sexuelle ». Le terme de *Libido* y est pris au sens propre primitif (médical) d'*instinct sexuel*, de *désir sexuel*. L'expérience nous oblige à admettre que la Libido est capable de déplacement ; car, sans aucun doute, des fonctions ou des localisations de forces nullement sexuelles peuvent amasser une certaine quantité d'énergie sexuelle, « un afflux supplémentaire de Libido ». Par suite, des fonctions ou objets qui dans des circonstances normales, n'ont aucun rapport avec la sexualité, peuvent acquérir une valeur sexuelle. Grâce à cette constatation, *Freud* a pu comparer la Libido à un *courant* divisible qui peut s'accumuler et se déverser dans des canaux collatéraux, etc. *Freud* dit à la page 26 : « À côté d'un instinct en soi non sexuel, provenant de sources motrices, on distingue – dans les instincts partiels – la coopération d'un organe (la peau, etc.) recevant l'excitation d'une *zone érogène* ; c'est l'organe dont l'excitation confère à l'instinct son caractère sexuel. » À la page 12 : « Un de ces attouchements, celui du contact des muqueuses labiales de deux individus, le baiser, a obtenu une haute valeur sexuelle, bien que ces parties corporelles n'appartiennent point à l'appareil sexuel, mais forment l'entrée du tube digestif. » (Voir aussi à la page 28.) Sa première conception n'expliquait donc pas « tout par la sexualité » comme nos adversaires se plaisent à le prétendre ; au contraire, elle reconnaît l'existence de forces instinctives spéciales, d'une nature non encore précisée, auxquelles *Freud*, vu l'évidence de faits qui s'imposent à tout profane, dut reconnaître la faculté de capter les *afflux supplémentaires de Libido*. L'image hypothétique, base de cette conception, est le symbole du « faisceau des instincts » parmi lesquels figure le sexuel, en tant qu'instinct partiel du système entier. C'est une vieille idée que *Möbius* a tenté de remettre en valeur. Parmi les psychologues modernes, *Fouillée, Wundt, Beneke, Spencer, Ribot* e d'autres reconnaissent à l'ensemble des instincts, la suprématie dans la vie psychologique. L'expérience a démontré l'empiétement de l'instinct sexuel sur le domaine des autres. Les travaux de *Freud* et de son école ont assez prouvé, me semble-t-il, le bien fondé de sa conception d'après laquelle les forces instinctives d'un système névrotique correspondent à ces afflux de libido dans d'autres fonctions instinctives non sexuelles. En effet, *Freud* dit à la page 22 : « Aussi loin que s'étendent mes expériences, ces psychonévroses reposent sur des forces instinctives sexuelles ; ceci ne veut pas dire que l'énergie de l'instinct sexuel contribue aux forces qui entretiennent les manifestations morbides, mais bien que cette contribution est la seule source d'énergie constante dans la névrose et la plus importante ; si bien que la vie sexuelle de ces personnes se manifeste seulement, ou surtout, ou en partie par ces symptômes ». Depuis 1905, date de la parution des « trois discours », le domaine du concept de la Libido a été bien agrandi, en particulier, par le présent travail. Du reste, *Freud* a fait de même avec cette prudence qui convient à un problème si difficile. Or, notre époque est encore tellement imprégnée de scolastique, qu'on a reproché à *Freud* d'avoir modifié certaines de ses conceptions. *Malheur à qui force les autres à changer d'avis, à reconnaître leur erreur* ! « LES SAVANTS NE SONT PAS CURIEUX ». C'est la paranoïa, si proche de la démence précoce, qui semble avoir poussé *Freud* à élargir son concept de la Libido ; il dit à la page 65 du tome 3 du *Jahrbuch* : « Une troisième considération des opinions exposées ici oblige à nous demander s'il se peut que la Libido, en se détachant toute du monde extérieur, provoque "la fin du monde" et si dans ce cas le reste d'apports libidineux au moi (*Ich-Besetzungen*) ne suffirait pas à maintenir le rapport avec le monde extérieur. Il faudrait alors ou bien *confondre avec l'"intérêt" ce que nous nommons "apport de Libido" (intérêt de provenance érotique)* ou bien admettre qu'un trouble important dans le placement de la Libido peut amener un trouble des apports de Libido au moi. Or jusqu'ici nous sommes impuissants ou malhabiles à résoudre ces problèmes, faute d'une théorie des instincts bien fondée. Nous considérons l'instinct comme le concept limitrophe du somatique et du psychique ; nous voyons en lui le représentant psychique des puissances organiques et acceptons la distinction populaire de l'instinct du moi et de l'instinct sexuel, qui semble être d'accord avec le double rôle biologique de l'individu, travaillant à la fois à sa propre conservation et à celle de l'espèce. Le reste n'est que constructions, que nous abandonnons dès leur achèvement, pour nous orienter au milieu du chaos des obscurs processus psychiques. Or, de l'étude psycho-analytique des processus psychiques morbides, nous attendons justement quelques réponses définitives au questions de la théorie des instincts, exigence impossible, ces recherches étant récentes et isolées. Repousser la possibilité des contrecoups des troubles de la Libido sur les "apports au moi" est aussi difficile que l'inverse, savoir : le trouble secondaire ou induit des processus de la Libido par des modifications anormales du moi. Bien plus, ce sont probablement des processus de ce genre qui forment les caractères distinctifs des psychoses. Actuellement il n'est pas possible de préciser ce qui entre en ligne de compte pour la paranoïa. Je me contente d'insister sur un seul point de vue : on ne peut affirmer que le paranoïaque ait détourné complètement son intérêt du monde extérieur, même s'il en est au degré maximum de refoulement, comme on est obligé de le dire, par exemple, de certaines autres formes de psychoses hallucinatoires. Il perçoit le monde extérieur, il se rend compte de ses modifications, l'impression que ce monde fait sur lui le pousse à des essais d'explication, et c'est pourquoi je suis d'avis que l'altération des rapports avec le monde est bien plutôt due seulement ou en majeure partie à la disparition de l'intérêt libidineux. »

Freud aborde ici nettement la question de savoir si la perte notoire de la réalité dans la démence paranoïde (et dans la démence précoce) sur laquelle j'ai attiré expressément l'attention dans ma « Psychologie de la démence précoce » et mon « Contenu de la psychose », 1908, n'est due qu'au retrait de l'afflux de Libido, ou si cette perte coïncide d'une manière générale avec celle de l'intérêt dit objectif. (Le cas *Schreber* n'est pas un paranoïa au pur sens moderne.) On ne peut guère admettre que la « fonction normale du réel » de Janet soit entretenue seulement par des « afflux de Libido » ou l'intérêt érotique. En fait, dans nombre de cas, la réalité disparaît totalement de sorte que les malades ne manifestent plus trace d'adaptation ou d'orientation psychologique. (Dans ces états, la réalité est refoulée et remplacée par le contenu du complexus.) Force nous est donc d'admettre la disparition, non seulement de l'intérêt érotique, mais de l'intérêt pur et simple, c'est-à-dire de toute adaptation à la réalité. Dans cette catégorie rentrent les automates stupéfiés et catatoniques.

Ces phénomènes montrent bien que la différentiation de l'instinct non sexuel d'avec son apport de Libido telle que nous l'empruntons à la psychologie des névroses (surtout de l'hystérie et de la névrose d'obsession) échoue dans la démence précoce (à laquelle appartient aussi la démence paranoïde) ; et pour de bonnes raisons ! Autrefois dans ma « Psychologie de la démence précoce », je me suis tiré d'affaire en employant l'expression « énergie psychique » parce que je n'étais pas à même d'échafauder la théorie de la démence précoce sur celle du déplacement des afflux de Libido. Mes expériences d'alors étant surtout psychiatriques, je ne pouvais comprendre cette théorie ; plus tard, grâce à de nombreuses observations de cas d'hystérie et de névrose d'obsession, j'en reconnus l'exactitude pour les névroses (plus exactement pour les névroses de transfert), dans lesquelles voici ce qu'il se produit en réalité : la Libido qui reste du refoulement spécifique, s'introvertit et s'engage régressivement dans des voies anciennes de transfert : aux parents par exemple. (Ainsi une femme froide qui, à la suite d'un refoulement sexuel spécifique, ne réussissait pas à diriger vers son mari sa libido sexuelle, garde présente en elle l'image de ses parents et présente des symptômes correspondants). Cependant, il y a encore adaptation psychologique non sexuelle à l'ambiance, tant qu'il ne s'agit ni de l'érotisme ni de ses positions secondaires (les symptômes). La portion de réalité dont manquent ces malades, c'est justement ce reste de Libido dans la névrose. Au contraire, en démence précoce il manque à la réalité, non seulement ce reste de Libido échappé au refoulement sexuel spécifique que nous connaissons, mais encore beaucoup plus que l'on serait tenté d'attribuer à la sexualité, au sens strict. La fonction du réel est si réduite que des forces instinctives ont dû se perdre, forces de nature certes non sexuelle, car nul ne prétendra que la réalité soit une fonction sexuelle. D'ailleurs, si elle l'était, l'introversion de la Libido, au sens strict, devrait déjà entraîner dans la névrose une perte de la réalité ; perte comparable à celle de la démence précoce. De telles transgressions de la sphère des instincts sexuels peuvent aussi se rencontrer dans les psychoses hystériques ; car les psychoses ne sont autres qu'un trouble général de l'adaptation. Ces observations m'ont empêché d'appliquer à la démence précoce la théorie de Freud. À mon avis, la tentative d'*Abraham* est donc théoriquement difficile à soutenir du point de vue freudien. Dans son ouvrage : « Les différences psycho-sexuelles de l'hystérie et de la démence précoce. » (« *Zentralblatt* de neur et psychiatrie », 1908.) *Abraham* croit que le système paranoïde ou la symptomatologie schizophrénique (que Freud nomme *paraphrénie*) provient de ce que la Libido se détourne du monde extérieur. Déjà en 1908 cette hypothèse n'était plus justifiée, car, comme *Freud* l'a montré clairement, une simple introversion ou régression de la Libido conduit inévitablement à la névrose (du transfert) et *non à la démence précoce*. Impossible de transposer simplement la théorie de la Libido à la démence précoce, *car on constate dans cette maladie une déperdition qu'on ne peut attribuer* à la perte libidineuse (s.s.).

Ce m'est une satisfaction toute spéciale que notre maître aussi, en s'attaquant au délicat sujet de la vie mentale paranoïde, en soit venu à douter de l'emploi du concept habituel de la Libido. Mon attitude réservée vis-à-vis de l'ubiquité de la sexualité dans la préface de ma « Psychologie de la démence précoce », tout en reconnaissant la valeur du mécanisme psychologique, était dictée par l'état où se trouvait alors la théorie de la Libido ; sa définition sexuelle ne me permettait pas d'expliquer par elle des troubles fonctionnels qui touchent aussi bien au domaine (inexploré) de l'instinct de nutrition qu'à celui de l'instinct sexuel. Longtemps la théorie de la Libido me sembla inapplicable à la démence précoce. Mais, à mesure que mon expérience grandissait, je remarquai une lente modification de mon concept de la Libido. À la place de la définition *descriptive* des « Trois discours » se glissa peu à peu une définition *génétique*, qui me permit de substituer « Libido » à « énergie psychique ». Je dus me dire : « En admettant déjà que dans la fonction du réel n'entre qu'une infime partie de Libido sexuelle et que d'autres "forces instinctives" en forment la majeure partie, *il est capital de savoir si au point de vue philogénique la fonction du réel n'est pas, au moins pour une grande part, de provenance sexuelle.* » Impossible de répondre directement à cette question, relativement à la fonction du réel. Essayons d'y arriver indirectement : Il suffit de jeter un regard sur l'histoire de l'évolution pour constater que de nombreuses fonctions compliquées auxquelles on dénie à bon droit aujourd'hui tout caractère sexuel, ne sont cependant à l'origine que des dérivations de l'instinct général de propagation. On sait que, dans l'évolution ascendante des séries animales, s'est produit un déplacement important des principes de la propagation : la masse des matériaux de reproduction qui compensait le hasard de la fécondation se réduisit de plus en plus en faveur d'une fécondation plus certaine et d'une protection plus efficace des petits. Ainsi l'énergie employée à la production des œufs et du sperme se consacra à la production de mécanismes de séduction et de protection des petits. En effet, dans l'échelle animale, les premières tendances artistiques apparaissent au service de l'instinct de reproduction et limitées à l'époque du rut. Le caractère sexuel primitif de ces institutions biologiques disparaît au moment où elles acquièrent une fixation organique et une indépendance fonctionnelle. Bien qu'il ne puisse subsister aucun doute sur l'*origine sexuelle de la musique*, ce serait cependant faire une généralisation sans valeur et sans goût que de vouloir la ranger dans la catégorie de la sexualité. Une terminologie ainsi comprise conduirait à faire de la cathédrale de Cologne un chapitre de la minéralogie sous prétexte qu'elle aussi est en pierre.

Seul le profane en matière d'histoire de l'évolution s'étonne que dans le monde des humains, tant de choses puissent finalement se ramener à l'instinct de reproduction : à mon avis c'est le cas pour presque tout ce que nous aimons et qui nous est cher.

Nous avons parlé jusqu'ici de la *Libido* au sens d'instinct de propagation ; nous restions ainsi dans les limites de la conception qui l'oppose à la faim, comme on oppose volontiers l'instinct de la conservation de l'espèce à celui de la conservation individuelle. Cette séparation artificielle n'existe évidemment pas dans la nature. Nous n'y voyons qu'un instinct vital continu, un vouloir vivre qui, au moyen de la conservation de l'individu, veut assurer celle de toute l'espèce. Cette conception coïncide avec la *volonté* de *Schopenhauer* : car le mouvement que nous voyons de l'extérieur, nous ne pouvons le saisir intérieurement que sous forme de volonté (la langue l'indique : *mouvoir, motiver*). En philosophie, cette introduction de perceptions psychologiques dans l'objet est nommée « introjection ». (*Ferenczi* au contraire, à la page 422, tome I du *Jahrbuch* 1912, nomme « introjection » l'acte qui consiste à absorber le monde extérieur dans le monde intérieur.) Certes l'introjection falsifie l'image du monde. Le principe du plaisir est, selon Freud, une formule volontaire du concept d'introjection, tandis que son *principe du réel* au sens volontariste, correspond au point de vue fonctionnel, à ma *correction de la réalité* et à la *coordination principielle empirio-critique* de *R. Avenarius*. Le concept de force doit son existence à cette même introjection. Déjà *Galilée* avait clairement énoncé qu'il faut en chercher l'origine dans la perception subjective de la force musculaire individuelle.

Parvenus à l'audacieuse hypothèse qu'une partie de la Libido originairement destinée à la production des œufs et du sperme se retrouve aussi dans l'instinct de construction des nids où elle s'est solidement organisée et ne peut trouver d'autre emploi, nous sommes obligés d'englober dans ce concept tout vouloir, *donc aussi la faim* ; car nous n'avons plus de raisons de distinguer du « vouloir manger » celui de l'instinct de construction des nids.

Voici une conception de la Libido qui dépasse les limites de la formule de l'histoire naturelle, pour devenir une intuition philosophique, un concept de la volonté en général. Je laisse aux philosophes le soin de venir à bout de cette parcelle de volontarisme psychologique et renvoie aux passages y relatifs de *Schopenhauer* dans « Le monde en tant que volonté et représentation » (tome I, § 54). Quant au côté psychologique de ce concept (qui bien entendu n'a pour moi rien de métapsychologique ni de métaphysique), rappelons-nous le sens cosmogonique de l'*Eros* chez *Platon* et dans la « Théogonie » d'*Hésiode*, ainsi que la figure orphique de *Phanès*, le « *lumineux* », le tout premier, le « père d'Eros ». En orphique, *Phanès* est synonyme aussi de Priape ; c'est un dieu d'amour, bisexué, l'équivalent de Lysios, ce *Dyonisos* thébain (consulter le lexique de *Roscher* à la page 2248). Le sens orphique de Phanès est analogue à celui du *Kâma* hindou, dieu d'amour, également principe cosmogonique. Pour le néoplatonicien *Plotin*, l'âme du monde, c'est l'*énergie de l'Intellect* (consulter *Drews* à la page 127 de son « Plotin », Iéna 1907). *Plotin* compare l'*Un* (le proto-principe créateur) à la *lumière* en général, l'Intellect au *soleil* (○) et l'âme universelle, à la *lune* (♀). Ailleurs *Plotin* compare l'*Un* au père, et l'Intellect, au fils. – L'*Un, Uranos*, est transcendant. Le fils en tant que Cronos, gouverne le monde visible. L'âme universelle (nommée *Zeus*) lui est soumise ; l'*Un* ou *Ousia* de toute l'existence, Plotin le nomme *Hypostase*, ainsi que les trois formes d'émanation, donc μια οὐσία ἐν τρισιν ὑποστὰσέσιν. Comme *Drews* le fait remarquer, c'est là aussi la formule de la trinité chrétienne -Dieu-le-père, Dieu-le-fils et le Saint-Esprit) telle qu'elle fut établie au concile de Nicée et de Constantinople (voir son « Plotin », pages 132 à 135). Il me reste encore à remarquer qu'au début du christianisme, certains sectaires attribuaient un sens matériel au Saint-Esprit (âme universelle, lune). (Je parlerai plus loin du Chi de Timaïos.) Chez *Plotin*, dans ses « Ennéades », II, 5, 3, l'*âme universelle a une tendance à l'existence divisée, à la divisibilité* ; c'est la *conditio sine qua non* de toute modification, de toute création et reproduction (donc qualité maternelle) ; elle est un « tout infini de la vie » et toute énergie ; elle est un organisme vivant des idées ; celles-ci parviennent en elle à l'activité et à la réalité. L'intellect est leur procréateur, leur père ; ce qu'elles ont contemplé en lui, elles le développent dans le monde sensible (IV, 8, 3). « Ce qui est uni dans l'intellect, se développe sous forme de *Logos* dans l'âme universelle, la remplit d'un contenu et l'enivre pour ainsi dire de nectar » (III, 5, 9). Le nectar est, comme le Soma, la boisson de fécondité, de vie, par conséquent sperme. L'âme est fécondée par l'intellect, c'est-à-dire par le père (voir plus loin les conceptions égyptiennes du même genre). Comme super-âme, elle est l'*Aphrodite céleste* ; comme *âme* « inférieure », l'*Aphrodite terrestre*. Elle connaît les douleurs de l'enfantement, etc. (voir *Drews*, page 141). Ce n'est donc pas sans raison que l'*oiseau d'Aphrodite, la colombe, est le symbole du Saint-Esprit.*

Cet extrait de l'histoire de la philosophie suffit pour montrer la valeur de la perception endopsychique de la Libido et de ses symboles pour la pensée humaine.

Dans la diversité des phénomènes naturels, nous voyons apparaître la volonté, la *Libido*, sous les aspects et dans les emplois les plus variés. D'abord dans le stade de l'enfance, nous voyons la Libido apparaître tout entière sous la forme de l'instinct de nutrition, qui veille au développement corporel. À mesure que le corps se développe, de nouveaux rayons d'action s'ouvrent à la Libido. Le dernier, de fonction capitale, est la *sexualité*, d'abord très étroitement liée à la fonction de nutrition. (Chez les animaux inférieurs et les plantes, la reproduction se trouve influencée par les conditions de nutrition.) C'est dans la sexualité que la Libido atteint cette forme dont l'importance capitale justifie l'emploi du terme *Libido* en général. Ici la Libido est exclusivement l'instinct de propagation d'abord sous forme de proto-Libido sexuelle indifférenciée qui, en tant qu'énergie de croissance pure et simple, pousse les individus à se diviser, bourgeonner etc. (La distinction la plus nette entre les deux formes de Libido se trouve chez les animaux dont le stade de nutrition est séparé du stade sexuel par celui de la chrysalide.)

De cette « prime » Libido sexuelle – *Ur-Libido* – qui, dans un seul petit être, produisait des millions d'œufs et de semences, se sont dissociés des éléments à fonction entretenue par une Libido spécialement différenciée, tandis que la fécondité diminuait énormément. Cette Libido est alors « désexualisée » puisqu'elle a perdu sa fonction primitive, la formation d'œufs et de sperme, et qu'il n'est plus possible de l'y ramener. Le processus d'évolution consiste donc en une absorption progressive de la « prime » Libido propagatrice, par des fonctions secondaires de séduction et de protection des petits. Cette évolution suppose une relation toute différente et beaucoup plus compliquée avec la réalité, une *véritable fonction du réel*, fonctionnellement inséparable des besoins de la propagation ; en d'autres termes, le mode différent de propagation amène comme corrélatif une adaptation proportionnellement plus grande à la réalité. Cela ne veut point dire que la fonction du réel doive son existence uniquement à la différentiation de la propagation. Je sais qu'il y a là une grande part de nutrition.

Nous parvenons ainsi à comprendre certaines conditions primordiales de la fonction du réel. Dès lors, sa force instinctive n'« *est* » nullement sexuelle ; elle le « *fut* » à un très haut degré.

Le processus de l'absorption de la « prime » Libido par des activités secondaires se produisit vraisemblablement toujours sous la forme d'un « afflux de Libido » c'est-à-dire que la sexualité perdit sa première destination et servit d'apport partiel à l'activité des mécanismes de séduction et de protection des petits, qui se développaient peu à peu dans la phylogenèse. Cette cession de Libido du domaine de la sexualité, au sens strict, à des fonctions secondaires se poursuit de nos jours. Lorsque cette opération réussit sans dommage pour l'adaptation de l'individu, on la nomme *sublimation*. En cas d'échec, on parle de *refoulement*. Le malthusianisme est la continuation artificielle de la tendance naturelle.

Le point de vue descriptif de la psychologie reconnaît une multiplicité d'instincts parmi lesquels l'instinct sexuel apparaît comme un phénomène partiel ; il reconnaît certains afflux de Libido aux instincts non sexuels.

Tout autre est le *point de vue génétique* : pour lui, la multiplicité des instincts sort d'une unité relative, la « prime Libido » (d'abord sous forme de propagation, manifestation particulière de la volonté en général) dont il voit continuellement des apports partiels se détacher pour se joindre comme afflux libidineux à de nouvelles activités en formation qui finissent par les absorber. Par suite, le point de vue génétique *ne peut* conserver le concept étroit de Libido selon le point de vue descriptif et doit absolument élargir ce concept. Nous voici donc parvenus au *concept génétique de la Libido* que j'avais subrepticement introduit dans la première partie, pour préparer le lecteur à cette idée, ayant gardé pour la deuxième l'explication que je lui devais de cette innocente supercherie.

Seul le concept génétique *de la Libido qui déborde partout de la sexualité récente (point de vue* descriptif) *permet d'appliquer aux états psychotiques la théorie freudienne de la Libido*. Le passage cité plus haut montre tout le désaccord entre le concept de *Freud* et le problème des psychoses. Dans son étude sur le paranoïa, *Freud*, dont je défendrai toujours l'attitude absolument empirique contre ceux qui prétendent le contraire, s'est laissé entraîner par les particularités de la maladie au-delà des limites de son concept primitif de la Libido. Il y emploie même le terme *Libido* pour fonction du réel, ce qui est en désaccord avec son point de vue dans les « Trois discours ». *Donc, lorsqu'ici ou ailleurs je parle de* « Libido » *il s'agit toujours du concept* génétique *qui augmente la sexualité récente d'une quantité indéterminée de Libido primaire désexualisée*. Quand je dis qu'un malade détourne sa Libido du monde extérieur pour lui faire occuper le monde intérieur, je ne prétends pas qu'il détourne de la fonction du réel, l'afflux du libidineux, mais qu'il l'enlève à ces forces instinctives (désexualisées) qui entretiennent régulièrement la fonction du réel.

Cette conception entraîne nécessairement la révision d'une part de notre terminologie. On sait qu'*Abraham* a entrepris d'appliquer la théorie de la Libido à la démence précoce et qu'il a considéré comme *auto-érotisme* le manque caractéristique de rapports affectifs et la disparition de la fonction du réel. Ce terme a besoin d'être précisé. Une introversion hystérique de la Libido conduit à l'*auto-érotisme* puisque le malade introvertit les apports *érotiques* destinés à la fonction du réel ; il s'ensuit que son moi est occupé par une quantité correspondante de Libido érotique. Or le schizophrène enlève à la réalité plus que l'afflux de Libido et c'est pourquoi il se produit chez lui des phénomènes tout différents de l'hystérie. Il y a chez lui *plus que de l'auto-érotisme* ; il se construit un *équivalent intra-psychique de la réalité* en recourant à des dynamismes autres que des apports d'érotisme. Aussi *Bleuler* a-t-il raison de rejeter le concept d'auto-érotisme emprunté à la neurologie où il est à sa place, pour le remplacer par celui d'*autisme*. Ce terme, j'en conviens, rend mieux compte des faits que celui d'« auto-érotisme », et je profite de ma présente révision (radicale, j'espère) du concept de la Libido, pour avouer avoir eu tort d'identifier naguère l'*autisme de Bleuler* et l'*auto-érotisme de Freud*. Il est vrai que *Bleuler* aboutit à ce concept par d'autres moyens qui ne me plaisent pas toujours. (Voir sa « Dementia praecox » dans le manuel *Aschaffenburg* de psychiatrie, et ma critique de sa « Théorie du négativisme schizophrène » au tome 3 du *Jahrbuch*, 1912, page 469.)

Donc, renonçons plutôt au concept psychologique descriptif de la Libido pour pouvoir l'appliquer également à la démence précoce. Cela peut se faire, témoin la brillante étude de *Freud* sur les fantaisies du malade *Schreber*. Il s'agit seulement de savoir si mon concept génétique s'applique aussi aux névroses et je crois que oui, car *la nature ne procède pas par bonds*. Il est même probable que, dans les névroses, il représente, au moins temporairement et à divers degrés, des troubles fonctionnels qui dépassent les limites de la sexualité récente ; c'est en tout cas ce qui se présente dans les épisodes psychotiques.

Cette extension du concept de la Libido, facilitée par les derniers travaux analytiques, est, selon moi, un progrès considérable qui profitera surtout au vaste domaine des psychoses d'introversion, où il y a déjà des preuves toutes prêtes de la justesse de mon hypothèse. En effet, une série de travaux de l'école de Zurich, publiés seulement en partie, ont montré que *les idées-substituts fantaisistes qui remplacent la fonction du réel désorganisée, présentent des traits évidents de pensée archaïque*. (Voir l'ouvrage de *Spielrein* « Sur le contenu psychologique d'un cas de Schizophrénie » au tome 3 du *Jahrbuch* 1912, page 329.) Cette constatation correspond au postulat que nous avons établi plus haut, d'après lequel non plus seulement de la Libido récente (individuelle) est enlevée à la réalité, mais aussi de la Libido déjà différenciée (désexualisée) qui, chez le normal, entretient depuis bien longtemps la fonction de la réalité. La disparition des dernières acquisitions de la fonction de la réalité (ou adaptation) doit nécessairement entraîner son remplacement par un mode ancien d'adaptation. Ce même principe se trouve déjà dans la neurologie : les transferts récents qui ont échoué par suite du refoulement, sont remplacés par un mode ancien, par exemple : une réanimation régressive de l'image des parents. Dans la névrose (de transfert) où seule la part sexuelle récente de la Libido est enlevée à la réalité par le refoulement sexuel spécifique, ce substitut est une fantaisie de provenance et de portée individuelles, et, sauf quelques traces, on ne retrouve pas de caractères archaïques dans les fantaisies de ces troubles mentaux dus à l'ébrèchement de la fonction du réel généralement humaine et organisée depuis des siècles. Cette portion ne peut être remplacée que par un succédané archaïque adéquat et valable partout. Voici un exemplaire clair et simple de cette proposition. Je le dois à *Honegger* qui l'exposa en 1910 à l'Association psychanalytique de Nuremberg :

Un paranoïaque d'intelligence moyenne, qui connaît très bien la forme sphérique de la terre et sa rotation autour du soleil, remplace, dans son système, les connaissances modernes de l'astronomie par un système étudié jusque dans le détail : Ce système mérite le nom d'archaïque, car la terre y est un disque plat au-dessus duquel évolue le soleil. (Se rappeler ici l'exemple du phallus solaire, cité dans la première partie et que nous devons également à *Honegger*.) *Spielrein* aussi nous a fourni quelques exemples très intéressants de *définitions archaïques qui, dans la maladie, se mettent à absorber la signification réelle des termes modernes*. Par exemple sa malade retrouva exactement le sens mythologique de l'alcool, de la boisson d'ivresse : *c'était un écoulement de sperme*. Elle a en outre une symbolique de la cuisson à mettre en parallèle avec l'importante vision alchimiste de *Zozimos* qui, dans un creux de l'autel, trouva de l'eau bouillante et des hommes dedans. (Consulter *Berthelot* : *les Alchimistes grecs* et *Spielrein*.) Cette vision révèle bien le sens primitif de l'Alchimie : une magie primitive de la génération, c'est-à-dire un moyen de créer des enfants sans mère. La malade emploie *terre* ou *eau* pour *mère* (voir *Spielrein*). Je me borne à ces exemples, car l'école de Zurich en apportera une foule.

Mon principe de tout à l'heure : remplacement de la défectueuse fonction du réel, par des substituts archaïques, est corroboré par un excellent paradoxe de *Spielrein* (page 397) : « J'eus maintes fois l'impression que *les malades étaient simplement les victimes d'une superstition régnant dans le peuple* ». En effet, les malades mettent à la place de la réalité des fantaisies, analogues aux produits, réellement inexacts de l'esprit antique, mais qui furent jadis des intuitions de la réalité. La vision de Zozimos montre que *les vieilles superstitions étaient des symboles* permettant d'atteindre les plus lointaines régions ; c'étaient des canaux aussi utiles que commodes, aux époques reculées, pour livrer de la Libido au spirituel. *Spielrein* pense vraisemblablement à un pareil sens biologique du symbole quand elle dit à la page 399 :
« D'ailleurs, il me semble que le symbole provient de la tendance d'un complexus à se dissoudre dans le tout général de la pensée, ce qui lui enlève son caractère personnel. Cette tendance à la dissolution (transformation) de chaque complexus est le ressort de la poésie, de la peinture et de l'art ». Rappelons à ce propos que pour certains Indiens, les premiers hommes étaient nés de l'union d'une poignée de glaive et d'une navette.

Si nous remplaçons ici le concept formel de « complexus » par celui de « quantité de Libido » (c'est-à-dire grandeur affective du complexus), ce que permet la théorie de la Libido, la théorie de *Spielrein* est facile à accorder avec la mienne. En admettant qu'un homme primitif sache ce qu'est l'acte sexuel, jamais, d'après le principe du moindre effort, il ne pourra lui venir à l'esprit de remplacer les organes sexuels par une poignée de glaive ou une navette (comme dans l'exemple précédent). Il lui faudrait alors imaginer quelque chose d'analogue *pour donner un intérêt sexuel à une expression asexuelle. Le mobile qui pousse à exprimer la Libido sexuelle récente par des représentations non sexuelles, c'est, à mon avis, une résistance à la sexualité primitive*.

Cette formation d'analogies fantastiques semble avoir désexualisé toujours plus de Libido. Remplaçant peu à peu par des corrélatifs fantaisistes les besoins primitifs de la Libido sexuelle, on arrivait à une extension considérable du monde, car on assimilait sans cesse de nouveaux objets aux symboles sexuels. Au fond, les contenus de la conscience humaine ne sont-ils pas par hasard formés ainsi en tout ou partie ? En tout cas, il est évident que cette tendance à découvrir des analogies est capitale pour l'évolution mentale de l'homme. *Steinthal* a bien raison de dire qu'on devrait reconnaître au petit mot « comme » une importance inouïe dans l'histoire de l'évolution. On s'imagine aisément que la transmission de Libido à des corrélatifs fantaisistes a permis à l'humanité primitive mainte découverte capitale !

Sur l'histoire du mouvement psychanalytique
(1914)

SIGMUND FREUD

L'opuscule Sur l'histoire du mouvement psychanalytique *peut se lire, en quelque sorte, à partir de sa troisième et dernière partie, et plus précisément à partir de la fin de cette dernière partie, que nous publions ici. Pourquoi Freud, en effet, écrit-il si tôt une histoire de ce qui est encore pour lui-même une recherche en pleine évolution ? Ce sont les circonstances qui lui imposent cette tâche, la défection d'Adler et de Jung, la nécessité où il se trouve de distinguer sa doctrine des théories nouvelles qui s'y opposent.*

La première partie de l'ouvrage, d'ailleurs, le montrerait bien. Revenant sur ce qu'il disait au moment des conférences aux États-Unis, Freud s'affirme ici comme le véritable auteur de la psychanalyse. Mais c'est précisément parce que les autres, fût-ce ceux auxquels il a fait le plus confiance, sont toujours susceptibles de s'en détourner. Lui en revanche se trouve associé, aux yeux de tous, au destin de la psychanalyse. Quand on veut attaquer celle-ci, c'est sur lui que portent les critiques.

Après avoir rappelé l'origine de la psychanalyse, évoqué ses années de solitude, l'arrivée des premiers disciples, la constitution des sociétés de psychanalyse et la création de l'Association internationale, Freud en vient donc à l'histoire des dissidences.

Source : S. Freud, *Zur Geschichte der psychoanalytischen Bewegung*, G.W., t. X, trad. française (Cornélius Heim), *Sur l'histoire du mouvement psychanalytique*, Gallimard, 1991.

[...] LA THÉORIE ADLÉRIENNE fut dès le commencement un « système », ce que la psychanalyse évita soigneusement d'être. C'est aussi un exemple remarquable d'« élaboration secondaire », comparable à celle que la pensée vigile fait subir au matériel du rêve. Celui-ci, dans ce cas, est remplacé par le matériel dégagé récemment par les études psychanalytiques, lequel est dès lors entièrement appréhendé du point de vue du moi, soumis aux catégories habituelles du moi, traduit, détourné, et, exactement comme cela se produit dans la formation du rêve, compris de travers. La théorie adlérienne est ainsi moins caractérisée par ce qu'elle affirme que par ce qu'elle nie[1] ; c'est pourquoi elle se compose de trois éléments de très inégale valeur : de bonnes contributions à la psychologie du moi, de traductions – superflues mais admissibles – des faits analytiques dans le nouveau jargon, de déformations et distorsions de ces derniers, dans la mesure où ils ne conviennent pas aux présupposés qu'exige le moi. Les éléments du premier genre n'ont jamais été méconnus par la psychanalyse, même si elle n'avait pas à leur prêter une attention particulière. Elle avait à témoigner un plus grand intérêt au fait que des composantes libidinales se mêlent à toutes les tendances du moi. La théorie adlérienne insiste sur le contraire, le complément égoïste des motions pulsionnelles libidinales. Ce serait là un bénéfice sensible, si Adler n'utilisait ce qu'il a établi pour nier[2]

1. *Verleugnet.*
2. *Verleugnen.*

chaque fois la motion libidinale au profit de la composante pulsion du moi. Sa théorie fait ainsi ce que font tous les malades, et ce que fait notre pensée consciente en général ; elle utilise la rationalisation, selon le terme de Jones, pour couvrir le motif inconscient. Sur ce chapitre, Adler est si conséquent qu'il va jusqu'à affirmer que l'intention de se poser en maître devant la femme, d'être *en haut*, constitue le plus puissant ressort de l'acte sexuel. Je ne sais s'il a aussi défendu ces énormités dans ses écrits.

La psychanalyse avait reconnu de bonne heure que tout symptôme névrotique doit son existence à un compromis, qui le rend possible. C'est pourquoi il doit satisfaire aussi, d'une manière ou d'une autre, aux exigences du moi qui gère le refoulement, offrir un avantage, admettre une application utile, sans quoi il succomberait précisément au même destin que la motion pulsionnelle originaire, qui a été repoussée. Le terme de « bénéfice de la maladie » a rendu compte de cet état de choses ; on serait même en droit de distinguer le bénéfice primaire du moi, qui doit nécessairement déjà être efficient lors de la genèse du symptôme, d'une part « secondaire » qui vient s'ajouter par étayage sur d'autres intentions du moi, si le symptôme doit s'affirmer. L'analyse savait aussi depuis longtemps que le retrait de ce bénéfice de la maladie, ou sa disparition par suite d'un changement réel, constitue un des mécanismes de la guérison du symptôme. C'est sur ces relations qui ne sont pas difficiles à établir, et qu'on peut constater sans peine, que la doctrine adlérienne met principalement l'accent, en quoi on néglige complètement le fait que dans d'innombrables cas le moi fait simplement de nécessité vertu lorsqu'il supporte, à cause de l'utilité qui s'y attache, l'imposition du symptôme le plus indésirable, par exemple lorsqu'il accepte l'angoisse comme moyen d'assurer sa sécurité. Le moi joue là-dedans le rôle ridicule du sot Auguste des cirques, qui prétend persuader les spectateurs par ses gesticulations que tous les changements qui s'opèrent sur la piste s'accomplissent uniquement par ses ordres. Mais les plus jeunes des spectateurs sont les seuls à le croire.

Quant au deuxième élément constitutif de la doctrine adlérienne, la psychanalyse doit le reconnaître comme son bien propre. Ce n'est rien d'autre que la connaissance psychanalytique que l'auteur a puisée à toutes les sources qui lui étaient accessibles pendant dix années de travail commun et qu'il a ensuite réestampillée à son nom pour en faire son bien par un changement de terminologie. Moi-même je tiens par exemple « garantie » (« *Sicherung* ») pour un meilleur mot que « mesure de protection » (« *Schutzmassregel* »), mais je n'arrive pas à voir là une innovation quant au sens. De même, une foule de traits depuis longtemps connus ressortiraient des thèses adlériennes, si à la place de *fingiert, fiktiv* et *Fiktion*, on rétablissait les termes plus anciens de *phantasiert* et *Phantasie*. La psychanalyse insisterait sur cette identité même si l'auteur n'avait pas participé aux travaux communs durant de longues années.

La troisième partie de la doctrine adlérienne, les réinterprétations et déformations des faits analytiques gênants, contient ce qui sépare définitivement l'analyse de ce qui est désormais devenu la « psychologie individuelle ». La pensée qui inspire le système d'Adler veut, comme on sait, que ce soit l'intention d'auto-affirmation de l'individu, sa « volonté de puissance », qui s'exprime d'une manière dominante dans la conduite de la vie, la formation du caractère et la névrose, sous la forme de la « protestation masculine ». Cette protestation masculine, le moteur adlérien, n'est cependant rien d'autre que le refoulement détaché de son mécanisme psychologique, refoulement en outre sexualisé, ce qui s'accorde mal avec le fameux bannissement de la sexualité, chassée de son rôle dans la vie psychique. La protestation masculine existe certainement, mais en la constituant en moteur du cours de la vie psychique[1], l'observation n'a joué que le rôle du tremplin que l'on quitte pour s'élever. Prenons une des situations fondamentales du désir infantile, l'observation par l'enfant de l'acte sexuel entre adultes. Chez les individus dont l'existence occupera plus tard le médecin, l'analyse prouve qu'à ce moment deux motions se sont emparées du spectateur mineur : l'une, s'il s'agit d'un garçon, de se mettre à la place de l'homme actif ; l'autre, la tendance opposée, de s'identifier à la femme qui souffre cela. Les deux tendances épuisent ensemble les possibilités de plaisir qui résultent de la situation. Seule la première est susceptible d'être subordonnée à la protestation masculine, si vraiment ce concept doit conserver un sens. La seconde tendance, dont le destin n'intéresse pas Adler ou qu'il ne connaît pas, est pourtant celle qui revêtira la plus grande importance pour la névrose à venir. Adler s'est si totalement absorbé dans la limitation jalouse du moi, qu'il ne tient compte que des motions pulsionnelles qui sont agréables au moi et favorisées par lui ; le cas de la névrose, où ces motions s'opposent au moi, se situe précisément en dehors de son horizon.

Pour ce qui est de la tentative – devenue indispensable à la psychanalyse – de rattacher le principe fondamental de la théorie à la vie psychique de l'enfant, Adler s'est écarté très gravement de la réalité de l'observation et a créé les plus graves confusions de concepts. Les sens biologique, social et psychologique de « masculin » et de « féminin » se trouvent par là confondus en un mélange désespérant. Il est impossible, et l'observation doit faire rejeter cette thèse, que l'enfant – de sexe masculin ou féminin – fonde son plan de vie sur une dévalorisation originaire du sexe féminin et se donne pour ligne directrice[2] ce désir : « Je veux devenir un homme véritable. » L'enfant ne soupçonne pas d'abord la signification de la différence des sexes ; il part plutôt de la présupposition que le même organe génital (l'organe mâle) appartient aux deux sexes, il ne commence pas sa recherche par le problème de la différence des sexes, et se tient complètement à l'écart de la dévalorisation sociale de la femme. Il y a des femmes dans la névrose desquelles le désir d'être un homme n'a joué aucun rôle. Ce qu'on peut constater de la protestation masculine se ramène facilement à la perturbation du narcissisme originaire par la menace de castration ou les premiers obstacles à l'activité sexuelle. Tout le débat sur la psychogenèse des névroses doit être en définitive porté sur le terrain des névroses des enfants. La dissection soigneuse d'une névrose à l'âge de la prime enfance met un terme à toutes les erreurs concernant l'étiologie des névroses et aux doutes sur le rôle des pulsions sexuelles. C'est pourquoi d'ailleurs, dans sa critique du travail de Jung « *Über Konflikte der kindlichen Seele*[3] », Adler a dû en venir à insinuer que le matériel du cas avait été arrangé « sans doute par le père » de manière à en assurer l'unité[4].

Je ne veux pas m'attarder davantage sur l'aspect biologique de la théorie adlérienne et n'examinerai pas si l'infériorité d'organe manifeste, ou son sentiment subjectif – on ne sait lequel des deux –, est effectivement en mesure de former la base qui supporte le système adlérien. Nous ne ferons place qu'à une remarque : s'il en était ainsi, la névrose serait un résultat accessoire de la dégénérescence générale, alors que l'observation nous

1. *Des seelischen Geschehens.*
2. *Leitlinie* : terme du « jargon » d'Adler.
3. *Zentralblatt für Psychoanalyse*, vol. I, p. 122.
4. Jung, 1910 *c*.

enseigne qu'une écrasante majorité d'individus laids, difformes, contrefaits, accablés de misères physiques ne réagissent pas à leurs défauts en développant une névrose. Je laisse aussi de côté l'ingénieux expédient qui consiste à déplacer l'infériorité dans le sentiment d'être un enfant. Cet expédient nous montre sous quel travestissement le facteur infantilisme (sur lequel l'analyse insiste tant) fait retour dans la psychologie individuelle. Il me faut en revanche souligner à quel point toutes les acquisitions psychologiques de la psychanalyse se sont évanouies chez Adler. L'inconscient se manifeste encore dans le « tempérament nerveux[1] » en tant que particularité psychologique, mais sans relation avec le système. Par la suite, Adler a déclaré, avec logique, que peu lui importait qu'une représentation fût consciente ou inconsciente. Dès le début, il n'a manifesté aucune compréhension pour le refoulement. Dans le compte rendu d'une communication faite à la Société psychanalytique de Vienne (février 1911), il écrit : « À propos d'un cas, il est montré que le patient n'avait pas refoulé sa libido, puisqu'il cherchait constamment à se protéger contre elle[2]... » À Vienne, il argua peu après dans une discussion : « Si vous demandez d'où vient le refoulement, on vous répond : de la culture. Mais ensuite si vous demandez d'où vient la culture, on vous répond : du refoulement. Vous voyez qu'on ne fait que jouer avec les mots. » Une petite fraction de l'ingéniosité avec laquelle Adler a démasqué les artifices que son « tempérament nerveux » utilise pour se défendre aurait suffi à lui montrer comment sortir de cet argument tortueux. Tout ce qu'il y a là derrière, c'est que la culture repose sur les réalisations dues aux refoulements des générations antérieures et qu'il est demandé à chaque génération nouvelle de maintenir cette culture par la mise en œuvre des mêmes refoulements. J'ai entendu parler d'un enfant qui, s'estimant trompé, se mit à crier parce que, à la question : d'où viennent les œufs ? on lui avait répondu : des poules, et qu'à la question : d'où viennent les poules ? on lui avait déclaré : des œufs. Et pourtant on n'avait pas joué sur les mots, on lui avait dit la vérité.

Tout ce qu'Adler a dit du rêve, ce shibboleth de la psychanalyse, est de tout aussi piètre qualité et vide de contenu. Le rêve fut d'abord pour lui un retournement de la ligne féminine sur la ligne masculine, ce qui ne signifie rien d'autre que la traduction de la théorie de l'accomplissement du désir en rêve dans la langue de la « protestation masculine ». Plus tard il découvre l'essence du rêve en ceci que par lui l'homme parviendrait inconsciemment à ce qui lui est refusé consciemment. Il faut aussi reconnaître à Adler la priorité de la confusion du rêve avec les pensées latentes du rêve, confusion sur laquelle repose la découverte de la « tendance prospective ». Plus tard Maeder (1906) l'a suivi sur ce point. Par une telle confusion on néglige délibérément le fait que toute interprétation d'un rêve qui ne dit rien de compréhensible dans son contenu manifeste repose sur l'application de cette même interprétation du rêve dont on conteste les principes et les conclusions. De la résistance Adler ne trouve rien d'autre à dire sinon qu'elle sert au malade à s'opposer au médecin. Voilà qui est sans doute vrai ; cela signifie seulement que la résistance est au service de la résistance. Mais d'où vient la résistance ? et comment se fait-il que ses manifestations obéissent à l'intention du malade ? Voilà des questions que l'auteur ne discute pas, du fait qu'elles n'intéressent pas le moi. Les mécanismes de détail des symptômes et des phénomènes, la cause de la variété des maladies et des manifestations morbides ne sont pas du tout pris en compte, du moment

1. Adler, 1912.
2. *Korrespondenzblatt*, n° 5, Zurich, avril 1911.

que tout cela est également au service de la protestation masculine, de l'affirmation de soi, de l'exaltation de la personnalité. Le système est achevé, au prix d'une extraordinaire réinterprétation, mais n'a pas pour autant fourni une seule observation nouvelle. Je crois avoir montré qu'il n'a rien à voir avec la psychanalyse.

Le tableau de la vie qui ressort du système adlérien est entièrement fondé sur la pulsion d'agression ; il ne laisse aucun espace à l'amour. On pourrait à vrai dire s'étonner qu'une vision du monde aussi décourageante ait pu obtenir une considération quelconque ; mais on ne doit pas oublier que l'humanité, écrasée sous le joug de ses besoins sexuels, est prête à tout accepter à condition qu'on lui tende l'appât du « surmontement de la sexualité ». [...]

De même que la recherche adlérienne apporta quelque chose de neuf à la psychanalyse, des éléments de psychologie du moi, et voulut faire payer ce cadeau d'un prix bien trop élevé par le rejet de tous les enseignements analytiques fondamentaux, de même Jung et ses partisans ont rattaché leur combat contre la psychanalyse à des acquisitions nouvelles qu'ils avaient faites pour elle. Ils ont suivi dans le détail (voie où Pfister les avait précédés) la manière dont le matériel des représentations[2] sexuelles provenant du complexe familial et du choix d'objet incestueux est utilisé pour la figuration[3] des intérêts éthiques et religieux suprêmes de l'humanité ; ils ont donc expliqué un cas significatif de sublimation des forces pulsionnelles érotiques et de transposition de celles-ci en tendances qu'on ne pouvait plus appeler érotiques. Tout cela était en parfaite harmonie avec les attentes de la psychanalyse et se serait fort bien concilié avec la conception selon laquelle, dans le rêve et la névrose, la dissolution régressive de cette sublimation, aussi bien que de toutes les autres, devient visible. Mais le monde, scandalisé, se serait écrié qu'on sexualisait l'éthique et la religion ! Je ne peux m'empêcher ici de penser, pour une fois, sur le mode « finaliste » et de faire l'hypothèse que les découvreurs ne se sentaient pas en mesure d'affronter une telle tempête d'indignation. Peut-être d'ailleurs commença-t-elle par faire rage en leur propre sein. Les antécédents théologiques de tant de Suisses ne sont pas plus indifférents, quant à leur attitude face à la psychanalyse, que les antécédents socialistes d'Adler quant au développement de sa psychologie. On se souviendra de la fameuse histoire de Mark Twain sur les destinées de sa montre et de l'étonnement avec lequel il conclut : « *And he used to wonder what because of all the unsuccessful tinkers, and gunsmiths, and shoemakers, and blacksmiths ; but nobody could ever tell him*[3]. »

Je recourrai à présent à une comparaison ; je supposerai que dans telle société vit un parvenu qui se vante de descendre d'une famille de vieille noblesse, mais étrangère. Et voilà qu'on vient lui prouver que ses parents vivent quelque part dans les environs et sont des gens très modestes. Il lui reste alors un expédient, et il y recourt. Il ne peut plus renier ses parents, mais affirme qu'eux aussi sont de haute noblesse, mais déchus, et il leur procure, par l'intermédiaire d'une administration complaisante, un certificat attestant leur origine. À mon sens, c'est à peu près comme cela que les Suisses ont dû se comporter. Si l'éthique et la religion n'avaient pas le droit d'être sexualisées mais étaient, dès le commencement, des choses « plus élevées », bien qu'il parût indéniable

1. *Vorstellungen.*
2. *Darstellung.*
3. « Et il se demandait souvent ce que devinrent tous les chaudronniers, armuriers, cordonniers, forgerons qui n'avaient pas eu de succès ; mais personne ne put jamais le lui dire. »

que leurs représentations dérivassent du complexe familial et œdipien, il ne restait plus qu'une issue : dès le début, ces complexes eux-mêmes ne devaient pas signifier ce qu'ils semblaient dire, mais avoir un sens plus élevé, « anagogique » (selon la terminologie de Silberer), grâce auquel ils s'adaptaient à leur utilisation dans les raisonnements abstraits de l'éthique et de la mystique religieuse.

Je m'attends bien sûr à entendre que j'ai mal compris le contenu et l'intention de la théorie néo-zurichoise, mais je prends d'avance mes précautions pour que les contradictions avec ma propre conception qui ressortent des publications de cette école ne soient pas mises à ma charge mais à la leur. Je n'arrive pas à comprendre autrement l'ensemble que forment les innovations de Jung, dans sa cohérence interne. C'est de l'intention d'éliminer le caractère choquant des complexes familiaux, afin de ne pas les retrouver dans la religion et l'éthique, que partent comme autant de rayons toutes les modifications que Jung a fait subir à la psychanalyse. La libido sexuelle a été remplacée par un concept abstrait, dont on est en droit d'affirmer qu'il est demeuré aussi mystérieux et insaisissable pour les sages que pour les fous. Le complexe d'Œdipe n'était pris que « symboliquement » ; en lui la mère signifiait l'inaccessible, ce à quoi on doit nécessairement renoncer dans l'intérêt du développement de la culture ; le père qui est tué dans le mythe d'Œdipe est le père « intérieur », dont on doit se libérer pour devenir autonome. D'autres éléments du matériel sexuel de représentation vont certainement subir avec le temps des réinterprétations analogues. À la place du conflit entre des tendances érotiques opposées au moi et l'affirmation du moi, on vit se dresser le conflit entre la « tâche vitale » et l'« inertie psychique » ; la conscience névrotique d'une culpabilité correspondit au reproche de ne pas se montrer à la hauteur de sa tâche vitale. Un nouveau système religieux-éthique fut ainsi créé qui, tout comme celui d'Adler, devait nécessairement réinterpréter, mutiler et éliminer les résultats effectifs de l'analyse. En réalité, dans la symphonie du cours des choses dans le monde, on avait seulement prêté l'oreille à quelques hautes notes culturelles, en restant une fois de plus sourd à la puissante et primitive mélodie des pulsions. [...]

VIII

LE PHALLUS ET LA CASTRATION

L'objet de la pulsion, pour Freud, se définit comme partiel. Le texte « Pulsions et destins des pulsions » ne fait que le confirmer, puisque cette observation est déjà à l'œuvre dans les Trois Essais sur la théorie sexuelle. *Est-ce à dire que la sexualité infantile, celle qui est déterminante pour le sujet, est inorganisée, qu'on n'y retrouve rien de comparable à ce qui serait pour l'adulte une « synthèse des pulsions partielles sous le primat des organes génitaux » ? Cette question, que Freud pose clairement dans un texte de 1923, « L'organisation génitale infantile »*[1]*, nous amènera à préciser la théorie psychanalytique de la sexualité, ce qui suppose avant tout, on le verra, une présentation de sa théorie du phallus.*

Cet article est assez bref et il pourrait aussi bien passer plus ou moins inaperçu. Depuis 1905, Freud a multiplié les éditions des Trois Essais sur la théorie sexuelle, *et il a ajouté à chaque fois quelques notes plus ou moins longues pour nuancer le texte originel. L'une d'elles, datant de 1910, n'est d'ailleurs pas sans importance. Elle concerne l'auto-érotisme : si l'enfant a une activité qui peut être dite sexuelle, si en même temps il ne peut établir avec autrui des rapports sexuels semblables à ceux de l'adulte, sa sexualité semble relever nécessairement de l'auto-érotisme. Si l'on considère par exemple l'oralité, la pulsion sexuelle y apparaît étayée sur le besoin physiologique, celui de la nutrition. Avec le sevrage elle s'autonomise, en se retournant sur le corps propre, en prenant la forme bien connue du suçotement. Pourtant, en 1910, se référant à l'analyse du « petit Hans », analyse conduite par le père de cet enfant sous sa direction, Freud en vient à contester sa propre description, dans la mesure où celle-ci « pose la distinction conceptuelle des deux phases de l'*auto-érotisme *et de l'*amour d'objet *également comme une séparation temporelle ». « Les enfants de trois à cinq ans, remarque-t-il, sont capables d'un* choix d'objet *tout à fait perceptible et accompagné d'affects violents »*[2].

1. Voir *infra*, p. 187, sq.
2. Voir *supra*, p. 56. Notons que cette question a été l'occasion de divergences d'appréciations entre différents courants de la psychanalyse. Alors que pour les « viennois » l'auto-érotisme se maintenait comme période distincte du développement de l'enfant, les « hongrois » et en particulier Alice et Michaël Balint insistaient sur le fait que dès le début de la vie il y a relation d'objet, et notamment dans la toute première étape, celle de l'« amour d'objet primaire », étape où la mère et l'enfant s'aiment d'un amour cannibalique parfaitement réciproque en même temps que parfaitement égoïste, chacun niant d'une certaine façon les intérêts propres de l'autre. Lacan, plus tard, devait reconnaître que tout enfant se trouve d'emblée tourné vers l'autre, tout en contestant certaines des conséquences qu'en tiraient Balint et ceux qui, en France, s'étaient fait les théoriciens de la relation d'objet (Maurice Bouvet par exemple). Voir là-dessus R. Chemama, « Lire Balint avec Lacan. De l'amour primaire à la théorie de la fin de la cure ». Le Discours psychanalytique, n° 5, février 1991, Éditions J. Clims – Association freudienne.

Voilà en tout cas où les choses en sont en 1923. Très souvent, dit Freud, « l'ensemble des tendances sexuelles de l'enfant se dirige vers une personne unique et cherche à atteindre son but en elle ». Dès lors la seule différence entre la sexualité infantile et la sexualité post-pubère semble être que, dans l'enfance, « le rassemblement des pulsions partielles et leur subordination sous le primat des organes génitaux n'ont pas été menés à bien dans l'enfance ou seulement très imparfaitement[1] ». Ce primat de toute façon a surtout pour fonction d'assurer la reproduction, ce qui ne concerne évidemment pas l'enfant.

C'est cette thèse que le texte sur « l'organisation génitale infantile » va venir rectifier. Certes, dans l'enfance, « on ne parvient pas à un exact rassemblement des pulsions partielles sous le primat des organes génitaux[2] ». Mais « au faîte u parcours de développement de la sexualité infantile, l'intérêt pour les organes génitaux et l'activité génitale acquièrent une signification dominante ». Cet intérêt centré sur la génitalité va permettre de concevoir la sexualité infantile comme réellement « organisée », et non plus seulement comme un rassemblement incohérent de pulsions diverses.

Alors, encore une fois, quelle est la différence entre sexualité infantile et sexualité adulte ? Si à chaque nouvelle élaboration elle se résorbe un peu plus, qu'en reste-t-il pour finir ? Freud propose ici une réponse, mais il se trouve que cette réponse, à y regarder de près, bouleverse le contexte où elle vient s'inscrire. C'est une réponse qui change le sens même de la question à laquelle elle répond.

« Le caractère principal de cette "organisation génitale infantile", écrit Freud, est en même temps ce qui la différencie de l'organisation génitale définitive de l'adulte. Il réside en ceci que, pour les deux sexes un seul organe génital, l'organe mâle, joue un rôle. Il n'existe donc pas un primat génital, mais un primat du phallus[4] ».

Bien sûr, en lisant le texte on saisit assez bien, à un premier niveau, ce que Freud peut vouloir dire. Confronté à l'énigme de la différence des sexes, le petit garçon suppose d'abord que tous les êtres vivants possèdent un pénis. Ce n'est qu'ensuite qu'il en vient à reconnaître que les femmes, ou déjà les petites filles qui l'entourent, en sont dépourvues. Lorsqu'il reconnaît finalement le manque de pénis, il l'attribue à une castration : c'est au fond maintenir la croyance au pénis comme attribut en droit universel de l'humanité, voire de toute espèce vivante[5]. Mais on comprend aussi que, dans un premier temps, il jette un voile sur son observation, inquiétante parce qu'elle laisse planer une menace sur ce que lui-même possède[6]. Quant à la petite fille, même si Freud ne s'estime pas en 1923 capable de donner une description du phénomène, il lui semble que pour elle aussi « l'intérêt pour les organes génitaux » est surtout un intérêt pour le pénis[7].

Mais comment ne pas voir alors ce qui, ici, se trouve bouleversé ? Si pour les deux sexes un seul « organe » joue un rôle, si dans un cas comme dans l'autre un même « organe » vient organiser le champ sexuel, cet « organe » en est-il vraiment un ? Au

1. Voir *infra*, p. 188-189.
2. Voir *infra*, p.189.
3. *Ibid.*
4. *Ibid.*
5. Le petit Hans l'attribuait à tout ce qui était animé (une locomotive par exemple).
6. Notons que la reconnaissance de la différence des sexes est contemporaine de l'Œdipe, de la rivalité avec le père, de la culpabilité et de la crainte inconsciente de rétorsion : c'est sans doute celles-ci qui conduisent à interpréter cette différence en termes de castration.
7. L'histoire de la psychanalyse devait montrer qu'effectivement le « phallus » représentait le référent de la sexuation féminine comme de la sexuation masculine, même si la fonction phallique ne se présentait pas de la même façon d'un côté et de l'autre. Sur ce point voir *infra*, chapitre XVIII.

niveau organique, au niveau biologique, chaque sexe a le sien, avec son anatomie, sa physiologie, sa jouissance propres. À vrai dire c'est de tout autre chose qu'il s'agit. Il s'agit du phallus comme représentant de ce qu'on peut avoir ou ne pas avoir, de ce qu'on risque de perdre, de ce qui est investi d'une valeur tout à fait exceptionnelle. Il s'agit, disons-le, d'un symbole. Ce même symbole que les civilisations antiques érigent en divinité, symbole de la vie et de la fécondité, symbole de la turgescence du réel ; et dès lors il s'agit aussi de ce phallus qui se présente toujours voilé dans les mystères antiques, parce qu'il est interdit à la mesure même de son pouvoir, parce qu'au fond il est symbole de l'interdit tout autant que du désir. Et on peut ajouter qu'il est par là également symbole de la castration, si celle-ci ne se confond pas avec la représentation d'une mutilation, si elle désigne plutôt la loi qui régit notre désir.

Ainsi c'est autour de cette notion du phallus qu'on peut ordonner l'ensemble des textes que Freud consacre à la Vie sexuelle[1]. *En simplifiant on pourrait dire qu'avant 1923, on voit émerger peu à peu la nécessité d'une théorie du phallus comme symbole ; et qu'après 1923, Freud, muni de cette théorie, peut en tirer toutes les conséquences cliniques.*

Prenons, par exemple, un article comme « Sur les transpositions de pulsions plus particulièrement dans l'érotisme anal[2] ». Il y est question de l'équivalence, pour l'inconscient, de l'excrément, du pénis, et de l'enfant. Cette équivalence peut surprendre ; la clinique, dont l'article rend assez bien compte, l'impose chaque jour. Mais il va de soi que ces termes ne s'équivalent ni au niveau réel, ni même en tant qu'images. Pour qu'ils puissent être, dans l'inconscient, substituables, échangeables, il faut qu'ils participent d'un ordre commun, l'ordre symbolique en l'occurrence, par lequel ils se trouvent homogénéisés. C'est dire qu'au-delà du pénis réel, il faut prêter attention à ce qui est au principe des équivalences, au phallus. Si l'enfant et l'excrément, « la verge d'excrément », font série avec le pénis, c'est qu'ils sont phallicisés. Ajoutons que l'ordre des équivalences fonctionne parallèlement à l'ordre même de la langue. En allemand, rappelle Freud, « l'enfant, tout comme le pénis s'appelle "le petit" ».

Venons-en maintenant à un article plus tardif, celui de 1927 sur « le fétichisme »[3]. C'est un article qui a une grande importance clinique, et qu'on ne pourrait lire de façon tout à fait satisfaisante si l'on ne disposait pas d'une théorie du phallus comme symbole, voire comme signifiant.

Du fétichisme nous savons qu'il consiste à élire un objet particulier, une partie du corps du partenaire, par exemple, ou une pièce de vêtement, et à lui attribuer une valeur érotique tout à fait singulière, au point que sa présence, sa manipulation, peuvent apparaître comme une condition nécessaire de la jouissance sexuelle. Le fétichisme peut à lui seul constituer l'essentiel de l'intérêt sexuel ; il trouve par ailleurs une place dans d'autres perversions (fétichisme du fouet dans le sadisme par exemple) ; mais il joue aussi, sous une forme plus discrète, un rôle dans la sexualité « normale », notamment dans la sexualité masculine, puisque les hommes sont plus souvent qu'ils ne le croient à la recherche d'un trait particulier chez leur partenaire, trait particulier indispensable pour qu'ils puissent la désirer.

1. S. Freud, *la Vie sexuelle*, P.U.F., 1969.
2. S. Freud, « Sur les transpositions de pulsions plus particulièrement dans l'érotisme anal », in *la Vie sexuelle*, P.U.F., 1969.
3. S. Freud, « le Fétichisme », in *la Vie sexuelle*, P.U.F., 1969.

Qu'en est-il cependant du fétiche lui-même ? Qu'est-ce qui lui donne sa valeur, apparemment exorbitante ? Freud, dans son article, commence par dire que « le fétiche est un substitut du pénis ». Mais il précise tout de suite : ce phallus, c'est le phallus de la mère, phallus à l'existence duquel l'enfant a cru, et auquel il ne veut pas renoncer, déniant ainsi la possibilité de la castration.

Or, quand on suit de près le texte, on s'aperçoit que l'affaire est assez complexe. Certes l'enfant a nié la castration ; mais en même temps il l'a par ailleurs reconnue, à la différence du psychotique qui « se détache d'un morceau de la réalité », qui peut donc « forclore » cette castration[1]*. Il y a eu « clivage », et ce clivage apparaît dans la clinique, ainsi qu'on peut le voir dans quelques exemples que Freud présente à la fin du texte : « Dans des cas très subtils, c'est dans la construction même du fétiche qu'aussi bien le déni que l'affirmation de la castration ont trouvé accès. C'était le cas pour un homme dont le fétiche était une gaine pubienne qu'il pouvait aussi porter comme slip de bain. Cette pièce vestimentaire cachait totalement les organes génitaux, donc la différence entre les organes génitaux ». Ainsi elle permettait de penser « ou que la femme était châtrée, ou qu'elle n'était pas châtrée », et même ajoute Freud elle permet « de supposer la castration de l'homme ».*

Si le fétiche représente le phallus, c'est un phallus très particulier, c'est le phallus de la mère, en tant que celle-ci peut être dite en même temps l'avoir et ne pas l'avoir. Or cette dimension, où le manque réapparaît derrière l'objet qui le nie, c'est précisément celle du symbole, qui représente la chose mais qui ne se confond pas avec elle. Mieux, c'est celle du signifiant, s'il est vrai que le mot rend inutile la présence concrète de la chose, au point que d'une certaine façon il l'annule en la représentant. Le fétiche, en tant que pénis de la mère, *c'est le signifiant phallique lui-même*[2]*. On voit combien une telle approche nous éloigne d'une conception objectivante de la psychopathologie sexuelle, puisqu'elle aborde ce qu'il en est du fétichisme à partir de ce qui est constitutif du rapport de tout sujet au phallus, et plus généralement à l'ordre symbolique.*

Sur les transpositions de pulsions plus particulièrement dans l'érotisme anal

(1917)

SIGMUND FREUD

L'article de Freud « Sur les transpositions de pulsions plus particulièrement dans l'érotisme anal » a une portée beaucoup plus large que son titre ne pourrait le laisser supposer. Certes Freud a souligné, dès les Trois Essais, *la place des pulsions partielles dans le développement de la libido, la place en particulier de cet « érotisme*

1. Freud explique le fétichisme à partir du déni (Verleugnung) de la castration, déni qui peut subsister parallèlement à une reconnaissance de celle-ci. Il use par ailleurs du terme de Verwerfung pour désigner la façon dont un sujet peut rejeter radicalement une perception (et éventuellement celle de la castration), ne pas du tout la symboliser. C'est à partir de cette notion de *Verwerfung* que Lacan introduira le concept de forclusion, et plus précisément de forclusion du Nom-du-Père, c'est-à-dire de forclusion de ce qui est constitutif de l'interdit.
2. J. Lacan a développé ce point dans un *Séminaire*, actuellement encore inédit, *la Relation d'objet et les structures freudiennes*.

anal » dont il parle ici. Il a par ailleurs écrit, en 1913, une préface au livre important de J.G. Bourke, Scatologic Rites of all Nations, *qui démontre l'intérêt considérable que les civilisations les plus diverses ont accordé aux fonctions excrémentielles. D'un point de vue clinique il a déjà eu l'occasion de souligner le lien entre la pulsion anale et le caractère obsessionnel. Mais ici il s'agit de tout autre chose. Il s'agit d'une équivalence entre des termes apparemment très éloignés, mais qui dans l'inconscient peuvent aisément se substituer l'un à l'autre. Pénis = fèces = enfant, voici l'équation que Freud met en place dans cet article, et l'on voit bien à quel point ici la relation entre les termes modifie la valeur des termes eux-mêmes.*

En se reportant au texte, le lecteur verra à travers quelle analyse Freud peut dégager cette équation dans toute sa simplicité. Il donne une place importante, au départ, à « l'envie du pénis » chez la femme (il va jusqu'à dire que lorsque celui-ci se change en désir de l'homme, ce nouveau désir « agrée l'homme en tant qu'appendice du pénis »). Il montre aussi comment ce désir du pénis se trouve remplacé, chez de nombreuses femmes, par le désir d'avoir un enfant. À partir de là on peut introduire un troisième terme, l'excrément : « [...] Un témoignage linguistique de cette identité de l'enfant et de l'excrément est contenu dans l'expression : *donner* un enfant. L'excrément est précisément le premier *cadeau* [...] ».

L'équation colonne d'excrément-pénis-enfant est bien sûr érotisée : « [...] Lorsque l'enfant entre en scène, les investigations sexuelles le reconnaissent comme « Lumpf » et l'investissent d'un intérêt érotique anal puissant. Le désir d'enfant reçoit un second renfort provenant de la même source lorsque l'expérience sociale apprend que l'on peut aussi considérer l'enfant comme une preuve d'amour, comme un cadeau. Ces trois choses : colonne d'excrément, pénis et enfant sont toutes les trois des corps solides qui excitent en y pénétrant ou en s'en retirant un conduit de membrane muqueuse (le rectum, et le vagin, dont, selon un bon mot de Lou Andreas-Salomé, on lui fait en même temps la location). [...] » *Lumpf est le terme utilisé par le petit Hans pour désigner les excréments.*

Source : S. Freud, *Über Triebumsetzungen insbesondere der Analerotik*, G.W., t. X, trad. française (Denise Berger), « Sur les transpositions de pulsions plus particulièrement dans l'érotisme anal », *in* S. Freud, *la Vie sexuelle*, P.U.F., 1969.

L'organisation génitale infantile

(1923)

SIGMUND FREUD

Reprenant en 1923 la question de la sexualité infantile, Freud indique qu'il a été amené à la rapprocher davantage de la sexualité adulte. Cela peut susciter deux séries de remarques.

Tout d'abord on peut relever que si les ressemblances commencent à prendre le pas sur les différences, c'est que depuis les Trois Essais *l'intérêt s'est déplacé. « Finalement, dit Freud, c'est l'*investigation sexuelle *infantile qui retint notre intérêt. » Comment mieux dire qu'il ne s'agit pas tant ici de pulsions articulées avec des besoins biologiques, mais plutôt de pulsions orientées par un questionnement sur la sexualité ?*

Ensuite, ce qui rapproche, selon Freud, sexualité infantile et sexualité adulte c'est que l'enfant, comme l'adulte, accorde un intérêt particulier à l'activité génitale et aux organes génitaux. En revanche pour lui un seul organe génital, l'organe mâle, joue un rôle. Nous avons déjà dit plus haut (p. 184) que cela seul suffisait à faire que cet « organe génital » n'en soit pas un. Mais il y a plus : si la question du phallus a cette place pour les deux sexes, on peut se demander si quelque chose vient encore distinguer la position masculine et la position féminine. En tant qu'elle s'organise au « stade phallique », la sexualité de tous – hommes et femmes – renverrait au même référent, au phallus. Et parce que celui-ci fonctionne comme signifiant de ce qui peut faire défaut, la sexualité de tous serait également marquée par la castration. Cela ne manquera pas de poser, par la suite, quelques questions, d'autant que Freud souligne dans son texte que « nous ne pouvons décrire cet état de choses que chez l'enfant mâle ». Sur ces questions, voir infra, *chapitre XVIII.*

Source : S. Freud, *Die infantile Genitalorganisation*, G.W., XIII, trad. française (J. Doron, R. Doron), « L'organisation génitale infantile » in *Œuvres complètes*, P.U.F., 1991.

Bibliographie : E. Jones, « Le stade phallique », in *Théorie et Pratique de la psychanalyse*, Payot, 1969 ; J. Lacan, « La signification du phallus », in *Écrits*, Seuil, 1966.

IL EST TOUT À FAIT SPÉCIFIQUE de la difficulté du travail de recherche en psychanalyse qu'on puisse ne pas voir, malgré une observation incessante durant des dizaines d'années, des traits généraux et des faits caractéristiques, jusqu'au jour où ils finissent par vous faire front sans pouvoir être méconnus ; c'est une semblable négligence dans le domaine du développement sexuel infantile que je voudrais réparer par les remarques suivantes.

Les lecteurs de mes « *Trois traités sur la théorie sexuelle* »[1] (1905) sauront bien que dans les éditions ultérieures de cet écrit je n'ai jamais entrepris un remaniement, mais que j'ai conservé l'ordonnancement originel et que je me suis conformé aux progrès de notre connaissance au moyen d'intercalations et de modifications du texte. Ce faisant, il a pu souvent arriver que l'ancien et le nouveau ne se soient pas bien laissés fusionner en une unité exempte de contradictions. Au début, en effet, l'accent portait sur la présentation de la diversité fondamentale dans la vie sexuelle, chez les enfants et chez les adultes, plus tard se poussèrent au premier plan les organisations prégénitales de la libido et le fait remarquable et lourd de conséquences de l'instauration en deux temps du développement sexuel. Enfin la recherche sexuelle infantile requit notre intérêt, et, à partir d'elle on dut reconnaître l'ample rapprochement de l'issue de la sexualité infantile (vers la cinquième année) avec la configuration finale chez l'adulte. J'en suis resté là dans la dernière édition de la théorie sexuelle (1922).

À la page 63[2] de celle-ci je mentionne que « fréquemment ou régulièrement un choix d'objet est effectué déjà dans les années d'enfance, semblable à celui que nous avons posé comme caractéristique de la phase de développement de la puberté, de manière que l'ensemble des tendances sexuelles se dirigent sur une personne unique, dans laquelle elles veulent atteindre leur but. C'est là le plus grand rapprochement qui est possible dans les années d'enfance avec la configuration définitive de la vie sexuelle après la puberté. La différence avec cette dernière réside alors seulement en ceci que le rassemblement des pulsions partielles et leur subordination sous le primat

1. *Drei Abhandlungen zur Sexualtheorie, G.W.*, V ; *OCF.P*, VI.
2. Cf. *G.W.*, V, p. 100.

des organes génitaux n'ont pas été menés à bien dans l'enfance ou seulement très imparfaitement. L'instauration de ce primat au service de la reproduction est donc la dernière phase que parcourt l'organisation sexuelle. »

Aujourd'hui je me déclarerais plus satisfait de la thèse selon laquelle le primat des organes génitaux ne serait pas réalisé ou ne le serait que très imparfaitement dans la période infantile-précoce. Le rapprochement de la vie sexuelle enfantine avec celle des adultes va beaucoup plus loin et ne se rapporte pas seulement à la survenue d'un choix d'objet. Même si on ne parvient pas à un exact rassemblement des pulsions partielles sous le primat des organes génitaux, néanmoins, au faîte du parcours de développement de la sexualité infantile, l'intérêt pour les organes génitaux et l'activité génitale acquièrent une significativité dominante, qui le cède de peu à celle de la maturité. Le caractère majeur de cette « organisation génitale infantile » est en même temps sa différence avec l'organisation génitale définitive des adultes. Il réside en ceci que pour les deux sexes, un seul organe génital, le masculin, joue un rôle. Il n'existe donc pas un primat génital, mais un primat du phallus.

Malheureusement nous ne pouvons décrire cet état de fait que pour l'enfant masculin, l'intelligence des processus correspondants chez la petite fille nous manque. Le petit garçon perçoit certainement la différence entre hommes et femmes, mais il n'a pas tout d'abord l'occasion de la mettre en rapport avec une diversité de leurs organes génitaux. Il lui est naturel de présupposer un organe génital, semblable à celui qu'il possède lui-même, chez tous les autres êtres vivants, humains et animaux, et nous savons même qu'il recherche aussi dans les choses inanimées une formation analogue à son membre[1]. Cette partie du corps facilement excitée, modifiable, si riche en sensations, occupe à un degré élevé l'intérêt du garçon et assigne sans cesse de nouvelles tâches à sa pulsion de chercheur. Il voudrait la voir aussi chez d'autres personnes pour la comparer avec la sienne propre, il se comporte comme s'il avait vaguement idée que ce membre pourrait et devrait être plus grand ; la force pulsante que cette partie masculine déploiera plus tard à la puberté se manifeste à cette époque de la vie essentiellement comme poussée de recherche, comme curiosité sexuelle. Bien des exhibitions et des agressions auxquelles l'enfant procède, et qu'à un âge plus avancé on jugerait sans hésiter comme des manifestations de concupiscence, se révèlent à l'analyse comme des expérimentations employées au service de la recherche sexuelle.

Au cours de ces investigations l'enfant parvient à la découverte que le pénis n'est pas un bien commun de tous les êtres semblables à lui. La vue fortuite des organes génitaux d'une petite soeur ou d'une compagne de jeux donne à cela l'impulsion ; des enfants perspicaces ont, auparavant déjà, partant de leurs perceptions lorsque les filles urinent, parce qu'ils voient une autre position et entendent un autre bruit, puisé le soupçon qu'il y a ici quelque chose d'autre, et ont ensuite essayé de répéter de telles observations de manière à s'éclairer. On sait comment ils réagissent aux premières impressions du manque de pénis. Ils dénient[2] ce manque, croient cependant voir un membre ; enjolivent la contradiction entre observation et préjugé, par cet expédient qu'il est encore petit et n'a plus à grandir, et ils arrivent alors lentement à la conclusion affectivement significative qu'il a du moins bien été présent, mais qu'ensuite il a été

1. Il vaut au demeurant de remarquer combien l'autre partie de l'organe génital masculin, les bourses avec ce qu'elles incluent, attire une faible dose d'attention chez l'enfant. À partir des analyses on ne pourrait pas deviner que quelque chose d'autre que le pénis appartient à l'organe génital.
2. *Leugnen.*

enlevé. Le manque de pénis est saisi comme résultat d'une castration et l'enfant se trouve maintenant devant la tâche de s'affronter à la relation de la castration à sa propre personne. Les développements ultérieurs sont trop généralement connus pour qu'il soit nécessaire de les répéter ici. Il me semble seulement qu'on ne peut prendre en compte exactement la significativité du complexe de castration que si l'on prend conjointement en considération son apparition à la phase du primat du phallus[1].

On sait aussi quel degré de dépréciation de la femme, d'horreur de la femme, de disposition à l'homosexualité découle de la conviction finale de l'absence de pénis chez la femme. Ferenczi a récemment ramené à bon droit le symbole mythologique de l'horreur, la tête de Méduse, à l'impression produite par l'organe génital féminin dénoué de pénis[2].

Qu'on ne croit pourtant pas que l'enfant généralise si rapidement et si volontiers son observation selon laquelle maintes personnes féminines ne possèdent pas de pénis ; à ceci fait déjà obstacle l'hypothèse que l'absence de pénis est la conséquence de la castration en tant que punition. Au contraire, l'enfant est d'avis que seules des personnes féminines indignes, qui se sont vraisemblablement rendues coupables de semblables motions prohibées, en auraient perdu l'organe génital. Mais des femmes respectées comme la mère conservent le pénis longtemps encore. Être femme ne coïncide justement pas encore pour l'enfant avec manque de pénis[3]. C'est seulement plus tard, lorsque l'enfant s'attaque aux problèmes de la genèse de la naissance des enfants et devine que seules des femmes peuvent mettre au monde des enfants, que la mère subit elle aussi la perte du pénis et que parfois sont édifiées des théories tout à fait compliquées qui sont censées expliquer l'échange du pénis contre un enfant. L'organe génital féminin semble à cette occasion ne jamais être découvert. Comme nous le savons, l'enfant vit dans le ventre (intestin) de la mère et est mis au monde par l'issue de l'intestin. Avec ces dernières théories nous débordons au-delà de la durée de la période sexuelle infantile.

Il n'est pas sans importance d'envisager par quelles transformations passe la polarité sexuée, pour nous courante, pendant le développement sexuel enfantin. Une première opposition est introduite avec le choix d'objet qui présuppose en effet sujet et objet. Au stade de l'organisation prégénitale sadique-anale on ne peut pas encore parler de masculin et féminin, l'opposition dominante est celle entre *actif* et *passif*[4]. Au stade qui suit maintenant, celui de l'organisation génitale infantile, il existe certes un *masculin*, mais pas de féminin ; l'opposition s'énonce ici : *organe génital masculin* ou *castré*. C'est seulement avec l'achèvement du développement au temps de la puberté

1. On a avec raison attiré l'attention sur ceci que l'enfant acquiert la représentation d'un endommagement narcissique par perte corporelle à partir du fait de perdre le sein maternel après avoir tété, à partir de la remise quotidienne des fèces, et même déjà à partir de la séparation d'avec le ventre maternel lors de la naissance. Mais on ne devrait pourtant parler d'un complexe de castration qu'à partir du moment où cette représentation d'une perte s'est connectée avec l'organe génital masculin.

2. *Internationale Zeitschrift für Psychoanalyse*, IX, 1923, n° 1, (69). Je voudrais ajouter que dans le mythe il s'agit de l'organe génital de la mère. Athéna, qui porte la tête de Méduse sur sa cuirasse, devient par là même la femme inapprochable, dont la vue étouffe toute idée de rapprochement sexuel.

3. À partir de l'analyse d'une jeune femme j'appris qu'elle, qui n'avait pas de père et avait plusieurs tantes, s'en tint jusque loin dans le temps de latence au pénis de la mère et de quelques-unes de ses tantes. Mais elle tenait une tante faible d'esprit pour castrée, telle qu'elle se ressentait elle-même.

4. Voir Trois traités sur la théorie sexuelle (*Drei Abhandlungen zur Sexualtheorie*) 5e éd., p. 62 (*G.W.*, V, p. 99 ; *OCF.P*, VI).

que la polarité sexuelle coïncide avec *masculin* et *féminin*. Le masculin regroupe le sujet, l'activité et la possession du pénis, le féminin continue l'objet et la passivité. Le vagin est maintenant estimé être gîte du pénis, il assume l'héritage du ventre maternel.

Le fétichisme

(1927)

SIGMUND FREUD

Le fétichisme a été longuement décrit, au XIX*e siècle, par des auteurs comme Havelock Ellis ou Krafft-Ebing. Dans leurs œuvres, consacrées à la psychopathologie de la vie sexuelle, il apparaît assez clairement que, outre la place qui est la sienne en tant que pratique spécifique, il entre à titre de composante non négligeable dans nombre de perversions. La psychanalyse élargira encore son extension en montrant qu'un certain degré de fétichisme se rencontre très fréquemment dans la vie sexuelle « normale ».*

Dans les Trois Essais sur la sexualité, *la question du fétiche est introduite à partir de la « surestimation sexuelle » d'une partie du corps du partenaire (pied, chevelure, etc.) ou d'une pièce de son vêtement, et Freud se montre assez proche de Binet, qui invoque à l'origine du fétichisme une impression sexuelle ressentie précocement, mais tout de même après cinq ou six ans. Freud critique ces thèses dans une note ajoutée en 1920. De fait il en vient en 1927 à une approche toute différente, beaucoup plus structurale, pourrait-on dire. Le fétichisme est lié à la question de la castration, qui se pose à tous. Le fétichiste nie la castration. Il la reconnaît pourtant en même temps. De nombreux exemples le démontrent, à commencer par celui des coupeurs de nattes. Freud évoque aussi le choix, comme fétiche, d'une gaine pubienne :* « [...] Dans des cas très subtils, c'est dans la construction même du fétiche qu'aussi bien le déni que l'affirmation de la castration ont trouvé accès. C'était le cas pour un homme dont le fétiche était une gaine pubienne qu'il pouvait aussi porter comme slip de bain. Cette pièce vestimentaire cachait totalement les organes génitaux, donc la différence entre les organes génitaux. Selon les documents de l'analyse cela signifiait aussi bien ou que la femme était châtrée ou qu'elle n'était pas châtrée et cela permettait par surcroît de supposer la castration de l'homme, car toutes les possibilités pouvaient parfaitement se dissimuler derrière la gaine dont l'ébauche était la feuille de vigne d'une statue vue dans l'enfance. [...] »

D'une manière plus générale : « [...] Il n'est pas juste de dire que l'enfant ayant observé une femme a sauvé, sans la modifier, sa croyance que la femme a un phallus. Il a conservé cette croyance mais il l'a aussi abandonnée ; il en est arrivé à un compromis comme il n'en est de possible que sous la domination des lois de la pensée inconsciente – les processus primaires. Dans le psychisme de ce sujet, la femme possède certes bien un pénis, mais ce pénis n'est plus celui qu'il était avant. [...] »

On voit assez clairement ici que le fétiche n'est pas assimilé au pénis comme organe. C'est un pénis qui « n'est plus ce qu'il était avant ». C'est un pénis différent de lui-même. Bref, c'est plutôt un symbole. C'est le phallus comme symbole.

Pour Freud, lorsque le sujet affirme et nie à la fois la castration, il faut parler de clivage. Il reviendra sur cette notion dans « Le clivage du moi dans le processus de défense ».

Source : S. Freud, *Fetichismus*, G.W., t. XIV, trad. française (Denise Berger) : « Le fétichisme » in *la Vie sexuelle*, P.U.F., 1969.

Bibliographie : S. Freud, « Le clivage du moi dans le processus de défense », in *Résultats, idées, problèmes*, II, P.U.F., 1985. *Objets du fétichisme,* Nouvelle revue de psychanalyse, n° 2, 1970.

IX

STRUCTURES DU DÉLIRE, FANTASMES PERVERS, SYMPTÔMES NÉVROTIQUES

Freud aborde le champ de la clinique avec un projet global. Même s'il articule très finement ce qui spécifie chaque structure, il n'hésite pas à dessiner des perspectives beaucoup plus larges, il propose un panorama somme toute très vaste de la pathologie mentale en général. Ainsi écrit-il dans les Trois Essais sur la théorie sexuelle *que « les fantasmes clairement conscients des pervers, qui, dans des circonstances propices sont convertis en dispositifs, les craintes délirantes des paranoïaques qui sont projetées sur d'autres dans un sens hostile et les fantasmes inconscients des hystériques, que l'on découvre derrière leurs symptômes grâce à la psychanalyse, coïncident en leur contenu jusque dans les moindres détails »*[1].

Un tel projet n'a pas seulement une portée clinique. Il a aussi une dimension éthique : le pervers et le psychotique ne sont alors plus relégués dans une différence irréductible avec ce qui fait le fond le plus ordinaire de la souffrance psychique, à savoir la névrose. S'il y a une approche théorique commune de toute la pathologie mentale, on peut espérer que, dans la pratique clinique ou sociale, fous et pervers ne seront pas traités comme étrangers à la communauté humaine.

Il faut reconnaître que Freud n'eut pas souvent l'occasion de conduire très avant l'expérience de la cure avec des psychotiques ou des pervers. Du moins sut-il retrouver dans la psychose la trace de conflits très proches de ceux qu'il analysait chez ses patients névrosés. Et surtout, il put pousser plus loin une de ses premières intuitions : celle qui assimile tout fantasme – y compris chez le névrosé – à un fantasme pervers.

Les « Remarques psychanalytiques sur l'autobiographie d'un cas de paranoïa (le président Schreber) » publiées dans les Cinq psychanalyses *représentent l'œuvre majeure de Freud sur la psychose. Il y est question de la « maladie » d'un homme intelligent, juriste éminent, qui avait été atteint d'hypocondrie en 1884-85, puis avait développé une paranoïa typique à partir de 1893. Après une période de grande souffrance psychique, période durant laquelle Schreber se croit mort et décomposé, ou, encore, est persuadé de la fin du monde, son délire se structure autour de quelques thèmes essentiels. Il est notamment persuadé qu'il va être transformé en femme. Mais, là encore, on peut distinguer deux temps. Alors qu'au début, cette représentation n'a qu'un aspect vexatoire, persécutif, insupportable (femme, il va être livré à la jouissance d'autres*

1. Freud, *Trois Essais sur la théorie sexuelle*, Gallimard, 1987, p. 80.

hommes puis « laissé en plan »), il se réconcilie ensuite avec l'idée de la féminisation. Sa transformation entre alors dans l'ordre de l'univers, elle aura valeur de « rédemption ». Femme de Dieu, il sera fécondé par les rayons divins et donnera naissance à une nouvelle race d'hommes. Or, après ce virage dans le délire, Schreber se retrouve devant une réalité pacifiée, le monde se reconstruit, se repeuple, les hommes qui l'entourent ne sont plus ces êtres « bâclés à la six-quatre-deux » qu'il imaginait dans les moments les plus pénibles. En bref, Freud peut dire que le délire a fonction de « tentative de guérison ». Cela aussi marque la dimension éthique dans l'abord psychanalytique de la psychose.

Venons-en à présent aux articulations freudiennes concernant le mécanisme de la paranoïa. Elles se rattachent à une thèse générale concernant le rapport entre la paranoïa et l'homosexualité. Mais il est surtout intéressant de suivre la méthode que Freud utilise pour décrire ce mécanisme.

Que la paranoïa renvoie à la question de l'homosexualité, le cas Schreber semble bien l'illustrer, s'il est vrai que le délire de féminisation projette à l'extérieur un amour homosexuel pour Flechsig, le médecin qui avait soigné Schreber lors de sa première maladie, tout en transformant cet amour en persécution[1]*. Mais comment se représenter le mécanisme qui transforme une pulsion homosexuelle en processus pathologique ?*

La présentation de cette question dans le chapitre du « mécanisme de la paranoïa »[2] *commence de façon assez classiquement génétique. Freud indique que des « investigations récentes » ont attiré son attention sur un stade de la libido qu'il appelle « narcisme », de préférence à narcissisme. Ce stade, il le resitue dans un développement. Il y aurait d'abord un stade « auto-érotique », stade où le sujet éprouve des satisfactions liées à des parties diverses de son corps. Le narcisme consisterait en ceci que l'individu « rassemble en une unité ses instincts sexuels* [...] *afin de conquérir un objet d'amour », mais, à ce stade, c'est lui-même qu'il prend comme objet. Or, dans ce soi-même comme objet, les organes génitaux constituent sans doute l'attrait primordial. Dès lors, l'étape suivante conduit au choix d'un objet extérieur « doué d'organes génitaux pareils aux siens propres », à l'homosexualité, composante essentielle des « pulsions sociales »*[3]*. Et ce n'est qu'ultérieurement que le sujet peut en venir à l'hétérosexualité. La paranoïa se rattacherait alors à une « fixation » à l'étape homosexuelle qui sexualise les pulsions sociales, annihile les sublimations acquises sur ce plan, et amène le sujet à se défendre contre cette sexualisation.*

Plus intéressante est dès lors l'analyse de ces défenses, parce qu'elle permet de mettre en place, de façon très « économique » (moyens théoriques minimaux – éclairage clinique considérable), « les principales formes connues de la paranoïa ».

---

1. Freud indique que, dans tous les cas dont lui-même a pu avoir connaissance, mais aussi dans les cas suivis par Jung ou par Ferenczi, une même importance du facteur homosexuel peut être relevée. Il suppose par ailleurs que l'attachement homosexuel inconscient à Flechsig d'un côté, les idées délirantes, à contenu érotique, concernant Dieu, de l'autre, renvoient respectivement à une « nostalgie » concernant un frère d'un côté, le père lui-même de l'autre. J. Lacan donnera plus tard une place prépondérante à la question de la paternité. Il l'aborde cependant de façon sensiblement différente.
2. Voir *infra*, p. 200, sq.
3. C'est là une thèse fondamentale : ce sont les tendances homosexuelles qui, combinées avec certaines pulsions du moi, constituent les « pulsions sociales ». « C'est ainsi que les tendances homosexuelles représentent la contribution fournie par l'érotisme à l'amitié, à la camaraderie, à l'esprit de corps, à l'amour de l'humanité en général. » S. Freud, « Remarques psychanalytiques sur l'autobiographie d'un cas de paranoïa in *Cinq Psychanalyses*, P.U.F., 1954, p. 263-324.

*Partons de ce qui peut constituer une représentation inacceptable pour le sujet. Moi (un homme), je l'aime (lui, un homme). Cette phrase peut être niée de trois façons différentes. Négation du verbe : « je ne l'*aime *pas, je le* hais *», et par projection : « il me hait », où l'on reconnaît le délire de persécution. Négation de l'objet : « ce n'est pas* lui *que j'aime, c'est* elle *», et par projection : « elle m'aime » (délire érotomaniaque). Négation enfin du sujet : « ce n'est pas* moi *qui aime l'homme c'est* elle *» (délire de jalousie, où la projection n'a pas lieu d'être, le processus étant situé d'emblée hors du moi). À quoi on peut encore ajouter une négation plus globale : « je n'aime personne », « je n'aime que moi », négation où l'on verra la racine du délire de grandeur. On mesurera aisément ici la puissance de ce raisonnement de type grammatical. Quant à ce que Freud appelle « projection », on saisira aisément qu'elle ne se confond en rien avec ce que l'on désigne trivialement sous ce nom. Il s'agit plutôt du retour, à partir de l'extérieur, de ce dont le sujet a voulu se défaire. Comme le dit Freud : « Ce qui a été aboli au-dedans revient du dehors. »*

C'est également sur une phrase, sur un énoncé bref et ses diverses transformations qu'est centré un des articles les plus connus que Freud consacre à la perversion. « Un enfant est battu »[1] *: il s'agit d'un fantasme de fustigation qui apparaît avec une fréquence étonnante chez ses patients en analyse. Notons que, si l'article est sous-titré « Contribution à la connaissance de la genèse des perversions sexuelles », ce fantasme est présenté à partir de ce qu'en disent des patients névrosés, notamment des obsessionnels. Pour Freud, l'analyse du fantasme pervers chez le sujet névrosé éclaire sur la perversion. Cela souligne assez la continuité entre les deux structures.*

L'article, écrit à partir de six cas, quatre femmes et deux hommes[2]*, fait état de fantasmes, de rêveries érotisées, remontant à la cinquième ou à la sixième année, et régulièrement reproduits par le sujet qui y trouve l'occasion d'une satisfaction onanistique. Freud souligne d'emblée que la forme sous laquelle le fantasme est raconté ne constitue que l'aboutissement de transformations qui ont affecté les formes qu'il prenait antérieurement et que l'analyse permet de retrouver ou de reconstruire. Dans sa première forme, en effet, l'enfant battu n'est autre qu'un petit frère ou une petite sœur. Il est battu par le père, ce qui signifie une « révocation de l'amour » et une « humiliation ». « Cela veut dire : « Le père n'aime pas cet autre enfant,* il n'aime que moi. *»*

Dans cette première forme, le fantasme n'est pas encore clairement sexuel, ni sadique, même si sont réunis les éléments qui lui permettront de le devenir. Il renvoie bien sûr à l'amour incestueux, que Freud continue à différencier en fonction du sexe du sujet, même si, dans ces fantasmes, il semblerait plutôt que ce soit l'amour du père qui concerne filles et garçons. Et c'est parce que cet amour est soumis au refoulement que le fantasme change de forme.

Dans un deuxième temps, le plus souvent reconstruit par l'analyse, le fantasme se présente sous la forme suivante : « le père me bat ». Cette présentation fait du fantasme une expression de la culpabilité, cette culpabilité qu'entraîne l'amour œdipien et la rivalité. Mais elle en fait également le substitut d'une satisfaction génitale, substitut que Freud désigne comme « régressif », c'est-à-dire comme un retour à une étape sadomasochiste, et ici, plus précisément, à une satisfaction masochiste.

1. S. Freud, « "Un enfant est battu", contribution à la connaissance de la genèse des perversions sexuelles » in *Névrose, psychose et perversion*, P.U.F., 1973, p. 219-244.
2. Freud reconnaît que son analyse n'est totalement assurée qu'en ce qui concerne les quatre cas de femmes.

La troisième phase enfin achève le processus qui permet au fantasme de demeurer conscient, à condition d'être suffisamment transformé. Sous la forme « un enfant est battu » on ne sait plus qui est l'enfant battu, on ne sait plus qui le bat, on ne sait plus quelle satisfaction le sujet y trouve. À la limite, le sujet a proprement disparu, il s'est évanoui dans la constitution même de son fantasme.

Jacques Lacan insistera plus tard sur cette élision, cet effacement, du sujet dans le fantasme[1]. *Il soulignera en ce sens la proximité de tout fantasme avec la perversion masochiste, où le sujet n'aspire précisément qu'à disparaître, à se transformer en objet que l'autre manipulerait à son gré. C'est que la question concerne sans doute, au-delà, le grand Autre, ce lieu du langage où le sujet cherche à savoir ce qu'il en est de son être. L'Autre ne répondant pas, le sujet suppose le pire. Comme s'il n'était jamais si assuré de ce qu'il est que lorsqu'il se fait l'objet de la jouissance de l'Autre. En ce sens le fantasme a une portée qui s'étend bien au-delà de la sphère sexuelle. Il peut, en toute méconnaissance, orienter l'existence entière, comme dans ces cas, relevés par Freud, et courants dans l'expérience, de sujets qui semblent toujours rechercher l'échec*[2].

Ces incursions dans le champ de la psychose et de la perversion permettent de relire, rétroactivement, les articles et ouvrages que Freud consacre à la névrose. On y retrouvera bien sûr la thèse fondamentale du déterminisme sexuel des troubles pathogènes. Mais l'important est sans doute de savoir y lire aussi une réelle attention aux mécanismes formels qui organisent le symptôme.

Le symptôme a-t-il un sens sexuel ? Formulée ainsi, la question appelle pour le moins une réponse nuancée. Il est vrai que le trouble névrotique renvoie à la sphère du sexuel. Mais, malgré certaines formulations de Freud, il ne constitue pas une expression directe de la pulsion sexuelle ou de ce qui l'entrave. Ou encore, si l'on préfère, l'expression ici a une valeur par elle-même. Le sexuel n'est pas une réalité que le langage viendrait recouvrir. Le sexuel humain est pris de part en part dans un ordre langagier, dans ce langage symbolique du symptôme.

Considérons par exemple ce que dit Freud dans « Les fantasmes hystériques et leur relation à la bisexualité[3] *». Il propose une série de formules « qui visent à expliciter progressivement la nature des symptômes hystériques ». Le simple fait qu'il ne puisse toutes les ramener à une seule marque assez la difficulté à cerner une réalité complexe. Mieux, elle indique sans doute que l'essentiel, en ce qui concerne le symptôme hystérique, tient dans sa complexité, sa surdétermination*[4]. *Celle-ci lui fait exprimer les contenus les plus divers, la motion pulsionnelle et ce qui la réprime, ou encore un fantasme sexuel inconscient masculin et un fantasme sexuel inconscient féminin. Or, la surdétermination est avant tout affaire de langage. Même si biologiquement hommes et femmes peuvent avoir des traits sexuels secondaires qui appartiennent au sexe opposé, ce n'est que dans une instance de discours qu'on*

1. On peut déjà relever, selon Lacan, entre la première et la seconde phase, que l'enfant qui a vu le rival précipité de sa dignité de sujet a pu percevoir « que c'est dans cette possibilité même d'annulation subjective que réside tout son être en tant qu'être existant » (Séminaire *Le désir et son interprétation*, inédit).
2. Voir notamment là-dessus : « Le problème économique du masochisme », in *Névrose, psychose et perversion*, P.U.F., 1973.
3. S. Freud, « Les fantasmes hystériques et leur relation à la bisexualité », in *Névrose, psychose et perversion*, P.U.F., 1973, p. 149-156.
4. Le concept de « surdétermination », chez Freud renvoie au fait qu'une formation de l'inconscient (rêve, symptôme) peut renvoyer à plusieurs séquences significatives différentes, chacune possédant sa cohérence propre et venant coexister avec les autres comme facteur déterminant particulier.

peut être homme et femme en même temps. De même ce n'est que dans une instance de discours qu'un même élément – le phallus – peut vouloir dire à la fois le désir et l'interdit, la castration et la jouissance sexuelle[1].

Développant, parallèlement à ses travaux sur l'hystérie, une analyse des symptômes obsessionnels, Freud fera davantage place à ce qui, là, apparaît plus clairement : la haine, l'agressivité. Surtout, il marquera la différence formelle de l'hystérie et de la névrose obsessionnelle : alors que l'hystérie trouve une même expression pour deux tendances contraires, la névrose obsessionnelle les satisfait successivement, « non sans essayer, bien entendu, de créer entre les deux un lien logique, souvent en dépit de toute logique »[2].

Les fantasmes hystériques et leur relation à la bisexualité

(1908)

SIGMUND FREUD

On insiste fréquemment sur l'aspect structural du fantasme, sur sa formulation resserrée, souvent réductible à une phrase, sur les transformations grammaticales qui en organisent les divers temps. Le fantasme ne se réduit pas à la rêverie, il ne relève pas de cette production d'images qu'on pourrait croire libre et créatrice. Pourtant, dans « les Fantasmes hystériques et leur relation à la bisexualité », Freud estompe cette opposition entre l'imaginaire et le structural, entre le conscient et l'inconscient. C'est qu'il s'agit, sans doute, de saisir le refoulement sur le vif, dans le temps même où il s'effectue. De là vient sans doute la finesse de la description que Freud donne du rêveur et la valeur irremplaçable de ce qu'il rapporte de ces moments où le sujet arrive à ramener un fragment de rêverie juste avant qu'il ne soit précipité dans le refoulement. On n'oubliera pas que Freud, peu de temps auparavant, s'est intéressé à la fonction de la rêverie dans la création littéraire.

La fin du texte propose un certain nombre de définitions du symptôme hystérique. Relevons la première et la seconde, qui renvoient à la théorie du traumatisme :

1. Si le signifiant phallique est signifiant du désir, il renvoie essentiellement à un désir que l'hystérique maintient insatisfait. L'exemple le plus classique est sur ce point le rêve de la « belle bouchère » (S. Freud, *L'Interprétation des rêves*, p. 133). La bouchère rêve qu'elle veut donner un dîner, mais qu'elle n'a pour toute provision qu'un peu de saumon fumé. Les boutiques sont fermées, le téléphone est en dérangement. Elle doit donc renoncer au désir de donner un dîner. On voit déjà dans le rêve manifeste la place de l'insatisfaction. De même c'est tout à fait consciemment que la bouchère, qui aime le caviar et désirerait en manger, n'en veut pas : elle demande à son mari de ne pas lui en acheter. Mais ce n'est pas tout. Le saumon est ici parce qu'il joue, pour une amie, le même rôle que le caviar pour la rêveuse. Or cette amie, que le mari de la bouchère apprécie, bien qu'elle soit un peu maigre, souhaiterait venir dîner chez la bouchère, où l'on mange fort bien et où elle pourrait rencontrer le mari. Le « saumon » est ici en place de signifiant phallique, renvoyant à la fois au désir de l'amie et à celui de son mari. La rêveuse maintient ces désirs insatisfaits. Et, par identification, le sien propre également. Or maintenir le désir insatisfait, c'est éviter de le suturer, c'est le faire subsister comme tel. Le seul ennui, c'est que l'hystérique s'épuise le plus souvent dans une répétition sans conséquence, que l'insatisfaction, hors travail analytique ne le (ou la) pousse pas à l'acte. On pourra se reporter, sur tout cela, à J. Lacan, « La direction de la cure », in *Écrits*, Seuil, 1965.
2. S. Freud, « Remarques sur un cas de névrose obsessionnelle » (L'homme aux rats), in *Cinq Psychanalyses*, P.U.F., 1954, p. 224.

« [...] 1) Le symptôme hystérique est le symbole mnésique de certaines impressions et expériences vécues efficaces (traumatiques). [...]
2) Le symptôme hystérique est le substitut, produit par conversion, du retour associatif de ces expériences traumatiques. [...] »

La quatrième, qui renvoie au fantasme, et la septième, que Freud estime plus complète :

« [...] 4) Le symptôme hystérique est la réalisation d'un fantasme inconscient servant à l'accomplissement de désir. [...]
7) Le symptôme hystérique survient comme compromis entre deux motions d'affect ou motions pulsionnelles opposées dont l'une s'efforce de donner expression à une pulsion partielle ou composante de la constitution sexuelle tandis que l'autre s'efforce de réprimer la première. [...] »

La neuvième, enfin, est celle qui rend compte, de la façon la plus précise, du thème particulier de l'article :

« [...] 9) Un symptôme hystérique est l'expression d'une part d'un fantasme sexuel inconscient masculin, d'autre part d'un fantasme sexuel inconscient féminin. [...] »

On appréciera à sa juste valeur la souplesse d'un texte qui laisse coexister plusieurs définitions, qui n'efface pas le travail qui conduit aux plus satisfaisantes, parce que celles-ci, au fond, n'invalident pas celles qui précèdent.

Source : S. Freud, *Hysterische Phantasien und ihre Beziehung zur Bisexualität*, G.W., VII, trad. française (J. Laplanche et J.B. Pontalis), « Les fantasmes hystériques et leur relation à la bisexualité », in *Névrose, psychose, et perversion*, P.U.F., 1973.

Bibliographie : S. Freud et J. Breuer, *Études sur l'hystérie*, P.U.F., 1956 ; S. Freud : « Le créateur littéraire et la fantaisie », in *l'Inquiétante Étrangeté et autres essais*, Gallimard, 1985.

Remarques sur un cas de névrose obsessionnelle (L'homme aux rats)

(1909)

SIGMUND FREUD

« L'homme aux rats », qui s'appelait apparemment Ernst Lanzer, était un jeune juriste qui était venu consulter Freud en 1905 : il souffrait, dit-il d'emblée, d'obsessions et notamment d'appréhensions. Il craignait qu'il n'arrive quelque chose à une dame à laquelle il avait voué un amour respectueux ; mais aussi à son père, mort pourtant depuis plusieurs années. Il précisera plus tard : ce qu'il craint c'est que l'un comme l'autre soient soumis à un supplice raconté par un capitaine, à l'occasion de manœuvres auxquelles il participait, supplice où des rats affamés s'enfoncent par l'anus dans le corps du supplicié.

Le cas de l'homme aux rats est resté exemplaire de la névrose obsessionnelle du fait notamment de la précision avec laquelle les mécanismes obsessionnels y apparais-

sent : circulation complexe d'une dette, succession d'ordres et de contre-ordres dont le sujet ne sait comment se sortir conflit fondamental tenaillant, entre amour et haine.

Avant de publier son observation, Freud avait exposé le cas de l'homme aux rats au premier Congrès international de psychanalyse, congrès qui eut lieu à Salzbourg en avril 1908 et qui rassembla quarante et une personnes venues de cinq pays différents. Freud parla pendant cinq heures de suite sans jamais lasser son auditoire.

Le point e, *« quelques obsessions et leur explication », donne idée, sous une forme ramassée, du mécanisme des symptômes obsessionnels. Prenons un exemple connu, relatif à un ordre et un contre-ordre qui concernent la femme qu'il [l'homme aux rats] aime :*

« [...] Le jour du départ de la dame, notre patient heurta du pied une pierre dans la rue. Il dut l'enlever de la route, ayant songé que, dans quelques heures, la voiture de son amie, passant à cet endroit, pourrait avoir un accident à cause de cette pierre. Mais quelques instants après il se dit que c'était absurde et dut retourner remettre la pierre au milieu de la route. [...] »

Freud explique ce symptôme à deux temps par un conflit entre l'amour et la haine :

« [...] Chez cet amoureux, une lutte entre l'amour et la haine, éprouvés pour la même personne, fait rage ; et cette lutte s'exprime d'une façon plastique par un acte compulsionnel à symbolisme très significatif : il enlève la pierre du chemin de son amie mais annule ensuite ce geste d'amour, en la remettant à sa place, afin que la voiture s'y heurte et que son amie se blesse. [...] »

On ne peut en effet croire, ajoute-t-il, que « la seconde partie de cette compulsion fût inspirée par le sens critique du malade luttant contre ses actes morbides, signification que le malade voudrait lui attribuer » :

« [...] Ce geste, étant accompli compulsivement, trahit par là qu'il faisait aussi partie de l'action pathologique, mais qu'il fut déterminé par un motif contraire à celui qui provoqua la première partie de l'action compulsionnelle.

De tels actes compulsionnels, à deux temps, dont le premier temps est annulé par le second, sont des phénomènes caractéristiques de la névrose obsessionnelle. [...] »

Nous avons dit plus haut en quoi ces actes à deux temps diffèrent des symptômes hystériques, qui expriment les contraires dans la simultanéité, et non dans la succession.

Source : S. Freud, *Bemerkungen über einen Fall von Zwangsneurose*, G.W., t. VIII, trad. française (Marie Bonaparte et R. Loewenstein) : « Remarques sur un cas de névrose obsessionnelle (l'Homme aux rats) », in *Cinq psychanalyses*, P.U.F., 1954.

Bibliographie : À propos de la névrose obsessionnelle, document de travail n° 2 de l'Association freudienne en Belgique, Bruxelles, 1986 ; Charles Melman, « Trois leçons sur la névrose obsessionnelle », *in* Clinique Psychanalytique, Bibliothèque du Trimestre Psychanalytique, publication de l'Association freudienne, 1991.

Remarques psychanalytiques sur l'autobiographie d'un cas de paranoïa (*Dementia paranoïdes*) (Le Président Schreber)

(1911)

SIGMUND FREUD

Après avoir présenté l'histoire de Daniel-Paul Schreber, Freud tente, dans la deuxième partie de son texte, une interprétation de son délire. Il fait notamment valoir que le délire de persécution concernant Flechsig, le médecin qui soignait Schreber, renvoie à l'amour qu'inconsciemment Schreber lui porte, à une « explosion de libido homosexuelle » qu'il tente de rejeter. La troisième partie, « Du mécanisme de la paranoïa », est sans doute la plus intéressante du point de vue méthodologique, dans la mesure où elle rassemble de façon claire et élégante les principales formes de la paranoïa en démontrant leur origine commune de façon très convaincante.

« Nous considérons, *écrit Freud,* que ce fantasme de désir homosexuel : *aimer un homme*, constitue le centre du conflit dans la paranoïa de l'homme [...]. *» Il reconnaît qu' «* une hypothèse aussi importante ne pourrait se fonder que sur l'investigation d'un grand nombre de cas » :

« [...] Il est néanmoins curieux de voir que les principales formes connue de la paranoïa puissent toutes se ramener à des façons diverses de contredire une proposition unique : « Moi (un homme) je l'aime (lui, un homme) » ; bien plus, qu'elles épuisent toutes les manières possibles de formuler cette contradiction. [...]. »

Le cas de Schreber a été beaucoup commenté dans l'histoire de la psychiatrie et de la psychanalyse, et il pourrait fournir l'occasion de mettre en relief diverses bifurcations essentielles. Macalpine et Hunter, par exemple (voir infra, *bibliographie :* Le Cas Schreber), *pensent que son délire procède de fantasmes de procréation primitifs et prégénitaux. Le soleil, auquel Schreber hurle des injures, ne serait pas un symbole du père, il montrerait que Schreber était préoccupé « par la création et la procréation telles qu'elles peuvent s'exprimer dans un sens primitif, présexuel, antérieur à la connaissance de la reproduction sexuelle ». Lacan, à l'opposé, part de la question du père et de la fonction paternelle, quitte à souligner qu'il y a précisément forclusion du « Nom-du-Père »[1]. Pour lui, c'est là où, dans le réel, le sujet serait confronté à la question de la paternité qu'il y aurait effondrement, mort du sujet : le délire, comme déjà chez Freud, étant plutôt une tentative de guérison.*

Source : S. Freud, *Psychoanalytischen Bemerkungen über einen autobiographisch beschriebenen Fall von Paranoïa (Dementia paranoïdes)*, G.W., t. VIII, trad. française (M. Bonaparte et R. Loewenstein) : « Remarques biographiques sur l'autobiographie d'un cas de paranoïa (*Dementia paranoïdes*) », in *Cinq psychanalyses*, P.U.F., 1954, point III, « Du mécanisme de la paranoïa ».

1. Sur la forclusion, ou non-symbolisation d'une fonction comme la castration, par exemple, voir *infra*, chapitre XVII. Le « Nom-du-Père », signifiant de l'interdit, constitue la fonction symbolique attribuée au père.

Bibliographie : *Le Cas Schreber*, Contributions psychanalytiques de langue anglaise, P.U.F., 1979 ; Marcel Czermak, « Passions de l'objet », *Études psychanalytiques des psychoses*, Éditions Joseph Clims, 1986 ; J. Lacan, « D'une question préliminaire à tout traitement possible de la psychose », in *Écrits*, Seuil, 1966 ; J. Lacan, *Séminaire III,* Seuil 1981 ; Daniel-Paul Schreber, *Mémoires d'un névropathe*, trad. de P. Duquenne et de N. Sels, Seuil, 1975.

Un enfant est battu
(1919)

SIGMUND FREUD

L'article de Freud, « Un enfant est battu », s'inscrit dans une longue série d'articles et de travaux minutieux, consacrés à la présentation détaillée de cas cliniques. Considéré de ce point de vue, il peut sembler concerner particulièrement la perversion, rapportée ici au complexe d'Œdipe et non pas, par exemple, aux organisations prégénitales de la libido :

« [...] Il serait naturellement important de savoir si l'on est en droit d'affirmer d'une manière tout à fait générale que la genèse des perversions infantiles se fait à partir du complexe d'Œdipe. [...] Si nous songeons aux anamnèses de perversions d'adultes qui ont été obtenues, nous remarquons pourtant que l'impulsion décisive, la « première expérience vécue » de tous ces pervers, fétichistes et autres, n'est presque jamais située dans des temps inférieurs à la sixième année. Vers cette époque, la domination du complexe d'Œdipe est pourtant déjà révolue ; l'expérience vécue remémorée, et qui agit d'une manière si énigmatique, pourrait très bien avoir représenté l'héritage de ce complexe. [...]. »

Ce que décrit Freud va pourtant bien au-delà de la description d'une entité clinique. À partir de la rivalité œdipienne, mais aussi de l'investissement érotique du châtiment, il explicite la nature du fantasme en général et en prolonge l'analyse jusqu'au point où celui-ci se présente sous sa forme la plus « abstraite », la plus « désubjectivée » :

« [...] Qui était l'enfant battu ? L'auteur du fantasme lui-même ou un autre enfant ? Était-ce toujours le même enfant ou était-il indifférent que ce fût souvent un autre ? Qui était-ce qui battait l'enfant ? Un adulte ? Mais qui, plus précisément ? #A toutes ces questions ne faisait suite aucune solution éclairante, mais toujours uniquement la même réponse timide : Je n'en sais pas plus ; un enfant est battu. [...]. »

Ajoutons d'ailleurs que l'article de Freud « Un enfant est battu », écrit un an avant Au-delà du principe de plaisir, *anticipe peut-être sur la rupture théorique que cet ouvrage accomplira ; il participe sans doute au remaniement doctrinal qui produira l'hypothèse de la pulsion de mort. Certes, le fantasme décrit par Freud se présente sous une forme sadique dans son état terminal. Mais il prend sa valeur érotique dans la phase précédente, elle, proprement masochiste. Il n'est pas interdit de penser que l'on se trouve ici devant quelque chose qui constitue, avant la lettre, une « intrication » de la pulsion sexuelle et de la pulsion de mort.*

Freud reconnaît qu'il a plus de mal à décrire clairement ce qui se passe dans les cas masculins que dans les cas féminins. Cet embarras procède sans doute d'une difficulté fondamentale concernant le père. Freud cherche en effet dans l'article à éta-

blir une symétrie entre filles et garçons, ces derniers devant, dans cette perspective, manifester dans le fantasme un investissement érotique orienté vers la mère. Or un article comme celui-ci amène sans doute à interroger la place tout à fait particulière du père pour les deux sexes.

Le lecteur verra que Freud reprend, à la fin de son texte, la critique d'Adler, et, en particulier, la critique de la théorie de la « protestation virile ».

Source : S. Freud, « Ein Kind wird geschlagen », *G.W.*, XII, trad. française (D. Guérineau), « Un enfant est battu », *in Névrose, psychose et perversion*, P.U.F., 1973.

X

LA MÉTHODE PSYCHANALYTIQUE

Après avoir été violemment rejetée, notamment pour la place qu'elle donnait à la sexualité, la psychanalyse a connu un certain succès mondain : ses théories sont souvent invoquées pour expliquer phénomènes culturels et faits sociaux, et l'interprétation, par tout un chacun, des actes manqués d'autrui, semble parfois pouvoir constituer un divertissement sans conséquence.

On ne saurait s'en réjouir. Dans un tel traitement, qui n'est au demeurant guère surprenant, le plus spécifique de la psychanalyse ne peut que rester méconnu : le fait qu'elle soit d'abord une méthode, une méthode curative, et qui ne fonctionne qu'à certaines conditions, dans un cadre bien déterminé.

Ce cadre n'est pas seulement défini par ses coordonnées matérielles, l'espace clos du cabinet, le fauteuil et le divan, même si celles-ci ont une certaine importance, notamment en ce qu'elles rompent avec la dimension de « face à face » courante dans la relation thérapeutique. Il tient essentiellement à quelques règles, qui organisent de façon originale un univers de discours, celui où pourra advenir la parole du sujet. Qu'elle ne puisse advenir que « dans le transfert », c'est un des éléments essentiels que nous aurons à situer.

Freud forma le projet, vers l'année 1908, d'écrire un grand ouvrage qu'il aurait appelé Technique générale de la psychanalyse. *Ce projet, il ne le réalisa jamais. Il écrivit seulement sur ce sujet une série de courts articles qu'il réunit ensuite dans les* Petits écrits sur la théorie des névroses[1]. *On peut, en les lisant, faire une hypothèse sur ce qui l'empêcha de mener à bien son projet. Ces textes ne se présentent en effet aucunement comme un exposé systématique de ce que devrait être la technique psychanalytique si elle était l'application d'une science constituée. Ils abondent en questions très diverses, souvent simplement juxtaposées, et, si on veut y chercher un fil directeur, c'est sans doute précisément ceci : que, loin d'asseoir une technique sur les certitudes d'une théorie, ils décrivent surtout ce que Freud trouvait mieux adapté à sa propre façon de faire. Dans un texte comme « Le début du traitement », par exemple, Freud commence par comparer la psychanalyse au jeu des échecs où « seules les manœuvres du début et de la fin permettent de donner à ce jeu une description schématique complète[2] ». Mais la comparaison n'est valable qu'à moitié. « L'extrême diversité des constellations psy-*

1. Les articles sur la technique sont repris en français sous le titre : *la Technique psychanalytique*, P.U.F., 1953.
2. Voir S. Freud, « Le début du traitement », in *la Technique psychanalytique*, P.U.F., 1953, p. 80.

chiques, la plasticité de tous les processus de cet ordre, le nombre important des facteurs déterminants, s'opposent à une mécanisation de la technique et font qu'un procédé ordinairement avantageux peut parfois rester inopérant alors qu'une méthode généralement défectueuse aboutit au résultat désiré[1]. » Aussi Freud ne prétend en aucun cas édicter des règles absolues : « Mieux vaut [...] *n'énoncer ces règles qu'à titre de "conseils" sans en exiger la stricte observance[2]. » Il se pourrait d'ailleurs que la lecture même de ces règles, pour le praticien, comporte les mêmes limites : ainsi transmettre la conception freudienne de la méthode psychanalytique, c'est toujours transmettre un ensemble d'indications déjà interprétées à partir des questions actuelles de notre pratique, une méthode adaptée à notre propre façon de faire. Ici, plus qu'ailleurs, toute lecture objectivante se révèle impossible.*

Que la méthode psychanalytique ne soit pas réductible à l'application systématique d'un savoir constitué, cela apparaît au mieux quand on considère ce qui constitue sans doute deux de ses principes essentiels. Le premier d'entre eux, celui de l'« association libre », engage le patient à ne pas tenter de parler selon un plan préétabli, à ne pas chercher à donner de ses actes une explication « sensée ». Il doit respecter la « règle fondamentale », souvent formulée comme telle dès le début de la cure, règle qui lui enjoint de dire tout ce qui se présente à son esprit, au moment où cela se présente, même si ça lui paraît sans importance, sans rapport avec ce dont il parle, ou gênant à dire pour quelque raison que ce soit. Or cette règle suppose essentiellement que la vérité puisse affleurer dans le discours même de l'analysant, dès lors que celui-ci tente d'éviter de le soumettre à la critique. C'est à cela qu'elle fait confiance, plus qu'à aucun savoir constitué. C'est d'ailleurs une des premières patientes de Freud, une de ces spirituelles hystériques, qui la lui souffla. Le second, le principe de l'« attention flottante », est ce qui correspond au premier du côté du psychanalyste. On verra dans « Conseils aux médecins »[3] que Freud ramène tous les conseils qu'il peut donner au praticien à une seule et même règle, celle d'être aussi disponible à l'égard de ce qui peut venir de l'inconscient que l'analysant. Il serait préjudiciable de prendre des notes pendant les séances elles-mêmes, il serait surtout néfaste, « pendant que le traitement se poursuit de procéder à l'élaboration scientifique d'un cas, d'en reconstituer la structure, d'en vouloir deviner l'évolution » [...] *« les meilleurs résultats thérapeutiques* [...] *s'obtiennent lorsque l'analyste procède sans s'être préalablement tracé de plan, se laisse surprendre par tout fait inattendu, conserve une attitude détachée et évite toute idée préconçue ». C'est là une des conditions essentielles de la pratique analytique : se mettre dans une disposition qui permette d'être réellement surpris par ce qui vient de l'inconscient, en évitant toute attention particulière accordée a priori à un ordre particulier de phénomènes.*

Si l'on en restait là, cependant, on n'aurait qu'une vue très partielle de la pratique analytique, parce qu'on oublierait ce qui la rend possible, mais en même temps ce qui en fait toute la difficulté, à savoir le transfert.

Il n'est guère concevable de parler du transfert en quelques lignes, et nous aurons d'ailleurs à y revenir pour discuter de ce qui a pu se diffuser comme innovation tech-

1. *Ibid.*
2. *Ibid.*
3. S. Freud, « Conseils aux médecins sur le traitement analytique » in *la Technique psychanalytique*, P.U.F., 1953, p. 61-71.

nique sous le nom d'« analyse des résistances ». Freud a bien sûr saisi très vite son importance dans la cure, mais aussi ses formes, si diversifiées, de manifestations. Les analysants, cela peut paraître curieux mais c'est ainsi, ne peuvent aller jusqu'au bout de leur cure que s'ils s'engagent dans une relation transférentielle à leur analyste, c'est-à-dire finalement s'ils développent à son égard quelque chose qu'il faut bien désigner comme un véritable amour. Sous sa forme la plus simple, cet amour est avant tout adresse à l'Autre, exigence de faire reconnaître sa vérité, parole authentique. Ici c'est le transfert qui soutient le travail de la cure, que Freud concevait d'abord comme remémoration. Ce travail cependant bute nécessairement sur des résistances, qui traduisent, dans la cure, la force du refoulement. Le sujet ne peut plus « se remémorer » autrement qu'en répétant les conduites organisées par son refoulement. Dans ce cas, le transfert lui-même devient le lieu de la répétition. « L'analysé ne dit pas qu'il se rappelle avoir été soumis ou insolent à l'égard de l'autorité parentale, mais il se comporte de cette façon à l'égard de l'analyste. Il ne se souvient pas de s'être senti, au cours de ses investigations infantiles d'ordre sexuel, désespéré et déconcerté, privé d'appui, mais il apporte quantité d'idées et de rêves confus, se plaint de ne réussir en rien et accuse le destin de n'arriver jamais à mener ses entreprises à bonne fin. Il ne se rappelle plus avoir éprouvé un intense sentiment de honte de certaines activités sexuelles et avoir redouté leur découverte, mais il montre qu'il a honte du traitement auquel il s'est soumis et tient absolument à tenir secret ce dernier, et ainsi de suite[1]. » Dans ces circonstances, il y a d'ailleurs encore, généralement, un maniement possible du transfert : l'analyste peut se servir de l'attachement du patient à son égard et à l'égard du traitement pour l'amener à analyser ce qui le conduit à répéter. Parfois cependant cela se révèle impossible, comme dans ce cas, cité par Freud, d'une femme âgée qui reproduit très vite dans la cure elle-même un comportement de fuite qui lui est coutumier, avant qu'il ait été possible de l'analyser. Ainsi les conditions mêmes de la cure, avec la place paradoxale qu'y joue le transfert, devraient inciter l'analyste à conserver une certaine modestie, et à ne pas croire, surtout, qu'une application systématique de quelques principes suffit à s'assurer un succès thérapeutique.

On ne saurait présenter ce qu'il en est de la méthode psychanalytique sans parler de l'interprétation. Dans la mesure où le sujet n'a pas accès à ses idées et désirs inconscients, l'analyste a pour tâche d'interpréter le « matériel » que fournit l'association libre, les souvenirs-écrans, les formations de l'inconscient, ces rêves, ces lapsus, ces actes manqués auxquels Freud accorda d'emblée une telle importance. Mais il faut là-dessus formuler quelques remarques, qui portent sur les limites d'une telle activité interprétative.

Prenons par exemple le rêve. Voie royale de l'inconscient, il demande assurément à être interprété, s'il est vrai qu'il s'agit toujours de retrouver, au-delà du rêve manifeste, le contenu latent qui s'y exprime. Rien pourtant de systématique dans cette interprétation. D'abord, il n'y a pas de « clé des songes », il n'y a pas de grille universelle qui permette d'associer terme à terme un élément du rêve et sa traduction supposée. Le déchiffrage du rêve repose sur les associations du rêveur, et celles-ci sont tributaires, bien sûr, de la logique de la cure : des temps d'ouverture de l'inconscient, mais

1. S. Freud, « Remémoration, répétition et élaboration », in *la Technique psychanalytique*, P.U.F., 1953, p. 108-109.

aussi des temps où celui-ci se referme ; des moments d'« insight »[1], mais aussi de ceux où la résistance se fait le plus vivement sentir.

C'est pour cela sans doute que Freud déconseille à l'analyste de chercher à interpréter de façon complète tous les rêves que rapporte l'analysant[2]. Cette tâche risque fort de dépasser largement le temps disponible des séances. Elle peut faire croire au patient « que le travail stagnerait s'il n'apportait pas de songes ». « En pareil cas, la résistance pourrait se porter sur la production onirique et provoquer son arrêt[3]. » Plus généralement cette procédure serait au fond peu conforme à l'esprit de la méthode psychanalytique, qui accorde plus de prix à ce qui surgit sans plan préalable qu'à ce qui est élaboré de façon trop systématique.

Il y a plus, cependant. Si l'analyste doit se garder de vouloir mener « jusqu'au bout » chaque interprétation de rêve, cela tient sans doute à une raison plus essentielle, qui concerne le fonctionnement même du désir inconscient. Celui-ci a certes rapport à un objet, mais ce n'est pas un objet identifiable dans la réalité empirique. Souvenons-nous ici de ce que nous relevions à propos de la pulsion[4] : qu'elle ne peut jamais atteindre l'objet qu'elle vise, qu'elle n'en fait jamais que le tour. Or, si le rêve réalise quelque chose de ce trajet pulsionnel, c'est en tant qu'il s'articule en discours, c'est-à-dire en tant qu'il joue toujours sur l'équivoque et le double sens. L'analyste doit se garder de réduire cette dimension.

Lacan, plusieurs fois, est revenu sur ce point. En interprétant, disait-il, vous risquez toujours d'en faire trop. Vous risquez toujours d'homologuer ce qui, par sa nature même, est mouvant : le désir ne cesse de courir d'objet en objet, même si c'est souvent sur les mêmes rails. On verra dans le texte de Moustapha Safouan, « Langage et satisfaction, ou de l'interprétation[5] », comment cet analyste, qui fut un de ses disciples les plus proches, peut prolonger ce type de questionnement en reprenant par exemple un rêve célèbre rapporté par Freud : celui de l'auberge. Dans le texte, ce qui concerne cette auberge est ténu : le patient raconte notamment qu'« il traverse en nombreuse compagnie la rue X où se trouve une modeste auberge (ce qui est inexact) ». Dans cette auberge on joue une pièce de théâtre et, au moment de partir, quelques menus incidents ont lieu. Les associations en revanche sont nombreuses et mènent finalement à une jeune femme et à ses deux seins comme deux pommes. « Et après tout, ajoute Freud, un sein est bien une auberge pour le nourrisson. » Certes, dit Moustapha Safouan, mais dans cette réduction utilitaire le sein perd de son charme. Qu'y a-t-il donc en plus dans le désir du rêve ? « Quel est ce plus *qui transfigure le sein en appât,* agalma[6] *ou ornement ? Ce qui est essentiel, ici, ce n'est pas que l'auberge soit un sein, c'est qu'un sein puisse prendre, du fait du jeu de la métaphore, une valeur poétique particulière. » « Le nerf de la métaphore, souligne-t-il, est dans la substitution comme telle plutôt que dans ces termes mêmes. » Et, s'il venait à l'esprit d'un analysant de croire qu'il sait avec certitude la signification de cette auberge, on aurait plutôt à rétorquer « qu'il s'agit d'une*

1. On désigne par là une sorte de saisie immédiate de certains aspects de la structure par le sujet lui-même.
2. S. Freud, « Le maniement de l'interprétation des rêves en psychanalyse », in *la Technique psychanalytique*, P.U.F., 1953, p. 47-49.
3. *Ibid.*
4. Voir *supra*, chap. VI.
5. Voir *infra*, p. 210, sq.
6. Le terme d'agalma est repris à Platon par Lacan, extrait du *Banquet*, où il désigne l'objet merveilleux qu'Alcibiade pense découvrir en Socrate, il peut constituer un équivalent de l'« objet a ».

auberge, oui, mais comme il n'en existe pas, en réalité » *(il n'y a pas d'auberge dans la rue X). Ce serait sans doute le seul moyen de rouvrir la béance qu'il cherchait à boucher, de le renvoyer à la question de son désir, en tant que celui-ci se manifeste toujours chez le sujet au point vif d'un « je ne sais pas ».*

Le maniement de l'interprétation des rêves en psychanalyse

(1911)

SIGMUND FREUD
(1856-1939)

Freud avait eu en 1909 l'idée de consacrer un ouvrage à la technique psychanalytique. Il y renonça rapidement, se contentant de quelques conférences et de quelques articles assez courts. Entre 1911 et 1915 notamment il en écrivit six qui parurent dans le quatrième recueil des Petits écrits sur la théorie de névroses. *Le premier d'entre eux, que nous présentons ici, donne une idée assez précise de ce qu'il visait en écrivant ces textes. Il n'est pas très difficile de saisir le fonctionnement du rêve. En revanche le psychanalyste inexpérimenté risque d'être désarçonné dès lors qu'il tente de se servir de l'interprétation des rêves dans le cadre d'une cure :*

« [...] Même lorsqu'un premier rêve semble favoriser parfaitement les premières explications données au patient, d'autres rêves vont bientôt surgir, si longs et si obscurs que leur interprétation exige plus que le temps limité d'une séance. Si le médecin remet alors l'explication aux jours suivants, le malade va lui apporter de nouveaux rêves faits entre-temps et dont l'élucidation devra être retardée jusqu'à ce que le premier ait été entièrement expliqué. [...]. »

Quelle méthode conseiller ? Freud estime que :

« [...] Le psychanalyste doit chaque fois se contenter des données de l'interprétation obtenues en une séance. Qu'il ne se croie pas obligé, le jour suivant, de reprendre le fil interrompu, mais qu'il attende, pour le faire, de voir si rien n'est venu entre-temps occuper l'esprit du patient. [...]. »

L'essentiel, ici, est d'éviter de provoquer un accroissement de la résistance :

« [...] Il faut généralement se garder de montrer, pour l'élucidation des rêves, un trop vif intérêt car l'on risquerait alors de faire croire au malade que le travail stagnerait s'il n'apportait pas de songes. En pareil cas, la résistance pourrait se porter sur la production onirique et provoquer son arrêt. L'analyste doit plutôt convaincre le patient du fait que l'analyse, même si les rêves font défaut et quel que soit l'intérêt de ces derniers, ne peut manquer de matériaux. [...]. »

On voit combien cette orientation diffère de ce que sera plus tard « l'analyse des résistances » (voir infra, *chapitre XIV), procédé technique qui a plutôt pour effet de les renforcer.*

Source : S. Freud, *Die Handhabung der Traumdeutung in der Psychoanalyse*, G.W., t. VIII, trad. française (Anne Berman), « Le maniement de l'interprétation des rêves en psychanalyse », in *la Technique psychanalytique*, P.U.F., 1953.

Conseils aux médecins sur le traitement psychanalytique

(1912)

SIGMUND FREUD

Plutôt que comme des prescriptions, données avec l'assurance d'un professeur, les articles de Freud sur la technique – ou plutôt sur la méthode – se présentent comme des recueils de conseils. Freud a éprouvé, à ses propres dépens, certaines difficultés. Il fait état des moyens qu'il a fini par employer pour les surmonter, et il espère que cela pourra servir à d'autres.

On verra facilement ce qui est essentiel dans les « Conseils aux médecins ». Freud conseille au praticien de s'en tenir à une position subjective qu'il désigne comme « attention flottante » :

« [...] ...nous ne devons attacher d'importance particulière à rien de ce que nous entendons et il convient que nous prêtions à tout la même attention « flottante », suivant l'expression que j'ai adoptée. On économise ainsi un effort d'attention qu'on ne saurait maintenir quotidiennement des heures durant et l'on échappe aussi au danger inséparable de toute attention voulue, celui de choisir parmi les matériaux fournis. *[...]* C'est justement ce qu'il faut éviter ; en conformant son choix à son expectative, l'on court le risque de ne trouver que ce que l'on savait d'avance. En obéissant à ses propres inclinations, le praticien falsifie tout ce qui lui est offert. [...]. »

Il s'agit ainsi, durant le temps de l'écoute, de ne pas privilégier indûment un élément plutôt qu'un autre. Et les propres résistances de l'analyste ne doivent surtout pas faire écran à ce qu'il a à entendre. Ceux qui accusent les psychanalystes de tout ramener à un système de compréhension intangible devraient lire et méditer ce texte.

On notera enfin que Freud s'estime surtout en mesure de déconseiller ce dont l'usage ferait obstacle au travail : la suggestion, les visées éducatives, l'appel à la coopération intellectuelle de l'analysé. L'orgueil éducatif, en particulier : « [...] est aussi peu souhaitable que l'orgueil thérapeutique. Il faut aussi se rappeler que bien des gens ont succombé à la maladie, à cause justement de l'effort que leur a coûté la sublimation de leurs instincts, effort allant au-delà de leur capacité. [...] Je soutiens donc que, tout en étant toujours louables, les efforts du praticien pour parvenir, au cours du traitement, à sublimer les instincts, ne sont pas partout recommandables. [...]. »

Source : S. Freud, *Ratschläge für den Artz bei der psychoanalytischen Behandlung*, G.W., t. VIII, trad. française (Anne Berman) « Conseils aux médecins sur le traitement analytique », in *la Technique psychanalytique*, P.U.F., 1953.

Remémoration, répétition et élaboration
(1914)

SIGMUND FREUD

L'article « Remémoration, répétition et élaboration » commence par un rappel historique : Freud y présente l'évolution de la technique psychanalytique depuis l'époque de l'hypnose. Cela pourrait constituer un indice suffisant de son importance théorique. Chaque fois, en effet, qu'il doit opérer une distinction essentielle, Freud commence par rappeler la façon dont elle s'est constituée historiquement. Ici, il s'agit d'indiquer que la psychanalyse ne consiste pas seulement (plus seulement) dans une tentative de remémoration. Le sujet, dans la cure, ne fait pas que se remémorer, il répète. Il répète, notamment dans le transfert, ce dont il ne peut se souvenir. Pour peu que l'analyste n'y prenne garde, c'est cette répétition en acte qui constitue un des principaux obstacles que rencontre la cure. L'analyste peut certes intervenir : encore faut-il que l'analysant lui en laisse le temps.

On peut aussi signaler, d'ailleurs, qu'en ce qui concerne la « répétition » cet article constitue une sorte de charnière. Freud a toujours su la place de la répétition dans l'existence humaine. S'il y a symptôme, ou plus simplement rêve, c'est que le refoulé tente de faire retour. Plus tard, il systématisera le concept de « compulsion de répétition » et il l'articulera à celui de « pulsion de mort » (voir infra, *chapitre XI). Ici, nous trouvons le premier texte où le concept de « compulsion de répétition » joue un rôle central, et il est notable qu'il soit introduit à propos de l'expérience de la cure :*

« [...] Nous venons de dire que l'analysé répète au lieu de se souvenir et cela par l'action de la résistance. Mais qu'est-ce exactement qu'il répète ou qu'il met en action ? Eh bien, il répète tout ce qui, émané des sources du refoulé, imprègne déjà toute sa personnalité : ses inhibitions, ses attitudes inadéquates, ses traits de caractère pathologiques. Il répète également, pendant le traitement, tous ses symptômes. Et nous pouvons maintenant observer qu'en mettant en évidence cette compulsion à répéter, nous n'avons découvert aucun fait nouveau, mais que nous avons seulement acquis une conception plus cohérente de l'état de choses. [...]. »

Ce texte, qui d'une certaine façon renouvelle notre idée de la résistance, débouche sur une autre notion encore, celle d'« élaboration » (« Durcharbeitung » ou « Durcharbeiten » sont souvent traduits par « perlaboration »). Il s'agit du travail progressif par lequel le sujet intègre les interprétations qui lui sont données et surmonte les résistances qu'elles suscitent :

« [...] Cette élaboration des résistances peut, pour l'analysé, constituer, dans la pratique, une tâche ardue et être pour le psychanalyste une épreuve de patience. De toutes les parties du travail analytique, elle est pourtant celle qui exerce sur les patients la plus grande influence modificatrice, celle aussi qui différencie le traitement analytique de tous les genres de traitements par suggestion. On peut le comparer, au point de vue théorique, à l'« abréaction » des charges affectives séquestrées par le refoulement et sans laquelle le traitement hypnotique demeurait inopérant. [...]. »

Source : S. Freud, *Erinnern, Wiederholen und Durcharbeiten*, G.W., t. X, trad. française (Anne Berman), « Remémoration, répétition et élaboration », in *la Technique psychanalytique*, P.U.F., 1953.

Langage et satisfaction, ou de l'interprétation
(1974)

MOUSTAPHA SAFOUAN
(né en 1921)

Comment se transmet la psychanalyse ? Moustapha Safouan, qui a consacré à cette question de très nombreuses pages (voir notamment Jacques Lacan et la question de la formation des analystes, *Seuil, 1983) insiste sur l'importance qu'a eue pour lui une très longue analyse de contrôle avec Jacques Lacan. À ce sujet, il souligne dans son dernier livre (*la Parole ou la mort, *Seuil, 1993) que le « contrôle » ou la « supervision » ne consistait pas pour Lacan à apprendre à un analyste plus jeune à conduire correctement une analyse, mais à permettre, à celui qui s'engageait dans cette pratique, de saisir non ce qu'il devait faire mais ce qu'il faisait.*

On peut préciser, d'un point de vue biographique, que M. Safouan a fait des études de philosophie à l'université d'Alexandrie. Il a été membre de la Société française de psychanalyse dès sa création en 1953, et l'a quittée après le vote entérinant l'exclusion de Lacan de la « liste des didacticiens », exclusion exigée par l'Association internationale de psychanalyse : l'I.P.A. Il a joué un rôle important au sein de l'École freudienne de Paris. Outre une traduction en arabe de l'Interprétation des rêves, *il a écrit de nombreux ouvrages. Les premiers d'entre eux en particulier ont constitué une introduction fort intéressante pour ceux qui, dans les années 1960-70, commençaient à mesurer l'importance de l'apport lacanien. C'est le cas notamment des* Études sur l'hystérie, *dont nous reproduisons ici le chapitre XI. Celui-ci fait saisir avec une grande finesse ce qu'il en est, dans la perspective lacanienne, du sujet, de l'objet du désir, mais aussi de cette dimension particulière du signifiant que l'on peut aborder à partir de la métaphore ou encore à partir du proverbe.*

Source : M. Safouan, *Études sur l'Œdipe*, Seuil, 1974, chap. XI.

Bibliographie : R. Chemama, « L'expérience du proverbe et le discours psychanalytique », *Ornicar*, n° 17-18 ; R. Chemama, « Sur l'interprétation, ou la preuve par le signifiant », *Le discours psychanalytique*, n° 11, Juin 1984 (*Savoir faire, l'analyste entre technique et style*).

Quel est l'art, quelle la méthode, quel l'exercice
qui nous conduit en ce lieu vers lequel il faut cheminer ?
Plotin

AU COURS DU TRAVAIL PRÉCÉDENT, consacré à la théorie de la technique psychanalytique, nous avons examiné successivement : la résistance, le narcissisme et le fantasme. Avec un tel programme, notre travail a pris fin sans que l'essentiel ait été abordé. Par l'essentiel, j'entends l'abord du sujet comme tel. Car il est vrai que le sujet, nous le saisissons toujours dans notre expérience en tant qu'il se rapporte à un fantasme qui le soutient et qu'il soutient ; il n'en reste pas moins que le sujet est une chose, et que l'objet autour duquel il se rassemble dans le fantasme est autre chose. Un simple regard sur le symbole du fantasme dans l'algèbre lacanienne ($\$ \Diamond a$), nous l'apprend : le poinçon ◇ peut se lire de multiples façons, mais ce n'est pas une égalité ni une identité. Ce sujet, donc, comment le définir, comment le toucher, l'atteindre, mieux encore comment lui parler ? Telles sont les questions que nous voulons traiter maintenant.

C'est au fond, à ces mêmes questions que tente de répondre, dans un travail récent, un analyste américain, et cela à propos d'un problème que soulève pour lui l'observation que voici[1].

Il s'agit d'une hystérique dont les associations laissent transparaître la crainte fantasmatique que quelque chose ne lui sorte par la bouche, à lui, l'analyste, qui la surprenne outre mesure. Quoi ? Le pénis. Sûr de son fait, l'analyste lui fait part ce cette interprétation. Mais elle la récuse sans recours, voire s'indigne. L'analyste insiste, mais comme elle n'est pas une nature simple (on la soupçonne même d'être un peu féministe, de nature et de culture), sa riposte ne se fait pas attendre. Rien n'est épargné à l'analyste, les sarcasmes, les mouvements de mauvaise humeur, et même l'amour. Car elle tombe amoureuse de lui, tout en se demandant d'ailleurs ce qui la fait aimer un homme si freudien, si impossible – occasion pour nous de noter entre parenthèses que l'amour est toujours partiel : elle l'aurait aimé totalement sans ce défaut[2]. Devant cette tempête, notre analyste est obligé de pactiser. Les séances se succèdent, plus ou moins vaillamment supportées. Puis un jour, au cours d'un échange apparemment fortuit, il se trouve amené à citer ce proverbe japonais : « L'aveugle n'a pas peur des serpents. » Alors, un phénomène assez curieux va se produire : des choses vont sortir de la bouche de la patiente qui vont beaucoup surprendre l'analyste : puisque tout ce que la patiente a repoussé si énergiquement, elle se met, après cette citation, à le verbaliser comme vérités qu'elle trouve elle-même, qui viennent à la rencontre de son propre mouvement ; et elle y reconnaît du même coup la raison de tout un pan de ses symptômes, de son histoire comme de ses relations tant avec ses semblables qu'avec les choses.

Il n'est d'ailleurs pas indifférent de signaler, concernant ce dernier secteur de la relation d'objet – la relation avec les choses –, qu'avant son analyse, la patiente avait placé le plus gros de ses investissements dans une maison. Son mari avait fait suffisamment de progrès dans son ascension sociale pour qu'on envisageât de construire une maison où on serait, enfin, chez soi ; et la construction de cette maison était devenue la grande affaire de Madame. Ce qui veut dire que la vie de tous ceux qui avaient à l'approcher : architecte, décorateur, menuisier, électricien, etc., sans parler des enfants, du mari, d'elle surtout la principale intéressée, cette vie, donc, était devenue un enfer : tout ce qui était commandé était décommandé l'instant d'après, tout ce qui était fait était défait, tout ce qui plaisait déplaisait, etc.

C'est dans ces conditions qu'elle s'était adressée une première fois à notre analyste ; lequel, se rappelant, comme il s'exprime, les idées bien connues sur le symbolisme de la maison, lui avait dit que toutes les tensions dont elle lui donnait la description étaient, en fait, des tensions déplacées ; leur lien d'origine se situant entre elle et son corps propre. Or, elle n'avait jamais entendu chose pareille sortir d'une bouche. L'effet fut instantané : une amélioration telle qu'elle ne donna pas suite à sa démarche.

1. Reider, Norman, « Metaphor, an interpretation », in *The International Journal of Psycho-analysis*, vol. 53, 1972, part. 4. Nous ne nions pas que l'auteur sera probablement surpris d'apprendre qu'il traite de la même question que nous : le sujet.

2. D'une façon générale, le reproche qu'on adresse à l'autre ou qu'on croie (avec ou sans raison) en être l'objet, est, de toutes les méthodes qui servent à établir la relation d'amour à l'Autre, celle qui résiste le plus à la révision. On sait par ailleurs ses liens avec la mélancolie.

Ce n'est que lorsque les choses eurent de nouveau empiré, qu'elle répéta sa démarche.

Même si on ne connaît pas le proverbe arabe qui dit que le serpent ne mord pas le croyant deux fois, on comprend que la patiente ne voulait pas d'une deuxième surprise du même ordre. L'analyste, cependant, ne semble nullement s'être aperçu de cette connexion, ni par conséquent du sens du fantasme qu'il avait pourtant bien repéré.

Il se demande : qu'est-ce qui se passe ? J'ai dit et répété, à l'intention de cette patiente, qu'elle ne voulait pas voir la vérité, rien n'y faisait, les résistances s'exacerbaient ; puis quand je lui cite un proverbe dont la signification n'ajoute strictement rien à ce que j'avais dit et répété, j'obtiens des résultats qui dépassent tout ce que je pouvais attendre. *Qu'est-ce que la métaphore opère* dans les coulisses, puisque apparemment elle n'ajoute rien ?

Notons qu'il a d'autant plus raison de s'étonner que la métaphore dont il a usé n'a en l'occurrence rien d'apaisant : puisque la vérité y devient des serpents.

Seulement l'étonnement, chez cet analyste, n'est pas le début de la sagesse. Pour donner une idée des hypothèses qu'il forme pour expliquer sa réussite, il dit par exemple : la patiente après tout avait un goût pour les japonaiseries (yoga, zen, bouquets de fleurs, théâtre des masques, etc.) ; peut-être à entendre un proverbe qui appartient à la même aire culturelle, elle a senti une certaine affinité ou communauté de goûts, qui l'a rendue sensible à l'influence. Tout cela, il le dit en n'y croyant pas trop. Il est dans l'embarras. Or, c'est ce même embarras que nous nous proposons de lever.

Quel rapport entre cette question de la *métaphore* et la question d'une *adresse du sujet* que j'ai évoquée au départ ? Le rapport est ce qui doit justement apparaître à la fin de cet exposé.

Pour donner dès maintenant une indication, disons ceci : dans notre étude précédente, nous avons abordé le sujet en tant qu'il se trouve inclus dans le champ imaginaire, dans la relation au miroir ou à l'image qui s'y reflète. Et puisque le sujet est pour nous le sujet désirant – d'un désir qui est le désir de l'Autre –, c'est avec cette image qu'il va se constituer désirable – c'est-à-dire que c'est avec cette image qu'il va satisfaire à son désir comme désir de l'Autre, ce qui d'ailleurs laisse en suspens pour lui la question de savoir si l'Autre se satisfait des mêmes tours. Mais il s'agit maintenant d'envisager le désirant comme tel, c'est-à-dire en dehors de ces objectivations imaginaires. Ce « en dehors » ne signifie pas que nous allons le rencontrer en plein air, mais seulement que nous l'envisageons en tant qu'il se trouve enveloppé dans un autre champ, celui du langage. Si nous admettons cela, il n'y aura rien d'étonnant *a priori*, et quitte à savoir comment et pourquoi, à ce que ce langage que le sujet habite s'actionne chez lui selon ses deux versants : la substitution et la combinaison.

Oui, mais quel rapport y a-t-il encore entre tout cela et la *satisfaction du désirant* ? Là-dessus, je ne vois pas comment donner, dès le départ, une indication. Pour faire sentir du moins que le langage ne saurait être tout à fait étranger à nos heurs et malheurs, je rappellerais volontiers l'histoire de la putain à qui on avait demandé son avis sur le mariage : « le mariage ? Je n'ai rien contre. » Il faut bien le dire, pour une putain, celle-là est impayable. Essayons pourtant d'aller voir ce que cette réponse signifie. Ceci : « Le mariage, je veux bien, pourvu qu'on ne me le demande pas. » Et l'on voit alors la distinction qui s'impose. Il y a ce qu'on peut appeler la demande supposée, ou l'Autre supposé demander ou encore l'idée de la demande ; celle sans laquelle il n'y aurait pas en réponse un « je veux bien », un consentement à... Mais cette demande fait mieux de rester là où elle est ; il suffit qu'elle *s'articule* pour tuer le peu de désir qu'il peut y avoir encore dans ce « je veux bien ».

Laissons là provisoirement cette distinction entre l'idée de la demande, et la demande réellement articulée et entrons dans le vif du sujet.

S'il y a un analyste qui ait consacré à la question de la métaphore une réflexion tant soit peu soutenue, c'est bien Ella Sharpe ; et cela dans un article d'une douzaine de pages figurant dans ses *Collected Papers* récemment édités, bien que l'article, *An examination of Metaphor*, remonte lui-même à 1940.

C'est un article où elle avance un certain nombre de thèses plus ou moins soutenables, mais qui sont toutes empreintes d'une audace extrême, et qui plus est, elle les avance avec la plus grande simplicité comme si de rien n'était, apparence à laquelle le lecteur risque effectivement de se laisser prendre.

C'est ainsi qu'elle commence par souligner qu'on ne saurait trop signaler l'importance de la réflexion sur le langage, pour un analyste : celui-ci est l'artisan d'une expérience où tout est affaire de mots, et si ce sont les mots qui cachent la pensée, ce sont eux aussi qui la révèlent... grâce à la métaphore. Voilà une nouveauté ! Pour ma part, je ne connais pas d'auteur, ancien ou moderne, qui ait émis cette idée : que « la métaphore révèle la pensée ».

Mais nouveauté – faisons tout de suite cette restriction – aussitôt née aussitôt avortée. Ou plutôt, on risque de ne pas lui laisser le temps de naître. Car dès qu'on parle de mots qui « cachent la pensée », on pense bien sûr à la pensée qu'on cache à autrui. Et, certes, cela existe : il y a des choses qui s'installent dans le registre du caché, et c'est même pour cela qu'on les appelle « pensées ». Seulement, cette imagerie de l'intersubjectivité ne doit pas nous faire oublier que la division conscient-inconscient est une division intra- et non intersubjective. Si elle est inter... quelque chose, elle est intersystémique. Ce qui veut dire que sans la métaphore tout ce qui s'attraperait dans le système des mots, serait « du plat », et que rien ne s'y attraperait de la pensée inconsciente, laquelle est, elle, non pas cachée, mais non-pensée.

De même pour « révéler » : ce verbe, on se précipite pour saisir, ou plutôt croire saisir, son sens à travers l'imagerie du rideau : or, ce que – à la prendre à la lettre – la thèse d'Ella Sharpe nous dit, c'est justement qu'il y a un « révéler » qui ne se fait pas à travers un mouvement de rideau mais grâce à un mécanisme verbal, nommément la métaphore.

Comment ? La suite de son article est justement destinée à répondre à cette question.

Elle rappelle tout d'abord la définition aristotélicienne de la métaphore comme transfert ou déviation d'un mot vers un autre sens que son sens propre. Cette définition, elle la reprend à son compte, elle y adhère. Seulement elle impose une restriction à la déviation ou transfert en question : c'est – selon elle – une déviation à sens unique, qui va *du physique au psychique* et jamais inversement.

Cette restriction elle la présente comme un coup de barre par rapport à ceux qui prétendent que notre langage est trop humble, trop mesquin pour exprimer ce qu'il y a de divin dans l'homme ; que c'est un langage fait à la mesure des besoins que nous dicte ce monde, pour lequel justement nous ne sommes pas faits ; une servitude de plus, qui ne nous laisse pas de choix pour exprimer nos aspirations les plus élevées. Ainsi, lorsque je me trouve emporté par des élans supérieurs, viennent des phrases comme : « Mon esprit vole tout en plumes. » Ce n'est certes pas sans une intention ironique qu'Ella Sharpe choisit cet exemple ; car pour ce qui est du maniement de la pointe, elle est, elle, incomparable – ce n'est pas pour rien qu'elle s'appelle *Sharpe*. J'ai essayé, pour ma part, de trouver un exemple qui suscite plus d'enthousiasme, mais j'ai dû y renoncer : il est extrêmement difficile d'en trouver un de bon aloi dans cet ordre.

Cela ne signifie pas que je tienne la théorie ainsi combattue en médiocre estime. Au contraire : cette résistance du langage à ce que quelque chose s'y exprime qui va au-delà de nos besoins, mérite la plus grande considération. Seulement, appeler cet au-delà « l'Esprit », le moins qu'on puisse dire est que ce n'est pas très spirituel. Au fond, cette théorie ne reçoit sa portée exacte que si on se rappelle qu'elle est celle du président Schreber, qui commence ses mémoires, comme on sait, en soulignant cette inadéquation foncière entre notre langage à tous, notre langage naturel, et les choses surnaturelles dont il lui faut cependant parler.

Essayons pourtant de faire justice à la même théorie en l'examinant sous une forme plus sophistiquée, plus philosophiquement élaborée, comme celle que lui donne Bergson par exemple.

Selon lui, notre langage est trop grossier, trop schématique, ses termes sont trop généraux pour saisir ce qui est vie, fugacité et nuance : à savoir le particulier, qui file constamment entre les mailles d'un tel langage, dont le filet n'attrape que des dépouilles. Il est bien vrai que le langage ne met pas la main sur ce particulier tout à fait particulier. Et ce pour une raison que Hegel, lui, dit nettement : le particulier tout à fait particulier n'existe pas ; ou plus exactement, son être est son devenir ou son passage dans le non-être. Cependant, pour qu'une vérité devienne une source de procès, comme celui qui est fait ici du langage, il faut bien qu'il y ait erreur quelque part ou à tout le moins une défaillance de la raison à trouver la raison adéquate.

J'imagine que le philosophe se met dans la position de celui qui reçoit le langage de quelqu'un d'autre lequel, lui, ne le reçoit de personne, mais seulement le donne – et ce ne peut être que Dieu : Dieu qui passe les créatures en revue, pour les nommer une à une devant Adam, pour les identifier à son intention. Eh bien ! il y a là une *double erreur* : celle qui consiste à imaginer un état des choses *antérieur* au langage, et à croire, du même coup, que l'identification est une *identification de ces choses mêmes* et non des signifiants[1].

Je demande : quel est cet objet-là ? L'objet en question, qu'une ligne droite rejoint à mon index, est un objet apparent, transparent, il tombe sous le sens, qui en prennent connaissance séparément ou à plusieurs, bref, il est l'objet *su*, tellement su qu'on a voulu y localiser la signification du mot qui me manque et que je vous demande. C'est ainsi que les choses se présentent à première vue ; autant dire que c'est ainsi qu'on se les imagine. Car nous savons, nous autres analystes, que l'objet visible n'a cette fausse transparence (au sens de : tombant sous les sens) que de par sa participation à celle de l'image du corps propre. Celle-ci est le modèle de toute transparence. Et ce qui y transparaît, c'est moi. Mais il suffit que cette image se délie de son insertion dans l'universel « je » et s'en aille, si on peut s'exprimer ainsi, pour qu'il en résulte une étrangeté qui confine à l'ineffable.

De même pour l'objet visible, tout habillé qu'il soit de la fiction de l'objet su : il suffit que je perde le mot pour qu'il se présente comme inconnu. Inconnu mais non pas inquiétant, car le mot qui manque à ma disposition, je peux toujours le demander... à vous en l'occurrence ; c'est bien ce signifiant que vous identifiez pour moi et non pas la chose, laquelle a peut-être disparu entre la question et la réponse, ou a subi quelque destruction.

L'antériorité de l'Autre, comme lieu du langage, *par rapport à tout sujet qui parle*, va

1. C'est à l'encontre de cette double erreur que se dirigent nos développements sur la Chose. Cf. *Contribution à une théorie du manque*, in *Qu'est-ce que le structuralisme ?*, éd. du Seuil, 1968.

donc de pair avec le fait que *les choses ne sont que dans la mesure où elles s'insèrent dans ce langage* même, en dehors duquel il n'y a que destruction : celle que les choses s'infligent les unes aux autres, ou celle que nous prenons nous-mêmes en charge[1].

Mais dès lors, loin d'incriminer je ne sais quelle impuissance du langage, nous pouvons affirmer au contraire qu'il n'y a rien qui échappe à la puissance identificatoire ou nominatrice du langage (et la métaphore, comme le note Ella Sharpe, est précisément un des ressorts majeurs qui permettent l'extension indéfinie de ce pouvoir). Rien n'y échappe, sauf celui qui nomme comme tel. Je veux dire par là qu'on peut nommer un chat un chat, un rat un rat, ce fait les laisse après comme avant ; personne d'ailleurs n'a songé à y voir la raison de leur difficulté légendaire quant à la coexistence. Mais qu'un *infans* soit nommé Adam, ce nom aura un effet certain sur lui, puisqu'il le mettra aux prises avec cette question : mais que suis-je, en tant que représenté par ce nom-là ? Et là, il est « laissé en plan » (Schreber *dixit*), puisqu'il n'y a pas de nom pour *cela.* « Pourquoi ne m'as-tu pas nommé ? », c'est bien là le fond ultime de la revendication de tout un chacun, et peut-être est-ce pour cette raison que chacun est philosophe à ses heures.

Bien qu'ils nous éloignent apparemment d'Ella Sharpe, les développements qui précèdent étaient nécessaires pour ne laisser aucune ambiguïté sur le sens de l'opposition existant entre elle et les auteurs du camp adverse : une opposition qui n'a rien de linguistique, puisque pour ces auteurs aussi, le transfert se fait du physique au métaphysique ; dans l'exemple cité par Ella Sharpe, du volatile à l'Esprit. Il s'agit plutôt d'une opposition à proprement parler ontologique : Ella Sharpe, elle, récuse l'existence de l'âme et de l'Esprit. De fait, elle appuie la direction qu'elle impose à la métaphore sur les meilleures autorités de l'empirisme anglais, Locke notamment, selon lequel nous n'avons nulle idée qui ne reproduise l'expérience interne ou externe.

Or, en prenant comme point de départ cette expérience et elle seule, c'est-à-dire l'apparent ou le transparent, Ella Sharpe ne méconnaît-elle pas le caractère primordial de la division conscient-inconscient ? Rien d'étonnant si elle-même ne pose pas cette question, puisque le propre de la méconnaissance c'est qu'on ne se donne pas le temps de s'apercevoir si méconnaissance il y a.

La question qu'elle pose est en tout cas la suivante : comment et pourquoi la métaphore, ou l'usage métaphorique des mots, a-t-il pu se développer à partir d'un langage taillé à l'origine sur notre expérience (*sense experience*) ?

Comme elle n'a aucun moyen d'assister à ce moment de la genèse ou de la procession de la métaphore à l'échelle de l'espèce, elle essayera de rattraper le temps perdu, si on peut s'exprimer ainsi, en se penchant sur ce qui se passe chez l'enfant : l'ontogenèse étant à ses yeux une répétition de la phylogenèse. Son cheminement sur ce point est fort subtil et nous devons nous contenter de résumer sa conclusion, au risque de lui faire quelque injustice. Il y a un moment, dit-elle, où l'enfant apprend à se contrôler ; une discipline est imposée à ses orifices. Or, ce moment est aussi celui où il apprend le langage, lequel langage constitue une voie de décharge vers l'extérieur (*out-rance*). Ainsi, des décharges langagières se substituent-elles à celles que la civilisation impose de différer ; et dans ce sens-là, on peut dire que le langage tout entier est substitution, est métaphore.

Thèse curieuse pour le moins, car on ne voit pas comment une décharge verbale, quelle que soit son intensité, peut soulager le moindre besoin naturel. À moins de supposer (ce à quoi Ella Sharpe ne semble pas faire attention) qu'il s'agit d'une énergie non-spécifique,

1. Cf. Hegel, *Phénoménologie de l'esprit*, trad. fr. de J. Hyppolite, t. I, p. 90.

qui trouve sa satisfaction dans n'importe quelle décharge, dans un flot de paroles aussi bien que dans un flot d'urine. Mais alors, par quel mystère notre corps en vient-il à être habité par une énergie si indifférente à nos besoins ? Question que ne pose pas non plus Ella Sharpe, laquelle se trouve par contre face à ce problème : voulant expliquer la métaphore, elle n'a fait que la dissoudre, puisque *c'est tout le langage qui est maintenant métaphore* ; qu'est-ce qui fait donc les caractères spécifiques de la figure ?

Afin de préparer la réponse à cette question, l'auteur émet une hypothèse selon laquelle le langage était à l'origine constitué de deux groupes de mots, qui correspondent respectivement à un usage affectif ou expressif du langage et à un usage communicatif ou conceptuel : les onomatopées et les racines (*roots*). Ces dernières devaient exprimer les *relations* de l'homme tant avec ses semblables qu'avec son milieu, et ne devaient pas dépasser 500[1]. Quant aux onomatopées, outre leur fonction expressive, elles devaient servir à dénoter des *objets* de perception, tels le coq et la chèvre. Nous ne saurions procéder ici à un examen détaillé de cette thèse ; ce qui nous intéresse au premier chef, nous autres analystes, ce sont les exemples qu'Ella Sharpe nous donne concernant les onomatopées : comme tous les exemples cliniques qu'elle cite, que ce soit dans cet écrit ou dans d'autres, ils sont littéralement illuminants[2].

Le premier est celui d'une patiente qui met une demi-heure à décrire, un par un, tous les déboires d'une amie à elle. Puis elle s'arrête, pour remarquer : « J'ai le sentiment que je n'ai fait que *bêler* sur ma propre condition lamentable, pourtant ce ne sont pas mes chagrins, mais les siens ! » Autrement dit, commente Ella Sharpe, tout ce discours était une onomatopée, un bêlement. Encore faut-il ajouter, puisque la patiente n'a pas bêlé, que, pour un bêlement, c'était un soupir ou une plainte qui voulait se faire entendre et qui y a réussi merveilleusement. Autant dire que ce langage « expressif » s'avère être puissamment communicatif : l'Autre est au cœur de ce discours, et il y est d'une façon d'autant plus touchante qu'il se présente comme le bon entendeur et rien d'autre, débarrassé en quelque sorte de toute visée de demande.

Cette même présence de l'Autre va se manifester tout autrement dans les exemples suivants.

Un patient tient un discours volubile pendant dix minutes, puis s'exclame : « Cette fois j'ai bien parlé tout le temps sans hésiter une seule fois. » Autrement dit, il s'agissait d'un flot urinaire.

Un autre se livre à un discours tortueux, sophistiqué, « intellectuel », puis s'arrête et, saisi par je ne sais quel ennui, ajoute : « Mais tout cela c'est du vent. » Autrement dit, un *flatus*.

Notons, bien que ce soit une remarque dont l'importance n'apparaîtra que par la suite, que c'est l'analyste qui introduit ici l'équivalence ou la métaphore. L'essentiel, pour le moment, est la conclusion qu'elle tire de ces exemples : chaque fois, affirme-t-elle, que le patient s'arrête pour commenter son discours, l'assimilant à un bêlement, un flot, un flatus, etc., nous pouvons être sûrs qu'il y a de l'angoisse.

1. Sans doute le choix de ce chiffre n'est-il pas sans rapport avec les tentatives, nombreuses à l'époque, en vue de dégager le *basic English*.
2. Notons cependant, à l'honneur de notre auteur, qu'à tout le moins elle réussit à traiter cette question sans tomber dans l'accident qu'évitent difficilement les linguistes les plus qualifiés ; lesquels, surtout lorsqu'ils invoquent les onomatopées comme un argument contre « l'arbitraire des signes » selon Saussure, donnent souvent l'impression de faire de cette question celle de savoir si le signifiant a quelque affinité avec la signification (comme la lettre *i* avec l'idée de petitesse) ; s'il lui est en quelque sorte fidèle, bref si le langage nous ment ou pas !

Or, de l'angoisse, phénoménologiquement, il n'y en avait justement pas dans ces exemples : il y avait plainte, ennui, voire jubilation. Pourtant Ella Sharpe a raison : l'angoisse est dans le coup et aucun analyste sensible ne contestera la justesse de son affirmation. Qu'est-ce à dire, sinon que l'angoisse est le seul affect qui tienne en psychanalyse, que c'est sous le poids de cette angoisse que le sujet se taille, tel le lézard de sa queue frétillante, d'un objet quelconque – soupir, flot de paroles ou d'urine, ou comme on voudra, – d'un objet qui va au-devant de cette angoisse même, laquelle, pour cette raison justement, reste de lui ignorée ? Les effets de l'angoisse sont aussi prestes que ceux de la « pensée » : ils sont les mêmes.

Cette structure de l'objet comme objet cessible (dont on « se tire » et où on « se tire »), produit de notre angoisse, trouve une illustration saisissante dans une scène d'un film, par ailleurs assez filandreux, *le Dernier Tango à Paris*. On se rappelle ce *yankee* qui déambule par un matin brumeux, et qui, à la première rencontre venue, tient à se présenter comme étant une queue et rien d'autre : son être est campé là, si l'on peut dire ; la petite n'a qu'à se tenir pour renseignée. Surtout, elle ne lui dira pas son nom ; il n'en veut rien savoir. Seulement cette petite est curieuse. Non pas pour la vérité ; le penser, ce serait partager l'erreur de l'homme ; et ce n'est évidemment pas pour rien s'il pensait ainsi. Disons donc qu'elle est curieuse comme la vérité ; et cela, ni lui ni personne, elle-même comprise, ne peut l'empêcher de l'être. Alors elle lui raconte une histoire. Ce n'est pas un conte d'Andersen, mais tout comme. L'histoire d'*une* rencontre : celle – il n'y en a pas d'autre – qu'elle n'a vécue que parce qu'elle l'attendait. Et qui était ce « prince charmant » ? À ce moment-là, à ce moment où il est à mille lieues de se reconnaître dans cette jolie sérénade, le voilà, notre dragon grincheux, qui apprend que c'était lui. Aussitôt il est saisi (il n'y a pas de refuge ici) par une transe ou peu s'en faut : il faut absolument, c'est-à-dire de la façon la plus impérative qui soit, qui ne supporte aucune rémission, sur-le-champ... qu'il cède son cul à la petite. On ne met pas son être dans le territoire de son choix. Il est d'ailleurs dans la logique d'une telle position subjective que le sujet n'accède à la paternité que dans un dernier fantasme, à l'heure où il tourne de l'œil. Je pense au moment où le personnage avance vers le bord du balcon, se répétant, la face au ciel : « Nos enfants nous pardonneront » puis recule et s'affaisse recroquevillé, devenu en quelque sorte le père d'un fœtus fait de son propre cadavre. Le résultat n'est guère plus brillant pour la fillette : au terme de cette « aventure », elle se retrouve avec le képi de papa sur la tête, et la constatation qu'elle ne savait pas qui il était, l'objet mort de son désir.

Or, après avoir traité de l'onomatopée, Ella Sharpe répond à la question de la métaphore en posant qu'elle surgit *chaque fois que l'émotion et la pensée fusionnent* en une seule et même expression : et, chose curieuse, tous les exemples qu'elle donne concernent justement le *rapport du sujet à l'objet* tel que nous venons de le voir jouer. À vrai dire, elle donne plusieurs groupes ou plusieurs paquets d'exemples, dont chacun correspond à l'un des objets prégénitaux que nous connaissons. Voici le premier groupe, constitué par huit phrases :

1. Je me suis beaucoup éloigné du point et ne peux plus le retrouver.
2. J'ai perdu de vue ce pourquoi j'étais venu.
3. C'est ma façon de m'y prendre qui ne va pas.
4. Si je m'éloigne du point, rappelez-moi à l'ordre.
5. Ne me grondez pas si je m'éloigne.
6. Je vois votre point de vue, mais je ne le fais pas mien.

7. Si seulement je pouvais démarrer, je reprendrais bien la course.
8. Cette technique psychanalytique est trop vague, elle devrait consister en une application précise sur un point bien défini.

Chaque fois qu'émotion et pensée fusionnent en une seule et même expression, c'est-à-dire chaque fois que nous avons affaire à une métaphore, celle-ci, affirme Ella Sharpe, n'est jamais une simple *façon de parler*[1], arbitrairement choisie parmi d'autres équivalentes. Au contraire, chaque métaphore s'avère être aussi rigoureusement déterminée qu'un rêve ou un symptôme. Rapprochement qui donne à réfléchir ; car si nous touchons ici à une limite sur laquelle échoue la liberté, qu'en conclure, sinon qu'il s'agit d'une seule et même cause obscurément à l'œuvre dans les trois fonctions : symptômes, rêves et métaphores ?

Mais il est encore plus important, dans l'immédiat, qu'on sache ce qui autorise notre auteur à considérer ces phrases-là comme des métaphores : le fait, répond-elle, que chacune d'elles se présente comme l'expression d'une difficulté psychique (notons d'ailleurs qu'il s'agit, plus précisément, dans tous les exemples, d'une difficulté avec la parole), alors que – c'est toujours Ella Sharpe qui parle – tout le contexte indique qu'il s'agit, en fait ou en vérité, d'une difficulté physique ou archaïque, d'une difficulté éprouvée lors de la première expérience de l'être humain, celle de la succion. Le transfert métaphorique s'opère donc bien du physique au psychique, du passé ou de l'originel au présent ; et l'interprétation, elle, consisterait, dans cette perspective, à remettre au sujet le mot propre de la signification qui ne se présente dans son discours qu'au figuré.

Seulement le fait est que les patients, sauf quelque complaisance assez douteuse, ne manquent pas de récuser une telle interprétation. Alors, qui nous dit que c'est Ella Sharpe qui a raison, ou, ce qui revient au même, que la vérité est dans l'expérience, en l'occurrence celle de la succion ?

Il est important de préciser qu'en soulevant cette question, je ne songe pas à nier que ce terme « point » qui revient si fréquemment dans les huit phrases citées, avec un sens « propre » assez évanescent par ailleurs – ce point que le sujet retrouve constamment comme ce qu'il perd constamment de vue, dont il ne tolère pas le manque ou, au contraire, dont il se sépare pour y revenir ou demander qu'on l'y ramène – survient parfois dans des contextes qui indiquent plutôt sa nature *métonymique*, en tant qu'il renvoie à un autre signifiant ou à un autre objet, le sein à l'occasion[2].

Je ne pense pourtant pas que ce soit là le sens de la métaphore en question, ni du désir ; et le refus des patients de l'admettre ne saurait être assimilé à une résistance, sans plus. Car les données cliniques ne manquent pas, qui nous montrent que ce sein, le sujet se trouve parfois acculé à le boycotter, voire à la maudire, ce sein qui l'a nourri, afin de garder quelque battement de son désir.

Mais notre meilleure raison de ne pas donner tout de suite raison à Ella Sharpe, nous la trouvons encore chez elle. En effet, si elle ne doute pas d'avoir raison, c'est, dit-elle, parce que ses interprétations ne manquent pas de susciter en réponse un matériel qui les confirme pleinement. Seulement, nous remarquerons, nous, que tous les exemples

1. En français dans le texte.
2. L'indication de ce signifiant se fait selon une méthode invariable, celle qui constitue selon l'avis de Stern (*On realism*, Londres, 1972) le caractère distinctif du réalisme littéraire, et qu'il appelle *the method of indirection*, ce qu'on peut traduire par détour ou tromperie, mais tromperie qui guide. Elle consiste dans la convergence de plusieurs chaînes du discours vers un seul et même terme qui, grâce à ses liens métonymiques, parvient à se faire entendre sans être articulé.

qu'elle nous donne de ces interprétations réussies, sont justement des exemples où elle reprend, met en jeu, soit une métaphore employée par le sujet, soit un autre signifiant appartenant au même champ métaphorique qui, pour ainsi dire, travaille le sujet à tel moment de l'analyse. Autrement dit, elle ne trouve la confirmation de son point de vue qu'en sautant un temps essentiel : celui justement, sur lequel l'auteur de l'observation de la patiente hystérique que nous avons citée au début, manifestait sa perplexité.

De sorte que nous nous trouvons, nous autres, au terme de ces développements, face à un double, sinon triple, problème : comment se fait-il qu'un objet particulier, par exemple le pénis ou le sein, s'avère être impuissant, c'est bien le cas de le dire, à épuiser le sens du désir ? Et comment se fait-il que, par le détour de la métaphore, nous réussissions à accoucher des fantasmes où le désir s'avère être néanmoins organisé autour de ce même objet ?

Nous voyons le point exact où nous nous trouvons en ce moment : celui où la théorie et la pratique psychanalytiques requièrent le démontage de la distinction entre sens propre et sens figuré, distinction qui, nous le verrons, pousse sur le même sol que la névrose[1].

*

Pour avancer vers la solution de ce problème, rappelons la remarque de Freud selon laquelle l'événement important de la journée, celui-là même qui incite au rêve et reste au centre des préoccupations des rêveurs, ne figure pas dans le rêve manifeste : lequel se construit, au contraire, autour d'une impression assez indifférente. Il serait juste de modifier quelque peu cette règle ; car il arrive bien parfois que l'événement de la journée qui incite au rêve trouve dans le texte manifeste des allusions évidentes, mais non pas pour celui même qui fait le rêve : dans tous les cas, il n'y a pour ainsi dire de sommeil, celui dans lequel nous rêvons ou celui dans lequel nous nous tenons pour réveillés, qu'à la condition de satisfaire à une certaine censure. Cette modification qui, à vrai dire, transforme la constatation de Freud en une véritable règle, nous aidera à résoudre le problème que pose pour Freud le rêve d'Irma. La figure centrale de ce rêve est Irma, et l'événement qui a suscité le rêve est une conversation avec Otto où Freud a cru devoir entendre un reproche concernant le traitement de la patiente et amie de la famille : il y a donc là une exception apparente à la règle... qui se dissipe cependant si on tient compte de notre modification ; on découvre alors que ce 23 juillet 1896, Otto n'était pas le seul à avoir parlé à Freud d'Irma, que sa femme aussi l'avait fait, annonçant la visite attendue pour bientôt d'Irma à l'occasion de son anniversaire à elle : l'anniversaire de Martha Freud.

Or, un rappel de l'anniversaire de sa femme, qui véhicule un autre rappel de sa patiente, conçoit-on une occasion mieux calculée pour mettre à la question la limite de ce que le don peut apporter comme satisfaction ? Notons bien que la contestation frappe ici non pas la réalité de la satisfaction, mais le pouvoir du don. La thématique du don, bon et mauvais, parcourt ce rêve de bout en bout, et très spécialement sous la forme de cette question : que puis-je donner d'*autre* ? Et en effet, que peut-il donner d'autre, sinon son angoisse, qu'il projette dans la gorge d'Irma ? Le pouvoir du don, n'est nullement ébranlé pour autant ; il est seulement délégué à cette figure vers laquelle Freud accourt, l'appelant au secours : le Dr M... Il s'agit d'une figure mixte, composée de Breuer et de son frère aîné Emmanuel.

1. Il est vain de prétendre traiter l'hystérie quand on ne sait pas résoudre ce problème. Voir « Éloge à l'hystérie ».

Breuer était non le possesseur du savoir-faire médical, car Freud était bien mieux renseigné que lui sur l'hystérie et le savait, mais le représentant de ce savoir, ce qui est une tout autre affaire. L'ignorance d'un maître ne le qualifie que mieux pour la fonction du représentant, dont le maintien est donc plus que compatible avec les rigolades en douce sur ladite ignorance, pour ne pas dire qu'il les exige. Car pour ce qui est du représentant, tout l'effort psychique (pour autant qu'il tend à nier que l'Autre soit barré) vise à le maintenir comme tel : c'est par lui, avec lui et dans lui, que nous croyons exister un peu, moyennant quoi nous demandons à exister encore plus ; alors, si on nous le retire sous les pieds...

Quant au frère Emmanuel, c'est de sa main que Freud devait recevoir en noces, avec toute une existence de fête, la petite nièce Pauline : la figure élective de la première – et combien traumatique ! – érection du désir chez lui. Or, qu'un père puisse donner la main de sa fille, cela se conçoit et parfois prend même forme d'institution. Mais de là à ce qu'il fasse que la mariée donne son désir par-dessus le marché, il y a un monde.

Bref, qu'on la prenne sous une face ou sous une autre, Breuer ou Emmanuel, cette figure créée pour *faire alibi à l'impuissance du don à apporter la satisfaction*, est une baudruche, et je n'insiste pas ici sur la signification de la pâleur qui, dans le rêve, marque la figure. Or, voilà la baudruche dégonflée.

Est-ce à dire qu'il ne nous reste plus que la déception ? C'est ici que la psychanalyse peut nous servir peut-être comme gay savoir.

Méditons à présent ce « Beau Rêve[1] ».

*Il traverse en nombreuse compagnie la rue X où se trouve une modeste auberge (*ce qui est inexact*). On y joue une pièce de théâtre, il est tantôt public tantôt acteur. À la fin, il faut remettre ses habits de ville pour partir. Une partie du personnel est reléguée au parterre, l'autre au premier étage. Il y a alors une discussion. Ceux qui sont en haut se fâchent parce que ceux d'en bas ne sont pas encore prêts, de sorte qu'ils ne peuvent descendre. Son frère est en haut, il est en bas et il se fâche contre son frère parce qu'on est si serré. (*Cette partie est peu claire.*) D'ailleurs, dès l'entrée on avait indiqué qui devrait se trouver en haut et qui est en bas. Il gravit ensuite seul la montée de la rue X en allant vers la ville, et il marche si lentement, si péniblement qu'il ne parvient pas à avancer. Un monsieur d'un certain âge se joint à lui et dit du mal du roi d'Italie. Au haut de la pente, il marche bien plus aisément.*

Disons tout de suite que nous ne savons pratiquement rien de la partie intermédiaire de ce rêve, où il est question d'un spectacle qui se déroule dans une auberge, sauf que les expressions « ceux d'en haut » et « ceux d'en bas », doivent aussi s'entendre au sens de hiérarchie sociale. Cela, Freud l'a saisi en remarquant la façon systématique avec laquelle l'analysant évite la locution viennoise « être par terre », pour signifier la banqueroute. Or, le frère du patient s'était effectivement ruiné financièrement, donc socialement ; le rêve implique donc ici un certain renversement : c'est lui, l'analysant, qui était plutôt en haut et le frère en bas[2].

1. Rêve d'un patient de Freud, cf. la *Traumdeutung*, trad. fr. de I. Meyerson.
2. Pour ma part, je serais enclin à considérer le jugement qui fait ici partie du récit du rêve « ce passage est imprécis », comme l'indice d'une imprécision, d'une vacillation qui touche le rêveur jusque dans son sentiment de soi : des deux frères, qui est-il ? J'ajouterais plus confidentiellement encore que l'idée de l'auberge comme lieu d'un spectacle me paraît être un indice assez éloquent, que « celui qui mange n'est jamais seul ».

Quant à la fin du rêve, cette montée d'abord lente et pénible, puis allègre et aisée, semble être aux yeux de Freud une représentation renversée de la scène célèbre qui inaugure la *Sapho* d'Alphonse Daudet, lorsque le jeune homme monte l'escalier quatre à quatre, avec l'amante dans ses bras d'abord légère comme une plume, mais faisant sentir son poids à mesure qu'on arrive à l'étage. *Guess*, ou divination, d'autant plus plausible que cette scène, d'une part, a manifestement la signification symbolique d'un avertissement appelant les jeunes gens à garder la tête froide avant de se lancer dans des liaisons mal assorties, et que d'autre part l'analysant venait effectivement de rompre une telle liaison avec une « jeune actrice », Freud le savait. Cependant, il ne s'attendait pas à une confirmation aussi éclatante que celle que son analysant ne tarde pas à lui donner en réponse ; celui-ci en effet (et nous voyons ici notre règle de tout à l'heure se confirmer encore une fois) a vu la veille une pièce intitulée *Marche par marche*, et qui raconte l'ascension rapide puis la chute encore plus rapide d'une demi-mondaine.

Reste l'auberge. Où le rêve est-il allé trouver cet élément ou ce signifiant ? L'analysant se rappelle que l'été dernier, les obligations de sa jeune amie l'ont fait rester à Vienne pendant les vacances d'été, et que préférant son voisinage, il a loué une chambre dans un hôtel situé non loin de chez elle. Au moment où il s'apprêtait à quitter cet hôtel, à la fin de son séjour, il fit cette réflexion à l'adresse du cocher qui était venu le prendre avec son bagage : « Ouf, quelle chance que je n'aie pas attrapé des vermines ! » Et le cocher répondit : « Mais quelle idée de descendre dans un endroit pareil ! D'abord ça n'est pas un hôtel, c'est une auberge. » La voilà donc, notre auberge, qui ne manque pas de susciter le souvenir de ces deux vers d'une comptine d'Uhland, qui fait la joie des années tendres pour ceux dont la langue maternelle est l'allemand :

> Je suis descendu une fois dans une *auberge*,
> Dont l'hôtelier était bien doux.

Or l'hôtelier dont il s'agit dans ce poème est un *pommier*. Et les associations donc de rebondir vers ce passage de Faust :

> *Faust* (dansant avec la jeune fille) :
> J'eus autrefois un bien *beau rêve ;*
> Je voyais un pommier éclatant
> Où brillaient deux bien belle pommes
> Elles m'attiraient, je montai dessus.
>
> *La Belle*
> Ces petites pommes vous tentent beaucoup...
> Ce fut ainsi au paradis déjà.
> La joie m'étreint à la pensée
> Que mon jardin en a de telles.

Parvenu à ce terme des associations, à cet arbre à grimper, et à ces deux pommes, et à ce paradis, la signification de l'auberge ne paraît plus faire aucun doute aux yeux de Freud. D'autant qu'il sait qu'une belle poitrine fait partie de l'attrait de la jeune actrice ; et qu'il a des raisons, sur lesquelles je ne m'étendrai pas, pour soupçonner qu'un autre renversement s'est effectué dans ce rêve, relativement à la scène de *Sapho* : renoncement selon lequel ce n'est pas l'homme qui portait la femme, mais la femme le petit homme. Il est impossible de douter. Mais Freud semble s'étonner quand même, puisqu'il ajoute sur un ton à la fois péremptoire et humoristique : « Et après tout, un sein est bien une auberge pour le nourrisson. »

Oui, seulement il ne fait pas de doute non plus qu'avec cette réduction utilitaire, qui en fait un endroit où on se couche et mange, sans plus, le sein perd beaucoup : il perd son charme. Mais alors, en quoi consiste ce charme ? Quel est ce *plus* qui transfigure le sein en appât, *agalma* ou ornement, ce plus dont la soustraction arrête le fonctionnement de la poitrine comme attrape-désir, comme objet érotique ; ou plus exactement, dont le retrait équivaut au retrait de l'investissement *spécifiquement* libidinal ? Bref quel est ce plus qui est un au-delà de tous les biens ?

Eh bien, le voilà, le désirant, qui, en ce point, se manifeste sous nos yeux comme un « Il ne sait pas ». Et c'est parce qu'il y a ce bord au-delà duquel se creuse ce « Il ne sait pas », que nous jetons par-dessus bord des signifiants sans signification aucune, comme sex-appeal, *oumph*, je ne sais quoi, ou *mana*. Ce sont des pièces jetées comme dans la fontaine de *Trevi*. Essayons de faire un peu mieux que de jeter une pièce en plus. Essayons de faire même mieux que le rêve, quand il répond par la métaphore à la mobilisation dans l'analyse de ce « Il ne sait pas ». Car la métaphore n'a pas d'autre racine ni raison. Mais de quelle métaphore s'agit-il au juste dans cet exemple ?

C'est ici que nous mesurons toute l'importance qui se rattache au conseil de Freud de prêter attention à tous les détails, même infimes, du matériel qui nous tombe sous la main, qu'il s'agisse du récit du rêve ou d'autres phénomènes, d'ailleurs.

Car notons-le bien. L'efficacité des interprétations de Freud venait, non pas de ce qu'il disait au patient quel était l'objet de son désir, en l'occurrence le sein. Mais de ce que sur sa bouche à lui Freud, ce sein était déjà une métaphore. Et après tout, quelle auberge ne se sublimerait-elle pas, d'être dite « sein » ? De même que le sein peut, à l'occasion, dans certains contextes, se sublimer d'être dit « auberge ». C'est d'ailleurs cette identité de l'effet de sublimation malgré le renversement des termes, qui nous indique que *le nerf de la métaphore est dans la substitution comme telle, plus que dans ces termes mêmes*. Le sens de la métaphore ne réside pas dans la signification codifiée et recensable que nous pensons reconstituer en retrouvant le signifiant élidé ; l'utilisation d'un mot pour un autre, en quoi consiste la métaphore, fait entendre – et c'est là que gît la fonction essentielle de cette figure – un sens inédit : le sens du désir, lequel, en tant que désir érotique, ne saurait se reconnaître dans aucune signification articulable quelle qu'elle soit, de même que son objet ne saurait se confondre avec l'objet localisable dans l'espace et le temps. La distinction entre un sens propre et un sens figuré – distinction qui préserve leur homogénéité foncière, en tant qu'ils appartiennent, tous deux, au discours commun, – relève en vérité, de ce qu'on peut appeler la connivence universelle où se maintient la méconnaissance du désir comme tel.

En effet, imaginons un analysant, qui, féru des idées communes sur le symbolisme, se précipite à déclarer savoir ce qu'il en est de la signification de son auberge, qu'est-ce que cela signifierait sinon sa hâte à rendre le message du rêve nul et non avenu ? Et imaginons l'effet que cela aurait, de lui faire remarquer qu'il s'agit d'une auberge, oui, mais *comme il n'en existe pas, en réalité*, conformément au texte de son rêve qui nous dit qu'il n'y a pas d'hôtel à la rue X. Par là nous ouvrons de nouveau la béance qu'il était pressé de boucher, nous le branchons de nouveau sur la porte d'Ivoire, d'où viennent les rêves. Le ressort de l'effet que nous imaginons à une telle remarque réside en ceci que : le désir s'y trouve reconnu comme tel, c'est-à-dire, *reconnu sans être connu*.

« L'auberge qui se trouve à la rue où il n'y a pas d'auberge » – peut-on imaginer façon plus aimable de nous prévenir : monsieur l'analyste, si sein il y a, ne prétendez pas en avoir l'adresse dans votre poche ! Et Dieu sait combien ce sein peut s'avérer encombrant quand l'analyste se mêle de le placer quelque part : il ne sait plus où le mettre, chez la nourrice de l'analysant ou chez sa femme, ou pourquoi pas sur lui l'analyste, Tirésias nous a précédé.

Et pourtant on n'omet rien pour nous guider. On nous dit bien qu'il s'agit d'un sein de fiction, d'une auberge qui a ceci de particulier, que l'hôtelier est un pommier. Là le bout de sens commence à se faire entendre ; là la métaphore commence à révéler la pensée, c'est à savoir : que nous avons affaire à un sein dont la présence même sur les branches de ce charmant pommier est une invite à notre désir, parce que cette présence, à elle seule, est toute offre, offre sans demande, si je peux dire ; laquelle demande ne saurait se mêler de l'affaire sans tuer le peu de désir qu'il pouvait y avoir encore dans le « je veux bien[1] ».

Nous voici préparé pour répondre en peu de mots à notre problème. La différence entre dire à une patiente : « Tu ne veux pas voir la vérité » et lui dire : « L'aveugle n'a pas peur des serpents », est la différence entre l'impératif : « Tu dois savoir », et l'invite : « Tu peux savoir. » Dans le premier cas le désir de l'analyste s'avère être empêtré dans l'affaire jusqu'au commandement, et ce commandement s'adresse à la marionnette parlante que j'ai en face, alors que le « Tu » dont il s'agit dans « Tu peux savoir » a une tout autre signification, ce *Tu* est à proprement parler un *Il*. Et qui est ce *Il ?*... Qui veut.

Et comment se fait-il que nous obtenons par là des fantasmes qui nous ramènent au même objet ? La réponse est encore plus simple : imaginons un pommier qui se met à penser que les autres le veulent ou veulent manger ses pommes, et ce que cela entraîne. C'est le névrosé. Autrement dit, le refus de ce dernier, de ce que l'oiseau de son désir, si on nous permet cette métaphore de la pulsion érotique, soit mis en cage, ne l'empêche pas de gager le désir de l'Autre. D'où, encore une fois, la nécessité de l'expérience complémentaire : que l'être lui manque autant qu'à l'Autre, qu'une limite existe à laquelle s'arrête le don, ou au-delà de laquelle le don n'est que métaphore.

Expérience qui va jusqu'à son terme dans quelques analyses. Et on voit où mènent ces analyses. En dégageant le désir des leurres de la connaissance, nous cheminons vers ce même point qui apparaît à la fin de l'étude sur le *Fantasme dans la doctrine analytique*, le point où l'analysant est face à la Demande comme Demande *de rien*, c'est-à-dire comme nous pouvons l'écrire maintenant, face *à l'idée* même de la demande, ou encore à la demande comme *forme inéliminable de l'Autre* dans toute interrogation du désir ou sur le désir, bref face à l'Autre comme Autre barré ou comme pure question : Tu veux... ?

Moment vers lequel s'achemine l'analysant dans la mesure ou s'effectue la ruine de la catégorie même du mérite – catégorie sur laquelle se fondaient l'héroïsme et la sainteté, et que le luthéranisme renforce en la combattant. Tant que cette ruine n'est pas accomplie, il serait vain, malgré la diffusion des idées analytiques de prétendre qu'on a mené l'analysant à explorer le complexe d'Œdipe, ni même à en soupçonner l'existence.

Moment où l'analysant est à même d'accomplir ce que nous avons appelé « l'abandon de la *doxa* » – lequel abandon ne signifie pas accès à la science, mais rejet du faux savoir ou de la fausse ignorance, comme on dit « l'étoile du matin » ou « l'étoile du soir ».

1. Voir *supra*, p. 212.

Moment où advient de l'analyste ; et c'est seulement de cette place de l'analyste que ceci peut s'énoncer : que le langage ne donne satisfaction qu'à ceux qui respectent sa condition : la division maximale entre le connu et l'inconnu. C'est dire que toute satisfaction est imprévue (ce qui d'ailleurs n'a pas besoin d'un si long exposé pour être démontré : on n'a qu'à songer à tout ce en quoi on s'est dépensé en calcul du pour et du contre ou en anticipation, on constatera qu'on a toujours été perdant). C'est donc dire un peu l'évidence ; mais c'est dire aussi que la satisfaction est toujours *satisfaction de l'un et de l'Autre* (avec un grand A) : non pas retrouvaille d'objet, mais trouvaille de *sens*.

XI

TENDANCE À LA RÉPÉTITION ET PULSION DE MORT

La psychanalyse, on l'a souvent relevé, blesse l'homme dans son narcissisme. Mais en quoi ? Est-ce parce qu'elle souligne la place qu'occupe la sexualité dans son existence ? Peut-être. Encore qu'il puisse s'accommoder de cette révélation. Il semble plus mal supporter, en revanche, qu'elle lui montre l'étendue de ce qu'il méconnaît en lui-même, et notamment le fait qu'il ne sache pas ce qu'il dit quand il parle. Mais surtout, sans doute, la psychanalyse blesse l'homme en faisant valoir qu'une loi inflexible commande chez lui un « retour éternel du même », en démontrant que le sujet ne cesse de répéter ce qui s'est inscrit dans son existence, et particulièrement les événements les plus déplaisants.

*Cette thèse, cependant, Freud ne la formula pas d'emblée sous une forme si générale. À vrai dire, il n'y arriva qu'au prix d'un remaniement important de sa théorie, un remaniement commandé par l'expérience. Un texte est particulièrement représentatif de ce bouleversement, de cette révolution théorique. C'est l'*Au-delà du principe de plaisir, *qui date de 1920.*

Avant ce texte la psychanalyse pouvait sembler ne pas trop contredire, dans ses principes les plus généraux, l'axiome traditionnel de la philosophie, selon lequel l'homme recherche spontanément le plaisir – ou encore le bonheur, conçu comme un plaisir plus complet, plus constant, plus accordé avec sa nature raisonnable. Freud avait très tôt formulé l'idée que le principe de plaisir régissait l'existence humaine, en assimilant le plaisir à une diminution de la tension. Certes, il lui avait opposé le principe de réalité. Mais, si celui-ci imposait des détours au principe de plaisir, il pouvait sembler, finalement, être à son service : le sujet tiendrait compte du réel pour assurer son plaisir par les voies les plus adéquates. Ce n'est plus de cela qu'il s'agit à partir de 1920 : on se trouve bien, effectivement, « au-delà du principe de plaisir ».

L'œuvre porte la marque de l'époque. Il y a eu la Grande Guerre, et elle a entraîné son lot ordinaire de dommages et de souffrances. Freud part ainsi de la « névrose traumatique » : on sait que le sujet qui a vécu un événement traumatique ne cesse de le revivre, notamment dans ses rêves, alors même qu'il tente de l'oublier. Le rêve ne serait donc pas toujours la réalisation d'un désir ? Voilà une des questions qui peuvent susciter un réexamen de la théorie.

Un autre champ de questionnement est ouvert par le jeu de l'enfant. L'analyse de Freud sur ce point est particulièrement célèbre. Elle part de l'observation d'un garçon de 18 mois, un de ses petits-fils. Cet enfant, qui commençait à peine à émettre quelques sons significatifs, et dont tout le monde louait, par ailleurs, le gentil caractère, avait pris l'habitude de jeter loin de lui tous les petits objets qui lui tombaient sous la main. Il les envoyait sous un lit, ou encore dans le coin d'une pièce, etc. Ce faisant il prononçait le son prolongé o-o-o-o, qui, d'après les adultes qui l'entouraient, constituait l'ébauche du mot « fort » (« loin », en allemand). Freud put ensuite observer un jeu plus élaboré qui permit d'éclairer le premier. Muni d'une bobine attachée à un fil, l'enfant s'amusait, tout en tenant le fil, à envoyer la bobine par-dessus le bord de son lit, la faisant ainsi disparaître et prononçant le même son o-o-o-o. Mais ensuite, tirant sur le fil, il la ramenait à soi, la saluant par un joyeux « da » (voilà). Freud put alors mettre en rapport ces jeux de disparition de l'objet avec le départ de la mère, qui s'absentait à l'époque, l'enfant s'interdisant apparemment de s'en plaindre ou de pleurer.

Comment interpréter ce jeu, s'il est vrai qu'il répète de façon métaphorique le départ de la mère ? Certes, Freud peut invoquer une tentative de maîtrise. Faisant apparaître et disparaître l'objet à son gré, l'enfant éprouverait qu'il n'est pas soumis à l'alternance de la présence et de l'absence, qu'il la règle lui-même. Mais le fait que le premier jeu soit seulement un jeu de disparition provoquée oblige à relativiser cette explication. Il y a sans doute ici quelque chose qui concerne plus spécifiquement la perte, quelque chose qui pousse l'enfant à en refaire l'épreuve, à la mettre en scène dans ses propres jeux.

Il semble bien toutefois que ce soit l'expérience même de la cure qui impose définitivement l'idée d'une tendance à la répétition des phénomènes les plus pénibles[1]*. La résistance de transfert peut bien dans certains cas fonctionner au service du principe de plaisir : en se refusant à verbaliser certains éléments refoulés, le sujet peut s'éviter un déplaisir. Mais Freud constate que, bien souvent, le transfert lui-même devient le lieu où se reproduisent les situations affectives les plus douloureuses. Non seulement le sujet revit ce qu'il ne peut se remémorer, mais il semble devoir toujours se contenter de répéter le plus pénible, comme s'il était livré à quelque force démoniaque. La théorie de la pulsion de mort constitue une tentative décisive pour appréhender ce type de difficultés : il y aurait en nous, au niveau pulsionnel lui-même, quelque chose qui pousse à notre propre destruction.*

Point de départ de développements théoriques nouveaux, l'hypothèse de la pulsion de mort peut en même temps être conçue comme l'aboutissement d'un long cheminement.

Le premier état de la doctrine des pulsions oppose pulsions sexuelles et pulsions d'autoconservation, ou pulsions du moi. Les premières permettent la reproduction, et donc la survie de l'espèce. Les secondes, qui sont plus spécialement nécessaires à la survie de l'individu (la faim, notamment), peuvent par là être désignées comme pulsions du moi. En 1914 cependant, dans son texte « Pour introduire le narcissisme »[2]*, Freud prend en compte un phénomène massif : le moi lui-même devient, dans le narcissisme, un objet d'amour. Mieux, il sert de réservoir à l'investissement libidinal, celui-ci pouvant, à partir du moi, se déverser sur les objets extérieurs. Or, si les pulsions du moi peuvent être érogénéisées, on voit mal comment on pourrait continuer à les opposer aux pulsions sexuelles. On voit mal aussi comment rétablir un dualisme pulsionnel pourtant essentiel, selon Freud, pour rendre compte en dernière instance des conflits constitutifs du sujet humain.*

1. On trouvera dans les textes psychanalytiques l'expression « compulsion de répétition », qui insiste sur l'aspect incoercible de ce qui vient contraindre le sujet, et également « automatisme de répétition », qui implique l'idée d'un processus obéissant à une logique rigoureuse, en droit formalisable. Voir sur ce point J. Lacan, « Séminaire sur la lettre volée », in *Écrits*, Seuil, 1966.
2. S. Freud, « Pour introduire le narcissisme », in *la Vie sexuelle*, P.U.F., 1969.

La thèse de la pulsion de mort offre un socle assez ferme pour une nouvelle présentation des choses. À partir de cette élaboration, la tendance à diminuer l'excitation n'est plus conçue comme totalement commandée par le principe du plaisir. Elle témoigne de la tendance de l'organisme à revenir à l'état de non-vie. Et c'est par rapport à cette tendance que les pulsions vont se répartir. Les pulsions sexuelles semblent bien constituer ce qui évite à l'organisme d'aller vers la mort par le chemin le plus direct, ce qui permet en tout cas de relancer le cycle vital dans la reproduction. Les pulsions du moi, en revanche, semblent tendre davantage vers la régression, aller plus vite vers la mort. Cependant elles témoignent au moins de ce fait que « l'organisme ne veut mourir qu'à sa manière »[1]*. Et, dans la mesure où elles peuvent être l'objet d'une érogénéisation, on ne peut les ramener totalement à des pulsions de mort. Il est d'ailleurs à noter que, selon Freud, les pulsions se présentent à nous le plus souvent intriquées, comme dans le cas du sadisme par exemple où la pulsion de mort, liée à la pulsion sexuelle, est en même temps dirigée vers l'extérieur.*

Freud décrit avec son concept de « pulsions de mort » des forces qui tendent à la destruction des unités vitales, à la diminution des tensions et au retour à l'état inorganique. À ces forces, il oppose les pulsions de vie, qui tendent à maintenir les unités organiques existantes et à en constituer de nouvelles, plus vastes, plus englobantes. L'ampleur de cette description, son caractère nécessairement hypothétique malgré la précision des références à l'expérience, pourraient donner l'impression qu'on a affaire à une élaboration mythique ou à une spéculation philosophique. On pourrait d'autant plus le croire que Freud ne craint pas de se référer aux philosophes. À Platon par exemple, lorsqu'il évoque ce mythe d'Aristophane, présenté dans le Banquet*, selon lequel l'accouplement sexuel tendrait à restaurer une unité perdue, celle d'un être originellement androgyne*[2]*. Ou encore à Empédocle lorsqu'il renvoie du « couple des pulsions fondamentales » à « la paire d'opposés qui règne dans le monde anorganique : attraction et répulsion*[3] *».*

*Est-ce pour cela que ces thèses ont été particulièrement mal accueillies par les analystes ? Ernest Jones, qui se réfère à une cinquantaine d'articles écrits dans les trois décennies qui suivirent la publication d'*Au-delà du principe de plaisir, *relève que « pendant la première décade, seule la moitié d'entre eux soutint la théorie de Freud, pendant la deuxième un tiers seulement, et pendant la dernière absolument aucun »*[4]*. Et de fait chez la plupart des psychanalystes qui en font état, la théorie de la pulsion de mort semble être l'objet d'un acquiescement de pure forme, une sorte de concession à l'esprit aventureux de Freud. Il n'en est pas de même chez Mélanie Klein*[5] *d'un côté, chez Lacan de l'autre. Tous deux prennent réellement en compte la théorie de la pulsion de mort, ils la retrouvent à partir de leur propre pratique, de leur propre élaboration, ils s'y réfèrent pour éclairer l'expérience.*

1. S. Freud, « Au-delà du principe de plaisir », in *Essais de psychanalyse*, Payot, 1981, p. 83.
2. Voir *infra*, p. 246.
3. S. Freud, *Abrégé de psychanalyse*, P.U.F., 1975, p. 7-8. Voir également « L'analyse avec fin et l'analyse sans fin » in *Résultats, idées, problèmes*, S. Freud, P.U.F., p. 260-262.
4. E. Jones, *la Vie et l'œuvre de Sigmund Freud*, P.U.F., 1969, t. 3, p. 304.
5. M. Klein, psychanalyste britannique d'origine autrichienne (Vienne 1882 – Londres 1960), a joué un rôle de tout premier plan dans l'histoire de la psychanalyse, ouvrant notamment des voies nouvelles pour la psychanalyse de l'enfant (voir *infra*, chap. XV) et de la psychose.

Melanie Klein a étendu le domaine d'investigation de la psychanalyse à l'enfant très jeune, et même au nourrisson. Selon elle, durant les quatre premiers mois, le bébé éprouve des pulsions d'agression et des pulsions libidinales particulièrement fortes. L'objet, partiel (notamment le sein maternel), est clivé en « bon » et en « mauvais » objet : c'est la « position paranoïde ». À partir du quatrième mois, ce clivage s'atténue, la mère est perçue davantage comme objet total : c'est la « position dépressive ». Ces deux positions, qui peuvent réapparaître dans l'enfance et même ultérieurement, comportent chacune une forte dimension d'angoisse, angoisse d'être détruit par le mauvais objet dans la position paranoïde, angoisse de détruire et de perdre la mère dans la position dépressive. Or, il semble bien que cette angoisse renvoie en dernière instance à une tendance à la destruction qui opère à l'intérieur de l'organisme lui-même, qui n'est que secondairement dirigée vers des objets. Melanie Klein n'a pas consacré une étude particulière à la pulsion de mort, mais une de ses élèves les plus proches, Paula Heimann, présente cette question de manière très claire[1].

Pour Lacan, la question de la mort est inscrite à tous les niveaux de son élaboration. Celui de l'imaginaire, par ce renvoi au corps morcelé et à la concurrence agressive[2]*.. Mais la mort accompagne aussi l'activité symbolique, la dimension du langage lui-même. Le mot fait bien subsister la chose comme telle au-delà des transformations qu'elle peut subir dans la réalité. Mais c'est précisément parce qu'il s'est d'abord détaché de l'objet empirique qu'il peut l'évoquer, tout en le maintenant à distance – à la limite en l'annulant : « le mot, dit Lacan, est la mort de la chose ». Pour ce qu'il en est, plus précisément, de la question des pulsions, Lacan ne souscrit pas à l'idée selon laquelle la pulsion sexuelle tendrait au rétablissement d'une unité perdue, idée illustrée chez Freud par le mythe du* Banquet*. La dimension du ratage de l'objet, constitutive de la pulsion sexuelle, interdit ce type de représentations. Il développe en revanche cette idée, déjà présente chez Freud, d'un lien entre la reproduction sexuée et la mort : chez les organismes unicellulaires, qui se reproduisent par scissiparité, on ne peut sans doute pas parler de mort. La mort s'introduit en revanche chez les êtres multicellulaires qui se reproduisent sexuellement. Là, on peut distinguer « une partie constitutive, vouée à la mort, le soma – à savoir le corps –, à l'exception de la substance qui porte les caractères sexuels et héréditaires –, et une partie immortelle, précisément ce plasma germinal qui sert à la conservation de l'espèce, à la reproduction*[3] *». Mais alors, s'il y a « une affinité essentielle de toute pulsion avec la zone de la mort*[4] *», est-ce à nouveau le dualisme pulsionnel qui est menacé ? Aux pulsions de mort, Lacan oppose néanmoins ce qu'il appelle « instinct de vie » : « c'est la libido en tant que pur instinct de vie, c'est-à-dire de vie immortelle, de vie irrépressible, de vie qui n'a besoin, elle, d'aucun organe, de vie simplifiée et indestructible »*[5]*. Cet instinct est soustrait à l'être vivant dès lors que celui-ci est soumis au cycle de la reproduction sexuée. Il a néanmoins ses représentants : ce sont les objets* a*, ces objets perdus pour nous, et qui causent notre désir.*

1. Voir *infra*, p. 248, sq.
2. Voir *infra*, chap. XII, p. 263, sq.
3. Voir *infra*, p. 238, sq.
4. J. Lacan, Séminaire XI, *les Quatre Concepts fondamentaux de la psychanalyse*, Seuil, 1973, p. 181.
5. J. Lacan, *op. cit.*, p. 180.

Au-delà du principe de plaisir

(1920)

SIGMUND FREUD

*À quelles circonstances faut-il rapporter la composition d'*Au-delà du principe de plaisir *? On a évoqué la Grande Guerre, qui s'est achevée peu de temps auparavant. On a parfois aussi fait un lien avec la mort de Sophie, la fille de Freud, mais l'ouvrage était en fait déjà composé lorsque Sophie est morte, en 1920. De toute façon les circonstances, ici, ne suffiront jamais à expliquer ce qui constitue un temps décisif dans l'histoire de la psychanalyse.*

Nous avons déjà relevé qu'une des grandes questions est celle du dualisme pulsionnel. Si le moi peut lui aussi être investi par la libido, comment penser la force qui pourrait venir s'opposer à la pulsion sexuelle ?

Il faut par ailleurs rappeler que Freud, dans son œuvre, a été amené à donner de plus en plus d'importance à l'idée de répétition. Les névrosés répètent indéfiniment le même comportement, les impressions sexuelles infantiles tendent de façon compulsive à se produire à nouveau. Il s'agit donc de montrer que toute pulsion tend au retour à un état antérieur, mais aussi de distinguer différentes formes que peut prendre ce retour.

Nous reproduisons ici les chapitres II et III qui comportent plusieurs des éléments « cliniques » qui sont à l'origine de la théorisation, et le chapitre VI où Freud donne son extension maximale à l'hypothèse de la pulsion de mort et confronte ses thèses à celles des biologistes et des philosophes.

Source : S. Freud, *Jenseits des Lustprinzip*, G.W., t. XIII, trad. française (J. Laplanche et J.B. Pontalis), « Au-delà du principe de plaisir », in *Essais de psychanalyse*, Payot, 1981.

II

À LA SUITE de graves commotions mécaniques, de catastrophes de chemin de fer et d'autres accidents mettant la vie en danger, on voit survenir un état qui a été décrit depuis longtemps et a gardé le nom de « névrose traumatique ». La guerre effroyable qui vient de se terminer a provoqué un grand nombre d'affections de ce type ; au moins a-t-elle mis fin à la tentation de les ramener à une lésion organique du système nerveux produite par une violente action mécanique[1]. Le tableau clinique de la névrose traumatique se rapproche de celui de l'hystérie par sa richesse en symptômes moteurs similaires ; mais, en règle générale, il le dépasse par ses signes très prononcés de souffrance subjective, évoquant par là l'hypocondrie ou la mélancolie, et par les marques d'un affaiblissement et d'une perturbation bien plus généralisés des fonctions psychiques. Jusqu'à présent on n'est pas parvenu à comprendre pleinement ni les névroses de guerre ni les névroses trau-

1. Voir *Sur la psychanalyse des névroses de guerre (Zur Psychoanalyse der Kriegsneurosen*, 1919), par Ferenczi, Abraham, Simmel et Jones. Internationale psychoanalytische Bibliothek, I (cet ouvrage comporte une introduction de Freud).

matiques du temps de paix. Dans les névroses de guerre, qu'il y ait ou non intervention d'une violence mécanique patente, on verra survenir un même tableau pathologique et ce fait, en un sens éclairant, n'est pas sans apporter un nouvel embarras ; dans la névrose traumatique commune, deux traits saillants pourraient servir de point de départ à notre réflexion : premièrement, ce qui semble peser le plus lourd dans son déterminisme, c'est le facteur surprise, l'effroi ; deuxièmement, si le sujet subit en même temps une lésion ou une blessure, ceci s'oppose en général à la survenue de la névrose. *Effroi, peur, angoisse*[1] sont des termes qu'on a tort d'utiliser comme synonymes ; leur rapport au danger permet de bien les différencier. Le terme d'angoisse désigne un état caractérisé par l'attente du danger et la préparation à celui-ci, même s'il est inconnu ; le terme de peur suppose un objet défini dont on a peur ; quant au terme d'effroi, il désigne l'état qui survient quand on tombe dans une situation dangereuse sans y être préparé ; il met l'accent sur le facteur surprise. Je ne crois pas que l'angoisse puisse engendrer une névrose traumatique ; il y a dans l'angoisse quelque chose qui protège contre l'effroi et donc aussi contre la névrose d'effroi. Nous reviendrons ultérieurement sur cette proposition.

L'étude du rêve peut être tenue pour la voie la plus sûre dans l'exploration des processus psychiques des profondeurs. Or la vie onirique des névroses traumatiques se caractérise en ceci qu'elle ramène sans cesse le malade à la situation de son accident, situation dont il se réveille avec un nouvel effroi. C'est là un fait dont on ne s'étonne pas assez. On voit, dans l'insistance de l'expérience traumatique à faire retour même dans le sommeil du malade, une preuve de la force de l'impression qu'elle a produite. Le malade serait, pour ainsi dire, fixé psychiquement au traumatisme. De telles fixations à l'expérience qui a déclenché la maladie nous sont depuis longtemps connues dans l'hystérie. Breuer et Freud déclaraient en 1893 : les hystériques souffrent en grande partie de réminiscences. Dans les névroses de guerre également, des observateurs comme Ferenczi et Simmel ont pu expliquer nombre de symptômes moteurs par la fixation au moment du traumatisme.

Et pourtant, à ma connaissance, les malades qui souffrent de névrose traumatique ne s'occupent guère, pendant la veille, du souvenir de leur accident. Peut-être s'efforcent-ils plutôt de n'y pas penser. Admettre comme allant de soi que le rêve les replace pendant la nuit dans la situation pathogène, c'est méconnaître la nature du rêve. Il serait plus conforme à celle-ci que le rêve présente au malade des images du temps où il était bien portant ou des images de la guérison qu'il espère. Si nous ne voulons pas que les rêves de la névrose d'accident viennent bouleverser notre thèse de la tendance du rêve à accomplir le désir, il nous reste peut-être la ressource de dire que dans cette affection la fonction du rêve, comme bien d'autres choses, est ébranlée et détournée de ses fins, à moins d'invoquer les énigmatiques tendances masochistes du moi[2].

Je propose maintenant d'abandonner le thème obscur de la névrose traumatique et d'étudier le mode de travail de l'appareil psychique dans l'une de ses toutes premières activités normales : le jeu des enfants.

Les différentes théories du jeu des enfants n'ont été que récemment reprises et appréciées du point de vue psychanalytique par S. Pfeifer dans un article d'*Imago* (1919, V, 4)[3] auquel je renvoie mes lecteurs. Ces théories s'efforcent de découvrir les

1. *Schreck, Furcht, Angst.*
2. Ce dernier membre de phrase, depuis la virgule, fut ajouté en 1921.
3. Les manifestations des pulsions érotiques de l'enfant dans le jeu (*Ausserungen infantil-erotischer Triebe im Spiele*, 5, 243).

mobiles du jeu des enfants mais sans mettre au premier plan le point de vue économique, la considération du gain de plaisir. Sans vouloir embrasser l'ensemble de ces phénomènes, j'ai profité d'une occasion qui s'offrait à moi pour expliquer, chez un petit garçon d'un an et demi, le premier jeu qu'il ait inventé. Ce fut là plus qu'une observation hâtive, car je passai plusieurs semaines sous le même toit que l'enfant et ses parents, et il s'écoula un certain temps avant que cette activité énigmatique et sans cesse répétée me livrât son sens.

L'enfant n'était nullement précoce dans son développement intellectuel ; à l'âge d'un an et demi, il ne pouvait dire que quelques mots compréhensibles ; il utilisait en outre un certain nombre de sons offrant un sens intelligible pour l'entourage. Il était pourtant en bons termes avec ses parents et leur unique servante et l'on louait son « gentil » caractère. Il ne dérangeait pas ses parents la nuit, il obéissait consciencieusement à l'interdiction de toucher toute sorte d'objets et d'entrer dans certaines pièces ; et surtout il ne pleurait jamais quand sa mère l'abandonnait pendant des heures, bien qu'il fût tendrement attaché à cette mère qui ne l'avait pas seulement nourri elle-même, mais encore élevé et gardé sans aucune aide extérieure. Cependant ce bon petit garçon avait l'habitude, qui pouvait être gênante, de jeter loin de lui dans un coin de la pièce, sous le lit, etc., tous les petits objets dont il pouvait se saisir, si bien qu'il n'était souvent pas facile de ramasser son attirail de jeu. En même temps, il émettait avec une expression d'intérêt et de satisfaction un *o-o-o-o*, fort et prolongé, qui, de l'avis commun de la mère et de l'observateur, n'était pas une interjection, mais signifiait « parti »[1]. Je remarquai finalement que c'était là un jeu et que l'enfant n'utilisait tous ses jouets que pour jouer avec eux à « parti ». Un jour, je fis une observation qui confirma ma façon de voir. L'enfant avait une bobine en bois avec une ficelle attachée autour. Il ne lui venait jamais, par exemple, l'idée de la traîner par terre derrière lui pour jouer à la voiture ; mais il jetait avec une grande adresse la bobine, que retenait la ficelle, par-dessus le rebord de son lit à rideaux où elle disparaissait, tandis qu'il prononçait son *o-o-o-o* riche de sens ; il retirait ensuite la bobine hors du lit en tirant la ficelle et saluait alors sa réapparition par un joyeux « voilà »[2]. Tel était donc le jeu complet : disparition et retour ; on n'en voyait en général que le premier acte qui était inlassablement répété pour lui seul comme jeu, bien qu'il ne fût pas douteux que le plus grand plaisir s'attachât au deuxième acte[3].

L'interprétation du jeu ne présentait plus alors de difficulté. Le jeu était en rapport avec les importants résultats d'ordre culturel obtenus par l'enfant, avec le renoncement pulsionnel qu'il avait accompli (renoncement à la satisfaction de la pulsion) pour permettre le départ de sa mère sans manifester d'opposition. Il se dédommageait pour ainsi dire en mettant lui-même en scène, avec les objets qu'il pouvait saisir, le même « disparition-retour »[4]. Il est bien sûr indifférent, pour juger de la valeur affective de ce jeu, de saisir si l'enfant l'avait lui-même inventé ou s'il se l'était approprié après que

1. En allemand : *fort*.
2. En allemand : *da*.
3. Cette interprétation fut pleinement confirmée par une observation ultérieure. Un jour où sa mère avait été absente pendant de longues heures, elle fut saluée à son retour par le message *Bébé o-o-o-o*, qui parut d'abord inintelligible. Mais on ne tarda pas à s'apercevoir que l'enfant avait trouvé pendant sa longue solitude un moyen de se faire disparaître lui-même. Il avait découvert son image dans un miroir qui n'atteignait pas tout à fait le sol et s'était ensuite accroupi de sorte que son image dans le miroir était « partie ».
4. Guillemets ajoutés par les traducteurs. En allemand : *dasselbe Verschwinden und Wiederkommen*.

quelque chose le lui eût suggéré. Nous porterons notre intérêt vers un autre point. Le départ de la mère n'a pas pu être agréable à l'enfant ou même seulement lui être indifférent. Comment alors concilier avec le principe de plaisir le fait qu'il répète comme jeu cette expérience pénible ? On voudra peut-être répondre que le départ devait être joué, comme une condition préalable à la joie de la réapparition, et que c'est en celle-ci que réside le but véritable du jeu. Mais l'observation contredit cette façon de voir : le premier acte, le départ, était mis en scène pour lui seul comme jeu et même bien plus souvent que l'épisode entier avec sa conclusion et le plaisir qu'elle procurait.

L'analyse d'un exemple unique comme celui-ci ne permet pas de trancher avec assurance ; à considérer les choses sans préjugé, on acquiert le sentiment que l'enfant a transformé son expérience en jeu pour un autre motif. Il était passif, à la merci de l'événement ; mais voici qu'en le répétant, aussi déplaisant qu'il soit, comme jeu, il assume un rôle actif. Une telle tentative pourrait être mise au compte d'une pulsion d'emprise[1] qui affirmerait son indépendance à l'égard du caractère plaisant ou déplaisant du souvenir. Mais l'on peut encore proposer une autre interprétation. En rejetant l'objet pour qu'il soit parti, l'enfant pourrait satisfaire une impulsion, réprimée dans sa vie quotidienne, à se venger de sa mère qui était partie loin de lui ; son action aurait alors une signification de bravade : « Eh bien, pars donc, je n'ai pas besoin de toi, c'est moi qui t'envoie promener ! » Ce même enfant dont j'avais observé le premier jeu à un an et demi avait coutume, un an plus tard, de jeter à terre un jouet contre lequel il était en colère en disant : « Va-t'en à la guerre ! » On lui avait raconté alors que son père absent était à la guerre et, loin de regretter son père, il manifestait de la façon la plus évidente qu'il ne voulait pas être dérangé dans la possession exclusive de la mère[2]. Nous avons d'autres exemples d'enfants qui expriment des mouvements intérieurs hostiles de cet ordre en rejetant au loin des objets à la place des personnes[3]. Nous en venons donc à nous demander si la poussée à élaborer psychiquement une expérience impressionnante et à assurer pleinement son emprise sur elle peut bien se manifester de façon primaire et indépendamment du principe de plaisir. Dans l'exemple que nous discutons, l'enfant ne pourrait répéter dans son jeu une impression désagréable que parce qu'un gain de plaisir d'une autre sorte, mais direct, est lié à cette répétition.

Une étude plus poussée du jeu des enfants ne ferait pas pour autant cesser notre hésitation entre deux conceptions. On voit bien que les enfants répètent dans le jeu tout ce qui leur a fait dans la vie une grande impression, qu'ils abréagissent ainsi la force de l'impression et se rendent pour ainsi dire maîtres de la situation. Mais, d'autre part, il est bien clair que toute leur activité de jeu est influencée par le désir qui domine cette période de leur vie : être grand, pouvoir faire comme les grands. On observe aussi que le caractère déplaisant de l'expérience vécue ne la rend pas toujours inutilisable pour le jeu. Si le docteur examine la gorge de l'enfant ou lui fait subir une petite opération, on peut être certain que cette expérience effrayante sera le contenu du prochain jeu ; mais nous ne devons pas pour autant négliger l'existence d'un gain de plaisir provenant d'une autre source. En même temps qu'il passe de la passivité de

1. En allemand : *Bemächtigungstrieb.*
2. Quand cet enfant eut cinq ans et neuf mois, sa mère mourut. Maintenant qu'elle était « partie » *(o-o-o-o)* pour de bon, le petit ne manifesta aucun chagrin *(Trauer)*. Il est vrai que dans l'intervalle un deuxième enfant était né, éveillant en lui la jalousie la plus vive.
3. Cf. Un souvenir d'enfance tiré de « Poésie et Vérité » *(Eine Kindheitserinnerung aus « Dichtung und Wahrheit »). Imago*, V, 1917. G.W., XII, 15-26.

l'expérience à l'activité du jeu, l'enfant inflige à un camarade de jeu le désagrément qu'il avait lui-même subi et se venge ainsi sur la personne de ce remplaçant.

Quoi qu'il en soit, il ressort de cette discussion que l'hypothèse d'une pulsion spéciale d'imitation comme motif du jeu est superflue. Enfin il faut encore rappeler que chez l'adulte le jeu et l'imitation artistiques qui visent, à la différence de ce qui se passe chez l'enfant, la personne du spectateur, n'épargnent pas à celui-ci, par exemple dans la tragédie, les impressions les plus douloureuses et pourtant peuvent le mener à un haut degré de jouissance. Nous avons bien là la preuve que, même sous la domination du principe de plaisir, il existe plus d'une voie et d'un moyen pour que ce qui est en soi déplaisant devienne l'objet du souvenir et de l'élaboration psychique. Ces cas et ces situations qui ont un gain de plaisir comme issue finale pourraient faire l'objet d'une esthétique d'orientation économique ; mais, pour notre dessein, ils ne nous servent à rien car ils présupposent l'existence et la domination du principe de plaisir et ils ne prouvent pas que des tendances soient à l'œuvre au-delà du principe de plaisir, c'est-à-dire des tendances plus originaires que celui-ci et indépendantes de lui.

III

VINGT-CINQ ANNÉES de travail intensif ont eu ce résultat que les buts prochains auxquels tend la technique psychanalytique sont aujourd'hui tout autres qu'au début. Tout d'abord le médecin-analyste ne pouvait viser rien d'autre qu'à deviner l'inconscient qui est caché au malade, en rassembler les éléments et le communiquer au moment opportun. La psychanalyse était avant tout un art d'interprétation. Comme la tâche thérapeutique n'était pas pour autant liquidée, on fit aussitôt un pas de plus en se proposant d'obliger le malade à confirmer par ses propres souvenirs la construction de l'analyste. Par cet effort, l'accent se trouva déplacé sur les résistances du malade : tout l'art fut alors de découvrir ces résistances le plus tôt possible, de les montrer au malade et de l'inciter à les abandonner, en usant de cette influence qu'un homme peut exercer sur un autre (c'est là qu'intervient la suggestion opérant comme « transfert »).

Mais alors il devint toujours plus clair que le but fixé – rendre conscient l'inconscient – ne pouvait être pleinement atteint même par une telle voie. Le malade ne peut pas se souvenir de tout ce qui est en lui refoulé et peut-être précisément pas de l'essentiel, de sorte qu'il n'acquiert pas la conviction du bien-fondé de la construction qui lui a été communiquée. Il est bien plutôt obligé de *répéter* le refoulé comme expérience vécue dans le présent au lieu de se le *remémorer* comme un fragment du passé, ce que préférerait le médecin[1]. Cette reproduction qui survient avec une fidélité qu'on n'aurait pas désirée a toujours pour contenu un fragment de la vie sexuelle infantile, donc du complexe d'Œdipe et de ses ramifications ; elle se joue régulièrement dans le domaine du transfert, c'est-à-dire de la relation au médecin. Quand on a mené le traitement jusqu'à ce point, on peut dire que la névrose antérieure est maintenant remplacée par une nouvelle névrose, la névrose de transfert. Le médecin s'efforce de limiter le plus possible le domaine de cette névrose de transfert, de pousser le plus de contenu possible dans la voie de la remémoration et d'en abandonner le moins possible à la

1. *Remémoration, répétition et perlaboration (Erinnern. Wiederholen und Durcharbeiten*, 1914).

répétition. Le rapport qui s'établit entre remémoration et reproduction est différent en chaque cas. En règle générale, le médecin ne peut épargner à l'analysé cette phase de la cure ; il est forcé de lui laisser revivre un certain fragment de sa vie oubliée mais il doit veiller à ce que le malade garde une certaine capacité de surplomber la situation qui lui permette malgré tout de reconnaître dans ce qui apparaît comme réalité le reflet renouvelé d'un passé oublié. Y parvient-on, on a obtenu la conviction du malade et atteint le résultat thérapeutique qui en dépend.

Pour mieux arriver à concevoir cette « *compulsion de répétition* » qui se manifeste dans le traitement psychanalytique des névrosés, il faut avant tout se libérer de l'idée erronée selon laquelle on aurait affaire, lorsqu'on combat les résistances, à la résistance de l'« inconscient ». L'inconscient, c'est-à-dire le « refoulé », n'oppose aux efforts de la cure aucune espèce de résistance ; en fait, il ne tend même à rien d'autre qu'à vaincre la pression qui pèse sur lui pour se frayer un chemin vers la conscience ou vers la décharge par l'action réelle. La résistance dans la cure provient des mêmes couches et systèmes supérieurs de la vie psychique qui avaient produit le refoulement en son temps. Mais comme l'expérience nous a appris que les motifs des résistances, et les résistances mêmes, sont d'abord inconscients dans la cure, nous sommes invités à rectifier une impropriété de notre terminologie. Nous échapperons à l'obscurité en opposant non pas le conscient et l'inconscient mais le *moi*, avec sa cohésion, et le *refoulé*. Il est certain qu'une grande part du moi est elle-même inconsciente, précisément ce que l'on peut nommer le noyau du moi ; le terme de *préconscient* ne recouvre qu'une petite partie du moi[1]. Maintenant que nous avons remplacé une terminologie purement descriptive par une terminologie systématique ou dynamique, nous pouvons dire que la résistance de l'analysé provient de son moi et nous saisissons du coup que la compulsion de répétition doit être attribuée au refoulé inconscient. Il est vraisemblable qu'elle ne peut se manifester avant que le travail de la cure ne soit venu à sa rencontre en relâchant le refoulement[2].

Il n'est pas douteux que la résistance du moi conscient et préconscient est au service du principe de plaisir ; elle veut éviter le déplaisir que provoquerait la libération du refoulé tandis que nos efforts tendent à obtenir que ce déplaisir soit admis, en faisant appel au principe de réalité. Mais la compulsion de répétition, cette manifestation de force du refoulé, quel est donc son rapport au principe de plaisir ? Il est clair que la majeure partie des expériences que la compulsion de répétition fait revivre ne peut qu'apporter du déplaisir au moi puisque cette compulsion fait se manifester et s'actualiser des motions pulsionnelles refoulées ; mais il s'agit d'un déplaisir qui, nous l'avons déjà montré, ne contredit pas le principe de plaisir, déplaisir pour un système et en même temps satisfaction pour l'autre. Mais le fait nouveau et remarquable qu'il nous faut maintenant décrire tient en ceci : la compulsion de répétition ramène aussi des expériences du passé qui ne comportent aucune possibilité de plaisir et qui même en leur temps n'ont pu apporter satisfaction, pas même aux motions pulsionnelles ultérieurement refoulées.

1. Cette phrase, depuis le point, date de 1921. Dans la version de 1920, le texte est le suivant : « Il se peut qu'une grande part du moi soit elle-même inconsciente ; le terme de préconscient ne recouvre probablement qu'une partie du moi. »
2. (Note ajoutée en 1923.) J'ai montré ailleurs [dans *Remarques sur la théorie et la pratique de l'interprétation du rêve (Bemerkungen zur Theorie und Praxis der Traumdeutung)*, 1923] que ce qui vient ici aider la compulsion de répétition c'est « l'action suggestive » de la cure, c'est-à-dire la docilité à l'égard du médecin, qui est profondément enracinée dans le complexe parental inconscient.

La floraison précoce de la vie sexuelle infantile est destinée au déclin parce que les désirs y sont incompatibles avec la réalité et parce que l'enfant n'a pas atteint un stade de développement suffisant. Elle trouve sa fin dans les circonstances les plus pénibles, au milieu de sentiments profondément douloureux. La perte d'amour et l'échec portent au sentiment d'estime de soi[1] un préjudice durable qui reste comme cicatrice narcissique ; c'est là, selon mon expérience et les vues de Marcinowski[2], ce qui contribue plus que tout au « sentiment d'infériorité » si commun chez les névrosés. La recherche sexuelle, qui se voit assigner des limites par le développement corporel de l'enfant, n'aboutit pas à une conclusion satisfaisante ; d'où, plus tard, cette plainte : je ne puis rien mener à bien, rien ne peut me réussir. Le lien de tendresse qui attachait l'enfant surtout au parent de sexe opposé, a succombé à la déception, à l'attente vaine de la satisfaction, à la jalousie que suscite la naissance d'un nouvel enfant, cette preuve sans équivoque de l'infidélité de l'aimé ou de l'aimée ; sa propre tentative, menée avec un sérieux vraiment tragique, pour créer lui-même un enfant, échoue de façon humiliante ; la diminution de sa part de tendresse, les exigences croissantes de l'éducation, les paroles sévères et, à l'occasion, une punition lui révèlent finalement toute l'ampleur du *dédain* qui est devenu son lot. On retrouve régulièrement ici un petit nombre de modes typiques selon lesquels se termine l'amour qui caractérise cette période.

Voici que, dans le transfert, les névrosés répètent et font revivre avec beaucoup d'habilité toutes ces circonstances non désirées et toutes ces situations affectives douloureuses. Ils aspirent à interrompre la cure alors qu'elle est inachevée, ils savent se procurer à nouveau l'impression d'être dédaignés, contraindre le médecin à leur parler durement et à les traiter froidement, ils trouvent à leur jalousie les objets appropriés, ils remplacent l'enfant jadis ardemment désiré par le projet ou la promesse d'un important cadeau le plus souvent aussi peu réel que celui-ci. Rien dans tout cela qui ait pu autrefois produire du plaisir ; on pourrait supposer que ces choses devraient aujourd'hui provoquer moins de déplaisir en resurgissant comme souvenir ou dans les rêves qu'en prenant forme dans une nouvelle expérience vécue. Il s'agit naturellement de l'action de pulsions qui devaient normalement mener à la satisfaction ; mais aucune leçon n'a été tirée du fait que, même jadis, elles n'ont apporté que du déplaisir au lieu de la satisfaction attendue[3]. Cette action des pulsions est répétée malgré tout ; une compulsion y pousse.

Ce que la psychanalyse révèle dans les phénomènes de transfert chez les névrosés peut être retrouvé dans la vie de certaines personnes non névrosées. Celles-ci donnent l'impression d'un destin qui les poursuit, d'une orientation démoniaque de leur existence, et la psychanalyse a d'emblée tenu qu'un tel destin était pour la plus grande part préparé par le sujet lui-même et déterminé par des influences de la petite enfance. La compulsion qui se manifeste là n'est pas différente de la compulsion de répétition des névrosés, même si les personnes en question n'ont jamais présenté les signes d'un conflit névrotique aboutissant à la formation de symptômes. C'est ainsi qu'on connaît des personnes dont toutes les relations humaines vont vers la même issue : bienfaiteurs que leurs protégés, si différents soient-ils, abandonnent après quelque temps avec rancune, comme s'il leur était dévolu de boire l'ingratitude jusqu'à la lie ; hommes dont toutes les amitiés s'achèvent par la trahison de l'ami ; ceux qui, de façon indéfiniment

1. *Selbstgefuhl.*
2. *Les Sources érotiques des sentiments d'infériorité (Die erotischen Quellen der Minderwertigkeitsgefühle)*, Zeitschrift für Sexualwissenschaft, IV, 1918.
3. Phrase ajoutée en 1921.

répétée, placent quelqu'un d'autre dans une position de grande autorité, soit pour eux seuls, soit aussi pour le public, et qui renversent eux-mêmes cette autorité au bout d'un temps donné pour la remplacer par une autre ; amoureux dont chaque affaire de cœur avec les femmes traverse les mêmes phases et conduit à la même fin, etc. Cet « éternel retour du même » ne nous étonne guère lorsqu'il s'agit d'un comportement actif de l'intéressé et que nous découvrons dans sa nature un trait de caractère immuable qui ne peut que se manifester dans la répétition des mêmes expériences. Nous sommes bien plus fortement impressionnés par les cas où la personne semble vivre passivement quelque chose sur quoi elle n'a aucune part d'influence ; et pourtant elle ne fait que revivre toujours la répétition du même destin. Qu'on pense par exemple à l'histoire de cette femme dont les trois maris successifs tombèrent malades peu de temps après qu'elle les eût épousés et qu'elle dut soigner jusqu'à leur mort[1]. La description poétique la plus saisissante d'une telle destinée nous est donnée par Le Tasse, dans son épopée romantique *La Jérusalem délivrée*. Le héros Tancrède tue, sans savoir que c'est elle, sa bien-aimée Clorinde dans un combat où elle a revêtu l'armure d'un chevalier ennemi. Après les funérailles, il pénètre dans l'inquiétante forêt enchantée qui frappe d'effroi l'armée des Croisés. Là, il fend un grand arbre avec son épée mais, de la blessure de l'arbre, jaillit du sang, et la voix de Clorinde, dont l'âme était exilée dans l'arbre, se plaint à lui qu'il ait de nouveau blessé sa bien-aimée.

De telles observations, tirées du comportement dans le transfert et du destin des hommes, nous encouragent à admettre qu'il existe effectivement dans la vie psychique une compulsion de répétition qui se place au-dessus du principe de plaisir. Du coup nous voici enclins à rapporter à cette compulsion les rêves de la névrose d'accident et l'impulsion à jouer chez l'enfant. Cependant, il faut bien dire que nous ne pouvons saisir que rarement les effets de la compulsion de répétition à l'état pur, sans la collaboration d'autres motifs. Dans le cas du jeu des enfants, nous avons déjà mis en évidence les autres interprétations possibles de sa manifestation. Compulsion de répétition et satisfaction pulsionnelle aboutissant directement au plaisir semblent ici se recouper en une intime association. Les phénomènes du transfert sont manifestement au service de la résistance du moi qui fait bonne garde pour maintenir le refoulement ; la compulsion de répétition, que la cure cherchait à mettre à son service, est pour ainsi dire tirée de son côté par le moi, solidement attaché au principe de plaisir[2]. Dans ce qu'on pourrait appeler compulsion de destin[3], une grande part nous semble compréhensible rationnellement sans qu'on éprouve le besoin de faire intervenir un nouveau et mystérieux motif. Le cas le moins douteux est peut-être celui du rêve d'accident, mais, en y réfléchissant de plus près, on est bien obligé d'admettre que, même dans les autres exemples, l'action des motifs qui nous sont déjà connus ne rend pas compte adéquatement des faits. Il subsiste un résidu suffisant pour justifier l'hypothèse de la compulsion de répétition qui nous apparaît comme plus originaire, plus élémentaire, plus pulsionnelle que le principe de plaisir qu'elle met à l'écart. Mais, s'il existe dans le psychisme une telle compulsion de répétition, nous voudrions bien en connaître quelque chose : à quelle fonction elle correspond, dans quelles conditions elle peut

1. Cf. sur ce point les remarques pertinentes de C.G. Jung dans *la Signification du père pour le destin de l'individu (Die Bedeutung des Vaters fur das Schicksal des Einzelnen)*, Jahrbuch fur Psychoanalyse, I, 1909.
2. Dans les éditions antérieures à 1923, on trouve le texte suivant : « La compulsion de répétition est pour ainsi dire appelée à son secours par le moi, solidement attaché au principe de plaisir. »
3. *Schicksalszwang.*

intervenir et quelle est sa relation au principe de plaisir dont, après tout, nous avons jusqu'ici admis la domination sur le cours des processus d'excitation dans la vie psychique ?

VI

Si nous avons jusqu'ici établi une opposition tranchée entre les « pulsions du moi » et les pulsions sexuelles, les premières poussant vers la mort, les secondes vers la continuation de la vie, ces résultats ne nous satisfont certainement pas nous-mêmes à bien des égards. Bien plus, ce n'est en toute rigueur qu'au premier groupe de pulsions que nous avons pu attribuer le caractère conservateur, ou mieux, régressif, correspondant à une compulsion de répétition. Selon notre hypothèse, en effet, les pulsions du moi trouvent leur origine dans le fait que la matière inanimée a pris vie et elles cherchent à rétablir l'état inanimé ; les pulsions sexuelles, au contraire, s'il est évident qu'elles reproduisent des états primitifs de l'être vivant, tendent par tous les moyens vers ce but : la fusion de deux cellules germinales différenciées d'une façon déterminée. Si cette union ne se produit pas, la cellule germinale meurt comme tous les autres éléments de l'organisme pluricellulaire. C'est seulement à cette condition que la fonction sexuelle peut prolonger la vie et lui donner l'apparence de l'immortalité. Mais quel est donc l'événement important dans le développement de la substance vivante que répète la reproduction sexuelle ou son précurseur, la copulation de deux individus chez les protistes ? Nous n'en savons rien ; aussi serions-nous bien soulagés si toute notre construction s'avérait erronée. L'opposition entre pulsions du moi (de mort) et pulsions sexuelles (de vie) deviendrait caduque en même temps que la compulsion de répétition perdrait l'importance que nous lui avons attribuée.

Revenons donc à une hypothèse que nous avons insérée dans le contexte de notre raisonnement, et faisons-le dans l'espoir que nous saurons la réfuter exactement. Nous avons échafaudé un ensemble de conclusions en nous fondant sur la présupposition que tout être vivant meurt nécessairement par des causes internes. Si nous avons fait l'hypothèse sans nous poser plus de questions, c'est justement qu'elle ne nous apparaît pas comme une hypothèse. Elle ne fait que reprendre une idée qui nous est habituelle et dans laquelle nos poètes nous confirment. Peut-être avons-nous adopté une telle croyance parce que nous y trouvons quelque réconfort. Si de toute façon nous devons mourir et auparavant perdre par la mort ceux qui nous sont les plus chers, nous nous soumettrons plus volontiers à une loi naturelle inexorable, à la grande 'Αναγκη, qu'à un hasard auquel nous aurions peut-être pu échapper. Mais il se peut que cette croyance à la nécessité interne de la mort ne soit encore qu'une des illusions que nous nous sommes forgées « pour supporter le fardeau de l'existence »[1]. Cette croyance n'est certainement pas présente dès l'origine : l'idée d'une « mort naturelle » est étrangère aux peuples primitifs ; ils rapportent chaque mort qui advient parmi eux à l'influence d'un ennemi ou d'un esprit mauvais. N'hésitons donc pas à nous tourner vers la science biologique pour mettre cette croyance à l'épreuve.

Ce qui peut alors nous étonner, c'est de trouver chez les biologistes si peu d'accord sur la question de la mort naturelle et même de voir le concept de la mort en général

1. Schiller, *Die Braut von Messina (la Fiancée de Messine)*, I, 8.

leur glisser entre les doigts. Le fait que la vie, du moins chez les animaux supérieurs, a une durée moyenne déterminée parle naturellement en faveur de la mort par causes internes ; mais cette impression est infirmée par cette autre donnée que certains grands animaux et certaines végétations arboréales géantes atteignent un âge très avancé qu'on n'a pas encore pu évaluer. Selon la conception grandiose de Wilhelm Fliess, tous les phénomènes vitaux des organismes – y compris certainement la mort – sont liés à l'accomplissement de périodes déterminées dans lesquelles s'exprime la dépendance à l'égard de l'année solaire de deux sortes de substances vivantes, l'une mâle et l'autre femelle. Pourtant, quand nous voyons avec quelle facilité et à quel point l'influence de forces externes peut modifier la date d'apparition des manifestations de la vie, en particulier dans le monde végétal, soit pour les avancer, soit pour les retarder, de telles observations militent contre ce que les formules de Fliess ont de rigide et font au moins douter que les lois qu'il a posées soient les seules à régner.

Nous trouvons le plus grand intérêt à la façon dont A. Weismann, dans ses travaux[1], a traité le thème de la durée de la vie et celui de la mort des organismes. C'est ce chercheur qui a introduit la distinction entre une moitié mortelle et une moitié immortelle de la substance vivante. La moitié mortelle est le corps au sens étroit, le soma ; lui seul est soumis à la mort naturelle, tandis que les cellules germinales sont potentiellement immortelles dans la mesure où elles sont capables, sous certaines conditions favorables, de se développer en formant un nouvel individu ou, en d'autres termes, de s'entourer d'un nouveau soma[2].

Ce qui nous attire dans cette conception, c'est son analogie inattendue avec celle que nous avons nous-mêmes développée par une voie si différente. Weismann, qui considère la substance vivante du point de vue morphologique, reconnaît en elle une partie constitutive vouée à la mort, le soma – à savoir le corps à l'exception de la substance qui porte les caractères sexuels et héréditaires –, et une partie immortelle, précisément ce plasma germinal qui sert à la conservation de l'espèce, à la reproduction. Nous, de notre côté, nous ne nous sommes pas occupé de la substance vivante, mais des forces opérant en elle, ce qui nous a conduit à distinguer deux sortes de pulsions : celles qui cherchent à conduire la vie à la mort et les autres, les pulsions sexuelles, qui indéfiniment tendent et parviennent à renouveler la vie. Il y a là comme un corollaire dynamique à la théorie morphologique de Weismann.

Mais cette apparence d'une concordance significative se dissipe dès que nous saisissons la façon dont Weismann tranche le problème de la mort. Weismann en effet n'applique qu'aux organismes pluricellulaires la distinction entre soma mortel et plasma germinal immortel ; chez les animaux unicellulaires, individu et cellule reproductrice sont encore une seule et même chose[3]. Il considère donc que les organismes unicellulaires sont potentiellement immortels ; la mort ne survient que chez les métazoaires, les organismes pluricellulaires. Sans doute cette mort des êtres vivants supérieurs est-elle une mort naturelle, une mort par causes internes, mais elle ne repose pas sur une propriété originaire de la substance vivante[4] et ne peut pas être tenue pour une

1. *Über die Dauer des Lebens*, 1882 *(Sur la durée de la vie)* ; *Über Leben und Tod*, 1892 *(Sur la vie et la mort)* ; *Das Keimplasma*, 1892 (*Le plasma germinal)*, etc.
2. *Über Leben und Tod (Sur la vie et la mort).*
3. *Über die Dauer des Lebens (Sur la durée de la vie)*, p. 38.
4. *Leben und Tod (Vie et mort)*, 2ᵉ édition, p. 67.

nécessité absolue fondée dans l'essence de la vie[1]. La mort est bien plutôt un aménagement approprié, une manifestation de l'adaptation aux conditions externes de la vie ; en effet, après que les cellules du corps se fussent séparées en soma et plasma germinal, une durée illimitée de la vie individuelle eût constitué un luxe inapproprié. Une fois cette différenciation apparue chez les pluricellulaires, la mort devint possible et appropriée. Depuis lors, le soma des êtres vivants supérieurs se meurt à un moment déterminé pour des raisons internes, tandis que les protistes sont demeurés immortels. La reproduction, au contraire, n'est pas apparue seulement avec la mort, elle est bien plutôt une propriété originaire de la matière vivante comme la croissance dont elle dérive ; la vie, depuis son apparition sur terre, n'a pas connu de solution de continuité[2].

Concéder que la mort des organismes supérieurs est une mort naturelle nous est, on le voit sans peine, de peu de secours. Si la mort est une acquisition tardive des êtres vivants, il n'y a plus lieu de faire état de pulsions de mort remontant à l'apparition de la vie sur la terre. Les organismes pluricellulaires peuvent bien alors mourir pour des raisons internes, du fait des insuffisances de leur différenciation ou des imperfections de leur métabolisme : cela n'a pas d'intérêt pour la question qui nous occupe. Une telle conception de l'origine de la mort est assurément bien plus proche de la façon dont les hommes pensent habituellement, que l'hypothèse déconcertante des « pulsions de mort ».

La discussion à laquelle ont donné lieu les thèmes de Weismann n'a, selon moi, abouti, dans aucune direction, à des résultats décisifs[3]. Beaucoup d'auteurs sont revenus au point de vue de Goette (1883)[4] qui voyait dans la mort la conséquence directe de la reproduction. Hartmann ne caractérise pas la mort par la production d'un « cadavre », d'une partie mortifiée de la substance vivante, mais il la définit comme « la terminaison du développement individuel ». En ce sens, même les protozoaires sont mortels ; la mort coïncide toujours chez eux avec la reproduction mais elle est dans une certaine mesure voilée par celle-ci, toute la substance du parent pouvant se transmettre directement à sa jeune progéniture (*loc. cit.*, p. 29).

Les chercheurs se sont bientôt proposé de mettre à l'épreuve expérimentalement la thèse de l'immortalité de la substance vivante chez les organismes unicellulaires. Un Américain, Woodruff, a fait la culture d'un infusoire cilié, une paramécie, qui se reproduit par bipartition ; il l'a suivi jusqu'à la 3 029e génération – moment où il arrêta son expérience – en isolant chaque fois l'un des produits de la bipartition et en le plaçant dans une eau renouvelée. Ce descendant éloigné de la première paramécie était tout aussi frais que son ancêtre et ne montrait aucun signe de vieillissement ou de dégénérescence. Ainsi, pour autant que de tels nombres aient déjà valeur de preuve, l'immortalité des protistes paraissait démontrable expérimentalement[5].

D'autres chercheurs sont parvenus à des résultats différents. Maupas, Calkins et d'autres ont trouvé, en désaccord avec Woodruff, que ces infusoires aussi, après un certain nombre de bipartitions, s'affaiblissent, diminuent de taille, perdent en partie leur

1. *Über die Dauer des Lebens (Sur la durée de la vie)*, p. 33.
2. *Über Leben und Tod (Sur la vie et la mort)*, conclusion.
3. Max Hartmann, *Tod und Fortpflanzung*, 1906 *(Mort et reproduction)* ; Alex Lipschütz, *Warum wir sterben (Pourquoi nous mourons)*, Kosmosbücher, 1914 ; Franz Doflein, *Das Problem des Todes und der Unsterblichkeit bei den Pflanzen und Tieren*, 1909 *(le Problème de la mort et de l'immortalité chez les plantes et les animaux)*.
4. A. Goette, *Über den Ursprung des Todes (Sur l'origine de la mort)*.
5. Sur ce point et ce qui suit, cf. Lipschütz, *loc. cit.*, p. 26 et p. 52.

organisation et meurent finalement s'ils ne connaissent pas certaines influences rénovatrices. S'il en est ainsi, les protozoaires mourraient après une phase de vieillissement tout à fait comme les animaux supérieurs, ce qui est directement en contradiction avec les thèses de Weismann pour qui la mort est une acquisition tardive de l'organisme vivant.

De l'ensemble de ces recherches, nous dégageons deux faits qui semblent nous fournir un solide point d'appui. Premièrement : si deux animalcules, à un moment où ils ne montrent encore aucun signe de vieillissement, peuvent fusionner l'un avec l'autre, « copuler » – et quelque temps après ils se séparent à nouveau –, la vieillesse les épargne, ils ont été « rajeunis ». Or, cette copulation est bien le précurseur de la reproduction sexuelle chez des êtres plus élevés ; elle n'a encore rien à voir avec la multiplication, elle se limite au mélange de la substance de deux individus (amphimixis de Weismann). Mais l'influence rénovatrice de la copulation peut aussi être remplacée par certains agents d'excitation – modifications dans la composition du liquide nutritif, augmentation de température, ébranlements. On se souvient de l'expérience fameuse de J. Loeb qui provoqua chez des œufs d'oursin, au moyen de certaines excitations chimiques, des processus de segmentation qui normalement ne se produisent qu'après la fécondation.

Deuxièmement : il est malgré tout vraisemblable que les infusoires sont conduits à une mort naturelle par leur propre processus vital. En effet la contradiction entre les résultats de Woodruff et ceux d'autres expérimentateurs provient du fait que Woodruff plaçait chaque nouvelle génération dans un liquide nutritif frais. Cessait-il de le faire, il observait alors, tout comme les autres chercheurs, les mêmes signes de sénescence au cours des générations successives. Il en conclut que les animalcules étaient lésés par les produits du métabolisme excrétés par eux dans leur milieu liquide. Il put alors montrer de façon convaincante que c'étaient seulement les produits de leur propre métabolisme qui pouvaient entraîner la mort de la descendance. En effet, les mêmes animalcules qui, confinés ensemble dans leur propre liquide nutritif, périssent à coup sûr, prospèrent dans une solution sursaturée des produits de déchet d'une espèce relativement éloignée. Ainsi l'infusoire, laissé à lui-même, meurt d'une mort naturelle du fait d'une élimination imparfaite des produits de son propre métabolisme. Il se peut qu'au fond tous les animaux supérieurs meurent aussi d'une même incapacité à éliminer.

Ici un doute peut venir : y aurait-il pour nous quelque utilité à tenter de résoudre la question de la mort naturelle par l'étude des protozoaires ? L'organisation primitive de ces êtres vivants nous voile peut-être des conditions importantes qui, si elles existent chez eux aussi, ne peuvent être reconnues que chez des animaux supérieurs chez lesquels elles ont pris une expression morphologique. Si nous abandonnons le point de vue morphologique au profit du point de vue dynamique, il nous devient complètement indifférent de savoir si l'on peut prouver ou non que la mort chez les protozoaires est une mort naturelle. La substance qui est plus tard reconnue comme immortelle n'est aucunement séparée chez les protozoaires de la substance mortelle. Les forces de pulsion qui tendent à mener la vie à la mort pourraient bien opérer chez eux aussi dès le début ; mais il serait très difficile de faire la preuve directe de leur présence, leurs effets étant masqués par les forces qui conservent la vie. Nous avons vu d'ailleurs que les observations des biologistes nous autorisent à faire l'hypothèse, même pour les protistes, de ces processus internes qui conduisent à la mort. Mais même si les protistes s'avèrent immortels au sens de Weismann, sa thèse qui fait de la mort une acquisition tardive ne vaut que pour les phénomènes manifestes de la mort et n'interdit aucune hypothèse relative aux processus qui poussent à la mort. Ainsi notre attente de voir la biologie nous refuser purement et simplement le droit de reconnaître les pulsions de mort n'a pas été remplie. Nous pourrons continuer à nous interroger sur leur possibilité, si nous avons d'autres raisons pour cela. L'analogie frappante entre la distinction établie par Weismann entre soma et plasma germinal et celle que nous posons entre pulsions de mort et pulsions de vie demeure et conserve sa valeur.

Attardons-nous un moment sur cette conception éminemment dualiste de la vie pulsionnelle. Selon la théorie de E. Hering, deux sortes de processus se déroulent continuellement dans la substance vivante ; leurs directions sont opposées : l'un construit, assimile, l'autre démolit, désassimile. Oserons-nous reconnaître dans ces deux directions prises par les processus vitaux la mise en œuvre de nos deux motions pulsionnelles, les pulsions de vie et de mort ? Mais il y a autre chose que nous ne pouvons nous dissimuler : nous sommes entrés, sans y prêter attention, dans le port de la philosophie de Schopenhauer ; pour lui la mort est bien « le propre résultat » de la vie et, dans cette mesure, son but[1], tandis que la pulsion sexuelle est l'incarnation de la volonté de vivre.

Ayons l'audace de faire un pas de plus. On admet généralement que l'union de nombreuses cellules en une association vitale – le caractère pluricellulaire des organismes – est devenue un moyen d'allonger la durée de leur vie. Une cellule aide à conserver la vie des autres et la communauté cellulaire peut continuer à vivre même si des cellules isolées doivent périr. Nous avons déjà vu que la copulation aussi, cette fusion temporaire de deux êtres unicellulaires, a pour effet de les conserver en vie et de les rajeunir l'un et l'autre. Ainsi pourrait-on tenter de transférer à la relation réciproque des cellules la théorie de la libido dégagée par la psychanalyse et se représenter les choses ainsi : ce sont les pulsions de vie ou pulsions sexuelles actives dans chaque cellule qui prennent pour objet les autres cellules dont elles neutralisent en partie les pulsions de mort – ou plutôt les processus provoqués par celles-ci –, les maintenant ainsi en vie ; d'autres cellules en font autant pour elles, d'autres encore se sacrifient dans l'exercice de cette fonction libidinale. Quant aux cellules germinales, elles se comporteraient de façon absolument « narcissique », selon le terme que nous employons dans la théorie des névroses pour désigner le fait qu'un individu dans son ensemble maintient sa libido dans le moi sans rien en dépenser dans des investissements d'objet. Les cellules germinales ont besoin pour elles-mêmes de leur libido, de la force active de leurs pulsions de vie : c'est là une réserve pour l'importante activité constructrice qu'elles exercent plus tard. Il se peut que les cellules des néo-formations malignes qui détruisent l'organisme puissent être définies comme narcissiques dans le même sens. On sait que la pathologie est disposée à admettre que leurs germes sont innés et qu'elles ont des propriétés embryonnaires[2]. C'est ainsi que la libido de nos pulsions sexuelles coïnciderait avec l'Éros des poètes et des philosophes qui maintient la cohésion de tout ce qui vit.

Nous trouvons ici l'occasion de jeter un regard d'ensemble sur le lent développement de notre théorie de la libido. L'analyse des névroses de transfert nous a imposé tout d'abord l'opposition entre les « pulsions sexuelles » dirigées vers l'objet, et d'autres pulsions que nous n'identifiâmes que très imparfaitement et que nous désignâmes provisoirement sous le nom de « pulsions du moi ». Au premier rang de celles-

1. *Über die anscheinende Absichtlichkeit im Schicksale des Einzel nen*, 1851 *(Sur la finalité apparente dans le destin de l'individu)*, Grossherzog, Wilhelm Ernst-Ausgabe, IV, p. 268.
2. Les mots depuis « Il se peut que... » jusqu'à « embryonnaires » ont été ajoutés en 1921.

ci, il nous fallut reconnaître les pulsions qui servent à l'auto-conservation de l'individu. On ne pouvait pas savoir quelles autres distinctions il convenait de faire ici. Rien n'aurait pu nous aider autant à fonder une psychologie correcte qu'une vue même approximative sur la nature générale des pulsions et leurs particularités éventuelles. Mais il n'y avait pas de domaine de la psychologie où l'on tâtonnât autant dans l'obscurité. Chacun posait en principe autant de pulsions ou de « pulsions fondamentales » qu'il lui plaisait et en jouait comme faisaient dans la Grèce ancienne les philosophes de la Nature avec leurs quatre éléments : l'eau, la terre, le feu et l'air. La psychanalyse, qui ne pouvait de toute façon se passer d'une hypothèse sur les pulsions, s'en tint tout d'abord à la distinction populaire que préfigure l'expression « faim et amour ». Du moins n'était-ce pas là ajouter à l'arbitraire. Cette distinction permit à l'analyse des psychonévroses de conquérir tout un domaine. Le concept de « sexualité » – et du même coup celui d'une pulsion sexuelle – dut, bien sûr, être étendu au point d'englober bien des choses qui ne pouvaient être rangées sous le chef de la fonction de reproduction ; cela n'alla pas sans faire du bruit dans le monde rigoriste, distingué, ou tout simplement hypocrite.

La psychanalyse fit le pas suivant lorsqu'elle put approcher de plus près le moi psychologique qu'elle n'avait d'abord connu que sous l'aspect d'une instance refoulante, censurante et capable de construire des moyens de protection, de produire des formations réactionnelles. Il est vrai que des têtes critiques et autres esprits aux larges vues avaient depuis longtemps reproché au concept de libido d'être limité à l'énergie des pulsions sexuelles orientées vers l'objet. Mais ils ont négligé de nous faire savoir d'où leur venait cette meilleure façon de voir et ils n'ont pas su en tirer des conclusions que l'analyse pût utiliser. En avançant plus prudemment dans l'observation, on a été frappé, en psychanalyse, par la régularité avec laquelle la libido est retirée de l'objet et dirigée sur le moi (introversion) ; en étudiant les phases précoces du développement de la libido chez l'enfant, la psychanalyse parvint à l'idée que le moi est le réservoir véritable et originaire de la libido, qui doit partir de là pour s'étendre vers l'objet. Le moi prenait alors place parmi les objets sexuels et était aussitôt reconnu comme prévalant parmi eux. On appela narcissique la libido qui séjourne ainsi dans le moi[1]. Cette libido narcissique était naturellement aussi la manifestation de la force des pulsions sexuelles, au sens analytique du mot, et on fut obligé d'identifier celles-ci aux « pulsions d'auto-conservation » dont l'existence avait été admise d'emblée. Ainsi l'opposition, que nous avions établie à l'origine, entre pulsions du moi et pulsions sexuelles s'avérait inadéquate. Une partie des pulsions du moi se voyait reconnaître une nature libidinale ; des pulsions sexuelles, vraisemblablement à côté d'autres pulsions, opéraient aussi dans le moi. On est cependant en droit de dire qu'il n'y avait rien qui soit aujourd'hui à rejeter, dans l'ancienne formule : la psychonévrose repose sur un conflit entre les pulsions du moi et les pulsions sexuelles. Il s'agit seulement de caractériser maintenant d'une autre façon, à savoir du point de vue *topique*, la distinction des deux sortes de pulsions, qu'on tenait à l'origine pour une différence qualitative, sans préciser davantage. La névrose de transfert en particulier, cet objet d'étude spécifique de la psychanalyse, reste le résultat d'un conflit entre le moi et l'investissement libidinal d'objet.

Mais nous devons maintenant insister d'autant plus sur le caractère libidinal des pulsions d'auto-conservation, que nous risquons ce nouveau pas : reconnaître dans la pul-

1. *Zur Einführung des Narzissmus*, 1914 *(Pour introduire le narcissisme)*.

sion sexuelle l'Éros qui conserve toutes choses et voir dans la libido narcissique du moi un résultat de l'addition des quantités de la libido par lesquelles les cellules du soma adhèrent l'une à l'autre. Mais voici que nous nous trouvons en face de la question suivante : si les pulsions d'auto-conservation sont elles aussi de nature libidinale, il n'y a peut-être absolument pas d'autres pulsions que libidinales. Du moins n'en existe-t-il pas d'autres qui soient visibles. Mais alors il faudrait donner raison aux critiques qui ont cru pressentir dès le début que la psychanalyse expliquait *tout* par la sexualité ou aux novateurs comme Jung qui, hâtivement, ont utilisé le terme de libido dans le sens de « force de pulsion » en général. Doit-il en être ainsi ?

Une telle conclusion ne serait pas du tout conforme à notre intention. Nous sommes bien plutôt partis d'une distinction tranchée entre pulsions du moi = pulsions de mort, et pulsions sexuelles = pulsions de vie. Nous étions même prêts à mettre aussi les prétendues pulsions d'auto-conservation du moi au nombre des pulsions de mort, proposition que nous n'avons pas maintenue en rectifiant ensuite nos vues. Notre conception était dès le début *dualiste* et elle l'est encore aujourd'hui de façon plus tranchée, dès l'instant où les termes opposés ne sont plus pour nous pulsions du moi – pulsions sexuelles, mais pulsions de vie – pulsions de mort. La théorie de la libido de Jung est au contraire moniste ; en appelant libido ce qui est pour lui l'unique force de pulsion, il ne pouvait que créer de la confusion, sans que cela doive nous influencer davantage[1]. Nous supposons qu'il y a à l'œuvre dans le moi d'autres pulsions encore que les pulsions libidinales d'auto-conservation. Mais il faudrait que nous soyons capables de les mettre en évidence. Il est regrettable que l'analyse du moi ait fait si peu de progrès et qu'il nous soit vraiment difficile de démontrer leur existence. Les pulsions libidinales du moi peuvent d'ailleurs avoir un lien particulier[2] avec les autres pulsions du moi que nous ignorons encore. Même avant que nous ayons clairement reconnu le narcissisme, on supposait bien déjà en psychanalyse que les « pulsions du moi » ont attiré à elles des composantes libidinales. Mais ce sont là des vues bien incertaines dont nos adversaires ne tiendront guère compte. Il reste fâcheux que l'analyse ne nous ait jamais permis de prouver jusqu'à présent que l'existence de pulsions libidinales. Ce n'est cependant pas une raison pour adopter la conclusion qu'il n'en existe effectivement pas d'autres.

Dans l'obscurité présente de la doctrine des pulsions, nous aurions bien tort de rejeter toute idée qui vient nous promettre quelque lumière. Nous sommes partis de la grande opposition pulsions de vie – pulsions de mort. L'amour d'objet lui-même nous montre une seconde polarité de ce genre, celle de l'amour tendresse et de la haine agressivité. Si seulement nous parvenions à mettre en relation ces deux polarités, à ramener l'une à l'autre ! Nous avons de tout temps reconnu l'existence d'une composante sadique de la pulsion sexuelle[3] ; nous savons qu'elle peut se rendre indépendante et dominer comme perversion toute la vie sexuelle de l'individu. Elle se détache aussi comme pulsion partielle dominante dans une des « organisations prégénitales » (selon mon expression). Mais comment déduire de l'Éros, qui conserve la vie, la pulsion sadique qui a pour but de nuire à l'objet ? N'est-on pas invité à supposer que ce sadisme est à proprement parler une pulsion de mort qui a été repoussée du moi par

1. Ces deux phrases furent ajoutées en 1921.
2. Dans la première édition on trouve ici ces mots : « par entrecroisement des pulsions *(Triebverschänkung)*, pour employer un terme utilisé par Adler ».
3. *Drei Abhandlungen zur Sexualtheorie (Trois Essais sur la théorie de la sexualité)*, dès la première édition de 1905.

l'influence de la libido narcissique, de sorte qu'elle ne devient manifeste qu'en se rapportant à l'objet ? Il entre alors au service de la fonction sexuelle ; au stade d'organisation orale de la libido, l'emprise amoureuse sur l'objet coïncide encore avec l'anéantissement de celui-ci ; plus tard la pulsion sadique se sépare et finalement, au stade où s'est instauré le primat génital, en vue de la reproduction, elle assume la fonction de maîtriser l'objet sexuel dans la mesure où l'exige l'accomplissement de l'acte sexuel. En fait on pourrait dire que le sadisme expulsé hors du moi a montré la voie aux composantes libidinales de la pulsion sexuelle ; celles-ci vont se presser à sa suite vers l'objet. Si le sadisme originaire ne se voit ni tempéré ni mélangé, alors s'établit l'ambivalence bien connue de l'amour et de la haine dans la vie amoureuse.

Si une telle hypothèse est permise, nous aurions réussi à mettre en évidence – il est vrai sous forme déplacée – un exemple de pulsion de mort. Seulement cette conception est bien loin de tomber sous le sens et l'impression qu'elle donne est franchement mystique. Nous en venons à nous demander si nous n'avons pas cherché à tout prix un moyen de nous tirer d'un grand embarras. Nous pouvons ici invoquer qu'une telle hypothèse n'est pas nouvelle, que nous l'avions déjà faite une fois, alors qu'il n'était pas encore question d'être embarrassé. Des observations cliniques nous ont en leur temps imposé l'idée que le masochisme, pulsion partielle complémentaire du sadisme, se comprendrait comme un retournement du sadisme sur le moi propre[1]. Mais que la pulsion se tourne de l'objet vers le moi ou qu'elle se tourne du moi vers l'objet – ce qui est le point nouveau ici en question –, cela n'est pas par principe différent. Le masochisme, la pulsion qui se tourne contre le moi propre, serait donc en réalité un retour à une phase antérieure de cette pulsion, une régression. La formulation que j'ai à ce moment-là donnée du masochisme devrait être modifiée dans ce qu'elle a de trop exclusif ; il pourrait être aussi un masochisme primaire, ce que je refusais alors[2].

Mais revenons aux pulsions sexuelles conservatrices de la vie. La recherche sur les protistes nous a déjà appris que la fusion de deux individus sans division consécutive, à savoir la copulation, a sur les deux individus qui se séparent bientôt l'un de l'autre une action fortifiante et rajeunissante (cf. plus haut, Lipschütz). Ils ne montrent pas de signe de dégénérescence dans les générations ultérieures et il semble qu'ils aient été rendus capables de résister plus longtemps aux dommages produits par leur propre métabolisme. Je pense qu'on peut trouver dans cette unique observation le modèle de l'effet qui résulte aussi de l'union sexuelle. Mais comment la fusion de deux cellules peu différentes peut-elle produire un tel renouvellement de la vie ? L'expérience sur les protozoaires où l'on remplace la copulation par l'action d'excitations chimiques ou mêmes mécaniques (*loc. cit.*) permet de donner avec certitude la réponse : cet effet se produit par l'apport de nouvelles sommes d'excitation. Mais voici qui cadre bien avec l'hypothèse selon laquelle le processus vital de l'individu conduit pour des raisons

1. Cf. *Trois Essais*, 4e édition, 1920 et *Pulsions et destins des pulsions (Triebe und Triebschicksale)*.

2. Dans un travail riche de contenu et de pensées mais qui malheureusement ne m'est pas toujours parfaitement clair, Sabina Spielrein a anticipé toute une partie de cette spéculation. Elle caractérise la composante sadique de la pulsion sexuelle comme « destructrice ». *Die Destruktion als Ursache des Werdens*, 1912 *(la Destruction comme cause du devenir)*, Jb. psychoanal. psychopath. Forsch., IV. D'une autre façon encore, A. Stärcke (1914, introduction à la traduction hollandaise de S. Freud, *Morale sexuelle « culturelle » et nervosité moderne*) a cherché à identifier le concept de la libido lui-même avec le concept théorique d'une *tendance à la mort* qui devrait être postulé en biologie. Voir aussi Rank, *Der Künstler (l'Artiste)*, 1907. Tous ces efforts, comme celui que nous poursuivons dans notre propre texte, témoignent de l'exigence d'une clarification qui fait encore défaut, dans la doctrine des pulsions.

internes à l'égalisation de tensions chimiques, c'est-à-dire à la mort, tandis que l'union avec la substance vivante d'un individu hétérogène augmente ces tensions, introduisant pour ainsi dire de nouvelles *différences vitales* qui doivent alors être *réduites par la vie.* Cette hétérogénéité doit naturellement comporter un ou plusieurs optima. On sait que nous avons reconnu dans la tendance à la réduction, à la constance, à la suppression de la tension d'excitation interne, la tendance dominante de la vie psychique et peut-être de la vie nerveuse en général (*principe de Nirvana*, selon une expression de Barbara Low) comme l'exprime le principe de plaisir ; nous trouvons là l'un de nos plus puissants motifs de croire en l'existence de pulsions de mort.

Mais ce qui perturbe sensiblement la suite de notre raisonnement, c'est encore une fois de ne pas pouvoir prouver, justement pour la pulsion sexuelle, le caractère de compulsion de répétition qui nous a d'abord mis sur la trace de la pulsion de mort. Sans doute le domaine des processus évolutifs embryonnaires abonde-t-il en phénomènes de répétition et l'expérience des deux cellules germinales de la reproduction sexuelle et toute leur histoire ne sont elles-mêmes que des répétitions des débuts de la vie organique ; mais il n'en reste pas moins que l'essentiel des processus que vise la pulsion sexuelle est la fusion de deux corps cellulaires. C'est elle seule qui assure chez les êtres vivants supérieurs l'immortalité de la substance vivante.

En d'autres termes : il nous faut être mieux informé sur l'apparition de la reproduction sexuelle et sur l'origine des pulsions sexuelles en général, et c'est là une tâche qui ne peut que faire reculer un profane et que les spécialistes eux-mêmes n'ont pas pu mener à bien jusqu'à présent. Dégageons donc de la façon la plus condensée possible ce qui dans toutes ces données et opinions contradictoires peut rejoindre notre propre ligne de pensée.

Une de ces conceptions ôte au problème de la reproduction son attrait de mystère en voyant en elle un cas particulier de la croissance (multiplication par division, germination, bourgeonnement). On pourrait, dans la perspective toute positive de Darwin, se représenter ainsi l'origine de la reproduction par cellules germinales sexuellement différenciées : l'avantage de l'amphimixis, obtenu un jour par la copulation fortuite de deux protistes, a été maintenu et exploité dans l'évolution ultérieure[1]. Le « sexe » ne serait donc pas quelque chose de très ancien et les pulsions extraordinairement violentes qui tendent à l'union sexuelle répéteraient ainsi quelque chose qui a eu lieu fortuitement et depuis s'est consolidé en raison de l'avantage procuré.

La question se pose ici, comme dans le cas de la mort, de savoir si l'on ne doit pas supposer chez les protistes l'existence de quelque chose d'autre que leurs propriétés manifestes et si l'on peut admettre que des forces et des processus qui ne deviennent perceptibles que chez des êtres vivants supérieurs n'ont vraiment pris naissance que chez eux. La conception de la sexualité à laquelle nous faisons allusion est d'un faible secours pour notre propos. On pourra lui objecter qu'elle présuppose l'existence de pulsions de vie qui sont déjà à l'œuvre dans l'être vivant le plus simple, sans quoi la copulation, qui vient s'opposer au cours vital et rendre difficile la tâche de mener la vie à sa fin, n'aurait pas été maintenue et perfectionnée mais bien évitée. Si donc nous ne vou-

1. Pourtant Weismann *(le Plasma germinal)* va jusqu'à nier l'existence de cet avantage : « La fécondation ne signifie en aucun cas un rajeunissement ou un renouvellement de la vie ; elle ne serait absolument pas nécessaire à la continuation de la vie ; elle n'est rien d'autre qu'un *dispositif* capable d'assurer la *combinaison de deux tendances héréditaires différentes.* » Il considère cependant qu'une telle combinaison a pour effet une augmentation de la variabilité des êtres vivants.

lons pas renoncer à l'hypothèse des pulsions de mort, il faut leur associer, absolument d'emblée, des pulsions de vie. Mais nous devons admettre que nous travaillons là sur une équation à deux inconnues. La science nous en apprend d'ailleurs si peu sur l'apparition de la sexualité que l'on peut comparer ce problème à une nuit obscure où n'a pas même pénétré le rayon de lumière d'une hypothèse. Dans un tout autre domaine, sans doute trouvons-nous une telle hypothèse mais elle est d'un genre si fantastique – certainement plus proche du mythe que de l'explication scientifique – que je n'oserais pas en faire état ici si elle ne satisfaisait précisément à la condition même que nous cherchons à remplir : elle fait dériver une pulsion *du besoin de rétablir un état antérieur.*

Il s'agit, bien sûr, de la théorie que Platon, dans *Le Banquet*, fait développer par Aristophane et qui ne traite pas seulement de l'origine de la pulsion sexuelle mais aussi de la plus importante de ses variations quant à l'objet.

« En effet, au temps jadis, notre nature n'était point identique à ce qu'elle est maintenant, mais d'autre sorte. Tout d'abord, l'humanité comprenait trois sexes et non pas deux, mâle et femelle, comme maintenant ; non, il en existait en outre un troisième, tenant des deux autres réunis [...], l'androgyne. » Tout dans ces êtres humains était double ; ils avaient donc quatre mains et quatre pieds, deux visages, des parties honteuses doubles, etc. Zeus se décida alors à partager chacun de ces êtres humains en deux « comme on coupe les cormes pour en faire des conserves [...]. Le corps étant coupé en deux, une nostalgie poussait les deux moitiés à se rejoindre. S'empoignant à bras le corps, elles s'enlaçaient l'une à l'autre, dans la passion de ne faire qu'un [...] »[1].

Devons-nous, comme nous y engage le philosophe-poète, hasarder l'hypothèse que la substance vivante, au moment où elle prit vie, se déchira en petites particules et que celles-ci depuis lors tendent à se réunir à nouveau sous l'effet des pulsions sexuelles ? Ces pulsions dans lesquelles se prolonge l'affinité chimique de la matière inanimée surmonteraient progressivement, à travers le règne des protistes, les difficultés qu'oppose à cette tendance réunificatrice un entourage chargé d'excitations dangereuses pour la vie, entourage qui oblige les pulsions à édifier une couche corticale protectrice. Ces petits fragments dispersés de substance vivante atteindraient ainsi l'état pluricellulaire pour transférer finalement aux cellules germinales la pul-

1. Platon, *le Banquet*, 189 d, e, 190 d, 191 a.
(Note ajoutée en 1921.) Je dois au professeur Heinrich Gomperz, de Vienne, les indications suivantes sur l'origine du mythe platonicien que je donne ici partiellement, en citant ses propres termes : on peut remarquer à ce sujet que la même théorie se retrouve déjà pour l'essentiel dans les *Upanishads*. Nous trouvons en effet dans l'*Upanishad Brihad-Aranyaka*, I, 4, 3, où est décrite la genèse du monde à partir de l'Atman (le soi ou moi) : « ... Mais il (l'Atman, le soi ou le moi) n'éprouvait pas de joie ; il n'éprouvait pas de joie parce qu'il était seul. Il désira qu'il y ait un second. Et il était aussi grand qu'une femme et un homme quand ils se tiennent enlacés. Ce soi qui était sien, il le fit se diviser en deux : de là sortirent époux et épouse. C'est pourquoi le corps du soi est semblable à la moitié d'une coquille, voilà ce qu'a dit *Yâjnavalkya*. Et c'est pourquoi cet espace vide ici est rempli par la femme. »
L'*Upanishad Brihad-Aranyaka* est la plus ancienne de toutes les Upanishads et aucun chercheur compétent ne la situerait plus tard qu'en l'an 800 av. J.-C. environ. Contrairement à l'opinion régnante, je ne nierais absolument pas la possibilité d'une influence, même indirecte, sur Platon, de ces conceptions indiennes ; en effet, une telle possibilité ne peut être exclue dans le cas de la théorie de la métempsycose. L'existence d'une telle influence – qui serait transmise avant tout par les Pythagoriciens – ne diminuerait guère la signification de la rencontre de ces deux pensées ; Platon, en effet, n'aurait pas repris à son compte une histoire de ce genre livrée par quelque tradition orientale, et à plus forte raison il ne lui aurait pas donné une place si importante, si elle ne l'avait frappé par ce qu'elle contenait de vérité.
Dans un article, *Menschen und Weltenwerden (Devenir des hommes et des mondes)*, 1913, in *Neue Jahrbücher für das Klassische Altertum*, XXXI, p. 529, sq., qui étudie systématiquement cette idée avant Platon, K. Ziegler fait dériver celle-ci de certaines conceptions babyloniennes.

sion de réunification sous sa forme la plus concentrée. Je crois que le moment est venu d'interrompre cette spéculation.

Non pourtant sans y ajouter quelques réflexions d'ordre critique. On pourrait me demander si et dans quelle mesure je suis moi-même convaincu des hypothèses que j'ai développées ici. Je répondrais que je ne suis pas moi-même convaincu et que je ne demande pas aux autres d'y croire. Ou plus exactement : je ne sais pas dans quelle mesure j'y crois. Il me semble qu'ici le facteur affectif de la conviction ne doit pas du tout entrer en ligne de compte. On peut bien s'abandonner à une ligne de pensée, la poursuivre aussi loin qu'elle mène et ceci par simple curiosité scientifique ou, si l'on veut, en se faisant l'avocat du diable ; ce qui ne signifie pas pour autant qu'on ait vendu son âme au diable. Je n'ignore point qu'en faisant ici ce troisième pas dans la théorie des pulsions je ne saurais prétendre à la même certitude qu'avec les deux précédents – élargissement du concept de sexualité, puis instauration du narcissisme. C'étaient là des innovations qui traduisaient directement l'observation en théorie et n'offraient pas plus de risques d'erreur qu'il n'est inévitable chaque fois qu'on opère ainsi. Quand nous affirmons le caractère *régressif* des pulsions, sans doute nous appuyons-nous aussi sur du matériel observé, nommément sur les faits se rapportant à la compulsion de répétition. Mais peut-être ai-je surestimé leur importance. En tous cas, il n'était pas possible de poursuivre cette idée sans combiner à plusieurs reprises ce qui est de l'ordre des faits avec ce qui est le pur produit de la pensée, et sans nous éloigner par là beaucoup de l'observation. On sait que, plus on procède ainsi en construisant une théorie, moins on peut se fier au résultat final, sans qu'il soit possible d'indiquer le degré de l'incertitude. On a pu aussi bien tomber juste que tomber honteusement dans l'erreur. Dans des travaux de ce genre, je ne me fie guère à l'« intuition » ; d'après ce que j'ai pu en voir, ce qu'on appelle ainsi m'apparaîtrait plutôt comme la conséquence d'une certaine impartialité de l'intellect. Mais, malheureusement, on est rarement impartial lorsqu'il s'agit des choses dernières, des grands problèmes de la science et de la vie. Je crois que chacun de nous est alors sous l'emprise de préférences profondément enracinées que nous ne faisons que servir à notre insu dans nos spéculations. Avec d'aussi bonnes raisons de nous méfier, nous ne pouvons guère, à l'endroit des produits de notre propre réflexion, que faire preuve d'une bienveillance des plus tempérées. Je m'empresse d'ajouter cependant que cette autocritique n'exige pas de nous une tolérance particulière envers les opinions divergentes. On est en droit de rejeter impitoyablement des théories que contredit déjà d'emblée l'analyse des faits observés, tout en sachant par ailleurs que les théories qu'on professe soi-même n'ont qu'une validité provisoire. Nous ne sommes guère troublés, lorsqu'il s'agit de juger nos spéculations sur les pulsions de vie et de mort, d'y trouver tant de processus étranges, difficiles à saisir, tels que : pulsion expulsée par d'autres, se retournant du moi vers l'objet, etc. Cela vient simplement de ce que nous sommes bien forcés de travailler avec les termes scientifiques, c'est-à-dire avec le langage imagé propre à la psychologie ou mieux : à la psychologie des profondeurs. Faute de quoi nous ne pourrions absolument pas décrire les processus en question et même nous ne nous serions pas du tout aperçu de leur existence. Les insuffisances de notre description s'effaceraient sans doute si nous pouvions déjà mettre en œuvre, à la place des termes psychologiques, les termes physiologiques ou chimiques. Ceux-ci, il est vrai, ne relèvent eux aussi que d'un langage imagé, mais il nous est familier depuis longtemps et peut-être est-il aussi plus simple.

En revanche nous devons bien nous rendre compte que la nécessité de faire des emprunts à la science biologique a considérablement accru le degré d'incertitude de notre spéculation. La biologie est vraiment un domaine aux possibilités illimitées : nous devons nous attendre à recevoir d'elle les lumières les plus surprenantes et nous ne pouvons pas deviner quelles réponses elle donnerait dans quelques décennies aux questions que nous lui posons. Il s'agira peut-être de réponses telles qu'elles feront s'écrouler tout l'édifice artificiel de nos hypothèses. Mais alors, pourrait-on nous demander, pourquoi donc entreprendre des recherches comme celles dont fait état ce chapitre, et pourquoi en plus les communiquer au public ? Eh bien, je ne puis contester que certaines des analogies, des liaisons et des relations qu'on trouve ici m'ont paru dignes de considération[1].

Notes sur la théorie des pulsions de vie et des pulsions de mort

(1952)

PAULA HEIMANN

Psychanalyste juive allemande, Paula Heimann se réfugia en Grande-Bretagne après l'incendie du Reichstag en 1933. Elle y fut, durant une vingtaine d'années, l'analysante, la disciple, l'amie de Melanie Klein, en bref une de ses principales collaboratrices. Toutefois des désaccords se firent jour entre elles et Melanie Klein demanda en 1955 à Paula Heimann de démissionner de la fondation qu'elle avait organisée pour veiller à la défense et à la propagation de ses propres orientations. Les divergences théoriques semblent avoir porté sur la notion d'« envie du sein » (pour Melanie Klein, il y a chez le nourrisson le fantasme agressif de vider le sein de la mère en le tétant, de pénétrer dans son corps et de voler son contenu), mais elles ont sans doute été aggravées par une rivalité mal contrôlée de part et d'autre. Paula

1. Ajoutons ici quelques mots pour éclaircir notre terminologie qui, au cours de nos considérations, a connu une certaine évolution. Ce que sont les « pulsions sexuelles », nous le savions par leur relation aux sexes et à la fonction de reproduction. Nous conservâmes ensuite cette dénomination lorsque les résultats acquis par la psychanalyse nous obligèrent à rendre plus lâche la relation des pulsions sexuelles à la fonction de la reproduction. En instaurant la notion de libido narcissique et en étendant le concept de libido aux cellules individuelles, nous vîmes la pulsion sexuelle se transformer en Éros, qui cherche à provoquer et à maintenir la cohésion des parties de la substance vivante ; nous fûmes amenés à considérer ce qu'on appelle communément pulsions sexuelles comme cette part d'Éros qui est tournée vers l'objet. La spéculation nous conduit à admettre que cet Éros est à l'œuvre dès le début de la vie et qu'il entre en opposition comme « pulsion de vie » et à la « pulsion de mort » qui est apparue du fait que la substance anorganique a pris vie. Nous tentons ainsi de résoudre l'énigme de la vie en faisant l'hypothèse de ces deux pulsions l'une contre l'autre dès les origines. *(Ajouté en 1921.)* Il est peut-être plus difficile de se faire une vue d'ensemble sur les transformations du concept de « pulsions du moi ». À l'origine, nous appelions ainsi tous les courants pulsionnels, mal connus de nous, qu'on peut distinguer des pulsions sexuelles dirigées vers l'objet et nous opposions les pulsions du moi aux pulsions sexuelles dont l'expression est la libido. Plus tard, nous nous rapprochâmes de l'analyse du moi ; nous reconnûmes alors qu'une partie des « pulsions du moi » est elle aussi de nature libidinale et a pris le moi propre comme objet. Ces pulsions narcissiques d'auto-conservation devaient donc désormais êtres rangées parmi les pulsions sexuelles libidinales. L'opposition entre pulsions du moi et pulsions sexuelles se changeait en celle des pulsions du moi et des pulsions d'objet – les unes et les autres de nature libidinale. Mais, à la place de la première opposition, il s'en dégagea une nouvelle entre les pulsions libidinales (pulsions du moi et d'objet) et d'autres pulsions qu'il convient de situer dans le moi et qu'il faut peut-être reconnaître dans les pulsions de destruction. La spéculation transforme cette opposition en celle des pulsions de vie (Éros) et des pulsions de mort.

Heimann travailla ensuite avec Winnicott. Son style d'analyste semble avoir été plus prudent que celui de Melanie Klein, qui usait d'interprétations beaucoup plus abondantes. En tout cas, à l'époque où Paula Heimann écrivit ce texte, il y avait entre les deux analystes un accord global sur les points essentiels.

Melanie Klein et les kleiniens ont toujours affirmé qu'ils reprenaient à leur compte, à la différence d'autres analystes, la théorie freudienne des pulsions de mort. Une ambiguïté put cependant subsister durant quelque temps : entendaient-ils par là le substrat d'une agressivité surtout tournée vers l'extérieur ou s'agissait-il vraiment d'une pulsion ou d'un instinct agissant sur l'organisme, sur la personne, sur le sujet lui-même ? Ici, Paula Heimann affirme très clairement que l'idée d'une véritable pulsion de mort fait beaucoup mieux avancer la « compréhension psychologique » que ne le ferait celle d'une simple « pulsion de destructivité ». Mieux, elle semble vouloir aller plus loin même que Freud lorsqu'elle relève que la pulsion de mort n'est pas si « muette » lorsqu'elle attaque la personne : « Les occasions ne manquent pas de voir des comportements autodestructeurs, depuis les simples bévues que les gens commettent évidemment contre leurs propres intérêts, jusqu'au préjudice sérieux qu'on se porte à soi-même ("la tendance aux accidents"), au comportement grossièrement masochiste et au suicide. »

Source : *Developments in psycho-analysis*, by Melanie Klein, Paula Heimann, Susan Isaacs and Joan Rivière, Hogarth Press Ltd and the Institute of Psycho-analysis, London, 1952, trad. française (Willy Baranger), *Développements de la psychanalyse*, P.U.F., 1966.

Bibliographie : Phyllis Grosskurth, *Melanie Klein, son monde et son œuvre*, P.U.F., 1990.

Une ère nouvelle s'ouvrait pour la psychologie, lorsque Breuer et Freud[1] découvrirent que les symptômes hystériques d'une de leurs patientes provenaient de conflits intrapsychiques non résolus. Poursuivant les observations réalisées sur ce cas particulier, Freud continua à étudier la vie émotionnelle de ses patients, et ses recherches sur la nature du conflit l'amenèrent à la découverte de l'inconscient. À partir de là, il poursuivit l'exploration de la dynamique et de la structure du psychisme, et l'élaboration de ses théories sur la maladie et le développement psychiques. On pourrait donc considérer l'investigation systématique du conflit émotionnel – jusqu'alors en dehors de la sphère de la science médicale – comme la naissance de la psychanalyse.

Freud a réduit les conflits émotionnels à l'action de forces fondamentales de fins opposées, c'est-à-dire de pulsions antagoniques. Tout au long de ses recherches, il a maintenu cette approche dualiste des processus psychologiques, et insisté sur la nécessité de comprendre la nature des pulsions. Au début, acceptant le contraste généralement admis entre la faim et l'amour, il vit ces forces pulsionnelles en opposition dans les pulsions d'autoconservation, d'une part, et les pulsions sexuelles de l'autre. Plus tard, il établit la différence entre les pulsions du moi et les pulsions sexuelles, et pensa que ce dualisme s'accordait avec le double rôle de l'être humain comme individu et comme représentant de l'espèce. Mais les progrès de ses recherches ne confirmèrent point cette distinction, et, en dernière analyse, il arriva à la conclusion que les premiers moteurs du comportement humain étaient une pulsion de vie et une pulsion de mort.

1. *Le Mécanisme psychique des phénomènes hystériques* (1893).

Il est intéressant de voir comment Freud lui-même a hésité à accorder une pleine adhésion, et, pourrait-on dire, un *status* de plein droit à sa dernière découverte sur les pulsions, et comment il a pourtant été amené, par sa vérité inéluctable, à maintenir cette notion d'une antithèse aussi définitive et fondamentale que l'antithèse entre une pulsion primitive de vie et une pulsion primitive de mort. Il a fait remarquer la nature hypothétique de sa théorie, n'a jamais considéré son acceptation comme un signe distinctif des psychanalystes et n'a professé à son égard qu'une « tiédeur bienveillante ». Cependant, ses travaux contiennent des passages comme le suivant, qui montrent clairement sa conviction au sujet de sa théorie : « Ce sont les [instincts] vitaux au sens propre du mot, du fait qu'ils fonctionnent à l'encontre de la tendance des autres [instincts] qui, à travers la fonction, acheminent l'organisme vers la mort, ils se mettent avec ceux-ci dans un état d'opposition dont la psychanalyse a de bonne heure saisi l'importance et la signification. » [1]

Freud a expliqué une fois l'hostilité qui a reçu ses découvertes par le fait qu'elles blessaient le narcissisme humain, comme celles de Copernic et de Darwin[2]. Copernic a détruit la chère croyance que la terre de l'homme était le centre de l'univers (c'est « l'offense cosmologique » au narcissisme) ; c'est de Darwin qu'est venue l' « offense biologique », quand il a montré que l'homme n'a pas une position privilégiée dans l'échelle des créatures ; et la psychanalyse a causé « l'offense psychologique » en découvrant que l'homme n'est pas maître de son propre monde intérieur, puisqu'il existe des processus psychiques inconscients au-delà de son contrôle.

Je dirais que la théorie de Freud sur les pulsions de mort a beaucoup intensifié cette offense psychologique. Le ressentiment et l'angoisse suscités par l'obstacle opposé au narcissisme humain doivent être encore plus grands, lorsque à la douleur de la blessure s'ajoute la peur de voir que les forces de mort agissent dans l'homme lui-même[3].

La théorie des pulsions de mort a provoqué bien des froncements de sourcils et bien des discussions. Un argument contre elle dénie la légitimité de son origine dans des considérations psychologiques et affirme que Freud est arrivé à elle exclusivement par la voie de spéculations et d'imaginations sur les faits biologiques. En fait, il n'en est pas ainsi. Dans *Au-delà du principe du plaisir* Freud part clairement du matériel clinique, c'est-à-dire des rêves des patients, souffrant de névroses traumatiques qui, en

1. *Au- delà du principe du plaisir*
2. *Une difficulté de la psychanalyse.*
3. Nous admettons qu'il y a deux sortes, essentiellement différentes, d'instincts : les instincts sexuels, le mot sexuel étant pris dans son sens le plus large, l'*Éros*, si vous préférez, et les *instincts d'agression* dont le but est de détruire. Vous trouverez qu'il n'y a là rien de nouveau et que je ne fais qu'essayer d'expliquer théoriquement l'opposition entre la haine et l'amour, opposition qui se confond peut-être avec cette autre : l'attirance et la répulsion dont les sciences physiques admettent l'existence dans le monde inorganique. Mais, chose étrange, nombre de gens considéreront cet exposé comme une dangereuse innovation qu'il convient de rejeter au plus vite. C'est à mon avis l'influence d'un facteur affectif qui se manifeste dans ce rejet. Pourquoi avons-nous, nous-mêmes, tant tardé à admettre l'existence d'un instinct d'agression ? Pourquoi n'avons-nous pas hardiment mis en lumière, expliqué théoriquement des faits qui sautent aux yeux et que chacun connaît ? Sans doute la résistance serait-elle moindre si pareil instinct n'était prêté qu'à l'animal. Mais admettre la présence de cet instinct dans la nature humaine, voilà qui paraît sacrilège, voilà qui va à l'encontre d'un trop grand nombre d'hypothèses religieuses et de conventions sociales. Non, il faut que l'homme soit bon, ou tout au moins, bienveillant. S'il se montre à l'occasion brutal, violent et cruel, la faute en incombe à certains troubles passagers de sa vie sentimentale, troubles provoqués pour la plupart, et dont est responsable, sans doute, la défectueuse organisation sociale maintenue jusqu'à ce jour » (Freud, *Nouvelles conférences sur la psychanalyse*, p. 161-162).

contradiction avec la fonction onirique de réaliser des désirs, répètent l'événement traumatique pénible ; et aussi du jeu des enfants, qui répète en action une expérience pénible, inlassablement. Il est bien vrai que Freud interrompit l'examen de ces deux phénomènes, mais il ne le fait qu'après avoir montré l'élément de répétition, qui est le point essentiel. Il continue en observant que les patients en traitement psychanalytique, au lieu de se rappeler les événements refoulés, les *répètent* dans leur vie courante, en se causant à eux-mêmes beaucoup de souffrance. C'est à partir d'observations cliniques qu'il arrive à déduire l'existence d'une « compulsion à la répétition », concept dont la validité dans le travail psychologique a été éprouvée depuis lors et il montre que cette compulsion est universelle et qu'elle n'est pas régie par le principe du plaisir.

Le fait est donc que Freud est parti d'observations cliniques quand il s'est embarqué dans la voie qui l'a amené à établir la pulsion de mort, et que, chemin faisant, il a découvert un principe psychologique d'une extrême importance : la compulsion à la répétition. En outre, il est resté tout au long du chemin en contact avec les faits cliniques[1].

Ses spéculations biologiques suggèrent que, lorsque, dans un événement qui « déjoue toute conjecture », la vie s'est créée à partir de l'inorganique, la tendance à revenir vers la condition originaire est née avec elle. Parallèlement à la pulsion de vie, la pulsion de mort a commencé à agir dans l'être animé. Nous pouvons laisser aux biologistes le soin de juger de la valeur des considérations biologiques de Freud, mais nous avons le droit d'utiliser la partie psychologique de la théorie – de l'utiliser sans prétendre qu'elle résout tous les mystères de la vie humaine.

Le travail psychologique ne révèle pas directement l'action de la pulsion. Ce que nous voyons, ce sont les pulsions en tant qu'elles donnent naissance aux émotions, aux espoirs, aux craintes, aux conflits, aux comportements et aux actes. Nous observons des processus comme la transformation d'un désir inconscient en une crainte consciente, ou d'une haine inconsciente en une exagération de l'amour conscient.

Distinguons donc les motions pulsionnelles, comme entités cliniquement observables, et les pulsions comme les forces ultimes desquelles naissent les motions pulsionnelles. La pulsion est donc un concept, une abstraction, qui s'accorde avec un certain type d'approche en psychologie. Nous ne pouvons ni le prouver ni l'infirmer par l'observation directe. Tout ce que nous pouvons faire c'est présenter une interprétation des faits que nous observons. Cette interprétation impliquera une spéculation qui, naturellement est sujette au doute. Mais la science ne peut progresser par la simple collection de matériel observable. Si nous ne laissons jamais le terrain des faits, nous abandonnons le procès constitutif de la science, qui arrive au moyen de l'abstraction et de l'induction – de la spéculation – à la découverte des principes dont les faits observables sont la manifestation. Un psychologue non analyste[2] a dit : « La science étend le domaine de l'évidence au-delà de ce qui est accessible au sens commun. » Le travailleur scientifique doit combiner l'observation froide de l'interprétation imaginative. Il y a des pièges. L'imagination peut s'égarer si elle s'écarte trop des faits observés, mais ces écarts d'imagination ne sont pas plus stériles que la notation mécanique des

1. Cf. aussi «... ce qui nous amena à admettre la présence, chez l'homme, d'un instinct d'agression et de destruction, ce ne furent ni les enseignements de l'histoire, ni notre propre expérience de la vie, mais bien certaines considérations générales suggérées par l'observation de deux phénomènes : le *sadisme* et le *masochisme* (*Nouvelles conférences sur la psychanalyse*, p. 142).
2. Stout, *The Groundwork of Psychology*, p. 26.

faits, sans travail imaginatif sur les données obtenues[1].

On a dit que la théorie des pulsions de Freud dépasse la psychologie pour tomber dans la physiologie et dans la biologie – mais c'est ce que fait l'objet même de la psychologie, l'être humain. Psychologues, psychiatres, psychanalystes – aucun d'entre nous n'a affaire à un psychisme isolé. Nous voyons chaque jour l'extension des forces psychiques dans la sphère physique par des processus comme celui des symptômes de conversion et des troubles psychosomatiques (et *vice versa*, l'effet des processus physiques sur l'état psychologique d'une personne) et nous ne pouvons exclure de notre travail toute considération physiologique et biologique.

L'étude du comportement humain nous oblige à reconnaître une double source de forces dans les profondeurs de la personnalité. En plus, nos observations nous montrent qu'il n'y a pas de clivage net entre le psychisme et le corps. Cela nous oblige à introduire un facteur physique dans notre conception de la source double et fondamentale. Ces exigences sont remplies par la conception de Freud de pulsions primaires poursuivant les fins opposées de la vie et de la mort.

Selon la théorie de Freud, les deux pulsions fondamentales sont toujours fusionnées l'une avec l'autre. La nature de cette fusion et la nature des événements qui altèrent les proportions des deux pulsions ou l'influence de chacune doivent être de la plus grande importance, mais notre connaissance ne nous mène pas encore jusque-là. Il pourrait bien se faire que ce soit le caractère de ce mélange pulsionnel qui décide si une attitude ou une activité est saine ou morbide.

Quoique fusionnées, les deux pulsions luttent l'une contre l'autre à l'intérieur de l'organisme. La pulsion de vie tend à l'union et entraîne l'individu vers les autres, la pulsion de mort tend à briser l'organisme et l'union entre les organismes individuels, ou à empêcher cette union de se former. Le développement de l'organisme unicellulaire en organisme multicellulaire, avec sa différenciation croissante liée à la formation d'organes doués de fonctions spécialisées, serait l'œuvre de la pulsion de vie ; mais en même temps ce développement constitue autant de cibles pour la pulsion de mort, puisque toute étape vers l'union comporte une désintégration potentielle.

La théorie des deux pulsions fondamentales a mené à une nouvelle classification. Les pulsions sexuelles et les pulsions d'autoconservation sont toutes deux considérées maintenant comme des représentants de la pulsion de vie. L'idée antérieure, que les deux buts de la vie humaine sont en conflit, a été corrigée. En essence, ils sont complémentaires. Normalement, le sentiment qu'une personne a d'être vivante est intensifié au suprême degré dans l'acte de procréation, et l'accomplissement de l'individu coïncide avec celui de l'espèce. La recherche psychanalytique a montré que là où il y a des conflits entre les deux buts, ils surgissent de perturbations dans le développement de l'individu, mais ne peuvent être attribués à une antithèse inhérente aux buts eux-mêmes.

L'expression psychologique de la pulsion de vie se trouve dans l'amour, dans les tendances constructives, dans le comportement de coopération, toutes choses qui surgissent essentiellement du désir d'union ; l'expression poétique « Éros, la force qui

1. Les deux erreurs proviennent à mon avis d'une attitude narcissique de la part du travailleur scientifique, qui reste éloigné de l'objet de sa recherche, dans un cas parce qu'il suit seulement ses propres caprices, dans l'autre parce qu'il refuse toute contribution personnelle à ses observations. Cette attitude narcissique est essentiellement stérile.

lie », est souvent citée dans la littérature psychanalytique. La pulsion de mort s'exprime dans la haine, la destructivité, et les tendances négatives, en un mot dans tous les modes de comportement qui s'opposent à l'établissement ou au maintien des liens sur le plan intrapsychique aussi bien que sur le plan social.

Freud a dit que la technique essentielle de la pulsion de vie dans sa lutte contre la pulsion de mort est la déflection de celle-ci vers l'extérieur. Il considérait ce mécanisme comme l'origine de la projection et pensait que la pulsion de mort est « muette » quand elle opère à l'intérieur de l'organisme et ne devient manifeste que dans son action ultérieure à la déflection.

C'est cependant un problème de savoir si la pulsion de mort est si « muette » quand elle attaque la personne. Les occasions ne manquent pas de voir des comportements autodestructeurs, depuis les simples bévues que les gens commettent évidemment contre leurs propres intérêts, jusqu'au préjudice sérieux qu'on se porte à soi-même (« la tendance aux accidents »), au comportement grossièrement masochiste et au suicide. En outre, l'existence de la maladie et de la détérioration physiques, aussi bien que des difficultés dans la guérison, devrait être attribuée à l'action de la pulsion de mort qui va dans le même sens que les agents extérieurs nocifs et facilite leur influence.

Le problème de la projection des forces intérieures dangereuses n'est pas simple non plus. Ce ne sont pas seulement les pulsions destructrices qui sont projetées par un processus qui soulage la personne de la douleur de sentir des pulsions dangereuses s'agitant furieusement à l'intérieur d'elle-même. Des pulsions et des traits de bonté et d'amour sont projetés eux aussi[1], et cette projection se révélera bienfaisante ou dangereuse selon le caractère de l'objet choisi pour la réaliser, et selon les relations ultérieures avec cet objet. Le danger de la projection réside dans l'obscurcissement de la réalité car elle mène souvent à de graves délires. Projeter des pulsions d'amour « bonnes » sur un objet « mauvais », et le rendre « bon » de ce fait peut n'être pas moins nuisible que de projeter des pulsions destructrices « mauvaises », sur un objet aimé, et de le perdre ainsi. D'autre part, la projection de pulsions bonnes se révélera favorable si elle renforce l'attachement du sujet à un objet bienveillant et si elle lui permet d'introjecter la bonté de l'objet. (Ce type d'introjection implique que le sujet reçoive en retour ce qui fait originairement partie de son propre moi.)

L'affirmation que l'amour représente la pulsion de vie et la haine la pulsion de mort appelle quelques précisions. Dans le sadomasochisme, l'amour est intimement lié au désir d'infliger et de souffrir de la douleur, tendances qui dérivent de la pulsion de mort. Cependant ces phénomènes ne mettent pas en question la théorie des pulsions primaires. Ils prouvent seulement l'existence de leur fusion, qui fait partie de la théo-

1. Cf. Chap. IV et IX. Dans son article *Introduction au narcissisme* (1914), Freud examine diverses attitudes à l'égard de l'objet d'amour qui peuvent s'observer chez les hommes et les femmes. Il décrit comme caractéristique de l'homme d'aimer selon le type anaclitique et de faire preuve d'une surestimation de l'objet aimé. « L'amour objectal complet du type anaclitique est, à proprement parler, caractéristique de l'homme. Il montre la nette surestimation sexuelle qui dérive sans doute du narcissisme originaire de l'enfant, transféré maintenant sur l'objet sexuel. Cette surestimation sexuelle est l'origine de l'état particulier qu'on appelle "être amoureux", état qui fait penser à une compulsion névrotique, et qui peut ainsi se réduire à un appauvrissement du moi qui se dépouille de sa libido en faveur de l'objet aimé. » Un examen plus détaillé des mécanismes utilisés dans ce que Freud appelle ici « transfert sur l'objet sexuel » a montré que des parties du moi sont ici clivées et projetées. Des composantes des attitudes du moi, des traits de caractère, etc., et de la libido sont refusées par la personne, clivées du moi et projetées sur l'objet, qui apparaît dès lors comme doué de qualités hautement appréciées qui le rendent non seulement suprêmement digne d'amour, mais encore excessivement supérieur au sujet.

rie. La même idée vaut pour la haine, si elle est dirigée contre un agresseur, et même pour le meurtre d'une autre personne dans le cas de légitime défense. Le comportement destructif au service de la conservation personnelle indique que la fusion entre les pulsions de base penche en faveur de la pulsion de vie. Cette interprétation est confirmée par le fait que, quand la défense personnelle en est le motif prédominant, l'agression n'est pas délibérément cruelle.

Ces exemples nous avertissent en outre contre toute tentative de simplifier exagérément ce sujet. Nous ne pouvons pas relier directement un événement appartenant à un niveau d'expérience hautement complexe à une pulsion de base. Sur le chemin qui mène d'un degré ultérieur de développement à un degré antérieur se trouvent de multiples vicissitudes de la finalité pulsionnelle primaire, précisément à cause de l'influence exercée par la pulsion antithétique et de l'interaction entre les pulsions de base.

Il y a cependant certains faits qui laissent penser que la fusion originaire des pulsions est capable de modifications telles qu'elles permettent à chacune des deux pulsions de base d'opérer presque sans mélange. Une sorte de défusion semble alors se produire, où l'une des pulsions règne absolument. Je pense à des exemples d'extrême sacrifice de soi ou d'extrême dévouement (sans le bénéfice d'un plaisir masochiste) d'un côté ; et de cruauté aveugle et excessive, de l'autre.

Je voudrais examiner seulement les seconds, puisqu'on n'a pas l'habitude de considérer les premiers comme un problème psychologique à discuter.

Il n'est pas nécessaire de donner des exemples. De temps en temps le monde est révolté par des récits de meurtres d'une cruauté sauvage, « bestiale », commis par un individu ou par un groupe. La cruauté excessive est commise sans provocation, ou, s'il y en a eu une, elle excède clairement ce qui pourrait être considéré comme une réponse nécessaire ou utile. En outre, dans ces cas, les actes cruels sont calculés et élaborés dans le détail de telle façon que seul un besoin pulsionnel de cruauté sauvage peut en être considéré comme le mobile et le but. Le meurtrier a besoin d'une victime pour satisfaire sa nécessité d'infliger à quelqu'un le maximum de douleur, et il agit évidemment sans la moindre inhibition provenant de la sympathie, de la culpabilité ou de l'horreur de ce qu'il est en train de faire.

Il est assez curieux qu'un tel comportement soit en général considéré comme causé par une sexualité perverse, et qu'on appelle souvent ces crimes des « crimes sexuels ». Il est vrai que le sadisme est une forme de perversion sexuelle, mais il faut distinguer les pratiques sexuelles où le sadisme (et le masochisme) ont quelque participation, et les agressions violentes où la cruauté est le trait prédominant. Au sens strict du terme, la perversion sexuelle doit désigner des rapports physiques intimes entre adultes dans lesquels le plaisir préliminaire l'emporte sur le plaisir final, dans lesquels les activités orales et excrétoires, les buts voyeuristes et exhibitionnistes, l'emportent sur le besoin d'un rapport hétérosexuel, et aussi ceux dans lesquels le plaisir corporel est dérivé du contact avec une personne du même sexe. Freud a montré que cette sexualité perverse (qui contient en général quelques éléments sadiques et masochistes) est due à la persistance de la sexualité infantile et représente certains des moyens qu'a l'enfant de ressentir la gratification sexuelle.

La victime assassinée dans le soi-disant crime sexuel ne meurt pas d'une expérience sexuelle, quelque infantile qu'elle soit, mais de l'exercice de la violence la plus cruelle. L'aspect sexuel du comportement du meurtrier est peut-être introduit pour tromper la victime et pour fournir ainsi une occasion de se réaliser au besoin de cruauté. Il se peut que le meurtrier commence dans un état d'excitation sexuelle qui cependant cède bientôt et ne sert qu'à ouvrir les portes au flot des pulsions violentes et destructrices. Il semble que ceux qui ont étudié ces crimes soient conscients du fait que seul le pouvoir élémentaire d'une pulsion peut être leur cause, mais qu'ils ne puissent concéder à autre chose qu'à la sexualité les caractéristiques de cette force pulsionnelle. Je dirais que la théorie de Freud sur les deux pulsions de base en lutte l'une avec l'autre et sur la déflection vers l'extérieur de la pulsion de mort par la pulsion de vie nous donne une idée des forces en question. Je pense pouvoir supposer avec raison que, dans des cas de cruauté aveugle, il se produit une sorte de désastre pulsionnel, que pour quelque motif la fusion entre les deux pulsions de base se brise, et que la pulsion de mort s'éveille à l'intérieur de la personne à un degré extrême, sans pouvoir être adoucie par la pulsion de vie. La défense de celle-ci doit donc être la plus primitive, c'est-à-dire la déflection brutale sur une victime du danger intérieur d'une souffrance et d'une mort cruelles. Je ne pense pas que le meurtrier ait quelque expérience consciente de la menace de sa propre catastrophe intérieure, ou qu'il agisse en un état de panique consciente, mais que ses actes ne peuvent être compris qu en supposant qu'il est saisi d'un besoin frénétique de trouver une victime – comme substitut de lui-même. Seule cette hypothèse me semble expliquer l'absence complète de toute sympathie pour la souffrance de la victime, le besoin d'une sauvagerie aussi minutieuse que possible dans l'acte de tuer, et de la satisfaction qu'il obtient (et qu'on croit, par erreur, de nature sexuelle) dans l'agonie de la victime. Du fait de quelque processus au niveau le plus profond, semblable à ce que j'appelle catastrophe pulsionnelle en l'absence d'une connaissance plus sûre, le meurtrier doit sentir la fureur de la force de mort à l'intérieur de lui-même à un degré d'intensité tel que seule la déflection vers l'extérieur peut l'en délivrer, parce que cette force n'est plus contrôlée par la pulsion de vie.

La théorie de Freud sur les pulsions de vie et de mort comme source ultime de motivations constitue un système coordinateur extrêmement compréhensif pour nos observations cliniques, qui indiquent clairement que les émotions et la conduite résultent de l'impact de deux forces opposées. Le problème si discuté de l'origine de l'angoisse apparaît maintenant, lui aussi, de façon plus claire.

En gros, il y a trois théories sur l'origine de l'angoisse. La première est la théorie originaire de Freud qui considère l'angoisse comme le résultat d'une « transformation automatique » des pulsions libidinales refoulées. Quand un but libidinal est refoulé, l'angoisse apparaît à sa place. Bien que Freud ait plus tard[1] précisé cette affirmation, qu'il ait fait remarquer que l'angoisse précède souvent le refoulement, et que même il ait parfois semblé rejeter cette théorie, il ne l'a jamais abandonnée en fait. Elle réapparaît fréquemment dans ses œuvres.

La seconde théorie a été avancée par Ernest Jones[2], qui s'est demandé au départ ce qui rend l'être humain capable de sentir de la peur. Il est arrivé à la conclusion qu'il y a une « capacité innée » d'avoir peur qu'il a nommée l'« instinct de peur ».

1. *Inhibition, symptôme et angoisse*, 1926, p. 30, 97, etc., trad. Jury et Fraenkel.
2. *The Pathology of Morbid Anxiety* (1911), p. 423. « L'angoisse morbide est souvent décrite par les freudiens comme dérivant de la sexualité refoulée. Ceci est vrai sur le plan clinique, mais il est peut-être plus exact sur le plan psychologique de la décrire comme une réaction contre la sexualité refoulée, une réaction dérivée de l'*instinct de peur* »(les italiques sont de moi).

Melanie Klein[1] a formulé la troisième théorie : l'angoisse provient en ligne directe des pulsions destructrices ; le danger pour l'organisme produit par la pulsion de mort, source des pulsions destructrices, est la cause première de l'angoisse. Le facteur libidinal est cependant compris dans sa théorie, en ce que la frustration libidinale augmente ou libère l'angoisse en accentuant l'agressivité, alors que la gratification libidinale diminue l'angoisse ou la tient en lisière. Donc, pratiquement, c'est le degré de fusion entre les pulsions primaires et l'interaction entre elles qui sont responsables de l'angoisse.

Je crois qu'il est possible de définir cette interaction et de décrire la participation de chacune des deux pulsions dans la production de l'angoisse. On verrait alors que ces trois théories, qui semblent s'opposer si fort entre elles, peuvent se concilier.

On ne peut douter que la capacité d'avoir peur est innée comme celle d'aimer ou de haïr. Elle fait partie de l'équipement psychologique de l'individu. L'angoisse peut être considérée comme l'état où la capacité d'avoir peur passe à l'acte. On la ressent subjectivement comme un état de tension pénible qui force l'individu à prendre des mesures pour l'éloigner, et ces mesures impliquent des défenses contre le danger. De cette façon l'angoisse a une fonction de protection[2] et doit être classée avec les pulsions d'autoconservation. Cela voudrait dire que c'est à la pulsion de vie qu'on devrait attribuer la capacité innée d'avoir peur, de même qu'on devrait lui attribuer l'activation de cette capacité dans l'expérience de l'angoisse.

D'autre part, le danger contre lequel la pulsion de vie institue et mobilise la capacité d'avoir peur a son origine dans l'action de la pulsion de mort, dont les buts s'opposent à la vie et à la santé[3].

Le danger qui surgit originairement à l'intérieur de l'organisme constitue le stimulus de la capacité innée qu'a l'être humain d'avoir peur. Ce patron de réaction peut être considéré comme la disposition intrapsychique à reconnaître les dangers extérieurs et à utiliser contre eux des défenses apprises originairement pour répondre au danger intérieur.

Ces considérations font évidemment un plein usage de la théorie de Melanie Klein, et du concept de Jones d'une « capacité innée d'avoir peur », mais elles évitent de compliquer la théorie des pulsions de base par l'hypothèse d'une troisième pulsion primaire.

En ce qui concerne la théorie originaire de Freud d'une « transformation automatique » de la libido refoulée, je dirais qu'on doit tenir compte de deux facteurs. D'abord que la notion d'un processus « automatique » dans la production de l'angoisse implique un élément pulsionnel, un événement au niveau de la pulsion. Ensuite, que nous devons tenir compte de la force qui est responsable de l'inhibition d'une pulsion libidinale. Comme on sait, l'inhibition d'un désir libidinal peut conduire à une gratification substitutive, par exemple, la sublimation, et, dans ce cas, l'angoisse n'apparaît pas et on n'arrive à aucune situation de tension pénible. Si le refoulement d'un désir libidinal mène à une situation intolérable, on peut voir dans l'analyse que des pulsions destructrices interviennent dans ce désir, de façon que la gratification désirée (et réprimée) aurait également permis leur expression simultanée (comme déflection à l'extérieur de la pulsion de mort). Dans ces cas, le refoulement libidinal mène à l'angoisse en réponse à la stimulation interne de la pulsion de mort. L'angoisse qui est liée à certains types de refoulement est donc la réponse à un danger qui provient de l'activité de

1. Cf. chap. VIII, et aussi *la Psychanalyse des enfants*.
2. Ernest Jones, *loc. cit.*
3. Freud, *Au-delà du principe de plaisir*.

la pulsion de mort. La notion d'une « transformation automatique » de la libido refoulée implique une lutte entre les pulsions de base, dans laquelle la pulsion de vie ne peut remporter une victoire complète (gratification libidinale ou sublimation), mais peut produire la réponse d'angoisse en face du danger.

Il peut être utile d'ajouter explicitement que je m'occupe ici de l'origine de l'angoisse au niveau le plus profond, au niveau pulsionnel, et non des processus complexes de niveaux plus élevés – qui, cependant, sont construits selon le patron de base.

On pourrait ajouter encore quelques mots sur les multiples exemples où l'angoisse échoue à produire un comportement utile de protection. On sait que l'excès d'angoisse peut paralyser une personne et aggraver ainsi le danger contre lequel l'angoisse devrait la protéger. En ce cas, la lutte entre les pulsions de base tourne en faveur de la pulsion de mort, qui est capable d'interférer la défense même, la mobilisation de la capacité d'avoir peur que la pulsion de vie avait établie. Une constellation de forces analogue rendrait compte de l'absence inadéquate d'angoisse et de comportement de protection en face du danger.

La théorie définitive de Freud sur les pulsions primaires de vie et de mort, représentées cliniquement par les pulsions d'amour, la sexualité et l'autoconservation, ou bien la destructivité et la cruauté, n'a pas encore été pleinement élaborée ni appliquée. Dans son œuvre, la théorie de la libido garde encore sa forme originaire, dans laquelle la cruauté est considérée comme « une pulsion composante » de la libido. La théorie psychanalytique a traité les deux pulsions de façon très inégale : la pulsion sexuelle est la première née, et la privilégiée, et la pulsion destructrice est la dernière venue, la demi-sœur. La première a été reconnue dès le début et dotée d'un nom, *libido* ; la reconnaissance de son adversaire a été beaucoup plus lente, et on ne lui a pas encore donné un nom à elle. (Le terme *destrudo* suggéré par Edoardo Weiss[1] il y a bien des années n'a pas reçu droit de cité dans la terminologie psychanalytique.)

Un des fondements de la psychanalyse est le principe que la libido se développe anaclitiquement, c'est-à-dire, sous la dépendance des fonctions physiologiques. Bien que ce principe, découvert par Freud, soit parfaitement accepté, et que sa fécondité soit établie au-delà de toute discussion, ses implications n'ont pas été pleinement élaborées. Tous les phénomènes bien connus de l'érotisme oral, anal, musculaire, etc., ainsi que les liens libidinaux avec les objets qui satisfont les nécessités physiologiques, illustrent la liaison de la libido avec les fonctions corporelles. Les études de Melanie Klein sur les jeunes enfants[2], sa découverte des fantasmes intensément destructeurs qui sont liés aux fonctions corporelles, ont apporté les données qui mènent à la conclusion que le même principe s'applique à l'action des pulsions destructrices. À la lumière de ses innovations on peut voir que Freud en découvrant que la libido se rattache aux grandes fonctions physiologiques, a décrit plus qu'un caractère de la libido : il a formulé un cas particulier d'un principe plus large, qui définit le mode d'action de la pulsion en général, et qui repose sur le fait que l'organisme humain est une entité psychique-corporelle. Les pulsions sont la source des énergies desquelles dépendent tous les processus psychiques-corporels. Elles se situent à la limite du soma et de la psyché, comme un Janus dont un visage regarde les composantes corporelles de

1. *Todestrieb und Masochismus* (1935).
2. Voir *la Psychanalyse des enfants* (1932).

l'organisme, et l'autre ses composantes psychiques. Les deux pulsions – la libido et la pulsion de destruction – visent à atteindre leur but dans les activités corporelles, tout comme, réciproquement, les fonctions psychiques dérivent de toutes deux[1]. Des expériences psychiques doivent accompagner l'action des pulsions dans le corps, et une relation émotionnelle doit s'établir avec l'objet qui satisfait ou frustre les activités corporelles. C'est-à-dire qu'il se forme des relations à la fois de nature libidinale et destructrice avec les objets, dès le début. Réciproquement, l'attitude de l'objet dans le contact physique implique aussi des éléments émotionnels. Il va sans dire que la mère qui allaite son enfant ne lui offre pas simplement une substance physique pas plus qu'elle n'a elle-même une simple sensation physique.

L'idée de Freud que la libido se développe « anaclitiquement » doit être élargie jusqu'à inclure aussi le développement de relations où les pulsions destructrices prédominent. La frustration des besoins physiques trace le chemin de l'hostilité objectale. La haine primitive n'est pas moins liée aux sensations corporelles que l'amour primitif. Les termes de « sadique-oral » et « sadique-anal » décrivent en fait la liaison de la cruauté avec les fonctions corporelles, quoiqu'ils aient été forgés avant qu'on découvre que la cruauté représente la pulsion de mort, et qu'elle ne fait pas partie de la libido, mais lui est fondamentalement opposée. Il est une autre affirmation de base de la théorie de la libido, qui dérive de sa liaison avec les fonctions physiologiques : celle de l'érogénéité virtuelle de tous les organes. Cela aussi doit être élargi à partir de l'œuvre de Melanie Klein. Les organes susceptibles de produire des sensations agréables impliquant des fantasmes libidinaux sont aussi le siège des sensations qui accompagnent les pulsions instinctuelles destructrices et les fantasmes cruels[2].

Toutes les activités corporelles et psychiques, étant fondées sur les pulsions primaires sont forcées de servir deux maîtres : la pulsion de vie et la pulsion de mort.

La théorie d'une pulsion de mort fait-elle avancer notre compréhension psychologique plus que ne le ferait le concept plus simple d'une pulsion de destructivité ou celui d'une agressivité innée ? On a soutenu que les spéculations liées au concept de la pulsion de mort étaient inutiles, puisqu'on peut rendre compte de toutes les données cliniques sur la destructivité et la cruauté en supposant qu'il existe une pulsion de destructivité.

Je dirais contre cet argument qu'en rejetant le postulat d'une source ultime de la pulsion de destruction (ou de l'agressivité innée), nous appauvririons toute la base de nos concepts théoriques et tout le système de références de notre travail psychologique. Les implications du concept d'une pulsion de mort agissant en contradiction avec la pulsion de vie sont beaucoup plus riches que celles d'une pulsion destructrice. Nous nous trouverions dans une situation analogue à celle où nous étions face aux problèmes sexuels avant de reconnaître la pulsion sexuelle comme dérivée d'une entité plus large, la pulsion de vie. Le caractère impératif des pulsions sexuelles et la signification du plaisir pour la vie émotionnelle n'ont été compris qu'incomplètement avant que Freud ait montré que la libido dérivait de la pulsion de vie. Il y a eu un hiatus dans l'ordonnancement théorique des faits tant qu'on a cru que les pulsions

1. Comme Freud l'a décrit avec quelque détail dans *La (dé)négation*.
2. Cf. la description par Joan Rivière des charges destructrices des divers organes « Les membres vont cogner... », p. 48.

d'autoconservation s'opposaient aux pulsions sexuelles. Bien des problèmes sont devenus plus accessibles quand Freud a uni les pulsions sexuelles et les pulsions d'autoconservation comme expressions différentes d'une force unique qui les détermine, la pulsion de vie.

De la même façon, la cruauté et tout le système de motivations qui s'y lie ne peuvent se voir dans leur perspective authentique que si on les considère comme dérivés d'une source aussi puissante et décisive que la pulsion de mort. Sans cette connexion, la pulsion de destruction se trouve, pourrait-on dire, en l'air, comme un ambassadeur sans État qui puisse rendre compte de son existence et de ses fonctions. Réciproquement, la théorie des pulsions de vie et de mort, d'une antithèse aussi définitive et cardinale que celle qui se produit entre des pulsions primaires en conflit intrinsèque, nous offre un pont vers les aspects les plus profonds de la nature humaine, et nous aide en même temps à retrouver notre voie à travers l'étonnante richesse de significations (surdétermination) et d'ambiguïtés des expressions observables des processus psychologiques. La surdétermination est causée par cette dualité de base, et porte témoignage des opérations dynamiques qu'elle engendre.

En outre, l'acceptation de la théorie de la pulsion de mort change notre jugement sur l'hostilité et la cruauté ; puisque en effet ce sont des éléments d'un réseau émotionnel complexe, et en interaction constante, notre conception de la personnalité dans son ensemble s'en trouve influencée. On voit le psychisme humain forcé par sa nature même de trouver constamment sa voie entre deux forces fondamentalement opposées dont dérivent toutes les émotions et les sensations, tous les désirs et les actes. Il ne peut jamais échapper au conflit ni rester statique, mais il doit toujours aller de l'avant, et s'efforcer d'établir un équilibre entre ces tendances antithétiques. C'est le succès dans l'issue de ces efforts qui permet les états d'harmonie et d'unité, et ces états sont menacés par des facteurs endogènes aussi bien que par des facteurs exogènes. Et, puisque les pulsions sont innées, nous devons déduire qu'une certaine forme de conflit existe dès le début de la vie.

Nous estimons que l'orientation à l'égard des problèmes psychologiques qui découle de l'acceptation des pulsions primaires de vie et de mort est d'une valeur inestimable dans notre travail. Notre appréciation des conflits dans les relations sociales est remarquablement influencée par le fait de les envisager sur l'arrière-fond dynamique d'une lutte intrapsychique perpétuelle entre la vie et la mort. Nous n'entendons que plaintes, dans notre travail, sur des dommages causés à nos patients par leurs parents, leur femme, leur mari, leurs compagnons de travail, etc. ; ces plaintes semblent souvent dignes de foi et concordent avec des observations générales. Et pourtant l'analyse montre la quantité d'expériences malheureuses qui sont activement provoquées ou exploitées par celui qui en souffre. À cause de la nécessité de défléchir la haine et la destructivité, en fin de compte la pulsion de mort, du moi vers les objets, on a besoin d'objets « mauvais », et on les fabrique si l'on n'en trouve pas à portée.

Le problème de la frustration (des besoins corporels ou des désirs libidinaux) est étroitement lié à celui-ci, et il apparaît sous un jour différent si on le considère à partir de l'action des pulsions de vie et de mort. Puisque la frustration agit comme un levier pour la déflection de la haine et de la destructivité hors de la personne, on la recherche pour pouvoir haïr et anéantir avec plus de justifications l'objet qui inflige la douleur ou la frustration. Ainsi la frustration a sa place de plein droit dans l'ensemble des défenses primitives. Mais c'est précisément pour cette raison qu'un milieu frustrateur, le manque de compréhension ou d'amour, sont di dangereux pour l'enfant. Quand le milieu va au-devant de sa nécessité primitive de défléchir ses pulsions destructrices, par sa froideur, son refus ou son hostilité, un cercle vicieux se crée. L'enfant croît dans l'attente de la méchanceté, et, quand ses craintes se trouvent confirmées par le monde extérieur, ses propres pulsions cruelles et négatives se perpétuent et s'intensifient.

Notre compréhension de l'individu devient plus poignante si nous avons conscience des sources biologiques profondes d'où naissent sa destructivité, son besoin défensif du malheur et ses angoisses ; et notre capacité de traiter des problèmes techniques aussi déconcertants que le sadomasochisme, le délire de persécution ou la réaction thérapeutique négative, augmentera grâce à la lumière que nous pouvons acquérir pour notre travail de la conception freudienne des pulsions de vie et de mort.

L'affinité essentielle de toute pulsion avec la zone de la mort

(1964)

JACQUES LACAN

Nous avons déjà vu (chapitre VI) de quelle façon Lacan commentait la théorie freudienne des pulsions, notamment concernant leur poussée, leur but, leur objet et leur source. Sa lecture dégage nettement la dimension de ratage de l'objet, même si le sujet peut trouver une satisfaction à faire le tour de l'objet qu'il vise, une satisfaction malgré le ratage ou dans le ratage. Comment dès lors la pulsion pourrait-elle produire ces unités plus englobantes dont parle Freud ?

Plutôt que d'opposer deux types de pulsions, Lacan, soulignant « l'affinité essentielle de toute pulsion avec la zone de la mort » préfère parler des deux faces de la pulsion « qui, à la fois, présentifie la sexualité dans l'inconscient et représente dans son essence, la mort ». Il reprend en effet une thèse déjà examinée par Freud : « La présence du sexe chez le vivant est liée à la mort. »

Est-ce là une disparition du dualisme pulsionnel freudien ? Il ne semble pas. Lacan donne dans les Quatre Concepts fondamentaux de la psychanalyse *une description saisissante d'un organe qui a « pour caractéristique de ne pas exister ». Cet organe, conçu à partir de l'œuf « d'où va sortir le fœtus en passe de devenir nouveau-né », il l'appelle l'hommelette ou, plus simplement, la lamelle. Cet organe « a rapport avec ce que l'être sexué perd dans la sexualité. » Cet organe, c'est la libido :* « [...] C'est la libido, en tant que pur instinct de vie, c'est-à-dire de vie immortelle, de vie irrépressible, de vie qui n'a besoin, elle, d'aucun organe, de vie simplifiée et indestructible. C'est ce qui est justement soustrait à l'être vivant de ce qu'il est soumis au cycle de la reproduction sexuée. Les objets *a* n'en sont que les représentants, les figures. Le sein – comme équivoque, comme élément caractéristique de l'organisation mammifère, le placenta par exemple – représente bien cette part de lui-même que l'individu perd à la naissance, et qui peut servir à symboliser le plus profond objet perdu. [...]. »

Il est vrai que, dans la leçon du 20 mai 1964, dont sont extraites ces quelques lignes, Lacan semble plutôt chercher à opposer la pulsion génitale aux autres pulsions, ou encore l'amour à la libido. Aussi bien ces questions, qui portent sur les concepts les plus généraux, sont-elles pour les analystes toujours à reprendre, afin de mieux saisir leur articulation avec les observations cliniques.

Source : J. Lacan, *Séminaire*, XI, *les Quatre Concepts fondamentaux de la psychanalyse*, Seuil, 1973.

XII

LA SECONDE TOPIQUE ET LA QUESTION DU MOI

On a vu que l'hypothèse de la pulsion de mort était particulièrement liée à la prise en compte de cette tendance du sujet qui le pousse à revivre dans la cure les situations les plus pénibles. Or, celle-ci constitue sans doute la forme la plus préoccupante de la résistance. En prendre la mesure devait nécessairement conduire à des remaniements doctrinaux importants.

Souvent, relève Freud dans le Moi et le ça, *les associations d'un patient s'arrêtent « quand elles ont à s'approcher du refoulé »*[1]. *« Nous lui disons alors, poursuit-il, qu'il est dominé par une résistance. » Il peut l'admettre. Mais il se trouve incapable de saisir en quoi elle consiste. En bref, ce qui en lui participe au refoulement se trouve inconscient comme la motion refoulée elle-même. Dès lors la distinction conscient-inconscient ne suffit plus pour saisir ce qui est en jeu ici. De là procède la nécessité d'une seconde topique, qui saisisse plus directement les forces en jeu dans le conflit psychique.*

Les concepts qu'articule cette seconde topique sont connus : « ça », « moi », « surmoi » : le ça, que Freud considère comme le pôle pulsionnel, réservoir de l'énergie psychique ; le moi, qui met en jeu une série de mécanismes de défense[2], *destinés à limiter l'impact des revendications pulsionnelles ; le surmoi enfin, héritier du complexe d'Œdipe, constitué par intériorisation des exigences et des interdits parentaux, qui joue le rôle d'un juge à l'égard du moi lui-même. Mais la définition de ces termes, le rôle relatif de ces instances posent évidemment de nombreux problèmes, dont on ne peut indiquer ici que les grandes lignes.*

Le concept de « ça » est emprunté à Groddeck[3], *pour qui « l'homme est vécu par quelque chose d'inconnu », pour qui « il existe en lui un "ça", une sorte de phénomène qui préside à tout ce qu'il fait et à tout ce qui lui arrive »*[4]. *Le ça paraît ainsi*

---

1. Voir *infra*, p. 270-271.
2. La notion de défense renvoie chez Freud à un type d'opération dont la finalité est de préserver l'intégrité et la constance de l'individu. Si l'on fait du moi l'instance qui tend à incarner cette constance, il paraît logique de poser que la défense procède du moi. Par ailleurs, Freud parle, au pluriel, des mécanismes de défense pour indiquer que le refoulement n'est pas le seul mode de défense existant contre l'excitation pulsionnelle. Par exemple, l'isolation se contente de séparer celle des représentations qui représente au mieux la pulsion des autres représentations ; l'annulation rétroactive, quant à elle, tend à effacer un acte ou une représentation, à faire comme s'ils n'avaient jamais eu lieu.
3. Groddeck (Walter Georg, dit Georg), médecin allemand (1866-1934) a été l'élève puis l'assistant de E. Schweninger, qui préconisait, contre les méthodes thérapeutiques traditionnelles, la diète, les hydrothérapies, les massages. Prenant peu à peu conscience du rôle des facteurs psychiques dans les maladies somatiques, il se rapproche de Freud vers 1913, mais s'en écarte en 1926. Son livre le plus intéressant reste sans doute *le Livre du ça* (1923).
4. G. Groddeck, *le Livre du ça*, Tel, Gallimard, 1972, p. 20.

l'équivalent dans la seconde topique de l'inconscient dans la première. Il faut néanmoins prendre en compte le fait que le moi est désormais lui-même partiellement inconscient. Il faut également tirer les conséquences du remaniement de la théorie des pulsions : si les pulsions du moi ont perdu leur autonomie, si le moi ne se définit plus par référence à un pôle pulsionnel spécifique, le ça peut désormais inclure les deux nouveaux groupes de pulsions (pulsions de vie et pulsions de mort).

Le surmoi, posé d'emblée comme support de la conscience morale et des idéaux de la personne, peut être considéré, dit Freud, comme « un cas réussi d'identification avec l'instance parentale »[1]. Ce n'est pas que l'enfant se fasse totalement conforme à ce que sont ses parents. Il adopte seulement certains traits qui les caractérisent, notamment leur dureté et leur sévérité. Il faut d'ailleurs noter que Freud a proposé parallèlement d'autres termes pour rendre compte d'identifications voisines : moi idéal et idéal du moi. Comment spécifier chacun de ces termes ? Comme leur articulation varie chez Freud et reste parfois imprécise, on ne peut sans doute y venir qu'après un détour qui concerne la question du moi, question centrale ici.

Freud se représente le moi comme « la partie du ça qui a été modifiée sous l'influence directe du monde extérieur »[2]. Cette définition s'accorde avec nos représentations les plus spontanées. Si le sujet peut admettre la présence en lui de forces pulsionnelles, il croit pourtant être assuré, quand il se rapporte à autrui ou au monde, que c'est bien lui, son moi, qui est impliqué dans ces échanges. Mais ces représentations ne sont pas neutres : le moi ne serait plus ici une des forces en jeu dans le conflit psychique. Il constituerait l'instance réaliste de la personnalité, et en même temps l'instance rationnelle. « Le moi, écrit Freud, représente ce qu'on peut nommer raison et bon sens, par opposition au ça qui a pour contenu les passions[3]. » C'est en ce sens qu'il peut apparaître comme un médiateur entre les revendications du ça et les impératifs surmoïques, satisfaisant les uns ou les autres en fonction des exigences de la réalité.

De nombreux psychanalystes s'engouffrèrent dans cette voie que Freud semblait ouvrir, voie qui, de fait, restaurait dans l'homme une raison, non certes souveraine, mais capable de maîtriser les conflits. Anna Freud, la seule de ses enfants qui soit devenue psychanalyste[4], relève qu'à « certaines périodes du développement de la science psychanalytique l'étude théorique du moi de l'individu connut une évidente impopularité[5] ». « Le nom de psychanalyse », ajoute-t-elle, « était alors réservé à la partie des découvertes nouvelles qui concernait la vie psychique inconsciente, c'est-à-dire à l'étude des émois instinctuels refoulés, des affects et des fantasmes. » Pourtant, dit-elle, le but du traitement psychanalytique est de rétablir l'intégrité du moi. Par ailleurs, le ça ne peut être connu que par ses « rejetons »[6] conscients, ce n'est qu'à travers le moi, à travers ses réactions d'acceptation ou de rejet qu'on peut en saisir quelque chose.

C'est à Anna Freud que se réfère Heinz Hartmann[7], dès le début de son livre sur la Psychologie du moi et le problème de l'adaptation. *Tout en admettant que « le moi*

1. S. Freud, *Nouvelles Conférences d'introduction à la psychanalyse*, Gallimard, 1984, p. 89.
2. Voir *infra*, p. 275.
3. *Ibid.*
4. Sur Anna Freud, voir *infra*, p. 277.
5. Voir *infra*, p. 277.
6. Le terme de « rejeton », emprunté à la botanique où il désigne quelque chose qui repousse après qu'on l'ait supprimé, se trouve déjà chez Freud.
7. Sur Heinz Hartmann, voir *infra*, p. 280-281.

se constitue en s'appuyant sur les conflits[1] *», il estime que « ceux-ci ne représentent pas "la racine unique de la formation du moi*[2]*" ». Il prône ainsi l'étude d'une « sphère du moi libre de conflit ». À travers cette étude, la psychanalyse, devenant « psychologie générale du développement », pourra rendre compte de la perception, de l'intention, de la pensée, du souvenir, de la maturation, de l'apprentissage... En bref, de tout ce qui permet une « adaptation » à la réalité. C'est dès lors à cette visée adaptative que semble ici se ramener la psychanalyse. C'est en fonction de cette visée qu'elle développerait ses concepts propres, concepts nouveaux ou réactualisés. Celui d'« appareils du moi », par exemple, appareils somatiques et psychiques qui permettent d'agir sur la réalité. Ou encore ceux de moi fort et de moi faible : l'analyste est censé renforcer le moi, qui est l'instance sur laquelle il s'appuie. Mais un moi trop faible, par ailleurs, constitue un facteur négatif compromettant la possibilité de mener à bien une analyse*[3].

On n'évoquera pas ici les ultimes dévoilements de la psychanalyse, dès lors qu'elle s'engage sur ce terrain. Il s'agit de s'adapter à la réalité. Soit. Mais à quoi précisément ? Est-ce aux contraintes socio-économiques, aux idéologies dominantes, à l'american way of life ?

Ce que dit Freud du moi, pourtant, ne valide pas, si on le lit avec attention, ces représentations simplificatrices et les conséquences théoriques et pratiques qui en découlent. Freud marque souvent la dépendance où le moi se trouve par rapport au ça et au surmoi. Mieux, il écrit, dès 1914, un texte magistral sur le narcissisme[4]*, d'où il ressort que le moi est avant tout objet d'amour pour le sujet lui-même. Plus encore que l'instance qui nous adapte à la réalité, il constitue l'image qui nous fascine communément.*

C'est Lacan cependant qui permet de faire la théorie de ce narcissisme dont Freud aperçoit l'importance. Cette théorie, qui est en même temps une théorie du moi et de « l'imaginaire » a été exposée dans un texte resté célèbre : « Le stade du miroir comme fondateur de la fonction du Je »[5].

Qu'en est-il du moi ? Pour répondre à cette question, Lacan recourt à une observation déjà faite par divers psychologues. Entre 6 et 18, mois le « petit d'homme » commence à reconnaître son image dans le miroir. Et cette reconnaissance, « loin de s'épuiser comme chez le singe dans le contrôle une fois acquis de l'inanité de l'image rebondit aussitôt chez l'enfant ». On le perçoit à sa jubilation, aux gestes ludiques où il éprouve sa relation à son propre corps, sa relation également aux personnes et aux objets qui se trouvent à ses côtés.

Comment expliquer cette jubilation ? Lacan la rapporte à la résolution d'un état de déhiscence organique, celui de l'enfant durant les premiers mois ; le petit d'homme

1. Voir *infra*, p. 284.
2. *Ibid.*
3. Chez certains auteurs, ce type de considérations constituera désormais l'essentiel des réflexions concernant le problème des indications d'analyse. S. Nacht et S. Lebovici estiment par exemple que « la conversion somatique témoigne sans doute d'une trop grande plasticité du Moi qui oblige à faire des réserves sur la solidité des résultats acquis » (S. Nacht et S. Lebovici, « Indications et contre-indications de la psychanalyse chez l'adulte », in *la Psychanalyse d'aujourd'hui*, P.U.F., 1956, p. 10). Prudence – ou méfiance – étonnante quand on songe que les hystéries de conversion, c'est-à-dire celles où le conflit psychique se « convertit » en symptômes somatiques, constituent les premiers cas traités par la psychanalyse.
4. S. Freud, « Pour introduire le narcissisme », in *la Vie sexuelle*, P.U.F., 1969.
5. J. Lacan, « le stade du miroir comme fondateur de la fonction du Je », in *Écrits*, Éditions du Seuil, 1966.

naît en effet d'une certaine façon prématuré, ne disposant pas, durant assez longtemps, d'une coordination motrice, incapable de percevoir son corps comme une totalité. C'est dans son image au miroir qu'il anticipe alors la maîtrise du corps propre. Or cette maîtrise d'une image du corps enfin totalisée a les plus grands rapports avec la constitution du moi comme tel. Il suffit de l'observation la plus triviale pour s'apercevoir que cet objet que nous appelons « moi » est constitué par l'image que nous avons de nous-mêmes, par une image que nous voudrions complète et homogène.

Dès lors, qu'est-ce que tout cela nous apprend sur le moi ? Qu'il constitue sans doute, comme l'image au miroir, une armure qui permet de faire tenir ensemble les différentes parties de notre être[1]*, mais que cette dimension orthopédique ne va pas sans méconnaissance. L'enfant au miroir prend la pose, il oublie, dans la saisie de l'image toujours un peu figée, le mouvement qui l'anime. Ou encore il oublie que l'image au miroir est toujours inversée : le moi, de même, est l'instance où les processus nous apparaissent inversés, où nous confondons par exemple l'effet et la cause. Il n'est pas indifférent, enfin, que le moi se soit constitué par identification à une image, fût-ce la sienne propre au miroir. Désormais, il ne cessera de se nourrir de ces identifications spéculaires, identifications à ses semblables ou à ses maîtres, à tous ceux qui pourront valoir comme modèles. Le moi n'est homogène que par cet effet de méconnaissance lié à l'amour que nous lui portons. En réalité, il constitue un véritable kaléidoscope où nous pouvons apprendre à distinguer les différents moments qui l'ont fait ce qu'il est devenu.*

À partir de sa théorie du stade du miroir, Lacan définit ce qu'il appelle l'imaginaire, et dont il fait une des dimensions constitutives de l'existence humaine. Qui ne voit l'importance, dans l'amour, du besoin d'être aimé, du besoin que l'autre nous renvoie une image satisfaisante ? Qui ne voit le rôle, dans l'agressivité, de l'identification à autrui, ce semblable qui, parce qu'il est trop proche de nous, risque toujours de prendre notre place ? L'imaginaire comporte une dimension mortifère, parce qu'il ne dissimule qu'à peine la déhiscence originelle, mais aussi parce que de l'identification spéculaire à l'autre procède la concurrence agressive qui fait l'ordinaire de notre existence sociale.

Enfin nous disposons, grâce à Lacan, des catégories nécessaires pour distinguer surmoi, moi idéal, idéal du moi. Le moi idéal renvoie directement à cette dimension du semblable, du semblable auquel le moi s'identifie et avec lequel il rivalise. L'idéal du moi est davantage à situer dans le symbolique, c'est-à-dire dans l'ordre du langage. Il est fait de ce discours à partir duquel se constituent les valeurs du sujet, de la norme à laquelle il rapporte les diverses figures du moi idéal. Quant au surmoi, s'il a aussi rapport à la loi symbolique, il est plutôt constitué d'énoncés discordants, non intégrés par le sujet, et dès lors d'autant plus persécuteurs.

1. Pour saisir ce qu'il en est du corps morcelé, Lacan se réfère à la psychose, au schizophrène qui peut éprouver une partie de son corps comme lui étant étrangère. Mais aussi à certains rêves, surtout dans le cours d'une analyse. Ou enfin à l'art de Jérôme Bosch.

Pour introduire le narcissisme
(1914)

SIGMUND FREUD

On peut lire l'article « Pour introduire le narcissisme » à différents niveaux. Il part de la clinique. Clinique de l'homosexualité si la dimension narcissique y est fortement présente. Clinique de la névrose si le névrosé remplace les objets d'amour réels par des « objets imaginaires ». Clinique surtout de la schizophrénie puisque là plus nettement qu'ailleurs la libido se retire du monde extérieur pour se diriger vers le moi. Dès lors cet article est aussi intéressant par rapport à l'histoire de la psychanalyse. Il renvoie à la controverse avec Jung, étant exactement contemporain, à un mois près, du texte Sur l'histoire du mouvement psychanalytique *(voir* supra, *chapitre VII, p. 155, sq).*

On peut aussi, bien sûr, centrer la lecture sur une bipartition que Freud opère et qui est restée classique, celle d'un « choix d'objet » (d'objet d'amour) fait soit selon le type narcissique, soit selon le type par étayage :

« [...]On aime :
1) *Selon le type narcissique :*
a) Ce que l'on est soi-même ;
b) Ce que l'on a été soi-même ;
c) La personne qui a été une partie du propre soi.
2) *Selon le type par étayage :*
a) La femme qui nourrit ;
b) L'homme qui protège ;
et les lignées de personnes substitutives qui en partent. [...] »

Freud semble par ailleurs indiquer, dans son texte, une affinité plus grande de la position féminine avec le narcissisme. Certaines femmes, notamment, qui s'intéressent surtout à leur propre beauté, « n'aiment, à strictement parler, qu'elles-mêmes. Leur besoin ne les fait pas tendre à aimer mais à être aimées et leur plaît l'homme qui remplit cette condition. » Or, au-delà du jugement amusé ou irrité que l'on peut porter sur cette description, il est intéressant de noter que dans « Des types libidinaux » (in la Vie sexuelle) *Freud définit un « type narcissique » et dit que pour les sujets narcissiques, qui évitent toute dépendance de l'autre, « dans la vie amoureuse, aimer est préféré à être aimé ».*

Freud n'était pas très satisfait de son essai sur le narcissisme. De fait, à côté d'intuitions fondamentales, le texte est loin de résoudre toutes les difficultés. On peut penser que l'élaboration de Lacan permet ici d'avancer sensiblement, notamment en articulant l'amour narcissique au registre imaginaire des relations du moi à l'autre. Ou encore en distinguant le moi idéal, en rapport avec cette dimension imaginaire, et l'idéal du moi, qui suppose la dimension symbolique. Freud référait d'ailleurs déjà l'idéal à « l'influence critique des parents telle qu'elle se transmet par leur voix ».

Source : S. Freud, *Zur Einführung des Narzissmus*, G.W., t. X, trad. française (Jean Laplanche), « Pour introduire le narcissisme », *in la Vie sexuelle*, P.U.F., 1969.

Le moi et le ça
(1923)

SIGMUND FREUD

Le texte intitulé Le moi et le ça *donne une présentation très précise de la « deuxième topique ». Du point de vue du freudisme, c'est un aboutissement. Du point de vue de l'histoire de la psychanalyse après Freud, il constitue plutôt le point de départ de nombreuses interrogations. Le moi, d'une certaine façon, y apparaît doté d'une importance particulière. Occupant une place de médiateur entre le ça et le surmoi, il peut paraître, de plus, constituer l'instance réaliste. Pourtant de nombreux autres traits interdisent d'en faire l'équivalent freudien d'une sorte de conscience au sens philosophique. Il ne constitue plus qu'une des instances de la personnalité, et une instance qui est en partie inconsciente. Il est souvent forcé de suivre la « volonté du ça, comme si c'était la sienne propre ». Enfin la description du moi comme « être de surface », ou encore « projection d'une surface », « projection mentale de la surface du corps » semble bien aller dans le sens d'une reconnaissance du statut imaginaire du moi, celui même que proposera Lacan.*

Source : S. Freud, *Das Ich und das Es*, G.W., t. XIII, trad. française (Jean Laplanche), « Le moi et le ça », in *Essais de psychanalyse*, Payot, 1981.

1. Conscience et inconscient

DANS CE CHAPITRE INTRODUCTIF, il n'y a rien de nouveau à dire et on ne peut éviter de répéter ce qui a été souvent énoncé auparavant.

La division du psychique en conscient et inconscient est la présupposition fondamentale de la psychanalyse : elle seule lui donne la possibilité de comprendre les processus pathologiques aussi fréquents qu'importants de la vie de l'âme, et de les faire entrer dans le cadre de la science. Encore une fois et en d'autres termes : la psychanalyse ne peut situer l'essence du psychique dans la conscience, mais doit considérer la conscience comme une qualité du psychique qui peut s'ajouter à d'autres qualités ou rester absente.

Si je pouvais me représenter que tous ceux qui s'intéressent à la psychologie liront cet écrit, je m'attendrais aussi à ce qu'une partie des lecteurs s'arrête dès ce point sans me suivre plus loin, car c'est là le premier Shibboleth de la psychanalyse. Pour la plupart de ceux qui ont une culture philosophique, l'idée d'un fait psychique qui ne soit, aussi, conscient est si inconcevable qu'elle leur paraît absurde et réfutable par la simple logique. Cela vient tout simplement, à mon avis, de ce qu'ils n'ont jamais étudié les phénomènes significatifs de l'hypnose et du rêve, qui – en dehors de toute référence au pathologique – imposent une telle conception. Pour sa part, leur psychologie de la conscience est incapable de résoudre les problèmes du rêve et de l'hypnose.

Être conscient est tout d'abord un terme purement descriptif, qui s'autorise de la perception la plus immédiate et la plus certaine. Ensuite l'expérience nous montre qu'un élément psychique, une représentation par exemple, n'est pas d'ordinaire conscient d'une manière durable. Ce qui est bien plutôt caractéristique, c'est que l'état de conscience passe rapidement ; la représentation qui est maintenant consciente ne l'est plus au moment suivant ; pourtant, elle peut le redevenir dans certaines conditions aisément réalisées. Entre-temps elle était, nous ne savons quoi ; nous pouvons dire qu'elle était *latente,* et nous entendons par là qu'elle était à tout instant *capable de devenir consciente.* Même en disant qu'elle était *inconsciente*, nous donnons une description correcte. Cet inconscient coïncide alors avec : latent-capable de devenir conscient. Les philosophes nous objecteraient sans doute : non, le terme inconscient ne peut être appliqué ici ; tant que la représentation était à l'état de latence, elle n'était absolument rien de psychique. En les contredisant dès ce moment, nous nous engagerions dans une querelle de mots où il n'y aurait rien à gagner.

Mais nous sommes parvenus au terme ou concept de l'inconscient par une autre voie, en élaborant des expériences dans lesquelles la *dynamique* psychique joue un rôle. L'expérience nous a appris, c'est-à-dire nous a forcés à admettre, qu'il y a des processus psychiques ou représentations très forts – ici entre d'abord en ligne de compte un facteur quantitatif, donc économique – qui peuvent avoir dans la vie de l'âme tous les effets qu'ont en général les représentations et aussi des effets qui à leur tour peuvent devenir conscients sous forme de représentations ; seulement, ces processus ne deviennent pas eux-mêmes conscients. Il n'est pas nécessaire de répéter ici en détail ce qui a déjà été si souvent exposé. Ne nous attardons pas, c'est ici que la théorie psychanalytique fait son entrée et affirme que de telles représentations ne peuvent pas être conscientes parce qu'une certaine force s'y oppose, que sans cela elles pourraient devenir conscientes, et que l'on verrait alors combien peu elles se distinguent d'autres éléments psychiques bien connus. Ce qui rend cette théorie irréfutable, c'est que la technique psychanalytique a procuré les moyens à l'aide desquels on peut supprimer l'opposition de cette force et rendre conscientes les représentations en cause. L'état dans lequel celles-ci se trouvaient avant d'être rendues conscientes, nous l'appelons *refoulement*, et la force qui a produit et maintenu le refoulement, nous affirmons qu'elle se manifeste à nous pendant le travail analytique sous forme de *résistance.*

Notre concept de l'inconscient nous vient donc de la théorie du refoulement. Le refoulé est pour nous le prototype de l'inconscient. Mais nous voyons qu'il y a deux sortes d'inconscient : celui qui est latent, tout en étant capable de devenir conscient, et le refoulé, qui est en soi, et pour tout dire, incapable de devenir conscient. Notre compréhension de la dynamique psychique ne peut rester sans influence sur la nomenclature et la description. Le latent, qui n'est inconscient que du point de vue descriptif, et non au sens dynamique, nous l'appelons *préconscient* ; quant au nom d'*inconscient*, nous le réservons au refoulé qui est inconscient au sens dynamique ; de sorte que nous avons maintenant trois termes, conscient (*cs*), préconscient (*pcs*) et inconscient (*ics*), dont le sens n'est plus simplement descriptif. Le *Pcs*, selon nous, se situe beaucoup plus près du *Cs* que l'*Ics*, et, puisque nous avons appelé psychique l'*Ics*, nous aurons d'autant moins de scrupules à le faire pour le *Pcs* latent. Pourquoi donc ne pas rester plutôt en bon accord avec les philosophes, et ne pas séparer, de façon conséquente, le *Pcs* comme l'*Ics* du psychique conscient ? Les philosophes nous proposeraient alors de décrire le *Pcs* et l'*Ics* comme deux espèces ou degrés du psychoïde, et l'unité serait faite. Mais il s'ensuivrait des difficultés sans fin dans notre conception, et le seul fait important, à savoir que ces psychoïdes coïncident sur presque tous les autres points avec ce que l'on reconnaît être le psychique, ce fait serait repoussé à l'arrière-plan au bénéfice d'un préjugé qui date du temps où ces psychoïdes, ou le plus important d'entre eux, n'étaient pas encore connus.

Nous pouvons maintenant utiliser aisément nos trois termes, *cs, pcs* et *ics* à condition de ne pas oublier qu'au sens descriptif il y a deux espèces d'inconscient, tandis qu'au sens dynamique il n'y en a qu'une. Dans des exposés qui se proposent certains buts, on peut négliger cette distinction, dans d'autres elle est évidemment indispensable. Toujours est-il que nous nous sommes assez bien habitués à ce double sens de l'inconscient, et nous nous en sommes bien accommodés. On ne peut l'éviter, à mon avis du moins ; la distinction entre conscient et inconscient est en définitive une question de perception, à laquelle il faut répondre par oui ou par non, et l'acte de la perception lui-même ne fournit aucune information sur la raison pour laquelle une chose est perçue ou n'est pas perçue. Il n'y a pas lieu de se plaindre de ce que le facteur dynamique ne puisse trouver dans les phénomènes qu'une expression à double sens[1].

Mais, à mesure que l'on avance dans le travail psychanalytique, on découvre que ces distinctions elles aussi sont insuffisantes, insuffisantes du point de vue pratique. Parmi les situations qui mettent ceci en évidence, nous relevons comme décisive celle-ci : nous nous sommes formé la représentation d'une organisation cohérente des processus de l'âme dans une personne et nous l'appelons le *moi* de cette personne. C'est à ce moi que se rattache la conscience ; il commande les accès à la motilité, c'est-à-dire à la décharge des excitations dans le monde extérieur ; c'est cette instance psychique qui exerce un contrôle sur tous ses propres processus partiels, qui va dormir la nuit tout en exerçant encore la censure du rêve. De ce moi partent aussi les refoulements par lesquels certaines tendances psychiques doivent être exclues non seulement de la conscience mais aussi des autres manières de s'affirmer et d'agir. Ce qui a été écarté ainsi par le refoulement s'oppose, dans l'analyse, au moi, et l'analyse se trouve devant la tâche de supprimer les résistances que le moi manifeste lorsqu'on s'occupe du refoulé. Nous observons pendant l'analyse que le malade rencontre des difficultés lorsque nous lui assignons certaines tâches ; ses associations s'arrêtent quand elles ont

1. Voir ici : *Remarques sur le concept d'inconscient* (trad. fr. in : *Métapsychologie*, Paris, Gallimard, coll. Idées). Une récente orientation de la critique de l'inconscient mérite ici d'être prise en considération. Des chercheurs, qui ne refusent pas de reconnaître les faits psychanalytiques, mais ne veulent pas admettre l'inconscient, se tirent d'affaire à l'aide du fait incontesté que la conscience aussi – en tant que phénomène – présente une large échelle de gradations dans l'intensité ou la clarté. De même qu'il y a des processus qui sont conscients d'une façon très vive, très aiguë et très saisissable, de même l'expérience vécue nous en présente d'autres qui ne sont conscients que d'une façon faible et même à peine discernable ; et les plus faiblement conscients d'entre eux seraient précisément ceux pour lesquels la psychanalyse prétend employer le terme impropre d'inconscient. Ces processus seraient néanmoins conscients eux aussi, ou « dans la conscience », et pourraient être rendus pleinement et fortement conscients si on leur accordait une attention suffisante.
Pour autant que des arguments puissent avoir une influence sur la décision dans une telle question qui dépend ou bien d'une convention ou bien de facteurs affectifs, on peut ajouter ici les remarques suivantes : la référence à une échelle de clarté dans le fait d'être conscient n'a rien de contraignant et n'a pas plus de force démonstrative que les propositions de ce genre : il y a tant de degrés d'éclairement depuis la lumière la plus vive et aveuglante jusqu'à la faible lueur que, par conséquent, il n'y a absolument pas d'obscurité. Ou encore : il y a différents degrés de vitalité, par conséquent il n'y a pas de mort. Ces propositions peuvent bien d'une certaine façon avoir un sens, mais elles doivent être rejetées au point de vue pratique, comme on le constate en essayant d'en tirer des conclusions précises, par exemple : donc il n'y a pas besoin d'allumer de lampes, ou encore : donc tous les organismes sont immortels. En outre, en subsumant l'imperceptible sous le conscient, on n'aboutit qu'à porter atteinte à la seule et unique certitude immédiate qui soit dans le psychique. Une conscience dont on ne sait rien, cela me paraît beaucoup plus absurde qu'un psychique inconscient. Enfin, c'est manifestement sans prendre en considération les conditions dynamiques qui furent déterminantes pour la conception psychanalytique que l'on a tenté d'assimiler ainsi l'inaperçu à l'inconscient. En effet, on néglige là deux faits : premièrement, il est très difficile, il faut un grand effort pour apporter à cet inaperçu assez d'attention, et deuxièmement, quand on y est parvenu, ce qui était auparavant inaperçu n'est pas maintenant reconnu par la conscience, mais au contraire il lui paraît assez souvent complètement étranger, opposé et est repoussé avec brusquerie par elle. Le recours qu'on veut faire de l'inconscient à ce qui est peu aperçu et pas aperçu, n'est donc qu'un rejeton du préjugé selon lequel l'identité du psychique avec le conscient est établie une fois pour toutes.

à s'approcher du refoulé. Nous lui disons alors qu'il est dominé par une résistance, mais il n'en sait rien et, même s'il devait deviner d'après ses sentiments de déplaisir qu'une résistance agit à ce moment en lui, il ne sait ni la nommer ni l'indiquer. Mais comme cette résistance part certainement de son moi et appartient à celui-ci, nous nous trouvons devant une situation imprévue. Nous avons trouvé dans le moi lui-même quelque chose qui est inconscient aussi, qui se comporte exactement comme le refoulé, c'est-à-dire manifeste de puissants effets, sans devenir lui-même conscient, et demande pour être rendu conscient un travail particulier. Il résulte de cette expérience, pour la pratique analytique, que nous aboutissons à des imprécisions et à des difficultés innombrables si nous persévérons dans notre mode d'expression habituel et si, par exemple, nous voulons ramener la névrose à un conflit entre le conscient et l'inconscient. Nous devons substituer à cette opposition une autre, issue de notre compréhension des rapports structuraux de la vie psychique : l'opposition entre le moi cohérent et le refoulé qui est séparé de lui par clivage[1].

Mais les conséquences pour notre conception de l'inconscient sont encore plus importantes. La perspective dynamique nous avait apporté la première correction, le point de vue structural nous apporte la seconde. Nous sommes amenés à reconnaître que l'*Ics* ne coïncide pas avec le refoulé ; il reste exact que tout refoulé est *ics*, mais tout *Ics* n'est pas pour autant refoulé. Une partie du moi également, et Dieu sait quelle importante partie du moi, peut être *ics*, est certainement *ics*. Et cet *Ics* du moi n'est pas latent au sens du *Pcs*, sans quoi il ne saurait être activé sans devenir *cs* et on ne saurait rencontrer d'aussi grandes difficultés pour le rendre conscient. Nous trouvant devant la nécessité de poser l'existence d'un troisième inconscient, un *Ics* non refoulé, nous devons admettre que le caractère d'être inconscient perd pour nous de son importance. Il devient une qualité aux multiples significations, ne permettant pas, comme nous l'aurions fait volontiers, d'en tirer des conséquences étendues et exclusives. Nous devons pourtant nous garder de le négliger, car, en fin de compte, la propriété, consciente ou non, est notre unique fanal dans les ténèbres de la psychologie des profondeurs.

2. Le moi et le ça

LA RECHERCHE PATHOLOGIQUE a trop exclusivement dirigé notre intérêt sur le refoulé. Nous voudrions en apprendre davantage sur le moi, depuis que nous savons que le moi aussi peut être inconscient, au sens propre du terme. Notre seul point d'appui dans nos recherches était jusqu'à présent le critère : être conscient ou être inconscient ; finalement, nous avons vu les multiples significations que cela peut avoir.

Or, tout notre savoir est toujours lié à la conscience. Même l'*Ics*, nous ne pouvons le connaître qu'en le rendant conscient. Mais attention, comment est-ce possible ? Que veut dire : rendre quelque chose conscient ? Comment cela peut-il se produire ?

Nous savons déjà à quel maillon nous rattacher ici. Nous avons dit que la conscience est la *surface* de l'appareil psychique, c'est-à-dire que nous l'avons attribuée comme fonction à un système qui, spatialement, est le premier en partant du monde extérieur. Spatialement, non seulement d'ailleurs dans le sens de la fonction,

1. Voir *Au-delà du principe de plaisir*.

mais, cette fois, dans le sens aussi du découpage anatomique[1]. Notre recherche, elle aussi, doit prendre cette surface perceptive comme point de départ.

Au départ, sont *cs* toutes les perceptions qui viennent de l'extérieur (perceptions sensorielles) et, de l'intérieur, ce que nous nommons sensations et sentiments. Qu'en est-il alors de ces processus internes que nous pourrions – d'une façon grossière et imprécise – réunir sous le terme de processus de pensée ? Eux qui s'accomplissent quelque part à l'intérieur de l'appareil, comme des déplacements d'énergie psychique sur la voie de l'action, est-ce eux qui se déplacent vers la surface qui fait naître la conscience ? Ou bien est-ce la conscience qui vient à eux ? Notons que c'est là une des difficultés qui se présentent quand on veut prendre au sérieux la représentation spatiale, *topique*, des événements psychiques. Les deux possibilités sont également inconcevables, il devrait y en avoir une troisième qui soit la bonne.

J'ai déjà fait ailleurs[2] l'hypothèse que la véritable différence entre une représentation *ics* et une représentation *pcs* (une pensée) consiste en ceci que la première s'accomplit sur un quelconque matériel qui reste non reconnu, tandis que, dans la dernière (la représentation *pcs*), vient s'ajouter la connexion avec des *représentations de mot*. C'est là la première tentative faite pour donner des deux systèmes *Pcs* et *Ics* des critères qui soient autres que la relation à la conscience. La question : comment quelque chose devient-il conscient ? s'énonce donc, de façon plus adéquate : comment quelque chose devient-il préconscient ? et la réponse serait : par connexion avec les représentations de mot correspondantes.

Ces représentations de mot sont des restes mnésiques, elles ont été autrefois des perceptions et peuvent, comme tous les restes mnésiques, redevenir conscientes. Avant que nous ne traitions plus à fond de leur nature, il se fait jour en nous comme une nouvelle idée : ne peut devenir conscient que ce qui fut autrefois déjà perception *cs*, et ce qui, provenant de l'intérieur, sentiments exceptés, veut devenir conscient, doit tenter de se transposer en perceptions externes. Ceci est rendu possible par le moyen des traces mnésiques.

Les restes mnésiques, nous les concevons comme contenus dans des systèmes qui sont immédiatement contigus au système *Pc-Cs*, de sorte que leurs investissements peuvent se propager facilement, à partir de l'intérieur, aux éléments de ce système. On pense ici aussitôt à l'hallucination et au fait que le souvenir le plus vif se distingue toujours de l'hallucination aussi bien que de la perception externe ; mais, tout aussi vite, nous vient la solution : dans la reviviscence d'un souvenir, l'investissement est maintenu dans le système mnésique, tandis que l'hallucination, indiscernable de la perception, peut apparaître quand l'investissement ne fait pas qu'empiéter de la trace mnésique sur l'élément *P*, mais passe complètement sur celui-ci.

Les restes verbaux proviennent essentiellement de perceptions auditives, de sorte qu'ainsi il existerait pour le système *Pcs* une origine sensorielle particulière. Quant aux éléments visuels de la représentation de mot, on peut, en première analyse, les négliger comme secondaires, acquis par la lecture, et de même pour les images motrices du mot qui, sauf chez les sourds-muets, jouent le rôle de signes auxiliaires. Le mot est bien à proprement parler le reste mnésique du mot entendu.

Gardons-nous d'oublier, pour des raisons de simplification, la signification des restes mnésiques optiques – restes mnésiques des choses – ou de dénier le fait que les

1. Voir *Au-delà du principe de plaisir*.
2. *L'Inconscient*, 1915 (trad. fr. in *Métapsychologie*, Gallimard, coll. Idées).

processus de pensée peuvent devenir conscients par un retour aux restes visuels et que c'est là, chez beaucoup de personnes, la voie privilégiée. L'étude des rêves et des fantasmes préconscients, d'après les observations de J. Varendonck, peut nous fournir une représentation des particularités de cette pensée visuelle. On s'aperçoit que, en général, dans ces phénomènes, c'est seulement le matériel concret de la pensée qui devient conscient, mais que pour les relations, qui sont particulièrement caractéristiques de la pensée, il ne peut exister d'expression visuelle. La pensée en images n'est donc qu'un mode très imparfait du devenir conscient. Elle est aussi, en quelque façon, plus proche des processus inconscients que la pensée en mots et elle est indubitablement plus ancienne que celle-ci, d'un point de vue onto- aussi bien que phylogénétique.

Pour en revenir à notre propos, si c'est là la voie par laquelle quelque chose d'inconscient en soi devient préconscient, à la question : comment rendons-nous (pré)conscient quelque chose de refoulé ?, il faut répondre : en mettant en place par le travail analytique ces termes intermédiaires *pcs*. La conscience reste donc à sa place, mais sans pour autant que l'*Ics* ne soit en quelque sorte remonté jusqu'au *Cs*.

Alors que la relation de la perception externe au moi est tout à fait manifeste, celle qui existe entre la perception interne et le moi nécessite une recherche particulière. À son propos surgit une nouvelle fois ce doute : a-t-on véritablement raison de rapporter toute la conscience au seul système superficiel *Pc-Cs* ?

La perception interne fournit des sensations de processus provenant des couches les plus diverses et certainement aussi les plus profondes de l'appareil psychique. Elles sont mal connues et leur meilleur exemple est encore celui des sensations de la série plaisir – déplaisir. Elles sont plus originaires, plus élémentaires que celles qui proviennent de l'extérieur et elles peuvent encore se produire dans des états où la conscience est obscurcie. Sur leur plus grande importance économique et sur le fondement métapsychologique de ce fait, je me suis expliqué autre part. Ces sensations sont multiloculaires comme les perceptions externes ; elles peuvent venir simultanément de différents endroits et, ainsi, avoir des qualités différentes et même opposées.

Les sensations qui ont le caractère du plaisir n'ont, en soi, rien qui pousse de façon pressante, tandis que les sensations de déplaisir ont ce caractère au plus haut degré. Ces dernières poussent au changement, à la décharge, et c'est la raison pour laquelle nous interprétons le déplaisir comme une élévation et le plaisir comme un abaissement de l'investissement d'énergie. Nommons ce qui devient conscient comme plaisir et déplaisir un « autre-chose » dans l'écoulement des processus psychiques, autre d'un point de vue et quantitatif et qualitatif, la question est alors de savoir si cet autre-chose peut devenir conscient sur place ou s'il doit nécessairement être transmis jusqu'au système *Pc*.

L'expérience clinique décide pour la seconde réponse. Elle nous montre que cet autre-chose se comporte comme une motion refoulée. Il peut déployer des forces poussantes sans que le moi ne s'aperçoive de la compulsion qu'il subit. C'est seulement la résistance contre la compulsion, la suspension de la réaction de décharge qui rend aussitôt cet autre-chose conscient sous forme de déplaisir. Tout aussi bien que les tensions des besoins, la douleur peut aussi rester inconsciente, cette douleur qui tient le milieu entre perception externe et interne, se comportant comme une perception interne alors même qu'elle provient du monde extérieur. Il reste donc exact que sensations et sentiments, eux aussi, ne deviennent conscients qu'en atteignant le système *Pc* ; si la transmission est bloquée, ils ne se réalisent pas sous forme de sensations, bien que l'autre-chose qui leur correspond demeure le même dans l'écoulement de l'excitation.

D'une manière abrégée qui n'est pas tout à fait correcte, nous parlons alors de *sensations inconscientes* en maintenant l'analogie, qui n'est pas tout à fait justifiée, avec les représentations inconscientes. La différence est, en effet, qu'en ce qui concerne la représentation *ics* il faut d'abord créer des termes intermédiaires pour l'amener au *Cs*, tandis que ce n'est pas le cas pour les sensations, qui se transmettent directement. En d'autres termes, la distinction entre *Cs* et *Pcs* n'a aucun sens en ce qui concerne les sensations, le *Pcs* ici fait défaut, les sensations sont ou bien conscientes ou bien inconscientes. Même lorsqu'elles sont liées à des représentations de mot, ce n'est pas à celles-ci qu'elles doivent de devenir conscientes, elles le deviennent directement.

Le rôle des représentations de mot devient maintenant tout à fait clair. Par leur intermédiaire, les processus de pensée internes sont transformés en perceptions. Il s'agit, dirait-on, de démontrer cette proposition : toute connaissance provient de la perception externe. Par un surinvestissement de la pensée, les pensées sont perçues effectivement – comme venant de l'extérieur – et de ce fait, sont tenues pour vraies[1].

Après avoir ainsi éclairci les relations entre les perceptions externes et internes et le système superficiel *Pc-Cs,* nous pouvons nous mettre à achever l'édification de notre représentation du moi. Nous le voyons partir du système *Pc* comme de son noyau et englober d'abord le *Pcs* qui s'étaye sur les restes mnésiques. Mais le moi est aussi, nous l'avons appris, inconscient.

Ici, je pense que nous aurons grand intérêt à suivre les indications d'un auteur qui affirme en vain, pour des motifs personnels, qu'il n'a rien à faire avec les hautes sphères de la science rigoureuse. Je veux parler de G. Groddeck qui ne cesse d'insister sur le fait que ce que nous appelons notre moi se comporte dans la vie de façon essentiellement passive et que, selon son expression, nous sommes « *vécus* » par des forces inconnues, et impossibles à maîtriser[2]. Nous avons tous éprouvé de telles impressions, même si elles ne nous ont pas dominé au point d'exclure toutes les autres, et nous n'hésitons pas à assigner aux vues de Groddeck leur place dans le corps de la science. Je propose d'en tenir compte en appelant l'entité qui part du système *Pc* et qui est tout d'abord *pcs* le *moi*, et en nommant, à la façon de Groddeck, l'autre partie du psychisme dans laquelle le moi se continue et qui se comporte comme *ics*, le *ça*[3].

Nous verrons bientôt si nous pouvons tirer parti de cette conception pour décrire et comprendre les faits. Un individu, donc, est selon nous un ça psychique, inconnu et inconscient, à la surface duquel est posé le moi qui s'est développé à partir du système *Pc* comme de son noyau. Si nous cherchons à figurer les choses graphiquement, nous ajouterons que le moi n'enveloppe pas complètement le ça, mais seulement dans les limites où le système *Pc* constitue sa surface, donc à peu près comme le disque germinatif est posé sur l'œuf. Le moi n'est pas nettement séparé du ça, il fusionne avec lui dans sa partie inférieure.

Mais le refoulé lui aussi se fond avec le ça, il n'est qu'une partie de celui-ci. Le refoulé n'est nettement séparé du moi que par les résistances du refoulement,

1. Jeu de mots entre *wahrnehmen* (percevoir, étymologiquement : « prendre vrai ») et *fur wahr gehalten* : tenu pour vrai. Freud n'est pas le seul à jouer sur ce terme : cf. Hegel, Heidegger...
2. G. Groddeck, *le Livre du ça (Das Buch vom Es)*, 1923, trad. fr., Paris, Gallimard, 1973.
3. Groddeck lui-même a probablement suivi l'exemple de Nietzsche chez qui cette expression grammaticale est tout à fait courante pour désigner ce qui, dans notre ère, est impersonnel et, pour ainsi dire, soumis à la nécessité de la nature.

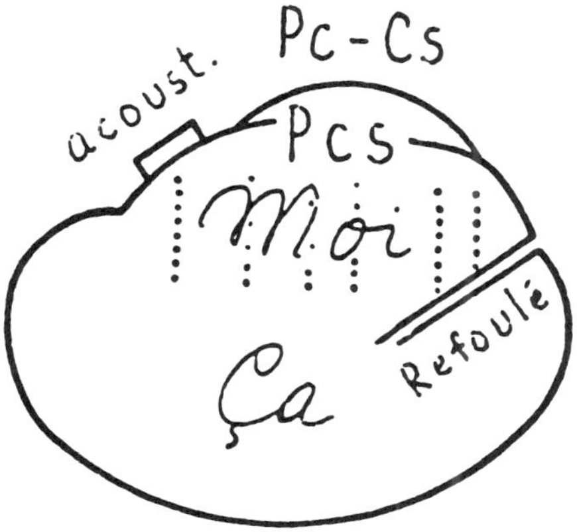

tandis que par le ça il peut communiquer avec lui. Nous nous apercevons aussitôt que presque toutes les distinctions que la pathologie nous a amenés à décrire ne se rapportent qu'aux couches superficielles de l'appareil psychique, les seules qui nous soient connues. Nous pourrions esquisser un dessin montrant ces rapports, dessin dont les contours, bien entendu, ne sont là que pour permettre la figuration, sans pouvoir prétendre à une interprétation particulière. Peut-être ajouterons-nous que le moi porte une « calotte acoustique » et, comme en témoigne l'anatomie du cerveau, d'un seul côté. Elle est posée sur lui, pourrait-on dire, de travers.

Il est facile de voir que le moi est la partie du ça qui a été modifiée sous l'influence directe du monde extérieur par l'intermédiaire du *Pc-Cs*, qu'il est en quelque sorte une continuation de la différenciation superficielle. Il s'efforce aussi de mettre en vigueur l'influence du monde extérieur sur le ça et ses desseins, et cherche à mettre le principe de réalité à la place du principe de plaisir qui règne sans limitation dans le ça. La perception joue pour le moi le rôle qui, dans le ça, échoit à la pulsion. Le moi représente ce qu'on peut nommer raison et bon sens, par opposition au ça qui a pour contenu les passions. Tout cela coïncide avec les distinctions populaires bien connues, mais n'est juste que d'une façon moyenne ou idéalement.

L'importance fonctionnelle du moi se manifeste en ceci que, normalement, il lui revient de commander les accès à la motilité. Il ressemble ainsi, dans sa relation avec le ça, au cavalier qui doit réfréner la force supérieure du cheval, avec cette différence que le cavalier s'y emploie avec ses propres forces et le moi, lui, avec des forces d'emprunt. Cette comparaison nous conduit plus loin. De même que le cavalier, s'il ne veut pas se séparer de son cheval, n'a souvent rien d'autre à faire qu'à le conduire où il veut aller, de même le moi a coutume de transformer en action la volonté du ça, comme si c'était la sienne propre.

Dans l'apparition du moi et dans sa séparation d'avec le ça, un autre facteur que l'influence du système *Pc* semble encore avoir joué un rôle. Le corps propre, et avant tout sa surface, est un lieu dont peuvent provenir simultanément des perceptions externes et internes. Il est vu comme un objet étranger, mais en même temps il livre au toucher des sensations de deux sortes, dont l'une peut être assimilée à une perception interne. La physiologie a suffisamment examiné la façon dont le corps propre se découpe dans le monde de la perception. La douleur aussi semble jouer là un rôle et la manière dont on acquiert, dans des affections douloureuses, une nouvelle connaissance de ses organes est peut-être exemplaire de la manière dont, d'une façon générale, on arrive à se représenter son propre corps.

Le moi est avant tout un moi corporel, il n'est pas seulement un être de surface, mais il est lui-même la projection d'une surface[1]. Si l'on cherche une analogie anatomique, le mieux est de l'identifier avec l'« homoncule cérébral » des anatomistes, qui se trouve dans le cortex cérébral, la tête en bas et les pieds en haut, regardant vers l'arrière et, on le sait, portant à gauche la zone du langage.

Les relations entre le moi et la conscience ont été souvent considérées, mais quelques faits importants doivent être ici décrits à nouveau. Habitués à transporter partout avec nous le point de vue de la valeur sociale ou éthique, nous ne sommes pas surpris d'apprendre que l'activité des basses passions se déroule dans l'inconscient, mais nous nous attendons à ce que les fonctions psychiques aient d'autant plus facilement et sûrement accès à la conscience qu'elles sont situées plus haut dans cette échelle de valeurs. Mais ici l'expérience psychanalytique nous détrompe. Nous avons d'une part la preuve que même un travail intellectuel délicat et difficile, qui exige ordinairement une réflexion soutenue, peut aussi être accompli préconsciemment, sans parvenir à la conscience. De tels faits sont tout à fait indubitables ; ils se produisent par exemple dans l'état de sommeil et se traduisent par ceci qu'une personne, après avoir cherché en vain pendant la journée la solution d'un problème difficile, mathématique ou autre la connaît immédiatement à son réveil[2].

Mais une autre constatation est beaucoup plus étrange. Nous apprenons dans nos analyses qu'il y a des personnes chez qui l'autocritique et la conscience morale, donc des fonctions psychiques qu'on place parmi les plus élevées, sont inconscientes et produisent, en tant qu'inconscientes, les effets les plus importants. Le fait que la résistance reste inconsciente dans l'analyse ne constitue donc en aucune façon une situation unique en son genre. Mais une nouvelle expérience, celle qui nous oblige, en dépit de tout notre esprit critique, à parler d'un *sentiment de culpabilité inconscient*, nous déroute beaucoup plus. Elle fait surgir de nouvelles énigmes, d'autant que nous entrevoyons peu à peu que ce sentiment de culpabilité inconscient joue un rôle économique décisif dans un grand nombre de névroses, et oppose à la guérison les plus solides obstacles. Pour en revenir à notre échelle de valeurs, nous devrons dire : ce n'est pas seulement le plus profond, mais aussi le plus élevé dans le moi qui peut être inconscient. C'est comme si se trouvait ainsi démontré ce que nous avons dit précédemment du moi conscient : il est avant tout un moi-corps.

1. C'est-à-dire : le moi est finalement dérivé de sensations corporelles, principalement de celles qui ont leur source dans la surface du corps. Il peut ainsi être considéré comme une projection mentale de la surface du corps, et de plus, comme nous l'avons vu plus haut, il représente la surface de l'appareil mental. (Cette note fut ajoutée à la traduction anglaise de 1927, avec l'autorisation de Freud.)
2. Un cas de ce genre m'a été communiqué tout récemment et en fait comme une objection à ma description du « travail du rêve ».

Le moi et les mécanismes de défense

(1936)

ANNA FREUD
(1895-1982)

Anna Freud, la dernière des six enfants de Freud, fut la seule à pratiquer la psychanalyse. Membre de la Société psychanalytique de Vienne dès 1922, elle dirigea son Institut de formation de 1925 à 1938. Elle aida beaucoup son père durant les dernières années de sa vie, se réfugia avec lui à Londres en 1939, et c'est là qu'après sa mort elle fonda, en 1951, la Hampstead Clinic. Elle fut une des premières à entreprendre des psychanalyses d'enfants, mais elle fut à ce sujet en conflit avec Mélanie Klein (voir là-dessus infra, chapitre XV, p. 357, sq). Le premier chapitre de son ouvrage sur le moi, que nous publions ici, est court, comme d'ailleurs l'ensemble du livre, la thèse en est simple. On sent bien, en le lisant, que l'auteur va à l'essentiel de ce qui l'anime, qu'Anna Freud annonce aux analystes qui la lisent des temps nouveaux, qu'elle prend date, en quelque sorte, et que l'objet même de son texte nécessite ce style direct et rapide. De fait, son ouvrage eut un retentissement certain, et on le trouve souvent cité dans les textes psychanalytiques écrits durant les années suivantes.

Source : Anna Freud, *Das Ich und die Abwehrmechanismen* (Imago Publishing C° Ltd, London, 1946), trad. française (Anne Bermann), *Le Moi et les mécanismes de défense*, P.U.F., 1949.

Chapitre premier

Le moi : objet de l'observation

DÉFINITION DE LA PSYCHANALYSE – À certaines périodes du développement de la science psychanalytique, l'étude théorique du moi de l'individu connut une évidente impopularité. Beaucoup d'analystes en étaient venus à penser que la valeur scientifique et thérapeutique de l'analyste se mesurait à la profondeur des couches psychiques où il pénétrait. Quiconque reportait son intérêt des couches psychiques profondes aux superficielles, quiconque passait de l'étude du ça à celle du moi courait le risque de se voir accusé d'apostasie envers la psychanalyse. Le nom de psychanalyse devait, pensait-on, être réservé à la partie des découvertes nouvelles qui concernait la vie psychique inconsciente, c'est-à-dire à l'étude des émois instinctuels refoulés, des affects et des fantasmes. Certains problèmes tels que l'adaptation de l'enfant ou de l'adulte au monde extérieur, certains concepts de valeur comme ceux de la santé et de la maladie, de la vertu ou du vice, ne devaient nullement intéresser la psychanalyse. Il ne lui fallait se préoccuper uniquement que des fantasmes infantiles attardés jusque dans l'âge adulte, des plaisirs imaginaires et des punitions redoutées qui sanctionnaient ces derniers.

Peut-être cette façon de considérer la psychanalyse, assez courante dans la littérature psychanalytique, se fonde-t-elle sur le langage usuel qui, dès les débuts, a utilisé indifféremment pour désigner notre science soit le terme de psychanalyse, soit celui de psychologie des profondeurs (ou abyssale). Il ne convient pas de s'en étonner puisque la première théorie basée sur les découvertes de psychanalyse était avant tout une psychologie de l'inconscient ou, comme nous disons actuellement, du ça. Toutefois lorsqu'on applique cette façon de voir à la thérapeutique psychanalytique, on ne tarde pas à en constater le caractère erroné. Le traitement analytique a de tout temps eu pour objet le moi et ses troubles, l'étude du ça et de ses modes d'action ne constituant qu'un moyen d'atteindre le but thérapeutique. Ce but reste invariablement le même : supprimer les troubles et rétablir l'intégrité du moi.

Depuis la publication de deux ouvrages de Freud : *Psychologie des foules et analyse du moi* et *Au-delà du principe de plaisir* qui ont marqué un changement d'orientation, l'anathème de « non orthodoxe » a cessé de peser sur l'étude du moi et les recherches s'appliquant aux instances de ce dernier suscitent maintenant un intérêt majeur. Voici comment nous définirons le programme actuel de la psychanalyse qui ne se limite certainement plus à la seule psychologie abyssale. Nous disons généralement que l'analyse a pour but d'acquérir une connaissance aussi approfondie que possible des trois instances dont l'ensemble constitue, d'après nous, la personnalité psychique, d'étudier leurs rapports mutuels ainsi que leurs relations avec le monde extérieur. Nous apprendrons à connaître les fonctions, les contenus, l'expansion du moi et sa dépendance vis-à-vis du monde extérieur, du ça et du surmoi. En ce qui concerne le ça, nous aurons à décrire ses contenus, c'est-à-dire les pulsions, et à suivre leurs transformations.

Le ça, le moi et le surmoi dans l'autoperception. – Nul n'ignore que les trois instances ne sont pas du tout au même degré accessibles à l'observation. Pour étudier le ça, appelé autrefois système inconscient, nous ne pouvons nous adresser qu'à ceux de ses rejetons qui pénètrent dans les systèmes préconscient et conscient. Tant que règne dans le ça un état de calme et de satisfaction, c'est-à-dire tant qu'un émoi instinctuel à la recherche d'un plaisir n'essaie pas de surgir dans le moi en y provoquant des sentiments de tension et de déplaisir, nous n'avons aucune possibilité de voir ce qui s'y passe. Théoriquement, tout au moins, le ça n'est pas en toutes circonstances accessible à l'observation.

Il en est tout autrement, cela va sans dire, de l'instance appelée surmoi. Les contenus du surmoi sont en majeure partie conscients et peuvent ainsi être directement saisis par la perception psychique intérieure. Toutefois la représentation du surmoi nous échappe partout où le moi et le surmoi sont en bons termes. Nous disons alors que le moi et le surmoi coïncident, c'est-à-dire que le surmoi ne peut être à ces moments-là isolément perçu ni par le sujet lui-même ni par l'observateur du dehors. Le surmoi ne devient perceptible que lorsqu'il se montre hostile au moi ou tout au moins qu'il adopte à l'égard de ce dernier une attitude critique, par exemple quand un sentiment de culpabilité surgit dans le moi du fait de cette critique.

Le moi en tant qu'observateur. – Tout cela nous amène à conclure que le moi est vraiment le domaine auquel doit toujours s'appliquer notre attention et qu'il constitue, pour ainsi dire, le milieu au travers duquel nous tentons de nous faire une image des deux autres instances.

Le moi, quand il entretient avec le ça des relations de bon voisinage, remplit à merveille vis-à-vis de lui, un rôle d'observateur. Les divers émois pulsionnels qui ne cessent d'émaner du ça pénètrent dans le moi ; là, ils s'assurent un accès dans l'appareil moteur, qui leur permettra d'aboutir à la satisfaction. Dans les cas favorables, le moi s'accommode de l'intrus, lui permet de disposer de ses propres forces et se contente de percevoir ; il ressent la poussée de l'émoi instinctuel, l'accroissement de tension avec le sentiment pénible concomitant, puis la fin de la tension lors de la satisfaction. En observant tout ce processus, on obtient un tableau clair et exact de l'émoi instinctuel en question ainsi que de sa charge libidinale et de son but. Un moi d'accord avec l'émoi instinctuel ne pourrait nullement s'insérer dans ce tableau.

Malheureusement le passage d'une instance à l'autre des émois instinctuels entraîne toutes sortes de possibilités de conflits et, de ce fait même, gêne l'observation du ça. Pour parvenir à se satisfaire, les pulsions du ça sont contraintes de traverser les domaines du moi où elles se trouvent dans une atmosphère étrangère. En effet, dans le ça prédomine ce que l'on appelle le « processus primaire » ; aucune synthèse n'y relie les représentations, les affects y sont mouvants, les contrastes, loin de se gêner mutuellement, coïncident parfois et des condensations s'y produisent. Le principe souverain qui régit ici tous les processus est celui du plaisir à conquérir. Dans le moi, au contraire, toutes les associations d'idées se soumettent aux règles rigoureuses de ce que nous nommons le « processus secondaire ». Les émois instinctuels eux-mêmes ne peuvent plus tendre, sans autre forme de procès, vers un gain en plaisir ; ils se voient contraints de tenir compte des exigences de la réalité et, plus encore, de se conformer aux lois éthiques et morales. C'est du surmoi qu'émanent ces lois qui tendent à déterminer le comportement du moi. C'est ainsi que les émois instinctuels risquent de déplaire à des instances qui leur sont essentiellement étrangères et s'exposent à être critiquées, rejetées, ainsi qu'à subir des modifications de tout genre. Ainsi prennent fin de paisibles relations de voisinage. Les pulsions, avec la ténacité et l'énergie qui leur sont propres, persistent à poursuivre leurs buts et, dans l'espoir de surprendre et de maîtriser le moi, entreprennent dans son domaine d'hostiles incursions, tandis que le moi, devenu méfiant, se livre à une contre-offensive et envahit les territoires du ça. Il tend à paralyser définitivement les pulsions en adoptant des mesures de défense propres à assurer sa protection.

Le tableau de tous ces phénomènes que nous transmet le moi, grâce à ses facultés d'observation, est bien plus confus, mais en même temps fort instructif. Il nous permet de saisir d'emblée deux instances psychiques en action. Ce que nous voyons alors n'est plus une pulsion du ça intacte, sans déformation, mais bel et bien une pulsion modifiée du fait des mesures de protection adoptées par le moi. L'observateur analyste est alors obligé de décomposer par une sorte de compromis l'image qui s'offre à lui, de la réduire en ses composantes : le ça, le moi et éventuellement le surmoi.

POUSSÉES DU ÇA ET POUSSÉES DU MOI CONSIDÉRÉES COMME OBJETS D'OBSERVATION. – Une chose nous frappe cependant : aux yeux de l'observateur les poussées venues des deux directions ont une valeur différente. Tous les actes défensifs du moi contre le ça s'effectuent sans tapage, invisiblement. Nous devons nous contenter d'en faire ultérieurement la reconstitution, jamais nous ne les observons au moment même où ils se produisent. C'est ce qui arrive, par exemple, dans le cas d'un refoulement réussi. Le moi ignore totalement ce refoulement et ne le perçoit que plus tard, en constatant que quelque chose lui manque. Expliquons-nous : en essayant de juger objectivement un analysé, nous observons que certaines pulsions du ça dont nous escomptions l'apparition dans le moi, en vue d'une satisfaction, font défaut. Dans les cas où ces pulsions ne réapparaissent plus, nous devons admettre que l'accès du moi leur a à jamais été interdit, ce qui signifie qu'elles ont été refoulées. Toutefois rien de tout cela ne nous éclaire vraiment sur le processus, proprement dit, du refoulement.

On en peut dire autant de la formation réactionnelle réussie, l'une des mesures défensives capitales qu'adopte de façon permanente le moi contre le ça. C'est au cours du développement de l'enfant qu'apparaît, à un moment donné, cette formation et cela de façon assez brutale. Il n'est pas toujours certain que toute l'attention du moi ait jamais auparavant convergé sur l'émoi instinctuel contraire auquel se substitue cette formation réactionnelle. Le moi reste en général ignorant du rejet de cet émoi aussi bien que de l'ensemble du conflit qui a abouti à l'établissement d'une nouvelle attitude. Les observateurs analystes seraient aisément tentés de la prendre pour un développement spontané du moi si certaines manifestations de teinte obsessionnelle trop apparente ne révélaient à la fois son caractère réactionnel et le vieux conflit qu'elle dissimule. Quoi qu'il en soit, rien encore, dans l'observation de ces mesures défensives, ne peut permettre ici à l'analyste de deviner quel conflit a abouti à leur établissement.

Nous remarquerons que toutes nos connaissances nous ont été fournies par l'étude des poussées venues d'une direction opposée, c'est-à-dire des poussées du ça vers le moi. Si le refoulement réussi nous semble à tel point obscur, le mouvement en sens contraire, c'est-à-dire le retour du refoulé tel que nous l'observons dans les névroses, nous semble, lui, parfaitement clair.

Ici nous suivons pas à pas la lutte engagée entre l'émoi instinctuel et la défense du moi. De même, c'est la désagrégation des formations réactionnelles qui permet le mieux d'étudier la manière dont ces dernières se sont produites. Du fait de la poussée du ça, l'investissement libidinal, jusque-là masqué par la formation réactionnelle, se trouve renforcé. C'est ce qui permet alors à l'émoi instinctuel de se frayer un chemin jusqu'au conscient. Pendant un certain temps pulsion et formation réactionnelles sont, toutes deux à la fois, perceptibles dans le moi. Une autre fonction du moi – sa tendance à la synthèse – fait que cet état, extrêmement favorable à l'observation analytique, ne persiste que quelques instants. Un nouveau conflit s'engage entre les rejetons du ça et l'activité du moi, conflit qui doit aboutir soit à la victoire de l'une des parties intéressées, soit à la formation d'un compromis entre les deux. Si, grâce au renforcement de son investissement, c'est le moi qui est victorieux, l'attaque du ça cesse et un état de quiétude psychique défavorable à toute observation s'instaure à nouveau.

La psychologie du moi et le problème de l'adaptation

(1939)

HEINZ HARTMANN
(1894-1970)

Médecin et psychanalyste d'origine autrichienne, Heinz Hartmann fut avec E. Kris et R. Loewenstein représentatif d'un courant habituellement désigné comme celui de l'egopsychologie. Son ouvrage principal fit l'objet d'un exposé devant la Société psychanalytique de Vienne en 1937, et d'une publication en allemand en 1939. Nous en reproduisons ici le premier chapitre, qui constitue une introduction à certaines notions essentielles pour Hartmann, concernant notamment « l'autonomie » du moi et sa faculté d'« adaptation ». Émigré aux États-Unis, Hartmann fit paraître une traduction de son ouvrage en anglais et c'est autant à partir de cette version que de la version allemande que le texte français a été tiré. L'œuvre de Hartmann est associée au développement de pratiques thérapeutiques qui, à présent, contribuent surtout au management social. C'est notamment contre l'egopsychologie que Lacan rappellera la vocation première de la psychanalyse : introduire le sujet au langage de son désir.

Source : H. Hartmann, *Ich-Psychologie und Ampassungsproblem*, édition américaine (traduction D. Rapaport), « Ego psychology and the problem of adaptation », International Universities Press, New York, 1958, édition française, P.U.F., 1968.

Chapitre premier

La sphère du moi libre de conflit

En psychanalyse, nous rencontrons le problème de l'adaptation principalement en relation avec la théorie du Moi ; il apparaît également comme but de la thérapie, et enfin en liaison avec des considérations pédagogiques. Mais – et ceci nous frappe dès l'abord – alors que nous voyons à peu près ce que signifie le terme « conforme au Moi », la notion « conforme à la réalité » semble très élastique et recouvre en fait des conceptions très diverses, et parfois même opposées.

Il est certain que le problème de l'adaptation n'est pas de ceux que la psychanalyse peut résoudre à elle seule. La biologie et la sociologie ont des droits certains sur ce domaine de recherche. Pourtant, nous pensons qu'ici aussi l'analyse nous a déjà fourni – et nous fournira encore – des résultats que d'autres théories et d'autres méthodes peuvent difficilement nous procurer ; nous sommes donc en droit d'exiger actuellement que les diverses considérations sur le problème de l'adaptation ne se trouvent pas en contradiction avec les phénomènes et les relations de base qu'a découverts la psychanalyse. L'intérêt accru que suscitent actuellement ces problèmes est en grande partie lié à une certaine orientation au sein même de la psychanalyse, qui a centré notre attention sur la connaissance des fonctions du Moi ; il est également en relation avec l'intérêt de plus en plus vif que nous portons à la personnalité totale, ainsi qu'avec les critiques formulées ça et là contre certaines conceptions théoriques de la notion de santé mentale, qui se réfèrent justement à cet « état d'adaptation à la réalité ».

Dans cet exposé, nous aurons à mentionner beaucoup de choses qui sont très connues, peut-être aussi certaines qui susciteront la contradiction, d'autres encore qui ne seront pas psychanalytiques, au sens étroit du terme – mais l'on n'y trouvera rien qui soit en désaccord avec les conceptions psychanalytiques fondamentales. Nous pouvons qualifier de psychanalytique, au sens large, la tentative d'étendre à d'autres domaines du psychisme des notions qui ont été élaborées à propos de certains problèmes concrets de la sphère centrale de la personnalité et d'étudier les changements de ces concepts liés aux conditions particulières à ces domaines.

Nous commencerons par certaines remarques générales destinées à esquisser le cadre au sein duquel se développera notre discussion – sans prétendre à un exposé systématique et en nous limitant aux idées indispensables à la compréhension du problème. Très tôt, la psychanalyse s'est développée dans une direction qui révèle nettement un objectif plus étroit et un objectif plus vaste. Elle naît avec l'étude du pathologique et des états à la limite du normal et du pathologique ; à cette époque, son champ de recherche restreint se trouvait être le Ça et les pulsions. Mais bientôt nous trouvons parallèlement des problèmes, des concepts, des formulations et des tentatives d'explication, qui dépassent ce champ restreint et visent à une *théorie générale* de la vie psychique. Une étape décisive, et peut-être la plus importante, a été franchie par la récente psychologie du Moi (nous pensons aux travaux de Freud lui-même au cours des quinze dernières années, puis surtout à ceux de Anna Freud et, en ce qui concerne un autre domaine partiel de recherche, à ceux de l'école anglaise – de toute façon, ces deux dernières tendances s'appuient également sur des conceptions formulées par Freud). À l'heure actuelle, nous ne doutons plus que la psychanalyse puisse à juste titre prétendre constituer une psychologie *générale*, au sens le plus large du terme. Nous avons ainsi à la fois élargi, approfondi et affiné notre conception d'une méthode de travail authentiquement psychanalytique.

Comme l'a énoncé Anna Freud, la psychanalyse a pour but une connaissance aussi approfondie que possible des trois instances. Ceci ne permet évidemment pas de qualifier de psychanalytique chaque tentative contribuant à ce but. Il ne saurait s'agir ici d'une définition de la psychanalyse basée uniquement sur sa méthode scientifique, sur son appareil conceptuel, et négligeant son objet. Tout travail psychologique possède des buts partiels communs avec les nôtres. Mais cette communauté partielle de l'objet fait ressortir encore plus nettement les caractères originaux de la pensée analytique. (Il n'est que de considérer l'opposition entre la psychologie analytique du Moi et la psychologie d'Alfred Adler, par exemple.) Le développement récent de la psychanalyse n'a rien changé à son orientation biologique, ni à sa conception génétique, dynamique, économique, topique, ni à la nature explicative de ses concepts. En conséquence, chaque fois que la psychologie analytique et la psychologie non analytique étudient le même objet, leurs résultats sont nécessairement différents. En dernière analyse, elles diffèrent surtout dans leur conception de ce qui est l'essentiel, et ceci conduit à des descriptions et à des développements fort différents. Il en est de même dans le domaine anatomique, où des caractères tout à fait secondaires au niveau de la simple description peuvent être déterminants dans une optique phylogénétique ou ontogénétique ; de même, le charbon et le diamant représentent analytiquement la même chose pour le chimiste, alors que, dans une autre perspective, il existe des différences énormes entre les deux corps. De la même façon, certains caractères, négligeables dans une étude restreinte, peuvent devenir significatifs dans le cadre d'une théorie plus générale. Ces exemples représentent plus que de simples analogies. Nous pensons, en effet, que la psychanalyse nous fournit une théorie du développement psychique qui, par ses hypothèses et ses résultats, va plus loin que les autres conceptions du psychisme. Ceci nous oblige à reconsidérer à la lumière de la psychanalyse les phénomènes psychologiques pris comme objet d'étude par la psychologie, avant l'avènement de la psychanalyse ou indépendamment d'elle, à les maintenir et à les intégrer.

On a souvent dit que la psychologie du Moi constitue un terrain de rencontre avec les théories psychologiques non analytiques – alors que la psychologie du Ça a toujours été le domaine réservé de la psychanalyse, et l'est aussi resté. Assurément les arguments que l'on oppose à la psychologie analytique du Moi sont différents de ceux auxquels se heurte la psychologie du Ça ; ils ressemblent davantage à ceux que l'on emploie couramment dans le domaine scientifique – ils sont moins hostiles et moins catégoriques.

Certains analystes conçoivent d'ailleurs ceci comme un argument permettant de contester la réalité ou l'importance de ces découvertes. À tort, dirons-nous, car on ne peut pas considérer la résistance à une nouvelle connaissance comme le critère absolu de sa valeur scientifique. Si la critique formulée à l'encontre de la psychologie du Moi est relativement modérée, c'est peut-être aussi parce que les non-analystes ne saisissent que rarement son arrière-plan et ses implications. À juste titre, Freud s'est refusé à considérer la psychanalyse comme un « système » au sens propre du terme. Elle constitue cependant un tout organisé et cohérent, à tel point que l'essai d'en arracher des parties aboutit non seulement à détruire le tout, mais aussi à modifier et à endommager les parties. Comme l'a souligné récemment Fenichel (1937 *b*), la psychologie analytique du Moi diffère beaucoup d'une « psychologie de surface », même si elle tient de plus en plus compte des détails de comportement et de l'expérience consciente sous toutes ses formes. Elle étudie également le problème, rarement abordé, des processus préconscients ainsi que les relations entre Moi inconscient, préconscient et conscient. Le point de vue dynamico-économique ne leur a été que très peu appliqué, et pourtant il concerne la totalité de la vie psychique. L'évolution même de la psychologie psychanalytique nous permet de comprendre pourquoi nous connaissons encore relativement peu les méthodes de travail de l'appareil psychique, ses modes d'élaboration qui aboutissent aux *actions adaptées*. Nous ne pouvons pas simplement opposer le Moi, conçu comme la partie non biologique de la personnalité, au Ça, constituant le biologique ; ce problème de l'adaptation nous met justement en garde contre une telle distinction – nous en reparlerons d'ailleurs. Il est exact et évident que l'aspect purement descriptif, phénoménologique, revêt une importance particulière pour la psychologie du Moi. Elle accorde de l'importance à des détails de la surface psychique qu'elle avait tendance à négliger auparavant. Toutefois, nous sommes sans doute tous d'accord pour penser que ces détails phénoménologiques qui retiennent actuellement notre attention ne constituent pour nous qu'une voie d'accès ou un point de départ. Pour une psychologie phénoménologique, en revanche, l'accumulation de connaissances de détails descriptives constitue également un but – et il ne faut pas en conclure que la psychologie analytique du Moi poursuive les mêmes buts. La différence fondamentale entre le travail phénoménologique et le travail analytique demeure inchangée. Dans ce sens, on ne peut pas, par exemple, faire rentrer la psychologie du Moi de Federn, qui est centrée sur toutes les formes de l'expérience du Moi, dans le cadre de la phénoménologie : en effet, dans la conception de Federn, ces formes d'expérience vécue constituent les indicateurs d'autres processus (libidinaux) et ne peuvent être saisies que par des concepts explicatifs et non par des concepts descriptifs.

L'analyse est caractérisée par le lien étroit rattachant la théorie aux tâches pratiques, et ceci explique le fait que certaines fonctions du Moi ont attiré notre attention avant d'autres. Il s'agit, en particulier, de celles qui sont en relation immédiate avec les conflits régnant entre les différentes instances psychiques. Du fait de cette évolution, les autres fonctions du Moi, et aussi l'explication avec l'entourage, n'ont été élevées au rang de problème qu'à un stade ultérieur de notre science – même si certains problèmes isolés ont dès le début joué un rôle dans la psychanalyse. Il est certain que l'observation psychanalytique s'est toujours heurtée à certains phénomènes qu'elle constatait et essayait d'élaborer et qui dépendaient d'autres fonctions du Moi ; mais ces phénomènes ont rarement fait l'objet d'une étude détaillée et d'une réflexion théorique. Nous savons aussi, par expérience, que les fonctions psychiques ont une importance moins décisive, pour la compréhension et le traitement des troubles pathologiques – c'est-à-dire pour le domaine qui a toujours le plus intéressé les psychanalystes –, que la psychologie du conflit que nous trouvons toujours à l'origine de la névrose. Nous sommes cependant loin de sous-estimer sa signification clinique, mais ici c'est surtout l'aspect théorique de ces questions qui nous occupera, et que nous considérerons d'ailleurs d'un point de vue déterminé. Nous admettons, certes, que le Moi se constitue en s'appuyant sur les conflits, mais ceux-ci ne représentent pas la racine unique de la formation du Moi. Une *psychologie générale du développement*, telle que, pensons-nous, pourra constituer la psychanalyse à l'heure actuelle, doit nécessairement prendre en considération ces domaines. Cette intégration devra s'opérer dans le sens mentionné plus haut, c'est-à-dire représenter une nouvelle élaboration de ces champs de recherches étudiés par la psychologie non analytique, du point de vue et avec les méthodes de la psychanalyse. Il est évident que l'observation directe des processus du développement par l'analyste (et avant tout l'observation directe des enfants) acquerra de ce fait une importance scientifique accrue pour l'analyse.

Toute explication avec le monde, tout processus d'apprentissage ou de maturation, ne constitue pas nécessairement un conflit. Nous y trouvons également le développement *non conflictuel* de la perception, de l'intention, de la conception des objets, de la pensée, du langage, des phénomènes du souvenir, de la productivité ; y figurent aussi les stades bien connus du développement moteur – la préhension, la reptation, l'apprentissage de la marche – et enfin les processus universels de maturation et d'apprentissage, pour n'en citer que quelques-uns. Un grand nombre de travaux psychanalytiques connus, que nous ne mentionnerons pas ici, ont trouvé là leur point de départ. Il est vrai que, la plupart du temps, ils ne considèrent pas le problème du point de vue de la psychologie du Moi actuelle. (E. Bibring, en 1936, a étudié les changements de la psychologie analytique des pulsions et du Moi.) Il n'est pas nécessaire d'énumérer toutes ces fonctions. Nous ne voulons certes pas prétendre que les activités de l'enfant, citées plus haut, ou d'autres, qui se situent également dans ce contexte, ne sont pas touchées par les conflits psychiques. Nous ne contestons pas que des perturbations au cours de leur évolution donnent lieu à des conflits et sont élaborées sous forme de conflits. Nous cherchons, au contraire, à souligner la signification de leur destin en relation avec les développements et conflits pulsionnels bien connus, typiques ou individuels, ainsi que la façon dont ils aident ou empêchent l'individu de maîtriser ces conflits. Nous proposons de désigner la totalité de ces fonctions, dans la mesure où elles se déroulent pratiquement en dehors du domaine des conflits psychiques, par le terme provisoire de « sphère du Moi libre de conflit ». Qu'on ne se méprenne pas sur le sens de cette expression. Nous n'entendons pas par là quelque province psychique dont l'évolution devrait nécessairement se faire à l'abri des conflits, mais bien plus certains processus dans la mesure où, chez l'individu, ils demeurent empiriquement à l'extérieur de la sphère de conflit. Il est possible d'indiquer ce qui appartient à cette sphère du Moi libre de conflit, aussi bien dans une vue longitudinale que transversale de la vie psychique individuelle. Ce qui nous a manqué jusqu'à présent est de connaître cette sphère d'une façon analytique systématique, également d'avoir une connaissance plus complète de l' « angoisse réelle » et des processus de défense dans la mesure où ils conduisent à une évolution « normale », et enfin de posséder une conscience plus nette des apports fournis par cette sphère libre de conflit en ce qui concerne la nature et le résultat de la défense (et des formes de résistance) ainsi que le déplacement des buts pulsionnels. Il est évident, par ailleurs, que les recherches qui se *limiteraient* à cette sphère – ce que fait le plus souvent la psychologie classique – négligeraient certainement des situations psychiques fondamentales.

Tout en possédant une certaine signification du point de vue technique (par exemple pour l'analyse des résistances), l'étude de la sphère du Moi libre de conflit fournira sans doute un apport généralement moindre aux problèmes de technique analytique que l'étude des conflits et des défenses ; mais ceci est une autre question, que nous n'envisagerons pas ici. Peut-être objectera-t-on que cette sphère représente la partie des processus psychiques qui doit demeurer extérieure aux préoccupations psychanalytiques et qu'il vaudrait mieux l'abandonner à d'autres disciplines psychologiques. Nous avons déjà indiqué pourquoi nous pensons qu'une telle limitation et une telle résignation sont injustifiées. On n'a pas le droit de partager les domaines de la psychologie entre l'analyse et d'autres disciplines psychologiques – car les représentants de ces autres orientations risquent de négliger des phénomènes de développement importants dont les conséquences affectent également les domaines que l'on considérait autrefois comme « extra-analytiques ». Si nous voulons vraiment faire de la psychanalyse une théorie générale du développement psychique, il nous faut approfondir l'étude de cette partie de la psychologie à partir de notre point de vue et avec nos propres méthodes – aussi bien dans l'analyse que par l'observation directe du développement de l'enfant. Autrefois, toute la psychologie du Moi représentait pour la psychanalyse ce « domaine étranger » sur lequel il fallait pénétrer à tout moment, mais qu'il n'était pas possible d'intégrer théoriquement. Il en est de même aujourd'hui en ce qui concerne la sphère du Moi libre de conflit. Mais cette frontière, elle aussi, finira par céder.

Il est évident qu'en particulier le problème de l'*adaptation* fait intervenir aussi bien des processus liés à des situations conflictuelles que d'autres qui sont manifestement liés à cette sphère libre de conflit ; c'est d'ailleurs à propos de ce problème de l'adaptation que les questions discutées ici se sont imposées à nous pour la première fois. Il serait particulièrement passionnant d'étudier comment les modes d'élaboration des stimuli externes et internes – qui aboutissent à une faculté d'adaptation moyenne et à un état d'adaptation normal – interfèrent dans les cas concrets avec d'autres mécanismes, que nous connaissons mieux et que nous considérons comme la cause des troubles de l'évolution. Il serait également intéressant d'étudier, dans cette perspective, de nombreux problèmes relatifs au développement du caractère, les aspects de la personne que nous appelons les « intérêts du Moi », le problème des aptitudes, etc. Ainsi, un problème cliniquement important et encore trop peu étudié est la façon dont certaines aptitudes influencent la répartition d'énergie narcissique, objectale ou agressive, comment elles facilitent des possibilités déterminées de résolution des conflits et comment elles favorisent certains processus de défense. Il y a quelques années déjà, Hermann (1932) avait fourni – quoique dans une perspective différente – d'importantes contributions à l'analyse du problème des aptitudes. De nombreux problèmes relatifs aux troubles du Moi dans les psychoses pourront également être concrétisés dans cette perspective, ainsi que certains faits touchant aux relations psychophysiques. Si l'on se place sous l'angle des pulsions et des conflits, toutes ces questions peuvent être résolues dans une certaine mesure, mais pas complètement.

Nous avons appris à connaître le Moi dans son activité défensive, exposée dans le livre classique de Anna Freud (1936). Mais il existe des problèmes, nés sur le terrain de l'analyse (il n'est peut-être pas superflu d'insister là-dessus), qui nous poussent à nous occuper d'autres fonctions du Moi et d'un autre aspect de l'activité du Moi. On peut décrire le développement du Moi en suivant les conflits qu'il lui faut résoudre dans sa lutte contre le Ça et le Surmoi ; on peut également y inclure les conflits avec le monde extérieur et considérer, en conséquence, le Moi impliqué dans une guerre sur trois fronts. C'est ainsi que – à titre de comparaison – pour décrire un pays, une nation ou un État, on indique quelles sont ses frontières et on décrit ses démêlés militaires avec les peuples ou États voisins. (Ceci n'est qu'une image parmi d'autres ; ce que nous appelons ici pays-frontière constitue justement une partie essentielle de ce que nous dénommons généralement – en utilisant une autre image – le domaine « central » de la personnalité.) Mais on peut également considérer le développement paisible de la population, son économie, sa structure sociale, ainsi que les relations pacifiques qu'elle entretient avec les voisins. L'État peut aussi être conçu comme un système d'institutions dont l'action se traduit dans la législation, la juridiction, etc. Il existe manifestement des correspondances systématiques entre ces différents points de vue, et nous retournons à notre point de départ psychologique – ce sont ces correspondances, ces relations, qui présentent pour nous le plus grand intérêt. Il faudrait étudier l'interrelation entre un développement intérieur (mais aussi extérieur ; par exemple, certaines formes de l'« élaboration ») « paisible » et le conflit psychique, en tant qu'ils se favorisent ou s'inhibent réciproquement. Si l'on prend l'exemple de la marche verticale, on voit se combiner des facteurs constitutionnels, des facteurs de maturation dans les appareils servant à la marche, des processus d'apprentissage, des processus libidinaux, des identifications ainsi que des facteurs endogènes et exogènes dus aux pulsions et au monde extérieur, qui peuvent conduire à des conflits et à des troubles fonctionnels (cf. M. Schmideberg, 1937). Aucun de ces facteurs ne peut expliquer à lui seul cette importante étape du développement.

Il serait toutefois faux de penser que l'opposition entre situation conflictuelle et développement paisible correspond directement à celle qui existe entre pathologique et normal. L'homme sain n'échappe ni aux problèmes ni aux conflits. Évidemment, le champ et le degré d'action du conflit sont différents dans les deux cas. L'opposition normal-pathologique ne se recouvre pas avec celle existant entre : né d'une défense – qui n'est pas né d'une défense (ou : développement résultant d'un conflit – développement libre de conflit). Nous nous plaçons à des *points de vue* différents, lorsque nous partons dans un cas de l'opposition entre perturbation et performance, dans l'autre de celle entre conflit et libre de conflit. Une défense « réussie » peut signifier un « échec » de la performance, et réciproquement. Ceci va de soi, bien entendu, mais il n'est peut-être pas superflu de le dire explicitement, car nous avons pu constater que ces deux paires de concept ne sont pas toujours très clairement distinguées. Nous ne voulons pas contester par là que l'accès le plus fructueux au problème du conflit est passé par la connaissance de la fonction perturbée (et ceci pour des raisons bien compréhensibles) ; nous sommes également prêts à admettre qu'on ne peut pas savoir si l'exploration de la sphère libre de conflit se servira principalement de la même méthode, ou plutôt de l'observation (directe ou indirecte) d'un développement non perturbé.

Au nombre des domaines de recherche analytique, ou fécondés par l'analyse, qui pourraient bénéficier d'un élargissement de notre horizon dans cette direction, nous aimerions citer, entre autres, la pédagogie et la sociologie. Il est facile de montrer où se trouvent, dans la psychologie du Moi, les points de départ pour un tel élargissement ; il suffit de considérer sous un angle différent certains problèmes bien connus. Les travaux de Anna Freud constituent sans aucun doute le premier exposé exhaustif d'un aspect des fonctions du Moi, important pour notre propos, et nous choisirons les exemples (qui se contentent d'ailleurs de souligner un certain point de vue et n'apportent rien de neuf relativement à la psychanalyse) dans son domaine de recherche. Dans la partie historique de l'exposé qu'elle fit au Congrès de Budapest (1937), Anna Freud montra comment les changements dans la théorie analytique et les variations dans le centre d'intérêt des psychanalystes se reflètent dans la pédagogie psychanalytique : un élargissement de la réflexion théorique corrige, dans une certaine mesure, des conceptions pédagogiques manifestement très étroites. Il fut une époque, par exemple, où la prophylaxie de la névrose était considérée comme le centre de la contribution psychanalytique à la pédagogie. Effectivement, à ce moment, de nombreuses communications écrites et orales donnaient l'impression que non seulement la pédagogie mais aussi toute l'histoire de la culture allaient devenir une partie de la prophylaxie des névroses. Anna Freud a également montré comment une connaissance psychanalytique plus approfondie du Moi devait modifier le travail psychanalytique dans son orientation générale ainsi que dans les cas particuliers. Nous pouvons, pensons-nous, poursuivre cette réflexion dans le sens de ce qui précède. Jusqu'à présent, la psychologie analytique du Moi a été avant tout une psychologie du conflit ; les voies libres de conflit, propres à une élaboration et à une évolution adaptées à la réalité, restaient, en revanche, dans l'ombre. Une science a le droit de chercher sa voie en tâtonnant d'un résultat au suivant, et une science empirique est obligée de procéder de cette façon. La pédagogie, toutefois, se construit nécessairement, et toujours, sur une image de la personnalité totale, que celle-ci soit scientifiquement fondée ou non. Les buts de la pédagogie correspondent à des exigences sociales et concernent tout particulièrement des conduites d'adaptation (avec une seule exception, dont nous parlerons plus loin). C'est pourquoi les méthodes d'éducation ne pourront avoir une chance sociale (nous laissons de côté ici les problèmes de valeurs qui s'y rattachent) que si elles tiennent compte de la totalité des processus d'évolution, de leur structure, de leur rang dans la hiérarchie biologique, de leur valeur productive et adaptative.

Ainsi, nous connaissons fort bien certaines des relations existant entre la vie pulsionnelle et l'évolution intellectuelle. Nous savons comment des conflits ou des interdits pulsionnels peuvent inhiber, de façon momentanée ou permanente, le développement intellectuel. D'autre part, Anna Freud nous a montré comment, au moment de la puberté, l'intellectualisation peut servir à se défendre contre les dangers pulsionnels, comment elle constitue une tentative de venir à bout de la pulsion par des moyens détournés. Ce même processus possède également un autre aspect, tourné vers la réalité, et cet aspect nous autorise à voir dans ce mécanisme de défense contre la pulsion quelque chose que l'on peut aussi considérer comme un processus d'adaptation. Anna Freud a pu dire, dans ce sens, que « les dangers pulsionnels rendent les hommes intelligents » (1936, T.F., p. 148)[1]. Nous pouvons poursuivre et nous demander pourquoi ce moyen est employé plutôt qu'un autre pour se défendre contre les pulsions et pourquoi l'intellectualisation est plus ou moins développée suivant les cas. Il s'agit certainement

1. La date mentionnée est celle de la première édition allemande. En ce qui concerne les œuvres de Freud, nous indiquons d'abord la page des *Gesammelte Werke (G.W.)* sur laquelle se trouve la citation, puis éventuellement la page correspondante de la traduction française (T.F.). Parfois, nous avons modifié les termes de la traduction française, auquel cas nous l'indiquons par le signe (+) dans la parenthèse. (*N.d.T.*)

ici de relations complexes, que nous connaissons d'ailleurs en partie : que l'on songe, en particulier, à la signification qu'ont les tentatives précoces de résolution chez l'enfant pour son évolution ultérieure. Nous sommes en droit d'admettre un facteur d'intelligence agissant comme variable indépendante et contribuant à déterminer le choix et le succès du processus de défense. Tout en ayant une certaine conscience de ces phénomènes, nous n'en possédons cependant pas une connaissance systématique. Apprendre à penser et apprendre en général constituent une fonction biologique indépendante, existant à côté et en partie indépendamment des pulsions et des défenses.

La pensée logique est tournée vers la réalité, que ce soit de façon médiate ou immédiate. Lorsque des formes typiques de défense contre les pulsions conduisent à une activité intellectuelle accrue, cela signifie que cette forme de résolution de conflit peut impliquer un processus d'adaptation à l'égard du monde extérieur. Ceci n'est évidemment pas le cas de la même façon pour tous les processus de défense, mais, en ce qui concerne l'intellectualisation, nous la trouvons à l'œuvre bien au-delà de la puberté. « Cette intellectualisation de la vie pulsionnelle, cette tentative de maîtriser les pulsions en les rattachant à des représentations avec lesquelles on peut consciemment jouer, constitue une des conquêtes les plus universelles, les plus anciennes et les plus essentielles du Moi. Nous ne la considérons pas comme une activité du Moi, mais comme un élément indispensable de celui-ci » (Anna Freud, 1936, p. 188 ; T.F., p. 147 +).

En conséquence on ne peut pas se borner à définir un tel phénomène comme processus de défense. Il faut le caractériser aussi par les traits et les relations qui sont orientés vers le monde extérieur et favorisent l'adaptation. Il faut enfin étudier comment la nature et l'intensité de la défense dépendent de fonctions du Moi, qui n'appartiennent pas directement au conflit. L'évolution intellectuelle n'est pas seulement le résultat d'une explication avec les pulsions, les objets d'amour, le Surmoi, etc., et ceci en premier lieu parce que nous avons de bonnes raisons d'admettre l'existence d'appareils fonctionnant dès l'origine et qui sont placés au service de ce développement ; nous aurons d'ailleurs à en reparler. De toute façon, la mémoire, l'association, etc. constituent des facultés qu'on ne peut pas déduire de la relation du Moi avec les pulsions et les objets d'amour, mais que, dans notre conception de ces relations et de leur évolution, nous *supposons être les données préalables*.

Pour juger de la réussite d'une défense contre les pulsions, nous n'aurons plus seulement à nous demander quel a été le sort de la motion pulsionnelle *(Triebregung)*, et de quelle manière le Moi s'est protégé. Nous nous intéresserons plus généralement à la façon dont seront affectées les fonctions du Moi qui ne participent pas directement à la défense. Il est évident que des notions comme force du Moi, faiblesse du Moi, limitation du Moi, etc., font également partie de ce contexte, mais elles restent un peu nébuleuses aussi longtemps que les fonctions spécifiques du Moi qui y sont impliquées n'auront pas été étudiées. Une notion comme celle de force du Moi ne peut pas être définie seulement à partir des régions frontières du Moi, quoiqu'elle se manifeste de la façon la plus frappante dans les luttes au sein de la sphère conflictuelle. Pour en revenir à notre comparaison, le soutien ou le manque de soutien envoyé par l'arrière-pays jouent également un rôle primordial pour la force de résistance des armées à la frontière. Lorsque nous arriverons à déterminer objectivement les facteurs aptitude, caractère, volonté, etc., qui sont en corrélation – empirique, non théorique – avec un Moi « fort » ou « faible », nous arriverons à dépasser la relativité des définitions communes, qui déterminent la force du Moi seulement à partir de la relation de celui-ci avec le Ça et le Surmoi. Nous serons alors à même de comparer la force du Moi de différents individus, même si la relation entre la maîtrise de la réalité et la performance, d'une part, entre la maîtrise de la réalité et la force du Moi, d'autre part, est très complexe. Le travail de Hendrick (1936) constitue une contribution à une telle détermination de la force du Moi. Au cours de notre travail clinique, nous observons toujours à nouveau comment des différences dans le développement intellectuel, moteur, etc., se répercutent dans la façon dont l'enfant maîtrise les conflits, et comment la façon de maîtriser les conflits agit en retour sur ces activités. D'un point de vue descriptif, nous pouvons constater une action conjuguée de la sphère conflictuelle et des autres fonctions du Moi. Il s'agit d'une *action conjuguée réelle*, ou, pourrait-on dire, de la surdétermination d'un processus psychique. Suivant la façon dont ces phénomènes se présentent à l'investigation scientifique, on peut également parler de deux *aspects* des processus du Moi ; en effet, ce sont souvent les mêmes processus que nous examinons : tantôt, par exemple, en relation avec les problèmes du conflit intérieur, tantôt en considérant leur dépendance à l'égard des appareils chargés de la maîtrise de la réalité ainsi que leur action sur eux. Mais ce même processus peut également, à l'occasion, nous intéresser en pathologie, dans sa relation génétique avec les troubles de l'adaptation, alors que, dans un autre contexte, il prend en même temps une signification positive pour l'adaptation. L'un ou l'autre des éléments de ce processus deviendra important suivant que l'on considère celui-ci sous l'un ou l'autre de ses aspects ; il s'agit donc ici d'une classification suivant différents points de vue (cf. ce que nous avons dit plus haut sur le problème de la santé et celui du conflit).

Nous prendrons un autre exemple, qui conduit au même résultat ; il joue un rôle dans la psychologie de l'enfant et dans la pédagogie, mais nous le rencontrons aussi constamment dans les analyses d'adultes : il s'agit de l'*activité fantasmatique*. Nous n'avons pas besoin de rappeler la signification de la formation des fantasmes, au sens étroit du terme, dans la psychologie des névroses. Dans son dernier ouvrage, Anna Freud a exposé sa fonction dans le développement de l'enfant. Elle y examine la négation de la réalité au moyen du fantasme et montre comment l'enfant qui se refuse à accepter une partie désagréable de la réalité nie celle-ci, dans certaines circonstances, et la remplace par un fantasme. Une question s'impose, et Anna Freud l'a aussi posée : c'est de savoir dans quelles conditions un tel processus devient pathologique. Toute une série de facteurs en est sans doute responsable, mais nous en trouvons un qui joue certainement un rôle important : c'est le degré de maturité des *appareils du Moi* servant à la perception, à la pensée (en particulier à la pensée causale), etc., qui garantissent les relations de l'individu avec l'entourage ; « ... peut-être ... le lien qui unit à la réalité un Moi relativement mûr est-il en général plus fort » (Anna Freud, 1936, p. 95 ; T.F., p. 72 +).

Lorsqu'un fantasme prend la place d'une partie importante de la réalité, nous nous trouvons devant un tableau très différent du point de vue économique, suivant qu'il s'agit d'un adulte ou d'un enfant. Tout comme pour le problème du développement de l'intelligence et de ses inhibitions, il est nécessaire ici d'étudier la fonction et le développement de ces appareils ; sinon le problème demeure insoluble. (Certaines études psychologiques ont abouti à des résultats pertinents. Elles ont, en particulier, mis en évidence une relation entre l'activité fantasmatique et la disposition eidétique. Selon Jaensch (1923), celle-ci implique « des possibilités, neutres du point de vue valeur, d'une part pour des accomplissements significatifs, d'autre part pour des fantasmes et des rêveries ». Toutefois ce n'est pas la disposition eidétique, mais la personnalité totale, qui déterminera dans laquelle de ces deux directions s'engagera le développement. Ainsi, cette question cruciale est, elle aussi, laissée sans réponse par la psychologie académique.)

À partir de ces considérations, une deuxième question se pose immédiatement : quel est le rôle des éléments de l'activité fantasmatique qui favorisent l'adaptation ? Notre réponse ne devra assurément pas négliger la signification biologique fondamentale de l'épreuve de la réalité, en particulier de la distinction entre fantasme et réalité. Varendonck (1921), le seul auteur psychanalyste après Freud à avoir étudié les caractères généraux de l'activité fantasmatique, pense que la pensée fantasmatique possède une fonction biologique par sa tentative de résoudre des problèmes de la vie éveillée – ceci contrairement au travail du rêve. Nous signalons en passant que, dans ce travail de Varendonck sur la pensée fantasmatique, nous nous heurtons de nouveau à des mécanismes du préconscient dont Kris (1939) a également souligné récemment la signification pour les problèmes qui nous occupent. La notion de fantasme est très étendue et relativement imprécise. On a toutefois l'impression que tous les phénomènes désignés sous ce terme ont des points en commun. On sait bien que la « fantaisie »[1], dans le sens d'une aptitude à la combinaison, mais aussi dans celui d'une pensée par analogie et par images, peut être féconde même dans le domaine le plus propre à la raison, c'est-à-dire la pensée scientifique. Il faut même admettre que la vie psychique de l'adulte normal n'est jamais complètement exempte d'éléments de déni de la réalité ni de la création de fantasmes qui s'y substituent, et ceci quoi qu'en dise une conception schématique du concept de santé mentale. On n'a qu'à songer à l'attitude de l'homme envers la sexualité infantile ou aux représentations religieuses.

L'apprentissage des relations avec la réalité passe vraisemblablement par des *détours*. Certaines voies d'adaptation à la réalité commencent certainement par s'écarter de la situation réelle. Nous mentionnerons comme exemple la fonction du jeu – par là nous ne nous référons pas à une théorie téléologique du jeu de l'enfant, mais seulement à son rôle effectif dans le développement humain. Nous pouvons également songer ici à la fonction auxiliaire du fantasme dans le processus d'apprentissage proprement dit. Le fantasme conduit toujours à se détourner d'abord d'une situation réelle ; mais il peut aussi constituer une préparation à la réalité. Son développement éloigne toujours quelque peu de la réalité, mais il peut ensuite aboutir à mieux la maîtriser. Il peut accomplir une tâche synthétique en reliant provisoirement nos besoins et nos buts avec les possibilités de leur réalisation. Nous connaissons aussi fort bien des fantasmes qui éloignent l'individu de la réalité extérieure, mais le rendent réceptif à l'égard de la réalité intérieure. Les phénomènes et processus psychiques fondamentaux ont constitué le contenu de tels « fantasmes » longtemps avant de devenir un objet scientifique (grâce à la psychanalyse). La fonction primaire de ces fantasmes est autoplastique et non alloplastique, mais nous sommes les derniers à contester la nécessité d'une connaissance approfondie de la vie intérieure et son importance dans la maîtrise du monde extérieur. Il faut d'ailleurs bien réaliser que la *connaissance de la réalité* et l'*adaptation à la réalité* ne sont pas des concepts identiques, mais nous y reviendrons plus loin. De toute façon, ce que nous venons de dire montre de nouveau combien il est nécessaire de bien distinguer les différents aspects du problème. Il en résulte une

1. Le terme allemand *Phantasie* désigne à la fois la « fantaisie », dans son sens plus ancien d'imagination, d'aptitude à combiner des images, et le fantasme, en tant que création consciente ou inconsciente de cette « fantaisie ». Selon le contexte, nous avons utilisé l'un ou l'autre de ces termes. (*N.d.T.*)

situation apparemment paradoxale : en partant de la pathologie, de la psychologie des névroses et des psychoses, nous en arrivons à surestimer la valeur positive pour le développement des voies les plus courtes conduisant à la réalité, alors que c'est seulement en partant de l'adaptation à la réalité que nous comprenons la valeur du fantasme, par exemple. En fait, c'est un même phénomène qui, suivant les différents points de vue, prend un aspect tantôt positif, tantôt négatif. Dans l'un des cas, « positif » signifie d'ailleurs « prévenant la névrose », dans l'autre « favorisant l'adaptation ». Une considération trop hâtive ou unilatérale risquerait de nous faire séparer ce qui est essentiellement lié. Pendant longtemps, la psychanalyse n'a eu aucune raison de s'occuper de l'autre face de ces processus, qui appartient à la psychologie normale, mais qu'une psychologie normale non analytique n'est pas capable de comprendre.

À la base du *déni*, nous trouvons la fuite. Ce caractère de fuite apparaît encore plus nettement dans l'*évitement*. Anna Freud (1936) nous en a montré les conséquences, qui consistent essentiellement en une restriction du Moi. Pourtant, l'évitement d'un monde environnant qui contient des difficultés et sa contrepartie positive, la recherche d'un autre monde offrant des possibilités meilleures et plus accessibles, constituent en même temps un processus d'adaptation extrêmement efficace (au-delà des représentations courantes d'autoplastique et d'alloplastique). Parmi les processus d'adaptation au sens large du terme, il faudrait sans doute accorder une place beaucoup plus centrale à la recherche d'un monde environnant approprié, au choix entre plusieurs entourages possibles et aussi entre plusieurs fonctions possibles (cf. A. E. Parr, 1926). On peut observer ce processus dans le règne animal, et, sans aucun doute, en trouve-t-on également de nombreux exemples chez l'homme. Ici se manifestent à nouveau cette double face du problème et cette inclusion d'un autre groupe de tendances du Moi.

Ce que nous avons dit du fantasme s'applique également (dans cette perspective) à l'*action affective*. Vue sous l'angle de la psychologie des névroses et opposée à l'image idéale théorique d'action rationnelle, celle-ci apparaît comme un triste reste d'états psychiques primitifs et comme une déviation par rapport à la normale. Il est évident qu'on aperçoit nettement les difficultés pour la thérapie et pour le développement de la personnalité, qui y ont leur source, et qu'on néglige l'impulsion à maîtriser la réalité, qui y est également contenue. Mais nous savons aussi que l'affectivité est un organisateur important, participant à de nombreuses fonctions du Moi, et qu'il permet et favorise ces processus. Récemment encore, Freud (1937) a montré que le résultat d'une analyse totalement achevée n'était pas de faire de l'individu un être dépourvu de passions.

Nous pourrions multiplier les exemples à l'infini. Nous nous bornerons à mentionner encore un domaine qui montre avec une netteté particulière la nécessité de considérer cet autre aspect et d'inclure la sphère du Moi libre de conflit. Il s'agit de l'application de la psychanalyse aux sciences sociales. Nous pensons que la psychanalyse doit devenir une espèce de science de base de la sociologie – et récemment Waelder (1936 *a*) a montré la signification qu'elle pouvait acquérir à l'égard de problèmes partiels étudiés par les sciences sociales. Mais les centres d'intérêt ne sont pas les mêmes pour la psychanalyse et la sociologie ; cette dernière accorde de l'importance à certains problèmes que nous-mêmes considérons comme périphériques. Pour elle, c'est l'activité sociale qui est l'essentiel, l'accomplissement ou le non-accomplissement des tâches exigées par la société (c'est-à-dire des tâches d'adaptation) ; elle n'accorde une importance à la psychologie des conflits psychiques, à l'élaboration des motions libidinales, agressives, etc., que dans la mesure où ces processus se traduisent en conduite sociale. Ce qui importe est l'homme en tant qu'il accomplit, qu'il réalise (accomplissement étant pris ici dans son sens large). Ce sont les réalisations de l'appareil psychique qui sont importantes, et seulement de façon indirecte la manière dont il surmonte ses difficultés. Ces deux points de vue, celui qui part de la performance et celui qui part du conflit, sont psychologiquement nécessaires. En appliquant la psychanalyse à la sociologie, on coordonne ces deux points de vue. En nous orientant vers la zone libre de conflit du Moi et vers ses fonctions, en pénétrant plus avant dans le problème de l'adaptation, nous pouvons espérer exploiter ce terrain en friche situé entre les deux, et étendre les possibilités de l'analyse face à ces problèmes des sciences sociales. Il serait facile de démontrer ce que nous venons de dire, à l'aide d'exemples concrets, mais nous ne pouvons pas nous étendre ici sur ce sujet.

Le stade du miroir comme formateur de la fonction du Je telle qu'elle nous est révélée dans l'expérience psychanalytique

(1949)

JACQUES LACAN

L'attention que Lacan porta au langage pourrait être conçue comme une systématisation de l'apport freudien, même si la catégorie du Symbolique a chez lui sa cohérence propre. En revanche la dimension de l'imaginaire, à laquelle ce texte introduit, ne peut manquer d'apparaître comme une avancée originale de la plus grande importance. À partir de quelques observations mises en lumière par des psychologues, Lacan donne à l'image un rôle constitutif dans ce que nous pouvons continuer à appeler le moi (Lacan, dans son titre et dans certains passages de l'article parle du « je », mais il abandonnera ce terme, du moins pour ce dont il s'agit ici, le « je » évoquant davantage le sujet dans le langage, dans le symbolique).

Lacan commence par une description, en partie empruntée à divers psychologues, mais qui prend chez lui un relief saisissant : « [...] le petit homme à un âge où il est pour un temps court, mais encore pour un temps, dépassé en intelligence instrumentale par le chimpanzé, reconnaît pourtant déjà son image dans le miroir comme telle. [...] Cet acte, en effet, rebondit aussitôt chez l'enfant en une série de gestes où il éprouve ludiquement la relation des mouvements assumés de l'image à son environnement reflété. [...] »

Il y a là, dit-il, un mécanisme qui d'emblée relève de l'identification, le sujet s'identifiant, pour ainsi dire, à une image de lui-même : « [...] Il y suffit de comprendre le stade du miroir *comme une identification* au sens plein que l'analyse donne à ce terme : à savoir la transformation produite chez le sujet, quand il assume une image, – dont la prédestination à cet effet de phase est suffisamment indiquée par l'usage, dans la théorie, du terme antique d'*imago*. [...] »

De cette identification, Lacan décrit les différents temps. Il montre aussi quelles analyses cliniques peuvent s'appuyer sur une telle démarche : « [...] Elle instaure dans les *défenses du moi* un ordre génétique qui réponde au vœu formulé par Melle Anna Freud dans la première partie de son grand ouvrage, et situe (contre un préjugé souvent exprimé) le refoulement hystérique et ses retours, à un stade plus archaïque que l'inversion obsessionnelle et ses procès isolants, et ceux-ci mêmes comme préalables à l'aliénation paranoïaque qui date du virage du *je* spéculaire en *je* social. » [...]

Le symptôme hystérique, en effet, qui découpe le corps, renvoie au « corps morcelé », l'« isolation obsessionnelle » à l'adoption, par le sujet, d'une armure qui le protège mais peut être pesante. Enfin, la paranoïa peut être rapportée à ce moment où le sujet passe de l'identification à sa propre image à une identification à l'image du semblable avec la rivalité et l'agressivité qui sont liées à ce passage. On peut ajouter que Lacan, dans les années ultérieures, proposera un appareil optique plus complexe pour rendre compte du narcissisme comme assomption de l'image spéculaire, mais aussi de l'identification au semblable, au « moi-idéal » en tant qu'elle est réglée par l'« idéal du moi ».

Le texte, reproduit dans les Écrits, *est daté de 1949 (communication faite au XVI*e *congrès international de psychanalyse, à Zurich, le 17 juillet 1949). Lacan en avait proposé une première version au congrès de Marienbad, en 1936.*

Source : J. Lacan, *Le stade du miroir comme formateur de la fonction du Je telle qu'elle nous est révélée dans l'expérience psychanalytique, in* Écrits, Seuil, 1965.

XIII

QU'EST-CE QU'UN DISCIPLE ?

Comment se transmet la psychanalyse ? Il est à présent admis que celui qui souhaite devenir analyste doit d'abord faire lui-même l'épreuve de la cure – comme patient, comme « analysant »[1]*. Il s'agit pour lui d'avoir une expérience personnelle de la réalité de l'inconscient, expérience qui seule lui permettra de maintenir la position analytique, de ne pas tomber dans une pratique sans principe d'aide psychologique. Il s'agit aussi, grâce à une analyse menée aussi loin que possible, d'être assez au clair sur son propre désir pour ne pas projeter sur ses patients ce qui ressort de sa problématique propre.*

La question cependant est plus complexe. D'abord les premiers analystes qui se regroupèrent autour de Freud se contentèrent généralement, en guise d'analyse personnelle ou « didactique », de quelques après-midi passés avec lui, durant lesquels il les aidait à analyser leurs propres rêves et autres formations de l'inconscient. Ensuite, même de nos jours, où cette idée d'une analyse approfondie de l'analyste s'est imposée, il reste la question plus délicate de ce qui constituerait une « formation » psychanalytique. Celle-ci ne peut, vu la spécificité de la pratique analytique, se ramener à un enseignement théorique, de type universitaire. Il s'agit plutôt de savoir ce qui va permettre à un praticien de se repérer dans des situations toujours nouvelles, où il ne suffit pas d'appliquer un savoir entièrement constitué.

Les psychanalystes, et Freud le premier, ont formé des élèves, des disciples, dont ils attendaient qu'ils poursuivent leur oeuvre. Mais qu'est-ce qu'un disciple dans le champ de la psychanalyse ? Qu'est-ce qu'un disciple du point de vue de la psychanalyse ?

Karl Abraham fut assurément un des élèves les plus fidèles de Freud. On ne lui connaît aucun désaccord notable, ni quant à la théorie, ni quant à la technique. Né à Brême, en 1877, dans une famille juive hanséatique, il fut jusqu'en 1907 assistant de Jung à la clinique du Burghölzli. À cette date, il s'installa à Berlin où il pratiqua la psychanalyse. Clinicien attentif aux phénomènes psychopathologiques les plus divers, de la manie à l'éjaculation précoce, il s'intéressa plus particulièrement à la théorie des stades de Freud. Il s'est attaché à présenter d'une manière systématique les différentes « étapes », prégénitales et génitales, du « développement de la libido ». Il les a illustrées d'exemples cliniques, tentant surtout d'y articuler des observations sur « la formation du caractère » d'une part, sur la « relation d'objet » d'autre part.

1. Terme introduit par Lacan et qui évoque mieux que celui de « patient » le travail subjectif que représente une cure.

L'étude consacrée au caractère[1] *prolonge certaines analyses de Freud, par exemple sur le caractère anal : la libido a investi au moment du « stade anal » l'activité de défécation. Son refoulement entraîne un souci obsédant d'ordre et de propreté, d'autant plus fort que des difficultés au niveau génital peuvent provoquer une régression ramenant aux conflits constitutifs des étapes prégénitales. Abraham développe ce type de descriptions et l'étend par exemple au registre de la paranoïa ; il aborde également d'autres formes de caractères, ramenées au stade oral ou au stade génital de la libido.*

Les considérations relatives à « l'amour objectal » sont sans doute plus originales[2]*. Abraham tente de présenter, parallèlement aux « étapes de l'organisation de la libido », des « étapes du développement de l'amour objectal », c'est-à-dire d'un investissement amoureux centré sur une autre personne que le sujet lui-même. Respectant l'idée de Freud selon laquelle au tout début de son existence, le sujet humain trouve sa satisfaction de façon auto-érotique, il fait mention d'un moment anobjectal, sans choix d'objet, qu'il réduit cependant à « l'étape orale précoce », étape qu'il distingue d'une « étape orale tardive », à laquelle correspondrait le narcissisme, « l'incorporation totale de l'objet ». Abraham introduit également d'autres formes de l'amour objectal, ambivalentes quand elles correspondent à des étapes prégénitales (anales ou même phalliques), « post-ambivalentes » quand elles correspondent à l'étape génitale proprement dite.*

La théorie de la relation d'objet a connu un développement assez important dans la psychanalyse, chez des auteurs très divers. Michaël Balint, par exemple, critiquant le fait que la plupart des concepts psychanalytiques semblaient concerner l'individu seul, insistait, dès 1935, sur le fait qu'il était essentiel de s'intéresser davantage aux aspects relationnels de l'existence humaine. Il soutient d'ailleurs que c'est dès l'étape la plus précoce, chez le nourrisson lui-même, qu'il y a relation d'objet, « amour d'objet primaire[3] *». En France, des auteurs comme Maurice Bouvet*[4] *en ont fait un des concepts fondamentaux de leur élaboration. Ce concept expose pourtant à diverses difficultés. En premier lieu, il procède, chez Abraham tout au moins, d'un abord plutôt rigide de la théorie des stades, redoublé de ce qui apparaît souvent comme un parallélisme strict des formes de la relation à l'objet et de la succession des étapes dans un développement libidinal : l'objet de la pulsion perd ainsi son caractère extrêmement variable, et devient représentatif d'un « type ». Ensuite, cette notion même d'un développement entraîne avec elle une conception normative, celle d'une évolution tendant vers un but : celui-ci a souvent été décrit comme « amour génital », amour oblatif tenant compte de ce que souhaite la personne aimée. Enfin, l'insistance sur l'importance de la relation a souvent conduit à mettre l'accent sur ce qui ressortait de « l'environnement », dissolvant ainsi la psychanalyse dans une sorte de psychologie sociale sans rigueur.*

De tous les élèves de Freud, Ferenczi[5] *fut assurément le préféré. Peut-être était-ce aussi l'esprit le plus original, celui aussi qui ressentait le plus vivement la responsabilité de l'analyste dans la cure.*

1. K. Abraham, « Étude psychanalytique de la formation du caractère », *in Développement de la libido, Œuvres complètes,* II, Payot, 1966, p. 314-350.
2. Voir *infra*, p. 311, sq.
3. Voir *supra*, p. 183, sq.
4. Voir Maurice Bouvet, *Œuvres psychanalytiques,* I, *La relation d'objet*, Payot, 1972.
5. Sur Ferenczi, voir *infra*, p. 299-300.

Le grand public connaît surtout son ouvrage consacré à la « psychanalyse des origines de la vie sexuelle[1] ». Celui-ci constitue pourtant un ensemble d'hypothèses bien aventureuses, et qui ne sont plus guère défendues aujourd'hui. Que penser par exemple de cette idée de faire de l'existence intra-utérine des mammifères supérieurs une « répétition de la forme d'existence aquatique d'autrefois » et de la naissance elle-même « la récapitulation individuelle de la grande catastrophe qui, lors de l'assèchement des océans, a contraint tant d'espèces animales à s'adapter à la vie terrestre » ?

On sera plus intéressé par les observations cliniques, fines et nombreuses, que Ferenczi nous a laissées et surtout sans doute par son questionnement inlassable concernant la technique psychanalytique. À partir de 1919, il fit paraître une série d'articles[2] destinés à rendre compte de modifications qu'il apportait à la méthode « classique » dans certains cas où tout progrès semblait bloqué. Il s'était mis notamment à interdire certains comportements qui paraissaient procurer au patient une satisfaction trop grande, mobilisant toute son énergie et le détournant du travail psychanalytique. Ainsi telle hystérique, dont les « séances passaient en déclarations et en serments d'amour passionnés », en vient-elle à faire « comme en passant » la remarque qu'elle éprouvait « des sensations par le bas », c'est-à-dire des sensations érotiques génitales. Ferenczi, observant alors qu'elle tenait les jambes croisées pendant toute la séance, en vient à lui expliquer « que c'était une forme larvée de masturbation, qui permettait de décharger subrepticement des motions inconscientes et de ne laisser passer que des fragments inutilisables dans le travail associatif[3] ». L'interdiction portée sur ce comportement fait émerger de nombreux fantasmes et des souvenirs infantiles enfouis depuis longtemps.

Durant quelques années, Ferenczi systématisa cette « technique active », ajoutant aux interdictions des prescriptions destinées à contraindre le patient à accomplir des actes que celui-ci évitait et à affronter ainsi la question de son désir inconscient. À une musicienne souffrant d'un trac violent, il prescrivit par exemple de chanter en séance une chanson qui lui venait à l'esprit ; mais lorsque ce genre de prescription commença à procurer à sa patiente un plaisir direct, lui aussi préjudiciable à la cure, il fallut interdire. « Notre activité, écrit Ferenczi, peut dans ce cas se décomposer en deux phases [...] *Les injonctions eurent pour conséquence de la rendre "pleinement consciente" de certaines impulsions, jusqu'ici refoulées, ou qui s'exprimaient sous une forme rudimentaire méconnaissable, et finalement d'en prendre "conscience" comme de représentations qui lui étaient agréables, comme de "motions de désir". Par la suite, lorsqu'elle se vit refuser la satisfaction procurée par l'action désormais empreinte de volupté, les motions psychiques, maintenant éveillées, trouvèrent le chemin du matériel psychique depuis longtemps refoulé et des souvenirs infantiles* [...][4]. »

Ces quelques lignes suffisent sans doute à éviter un malentendu. Si la technique prônée par Ferenczi est une technique « active », elle ne consiste pas pour autant à intervenir de façon directe dans la vie du sujet. Prescriptions et interdictions ont seulement pour but de provoquer des effets dans la cure, d'en faciliter le travail.

1. S. Ferenczi, *Thalassa, psychanalyse des origines de la vie sexuelle,* Payot, 1962, repris in S. Ferenczi, *Psychanalyse III, Œuvres complètes,* 1919-1926, Payot, 1974, sous le titre : « Thalassa, essai sur la théorie de la génitalité ».
2. Voir en particulier *infra,* p.306, sq.
3. Voir *infra,* p. 307.
4. S. Ferenczi, « Prolongements de la technique active en psychanalyse », in *Psychanalyse III, Œuvres complètes*, Payot, 1974, p. 123.

Elles ne visent pas à remplacer la verbalisation et l'interprétation du désir inconscient, elles sont destinées à en favoriser l'émergence.

On pourrait néanmoins discuter en détail cette innovation. C'est Ferenczi lui-même qui en fournit plus tard la critique la plus radicale. Constatant, au fil des années, que ses sollicitations de tous ordres, injonctions, interdictions, voire simples conseils, pouvaient exacerber les résistances, il commença à les déconseiller lorsqu'elles n'étaient pas tout à fait nécessaires, ou encore à les déconseiller aux praticiens peu expérimentés, pour finalement les abandonner tout à fait.

La technique active abandonnée, le balancier reprit son mouvement et entraîna Ferenczi dans l'autre sens. Il se mit à prôner une approche qui excluait toute contrainte, qui s'apparentait à la relaxation, parfois à la réparation analytique de frustrations infantiles, dans le seul but, là aussi, de favoriser le travail. Enfin, persuadé que le patient perçoit inconsciemment les motions pulsionnelles, éventuellement hostiles, de l'analyste à son égard et que cela peut à l'occasion bloquer la cure, il imagina une technique qu'il appella « analyse mutuelle » : si, à un moment donné, l'analyste sent que la psychanalyse de son patient est entravée par son propre fonctionnement inconscient, il doit analyser ce fonctionnement « et le faire avec son patient lui-même ». On ne saurait assurément approuver ces innovations. La dernière, en particulier, représente une méconnaissance du processus par nature dissymétrique de la cure : l'analysant s'adresse non à un semblable, mais, au-delà de lui, à l'Autre du langage où son discours s'est constitué, où il interroge le sens de ce qu'il vient à dire. Mais qui pourrait reprocher à Ferenczi de ne pas s'être contenté, pour s'y repérer dans la pratique, de réponses stéréotypées ?

Cependant, Ferenczi nous intéresse aussi à un autre titre. Ses relations avec Freud peuvent nous apprendre beaucoup sur quelques problèmes essentiels qui concernent notamment la transmission de la psychanalyse.

On ne peut évidemment résumer, même dans ses grandes lignes, une relation qui dura presque trente ans, et qui nous est connue, en particulier, par plusieurs milliers de lettres. Un épisode cependant très connu – l'épisode de Palerme – suffit à nous faire poser quelques questions.

Freud et Ferenczi voyagent en Sicile durant l'été 1910. Ils ont le projet de travailler ensemble sur la paranoïa. Cependant, Ferenczi se révolte très vite : Freud entendrait plutôt lui dicter les pensées qui sont les siennes et ne lui laisserait pas assez de place dans le projet commun. De fait, Freud travaillera seul tous les soirs du séjour et Ferenczi aura le sentiment d'un malentendu assez grave. Chacun rentré chez soi, un échange de correspondance vient prolonger cet incident en soi mineur.

Ce que Ferenczi reproche à Freud, c'est de ne pas avoir compris son besoin de « sincérité absolue ». Freud aurait dû lui parler davantage ; il peut d'ailleurs, en toute occasion, tout lui dire sans ménagement. La psychanalyse permettrait – mieux, elle commanderait – cette « franchise mutuelle » totale.

Si on lit la correspondance avec attention, et en particulier la lettre que Ferenczi envoie à Freud le 3 octobre 1910[1]*, on peut cependant relever quelque chose de plus complexe, qui n'est paradoxal qu'en apparence. C'est que, en revendiquant une relation parfaitement transparente avec Freud, relation apparemment symétrique de*

1. Voir *infra*, p. 302, sq.

confiance mutuelle, Ferenczi fait de Freud un Autre absolu, qui peut tout comprendre, qui peut répondre de tout et à tous les niveaux, qui serait par exemple, dans l'imaginaire, à la fois un bon père et un père terrible, un Autre qui ferait que la vérité pourrait se dire tout entière. Or, la psychanalyse devrait nous inciter à abandonner cette illusion, qui est en même temps le ressort dernier de notre dépendance. Il y a dès lors un second paradoxe, inverse du premier. C'est qu'on ne peut se défaire de cet Autre omnipotent qu'en renonçant à cette parfaite transparence qui méconnaît de fait qu'il y a une part irréductible d'inconscient dans tout échange transindividuel.

Freud percevait-il clairement tout cela ? À la lettre de Ferenczi, il avait peut-être répondu par avance le 2 octobre. En se décrivant comme « un monsieur d'un certain âge tout à fait ordinaire[1] *», il intervient probablement au niveau du transfert de Ferenczi à son égard. Sans doute signifie-t-il, sans tout à fait le savoir, qu'il n'y a pas dans l'Autre un Père qui garantisse que tout puisse se dire, qu'une « sincérité psychanalytique » parfaite soit envisageable.*

La psychanalyse confronte ses praticiens à une recherche où la vérité fait irruption à travers les manifestations psychiques les plus ténues : le lapsus, l'acte manqué, le rêve. La certitude peut souvent paraître précaire, exposée à tous les démentis. Est-ce pour cela que les psychanalystes, plus que d'autres peut-être, tentent de se donner des maîtres, qui constitueraient la référence ultime ? La psychanalyse pourtant contient en même temps en elle ce qui pourrait permettre de lever ce type de difficultés.

Correspondance Freud-Ferenczi Lettres des 28 septembre, 2 et 3 octobre 1910

SIGMUND FREUD
(1856-1939)
SÁNDOR FERENCZI
(1873-1933)

Nous avons dit quelle valeur présente la correspondance entre Freud et Ferenczi. On y saisit, mieux sans doute que partout ailleurs, le climat intellectuel et affectif dans lequel la psychanalyse s'est développée. Ces deux hommes, qui, avec quelques autres, ont été à l'origine d'un des plus formidables bouleversements de la pensée, confrontaient des idées, échangeaient leur expérience, mais n'hésitaient pas non plus à appliquer à leurs propres relations le mode de questionnement qu'ils élaboraient ensemble pour écouter leurs patients.

Ferenczi est le fils d'un juif polonais immigré, qui avait rejoint l'armée des volontaires combattant pour l'indépendance de la Hongrie, et qui, à ce titre, avait pu s'installer comme libraire à Miscolc, petite ville de province hongroise. Michaël Balint, qui fut son élève le plus doué, le décrit comme une personnalité chaleureuse et rayonnante, qui avait un très grand besoin d'amour et souffrait d'un intense « complexe fraternel ». Ferenczi fit ses études à Vienne, puis s'installa à Budapest comme médecin et

1. Voir *infra*, p. 301.

psychiatre. Dès 1908, il s'adressa à Freud pour collaborer avec lui, et celui-ci lui accorda tout de suite sa confiance et son amitié, au point de l'inviter en vacances à Berchtesgaden, ce qui était tout à fait exceptionnel, au point aussi de rêver d'en faire son gendre. De fait, malgré des divergences parfois importantes, Ferenczi n'en vint jamais à rompre vraiment avec Freud, encore moins à le dénigrer, comme le firent tant d'autres.

Ces lettres sont relatives à « l'incident de Palerme » (voir supra, *p. 299-300) qui est resté fort célèbre.*

Source : *Correspondance Freud-Ferenczi*, t. I, 1908-1914, Paris, Calmann-Lévy, 1992.

Bibliographie : Freud et Ferenczi, in *Études freudiennes,* n° 34 ; *Diane Chauvelot,* Syracuse 1910, la passe supposée de Freud, in *Ornicar,* n° 12-13 ; Intelligence et limite des disciples, *in le Trimestre psychanalytique, revue de l'Association freudienne internationale*, 1993, n° 2.

168 Fer

Dr. Ferenczi Sándor

Budapest, VII, Erzsébet-körút 54
le 28 septembre 1910

CHER MONSIEUR LE PROFESSEUR,

Suivant votre sage conseil, je jouis encore du dolce farniente. Mis à part le fait que j'ai repris aujourd'hui ma consultation à la Caisse de Maladie et que je suis à la maison l'après-midi entre trois et quatre, je vis ici comme si j'étais mon propre invité : je m'accorde des promenades de plusieurs heures avec Madame G., je fais des achats, petits et grands, je discute, en prenant des airs importants, de l'encadrement des photos prises en Sicile, etc. – Mais le manque d'impressions captivantes, artistiques ou naturelles, se manifeste déjà : je commence à éprouver l'envie de travailler et je constate que, malgré tout, au cours de ce mois de repos, des réserves d'énergie se sont constituées qui demandent à être employées. Toutefois, je ne sais absolument pas encore comment et à quoi je vais travailler. Les beaux jours passés en votre compagnie, les idées qu'ils ont fait surgir auront, j'espère, une influence favorable sur mon activité. Mon évolution et mon auto-éducation, psychique et intellectuelle, doivent aussi, d'une façon générale, tirer profit de ce voyage (comme du voyage en Amérique). Je regrette, cependant, que vous ayez trouvé en moi un compagnon de voyage qui avait encore tellement besoin d'éducation.

Vous pensez bien que j'ai commencé à soumettre les événements de notre vie commune, la manière dont j'ai réagi à votre égard, à une autocritique exhaustive[1]. Et j'espère, malgré tout, que nos relations personnelles et scientifiques n'auront rien perdu de leur intensité parce que nous nous serons connus de plus près ; cela se fonde d'une part sur la conviction de mes propres bonnes intentions (qui se maintiennent face à l'analyse la plus

1. Lors de ce voyage, il se produisit un incident dont la seule version disponible est celle de Ferenczi, écrite onze ans plus tard : « ... à Palerme, où il voulait faire ce fameux travail sur la paranoïa (Schreber) en commun avec moi, en un soudain accès de révolte je bondis sur mes pieds dès la première soirée de travail, alors qu'il voulait me dicter quelque chose, et je lui expliquai que ce n'était pas un travail commun de tout simplement me dicter. "Alors, c'est comme ça que vous êtes ?" dit-il, étonné. "Vous voulez manifestement prendre le tout ?" Il dit, et dès lors travailla seul tous les soirs. » Ferenczi à Groddeck, le jour de Noël 1921, *Correspondance Ferenczi/Groddeck,* 1982, p. 57.

approfondie) – et d'autre part sur l'espoir justifié que vous pourrez pardonner à l'inévitable « chimpanzé[1] » qui a souvent fait échouer les bonnes intentions. Peut-être, dans notre correspondance, aurai-je l'occasion, çà et là, de revenir sur certains détails de cette affaire.

En attendant, je voulais seulement vous donner un premier signe de vie et vous remercier de tout cœur pour les efforts auxquels vous vous êtes astreint en tant que capitaine du voyage. Saluez pour moi, je vous prie, tous les membres de votre famille et envoyez-moi au plus vite de bonnes nouvelles de votre santé.

Votre dévoué
Ferenczi

169 F

Prof. Dr. Freud

Vienne, IX. Berggasse 19
le 2 octobre 1910

CHER AMI,

Votre lettre m'a rappelé que je suis le même que celui qui a cueilli du papyrus à Syracuse, s'est bagarré avec le personnel du chemin de fer à Naples et a acheté des antiquités à Rome. L'identité est rétablie. C'est étrange comme on cède facilement à la tendance à isoler des éléments de la personnalité.

Croyez-moi, je n'ai gardé de votre compagnie, pendant le voyage, que des souvenirs chaleureux et sympathiques, bien que votre déception m'ait souvent fait de la peine, et que je vous eusse voulu différent à bien des égards. La déception vient de ce que vous espériez certainement baigner dans la stimulation intellectuelle permanente, alors que rien ne me répugne davantage que de pontifier et que, souvent, je me laisse aller, par pur esprit de contradiction. Ainsi étais-je probablement, la plupart du temps, un monsieur d'un certain âge tout à fait ordinaire et vous avez mesuré avec étonnement la distance avec votre idéal imaginaire. D'autre part, j'aurais souhaité que vous vous arrachiez à ce rôle infantile, que vous vous comportiez de pair à compagnon, ce que vous n'avez pas réussi à faire et, d'un point de vue pratique, que vous exécutiez d'une façon plus fiable votre part de la tâche, à savoir l'orientation dans l'espace et le temps. Mais en réalité vous étiez inhibé et rêveur. Suffit pour les tentatives pédagogiques.

Voici ce qui s'est passé ici : à la maison tout va bien. Martin est depuis hier un fringant soldat[2] ! Après avoir dépouillé les lettres, livres, envois, etc., je suis tombé sur une conférence de Putnam du 21 juillet dans le Boston Med.[ical and Surgical] J.[ournal] ; elle m'a paru tellement juste et bien utilisable pour l'apologie de la Ψ A, que je lui ai écrit pour lui dire que je voulais la traduire, avec son accord, pour le Zentralblatt. Depuis, la traduction est terminée, elle a rempli mes jours fériés[3]. Ainsi la lecture de Schreber[4] a-t-elle été interrompue, mais elle doit être reprise dès aujourd'hui.

1. Chimpanzé : allusion à une remarque d'Anatole France selon laquelle tous les humains seraient des chimpanzés (voir la lettre inédite de Freud à Pfister du 6 novembre 1910).
2. Comme étudiant, Martin a servi dans l'artillerie en qualité de volontaire dit « d'un an ». Pour les autres, le service militaire durait trois ans. Voir Martin Freud, *Freud, mon père,* 1975, p. 207.
3. La traduction par Freud de l'article de Putnam : « On the Etiology and Treatment of the Psychoneuroses » (Étiologie et traitement des psychonévroses), *Boston Medical and Surgical Journal,* 1910, 163, p. 75-82, a paru dans le *Zentralblatt* 1, 1911, p. 137-154 avec une note en bas de page ajoutée par Freud.
4. Daniel Paul Schreber, *Mémoires d'un névropathe.* Freud s'est servi de cet ouvrage pour « Remarques psychanalytiques sur l'autobiographie d'un cas de paranoïa (Dementia paranoïdes) » (1911 [1910]), *in Cinq psychanalyses*, 1970, sur lequel il travaillait en Sicile.

Hitschmann est sorti, Pfister terminé[1]. Un manuscrit de Graf : R.[ichard] Wagner dans le Vaisseau Fantôme, est prêt à constituer le prochain numéro[2]. Deuticke réclame la prochaine édition de l'Interprétation des Rêves, que je lui ai promise pour janvier/février. Wittels a *démissionné* par suite de la publication de son roman[3]. Mercredi 5 aura lieu la première réunion. Le Zentralblatt est pour bientôt. Le Suicide d'Écolier[4] est paru depuis longtemps : voilà pour le domaine de la littérature.

J'ai écrit moi-même une lettre à Bleuler qui demande une explication[5]. Maeder a quitté Constance, il se rend en Angleterre.

La patiente la plus belle et la plus intéressante de ma première consultation a promis de faire une cure approfondie chez vous. Je n'ai pas besoin de vous recommander Madame le Dr. Stricker[6].

Pour aujourd'hui, bien des choses à vous et à Madame G. Bientôt votre temps d'idylle aussi va se terminer.

Votre fidèle
Freud

170 Fer
Dr. Ferenczi Sándor

Budapest, VII, Erzsébet-körüt 54
le 3 octobre 1910[7]

CHER MONSIEUR LE PROFESSEUR,

J'ai attendu votre lettre dans un état de tension non négligeable – j'ai failli écrire « angoisse ». En pensée, j'avais déjà essayé de me familiariser avec *toutes* les éventualités et je m'étais même préparé au cas où, vu la déception que je vous avais causée, vous jugeriez qu'il ne valait plus la peine de vous intéresser à moi, etc. Mon plan « héroïque » était de vous rester fidèle sans tenir compte de nos relations personnelles, c'est-à-dire de *votre* changement de disposition à mon égard. Heureusement, cet

1. Oskar Pfister, « Die Frömmigkeit des Grafen Ludwig von Zunzendorf » (La piété du comte Ludwig von Zunzendorf), *Schriften zur angewandten Seelenkunde*, cahier 8, Leipzig et Vienne, 1910.
2. Max Graf, « Richard Wagner im Fliegenden Holländer, ein Beitrag zur Psychologie künstlerischen Schaffens » (Richard Wagner dans le Vaisseau Fantôme. Une contribution à la psychologie de la création artistique), *Schriften zur angewandten Seelenkunde*, cahier 9, Leipzig et Vienne, 1910. Max Graf (1875-1958), musicologue et écrivain ; ami de Freud, il était le père du « Petit Hans » (Freud, 1909). L'ouvrage cité s'appuyait sur sa conférence faite à la Société du Mercredi, dont il était membre.
3. Le roman à clef de Fritz Wittels sur Karl Kraus, *Ezechiel der Zugereiste* (Ézéchiel, le nouveau venu), Berlin, 1910 (Voir 85 Fer, note 7 et 112 F, note 6).
4. *Über den Selbstmord, insbesondere des Schülerselbstmord, Diskussionen des Wiener psychoanalytischen Vereins* (Le suicide, en particulier le suicide d'écoliers, Discussions de l'Association psychanalytique de Vienne), publié par la direction de l'Association, Wiesbaden, 1910. Freud avait rédigé l'introduction et la conclusion (1910) : Freud, « Pour introduire la discussion sur le suicide » ; « Conclusion de la discussion sur le suicide », *Résultats, idées, problèmes*, I, 1984, p. 131-132. Séances du 20 et du 27 avril 1910, *Minutes*, II, p. 469-484 et 486-493.
5. Apprenant que Bleuler avait pris la décision de quitter l'Association Psychanalytique Internationale nouvellement fondée, Freud essaya de l'en dissuader dans sa lettre du 28 septembre 1910, *in* F. Alexander et S.T. Selesnick, *Freud-Bleuler Correspondence, Archives of General Psychology*, 12, 1965, p. 2 sq.
6. Laura Stricker, née Pollacsek (1882-1959), avait obtenu son doctorat en anglais et en histoire, en 1904. Mariée au commerçant Sándor Stricker, elle faisait la navette entre Vienne et Budapest. Fondatrice d'une école privée expérimentale (voir 281 Fer), elle était membre du Cercle Galilée et donnait des conférences à l'École libre des sciences sociales. Participa au mouvement féministe. En 1938, émigra aux États-Unis.
7. La date est donnée par la première phrase de l'additif.

héroïsme n'a pas été nécessaire, et j'ai retrouvé dans le ton de votre lettre la même cordialité et gentillesse et, dans le contenu, la même franchise dont je vous ai toujours su gré. Pendant le voyage déjà, mais plus encore depuis mon retour, j'ai analysé mes faits et gestes et trouvé – exactement comme vous – la cause des inhibitions dans l'attitude infantile. À cette occasion, j'ai manifesté au grand jour, sans trop prendre de gants, la résistance contre ma propre composante pulsionnelle homosexuelle (et l'extraordinaire surestimation sexuelle de la femme qui s'y rattache) et je crois en avoir tiré beaucoup de bénéfice personnel et un peu de bénéfice scientifique.

Jusque-là, nous serions d'accord en ce qui concerne ma personne. Je suis pourtant obligé de vous contredire sur plusieurs points importants et – en appelant à la franchise psychanalytique – de préciser l'état des choses de la manière suivante.

Il n'est *pas vrai* que je n'aurais toujours cherché en vous que le grand savant – et que j'aurais été déçu en constatant des faiblesses humaines, etc. Les lettres que j'ai écrites d'Italie à Madame G. pourraient vous prouver le contraire. Dans la mesure où vous vouliez bien vous préoccuper de matières scientifiques (et vous aviez la gentillesse de me communiquer tout ce qui vous occupait à ce moment-là) comment n'aurais-je pas été étonné et ravi par l'abondance des nouveautés dans ce domaine – et, en effet, je l'ai été. L'idée ne m'est pas venue d'en demander davantage.

Ce qui m'inhibait et me rendait silencieux – et en même temps un peu bête – c'était *cela même dont vous vous plaignez*. Je désirais ardemment une camaraderie personnelle avec vous, gaie et sans contrainte (et je *sais* aussi être gai, même follement gai) et je me sentais – peut-être à tort – replacé dans un rôle infantile. Il est vrai que je me suis peut-être fait une idée exagérée de la camaraderie entre deux personnes qui se disent mutuellement la vérité *sans ménagement*, au mépris de tout égard. Tout comme je m'efforce d'atteindre à la franchise mutuelle *absolue* dans mes relations avec Madame G., je croyais qu'elle était possible – à plus forte raison – dans la relation entre deux personnes à orientation ψα, qui peuvent vraiment tout comprendre et s'efforcent de chercher les déterminants des impulsions ψ au lieu de porter des jugements de valeur.

Voilà l'idéal que je cherchais : c'est de l'homme, pas du savant que je voulais profiter en une amitié confiante.

Mais ce que j'oubliais, dans mon aveuglement égocentrique, c'était que *vous* n'étiez pas actuellement sensible à ces choses-là : vous ne souhaitiez rien d'autre, après une année de travail éprouvant, que de goûter quatre semaines de beauté et de repos bien mérité, avec un compagnon de voyage assorti ; et il était affreusement inconsidéré de ma part de vouloir gâcher vos vacances en vous faisant faire mon éducation et pointer mes défauts – quitte à avoir le droit, moi aussi, de toujours dire la vérité, même la plus désagréable.

Je sais bien que ce passage paraît pompeux et pathétique. Je sais également maintenant qu'il y a là-derrière toute la composante pulsionnelle homosexuelle (inconsciemment renforcée). Mais je profite de l'occasion et j'écris – en association libre – ce qui me vient à l'esprit, pour que vous me voyiez comme je suis réellement.

Mon rêve, dans lequel je vous voyais nu devant moi (sans ressentir, bien sûr, la moindre pulsion sexuelle consciente, voire inconsciente dans le rêve), symbolise d'une façon transparente 1.) la tendance homosexuelle inconsciente, et 2.) le désir de franchise mutuelle absolue.

Ce désir de franchise n'était pas de la pure curiosité ! En premier lieu, j'entends par là le droit de dire l'un à l'autre tout ce qui est *désagréable*. Par exemple, je vous aurais été très, très reconnaissant si vous m'aviez dit pendant le voyage ce que vous écrivez dans votre lettre. Cela aurait eu un effet libérateur. Mais pour que *moi* je commence : la force me manquait ; malgré les ruminations incessantes, je n'ai pu aller au-delà de quelques faibles allusions. Comme j'aurais été heureux, pourtant, si vous m'y aviez aidé un peu !

Savez-vous quels moments de notre voyage m'ont laissé le meilleur souvenir ? Ceux où vous m'avez livré quelque chose de votre personnalité et de votre vie. C'est dans ces moments-là, et non pendant nos conversations scientifiques, que je me sentais libéré de toute inhibition, « de pair à compagnon » : exactement comme vous l'aviez toujours souhaité et comme j'aurais voulu, moi, l'être continuellement.

Vous allez vous demander – et me demander : d'où me vient cette humeur tragique ? Qu'est-ce qui me prend d'exiger encore plus, voire tout, de la part de quelqu'un qui me traite déjà avec une si extraordinaire gentillesse et m'accorde tant d'intérêt immérité ? D'où me vient le droit d'espérer que vous feriez votre confident d'un foreigner « distingué » de ce genre ? Comment devrais-je apprendre par vous des choses que vous n'avez peut-être encore exprimées devant aucun mortel ? (N.B. : Ne croyez surtout pas que je soupçonne chez vous quelque grandiose secret.)

La nostalgie d'un tel ami et la motion pulsionnelle sous-jacente n'étaient pas les seules causes de cette création de fantasme peut-être déraisonnable. D'habitude, j'ai plutôt tendance à la modestie et au rabaissement de moi-même – je vois au moins toujours ma petitesse telle qu'elle est. – Mais n'oubliez pas que, depuis des années, je ne m'occupe de rien d'autre que des produits de votre esprit et qu'en même temps j'ai toujours senti, derrière chaque phrase de vos œuvres, l'être humain dont j'ai fait mon confident. Que vous le vouliez ou non : vous êtes effectivement un des grands maîtres de l'humanité et vous êtes bien obligé d'accepter que vos lecteurs entrent également en rapport personnel avec vous, ne serait-ce que par la pensée. Mon idéal de vérité étouffant toute considération n'est finalement rien d'autre que la conséquence la plus évidente de vos théories. Je suis convaincu de n'être pas le seul qui, au moment de décisions importantes, ou de l'autocritique, etc., se pose et s'est toujours posé la question : comment réagirait Freud à cela ? Et par « Freud » j'entendais son enseignement et sa personnalité, noués en une unité harmonieuse.

Ainsi j'ai et j'avais de vous une connaissance beaucoup plus intime et familière que vous ne pouviez l'imaginer. Fait remarquable – et c'est là le point névrotique, voire un peu fou de l'histoire de ma maladie – j'ai oublié de prendre en compte que vous ne pouviez pas savoir tout cela – et même si vous l'aviez su, cela ne vous obligeait en aucun cas à vous départir de votre méfiance justifiée envers les hommes (même envers des amis – depuis l'affaire *Fliess*) et à vous livrer à quelqu'un, par exemple à un jeune homme enthousiaste et présomptueux. Mais ce n'est qu'une fois rentré chez moi que je suis arrivé à cette prise de conscience (que je vous prie de prendre à la lettre, je parle maintenant sans la moindre trace d'ironie ou d'auto-ironie). Pendant le voyage, j'ai joué le rôle ridicule et certainement très rebutant de l'incompris (en quelque sorte comme les ânes siciliens) – et j'attendais que vous fassiez le premier pas pour pouvoir vous dire tout cela. À son tour, mon comportement n'a provoqué chez vous que la résistance et ainsi s'est constitué un cercle vicieux que j'aimerais maintenant trancher comme mon célèbre homonyme[1] un certain nœud, même si ce n'est, il est vrai,

1. Sándor = Alexandre.

qu'avec des traits de plume, mais néanmoins avec une mobilisation non négligeable de courage personnel et en mettant en danger des intérêts qui me sont chers.

Vous m'avez dit un jour que la ψ A était une science de faits, de constats à l'indicatif qui ne doivent pas être traduits à l'impératif, ce qui serait paranoïaque. D'après cette conception, il n'y aurait pas de vision du monde ψA, pas d'éthique ψA ni de règles de conduite ψA. Moi non plus, je ne connais pas d'autre éthique que celle de la raison pure ; mais même chez le non-paranoïaque, l'élargissement, l'extension de la raison à des domaines jusqu'ici inconscients a une très grande influence sur la vision du monde et la manière d'agir. La toute première conséquence d'une telle conception – quand elle est présente chez deux personnes – est que celles-ci *n'ont pas honte l'une devant l'autre, qu'elles ne se dissimulent rien, qu'elles se disent la vérité sans risquer de s'offenser ou bien avec l'espoir certain qu'il ne peut y avoir d'offense durable dans le cadre de la vérité*. Si seulement vous m'aviez copieusement engueulé au lieu de garder un silence qui en disait long ! Peut-être aurais-je été sérieusement blessé sur le coup, mais, tout comme maintenant, j'aurais alors très vite admis la vérité et je vous en aurais même voué une très grande reconnaissance.

Je dois répéter une fois de plus que je suis conscient de la démesure de mes exigences. Mais je crois que vous sous-estimez beaucoup le pouvoir anoblissant de la psychanalyse si vous ne croyez pas qu'elle rend absolument dignes de confiance ceux qui en ont parfaitement compris le sens.

Que vous m'en ayez dit autant, et tellement plus qu'à tout autre, de vous et de vos idées en devenir, m'a donné énormément de forces chaque fois que je suis venu vous rendre visite pour quelques jours à Vienne. Ce n'est qu'en restant ensemble plus longtemps (l'Amérique ne compte pas car nous y étions à trois) qu'il m'est apparu que *beaucoup* ne remplace pas *tout* – et selon mon idéal ψα il n'y a pas de demi-mesures ; devant mon idéal de vérité, tous les égards pour les personnes et les circonstances disparaissent. Ne vous méprenez pas sur mes propos, je vous prie. Je ne veux pas « réformer » la société, vraiment, je ne suis pas paranoïaque. Je voudrais seulement voir libérées les *pensées* et la *parole* de la contrainte d'inhibitions inutiles dans les relations entre hommes ψα orientés.

Malheureusement, je ne peux pas commencer, c'est à vous de le faire ! Après tout, c'est vous qui êtes la ψ A en personne !

Qu'après tout cela vous repensiez avec des « sentiments de sympathie » à ma compagnie, je ne le croirais pas, même si vous ne m'aviez pas expressément incité à le croire[1]. Mais je crois beaucoup d'autres choses, je crois que vous ne vous méprendrez en aucune façon sur le ton et le contenu de cette lettre, je crois que notre voyage ne signifie pas la fin d'une intimité, mais le début de l'entente véritable.

Comme d'habitude, je me suis de nouveau présenté sans fard devant vous – avec toutes mes faiblesses et exagérations infantiles. Et même si cette épître terriblement longue vous paraît inintéressante par ailleurs, peut-être vous intéressera-t-elle comme la confession d'un homme en état de fermentation psychanalytique.

Assoiffé de franchise
votre Ferenczi

1. La dénégation contenue dans cette phrase est une réponse-interprétation à la dénégation de Freud.

Difficultés techniques d'une analyse d'hystérie

(1919)

SÁNDOR FERENCZI
(1873-1933)

« Le plus authentique interrogateur de sa responsabilité de thérapeute » : voilà comment Lacan qualifie Ferenczi dans un des textes introductifs aux articles publiés dans les Écrits *(Seuil, 1965), « Du sujet enfin en question ». De fait, Ferenczi ne cessa de questionner ce qui était requis de l'analyste pour qu'une cure puisse avoir lieu. C'est à lui qu'on attribue généralement la paternité de la « deuxième règle fondamentale de la psychanalyse », celle qui prescrit au futur analyste de faire lui-même une analyse, et l'analyse la plus approfondie possible.*

La technique active, en tant qu'elle met en œuvre une série d'interdictions et de prescriptions, peut être rattachée à certaines idées développées par Freud dans ses articles sur la méthode psychanalytique. On a pensé essentiellement au principe d'abstinence (voir « Observations sur l'amour de transfert », et « Les voies nouvelles de la thérapeutique psychanalytique », in la Technique psychanalytique*) : Freud déjà estimait qu'il fallait « maintenir besoins et aspirations comme des forces poussant au travail et au changement et se garder de les faire taire avec des succédanés ». Mais il arrivait aussi à Freud de formuler des prescriptions : demander à un sujet phobique d'affronter la situation phobogène, pouvait avoir valeur – loin de toute suggestion thérapeutique, et encore plus de tout conditionnement comportemental – de réactivation du conflit psychique étouffé par l'évitement.*

L'article que nous présentons ici est le premier travail important de Ferenczi sur cette question. Il y reviendra plusieurs fois dans les années suivantes, en particulier en 1925 dans Psychanalyse des habitudes sexuelles. *Mais, dès 1926, il exprime lui-même un certain nombre de réserves concernant cette méthode dans* Contre-indications de la technique active en psychanalyse.

Source : S. Ferenczi, « Difficultés techniques d'une analyse d'hystérie » (traduction de J Dupont et M. Viliker), *in Psychanalyse III, Œuvres complètes,* 1919-1926, Payot.

Bibliographie : Jean-Marc Dupeu, « Abstinence : de la règle technique au principe économique », *in Topique*, n° 41, mars 1988 ; *Techniques psychanalytiques*, Basic Books, 1967. La traduction française du chapitre consacré aux expériences de S. Ferenczi, écrit par M. Balint, a paru dans la revue *le Coq-Héron*, n° 26, 27 et 28.

I

Difficultés techniques d'une analyse d'hystérie

(Avec des remarques sur l'onanisme larvé et les « équivalents masturbatoires »)

Une patiente, qui mettait autant d'intelligence que de zèle à suivre les règles de la cure psychanalytique et qui ne manquait pas non plus de compréhension théorique, ne faisait aucun progrès depuis quelque temps, après une certaine amélioration de son hystérie à mettre sans doute au compte du premier transfert.

Comme le travail n'avançait toujours pas, je fis appel à un moyen extrême et je fixai un terme au traitement, espérant fournir ainsi à la patiente un motif de travail suffisant. Mais même ceci n'apporta qu'une aide provisoire ; la patiente retomba rapidement dans son inactivité habituelle qu'elle dissimulait sous l'amour de transfert. Les séances passaient en déclarations et en serments d'amour passionnés de sa part et, de la mienne, en vains efforts pour lui faire comprendre la nature transférentielle de ses sentiments et la ramener aux objets réels mais inconscients de ses affects. Au terme fixé je la congédiai sans qu'elle fût guérie. Quant à elle, elle était très satisfaite de l'amélioration obtenue.

Quelques mois plus tard, elle revint dans un état de découragement complet ; ses troubles avaient récidivé avec l'intensité d'autrefois. Je cédai à sa prière et je repris la cure. Mais peu après, dès qu'elle fut parvenue au degré d'amélioration déjà atteint précédemment, elle recommença l'ancien manège. Cette fois ce furent des circonstances extérieures qui provoquèrent l'interruption de la cure, laquelle resta donc, pour la seconde fois, inachevée.

Une nouvelle aggravation ainsi que la suppression des obstacles en question me la ramenèrent une troisième fois. Là encore, les progrès ne furent pas de très longue durée.

Au cours des fantasmes amoureux qu'elle répétait inlassablement et dont l'objet était toujours le médecin, elle fit à plusieurs reprises, comme en passant, la remarque qu'elle éprouvait des « sensations par en bas », c'est-à-dire des sensations érotiques génitales. C'est alors seulement qu'un regard fortuit sur la manière dont elle était allongée sur le divan m'obligea à constater qu'elle tenait les jambes croisées pendant toute la séance. Ceci nous amena – ce n'était pas la première fois – au thème de l'onanisme que les jeunes filles et les femmes pratiquent de préférence en pressant les cuisses l'une contre l'autre. Elle nia de la façon la plus catégorique, comme elle l'avait déjà fait auparavant, avoir jamais eu des pratiques de cet ordre.

Je dois avouer qu'il me fallut longtemps – et c'est significatif de la lenteur avec laquelle une intuition nouvelle déjà opérante émerge de la conscience – pour penser à interdire cette posture à la patiente. Je lui expliquai que c'était une forme larvée de masturbation, qui permettait de décharger subrepticement des motions inconscientes et de ne laisser passer que des fragments inutilisables dans le matériel associatif.

Je ne puis qualifier que de foudroyant l'effet produit par cette mesure. La patiente, à qui ce mode habituel de décharge sur le plan génital demeura interdit, se mit à souffrir pendant les séances d'une agitation physique et psychique presque intolérable ; elle ne pouvait plus rester tranquillement allongée et devait constamment changer de position. Ses fantasmes ressemblaient à des délires fébriles d'où émergèrent finalement des fragments de souvenirs depuis longtemps ensevelis, qui se groupèrent peu à peu autour de certains événements de l'enfance et livrèrent les circonstances traumatiques les plus importantes de la maladie.

L'amélioration qui s'ensuivit marqua certes un progrès décisif, mais la patiente – tout en observant pourtant scrupuleusement l'interdit – semblait s'accommoder de cette forme d'abstinence et s'installer confortablement à ce stade de la connaissance. En d'autres termes, elle cessa à nouveau de travailler et se réfugia dans le bastion de l'amour de transfert.

Instruit par les expériences précédentes, j'étais à même de la débusquer des cachettes où elle abritait sa satisfaction auto-érotique. Il apparut qu'elle suivait bien la prescription *pendant la séance d'analyse* mais l'enfreignait constamment le reste de la journée. Nous apprîmes qu'elle s'arrangeait pour *érotiser* la plupart de ses activités de maîtresse de maison et de mère en pressant imperceptiblement, et sans en avoir elle-même aucunement conscience, les jambes l'une contre l'autre. Naturellement, elle se plongeait alors dans des fantasmes inconscients dont elle empêchait ainsi la mise au jour. L'interdiction ayant été étendue à la journée entière, il se produisit une nouvelle amélioration, mais elle aussi passagère.

Ce cas paraissait vérifier le dicton latin *« Naturam expellas furca, tamen ista recurret »*. Je remarquai chez elle au cours de l'analyse certains « actes symptomatiques », comme s'amuser à presser et à tirailler différentes parties de son corps. Quand je lui interdis toutes les formes d'onanisme larvé, les actes symptomatiques devinrent des *équivalents de l'onanisme*. J'entends par là des excitations apparemment anodines de parties du corps indifférentes qui remplacent pourtant, qualitativement et quantitativement, l'érogénéité des organes génitaux. Dans ce cas, la libido était si totalement coupée de toute autre possibilité de décharge qu'elle pouvait croître jusqu'à atteindre un véritable *orgasme* au niveau de ces parties du corps qui, de par leur nature, ne sont nullement des zones érogènes prévalentes.

Seule l'impression que fit sur elle cette expérience put amener la patiente à admettre avec moi qu'elle dissipait toute sa sexualité dans ces « mauvaises habitudes » mineures, puis à accepter de renoncer au profit de la cure à ce mode de satisfaction pratiqué depuis l'enfance. Elle s'était chargée là d'une lourde tâche, mais le jeu en valait la chandelle. Sa sexualité, à laquelle toutes les voies d'écoulement anormales étaient barrées, trouva d'elle-même, sans exiger la moindre indication à cet égard, le chemin de la zone génitale qui lui était normalement assignée et dont elle avait été refoulée à une certaine époque du développement, exilée pour ainsi dire de sa patrie, vers des contrées étrangères.

À ce rapatriement vint encore s'opposer la réapparition passagère d'une névrose obsessionnelle dont elle avait souffert dans son enfance, facile à interpréter et que la patiente comprit d'ailleurs sans difficultés.

La dernière étape fut marquée par l'apparition d'un *besoin d'uriner* intempestif et immotivé, auquel il lui fut aussitôt interdit de céder. Un jour elle me raconta, à mon grand étonnement, avoir ressenti une excitation des organes génitaux si intense qu'elle n'avait pu s'empêcher de se procurer quelque satisfaction en frottant vigoureusement sa muqueuse vaginale. Elle ne put accepter directement l'idée que son geste confirmait mon hypothèse d'une *période de masturbation active dans son enfance*, mais elle apporta bientôt des rêves et des associations propres à la convaincre. Cette récidive de la masturbation ne fut pas de longue durée. Parallèlement à sa lutte contre la masturbation infantile, elle arriva, après bien des peines, à trouver satisfaction dans les rapports sexuels normaux, ce qui jusqu'à ce jour – malgré la puissance exceptionnelle de son mari qui lui avait déjà fait beaucoup d'enfants – lui était resté interdit. En même temps, plusieurs symptômes hystériques encore non résolus trouvèrent leur explication dans des fantasmes et des souvenirs génitaux devenus désormais manifestes.

Je me suis efforcé de relever dans cette analyse extrêmement complexe uniquement ce qui présentait un intérêt sur le plan technique et de décrire comment j'ai été amené à mettre en place une nouvelle règle analytique.

La voici : Il faut penser pendant le traitement à la possibilité d'un onanisme larvé ainsi qu'aux équivalents masturbatoires et, dès que l'on en remarque les signes, les supprimer. Ces activités qu'on pourrait supposer inoffensives sont en effet susceptibles de devenir le refuge de la libido débusquée par l'analyse de ses investissements et, dans les cas extrêmes, elles peuvent remplacer toute l'activité sexuelle du sujet. Et si jamais le patient remarque que ces modes de satisfaction échappent à l'analyste, il les charge de tous ses fantasmes pathogènes, leur permet à tout moment la décharge directe dans la motilité et s'épargne le travail pénible et déplaisant de les rendre conscients.

J'ai vu, depuis, cette règle technique faire ses preuves dans plusieurs cas. Sa prise en considération a permis de surmonter certaines résistances tenaces à la poursuite du travail analytique.

Ceux qui lisent attentivement la littérature psychanalytique verront peut-être une contradiction entre cette mesure technique et les opinions professées au sujet de l'onanisme par de nombreux psychanalystes.

Les patients qui m'obligeaient de recourir à cette technique ne manquaient pas d'ailleurs de m'en faire l'observation : « On affirme pourtant, disaient-ils, que l'onanisme est sans danger et vous me l'interdisez. » Cette contradiction est facile à résoudre. Sans rien changer à notre opinion quant au caractère relativement inoffensif de la masturbation en cas de privation par exemple, nous pouvons cependant maintenir l'exigence de ce type d'abstinence. En effet, il ne s'agit pas en l'occurrence d'une interdiction générale de l'auto-satisfaction, mais d'une mesure provisoire destinée à servir les buts et à favoriser la poursuite de la cure analytique. D'ailleurs quand l'issue du traitement est favorable, beaucoup de patients n'éprouvent plus le besoin de recourir à ce mode de satisfaction infantile ou juvénile.

Cependant, les choses ne se passent pas toujours ainsi. Il y a même des cas où les patients reconnaissent avoir, pendant la cure, cédé pour la première fois de leur vie au désir d'une satisfaction masturbatoire, marquant par cette « action d'éclat » la transformation favorable qui s'amorce dans leur position libidinale.

Mais cela ne peut s'appliquer qu'à l'onanisme manifeste accompagné d'un contenu fantasmatique érotique conscient, et non aux multiples formes d'onanisme « larvé » et à ses équivalents. Ces derniers peuvent d'emblée être considérés comme pathologiques et nécessitent une élucidation analytique. Toutefois celle-ci n'est possible, nous l'avons vu, qu'en faisant cesser, au moins provisoirement, la pratique elle-même, de sorte que l'excitation qu'elle mobilise soit orientée sur des voies purement psychiques et finalement se fraye un passage jusqu'au système conscient. C'est seulement lorsque le patient a appris à supporter la conscience de ses fantasmes masturbatoires que l'on doit lui rendre la liberté d'en disposer. Le plus souvent il n'y recourra qu'en cas de besoin.

Je profite de l'occasion pour rapporter encore quelques formes d'activités masturbatoires larvées ou vicariantes. Il y a beaucoup de personnes par ailleurs non névrosées, mais surtout beaucoup de neurasthéniques, qui se masturbent inconsciemment pour ainsi dire presque sans arrêt durant toute leur vie. Les hommes, par exemple, gardent toute la journée les mains dans leurs poches de pantalons et, aux mouvements de leurs doigts et de leurs mains, on remarque qu'ils pressent, frottent et tiraillent leur pénis. Ils ne pensent pas « à mal », au contraire, ils sont probablement plongés dans de profondes spéculations mathématiques, philosophiques ou commerciales. Pour ma part, je pense qu'en l'occurrence cette « profondeur » ne va pas très loin. Il se peut que ces problèmes requièrent toute leur attention, mais les profondeurs véritables de leur vie psychique (celles qui sont inconscientes) se préoccupent parallèlement de fantasmes érotiques primitifs et se procurent directement, en somnambules, la satisfaction désirée.

Certains, au lieu de farfouiller dans leurs poches, présentent un tremblement clonique des muscles du mollet, souvent fort désagréable pour leurs voisins. Quant aux femmes, à qui la forme de leurs vêtements, tout comme la bienséance, interdisent des mouvements aussi voyants, elles pressent les jambes l'une contre l'autre ou les croisent. C'est en particulier pendant les travaux d'aiguille, qui détournent leur attention, qu'elles se procurent volontiers de telles « primes de plaisir ».

Cependant, même les conséquences psychiques mises à part, on ne peut tenir pour totalement inoffensif cet onanisme inconscient. Dans ces cas, bien qu'il n'aboutisse jamais – ou justement pour cette raison – à un orgasme complet mais seulement à des excitations frustes, il peut contribuer à l'apparition d'états névrotiques d'angoisse. Et je connais aussi des cas où cette excitation continuelle par des orgasmes très fréquents bien que minimes (qui peuvent s'accompagner chez l'homme d'un écoulement de liquide prostatique) finit par rendre ces personnes neurasthéniques et porte préjudice à leur puissance. Seul dispose d'une puissance normale celui qui est capable de retenir et d'accumuler un certain temps ses motions libidinales et les laisser affluer pleinement jusqu'aux organes génitaux en la présence des objets et des buts sexuels appropriés. Le gaspillage permanent de petites quantités de libido porte atteinte à cette capacité. (Cela ne s'applique pas en général à la masturbation périodique consciemment désirée.)

Un autre facteur qui, dans notre manière de voir, paraît contredire des opinions précédemment exprimées, serait notre conception des *actes symptomatiques*. Freud nous a appris que ces manifestations de la psychopathologie de la vie quotidienne peuvent, au cours du traitement, indiquer l'existence de fantasmes refoulés, par conséquent posséder une signification tout en étant par ailleurs parfaitement anodines. Nous voyons pourtant qu'elles peuvent être fortement investies par la libido refoulée des autres positions et devenir des équivalents masturbatoires nullement inoffensifs. Nous trouvons ici des stades intermédiaires entre les actes symptomatiques et certaines formes de *tic convulsif*, pour lesquels nous ne disposons jusqu'à présent d'aucune explication psychanalytique. Je m'attends à voir bon nombre de ces tics s'avérer, à l'analyse, des équivalents stéréotypés de l'onanisme. Le lien remarquable qui existe entre les *tics* et la *coprolalie* (par exemple lorsqu'il y a répression des manifestations motrices) ne serait rien d'autre que l'irruption dans le Préconscient de fantasmes érotiques – généralement sadiques-anaux – symbolisés par les tics avec, conjointement, un investissement spasmodique des traces mnésiques verbales correspondantes. La coprolalie devrait donc sa formation à un mécanisme semblable à celui sur lequel repose la technique que nous avons expérimentée, qui permet à certaines motions, déchargées jusque-là dans des équivalents masturbatoires, d'accéder à la conscience.

Après cette digression dans le domaine de l'hygiène et de la nosologie, revenons aux réflexions psychologiques et techniques beaucoup plus intéressantes que peut nous inspirer le cas rapporté au début.

Dans ce cas, j'ai été amené à abandonner le rôle passif que le psychanalyste joue habituellement dans la cure et qui se limite à écouter et à interpréter les associations du patient, et j'ai aidé la patiente à dépasser les points morts du travail analytique en intervenant activement dans ses mécanismes psychiques.

C'est à Freud lui-même que nous devons le prototype de cette « technique active ». Dans l'analyse des hystéries d'angoisse il a recouru – en cas de stagnation analogue – à l'expédient qui consiste à exiger des patients qu'ils affrontent précisément les situations critiques propres à susciter leur angoisse, non pour les « habituer » à ces choses angoissantes, mais pour détacher de leurs chaînes associatives des affects mal ancrés. On espère ainsi que les valences tout d'abord non saturées de ces affects devenus librement flottants attireront en priorité les représentations qui leur sont qualitativement adéquates et historiquement correspondantes. Donc il s'agit ici aussi, comme dans notre cas, d'endiguer les voies inconscientes et habituelles d'écoulement de l'excitation et d'obtenir par contrainte l'investissement préconscient ainsi que la version consciente du refoulé.

Depuis la découverte du transfert et de la « technique active » nous pouvons dire que la psychanalyse dispose, outre l'observation et la déduction logique (interprétation), de la méthode expérimentale. De même que dans l'expérimentation animale il est possible, en ligaturant les grands réseaux artériels, d'élever la pression sanguine dans des régions éloignées, nous pouvons et nous devons dans certains cas barrer les voies inconscientes d'écoulement à l'excitation psychique pour l'obliger, grâce à l'« accroissement de pression » de l'énergie ainsi obtenu, à vaincre la résistance opposée par la censure et à établir un « investissement stable » au moyen des systèmes psychiques supérieurs.

À la différence de la suggestion, nous n'exerçons aucune influence sur la direction nouvelle du flux d'énergie et nous nous laissons volontiers surprendre par les tournures inattendues que, de ce fait, l'analyse vient à prendre.

Ce type de « psychologie expérimentale » est, plus que tout autre moyen, apte à nous convaincre de l'exactitude de la théorie psychanalytique des névroses selon Freud, comme de la validité de la psychologie fondée sur elle (et sur l'interprétation des rêves). En particulier, nous apprenons ainsi à estimer à sa juste valeur l'hypothèse freudienne relative à l'existence d'*instances psychiques* subordonnées les unes aux autres et nous nous habituons à tenir compte des *quantités psychiques* comme des autres masses d'énergie.

Un exemple comme celui-ci nous montre encore une fois que, dans l'hystérie, ce ne sont pas de simples « énergies psychiques » qui sont à l'œuvre, mais des forces libidinales ou, plus exactement, des forces pulsionnelles génitales, et que la formation des symptômes cesse si l'on réussit à ramener aux organes génitaux la libido utilisée de façon anormale.

Débuts et développements de l'amour objectal
(1924)

KARL ABRAHAM
(1877-1925)

On s'accorde à dire et à répéter que Abraham fut un des disciples les plus fidèles de Freud. Pourtant celui-ci, assez fréquemment, lui reprocha au moins quelque chose : une certaine rigidité, qui lui faisait par exemple censurer sans aucune précaution ce qui, chez ses collègues, lui paraissait s'éloigner un tant soit peu de la lettre de la doctrine freudienne. De fait, si Abraham avait un esprit rigoureux, il se contenta souvent d'approfondir des questions de détail, au demeurant intéressantes. Les études plus vastes, qui ont le mérite d'interroger de front la question de la psychose, et notamment de la manie, témoignent d'un esprit de système assurément regrettable. Ainsi le tableau parallèle des « étapes de l'organisation de la libido » et des

« étapes du développement de l'amour objectal » que l'on trouve dans ce texte peut être apprécié par le néophyte, qui sera heureux d'y trouver une mise en place précise et ordonnée. Mais on peut estimer aussi qu'il donne une vision réductrice de phénomènes plus complexes qu'il n'y paraît.

Source : K. Abraham, « Esquisse d'une histoire de la libido basée sur la psychanalyse des troubles mentaux », deuxième partie : « Débuts et développements de l'amour objectal », in *Développement de la libido*, Œuvres complètes, t. II, Payot, 1966. Traduction Ilse Barande avec la collaboration de Élizabeth Grin.

Au cours de l'essai qui précède, j'ai tenté de faire progresser simultanément la psychologie de certaines maladies mentales et la théorie de la *sexualité*. Mais, à ce deuxième point de vue, je me suis limité à considérer la théorie des étapes prégénitales de l'organisation de la libido. Cette partie de la théorie de la sexualité comprend les transformations qui s'opèrent au cours du développement psychosexuel de l'homme en ce qui concerne *le but sexuel*. Les recherches fondamentales[1] de Freud nous ont appris à considérer la relation à *l'objet sexuel*. Nos hypothèses sur l'ontogenèse de l'amour objectal n'ont pas jusqu'ici pu rendre compte des faits dans toute leur ampleur. Les états morbides que nous groupons avec Freud sous le nom de « névroses narcissiques » nous confrontent à un certain nombre de manifestations psychosexuelles auxquelles il nous faut adapter notre théorie. C'est la tâche que j'entreprendrai ici.

Considérer *la relation d'un sujet avec son objet d'amour* du point de vue de l'histoire de cette relation, ce n'est pas négliger les interrelations psychologiques multiples que nous avons examinées précédemment. Au contraire, elles s'en trouveront éclairées. De même que nous avons eu à tenir compte d'aspects importants des relations avec l'objet, telle l'ambivalence de la vie pulsionnelle humaine, de même il est exclu que nous isolions ces problèmes. Au contraire, une étude condensée de la théorie des phases de l'organisation de la libido nous permettra de mieux connaître ce qui nous fait défaut pour une histoire du développement de l'amour objectal.

La phase sadique-anale nous a permis de distinguer deux sources de plaisirs : la plus primitive d'exonération et de destruction, la plus tardive de rétention et de domination. Nous avons été conduits empiriquement à supposer une gradation à l'intérieur de cette phase sadique-anale jusque-là considérée comme un tout. Nous pensions alors que le mélancolique régresse à la plus profonde de ces étapes mais ne s'en tient pas là ; sa libido tend vers une étape encore plus primitive, cannibalique, où l'incorporation devient le but pulsionnel. L'objet d'amour auquel on renonça, qui a été perdu, est identifié par l'inconscient avec les fèces, le produit le plus important qui soit exonéré corporellement. Il est réincorporé par le mécanisme que nous nommons introjection. Mais cette régression ne permet pas au mélancolique d'échapper à son ambivalence, le conflit s'en trouve accru et suscite la nostalgie d'une étape encore antérieure dont le but sexuel est la succion, que nous avons dû considérer comme préambivalente. Après avoir été ainsi amené à distinguer deux stades à l'intérieur de la phase orale, nous discernâmes deux étapes de la phase génitale, tardive ; la plus récente seulement nous apparut comme non ambivalente (post-ambivalente).

1. *Trois Essais sur la théorie de la sexualité*, 1re édition, 1905 (trad. française N.R.F.).

L'hypothèse de deux étapes à l'intérieur de chacune des trois grandes phases nous semble rendre compte des modifications que nous avons reconnues empiriquement en ce qui concerne le but sexuel. Elle facilite également la corrélation génétique entre certains états morbides et les étapes de l'organisation de la libido. Nous n'ignorons pas les grandes lacunes qui subsistent à cet égard. Ainsi, les états paranoïaques nous échappent encore sur ce plan, nous y reviendrons par la suite.

Nos aperçus sur le développement de l'amour objectal sont encore plus inachevés. Nous connaissions trois stades du développement de la relation à l'objet tout comme nous distinguions trois étapes de l'organisation de la libido. Nous devons à Freud les premières révélations fondamentales. Il distingua un état auto-érotique ou anobjectal qui se situe dans la toute petite enfance, un stade narcissique où le sujet est aussi son propre objet d'amour, et un troisième stade d'amour objectal proprement dit. Mon projet est d'étudier jusqu'à quel point nous sommes en mesure de compléter cette partie de la théorie de la sexualité.

La contribution que je pense pouvoir apporter pour combler les lacunes de notre connaissance, est née d'un aspect particulier de l'empirisme psychanalytique, l'expérience des névroses « narcissiques » et de certaines névroses de niveau objectal, qui s'en rapprochent.

Les affections maniaco-dépressives, dont l'analyse a servi de base à la partie initiale de ce travail, peuvent contribuer à la solution des questions qui nous préoccuperont dorénavant. Il se trouve que j'eus en traitement en même temps que ces malades deux patientes dont je décrirai brièvement l'état névrotique. Le tableau clinique est très différent de celui des malades mélancoliques. La raison qui me fait les mettre en parallèle apparaîtra incessamment.

La première que je nommerai « Mademoiselle X... » offrait un tableau pathologique complexe dont je ne soulignerai que les traits principaux. En premier lieu, une mythomanie marquée depuis l'âge de six ans, et des impulsions cleptomaniaques graves, datant de la même période. La patiente souffrait d'accès de désespoir qui pouvaient être déclenchés par un incident minime et s'exprimer par des larmes interminables. Ces pleurs compulsionnels étaient principalement déterminés d'une part par le complexe de castration et concernaient alors le « dommage » de virilité avec son cortège, par exemple jalousie du frère puîné, préféré, etc. La moindre dévalorisation réelle ou supposée provoquait un flot de larmes. Une question du maître d'école ou des événements de cet ordre avaient, en tant que mise en doute de ses capacités, la valeur d'un rappel de sa blessure féminine. Au cours des règles qui stimulaient de façon privilégiée le complexe de castration, les pleurs ne s'interrompaient plus. D'autre part, ces larmes[1] concernaient la relation de la patiente à son père. Elle pleurait le père perdu, non pas la perte réelle causée par son décès, mais la perte au sens psychologique à laquelle se rattachaient les symptômes les plus précoces de sa névrose.

Enfant, elle avait beaucoup aimé son père. D'après les données de son analyse, cet amour fut brusquement interrompu au cours du deuxième semestre de sa sixième année. Convalescente, elle partageait alors la chambre de ses parents et elle eut l'occasion d'observer et leur commerce sexuel et le corps de son père. Son voyeurisme s'accrut beaucoup, jusqu'à ce qu'il succombât à un refoulement intense. En plus des effets habi-

1. Qu'il soit mentionné en passant que l'abondante production de larmes correspondait au désir inconscient d'uriner comme un homme.

tuels connus du psychanalyste, je soulignerai une particularité. La patiente se plaignait d'avoir perdu tout sentiment de contact personnel avec son père, d'être incapable de se le représenter par la pensée. Elle ne prenait conscience ni de sa tendresse, ni de sa sensualité à l'égard du père. Une surabondance de manifestations névrotiques permit de constater son intérêt exclusif compulsionnel pour une seule partie du corps de son père, son pénis. Le père n'avait plus eu pour cette patiente l'existence d'un être total, il n'en restait qu'une seule partie. Celle-ci était l'objet de sa compulsion à voir (guetter les contours des organes génitaux à travers les vêtements du père). De plus, elle s'identifiait inconsciemment tantôt avec le père, tantôt avec ses organes génitaux, qui en étaient devenus le représentant. Les tendances cleptomanes relevaient pour une grande part de sa tendance active à châtrer le père. Le but inconscient de ses vols, dont certains indices montraient le lien avec la personne du père, était soit de dérober le pénis envié, soit de s'identifier à lui. Ainsi, elle avait pris une seringue à lavement dans la chambre à coucher paternelle et elle s'en servait pour des pratiques érotiques anales, en place du membre paternel. D'autres formes de castration consistaient à dérober l'argent (« Vermögen » puissance) de la bourse du père, à voler porte-plume, crayons et autres symboles de virilité, comme nous le voyons dans d'autres cas de cleptomanie.

Ce complexe de castration s'avéra être une source essentielle de son état. Si la cleptomanie signifiait : « Je me saisis par la ruse ou de force de ce qui ne m'est pas donné » (ou m'a été pris), l'une des raisons principales des mensonges pourrait être exprimée comme suit : « Je possède la partie corporelle que je désire, je suis comme mon père. » Il est particulièrement intéressant d'apprendre que le fait de raconter des mensonges fantastiques lui procure une excitation sexuelle et l'impression qu'il lui pousse au bas-ventre quelque chose qui se gonfle. Cette sensation se doublait d'une impression de force physique de même que ses mensonges lui donnaient un sentiment de puissance psychique et de domination.

Les relations de la patiente avec les autres personnes de son entourage ressemblaient à celles qu'elle entretenait avec son père. Elle n'établissait pas de vrai contact. Le mensonge fut pendant des années son seul mode de relation avec l'entourage.

Cet état ne correspondait donc en rien à un amour objectal vrai et achevé, nous pensons qu'il en était issu par voie régressive. Mais une certaine relation aux objets était maintenue avec ténacité. Une analyse plus poussée de la cleptomanie dans ce cas et dans d'autres nous renseigna sur le caractère de cet amour objectal particulier et imparfait. Rêves et rêveries de la patiente représentaient souvent la castration par morsure. Le but de ce fantasme, ce n'était pas l'incorporation de l'objet d'amour dans sa totalité, mais *la dévoration d'une partie* avec laquelle la patiente s'identifiait ensuite. Cette incorporation partielle semble être aussi le fait des autres cleptomanes.

Une autre patiente que j'appellerai « Mademoiselle Y... » souffrait d'une névrose grave ; des vomissements hystériques en constituaient le symptôme le plus apparent. La détermination par le complexe de castration était également évidente ici. Sa cleptomanie était issue d'une tendance infantile invincible à arracher avec ses mains tout ce qui pouvait l'être, en particulier fleurs et cheveux. Cette impulsion elle-même était une transformation de la pulsion à arracher avec les dents « tout ce qui dépassait ». De telles imaginations apparaissaient encore à l'âge adulte. Dès qu'elle faisait la connaissance d'un homme, elle avait la représentation obsédante de lui arracher le pénis avec ses dents. Les vomissements névrotiques étaient étroitement liés à ces pulsions sadiques-orales. Dans sa vie fantasmatique également, son père a perdu toute signification d'être humain. L'intérêt libidinal était polarisé sur le pénis. Lorsque le père fut mort, elle n'en éprouva nul deuil, elle non plus. Par contre, elle fantasmait s'approprier son pénis par morsure et se le garder. Au cours de rêveries diurnes, elle imaginait souvent un coït avec un pénis, « sans homme à lui attaché ».

La ressemblance de ces patientes est parfaite lorsqu'on apprend que leur *mère* est également représentée par une seule partie de son corps, par les seins indiscutablement identifiés à un pénis féminin ou en leur place par les fesses. La relation à l'érotisme oral (plaisir de mordre) était très claire et pourrait être argumentée par de nombreux exemples ; qu'un seul suffise. La patiente X... rêva : « Je dévore un morceau de viande, je le déchire à belles dents et je l'avale. Tout à coup, je m'aperçois qu'il s'agit du dos d'une pelisse qui appartient à Mme N... »

Le « dos » est facilement compréhensible comme un déplacement d'avant en arrière. L'usage symbolique si fréquent de la fourrure pour faire allusion au sexe féminin va dans le même sens. Mme N... porte effectivement un nom d'animal, de celui précisément dont l'espèce apparaît souvent dans les rêves de la patiente avec une signification maternelle.

Le « déplacement en arrière » existe chez les deux patientes. Toutes deux éprouvent un dégoût de leur mère et chacune, par certains symptômes, identifiait sa mère avec le summum du dégoût, les fèces. Ainsi, dans leurs fantasmes, la mère était représentée par une partie détachée du corps (pénis-fèces).

Dans les deux cas, il y eut une régression marquée de la libido au narcissisme, mais en aucun cas une régression totale ; simplement, leur *amour objectal n'avait atteint qu'un développement insuffisant* avant que l'analyse n'entraînât une modification, ou bien était revenu régressivement à cet état d'inachèvement. Il doit s'agir là d'un stade de passage entre le narcissisme et l'amour objectal. Une expérience que je fis avec ces patientes, puis avec d'autres, allait dans le même sens. La position libidinale ambivalente à l'égard de l'objet était indubitable, marquée d'une forte tendance à l'endommager ; et pourtant cette tendance destructrice était déjà limitée. À cette étape, le but sexuel doit avoir été de dérober à l'objet une partie de son corps, c'est-à-dire de toucher à son intégrité sans attenter à son existence. On peut penser à un enfant qui arrache la patte d'une mouche, mais la laisse s'envoler. Nous voulons insister une fois de plus sur le plaisir de mordre caractéristique de cette forme de relation d'objet que nous ignorions jusqu'ici.

Les patients maniaco-dépressifs dont j'ai parlé précédemment révèlent les mêmes processus psychologiques. Mais les manifestations claires de cet ordre n'apparaissaient qu'au décours de symptômes pathologiques graves. Tant que ces derniers persistaient, la tendance cannibalique destructive de l'objet était facile à voir. En cours de convalescence, l'un des patients avait le fantasme de trancher avec ses dents le nez, le lobule de l'oreille, les seins d'une jeune fille qui l'intéressait. Il jouait parfois avec l'idée de trancher ainsi le doigt de son père. Lorsqu'il crut un jour que je ne voulais pas poursuivre son traitement, il lui vint en éclair la même représentation à mon endroit. La section d'un doigt à coups de dents obéissait à une série de déterminations parmi lesquelles la signification de la castration est évidente. Ce qui nous retient surtout, ici, c'est l'expression de l'ambivalence dans ce fantasme. C'était mutiler par morsure le médecin comme substitut paternel. Mais cet aspect d'hostilité envers l'objet ne doit pas nous faire négliger la tendance amicale à conserver l'objet, sauf pour une partie, et simultanément le désir de faire de cette partie sa propriété inaliénable. Nous pouvons à bon droit parler ici d'une impulsion à *l'incorporation partielle* de l'objet. À propos d'une jeune fille (qu'il identifiait à sa mère) le patient me dit un jour qu'il avait envie de la « dévorer bouchée par bouchée ». Un incident de l'analyse montrera à quel point cette représentation lui était proche à ce stade de la cure. Il me parlait d'un de ses supérieurs qui, pour son inconscient, représentait et son père et sa mère et vis-à-vis duquel il était fort ambivalent. Comme souvent la libre association le conduisit à une fantasmatisation figurée parfois brusquement interrompue par un blocage affectif soudain. Il en fut ainsi lorsqu'il m'entretint de son supérieur. Pour expliquer l'arrêt de ses associations, le patient ajouta spontanément : « Maintenant (dans la situation fantasmée) il me faut d'abord lui arracher sa barbe avec mes dents ; je ne pourrai aller plus loin autrement. » D'après l'impression ainsi traduite par le patient, il n'y avait pas d'échappatoire devant de tels fantasmes. Ils sont indiscutablement marqués d'un cannibalisme partiel.

Le cannibalisme total sans aucune restriction n'est possible que sur la base d'un *narcissisme illimité*. À cette étape, seule la convoitise du sujet compte. Les intérêts de l'objet ne le retiennent absolument pas ; sa destruction est poursuivie sans scrupules[1].

Le stade du cannibalisme partiel porte des traces encore claires de son origine, le cannibalisme total, mais il en diffère de façon décisive par l'apparition des égards pour l'objet. Cette protection partielle de l'objet peut être considérée comme le tout début de l'amour objectal au sens étroit, car elle représente un commencement de dépassement du narcissisme. Ajoutons aussitôt qu'à cette étape de son développement, le sujet est encore très loin de reconnaître un autrui et de l'« aimer » physiquement ou psychiquement dans sa totalité ! La convoitise, c'est de prendre possession d'une partie de l'objet pour se l'incorporer ; néanmoins, il existe un renoncement au but narcissique pur du cannibalisme total.

Cette élucidation de certains aspects du développement précoce nous fournit de nouveaux instruments et certes les confirmations par l'observation directe de l'enfant ne sauraient manquer.

Lorsque – comme précédemment – on a franchi une distance sur une route inconnue, on se réjouit de trouver la trace d'un chemin que d'autres parcoururent. Cette trace existe.

Il y a quelques années deux auteurs, dont les observations méritent la confiance et qui ont travaillé indépendamment l'un de l'autre, ont contribué à notre connaissance du délire de persécution des paranoïaques. Van Ophuijsen[2] et Stärcke[3] découvrirent dans leurs psychanalyses que le « persécuteur » peut être ramené à la représentation du scybale intestinal du patient ; ce symbole est inconsciemment identifié avec le pénis du « persécuteur », c'est-à-dire avec la personne du même sexe aimée à l'origine. Dans la paranoïa, le persécuteur est donc représenté par une partie de son corps que le patient ressent comme en lui : il voudrait se délivrer de ce corps étranger, mais n'est pas en mesure de le faire.

J'avoue n'avoir pas reconnu en son temps toute la signification de cette découverte. Elle était isolée, elle ne cadrait pas aisément avec ce que nous savions, bien que *Ferenczi* eût déjà reconnu les relations entre la paranoïa et l'érotisme anal.

1. Le cannibalisme des peuples primitifs que nous utilisons pour nommer un stade du développement de la libido infantile, ne peut pas être considéré comme illimité. N'est pas tué et consommé n'importe qui ; il existe, au contraire, un choix très précis affectivement déterminé.
2. *Intern. Zeitsch. für Psychoanalyse*, vol. IV, 1920, p. 68.
3. *Ibid.*, 1919, p. 258.

Désormais, la découverte des auteurs hollandais s'inscrit dans un ensemble et sa signification prend toute sa valeur.

La perte de la relation libidinale avec son objet et les objets en général, ce qu'il vit subjectivement comme « fin du monde », le paranoïaque essaie de la compenser au mieux. Comme nous le supposons depuis l'analyse du cas Schreber par Freud, sa démarche consiste à reconstruire l'objet perdu. Il nous est actuellement possible de voir cette reconstruction comme une incorporation d'une partie de l'objet qui subit ainsi un sort comparable à l'objet du mélancolique introjecté par incorporation en totalité. Pas plus que ce dernier le paranoïaque n'échappe au conflit lié à l'ambivalence. Il espère aussi se défaire de la part incorporée et, conformément au niveau du développement psychosexuel où il se situe, ce n'est possible que par voie anale. Pour le paranoïaque, l'objet d'amour est représenté par les fèces qu'il ne peut expulser. La partie de l'objet d'amour qu'il a introjectée se refuse à le quitter de même que l'objet introjecté en totalité par le mélancolique exerce sur lui sa tyrannie.

Nous concevons finalement que le mélancolique s'incorpore en totalité l'objet d'amour auquel il a renoncé tandis que le paranoïaque n'en introjecte qu'une partie. Cette dernière introjection pourrait s'effectuer selon deux possibilités. Elle peut être conçue comme se faisant *oralement,* mais aussi comme ayant lieu par voie *anale*. En attendant une vision plus précise, nous pouvons formuler prudemment l'hypothèse que la libido des paranoïaques régresse à la plus précoce des étapes sadiques-anales en ce qui concerne le but sexuel ; en ce qui concerne l'objet, elle rejoint régressivement l'étape de l'introjection partielle sans que nous puissions affirmer qu'elle s'effectue par voie anale ou par voie orale. Nous rencontrons des constellations analogues au décours des mélancolies. Reste à comprendre pourquoi le mélancolique ne produit pas un délire au sens paranoïaque. Ce contraste devrait pour une part être en rapport avec les effets différents des introjections, totale et partielle, orale ou anale. C'est d'une meilleure connaissance de la participation du moi dans les deux maladies que nous pouvons attendre plus de clarté.

Je voudrais insister sur un aspect concernant la partie introjectée. Il s'agit de l'équivalence pénis-seins ; secondairement d'autres parties corporelles acquièrent la même valeur. Il en est ainsi du doigt, du pied, des cheveux, des excréments et des fesses. J'ai déjà illustré ce point[1].

Si nous admettons « l'amour partiel » que nous avons décrit comme une étape du développement de l'amour objectal, nous parvenons à d'autres éclaircissements. Une particularité des perversions sexuelles sur laquelle Sachs a encore insisté récemment s'explique mieux : leur polarisation sur certaines parties du corps[2] de l'objet, dont le choix nous frappe souvent par son étrangeté. C'est le cas des *fétichistes,* pour lesquels un être n'est souvent que la breloque de cette partie unique de son corps à l'attrait invincible. Lorsque je tentai, il y a plusieurs années, d'approfondir psychanalytiquement un cas de fétichisme du pied et du corset, Freud me suggéra l'introduction de la notion de *refoulement partiel* pour rendre compte des phénomènes en cause. Ce mécanisme qui dévalorise la presque totalité de l'objet, au profit d'une de ses parties, nous semble résulter de la régression libidinale au stade de l'amour partiel que nous

1. Freud a brièvement esquissé un homologue remarquable de « l'amour partiel » *(Psychologie des foules),* « l'identification partielle » du sujet avec son objet d'amour.
2. « Contributions à la genèse des perversions », *Int. Zeitsch. für Psychoanalyse,* 1923.

postulons. De ce fait, il cesse d'être une curiosité isolée dans le cadre d'une forme morbide et s'insère dans une série de phénomènes psychologiques apparentés. Il n'est pas dans mon intention de considérer ici les symptômes du fétichisme. Soulignons simplement que les parties du corps de l'objet d'amour qui sollicitent le fétichiste sont les mêmes que les objets de « l'amour partiel ».

L'observation clinique nous avait familiarisés avec un stade du développement de l'amour où l'objet est traité avec plus d'égard. Dans les névroses, c'est en tant que phénomène régressif que nous le rencontrons dans la sexualité des obsédés. À cette étape, le sujet n'est pas encore apte à aimer au sens plein du terme. La libido n'est pas non plus attachée à une *partie* de l'objet. La tendance à l'incorporation d'une partie est abandonnée : à sa place, nous trouvons le désir de domination et d'appropriation. Si la libido demeurée à cette étape est loin du but définitif du développement, le fait que *l'appropriation soit en quelque sorte externalisée* constitue un pas fondamental. Désormais, la possession ne se confond plus avec l'incorporation par dévoration, elle est située en dehors du corps. Ainsi l'existence de l'objet est reconnue et assurée ; c'est là une adaptation essentielle du sujet au monde extérieur. Cette modification est de la plus grande importance pratique. Socialement parlant ce n'est qu'à partir de là qu'une possession commune est possible tandis que la dévoration ne l'assurait qu'à un seul, exclusivement.

Différentes langues gardent l'empreinte de cette position libidinale envers l'objet. Par exemple, en allemand : *besitzen*[1], en latin *possidere*. On est assis sur son bien, on reste avec lui dans un rapport corporel étroit. C'est un fait d'observation courante chez l'enfant. Nous le voyons emporter dans son lit son objet préféré et se coucher sur lui. Chez les animaux (chiens) nous constatons qu'ils abritent leur bien en le couvrant de leur corps. Je pus l'observer chez mon *chien :* dès qu'un étranger était présent dans la maison, il cherchait sa muselière – objet personnel – et se couchait sur elle[2].

Vraisemblablement, l'étude psychanalytique de la névrose obsessionnelle pourra nous aider à concevoir cette phase du développement de l'amour objectal. Le relief que prennent chez ces patients les représentations actives et passives de castration, leur attitude particulière à l'égard de la possession nous permettent d'appréhender le lien avec le stade de l'amour partiel.

La psychanalyse nous a appris que l'inconscient de l'homme adulte est marqué des traces multiples issues des stades précoces de sa psychosexualité. Il en est ainsi des rêves de sujets normaux. L'amour partiel laisse aussi de telles traces dans notre inconscient.

Comme exemple, je prendrai les rêves bien connus de chute d'une dent. Tout psychanalyste en connaît la signification symbolique multiple. La dent qui tombe symbolise la castration, d'autre part, elle représente une personne proche du rêveur, dont la mort souhaitée est réalisée par le rêve. Un proche est donc identifié à une partie du corps en voie d'expulsion. Nous constatons la ressemblance avec la psychologie du délire de persécution et l'ambivalence qui s'exprime dans l'identification d'une personne avec une partie de notre corps.

Indiscutablement, c'est là un grand témoignage d'amour que de mettre sur le même plan une autre personne et une partie de son corps narcissiquement très prisée. En allemand, nous connaissons l'expression « mon cœur » adressée à une personne aimée.

1. *Besitzen* = posséder ; *sitzen* = être assis.
2. Voir à ce propos les fantasmes du petit Hans (5 ans) dans l'analyse de Freud (*Jahr. f. psycho. Forsch.*, 1909). Hans s'assied sur la girafe représentant la mère après l'avoir prise au père.

D'une mère, nous disons qu'elle traite son enfant comme « la prunelle de ses yeux ». L'identification avec une dent, si fréquente dans le rêve, dit allusivement que l'on ne se défait pas volontiers de cette partie de soi, mais qu'il est possible de s'en passer, en raison de sa multiplicité. Le rêveur est parfois frappé de l'indolence de cette chute ou de cette extraction ; la perte de la personne à laquelle il est fait allusion ne serait donc pas si douloureuse ! N'oublions pas que la castration symbolique est sous-tendue par un *désir* inconscient concernant la perte de cette partie du corps qui centre habituellement le narcissisme humain. La valeur hostile est particulièrement nette lorsque les parties du corps identifiées à la personne sont les *excréments.*

L'amour partiel a donc également laissé des traces dans la vie psychique des sujets normaux. L'objet des sentiments amoureux et ambivalents est représenté par une de ses parties introjectée par le sujet.

Les patientes X... et Y... dont j'ai parlé parvinrent peu à peu à un développement normal de l'amour objectal sous l'influence de leur traitement. Elles franchirent un stade qui peut être considéré comme la continuation immédiate de celui que je viens de décrire.

La patiente X... auparavant était envahie par une représentation qui se répétait sous des formes variées dans ses rêves et ses symptômes. Il s'agissait du fantasme de l'appropriation du pénis de son père ; il est à remarquer qu'elle s'identifiait *in toto* avec cette partie du corps. En cours d'amélioration, alors que les impulsions cleptomanes étaient pratiquement dépassées, ses productions fantasmées prirent un caractère différent. Je me réfère en particulier à un de ses rêves où le corps de son père était dépourvu de poils pubiens. Au cours des rêves précédents, cette toison avait eu une signification génitale. Maintenant, elle rêvait de son père comme d'un homme entier à l'exception d'une seule partie de son corps. Le contraste avec les manifestations névrotiques antérieures est remarquable. Du temps où elle s'intéressait compulsionnellement à la région génitale de son père, cet intérêt amoureux était exclusif de tout le reste de sa personne. L'objet actuellement refoulé était justement celui qui avait exercé un pouvoir obsédant conscient.

Des rêves semblables surviennent chez d'autres sujets. Une de mes patientes, très ambivalente à mon égard, exprima son transfert dans un rêve où j'apparaissais sans organes génitaux. La tendance hostile (castratrice) est facile à reconnaître. Mais j'étais également affecté d'une valeur paternelle, et comme son père elle pouvait m'aimer mais non me désirer sexuellement. En tant que substitut paternel, le médecin ne pouvait être aimé qu'en excluant son aspect sexuel : ainsi la censure du rêve maintenait la barrière de l'inceste.

Il semble bien que l'acceptation érotique de l'objet sous exclusion des organes génitaux soit l'expression typique de l'interdit de l'inceste dans l'hystérie. Dès la première édition des *Trois Essais sur la théorie de la Sexualité,* Freud souligna le fait que chez l'hystérique le but sexuel normal (génital) est refusé et des désirs « pervers » prennent sa place. L'hypothèse d'un *stade d'amour objectal excluant les organes génitaux* corrobore la constatation de Freud[1]. Le refus de la zone génitale s'étend tant au corps du sujet qu'à celui de l'objet. Deux symptômes particulièrement fréquents et pratiquement très importants, l'impuissance de l'homme et la frigidité de la femme, s'expli-

1. L'amour objectal excluant les organes génitaux, stade du développement psychosexuel, semble coïncider chronologiquement avec « l'étape phallique du développement » de Freud. Des relations plus intimes semblent bien exister. Les symptômes hystériques pourraient être considérés comme le négatif des mouvements libidinaux correspondant à un amour objectal exclusif des organes génitaux et à la phase phallique de l'organisation.

quent pour une grande part par cet état de fait. Du fait de sa *zone génitale,* le névrosé ne peut pas aimer entièrement l'objet.

L'analyse des névrosés nous a conduits à considérer ces inhibitions libidinales des deux sexes comme les effets du complexe de castration : chez l'homme, il s'agit de la peur pour son sexe et de l'effroi devant le défaut d'un organe correspondant du corps féminin ; de même chez la femme, il s'agit de la douleur toujours actuelle du vol de son organe et de son désir de castration à l'égard de l'homme. Nous savons que chacun investit son sexe d'un amour narcissique privilégié. C'est pourquoi tout peut être aimé chez l'objet avant son sexe. Au niveau de l'organisation « phallique » décrite par Freud, cette dernière étape n'est visiblement pas atteinte. Ce n'est qu'à l'étape génitale proprement dite qu'il en sera ainsi. Ainsi l'accès à l'étape supérieure de l'organisation libidinale semble aller de pair avec le dernier acte du développement de l'amour objectal.

Le tableau suivant est destiné à faciliter une vue d'ensemble des étapes de l'organisation sexuelle et des stades du développement de l'amour objectal. Bien entendu, les données que je réunis ici n'ont rien de définitif. Je ne tiens nullement à fixer à six le chiffre des stades du développement. Ce tableau doit plutôt être conçu comme l'itinéraire d'un express où seules quelques grandes stations sont mentionnées ; les intervalles ne peuvent être pris en considération dans un tel survol. Enfin, je veux signaler que les stades situés à la même hauteur dans les deux colonnes principales ne sont pas obligatoirement synchrones.

	Étapes de l'organisation de la libido	*Étapes du développement de l'amour objectal*	
VI.	Étape génitale définitive	Amour objectal (post-ambivalent)	
V.	Étape génitale précoce (phallique)	Amour objectal excluant les organes génitaux	ambivalent
IV.	Étape sadique-anale tardive	Amour partiel	ambivalent
III.	Étape sadique-anale précoce	Amour partiel et incorporation	ambivalent
II.	Étape orale tardive (cannibalique)	Narcissisme. Incorporation totale de l'objet	ambivalent
I.	Étape orale précoce (succion).	Auto-érotisme (sans objet).	pré-ambivalent

Ce tableau fournit un schéma du développement psychosexuel de l'homme dans deux directions ; il tient compte des modifications libidinales en ce qui concerne et le but sexuel et son objet. Parmi bien d'autres, il est un aspect qui n'y figure pas, à savoir la formation des inhibitions pulsionnelles. C'est pourquoi je désire les mentionner brièvement.

Faute de relations objectales proprement dites, nous considérons qu'il n'existe pas de telles inhibitions au stade le plus précoce, de l'auto-érotisme. Au stade du narcissisme à but sexuel cannibalique, la *peur* apparaît, c'est la première inhibition pulsionnelle repérable. Le dépassement du cannibalisme est étroitement lié à la constitution de *sentiments de culpabilité.* Ils apparaissent comme inhibitions typiques de la troisième étape. Le but sexuel de l'incorporation d'une partie de l'objet persiste jusqu'à ce que *la pitié et le dégoût* détournent la libido de cette voie. L'amour objectal excluant les organes génitaux comporte une inhibition s'exprimant par la *honte* (pudeur). À l'étape supérieure de l'amour objectal proprement dit, nous trouvons *les sentiments sociaux* en tant que régulateurs de la vie pulsionnelle.

Ces quelques remarques d'ordre général montrent bien que d'autres recherches sont nécessaires pour comprendre la constitution des inhibitions libidinales et que la psychanalyse nous permet de les entreprendre. Je ferai état d'un moment isolé de ce processus complexe.

Nous avons vu qu'au stade de « l'amour partiel avec incorporation » l'objet d'amour est représenté par une de ses parties. Le sujet est ambivalent vis-à-vis de cette partie (= pénis, seins, selles, etc.), c'est-à-dire partagé entre la convoitise et le refus. Ce n'est qu'après le dépassement total de la tendance à l'incorporation – d'après nous, au quatrième stade – qu'il prend une attitude méprisante à son encontre particulièrement nette en ce qui concerne les fèces. Pour l'enfant, les fèces représentent tout ce qu'on ne veut pas garder ; c'est pourquoi la personne écartée avec répugnance (cas X... et Y...) est identifiée aux selles. Le dégoût culmine à la simple pensée de porter les matières fécales à la bouche. Dans certains états morbides, nous assistons à une régression prononcée au cours de laquelle la consommation des matières fécales redevient le but sexuel. Dans notre inconscient, en effet, la valeur narcissique initiale des excréments persiste.

J'avais précédemment essayé de donner une vue d'ensemble des rapports des différentes formes d'affections psychonévrotiques, comparativement aux étapes du développement libidinal dans le contexte de notre connaissance actuelle. Cet essai était très imparfait et loin de représenter une élucidation définitive. Les mêmes lacunes persistent dans notre savoir. Nous ne pouvons apporter pour le moment que deux aspects complémentaires. Nous pouvons supposer que chez le *mélancolique* la capacité d'amour objectal est très inachevée de sorte que la tendance à l'incorporation cannibalique de l'objet s'impose en cas d'épisode pathologique. La régression libidinale correspond au stade II du schéma ci-dessus.

Dans d'autres cas, tels les *états paranoïaques,* la régression semble faire halte au stade de l'incorporation partielle (III). Il en va probablement de même de la cleptomanie. Peut-être leur différence tient-elle à celle des buts sexuels inconscients, l'incorporation *orale* dans la cleptomanie, *anale* dans la paranoïa, de la partie convoitée de l'objet.

Seul un travail psychanalytique conséquent et patient, en particulier dans les formes narcissiques des psychonévroses, nous ouvrira des perspectives plus achevées sur le développement psychosexuel de l'homme. Dans l'attente de la confirmation de ces hypothèses par un nombre suffisant d'analyses approfondies, il me semble utile de contrôler leurs bases actuelles.

En premier lieu, je voudrais mentionner qu'il s'agit de données empiriquement recueillies. Je pense avoir renoncé à toute extrapolation spéculative. Pour le moins, je puis affirmer que je n'ai jamais tenté d'aboutir à une théorie achevée ; bien au contraire, j'ai attiré l'attention sur les défauts et les lacunes de mon matériel.

Je voudrais également souligner la simplicité du processus de développement que j'ai postulé. Il se déroule selon des voies identiques à celles de l'évolution organique ; une *partie* se constitue en un *tout,* un *tout* initial se réduit, perd sa signification, ou ne survit que sous une forme *rudimentaire.*

La comparaison avec les déroulements organo-biologiques peut être étendue. Nous avons depuis longtemps transposé au développement psychique (psychosexuel) la « loi de base biogénétique ». L'expérience quotidienne montre au psychanalyste que le sujet revit psychiquement l'évolution de l'espèce. Notre observation empirique nous permet de discerner une règle particulière du développement psychosexuel : il clopine à la remorque de l'évolution organique comme une *réédition tardive* ou la répétition d'un même processus. Le modèle biologique du développement auquel nous nous sommes consacré ici, se déroule au stade embryonnaire précoce tandis que l'évolution psychosexuelle qui nous intéresse prend plusieurs années, de la vie extra-utérine de la première année jusqu'à la puberté. Si nous jetons un regard sur le domaine de l'embryologie, le parallélisme de l'ascension psychosexuelle par étapes que nous observons et du développement organique embryonnaire précoce s'impose.

Nous concevons la libido de la première période de la vie *extra-utérine* comme liée à la bouche, zone érogène. La relation la plus précoce et vitale de l'enfant avec le monde extérieur c'est celle d'absorber par succion ce qui s'avère approprié. Au cours du développement embryonnaire, le premier organe constitué à la suite des mitoses initiales est la « bouche primitive » qui se conserve et fonctionne comme telle chez les cœlentérés, groupe d'animaux inférieurs.

Ce n'est qu'après un temps prolongé que les organes sexuels de l'enfant (au sens étroit) prennent un rôle directeur dans la sexualité. Jusqu'à ce stade, l'intestin, en particulier ses orifices, ont un rôle érogène important. Le système nerveux en reçoit des excitations sexuelles marquées et cette phase est conforme à certaines dispositions de l'époque embryonnaire précoce. Il existe en effet une communication libre entre la partie terminale du conduit intestinal et la partie caudale du tube nerveux (canalis neurentericus). Le cheminement de l'excitation de l'intestin au système nerveux est en quelque sorte préétabli organiquement.

Le prototype biologique des phases sadique-orale (cannibalique) et sadique-anale est particulièrement précis. Freud a déjà fait allusion à cet état de choses. Je le cite[1] : « L'organisation sadique-anale se conçoit bien comme la continuation de la phase orale. L'activité musculaire violente qui la caractérise est l'acte préparatoire à la dévoration, qui constitue alors le but sexuel. Cet acte préparatoire devient un but indépendant. Le fait nouveau par rapport à l'étape précédente réside en ce que l'organe passif réceptif se détache de la zone buccale pour se reformer au niveau de la zone anale. » L'auteur évoque, sans plus préciser, le fait du parallélisme biologique. Je voudrais insister sur la conformité des développements psychosexuel et organique.

La « bouche primitive » – susmentionnée – se trouve à l'origine à l'extrémité antérieure (céphalique). Les embryons de certaines espèces permettent d'observer la fermeture de l'orifice buccal céphalique, et son élargissement dans le sens caudal. Ainsi il se déplace vers la queue en formation et s'y fixe comme anus. Cette *genèse immédiate de l'anus à partir de la bouche primitive* nous apparaît comme la préformation biologique du déroulement psychosexuel qui selon la description de Freud s'accomplit au cours de la deuxième année de la vie.

À l'époque de la formation de l'anus chez l'embryon, nous assistons au développement de la musculature corporelle. Les muscles masticateurs précèdent de beaucoup ceux des extrémités. Il y a un lien étroit entre la formation de l'anus et celle des instruments de la mastication. Il est à noter ici qu'au cours de la vie extra-utérine, les masticateurs exécutent précocement des mouvement intentionnels et puissants, bien avant la musculature du tronc et des membres.

Au cours d'un quatrième stade de l'évolution psychosexuelle, nous avons reconnu la rétention et la maîtrise de l'objet comme but sexuel. Les dispositifs de rétention intestinale de ce qui a été absorbé nous paraissent corrélatifs dans l'ontogenèse biologique. Il

1. Voir Freud, *Histoire d'une névrose infantile.*

y a là des rétrécissements, des dilatations, des aspirations annelées, des culs-de-sac et des lacets, enfin le sphincter terminal à musculature volontaire et involontaire. Au moment du développement de cet appareil si complexe de rétention, l'appareil urogénital fait encore défaut.

C'est en deux stades que nous voyons se développer l'organisation génitale de la libido ; deux étapes de l'amour objectal leur correspondent. Ici encore, l'évolution organique fournit les modèles correspondants. Au début les organes génitaux ne sont pas différenciés : ce n'est qu'au bout d'un certain temps qu'ils se différencient en organes mâles et femelles. Ceci est vrai aussi bien des glandes germinales que des organes servant à la copulation. Dans le domaine psychosexuel nous voyons s'accomplir la différenciation progressive correspondante.

D'une expérience psychanalytique plus vaste et approfondie, nous attendons des conclusions assurées concernant le développement psychosexuel dont nous avons traité ici. Dans l'immédiat, la série des processus biologiques parallèles que j'ai exposés devrait pouvoir étayer la tentative de présenter une histoire du développement de l'amour objectal.

XIV

L'ANALYSE DES RÉSISTANCES

Le privilège accordé au moi, à un certain moment, dans la théorie psychanalytique s'est accompagné d'une sorte de mutation dans la conception de la cure : un infléchissement de la technique qui laisse chez certains analystes une part grandissante à « l'analyse des résistances ».

On pourrait présenter cette mutation d'une manière purement historique, comme une réponse donnée collectivement à une difficulté qui se fait jour à partir des années 1920 dans la psychanalyse.

Après une première phase, en effet, où l'interprétation symbolique, celle des symptômes ou des formations de l'inconscient, put sembler atteindre ses objectifs, les analystes eurent le sentiment que l'inconscient se refermait. Les cures devenaient de plus en plus longues ; l'amnésie infantile plus difficile à lever ; les interprétations n'étaient plus acceptées ou restaient inefficaces. On peut supposer que quelque chose s'était perdu des conditions originelles. Durant les premières décennies, Freud inventait la psychanalyse au fur et à mesure de ce que ses analysants lui apprenaient. Ce qu'il leur disait les concernait d'une façon particulière, ou mieux, singulière. Plus tard, les interprétations purent apparaître aux patients, au siens, à ceux de ses élèves, comme l'application d'un savoir. Il leur manquait sans doute, pour être efficaces, la dimension de surprise qui peut être liée à la découverte.

C'est du moins ce que nous pouvons supposer maintenant. Les analystes, à l'époque, mirent plutôt en cause ce que Freud, dès le départ, avait désigné comme résistance : l'effet, dans la cure, du processus du refoulement. La résistance, selon eux, ne faisait pas qu'empêcher l'irruption de contenus inconscients. À supposer que ceux-ci parviennent jusqu'à la conscience, notamment en fonction d'une intervention de l'analyste, la résistance les ferait repousser à nouveau. Le patient en analyse – le moi du patient – trouverait les meilleures raisons du monde pour n'y accorder aucun crédit. Dès lors, il était recommandé d'analyser d'abord les résistances, de les empêcher de nuire, de les vaincre, avant d'aborder les interprétations « de fond ».

Parmi les analystes qui contribuèrent à systématiser cette conception de la technique, on sera peut-être étonné de trouver Wilhelm Reich, connu en général pour de toutes autres raisons[1]*. Dans l'*Analyse caractérielle, *où sont retranscrites quelques-unes des conférences qu'il faisait pour former des analystes débutants, on trouve un exposé précis de la façon dont il faut, selon lui, mener une cure : méthodiquement, en allant de l'interprétation des résistances à l'interprétation du « matériel ». Le patient,*

1. Sur W. Reich, voir *infra*, p. 329.

dit-il, a souvent un transfert négatif sur la personne du médecin, et cela d'autant plus peut-être qu'il paraît courtois et bien disposé envers les exigences de la cure. Ce transfert négatif, fait souvent d'une sorte d'incrédulité, de dérision latente, ne demande qu'à se manifester à la première occasion. Si l'analyste ne s'en préoccupe pas d'emblée, ses interprétations resteront sans effet. Pire encore, il aura épuisé des munitions[1] qu'il aurait dû conserver pour le moment où les résistances auraient été levées ; il sera désormais démuni, et l'analyse sera un échec.

Faisons cependant un saut dans le temps et dans l'espace. Durant les années qui suivent la Seconde Guerre mondiale, la technique de l'analyse des résistances semble s'être imposée partout, et notamment en France, au sein de la Société psychanalytique de Paris. Qu'on lise par exemple De la pratique à la théorie psychanalytique, de Sacha Nacht, un des psychanalystes les plus importants de l'époque, celui qui assura un séminaire de technique psychanalytique lorsque fut fondé, sous l'égide de la S.P.P., un Institut pour la formation des jeunes analystes. Dans le premier chapitre, « Rôle du moi dans la thérapeutique psychanalytique[2] », Nacht commence – de la même façon qu'Anna Freud[3] – par distinguer deux périodes, une où « l'intérêt des auteurs semble accaparé par l'étude du refoulé », la seconde où « c'est au refoulant que va plutôt l'attention ». Le « refoulant », identifié explicitement au moi, constitue l'instance qui doit intéresser avant tout le psychanalyste. C'est le moi, et lui seul, qui peut devenir un allié dans la cure : « Seul le moi, affirme Nacht, offre quelques possibilités d'être influencé par le traitement psychanalytique [4].»

Quelles sont les conséquences pratiques d'une telle conception ? Voyons par exemple ce que Sacha Nacht dit de la règle fondamentale. Le psychanalyste, rappelle-t-il, demande au malade de dire tout ce qui lui vient à l'esprit pendant la séance. Mais, en disant cela, il a l'espoir de ne pas être suivi à la lettre. Ce qui l'intéresse, c'est la façon dont « le malade va se trouver gêné dans la poursuite de ses associations », soit qu'il s'arrête, soit qu'il change de sujet, ou encore qu'il soit pris d'angoisse. Ces perturbations trahissent la résistance et c'est en s'intéressant à la résistance que l'on peut, selon Nacht, reconstituer le processus névrotique. Ainsi la règle fondamentale est-elle finalement une sorte de ruse de la technique analytique. En fixant au moi un objectif qu'il ne peut pas atteindre, le psychanalyste suscite ou exacerbe les résistances ; c'est à partir de ces résistances du moi qu'il interprète et c'est au moi qu'il transmet ses interprétations. Certes Nacht écrit un peu plus loin qu'on n'a pas à séparer analyse du moi et analyse de « l'inconscient élémentaire [5]». Mais on voit, ne serait-ce qu'à travers la question de l'usage de la règle fondamentale, que Nacht

1. Chez Wilhelm Reich, comme chez beaucoup d'autres auteurs traitant de la résistance, on trouve un grand nombre de métaphores militaires. Non seulement, affirme-t-il, il convient de commencer par l'analyse des résistances, mais il faut s'attaquer d'abord à ce qui constitue la résistance principale, « sorte de place forte, qu'on tentera de saper de tous côtés, plutôt que de se livrer à des coups de mains sur les points faibles du front sans rapport direct avec le fond du trouble ». Tout cela aboutit à une pression particulièrement contraignante sur le patient, toujours soupçonné de vouloir contrer l'action de l'analyste. S'étonnera-t-on de rencontrer cela précisément chez W. Reich ? Ce serait ignorer que les discours à prétention libératrice accompagnent souvent une pratique sociale coercitive.
2. Voir *infra*, p. 341, sq.
3. Voir chapitre XII.
4. Voir *infra*, p. 342.
5. Voir *infra*, p. 351.

n'attend pas grand-chose de ce qui pourrait se présenter comme ouverture de l'inconscient, moment de vérité où le désir pourrait s'avouer.

C'est Jacques Lacan qui, en France, procéda à une critique radicale de l'analyse des résistances[1]*. Il souligne notamment que, généralement, la résistance est attribuée au moi*[2] *; pire, que l'analyste en vient presque à concevoir que c'est contre son action, contre lui-même que son patient résiste. Les choses, montre-t-il, sont plus complexes. Lacan se réfère à deux textes de Freud. Le premier est constitué par le dernier chapitre des* Études sur l'hystérie, « psychothérapie de l'hystérie[3] ». *Freud y affirme que les souvenirs pathogènes refoulés du patient sont concentriquement disposés autour d'un noyau central. C'est au fur et à mesure que l'on se rapproche de ce noyau que la résistance croît. Quant au second texte,* « la Dynamique du transfert[4] »*, il aborde aussi la résistance à partir de ce qui peut faire qu'à un moment donné les associations se mettent à manquer, c'est-à-dire à partir de ce qui fait obstacle dans le « complexe » pathogène lui-même. C'est à ces moments-là qu'une « idée de transfert » vient se manifester,* « justement parce qu'elle satisfait la résistance ».

Il est vrai en ce sens, montre Lacan, que la résistance se manifeste d'une façon privilégiée, au niveau du moi, au niveau des sentiments d'hostilité ou de méfiance que le patient va éprouver pour son analyste. Mais ce n'est pas du moi qu'elle procède. « C'est d'ailleurs qu'elle part, à savoir de l'impuissance du sujet à aboutir dans le domaine de la réalisation de sa *vérité.*[5] *»*

C'est d'ailleurs souvent l'analyste qui renforce lui-même les difficultés dont il se plaint ensuite. Trop souvent, en effet, il interprète tout ce qui se présente en fonction de sa personne, comme si tout prenait sens, dans le transfert, par rapport à la situation actuelle, au hic et nunc *de la cure*[6]*. Mais ce faisant, il renforce les réactions imaginaires, les relations en miroir, de moi à moi, relations de prestance, de rivalité, d'amour mais aussi d'agressivité. Quoi d'étonnant, quand l'analyse s'est engagée sur cette voie, qu'elle ne puisse plus guère progresser, qu'elle s'enlise peu à peu, dans un affrontement duel sans échappatoire.*

La psychanalyse lacanienne – celle qu'a pratiquée Lacan, celle qu'ont reprise ses élèves[7] *– permet d'échapper, autant que faire se peut, à de telles difficultés. L'analyste ne tente pas d'imposer un sens au moi de l'analysant. À vrai dire il n'intervient pas*

1. Sur la question de la résistance on peut lire, outre son Séminaire I *(les Écrits techniques de Freud),* un article publié dans le recueil qu'il fit de ses *Écrits*, « Variantes de la cure type ».
2. Notons que dans *Inhibition, symptôme et angoisse* (P.U.F., 1965), Freud distingue cinq formes de résistance : trois sont rattachées au moi – le refoulement, la résistance de transfert et le bénéfice secondaire de la maladie – une à l'inconscient, et une dernière au surmoi.
3. Voir notamment S. Freud et J. Breuer, *Études sur l'hystérie*, Paris, P.U.F., 1956, p. 233-234.
4. S. Freud, « la dynamique du transfert », in *la Technique psychanalytique*, P.U.F., 1953.
5. J. Lacan, Séminaire I, *les Écrits techniques de Freud,* p. 61.
6. Voir sur ce point in J. Lacan, Séminaire I, *les Écrits techniques de Freud*, p. 40-43, la discussion d'un exemple clinique attribué à Annie Reich, alors qu'il vient en fait d'un article sur le transfert de Margaret Little. Dans cet exemple, l'analyste avait interprété un état de stupeur de son patient comme venant d'une crainte que l'analyste lui en veuille : il venait de faire à la radio une communication particulièrement brillante sur un sujet qui intéressait de près l'analyste. Il fallut au patient plus d'un an pour se remettre de cette interprétation-choc, inexacte, mais surtout centrée sur le niveau du moi, niveau où l'homme est un loup pour l'homme.
7. Un point d'histoire : en 1980, Lacan, fatigué et malade, dissout l'École freudienne de Paris. Ses élèves sont depuis dispersés en plusieurs groupes autonomes (Association freudienne internationale, Centre d'études et de recherches psychanalytiques, École de la cause freudienne, etc.).

essentiellement dans l'ordre de la signification. Si vraiment l'inconscient est fait d'un discours qui fait défaut à la disposition du sujet, ce discours, comme tout discours, n'est pas fait d'une juxtaposition de termes qui auraient chacun leur signification. Si le discours de l'analysant est le lieu même où jouent résonances et connotations, l'interprétation sera métaphorique, ouverte aux significations les plus diverses. En un mot, elle sera énigme à déchiffrer plutôt que sens à imposer. Si ces connotations, ces résonances, se détachent sur un ordre formel rigoureux, l'élaboration qui dégage, au-delà de certains moments constitutifs, l'écriture même du fantasme consistera dans l'établissement d'un texte plutôt que dans la démonstration insistante d'une « vérité » alors réduite à un savoir. Toute résistance ne disparaît pas pour autant : il n'est pas facile pour le sujet de s'éprouver comme l'effet de l'ordre formel d'un discours. Mais on voit qu'on est très loin ici de la protestation d'un « moi » qui se verrait l'objet d'une suggestion coercitive.

La dynamique du transfert
(1912)

SIGMUND FREUD

Lorsque l'analyste croit percevoir quelque chose que le patient tarde à reconnaître, il peut arriver qu'il le supporte mal. Dans ce cas-là, il glisse facilement dans une représentation simplificatrice de la résistance. Ce sujet auquel il a affaire refuse la vérité, il s'oppose au bon déroulement de sa cure, un pas encore et l'analyste estime que son patient s'oppose à lui. Contre ce genre de représentations – ce genre de résistances – il faut sans cesse rappeler, il faut sans cesse se rappeler un texte comme La dynamique du transfert. *Il y est clairement montré que c'est lorsque le sujet se rapproche du complexe pathogène que la résistance se renforce : ce n'est qu'ensuite que « l'idée de transfert » surgit, dans la mesure où elle satisfait la résistance :*

« [...] Étudions un complexe pathogène, parfois très apparent et parfois presque imperceptible [...] Lorsque quelque chose, parmi les éléments du complexe (dans le contenu de celui-ci), est susceptible de se reporter sur la personne du médecin, le transfert a lieu, fournit l'idée suivante et se manifeste sous la forme d'une résistance, d'un arrêt des associations, par exemple. De pareilles expériences nous enseignent que l'idée de transfert est parvenue, de préférence à toutes les autres associations possibles, à se glisser jusqu'au conscient *justement parce qu'elle satisfait la résistance.* [...] »

Il faut ajouter d'ailleurs que, même si le transfert peut fonctionner, dans la cure, comme « la plus forte des résistances », il demeure « l'agent même de l'action curative et de la réussite ». N'oublions pas en effet que le transfert est d'abord adresse à l'autre, tentative pour proférer – enfin – une parole authentique.

Ce texte est d'abord paru dans le Zentralblatt für Psychoanalyse *II, 1912, puis dans la 4e série des petits écrits sur la théorie des névroses.*

Source : S. Freud, *Zur Dynamik der übertragung*, G.W., VIII. Traduction française (Anne Bermann), « La dynamique du transfert », in *La technique psychanalytique*, P.U.F., 1953.

La technique de l'interprétation et de l'analyse des résistances

(1927)

WILHELM REICH
(1897-1957)

Né en Galicie à la fin du siècle dernier, W. Reich fit des études de médecine et s'intéressa très tôt à la biologie et surtout à la sexologie. Ce fut sans aucun doute cela qui le rapprocha de la psychanalyse. Il est surtout connu pour avoir prôné la révolution sexuelle, et pour avoir tenté de rapprocher la psychanalyse et le mouvement communiste. C'est dans le fil de ces préoccupations qu'il fonda à Vienne des centres d'« hygiène sexuelle », sortes de dispensaires gratuits.

Son œuvre n'est pas sans originalité. On peut y apprécier plus particulièrement la Psychologie de masse du fascisme, *où il rend compte des principaux thèmes de l'idéologie raciste à partir d'aspects spécifiques du refoulement sexuel. D'autres textes sont beaucoup plus discutables : Reich abandonna assez tôt l'essentiel du freudisme, en majorant l'importance des perturbations de la sexualité adulte, de l'orgasme, dans l'étiologie des névroses, ce qui réduisait d'autant l'influence déterminante des conflits infantiles.*

Pendant quelques années pourtant, il joua un rôle non négligeable au sein de la Société psychanalytique de Vienne. Il y dirigea notamment, de 1924 à 1930, un séminaire de technique psychanalytique. C'est dans ce cadre qu'il présenta, en juin 1926, un exposé sur l'analyse des résistances, qui fut ensuite publié dans la Internationale Zeischrift für Psychoanalyse *(1927), et repris dans* l'Analyse caractérielle.

Source : W. Reich, *Characteranalyse*, Sexpol Verlag, 1933, trad. Pierre Kamnitzer, W. Reich, *l'Analyse caractérielle*, Paris, Payot, 1971.

Bibliographie : J. M. Palmier, *W. Reich*, Paris, Union générale d'éditions (10-18), 1969.

1. Quelques erreurs d'interprétation typiques et leurs conséquences

IL NOUS FAUT DISTINGUER deux phases du travail analytique : la guérison du malade et son immunisation dans la mesure où celle-ci peut être obtenue au cours du traitement. La première partie du traitement se divise de nouveau en deux phases : la phase préparatoire et la phase curative proprement dite. Ces distinctions sont quelque peu artificielles : car l'interprétation de la première résistance peut déjà grandement influer le processus de la guérison. Il n'en reste pas moins vrai que les préparatifs d'un voyage (et Freud compare une analyse à un voyage) ne sont pas sans rapport avec le voyage lui-même et en déterminent dans une large mesure la réussite. Quoi qu'il en soit, en matière d'analyse tout dépend du départ. Un traitement mal débuté ou conduit d'une manière confuse est généralement condamné à l'échec. La plupart des cas offrent un maximum de difficultés pendant la phase préparatoire, même si par ailleurs ils « marchent bien » ou moins bien. D'autre part, ce sont généralement les cas débutant avec aisance qui présentent par la suite le plus de difficultés, parce que l'entrée en matière harmonieuse empêche la perception et, partant, l'élimination des obstacles. Les erreurs commises pendant la phase préparatoire de l'analyse sont d'autant plus difficiles à réparer qu'on tarde à le faire. Quelles sont donc les difficultés particulières qui risquent de se présenter au début du traitement ?

Le but de l'analyse dans la phase préparatoire du traitement est la découverte des sources énergétiques des symptômes et du caractère névrotique en vue de mettre en branle le processus curatif. Cette tâche est contrariée par les résistances du patient, la plus tenace étant celle qui résulte de conflits de transfert. Il s'agit donc de les rendre accessibles à la conscience du malade pour que celui-ci puisse les interpréter et les éliminer. Ce faisant, il pénètre toujours plus profondément dans les souvenirs de sa première enfance, souvenirs chargés d'affects. La question tant discutée de savoir ce qui importe le plus de la reviviscence active ou du souvenir est sans intérêt pour nous. L'expérience clinique confirme en effet le postulat de Freud que le malade qui a tendance à répéter ses expériences passées en les revivant doit, pour résoudre ses conflits, en saisir la signification et s'en souvenir d'une manière affective[1]. J'ai évoqué le problème pour ne pas donner l'impression de réduire le traitement à la seule analyse des résistances et transferts.

Qu'arrive-t-il lorsque, comme c'est si souvent le cas, les souvenirs chargés d'affectivité ne se présentent pas ?

Je mentionne pour mémoire les cas où l'analyste se fourvoie dans le dédale des matériaux émergés à cause des transferts hétérogènes trop nombreux. Nous parlons alors de « situation chaotique » que nous attribuons à certaines erreurs techniques d'interprétation. Souvent aussi les transferts négatifs ne sont pas reconnus comme tels parce qu'ils se cachent derrière des attitudes positives. Il existe finalement un grand nombre de cas qui piétinent malgré des réminiscences profondes, parce que l'analyste ne tient pas assez compte de leur potentiel affectif insuffisant ou parce qu'il n'en fait pas le centre de l'analyse. À côté de ces cas qui semblent suivre un cours normal mais aboutissent à une situation chaotique, se trouvent des cas où l'analyse ne « démarre » pas, où l'association libre ne s'accomplit pas, et qui s'opposent aux efforts du psychanalyste par une résistance passive.

Je voudrais passer en revue ici quelques-uns de mes échecs les plus cuisants afin de montrer qu'ils étaient imputables à certains types d'erreur. La mise en parallèle de ces échecs fait ressortir des erreurs que nous avons l'habitude de commettre pendant la première phase du traitement, mais qui ne sauraient être mises sur le compte de l'inexpérience du débutant. Nous aurions tort de nous décourager, car comme le disait Ferenczi, chaque nouvelle expérience doit être payée par un échec. Ce qui importe c'est de reconnaître son erreur et d'en tirer la leçon qui s'impose. Il en est de même dans tous les secteurs de la médecine ; en ce qui nous concerne, nous nous garderons bien d'imiter ceux de nos confrères qui tentent de nier ou de minimiser leurs échecs !

Un malade souffrant de sentiments d'infériorité et de timidité traduisit son impuissance par un refus de toute association (« je ne puis rien faire »). Au lieu de deviner la nature secrète de cette résistance et de mettre le doigt sur la tendance au refus qu'elle cachait, je ne cessais de répéter à mon patient qu'il ne voulait ni travailler ni guérir. Mon reproche n'était pas tout à fait injustifié, mais j'avais tort de ne pas aller au fond

1. *Note, 1945* : Ce problème technique de la psychanalyse a depuis été entièrement élucidé : en orgonthérapie les souvenirs pathogènes apparaissent *spontanément* et *sans effort* dès que les émotions somatiques percent la cuirasse musculaire.

du refus et de ne pas tenter de découvrir les raisons de son « impuissance » ; mon incapacité m'entraînait à une attitude de récrimination dépourvue de sens. Chaque malade caresse le souhait de ne pas guérir ; trop d'analystes cèdent à la tentation de lancer à leur malade cette petite phrase d'apparence anodine : « Vous ne voulez pas guérir ! » Elle devrait être rayée du vocabulaire du thérapeute et remplacée par une sévère critique de la méthode mise en œuvre : le médecin doit comprendre une fois pour toutes que tout arrêt inexpliqué de l'analyse est toujours imputable à la maladresse de l'analyste.

Un autre malade que j'ai eu à traiter se souvenait en détail de l'incident initial. Mais il ne se départit pas une seule fois de son indifférence affective, il n'adressa pas une seule fois à l'analyste les reproches qui dans son esprit visaient son père (sans aucun émoi il est vrai). Comme il se trouvait dans l'impossibilité de réactiver sa haine refoulée, il ne put être guéri. D'aucuns triompheront : voilà enfin l'aveu que l'évocation de l'incident initial est sans valeur thérapeutique ! Ils ont tort. La vraie guérison ne peut s'obtenir sans l'analyse des expériences vécues pendant la première enfance. Ce qui importe c'est que le souvenir s'accompagne des émois correspondants.

Dans un autre cas, des imaginations incestueuses surgirent d'un rêve, dans le courant de la deuxième semaine du traitement, rêve dont le malade lui-même découvrit la signification. Pendant toute une année, je n'en entendis plus parler. Le résultat fut maigre. L'expérience m'a appris qu'il faut parfois réprimer des matériaux précoces que le malade n'est pas encore capable d'assimiler.

Un cas d'érythrophobie se solda par un échec parce que j'avais essayé d'interpréter tout le matériel qui se présentait sans m'occuper d'abord de l'élimination des résistances. Celles-ci surgirent tardivement, d'une manière impétueuse et chaotique ; j'avais épuisé mes munitions, mes explications restèrent sans effet, l'ordre ne put être rétabli. J'ajoute qu'à cette époque, j'avais exercé le métier d'analyste depuis trois ou quatre ans : je ne me serais certainement pas livré à des interprétations de l'inconscient sans une prise de conscience claire et nette et sans que le patient fût, comme le demande Freud, sur le point de découvrir lui-même la solution. Mais cette précaution était apparemment insuffisante, car la « situation chaotique » ressemblait très exactement à celle que l'on rencontre dans les séminaires et exercices.

Un cas classique d'hystérie avec troubles de la conscience aurait très bien pu se terminer par la guérison, à en juger par les résultats que j'ai obtenus plus tard dans des cas analogues, si j'avais réussi à comprendre et à traiter les réactions de la malade à l'analyse du transfert positif, c'est-à-dire sa haine réactive. De fait, je me suis laissé entraîner – par ses souvenirs – dans une situation « chaotique » sans issue. Ma cliente ne put être libérée de ses troubles de conscience.

Des échecs dus à un maniement maladroit du transfert au moment de la réaction de déception m'apprirent à mieux tenir compte du danger que court l'analyste du fait d'un transfert négatif ; peu importe s'il s'agit d'un transfert négatif proprement dit ou d'une réaction de déception consécutive à un amour transféré. Il m'arriva de traiter en vain un malade qui, à la suite d'un transfert positif, me présenta une grande abondance de souvenirs. Plusieurs mois après l'interruption de l'analyse, ce même patient m'avoua qu'il s'était toujours méfié de moi. Cet exemple me montra le danger du transfert négatif latent et m'incita à découvrir le moyen de le dépister pour m'éviter à l'avenir de telles révélations et de tels échecs thérapeutiques.

Au Séminaire Technique nous nous occupions principalement du problème du transfert négatif, notamment du transfert négatif latent. Il faut donc croire que la méconnaissance du transfert négatif n'est pas due à quelque « tache aveugle » individuelle mais à une attitude fondamentale assez répandue. Cette attitude s'explique par notre narcissisme qui nous rend plus attentifs aux compliments qu'aux appréciations négatives, à moins qu'elles ne soient proférées d'une manière particulièrement grossière et directe. Il est significatif que le terme de « transfert » s'applique dans la littérature psychanalytique exclusivement à des attitudes positives ; si l'on fait abstraction d'une étude de Landauer sur la « Technique Passive », personne ne s'est jamais sérieusement penché sur le problème du « transfert négatif ».

La méconnaissance du transfert négatif n'est qu'une des nombreuses erreurs qui entravent le déroulement de l'analyse. Nous avons tous connu des situations que j'ai qualifiées de « chaotiques » : je puis donc me contenter de quelques exemples caractéristiques.

Le cas suivant se présente de temps en temps : il y a abondance de souvenirs et d'actions, mais aucun lien logique ne semble les attacher les uns aux autres ; le malade tire des matériaux de toutes les couches de l'inconscient, de toutes les époques de son existence, le tout formant une sorte de magma amorphe, rien n'est orienté à un but thérapeutique. Malgré l'abondance des matériaux, le malade ne se rend nullement compte de leur importance. L'analyste a fourni de nombreuses interprétations, mais elles n'ont pas contribué à approfondir l'analyse dans un sens ou dans l'autre. Tout se passe comme si le malade avait fait ses révélations en fonction de quelque résistance cachée, inconnue. Le danger principal d'une analyse de ce genre réside dans le fait que le médecin s'imagine que tout marche fort bien puisque le malade « apporte des matériaux ». Le manège continue jusqu'au moment où l'analyste se rend compte – généralement bien trop tard – que le malade « tourne en rond », qu'il rabâche toujours les mêmes choses sous des angles légèrement différents, qu'il pourrait continuer ainsi pendant des années sans le moindre résultat thérapeutique.

Voici un cas typique que j'ai hérité d'un confrère : le malade avait été analysé pendant huit mois pour une perversion multiple. Pendant le traitement, il avait parlé sans arrêt et mis au jour des matériaux provenant des couches les plus profondes. Tout ce matériel avait été interprété, ce qui avait provoqué un flot d'associations. Pour finir, l'analyse fut interrompue pour des raisons extérieures et le malade s'adressa à moi. À cette époque, j'avais déjà appris à connaître une partie des dangers de la résistance latente. J'étais frappé par le fait que le malade produisait sans arrêt du matériel inconscient et était à même, par exemple, de décrire les détails les plus subtils du complexe d'Œdipe simple et double. Je demandai au malade s'il croyait vraiment ce qu'il disait et ce qu'il avait entendu dire. « Pas du tout ! me répondit-il, mais je ne puis m'empêcher de sourire intérieurement de tout cela ! » Quand je lui demandai pourquoi il n'avait pas raconté tout cela au premier analyste, il me répondit qu'il ne l'avait pas jugé nécessaire. Malgré une analyse approfondie de son sourire, il n'y avait rien à faire, il en avait déjà trop appris. Toutes les interprétations s'étaient évanouies et mes propres interprétations se heurtaient à son attitude souriante. Quatre mois plus tard, j'abandonnai la partie, riche d'une nouvelle expérience. Il est cependant possible qu'une analyse plus longue et plus conséquente eût pu venir à bout de cette défense narcissique et se traduire par des résultats positifs.

La recherche des causes de ce genre de situations chaotiques conduit à la découverte d'un certain nombre d'erreurs dans la technique d'interprétation :

1) L'interprétation *prématurée* de la signification des symptômes ou d'autres manifestations issues des couches profondes de l'inconscient, notamment des symboles. Le

malade met l'analyse au service de résistances cachées et tourne en rond, l'analyse n'ayant aucune prise sur lui.

2) L'interprétation des matériaux dans l'ordre de leur apparition, sans tenir compte de la structure de la névrose et de la stratification des matériaux. L'erreur consiste dans le fait d'interpréter les matériaux pour la seule raison qu'ils semblent transparents (c'est l'interprétation *non-systématique*).

3) L'analyse s'égare non seulement par une interprétation peu méthodique des matériaux, mais aussi par le fait qu'elle débute *avant* la réduction des principales résistances. Autrement dit, l'interprétation de la signification précède celle de la résistance. Le cas se complique encore du fait que les résistances se rattachent bientôt au rapport entre le malade et le médecin, ce qui a pour conséquence que le *manque de méthode dans l'interprétation de la résistance* se répercute aussi sur le transfert.

4) L'interprétation des résistances de transfert ne souffre pas seulement d'un manque de *méthode* mais aussi d'un manque *d'esprit de suite* dans la recherche : on a trop tendance à oublier que chaque malade tend à cacher ses résistances, à les masquer par des efforts stériles ou des réactions violentes. Les résistances de transfert latentes sont souvent négligées ; ou bien l'analyste craint de leur laisser libre cours, de les découvrir si elles se cachent sous une forme ou une autre.

Toutes ces erreurs sont sans doute imputables à une fausse conception du précepte de Freud de s'en remettre au malade pour l'évolution de l'analyse. En réalité, cette règle veut seulement dire qu'il ne faut pas gêner le travail du malade tant qu'il s'accomplit conformément à son désir de guérir et à nos intentions thérapeutiques. Mais il faut immédiatement intervenir, si le patient veut éviter la confrontation avec son conflit ou si son désir de rester malade entrave la marche du traitement.

2. Interprétation systématique et analyse des résistances

Après ce qui précède, le lecteur ne manquera pas de se demander en quoi pourra bien consister la « bonne technique » que je préconise. En présence des difficultés nombreuses que j'ai essayé de cataloguer il ne s'étonnera pas d'apprendre que je ne puis que dégager des erreurs énumérées ci-dessus quelques règles de portée générale ; mais déjà, un autre obstacle surgit : nous avons affaire à des phénomènes psychiques et vivants, soumis à d'incessants changements et fluctuations, qui se figent en quelque sorte quand on entreprend de les décrire et de les définir par des mots. Aussi notre exposé risque-t-il d'apparaître comme un schéma rigide alors qu'en réalité il ne veut être que le croquis à grands traits d'un domaine encore peu connu et peu exploré. Notre propos est simplement de trouver un langage commun, pour que chacun sache de quoi l'autre parle. L'élément trop schématique de notre exposé n'est autre chose qu'un moyen d'orientation. Dès qu'on établit une distinction entre deux phénomènes pour les étudier séparément et en détail, on a nécessairement recours à quelque schéma, mais il s'agit là d'un simple artifice scientifique. Nous n'avons pas l'intention d'aborder le malade avec un arsenal de règles ou de principes, mais d'examiner son cas sans idées préconçues, en orientant notre démarche en fonction de *ses* matériaux, de *son* comportement, de tout ce qu'il cache et déforme. Ensuite nous nous demanderons comment utiliser au mieux notre connaissance de *ce cas-ci* au bénéfice de *ce cas-là*. Notre tâche serait certainement plus facile si nous réussissions, comme le demandait Freud au Congrès de Budapest, à dresser une liste de différents types de résistances ; mais même dans ce cas, il nous incomberait d'établir si telle résistance correspond à tel type de résistance cataloguée. Le transfert négatif latent est seulement *une* de ses résistances typiques ; il en existe d'autres que nous n'avons pas le droit d'ignorer. L'orientation de l'analyse ne pourra se faire qu'à partir des matériaux apportés par le malade en tant qu'individu.

Nous avons vu qu'il faut renoncer aux interprétations approfondies tant que les résistances principales n'ont pas été reconnues et éliminées, même si les matériaux semblent transparents et faciles à interpréter. Plus le malade produit de souvenirs sans manifester en même temps les résistances correspondantes, plus il y a lieu de se méfier. Quoi qu'il en soit, l'analyste qui se trouve en présence de matériaux inconscients susceptibles d'être interprétés et de résistances qui se signalent à son attention doit sans hésiter se pencher d'abord sur les résistances. Notre thèse est la suivante : *Pas d'interprétation de fond tant qu'il y a des résistances à interpréter*. La raison en est facile à comprendre : si l'on passe à l'interprétation du fond *avant* d'avoir éliminé la résistance correspondante, le malade ou bien accepte l'interprétation par suite du transfert, ou bien il la dévalorise à la première apparition d'une attitude négative, ou bien la résistance se présente après coup. Dans chacun de ces cas l'interprétation a perdu sa vertu thérapeutique et il sera difficile pour ne pas dire impossible de redresser la situation. La voie de l'interprétation des couches profondes de l'inconscient est bloquée.

Il importe de ne pas gêner le malade pendant les premières semaines du traitement dans l'épanouissement de sa « personnalité analytique ». Les résistances ne sauraient être interprétées avant leur maturation complète et avant d'avoir été comprises par l'analyste. Le choix du moment propice à l'interprétation des résistances dépendra largement de l'expérience personnelle du psychanalyste ; le praticien expérimenté se fiera à quelques faibles signes, alors que le débutant attendra, dans une situation analogue, des manifestations plus caractéristiques. Il faut beaucoup d'expérience pour reconnaître les symptômes de la résistance *latente*. Dès qu'on a appréhendé la signification de telle ou telle résistance, on s'efforcera de la porter à la conscience du malade par une interprétation serrée : il s'agit en premier lieu de lui montrer que la résistance *existe ;* ensuite, on en démontera les rouages ; pour finir, on fera comprendre au malade contre quoi elle est dirigée.

Si la première résistance de transfert n'est pas précédée de la production d'une quantité suffisante de souvenirs, son élimination se heurte à une difficulté qui, il est vrai, s'amenuise à mesure que l'analyste accumule des expériences. La difficulté consiste en ceci que l'élimination de la résistance présuppose la connaissance de son contenu inconscient, alors que l'accès aux matériaux inconscients se trouve justement bloqué par la résistance. Tout comme le rêve, chaque résistance a une signification historique (une origine) et une signification actuelle. On peut sortir de ce cercle vicieux en dégageant la signification et le but de la résistance de la situation actuelle dont on a suivi attentivement l'évolution et la nature. Par une interprétation adéquate on mettra en évidence son contenu infantile. Car la résistance ne peut être vaincue qu'à l'aide de matériaux remontant à l'enfance. Quant à la découverte des résistances et de leur signification actuelle, il est impossible de donner des règles précises. Seule l'intuition peut nous fournir la clef de l'énigme ; c'est là que commence l'art de l'analyse qui échappe à tout enseignement. Plus les résistances sont subtiles et cachées, plus le malade tend à dissimuler son jeu, et plus l'intuition de l'analyste sera mise à rude épreuve. En d'autres termes : l'analyste ne doit pas être lui-même inhibé et il doit être doué d'un talent particulier.

Qu'est-ce que la « résistance latente » ? C'est une résistance qui ne se manifeste pas directement et immédiatement par le doute, la méfiance, des retards, des silences, des associations insuffisantes, etc., mais par la nature des prestations analytiques. Ainsi, une soumission suspecte, l'absence apparente de toute résistance, doit toujours faire craindre des résistances latentes d'autant plus dangereuses qu'elles ne se manifestent pas ouvertement. J'aborde les résistances latentes dès que je les soupçonne et j'interromps même le cours des confidences quand j'estime que j'en sais assez sur leur compte, l'expérience m'ayant appris que les révélations du malade perdent toute valeur thérapeutique si elles sont faites en présence de résistances non éliminées.

Une appréciation trop étroite et par conséquent erronée des matériaux analytiques, une fausse interprétation de la thèse de Freud selon laquelle il faudrait toujours partir de la surface, entraînent souvent des malentendus dangereux et des difficultés techniques. Que faut-il entendre par « matériaux analytiques » ? D'une manière générale, on désigne par ce terme les confidences, rêves, associations, *lapsus linguae,* etc. du malade. Au niveau de la *théorie* on sait que le comportement global de l'analysé revêt aussi une certaine signification ; mais les travaux concrets entrepris dans les séminaires et cercles d'études ont mis en évidence le fait que dans la *pratique* le comportement du malade, sa manière de parler, sa mimique, son habit, sa poignée de main ne sont pas seulement négligés mais souvent complètement oubliés ! Au Congrès d'Innsbruck nous avons, Ferenczi et moi, indépendamment l'un de l'autre, mis le doigt sur la portée thérapeutique de ces éléments formels ; mon expérience personnelle m'a appris à les considérer comme le point de départ de toute analyse caractérielle. L'appréciation exagérée du *contenu* des matériaux va généralement de pair avec le mépris plus ou moins total de tout ce qui entoure leur présentation. Or, l'oubli du comportement formel ou une attitude consistant à le considérer comme moins important que le contenu des communications aboutit à une conception de la « surface psychique » dont on ne saurait sous-estimer les dangers sur le plan thérapeutique. Prenons l'exemple d'un malade qui frappe par sa courtoisie et ses bonnes manières ; au cours de l'analyse, il fait état de ses rapports avec sa sœur. Nous avons alors affaire à deux contenus simultanés de sa « surface psychique » : d'un côté, il y a son amour pour sa sœur, de l'autre, son comportement, autrement dit ses manières courtoises. Tous deux plongent leurs racines dans l'inconscient. Cette nouvelle façon de considérer la « surface psychique » se traduit par une interprétation très différente de la règle freudienne selon laquelle « il faut toujours prendre comme point de départ la surface ». L'expérience analytique prouve qu'une grande courtoisie, qu'une politesse exagérée cache *toujours* des critiques inconscientes, une attitude de méfiance ou de mépris. En d'autres termes, la politesse figée d'un malade traduit inévitablement quelque critique, quelque méfiance, quelque mépris. Comme il en est ainsi, a-t-on le droit d'interpréter l'amour incestueux dès qu'il se manifeste par un rêve ou quelque association ? La réponse est non. Plusieurs raisons militent en faveur de l'analyse de l'autre aspect de la surface psychique ; ce serait une très grave erreur que d'attendre que le patient se prononce lui-même sur les mobiles de sa politesse. Comme tout trait de caractère de ce genre prend immédiatement, au cours de l'analyse, la forme d'une résistance notre règle s'applique à toutes les résistances. Le malade n'en parlera jamais lui-même et c'est à l'analyste de démasquer ce qui n'est rien d'autre qu'une résistance. On pourrait objecter que mon affirmation selon laquelle la politesse est toujours signe de résistance est fausse puisque le malade produit des matériaux. Ma réponse est que ce qui importe au début de l'analyse n'est pas le contenu mais la présentation formelle des matériaux. Reprenons l'exemple de notre malade courtois : notre névrosé a tendance, en raison même de ses refoulements, à attacher une grande importance à sa politesse et à toutes les conventions sociales dont il se sert comme d'un bouclier. J'accorde qu'il peut être plus agréable d'avoir affaire à un malade poli plutôt qu'à un autre qui reproche à l'analyste d'être trop vieux ou trop jeune, d'habiter un appartement minable, d'avoir une épouse désagréable, un air idiot ou juif, d'être un névrosé qui ferait mieux de s'analyser lui-même. De telles déclarations ne sont pas forcément l'effet d'un transfert : car il va sans dire que l'analyste ne se présente jamais face au malade comme la « feuille de papier vierge » qu'il devrait être en théorie ; il arrive forcément avec son caractère et ses particularités. Or, il se trouve que nos malades ont très souvent une perception intuitive de nos défauts et faiblesses ; mieux, ils se vengent par là de la situation d'infériorité dans laquelle ils se trouvent. Il existe d'autre part quelques malades qui satisfont leurs tendances sadiques par la franchise même qui leur a été demandée. Leur comportement a une valeur thérapeutique certaine bien que, dans certains cas, il tourne à la résistance. Mais l'immense majorité des malades sont trop inhibés, trop anxieux, trop chargés de sentiments de culpabilité pour renoncer à toute restriction mentale. En dépit de l'avis contraire de beaucoup de mes collègues, je maintiens ma thèse selon laquelle toute analyse, sans exception aucune, débute par une attitude de méfiance ou de critique de la part du malade, attitude qui reste dans la plupart des cas *latente*. L'analyste sera donc bien avisé de commencer le traitement par une discussion très ouverte des motifs de méfiance et de critique découlant de la situation (i. e. les exigences du traitement, le contact de deux personnes ne se connaissant pas l'une l'autre, l'opinion publique face à la psychanalyse, etc.) ; le médecin doit s'imposer à ce stade la plus totale franchise s'il veut gagner la confiance de ses malades. Il n'est pas difficile de répondre à la question de savoir à quel moment précis de l'analyse il faut aborder la discussion de ces réactions qui ne sont pas nécessairement névrotiques ; ce qui importe, c'est de ne pas procéder à des interprétations profondes de l'inconscient tant que se dresse entre le malade et le médecin le mur de la politesse mondaine.

Avant d'aller plus loin, nous voudrions parler du maniement de la névrose de transfert. Si l'analyse procède d'une façon normale, la première résistance de transfert fait son apparition au bout de peu de temps. Il s'agit tout d'abord d'établir pourquoi la première résistance contre la continuation de l'analyse se présente d'une manière automatique et comment elle s'installe en fonction des rapports entre le malade et l'analyste ; quel est le mobile de ce que Ferenczi appelle la « compulsion de transfert » ? En imposant au malade la règle fondamentale nous avons ouvert la chasse aux choses prohibées par le Moi. Tôt ou tard, le patient adoptera une attitude de défense contre tout ce qui émerge des profondeurs de son inconscient. Au début, cette défense vise exclusivement les matériaux refoulés. Mais le malade ignore aussi bien l'existence des choses prohibées que son attitude de défense à leur sujet. Freud a prouvé que les résistances sont également inconscientes. Il n'en reste pas moins que la résistance est un processus affectif qui ne saurait à la longue être dissimulé. Comme tout mouvement psychique d'origine irrationnelle, l'affect en question tend également à la découverte d'une causalité rationnelle, à une explication fondée sur la situation du moment. Ainsi, le malade projette ce processus sur la personne qui, en lui imposant la règle fondamentale, a ravivé en lui le conflit. La projection de la défense de l'inconscient sur le médecin entraîne aussi un déplacement de son contenu inconsient : celui-ci est également projeté sur l'analyste. Il deviendra, par exemple, le père intraitable ou la mère aimante. Il est évident que cette défense ne peut se traduire au départ que par une attitude négative. L'analyste considéré comme le perturbateur de l'équilibre névrotique fera toujours figure d'ennemi, peu importe si les affects projetés sur lui sont des impulsions d'amour ou de haine ; car dans les deux cas, elles sont affectées d'un fort coefficient de défense de refus.

Si les impulsions de haine sont projetées les premières, la résistance de transfert prend nécessairement un aspect négatif. Si les impulsions d'amour prennent le devant, la résistance est précédée d'un transfert positif manifeste mais absolument inconscient. Avant peu, celui-ci cède le pas à une réaction négative provoquée, d'une part, par l'inévitable déception (« réaction de déception »), de l'autre, par la prise de conscience de celle-ci à la suite de pulsions sensuelles ; or, toute défense se manifeste par des attitudes négatives.

Le problème technique du transfert négatif latent est si important qu'il appelle une discussion détaillée de ses différentes formes et manifestations et de leur traitement. Pour commencer, je dresserai la liste de quelques cas typiques qui entraînent presque infailliblement des transferts négatifs latents :

1) Les malades soumis, obéissants, d'une gentillesse à toute épreuve, d'une confiance illimitée, bref les *« bons malades »* : ils se signalent toujours par des transferts positifs et ignorent la « réaction de résistance ». Ce sont généralement des caractères passifs-féminins ou des femmes hystériques à tendance nymphomane.

2) Les malades imperturbablement *courtois* et d'une *correction* distante. Il s'agit presque toujours de caractères impulsifs qui ont transformé leur haine en « politesse inconditionnelle ».

3) Les malades d'une *faible affectivité*. Tout comme les malades « courtois », ils se signalent par une agressivité bloquée. Ce sont la plupart du temps des caractères impulsifs ; des femmes hystériques adoptent souvent également une attitude de faible affectivité.

4) Les malades se plaignant d'un manque de sentiments et d'expressions authentiques, c'est-à-dire les malades souffrant de *dépersonnalisation*. Dans cette catégorie se rangent également les malades qui « jouent la comédie », attitude dont ils ont conscience mais qui s'impose à eux par une sorte de contrainte intérieure ; ils savent dans quelque compartiment reculé de leur conscience qu'ils sont en train de donner le change au médecin. Ils appartiennent généralement au groupe des névrosés narcissiques de type hypocondriaque. Ce sont eux qui affectent toujours et en toute circonstance ce *« sourire intérieur »* qui, à la longue, devient pour eux un objet de tourment. Face à ces malades, l'analyste est confronté à des tâches extrêmement difficiles.

La forme et la stratification des premières résistances de transfert sont tributaires des premiers émois que ces malades ont connus dans leur prime enfance. Pour réussir une analyse logique et rationnelle des conflits infantiles, force nous est de prêter attention à leur stratification. Nous avons vu que nos interprétations ne dépendent pas du contenu des transferts, mais notre technique d'interprétation doit tenir compte de l'ordre dans lequel ils se présentent. Ce qui importe n'est pas seulement que la névrose de transfert se développe, mais que sa genèse suive exactement les sinuosités de son prototype, c'est-à-dire la névrose d'origine, et qu'elle présente la même stratification dynamique que celle-ci. Freud nous a en effet montré que la névrose originelle ne peut être atteinte qu'à travers la névrose de transfert. De ce fait, son traitement est d'autant plus facile que la névrose originelle se reproduit fidèlement dans la névrose de transfert. Il va sans dire qu celle-ci se déploie dans l'ordre inverse de celle-là. Une interprétation erronée du trans fert, telle, par exemple, l'interprétation d'une attitude ancrée dans les couches profonde – même si cette attitude se manifeste avec évidence et que son interprétation soit correct – perturbe le développement de la névrose de transfert. L'expérience nous apprend qu la névrose de transfert se développe spontanément et en conformité de la névrose indivi duelle si nous évitons à ce stade les interprétations précoces, profondes et désordonnées.

Un exemple schématique illustrera notre propos : si un malade a d'abord aimé s mère, puis détesté son père, puis – par peur – abandonné sa mère pour transformer s haine du père en amour passif-féminin, le premier transfert sera – pour peu que l'ana lyse de la résistance soit faite correctement – une attitude passive-féminine, représen tant le dernier stade de l'évolution libidinale. Une analyse systématique de l résistance mettre au jour la haine du père qu'elle cache ; ce n'est qu'ensuite que su vient un nouvel investissement de la mère, d'abord sous forme d'amour de la mèr transféré à l'analyste. De là, il peut se porter sur une femme réelle.

Nous pourrions envisager une évolution moins favorable : supposons que le malad présente un transfert positif manifeste, qu'il fasse état de rêves dévoilant son attitud passive-féminine et d'autres mettant en évidence son attachement à sa mère Supposons encore que ces rêves soient d'une interprétation facile. Or, si l'analyst reconnaît la nature du transfert positif, qu'il se rende compte que l'amour réactif d père constitue la première couche, la haine du père la seconde, l'amour transféré de l mère la couche la plus profonde, il n'aura garde de s'appesantir sur cette attitude d son patient, même si sa signification tombe sous le sens ! S'il s'avisait, en effet, d considérer d'abord le transfert de l'amour de la mère, il y aurait entre son interpréta tion de l'amour incestueux et l'expérience du malade la haine latente du père sous le apparences d'un amour de transfert réactif ; cet amour se dresserait comme une bar rière infranchissable entre le malade et le médecin. L'interprétation qui devrait traver ser la couche supérieure de méfiance, d'incrédulité et de refus, serait acceptée pour l forme. De ce fait, elle n'aurait aucune valeur thérapeutique. Le malade effrayé et mi en garde ne ferait que cacher plus profondément sa haine du père ; les sentiments d culpabilité qu'il développera feront de lui un malade encore plus « soumis ». Une foi de plus, nous aurions affaire à une situation analytique chaotique.

Il s'agit donc de relever parmi les matériaux psychiques émergés de couches variée celui qui, dans la résistance de transfert actuelle ou passée, occupe une position cen trale et n'est pas caché derrière le paravent de certaines attitudes. Cela a l'air très théo rique, mais il s'agit en réalité de règles s'appliquant fort bien à la moyenne des cas.

Que faire alors des autres matériaux qui ne nous intéressent pas dans ce contexte ? E général, il suffit de ne pas s'en occuper pour qu'ils disparaissent. Mais il arrive asse souvent que le malade affiche certaines attitudes et fasse état de certaines expérience pour dissimuler d'autres éléments plus importants. Il faut alors éliminer cette résistanc *en insistant sans cesse sur les matériaux cachés* et en négligeant ceux destinés à fair écran. Un exemple typique est le comportement du malade en cas de transfert négatif : tente de dissimuler ses critiques et son aversion en se répandant en propos élogieux su l'analyste et l'analyse. En essayant d'analyser cette résistance, on aboutit simplement ce qui détermine l'attitude du patient : à sa peur d'exprimer ouvertement ses critiques.

L'analyste est rarement obligé de mettre un frein aux confidences du malade ; cel pourrait s'avérer nécessaire si des tendances perverses ou incestueuses inconsciente se manifestaient trop tôt et avec trop d'insistance, alors que le malade n'est pas encore à même de les surmonter. S'il ne suffit pas de les passer sous silence, l'analyste tentera une opération de diversion.

En procédant ainsi, il favorise le contact permanent du contenu central des résistances de transfert avec les souvenirs ; les émois suscités par le transfert restent associés aux réminiscences. On évite ainsi le danger des souvenirs dépourvus d'affects. La situation chaotique, pour sa part, est caractérisée par une résistance latente non éliminée, qui pendant des mois entrave tous les affects tandis que se présentent pêle-mêle toutes sortes de souvenirs se rapportant à toutes sortes d'états et de choses comme, par exemple, l'angoisse de castration, des images orales, des représentations incestueuses.

Par un tri approprié des matériaux à analyser nous assurons la *continuité* de l'analyse. Nous ne comprenons pas seulement la situation du moment mais nous sommes capables de déchiffrer tout au long du processus l'évolution logique du transfert. Notre tâche est facilitée par le fait que les résistances, qui après tout ne sont que des pièces détachées de la névrose, se présentent dans un ordre logique déterminé par l'histoire et la structure même de la névrose.

3. L'art de l'analyse systématique des résistances

Jusqu'ici nous avons étudié la technique de l'interprétation des signes et des résistances ; nous avons vu qu'elle doit être ordonnée et systématique et qu'elle doit procéder de la structure individuelle de la névrose. En dressant la liste des erreurs possibles, nous avons établi une nette distinction entre l'interprétation systématique et l'interprétation à bâtons rompus. Nous avons également mis en évidence les conséquences désastreuses d'une interprétation qui, bien que systématique, *manquait d'esprit de suite dans le maniement de résistances déjà interprétées.*

Dès qu'on a sauté l'obstacle de la première résistance de transfert, l'évocation des souvenirs se fait aisément jusqu'aux premiers stades de l'enfance. Mais bientôt le malade se heurte à de nouvelles couches de matériaux prohibés qu'il essaie de défendre par un deuxième front de résistances de transfert. Aussitôt, le processus de l'analyse des résistances reprend, mais cette fois-ci selon un schéma légèrement différent. Car la première fois, il s'agissait de la première difficulté ; cette fois-ci, la résistance a déjà un passé analytique qui n'a pas été sans l'influencer. On pourrait croire que le malade instruit par l'élimination de la première résistance y mette maintenant du sien pour faciliter l'élimination du second obstacle. Or, l'expérience prouve qu'il n'en est rien. Dans la plupart des cas, le malade réactive l'ancienne résistance parallèlement à la nouvelle. Parfois il retombe même dans l'ancienne résistance sans faire état de la nouvelle. La superposition des couches crée aussitôt de nouveaux problèmes. Le malade a l'air de se réfugier dans la résistance déjà éliminée par l'analyse. Si, négligeant la couche intermédiaire, on s'attaque en premier lieu ou exclusivement à la nouvelle résistance, on risque de perdre tout le bénéfice des interprétations antérieures. Pour éviter des surprises désagréables et des échecs, le médecin fera bien de revenir à l'ancienne résistance – quel que soit son degré d'évidence – et de recommencer l'analyse à ce point précis. Ce faisant, il aborde graduellement la résistance nouvelle et conquiert ainsi de nouvelles bandes de terrain sans que l'ennemi lui reprenne ailleurs celles qu'il lui a déjà arrachées.

Il est essentiel d'attaquer la névrose par la résistance principale, sorte de place forte, qu'on tentera de saper de tous les côtés, plutôt que de se livrer à des coups de mains sur les points faibles du front sans rapport direct avec le fond du trouble. En démantelant les résistances et en décortiquant les matériaux analytiques en partant de la place forte qu'est la première résistance de transfert, on ne perd jamais de vue la situation dans son ensemble, telle qu'elle est et telle qu'elle a été. L'analyse procède avec la continuité indispensable et promet de parvenir au terme. En comparant les résultats de l'analyse aux symptômes typiques d'une maladie donnée, on arrive même – à condition que l'analyse soit menée selon les règles – à prévoir l'ordre dans lequel certaines tendances se feront jour sous forme de résistances aiguës de transfert.

Aucun argument ne nous fera croire qu'on puisse résoudre les problèmes redoutables de la psychothérapie par des interprétations opérées au hasard ou par l'application d'un schéma général à tous les malades. Ceux qui procèdent de la sorte prouvent qu'ils n'ont pas réellement saisi la complexité de leur tâche et qu'ils ne savent pas ce qu'ils font en « tranchant le nœud gordien ». De fait, ils réduisent à zéro les chances de guérison ! L'interprétation peut être comparée à un remède précieux à employer en petites doses sous peine de lui enlever toute efficacité. L'expérience prouve le succès durable réservé aux praticiens qui se donnent la peine de défaire patiemment le nœud...

D'autres ont mal compris le concept de la passivité analytique et se sont spécialisés dans l'art de l'attente infinie. Ceux-là aussi nous fournissent de nombreux exemples d'une situation chaotique. Pendant les phases de résistance c'est l'affaire du médecin de prendre en main l'évolution de l'analyse. L'analyse ne peut être abandonnée à l'initiative du malade que pendant les périodes non alourdies de résistances. C'est exactement ce qu'a voulu dire Freud. Il est tout aussi dangereux de s'entourer de silence, de laisser aller le malade « au fil de l'eau », que de se lancer dans des interprétations hasardeuses ou d'autres opérées selon un schéma préconçu.

Dans certains cas de résistances, la passivité peut être particulièrement funeste. Supposons qu'un patient tente de contourner une résistance ou un débat sur les matériaux s'y rapportant : il aborde un sujet différent jusqu'à ce qu'il se heurte là encore à une résistance, passe à autre chose et ainsi de suite. Cette technique du « zigzag » peut durer indéfiniment, que le médecin assiste en spectateur « passif » ou qu'il suive le malade dans ses pérégrinations, interprétant tout avec zèle. Comme le malade est un fugitif, comme ses efforts de fournir au médecin des matériaux de substitution sont restés stériles, c'est à *l'analyste de le reconduire sans cesse au point de départ de la première résistance* jusqu'à ce qu'il trouve le courage de s'en débarrasser par l'analyse[1].

Il arrive aussi que le malade cherche le salut dans l'infantilisme, qu'il trahisse des secrets autrement bien gardés à seule fin de conserver sa position ; dans la meilleure hypothèse, de telles confidences n'ont pas la moindre valeur thérapeutique. On peut interrompre ce flot de paroles à moins qu'on ne préfère écouter jusqu'au bout ; ce qui importe c'est de reconduire le malade vers sa position de départ, à laquelle il tente d'échapper. La même règle s'applique à la fuite dans l'actualité. L'évolution idéale de l'analyse conduit en ligne droite à la névrose initiale qui a donné naissance à la névrose de transfert ; dans ce cas, le malade déploie systématiquement ses résistances

1. *Note, 1945* : Chez beaucoup de malades, la résistance prend la forme d'un besoin impulsif de parler. Au départ, cette compulsion n'est que la *manifestation biologique* d'un spasme chronique des muscles de la gorge et du larynx. Le malade ressent le besoin de parler, de dire n'importe quoi. Lorsqu'on applique à de tels malades l'orgonthérapie, on leur demande de se taire ; bientôt l'angoisse, cause profonde de la compulsion, apparaît. Pour guérir le malade de cette compulsion, il faut le libérer de la cuirasse musculaire de la gorge.

et produit, dans l'intervalle, des souvenirs avec leurs affects correspondants.

Le débat passionné sur les avantages ou inconvénients de l'attitude « active » ou « passive » de l'analyste est dépourvu de sens. D'une manière générale, on peut énoncer la règle qu'*on n'est jamais trop actif quand il s'agit d'analyser des résistances ni trop patient quand il s'agit d'interpréter l'inconscient (la question des résistances faisant exception)*. Très souvent, le médecin fait le contraire, il est trop audacieux dans l'interprétation du fond et trop hésitant dès qu'apparaît une résistance.

Rôle du moi dans la thérapeutique psychanalytique

(1950)

SACHA NACHT
(1901-1977)

Fondée en 1927, la Société psychanalytique de Paris fut très éprouvée par la guerre. Elle dut notamment fermer son Institut de formation. Lorsqu'elle reprit ses activités, en 1945, Sacha Nacht joua un grand rôle dans sa réorganisation. Il fut, en 1948, président de sa commission d'enseignement (dont les membres étaient Lacan, Lagache, Mâle, Parcheminey et Schlumberger). Il fut ensuite élu, en 1949, président de la Société elle-même.

En 1950, il fit paraître un ouvrage intitulé De la pratique à la théorie psychanalytique, *dont nous reproduisons ici le premier chapitre. Il tint aussi, en 1951-1952, un séminaire sur la technique. À cette époque, il n'y a, semble-t-il, que deux autres séminaires qui se tiennent sous l'égide de la S.P.P., celui de Lebovici sur la psychanalyse d'enfants, et celui de Lacan sur les textes freudiens.*

Lacan et Nacht étaient liés par une réelle amitié (Lacan avait même été témoin au mariage de Nacht). On verra pourtant, en lisant ce texte, puis en évoquant celui de Lacan, quelques pages plus loin, combien leur approche de l'analyse était différente.

Source : S. Nacht, *De la pratique à la théorie psychanalytique*, Paris, P.U.F., 1950.

Introduction

Si l'on parcourt la littérature psychanalytique, on s'aperçoit qu'elle est marquée par deux périodes apparemment distinctes : dans la première, l'intérêt des auteurs semble accaparé par l'étude du *refoulé* (l'« inconscient » disait-on alors, ou le « ça »[1] ; « l'inconscient élémentaire » dirai-je pour ma part). Dans la seconde période c'est au *refoulant* que va plutôt l'attention. Ce refoulant représente une partie de l'entité psychique opposée à l'inconscient élémentaire et que nous appelons le *moi*.

L'intérêt de plus en plus marqué pour cette seconde entité de l'appareil psychique est fort légitime.

En effet, tout d'abord, sans l'intermédiaire du moi, nous serions bien en peine de savoir grand-chose sur l'inconscient élémentaire. Ce sont précisément les réactions du

1. Le terme de « ça » employé en littérature psychanalytique traduit le « ES » allemand. Personnellement nous choisissons celui d'« *inconscient élémentaire* » que nous préférons et que nous adopterons désormais.

moi face aux pulsions émanant de cet inconscient, qui nous donnent le moyen d'aborder ce dernier, impénétrable autrement par définition. Mais ce n'est pas là le seul intérêt qu'il présente. Si l'on admet, et l'expérience nous oblige à le faire, que des deux entités psychiques le moi seul est destiné à changer, à se modifier, à évoluer, l'inconscient élémentaire restant immuable, tout au moins chez un individu donné, nous devons en tirer des conclusions thérapeutiques de grande importance. Notamment celle-ci : seul le moi offre quelques possibilités d'être influencé par le traitement psychanalytique. Cette influence susceptible de s'exercer sur le moi constitue le thème principal de ce travail.

Je ne l'aborderai cependant pas d'emblée : quelques détours me paraissent nécessaires. Ils ne nous apprendront, certes, rien de bien nouveau, car je me suis astreint à rappeler tout d'abord quelques-unes des notions le plus communément admises aujourd'hui. Mais, ce faisant, je jetterai les bases et aussi les limites de cet exposé. Je crois utile, par exemple, de parler succinctement du moi en général avant d'étudier ses modifications sous l'influence du traitement. Et de même, comment pourrais-je échapper à la nécessité de rappeler en quelques mots l'esprit dans lequel se poursuit le traitement psychanalytique en général ? C'est par ce dernier point d'ailleurs que je vais commencer.

1. Définition des processus psychonévrotiques et de guérison en fonction du moi

La guérison psychanalytique est essentiellement un processus dynamique, ou, si l'on préfère, une suite de modifications du cours des divers courants énergétiques qui composent la vie psychique. Un névrosé est d'abord et surtout un être incapable d'aimer et d'agir – ou s'il se met à aimer c'est d'une étrange façon, et lorsqu'il agit c'est de manière inadéquate, à tort et à travers. La cause en est que chez lui la capacité d'aimer – donc la force nécessaire à une telle dépense – est épuisée par des investissements n'ayant de sens que pour l'inconscient et dont l'objet infantile, souvent introjecté, n'a aucun lien avec la réalité de l'adulte. À son tour, la capacité d'agir d'un tel être est amoindrie, réduite à des degrés variables par des symptômes névrotiques. Ce sont eux qui accaparent stérilement les forces qui sont nécessaires au moi pour s'acquitter des tâches imposées par la vie et qui l'amputent d'autant.

Dans un cas ou dans l'autre, c'est un fait qu'il s'agit d'un moi privé d'une part plus ou moins grande de la force nécessaire à l'accomplissement de l'action. C'est un moi faible.

Or, cette faiblesse n'est que la conséquence d'une autre faiblesse qui a marqué, dès l'origine, le développement du psychisme. Les fixations ou les régressions, bref, les symptômes névrotiques sont le résultat d'une attitude faible du moi en face des pulsions de l'inconscient élémentaire. Au lieu de se laisser pénétrer par le courant pulsionnel pour s'en saisir afin de le transformer et l'assimiler, en vue d'une adaptation harmonieuse au monde de la réalité, ce moi faible réagit, saisi de peur, par une défense excessive contre les pulsions de l'inconscient élémentaire, comme contre autant de dangers. Ce moi craintif, en refoulant anormalement certaines pulsions, fait comme la fameuse autruche du désert. L'effet de ce refoulement aveugle lui reviendra sous forme de sous-produits encombrants, de dérivés pulsionnels inutilisables sur le plan de la vie réelle. Les manifestations dérivées des tendances pulsionnelles constituent précisément les symptômes névrotiques qui affaiblissent le moi de toute l'énergie qu'il est obligé de déployer d'une part pour maintenir l'état de refoulement initial, et pour transformer d'autre part l'élément refoulé en symptôme.

De sorte qu'un moi faible est destiné à devenir de plus en plus faible en luttant contre l'inconscient élémentaire et qu'en même temps il se met dans l'impossibilité de recevoir de lui aucun renforcement pulsionnel.

L'action la plus bienfaisante de la thérapeutique psychanalytique consiste à redresser cette situation apparemment sans issue.

Le moi semble trouver dans la situation nouvelle créée par le transfert thérapeutique une sécurité qui lui permettra, avec l'aide de l'analyste, de détruire les résistances qui recouvrent et maintiennent le refoulement pathogène. Le *défoulement,* opéré dans la sécurité qu'offre l'atmosphère du traitement, va permettre au moi rassuré de s'emparer des tendances de l'inconscient élémentaire et d'en faire un usage plus sain, en se les incorporant.

Rappelons un instant le schéma du traitement tel que la théorie le conçoit « idéalement ».

Le psychanalyste demande au malade de se soumettre à la règle fondamentale du traitement, savoir : s'astreindre à dire tout ce qui lui viendra à l'esprit pendant la séance. En demandant cela le psychanalyste a la certitude – ou tout au moins l'espoir – qu'il ne sera pas suivi à la lettre. En effet, il est bien embarrassé lorsqu'un malade malicieux s'applique à lui fournir, d'un bout à l'autre de la séance, de pures associations « libres » dont il ne peut rien tirer !

– Il ne peut rien en tirer parce que si de telles associations reflètent jusqu'à un certain point la ligne des « tendances » inconscientes, elles n'offrent par contre aucun élément d'intervention thérapeutique. Ceci parce que les facteurs inconscients ne font pas à eux seuls la névrose, et qu'ils n'offrent pas non plus d'amorce au travail de guérison. C'est la rencontre de facteurs inconscients avec certains autres facteurs que le psychanalyste guette, en surveillant le libre enchaînement des associations, qui est à la base du processus névrotique. En effet, tôt ou tard, le malade va se trouver gêné dans la poursuite de ces associations. Il va réagir de diverses manières devant cette difficulté. Il peut s'arrêter net sans plus pouvoir trouver quoi que ce soit à dire : c'est le refoulement saisi sur le vif. Il peut sciemment ou inconsciemment changer brusquement de sujet : dans ce cas il a opéré un déplacement grossier ; il peut même dans tel autre cas être pris d'une angoisse, etc.

Toutes ces manifestations, quelle que soit leur forme, sont précieuses, car elles révèlent précisément la confrontation du moi avec ce qui émane de l'inconscient.

C'est en effet l'intervention du moi qui arrête d'abord la mise au jour du matériel inconscient, trahissant alors ainsi par telle ou telle réaction sa résistance à l'accepter. Ce sont ces diverses manifestations du moi qui nous intéressent par-dessus tout, car ce sont elles qui nous permettent d'abord de reconstituer le processus névrotique et ensuite de le dissocier par les interprétations que nous fournissons au malade.

Mais ces interprétations, c'est encore au moi du malade que nous les donnons, c'est à cette partie de lui-même que nous nous adressons car c'est *elle seule* que nous pouvons espérer modifier.

Donc le moi se révèle à l'analyse comme l'élément responsable des résistances, partant des symptômes. Mais par contre c'est encore lui qui rend possible le travail de guérison.

2. Généralités sur le développement et les fonctions du moi

Par « moi » on désigne l'entité psychique qui nous permet de prendre conscience à la fois de nous-même et du monde extérieur. Cette définition communément admise est imparfaite, car elle ne donne qu'une idée partielle du moi : celle d'un système *perception-conscience* à caractère purement réceptif, donc *statique*. Or le moi a pour fonction, entre autres tâches, la transformation de cette prise de conscience en la *conscience de l'être* et sa participation à l'*activité générale*.

Cette activité du moi est double : tantôt elle est orientée vers le monde extérieur tantôt vers le monde représentant notre vie intérieure, consciente ou inconsciente.

À cette double activité s'en ajoutera une troisième : tantôt le moi va s'allier avec la représentation qu'il se fait de la réalité pour agir sur les tendances inconscientes, tantôt il se fera au contraire le porte-parole de ces dernières pour agir sur la réalité extérieure.

Ces fonctions fondamentales, faciles à énoncer sous une forme schématique, sont complexes et tellement liées aux origines du moi, j'entends à ses éléments constitutifs qu'il n'est guère possible d'étudier les unes sans les autres.

Ces origines posent quantité de problèmes, dont certains apparaissent comme insolubles *Il va de soi qu'ici ne seront évoqués que ceux qui peuvent être envisagés sous l'aspect psychanalytique, à savoir : le problème des forces dynamiques et de leur évolution.*

De ce point de vue, le moi est originellement en fonction de la perception Cependant la perception, tant qu'elle reste à l'état isolé de perception pure, n'aboutit pas à une prise de conscience.

Il en est ainsi de perceptions internes (cœnesthésiques) ou externes (sensorielles) de l'enfant pendant les premiers mois de sa vie, perceptions qui ne semblent pas aller jusqu'à la prise de conscience. Ce n'est qu'une suite de prises de conscience associées qui finit par constituer la conscience, fonction dominante du moi. Comme dit P. Janet la conscience résulte « de la prise de conscience d'une prise de conscience ».

Cette prise de conscience superposée ne semble apparaître qu'à partir du moment où les perceptions déclenchent des mouvements de sens différents et s'opposent plus ou moins entre elles. C'est de la rencontre et de l'opposition des perceptions internes et externes, notamment, que semble naître la prise de conscience. C'est une opposition un « conflit » de tendances qui est à l'origine des premiers états de conscience, donc des formes rudimentaires du moi. En d'autres termes, on pourrait dire que le moi apparaît comme le résultat d'un processus répété de transformation des tendances inconscientes (source des premières perceptions internes) au contact de la réalité (source des perceptions externes). C'est l'opposition des deux tendances énergétiques groupées d'un côté dans le courant pulsionnel, de l'autre dans la pression exercée directement par la réalité extérieure, qui est à la source des premiers éléments du moi. L'aphorisme « La fonction crée l'organe » trouve ici une excellente application.

C'est la nécessité où se trouve le petit être faible et sans défense, tel qu'il est au début de la vie, d'éviter un choc trop violent entre ses propres tendances et des forces contraires, c'est le besoin de se protéger contre ce danger qui aboutit à la création du moi.

À l'origine le moi est donc un moyen de protection, de défense. Si bientôt d'autres fonctions lui incombent, celle-là restera néanmoins primordiale.

Lorsque Freud dit[1] que c'est dans une transformation, sous l'influence de la réalité

1. Freud,« le Moi et le Soi », *Essais de psychanalyse*, Paris, Payot, 1988.

extérieure et par l'intermédiaire de la perception consciente, de la partie la plus externe, périphérique de l'inconscient élémentaire que se forme le moi, il emploie une image qui nous fait bien comprendre, en le simplifiant, ce processus. En effet, on peut parfaitement comparer le moi à une enveloppe protectrice, telle la membrane cellulaire ou les téguments qui revêtent le corps.

Cette analogie peut être poussée plus loin. On sait l'importance des fonctions protectrices et des fonctions régulatrices de la membrane cellulaire et aussi le rôle capital de cette dernière au point de vue des échanges. Il en est de même du moi qui, outre ses fonctions de défense, doit s'acquitter d'autres charges importantes que nous envisagerons plus loin.

Pour l'instant nous pouvons souligner deux points :

1°) *Topiquement,* le moi se développe à la surface de l'inconscient, à la limite du monde intérieur, au point de rencontre de celui-ci avec le milieu ambiant ;

2°) *Énergétiquement,* le moi ne semble pas posséder d'énergie propre, il l'emprunte à l'inconscient élémentaire.

Cette deuxième remarque me paraît de beaucoup la plus importante. Le fait qu'elle implique est capital pour la compréhension non seulement de la formation et de l'évolution du moi, mais aussi du problème de sa force, problème qui domine tout le fonctionnement de l'appareil psychique. La santé et la maladie psychiques, et partant tout le problème de la guérison psychanalytique, dépendent, en effet, en grande partie, de la force du moi.

Donc l'énergie brute du moi jaillit des profondeurs de la vie pulsionnelle contenue dans l'inconscient. Quel est dès lors le rôle des forces « antagonistes » venant du monde extérieur ?

Leur énergie ne semble pas se déverser directement dans le moi ; elle apparaît plutôt comme une force de résistance permettant la transformation d'une partie de l'inconscient en quelque chose d'autre qui deviendra précisément le moi.

Si nous admettons cette hypothèse, nous pouvons dire maintenant que nous avons une petite notion des origines et des forces du moi. Revenons donc à son activité. Tout au début de la vie du petit enfant elle est évidemment très élémentaire, comme le sont les pulsions caractérisant telle ou telle phase de son développement.

Mais d'ores et déjà l'orientation générale de ces fonctions apparaît : réduire, amortir le heurt entre les pulsions et les interdictions extérieures, éviter les sensations pénibles, bref *rechercher le meilleur compromis viable entre le principe de plaisir et celui de réalité.*

Le moi ainsi conçu évoluera parallèlement aux différentes étapes parcourues par l'inconscient élémentaire ; puisque les pulsions sont différentes et plus nombreuses à chaque étape du développement, les résistances qui leur sont opposées le seront aussi. On a donc essayé de décrire l'évolution du moi en la calquant sur celle des stades de la libido. Mais toute systématisation en cette matière risque d'aboutir à des erreurs. Je crois même qu'en ce qui concerne les différents stades de la libido, ce serait méconnaître le fait d'observation que de leur fixer un cadre systématiquement limité. L'erreur serait encore plus grossière si l'on envisageait de la même manière l'évolution du moi, qui est infiniment plus complexe.

Cette réserve faite, il n'en est pas moins vrai que, selon que telle ou telle tendance pulsionnelle domine la situation libidinale à un moment donné, le moi correspondant au même stade évolutif en portera l'empreinte.

Si nous voulions suivre l'ordre relativement chronologique que la psychanalyse assigne aux diverses étapes évolutives, nous aurions à envisager tout d'abord le stade oral. Mais à ce stade le petit enfant n'a pas encore de véritable conscience de lui-même, il ne semble pas encore avoir franchi, en matière de connaissance, le stade de la perception pure. Ses besoins instinctifs, par ailleurs, sont si réduits, mais en même temps tellement vitaux, qu'ils ne rencontrent aucun obstacle direct à leur satisfaction.

Aucune véritable résistance n'étant apportée à leurs manifestations, le petit être se trouve comme *prolongé* dans le monde ambiant, il se confond avec lui ; les êtres qui l'entourent, notamment sa mère (ou ses substituts), veillent sur lui, l'entourent et non seulement permettent, mais comblent tout besoin aussi vite et aussi complètement que possible. D'ailleurs, s'il n'en était pas ainsi, le petit enfant ne pourrait vivre.

Il n'y a donc pas encore de résistance aux forces pulsionnelles, pas encore d'opposition entre l'inconscient élémentaire régi par le principe de plaisir et la réalité extérieure. Le tout petit enfant, protégé à la fois contre la réalité extérieure et par celle-ci, qu'il est porté à confondre avec sa mère, s'épanouit librement. La différenciation d'un appareil protecteur ne se fait pas encore sentir. De ce fait, il est bien difficile de concevoir l'existence du moi à ce point évolutif. *Cette entité psychique ne prendra forme qu'à partir de l'instant où le petit être se sentira distinct de ce qui l'entoure :* lui par rapport aux autres.

Cette distinction ne se produit forcément que lors de la perception des premières résistances que la réalité dresse devant les manifestations pulsionnelles. Nous pouvons concevoir que c'est seulement alors que le petit enfant prendra conscience de lui-même, corporellement et psychiquement, en tant qu'individu.

Ce sera surtout au début du stade anal que ces conditions apparaîtront et que des rudiments du moi s'élaboreront. Trois faits sont d'une importance capitale durant cette phase : l'apparition de la motilité *volontaire,* celle des *tendances agressives* et surtout l'intervention des premiers *principes pédagogiques,* notamment ceux qui concernent l'éducation des sphincters.

Le facteur primordial me semble être l'apparition des mouvements volontaires.

L'enfant qui commence à marcher quand il veut et où il veut, qui se saisit volontairement de tel ou tel objet, prend en même temps conscience du monde à travers lui-même. Mais simultanément cette prise de conscience fixe ses limites, donc celles de son moi naissant : il peut ou ne peut pas ce qu'il veut, on lui permet ou on lui interdit ce qu'il désire. Il sent l'opposition, ou tout au moins la distinction entre lui et ce qui n'est pas lui.

De plus, cette limite est marquée par l'apparition pour la première fois dans son existence de la *peur :* peur d'un danger ou simplement d'un déplaisir. La nécessité vitale d'adapter la force pulsionnelle aux obstacles (résistances ou interdictions extérieures) qui apparaissent, le moi devra s'en charger désormais.

En même temps, de la confusion des tendances auto-érotiques émergeront des manifestations plus précises, notamment urétrales et anales. D'où l'érotisation par excellence des fonctions excrétoires : miction et défécation. Ce sont précisément ces fonctions que la mère (ou ses substituts) vont commencer à discipliner. De ce fait, pour la première fois, le plaisir subira une contrainte, la tendance pulsionnelle rencontrera une force opposée, une résistance. Une adaptation deviendra nécessaire : c'est alors que le moi va agir.

Comment cela ?

C'est apparemment devant la punition que telle ou telle pulsion va céder et se plier à la règle imposée.

Ce n'est pourtant pas *directement* que la punition – ou la menace de punition – agira sur l'enfant pour qu'il renonce à tel ou tel plaisir, ou pour qu'il se soumette, par exemple, à telle ou telle habitude de propreté.

Ce qui va agir, c'est quelque chose *en lui-même* où se prolonge la menace ou l'interdiction, qui sera dès lors comme prise en charge par une partie de l'être. Cette couche du psychisme en laquelle plonge la réalité extérieure, figurée notamment par les éducateurs, est destinée à la longue à devenir le moi.

Mais par quel mécanisme ?

Principalement par le mécanisme subtil des *identifications* avec les personnes présidant à l'éducation de l'enfant, avant tout avec sa mère, mais aussi avec tous les êtres qui le soignent, le protègent et l'aiment. L'enfant – dont la personnalité n'est faite encore que des tendances émanant de ce que plus tard nous appellerons l'inconscient élémentaire – pris entre la nécessité de satisfaire ces tendances et la résistance opposée à leur satisfaction sous forme d'interdictions par l'éducateur, cède et se conforme plus ou moins aux exigences de ce dernier. C'est mû par le besoin de garder l'amour protecteur et bienfaisant des éducateurs et par crainte de le perdre qu'une partie de cet inconscient se laisse infiltrer, puis transformer au contact de la réalité (représentée surtout par la mère ou ses substituts). Cette partie de l'inconscient emprunte aux éducateurs leurs caractères, obéit à leurs principes, qui sont schématiquement parlant le principe de réalité, et devient ainsi le moi. Peut-être serait-il plus exact d'appliquer à ce processus le terme d'« introjection » plutôt que celui d'« identification ». Ce dernier terme devrait être réservé plutôt aux tendances attribuées aux parents, puis *acceptées* par l'enfant comme siennes, mais restant néanmoins comme une enclave inconsciente dans le moi, sous forme de « sur-moi ».

Tandis que l'introjection, qui procède par *assimilation* de l'objet parental par une des couches de l'inconscient élémentaire[1], transforme précisément cette couche en une nouvelle entité psychique : le moi.

Ce moi à peine formé sera un moi faible. Il est peut-être utile de préciser dès maintenant le sens de ces mots : moi faible et moi fort. Un moi fort est celui qui n'a pas peur des pulsions émanant de l'inconscient élémentaire, qui se laisse pénétrer par elles pour laisser les unes s'épanouir et se réaliser lorsqu'elles sont compatibles avec le principe de réalité ; les autres – celles qui sont en contradiction avec ce principe – il les transformera en vue de leur adaptation relative à la réalité. En outre, la force du moi se mesure à la résistance dont il est capable de faire preuve en cas d'insatisfaction pulsionnelle ou de déplaisir. Cette réceptivité *physiologique* devant l'inconscient lui permet de renforcer constamment sa structure par l'appoint renouvelé de l'énergie vitale représentée par le courant des pulsions. Un moi fort semble donc destiné à devenir de plus en plus fort. Le moi faible, par contre, craintif devant les pulsions, cherche de plus en plus à se protéger contre elles, comme si elles devaient le mettre en danger. Cette protection, il la cherchera dans une soumission excessive au principe de réalité, mais plus il se dérobera devant les forces pulsionnelles plus il sera voué à rester dépourvu de l'énergie qu'elles seules peuvent lui apporter. On devine les innombrables nuances dans les degrés de force ou de faiblesse du moi qui peuvent découler

1. Je crois qu'il serait préférable – ainsi que le fait remarquer H. Hartmann – de ne parler de l'inconscient élémentaire qu'à partir du moment où le moi est différencié, les deux entités dérivant d'une entité instinctuelle *non différenciée*.

de ces divers dosages et des conditions particulières à chaque être : facteurs constitutionnels, forces intrinsèques des pulsions, atmosphères du milieu ambiant, caractères des parents ou autres éducateurs, traumatismes dus à des conditions exceptionnelles qui peuvent surgir à un moment donné, etc.

Il y a cependant un élément sur lequel il importe d'insister plus spécialement, car il marque vigoureusement cette étape évolutive de l'être humain : c'est l'*agressivité*[1].

Elle se manifeste en même temps que l'apparition des dents et de l'activité musculaire volontaire, donc elle coïncide, à notre avis du moins, avec la phase fournissant les conditions élémentaires du développement du moi.

L'évolution de l'agressivité peut décider de l'avenir de la personnalité, donc du moi, car elle peut lui donner le meilleur de sa force ou le pire de sa faiblesse.

L'agressivité se manifeste à cette étape de l'évolution dans sa force élémentaire, primaire. Mais elle représente une force énergétique qui, bien intégrée dans le moi, édifiera les qualités les plus précieuses de la personnalité : activité, énergie, force de caractère, esprit d'initiative, – sans oublier son intrication harmonieuse avec la pulsion génitale chez l'homme. Elle est cependant, à cette phase plus que jamais, une arme à deux tranchants, car dans le cas défavorable elle peut affaiblir dangereusement le moi en lui enlevant toute force et en l'écrasant sous le poids du masochisme. Ce risque menace à chaque pas, puisque toutes les fois qu'une pulsion subit une interdiction, le sentiment de frustration déclenche des réactions agressives contre la personne qui en est responsable. Et du fait que cette personne est aimée (il s'agit de la mère ou de celle qui la remplace) et que l'enfant désire conserver à tout prix cet amour, l'agressivité risque constamment de s'infléchir sur le moi du sujet. Mais à cette phase, le renversement de l'agressivité ne se fait pas par l'intermédiaire du sur-moi, pour la bonne raison que celui-ci n'existe pas encore. Ici, le renversement de l'agressivité s'opère directement sur le moi qui se trouve dès lors comme imprégné par elle. L'agressivité, ainsi infléchie sur le moi, retournée contre le sujet, fait dorénavant partie intégrante de lui-même sous forme de tendances autodestructrices et plus tard masochistes[2].

Mais nous ne poursuivrons pas l'évolution du moi à travers les autres stades de son développement. C'est là une tâche débordant notre sujet. Si nous nous sommes aventurés jusqu'ici, c'est pour montrer combien les fonctions du moi sont étroitement liées à ses éléments formateurs et comment, surtout, sa force est tributaire de l'inconscient élémentaire, de par l'apport constant d'énergie pulsionnelle qu'il lui fournit.

Et maintenant supposons cette évolution accomplie ; quels sont les caractères d'un moi ayant atteint sa maturité ? Les définir avec précision me paraît difficile, étant donné les facteurs variés qui peuvent entrer en jeu et dont il faut tenir compte : milieu, conditions sociales, matérielles, culturelles, conditions exceptionnelles qui peuvent surgir, etc.

Nous ne pouvons qu'énoncer la fonction essentielle de ce moi qui est de *s'interposer d'abord avec souplesse entre les besoins de l'inconscient élémentaire et les résistances (ou les exigences) de la réalité extérieure qui s'y oppose, et réussir ensuite un compromis satisfaisant entre les deux principes, celui de plaisir et celui de réalité*. Seul un moi capable d'accomplir cette tâche mettra la personnalité à l'abri de la maladie.

1. Voir « Les manifestations cliniques de l'agressivité et leur rôle dans le traitement psychanalytique ».
2. Voir à ce sujet les rapports sur le masochisme de S. Nacht et de R. Loewenstein à la Xe Conférence des psychanalystes de langue française, Paris, 1938, E. Denoël et *Revue de psychanalyse,* 1938, t. X.

Un moi se laissant déborder par les pulsions, obéissant sans réserve au principe de plaisir, ouvrira la porte aux processus psychotiques, aux réactions antisociales et aux perversions ; tandis qu'un moi trop soumis au principe de réalité, et ceci aux dépens excessifs des nécessités pulsionnelles, ne trouvera d'issue que dans la névrose.

Mais une telle conception est encore incomplète. Cette représentation d'un moi faisant face au danger émanant de la réalité ambiante d'une part et d'autre part à celui découlant de l'irruption des désirs issus de l'inconscient, n'est exacte que jusqu'à une certaine époque de l'évolution de la personnalité.

Avec la formation du surmoi, une troisième instance – un troisième « adversaire » – s'impose au moi.

À partir de cette phase du développement, une partie du conflit résultant de l'opposition de l'inconscient élémentaire et de la réalité se trouve *intériorisée,* c'est-à-dire qu'une partie des interdictions sera hautement formulée par le surmoi, et dès lors c'est à une fraction de lui-même que le moi aura à se mesurer.

Un moi fort, celui qu'on devrait trouver chez l'adulte en bonne santé psychique, s'efforce de résister aux pressions de ces trois instances : surmoi, inconscient élémentaire et réalité extérieure.

Cette tâche est d'autant plus difficile que la plupart des tendances émanant de ces trois instances s'opposent plus ou moins les unes aux autres. De plus le moi devra réussir à grouper, à harmoniser ses forces dans une synthèse qui sera le fondement même de notre personnalité. Ce travail de synthèse se poursuit sans relâche dans les couches profondes, *inconscientes,* du moi. C'est là qu'arrivent constamment les sollicitations pulsionnelles de l'inconscient élémentaire. Leur passage dans le moi implique d'abord leur transformation. Tout se trouve à l'origine pêle-mêle dans l'inconscient qui s'accommode très bien de tendances s'opposant les unes aux autres, d'affects qui se déplacent sans cesse ou qui se condensent en dépit de toute logique. Mais les tendances pulsionnelles contenues dans l'inconscient élémentaire, et dont la seule constante est l'obéissance aveugle au principe de plaisir, une fois parvenues dans le moi, vont être coordonnées par lui. Il leur imposera un certain ordre : le sens logique, la retenue devant les principes éthiques, moraux, ou devant la résistance des forces du monde extérieur, l'attente ou même le renoncement à la satisfaction, bref l'obéissance au principe de réalité.

Pendant ce travail de synthèse, le moi devra se défendre et surmonter à tout instant trois craintes : la peur de la réalité, la peur de l'inconscient élémentaire, la peur du surmoi. Un moi fort est celui qui a vaincu la peur sur ces trois fronts. C'est alors seulement qu'il sera libre de se mouvoir entre des forces qu'il doit maîtriser pour pouvoir se manifester.

Dans la mesure où le moi atteint cet idéal, il atteint sa maturité. Durant cette laborieuse évolution, le moi réagit par certains mécanismes afin de triompher de la peur. Les réactions de défense les plus courantes sont le refoulement et la sublimation. Viennent ensuite le déplacement, la régression, la formation réactionnelle, la projection, l'introjection, l'infléchissement sur le moi, la neutralisation.

Toutes ces réactions dérivent d'ailleurs du refoulement, qui est le mécanisme de défense initial. Les autres le suivent comme des réactions secondaires. Leurs effets répétés modèlent le moi, le marquent de ses traits caractériels, bref forment le caractère.

Mais si dans cette lutte la défense manque son but et le dépasse, ces mécanismes mèneront à la formation de symptômes névrotiques.

3. Le moi au cours du traitement psychanalytique

Nous devons donc nous représenter chez l'homme idéalement normal un moi réussissant à satisfaire pour le mieux l'inconscient élémentaire tout en respectant le principe de réalité et en tenant tête au surmoi. C'est évidemment un tour de force, – aussi est-il rarement réalisé dans sa perfection. Chez l'homme qui s'écarte plus ou moins de cet idéal, le moi a faibli et cédé devant l'une ou l'autre de ces instances.

Évoquons pour commencer le cas le plus grave, celui où le moi est le plus atteint puisqu'il apparaît comme entièrement envahi et submergé par les pulsions de l'inconscient auquel il ne peut plus opposer aucune résistance appuyée sur le principe de réalité. C'est là le fait d'un processus psychotique évoluant en dehors de toute adaptation à la réalité. C'est, jusqu'à un certain point, le cas du criminel pur, par exemple, le criminel du type rare : celui qui tue pour tuer. À un degré moindre, le moi du pervers sexuel est également la proie de certaines pulsions exclusives de l'inconscient élémentaire.

Tout autre apparaît le moi au cours du processus névrotique. Chez le névrosé, le moi, plus évolué, trouve dans sa structure des forces qui lui permettent de lutter non pas tant contre les pulsions de l'inconscient élémentaire que contre les exigences du surmoi. Cette lutte où le moi sera plus ou moins vaincu selon la nature et le degré de la névrose, il la mènera grâce à toute la série des réactions de défense, qui aboutiront plus tard à la formation des symptômes.

Ce que nous désignons par « caractère névrotique » occupe une situation intermédiaire entre la névrose et la psychose. Le moi, dans ce cas, est également touché dans l'ensemble, mais il lutte et résiste en développant des attitudes réactionnelles. Ici, tout comme dans la psychose, toute la personnalité est atteinte, mais à un degré moindre cependant, puisque le contact avec la réalité est maintenu. Le moi fait siennes et s'intègre néanmoins les réactions caractérielles un peu comme le ferait le moi psychotique. Aussi les difficultés thérapeutiques de ces cas se rapprochent-elles parfois de celles que présentent les psychoses. Mais nous voici revenus au problème capital de la thérapeutique.

Freud a indiqué dans une formule lapidaire comment il se pose : *« Ce qui était le "ça"* (l'inconscient élémentaire) *doit devenir le moi. »* Cette formule, qui frappe par sa concision et de ce fait mérite d'être retenue, appelle cependant quelques commentaires car, prise à la lettre, elle ne correspond pas entièrement aux faits d'observation.

D'abord, il ne s'agit pas d'un passage pur et simple de l'inconscient élémentaire dans le « moi », mais d'une appropriation par ce dernier d'éléments inconscients *transformés* en fonction du principe de réalité (autrement il en résulterait un processus psychotique).

Ensuite, contrairement à ce que la formule de Freud pourrait laisser croire, il est impossible que la *totalité* de l'inconscient élémentaire devienne le « moi » : ce n'est jamais qu'*une partie* de ses éléments qui pourra s'y intégrer, car l'inconscient élémentaire demeure, en tout état de cause, infiniment plus vaste, plus riche, plus profond – plus insondable enfin – que ce « moi » qu'il nourrit de sa substance et qui lui doit tout. D'ailleurs, en développant cette idée, Freud n'écrivait-il pas aussi : *« leur intention* (celle des efforts thérapeutiques de la psychanalyse) *n'est-elle pas de renforcer le moi, de le rendre plus indépendant vis-à-vis du surmoi, d'élargir son champ de perception, de transformer son organisation afin qu'il puisse s'approprier de nouveaux fragments du "ça" ?*[1] *».*

1. S. Freud, *Nouvelles Conférences*, N.R.F., trad. A. Berman.

La névrose étant avant tout le fait du moi, la guérison ne saurait résulter que d'une action exercée sur le moi. *Renforcer le moi, voilà le but essentiel de cette action.* Toute l'activité thérapeutique converge vers ce but : l'assouplissement du surmoi, l'indépendance du moi face au surmoi, la possibilité pour lui de recevoir et de transformer le plus possible de forces émanant de l'inconscient élémentaire, sont à la fois les fins et les moyens de ce renforcement du moi. Nous avons déjà vu que la faiblesse du moi lui venait surtout de son incapacité à s'approprier les éléments pulsionnels pour les transformer et les adapter aux conditions de la réalité.

Quant à la tyrannie exercée par le « surmoi », elle est moins le fait de la rigueur de ses interdictions que le résultat de la faiblesse du « moi » (peur des investissements incestueux, peur de l'agressivité, etc.).

Quels sont donc les moyens dont nous disposons et comment les employons-nous pour fortifier le moi ?

Toute la technique psychanalytique nous en fournit des exemples, ainsi que l'ont démontré les discussions qui ont eu lieu au Congrès international de psychanalyse en 1936, à Marienbad, à propos d'une théorie des résultats thérapeutiques. Je me bornerai ici à souligner les points saillants qui concernent le problème du moi.

Auparavant, je ne saurais trop insister sur le fait que tout se tient solidement dans ce que nous faisons au cours d'un traitement psychanalytique. Ainsi, séparer l'analyse du « moi » de celle de l'inconscient élémentaire, comme on a essayé de le faire (en théorie tout au moins) me paraît un non-sens. Comment concevoir, en effet, l'analyse de telle ou telle réaction de défense du moi contre telle ou telle pulsion de l'inconscient en négligeant ce dernier ? Imagine-t-on un stratège organisant la conquête d'une place forte sans se préoccuper des forces de l'ennemi ?

On a même essayé de séparer l'analyse des résistances de celle du contenu des symptômes, en donnant la priorité à la première. Vous ne manquerez pas de vous apercevoir avec moi qu'en réalité, il s'agit du même problème envisagé sous deux aspects différents. Il en est de même des essais faits pour mettre en avant l'intérêt de l'analyse du caractère.

Je cite ces différents essais théoriques parce qu'ils visent essentiellement la manière de traiter le moi. Mais je ne crois pas exagérer en disant que ces essais, de même que tous ceux entrepris dans le but, fort louable en soi, de perfectionner la technique en la modifiant, ne nous ont rien apporté de très intéressant. En matière de technique, comme dans certains autres domaines, nous ne trouverons nulle part, jusqu'à nouvel ordre tout au moins, de meilleur guide que les principes formulés par Freud. Le premier de ces principes, fondement de toute notre activité thérapeutique, s'énonce comme vous le savez, de façon bien simple : *détruire les résistances inconscientes s'opposant au défoulement.*

Qu'est-ce à dire, détruire les résistances, sinon modifier, en les analysant, les réactions de défense du moi ? Et le défoulement, qu'est-ce en fin de compte sinon la possibilité pour le moi de s'approprier et d'utiliser au mieux les tendances de l'inconscient élémentaire ? Les deux processus renforcent le moi : le premier en le libérant d'une dépense énergétique stérilement employée à maintenir le refoulement ; le deuxième en l'enrichissant de toutes les forces pulsionnelles utilisables, après leur adaptation à la réalité. Mais, dans les deux cas, ce qui arrête le moi dans cette évolution, c'est *la peur.* La peur du moi devant la pression des forces pulsionnelles exigeant satisfaction, voilà la source essentielle de sa faiblesse. Nous savons que la condition primordiale d'un développement normal du moi, c'est qu'il triomphe de la peur que lui inspire tantôt l'inconscient élémentaire, tantôt le surmoi. Au cours du traitement les mêmes problèmes se poseront dès que nous essayerons de toucher aux réactions de défense derrière lesquelles le moi se croit à l'abri. Le rôle le plus efficace que l'analyste puisse remplir est celui d'aider le moi à vaincre cette peur. N'oublions pas trop ce fait pourtant élémentaire : *tout homme malade obéit à l'enfant craintif qu'il garde au fond de lui-même.* Si nous réussissons à le débarrasser de la peur en l'aidant à regarder en face courageusement et avec des yeux d'adulte ce qu'il a redouté et si nous l'amenons à accepter directement la lutte, nous en ferons un être capable d'agir normalement et de sentir sainement les choses de la vie.

Suffit-il pour cela de donner au malade l'interprétation de ses résistances et de démonter devant lui les réactions de défense que le moi a échafaudées ? Certes non, car ce travail purement explicatif risquerait de ne lui apporter que des notions par trop rationnelles : il n'atteindrait que la partie *consciente* du moi. Si certains résultats peuvent s'obtenir par ce seul moyen, c'est qu'il s'agit alors de troubles superficiels comme ceux qui prennent naissance à l'occasion de conflits passagers. Ce sont les névroses dites *actuelles,* caractérisées par un moi qui, précisément, étant assez solide, reprendra le dessus. La psychanalyse s'attaquant aux troubles profonds et souvent chroniques, qui ont ébranlé toute la personnalité, se voit obligée d'aller plus loin. Ceci veut dire qu'elle doit *s'efforcer d'atteindre, afin de la modifier, la couche inconsciente du moi, celle qui est en contact direct d'une part avec l'inconscient élémentaire et d'autre part avec le surmoi, celle où s'élaborent précisément les réactions de défense, et partant les symptômes.* Ce travail n'est possible que par l'utilisation thérapeutique du transfert.

Seul le transfert, en réalisant l'atmosphère si riche en affects qui caractérise la situation où se trouve le malade en analyse, permet à celui-ci de trouver en la personne de l'analyste l'appui qui est nécessaire au moi pour triompher de la peur éprouvée en face de l'inconscient élémentaire et du surmoi. Appui d'autant plus précieux que cette peur vécue jadis sera réactivée dans une première phase du traitement, lors de la destruction des mécanismes de défense.

Prenons l'exemple schématique d'un transfert positif : le malade apporte inconsciemment, à l'instar du petit enfant, le besoin inné de s'appuyer sur l'analyste et de se faire aimer par lui, qu'il identifie à son père ou à sa mère ou même aux deux à la fois. Ce besoin sera satisfait fatalement, – bien qu'illusoirement – étant donné l'attitude de l'analyste, invariablement empreinte d'objectivité bienveillante. Ainsi épaulé par l'analyste, le moi du malade se sentira plus fort et laissera plus de liberté, de ce fait, aux mouvements venant de l'inconscient élémentaire. Ces mouvements deviendront vite préconscients ou même conscients. L'analyste ne les désapprouvant pas, le moi du malade interprétera volontiers cette attitude comme une acceptation à laquelle à son tour il souscrira. Un grand pas aura été franchi et des communications plus aisées entre le moi et l'inconscient élémentaire commenceront à s'établir.

Or, quelles sont les aspirations ou tendances de l'inconscient élémentaire qui apparaissent généralement alors ? Ce sont principalement des tendances tantôt sexuelles, tantôt agressives[1] ou, comme elles sont souvent plus ou moins liées entre elles, les deux en même temps. Comme leur objet, c'est-à-dire l'analyste, ne réagit ni par des

1. Parce que le plus fortement refoulées.

menaces, ni par des punitions, le moi rassuré les acceptera petit à petit en adoptant encore une fois la même attitude envers l'inconscient élémentaire. *Il* (l'analyste) *accepte* devient : *je* (le moi) *accepte*. Toute l'attitude du moi envers l'inconscient élémentaire se trouve ainsi renversée mais dans un sens positif et bénéfique.

Ce revirement du moi témoigne d'une identification avec le psychanalyste au moyen du transfert. De même qu'au cours du développement la formation du moi s'était appuyée sur une suite d'identifications parentales, de même au cours de l'analyse nous verrons s'opérer une réadaptation du moi à d'autres formes d'identifications : celles fournies par l'analyste – et cela pour le plus grand bien du psychisme. Grâce à cette nouvelle suite d'identification, le moi se reconstruira sur un mode mieux adapté, adulte, apte à remplir sainement son rôle face aux autres instances psychiques, notamment face au surmoi. Cette modification de structure de l'appareil psychique, déterminée par le changement graduel du moi, s'accomplira d'autant mieux que le surmoi va subir à son tour la même influence : l'identification du moi avec l'analyste n'exclut pas en effet l'identification du surmoi avec l'analyste également. Le surmoi se façonnant à son tour selon un modèle plus souple, moins rigide, moins infantilement cruel, donnera encore plus de jeu et d'audace à l'ensemble des fonctions psychiques.

À la formule : *il accepte = j'accepte* s'ajoutera la suivante : *il permet = je me permets ;* il en résultera une diminution de la tension anormalement entretenue par un surmoi infantile, sévère, étouffant le moi sous le poids des réactions de culpabilité.

On devine ici toute l'importance d'un facteur que d'habitude nous laissons trop dans l'ombre : *la personnalité du psychanalyste*. Elle peut faciliter ou rendre impossible, selon le cas, ces processus de réorganisation du moi. Il ne s'agit d'ailleurs pas tant de la personnalité apparente, consciente, que de celle qui se dégage des couches inconscientes.

D'où la grande importance des interférences plus ou moins conscientes qui s'établissent entre le malade et l'analyste. C'est là un aspect du problème thérapeutique que nous ne pouvons approfondir ici[1]. J'ai seulement tenu à le signaler.

Ceci dit, comment pouvons-nous expliquer l'action bienfaisante de l'analyste ? Que fait-il pour réussir ces modifications difficiles entre toutes ? Eh bien, apparemment peu de chose, tout au moins *directement !* La plupart du temps il lui suffira de se maintenir dans l'attitude classiquement prescrite, qui est celle d'une neutralité bienveillante, et de laisser ainsi venir vers lui, afin de les interpréter, les manifestations du transfert, car c'est uniquement d'elles qu'il détient son efficience. Dois-je rappeler ce qu'indiquent ces réactions de transfert ? Elles montrent (je schématise bien entendu) que ce que le malade attend inconsciemment de l'analyste, c'est avant tout de trouver en lui l'appui qui lui a fait défaut jadis au cours de son développement, manque ressenti spécialement par le moi lorsqu'il s'agissait de faire face aux autres instances psychiques. Grâce au transfert, qui, lorsqu'il est positif, pare l'analyste, aux yeux du malade, de toutes les qualités et de tous les pouvoirs, il trouvera dans la situation analytique cette aide précieuse.

Si le moi trouve dans cet appui tant de force, c'est qu'il y met inconsciemment bien davantage : *une preuve d'amour*. L'intérêt, la bienveillance, les encouragements tacites, le calme et la constance que montre l'analyste pendant de longs mois, finissent par apporter au malade une certitude dont son inconscient est avide : celle d'être aimé. C'est dans cette illusion, qui pour l'inconscient – on ne sait trop comment – devient une certitude, c'est dans cette satisfaction, certes illusoire, du besoin d'être

1. Voir le chapitre sur le « Transfert et le contre-transfert ».

enfin aimé (ou aimé à nouveau) par le père ou la mère que le moi trouve le meilleur réconfort. On ne saurait jamais trop insister sur le fait que tout le développement du moi est en fonction des liens qui l'unissent aux divers objets ayant marqué ses investissements affectifs successifs, à la fois dans leur mode et dans leur qualité. Or, les parents occupent parmi ceux-ci la première place.

Ces investissements ont-ils été assez heureux pour que la sexualité évolue sans crainte, et assez satisfaisants pour éviter les réactions si dangereuses de frustration, dont la plus nocive est le détournement des forces agressives des voies de sublimation ? C'est qu'alors le moi a pu se sentir aimé, donc protégé et par conséquent assez fort. Dans le cas contraire, lorsque l'enfant, à tort ou à raison (ceci est une autre question), a manqué de cette certitude bienfaisante d'avoir l'amour protecteur de ses parents, le moi se sent désarmé, faible devant la réalité autant que devant ses propres besoins instinctifs.

C'est avant tout la guérison de cette blessure que l'analyste peut apporter, et c'est seulement alors que le moi se consolidera et pourra prendre un nouvel essor.

Je n'ai fait ici qu'évoquer le sens de ce processus dans ce qu'il a de schématique ; nous savons tous combien, en réalité, il se révèle plus complexe et difficile à résoudre, notamment lorsque le moi se trouve placé en face de forces pulsionnelles particulièrement violentes.

Parfois le transfert est négatif, difficulté qu'il faut coûte que coûte résoudre. Il y a, à l'opposé, le cas de ceux qui ne peuvent se contenter de ce que le transfert représente (c'est-à-dire une transposition de situations préfigurées destinées à être liquidées) ; ceux-ci veulent parfois à tout prix, sciemment ou inconsciemment, obtenir de l'analyste une satisfaction réelle à leur besoin d'amour. Il y a bien d'autres cas autrement difficiles ; nous ne pouvons nous y appesantir, sous peine de glisser dans le domaine purement technique de la thérapeutique psychanalytique.

Revenons donc à notre sujet et admettons que nous nous trouvions maintenant en présence d'un moi libéré de ses réactions névrotiques, suffisamment fortifié par l'analyse pour pouvoir affronter courageusement les besoins pulsionnels. Le moi amené à ce point adoptera une nouvelle attitude à l'égard de l'inconscient élémentaire : il ne refoulera plus inconsidérément et brutalement toutes ses pulsions ; il s'ouvrira à leur accès et tâchera de se les approprier, de les transformer et de les adapter à la réalité extérieure : c'est-à-dire d'en satisfaire une partie et de sublimer l'autre. Comment cette nouvelle élaboration des pulsions va-t-elle opérer ?

Le moi, plus évolué, certes – sous l'influence du traitement – porte-t-il désormais en lui-même ces possibilités ? Est-il apte à accomplir tout seul ce travail ?

La plupart des psychanalystes ont tendance à le croire. Aussi, une fois l'analyse du moi amenée à ce point, le laissent-ils faire. Freud, lui-même, sans qu'il se soit exprimé là-dessus de façon explicite (à ma connaissance tout au moins), semble accorder au moi la faculté intrinsèque de ce travail de regroupement, d'assimilation et de réorganisation. Ces dernières années, Nunberg a fort bien étudié ce qu'il appelle la fonction de synthèse du moi. Il serait plus exact de parler de *synthèse en vue de l'adaptation au réel,* car il est évident qu'un certain regroupement pulsionnel s'opère toujours, même si ce travail est fait par un moi faible et doit aboutir à un processus névrotique ou psychotique. Nunberg, si j'ai bien compris sa pensée, souhaiterait une intervention directe de l'analyste dans le but de favoriser ce travail de synthèse adaptée. Certes, ce serait bien intéressant. Mais pouvons-nous le faire ? Ce n'est évidemment pas par pure discrétion que la majorité des analystes s'en abstiennent. C'est plutôt par la force des choses qu'ils adoptent une attitude effacée. En vérité nous n'avons pas de moyens directs pour agir dans ce sens. Notre travail thérapeutique ne peut faire plus que de rendre le moi apte à s'en charger lui-même ; dans la plupart des cas nous nous voyons ensuite obligés d'attendre qu'il veuille bien le faire. Tout cela ne s'applique bien entendu qu'à une action *directe* qu'exercerait l'analyste, car indirectement nous travaillons constamment dans ce sens. Je veux dire par là que nos interventions contiennent implicitement certaines directives que le moi de l'analysé peut saisir. Souvent, d'ailleurs, il ne demande pas mieux que de le faire. D'autre part, lorsque nous soumettons sans cesse le moi, par notre travail thérapeutique, à la confrontation de son inspiration névrotique avec la réalité, à celle du passé auquel il s'accroche avec le présent qu'il néglige par là même de vivre ; lorsque tant de fois nous lui soulignons l'écart qui sépare ce qu'il désire consciemment de ce qu'il réalise inconsciemment, nous sollicitons évidemment le moi dans un certain sens, nous l'incitons à se tourner vers ce qui est possible et conforme à une saine adaptation à la vie. Encore faut-il que ces appels trouvent une oreille attentive, autrement dit que nous ayons devant nous un moi qui veuille bien s'en servir.

Il y a une autre action indirecte que l'analyse exerce sur le moi : celle que subissent les associations affectives si particulières qui conditionnent les complexes. Ces associations peuvent être rapprochées des réflexes conditionnés décrits par Pavlov. Au cours du traitement, et là encore grâce aux réactions de transfert, ces associations finissent par se rompre ; l'arc de ces réflexes conditionnés se brise et de ce fait les différents complexes aussi.

Le moi trouvera là une nouvelle source de force et aussi la possibilité de former d'autres liens associatifs – mais ceux-ci mieux adaptés à la vie. Ainsi arrive-t-on à réduire notamment le *besoin de répétition,* si caractéristique du processus névrotique.

Pouvons-nous davantage dans cette voie ? Je ne le crois pas, tout au moins dans l'état actuel de nos connaissances. C'est dans cette lacune regrettable qu'il faudrait chercher la cause de certains types d'échecs thérapeutiques. Souhaitons donc que notre savoir puisse un jour reculer ses bornes, afin de mieux comprendre, donc de mieux faire. Peut-être verrons-nous plus clair alors, par exemple, dans deux cas également mystérieux qui s'observent parfois : le premier est celui de certains malades correctement analysés, et même réanalysés, souvent pendant des années, par plusieurs analystes successifs et dont la névrose, en dépit de tout, reste à peu de chose près sans changement. Il m'a semblé que la cause de l'échec se trouvait alors parfois précisément dans le fait que le moi se dérobait à la réorganisation qui lui incombe. Nous avons tous pu observer un deuxième type de malades qui, au contraire, évoluent avec une rapidité déconcertante vers la guérison – déconcertante parce que l'analyste, non seulement n'a pas eu à intervenir, mais souvent n'a pas même encore compris de quoi il s'agissait que ces malades sont déjà guéris. C'est ici que l'on pourrait dire, en paraphrasant Ambroise Paré : « Je l'écoutai, Dieu le guérit. » Nul doute que ce ne soit encore dans la structure du moi que nous trouvions l'explication de tels faits ; il y a toujours dans cette structure des parties plus solides que d'autres, des zones exemptes de conflits (H. Hartmann). C'est sur ces parcelles solides que nous devons nous appuyer lorsque nous entreprenons la tâche du renforcement du moi, tâche qui commande la guérison, ainsi que j'ai principalement essayé de le démontrer au cours de cet exposé[1].

1. Rapport présenté à la première Réunion franco-britannique de psychanalyse, juin 1939, paru dans la *Revue française de psychanalyse,* n° 1,1948.

Les écrits techniques de Freud
(1953)

JACQUES LACAN

Lorsque la Société psychanalytique de Paris reprend ses activités après la guerre, J. Lacan apparaît vite comme son théoricien le plus productif et le plus brillant. Durant les années 1951-1952, puis 1952-1953, il tient un séminaire de lectures de textes freudiens, surtout consacré aux Cinq Psychanalyses *(notamment sur « l'homme aux rats » et « l'homme aux loups »). Après la scission de 1953, il se voit investi de responsabilités nouvelles. Au groupe d'élèves qui le suit, il propose un enseignement qui doit désormais être plus complet. Durant l'année 1953-1954, laquelle au moment de la publication sera considérée comme la première année de son séminaire, il part des écrits techniques de Freud, offrant aux élèves, sur un tout autre mode, un enseignement qui venait contrebalancer celui que Sacha Nacht tenait par ailleurs (voir texte précédent). Mais on verra, en lisant la leçon du 3 février 1954, que ce qu'il propose va bien au-delà d'un commentaire.*

Cette leçon, très riche, inclut une présentation de la notion de « Verwerfung », qui, traduite par « forclusion », désignera un mécanisme essentiel à l'origine de la psychose (voir infra, *chapitres XVII et XIX 00). Il s'achève sur un certain nombre d'exemples tirés de Freud : exemples où la résistance se signale par le fait que le texte associatif est réduit à la « bribe », au fragment.*

Reportons-nous à un de ces exemples, celui de l'oubli, fait et analysé par Freud, du nom du peintre Signorelli (voir supra, *chapitre IV) :* « [...] Freud se réfère, à propos de l'oubli des noms, à la peine qu'il eut un jour, dans une relation avec un interlocuteur de voyage, à évoquer le nom de l'auteur de la fresque célèbre de la cathédrale d'Orvieto [...]. »

On sait que l'analyse de cet oubli débouche sur « les idées concernant les histoires sexuelles des musulmans, et le thème de la mort : « [...] C'est ça qui l'intéressait, c'est ça qu'il était prêt à dire, et pour ne pas l'avoir dit, il lui est resté, dans la suite de sa connexion avec cet interlocuteur, des débris, des morceaux, des chutes de cette parole. [...] »

Ne peut-on dire que dans des moments de ce type ce qu'on appelle résistance pourrait être entendu tout autrement ? Ces ruptures du discours traduisent bien sûr un point de butée. Mais ne peut-on dire en même temps qu'ils représentent, de façon positive, le point jusqu'où l'analysant a pu s'avancer, avouant sa vérité de la seule façon possible : à moitié ?

Source : J. Lacan, *Séminaire I, Les écrits techniques de Freud*, Paris, Seuil, 1975, chapitre IV.

XV

LA PSYCHANALYSE DES ENFANTS

La psychanalyse des enfants occupe de nos jours une place importante dans le champ de la psychanalyse – ne serait-ce qu'à titre statistique. En France, de nombreuses institutions se sont créées pour accueillir, sous des modes divers, les enfants en difficulté. Nombreux sont les analystes qui commencent ainsi leur pratique thérapeutique, en recevant des enfants dans un C.M.P.P. (centre médico-psycho-pédagogique), par exemple. Or, cette diffusion elle-même devrait inciter à examiner les problèmes spécifiques que la psychanalyse d'enfant, en tant que telle, peut poser.

Freud ne reçut jamais d'enfant en analyse. Il s'intéressa pourtant beaucoup, non seulement à l'enfance comme temps d'organisation du conflit psychique, mais aussi aux névroses infantiles. Cependant, il prit surtout connaissance de celles-ci à partir de ce que lui dirent ses patients adultes (qu'on reprenne le cas de « l'homme aux rats », ou celui de « l'homme aux loups »). Il conseilla aussi un de ses élèves, Max Graf, le père du « petit Hans », lorsque celui-ci entreprit lui-même la cure de son fils[1]*. Enfin il encouragea ceux ou plutôt celles de ses disciples qui s'engagèrent dans cette voie nouvelle. La première fut Hermine von Hug-Helmuth, mais d'autres s'y consacrèrent bientôt, notamment Anna Freud et Melanie Klein.*

Celles-ci commencèrent des cures d'enfants à peu près en même temps, dans les années 1920. Elles en vinrent très vite à s'opposer sur des questions essentielles. On peut en avoir une connaissance très détaillée en lisant le Traitement psychanalytique des enfants, *où Anna Freud reprend une série de conférences faites à l'institut psychanalytique de Vienne en 1926*[2]*, puis « Colloque sur l'analyse des enfants*[3] *», un texte où Melanie Klein, en 1927, discute point par point les thèses d'Anna Freud.*

Anna Freud présente d'abord, dans ses conférences, ce qu'elle appelle la phase préparatoire de l'analyse des enfants. Il s'agit d'attacher l'enfant au traitement. Cela peut n'être pas évident puisque c'est presque toujours l'entourage qui demande une thérapie. Anna Freud expose de façon très directe les moyens dont elle se sert. Il peut s'agir de gagner la confiance de l'enfant[4]*. Mais il peut s'agir aussi*

---

1. Voir S. Freud, « Analyse d'une phobie chez un petit garçon de 5 ans » (le petit Hans), in *Cinq Psychanalyses*, Paris, P.U.F., 1954.
2. Voir *infra*, p. 361.
3. Voir *infra*, p. 371.
4. Avec un enfant de dix ans « affligé de craintes, de nervosité, de mensonges », qui avait commis divers petits larcins et qui avait une attitude négative à son égard, Anna Freud rapporte qu'elle ne fit d'abord rien d'autre que de se conformer à ses fantaisies et à ses humeurs. « Si, au lieu d'être assis, ou couché, ou de marcher pendant la séance, il préférait aller sous la table, je faisais comme si c'était la chose la plus naturelle, je soulevais le tapis et je lui parlais ainsi. S'il arrivait avec une ficelle dans sa poche et commençait à

de lui rendre sensible comme tel, un symptôme, de faire en sorte que tel garçon de dix ans, dont elle a à s'occuper, en vienne à s'inquiéter de ses accès de fureur, dont jusqu'alors il ne se préoccupait pas beaucoup[1].

Anna Freud en vient ensuite aux problèmes techniques spécifiques de l'analyse d'enfants. Si l'enfant apporte volontiers à l'analyse « fantaisies » ou dessins, s'il raconte ses rêves et s'il est plein de zèle pour les interpréter, il se refuse généralement à « associer », à « exclure par un acte de volonté consciente toute critique des idées affleurant en lui », à « communiquer tout ce qui se présente à son esprit[2] *». Cette difficulté sera-t-elle alors compensée par l'interprétation du jeu de l'enfant, dont Melanie Klein fait un grand usage ? Sans exclure toute valeur symbolique du jeu, Anna Freud fait valoir deux objections. D'une part l'enfant, surtout l'enfant de moins de cinq ans qu'analyse Melanie Klein, n'a pas la même représentation de but que celle de l'adulte, à savoir qu'il est en analyse : ne se pourrait-il pas que chez lui certains jeux relèvent seulement d'explications « parfaitement innocentes » ? D'autre part, chez l'adulte lui-même, les psychanalystes n'accordent pas de valeur symbolique à tout acte, mais seulement à ceux qui se produisent dans le cadre de la relation analytique, qui ont une valeur transférentielle. Or, la question se pose « de savoir si l'enfant se trouve effectivement dans la même situation de transfert que l'adulte*[3] *».*

Nous en venons là aux deux thèses les plus importantes d'Anna Freud sur la psychanalyse d'enfant. Le transfert, selon elle, ne peut prendre chez l'enfant la même place que chez l'adulte. L'enfant, en effet, n'est pas prêt « à entreprendre une nouvelle édition de ses relations affectueuses ». « Les premiers objets de son affection, ses parents, existent encore pour lui en tant qu'objets d'amour dans la réalité, et non, comme c'est le cas chez le névrosé adulte, dans l'imagination seulement[4] *». Voilà pour ce qui concerne l'enfant. D'un autre côté, et c'est la seconde thèse, l'analyste d'enfant ne peut rester impersonnel ou mystérieux. Il ne constitue pas « une page blanche » identique à celle sur laquelle le névrosé peut inscrire toutes ses fantaisies de transfert*[5]*. C'est qu'ici, selon Anna Freud, « l'action éducative se mêle intimement à l'analyse*[6] *». Si l'analyse libère en effet la vie instinctive, le surmoi de l'enfant ne sera pas assez fort pour régler ces instincts. Ainsi « c'est l'analyste qui décidera finalement quelle part des tendances sexuelles infantiles doit être domptée ou rejetée comme inutilisable dans le monde civilisé [...]*[7] *».*

Ces thèses, à leur façon, sont radicales. On peut se demander si une psychanalyse d'enfant ainsi définie reste, au sens strict, de la psychanalyse. Voyons en tout cas ce que rétorque Melanie Klein.

Melanie Klein critique d'abord les moyens dont Anna Freud se sert pour attacher l'enfant au traitement, et notamment son souci de lui faire reconnaître sa « maladie »,

---

faire des nœuds extraordinaires, je lui montrais que je savais en faire de plus ingénieux encore. S'il faisait des grimaces, j'en faisais des plus belles encore [...] » (A. Freud, *le Traitement psychanalytique des enfants*, P.U.F., 1951, p. 19). Avec le même enfant, A. Freud se rend indispensable en tapant ses lettres à la machine et en servant de médiateur, dans certains cas, entre l'enfant et ses parents.

1. Voir *infra*, p. 362.
2. Voir *infra*, p. 363.
3. Voir *infra*, p. 366.
4. *Ibid.*
5. Voir *infra*, p. 367.
6. *Ibid.*
7. Voir *infra*, p. 370.

ou sa « méchanceté ». Une telle reconnaissance, estime-t-elle, ne peut procéder que de l'angoisse ou de la culpabilité de l'enfant ; ce sont elles qu'Anna Freud active. Cela n'est pas critiquable en soi : toute angoisse n'est pas évitable dans une cure. Encore faudrait-il qu'Anna Freud le reconnaisse, ce qui lui permettrait de veiller à dissiper, et cette angoisse, et cette culpabilité[1].

Melanis Klein est en partie d'accord avec Anna Freud sur la question des associations de l'enfant, qui ne se présentent pas comme chez l'adulte. Mais elle soutient effectivement que l'interprétation du jeu ou d'autres productions symboliques peuvent leur être substituées, à condition cependant de faire preuve d'un minimum de prudence. Pour pouvoir interpréter, il faut, en particulier, que « l'enfant exprime le même matériel psychique dans des versions différentes – souvent en fait avec des moyens différents, c'est-à-dire des jouets, l'eau, le découpage, le dessin, etc.[2] *».*

C'est sur les questions du transfert et du surmoi que Melanie Klein se montre le plus critique. Elle soutient qu'« un enfant de trois ans a déjà traversé la partie la plus importante de son complexe d'Œdipe[3] *». Ainsi ses objets d'amour actuels sont-ils, comme chez l'adulte, des « imagos » des objets primitifs : la mère aimée ne se confond pas avec la mère réelle, elle est formée d'une certaine image de la mère qui s'est formée dans l'inconscient de l'enfant. Pourquoi alors celui-ci ne transférerait-il pas cette imago sur la personne de la psychanalyste ?*

Quant au surmoi, Melanie Klein fait valoir à juste titre qu'il est aussi actif chez l'enfant que chez l'adulte. Ainsi l'analyste peut et doit se dispenser d'intervenir de façon éducative.

Les arguments de Melanie Klein paraîtront sans doute plus convaincants que ceux d'Anna Freud. Mais ici les questions posées par ces deux analystes ont peut-être plus d'importance encore que les réponses. Ces questions, les analystes d'enfants devaient sans cesse les reprendre, de façon plus ou moins explicite.

*

Prenons en effet quelqu'un comme Françoise Dolto[4]. *Il est sans doute essentiel, dans un premier temps, de se faire une idée de sa pratique thérapeutique plus encore que de ses théories. Elle a notamment présenté, dans* le Cas Dominique, *une de ses cures de façon exhaustive*[5]. *Il s'agissait d'un garçon qui avait déjà quatorze ans mais dont le développement psychique semblait arrêté depuis plusieurs années. Excepté la lecture, il n'avait rien pu acquérir à l'école. Il avait un comportement très stéréotypé et on pouvait craindre une évolution psychotique. Après un entretien avec la mère, qui rapporte un certain nombre de données familiales et d'événements somme toute assez banals (Dominique avait notamment été très affecté par la naissance d'une petite sœur, qui avait pris sa place dans son lit de bébé), Françoise Dolto reçoit Dominique. Il est intéressant de voir de quelle façon elle l'implique d'emblée dans le travail analy-*

1. Voir *infra,* p. 372.
2. Voir *infra,* p. 373-374. La psychanalyse d'enfant devait en venir à privilégier, entre tous ces éléments utilisés dans la cure, l'usage du dessin. Celui-ci en effet a cette propriété particulière de pouvoir être lu, comme on lit, par exemple, un rébus. Sur cette question, voir *la Psychanalyse de l'enfant,* nos 7 à 9, Éditions de l'association freudienne.
3. Voir *infra,* p. 374.
4. Sur F. Dolto (1908-1988), très célèbre psychanalyste française, voir *infra,* p. 377.
5. Voir *infra,* p. 377.

tique[1]. *À l'enfant dont les premières paroles sont celles-ci : « Voilà, moi je ne suis pas comme tout le monde, quelquefois en m'éveillant, je pense que j'ai subi une histoire vraie », elle rétorque immédiatement : « qui t'a rendu pas vrai ». Et deux répliques plus loin, comme il évoque une « salle » où il se trouvait quand il était petit, elle suppose qu'il s'agit de « la sale », de sa sœur, et le lui dit directement : « ou ta petite sœur*[2] *». Anna Freud n'a peut-être pas tort de souligner que l'enfant ne peut d'emblée adhérer au projet de l'analyse comme l'adulte. Mais ce qu'elle ne prévoyait apparemment pas, c'est le point où en viendraient dès lors les analystes. Toute cure menée avec un enfant semble bien impliquer que l'analyste mette davantage de lui-même dans le traitement. On voit combien cette remarque peut aussi avoir un effet sur la conception du transfert, produit ici de façon active.*

Les questions relatives à l'« éducation » sont plus complexes. Françoise Dolto, enfant, souhaitait devenir « médecin d'éducation », sans nécessairement savoir ce qu'elle voulait dire par là[3]. *Plus tard elle ne renonça jamais, parallèlement à l'exercice de la psychanalyse, à donner des conseils, à la radio par exemple*[4]. *Mais l'essentiel n'est sans doute pas là. Il faut, pour le saisir, faire un petit détour.*

Élaborant une théorie du développement de l'enfant, par exemple à propos de Dominique, Françoise Dolto fait souvent référence aux théories de Lacan, avec qui, en 1953, elle avait quitté la Société psychanalytique de Paris. Or, Lacan a recentré la problématique œdipienne autour de la question du phallus. Si l'enfant peut dans un premier temps se sentir être le phallus, être tout ce que la mère désire, un tiers intervient pour séparer la mère et l'enfant, le père si l'on veut, ou le langage lui-même, ou à l'intérieur du langage le signifiant de l'interdit paternel, le « Nom-du-Père ». Ce tiers est là d'emblée, même si ses effets ne doivent se faire sentir que plus tard. C'est l'intervention de ce tiers qui définit la castration. Si elle n'a pas lieu, l'enfant est menacé d'un destin psychotique[5] *; si elle se met en place de façon incomplète, on observe généralement le déclenchement d'une phobie. De là, dans nombre de psychanalyses d'enfants, un glissement, peut-être inévitable, qui amène l'analyste à formuler lui-même l'interdit plutôt qu'à amener l'enfant à reconnaître un conflit dont un des termes, précisément, ferait défaut. On verra de quelle façon Françoise Dolto, ayant reçu Paul-Marie, le frère de Dominique, apprend que la mère, « parce qu'elle a froid », prend encore ses enfants dans son lit lorsque le père est absent. Paul-Marie, qui refuse, semble sorti d'affaire. Mais cette révélation vient confirmer ce que Françoise Dolto pressentait : à la naissance de sa sœur, Dominique a été suivi pendant quelque temps par une psychanalyste ; « sa mère, soi-disant sur le conseil de la psychanalyste, a redonné des caresses à ce grand garçon de 6 ans, autant qu'elle en*

1. Interrogé sur la psychanalyse d'enfants à l'occasion d'une de ses conférences, C. Melman décrivait ainsi ce qui était la pratique de F. Dolto, celle à laquelle d'ailleurs chacun, y compris lui-même, peut se trouver conduit, ne serait-ce que par le fait qu'au départ ce sont plutôt les parents qui sont demandeurs : « elle parlait avec lui (l'enfant), de cette façon qui lui était propre et qui faisait que le bambin ou la bambine ne manquaient pas comme ça d'avoir le sentiment de passer dans une quatrième dimension, et d'avoir affaire à de la magie, d'autant qu'elle était très brutale, très précise, très crue. Donc, elle accrochait le transfert et puis ensuite d'une façon innocente et angélique elle disait : "est-ce que tu veux revenir ?..." » (C. Melman, *Clinique psychanalytique et lien social,* Bibliothèque du bulletin freudien, Association freudienne de Belgique.)
2. Voir *infra,* p. 378.
3. Voir notamment F. Dolto, *Autoportrait d'une psychanalyste,* Paris, Seuil, 1990.
4. Les entretiens sont reproduits dans *Lorsque l'enfant parait,* Paris, Seuil, 1977-1979, 3 tomes.
5. Voir *infra,* chapitres XVII et XIX

donnait à sa petite sœur » ; elle lui en donne d'ailleurs encore. Bref, « elle l'a frustré des bénéfices symboliques du sevrage et de la jalousie [...] frustré donc des possibilités des processus de défense structurants qui en découlent[1] ». Il lui parait dès lors urgent d'intervenir. La façon dont elle le fait, la façon dont elle formule la loi de prohibition de l'inceste[2], « la loi de tous les hommes », reste sans doute exemplaire de ce que peut être une intervention orientée par la psychanalyse : non pas une interprétation, mais une interdiction, très vraisemblablement structurante.

Le Traitement psychanalytique des enfants
(1926)

ANNA FREUD

Durant les années 1920, Anna Freud consacra une grande partie de son temps à la psychanalyse d'enfants. Elle fit de nombreuses conférences sur ce sujet et organisa, à partir de 1927, un séminaire régulier avec des psychanalystes viennois auxquels se joignirent bientôt des analystes de Budapest et de Prague. Les extraits que nous publions ici sont tous tirés d'une série de conférences faites à l'Institut psychanalytique de Vienne. Elles sont publiées accompagnées d'un rapport lu au Xe Congrès international de psychanalyse à Innsbruck en 1927, et d'une troisième partie écrite pour The Psychoanalytic Study of the Child *(1945).*

Anna Freud nuancera par la suite certaines de ses idées, et en particulier l'importance qu'elle donne ici à la « phase préliminaire du traitement ». Mais, selon elle, l'enfant ne remplace jamais sa névrose primitive par une névrose de transfert.

Source : Anna Freud, *Le Traitement psychanalytique des enfants*, première et deuxième parties traduites de l'allemand par Élizabeth Rochat, troisième partie traduite de l'anglais par Anne Berman, Paris, P.U.F., 1951.

On me proposa d'analyser un autre garçon de 10 ans qui, depuis quelque temps, présentait un symptôme très désagréable et très inquiétant pour son entourage. Il se livrait à des accès de colère et de méchanceté, qui se produisaient chez lui sans cause extérieure compréhensible, et qui étaient d'autant plus frappants que l'enfant était d'ordinaire plutôt timide et craintif. La confiance de l'enfant fut, dans ce cas, facile à obtenir, car je lui étais déjà connue d'autre part. Le recours à une analyse s'accordait aussi tout à fait avec ses propres intentions, car sa petite sœur était déjà ma patiente, et la jalousie qu'il ressentait des avantages qu'elle en tirait au sein de la famille contribuait à diriger ses désirs du même côté. Malgré cela, je ne trouvai aucun point d'attaque pour l'analyse. Mais l'explication ne fut pas longue à venir. Le garçon considérait bien ses craintes comme une sorte de maladie, et faisait effort pour s'en débarrasser. Mais il n'en était pas de même quant au plus important de ses symptômes, ses accès de fureur. Il en était positivement fier et les considérait comme quelque chose qui le distinguait aux yeux d'autrui, quoique pas précisément de la manière la plus favorable. Il jouissait du souci qu'il cau-

1. Voir F. Dolto, *le Cas Dominique*, Paris, Seuil, 1971, p. 88.
2. Voir *infra*, p. 383.

sait ainsi à ses parents. Il se sentait par là, en quelque sorte, attaché à ce symptôme et aurait probablement résisté à toutes les tentatives de l'en délivrer, par l'analyse. Ici encore, je me servis d'un moyen détourné et pas très droit. Je résolus de le mettre en opposition avec cette partie de lui-même, je lui fis décrire ses accès aussi souvent qu'ils se produisaient, je me montrai soucieuse et grave à leur sujet. Je m'informai en quelle mesure il était en somme encore maître de ses actes dans de tels moments, et comparai sa colère à celle d'un fou pour lequel mon aide pouvait à peine être prise en considération. Il en fut surpris et déconcerté, car il ne convenait plus à son amour-propre d'être considéré comme fou. Il chercha alors de lui-même à dominer ses accès, il commença de s'opposer à eux, au lieu de les surestimer comme précédemment, et, constatant sa réelle impuissance à les réprimer, il éprouva une aggravation de sa souffrance et de son mécontentement de lui-même. Finalement, après plusieurs essais infructueux, le symptôme ne fut plus considéré comme un avantage précieux, mais comme un défaut gênant, dont il devait se corriger, et il se montra tout prêt à accepter mon aide pour cela.

Vous serez frappé de ce que, dans ce cas, j'aie provoqué l'apparition d'un état qui existait de prime abord chez le petit obsédé, c'est-à-dire une scission dans le moi intime de l'enfant. Dans un autre cas aussi, celui d'une fillette de 7 ans, après une longue période de préparation très semblable à celle que nous avons décrite plus haut, je me décidai à employer le même artifice. Je détachai subitement d'elle-même, en la personnifiant, toute sa méchanceté, à laquelle je donnai un nom à part, et je la lui opposai. J'arrivai finalement à ce qu'elle se plaignît à moi de cette personne ainsi créée et en prit conscience dans la mesure où elle avait à souffrir d'elle. L'enfant devint ainsi de plus en plus aisément analysable dans la mesure où, de cette façon, on lui avait fait prendre conscience de sa maladie.

Cependant, il ne faut pas oublier de mentionner ici un autre écueil. J'eus affaire longuement à une enfant de 8 ans, exceptionnellement douée, précisément à la petite fille hypersensible dont j'ai parlé plus haut et qui pleurait trop. Elle avait toutes les intentions de changer et les capacités et possibilités de tirer profit de l'analyse. Néanmoins, le progrès, chez elle, s'arrêtait toujours à un certain point, et j'étais déjà prête à me déclarer satisfaite du faible résultat obtenu, c'est-à-dire de la disparition du trouble essentiel. Il apparut alors, d'une façon toujours plus claire, que l'attachement de la petite fille à une bonne auprès de qui l'analyse n'était pas en faveur constituait l'obstacle auquel nos efforts se heurtaient quand ils atteignaient une certaine profondeur. En effet, la fillette acceptait bien ce qui ressortait de l'analyse et ce que je lui disais, mais seulement jusqu'à un certain point, jusqu'au point où elle s'y autorisait et à partir duquel elle voulait rester fidèle à sa bonne. Ce qui dépassait ce point se heurtait à une résistance tenace et invincible. La petite reproduisait ainsi un ancien conflit d'affection, du fait qu'elle devait choisir entre ses parents, qui vivaient séparés, conflit qui avait joué un grand rôle dans sa petite enfance. Cette découverte, cependant, ne servit pas à grand-chose, car l'affection que l'enfant portait à sa bonne était des plus réelles et des mieux établies. J'entrepris en conséquence une lutte opiniâtre contre cette bonne pour gagner l'affection de l'enfant. Je cherchai à éveiller l'esprit critique de l'enfant, à ébranler son aveugle attachement, tirant parti à mon avantage de tous les légers conflits qui se produisent journellement dans la chambre d'enfants. Et je vis que j'avais atteint mon but lorsqu'un jour la petite fille, me racontant encore un de ces incidents qui l'excitaient si fort, termina son récit en disant : « Crois-tu qu'elle ait raison ? » Dès ce moment, l'analyse prit de la profondeur et, de tous les cas mentionnés ici, fut celle qui amena le résultat le plus riche en promesses. [...]

La famille donne volontiers tous les renseignements nécessaires, l'enfant est plein de zèle pour interpréter ses rêves, il vous communique un grand nombre de fantaisies et vous livre des séries de dessins intéressants, dont on peut tirer des conclusions sur ses pulsions inconscientes. D'après tout cela, on ne comprend plus pourquoi l'analyse infantile est considérée comme un domaine tout spécialement difficile de la technique analytique, ni pourquoi tant d'analystes se déclarent incapables de traiter des enfants.

La raison n'est pas difficile à donner. Tous les avantages qui précèdent, l'enfant les annule par le fait qu'il se refuse à « associer ». Il met ainsi l'analyste dans un grand embarras, car le moyen par excellence, celui sur lequel repose toute la technique analytique, est d'un emploi pour ainsi dire nul avec l'enfant. Il est manifestement contraire à la nature de l'enfant de prendre la position de repos prescrite à l'adulte, d'exclure par un acte de volonté consciente toute critique des idées affleurant en lui, de communiquer tout ce qui se présente à son esprit et d'écarter ainsi la couche superficielle de sa conscience.

Il est vrai sans doute qu'on peut entraîner à tout un enfant, quand on a gagné son affection de la manière décrite et qu'on lui est devenu indispensable. Il pourra ainsi se mettre à « associer » occasionnellement, à la demande de l'analyste, et pour lui faire plaisir. De tels moments d'association peuvent être d'une grande utilité dans l'analyse et jeter une lumière subite sur une situation difficile. Néanmoins, ils garderont toujours le caractère de secours occasionnels et ne pourront être la base solide sur laquelle tout le travail analytique pourra reposer.

J'eus en traitement une fillette très douée pour le dessin, par conséquent très visuelle, qui se montrait particulièrement docile et soumise à mes désirs. Je pouvais lui demander, à certaines occasions, lorsque j'étais à bout de ressources, de « voir des images ». Alors, les yeux fermés, ramassée sur elle-même, elle suivait avec une attention extraordinaire les choses qu'elle voyait en elle.

Elle me donna, un jour, de cette manière, l'explication d'un état de résistance qui durait depuis longtemps. Le thème de l'analyse était alors la lutte contre l'onanisme de l'enfant et le détachement de la bonne, vers laquelle la petite se réfugiait avec un redoublement de tendresse pour se protéger contre mes tentatives de libération. Je lui demandai de « voir des images », et la première qui apparut en elle amena cette réponse : « La bonne s'en va en volant par-dessus la mer », ce qui signifiait, avec les images suivantes de diables qui dansaient autour de moi, que j'arriverais à l'emporter sur la bonne. Alors, la petite n'aurait plus aucune protection en face de son onanisme, et serait rendue « méchante » par moi.

De temps en temps, plus souvent que ces associations voulues et demandées, on peut en voir surgir d'autres, imprévues et spontanées, qui ne nous sont pas moins utiles. Je prends de nouveau comme exemple le cas de la petite obsédée. Il s'agissait, au point culminant de son analyse, de lui faire voir clairement sa haine pour sa mère, sentiment dont elle s'était toujours défendue dans le passé par la création de son « démon », représentant impersonnel de tous ses sentiments haineux. Bien qu'elle m'eût suivie de bon gré jusqu'alors, elle commença ici à résister. En même temps, à la maison, elle s'avisait des plus noires méchancetés, au moyen desquelles je cherchais chaque jour à lui prouver qu'on ne peut se comporter de telle façon envers quelqu'un sans le haïr. Finalement, sous la pression des preuves journellement réitérées, elle reconnut que j'avais raison, mais voulut alors aussi que je lui fasse connaître la cause de tels sentiments haineux pour une mère qu'elle prétendait aimer beaucoup. Je refusai de lui donner d'autres explications à cet égard, ne sachant du reste que lui dire. Après une minute de silence, elle me dit encore : « Je crois toujours que c'est un rêve qui en est la cause, un rêve que j'ai fait il y a déjà plusieurs semaines et que nous n'avons jamais compris. » (Je lui demande de le raconter à nouveau, ce qu'elle fait.) « *Toutes mes poupées étaient là, et aussi mon lapin. Puis je suis partie, et le lapin a commencé à pleurer terriblement. Alors, j'ai eu tellement pitié de lui.* Et je crois que j'imite maintenant toujours le lapin, et c'est pourquoi je pleure aussi comme lui. » En réalité, c'était le contraire, naturellement, le lapin l'imitait, et non pas elle le lapin. Dans ce rêve, elle représente elle-même la mère et elle traite le lapin comme elle a été traitée par elle. Elle avait enfin trouvé par ce rêve le reproche que son moi conscient s'était toujours défendu de faire à sa mère : qu'elle était toujours partie précisément au moment où l'enfant aurait eu le plus besoin d'elle.

Quelques jours plus tard, après une libération momentanée, l'humeur de la fillette s'assombrit de nouveau. J'insistai alors pour qu'elle apporte d'autres choses encore sur le même sujet. Elle dit d'abord ne rien savoir, puis, du plus profond d'elle-même : « C'est si beau à G..., dit-elle tout à coup. Je voudrais bien y retourner une fois. » Un interrogatoire serré me révéla qu'elle devait avoir eu, dans ce séjour à la campagne, un des temps les plus malheureux de sa vie. Son frère aîné, à cause d'une coqueluche, avait été ramené en ville chez les parents, tandis qu'elle avait dû rester avec la bonne et les deux petits : « La bonne était toujours fâchée, lorsque je prenais aux petits leurs jouets », dit-elle spontanément. Ainsi, à la prétendue préférence du frère par les parents, s'ajoute encore la préférence très réelle de la bonne par les petits. Elle se sentit abandonnée des deux côtés et réagit à sa manière. Ainsi, cette fois, par le souvenir de la beauté de ce paysage, elle avait pris conscience d'un des plus graves reproches qu'elle faisait à sa mère.

Je n'aurais pas relevé ces trois cas d'associations étonnantes, s'il s'en présentait souvent de semblables dans l'analyse infantile. Vous savez que nous y sommes accoutumés dans l'analyse des adultes. Ce manque de disposition à « associer » chez l'enfant a conduit tous ceux qui se sont occupés d'analyse infantile à chercher quelque autre technique compensatrice. Mme Hug-Hellmuth a essayé de remplacer les connaissances qu'on obtient chez l'adulte au moyen de ses libres associations, en jouant avec l'enfant, en l'étudiant dans son propre milieu et en apprenant à connaître tous les petits détails de sa vie. Comme le montrent ses publications, Mme Mélanie Klein remplace la technique de l'association libre employée pour l'adulte par la technique du jeu chez l'enfant. Elle part de l'idée que l'action est plus naturelle au petit enfant que la parole. C'est pourquoi elle met à sa disposition une quantité de petits jouets, un monde en miniature, et elle lui offre la possibilité d'agir dans ce monde de jeux. Toutes les actions que l'enfant exécute alors, elle les assimile aux idées exprimées par l'adulte et elle les interprète tout comme nous avons l'habitude de faire avec des patients adultes. Il nous semble, à première vue, qu'une lacune sensible de la technique de l'analyse infantile se trouve ainsi comblée d'une manière irréfutable. Cependant, je me réserve d'examiner encore, dans ma prochaine conférence, les fondements théoriques de cette technique du jeu, et de la mettre en rapport avec le dernier point de notre sujet, le rôle du transfert dans l'analyse de l'enfant.

La technique du jeu de Mme Klein est certainement d'une grande valeur si l'on a en vue l'observation de l'enfant. Au lieu de suivre l'enfant avec peine et grande perte de temps, jusque dans son entourage familial, nous transportons d'un seul coup tout le monde connu de lui dans la chambre de l'analyste et laissons l'enfant s'y mouvoir, sous les yeux de l'analyste, mais, tout d'abord, sans aucune intervention de celui-ci. Nous avons ainsi l'occasion d'apprendre à connaître les différentes réactions de l'enfant, la force de ses penchants agressifs ou de sa capacité de pitié, ainsi que son attitude à l'égard de certaines choses et de certaines personnes représentées par des objets. Cette façon d'observer l'enfant dans ses jeux offre un grand avantage sur l'observation dans le cadre de la vie réelle, car, au moyen de tous ses jouets qu'il manie facilement et dont il fait ce qu'il veut, il peut exécuter toutes sortes d'actes qui, dans le monde réel, resteraient toujours imaginaires à cause de la grandeur et de la force des personnes et des choses qui l'entourent. Tout ceci rend l'emploi de la méthode du jeu de Mme Klein excellent, sinon indispensable pour apprendre à connaître le petit enfant dont la faculté de s'exprimer par le langage n'a pas encore atteint son développement normal.

Mais Mme Klein va plus loin encore dans l'emploi de cette technique. Elle attribue la même valeur aux idées de l'enfant qui joue qu'aux libres associations du patient adulte, et elle interprète continuellement les actes qu'il accomplit ainsi par les pensées correspondantes, c'est-à-dire qu'elle s'efforce de retrouver derrière chacun d'eux la valeur symbolique qu'ils peuvent avoir. Si l'enfant renverse un réverbère ou une des figures du jeu, elle interprète cet acte comme révélant des impulsions agressives dirigées contre le père. S'il fait se heurter deux voitures, elle considère leur rencontre comme étant l'expression symbolique de l'observation des rapports sexuels de ses parents. Son activité consiste avant tout à traduire et à interpréter les actes de l'enfant et à découvrir ainsi l'évolution probable qui se produira chez le patient, comme on essaye de le faire lorsqu'on interprète les associations libres de l'adulte.

Mais examinons une fois encore s'il est raisonnable d'assimiler ces actes de l'enfant qui joue aux associations de l'adulte. La pensée de l'adulte est bien « libre », c'est-à-dire que le patient s'interdit de lui donner aucune direction consciente, ou d'en influencer le cours en aucune façon, mais il se trouve pourtant sous la représentation d'un but bien déterminé, à savoir qu'il se trouve en analyse. Or, cette notion du but manque à l'enfant. Je vous ai déjà expliqué, au début, comment je m'efforçais de familiariser le petit patient avec cette idée-là. Mais les enfants pour lesquels Mme Klein a créé sa technique, des enfants surtout dans leur première période de sexualité (c'est-à-dire avant 5 ans) sont trop jeunes pour être influencés de cette manière. Aussi Mme Klein regarde-t-elle comme un des grands avantages de sa technique de pouvoir éviter cette préparation à l'enfant. Nous aurions donc trouvé ici une grosse objection à l'assimilation faite par Mme Klein. Car si les impulsions de l'enfant qui joue ne sont pas dominées par la même représentation du but que celles des adultes, nous n'avons peut-être aucun droit de les traiter de la même manière que celles-ci. Au lieu de voir dans ces actes des symboles, on pourrait en donner des explications parfaitement innocentes. L'enfant qui renverse le réverbère pourrait avoir eu le jour précédent, au cours de sa promenade, une aventure quelconque avec un même objet ; le heurt de deux voitures pourrait représenter un accident de la rue, dont il aurait été témoin. L'enfant qui court à la rencontre de la visiteuse et ouvre son sac à main n'exprimerait pas, comme le pense Mme Klein, son désir de savoir si une nouvelle petite sœur est cachée dans le ventre de sa mère, mais rappellerait simplement un événement du jour précédent où quelqu'un lui avait apporté un cadeau tiré d'un sac semblable. Avec l'adulte, nous ne nous sentons pas non plus autorisé à attacher un sens symbolique à chacun de ses actes ou à chacune de ses idées, mais seulement à ceux ou à celles qui se présentent sous l'influence de la situation analytique acceptée par lui.

Cependant, l'objection que nous émettons ainsi à l'emploi analytique de la méthode de Mme Klein peut être aussi infirmée d'un autre côté. Il est vrai, en effet, qu'on peut donner une explication très innocente des actes de l'enfant qui joue. Mais pourquoi reproduit-il précisément les incidents du réverbère ou des deux voitures ? Ne serait-ce pas précisément la signification symbolique cachée derrière ces deux faits qui le pousse à les reproduire plutôt que d'autres, pendant l'heure d'analyse ? Il est vrai aussi sans doute qu'il manque à l'enfant la représentation du but de la situation analytique qui dirige le patient adulte. Mais peut-être n'en a-t-il pas besoin du tout. L'adulte doit, par un effort conscient de volonté, renoncer à la direction de ses pensées et s'abandonner entièrement aux mouvements inconscients qui agissent en lui. L'enfant, lui, n'a peut-être pas besoin de modifier ainsi volontairement son attitude intérieure. Peut-être est-il toujours et dans chacun de ses jeux entièrement dominé par son inconscient.

Comme vous le voyez, la question de savoir s'il est légitime d'attribuer la même valeur aux idées présidant au jeu de l'enfant qu'aux associations d'idées de l'adulte, ne se résout pas facilement par des arguments théoriques. Évidemment, il faut avoir recours à une contre-épreuve au moyen de l'expérience pratique.

Essayons encore de porter notre critique sur un autre point. Mme Klein n'interprète pas seulement les actes que le petit enfant accomplit sur les jouets qu'on lui donne, mais aussi tous ceux qu'il exécute sur les objets qu'il trouve dans sa chambre ou sur la personne même de l'analyste. En cela aussi, elle suit exactement l'exemple de l'analyse des adultes. En effet, nous nous croyons certainement autorisés à faire entrer dans l'analyse toute la conduite du patient à notre égard pendant la séance, ainsi que toutes les actions voulues ou involontaires que nous le voyons accomplir. Nous en appelons à la situation de transfert dans laquelle il se trouve et qui peut donner une signification symbolique précise à des actes qui, sans cela, resteraient sans importance.

Mais ici se pose la question de savoir si l'enfant se trouve effectivement dans la même situation de transfert que l'adulte, de quelle manière et sous quelles formes s'extériorisent ses mouvements de transfert et de quelle manière ils peuvent donner lieu à une interprétation, au « *rôle du transfert, en tant que moyen technique dans l'analyse infantile* ». La solution de cette question nous apportera de nouveaux arguments pour ou contre les vues de Mme Klein. [...]

L'enfant n'est pas prêt, comme l'adulte, à entreprendre une nouvelle édition de ses relations affectueuses, parce que, pourrait-on dire, l'ancienne n'est pas encore épuisée. Les premiers objets de son affection, ses parents, existent encore pour lui en tant qu'objets d'amour dans la réalité, et non, comme c'est le cas chez le névrosé adulte, dans l'imagination seulement. Entre les parents et l'enfant subsistent toutes les relations de la vie journalière ; toutes ses joies et toutes ses déceptions lui viennent encore par eux. L'analyste intervient là comme une nouvelle personne, et il aura vraisemblablement à partager avec les parents l'affection et la haine de l'enfant. Mais il n'y a aucune nécessité pour l'enfant à ce qu'il substitue l'analyste à ses parents. L'analyste, par rapport à eux, n'offre pas à l'enfant tous les avantages que trouve l'adulte, lorsqu'il lui est permis d'échanger les objets de son imagination contre un être vivant.

Mais, revenons-en à la méthode de Mme Klein. Celle-ci pense que, lorsque l'enfant se comporte à son égard, dès la première heure, d'une manière hostile, se détourne d'elle et va même jusqu'à la frapper, on peut voir là une preuve de l'attitude ambivalente de l'enfant à l'égard de sa mère. L'hostilité contenue dans cette ambivalence est transférée sur l'analyste. Je ne crois pas que le point de vue de Mme Klein soit conforme aux faits. Plus le petit enfant est attaché à sa mère, moins il a de mouvements affectueux à l'égard de personnes étrangères. Nous remarquons cela le plus clairement chez le nourrisson qui repousse avec angoisse toute personne qui n'est pas sa mère ou celle qui le soigne. Je crois même que les faits nous amènent à une conclusion opposée à l'opinion de Mme Klein. C'est précisément avec des enfants peu habitués à être traités avec affection, à donner ou à recevoir des marques de tendresse, que s'établit le plus rapidement un lien positif. Ils reçoivent enfin de l'analyste précisément ce qu'ils ont attendu en vain des premiers objets de leur affection.

D'autre part, l'analyste d'enfants ne peut guère servir d'objet à un transfert bien net. Vous savez comment nous nous comportons pour atteindre ce but, quand nous traitons une personne adulte : nous restons impersonnels, mystérieux, une page blanche sur laquelle le patient peut inscrire toutes ses fantaisies de transfert, un peu comme s'il projetait une image cinématographique sur un écran. Nous évitons de faire des défenses ou d'accorder des satisfactions. Et si nous faisons quand même sur le patient l'effet d'une autorité qui accorde ou qui défend, il est facile de lui démontrer qu'il tire cela de sa vie passée.

L'analyste d'enfants, par contre, doit être tout plutôt qu'une ombre. Nous avons déjà vu qu'il est, pour l'enfant, une personne intéressante, pourvue de toutes sortes de qualités attrayantes et imposantes. L'action éducative qui se mêle intimement à l'analyse, comme vous le verrez plus loin, a pour résultat que l'enfant sait très bien ce qui est désiré ou redouté par l'analyste, ce qu'il approuve et ce qu'il blâme. Une personnalité aussi clairement dessinée, et à tant d'égards si nouvelle, est malheureusement un mauvais objet de transfert, c'est-à-dire peu utilisable en ce qui concerne l'interprétation du transfert. La difficulté qui surgit ici est la même – pour en rester à notre précédente comparaison – que si nous trouvions un tableau déjà représenté sur l'écran où nous devons projeter une image. Plus ce tableau est riche et coloré, plus ternes et indécises apparaissent les lignes de celle-ci. [...]

Nous avons dit plus haut que le surmoi de l'individu adulte est devenu le représentant des exigences morales de la communauté qui l'entoure. Nous savons que ce surmoi doit son apparition à une identification avec les premiers et les plus importants objets de l'affection de l'enfant, les parents, auxquels la société avait aussi confié la tâche de faire prévaloir chez lui les exigences morales qu'elle admet, et d'obtenir la limitation qu'elle exige des impulsions naturelles. Ce qui fut ainsi au début une exigence personnelle venant des parents devint ensuite, par le fait d'un progrès amenant tout d'abord l'enfant à s'identifier avec ses parents, un idéal personnel indépendant du monde extérieur et de ses modèles.

Mais on ne peut pas encore parler d'une telle indépendance chez l'enfant. Sa séparation d'avec les premiers objets aimés est encore à venir et lointaine, les identifications aux objets aimés, quand l'amour se maintient, ne s'effectuent que lentement, et pièce par pièce. Un surmoi existe bien, et beaucoup de ses rapports avec le moi apparaissent déjà dans ces premiers temps, analogues à ceux de la vie ultérieure plus mûre. Il ne faut cependant pas ignorer les rapports permanents entre ce surmoi et les objets auxquels il doit son apparition, rapports que nous pourrions comparer à ceux de deux vases communiquant ensemble. Si les bonnes relations avec les parents s'affirment dans le monde extérieur, l'autorité du surmoi grandit aussi, ainsi que l'énergie avec laquelle il réalise ses prétentions. Si ces relations se gâtent, le surmoi aussi s'affaiblit.

Prenons le tout petit enfant comme premier exemple. Si une mère ou une bonne réussit à habituer un petit enfant, avant la fin de sa première année, à discipliner ses évacuations, nous aurons bientôt l'impression que l'enfant ne se conforme pas à cette exigence de la propreté uniquement par amour pour la personne qui le soigne ou par crainte d'être puni par elle, mais qu'il y a désormais un rapport direct entre cette règle et lui-même, qu'il est heureux quand il est propre, ou malheureux quand un accident lui arrive à cet égard. Mais cependant, nous remarquons que le départ de la personne qui lui a fait prendre cet empire sur lui-même, par exemple un changement de bonne ou une absence momentanée de sa mère, remettent complètement en question le progrès réalisé. L'enfant se salit de nouveau comme avant ce premier éveil de son sens de la propreté, et il ne rapprend à se maîtriser que lorsque sa mère est de retour ou qu'un lien s'est formé entre lui et la nouvelle bonne. Pourtant, on ne se trompait pas tout à fait en pensant que l'enfant avait déjà saisi par lui-même la valeur de la propreté. La règle est là, mais elle n'a de valeur pour l'enfant que si la personne qui l'a établie reste présente. Si l'enfant n'a plus de contact avec cette personne, il perd aussi la joie qu'il avait à suivre la règle.

Au commencement de la période de latence, les conditions restent les mêmes. Il nous arrive souvent de trouver, par l'analyse des adultes, la confirmation du grand préjudice causé à la moralité et à la formation du caractère de l'enfant par toute perturbation dans le lien qui l'unit à ses parents. Qu'il perde ses parents à ce moment de sa vie, par n'importe quelle sorte de séparation, ou que ceux-ci, par suite d'une maladie mentale ou d'une action criminelle, descendent dans son estime et ne soient plus l'objet de son respect et de son affection, il court en même temps le danger de perdre et de déprécier son surmoi déjà édifié en partie, en sorte qu'il n'aura plus aucune force intérieure effective à opposer à ses tendances instinctives qui cherchent impérieusement à se satisfaire. On pourrait expliquer peut-être ainsi maintes dissociations et anomalies de caractère.

Pour caractériser cet état de choses qui subsiste jusqu'à la fin de la période de latence, j'ajoute un petit exemple tiré de l'analyse d'un garçon dans la période prépubère. Je lui demandai une fois, à une occasion quelconque, au début du traitement, s'il avait quelquefois des pensées qu'on aimerait mieux ne pas avoir. Il répondit : « Oui, quand on peut voler quelque chose. » Je lui demandai de me décrire une expérience de ce genre. Il dit : « Quand, par exemple, je me trouve seul à la maison, et qu'il y a là des fruits et que mes parents sont partis et ne m'en ont point donnés. Alors, je ne puis m'empêcher de penser tout le temps que j'aimerais en prendre. Mais ensuite, je pense à autre chose, car je ne veux pas voler. » Je lui demandai encore s'il était toujours plus fort que de telles pensées. Il dit que oui, et qu'il n'avait encore jamais volé. « Mais, quand tes pensées deviennent tout à coup très puissantes, demandai-je, que fais-tu alors ? » – « Je ne prends pourtant rien, dit-il triomphalement, car alors j'ai peur de mon père. » Vous voyez que son surmoi avait atteint une certaine indépendance, qui se manifestait dans son propre besoin de ne pas passer pour voleur. Mais, lorsque la tentation devenait trop forte, il fallait qu'il pût trouver un appui en appelant à son aide la personne à laquelle remontait son sens du devoir, c'est-à-dire son père, ainsi que les avertissements et menaces de punition qui venaient de lui. Un autre enfant, dans de semblables circonstances, se serait peut-être souvenu de l'affection de sa mère.

Une autre observation, vérifiable aussi souvent qu'on voudra par un examen attentif, s'accorde avec les remarques précédentes sur la faiblesse et la dépendance des exigences du moi-idéal chez l'enfant. L'enfant a une double morale, l'une pour le monde des grandes personnes, l'autre pour lui-même et pour les camarades de son âge. Nous savons, par exemple, qu'à un certain âge, il commence à avoir une certaine pudeur, c'est-à-dire qu'il évite de se montrer nu ou de satisfaire ses besoins naturels devant des étrangers adultes, puis plus tard aussi devant les grandes personnes de son entourage. Mais nous savons aussi que ces mêmes enfants se déshabillent sans aucune gêne devant d'autres de leur âge, et que ce n'est pas toujours facile de les empêcher d'aller avec eux aux cabinets. De même nous pouvons constater à notre surprise que l'enfant ne répugne à certaines choses qu'en la présence d'adultes, donc sous leur pression tacite, tandis que cette réaction n'a pas lieu dans la solitude ou dans la société de camarades. Je me rappelle un garçon de 10 ans qui, à la promenade, montra tout à coup un tas de fumier de vache et s'écria d'un air très intéressé : « Regarde, comme c'est comique ! » Un instant après il s'aperçut de son erreur et devint cramoisi. Plus tard, il s'excusa auprès de moi : il n'avait pas remarqué tout de suite ce que c'était, sinon il n'aurait jamais parlé de cela. Cependant, je sais que le même garçon parle avec plaisir et sans rougir, quand il est avec ses amis, des actes excrémentiels. Et il m'assura aussi une fois, qu'étant seul, il pouvait toucher de la main ses propres excréments sans éprouver rien de spécial. Mais s'il y avait là une personne adulte, il lui devenait très difficile même d'en parler seulement.

Ainsi, la pudeur et le dégoût, ces deux formations réactionnelles si importantes, destinées à faire obstacle aux tendances anales et exhibitionnistes de l'enfant, dépendent, encore bien après leur apparition, pour leur affermissement et leur efficacité, du contact avec la personne adulte.

Par ces remarques sur l'état de dépendance où se trouve le surmoi de l'enfant, et sur la double morale de celui-ci, en ce qui concerne la honte et le dégoût, nous en venons maintenant à la différence la plus importante entre l'analyse de l'enfant et celle de l'adulte. L'analyse de l'enfant n'est pas du tout une affaire privée qui puisse s'accomplir exclusivement entre deux personnes, l'analyste et son patient. Aussi longtemps que le surmoi de l'enfant n'est pas encore devenu le représentant impersonnel des exigences empruntées au monde extérieur, aussi longtemps qu'il est encore lié organiquement à celui-ci, les objets situés dans ce monde extérieur joueront un rôle important dans l'analyse elle-même et en particulier dans son dernier stade, celui de l'utilisation des tendances instinctives libérées de leur refoulement.

Mais, revenons encore une fois à notre comparaison avec le névrosé adulte. Nous avons dit que nous n'avions affaire, dans son analyse, qu'à sa vie instinctive, son moi et son surmoi, et lorsque les conditions sont favorables, que nous n'avions pas à nous inquiéter du sort des tendances libérées de l'inconscient, qui tombent sous l'influence du surmoi, responsable de leur utilisation subséquente.

Mais, dans l'analyse infantile, à qui laisserons-nous cette décision ? D'après les considérations précédentes, la logique nous amènerait à dire que c'est aux éducateurs de l'enfant, auxquels son surmoi est lié d'une manière encore si indissoluble, c'est-à-dire dans la plupart des cas à ses parents.

Mais n'oubliez pas par quelles difficultés cette situation est compliquée. Ce sont précisément ces mêmes parents, ou ces mêmes éducateurs qui, par leurs exigences excessives, ont poussé l'enfant à un excès de refoulement et en ont fait un névrosé. Nous ne trouvons pas ici, entre la formation de la névrose de l'enfant et la libération de celui-ci par l'analyse, le même grand intervalle que chez le patient adulte, qui a achevé entre ces deux moments tout le développement de son moi, de telle manière que celui qui a pris la première décision et celui qui se met maintenant à la réviser peuvent à peine être appelés le même personnage. Les parents, au contraire, qui ont été la cause de la maladie de l'enfant et qui doivent aider à sa guérison, sont réellement encore les mêmes personnes, avec les mêmes points de vue. C'est dans des cas très exceptionnels seulement qu'ils auront été assez avertis et éclairés par la maladie de l'enfant pour être prêts à adoucir maintenant leurs exigences. Il paraît donc dangereux de leur laisser la décision sur la destinée de la vie instinctive maintenant libérée. La possibilité est trop grande que l'enfant ne soit contraint de reprendre le chemin du refoulement et de la névrose. Dans de telles conditions, il serait plus économique de s'épargner le long et pénible travail de la libération.

Mais quelle autre solution trouver ? Serait-il peut-être permis de déclarer l'enfant majeur avant le temps, en raison de sa névrose et de l'analyse effectuée, et de lui attribuer le pouvoir de décider, chose si importante, comment il va se comporter à l'égard des pulsions dont il dispose à présent librement ? En vérité, je ne saurais dire sur la base de quelles instances morales et à l'aide de quels critères ou de quelles réflexions pratiques il serait en état de trouver son chemin au travers de ces difficultés. Je crois que, si on l'abandonne à lui-même et qu'on lui retire tout appui extérieur, il ne peut lui rester qu'un seul chemin court et commode : celui de la satisfaction immédiate de ses désirs. Mais nous savons, par la théorie et la pratique de l'analyse, que l'enfant doit être empêché, précisément pour prévenir l'état névrotique, d'accorder, à quelque stade que ce soit de sa sexualité nécessairement perverse, une satisfaction véritable à celle-ci. Sinon, la fixation à la volupté déjà éprouvée devient le plus grand obstacle au développement normal et le penchant à renouveler ces jouissances détermine une régression à des niveaux inférieurs.

Dans cette situation difficile, il ne reste, me semble-t-il, qu'une seule issue. L'analyste doit réclamer pour lui-même la liberté de diriger l'enfant sur ce point important, afin d'assurer avec quelque sûreté le résultat de la cure. L'enfant devra apprendre, sous son influence, comment il doit se comporter à l'égard de sa vie instinctive ; c'est l'analyste qui décidera finalement quelle part des tendances sexuelles infantiles doit être domptée ou rejetée comme inutilisable dans le monde civilisé, combien ou combien peu doit être admis à la satisfaction immédiate et quelle part doit être entraînée dans la voie de la sublimation, en vue de laquelle il faudra tirer parti de toutes les ressources possibles de l'éducation. Nous pouvons dire en deux mots : *il faut que l'analyste parvienne à se substituer, pour toute la durée de l'analyse, au moi idéal de l'enfant ;* il ne doit pas entreprendre, au moyen de l'analyse, son travail libérateur avant d'avoir acquis l'assurance qu'il pourra entièrement diriger l'enfant à ce point de vue. On voit ici l'importance de l'impression de puissance produite sur l'enfant, impression dont nous avons déjà parlé dans l'introduction à l'analyse infantile. L'enfant ne sera disposé à accorder la première place dans sa vie affective à ce nouvel objet de son attachement, que s'il sent que l'autorité de l'analyste est placée encore au-dessus de celle de ses parents.

Colloque sur l'analyse des enfants
(1927)

MELANIE KLEIN
(1882-1960)

Melanie Klein est née à Vienne, mais elle s'est formée à Budapest d'abord, où elle fit une analyse avec Ferenczi, puis à Berlin, où elle fut l'élève et l'analysante d'Abraham. Ayant émigré en Angleterre, elle prononça, en mai 1927, lors d'un colloque de la British Psychoanalytical Society, un rapport très critique envers les thèses d'Anna Freud. Lorsque celle-ci s'installa elle-même en Angleterre, le conflit ne fit que s'aggraver et les deux analystes en vinrent nécessairement à fonder des groupes de formation séparés.

Le travail avec les enfants garda toujours une grande importance pour Melanie Klein. C'est sans doute parce qu'elle n'a cessé de tenter de remonter de plus en plus loin dans l'existence humaine. Deux des principaux concepts qu'elle développa, celui de position paranoïde et celui de position dépressive, renvoient à des modalités de relations d'objet qui s'instituent très précocement : la position paranoïde, qui combat illusoirement toute perte, dans les quatre premiers mois de la vie, puis la position dépressive, qui en prend acte, à partir du quatrième mois. Ces positions peuvent se retrouver ultérieurement dans l'existence de l'adulte. Mais comme elles renvoient toujours à ces stades archaïques, l'enfant, ou plutôt le nourrisson, reste toujours à l'arrière-plan de ce qu'elle dit de l'adulte, par exemple du sujet maniaco-dépressif, auquel elle consacra un travail important.

Le lecteur ne trouvera pas ici l'exposé de cette théorie, qui devait engager la psychanalyse dans une voie ayant sa cohérence propre : « bons objets » et « mauvais objets », pulsions libidinales et pulsions hostiles y prennent une forme que l'on pourrait dire, en termes lacaniens, très « imaginarisée ». Mais on prêtera attention à cette idée que, avec les enfants, on peut « raccourcir le chemin de l'analyse », « établir une jonction directe avec l'inconscient de l'enfant ». Une telle appréciation, souvent reprise depuis, donne à la psychanalyse d'enfants une coloration particulière.

Nous avons extrait des passages significatifs de l'intervention de Melanie Klein au Colloque de 1927.

Source : Melanie Klein, *Contributions to Psycho-analysis*, Hogarth Press Ltd, Londres, traduction française Marguerite Derida, *Essais de psychanalyse*, Paris, Payot, 1967.

Bibliographie : Hanna Segal, *Introduction à l'œuvre de Melanie Klein,* Paris, P.U.F., 1969.

JE N'ATTACHE AUCUNE VALEUR PARTICULIÈRE au but qu'Anna Freud souhaite si ardemment atteindre – celui de susciter chez les enfants une attitude analogue, vis-à-vis de l'analyse, à celle des adultes. Je pense en outre que si Anna Freud parvient à ce but par les moyens qu'elle décrit (et cela ne peut se produire que dans un nombre de cas limité), le résultat de son travail n'est pas celui vers lequel elle tend, mais quelque chose de très différent. La « reconnaissance de sa maladie ou de sa méchanceté » qu'elle obtient de l'enfant, émane de l'angoisse qu'elle a mobilisée en lui afin de parvenir à ses propres fins ; il s'agit de la peur de castration et du sentiment de culpabilité. (Je ne me demanderai pas ici dans quelle mesure, chez les adultes aussi, le désir raisonnable et conscient de retrouver la santé n'est qu'un simple écran qui dissimule cette angoisse.) Nous ne pouvons fonder durablement notre travail analytique sur un projet conscient qui, nous le savons, ne reste pas longtemps le seul support de l'analyse, fût-ce chez les adultes.

Certes, Anna Freud pense, elle aussi, que ce projet est nécessaire d'abord, pour accéder à l'analyse ; mais elle croit en outre pouvoir, dès lors que le projet existe, faire fond sur lui à mesure que l'analyse progresse. Je pense que cette idée est erronée, et que chaque fois qu'elle y fait appel, elle a recours en réalité à l'angoisse de l'enfant et à sa culpabilité. Il n'y aurait là rien de contestable en soi, car les sentiments d'angoisse et de culpabilité font certainement partie des facteurs dont dépend notre travail. Je pense seulement que nous devons connaître clairement la *nature* des supports sur lesquels nous nous appuyons et la *manière* dont nous les utilisons. L'analyse n'est pas en elle-même une méthode pleine de douceur : elle ne peut pas éviter *toute souffrance* au patient, à l'adulte aussi bien qu'à l'enfant. En fait, elle doit forcer la souffrance à se manifester à la conscience et provoquer son abréaction, afin d'épargner au patient une souffrance ultérieure permanente et plus fatale. Mes critiques ne portent donc par sur le fait qu'Anna Freud *active* l'angoisse et la culpabilité, mais au contraire, sur le fait qu'elle ne les *dissipe pas suffisamment*. Il me semble qu'elle fait preuve d'une dureté inutile en amenant à la conscience d'un enfant sa peur de devenir fou, comme elle le décrit par exemple p. 9, sans attaquer aussitôt cette angoisse à sa racine inconsciente, et sans la soulager à son tour, dans toute la mesure du possible.

Si c'est vraiment à des sentiments d'angoisse et de culpabilité que nous devons faire appel dans nos analyses, pourquoi ne les considérerions-nous pas comme des facteurs que nous devons reconnaître comme tels, et pourquoi ne les utiliserions-nous pas systématiquement dès qu'ils apparaissent ?

Je fais toujours cela moi-même, et j'ai constaté que je pouvais faire pleinement confiance à une technique fondée sur ce principe : il faut tenir compte des quantités d'angoisse et de culpabilité, si fortes chez tous les enfants, et beaucoup plus nettes et saisissables que chez les adultes ; il faut en tenir compte et en faire un usage analytique.

Anna Freud déclare (p. 56) que chez un enfant, une attitude hostile et angoissée à mon égard ne me permet pas de conclure aussitôt qu'un transfert négatif est à l'œuvre, car « plus un petit enfant est tendrement attaché à sa mère, moins il reste en lui d'élans amicaux pour les étrangers ». Je ne pense pas que nous puissions comparer cette attitude, comme elle le fait, à celle des tout petits enfants qui rejettent ce qui leur est étranger. Nous ne savons pas grand-chose sur les tout petits enfants, mais une analyse très précoce peut nous en apprendre long sur la pensée d'un enfant de trois ans, par exemple : ce sont seulement les enfants névrosés et très ambivalents qui manifestent crainte et hostilité à l'égard des étrangers. Voici ce que m'a appris mon expérience : si j'analyse tout de suite cette antipathie comme une angoisse et un transfert de sentiment négatif, si je l'interprète ainsi par rapport au matériel que l'enfant produit simultanément en la faisant remonter à son objet originel, à la mère, j'observe aussitôt que l'angoisse diminue. Cela se manifeste par l'avènement d'un transfert plus positif accompagné d'un redoublement d'entrain dans le jeu. Chez les enfants plus âgés, la situation est analogue bien qu'elle diffère par certains détails. Évidemment, ma méthode suppose que j'aie accepté dès le début d'attirer sur moi le transfert négatif aussi bien que le transfert positif, et d'examiner ceux-ci jusqu'aux racines qu'ils plongent dans la situation œdipienne. Ces mesures sont, l'une et l'autre, parfaitement accordées aux principes de l'analyse, mais Anna Freud les rejette, pour des raisons que je crois mal fondées.

Je pense donc que la différence radicale qui sépare nos attitudes devant l'angoisse et la culpabilité des enfants est celle-ci : Anna Freud utilise ces sentiments pour s'attacher l'enfant, tandis que je les fais entrer dès le début au service de l'analyse. [...]

Mais je me trouve ici devant une objection soulevée par Anna Freud dans le second chapitre de son livre, « Les moyens utilisés dans l'analyse des enfants ». Pour travailler comme je le fais, nous devons trouver un matériel dans les associations de l'enfant. Anna Freud et moi, nous admettons toutes deux, comme le fait probablement toute personne qui analyse des enfants, que ceux-ci ne peuvent ni ne veulent produire des associations de la même manière que les grandes personnes, de telle sorte qu'on ne peut réunir un matériel suffisant si seule la parole est utilisée. Parmi les moyens qu'Anna Freud juge utiles pour remplacer les associations verbales manquantes, il en est dont mon expérience m'a également appris la valeur. Si nous examinons ces moyens de plus près – par exemple, le dessin, ou le fait de raconter des histoires inventées – nous voyons que leur but est de réunir un matériel analytique autrement que par des associations obtenues selon les règles, et qu'il est important avant tout, quand on travaille avec des enfants, de libérer leur activité fantasmatique et de les engager à exercer celle-ci. Une des affirmations d'Anna Freud nous donne une indication, qu'il faut examiner attentivement, sur la manière de s'y prendre pour y parvenir. Elle déclare que « rien n'est plus facile que de faire comprendre à un enfant l'interprétation des rêves ». Et plus loin (p. 31), « même les enfants peu intelligents, qui semblaient à tout autre point de vue aussi peu adaptés que possible à l'analyse, réussissaient à interpréter des rêves ». Je pense que ces enfants n'auraient peut-être pas été aussi peu adaptés à l'analyse si Anna Freud s'était appliquée à comprendre, dans d'autres domaines comme dans l'interprétation des rêves, le symbolisme qu'ils expriment avec tant d'évidence. Car mon expérience m'a appris que si l'on agit ainsi, il n'est pas d'enfants, même parmi les moins intelligents, qui soient mal adaptés à l'analyse.

C'est en effet le levier que nous devons utiliser dans l'analyse des enfants. Un enfant nous présentera d'abondants fantasmes si nous le suivons avec la conviction que ses récits sont symboliques. Dans le chapitre III de son livre, Anna Freud avance un certain nombre d'arguments théoriques contre la technique du jeu que j'ai mise au point, et qu'elle conteste quand on l'utilise à des fins analytiques, mais non comme simple objet d'observation. Elle trouve douteux que le contenu du drame représenté dans le jeu des enfants soit symbolique, et pense que ces jeux pourraient provenir simplement des observations réelles ou des expériences de la vie quotidienne. Je dois dire que les illustrations de ma technique présentées par Anna Freud montrent qu'elle a mal compris celle-ci. « Si un enfant renverse un réverbère ou un des personnages du jeu, elle (Melanie Klein) interprète probablement cet acte comme une conséquence des tendances agressives à l'égard du père, et si l'enfant fait entrer deux charrettes en collision, elle analyse le jeu comme impliquant l'observation du coït parental. » Jamais je n'avancerais des interprétations aussi hasardeuses du jeu des enfants. Je m'en suis expliquée, en particulier, dans mon dernier article[1]. Si un enfant exprime le même matériel psy-

1. « Les Principes psychologiques de l'analyse des jeunes enfants ».

chique dans des versions différentes – souvent, en fait, avec des moyens différents, c'est-à-dire des jouets, l'eau, le découpage, le dessin, etc. ; si je peux, d'autre part, observer que ces activités s'accompagnent d'un sentiment de culpabilité se manifestant ou bien sous forme d'angoisse, ou bien sous forme de représentations qui impliquent une surcompensation, qui sont l'expression de formations réactionnelles ; si je suis alors éclairée sur certains enchaînements, j'interprète ces phénomènes, que je relie à l'inconscient et à la situation analytique. Les conditions pratiques et théoriques de l'interprétation sont précisément les mêmes que dans l'analyse des adultes.

Les petits jouets que j'utilise ne sont qu'un des moyens d'expression que je propose ; les autres sont le papier, les crayons, les ciseaux, la ficelle, les balles, les cubes, et surtout, l'eau. Ils sont à la disposition de l'enfant qui les utilise s'il le désire, et ils ne sont là que pour ouvrir un accès vers son imagination et la libérer. Certains enfants restent longtemps sans toucher un jouet, ou bien, pendant des semaines d'affilée, ne font rien d'autre que des découpages. Dans le cas des enfants souffrant d'une inhibition totale à l'égard du jeu, les jouets ne sont peut-être qu'un moyen d'étudier de plus près l'origine de leur inhibition. Certains enfants, souvent les tout petits, écartent les jouets, dès que ceux-ci leur ont donné la possibilité de dramatiser quelques-uns des fantasmes ou des expériences qui les dominent, et passent à toutes sortes de jeux où ils s'attribuent un rôle et en font jouer d'autres par moi-même et par certains objets de la pièce.

Je me suis étendue assez longuement sur les détails de ma technique ; je veux bien faire comprendre, en effet, le principe qui, selon mon expérience, permet de manipuler le plus grand nombre d'associations chez les enfants, et de pénétrer dans les couches les plus profondes de leur Ics.

Nous pouvons établir un contact rapide et sûr avec l'Ics des enfants : poussés par la conviction qu'ils sont plus fortement dominés que les adultes par leur Ics et leurs tendances pulsionnelles, nous pouvons raccourcir le chemin de l'analyse passant chez ceux-ci par le contact avec le moi, et *établir une jonction directe avec l'Ics de l'enfant.* [...]

Anna Freud décrit certaines différences essentielles entre la situation de transfert de l'adulte et celle de l'enfant. Elle parvient à la conclusion qu'il peut y avoir chez celui-ci un transfert satisfaisant, mais qu'aucune névrose de transfert ne se produit. Pour fonder son affirmation, elle avance l'argument théorique suivant : les enfants, dit-elle, ne sont pas prêts, comme les adultes, à aborder une réédition de leurs relations d'amour, car leurs objets d'amour originels, les parents, existent encore en tant qu'objets dans la réalité.

Pour réfuter cet argument, que je crois erroné, il faudrait que j'entreprenne une étude détaillée sur la structure du surmoi infantile. Mais comme je le fais un peu plus loin, je me contenterai d'énoncer ici quelques affirmations que la suite de mon exposé soutiendra.

L'analyse de très jeunes enfants m'a montré qu'un enfant de trois ans a déjà traversé la partie la plus importante du développement de son complexe d'Œdipe. Par conséquent, le refoulement et la culpabilité l'ont déjà considérablement éloigné des objets qu'il a désirés à l'origine. Ses rapports à ces objets ont subi des modifications et des déformations, de telle sorte que les objets d'amour actuels sont des *imagos* des objets primitifs.

Les enfants peuvent donc parfaitement aborder une réédition de leurs relations d'amour par rapport à l'analyste, et ceci pour tous les points fondamentaux et par conséquent décisifs. Mais nous rencontrons ici une seconde objection théorique. Anna Freud considère qu'en analysant des enfants, l'analyste n'est pas, comme c'est le cas lorsque le patient est un adulte, « impersonnel, transparent, une page blanche sur laquelle le patient peut inscrire ses fantasmes », quelqu'un qui évite d'imposer des interdictions et de permettre des satisfactions. Néanmoins, selon mon expérience, c'est exactement ainsi qu'un analyste d'enfants peut et doit se comporter, une fois que la situation analytique est établie. Son activité n'est qu'apparente, car même lorsqu'il se jette tout entier dans les jeux et les fantasmes de l'enfant en s'adaptant à ses modes de représentation particuliers, il ne fait que pratiquer ce que l'analyste d'adultes fait couramment : celui-ci suit aussi, de bon gré, les fantasmes de ses patients. Mais en dehors de cela, je ne me permets jamais d'accorder des satisfactions personnelles à mes jeunes patients, que ce soit sous forme de cadeaux, de caresses, de rencontres personnelles en dehors de l'analyse, etc. Bref, je m'en tiens, en somme, aux règles établies pour l'analyse des adultes. Ce que je donne à mes jeunes patients, c'est le soulagement et le soutien assurés par l'analyse, qu'ils ressentent relativement vite, même s'ils n'éprouvaient auparavant aucune sensation de maladie. De plus, ils peuvent être absolument sûrs de ma parfaite sincérité et de mon honnêteté à leur égard ; celles-ci répondent à la confiance qu'ils me font. [...]

J'examinerai maintenant de façon plus précise les idées d'Anna Freud sur le surmoi infantile. Dans le chapitre IV de son livre, nous trouvons certaines affirmations d'une portée particulière, à la fois à cause de l'importance de la question théorique à laquelle elles se rapportent, et de l'étendue des conclusions qu'Anna Freud en tire.

L'analyse profonde des enfants, et surtout des petits enfants, m'a donné une image de surmoi infantile bien différente de celle qu'Anna Freud décrit en se fondant surtout sur des considérations théoriques. Il est certain que le moi des enfants n'est pas comparable à celui des adultes. Au contraire, leur surmoi se rapproche étroitement du surmoi adulte ; il n'est pas modifié radicalement par le développement ultérieur, comme l'est le moi. La dépendance des enfants à l'égard des objets extérieurs est naturellement plus grande que celle des adultes ; ce fait a des conséquences indiscutables, mais qu'Anna Freud, je pense, surestime beaucoup, et n'interprète donc pas correctement. Car ces objets extérieurs sont loin d'être identiques au surmoi déjà développé de l'enfant, même s'ils ont à une certaine époque participé à ce développement. C'est la seule explication que nous puissions donner du fait surprenant que chez des enfants de trois, quatre ou cinq ans, nous trouvions un surmoi d'une sévérité souvent contredite radicalement par les objets d'amour réels, c'est-à-dire les parents. Citons en exemple le cas d'un petit garçon de quatre ans que ses parents n'avaient jamais puni ou menacé ; bien plus, ils étaient exceptionnellement tendres et aimants. Le conflit entre le moi et le surmoi trahissait ici (mais il ne s'agit que d'un exemple parmi bien d'autres) un surmoi d'une sévérité extraordinaire. Selon la formule bien connue qui prédomine dans l'inconscient, l'enfant attendait, à cause de ses propres tendances cannibaliques et sadiques, des punitions telles qu'être châtré, coupé en morceaux, mangé, etc., et vivait dans la crainte constante de les subir. Le contraste entre la mère, aimante et douce, et la punition que le surmoi menaçait d'infliger à l'enfant, était absolument grotesque et illustrait ceci : nous ne devons en aucun cas identifier les véritables objets à ceux que les enfants introjectent.

Nous savons que le surmoi se constitue à partir de différentes identifications. Les résultats que j'ai obtenus montrent que ce processus, achevé avec le complexe d'Œdipe, c'est-à-dire au début de la période de latence, commence très tôt. J'ai indiqué dans mon dernier article, en fondant mes remarques sur les découvertes que l'analyse des très jeunes enfants m'a permis de faire, que le complexe d'Œdipe découle de la frustration éprouvée au moment du sevrage, c'est-à-dire à la fin de la première ou au début de la seconde année. En même temps, le surmoi commence à se constituer. Les analyses d'enfants très jeunes ou plus âgés donnent une image très nette des divers éléments à partir desquels le surmoi se développe et des diverses périodes au cours desquelles ce développement se produit. Elles nous permettent de voir les stades que cette évolution comporte avant de s'achever au moment où commence la période de latence. C'est vraiment d'*achèvement* qu'il s'agit car l'analyse des enfants m'a conduite à croire, contrairement à Anna Freud, que leur surmoi est un produit fort résistant, inaltérable au fond, et qui ne diffère pas essentiellement de celui des adultes. La seule différence vient ici du *moi plus mûr* des adultes, mieux à même de composer avec leur surmoi. Néanmoins, cela n'est souvent qu'*apparemment* le cas. En outre, les adultes peuvent mieux se défendre contre les autorités qui représentent le surmoi dans le monde extérieur ; les enfants sont inévitablement plus dépendants à leur égard. Mais ceci n'implique pas la conclusion qu'Anna Freud en tire, selon laquelle le surmoi de l'enfant est encore « trop peu mûr, trop dépendant de son objet, pour contrôler spontanément les exigences des pulsions lorsque l'analyse a supprimé la névrose ». Même chez les enfants, ces objets – les parents – ne sont pas identiques au surmoi. Leur action sur le surmoi infantile est absolument analogue à celle que nous pourrions retrouver chez les adultes lorsque la vie les place dans une situation semblable, c'est-à-dire dans une position de dépendance particulière. L'action des autorités redoutées dans les examens, des officiers dans l'armée, etc., est tout à fait comparable à celle qu'Anna Freud trouve dans « les corrélations constantes, chez les enfants, entre le surmoi et les objets d'amour, corrélations qui peuvent être rapprochées de celles de deux vases communicants ». Sous la pression de certaines situations, les adultes, comme les enfants, réagissent par un redoublement de leurs difficultés. C'est que d'anciens conflits sont réactivés ou accentués par la rigueur de la réalité ; l'action renforcée du surmoi joue précisément ici un rôle de premier plan. Ce processus est absolument identique à celui qu'Anna Freud décrit : l'action sur le surmoi (infantile) d'objets encore effectivement présents. Il est vrai que bonnes ou mauvaises, les influences sur le caractère et toutes les autres relations de dépendance auxquelles les enfants sont soumis exercent sur eux une pression plus forte que sur les adultes. Mais chez les adultes aussi, ce sont certainement des facteurs importants[1].

1. Dans son article intitulé « Étude psychanalytique de la formation du caractère », in *Œuvres Complètes*, tome II, Paris, Payot, 1966, Abraham dit : « Mais la dépendance où les traits de caractère se trouvent à l'égard du sort général de la libido ne se limite pas à une période particulière de la vie ; elle se prolonge universellement pendant la vie tout entière. Le proverbe *Jugend kennt keine Tugend* (la jeunesse ne connaît pas de vertu) illustre le fait que dans l'âge tendre le caractère manque de maturité et de fermeté. Cependant, nous ne devons pas surestimer la stabilité du caractère, fût-ce à un âge beaucoup plus avancé. »

Le cas Dominique
(1971)

FRANÇOISE DOLTO
(1908-1988)

Née dans une famille qu'elle décrit elle-même comme très pathogène, Françoise Dolto fit des études de médecine malgré l'opposition violente de sa mère. Après une psychanalyse avec Laforgue, elle devint membre adhérent de la Société psychanalytique de Paris en 1938, et membre titulaire en 1939. Par la suite, à chaque fois qu'il y eut à faire des choix institutionnels, elle se rangea du côté de Lacan.

Sur le plan théorique, les concepts qu'elle développa font écho aux thèses de celui-ci, mais elle leur donne une tonalité qui lui est personnelle. Il en est ainsi, par exemple, du concept de « castration ». Pour Lacan, c'est à partir de ce qui fait interdit, séparation entre la mère et l'enfant, que la perte des objets partiels[1] *prend tout son sens. En revanche, si Françoise Dolto souligne l'importance des « castrations humanisantes » dans le développement de l'être humain, elle les articule à une théorie des stades (oral, anal, etc.), étapes du développement infantile qu'un bon maternage permettrait de franchir de façon plus harmonieuse.*

Françoise Dolto n'a cessé d'appeler, sa vie durant, à écouter mieux le désir de l'enfant, y compris là où sa simple émergence semble problématique. C'est sans doute pour le faire à une échelle plus vaste qu'elle participa, par exemple, à des émissions radiophoniques régulières durant lesquelles elle tentait de répondre aux questions que se posaient les parents. Ainsi réalisait-elle un rêve d'enfance : devenir médecin d'éducation.

Nous publions ici le premier entretien qu'elle eut avec Dominique, puis un passage significatif d'un moment important de la cure (cinquième séance), lui-même précédé de quelques réflexions de Françoise Dolto, à la fin de la quatrième séance.

Source : F. Dolto, *le Cas Dominique*, Paris, Seuil, 1971.

Bibliographie : F. Dolto, *Psychanalyse et pédiatrie*, Paris, Seuil, 1971 ; F. Dolto, *Autoportrait d'une psychanalyste*, Paris, Seuil, 1989 ; J.F. de Sauverzac, *Françoise Dolto, itinéraire d'une psychanalyste*, Paris, Aubier, 1993.

Deuxième partie
Entretien avec Dominique seul

Entre Dominique, avec le modelage qu'il a fait « pour la dame du centre », et pour lequel il a choisi la pâte à modeler verte ; modelage typique de tous ceux qu'il fait de façon stéréotypée depuis longtemps. Il a la présentation que j'ai dite tout à l'heure, une voix nasonnée, maniérée, extrêmement élevée, il ne regarde pas – fuit-il le regard

1. Rappelons que c'est ainsi que Lacan reprend la théorie freudienne des stades « prégénitaux » et des objets qui leur correspondent (sein, excrément, etc.). Voir également là-dessus chapitre VI.

à dessein ? –, il regarde en coin, les prunelles coulées sous les paupières, vers son modelage qu'il touche et tapote délicatement de la pulpe des doigts. Je me présente et lui demande s'il a quelque chose à me dire pour m'expliquer comment lui-même se sent. Il dit avec son sourire angoissé, figé : Voilà, moi je ne suis pas comme tout le monde, quelquefois en m'éveillant, je pense que j'ai subi une histoire vraie. (Ce sont, rigoureusement transcrites, ses premières paroles à mon endroit.)
Je lui dis : Qui t'a rendu pas vrai.
Lui : Mais c'est ça ! Mais comment est-ce que vous savez ça ?
Moi : Je ne le sais pas, je le pense en te voyant.
Lui : Je pensais me retrouver dans la salle quand j'étais petit, je craignais les cambrioleurs, ça peut prendre l'argent ça peut prendre l'argenterie, vous ne pensez pas tout ce que ça peut prendre ?
Il se tait. Je pense en moi-même : La salle, ne serait-ce pas la « sale », et je dis : Ou bien ta petite sœur ?
Lui : Oh ! vous alors, comment est-ce que vous savez tout ?
Moi : Je ne sais rien d'avance, mais c'est parce que tu me dis avec tes mots des choses et que je t'écoute de mon mieux ; c'est toi qui sais ce qui t'est arrivé, par moi. Mais ensemble on pourra peut-être comprendre.

Silence. J'attends un long moment, puis :
Moi : À quoi penses-tu ?
Lui : Je cherche ce qui ne va pas dans la vie. J'aimerais bien être comme tout le monde. Par exemple quand je lis plusieurs fois une leçon, le lendemain, je ne la sais pas. Quelquefois je me trouve plus bête que les autres, je me dis : ça n'va plus, mais je déraisonne ! (le mot est séparé en trois syllabes très accentuées et sur un ton suraigu).
Moi : Mais c'est vrai que tu déraisonnes. Je vois que tu t'en aperçois. Peut-être t'es-tu déguisé en toqué pour ne pas être grondé.
Lui : Oh, ça doit être ça. Mais comment vous le savez ?
Moi : Je ne le sais pas, mais je vois que tu t'es déguisé en fou ou en idiot et que tu ne l'es pas, puisque tu t'en aperçois et que tu veux changer.

Il revient alors plusieurs fois sur ses obsessions de la table de multiplication. Je lui dis une fois pour toutes que : ça m'était égal, que ces calculs pour l'école cela n'était pas ce qui m'intéressait et qu'il n'était pas venu me voir parce que j'étais une maîtresse d'école, mais parce que j'étais un docteur pour savoir comment il pourrait ne plus être fou, et faire alors, en effet, comme tout le monde s'il en avait le désir, partout et pas seulement à l'école avec les chiffres.

Je lui dis aussi : Ce qui est important dans la vie, ce n'est pas ce que tu fais avec les leçons, les cahiers et les livres de classe, c'est toute ta façon d'être, d'être pas vrai, et tout ce qui se passe dans ton cœur et que tu ne veux pas dire. J'ai vu ta mère tout à l'heure et j'ai parlé avec elle. Je verrai ton père. Là, je lui explique – mais m'écoute-t-il ? le secret professionnel, et que nous n'entreprendrons rien sans le père, sinon sans son désir, du moins sans son autorisation : il faudra qu'il accepte que Dominique vienne me voir, et que nous cherchions à comprendre tous les deux ce qui l'empêche d'être comme tout le monde. [...]

Commentaire de Françoise Dolto à partir de la quatrième séance

Revenons à ce qui s'est passé à la naissance de la sœur et à la révolution qu'elle a entraînée à la fois dans le cadre familial, dans le comportement des personnes de l'entourage de Dominique, dans leurs affects exprimés, et dans sa propre structure.

Dominique était le phallus à maman. Il était roi dans la chambre conjugale ; il lui suffisait de faire un caprice, comme on dit, c'est-à-dire de se servir de son corps en donnant des coups de tête sur le berceau, pour que la mère, anxieuse, quitte le lit conjugal, passe par toutes ses volontés, satisfasse non pas ses besoins, mais son désir de la séparer de son mari, satisfasse ce despotisme du bébé auquel elle donnait l'excuse d'un besoin roi. Mais il faut dire aussi que cette mère avait voulu obtenir une propreté très précoce, qu'elle l'avait d'ailleurs obtenue pour la défécation, et que les menaces de salir ou mouiller le lit que pouvait représenter une rage de l'enfant étaient un danger réel pour elle, axée qu'elle était sur la propreté, phobique qu'elle était de la saleté.

N'oublions pas que ce petit phallus à maman était très précoce. Il avait commencé à parler avant de pousser ses dents et parlait correctement alors qu'il n'était pas sevré. En même temps qu'il était sevré, il commençait à marcher. Ce petit enfant qui trottinait entre sa mère et son frère aîné avait une vie des plus enviables. Bien sûr, il n'était pas maître de ses sphincters, mais il les avait vendus à maman en échange de sa satisfaction à elle. Bien sûr, il ne parlait pas encore tout à fait parfaitement, mais son jargonnage lui permettait de s'immiscer par ses discours de perroquet écouté, entre sa mère et son frère, et de jouer son rôle de troisième pendant toutes les journées.

N'oublions pas non plus que Dominique avait été mis à l'école très petit, à 2 ans et 3 mois pour faire comme son grand frère, dans une petite école Montessori, où il s'était très bien adapté. Tout ceci précédait la naissance de la sœur. L'enfant est parti chez sa grand-mère paternelle pendant la fin de la grossesse de la mère, à la fois pour soulager celle-ci, et pour distraire celle-là de l'épreuve qu'elle vivait (la disparition de son fils). Quand il revient, il découvre qu'il n'a plus sa place dans la chambre de ses parents, que son berceau est pris par un bébé. Ce bébé a complètement transformé l'équilibre familial. La mère ne pouvait pas avoir de plus grandes joies, le père non plus, ainsi que le frère aîné, qui avait emboîté le pas en renonçant apparemment à ses prérogatives de grand garçon, pour ne s'occuper que de cette petite sœur. On comprend le choc devant l'insolite, pour Dominique à son retour. Comment s'y reconnaître ? Et pourquoi cette petite sœur avait-elle une telle importance ? Eh bien, parce que la naissance de la sœur a complètement satisfait les deux lignées. Le nouveau trio mère, père, fille, était un trio tout à fait heureux. Même le frère aîné ne pouvait que « doubler » sa mère, pour garder sens. Cette petite sœur, la deuxième fille de la famille Bel, arrivait après le décès accepté du fils disparu, de même que la sœur du père était arrivée après la mort accidentelle du petit frère.

Le père, très dévalorisé par la naissance de sa propre petite sœur quand il avait 7 ans, étant donné la joie de la famille – pensez donc, après 150 ans qu'il n'y avait que des garçons dans la lignée –, ce père, enfin, goûtait la même joie ; mais cette fois-ci, c'était lui, le père ; et il donnait joie à sa femme en même temps qu'à ses parents. De plus, comme il le disait lui-même, cette petite fille, c'est cent pour cent son portrait, avec, en plus, l'audace qu'il n'a pas : « et elle est entreprenante ! » Évidemment, au moment de la naissance, il ne le disait pas encore ; mais il disait : « Elle est cent pour cent de mon côté, et elle ressemble cent pour cent à ma sœur. »

Quant à la mère, elle s'était, m'a-t-elle avoué, sentie coupable de s'être mariée, coupable devant les religieuses qui l'avaient élevée, auxquelles elle aurait voulu s'identifier, dans « le sacerdoce de l'enseignement ». Elle s'était sentie aussi coupable vis-à-vis de sa vraie mère, qui lui disait à l'époque où elle se pensait non mariable, étant donné son obésité : « Tant mieux, comme cela tu ne me quitteras pas. » Les relations des deux femmes étaient alors, comme les a décrites le père, des relations d'intense agressivité réciproque. Le fait de mettre au monde une enfant fille et qui ressemblait à la lignée paternelle était, pour Mme Bel, une grande satisfaction, et aussi pour sa propre mère, qui affectionnait son gendre. Enfin, Dominique entendait, à longueur de journée, que cette petite sœur était beaucoup plus belle et « Bel » (« père ») que lui : donc beaucoup plus reconnue par le père et la mère : du fait de la rencontre sonore du patronyme de la famille et de l'adjectif caractérisant la puissance séductrice spéculaire, cette petite sœur était le signifiant phallique. Lui, on lui avait toujours dit qu'il était laid, qu'il était velu comme un singe et qu'il ne ressemblait pas à son père, mais à son grand-père maternel, l'homme rude, dresseur des Noirs. Il ne faut pas oublier non plus que la petite sœur s'est appelée Sylvie, a été baptisée Sylvie, et que ces deux phonèmes – s'il-vit – ont été sans cesse articulés depuis la disparition de l'oncle, disparition survenue juste avant la naissance de Dominique. Dominique, toute sa petite enfance, a entendu les espoirs de ses parents, « s'il vit, Bernard, il est peut-être ici ou là ; s'il vit, on le retrouvera ». Étant donné le rôle du langage chez un enfant qui n'avait plus rien d'autre comme manifestation phallique de puissance et de culture, ces deux syllabes ont dû être extrêmement importantes pour l'établissement de ses multiples confusions et de son attitude schizophrénique. Le bébé n'était-il pas, sous forme de petite fille, l'oncle disparu ?

Que se passa-t-il vis-à-vis du grand frère Paul-Marie, au moment de la naissance de Sylvie ? Est-ce que Dominique aurait pu trouver du secours en se faisant aider par ce grand frère, ou en s'identifiant à lui ? Eh bien, non, car il n'y avait pas eu de relation réelle entre les deux frères, ces deux fétiches à maman. La seule relation qui eût été sensée entre eux, eût été l'agression réciproque ; mais la mère ne l'eût pas tolérée, le père non plus. Et pourtant, je suis certaine que c'est ce compagnon de son sexe, apparemment sans influence, de 2 ans plus âgé que lui, qui a contribué le plus au développement de la réclusion autiste de Dominique. Quand les parents et les éducateurs comprendront-ils que les plus grands, s'ils jouent par leur seule place un rôle dans la structuration des petits qui les imitent ou tentent de s'accrocher à eux, de se mettre dans leur dépendance, ne doivent jamais être valorisés lors de leurs conduites protectrices vis-à-vis des puînés afin que ces conduites soient tenues à bon escient et qu'elles ne nuisent ni à l'un ni à l'autre ? Ils doivent être incités, au contraire, à ne pas mimer le parent maternant ou légiférant. Ce rôle dominant de suppléance tutélaire devant l'infériorité manifeste des petits, ne peut que saper chez ces derniers les réactions de défense structurantes. Du grand frère, il en a été à peine question. Cependant, c'est du fait de son orientation différente à la prochaine rentrée que nous avons connu Dominique, qui, abandonné par son cornac, devait être placé en internat spécialisé. Je me propose d'étudier, dans un chapitre séparé, cette relation réciproque des deux frères en interférence à leur structuration œdipienne personnelle, au moment de la naissance de la sœur. On y verra de près le rôle de la dynamique libidinale dans le groupe familial, articulée à l'Œdipe et orchestrée par les parents, en tant qu'ils sont supports de l'imago d'adulte pour chacun des enfants. Leur propre « contre-transfert » œdipien sur leurs enfants interfère dans cette structuration, le plus souvent en l'entravant ; ce qui, par conséquence, rend impossible le processus de symbolisation de la libido prégénitale.

Après cette mise en forme de ce qui, depuis le début, nous est apparu important pour comprendre le cas, revenons à la relation des séances.

Cinquième séance
Troisième partie
Entretien avec Paul-Marie

JE VOIS DONC ENSUITE Paul-Marie, seul.
C'est un garçon extrêmement poli, presque guindé, tiré à quatre épingles ; quoique âgé de 17 ans, il en paraît physiquement 14 ou 15, avec moins de moustache que son frère. Il s'assoit le buste très droit. Je lui demande s'il a eu à aider son frère dans la vie. Il me dit qu'il a toujours fallu qu'il le « transporte » partout, qu'il le conduise, parce qu'il se perdait, et que c'est terrible d'avoir un frère que tout le monde remarque et que, – les gens ne sont pas méchants, bien sûr – mais enfin, il sent bien qu'on se moque de lui à cause de son frère. Il trouve son frère bien changé depuis qu'il vient ici. À ma question, il nie avoir eu envie de me connaître, mais rougit en le disant. C'est sa mère et Dominique qui lui ont dit de venir.

Je demande à Paul-Marie comment il supporte les absences de son père. Il me dit que ce n'est pas agréable ; que lui, il trouve cela drôle un mari qui n'est jamais avec sa femme ; mais que c'est sûrement le métier. Maman lui a dit que c'était son métier ; mais tout de même, il pense que « papa pourrait venir plus souvent, s'il savait que ça ennuie maman » ; parce que ça l'ennuie beaucoup, sa mère, quand son père n'est pas là. Comment s'en aperçoit-il ? « Parce qu'elle a froid dans le lit. Alors il faut toujours que ce soit nous qu'on y aille. Alors, moi je ne veux pas, et c'est ou bien Dominique, ou bien ma petite sœur, qui y va. » Je lui demande s'il est content de son travail, de ses amis. Il me dit à peu près les mêmes choses que sa mère, et à peu près dans les mêmes termes. Il ne comprend pas que les filles flirtent. Il trouve que ce n'est pas convenable. Il ne comprend pas que les hommes et les femmes couchent ensemble, mais il faut bien que ce soit comme ça, parce que sans ça, il n'y aurait pas d'enfants. Lui, il aime un garçon qui est en classe de philosophie, parce que tout ce que celui-là dit l'intéresse beaucoup.

Paul-Marie semble content de m'avoir parlé. L'entretien n'a pas été très long, mais beaucoup de choses s'y sont dites.

Après avoir vu son frère, je revois Dominique.

Quatrième partie
Second entretien avec Dominique

JE DIS À DOMINIQUE que son frère m'a parlé de ce que leur mère aime bien se réchauffer en les ayant dans son lit, et de ce que lui, son frère, ne veut pas y aller. Alors, Dominique est un peu gêné, il réfléchit... puis :

Lui : Vous savez, moi, j'étais très étonné, l'autre jour, de voir mon frère et ma sœur à la patinoire. J'étais avec mon camarade, c'est plus qu'un camarade, c'est un ami. (Le patron de son père est plus qu'un patron, c'est un ami.) Et puis ma sœur, vous savez, elle voit des drôles d'amis, et puis mon frère, ben c'est des drôles de gens avec qui il était.

Devant cette attitude de défense à l'allusion au coucher avec la mère, où il se met à calomnier et médire sur les soi-disant amis de son frère et de sa sœur, je pense que l'ami avec lequel il était, lui, était un ami avec qui il fait de « drôles de choses », et je le lui dis. Je lui interprète sous cet angle ce qu'il me dit. Alors, il baisse le ton et dit :

Lui : Oui, on s'amuse avec la fesse et puis la fente. On fait comme les vaches avec leur pis.

Moi : Ce qui se passe dans ton corps, à ce que tu appelles ton pis, ce n'est pas un pis de vache, tu sais bien que c'est ton sexe. Nous en avons parlé tout à l'heure justement, quand tu as fait ton bonhomme que tu disais être un Noir de ta mère. Eh bien, il y a des moments où c'est comme la queue du chien de la dernière fois, où elle est en l'air, ou en bas. Et ça dépend de ce que toi, tu sens dans ton corps, pendant que tu t'amuses à cela.

Lui : Oui, ça fait drôle. Eh ben, ma sœur, elle va dans le lit de ma mère, et puis moi aussi vous savez. Est-ce qu'elle peut entendre, maman ? Il baisse le ton.

Moi : Je ne crois pas que ta mère puisse entendre, mais tu peux parler tout bas si tu veux. Mais puisque tu couches dans le lit de ta maman, elle le sait. Pourquoi faut-il le dire tout bas ? Pour qu'elle n'entende pas que tu m'en parles ?

Lui : Ben, c'est parce que je ne veux plus coucher maintenant avec elle. C'était quand j'avais 7 ans, c'était elle qui voulait, et puis moi je savais pas, et puis ça me faisait drôle comme vous avez dit tout à l'heure (il veut dire des érections). Et puis maman, elle me disait : « Viens, ça me tiendra chaud. » Et puis c'est agréable. Mais vous savez (il baisse le ton), elle veut pas quand papa est là. Elle dit, c'est quand papa est pas là. Parce qu'elle s'ennuie, vous comprenez ; ça serait bien mieux s'il était épicier, parce qu'alors, il pourrait toujours la chauffer dans son lit. Maman elle dit que les filles, ça doit toujours coucher avec les femmes, alors ma sœur, elle couche toujours avec maman.. Vous savez, moi, eh ben, j'ai encore envie d'aller dans son lit à maman, mais alors je sais pas. Et puis elle dit que les garçons, ça doit toujours aussi coucher avec les garçons, parce que quand on est grand, les hommes ça couche avec les hommes. En Allemagne, à son travail, papa il couche avec les monsieurs, et il ne voit pas de dames.

Moi : Et toi, quand tu en parles avec ton frère, que dit ton frère de ça ?

Lui : Oh, mon frère il s'en fout pas mal ; lui, les filles, ça l'intéresse pas (sous-entendu : moi, ça m'intéresse). Et puis lui, maman ne lui demande pas, alors il s'en fout pas mal. Moi, ce que j'aime, c'est quand ma grand-mère, la mère à ma mère, elle vient. Parce qu'alors là, elle écrit tout, le restaurant, le couvert, le serveur, le menu, elle écrit tout, tout ce qu'on fait. Moi, j'aime quand « mon » grand-mère « il » vient. (Allusion à moi qui écris tout ce qu'il dit, et à moi qui, comme « le grand-mère », sépare le fils de la mère envahissante, perversement surprotectrice.) Je voudrais être garagiste[1]. J'aimerais vendre de l'essence aux gens. J'aimerais bien leur mettre de l'essence, moi, dans leur voiture. Et puis je lui ai dit à maman : Et si papa il était là, qu'est-ce qu'il dirait ? C'est vrai, elle a raison, maman, mais moi, je ne sais pas, ça me fait drôle, alors je sais pas.

1. Notons l'association : mettre de l'essence, avec le coït, le jeu sexuel et le transfert sur moi qui écris tout.

Visiblement, il y avait là une question à ma personne.

Moi : Mais c'est toi qui as tout à fait raison, et ton père dirait la même chose. Ta maman n'a pas eu de frère, et elle a toujours été élevée en pension de bonnes sœurs ; et je crois que c'est pour ça qu'elle ne sait pas que quand un petit garçon couche dans le lit de sa maman, et qu'il est collé contre elle, contre sa chemise de nuit et que lui, il est aussi très peu vêtu, ça lui fait quelque chose. Dans son cœur à lui, il sent que c'est très mal pour lui de se prendre pour le mari de sa mère parce qu'il prend la place de son papa, et dans son corps, ça lui fait quelque chose. Il ne sait plus s'il est un animal, s'il est un petit bébé fille ou garçon, ça le rend idiot de plus savoir ce qu'il est. Tu vois bien, maman te dit que si papa était là, tu n'irais pas dans son lit ; eh bien, dans la loi de tous les hommes, partout sur la terre, même chez les Noirs qui vivent tout nus, il est défendu que les garçons couchent avec leur mère. Jamais le garçon ne peut être le vrai mari de sa mère, jamais il ne peut l'aimer pour faire des enfants vrais. Les enfants vrais, ils sont faits avec le sexe de leurs deux parents. La loi des humains, c'est que le sexe du fils ne doit jamais rencontrer le sexe de sa mère. Ce que je te dis est la vérité, ta maman veut que vous sachiez la vérité. C'est parce que votre mère n'a jamais eu de frère et qu'elle a été élevée chez les bonnes sœurs (je répète) qu'elle n'a jamais pensé à cela ; mais demande à ton père, il te dira la même chose que ce que je te dis ; c'est la loi de tous les hommes.

Pendant ce second entretien de la cinquième séance, tout en parlant, Dominique modèle ces deux formes (cf. croquis : forme phallique et bande de Mœbius). Je les dessine sans mot dire.

Après cette séance double de Dominique et celle de Paul-Marie, la mère me demande devant Dominique si je n'ai pas encore quelque chose à lui dire. – Si, peut-être. – Et je demande à Dominique : « Peut-être faudrait-il que je parle avec ta maman ? » Dominique est tout à fait d'accord. J'ai déjà parlé deux fois du secret professionnel, je pense qu'il a tout à fait confiance.

Cinquième partie
La mère seule

Je dis que j'ai parlé aux deux garçons et, qu'en effet, l'absence du père les gêne beaucoup. Et je dis que le jumelage forcé que Paul-Marie a subi de son frère Dominique l'a certainement beaucoup gêné. « Oui, elle s'en était aperçue, mais il était tellement gentil, et c'était la fraternité. » (C'est le mot de la famille, ce mot de fraternité.) Je lui dis que je ne pense pas que Paul-Marie soit trop prude avec elle, que sa sensibilité masculine a l'air tout à fait normale en se défendant de certaines intimités avec elle ; et que, peut-être, elle ne se rend pas bien compte, puisqu'elle n'a pas eu de frère, du niveau d'intimité auquel une mère doit s'arrêter avec ses fils. Avec un petit air futé de fillette prise en flagrant délit, avec une minauderie coquine, elle me dit : « Oui, n'est-ce pas, moi j'aime bien les avoir dans mon lit, et puis je ne me gêne pas non plus pour me montrer toute nue devant eux, parce que je trouve que c'est la vérité qu'il faut aux enfants, que tout est beau. »

Je lui dis : « Mais savez-vous que ça gêne peut-être les enfants, les garçons surtout, et même peut-être votre fille ? »

Pour son attitude vis-à-vis de Sylvie, elle est absolument incompréhensive. Puisque les garçons se dérobent à venir dans son lit pour la réchauffer, et bien tant pis, il faut bien qu'elle l'accepte. Tant mieux, si cela ne signifie pas qu'ils soient anormalement prudes ; mais pour la fille, non : « Sylvie contre moi, vous comprenez, ça me tient chaud, mais elle n'est pas contente quand mon mari est là, parce que, évidemment, quand mon mari est là, on n'a pas besoin d'eux. Et puis, avec Dominique, moi, vous savez, ça ne me changerait rien. Bien sûr, Paul-Marie, il dit que ça le gênerait maintenant. Il se cache de moi, pourtant je suis sa mère, alors ! Qu'a-t-on à cacher à sa mère ! »

Nous découvrons une mère sexuellement infantile : et c'est, encore une fois, l'inceste tentateur qui est la cause principale de la régression, de la confusion des espèces, des genres et de la forclusion du moi œdipien, de tout ce dont nous sommes en train de repérer difficilement les épisodes mutilants vécus par Dominique.

XVI

LE SUJET ET SON MONDE : QUELLE PLACE DONNER À L'ENVIRONNEMENT ?

On a déjà vu, à propos de la notion de « relation d'objet » par exemple, que différents analystes se montrèrent, dans l'histoire, soucieux de prendre en compte de façon plus accentuée les rapports du sujet avec ce qui est à l'extérieur de lui. Cela peut ne pas paraître aller de soi. Après tout, envisagée d'un certain point de vue, même la théorie de l'Œdipe pourrait sembler insuffisante à faire sortir le sujet du solipsisme : le père et la mère ne sont-ils pas pour l'enfant importants surtout en tant que parents intériorisés – on dira en tant qu'imagos – plutôt que dans leur réalité ? La psychanalyse expose le rapport du sujet à son fantasme, à son désir inconscient, à ses pulsions, soit. Mais tout cela se rapporte-t-il finalement à quelque réalité qui lui soit extérieure ?

Deux tentations symétriques guettent la psychanalyse. S'il s'agit de renvoyer l'homme de son existence singulière à un contexte plus vaste où il s'inscrit, ce contexte lui-même peut être constitué essentiellement par le milieu biologique. Mais il peut aussi être décrit avant tout comme un environnement social.

La première tendance peut être représentée par Imre Hermann[1]*, parce que son œuvre, qui témoigne de la vitalité de l'École hongroise, est assez forte, et a eu des successeurs. On a vu que Ferenczi, dont Hermann fut le disciple, avait cru devoir renvoyer de l'ontogenèse à la phylogenèse, de la naissance de l'individu à la sortie de l'eau d'un grand nombre d'espèces suite à l'assèchement des océans. Hermann, lui, renvoie l'homme un peu moins loin. Le comparant, plus classiquement, au singe, il étudie son « instinct de cramponnement ». Durant les premiers mois de leur existence, en effet, les singes se cramponnent au pelage de leur mère. Ce comportement peut revenir plus tard de façon régressive, en cas de danger, par exemple. L'épouillage offre par ailleurs au singe l'occasion de s'adonner à une « forme supplétive » de l'instinct du cramponnement, ce qui fait qu'on peut dire qu'il ne disparaît jamais tout à fait chez lui. Chez l'homme, il y a certes défaut de pilosité*[2]*. Mais il y a un* réflexe *de préhension. Et celui-ci « découle de l'*instinct *de préhension qui, à son tour s'explique par le besoin instinctif de se cramponner au corps de la mère*[3] *».*

1. Sur Imre Hermann, voir *infra*, p. 387-388. Notons que, si Hermann part bien de la biologie il laisse une place non négligeable, au moins à titre illustratif, à l'histoire et à l'ethnologie. De fait, ces deux formes possibles d'« élargissement » des références extra-analytiques peuvent coexister dans des proportions variables.
2. C'est, dit Hermann, une simple « question de plus ou de moins ». « En tout cas la différence de pilosité entre le Singe anthropoïde et l'homme est moins importante qu'entre le premier et les autres singes. » (Voir *infra*, p. 392)
3. Voir *infra*, p. 397.

Il est vrai que dans le monde humain l'instinct de cramponnement est combattu. « Dans les pays appartenant à la sphère culturelle occidentale », en particulier, l'enfant est arraché prématurément au corps de sa mère. « Le besoin de cramponnement s'est toutefois conservé, et réclame l'état primitif où mère et enfant vivaient inséparables dans l'unité redoublée de leur complétude mutuelle[1]*. » Comme ce besoin ne peut pas être satisfait, il cherche d'autres issues. Les êtres élevés par des mères peu tendres, notamment, « s'efforcent de "s'accrocher" à d'autres personnes susceptibles de les guider, de les soutenir, ou de les dominer jusqu'à la fin de leurs jours* [...]. L'infantilisme, le manque d'indépendance, l'humble disponibilité *de nombreux êtres humains s'expliquent de cette façon*[2]*. » Mais Hermann va beaucoup plus loin. En affinant ses analyses, il tente de rendre compte des phénomènes les plus divers, de l'éjaculation précoce, par exemple, jusqu'à certains thèmes de l'antisémitisme. L'éjaculation précoce peut se révéler une défense contre la peur d'étouffer la partenaire à laquelle le sujet désirerait se cramponner*[3]*. Quant à l'antisémitisme, Hermann relève que l'homme, qui doit se détacher du « pelage » de la mère, aurait reporté sur certaines parties de son corps (cheveux, pellicules, ongles, etc.) une dimension d'étrangeté ; il les considère comme des « poux », des insectes qui sucent son sang ; et c'est en projetant ce rejet à l'extérieur qu'il identifierait le Juif au parasite qu'il faut combattre.*

Si Hermann en vient volontiers, dans son œuvre, à des considérations sociologiques, c'est de là que part Karen Horney, dont l'œuvre est à peu près contemporaine[4]*. Dans son premier grand ouvrage,* la Personnalité névrotique de notre temps, *elle relève que ce qui apparaît comme névrotique dans une culture déterminée peut être perçu comme normal ailleurs : dans certaines sociétés méridionales ou aristocratiques, le fait de ne pas faire trop d'efforts pour réussir professionnellement ne sera pas dévalorisé ; chez de nombreux Indiens d'Amérique du Nord, « visions et hallucinations sont regardées comme un don spécial, un bienfait des esprits*[5] *» ; enfin « nous tiendrions pour un névrosé un homme terrorisé par l'approche d'une femme ayant ses règles, alors que cette peur de la menstruation est une attitude commune à de nombreuses peuplades primitives*[6] *».*

Ce n'est pas qu'on ne puisse, selon Karen Horney, définir des critères permettant de reconnaître ce qui est névrotique dans toute société : l'angoisse, l'inhibition (l'impression de se faire à soi-même obstacle), « une certaine rigidité des réactions et une disproportion entre les réalisations et les capacités[7] *» semblent bien pouvoir caractériser la névrose comme telle. Si Karen Horney veut rectifier Freud, c'est à un autre niveau. Elle pense qu'il surestime l'effet de « situations invariables », conçues comme « relevant d'une nature humaine » (le complexe d'Œdipe, par exemple) ; mais surtout « l'origine biologique des caractéristiques mentales*[8] *», en particulier le rôle*

1. Voir *infra*, p. 398.
2. Voir *infra*, p. 403.
3. Voir *infra*, p. 405.
4. *L'Instinct filial*, de Hermann, date de 1943, et reprend des thèses formulées dès 1935. Karen Horney, elle, s'est surtout fait connaître après la guerre, aux États-Unis où elle avait immigré, par son livre *les Voies nouvelles de la psychanalyse*. Mais elle avait publié antérieurement (en 1937) *la Personnalité névrotique de notre temps* (voir *infra*, p. 406), où ses idées essentielles étaient déjà articulées.
5. Karen Horney, *la Personnalité névrotique de notre temps*, L'Arche, 1953, p. 12.
6. *Ibid.*
7. Op. cit., p. 17.
8. Op. cit., p. 16.

des « stades prégénitaux ». « L'insatiabilité du névrosé, dit-elle, peut apparaître comme trait caractériel, sous forme d'avidité à manger, à regarder les vitrines, à faire des achats, etc., ou sous forme d'impatience [...]. *Toutefois, soutient-elle, ces phénomènes ne prouvent pas que nous ayons affaire à des désirs d'origine et de nature orale*[1] *». D'une manière plus générale, il apparaît assez clairement que Karen Horney s'efforce de réduire le rôle de la libido, sous sa forme « génitale » ou « pré-génitale » dans les conflits névrotiques « de notre temps ». Certaines injonctions sociales lui semblent apparemment plus déterminantes : ainsi, notre monde, bien qu'il condamne l'agression, prescrit la réussite individuelle, fût-ce à travers la concurrence la plus effrénée. Il y a là pour Karen Horney un important facteur de névrose*[2].

Si l'on prend ensemble les deux œuvres de Imre Hermann et de Karen Horney, on peut d'abord estimer qu'elles tirent des conséquences opposées d'une même méconnaissance. La pulsion n'est pas à concevoir, si on lit bien Freud, comme un mécanisme biologique. Le stade oral, le stade anal ne sont pas organisés par les fonctions biologiques qui leur servent de support. C'est dans la parole, dans la demande, demande à la mère, par exemple, ou demande de la mère, qu'ils prennent leur valeur propre, c'est là qu'ils sont érotisés. Dès lors, la dimension tierce du langage intervenant d'emblée, on ne rencontre jamais cette « unité redoublée de la complétude mutuelle » dont parle Hermann ; mais dès lors aussi la prise en compte de la dimension « orale » de l'avidité sociale ne constitue en rien un rabattement sur l'ordre biologique.

Il y a cependant autre chose qui est peut-être plus important encore. Karen Horney déplore apparemment les conditions imposées au sujet par la société contemporaine, dans la mesure notamment où celle-ci pousse à une concurrence effrénée. Comment ne pas voir cependant que la psychanalyse elle-même peut contribuer à renforcer ce phénomène, où nous pouvons lire l'exacerbation de la rivalité imaginaire ? La psychanalyse, ou du moins l'un de ses courants, celui qui s'est développé aux États-Unis, celui qui prône le développement autonome du moi, et auquel Karen Horney se rattache à sa façon.

*

Nous avons pris jusqu'à présent les choses de façon massive. La psychanalyse peut certes reposer à sa façon le problème du rapport du sujet, de l'enfant tout d'abord, à ce qui l'entoure. Mais il n'est peut-être pas indispensable de convoquer l'histoire des primates, ou les différences culturelles entre sociétés occidentales et sociétés indiennes.

Un auteur comme Winnicott, qui part de phénomènes bien plus modestes, renouvelle de façon beaucoup plus intéressante la question de la structuration de l'espace, du « dedans » et du « dehors » de l'univers subjectif[3]*. On se référera principalement à son article « Objets transitionnels et phénomènes transitionnels*[4] *», écrit à partir d'une conférence prononcée en 1951 à la Société psychanalytique britannique. Le terme d'objet transitionnel est presque passé dans la langue courante, où il désigne ces objets étonnants dont les jeunes enfants ne peuvent se séparer (Winnicott dit qu'ils calment leur angoisse dépressive), coin de couverture ou pelote de laine, vieux morceau d'étoffe qui est parfois en lambeaux, parfois aussi dans un état de grande saleté.*

1. Op. cit., p. 85.
2. Voir *infra*, p. 406, sq.
3. Sur cette question, voir également *infra*, chapitre XVII, p. 439, sq.
4. Voir *infra*, p. 414, sq.

Mais ce n'est là que la partie la plus visible d'un phénomène dont Winnicott montre bien toute l'extension.

Ce dont il s'agit, en effet, c'est de la constitution de la première « possession non-moi *». Quelque chose qui se situe entre le corps de l'enfant et un objet qui serait clairement conçu comme extérieur, un jouet, par exemple. En ce sens le bout d'étoffe entre dans une série qui inclut aussi bien le sein, par exemple. Ce que l'enfant prend au sein, c'est une partie de lui-même, et ce que la mère donne en donnant le sein, c'est une partie d'elle-même. L'idée essentielle de Winnicott, c'est que l'objet transitionnel ne se situe ni dehors ni dedans, mais dans une zone intermédiaire, à la limite du dehors et du dedans. Seront donc « transitionnels » tous les objets qui pourront venir à cette place, et cela peut inclure aussi bien un mot ou un geste habituel, une mélodie sans cesse reprise. « Dans la petite enfance, cette zone intermédiaire est nécessaire à l'instauration d'une relation entre l'enfant et le monde*[1] *». Mais même à l'âge adulte cet espace est de la plus grande importance : il représente l'aire de l'illusion dans sa valeur essentielle pour l'homme, comme on le voit notamment avec l'art, ou encore avec le jeu. Winnicott reviendra plusieurs fois là-dessus, notamment dans* Jeu et réalité[2]. *On peut par ailleurs noter que la notion d'objet transitionnel donne à Lacan un support pour introduire le concept d'objet* a. *Le sein comme objet* a *se trouve chez Lacan également dans un champ qui n'est ni du côté de l'enfant ni du côté de la mère. Il est ce qui choit de leur relation première, relation où le désir de l'un c'est le désir de l'Autre, relation qui, Lacan y insiste, n'est pas en miroir (en ce sens les objets* a *n'ont pas d'image spéculaire) et pour laquelle il proposera une présentation topologique.*

La circulation des concepts en psychanalyse est souvent complexe. Un auteur comme Winnicott, qui se réfère plutôt, notamment en ce qui concerne les psychoses, à Ferenczi et à Melanie Klein, propose une théorie des rapports de l'enfant au monde qui est tout à fait articulable dans une perspective lacanienne. Que dire alors d'un auteur comme Jean Laplanche, qui s'est formé auprès de Jacques Lacan et l'a quitté au moment de la scission de 1963 ? On ne présentera pas ici l'ensemble de son œuvre, qui porte sur des questions fort nombreuses, de l'angoisse à la sublimation, de la symbolisation au transfert. Le thème qui paraît peut-être le plus original chez lui, c'est la théorie de la « séduction généralisée[3] *». Jean Laplanche déplore en effet qu'une sorte de refoulement ait frappé le concept de séduction chez Freud, concept où l'on n'a voulu voir qu'une explication factuelle du facteur déclenchant de la névrose, explication vite abandonnée par Freud. La séduction, explique-t-il, c'est beaucoup plus que cela. C'est à la théorisation de la séduction qu'est dû cet acquis que constitue la notion d'après-coup. Par ailleurs, même du point de vue de la « factualité », Freud n'aurait jamais abandonné complètement l'idée de la séduction. Il l'aurait reportée sur la mère, au niveau de la « relation* pré-œdipienne *». « Un approfondissement important s'amorce, écrit Jean Laplanche, avec l'introduction de ce second niveau que je nomme* séduction précoce[4]. *» La référence aux*

1. Voir *infra*, p. 425.
2. D.W. Winnicott, *Jeu et réalité*, Gallimard, 1975.
3. Voir *infra*, p. 426.
4. Jean Laplanche, *Nouveaux fondements pour la psychanalyse*, P.U.F., 2e édition avec index, 1990, p. 119. Jean Laplanche cite un passage des *Nouvelles Conférences d'introduction à la psychanalyse*, où Freud écrit : « Ici la fantaisie touche au sol de la réalité effective, car ce fut effectivement la mère qui, dans l'accomplissement des soins corporels, nécessairement provoqua et peut-être même éveilla pour la première fois des sensations de plaisir dans l'organe génital. »

soins maternels élargit en effet ici le concept de séduction. Au-delà de l'agression sexuelle éventuelle, elle pose la question de l'activité et de la passivité dans la rencontre du sexuel par l'enfant. Jean Laplanche évoque ainsi une situation de « séduction originaire », constitutive pour tout sujet et qui tient au fait que « l'adulte propose à l'enfant des signifiants non-verbaux aussi bien que verbaux, voire comportementaux, imprégnés de significations sexuelles inconscientes[1] ». Ces signifiants sont énigmatiques, et c'est cela apparemment qui fait leur pouvoir de séduction. Un exemple ? Le sein lui-même. « Le sein lui-même, organe apparemment naturel de la lactation, peut-on continuer de négliger dans la théorie analytique son investissement sexuel et inconscient majeur par la femme ? Peut-on supposer que cet investissement sexuel, qui peut être dit pervers au sens des Trois Essais sur la sexualité, *n'est pas aperçu, soupçonné par le nourrisson, comme source de cet obscur questionnement : que me veut-il, au-delà de m'allaiter, et après tout, pourquoi veut-il m'allaiter ?[2] ».*

Nous n'irons pas plus loin, renvoyant le lecteur au texte. On ne peut qu'être frappé ici par une proximité, non reconnue comme telle, avec ce qu'a amené Lacan[3]. Après tout, pour Lacan aussi, c'est le langage, et plus concrètement le discours tenu devant l'enfant, celui des « adultes » si l'on veut, qui fait traumatisme. Le désir du sujet se constitue pour Lacan à partir du désir de l'Autre. Mais la rencontre du désir de l'Autre, précisément, ne va pas sans énigme. « Que me veut-il ? » C'est la question à partir de laquelle le sujet peut accéder à ce qu'il en est de son propre désir. Lacan l'avait fait valoir, en 1960, dans « Subversion du sujet et dialectique du désir[4] ».

L'instinct de cramponnement chez l'homme
(1943)

IMRE HERMANN
(1889-1984)

Imre Hermann est le psychanalyste qui a le plus fait pour le développement de la psychanalyse en Hongrie. Membre de l'Association psychanalytique hongroise dès 1919, il assuma avant la guerre différentes responsabilités importantes, dont pendant plusieurs années celle de la formation. Lorsque l'Association fut dissoute par le pouvoir communiste en 1948, il continua à pratiquer l'analyse et à former des analystes. Il retrouva un rôle officiel en 1970.

Le concept d'« instinct de cramponnement » qu'Hermann développa dès 1935 est sans doute un de ses apports les plus originaux. On a pu en rapprocher l'inspiration de certaines questions d'Alice et Michaël Balint relativement à la relation d'objet primaire. Par ailleurs ses recherches trouvèrent un prolongement dans celles de John Bowlby par exemple, qui consacra trois volumes importants aux notions d'attachement et de perte.

1. Voir *infra*, p. 435.
2. *Ibid.*
3. Jean Laplanche affirme, « contre Lacan », que la manifestation de l'inconscient parental dans son aspect « séducteur » est « irréductible aux seules potentialités polysémiques d'un langage en général ». Mais qui dit le contraire ? Le rôle – universel – du langage s'effectue bien sûr à travers un discours singulier.
4. Jacques Lacan, « Subversion du sujet et dialectique du désir dans l'inconscient freudien », in *Écrits*, Seuil, 1965.

*Imre Hermann mériterait sans doute d'être connu à bien d'autres titres. Il était très attentif à la méthode psychanalytique. Il était aussi intéressé par les mathématiques et la logique, et écrivit diverses études sur ce thème (*Psychanalyse et logique, *Denoël, 1978 ;* Parallélisme, *Denoël, 1980).*

Source : Imre Hermann, *As ember ösi ösztönei*, éditions Panthéon, Budapest, 1943. Traduction française, G. Kassai, *l'Instinct filial*, Denoël, 1972.
Bibliographie : *Le Coq-Héron*, n° 123, « L'histoire de la psychanalyse en Hongrie ».

ON SE DEMANDE NATURELLEMENT ce que devient cette tendance chez l'Homme, le plus évolué des Primates ? Elle a dû subir des modifications, ne serait-ce qu'à cause de la faible pilosité de l'Homme : le nouveau-né n'a pas à sa disposition de pelage où s'accrocher. Mais le processus de *raréfaction du système pileux* n'est pas un phénomène propre à l'Homme : chez les Singes, les Platyrhiniens et les Gibbons sont les plus poilus, alors que les Anthropoïdes et l'Homme lui-même sont relativement dépourvus de poils. C'est donc une question de plus ou de moins. En tout cas, la différence de pilosité entre le Singe anthropoïde et l'Homme est moins importante qu'entre le premier et les autres Singes.

Une autre caractéristique de l'Homme est la très faible capacité de préhension de ses membres inférieurs. Chez certains peuples naturels (comme les Wedda ou les Australiens), le gros orteil peut encore faire office de pince, mais, chez les autres races, il ne sert que de point d'appui, comme, d'ailleurs, le pied tout entier. Cependant, l'anatomie comparée montre que, par sa structure, *le pied humain est conçu pour la préhension*. L'observation de certains nouveau-nés humains confirme cette hypothèse. Selon Mijsberg, la supination du pied du fœtus et du jeune enfant n'est pas due à la posture occupée dans la matrice, pas plus que celle de l'adaptation à l'arbre, mais sert directement le cramponnement à la mère.

a) *Le port du nouveau-né chez les peuples naturels.* – Les peuples naturels s'efforcent de suppléer à l'insuffisance de la pilosité et de la capacité de préhension du pied. Chez un grand nombre d'entre eux, l'enfant est attaché au corps de la mère par des rubans, des pièces de vêtements ou des dispositifs spéciaux. Pendant plusieurs années, la mère porte l'enfant tout en vaquant à ses occupations.

Ploss-Renz résume ainsi les observations qu'il a faites à ce sujet : Chez certains peuples, les enfants en bas âge sont élevés loin de la mère, chez d'autres, ils vivent dans la plus grande intimité physique avec elle. L'enfant qui est porté par la mère trouve en cette dernière son véritable lieu de repos (sauf s'il est emmailloté). Chez un grand nombre de peuples, l'enfant n'a pas de vêtements à lui, il partage ceux de la mère. En ce qui concerne le port de l'enfant, on peut distinguer le port sur le bras, en usage chez les peuples civilisés de l'Occident, dans la Grèce antique, dans l'Empire romain et dans l'Empire égyptien de l'Antiquité, au Japon d'aujourd'hui (c'est le père qui porte le bébé), en Chine, chez les Lapons, les Tchouktches et les Indiens. Mais d'autres modes de port sont également connus chez ces mêmes peuples. Chez les Indiens, les Gitans, les Bédouins, en Haute-Égypte, à Laongo, chez les Zoulous d'autrefois, à Java, à Samoa, parmi les Dravides et les anciens Maya, le nouveau-né est assis à califourchon sur une des hanches de la mère, de préférence la gauche, afin que le bras droit reste disponible pour le travail et le port de fardeaux. Le port sur le dos est très répandu : on le rencontre chez les Forma-Gitans, les Kurdes, les paysans serbes, en Suède, en Norvège, en Allemagne, dans l'Abyssinie moderne, à Dakar, chez les Héréros et dans toute la partie occidentale de l'Afrique : c'est ainsi que chez les Hottentots les femmes portent leurs enfants. Dans de nombreuses peuplades malayo-polynésiennes, au Japon et en Chine, le nouveau-né vit sur le dos de sa mère. Parmi les peuples ouralo-altaïques, les Kalmouks, les Lapons font de même, ainsi que les tribus indiennes et, en partie, les anciens Maya. Il est bien plus rare de voir les enfants nus assis à califourchon sur la nuque ou sur une des épaules de la mère ; on l'a constaté de façon sporadique dans l'Antiquité gréco-romaine, en Assyrie, chez les Juifs de l'Ancien Testament, chez les Égyptiens d'autrefois, chez les Papous et les Botokudos.

Autrefois, dans de nombreux pays européens, le nouveau-né couchait dans le lit de sa mère, ce qui, soit dit en passant, coûtait la vie à de nombreux enfants, écrasés pendant le sommeil. Roheim décrit ainsi la position des enfants pendant le sommeil, chez les tribus australiennes qu'il a visitées : « ... Les femmes sont couchées sur leurs enfants ; filles et garçons – depuis l'enfance jusqu'à l'âge de 7 ou 8 ans environ – dorment sous l'aisselle de la mère qui se tient appuyée sur son coude. On dit que c'est pour les protéger du froid. » Les enfants noirs d'Afrique orientale dorment également aux côtés de leurs mères. Les Tartares, dans la journée, couchent leurs enfants dans des hamacs, mais, la nuit, les enfants dorment avec leurs mères.

Certaines *pratiques semblent expressément viser à la satisfaction du désir de cramponnement* : les Péruviens d'autrefois n'emmaillotaient les bras de leurs enfants que trois mois après la naissance. Après le premier bain, le nouveau-né était enveloppé dans une peau d'animal chez les Germains aisés. Chez les Kaffer, la mère garde l'enfant dans une peau de daim, la partie poilue étant en contact avec le corps. D'autres observations indiquent une nette manifestation de l'instinct de cramponnement : à propos des habitants du Soudan, Brehm précise que les enfants, assis à califourchon sur les hanches de leurs mères, s'accrochent à un sein et le tiraillent, ce qui provoque un allongement considérable de la mamelle. Une photo montre un enfant hottentot assis à califourchon sur les hanches et sur la croupe de la mère, et tenant des deux mains les seins de celle-ci. Les enfants portés sur le dos peuvent entourer de leurs bras le cou de la mère. En Nouvelle-Hollande, lorsque le nouveau-né possède déjà une certaine force, la mère le prend sur son cou ; l'enfant s'agrippe à ses cheveux. Une autre photo montre une Indienne navajo avec l'enfant accroché à son collier.

Cependant, les ethnologues font aussi état de *pratiques destinées à combattre la tendance au cramponnement.* Chez les Chinois de l'Antiquité, il était interdit de prendre les enfants dans les bras pendant les trois premiers jours consécutifs à la naissance. Les premiers habitants de l'Empire des Incas ne prenaient jamais les enfants dans leurs bras. Ils les laissaient dans le berceau, pour éviter de leur donner de mauvaises habitudes. Chez de nombreux peuples, les membres des enfants restent attachés même durant la tétée. Souvent, l'enfant couche dans un hamac attaché au plafond, à un arbre, un pilotis ou une perche (*ibid.*, p. 491) ; cette coutume très répandue vise peut-être à empêcher toute manifestation de la tendance au cramponnement ; la position suspendue résultant du cramponnement à la mère étant déplacée sur un objet.

Chez d'autres peuples, même occidentaux, *l'opposition des adultes à ce qu'il y ait cramponnement* se manifeste ouvertement : nous voulons parler de l'emmaillotement des nouveau-nés. Aldebrandine de Sienne, dit Bokay, décrit avec précision la façon d'emmailloter les bébés à son époque ; c'est la réplique exacte de l'empaquetage impitoyable de tout le corps (sauf la tête), tel qu'il était pratiqué chez les Romains. Les membres inférieurs et supérieurs sont littéralement ligotés, sous prétexte de prévenir leur éventuelle déformation. Il est assez étonnant de constater la permanence de cette coutume : l'Antiquité romaine a transmis cet héritage au Moyen Âge, alors que les Spartiates avaient déjà rompu avec cet usage pour permettre aux nouveau-nés de gigoter librement.

b) *L'instinct de cramponnement chez l'Homme des temps préhistoriques.* – Le matériel ethnographique dont nous disposons nous permet de reconstituer les coutumes en vigueur dans les sociétés préhistoriques ; certains indices de détail confirment les hypothèses ainsi élaborées. Des dessins rupestres représentent des figures humaines, les avant-bras levés (position de prière). D'autres dessins montrent des hommes se tenant par la main ; leur stylisation a donné lieu aux dessins d'ornementation. Dans les squelettes retrouvés au cours des fouilles, la position des avant-bras est celle du cramponnement. Mentionnons, dans le même ordre d'idée, les représentations « anthropomorphes » de figures mi-humaines mi-animales, pourvues de queues et de pelage, ainsi que les pierres et osselets enfilés sur des nattes et portés dans le cou.

c) *L'instinct de cramponnement dans l'Égypte antique.* – On peut suivre pas à pas l'évolution de cet instinct depuis ses origines biologiques jusqu'à ses aboutissements culturels et idéologiques. Des statuettes de pierre et de faïence datant de temps préhistoriques représentent des mères Babouines avec leurs petits accrochés à elles. Des dessins provenant de l'Égypte antique montrent des mères nues, l'enfant attaché à leur corps par une écharpe : les bras pliés pointant vers le haut. Ce geste de la mère semble rituel, mais l'enfant qui figure sur le même dessin a une attitude de cramponnement caractéristique. On sait que le *ka*, la partie la plus importante de l'âme chez les Égyptiens, était une sorte de réplique de l'homme. Son hiéroglyphe est l'image de deux bras levés vers le ciel, dont le sens est fourni par la légende suivante : en créant les deux dieux, le dieu du soleil étendit les deux bras pour que son *ka* pénètre en eux ; c'était un viatique. Mais c'est dans la même attitude que les Babouins que nous connaissons grâce aux premières représentations mère-enfant sont figurés comme adorant le soleil. Selon les égyptologues, *ka* signifie : sonner, offrir, recevoir, travailler, être (nom et verbe), raison, taureau, héros, force vitale – d'où : âme et manger ; les deux bras levés vers le ciel signifient également l'acceptation de l'offrande, car l'hiéroglyphe peut représenter deux schémas d'homme aux bras levés. Puisque tout être a besoin de nourriture, chacun a son *ka*. Le *ka* reste éternellement enfant.

Ainsi, dans l'Égypte antique, le *ka* perpétue en quelque sorte le cramponnement à la mère. Deux séries de faits semblent confirmer ce phénomène. D'une part, le culte de la mère et de l'enfant réunis était très répandu en Égypte : on voit souvent la déesse mère avec l'enfant sur les genoux. Une inscription de pyramide exprime très clairement cette idée : « Si le mort arrive chez Nut ou chez le serpent gardien du soleil, tous deux le saluent comme un fils : saisie de compassion, la déesse lui présente le sein pour qu'il revive et redevienne enfant. Il parvient aux vautours, ces deux mères à la longue chevelure et aux seins fermes... qui lui mettent le sein dans la bouche et ne se séparent plus jamais de lui. » Bien que l'arbre généalogique des Égyptiens de l'Antiquité parte de la branche paternelle, les inscriptions nomment plus souvent la mère que le père, ce qui est une indication de l'étroitesse du rapport entre l'enfant et la mère. D'autre part, l'idée de la dualité semble prédominante dans la religion et l'administration publique : deux couronnes, deux vérités, deux empires, deux mères, double couronne de plumes entourant la tête des statuettes, etc. Nous y reviendrons au chapitre IV.

Les statuettes représentant les Singes Hamadrias indiquent que les Égyptiens de l'Antiquité connaissaient bien ces animaux. Le mâle possédait une importance mythologique : il était censé être en rapport avec la lune. Ce singe – comme les autres Singes que l'on voit également représentés dans les vieux dessins – n'ayant jamais vécu en Égypte, il faut supposer que les Égyptiens communiquaient avec les pays d'Afrique où ces singes vivaient. L'Hamadrias était considéré comme animal sacré ; il était embaumé après sa mort et dédié au dieu Thot (Hermès). Les hiéroglyphes le désignent sous les noms d'An, d'Anin, d'Anom ou d'Anôn, ce qui littéralement signifie : celui qui imite, celui qui singe. Tous ces mots viennent du radical « an » dont la signification de base est : « représenter » quelque chose par imitation, en paroles ou par écrit. Cette interprétation du mot (qui peut être également lu « anan ») nous conduit à penser que *la « singerie » dans ce cas précis se réfère à l'unité dans la dualité qui lie la mère et l'enfant (objet et son, pictogramme ou hiéroglyphe).*

Par un de ses aspects, la *succion du doigt* appartient également au domaine de l'instinct de cramponnement. Nous y reviendrons. Bornons-nous pour l'instant à relever la prédilection des Égyptiens à représenter la déesse Isis avec son enfant Horus dont l'index droit est toujours devant sa bouche. Ce geste qui impose le silence devant les mystères divins est issu vraisemblablement de la succion du doigt. Cette opinion des égyptologues confirme l'hypothèse que nous avons exposée plus haut, à savoir que la « position de prière » des bras s'explique par une observation de faits naturels.

d) *Bases neurologiques.* – On pourrait supposer que le cramponnement étant devenu impossible à pratiquer dans sa forme originelle, l'instinct lui-même s'affaiblit jusqu'à disparition complète. Or l'observation des nourrissons nous permet d'affirmer qu'il n'en est rien. Tous les pédiatres connaissent les tentatives de préhension et de cramponnement des nouveau-nés. Si un adulte met son index dans la paume du nouveau-né, écrit Dirk, celui-ci entoure ce doigt avec une telle force que l'adulte peut, dans cette position, soulever l'enfant et le maintenir en l'air ; l'enfant ne lâchera pas le doigt et ne risquera pas de tomber. Selon Bernfeld toute excitation de la paume entraîne la fermeture de la main, et ce, dès la naissance (Dix). On a donc raison de parler d'un réflexe de préhension. Grâce à ce mouvement, le nouveau-né est capable de tenir des objets d'un poids considérable, égalant, selon Watson, presque le poids du corps. Au cours des trois premières semaines, cette force ne s'accroît guère. Ce type de mouvement des bras et des mains accompagnera l'Homme durant toute sa vie ; de fortes émotions le déclenchent immédiatement, et en cas de danger (particulièrement si l'équilibre est menacé, mais aussi, d'une façon symbolique, devant d'autres événements pénibles) ; si l'*angoisse nous étreint avec violence, nos mains, en position de préhension, cherchent convulsivement à attraper le néant.*

Le petit de l'Homme peut-il déployer une force suffisante pour se maintenir en s'agrippant au corps de la mère, même avec l'aide de celle-ci ? En cherchant à répondre à cette question n'oublions pas que l'enfant est dès sa naissance – et, à mon avis, à l'encontre de ses penchants naturels – artificiellement empêché de faire un tel effort ; il est donc, en quelque sorte, *victime d'une manœuvre qui fait dépérir l'instinct par inaction.* De telles pratiques peuvent conduire à anesthésier tout un secteur de l'incitation instinctuelle. Certes, le neurologue argue du fait que, chez le nouveau-né, les pyramides et les autres voies nerveuses sont encore dépourvues de myéline ; il n'y a donc pas lieu de parler de processus centraux ni de leur transmission, condition pourtant nécessaire pour avancer l'hypothèse d'une incitation.

Adressons-nous donc au spécialiste.

Peiper fait état de la sensibilité de la paume et de la plante du pied chez le nouveau-né : si nous mettons un objet oblong dans la main d'un nourrisson, celui-ci le saisira avec une telle force que nous pourrons le soulever en soulevant l'objet (Robinson). L'enfant peut être maintenu dans cette position pendant plus d'une minute, jusqu'à épuisement de ses forces. Isbert et moi-même nous avons toujours décelé ce réflexe chez le nouveau-né ; il se manifeste plus rarement à partir du quatrième mois, mais ne disparaît qu'à l'âge d'un an. C'est, vraisemblablement, le fonctionnement du cerveau qui inhibe celui du réflexe dont la présence fut décelée par Watson chez un avorton sans cerveau et par Karplus-Kreidl ainsi que par Magnus chez des « Singes Thalamus » dès qu'ils sont remis de l'opération. Il ne serait pas impropre de désigner le nourrisson humain comme un « être palladial » car son système extra-pyramidal fonctionne jusqu'au palladium « encore que, naturellement, les parties du cerveau qui fonctionnent et celles qui ne fonctionnent pas ne se distinguent pas avec autant de netteté que chez les animaux soumis à des opérations expérimentales ». Selon Foerster, le nouveau-né, en tant qu'être thalamo-palladial, représente un état de cinésie ancien, celui de l'escalade des Singes. Peiper renvoie à F.H. Lewy. Selon cet auteur, les animaux qui ne disposent que d'un système extra-pyramidal ne sont capables que de réponses à des stimuli : la présence d'un tel système est suffisante pour déterminer les actions instinctives. On peut également se référer à la définition bien connue que Morgan a donnée de l'instinct : l'acte instinctif et l'acte conscient relèveraient respectivement de l'activité subcorticale et corticale. Par ailleurs, Peiper nous met en garde contre toute surestimation du rôle du système nerveux : dans l'état actuel de la recherche, il est impossible de juger de la capacité de travail d'un nerf sur la base de sa seule constitution anatomique. « Les expériences psychologiques montrent que, indépendamment de son état de myélinisation, chacun des nerfs sensitifs du nouveau-né est capable de transmettre l'excitation au cerveau. »

De nouvelles recherches ont permis de localiser l'instinct de préhension dans la partie caudale du bulbe rachidien, et dans la partie supérieure de la moelle cervicale, tandis que le réflexe inhibiteur suit la voie fronto-rubro-spinale. Après une lésion du lobe frontal du cerveau, on assiste entre autres à un « symptôme de préhension ». Minkowski a constaté le réflexe de préhension chez l'embryon dès l'âge de 2 mois et demi ; si l'on caresse la paume, la main se serre vaguement en poing. Une telle ébauche de réflexe peut être provoquée jusqu'au sixième mois chez l'embryon humain et le stade de développement pendant lequel se manifeste un tel phénomène peut être caractérisé comme « bulbo-spinal ». Il s'agit du point de vue phylogénétique, comme du point de vue ontogénétique, d'un réflexe primitif qui se manifeste avant le développement du lobe central et frontal du cerveau (Kroll). Lotmar parle de cramponnement palladial pathologique qui rappelle de loin la reptation de certains animaux, sans cependant se confondre avec elle.

Comme l'a montré Sittig, le réflexe de préhension par la main disparaît ordinairement six mois après la naissance ; on assiste à la même période à l'apparition de mouvements de bras visant des objets. Le réflexe analogue du pied disparaît en général peu après. Les excitations provoquant de tels réflexes sont, habituellement, un contact, ou une pression légère de la paume ou de la plante du pied. Doigts et orteils enserrent fermement les objets. Richter et d'autres ont montré que chez les Singes et les Anthropoïdes, qui présentent ce réflexe dès les premières semaines de leur vie, celui-ci peut revenir après l'extirpation de l'Area 6, et ce, jusqu'à l'extirpation bilatérale et définitive. Chez l'Homme, la réapparition du réflexe de préhension a été constatée maintes fois à l'occasion de lésions cérébrales. Selon Kleist, le mouvement de préhension et la rétention des objets doivent être traités séparément. Foerster les considère comme des syndromes néo-striés hypercinétiques. Il est à supposer que l'Area 6 a pour fonction l'inhibition du réflexe de préhension. On ne sait pas encore, si, chez l'Homme, des réactions de préhension sont déclenchées par la destruction du grand cerveau. Mais il ne fait guère de doute qu'elles appartiennent à des symptômes indiquant une maladie des ganglions ou de la matière cérébrale. Ce qui montre les liens de la neurologie avec les fondements de la vie instinctive.

Le réflexe de la « suspension » a été systématiquement étudié. Il s'avère plus faible chez le petit de l'Homme que chez les jeunes Singes appartenant à des espèces inférieures comme celle des Anthropoïdes. Chez ces derniers, le réflexe se renforce après la naissance pour atteindre son maximum vers l'âge de 15 à 18 jours et pour s'éteindre vers la fin du troisième mois. Chez les Subanthropoïdes, le réflexe de préhension s'atrophie à partir de la fin du troisième mois, manifestement sous l'influence du lobe frontal. Selon Watson, le réflexe de préhension appartient aux actes instinctifs, c'est-à-dire non acquis, du nouveau-né ; il existe chez tout enfant normal sous une forme plus ou moins développée jusqu'au 120e jour et même au-delà.

Christoffel attire l'attention sur le fait que les manifestations du cramponnement réapparaissent en tant que phénomènes régressifs chez des sujets atteints de lésions cérébrales, et plus encore chez des sujets séniles. « Mais ce qui, dans la vieillesse, se manifeste par la désagrégation du système nerveux (J.M. Jackson) doit être présent de façon latente ou inconsciente, durant toute la vie. »

Selon Schilder, ce sont surtout deux sortes de lésions qui provoquent le retour régressif du réflexe de préhension : celle de l'Area prefrontalis et celle du cervelet, en particulier par l'encéphalopathie des alcooliques.

À mon avis, le *réflexe* de préhension découle de l'*instinct* de préhension qui, à son tour, s'explique par le besoin instinctif de se cramponner au corps de la mère. Les données neurologiques n'ont pas réussi à infirmer cette hypothèse. Au contraire : selon les résultats les plus récents de la réflexologie, tout réflexe est intégré dans la totalité de l'organisme et son fonctionnement ne devient mécanique qu'à la suite d'interventions artificielles. Quant à l'organisme, comme totalité, il ne connaît ni réflexe de préhension ni vagues instincts d'agrippement, mais une incitation au cramponnement tendant à réaliser une unité plus complète : l'unité mère-enfant[1].

Ainsi le petit de l'Homme apparaît non seulement comme capable de se cramponner, mais aussi comme éprouvant cet acte en tant que besoin. Dans les pays appartenant à la sphère culturelle occidentale, *l'enfant est arraché prématurément au corps de sa mère*. Son « incapacité » à s'y maintenir suspendu doit être interprétée comme une inhibition : elle va de pair d'une part avec la pauvreté du système pileux chez l'Homme et, d'autre part, avec l'action des institutions, propres à la culture. Ce processus, une fois engagé, ne manquera d'ailleurs pas de produire son action en retour : le

1. Les réflexes sont de nature secondaire et s'insèrent dans des modes de comportement global. À mon avis, la théorie des instincts se fonde sur l'idéal de l'« âge des machines ».

non-cramponnement de l'enfant va jusqu'à modifier la structure même de la famille. Ainsi se trouve justifié le point de vue de Miller : l'« incapacité » de se maintenir suspendu au corps de la mère aurait été l'une des causes qui, à l'époque ancienne, devait aboutir à la formation de la structure familiale. L'enfant qui ne s'agrippe pas demande une surveillance et des soins spéciaux qui ne peuvent être prodigués que dans le cadre de la famille humaine.

Le besoin de cramponnement s'est toutefois conservé, et réclame l'état primitif où mère et enfant vivaient inséparables dans l'unité redoublée de leur complétude mutuelle. La réalisation de ce besoin est empêchée par un facteur traumatique ou mieux une série de traumatismes continuels[1].

e) *Phénomènes de substitution et régressions.* – Ce besoin de cramponnement ne se manifeste pas seulement dans le secteur de la préhension ; la *position caractéristique du nouveau-né pendant le sommeil* en est un témoignage. « La position spécifique du nouveau-né pendant le sommeil a attiré l'attention depuis longtemps, toutefois son interprétation présente quelques difficultés. Selon l'opinion jusqu'ici admise il s'agit du prolongement de la position intra-utérine ; cependant, cette explication n'est guère acceptable ; comprimé qu'il est de toute part, le fœtus se comporte d'une tout autre manière dans l'utérus... Il est possible que ce soient là des réflexes cervicaux asymétriques, toniques. » Les avant-bras repliés, et les deux mains portées à la hauteur des épaules indiquent plutôt la position qu'occuperait l'enfant sur le corps de la mère ; la position des bras est la même lorsque l'enfant fait ses premiers pas ; on l'observe encore chez les jeunes Singes. Gua, la jeune Chimpanzé des Kellog, l'adoptait souvent pendant ses jeux ; tenant ses jouets dans une de ses mains, elle élevait ses deux pattes de devant au-dessus de la tête. Nous la retrouvons également dans les dessins rupestres, dans les sépultures, dans des représentations graphiques de l'Égypte ancienne. Par ailleurs, dans la cure psychanalytique, on voit souvent les bras du malade dans la position de ceux du nourrisson qui dort et le malade éprouve souvent le besoin de prendre la main de l'analyste ; il s'agit là, à n'en pas douter, de mouvements de caractère régressif renvoyant à l'ancien désir de se cramponner.

Comme Gua, la petite Chimpanzé, l'enfant désire souvent tenir la main de la mère avant de s'endormir : abstraction faite de cas particuliers, comme la peur de voir mourir sa mère et le désir de ne pas céder à l'envie de la masturbation, il s'agit essentiellement de réaliser, pendant le sommeil, l'unité mère-enfant. Accroché à la mère, l'enfant se laisse conduire par elle, en la tenant par la main, il se remet à elle, d'où un certain danger de passivité. Mais il se peut également qu'en adoptant cette position, l'enfant voie sa mère en enfant, la réduisant à un rôle passif.

Une autre série d'observations met encore mieux en évidence l'instinct de cramponnement. Voici la description de quelques cas observés dans une crèche :

Rózsi. Étendue sur le dos en état de veille, elle suce le médius et l'annulaire de sa main droite. Le petit doigt est replié, la deuxième phalange touche quelquefois la bouche ; de temps en temps, le petit doigt se redresse et s'enfonce dans la bouche. L'articulation interphalangeale du pouce est repliée, la deuxième phalange s'appuie sur la joue, dans la région de la pommette. L'index est presque droit ; le bout de l'index touche le coin

1. Ainsi, la croissance de l'Homme serait, selon l'opinion d'A. Meyer, un phénomène socio-dynamique au cours duquel l'abandon de l'unité primitive mère-enfant joue un rôle important.

intérieur de l'œil gauche et tire sur la peau, de façon à tenir, entre l'index et le pouce, une ride large de 1 à 1,5 centimètre. Cependant, le bout de l'index se déplace vers le bas, arrêté pendant quelque temps par l'ongle du pouce, il continue à descendre jusqu'à la flexion totale du doigt. Elle enlève la main de sa bouche, pour la remettre aussitôt, cette opération étant accompagnée le plus souvent de sons plaintifs. Si l'interruption s'accompagne de quelques pleurs brefs, l'opération commence avec le redressement de l'index, mais si elle n'a duré que quelques instants, la succion du doigt est reprise dans les mêmes conditions qu'auparavant. Il en est de même si aucune émission de sons plaintifs n'accompagne le retrait de la main de la bouche.

La main droite change souvent de position. Tantôt la paume s'appuie sur le dos de la main gauche, tantôt le pouce et l'index entourent ou touchent le poignet gauche, tantôt ils étreignent le bord du vêtement ; le pouce et l'index droits adoptent alors la position de la main gauche (le bout de l'index gauche sur l'ongle du pouce).

Magda. Observée entre 4 et 6 mois. Éveillée, elle est couchée sur le dos. Le pouce et l'index droits dans la bouche, elle les suce de temps en temps. L'index est recourbé, la partie antérieure entoure le bord de la deuxième phalange du pouce. Toute tentative en vue de retirer les doigts de la bouche se heurte à une vive résistance, l'index s'appuyant manifestement sur le palais. La dernière phalange de l'index droit est déformée, le bout du doigt semble pointu, la partie située du côté du radius plus aplatie que pour les autres doigts de la main. Une dépression oblique observée sur l'ongle indique que la déformation n'est pas due occasionnellement au retrait des doigts de la bouche, mais à la succion constante du doigt.

On peut en conclure que la succion s'accompagne toujours de mouvements de préhension ou d'appui ébauchés par les doigts qui ne sont pas sucés. Lindner a observé de tels mouvements de la main chez les enfants plus âgés : il convient de les considérer comme faisant partie de l'opération, au même titre que les mouvements de succion eux-mêmes. Une autre considération semble également aller dans le sens de notre hypothèse, à savoir le rôle non primaire joué par la main et la bouche dans la succion : en effet, durant les premiers mois de son existence, le nouveau-né parvient difficilement à mettre les doigts dans la bouche. Dans la vie intra-utérine le mouvement est facilité par la position des bras, mais, après la naissance, la position des bras telle que nous l'avons décrite rend difficile l'exécution de ce mouvement.

Nos observations portent également sur la *coopération de la bouche et des mains*. À la lumière de cette coopération, la bouche et les mains apparaissent comme deux termes du système. Des mouvements de cramponnement sont ébauchés par les mains même après le troisième mois consécutif à la naissance : ils sont particulièrement manifestes lors des repas.

À l'occasion d'un repas pris en commun, nous avons observé trois enfants dans une crèche : Imre, 9 mois, Kálmán, 10 mois, et Kató, 9 mois. Les deux premiers s'accrochaient de la main droite à la robe de la puéricultrice : après quelques hésitations, Kató esquisse le même mouvement, mais lâche peu après la robe pour se cramponner à un autre endroit. Kálmán, lui, ne bouge pas la main droite.

L'interdépendance de la bouche et des mains est confirmée par l'expérience psychanalytique, par les corrélations, décelées chez des personnes douées de talents artistiques, entre le don poétique et le don pour le dessin, le premier remontant à une érogénéité orale, le second à l'érogénéité de la main. Pour ce qui est de nos préoccupations actuelles, signalons la coopération entre mains et bouche chez le petit du Singe et le petit de l'Homme, dans les mouvements de cramponnement et de préhension. Le mouvement de la main vers la bouche est décrit comme primaire ; l'acte est si étroitement lié à l'instinct que les Kellog ne sont pas parvenus à l'éliminer chez Gua, la jeune Chimpanzé. Du point de vue neurologique, nous pouvons parler d'un *réflexe unitaire main-bouche-yeux*. À une période de la vie du nouveau-né, la main bouge, l'œil suit le mouvement et la bouche l'accompagne de commentaires. La topographie cérébrale montre une étroite proximité entre les centres qui dirigent les mouvements des doigts et ceux qui président aux mouvements de la bouche. La localisation des sensations indique un contact direct entre le centre sensoriel de la bouche et celui des mains et notamment du pouce.

Les particularités précédemment décrites des mouvements de la main pendant la succion des doigts sont donc les chemins frayés par le besoin de cramponnement. Une fillette de 3 ans qui dormait seule dans sa chambre, n'ayant pas réussi à perdre l'habitude de sucer ses doigts, a expliqué son échec par le fait qu'elle « ne pouvait pas s'endormir seule ». Du point de vue psychologique, ce cas n'est pas sans analogie avec celui d'une autre fillette qui ne pouvait s'endormir dans son lit qu'en tenant la main de sa mère. Les doigts sucés sont identifiés à la mère. Il en est de même, du point de vue du cramponnement à l'objet que l'enfant retient dans ses mains. L'enfant « abandonné » par sa mère s'imagine être à la fois la mère et l'enfant, réunis dans la position du cramponnement.

L'évocation de l'esseulement nous conduit vers un autre sujet : les *réactions de frayeur* de la première enfance. Elles sont décrites en ces termes par Peiper : « Le corps tout entier frémit ; les deux bras s'écartent, puis se rapprochent, à demi repliés, les doigts se tendent, puis se relâchent et se referment, les mouvements sont analogues à ceux constatés dans le réflexe d'accolade de Moro. Mais alors que ce dernier cesse si la tête bouge, il n'en est rien dans le cas de la réaction de frayeur. Nous considérons le réflexe d'accolade comme un réflexe d'arc-de-cercle... Moro a déjà signalé sa persistance chez les idiots. Mais il ne disparaît pas pour autant chez l'adulte sain, comme en témoignent encore les frémissements du corps... À l'époque lointaine de la phylogenèse toute secousse mettait en danger les nourrissons suspendus à leur mère. Les mouvements consécutifs à la secousse sont devenus, au cours de l'évolution, les réactions générales de la frayeur. »

Il faut souligner la position des bras et des doigts. Celle des bras correspond à la position caractéristique de cramponnement adopté par le nourrisson pendant le sommeil : les doigts réagissent comme pendant la succion : ils se tendent et se replient successivement (chapitre VII). Frayeur et jouissance sont accompagnés approximativement des mêmes mouvements. Dans les deux cas, l'enfant se tourne vers la mère pour réclamer plus de plaisir ou de secours.

D'après Bernfeld, ce premier stade primitif caractérisé des mouvements des bras et des mains persiste au cours de la vie et se manifeste à l'arrière-plan des différents changements apparents. De puissants affects influencent les mouvements des bras de façon spécifique et, en cas de danger (danger de perte d'équilibre ou de forte angoisse, mais aussi, de façon symbolique, en d'autres cas), notre main saisit convulsivement le vide. Que l'on compare ceci à ce qui a été dit ailleurs sur la levée d'inhibition mésencéphalique où nous trouvons l'angoisse à côté de symptômes érotiques.

Des rapports directs avec l'instinct de cramponnement phylogénétique peuvent être découverts dans l'intérêt porté par le nouveau-né et les enfants en bas âge pour les cheveux humains ou les objets qui les rappellent.

Voici quelques extraits d'un journal contenant nos propres observations :
P. 0 ; II. Nous avons remarqué depuis longtemps qu'une de ses habitudes consiste à arracher les poils de sa couverture de laine pour jouer avec, etc. Elle éprouve un plaisir visible à tirer sur les cheveux de sa mère. Si elle arrache un cheveu, elle l'examine avec intérêt. Hier matin, elle a commencé à tirer les poils des bras de son père.
I ; 3. Aime beaucoup s'amuser avec des cheveux, des fils à coudre, toutes sortes de filaments. Elle en découvre partout.
I ; 5. Caresse avec grand plaisir toute fourrure articulant : « aya, aya ». Nous l'avons vue embrasser une fourrure.
Jouer avec les cheveux de la nourrice est aussi caractéristique pour l'enfant de 6 mois que de tripoter ses propres orteils.

La littérature ethnographique concernant les cheveux et les façons de les tailler apporte plus d'un renseignement sur les problèmes qui nous préoccupent.

Ainsi, Roheim rapporte que, chez les Indonésiens, le mari ne se fait pas couper les cheveux pendant la grossesse de sa femme ni pendant les quarante jours qui suivent l'accouchement. Une telle coutume s'insère bien dans nos hypothèses, la chevelure du père offrant – théoriquement tout au moins – prise au cramponnement. Chez les Indiens du Brésil, on arrache les cheveux du nouveau-né : cette cérémonie est accompagnée de fêtes sauvages dont les participants portent des masques grotesques représentant les animaux de la forêt. L'épilation des sourcils se pratique au Cameroun sur les jeunes filles. À notre avis, cette coutume est destinée à souligner la faiblesse du système pileux féminin.

Organe passif de cramponnement, la chevelure suscite un intérêt non dépourvu d'éléments émotionnels, comme cela ressort des nombreuses prescriptions concernant la coiffure. C'est peut-être là un moyen de suppléer, par l'imagination, au relatif manque de pilosité de l'Homme. (Un exemple de plus de la projection phylogénétique du principe adlérien de compensation.) Du fait de cette surcompensation et de cette valorisation de l'organe passif de cramponnement, les cheveux sont souvent le lieu où se concentre la force magique du magicien et de la sorcière. Les poils et les cheveux de l'Homme sont souvent associés à l'image de la force et de la virilité. Si les hommes se laissent pousser les cheveux (voir notre exemple indonésien), c'est pour acquérir une force magique, c'est-à-dire le pouvoir de satisfaire au désir de leurs compagnes plus faibles de recevoir aide et soutien de la part d'hommes aux cheveux longs. Étant donné la force magique qu'elle abrite, la chevelure revêt un caractère de tabou ; la taille des cheveux s'accompagne de cérémonies ; celui qui s'y soumet n'a pas le droit de toucher à la nourriture, il faut que d'autres lui introduisent les aliments dans la bouche, signifiant par là que le sujet est réduit à l'état de nourrisson : il a à surmonter son instinct de cramponnement. Les cheveux et les ongles une fois coupés gardent encore un rapport « sympathétique » avec le sujet, ce qui renvoie, une fois de plus, à l'unité duelle entre mère et enfant.

Cet intérêt à moteur instinctuel envers les cheveux se manifeste, comme nous le verrons, dans certains symptômes névrotiques et dans les fantasmes masturbatoires. C'est ainsi qu'une de nos patientes, B., qui souffrait d'angoisses hystériques, se souvenait de ses imaginations masturbatoires, remontant à l'âge de 7 ans, au cours desquelles elle voyait un homme arracher un à un les poils pubiens d'une femme. Aussi, le passage suivant d'une étude de Menninger ne manque-t-il pas de nous étonner : « Le docteur Burrows décrit un cas de trichotillomanie infantile. Un enfant de 3 ans se mouille les doigts, arrache un de ses cheveux et le jette. Cette habitude dure plus de quinze mois... Le docteur Burrows adressa une lettre au directeur du jardin zoologique pour lui demander si une telle habitude avait déjà été observée chez les Singes évolués ou non. Il lui fut répondu que de telles observations n'avaient pas été faites sur les Primates. » Pour notre part, nous connaissons toutes sortes de manipulations du système pileux chez les Singes (fouille, observation, mouvements de la bouche) ainsi que leurs formes dégénérées dont il a déjà été question et qui s'apparentent peut-être à l'habitude observée chez le jeune patient du docteur Burrows.

Le service dermique, cette importante opération qui suppléera au cramponnement, existe-t-il chez l'Homme ? Le cas suivant de mon observation m'inciterait à répondre par l'affirmative : il s'agit d'un homme intelligent et tout à fait respectable qui exigeait que son fils lui grattât journellement le cuir chevelu. Par ailleurs, j'ai vu un jour à la plage un jeune couple s'adonner à une pratique semblable : la jeune femme s'appliquait à arracher du dos de son fiancé les petites peaux brûlées par le soleil, qui allaient se détacher.

Selon Yerkes, avant d'atteindre l'âge d'un an, le petit de l'Homme manifeste un vif intérêt pour des cicatrices et lésions de la peau qu'il peut découvrir dans son entourage. L'adulte normal des pays civilisés éprouverait également le besoin – toujours selon Yerkes – de toucher la peau ou les cheveux d'un ami intime, par exemple, pour crever des ampoules, ou les boutons, arracher de petites peaux, etc. La seule différence, c'est que le nouveau-né normal satisfait son désir, alors que l'adulte s'efforce, dans la plupart des cas, de le réprimer. Les peuples naturels connaissent, eux, la cérémonie de l'épouillage. Yerkes se réfère à un rapport de A.L. Koeber où on lit : « L'épouillage et l'absorption des poux constituent des phénomènes culturels tout à fait répandus chez les Primitifs. Je crois qu'ils s'accompagnent de plaisir. À ma connaissance, les Indiens d'Amérique ont toujours sacrifié à cette habitude. » À propos des Trobrianders, Malinowski note : « Ils s'examinent mutuellement les cheveux pour y chercher des poux ; s'ils en trouvent, ils les mangent. C'est là une coutume que nous trouvons répugnante et qui ne pourrait guère prendre place parmi les pratiques amoureuses d'un Homme qui fait la cour à une femme, mais chez les Indigènes, elle constitue un des passe-temps favoris des amoureux et des enfants. » J. Frank Stimpson trouve que cet acte peut être exécuté par deux personnes qui ne sont pas forcément de sexe différent. Les étrangers ne s'y adonnent guère entre eux, les services sont rendus par des membres d'une même famille ou – rarement – par des amis... Je suppose, sans en être bien sûr, que les proches parents placent les parasites ainsi découverts entre leurs dents, alors que les amis préfèrent les écraser sur l'ongle. Yerkes opte pour l'hypothèse selon laquelle le service dermique mutuel des Chimpanzés et l'épouillage constaté chez les peuples primitifs constituent, fonctionnellement, la même action. Ce modèle expliquerait les activités humaines suivantes : *a)* soin des cheveux, nettoyage de la peau, nettoyage des cheveux pour en éloigner les corps étrangers ; *b)* épouillage, découverte et élimination des ectoparasites, élimination des aspérités gênantes de la peau ; *c)* pansement des blessures, extraction des échardes situées sous la surface de la peau et plus profondément.

Ainsi, l'instinct de cramponnement est commun à l'Homme et à tous les Primates. Il se manifeste dès après la naissance, perd un peu de sa vigueur au bout de quelques mois, mais retrouve toute sa force pendant le sommeil, dans l'angoisse et quand le sujet a le sentiment d'être abandonné. On perturbe le développement normal de cet instinct et cela artificiellement, lorsqu'on enlève le nourrisson à sa mère. L'unité duelle et de la mère et de l'enfant, naturelle chez les Primates, est détruite : plus le niveau de la culture s'élève, plus cette destruction est complète. Aussi la manifestation de l'instinct de cramponnement se heurte-t-elle à des obstacles chez l'Homme dès la naissance.

Or, la psychanalyse montre qu'un instinct non satisfait ne se résorbe pas ni ne reste sans effet sur la dynamique des événements psychiques. Il va constituer un « point faible » du psychisme et, en cas de danger, dans des situations de frustration ou sous l'effet d'influences traumatisantes, il provoquera facilement des manifestations de *régression*. Ce point faible occasionné par l'instinct de cramponnement non satisfait consistera en une recrudescence régressive, en cas de déception ou de perte d'êtres aimés.

L'instinct investi par voie régressive ne suit pas forcément la voie tracée par l'instinct primitif : son cours pourra être celui d'un instinct inhibé de son but ; il peut aussi être renforcé, surchargé, par la force d'autres instincts et par là se déformer ; le but de l'instinct primitif revit alors sous forme de *compromis*. Divers phénomènes psychopathologiques se trouvent ainsi éclairés d'une lumière nouvelle.

Une forme directe et à peine déformée de l'instinct de cramponnement est le désir insistant de l'enfant d'être porté, de même que sa façon de s'appesantir sur la mère. Quelquefois, il se suspend de tout son poids à la mère qui ne sait plus comment « s'en débarrasser ».

L'instinct de cramponnement resté insatisfait peut dévier et, au cours de la vie, chercher d'autres issues. Tel est généralement le cas chez les personnes dont l'instinct de cramponnement est resté insatisfait, non seulement dans le cadre de la frustration propre à l'espèce, mais pour la raison que la proximité et les soins d'une mère leur ont été déniés bien au-delà des frustrations qui sont le lot habituel de l'enfant de l'Homme. Ces êtres élevés par des mères peu tendres, cherchant trop à « se débarrasser » de l'enfant, deviennent plus tard des adultes qui, durant toute leur vie, s'efforcent de « s'accrocher » à d'autres personnes susceptibles de les guider, de les soutenir ou de les dominer jusqu'à la fin de leurs jours. C'est là leur manière de trouver une possibilité de cramponnement. *L'infantilisme, le manque d'indépendance, l'humble disponibilité* de nombreux êtres humains s'expliquent de cette façon. Par ailleurs, ce même instinct peut trouver un exutoire dans le *protectionnisme* ou tendance à protéger d'autres êtres. Il y a alors identification avec la mère : les femmes qui s'entourent de l'essaim de leurs protégés, et qui se montrent toujours prêtes à s'offrir comme support au cramponnement ne font que perpétuer la relation duelle défectueuse qui a marqué leur enfance.

L'obstination s'interprète également comme un cramponnement particulièrement tenace, un *refus de « lâcher »*. Sur le plan corporel, ce type de signification se présente sous la forme de *rétention des matières*. On invite parfois l'enfant à tenir fermement un objet placé devant lui (par exemple, le dossier d'une petite chaise) (cas C) pendant la défécation. Des conseils analogues sont donnés aux femmes pendant l'accouchement.

Le besoin de se cramponner se manifeste chez certains par de menus mouvements et gestes de la vie quotidienne : saisir l'interlocuteur par le bouton de sa veste, etc.

Dans certaines situations de la vie courante, l'instinct de cramponnement perce avec une impérieuse nécessité. En état d'excitation, ou en réfléchissant intensivement, nous

nous emparons de certains objets (mouchoirs, crayons, etc.) pour les manipuler, les triturer, les tourner dans tous les sens. Assaillis par de vives douleurs physiques (par exemple, chez le dentiste), nous nous accrochons convulsivement aux bras du fauteuil ou à n'importe quel objet apte à servir de support. Une forte émotion – même si elle nous est procurée par le spectacle d'une scène chargée d'intensité dramatique – nous incite à nous accrocher à quelqu'un ou à quelque chose. Joindre les deux mains pour demander ou supplier n'est sûrement pas un geste commandé par le hasard : en se nouant, les deux mains semblent symboliser l'union qu'elles implorent. La prière, expression du désir de s'unir à Dieu, est accompagnée de certaines positions caractéristiques : des bras pliés prennent appui sur les coudes, les mains sont jointes vers le haut.

f) *Régression dans les symptômes névrotiques.* – En dehors des modes de régression universels qui se manifestent pendant le sommeil, en cas de frayeur et d'abandon, on note, chez les névrosés, des symptômes particuliers pouvant être interprétés comme des résurgences – parfois fort déformées – de l'instinct de cramponnement.

Une patiente évoque une scène de sa première enfance : assise sur une marche, elle serre de ses bras le cou de son grand chien qu'elle considérait comme un ami. Adulte, elle a le même comportement vis-à-vis d'un homme. Convulsivement attachée à son fils âgé de 6 ans, elle fait elle-même sa toilette après les besoins, arrangeant sans cesse la couverture du lit. Elle se plaint de vertiges : « seule qu'elle est, elle n'a personne à qui s'accrocher ».

D., une patiente schizoïdo-dépressive, a une double vie amoureuse, situation ressentie comme pénible, mais sans issue : brouillée avec un de ses amants, elle se tourne vers l'autre, pour aller bientôt retrouver le premier. Jusqu'à l'âge de 14 ans, elle a partagé le lit de sa mère, entourant celle-ci de ses bras et de ses jambes. L'absence modère considérablement ses sentiments pour l'homme aimé. Elle considère la vie d'homme comme un état idéal, car l'homme est capable de faire face tout seul aux vicissitudes de l'existence, alors que les femmes, celles de sa ville natale, par exemple, en sont réduites à rester chez elles, et à se couper du monde. Il faut toujours qu'il se passe quelque chose, sans quoi la vie apparaît vide. La crainte de perdre l'homme aimé est liée à des représentations de séparation corporelle : l'idée qu'on puisse lui arracher les ongles ou lui crever les yeux la remplit d'horreur. Lorsque son père rentrait de son travail, les enfants se suspendaient à son cou. Le soir, la mère demandait à ses filles de lui gratter le dos ; la patiente y trouve elle-même du plaisir, elle aime aussi à crever les boutons des autres, elle ne laisse pas ses blessures se refermer, arrache les croûtes, ce qui lui procure une sensation de bien-être. Elle n'était pas une enfant « sage » et a reçu maintes corrections de son père, qu'elle aimait d'abord ardemment pour le haïr ensuite avec non moins de passion. Cependant, les accès de colère de son père lui semblaient être des manifestations d'affection et les « raclées » qu'il lui administrait, comme des caresses déviées.

Une patiente atteinte d'agoraphobie (E) a vu son mal se déclencher après la perte de son enfant unique pratiquement mort-né, ainsi qu'en raison de son souhait conflictuel de divorcer. Or, après le divorce, elle éprouve un attachement physique pour son mari qu'elle cherche à voir le plus possible. Le désir de se cramponner se manifeste pendant les séances de psychanalyse : souvent elle exprime le souhait de saisir la main de l'analyste. Quand elle vivait avec son mari, elle lui demandait souvent de lui tenir la main avant de s'endormir. Elle éprouve le désir permanent de s'accrocher à quelqu'un des deux mains.

Une hystérique ne pouvait ni manger ni surtout boire en présence d'autres personnes, elle ne pouvait tenir une tasse sans que sa main fût saisie de tremblements, sans avoir peur de tout laisser tomber. Ces symptômes étaient apparus à la mort de son père et trouvaient une traduction dans un fantasme : la malade s'imaginait ne pas pouvoir se montrer avec son enfant (imaginaire) qu'elle devait par conséquent laisser tomber. Autrefois, elle s'imaginait être la « mère » de ses deux parents ; après la mort du père, elle le « laisse tomber » comme si c'était son enfant. Elle aurait voulu travailler comme « ménagère », mais ce désir n'était pas exempt de conflits. Pour finir, les symptômes ont évolué du cramponnement (enfant conduit par la main) à la misanthropie.

Les difficultés sexuelles caractérisées par la peur du coït et remontant au complexe d'Œdipe empruntent quelquefois la voie de l'instinct de cramponnement. Dès son enfance, un jeune homme avait l'habitude d'agresser et de renverser les fillettes. Il se bagarrait avec son frère et, pendant la bagarre, il restait souvent couché sur le dos. Un fort érotisme manuel se manifeste dans son don pour le dessin, et aussi dans l'éjaculation précoce survenant aussitôt après le toucher de la vulve. Il éprouvait le besoin de serrer des enfants, des oiseaux et des femmes jusqu'à les étouffer. C'est ainsi que naquit en lui la peur de voir la jeune fille désirée tomber raide morte sous son étreinte, et – en tant que « projection » de cette peur – celle de la voir écraser son pénis. Aussi dans l'intimité, son inconscient désire-t-il garder une certaine distance vis-à-vis de la partenaire, ce que garantit l'éjaculation précoce. Ajoutons que le malade éprouve souvent le désir de dualité.

L'instinct de cramponnement peut être considéré comme un des facteurs neuro-psychiques du *bégaiement*. Il s'agit d'une certaine *interdépendance de la bouche et des mains*, celles-ci, érotisées, peuvent devenir, en même temps que la langue ou la bouche, le siège d'étranges sensations physiques (étendu, en position « décontractée », le malade « sent » sa langue grossir démesurément). Lors du bégaiement, *les cordes vocales « se cramponnent » pour se détacher ensuite* de façon traumatisante. L'évocation de rêves et de souvenirs d'enfance conduisit F., un sujet qui bégayait, à s'accrocher au temps pour en empêcher la fuite, afin d'échapper à la mort, d'être dévoré par Chronos, le dieu père. Craignant la solitude, il manifestait de nombreux signes d'érotisme manuel et de désir de préhension : avec sa grand-mère, ils s'amusaient à s'arracher mutuellement les cheveux. Des fantasmes et des conflits de détachement ont toujours joué un rôle important dans son psychisme.

Les névrosés secouent souvent la jambe, ce qui est une manifestation d'inquiétude et d'impatience. Pendant les séances de psychanalyse, G., un malade particulièrement inquiet et qui « ne tenait pas en place » (il souffrait d'impuissance partielle et de maux d'estomac d'origine nerveuse), secouait surtout la jambe gauche ; ce mouvement alternait avec des érections et des tentatives d'onanisme. Ce réflexe « indépendant » de la jambe, joint à une énurésie (enfant, il urinait dans sa culotte) et à sa volonté de grandir en se dressant sur la pointe des pieds, remontait à une habitude de son enfance : couché dans le lit aux côtés de sa mère, il lui entourait les jambes des siennes. Son impatience se manifestait également sur le plan oral : il mangeait avidement. « Plus on en a dans la bouche, mieux c'est », disait-il. D'autres comportements dénotaient la même avidité, la même volonté d'accumuler. Sevré à 2 ans, il ne pouvait s'endormir que bercé par sa mère ou sa grand-mère. Il aimait à jouer avec les cheveux de sa mère.

Pendant ses heures d'étude, mère et fils étaient assis côte à côte. Il s'arrachait les cheveux avec délectation, les enroulant sur ses doigts.

Ces cas nous montrent à quel point la mise en évidence de l'instinct de cramponnement de la première enfance peut aider à déchiffrer le comportement du malade. Cependant, la manifestation excessive de l'instinct de cramponnement s'accompagne généralement d'un excès de la tendance opposée : celle de séparation et de détachement.

La compétition névrotique

(1937)

KAREN HORNEY
(1885-1952)

Psychiatre et psychanalyste d'origine allemande, Karen Horney a été secrétaire de l'Institut psychanalytique de Berlin. Elle a ensuite émigré aux États-Unis où elle a été directrice associée de l'Institut psychanalytique de Chicago. Elle a fondé, en 1941, son propre groupe, l'Institut américain de psychanalyse. Elle a développé une conception « culturaliste » de la psychanalyse, voisine de celle de F. Alexander, par exemple, ou encore de E. Fromm. Elle s'est aussi inspirée des conceptions d'Adler.

Lectrice attentive, mais critique, de Freud, elle fit état, de façon très nette, de désaccords importants. On a surtout retenu, concernant ces désaccords, ce qui concernait la « psychologie féminine » (voir notamment les Voies nouvelles de la psychanalyse, *chapitre VI). Karen Horney critique effectivement le rôle explicatif que Freud réserve, en ce qui concerne la psychologie féminine, à « l'envie du pénis » (voir là-dessus,* infra, *chapitre XVIII). Est-il en particulier nécessaire, lorsqu'une femme se montre agressive avec son partenaire, de supposer qu'elle lui envie la possession de l'organe viril ? Ne peut-on plutôt supposer qu'elle traduit ainsi la façon dont ont pu être déçues pour elle « les vastes espérances dont s'accompagne l'amour »? Et cette déception elle-même ne traduit-elle pas la force d'une rivalité en partie déterminée par des causes sociales ? Karen Horney n'est pas éloignée de penser que c'est « l'envie du pénis » qui masque une ambition destructrice, plutôt que le contraire. Dans le texte que nous publions, elle décrit ainsi dans sa dimension sociale la rivalité névrotique. Le chapitre qui suit est consacré au « recul devant la compétition ».*

Source : K. Horney, *The Neurotic Personality of our Time*, 1937. Traduction française (Jean Paris) *la Personnalité névrotique de notre temps*, L'Arche, 1951.

Bibliographie : K. Horney, *les Voies nouvelles de la psychanalyse*, L'Arche, 1953.

Les moyens d'acquérir le pouvoir, le prestige et la possession diffèrent selon les cultures. Ces avantages s'obtiennent tantôt par héritage, tantôt par la détention de certaines qualités appréciées par le groupe social, telles que le courage, l'ingéniosité, le pouvoir de soigner les malades ou de communiquer avec les forces surnaturelles, l'instabilité mentale, etc. Mais ils peuvent aussi s'acquérir au prix d'activités extraordinaires ou couronnées de succès, à la faveur de qualités données ou de circonstances fortuites. L'héritage de biens ou de privilèges joue certainement un rôle dans notre culture. Mais, si l'individu veut gagner pouvoir, prestige et richesse par ses propres efforts, il se voit obligé d'entrer en lutte avec les autres. Issue du domaine économique, cette compétition s'étend à toutes les activités et s'immisce dans l'amour, le jeu, les relations sociales. Elle représente, dans notre culture, un problème dont nul n'est exempt ; il n'est donc pas surprenant de découvrir qu'elle constitue invariablement un centre de conflits névrotiques.

La compétition névrotique diffère à trois égards de la compétition normale. En premier lieu, le névrosé se compare constamment aux autres, fût-ce en des situations qui ne le réclament pas. Bien que l'effort de surpasser autrui soit le propre des situations compétitives, le névrosé se mesure à des personnes qui ne sont, en aucune façon, ses rivales et n'ont aucun but de commun avec lui. Devant qui que ce soit, il se demande si l'on est plus intelligent que lui, plus attirant, plus sympathique. Il ressent envers la vie le sentiment qu'éprouve, durant une course, un jockey dont l'unique souci est de savoir s'il devance ses concurrents. Cette attitude entraîne nécessairement une perte ou une altération d'intérêt véritable envers toute cause. Ce qui importe pour lui, ce n'est point la nature même de ce qu'il fait, mais le succès, l'impression, le prestige qu'il en retirera. Le névrosé peut avoir conscience de se comparer ainsi aux autres, mais il peut aussi le faire automatiquement, inconsciemment. De toutes façons, il est rare qu'il conçoive pleinement le rôle que cette attitude joue pour lui.

La seconde différence entre la compétition névrotique et la compétition normale, c'est que le névrosé ambitionne non seulement d'accomplir plus d'exploits que les autres ou d'obtenir plus de succès qu'eux, mais d'être unique, exceptionnel. Quoiqu'il puisse les considérer au comparatif, ses buts sont toujours au superlatif. Il peut avoir pleinement conscience d'être animé par une ambition implacable, mais le plus souvent il la refoule en totalité ou la dissimule en partie. Dans ce cas, il peut croire, par exemple, que le succès ne l'intéresse pas, que seule l'intéresse la cause à laquelle il se consacre ; ou bien qu'il ne désire nullement se mettre à l'avant-scène, mais uniquement tirer les ficelles dans la coulisse ; ou encore, il peut avouer avoir été ambitieux, à telle période de sa vie, avoir rêvé dans son enfance d'être le Christ ou Napoléon, de sauver le monde d'une guerre ou, s'il s'agit d'une fille, d'épouser le Prince de Galles, mais il déclarera que ces velléités ont complètement disparu depuis lors. Il peut aller jusqu'à se plaindre de s'être trop résigné et désirer recouvrer un peu de ses ambitions d'antan. S'il les a totalement refoulées, il se persuadera vraisemblablement qu'elles lui sont toujours demeurées étrangères. Mais lorsque l'analyste aura percé à jour ses attitudes protectrices, il se souviendra alors d'avoir conçu des rêveries grandioses, d'avoir cru qu'il était le meilleur en sa partie, exceptionnellement beau et intelligent, ou de s'être étonné qu'une femme s'éprît d'un autre homme en sa présence et d'en avoir même, par la suite, ressenti du dépit, etc. Cependant, dans la plupart des cas, ignorant le rôle capital de l'ambition dans ses réactions, il n'attribue à de telles pensées aucune importance spéciale.

Une telle ambition se trouvera, parfois, concentrée sur un but particulier : l'intelligence, le charme, les exploits de toutes sortes, les principes moraux, etc. D'autres fois, elle n'est pas centrée sur un dessein défini, mais s'étend à toutes les activités de la personne. Celle-ci doit alors se montrer la meilleure dans tous les domaines qu'elle affronte. Elle peut désirer être à la fois un grand inventeur, un médecin exceptionnel et un musicien sans égal. Une femme peut rêver d'être non seulement la première dans son travail, mais encore une parfaite maîtresse de maison et la mieux mise des élégantes. Les adolescents de ce type peuvent éprouver des difficultés à choisir ou à poursuivre une carrière, parce qu'en choisir une signifie renoncer aux autres ou, du moins, à une partie de leurs activités et de leurs intérêts favoris. Pour la plupart des gens, il serait difficile de devenir à la fois un maître de l'architecture et de la chirurgie et un virtuose du violon. De tels adolescents peuvent aussi commencer à œuvrer avec des espérances excessives et fantastiques : peindre comme Rembrandt, écrire des drames comme Shakespeare, être capables de réussir une numération globulaire le premier jour où ils travaillent dans un laboratoire, etc. Puisque leur ambition démesurée les conduit à trop attendre d'eux, ils échouent dans leurs réalisations, se sentent aisément découragés, désappointés et bientôt amenés à abandonner leurs tentatives pour entreprendre autre chose. Des personnes bien douées dispersent ainsi leurs énergies, leur vie durant. Elles ont, en fait, de fortes possibilités d'accomplir certaines œuvres dans des domaines divers, mais comme elles s'intéressent à tous, et en tous conçoivent d'éventuelles ambitions, elles restent incapables de poursuivre un but avec persévérance ; en fin de compte, elles ne terminent rien et laissent leurs meilleures facultés se perdre.

Que le névrosé soit conscient ou non de nourrir des ambitions, il montre toujours une grande sensibilité à leur frustration. Même une réussite peut tourner au désappointement, si elle ne répond pas aux plus hautes espérances. Par exemple, le succès d'un article ou d'un livre peut n'être qu'une déception, s'il ne met pas le feu aux poudres et ne suscite qu'un intérêt limité. Après un examen difficile, une personne de ce type pourra minimiser sa réussite en soulignant que d'autres ont aussi réussi. Cette tendance persistante à la déception est l'une des raisons pour lesquelles de telles gens ne peuvent jouir d'aucun succès. J'exposerai les autres raisons plus avant. Bien entendu, ces personnes se montrent extrêmement sensibles à la critique. Nombre d'entre elles n'ont jamais dépassé leur premier livre ou leur premier tableau, pour s'être senties découragées par les réserves les plus légères. Bien des névroses latentes peuvent devenir manifestes à l'occasion d'un échec, d'une remontrance d'un supérieur, fussent-ils insignifiants ou, du moins, hors de proportion avec le trouble mental qui en résulte.

La troisième différence entre la compétition névrotique et la compétition normale, c'est l'hostilité qu'impliquent les ambitions du névrosé et la croyance qu'en dehors de lui personne ne saurait être beau, capable, ni rencontrer de succès. Certes, l'hostilité est inhérente à toute compétition intense où la victoire de l'un signifie la défaite de l'autre. Il existe, en fait, tant de rivalité destructrice dans une culture individualiste qu'on hésite à la considérer comme un trait névrotique. Elle représente presque une norme culturelle. Toutefois, chez le névrosé, l'aspect destructeur l'emporte sur l'aspect constructeur : il importe moins de triompher soi-même que de voir les autres vaincus. Plus précisément, le névrosé ambitieux agit comme s'il était plus important, à ses yeux, de vaincre les autres que de réussir. En réalité, son propre succès est pour lui d'importance vitale ; mais comme il éprouve – ainsi que nous le verrons plus tard – de fortes inhibitions à ce sujet, la seule voie qui lui reste ouverte est d'être ou, du moins, de se sentir supérieur, d'écraser les autres, de les ravaler à son propre niveau, voire, de préférence, au-dessous.

Dans les luttes compétitives de notre culture, il est souvent avisé de nuire à l'un des compétiteurs, pour renforcer sa propre position, sa propre réputation ou pour abattre un rival éventuel. Le névrosé, lui, est animé d'un besoin aveugle, contraignant, de discréditer indistinctement les autres, même s'il conçoit que ceux-ci ne lui causent aucun dommage ou que leur ruine va à l'encontre de ses propres intérêts. Son sentiment, sa conviction, c'est qu'« un seul peut triompher », ce qui revient à dire « moi seul triompherai ». Une intense affectivité peut nourrir ces impulsions destructrices. Par exemple, un homme en train d'écrire une pièce de théâtre se mit dans une fureur noire en apprenant qu'un de ses amis en écrivait une autre.

Cette impulsion à ruiner ou à saper les efforts d'autrui se retrouve en de nombreuses relations. Un enfant doué d'une ambition excessive peut se sentir contraint à déjouer les efforts que ses parents déploient en sa faveur. Si ceux-ci l'incitent à la courtoisie ou au succès social, il développera un comportement socialement scandaleux. S'ils portent toute leur attention sur ses progrès intellectuels, il manifestera, à l'égard des études, de telles inhibitions qu'il pourra passer pour un faible d'esprit. Je me souviens de deux jeunes patientes que l'on m'avait amenées, en les soupçonnant de déficience mentale, et qui se montrèrent, par la suite, fort capables et intelligentes. Leur désir de contrecarrer leurs parents se révélait dans leur tentative d'agir de même envers l'analyste. L'une d'elles feignit pendant quelques temps de ne pas me comprendre, de sorte que je commençai à douter de mon jugement sur son intelligence, lorsque je m'aperçus qu'elle jouait avec moi le même jeu qu'avec ses parents et ses professeurs. Ces deux fillettes étaient douées d'une forte ambition, mais celle-ci s'était trouvée, au début de l'analyse, complètement submergée sous les impulsions destructrices.

La même attitude peut se manifester à l'égard des leçons ou de toute espèce de traitement. Lorsqu'une personne prend des leçons ou suit un traitement, il est de son intérêt d'en tirer profit. Mais, pour un névrosé de ce type ou, plus exactement, pour la part de lui-même engagée dans la compétition, il importe davantage de ruiner les efforts, de prévenir tout succès possible du professeur ou du médecin. S'il peut y parvenir en démontrant qu'il n'en a nullement bénéficié, il acceptera de rester ignorant ou malade, remontrant ainsi aux autres qu'ils ne valent rien. Point n'est besoin d'ajouter que ce processus se déroule inconsciemment. Une telle personne demeurera convaincue que son professeur ou que son médecin n'est qu'un incapable ou ne lui convient pas.

Un patient de ce type témoignera donc d'une peur anormale que l'analyste ne réussisse avec lui. Il ne reculera devant rien pour ruiner les efforts de ce dernier, même s'il s'oppose, ce faisant, à ses propres buts. Non seulement il induira l'analyste en erreur ou lui cèlera un important renseignement, mais il maintiendra son état stationnaire ou même l'aggravera tragiquement, aussi longtemps qu'il lui sera possible. Il passera sous silence toute amélioration ou ne l'avouera qu'à regret, voire s'en plaindra. Il pourra même l'attribuer, comme tout progrès dans la connaissance de lui-même, à quelque facteur extérieur : changement de température, aspirine, lecture, etc. Il ne suivra aucune directive de l'analyste, afin de prouver, par là, que celui-ci fait fausse route. Ou bien, il s'attribuera, comme une découverte personnelle, une suggestion de l'analyste qu'il avait violemment repoussée tout d'abord. Ce dernier comportement s'observe fréquemment dans les affaires quotidiennes ; il constitue la dynamique d'un plagiat inconscient, et de nombreuses luttes pour la prééminence reposent sur cette base psychologique. Une telle personne ne peut supporter que d'autres conçoivent de nouvelles idées. Elle passera délibérément outre à toute suggestion étrangère. Ainsi, elle dédaignera ou refusera de voir un film, de lire un livre, recommandé par un de ses rivaux.

Lorsque toutes ces réactions, au cours de l'analyse, commencent d'apparaître à la conscience, le névrosé peut manifester des accès de rage à la suite d'une interprétation judicieuse, par exemple : des impulsions à briser quelque objet ou à insulter l'analyste. Il peut aussi, lorsqu'un problème vient d'être élucidé, remarquer sur-le-champ qu'il en reste bien d'autres qui ne le sont pas. Même si son état s'est grandement amélioré et s'il l'admet intellectuellement, il luttera contre tout sentiment de reconnaissance. Cette ingratitude suppose d'autres facteurs, tels que la peur de contracter certaines obligations, mais l'un de ses éléments essentiels est l'humiliation qu'éprouve le névrosé lorsqu'il lui faut accorder sa confiance à quelqu'un.

Les impulsions à vaincre les autres ne vont pas sans une grande angoisse. Le névrosé suppose automatiquement, en effet, que les autres se sentent aussi blessés et furieux qu'il l'est lui-même après une défaite. C'est pourquoi il redoute de les heurter et maintient ses tendances en dehors de sa conscience, en les croyant et en les affirmant réellement justifiées.

Si le névrosé adopte une attitude méprisante, il rencontre des difficultés à se former une opinion précise, à embrasser un point de vue positif ou à prendre une décision importante. Toute opinion touchant une personne ou un problème peut être, en effet, ruinée par les critiques du premier venu, car il suffit d'un rien pour donner cours à ces tendances au mépris.

Toutes les impulsions destructrices entrant dans l'effort névrotique vers le pouvoir, le prestige et la possession participent donc à la lutte compétitive. En cette lutte générale qui sévit dans notre culture, même les personnes normales manifestent ces tendances. Mais, chez le névrosé, de telles impulsions deviennent capitales en elles-mêmes, sans égard aux préjudices ou aux souffrances qu'elles peuvent lui occasionner. L'aptitude à humilier, exploiter ou tromper les autres devient pour lui un signe de supériorité ou, s'il échoue, de défaite. De cette défaite provient une bonne part de la rage qu'il éprouve s'il se voit incapable de tirer avantage d'autrui.

Lorsque l'esprit de compétition individualiste prévaut dans une société, il est appelé à altérer les relations entre les sexes, à moins que les sphères de vie propres à chacun d'eux ne demeurent strictement séparées. Toutefois, la compétition névrotique entraîne encore de plus grands ravages, en raison de son caractère destructeur.

Dans les relations amoureuses, les tendances névrotiques à vaincre, dominer et humilier autrui jouent un rôle considérable. Les rapports sexuels deviennent le moyen de subjuguer et de dégrader le partenaire ou d'être subjugué et dégradé par lui. Ce caractère est, certes, entièrement étranger à leur nature. Il se crée souvent une situation que Freud a décrite comme une « scission » dans la vie amoureuse du mâle : un homme peut ne se sentir sexuellement attiré que par les femmes inférieures à lui et ne manifester ni désir ni vigueur érotique envers celles qu'il aime et admire. Pour un tel individu le coït est inséparablement associé à des tendances à l'humiliation. Aussi refoule-t-il immédiatement tout désir sexuel envers une femme qu'il aime ou peut aimer. On peut souvent rapporter cette attitude à la mère qui l'humiliait et qu'il désirait humilier en retour, impulsion qu'il dissimulait, par peur, sous une dévotion exagérée. Cette situation, souvent décrite comme une fixation, explique qu'il ait divisé les femmes en deux groupes. L'hostilité qu'il éprouve encore envers celles qu'il aime s'exprime par le fait qu'il les frustre réellement.

Si un tel homme entre en rapports avec une femme de condition ou de personnalité supérieure ou égale à la sienne, il se sentira secrètement honteux d'elle, au lieu d'en être fier. Cette réaction pourra l'étonner à l'extrême, étant donné qu'il ne croit pas, dans sa pensée consciente, qu'une femme perde de sa valeur en s'abandonnant à un homme. Ce qu'il ignore, c'est que son impulsion à la dégrader par le coït est si forte que cette femme devient affectivement méprisable pour lui. Par conséquent, la honte qu'elle lui inspire est une réaction logique. De même, une femme peut, sans raisons, se sentir honteuse de son amant, ne pas vouloir être vue en sa compagnie, demeurer aveugle devant ses qualités et l'apprécier ainsi moins qu'il ne le mérite. L'analyse révèle qu'elle éprouve la même tendance inconsciente à dégrader le partenaire[1]. De coutume, celle-ci se manifeste aussi bien à l'égard des femmes, mais se trouve, pour des motifs individuels, intensifiée dans les relations avec les hommes. Ces motifs individuels peuvent être divers : ressentiment envers un frère préféré, mépris envers un père trop faible, conviction de n'être pas attirante, crainte anticipée d'un refus masculin, etc. Une telle personne peut éprouver aussi trop de peur à l'égard des autres femmes pour se permettre d'exprimer ses tendances à les humilier.

Les femmes comme les hommes peuvent avoir pleinement conscience de leur intention de subjuguer et d'humilier l'autre sexe. Une jeune fille peut entreprendre une aventure amoureuse dans le but déclaré de tenir son partenaire à sa merci. Ou bien elle peut attirer les hommes et les abandonner aussitôt qu'ils lui témoignent de l'affection. Mais, habituellement, ce désir d'humilier reste inconscient et ne se révèle qu'indirectement, par exemple : par une crise de fou-rire devant les avances d'un soupirant. Il peut se traduire aussi par la frigidité, grâce à quoi la femme, en montrant à l'homme qu'il est incapable de lui donner satisfaction, réussit à l'humilier, particulièrement s'il éprouve lui-même une peur névrotique d'être humilié par les femmes. En contrepartie de cette attitude, on observe souvent chez de telles personnes le sentiment d'être dupées, dégradées et avilies par les relations sexuelles. L'ère victorienne comportait pour norme culturelle qu'une femme ressente ces relations comme une humiliation, sentiment qui s'atténuait si celles-ci étaient légalisées et décemment frigides. Cette influence culturelle s'est affaiblie au cours des trente dernières années, mais demeure encore assez forte pour expliquer que les femmes sentent plus souvent que les hommes l'acte sexuel comme une atteinte à leur dignité. La conséquence est qu'elles peuvent demeurer frigides ou se tenir à l'écart des hommes, en dépit de leur désir d'entrer en contact avec eux. De cette attitude, elles peuvent tirer aussi une satisfaction secondaire sous forme de fantaisies ou de perversions masochistes, mais elles développent alors une grande hostilité envers le sexe masculin, en raison de leur crainte anticipée de l'humiliation.

Un homme qui éprouve dans sa masculinité une profonde insécurité soupçonnera aisément une femme de ne l'accepter que par besoin de satisfaction sexuelle, même s'il est évident qu'elle tient sincèrement à lui. Il développera alors un certain ressentiment, né de sa sensation d'être dupe. Ou bien, il jugera comme une intolérable humiliation le fait qu'une femme ne réponde pas à son désir et se montrera, en conséquence, extrêmement anxieux de lui donner satisfaction. Ce souci passera, à ses yeux, pour une grande délicatesse. À d'autres égards, cependant, il pourra se montrer grossier et inconsidéré, révélant ainsi que son désir de satisfaire cette femme n'est qu'une défense contre la crainte d'en être humilié.

Il existe deux moyens essentiels de dissimuler ces tendances à mépriser ou à vaincre autrui : les convertir en une attitude d'admiration ou les rationaliser en scepticisme. Le scepticisme peut être, bien entendu, l'expression sincère de différends intellectuels. C'est seulement lorsque ces doutes authentiques se trouvent absolument exclus que

1. Dans un article publié par la revue *Psychoanalytic Quarterly* et intitulé « Morbid Shame », Dorian Feigenbaum a rapporté un cas de ce genre. Son interprétation, néanmoins, diffère de la mienne, car il attribue cette honte, en dernière analyse, à l'envie de pénis. Nombre de tendances féminines, considérées par la littérature psychanalytique comme castratrices et rapportées ainsi à l'envie de pénis, proviennent, selon moi, d'un désir d'humilier les hommes.

l'on est fondé à rechercher des motivations cachées. Celles-ci résident parfois si près de la conscience qu'une simple mise en question de la validité des doutes peut provoquer une crise d'angoisse. C'est ainsi qu'un de mes patients me dénigrait grossièrement à chacune de nos entrevues, sans toutefois s'en rendre compte. Plus tard, comme je lui demandais s'il avait réellement douté de ma compétence touchant certains problèmes, il réagit à ma question en entrant dans un état de grande angoisse.

Le processus se complique lorsque les tendances à mépriser ou à vaincre se dissimulent sous une attitude d'admiration. Des hommes qui désirent secrètement blesser et dédaigner les femmes peuvent, en conscience, les placer sur un véritable piédestal. Des femmes qui s'efforcent inconsciemment de dominer et d'humilier les hommes, peuvent s'adonner au culte des héros. Chez le névrosé comme chez la personne normale, ce culte peut comporter une estime authentique de la valeur et de la grandeur, mais le propre de l'attitude névrotique est de représenter un compromis entre deux tendances : l'adoration aveugle du succès, quelle qu'en soit la valeur, adoration provenant d'ambitions personnelles, et le camouflage de désirs destructeurs à l'égard de la personne obtenant ce succès.

C'est sur cette base qu'il convient d'interpréter certains conflits conjugaux typiques. Dans notre culture, ces conflits concerneront très souvent les femmes, étant donné que les hommes trouvent plus d'incitations extérieures au succès et de possibilités de l'atteindre. Supposons qu'une femme portée au culte des héros épouse un homme dont la réussite réelle ou possible la séduit. Puisqu'en notre culture une femme participe, dans une certaine mesure, au succès de son mari, ce choix lui donnera satisfaction aussi longtemps que durera ce succès. Mais une telle femme se trouve dans une situation conflictuelle : elle aime son mari en raison de sa réussite, mais elle le déteste aussi pour la même raison. Elle voudrait ruiner ce succès, mais se trouve inhibée, car elle désire, d'autre part, jouir en y participant. Une telle femme peut trahir son désir de compromettre la fortune de son mari en menaçant sa sécurité financière par des extravagances, en ruinant sa tranquillité par des querelles épuisantes, en sapant sa confiance en lui par une attitude insidieusement méprisante, etc. Ou bien elle peut révéler ses désirs destructeurs en l'incitant à conquérir de plus en plus de succès, sans se soucier de son bien-être. Ce ressentiment se manifestera vraisemblablement au moindre signe de revers. Alors que cette femme se montrait aimante lorsque se maintenait la réussite de son mari, elle se tournera désormais contre lui, au lieu de l'assister et de l'encourager. La rancune qu'elle dissimulait aussi longtemps qu'elle participait à cette réussite éclatera visiblement ainsi, dès que poindra la défaite. Toutes ces activités destructrices peuvent se poursuivre sous le couvert de l'amour et de l'admiration.

Un autre exemple courant montrera comment l'amour peut servir à compenser les tendances dominatrices naissant de l'ambition. Une femme qui s'est longtemps montrée sûre d'elle-même, capable, et qui a réussi dans ses entreprises, abandonne son travail à la suite de son mariage, se met à développer une attitude de dépendance et semble renoncer à toute ambition – attitude que l'on décrit communément comme le fait de « devenir vraiment féminine ». Le mari se trouve alors désappointé, car il découvre, au lieu de la compagne de choix qu'il attendait, une femme qui non seulement ne collabore en rien avec lui, mais se ravale d'elle-même au-dessous de son rang. Une femme qui subit une telle métamorphose éprouve des doutes névrotiques sur ses propres capacités. Elle sent obscurément qu'il est plus sûr, pour elle, d'atteindre à ses fins ambitieuses, voire à la simple sécurité, en épousant un homme qui réussit ou en qui, du moins, elle soupçonne des possibilités de réussir. Jusqu'ici la situation n'entraîne pas nécessairement de perturbation et peut s'aplanir de manière satisfaisante. Mais cette femme protestera secrètement contre l'abandon de ses ambitions, elle se sentira hostile envers son mari et, suivant le principe névrotique du « tout ou rien », se laissera aller à des sentiments d'anéantissement pour devenir, à la longue, une nullité.

Comme je l'ai dit plus haut, la raison pour laquelle de telles réactions sont plus fréquentes chez les femmes tient à la situation culturelle qui réserve le succès à la sphère masculine. Que ce genre de réaction ne soit pas inhérent à la femme, c'est ce que démontre le fait que les hommes réagissent de même pour peu que la situation soit inversée, que la femme apparaisse plus forte, plus intelligente ou réussisse mieux. En raison de notre croyance culturelle à la supériorité masculine en tous domaines, excepté en amour, une telle attitude de la part d'un homme se déguisera moins souvent sous l'admiration, mais s'exprimera ouvertement par le sabotage direct des intérêts et du travail de la femme.

Si l'esprit de compétition influence les relations entre hommes et femmes, il affecte également le choix du partenaire. À cet égard, nous n'observons dans les névroses qu'une image agrandie de ce qui passe pour normal dans les cultures compétitives. Normalement le choix d'un partenaire est déterminé par des aspirations au prestige ou à la possession, c'est-à-dire par des mobiles étrangers à la sphère érotique. Chez les névrosés cette détermination peut l'emporter sur toute autre, étant donné, d'une part, que leurs efforts vers la domination, le prestige ou l'assistance sont plus impérieux que ceux du commun ; d'autre part, que leurs relations personnelles avec autrui, y compris l'autre sexe, sont trop perturbées pour permettre un choix satisfaisant.

La compétition destructrice peut accentuer de deux manières les tendances homosexuelles. Tout d'abord, elle entretient chez les individus une impulsion à fuir les personnes de l'autre sexe, afin d'éviter une rivalité sexuelle avec des égaux. En second lieu, comme nous l'avons vu précédemment, l'angoisse qu'elle engendre réclame un réconfort et le besoin d'une affection rassurante est une raison fréquente de s'accrocher à un partenaire du même sexe. Cette relation entre la rivalité destructrice, l'angoisse et les pulsions homosexuelles s'observe souvent dans le procès analytique, si l'analyste se trouve être du même sexe que le patient. Celui-ci pourra traverser une période au cours de laquelle il se vantera de ses propres exploits et tiendra l'analyste en parfait mépris. Au début, il se comportera ainsi de façon si déguisée qu'il n'en aura nulle conscience. Bientôt, il reconnaîtra son attitude, mais celle-ci demeurant isolée de ses sentiments, il ne concevra pas la puissante affectivité qui l'engendre. Enfin, lorsqu'il commencera à éprouver progressivement les effets de son hostilité envers l'analyste et à ressentir, en même temps, une croissante inquiétude, accompagnée de rêves d'angoisse, de palpitations, d'agitation, il rêvera soudain que l'analyste l'étreint et prendra conscience du désir de se lier étroitement à lui, révélant ainsi le besoin d'apaiser son angoisse. Cette séquence de réactions peut se reproduire à plusieurs reprises avant que le patient se sente capable d'affronter le problème de la compétition, tel qu'il se présente pour lui.

Ainsi, en résumé, l'admiration ou l'amour peuvent servir à compenser des pulsions destructrices : soit en maintenant ces pulsions en dehors de la conscience, soit en éliminant toute compétition par la création d'une barrière infranchissable entre soi-même et le rival, soit en permettant de jouir du succès de l'autre ou d'y participer, soit en se conciliant le rival et en se préservant ainsi de sa vindicte.

Ces remarques restent loin d'être exhaustives, mais elles suffisent à montrer combien la compétition névrotique peut altérer les relations sexuelles. Cette altération est grave, car la compétition qui, dans notre culture, ruine toute possibilité de rapports entre les sexes demeure une source d'angoisse et rend ces bons rapports d'autant plus désirables.

Objets transitionnels et phénomènes transitionnels

(1951-1953)

DONALD WOODS WINNICOTT
(1896-1971)

D.W. Winnicott a d'abord été pédiatre, dès 1923, au Paddigton Green Children's Hospital, et ce n'est qu'en 1930 qu'il entreprit une analyse personnelle. Il devint en 1937 membre de la Société britannique de psychanalyse. Il la présida de 1956 à 1959 et de 1965 à 1968.

On peut lire ce texte, très connu, au plus près de l'expérience. Winnicott a rendu attentifs à un phénomène quasi universel dans la petite enfance, non seulement les psychanalystes, mais les pédiatres, les puéricultrices, et nombre de parents. Cependant ce texte va bien au-delà des frontières supposées ou réelles de la « psychanalyse d'enfant ». On peut noter que, à partir de ce qu'il dit sur l'illusion, Winnicott ouvre la voie à des travaux sur la créativité, mais aussi sur la toxicomanie, le fétichisme, le mensonge et le vol.

Source : D.W. Winnicott, *Collected Papers*, Tavistock Publications, Ltd. Traduction française (J. Kalmanovitch), Payot, 1969.

Bibliographie : D.W. Winnicott, *Jeu et réalité*, Gallimard, 1975.

Introduction

Il est bien connu que les nouveau-nés sont enclins à utiliser dès leur naissance le poing, les doigts, les pouces, pour stimuler la zone orale érogène, pour satisfaire les pulsions orales et aussi tout simplement pour les sucer, car ils trouvent la quiétude dans cette association de la bouche et des doigts. On sait également que quelques mois plus tard, les nourrissons garçons ou filles, prennent plaisir à jouer avec des poupées ; la plupart des mères mettent d'ailleurs à leur disposition un objet particulier, escomptant que l'enfant s'y attachera de façon habituelle et tyrannique.

Il y a une relation entre ces deux ordres de phénomènes qui sont séparés par un intervalle de temps ; le passage de l'un à l'autre peut être étudié avec profit en utilisant un matériel clinique important qui a été quelque peu négligé jusqu'à présent.

La première possession

Ceux qui connaissent bien tout ce qui intéresse et préoccupe les mères n'ignorent pas les schèmes de comportement très riches que présentent ordinairement les nourrissons lorsqu'ils font usage de leur première possession « non-moi ». Ces schèmes, qui sont ainsi manifestés, peuvent faire l'objet d'une observation directe.

On trouvera une grande diversité dans la suite des faits qui va des activités du nouveau-né mettant les doigts à la bouche jusqu'à l'attachement à un jouet en peluche, à une poupée ou à un jouet doux, ou bien à un jouet dur[1].

Il est évident qu'il y a là quelque chose d'important, qui n'est pas de l'excitation et de la satisfaction orales, encore que tout le reste en découle probablement.

Un grand nombre d'autres choses méritent de faire l'objet d'une étude ; entre autres :

- La nature de l'objet.
- La capacité du nourrisson de reconnaître l'objet comme étant « non-moi ».
- La place de l'objet à l'extérieur, à l'intérieur, ou à la limite entre les deux.
- L'aptitude de l'enfant à créer, à réfléchir, à imaginer, à inventer, à faire naître, à produire un objet.
- L'instauration de relations objectales du type affectueux.

J'ai introduit les expressions « objet transitionnel » et « phénomène transitionnel » pour désigner la zone d'expérience qui est intermédiaire entre le pouce et l'ours en peluche, entre l'érotisme oral et la relation objectale vraie, entre l'activité créatrice primaire et la projection de ce qui a déjà été introjecté, entre l'ignorance primaire de la dette et la reconnaissance de cette dette (« dis : merci ! »).

Selon cette définition, il faut situer dans cette zone intermédiaire au titre de phénomènes transitionnels le babil d'un nourrisson ou la façon dont un enfant plus âgé passe en revue son répertoire de mélodies et de chansons avant de s'endormir : il en est de même de l'usage d'objets qui ne font pas partie du corps du nourrisson et qu'il ne reconnaît pourtant pas encore complètement comme appartenant à la réalité extérieure.

Il est généralement admis qu'une définition de la nature humaine présentée en fonction des relations interpersonnelles est incomplète, même si l'on tient compte de l'élaboration imaginaire de la fonction, de tout l'ensemble des fantasmes à la fois conscients et inconscients, l'inconscient refoulé y compris. Les recherches de ces vingt dernières années nous permettent de décrire les personnes d'une autre manière : on peut dire que pour tout individu qui a atteint le stade de l'unité (avec une membrane qui l'enclôt et délimite un intérieur et un extérieur), il existe une *réalité intérieure* – un monde intérieur riche ou pauvre, en paix ou en conflit.

Je soutiens que si cette double formulation se révèle nécessaire, il est tout aussi indispensable d'y ajouter un autre élément ; car il existe une partie de la vie d'un être humain que nous ne pouvons négliger, la troisième partie qui constitue une zone intermédiaire où la réalité intérieure et la vie extérieure contribuent l'une et l'autre au vécu. C'est une zone qui n'est pas disputée, car on n'en exige rien ; il suffit qu'elle existe comme lieu de repos pour l'individu engagé dans cette tâche humaine incessante qui consiste à maintenir la réalité intérieure et la réalité extérieure distinctes, et néanmoins étroitement en relation.

Il est courant de se référer à la « mise à l'épreuve de la réalité » et de faire une distinction nette entre l'aperception et la perception. Je me hasarde à avancer qu'il existe un état intermédiaire entre l'inaptitude du petit enfant à reconnaître et à accepter la réalité et son aptitude croissante à le faire. Ce que j'étudie ici c'est donc l'essence de l'*illusion*, celle qui est permise au petit enfant et qui est propre à l'art et à la religion

1. *N.d.T.* L'auteur utilise l'expression *soft toy* pour désigner un jouet mou, ou doux, moelleux au toucher – objet en peluche, poupée de chiffon, jouet de caoutchouc – par opposition aux jouets durs – en bois, en métal ou d'une matière rigide.

dans la vie d'adulte. Nous pouvons partager un respect pour une *expérience illusoire*, et si nous le désirons nous pouvons nous rassembler pour former un groupe sur la base de l'analogie de nos expériences illusoires. Bien des groupes d'êtres humains reposent sur cette base naturelle. Et pourtant si un adulte exige trop de la crédulité des autres, en les obligeant à admettre qu'ils partagent une illusion qui n'est vraiment pas la leur, c'est un signe de folie.

On comprendra, je l'espère, que je ne m'occupe pas exactement de l'ours en peluche du petit enfant, ni de sa première façon de se servir de son poing (de son pouce, de ses doigts), que mon but n'est pas l'étude spécifique du premier objet des relations objectales, mais que je m'intéresse à la première possession et à la zone intermédiaire qui sépare le subjectif de ce qui est perçu objectivement.

Développement d'un schème personnel

On trouve dans la littérature psychanalytique de nombreuses références au progrès (on passe du stade de « la main à la bouche » à celui de « la main aux organes sexuels »), mais le progrès qui aboutit au maniement des objets vraiment « non-moi » est peut-être plus rarement mentionné. Tôt ou tard dans le développement de l'enfant, il apparaît chez celui-ci une tendance à entremêler au schème personnel des objets « autres-que-moi ». Dans une certaine mesure, ces objets représentent le sein maternel, mais là n'est pas le but essentiel de notre étude.

Certains enfants mettent le pouce dans la bouche tandis que les doigts caressent le visage grâce aux mouvements de pronation et de supination de l'avant-bras. La bouche joue alors un rôle actif par rapport au pouce, mais pas par rapport aux doigts. Les doigts qui caressent la lèvre supérieure ou quelque autre partie du visage peuvent être, ou devenir, plus importants que le pouce qui occupe la bouche. De plus, on peut trouver cette activité de caresse isolée, sans que le pouce et la bouche soient unis dans un contact direct (Freud, 1905, Hoffer, 1949).

Il arrive couramment qu'à une expérience auto-érotique (sucer le pouce par exemple) s'ajoute une autre activité, ainsi :

1° Avec l'autre main, le petit enfant prend un objet externe, disons un bout de drap ou de la couverture, et le met dans la bouche avec les doigts ; ou bien :

2° d'une façon ou d'une autre, le bout de tissu[1] est tenu et sucé, ou n'est pas réellement sucé. Les objets utilisés naturellement sont les couches et (plus tard) les mouchoirs ; cela dépend de ce qui est à la portée de l'enfant et de ce qu'il est sûr d'avoir ; ou bien :

3° l'enfant commence dès les premiers mois à éplucher la laine et à l'utiliser pour la partie « caresse » de cette activité[2]. Il est moins courant de le voir avaler la laine, ce qui crée même des ennuis ; ou bien :

4° il a des activités buccales accompagnées de sons tels que « mama mame », il babille[3], émet des sons *putt putt*, les premières notes musicales, etc.

On peut supposer que penser ou fantasmer se rattache à ces expériences fonctionnelles.

1. On en a vu récemment un exemple dans le film *Un enfant de deux ans va à l'hôpital* par James Robertson (*Tavistock Clinic*), où l'enfant a une poupée de chiffon. Cf. aussi Robertson et *al.* (1952).
2. Il existe en anglais une expression idiomatique : *wool-gathering*, « être dans la lune » (mot à mot : ramasser de la laine). Cela explique peut-être qu'elle signifie que l'on se situe dans la zone transitionnelle ou intermédiaire.
3. Cf. Scott (1955).

C'est tout cela que je désigne sous le terme de *phénomènes transitionnels*. Pour un enfant donné, il se peut que, de cet ensemble, il se dégage une chose ou un phénomène qui prend une importance primordiale – que ce soit une poignée de laine ou le coin d'une couverture ou d'un édredon, un mot, une mélodie ou encore un geste habituel. Il l'utilise au moment de s'endormir : c'est une défense contre l'angoisse et plus particulièrement l'angoisse du type dépressif (Illingworth, 1951). Il se peut que le petit enfant ait trouvé un objet doux ou sa couverture à utiliser, ce qui devient alors ce que j'appelle un *objet transitionnel*. Cet objet continue à être important. Les parents en apprennent la valeur et l'emmènent dans les déplacements. La mère le laisse devenir sale et même malodorant parce qu'elle sait qu'en le lavant elle suscite une solution de continuité dans l'expérience du petit enfant, ce qui peut détruire la signification et la valeur de l'objet pour l'enfant.

À mon avis, le schème des phénomènes transitionnels apparaît vers 4, 6, 8, 12 mois. C'est à dessein que je laisse place à des écarts aussi larges.

Les schèmes établis dans les premiers mois de la vie peuvent persister plus tard dans l'enfance, de sorte que l'objet mou primitif continue à être absolument nécessaire à l'heure du coucher ou à des périodes de solitude, ou encore s'il y a risque d'un état dépressif. Mais pourtant, si le développement est normal, la gamme des sujets d'intérêt s'étend peu à peu et, finalement, cette gamme ainsi étendue se maintient même lorsqu'une angoisse dépressive est proche. On peut voir réapparaître à un âge plus avancé, s'il y a risque de carence affective, ce besoin du jeune âge ressenti à l'égard d'un objet particulier ou d'un certain schème de comportement.

La première possession est utilisée conjointement à des techniques particulières qui proviennent de la toute petite enfance ; ces techniques comprennent les activités plus directement auto-érotiques, mais elles peuvent aussi exister isolément. Petit à petit, les jouets en peluche, les poupées et les jouets durs sont intégrés à la vie de l'enfant. Dans une certaine mesure, le goût des garçons les porte davantage vers les jouets durs, tandis que les filles procéderont plutôt à l'acquisition d'une famille. Il est important de remarquer toutefois qu'il n'y a pas de *différence notable* entre *garçon et fille* dans l'usage qu'ils font de la *première possession « non-moi »*, que j'appelle l'objet transitionnel.

À mesure que l'enfant utilise des sons organisés (mame, ta, da), il peut apparaître un « mot » pour désigner l'objet transitionnel. Le nom donné par le petit enfant à ces tout premiers objets est toujours significatif et il s'y incorpore habituellement en partie un mot employé par les adultes. Par exemple, s'il l'appelle « bé », cela viendra de ce que l'adulte emploie le mot « bébé », ou « pé », pour poupée.

Il me faut mentionner le fait qu'il n'existe parfois pas d'objet transitionnel si ce n'est la mère elle-même. Ou bien il se peut que le développement affectif d'un enfant soit si perturbé qu'il ne lui permette pas de jouir du stade transitionnel, ou encore qu'il se produise une rupture dans la succession des objets utilisés. Néanmoins, cette continuité peut persister sans être apparente.

Tableau des particularités de la relation

1. L'enfant s'arroge des droits sur l'objet et nous sommes d'accord pour cette prise de possession. Néanmoins, dès le début, on note une certaine annulation de la toute-puissance.
2. L'objet est affectueusement dorloté, il est aussi aimé avec passion et mutilé.

3. L'objet ne doit jamais changer à moins que ce soit l'enfant qui le modifie.
4. L'objet doit survivre à l'amour instinctuel et aussi à la haine, et, si c'est le cas, à l'agressivité pure.
5. Pourtant, il faut que pour l'enfant l'objet paraisse donner de la chaleur, ou être capable de mouvement, ou avoir une certaine texture, ou pouvoir faire quelque chose qui semblerait montrer une animation ou une réalité qui lui serait propre.
6. De notre point de vue, l'objet vient de l'extérieur, mais il n'en est pas de même du point de vue de l'enfant. Pour lui, il ne vient pas non plus du dedans ; ce n'est pas une hallucination.
7. Cet objet est voué au désinvestissement progressif, de sorte qu'avec les années, il n'est pas tant oublié que relégué dans les limbes. J'entends par là qu'au cours du développement normal l'objet transitionnel n'entre pas « à l'intérieur » et que le sentiment qui s'y rapporte n'est pas nécessairement refoulé. Il n'est pas oublié, et on ne porte pas son deuil. Il perd sa signification, et ce, parce que les phénomènes transitionnels sont devenus diffus, se sont répandus sur tout le territoire intermédiaire qui sépare « la réalité psychique intérieure » du « monde extérieur dans la perception commune à deux personnes », c'est-à-dire qu'ils recouvrent tout le domaine de la culture.

Parvenu à ce point, le sujet de mon étude s'élargit et débouche sur le jeu, la création artistique et l'appréciation des arts, le sentiment religieux, le rêve et aussi le fétichisme, le mensonge et le vol, la naissance et la perte de tout sentiment affectueux, la toxicomanie, le talisman des rites obsessionnels, etc.

Rapport entre l'objet transitionnel et le symbolisme

Il est exact que le coin de couverture (ou toute autre chose de cet ordre) est le symbole d'un quelconque objet partiel tel que le sein maternel. Néanmoins, l'intérêt ne réside pas tant dans la valeur symbolique que dans sa réalité actuelle. Le fait que ce n'est pas le sein (ou la mère) est tout aussi important que le fait qu'il représente le sein (ou la mère).

Lorsqu'il en vient à utiliser le symbolisme, l'enfant sait déjà faire clairement la distinction entre le fantasme et la réalité, entre les objets intérieurs et les objets extérieurs, entre l'activité créatrice primaire et la perception. Mais le terme d'objet transitionnel, selon mon acception, laisse place au processus aboutissant à l'aptitude à accepter les différences et les similitudes. J'estime qu'il serait utile de disposer d'un terme pour décrire l'origine du symbolisme dans le temps, d'un terme qui évoquerait le chemin parcouru par l'enfant lorsqu'il passe du subjectif pur à l'objectivité, et il me semble que l'objet transitionnel (le bout de couverture, etc.) est justement ce que nous voyons de ce cheminement vers l'existence vécue.

Il serait possible de comprendre l'objet transitionnel tout en ne comprenant pas pleinement la nature du symbolisme. Le symbolisme ne peut être étudié correctement, semble-t-il, qu'au cours du processus de développement d'un individu, mais sa signification en mettant les choses au mieux reste variable. Par exemple, si nous considérons l'hostie du Saint-Sacrement, qui est le symbole du corps du Christ, je pense ne pas me tromper en disant que pour les Catholiques romains, c'est le corps et que pour les Protestants, il s'agit d'un *substitut*, d'un rappel ; ce n'est pas en fait, dans son essence, le corps lui-même. Pourtant, dans les deux cas, l'hostie est un symbole.

Une schizophrène m'a demandé après Noël si j'avais pris plaisir à la manger au souper et : *est-ce que je l'avais réellement mangée ou ne l'avais-je fait qu'en imagination* ? Je savais qu'elle ne pouvait être satisfaite d'une réponse à l'une ou à l'autre question ; il lui fallait une double réponse en raison de sa dissociation.

Description clinique d'un objet transitionnel

TOUS CEUX QUI SONT EN CONTACT avec parents et enfants connaissent une infinie quantité de matériel clinique varié qui illustre l'objet transitionnel[1]. Les exemples qui suivent ne sont donnés que pour rappeler aux lecteurs des observations analogues qu'ils ont pu faire de leur côté.

Cas de deux frères et différence de l'utilisation de leurs premières possessions

L'objet transitionnel et son utilisation dévoyée. « X », un adulte qui est maintenant bien portant, a éprouvé beaucoup de difficulté avant de parvenir à la maturité. La mère « a appris à être mère » en s'occupant de « X », quand il était petit ; ce qu'elle avait appris avec lui, lui a permis d'éviter certaines erreurs avec ses autres enfants. Il faut dire aussi que des raisons extérieures l'avaient rendue anxieuse lorsqu'elle s'était occupée de l'élever quasiment seule dès sa naissance. Elle prit très au sérieux son rôle de mère et le nourrit au sein pendant sept mois. Elle a le sentiment que, dans son cas, ce fut trop long, car le sevrage a été très difficile. Il n'a jamais sucé le pouce ou les doigts, et quand elle l'a sevré « il n'avait rien à quoi se raccrocher ». Il n'avait jamais eu de biberon ou de sucette et n'avait jamais été nourri autrement qu'au sein. Il avait un *attachement très fort et très précoce à la mère elle-même*, en tant que personne, et c'était elle en personne qui lui était nécessaire.

À partir de douze mois, il adopta parmi ses jouets un lapin qu'il avait l'habitude de dorloter et il reporta par la suite cette attitude affectueuse sur de vrais lapins. Cette affection pour le jouet dura jusqu'à cinq ou six ans. On pourrait la décrire comme un « réconfort », mais ce jouet n'a jamais eu la qualité d'un véritable objet transitionnel. Ce lapin ne fut jamais, comme l'aurait été un véritable objet transitionnel, d'une importance plus grande que celle de la mère, une partie presque inséparable de l'enfant. Dans le cas de ce garçon, le sevrage à sept mois fit naître un type d'angoisses qui produisirent plus tard de l'asthme ; il ne parvint à le maîtriser que petit à petit. Il était important que son travail soit éloigné de sa ville natale. Son attachement à sa mère est encore très puissant, mais malgré tout, la définition du normal ou de la bonne santé au sens large s'applique à lui. Cet homme ne s'est pas marié.

Utilisation typique des objets transitionnels. « Y », le frère cadet de « X », s'est développé tout à fait sans histoire ; il a maintenant 3 enfants, tous en bonne santé. Il a

1. On en trouve d'excellents exemples dans l'unique article que j'ai trouvé sur ce sujet : « Fetichism and object choice in early childhood ». *Psychoanal. Quart.*, 1946, 15, p. 450 (« Le Fétichisme et le choix de l'objet dans la petite enfance »), par Wulff, qui y étudie d'une façon claire le même phénomène ; toutefois, il appelle les objets des « objets fétiches ». Pour moi, ce terme ne me paraît pas correct et je le discuterai plus loin. Je n'ai connu en fait l'article de Wulff qu'après avoir écrit le mien, mais j'ai vu avec beaucoup de plaisir qu'un collègue avait déjà considéré que ce sujet méritait d'être traité et cela a étayé mon point de vue. Voir aussi : Abraham (1916) et Lindner (1879).

été nourri au sein pendant quatre mois, puis sevré sans difficulté[1] ; « Y » a sucé son pouce dès les premières semaines et cela a aussi « rendu son sevrage plus facile que pour son aîné ». Peu de temps après qu'on eut cessé de le nourrir au sein, à cinq mois et jusqu'à six mois, il adopta le bord d'une couverture à l'endroit où s'arrêtait la piqûre. Il était satisfait si un petit morceau de laine dépassait du coin et il se chatouillait le nez avec. Très vite, ceci est devenu son « bê », il a inventé lui-même ce mot pour le désigner dès qu'il a pu utiliser des sons organisés. À un an environ, il a pu substituer à la couverture un maillot vert très doux avec un ruban rouge. Ce n'était pas un « moyen de réconfort » comme dans le cas de son frère aîné, qui était d'humeur dépressive, mais un « calmant ». C'était un sédatif toujours efficace. Voilà un exemple typique de ce que j'appelle un « objet transitionnel ». Lorsque « Y » était petit, on était sûr qu'en lui donnant son « bê » il le sucerait immédiatement et ne serait plus angoissé. En fait, il s'endormait quelques minutes plus tard, s'il était tant soit peu l'heure de dormir. À la même époque, il continuait de sucer son pouce et cela dura jusqu'à l'âge de 3 ou 4 ans. Il se souvient encore qu'il suçait son pouce, et qu'à force de le sucer, un durillon s'était formé. C'est en qualité de père qu'il s'intéresse maintenant à ce que ses enfants sucent leur pouce et aient un « bê ».

Le tableau ci-dessous fait apparaître des points de comparaison tirés de l'histoire des sept enfants de cette famille.

		Pouce	Objet transitionnel		Type d'enfant
	X garçon	O	mère	lapin (réconfortant)	fixé à la mère
	Y –	+	« bê »	tricot (calmant)	libre
jumeaux	fille	O	sucette	âne (ami)	maturité tardive
	garçon	O	« Eë »	Ee (protecteur)	psychopathe latent
enfants de Y	fille	O	« Bê »	couverture (rassurance)	se développent bien
	fille	+	pouce	pouce (satisfaction)	
	garçon	+	« mimis » (I)	objets (tri)	

(I) Collections de nombreux objets analogues de consistance douce qui se distinguent par leur couleur, leur longueur, leur taille et sont soumis très tôt à un tri et à une classification.

Au cours d'une consultation avec les parents, il est souvent utile d'obtenir des renseignements sur les premières possessions de tous les enfants de la famille et sur l'usage qu'ils en ont fait. La mère est ainsi amenée à faire des comparaisons entre ses enfants et à se souvenir de leurs traits caractéristiques lorsqu'ils étaient petits.

Souvent il arrive aussi qu'on obtienne des renseignements auprès d'un enfant sur les objets transitionnels. Par exemple, Angus (11 ans et 9 mois) m'a raconté que son frère « avait des centaines de jouets en peluche et de choses » et « qu'avant il avait des petits ours ». Ensuite, il se mit à raconter son histoire à lui. Il me dit qu'il n'avait

1. La mère avait « appris avec le premier enfant qu'il était bon de donner un biberon une fois dans la journée tant qu'on nourrissait au sein », c'est-à-dire qu'elle admettait la valeur positive des substituts maternels ; elle parvint de la sorte à sevrer le plus jeune plus facilement que l'aîné.

jamais eu de jouets en peluche. Il y avait un cordon de sonnette qui pendait au-dessus de son lit, et il avait l'habitude de taper dedans jusqu'à ce qu'il s'endorme. Il est probable qu'à la longue le cordon tomba et que ce fut ainsi que cela se termina.

Mais il y eut pourtant quelque chose d'autre. Il le dit très timidement. Il s'agissait d'un lapin violet aux yeux rouges ; « je ne l'aimais pas spécialement. Je le jetais partout. C'est Jeremy qui l'a maintenant. Je le lui ai donné. Je l'ai donné à Jeremy parce qu'il était méchant, le lapin : il tombait toujours de la commode. *Il vient encore me voir, j'aime bien qu'il vienne me voir* ». Il a été surpris lui-même lorsqu'il me dessina la lapin. On remarquera que ce garçon de 11 ans qui avait un sens de la réalité suffisant pour son âge parlait comme si le sens de la réalité lui manquait lorsqu'il décrivait les qualités et les activités de l'objet transitionnel. Lorsque je vis sa mère plus tard, elle exprima sa surprise qu'Angus se fût souvenu du lapin. Elle le reconnut facilement d'après le dessin en couleurs.

Je m'abstiens délibérément de rapporter ici d'autres observations, d'autant que je désire éviter de donner l'impression que c'est l'exception. On peut trouver pratiquement dans chaque cas quelque chose d'intéressant relatif aux phénomènes transitionnels ou à leur absence (cf. Stevenson, Olive, 1954).

Étude théorique

En se référant à la théorie psychanalytique courante, on peut faire certains commentaires :

I. L'objet transitionnel représente le sein, ou l'objet de la première relation.
2. L'objet transitionnel est antérieur à l'établissement de l'épreuve de la réalité.
3. Par rapport à l'objet transitionnel, l'enfant passe d'une maîtrise omnipotente (magique) à une maîtrise par manipulation (ce qui implique un érotisme musculaire et le plaisir de la coordination).
4. L'objet transitionnel peut éventuellement devenir un objet fétiche, et comme tel, persister chez l'adulte en tant que caractéristique de sa vie sexuelle (cf. l'exposé de ce thème par Wulff).
5. L'objet transitionnel peut, en raison d'une organisation érotique anale, représenter les fèces (mais ce n'est pas pour cela qu'il peut sentir mauvais à la longue et ne doit pas être lavé).

Relation de l'objet transitionnel avec l'objet interne (Klein)

Il est intéressant de comparer le concept d'objet transitionnel au concept de Mélanie Klein relatif à l'objet interne. L'objet transitionnel n'est *pas un objet interne* (ce qui est un concept mental) – mais c'est une possession. Et cependant pour l'enfant, ce n'est pas non plus un objet externe.

Il est nécessaire d'en venir à la définition complexe suivante : l'enfant peut utiliser un objet transitionnel lorsque l'objet interne est vivant, réel et suffisamment bon (pas trop persécutoire). Mais cet objet interne dépend, quant à ses qualités, de l'existence, de l'animation et du comportement de l'objet externe (le sein, l'image maternelle, et tous les soins de l'environnement). Si l'objet externe est mauvais ou fait défaut, cela se répercute sur l'objet interne qui se fige ou prend un caractère persécutoire. Si la carence de l'objet externe persiste, l'objet interne ne peut avoir de sens pour l'enfant et c'est alors seulement que l'objet transitionnel perd aussi sa signification. L'objet transitionnel peut donc représenter le sein « externe » mais *indirectement*, en tenant lieu de sein « interne ».

L'objet transitionnel n'est jamais sous contrôle magique comme l'objet interne, il n'est pas non plus hors de contrôle comme l'est la vraie mère.

Illusion – Désillusionnement

Pour pouvoir apporter une contribution personnelle à ce thème, il me faut d'abord expliciter certains points trop facilement considérés comme allant de soi dans bien des travaux psychanalytiques sur le développement affectif infantile, tout en étant souvent compris par ailleurs dans la pratique.

L'enfant n'a aucune possibilité de passer du principe du plaisir au principe de réalité ou de tendre à une identification primaire, ou encore moins de la dépasser (voir Freud, 1923, p. 14)[1], à moins que la mère soit suffisamment bonne[2]. La mère suffisamment bonne (qui n'est pas nécessairement la propre mère de l'enfant) est une personne qui s'adapte sur un mode actif aux besoins de l'enfant ; cette adaptation décroît petit à petit à mesure que l'enfant devient apte à admettre un défaut d'adaptation et à tolérer les conséquences de la frustration. Naturellement, la propre mère de l'enfant est plus susceptible que toute autre personne d'être « suffisamment bonne » puisque cette adaptation active nécessite une facile et inlassable préoccupation pour cet enfant-là : en fait, la réussite des soins donnés aux enfants dépend du dévouement, et non du degré d'habileté ou des lumières intellectuelles.

La mère suffisamment bonne, comme je l'ai dit, commence par s'adapter presque totalement aux besoins de l'enfant : à mesure que le temps passe, elle s'adapte de moins en moins étroitement, suivant la capacité croissante qu'a l'enfant de s'accommoder de cette carence.

Les moyens dont dispose l'enfant pour y faire face comprennent :

- Des expériences souvent répétées qui apprennent à l'enfant que la frustration est limitée dans le temps. Au début, naturellement, ce laps de temps doit être bref.
- Le développement de sa capacité d'appréhender le déroulement de ces expériences.
- La naissance d'une activité mentale.
- Le recours aux satisfactions auto-érotiques.
- Se remémorer, revivre, fantasmer, rêver ; intégrer le passé, le présent, le futur.

Si tout va bien, l'enfant peut effectivement tirer un bénéfice de l'expérience de la frustration, puisqu'une adaptation incomplète au besoin donne aux objets leur réalité, c'est-à-dire qu'ils sont haïs aussi bien qu'aimés. Il en résulte donc que, *si tout va bien*, une adaptation étroite au besoin perturbe l'enfant si elle se prolonge trop au lieu de décroître naturellement ; en effet, une adaptation exacte ressortit de la magie et l'objet qui se comporte d'une façon parfaite ne vaut pas mieux qu'une hallucination.

1. Voir aussi Freud (1921), p. 65.
2. Marion Milner (1952, p. 181) a exposé clairement (à mon avis) un effet – et c'est l'effet principal – de la carence de la mère dans ce domaine au début de la vie d'un enfant. Elle montre que la carence maternelle suscite un développement du moi prématuré, avec une distinction précoce du mauvais objet par rapport au bon objet. La période d'illusion (ou ce que j'appelle la « phase transitionnelle ») subit des perturbations. Dans l'analyse ou dans diverses activités de la vie ordinaire, on peut voir comment un individu recherche sans cesse le lieu de repos précieux de l'illusion. De la sorte, l'illusion a sa valeur positive. Voir aussi Freud (1950).

Néanmoins, au début il est nécessaire que l'adaptation soit presque parfaite ; et s'il n'en est pas ainsi, l'enfant ne peut acquérir l'aptitude d'établir des relations avec la réalité extérieure, ou même parvenir à la concevoir.

L'illusion et la valeur de l'illusion

La mère au début, en s'adaptant presque à cent pour cent, permet à l'enfant d'avoir l'*illusion* que son sein fait partie de l'enfant. C'est comme si le sein était pour ainsi dire sous contrôle magique. La même chose s'applique à tous les soins maternels en général, pendant les périodes de calme, qui s'intercalent entre les périodes d'excitation. L'omnipotence est tout près d'être un fait de l'expérience vécue. La mère aura finalement pour tâche de désillusionner l'enfant petit à petit, mais elle n'y réussira que dans la mesure où elle lui aura donné tout d'abord assez de possibilités d'illusion.

En d'autres termes, le sein est créé et recréé par l'enfant à partir de sa capacité d'aimer ou, pourrait-on dire, à partir de son besoin. Un phénomène subjectif apparaît ainsi chez l'enfant, phénomène que nous appelons le sein de la mère[1]. La mère place le vrai sein juste là où l'enfant est prêt à créer, au bon moment.

Dès la naissance, par conséquent, l'être humain est en butte à la question de la relation entre ce qui est perçu objectivement et ce qui est conçu sur un mode subjectif. L'individu ne pourra résoudre ce problème de façon saine que dans la mesure où sa mère l'a bien fait débuter. *La zone intermédiaire à laquelle je me réfère est celle que l'on alloue à l'enfant et qui se situe entre la créativité primaire, et la perception objective basée sur l'épreuve de la réalité.* Les phénomènes transitionnels représentent les premiers stades de l'usage de l'illusion sans laquelle un être humain n'attribue pas de sens à l'idée d'une relation avec un objet perçu par les autres comme extérieur à lui.

FIG. 1.

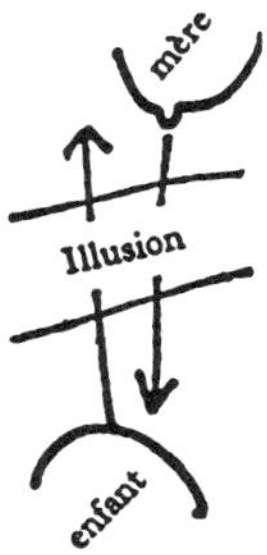

FIG. 2.

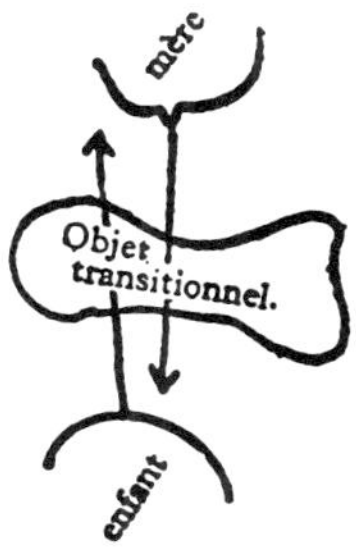

1. Pour moi, toute la technique du maternage y est comprise. Lorsque l'on dit que le premier objet est le sein, le mot « sein » est utilisé, à mon sens, pour désigner la technique du maternage aussi bien que l'organe lui-même. Il n'est pas impossible à une mère d'être une mère suffisamment bonne (telle que je la définis) même si elle nourrit l'enfant au biberon.
À condition de ne pas oublier le sens large du mot sein, et d'inclure aussi la technique maternelle dans la signification globale du terme, on peut dire qu'il y a un rapport entre la formulation du premier développement d'après Mélanie Klein, et la conception d'Anna Freud. La seule différence qui subsiste est d'ordre chronologique, de peu d'importance en fait puisqu'elle disparaîtra automatiquement avec le temps.

L'idée suivante est illustrée par la fig. 2 : parvenu à un point théorique qui se situe tôt dans le développement de tout individu, un jeune enfant, qui se trouve dans une certaine situation que la mère assure, est capable de concevoir l'idée de quelque chose qui répondrait au besoin croissant suscité par la tension instinctuelle. On ne peut pas dire de l'enfant qu'il sache au début de qui doit être créé. C'est à ce moment-là que la mère se présente. D'ordinaire, elle donne le sein et offre son désir de nourrir. Si la mère s'adapte suffisamment bien aux besoins de l'enfant, celui-ci en tire l'*illusion* qu'il existe une réalité extérieure qui correspond à sa capacité personnelle de créer. En d'autres termes, ce que la mère fournit recouvre ce dont l'enfant pourrait se faire une idée. Pour l'observateur, il semble que l'enfant perçoit ce que la mère lui présente en fait, mais ce n'est pas là toute la vérité. L'enfant perçoit le sein seulement dans la mesure où un sein a pu être créé exactement *hic et nunc* ; il n'y a pas d'échange entre la mère et l'enfant. Sur un plan psychologique, l'enfant tète un sein qui fait partie de lui-même et la mère allaite un enfant qui est une partie d'elle-même. En psychologie, l'idée d'échange repose sur une illusion.

Pour mieux illustrer ce que je considère être la fonction principale de l'objet transitionnel et des phénomènes transitionnels, j'ai donné une forme à la zone de l'illusion sur le deuxième schéma. L'objet transitionnel et les phénomènes transitionnels donnent au départ à chaque individu quelque chose qui restera toujours important pour lui, à savoir un domaine d'expérience vécue neutre qui ne sera pas contesté. Aussi l'on peut dire qu'à l'égard de *l'objet transitionnel, il existe une entente entre nous et l'enfant : on ne lui demandera jamais « as-tu eu l'idée de telle chose ou est-ce que cela t'est venu de l'extérieur ? » Ce qui compte, c'est qu'on ne s'attend pas à ce que l'enfant prenne position ; la question ne doit même pas être formulée.*

Ce problème, qui se pose sans aucun doute au petit enfant de façon latente au début, est mis de plus en plus en évidence du fait que la tâche principale de la mère (tout de suite après celle qui a consisté à favoriser l'illusion) est de désillusionner. Cette tâche est préliminaire à celle du sevrage et nous la trouverons plus tard aussi parmi celles des parents et des éducateurs. En d'autres termes, cette question de l'illusion est inhérente à la condition humaine et nul ne peut finalement la résoudre pour soi-même quoique une compréhension *théorique* puisse fournir une solution *théorique*. Si tout va bien, la scène est prête, au cours de ce processus graduel de désillusionnement, pour les frustrations que nous désignons globalement sous le terme de sevrage. Mais il faut se souvenir que lorsque nous parlons des phénomènes groupés autour du sevrage – phénomènes que Melanie Klein a décrits avec précision – nous supposons qu'il existe ce processus sous-jacent grâce auquel sont offertes les possibilités d'illusion et de désillusionnement progressifs. Si le processus illusion-désillusionnement est déformé, l'enfant ne peut parvenir à une chose aussi normale que le sevrage, non plus qu'à une réaction au sevrage, et se référer alors au sevrage en quoi que ce soit est absurde. Le seul fait de mettre fin à l'allaitement au sein n'est pas un sevrage.

Le cas de l'enfant normal nous permet de comprendre l'énorme signification du sevrage. Lorsque nous observons la réaction complexe déclenchée chez un enfant donné par le processus du sevrage, nous savons que cela ne peut se dérouler chez cet enfant que parce que le processus d'illusion-désillusionnement est mené à bien si parfaitement que nous pouvons l'ignorer en parlant du sevrage réel.

Nous supposons ici que l'acceptation de la réalité est une tâche toujours inachevée, qu'aucun être humain n'est affranchi de l'effort que suscite la mise en rapport de la réalité intérieure et de la réalité extérieure ; enfin, que cette tension peut être relâchée grâce à l'existence d'une zone intermédiaire d'expérience qui n'est pas mise en question (les arts, la religion, etc.) (cf. Rivière, 1936) ; cette zone intermédiaire est directement en continuité avec le domaine ludique de l'enfant qui est « perdu » dans son jeu.

Dans la petite enfance, cette zone intermédiaire est nécessaire à l'instauration d'une relation entre l'enfant et le monde. Elle est rendue possible par un maternage suffisamment bon au stade primitif critique. La continuité (dans le temps) de l'environnement affectif extérieur et des éléments particuliers de l'environnement physique, tels que l'objet ou les objets transitionnels, joue à cet égard un rôle essentiel.

Pour l'enfant, les phénomènes transitionnels sont admis parce que les parents reconnaissent intuitivement la tension inhérente à la perception objective, et que là où il y a objet transitionnel, il ne lui est pas posé de question quant à la subjectivité ou à l'objectivité.

Si un adulte exigeait de nous que nous acceptions comme objectifs des phénomènes subjectifs, nous reconnaîtrions la folie ou en ferions même le diagnostic. Par contre, si un adulte peut trouver du plaisir dans une zone intermédiaire qui lui est propre sans rien exiger, nous pouvons alors reconnaître nos propres zones intermédiaires correspondantes et nous réjouir de trouver des points communs, c'est-à-dire une expérience qui coïncide dans l'art, la religion ou la philosophie, pour les membres d'un groupe.

Je désire attirer particulièrement l'attention sur l'article de Wulff, auquel je me suis référé ci-dessus : le matériel clinique donné illustre exactement ce que je désigne sous la rubrique d'objets transitionnels ou de phénomènes transitionnels. La différence entre mon point de vue et celui de Wulff apparaît dans l'usage que je fais de ces termes particuliers et dans celui qu'il fait du terme « objet fétiche ». Il a ramené à la petite enfance quelque chose qui dans notre théorie ressort habituellement des perversions sexuelles. À mon avis, il n'a pas accordé dans cet article assez d'importance à l'objet transitionnel de l'enfant en tant qu'expérience primitive normale. Personnellement, je considère pourtant que les phénomènes transitionnels sont normaux et universels. De plus si nous étendons l'emploi du terme fétiche jusqu'à lui faire recouvrir des phénomènes normaux, une partie de sa valeur sera peut-être perdue.

Je préférerais réserver le terme « fétiche » pour décrire l'objet employé en raison d'une *hallucination* d'un phallus maternel. J'irais même plus loin : il faut que nous gardions sa place à l'*illusion* d'un phallus maternel, c'est-à-dire à une idée qui est universelle et non pas pathologique. Si l'accent mis sur l'objet passe maintenant au mot illusion, nous nous rapprochons de l'objet transitionnel de l'enfant ; son importance réside dans le concept de l'illusion qui est une donnée universelle dans le domaine de l'expérience vécue.

À la suite de quoi, nous pouvons admettre que l'objet transitionnel est virtuellement un phallus maternel, tout en étant à l'origine le sein, c'est-à-dire la chose créée par l'enfant et en même temps fournie par l'environnement. C'est dans ce sens que je pense qu'une étude de l'usage que fait l'enfant de l'objet transitionnel et des phénomènes transitionnels en général peut nous éclairer sur l'origine de l'objet fétiche et du fétichisme. Mais on perd obligatoirement quelque chose en remontant de la psychopathologie du fétichisme aux phénomènes transitionnels qui appartiennent aux origines de l'expérience et sont inhérents à un développement affectif normal.

Résumé

NOUS AVONS ATTIRÉ L'ATTENTION sur la richesse que nous offre l'observation des premières expériences de l'enfant normal telles qu'elles s'expriment principalement dans sa relation avec la première possession.

Un rapport est établi entre cette première possession et les phénomènes auto-érotiques qui lui sont antérieurs, la succion du pouce et celle du poing : ainsi qu'avec ce qui apparaît plus tard : le premier jouet moelleux, animal ou poupée et les jouets de consistance dure. On examine le rapport de cette première possession à la fois à l'objet externe (le sein de la mère) et aux objets internes (le sein introjecté magiquement) bien qu'elle soit distincte de l'une et de l'autre.

Les objets transitionnels et les phénomènes transitionnels appartiennent au domaine de l'illusion qui est la base de l'instauration de l'expérience. Ce stade primitif du développement est rendu possible par l'aptitude particulière que possède la mère de s'adapter aux besoins de son enfant, permettant de la sorte à celui-ci d'avoir l'illusion que ce qu'il crée existe réellement.

Cette zone intermédiaire de l'expérience, pour laquelle ne se pose pas la question de savoir si elle appartient à la réalité intérieure ou extérieure (partagée), constitue la partie la plus importante de l'expérience infantile. Tout au long de la vie, elle se maintient dans cette expérience intense qui est du domaine des arts, de la religion, de la vie imaginative, de la création scientifique.

On peut donc attribuer une valeur positive à l'illusion.

L'objet transitionnel de l'enfant est désinvesti ordinairement petit à petit, surtout à mesure que croissent les intérêts culturels.

Sur le plan de la psychopathologie :

On peut définir la *toxicomanie* en termes de régression au stade primitif, où les phénomènes transitionnels ne sont pas mis en question.

On peut décrire le *fétichisme* en termes de persistance d'un objet spécifique, ou d'un type d'objet qui remonte à l'expérience infantile dans le domaine transitionnel, lié à l'hallucination d'un phallus maternel.

On peut décrire le *mensonge* et le *vol* en termes de besoin inconscient de l'individu de combler une lacune dans la continuité de l'expérience à l'égard d'un objet transitionnel.

Vers la théorie de la séduction

(1987)

JEAN LAPLANCHE
(né en 1924)

Agrégé de philosophie et docteur en médecine, Jean Laplanche a, depuis 1960 notamment, une activité multiple et diversifiée. Il est psychanalyste, professeur titulaire à l'université de Paris-VII. Il écrit, il traduit, il dirige une revue de psychanalyse (Psychanalyse à l'Université) *et deux collections des P.U.F., dont la* Bibliothèque de Psychanalyse. *Mais il n'est peut-être pas anecdotique de relever aussi que Jean Laplanche, d'origine vigneronne (Bourgogne par son père, Champagne par sa mère), n'a pas renoncé, parallèlement à ses activités analytiques, à produire un vin d'appellation Pommard, estimé des connaisseurs.*

Parmi ses multiples ouvrages, il faut citer son Vocabulaire de la psychanalyse *(1967), écrit en collaboration avec J.B. Pontalis, et qui a été pendant longtemps le seul instrument de cette sorte qui soit disponible.*

Ses travaux, où l'inspiration philosophique n'est jamais totalement supplantée par le questionnement psychanalytique (Vie et mort en psychanalyse, Problématiques I, II, III, IV, V...), *mettent en place un ensemble conceptuel très vaste. On peut s'intéresser plus particulièrement à un texte de 1964, révisé et republié en 1985* (Fantasme originaire, fantasme des origines, origines du fantasme). *Jean Laplanche lui-même, cependant, donne une place privilégiée dans son œuvre à la « théorie de la séduction généralisée », destinée à rendre compte de la priorité de l'autre aux origines de la sexualité humaine.*

Source : J. Laplanche, *Nouveaux Fondements pour la psychanalyse*, P.U.F., 1987, deuxième édition avec un index général des *Problématiques*, P.U.F., 1990.

Bibliographie : Philippe Merle, « Jean Laplanche », in *l'Encyclopédie philosophique*, P.U.F.

La théorie : aspect temporel, l'après-coup

[...] L'ASPECT TEMPOREL de la théorie de la séduction est resté – du moins nous l'espérons – un acquis de la psychanalyse : c'est la théorie dite de l'après-coup, du traumatisme en deux temps. Cette théorie postule que rien ne s'inscrit dans l'inconscient humain sinon dans la relation d'au moins deux événements, séparés l'un de l'autre dans le temps par un moment de mutation permettant au sujet de réagir autrement qu'à la première expérience, ou plutôt de réagir autrement au souvenir de la première expérience qu'il n'a réagi à l'expérience elle-même. Le premier temps est dit par Freud, temps de l'effroi (*Schreck*) ou de la névrose d'effroi, il confronte le sujet, non préparé, à cette action sexuelle hautement significative, mais dont la signification ne peut être assimilée. Laissé en attente, le souvenir n'est pas en lui-même pathogène, ni traumatisant. Il ne le devient que par sa reviviscence lors d'une seconde scène qui entre en résonance associative avec la première. Mais, du fait des possibilités nouvelles de réaction du sujet, c'est le souvenir lui-même, et non pas la nouvelle scène, qui va fonctionner comme source d'énergie traumatisante, comme source auto-traumatisante. Si bien que cette théorie en deux temps montre que tout traumatisme n'a une action pathogène que parce qu'il devient *auto-traumatique*.

Ce temps auto-traumatique ne trouve pas son issue dans une liquidation ou une élaboration normale, mais dans une « défense pathologique » (dite « refoulement », ce qui à l'époque pour Freud est la même chose) et ceci pour des raisons qui tiennent au

Aspect topique

second aspect, topique, du processus. La topique est ici le terrain pour une véritable stratégie, au sens guerrier du terme, avec mouvements d'attaque et de contre-attaque. L'individu est en proie à deux types de détresse, désarroi ou désarmement, face à cette séquence d'événements : lors de la première attaque, l'attaque externe venant de l'adulte, la première scène sexuelle, il n'a pas les moyens de défense adéquate, il n'a pas les armes, il n'a pas le répondant, et tout au plus peut-il bloquer l'ennemi sur place, enkyster le souvenir mais non pas le refouler. Au second temps par contre, il a bien les moyens de faire face, c'est-à-dire de comprendre ce qui se passe, mais il se trouve tourné dans une véritable guerre stratégique, agressé sur son front désarmé c'est-à-dire de l'intérieur, attaqué par un souvenir et non par un événement. Évidemment entre les deux il faut faire intervenir – ce que Freud ne fait encore que d'une façon sommaire, mais nette – l'apparition du *moi* ; car cette façon d'être tourné du côté de la barrière interne ne se conçoit qu'à partir du moment où le sujet totalité, l'individu totalité se trouve vicarié par son moi naissant : il n'est de pare-stimulus interne que celui du moi.

On saisit combien est géniale cette théorie qui fait litière de tous les dosages qu'on cherchera par la suite à décrire, entre facteurs exogènes et facteurs endogènes. Ici tout est exogène et en même temps tout est endogène, car tout l'efficace vient du temps de réactivation endogène d'un souvenir, qui par ailleurs provient évidemment de l'événement extérieur réel. Mais cet aspect topique, *seule solution métapsychologique radicale aux questions métaphysiques sans fin sur l'extérieur et l'intérieur*, ne pourra être véritablement fondé que par un développement de la théorie du moi et de ses périphéries, qui n'est présente ici qu'en pointillés.

Enfin, à côté de ces points de vue temporel et topique, la théorie de la séduction se développe sur un plan que nous distinguons soigneusement du linguistique : le plan langagier et traductif. Ce n'est assurément qu'un des moments de la pensée freudienne, c'est même un des moments non publiés par lui puisqu'il s'agit, pour l'essentiel, de la lettre à Fliess du 6 décembre 1896, qui situe la succession des scènes et assimile leurs rapports entre elles à une réinscription et à une traduction, situe le refoulement à la barrière qui sépare deux époques psychiques et assimile celui-ci à un défaut partiel de traduction. Bien des points sont encore laissés en pointillés, dans cette lettre 52, notamment la nature d'une première inscription, dans le petit être humain, d'un « signe » ou « indice de perception ».

Aspect langagier, traductif

Force et ouvertures de la théorie

Au total, cette théorie freudienne d'avant septembre 1897, « théorie de la séduction restreinte », présente à la fois une grande force et des points de faiblesse. Sa force réside dans le tissage serré qui relie la théorie aux données de l'expérience analytique : c'est une théorie étroitement intriquée à l'expérience. Elle réside dans la mise en jeu, déjà rigoureuse et désormais indépassable, des trois facteurs de la rationalité analytique : la temporalité de l'après-coup, la topique du sujet et les liens traductifs ou interprétatifs entre les scénarios ou les scènes. Elle réside dans la capacité explicative du modèle, largement transposable et extensible, tout au moins dans le champ de la psychopathologie. Elle réside dans la capacité évolutive du modèle, ce que nous avons au passage désigné comme des « pointillés » pour des développements à venir : pointillés du moi, pointillés de la théorie traductive.

Points de faiblesse : restriction au psychopathologique

Les points de faiblesse à l'inverse sont ceux où une théorie « restreinte » risque de se bloquer en une conception restrictive. On peut déceler plusieurs de ces points, désignés pour une fracture et qui casseront effectivement au moment de la révision déchirante du 21 septembre 1897. Du côté des scènes tout d'abord, c'est l'essence du *phénomène séductif*, qui n'est pas questionnée : la conception de Freud s'en tient au niveau de la psychopathologie la plus manifeste, c'est-à-dire aux relations perverses, au sens clinique du terme, entre un adulte et un enfant. Si bien qu'avec cette conception clinique de la relation perverse, au sens de la perversion psychopathologique, Freud sera amené à s'interroger, à juste titre pourrait-on dire, en des termes statistiques : nous rencontrons, dans la clinique, beaucoup d'hystériques ; pour faire une hystérique, il faut un père pervers ; mais d'autre part il ne suffit pas d'un père pervers pour faire une hystérique, il y faut encore d'autres facteurs, il faudrait donc, pour que se produise statistiquement *une* hystérie, qu'on puisse rencontrer 2, 3, *n* pères pervers. À cette mise en cause d'allure simpliste on ne peut pas échapper, si l'on s'en tient à l'aspect psychopathologique des faits de séduction et de la « perversion » paternelle.

Illusion apophantique

De même et plus profondément, toujours à propos des faits de séduction, c'est le type de factualité en cause, ou plus exactement le mode de la réalité recherchée dans l'investigation analytique qui est mal apprécié : si l'investigation analytique interprète une scène par une autre, si les scènes se traduisent les unes les autres et s'il n'y a pas d'autre sens à rechercher que celui que délivrerait une première scène, qui, elle, serait apophantique, au sens même des Mystères, il est bien évident qu'on n'aboutira jamais à cette scène cachée, totalement révélatrice, renfermant en elle-même tout son sens sans plus renvoyer à autre chose ; si bien que la quête de la première scène livrant tout le sens de la séquence ne peut être qu'infinie et décevante. C'est donc la question de ce qui est recherché par l'investigation analytique qui est en cause[1].

Le refoulé originaire n'est pas pressenti

Du côté de la théorie cette fois et non plus seulement de la factualité, même rigidité apparente ; le modèle mis en place, si cohérent soit-il, se donne pour objectif de rendre compte de la psychopathologie et d'elle seule. Défense pathologique, refoulement et inconscient appartiennent au même ensemble, un ensemble qu'inversement la cure se proposerait de défaire, l'inconscient étant conçu comme psychopathologique et réductible par la psychanalyse. L'idée d'un inconscient « normal », irréductible malgré ce qu'on peut gagner sur lui, la postulation d'un refoulement originaire dont rendrait compte la théorie de la séduction elle-même, tout cela est encore hors de portée. Si bien que le fol espoir d'un « succès total », de la découverte du « secret de l'incident de jeunesse » ou encore d'une « domination complète de l'inconscient par le conscient[2] », débouche nécessairement sur la déception : mais celle-ci aboutit, sans autre forme de procès, à faire voler la théorie en éclats, alors que le rapport de la théorie et des faits aurait pu être radicalement renouvelé par leur approfondissement conjoint. Car ce n'était qu'un aspect partiel et restrictif de la factualité qui était invoqué, pour récuser une théorie elle-même trop restreinte, alors que la discussion de 1897 peut déboucher sur un remaniement dialectique, sur une double généralisation, comme celles qu'on observe dans l'histoire des sciences.

1. Cette question du renvoi infini de la cure analytique n'est tranchée ni par une position « réaliste », ni par l'investigation du fantasme. Dans les deux cas, devant une révélation qui se voudrait conclusive (« voilà pourquoi votre fille est muette »), l'analysé est en droit de dire, de se dire : « Et alors ? »
2. Lettre à Fliess du 21 septembre 1897.

– La période de refoulement

Je m'avance vers ce que je nomme « théorie de la séduction généralisée », programme que je situe à la période contemporaine, très exactement, après 1964-1967. Mais je ne puis passer tout à fait sous silence la période intermédiaire, puisque c'est une période de soixante-dix années, qui couvre la quasi-totalité de l'invention de la psychanalyse. Je caractérise cette période comme une *période de refoulement*, pour autant qu'on puisse appliquer ce terme de refoulement à une pensée, nommément celle de Freud. Une telle caractérisation peut avoir une valeur pour le moins descriptive lorsqu'il s'agit de la pensée d'*un seul homme*, qui est vraiment le créateur de la pensée analytique. Je ne dirais pas que chez les autres auteurs, disciples ou héritiers, il y ait refoulement, mais une espèce de silence, d'oubli, ou de censure, induits par les options du maître. Ceci à l'exception de Ferenczi, sur lequel nous aurons à revenir. Si l'on consulte l'*Index des écrits psychanalytiques* de Grinstein, qui couvre très exactement cette période, jusqu'en 1969, on est renvoyé, par le « mot clé » : « Séduction », en tout et pour tout à quatre articles d'auteurs illustrement inconnus et publiés dans des revues non-psychanalytiques. L'un d'eux, qu'il serait intéressant d'exhumer, s'intitule *« La théorie de la séduction » de Freud : une reconstruction* et est paru dans un périodique pour le moins spécialisé : le *Journal d'Histoire des Sciences du Comportement*[1]. Les autres, d'après leurs titres, peuvent être considérés comme de pure curiosité psychopathologique, puisqu'ils soulèvent des questions très particulières comme la séduction des enfants par les domestiques, ou l'influence de la séduction sur la criminalité[2].

Dislocation de la théorie

Chez Freud lui-même, à la suite de 1897, la théorie de la séduction subit un véritable cataclysme, cataclysme qui commence par morceler, disloquer, caviarder, avant de refouler ensuite, et puis d'élaborer de façon secondaire les éléments restants de façon à les défigurer. C'est ce dont nous proposons le schéma dans la partie centrale de notre tableau. Chacun des éléments de la théorie séductive subit donc un sort différent, évolue par lui-même en se cherchant éventuellement un autre contexte. C'est ainsi que l'aspect désigné comme « temporel » de la théorie, l'aspect de l'après-coup, continue d'être une ligne importante, voire directrice de la pensée psychanalytique, encore qu'il ait fallu malgré tout que cette dimension capitale soit elle-même exhumée, par et à la suite de Jacques Lacan. L'après-coup, si on veut bien lire Freud même sans Lacan, le *Nachträglich*, est une catégorie freudienne qui reste importante, et notamment dans un texte comme celui de *L'Homme aux loups*, où il est même central. Mais avec l'objection et la tentation proposée par Jung de se demander si finalement l'après-coup n'est pas purement et simplement réductible à une rétroactivité. Le rétroactif, ce que Jung nomme *Zurückfantasieren*, c'est tout simplement se fabriquer un passé à la mesure du présent, éventuellement pour se dissimuler et éviter d'affronter les difficultés présentes, tandis que Freud maintient fermement la tension entre la scène la plus ancienne et le scénario le plus récent. Cependant Freud s'en tire mal vis-à-vis de l'objection jungienne selon laquelle la scène la plus ancienne n'est que de l'imaginaire, reconstruit ultérieurement ; il ne peut s'en tirer qu'en postulant une réalité encore plus ancienne,

1. A. Schusdck, Freud's « seduction theory » : a reconstruction, *J. Hist. Behav. Sci.*, 1966, 2, 159-166.
2. M. Kossak, Sexuelle Verführung der Kinder durch Dienstboten (Séduction sexuelle des enfants par des serviteurs), *Sexual Probleme*, 1913, Jan. ; B.E. Schwartz et B.A. Ruggieri, Morbid parent-child passions in deliquency (Passions morbides parent-enfant dans la délinquance), *Social Therapy*, 1975, 3, 180. Et Sadism, seduction and sexual deviation (Sadisme, séduction et déviation sexuelle), *Medical Times*, 1959, 87, 216-224.

qui cette fois nous mène au-delà des limites de l'existence individuelle. Ce mouvement de Freud, Pontalis et moi l'avons longuement décrit dans le texte sur les *Fantasmes originaires*[1], un texte daté de 1964, et qui marque la réapparition, dans l'analyse, de la théorie et de la notion même de séduction. Mais, renvoyant l'après-coup à la théorie des fantasmes originaires, et ceux-ci à des scènes réellement vécues dans la phylogenèse, Freud ne pouvait qu'introduire un vice fondamental dans la notion si novatrice de l'après-coup.

En ce qui concerne les aspects topiques de la théorie, si l'on entend ce terme au sens le plus large, faisant intervenir les notions d'interne et d'externe dans le conflit psychique, les choses vont, là aussi, dériver dangereusement. La notion d'attaque interne, celle qui était liée au corps étranger interne, n'est pas remise en question, mais *c'est la fantaisie qui va prendre la place de cette réalité psychique dernière*. Mais la fantaisie, réduite à elle-même, se dissout trop aisément dans la fumée de l'imaginaire. Là aussi, il est inéluctable pour Freud de rechercher le sol d'une réalité plus « objective » : inévitablement la fantaisie elle-même doit trouver son origine dans la pulsion, et la pulsion dans le biologique. Quelles que soient les relations dites de « représentance » (*Repräsentanz*) qui assurent pour Freud la médiation, le mouvement va toujours dans le sens suivant : excitations somatiques → pulsion → fantaisie. Même le modèle dit de l'étayage, s'il est conçu comme une émergence, va finalement dans ce sens, celui qui assimile la poussée venant de « l'interne » à un mouvement du somatique vers le psychique ; avec les critiques que peut encourir cette opposition. Alors qu'en pleine théorie de la séduction (lettre du 2 mai 1897), la série causale s'établissait tout différemment, menant du plus profond, les souvenirs des scènes, jusqu'au plus actualisé, les *Impulse*, véritables précurseurs des pulsions (*Triebe*) dans la pensée freudienne. Une voie directe et une indirecte sont proposées, la seconde transitant par l'intermédiaire des fantaisies.

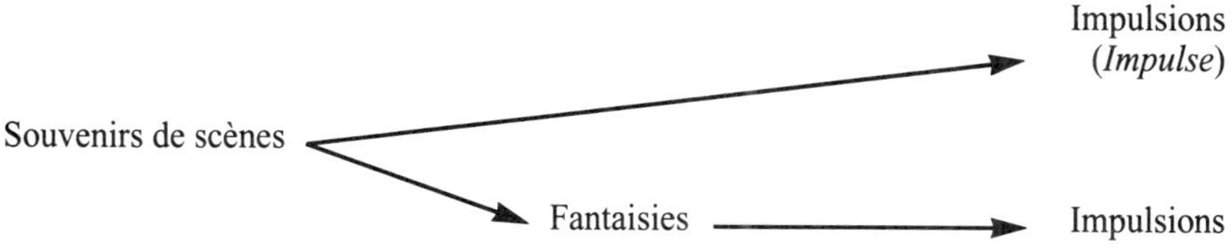

Le troisième aspect de la théorie, le modèle langagier et traductif, celui de la lettre 52, va disparaître à peu près complètement. C'est avec Ferenczi qu'il trouvera sa survivance, ou plutôt son renouveau, car il paraît évident que cet article de Ferenczi auquel nous avons fait souvent allusion, *Confusion des langues entre l'enfant et l'adulte*, ne s'intercale pas explicitement dans une chronologie des écrits freudiens, en ce sens que Ferenczi n'avait certainement pas connaissance de ce précurseur, la lettre 52 à Fliess, qui en 1933 se trouvait bien cachée au fond d'une malle et que tout le monde croyait disparue. Nous voyons dans cet article une sorte de préface à la théorie de la séduction généralisée, et nous lui réservons donc sa place, même par un certain anachronisme, dans ce que nous nommons « l'après 1964 ».

1. *Fantasme originaire, fantasmes des origines, origine du fantasme*, Paris, Hachette, 1985 (éd. révisée).

Progrès dans la factualité : la séduction précoce

Si la séduction comme théorie subit chez Freud ce sort de refoulement et de démembrement que l'on pourrait décrire plus en détails, nous remontons maintenant à la ligne de la « factualité », pour souligner qu'au contraire ici, et chez Freud lui-même, l'analyse des faits progresse considérablement. Un approfondissement important s'amorce avec l'introduction de ce second niveau que je nomme *séduction précoce*. Le père pervers, personnage majeur de la séduction infantile, fait place à la *mère*, essentiellement dans la relation *pré-œdipienne*. La séduction est ici véhiculée par les soins corporels prodigués à l'enfant. C'est là un thème répété chez Freud pendant toute cette période : chaque fois où il revient sur son appréciation de la séduction, c'est pour ajouter que la séduction maternelle précoce en est finalement le point de gravité et, en ce sens, la vérité. C'est là sa façon de démontrer que non seulement l'idée de la séduction n'est pas complètement abandonnée mais qu'elle fait son chemin, dans un approfondissement qui va de l'anecdotique de nos scènes « à la Nabokov », vers l'essentiel. Citons l'un des passages canoniques, qui se situe assez tardivement, dans les *Nouvelles leçons* : « Ici la fantaisie touche au sol de la réalité effective, car ce fut effectivement la mère qui, dans l'accomplissement des soins corporels, nécessairement provoqua et peut-être même éveilla pour la première fois des sensations de plaisir dans l'organe génital[1] ». Il s'agit là d'un pas capital, dans une voie qui nous fait remonter non seulement dans le temps, car il s'agit des tout premiers mois, mais également dans la catégorie de réalité où il faut situer les faits de séduction. Car il ne s'agit plus exactement ici de *Realität*, terme qui désigne la réalité dans ses aspects les plus événementiels, mais d'effectivité (*Wirklichkeit*), réalité effective, catégorie qui nous mène au-delà de la contingence et de la péripétie ; ce qu'atteste encore le terme « *musste* », la mère *n'a pu qu'*éveiller, cet éveil par la mère est inéluctable, il est inscrit dans la situation même et ne dépend pas de telle ou telle contingence. En revanche Freud pèche par défaut dans la mise en valeur de ce deuxième niveau de la séduction. Il manque à analyser ce qui fait cette universalité et cette inéluctabilité qui la caractériseraient comme une donnée humaine fondamentale. Il manque à élargir la séduction précoce à la sexualité en général, en limitant son action à l'éveil de sensations « dans l'organe génital », sans observer que cet éveil existe également au niveau de l'ensemble de l'érogénéité du corps, et notamment dans l'érogénéité anale et orale. Il manque à mettre en jeu l'inconscient de la mère, ce qu'il ne fait d'ailleurs, dans l'ensemble de son œuvre, qu'en de très rares points. Enfin et surtout il manque à resituer cette séduction précoce dans l'ensemble théorique qui lui conférerait toute sa valeur mais qui, précisément, a bel et bien sombré. Car il est artificiel de distinguer, comme nous l'avons fait par commodité, la ligne de la factualité et celle de la théorie : une *théorie de la séduction généralisée* ne peut se développer que si l'on cerne avec précision l'effectivité de ce que nous nommerons, cette fois, *séduction originaire* ; et, inversement, sur le sol d'une théorie combinant un biologisme de la pulsion et une anthropo-phylogenèse des fantaisies, Freud ne pouvait mener à bonne fin sa réévaluation du fait séductif.

1. *Nouvelles Conférences d'introduction à la psychanalyse*, Paris, Gallimard, 1983, p. 162.

Pas de retour à la séduction infantile

Vers la théorie de la séduction généralisée

Nous voici arrivés à la période contemporaine, celle d'après 1964-1967 ; mais ce ne sera pas pour accrocher à notre train le wagon tardif de ceux qui explorent la préhistoire de Freud, en mettant l'accent sur son intérêt ancien pour les observations psychopathologiques, voire médico-légales, d'abus sexuels commis sur les enfants. Un texte comme celui de Jeffrey Masson, *L'abandon de la théorie de la séduction* (en anglais *The Suppression of the Seduction Theory*) a ceci de remarquable, en contradiction avec son titre, qu'il ignore jusqu'au premier mot de la *théorie* de la séduction freudienne. Presque tous les écrits qui se réfèrent aujourd'hui à la « théorie de la séduction » se réclament tout au plus de cette idée vague que la séduction, à une certaine époque, se voyait attribuer une grande importance... dans l'étiologie des névroses. Apparemment, ces auteurs n'ont aucune notion du fonctionnement, si élaboré pourtant, de cette théorie[1]. Dans le livre de Masson, un chapitre sur « Freud à la morgue de Paris » met en évidence toute l'attention portée par Freud aux attentats sexuels commis sur des enfants ; investigation qui n'est pas sans intérêt historique, mais qui nous reconduit, sans autre réflexion, à la séduction infantile : affirmer que Freud, par pusillanimité, n'est pas allé plus loin, et surtout prétendre nous faire repartir du point sur lequel il s'est peut-être trop *arrêté*, les attentats sexuels patents, c'est, à notre sens, retomber dans la lourde opposition du réel et de la fantaisie, que la théorie permet justement de dépasser.

Réinterrogation du couple activité-passivité

La généralisation que nous proposons s'avance donc et avant tout sous la forme d'une remise en question théorique. Son premier fondement est même très précisément philosophique : *une réinterrogation du couple « activité-passivité »*. Freud eut le grand mérite et la grande audace de placer ce couple aux origines, aussi bien dans la théorie de la pulsion que, chronologiquement, dans le développement de la vie sexuelle[2]. C'était là une façon de se poser, comme par avance, en contradiction avec ce qui est aujourd'hui la façon la plus « moderne » de décrire les relations adulte-enfant, sous le chef de l'« interaction ». Et en effet, si l'on s'en tient à une description purement comportementale de la relation entre deux individus vivants, qu'ils soient ou non de la même génération (voire de la même espèce), bien malin qui distinguera qui est actif et qui est passif : « Chaque pulsion est un morceau d'activité ; lorsqu'on parle de façon négligente de pulsions passives, on ne peut rien vouloir dire d'autre que pulsions à but passif[3] ». Néanmoins même avec cette référence au but, Freud va s'y embrouiller, comme on peut le montrer sur l'exemple le plus simple, la situation première de l'allaitement. Ainsi, dans les *Nouvelles leçons*, il affirme qu'au cours des relations premières « la mère est, dans tous les sens, active envers l'enfant[4] » tandis que dans le *Léonard de Vinci* (texte, par ailleurs, si fermement orienté) il semble désarçonné par le fait que dans le souvenir de Léonard l'enfant reçoit passivement entre ses lèvres la queue du milan alors que, pense-t-il, l'érotisme oral, la succion du

1. Comme par exemple, M. Balmary, *L'homme aux statues*, Paris, B. Grasset, 1979 ; M. Krull, *Sigmund, fils de Jacob*, Paris, Gallimard, 1983 ; J. Malcolm, *Tempête aux archives Freud*, Paris, P.U.F., 1986.
2. Voir J. Laplanche et J.-B. Pontalis, *Vocabulaire de la Psychanalyse*, Paris, P.U.F., 1967, art. « Activité-passivité ».
3. Pulsions et destins des pulsions, in *Métapsychologie*, Paris, Gallimard, p. 18.
4. *Nouvelles Conférences d'introduction à la psychanalyse*, Paris, Gallimard, 1983, p. 154.

Les cartésiens

sein, devrait être une action de la part du nourrisson[1]. Les choses, on le ressent, sont ici dans la confusion, une confusion qui ne peut profiter qu'aux tenants de l'interaction, à moins qu'on ne puisse démêler les rôles en faisant appel à des critères précis. Nous ne redouterons donc pas, pour faire le départ de l'activité et de la passivité, de faire appel à la réflexion philosophique et nommément celle des cartésiens qui ont posé de façon fort aiguë cette question de l'activité-passivité dans la relation intersubjective : relation des créatures entre elles, et relation de la créature à Dieu. On peut se référer ici aussi bien à Descartes, qu'à Spinoza ou à Leibniz. Pour Descartes, lorsqu'il examine la relation de cause à effet (c'est ici le moteur d'un des arguments prouvant l'existence de Dieu), il doit y avoir « pour le moins autant de réalité » dans la cause que dans l'effet. Spinoza va encore plus loin, mettant en relation la passivité avec une inadéquation à maîtriser « quelque chose qui se fait en nous[2] ». Mais c'est sans doute Leibniz qui est encore le plus clair : « La créature est dite agir au-dehors en tant qu'elle a de la perfection, et pâtir d'une autre en tant qu'elle est imparfaite. (Mais, malgré les apparences, cette notion théologique de perfection n'est pas prise ici au sens absolu, mais comme susceptible de gradations.) Et une créature est plus parfaite qu'une autre en ce qu'on trouve en elle ce qui sert à rendre raison *a priori* de ce qui se passe dans l'autre, et c'est par-là qu'on dit qu'elle agit sur elle[3]. »

C'est en nous appuyant sur ce ferme critère, celui d'un « plus », plus de contenu, de signification et donc de message, que nous pouvons aborder la situation originaire de l'enfant et tenter de la définir au-delà de toutes ses variations. Ici la hardiesse d'un Ferenczi nous guide, nous permettant de nous dégager de l'exclusive « familialiste », qui pèse sur toute la pensée psychanalytique. Car c'est finalement une *contingence*, fût-elle ancrée dans la biologie et dans l'histoire humaine, ce n'est pas un fait universel nécessaire en soi, qu'un enfant soit élevé par des *parents*, par ses parents, par les parents. La situation originaire telle que Ferenczi la pose, c'est la confrontation de l'enfant et du monde adulte. Car on peut *à la rigueur*, et quelles que soient les distorsions qui en résultent, devenir, sans une famille, un être humain, mais non pas sans cette confrontation. Ici, par parenthèse, un réexamen de la pensée d'une Margaret Mead dans ses écrits d'anthropologie comparée, conduirait peut-être dans la même direction : le fait fondamental posé par elle, au-delà des variations culturelles, c'est le problème de l'accès du nouveau-né au monde adulte.

Jonction avec Ferenczi

Mais ce monde adulte n'est pas un monde objectif que l'enfant aurait à découvrir et à apprendre, comme il apprend à marcher ou à manipuler les choses. Il est caractérisé par des messages au sens le plus général du terme (linguistiques ou simplement langa-

1. Cf. : Traumatisme, transfert, transcendance et autres trans(es), in *Psychanalyse à l'Université*, 1986, II, 41, p. 78 et *Problématiques III/La sublimation*, Paris, P.U.F., 1981, p. 82-87.

2. « Définition II. – Je dis que nous sommes actifs, quand, en nous ou hors de nous, quelque chose se fait dont nous sommes la cause adéquate, c'est-à-dire quand, en nous ou hors de nous, il suit de notre nature quelque chose qui se peut, par elle seule, connaître clairement et distinctement. Au contraire, je dis que nous sommes passifs quand il se fait en nous quelque chose ou qu'il suit de notre nature quelque chose, dont nous ne sommes la cause que partiellement. »
« Proposition I. – Notre Âme est active en certaines choses, passive en d'autres, savoir, en tant qu'elle a des idées adéquates, elle est nécessairement active en certaines choses ; en tant qu'elle a des idées inadéquates, elle est nécessairement passive en certaines choses » (Spinoza, *Éthique*, t. I, Paris, Garnier, p. 245).

3. *Monadologie*, 49, 50. Entre crochets : remarque de J.L.

giers : prélinguistiques, ou paralinguistiques) qui interrogent l'enfant avant qu'il ne les comprenne et auxquels il doit donner sens et réponse, ce qui est une seule et même chose.

Jusqu'ici Ferenczi nous accompagne, mais pas beaucoup plus loin, car l'expression « confusion des langues » ne nous paraît pas tout à fait adéquate. Il y a en effet *des* langues de l'adulte, langue verbale, langue des gestes, des conventions, des mimiques ou des affects. Il y a chez l'enfant une potentialité à entrer dans ces langues, qui est une potentialité naturelle, instrumentale et aussi affective. Mais précisément le problème ne se résume ni en l'acquisition d'un ou plusieurs « langages », ni dans la confrontation de deux langages avec leurs logiques et leurs batteries signifiantes différentes. On sait en effet que, sans grammaire ni dictionnaire, une telle acquisition ou une telle mise en correspondance est parfaitement possible, et cela, sans reste.

Suivant en ceci une image de science-fiction déjà proposée par Freud, on peut être tenté d'évoquer ici la confrontation de notre civilisation avec la venue d'extraterrestres, ou encore, plus simplement, l'accueil réservé à Pizarre par les Incas. On sait par ce dernier exemple que, quelles que soient les différences des structures mentales, des histoires, et même des référents, la confusion des langues finit par faire place à quelque modalité ordonnée de correspondance et d'acquisition. De même, pour revenir à l'enfant, celui-ci s'introduit sans professeur dans le langage qui lui préexiste : il habite le langage.

Un sens à lui-même ignoré

C'est donc ici, très précisément, qu'il faut aller plus loin que Ferenczi mais aussi sur une autre voie que le lacanisme. Car Ferenczi ne fait pas le pas de prendre en considération que ce qu'il nomme « langage de la passion » (le langage de l'adulte) n'est traumatisant que dans la mesure où il véhicule un sens à lui-même ignoré, c'est-à-dire où il manifeste la présence de l'inconscient parental. Mais, contre Lacan, nous affirmons que cette manifestation de l'inconscient est irréductible aux seules potentialités polysémiques d'un langage en général : le problème reste, selon nous, celui de l'inconscient individuel.

Pour relier entre eux tous ces éléments, nous énoncerons : la confrontation adulte-enfant enveloppe une essentielle relation d'activité-passivité, liée au fait inéluctable que le psychisme parental est plus « riche » que celui de l'enfant. Mais à la différence des cartésiens nous ne parlerons pas ici de plus grande « perfection », car cette richesse de l'adulte est aussi bien son infirmité : son clivage d'avec son inconscient.

Par le terme de *séduction originaire* nous qualifions donc cette situation fondamentale où l'adulte propose à l'enfant des signifiants non-verbaux aussi bien que verbaux, voire comportementaux, imprégnés de significations sexuelles inconscientes.

Signifiants énigmatiques

Ce que je nomme *signifiants énigmatiques*, il n'est pas besoin de chercher loin pour en donner des exemples concrets. Le sein lui-même, organe apparemment naturel de la lactation, peut-on continuer de négliger dans la théorie analytique son investissement sexuel et inconscient majeur par la femme ? Peut-on supposer que cet investissement sexuel, qui peut être dit pervers au sens des *Trois Essais sur la sexualité*, n'est pas aperçu, soupçonné par le nourrisson, comme source de cet obscur questionnement : que me veut-il, au-delà de m'allaiter, et, après tout, pourquoi veut-il m'allaiter ?

Mais nous voudrions réserver ici sa place de choix, parmi les signifiants énigmatiques, à ce qu'on nomme la « scène originaire ». Je ne puis que reprendre le texte initial, le premier où Freud parle de l'observation du coït entre les parents : « Que le commerce des adultes se présente de façon *unheimlich* (d'une inquiétante étrangeté) aux enfants qui l'observent, et éveille en eux de l'angoisse, c'est, dirai-je, une donnée de l'expérience quotidienne. J'ai donné à cette angoisse l'explication qu'il s'agit d'une excitation sexuelle qui n'est pas maîtrisée par sa compréhension et qui se heurte sans doute aussi à une récusation (plus loin on parlera de refoulement : "récusation" est pris à peu près au sens de refoulement dans ce texte) pour la raison que les parents y sont intriqués, et qui, de ce fait, se transforme en angoisse (nous retrouvons ici la "première" théorie, tout à fait indépassable, de la transformation de l'excitation sexuelle en angoisse)[1] ».

L'énigme, ressort de la séduction originaire

Ce sur quoi j'insiste dans ce passage, préfigurant l'idée de la séduction originaire, c'est qu'il y a là quelque chose qui ne pourrait être maîtrisé que par un travail de compréhension et qui est traumatisant et refoulé justement parce qu'il reste comme à l'état sauvage.

Vouloir situer, comme Freud le fera plus tard, la séduction dans le fourre-tout des fantaisies originaires, au même niveau que la scène d'observation du coït entre les parents, c'est ne pas remarquer qu'entre les deux il n'y a pas équivalence ou juxtaposition, mais hiérarchie. La scène dite « originaire » *est* elle-même séduction pour l'enfant, au sens de la séduction originaire. L'observation du coït parental propose impose à l'enfant des images, des fragments de scénarios traumatisants, inassimilables parce que partiellement obscurs pour les acteurs eux-mêmes. La conception ultérieure de Mélanie Klein, celle du « parent combiné », illustrera bien cet aspect : les parents sont unis dans un coït éternel qui conjoint la jouissance et la mort, excluant le bébé de toute capacité de participer, *donc* de symboliser.

C'est dans ce même registre que fonctionnent aussi les deux grandes énigmes relevées par Freud comme celles qui mettent au travail l'activité « théorisante » de l'enfant, aboutissant aux « théories sexuelles infantiles » : la venue d'un autre enfant et la différence des genres. Ici encore, c'est par le biais de l'incapacité des adultes à en rendre compte *pour eux-mêmes* que se produit l'effet traumatique.

On voit que j'inclus dans la séduction originaire des situations, des communications qui ne relèvent en rien de « l'attentat sexuel ». *L'énigme*, celle dont le ressort est inconscient, *est séduction par elle-même*, et ce n'est pas en vain que la Sphynge est postée aux portes de Thèbes avant même le drame d'Œdipe.

Relations des trois niveaux de la séduction

Ce n'est pas un des moindres mérites de Léonard de Vinci, et du *Léonard* de Freud, que de nous indiquer les trois niveaux de la séduction tels que nous les avons parcourus : séduction pédophile (ici : homosexuelle), séduction précoce par la mère, séduction originaire enfin dont la figure est l'inéluctable sourire *énigmatique* de la Joconde, de la Vierge ou du saint Jean. Car il faut bien concevoir que la séduction originaire n'abolit pas l'importance des deux autres niveaux mais vient, bien plutôt, leur apporter son fondement. La séduction originaire ne saurait, non plus, être considérée comme un premier temps dont la séduction précoce ou infantile serait le second, dans un modèle de l'après-coup. La séduction originaire est l'essence

1. *G.W.*, II-III, p. 591. Traduction de J.L. Entre crochets : commentaires de J.L.

ultime des deux autres, en ceci qu'elle seule y introduit la dissymétrie « activité-passivité ». Les soins « maternels » ou l'attentat « paternel » ne sont séducteurs que parce qu'ils ne sont pas transparents mais opaques, véhiculant l'énigmatique.

La séduction précoce, pour sa part, mérite toute notre attention dans une théorie nouvelle de la pulsion : les notions centrales de cette théorie : zone érogène, source somatique de la pulsion, pulsion partielle anale, orale ou phallique, toutes ces notions ne peuvent être délivrées des impasses où veut nous engager une physiologie hasardeuse – et l'on s'y engageait déjà du temps de Freud avec la question : quel peut bien être le processus sexuel au niveau d'une zone érogène non-génitale – que si l'on se souvient que ces zones, lieux de transit et d'échange, sont avant tout et primordialement les points de focalisation des soins maternels. Soins d'hygiène motivés consciemment par la sollicitude, mais où les fantaisies de souhait inconscientes fonctionnent à plein. Enfin c'est à partir du sol de la séduction originaire et de la séduction précoce, qu'il faut rendre toute leur importance aux faits de séduction infantile, pour les sortir enfin de la sorte de ghetto théorique où ils sont, depuis des années, confinés.

Dans cette série : séduction infantile – séduction précoce – séduction originaire, soulignons encore une fois que nous n'allons pas du plus réel au plus « mythique », car il convient de récuser la qualification de mythique (ou de « temps mythique ») par laquelle on veut se débarrasser de l'originaire ; l'originaire est un approfondissement de la notion de réel (le réel humain, évidemment) en direction des situations inéluctables qui le fondent : l'originaire est une catégorie de l'effectivité, de la *Wirklichkeit*.

Théorie de la séduction généralisée

C'est à partir d'une conception précise de cette hiérarchie *des* séductions que doit être reconstruite, sous sa forme généralisée, la *théorie de la séduction* (la partie droite de notre tableau). Une reconstruction qui entend faire passer sur un autre niveau la théorie « restreinte » de Freud, exactement dans le sens où ceci s'est produit pour la relativité en physique : elle détruit la restriction au pathologique qui était essentielle dans la pensée de Freud avant 1897, elle entend fonder la structure de l'appareil psychique ou appareil de l'âme, en général, elle invalide le recours biologique et phylogénétique quitte secondairement à le resituer. Cette théorie doit rendre compte, à travers le mécanisme du refoulement, de la constitution et de la permanence d'un inconscient, ainsi que de l'effet « pulsion » qui en est indissociable. Mais elle doit aussi inclure dans son modèle ce qu'on nomme la « cure », ses effets comme ses limites.

Le schéma général, nous l'avons tracé récemment avec le plus de précision, à propos de la pulsion[1]. C'est la mise en confrontation d'un individu, dont les montages somatopsychiques se situent de façon prédominante au niveau du besoin, avec des signifiants émanant de l'adulte, liés à la satisfaction de ces besoins, mais véhiculant avec eux la potentialité, l'interrogation purement potentielle d'autres messages – sexuels. Ces messages énigmatiques suscitent un travail de maîtrise et de symbolisation difficile, voire impossible, qui laisse nécessairement derrière lui des restes inconscients, des *fueros*, disait Freud : ce que nous nommons les « objets-sources » de la pulsion. Il ne s'agit donc pas d'une vague confusion des langues, comme le voulait Ferenczi, mais très précisément, d'une inadéquation des langages, inadéquation de l'enfant à l'adulte, mais aussi et primordialement, inadéquation de l'adulte à l'objet-source qui l'agit lui-même.

1. La pulsion et son objet-source ; son destin dans le transfert, in *La pulsion pour quoi faire ?*, Paris, APF, 1985, p. 9-24.

XVII

À QUEL RÉEL LA PSYCHANALYSE A-T-ELLE AFFAIRE ?

Parmi toutes les critiques que l'on a pu adresser à la psychanalyse, l'une d'entre elles, au moins, est en droit de nous arrêter, parce qu'elle nous renvoie à une vraie question, une question qui, de l'intérieur même de la doctrine, ne cesse d'insister.

Cette question, c'est celle du réel que la psychanalyse vise en dernier ressort. On peut l'introduire très simplement, à partir de la pratique de la cure. Freud avait indiqué en 1925 dans un article sur « la négation[1] » que, souvent, lorsque le patient, rapportant un rêve, dit de tel personnage : « ce n'est pas ma mère », nous avons à entendre que c'est réellement sa mère. Si le rêve témoigne d'un désir refoulé, ce désir suscite la prise en considération intellectuelle du fait que la mère est concernée, mais, parce qu'il y a refoulement, l'idée envisagée (« c'est ma mère ») se trouve aussitôt niée. Le psychanalyste doit-il alors considérer que la dénégation est le seul indice – indice a contrario – de la vérité de l'interprétation ? Et celle-ci peut-elle encore se définir, selon la définition classique de la vérité, comme conformité avec un réel ?

Assurément les choses sont un peu plus complexes. Freud y revient plusieurs fois. Dans un article essentiel de 1937 notamment, « Constructions dans l'analyse[2] », il fait valoir que l'interprétation ne suffit pas à définir comme telle la tâche psychanalytique. Si l'interprétation porte toujours sur le détail – tel glissement qui peut concerner par exemple la prononciation d'une syllabe –, il faut parallèlement que l'analyste construise des hypothèses plus larges. Si on lit cet article avec attention, on s'aperçoit d'ailleurs que « construire » ne consiste pas tant à essayer de deviner ce qui s'est passé dans la petite enfance, mais plutôt à saisir ce qui se répète dans le transfert. Or de la justesse de ces constructions ni acquiescement ni refus ne sont totalement probants. Freud incline plutôt à chercher une confirmation dans des formules du type : « je n'aurais jamais pensé à ça », ou encore dans la production d'une association « qui contient quelque chose de ressemblant ou d'analogue au contenu de la construction[3] ».

Pourtant la dénégation a une valeur particulière, valeur qui est fondée pour Freud sur la place de la négation dans la constitution même du « moi ». Dans son texte sur « La négation » il pose la question fondamentale de la fonction du jugement. Celle-ci est double : « Elle doit prononcer qu'une propriété est ou n'est pas à une chose, et elle doit concéder ou contester à une représentation l'existence dans la réalité[4] ». Le « moi-plaisir originel » décide en particulier de ce qui est « bon » et de ce qui est « mau-

1. Voir *infra*, p. 470.
2. Voir *infra*, p. 473.
3. Voir *infra*, p. 478.
4. Voir *infra*, p. 472.

vais ». Il veut « s'introjecter tout le bon et jeter hors de lui tout le mauvais ». Le « moi-réel », ou « moi-réalité », se chargera de vérifier si « quelque chose de présent dans le moi comme représentation peut aussi être retrouvé dans la perception (réalité[1]) ». Il s'agit pour Freud à chaque fois d'un problème de « dehors » et de « dedans ». C'est à partir de là, notamment, que Lacan construira son concept de « réel ».

*

Historiquement, structuralement aussi, le concept lacanien de « réel » apparaît en relation avec ceux d'imaginaire et de symbolique élaborés antérieurement. L'imaginaire, c'est l'ordre des identifications « globales », spéculaires, celles qui se développent à partir du stade du miroir[2]. Le symbolique, c'est l'ordre du langage en tant qu'il régit la réalité humaine, notion dégagée à partir de Freud, mais à laquelle Lacan donne une place déterminante. Ce n'est pas tout en effet que le langage permette, du fait de la polysémie du signifiant notamment, que le désir inconscient puisse se dire tout en restant méconnu[3]. Si l'homme parle, c'est d'abord parce que le langage l'a fait homme, en réglant les catégories essentielles où s'inscrit son existence. N'est-ce pas dans l'ordre symbolique qu'il faut chercher les éléments structuraux déterminant la parenté, l'exogamie, le rapport au désir, à la mort, aux générations antérieures, à la place dans la lignée ? « Les symboles, écrit Lacan, enveloppent en effet la vie de l'homme d'un réseau si total qu'ils conjoignent avant qu'il vienne au monde ceux qui vont l'engendrer "par l'os et par la chair", qu'ils apportent à sa naissance avec les dons des astres, sinon avec les dons de fées, le dessin de sa destinée, qu'ils donnent les mots qui le feront fidèle ou renégat, la loi des actes qui le suivront jusque-là même où il n'est pas encore et au-delà de sa mort même [...] »[4]. Faut-il alors dire que l'homme n'a accès à la réalité que si elle est imaginée ou symbolisée ? Lacan relève souvent, dans ses premiers séminaires (le séminaire IV notamment), que le « réel » est pour un psychanalyste à la limite de son expérience. Pourtant il met en place les instruments conceptuels qui permettent de le situer.

Les premiers éléments concernent les phénomènes psychotiques, et en particulier les hallucinations. Lacan se réfère notamment à un cas extrait des Cinq Psychanalyses, *celui de « l'homme aux loups »[5]. Celui-ci, que Freud analysa adulte pour des troubles psy-*

1. Voir *infra*, p. 472.
2. Voir *supra*, chapitre XII.
3. C'est à Saussure que Lacan emprunte le concept de signifiant, mais il en fait un usage spécifique, totalement homogène à la découverte freudienne. Pour Saussure, le signifiant – l'image psychique du son d'un mot – constitue l'une des deux faces du signe linguistique, l'autre étant le signifié, ou concept (c'est la différence par exemple entre les phonèmes du mot *arbr* et l'idée d'arbre). Lacan accentue la séparation entre signifiant et signifié. La polysémie, dont nous avons déjà indiqué plusieurs fois l'importance, implique bien qu'un signifiant prononcé par un sujet ne renvoie pas nécessairement à la signification qu'il lui attache consciemment. Il y a ainsi pour Lacan une autonomie de l'ordre signifiant. Mieux, c'est l'ordre du signifiant qui oriente l'existence du sujet. Si un homosexuel confesse son goût pour ce qu'il appelle « les p'tits soldats », l'analyse pourra aussi bien faire revenir le souvenir de délicieuses promenades avec sa mère conclues dans un café où elle lui offrait à boire : « ah, pour lui un p'tit soda ». La façon dont cet homme nomme l'objet de son désir, et donc en détermine les traits, ne fait que le renvoyer à un signifiant entendu dans l'enfance et qui insiste d'autant plus qu'il n'a pas été reconnu comme tel. « Un signifiant, écrit Lacan, c'est ce qui représente un sujet pour un autre signifiant. » Voir sur ce point R. Chemama, article « Signifiant », in *Dictionnaire de la psychanalyse*, Larousse, 1993.
4. J. Lacan, « Fonction et champ de la parole et du langage en psychanalyse », in *Écrits*, Seuil, 1966, p. 279. Voir aussi là-dessus *supra*, p. 140, sq.
5. S. Freud, *Extrait de l'histoire d'une névrose infantile*, repris in *Cinq Psychanalyses*, P.U.F. 1989. Nous en publions ici de larges extraits. Voir *infra*, p.443, sq.

chiques graves, avait été victime dans son enfance d'une hallucination qui lui avait fait voir un jour un de ses doigts sectionné, ne tenant plus que par la peau. Or ce patient avait une position complexe à l'égard de la castration[1]*. D'un côté il l'abominait, d'un autre côté il était « tout prêt à l'admettre » et à se consoler avec l'espoir d'être aimé en femme par le père. Mais il y avait par ailleurs en lui encore un courant psychique différent, et pour ce courant c'était comme si la castration n'avait jamais existé. Ce n'est pas qu'il la refoulait, ce qui supposerait qu'à un moment au moins il l'aurait prise en considération. Il la rejetait radicalement. Il ne voulait rien en savoir. Lacan dira qu'il y a là, non refoulement, mais « forclusion »*[2]*. Il traduit ainsi par un terme issu du vocabulaire juridique le mot allemand Verwerfung que Freud utilise dans ce passage : la castration rejetée du symbolique fait retour « dans le réel », c'est-à-dire ici dans l'hallucination. Or cette présentation du cas de l'homme aux loups trouve par ailleurs une sorte d'assise théorique dans une lecture de l'article sur « La négation ». Dans le « jeter hors de lui » décrit par Freud, Lacan propose de voir l'équivalent d'une non-symbolisation constituant comme tel le réel. « Car c'est ainsi, dit-il, qu'il faut comprendre l'*Einbeziehung ins Ich*, l'introduction dans le sujet, et l'*Ausstossung aus dem Ich*, l'expulsion hors du sujet. C'est cette dernière qui constitue le réel en tant qu'il est le domaine de ce qui subsiste hors de la symbolisation*[3]*. » Si l'on reprend cette terminologie, la castration, qui pour l'homme aux loups n'a pu, à un certain niveau, être symbolisée, ne peut revenir là où le refoulé fait ordinairement retour, dans les rêves, par exemple. Elle apparaît « dans le réel », de manière hallucinatoire. On voit combien ce concept du réel est ici éloigné de notre idée ordinaire de la réalité*[4]*.*

La psychose montre le réel détaché du symbolique, subsistant hors de lui. Cela en fait mieux saisir la nature : le réel, c'est l'impossible, ici ce qui ne peut revenir dans le discours faute d'avoir été symbolisé. Pourtant Lacan montrera aussi que le réel peut être noué aux deux autres registres où s'inscrit l'existence humaine. Plutôt que de rester dans les généralités, on peut tenter de saisir comment les choses se nouent en ce qui concerne la lettre, parce que celle-ci, dont Lacan affirme souvent qu'elle participe du réel, a aussi rapport avec le symbolique et l'imaginaire. Mieux, on peut partir d'un exemple clinique, et il se trouve que le cas de l'homme aux loups est sur ce point aussi particulièrement éclairant. Serge Leclaire l'a bien fait valoir, dans une perspective lacanienne[5]*. C'est déjà Freud, cependant, qui dégage la place du « cinq » dans l'analyse de son patient. Enfant, l'homme aux loups souffrait, à cinq heures de l'après-midi,*

1. Voir *infra*, p. 459.
2. Le complexe de forclusion est essentiel chez Lacan pour rendre compte de la psychose. Lacan appelle Nom-du-Père le « signifiant qui dans l'Autre en tant que lieu du signifiant est le signifiant de l'Autre en tant que lieu de la loi ». Disons que le Nom-du-Père représente dans le langage ce qui a la fonction de l'interdit. C'est la forclusion, la non-symbolisation du Nom-du-Père, qui est à l'origine de la psychose. Celle-ci se déclenche au moment où le sujet qui n'a pas symbolisé cette fonction se trouve confronté à la question de la paternité, notamment par la rencontre de quelqu'un qui vient pour lui comme père réel. (Voir aussi *supra*, chapitre XV)
3. Voir *infra*, p. 478.
4. Notons ici deux choses. Lacan fera de la forclusion du Nom-du-Père (signifiant de l'interdit) le mécanisme constitutif de la psychose. En revanche, la place du négatif dans l'existence humaine excède de très loin le mécanisme de la forclusion. Parce que la négation est première, y compris là où il y a affirmation *(Bejahung)*, le sujet se manifeste couramment, dans ses rêves par exemple, au point où il y a « élision de signifiant ». Ce sujet, que Lacan nomme sujet de l'énonciation, par opposition avec celui qui serait désigné par le « je » dans le discours, se révèle aussi dans certaines formes grammaticales particulières, comme la face « discordantielle » de la négation, selon la terminologie de Damourette et Pichon.
5. Voir *infra*, p. 482 sq.

d'accès de fièvre, puis quelques années plus tard d'accès de dépression. Ce serait, dit-il, l'heure à laquelle il aurait assisté, sans doute vers un an et demi, à un rapport sexuel entre ses parents. De plus, souligne-t-il, le patient, lorsqu'il fait un dessin à partir d'un rêve très important où il est question de six ou sept loups, en dessine seulement cinq. Et Freud va plus loin encore, dégageant la présence du cinq, ou, mieux, du cinq romain, de la lettre V, dans un tout autre souvenir, celui où le patient, enfant, est saisi d'une peur terrible d'un papillon qui s'était posé sur une fleur : « Le patient remarqua que l'ouverture et la fermeture des ailes, lorsque le papillon était à l'arrêt, auraient fait sur lui cette impression inquiétante. Il en aurait été comme d'une femme ouvrant les jambes, et les jambes donneraient alors la figure d'un V romain, heure, comme on sait, à laquelle, dans les années où il était petit garçon déjà, mais même encore maintenant, un assombrissement de son humeur avait coutume d'intervenir[1]*. »*

Qu'on ne se précipite pas, ici, sur ce dernier élément, qui ramènerait le chiffre ou la lettre V à un sens sexuel. Qu'on ne l'assimile pas, surtout, à une image particulière, quelle que soit son pouvoir de fascination érotique ou son poids d'étrangeté inquiétante. Si le V peut fonctionner comme lettre, c'est qu'il ne conserve, de l'image, que le trait, ce « trait brisé à angle aigu », comme le désigne Serge Leclaire[2]*. Corrélativement, il peut venir symboliser les questions les plus diverses de l'ouverture des yeux à la castration puisque, on l'a dit, celle-ci n'est forclose que pour un des courants de la vie psychique. On le verra en lisant l'observation de Freud et le texte de Serge Leclaire. On verra la finesse de ce qu'il faut bien désigner comme une combinaison symbolique lorsque le sujet, voulant dire qu'il rêve qu'on arrache à une guêpe ses ailes, prononce Espe au lieu de Wespe : ce qui choit pour symboliser la castration, c'est la lettre W, redoublement de ce V qui est comme son chiffre ; ce qui reste c'est S.P., ses initiales. Mais on mesurera aussi le poids de réel de cette lettre, qui se répète de façon apparemment automatique dans la vie du sujet, qui, à force d'être au-delà de toute signification particulière, illustre bien le caractère in-sensé du réel.*

Dans les premières années de l'enseignement de Lacan, les trois instances peuvent sembler assez fortement hiérarchisées. Le réel n'est certes plus extérieur au système, mais, représentant un point de butée, il semble en tout cas constituer surtout quelque chose qui fait résistance : la cure consisterait à gagner sur le réel. Quant à l'imaginaire, il s'organise en fonction du symbolique (comme le moi-idéal en fonction de l'idéal du moi) et c'est par le symbolique qu'il peut être remanié. Lacan cependant s'orientera de plus en plus vers une homogénéisation des trois registres, au moins quant à leur place relative. C'est ce qu'il fera valoir avec quelque chose qu'il désigne aussi comme une écriture, le « nœud borroméen ». Celui-ci, emprunté à la topologie, est constitué d'au moins trois ronds, noués ensemble de façon telle qu'il suffit d'en couper un pour que les deux autres se séparent. Plus qu'une représentation, le nœud borroméen est pour Lacan une véritable présentation de la structure, une structure où chacune des instances tient à une autre par une troisième et seulement par elle. Cette présentation renouvelle assurément notre mode d'accès à ce qui fait la réalité humaine (langage, ordre spéculaire, réel) et elle constitue en ce sens un des instruments dont on peut attendre le plus pour l'avancée de la psychanalyse.

1. Voir *infra*, p.462.
2. Voir *infra*, p. 462. On peut sans doute établir ici un parallèle avec l'histoire de l'écriture, avec le détachement progressif de l'image de la représentation, qui conduit du pictogramme à l'écriture alphabétique.

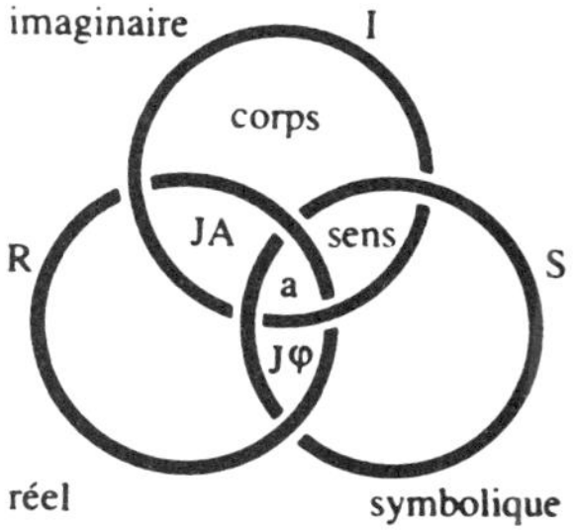

Nœud borroméen à trois ronds. On voit comment Lacan s'en sert pour situer quelques catégories essentielles : le sens, à l'intersection du symbolique comme ordre du signifiant et de l'imaginaire, est hors réel. La jouissance phallique désigne cette satisfaction qui passe essentiellement par le langage, dès lors que le sujet n'a pas d'accès direct aux objets qu'il vise : elle est hors corps. Sur JA, Jouissance Autre ou Jouissance de l'Autre, voir notamment, chapitre suivant, ce que Lacan dit d'une jouissance supplémentaire.

L'homme aux loups

(1914)

SIGMUND FREUD

En février 1910 Freud prit en analyse un jeune homme d'origine russe, Serguei Constantinovitch Pankejeff, qui avait déjà consulté, sans résultat aucun, divers psychiatres, et qui avait été soigné dans différents sanatoriums, où il avait été considéré, en général, comme « maniaco-dépressif ». Freud estimait qu'il s'agissait plutôt d'une névrose grave, et plus exactement des séquelles d'une névrose obsessionnelle spontanément résolue. L'analyse dura plus de quatre ans et pendant assez longtemps elle ne rencontra pas un grand succès, le patient ne se départissant jamais d'une attitude d'indifférence aimable : « Il écoutait, comprenait – et ne se laissait approcher en rien. » Freud eut alors l'idée de fixer par avance un terme à la cure, ce qui amena un progrès sensible avant la date fixée. Toutefois Freud devait relever les limites d'une telle méthode, d'autant que le patient, à la suite de rechutes importantes, devait être par la suite soigné à nouveau, par Freud lui-même et par Ruth Mack Brunswick.

Dans l'essai qu'il lui consacre, Freud ne relate pas l'ensemble de l'analyse, mais seulement ce qui concerne la « névrose infantile », les troubles psychiques dont il avait souffert dans son enfance.

Nous reproduisons ici le chapitre II, qui décrit ces troubles, en particulier les phobies d'animaux et les pensées blasphématoires obsessionnelles. Le chapitre III est consacré à l'histoire de l'enfant du point de vue de la sexualité : séduction par sa sœur aînée, tentative de séduction dirigée vers sa bonne d'enfant, Nania, et, après déception, changement du choix d'objet, adoption d'une attitude passive et masochiste envers le père, par qui il souhaitait être battu. Nous reprenons le texte au chapitre IV, consacré au rêve de loups qui est à l'origine du surnom du sujet, rêve qui renvoie à une « scène primitive », ou « scène originaire » c'est-à-dire à une scène de rapport sexuel entre les parents. Freud discute ensuite du caractère réel ou fantasmatique de la scène primitive, puis il expose en détail la névrose obsessionnelle infantile. Nous reprenons son texte à la fin du chapitre VII, consacré à l'érotisme anal et au complexe de castration, et nous reproduisons également le chapitre VIII, chapitre conclusif fort intéressant du point de vue d'une théorie de la lettre.

Source : S. Freud, *Aus der Geschichte einer infantilen Neurose*, G.W., t. XII. Traduction française (J. Altounian, P. Cotet) : *l'Homme aux loups, à partir de l'histoire d'une névrose infantile,* Quadrige, P.U.F., 1990.

Bibliographie : N. Abraham et M. Torok, *le Verbier de l'homme aux loups*, Aubier Flammarion, 1976 ; Muriel Gardiner, *l'Homme aux loups par ses psychanalystes et par lui-même*, Gallimard, 1981 ; Karin Obholzer, *Entretiens avec l'homme aux loups*, Gallimard, 1981.

II

Vue d'ensemble sur le milieu et l'histoire du malade

JE NE PEUX ÉCRIRE L'HISTOIRE de mon patient ni d'un point de vue purement historique ni d'un point de vue purement pragmatique, je ne peux donner ni une histoire de traitement ni une histoire de malade, mais je me verrai obligé de combiner entre eux les deux modes de présentation. Il ne s'est trouvé, comme on sait, aucune voie pour faire passer de quelque façon que ce soit la conviction qui résulte de l'analyse dans la restitution de cette dernière. Des procès-verbaux exhaustifs des processus intervenant dans les séances d'analyse ne serviraient ici assurément de rien ; de par la technique du traitement, il est d'ailleurs exclu qu'on les établisse. On ne publie donc pas de telles analyses pour susciter de la conviction chez ceux qui jusqu'à présent ont eu une attitude de mise à l'écart et d'incrédulité. On espère seulement apporter quelque chose de nouveau à ceux des chercheurs qui se sont déjà acquis des convictions par leurs propres expériences au contact des malades.

Je commencerai par dépeindre le monde de l'enfant et par communiquer de son histoire d'enfance ce qui s'apprit sans effort et qui, au cours de plusieurs années, ne devint ni plus complet ni plus transparent.

Des parents mariés jeunes, continuant à mener une vie conjugale heureuse, sur laquelle les maladies qu'ils vont contracter jettent les premières ombres, maladie du bas-ventre chez la mère et, chez le père, premiers accès d'humeur dépressive qui eurent pour conséquence son absence de la maison. La maladie du père, le patient n'apprend naturellement à la comprendre que beaucoup plus tard, l'état maladif de la mère, il en prend connaissance dès ses premières années d'enfance. C'est pour cela qu'elle s'occupa relativement peu des enfants. Un jour, à coup sûr[1] avant sa quatrième année, tenu à la main par sa mère, il entend au passage les plaintes que sa mère adresse au médecin en le raccompagnant au-delà du seuil et il imprime en lui ses paroles pour se les appliquer plus tard à lui-même. Il n'est pas enfant unique ; il y a avant lui une sœur de deux ans son aînée, vive, douée et prématurément méchante, à laquelle échoit un grand rôle dans sa vie.

Une bonne d'enfants prend soin de lui, aussi loin qu'il se souvienne, une vieille femme du peuple, inculte, d'une tendresse inlassable pour lui. Il est pour elle le substitut d'un propre fils mort précocement. La famille vit dans une propriété de campagne,

1. Dans les éditions antérieures à 1924 : « peut-être dans sa sixième année ».

qu'en été elle change pour une autre. La grande ville n'est pas loin de ces deux propriétés. Il y a une coupure dans son enfance, lorsque les parents vendent les propriétés et partent pour la ville. De proches parents séjournent souvent pour de longues périodes dans l'une ou l'autre propriété, des frères du père, des sœurs de la mère et leurs enfants, les grands-parents du côté maternel. En été les parents ont coutume de partir en voyage pour quelques semaines. Un souvenir-couverture le montre à lui-même suivant des yeux avec sa bonne d'enfants la voiture qui enlève père, mère et sœur et rentrant ensuite paisiblement à la maison. Il ne peut avoir été alors que très petit[1]. L'été suivant, la sœur fut laissée à la maison et une gouvernante anglaise engagée, à laquelle échut la haute main sur les enfants.

Dans les années ultérieures, beaucoup de choses de son enfance lui avaient été racontées[2]. Il en savait beaucoup par lui-même, mais naturellement sans cohérence de temps ni de contenu. L'un de ces récits traditionnels, qui avait été répété devant lui un nombre incalculable de fois à l'occasion de la maladie qu'il contracta ultérieurement, nous fait connaître le problème dont la solution va nous occuper. Il doit avoir été d'abord un enfant très doux, docile et plutôt calme, si bien qu'on avait coutume de dire qu'il eût dû être la fille, et sa sœur aînée le garçon. Mais lorsqu'un jour ses parents revinrent de leur voyage d'été, ils le trouvèrent transformé. Il était devenu mécontent, irritable, violent, se vexait à la moindre occasion, se déchaînait alors et criait comme un sauvage, si bien que les parents, cet état persistant, exprimèrent l'inquiétude qu'il ne fût pas possible de l'envoyer plus tard à l'école. C'était l'été pendant lequel avait été là cette gouvernante anglaise, qui se révéla être une personne toquée, intraitable, d'ailleurs adonnée à la boisson. Aussi la mère inclina-t-elle à mettre la modification de caractère du garçon en rapport avec l'action exercée par cette Anglaise, dont elle supposa qu'elle l'avait irrité par son traitement. La perspicace grand-mère, qui avait partagé l'été avec les enfants, soutenait le point de vue que l'irritabilité du garçon était provoquée par les querelles entre l'Anglaise et la bonne d'enfants. L'Anglaise avait, à plusieurs reprises, traité la bonne d'enfants de sorcière, l'avait contrainte à quitter la chambre ; le petit avait ouvertement pris le parti de sa « Nania » bien-aimée et manifesté sa haine à la gouvernante. Quoi qu'il en fût, l'Anglaise fut renvoyée peu après le retour des parents, sans que rien ne changeât à la manière d'être détestable de l'enfant.

Le souvenir de cette période de méchanceté s'est maintenu chez le patient. Il a, estime-t-il, fait la première de ces scènes la fois où, à Noël, il ne lui fut pas donné double cadeau, comme cela lui aurait été dû, puisque le jour de Noël était en même temps le jour de son anniversaire. Il n'épargna ses prétentions et ses susceptibilités même pas à sa « Nania » bien-aimée, peut-être même est-ce elle qu'il tourmenta le plus impitoyablement. Mais cette phase de la modification du caractère est indissolublement connectée dans son souvenir à beaucoup d'autres phénomènes singuliers et

1. Deux ans et demi. Il a été possible par la suite de déterminer avec certitude presque toutes les époques .

2. Des communications de cette sorte on peut, en règle générale, les exploiter à bon droit comme un matériel digne d'une crédibilité sans restriction. C'est pourquoi on pourrait être tenté de combler sans peine les lacunes dans le souvenir du patient grâce à des enquêtes menées auprès des membres plus âgés de la famille, mais je ne saurais assez catégoriquement déconseiller pareille technique. Ce que les proches racontent en réponse à des questions et à des sollicitations est sujet à toutes les réserves critiques qui peuvent entrer en ligne de compte. On regrette régulièrement de s'être rendu dépendant de telles informations, on a par là troublé la confiance en l'analyse et institué au-dessus d'elle une autre instance. Tout ce qui, de toute façon, peut être remémoré, est mis en lumière dans le déroulement ultérieur de l'analyse.

morbides, qu'il ne sait pas ordonner dans le temps. Tout ce qui va maintenant être rapporté, qui ne peut absolument pas avoir appartenu au même temps et est plein de contradictions dans son contenu, il le met pêle-mêle, dans un seul et même temps qu'il appelle « encore dans la première propriété ». À cinq ans, croit-il, ils auraient quitté cette propriété. Aussi est-il à même de raconter qu'il a souffert d'une angoisse que sa sœur mettait à profit pour le tourmenter. Il y avait un certain livre d'images, dans lequel était présenté un loup, dressé et en train d'avancer. Quand il apercevait cette image, il se mettait à crier comme un enragé. Il avait peur que le loup ne vînt et le dévorât. La sœur, elle, savait toujours s'arranger pour qu'il fût obligé de voir cette image et se délectait de son effroi. Toutefois il avait peur aussi d'autres animaux, grands et petits. Un jour, il chassait un grand et beau papillon, aux ailes rayées de jaune, terminées en pointe, afin de l'attraper. (C'était sans doute un « Queue d'hirondelle »[1].) Tout à coup, il fut pris d'une épouvantable angoisse devant l'animal, il abandonna sa poursuite en criant. Devant les coléoptères et les chenilles également, il éprouvait angoisse et répulsion. Il était pourtant à même de se souvenir qu'à la même époque il avait tourmenté des coléoptères et dépecé des chenilles. Les chevaux également étaient pour lui inquiétants. Quand un cheval était battu, il se mettait à crier, ce qui l'obligea une fois à quitter le cirque. D'autres fois il aimait lui-même battre des chevaux. Ces modes opposés de comportement envers les animaux ont-ils été effectivement en vigueur en même temps ou se sont-ils plutôt relayés et, en ce cas, dans quelle succession et quand, c'est ce que son souvenir ne permettait pas de trancher. Il ne pouvait pas dire non plus si sa période de méchanceté avait été remplacée par une phase de maladie ou si celle-là s'était poursuivie tout au long de celle-ci. En tout cas on était autorisé par les communications qui vont suivre à admettre que, dans ces années d'enfance, il était passé par une affection très facile à reconnaître : une névrose de contrainte. Il racontait que pendant toute une longue période il avait été très pieux. Il ne pouvait s'endormir sans prier longtemps ni faire une série infinie de signes de croix. Il avait aussi coutume, le soir, avec un siège sur lequel il montait, de faire le tour de toutes les images de saints suspendues dans la chambre et de baiser avec recueillement chacune d'elles. Avec ce pieux cérémonial s'accordait alors très mal – ou peut-être au contraire fort bien – le fait qu'il se souvînt de pensées outrageant Dieu, lui venant à l'esprit comme une inspiration du diable. Il ne pouvait s'empêcher de penser : Dieu-cochon ou Dieu-excrément. Lors d'un quelconque voyage, alors qu'il se rendait dans une station thermale allemande, il fut tourmenté par la contrainte de penser à la Sainte-Trinité chaque fois qu'il voyait trois petits tas de crottin de cheval ou d'autre excrément sur la chaussée. À l'époque, il observait aussi un cérémonial particulier quand il voyait des gens qui lui faisaient pitié, mendiants, infirmes, vieillards. Il ne pouvait s'empêcher d'expirer bruyamment pour ne pas devenir comme eux et, dans certaines autres conditions, d'aspirer vigoureusement l'air. J'inclinai naturellement à admettre que ces symptômes relevant nettement de la névrose de contrainte appartenaient à un temps et à un stade de développement un peu plus tardifs que les signes d'angoisse et les agissements cruels envers les animaux.

Les années de plus grande maturité du patient se trouvèrent déterminées par un très défavorable rapport à son père, qui alors, après des accès répétés de dépression, ne

1. *Papillo machaon*. Dans les éditions antérieures à 1924, Freud utilise le terme allemand *Admiral*, en français « Amiral » *(Vanessa atalanta)*.

pouvait plus cacher les côtés morbides de son caractère. Dans les premières années d'enfance, ce rapport avait été très tendre, selon ce qu'avait conservé le souvenir du fils. Le père le chérissait et aimait jouer avec lui. Lui, dès son jeune âge, était fier de son père et ne faisait que déclarer qu'il voulait devenir un monsieur, comme lui. La Nania lui avait dit que sa sœur était l'enfant de la mère, mais lui celui du père, ce dont il était très content. À l'issue de son enfance était survenu un étrangement entre lui et son père. Le père préférait indubitablement la sœur, et lui en était très vexé. Plus tard, l'angoisse devant le père devint dominante.

À peu près vers la huitième année disparurent tous les phénomènes que le patient attribue à la phase de sa vie commençant par la méchanceté. Ils ne disparurent pas d'un coup, firent au contraire retour quelques fois mais finirent par céder, comme l'estime le malade, à l'influence des maîtres et éducateurs qui prirent alors la place des femmes ayant eu soin de lui. Voici donc, très succinctement esquissées, les énigmes dont l'analyse dut prendre en charge la solution : D'où provenait la soudaine modification de caractère du garçon ? Que signifiaient sa phobie et ses perversités ? Comment en vint-il à sa piété marquée de contrainte ? Et comment tous ces phénomènes sont-ils corrélatifs les uns des autres ? Je rappelle encore une fois que notre travail thérapeutique concernait une maladie névrotique récente, ultérieurement survenue, et que des révélations sur ces problèmes antérieurs ne pouvaient s'ensuivre que si le déroulement de l'analyse emmenait pour un temps loin du présent, pour nous obliger à un détour par le temps originaire de l'enfance. [...]

IV

Le rêve et la scène originaire

J'AI DÉJÀ PUBLIÉ CE RÊVE AILLEURS[1] en raison de sa teneur en matériaux de contes et je répéterai tout d'abord ce que j'ai communiqué là.

« *J'ai rêvé que c'est la nuit et que je suis couché dans mon lit. (le pied de mon lit était contre la fenêtre, devant la fenêtre se trouvait une rangée de vieux noyers ; je sais, c'était l'hiver lorsque je rêvais, et de nuit). Soudain, la fenêtre s'ouvre d'elle-même et je vois avec un grand effroi que sur le grand noyer devant la fenêtre quelques loups blancs sont assis. Ils étaient au nombre de six ou sept. Les loups étaient tout blancs et avaient plutôt l'air de renards ou de chiens de berger, car ils avaient de grandes queues comme des renards et leurs oreilles étaient pointées comme chez les chiens quand ils guettent quelque chose. En proie à une grande angoisse, celle manifestement d'être dévoré par les loups, je poussai un cri* et me réveillai. Ma bonne d'enfants accourut au chevet de mon lit pour voir ce qui m'était arrivé. Un bon moment s'écoula jusqu'à ce que je sois convaincu que ce n'avait été qu'un rêve, tant l'image de la fenêtre qui s'ouvre et des loups qui sont assis sur l'arbre m'était apparue naturelle et nette. Je finis par me calmer, me sentis comme délivré d'un danger et me rendormis. »

« L'unique action dans le rêve était celle de la fenêtre qui s'ouvre, car les loups étaient assis, tout à fait calmes, sans le moindre mouvement, sur les branches de

1. Matériaux des contes dans les rêves, *Int. Z. Psychoanal.*, 1913, I (Märchenstoffe in Träumen, 1913 *d*, *G.W.*, X ; *OCF.P*, XII).

l'arbre, à droite et à gauche du tronc, et me regardaient. Ils semblaient avoir dirigé toute leur attention sur moi. – Je crois que ce fut là mon premier rêve d'angoisse. J'avais alors trois, quatre ans, cinq au plus. Désormais, j'eus toujours jusqu'à ma onzième ou douzième année l'angoisse de voir en rêve quelque chose d'effroyable. »

Il donne alors en plus un dessin de l'arbre avec les loups, qui confirme sa description. L'analyse du rêve met au jour le matériel suivant.

Il a toujours mis ce rêve en relation avec le souvenir d'après lequel il montrait, dans ces années de l'enfance, une angoisse tout à fait démesurée devant l'image d'un loup dans un livre de contes. Sa sœur aînée, qui lui était très supérieure, avait coutume de le taquiner en mettant sous ses yeux, sous n'importe quel prétexte, précisément cette image, sur quoi il se mettait à pousser des cris d'épouvante. Sur cette image, le loup se dressait, une patte avancée, les griffes dehors et les oreilles pointées. Il pense que cette image faisait partie, en tant qu'illustration, du conte du « *Petit Chaperon rouge* ».

Pourquoi les loups sont-ils blancs ? Cela le fait penser aux moutons dont on élevait de grands troupeaux à proximité de la propriété. Le père l'emmenait à l'occasion visiter ces troupeaux et il était alors à chaque fois très fier et ravi. Plus tard – renseignements pris, cela peut avoir été légèrement antérieur à la période du rêve – une épidémie se déclara chez ces moutons. Le père fit venir un élève de Pasteur qui vaccina les animaux, mais ils moururent après la vaccination en plus grand nombre encore qu'auparavant.

Comment les loups arrivent-ils sur l'arbre ? À ce propos, il lui vient à l'idée une histoire qu'il a entendu son grand-père raconter. Il ne peut se souvenir si c'est avant ou après le rêve, mais son contenu plaide résolument en faveur de la première éventualité. Voici l'histoire : un tailleur est assis dans sa pièce en train de travailler, voilà que la fenêtre s'ouvre et qu'un loup entre d'un bond. Le tailleur cherche à le frapper avec son aune – non, corrige-t-il, l'empoigne par la queue et la lui arrache, si bien que le loup effrayé détale. Un moment plus tard, le tailleur va dans la forêt et voit soudain s'avancer une harde de loups auxquels il échappe en se réfugiant sur un arbre. Les loups sont d'abord perplexes, mais le mutilé qui est parmi eux, et qui veut se venger du tailleur, propose qu'ils montent les uns sur les autres, jusqu'à ce que le dernier ait atteint le tailleur. Lui-même – c'est un vieux loup plein de force – veut former la base de cette pyramide. Les loups s'exécutent, mais le tailleur a reconnu le visiteur châtié et s'écrie soudain comme tout à l'heure : empoignez le gris par la queue. Le loup sans queue est pris d'effroi à ce souvenir, déguerpit, et les autres loups dégringolent tous en culbutant.

Dans ce récit se trouve l'arbre sur lequel, dans le rêve, les loups sont assis. Mais par ailleurs son contenu le rattache sans équivoque au complexe de castration. Le vieux loup a été dépossédé de sa queue par le tailleur. Les queues de renard des loups dans le rêve sont sans doute des compensations à cette absence de queue.

Pourquoi les loups sont-ils six ou sept ? Cette question semblait ne comporter aucune réponse jusqu'à ce que je mette en doute que son image d'angoisse puisse se rapporter au conte du « Petit Chaperon rouge ». Ce conte fournit seulement l'occasion de deux illustrations, la rencontre du Petit Chaperon rouge avec le loup dans la forêt et la scène où le loup est au lit avec le bonnet de la grand-mère. Un autre conte devait donc forcément se dissimuler derrière le souvenir de l'image. Il ne fut pas long à trouver que ce ne pouvait être que l'histoire du Loup et les sept chevreaux. C'est ici que se trouve le nombre sept, mais aussi le six, car le loup ne dévore que six chevreaux, le septième se cache dans le coffre de l'horloge. Le blanc aussi apparaît dans cette histoire, car le loup se fait blanchir la patte chez le boulanger, après que les chevreaux l'ont, à sa première visite, reconnu à sa patte grise. Les deux contes ont d'ailleurs beaucoup en commun. Dans les deux se trouvent la dévoration, l'ouverture du ventre, l'extirpation des personnes mangées, le remplacement par de lourdes pierres, et dans les deux enfin le méchant loup succombe. Dans le conte des chevreaux apparaît aussi l'arbre. Après le repas, le loup se couche sous un arbre et ronfle.

Il me faudra, à cause d'une circonstance particulière, m'occuper de ce rêve ailleurs encore et alors l'interpréter et l'apprécier plus avant. C'est en effet, remémoré de l'enfance, un premier rêve d'angoisse, dont le contenu, en corrélation avec d'autres rêves qui suivirent bientôt après et avec certains événements de l'enfance du rêveur, éveille un intérêt d'un genre tout particulier. Nous nous limitons ici à la relation du rêve avec deux contes qui ont beaucoup en commun, au « Petit Chaperon rouge » et au « Loup et les sept chevreaux ». L'impression produite par ces contes se manifesta chez ce rêveur enfant sous la forme d'une véritable phobie d'animal, qui se distinguait d'autres cas analogues par le seul fait que l'animal d'angoisse n'était pas un objet facilement accessible à la perception (comme par exemple le cheval ou le chien), mais n'était connu que par le récit et le livre d'images.

J'exposerai une autre fois quelle explication trouvent ces phobies d'animal et quelle signification leur revient. Par anticipation, je me contente de remarquer que cette explication s'accorde très bien avec le caractère principal que la névrose du rêveur a permis de connaître à des périodes de vie ultérieures. L'angoisse devant le père avait été le motif le plus fort de son entrée en maladie, et la position ambivalente à l'égard de chaque substitut du père domina sa vie tout comme son comportement dans le traitement.

Si le loup n'a été chez mon patient que le premier substitut du père, la question se pose de savoir si les contes du loup qui dévore les chevreaux et du Petit Chaperon rouge ont pour contenu secret autre chose que l'angoisse infantile devant le père[1]. Le père de mon patient avait par ailleurs la particularité de la « gronderie tendre », dont tant de personnes font montre dans la relation avec leurs enfants, et la menace pour rire : « Je vais te dévorer » peut bien avoir été prononcée plus d'une fois dans les premières années, lorsque le père, plus tard sévère, avait coutume de jouer et de faire câlin avec son petit garçon. Une de mes patientes me raconta que ses deux enfants n'avaient jamais réussi à aimer leur grand-père parce que, tout en jouant tendrement, il avait coutume de les effrayer en disant qu'il allait leur ouvrir le ventre.

Laissons maintenant de côté tout ce qui dans cet essai anticipe la mise en valeur du rêve et revenons à son interprétation immédiate. Je remarquerai que cette interprétation posa un problème, dont la solution s'échelonna sur plusieurs années. Le patient avait communiqué le rêve de très bonne heure et adopté très tôt ma conviction que derrière lui se trouvait dissimulée la causation de sa névrose infantile. Au cours du traitement, nous revînmes souvent au rêve, mais il ne fut possible de le comprendre totalement que dans les derniers mois de la cure, et cela à vrai dire grâce au travail spontané du patient. Il avait toujours relevé que deux facteurs du rêve avaient fait sur lui la plus grande impression, premièrement le calme et l'immobilité complets des loups et, deuxièmement, l'attention tendue avec laquelle ils le regardaient tous. Le tenace sentiment de réalité effective dans lequel débouchait le rêve lui paraissait également digne d'être pris en considération.

C'est de ce dernier point que nous allons partir. Nous savons, de par les expériences acquises dans l'interprétation du rêve, qu'une signification déterminée échoit à ce sentiment de réalité effective. Il nous assure que quelque chose dans le matériel latent du rêve prétend à la réalité effective dans le souvenir, et donc que le rêve se réfère à un événement qui s'est effectivement produit et n'a pas été simplement fantasié. Naturellement il ne peut s'agir que de la réalité effective de quelque chose d'inconnu ; la conviction, par exemple, que le grand-père raconte effectivement l'histoire du tailleur et du loup, ou que les contes du Petit Chaperon rouge et des Sept Chevreaux lui avaient effectivement été lus, ne pourrait jamais se remplacer par le sentiment de réalité effective perdurant au-delà du rêve. Le rêve semblait faire allusion à un événement dont la réalité se voit soulignée, en pleine opposition avec l'irréalité des contes.

S'il fallait, derrière le contenu du rêve, admettre une telle scène inconnue, c'est-à-dire déjà oubliée à l'époque du rêve, elle ne pouvait s'être produite que très tôt. Le rêveur ne dit-il pas : J'avais, lorsque j'eus ce rêve, trois, quatre ans, cinq au plus. Nous pouvons ajouter : et fus amené par le rêve à me souvenir de quelque chose qui ne pouvait avoir appartenu qu'à une époque encore plus précoce.

Ce qui devait nécessairement mener au contenu de cette scène, ce sont les facteurs que le rêveur fit ressortir du contenu de rêve manifeste, le fait de regarder avec attention, l'absence de mouvement. Nous attendons naturellement que ce matériel reproduise le matériel inconnu de la scène dans une quelconque déformation, peut-être même dans la déformation en relation d'opposition.

Du matériau brut que la première analyse avec le patient avait livré, il y avait aussi plusieurs conclusions à tirer, qu'il fallait insérer dans le contexte recherché. Derrière la

1. Cf. la similitude, relevée par O. Rank, de ces deux contes avec le mythe de Kronos (Völkerpsychologische Parallelen zu den infantilen Sexualtheorien [Parallèles ethnopsychologiques aux théories sexuelles infantiles], *Zbl. Psychoan.*, 1912, II, 8).

mention de l'élevage des moutons, il fallait chercher les preuves de sa recherche sexuelle, dont il pouvait satisfaire les intérêts lors de ses visites avec son père – mais des indices de l'angoisse de mort ne pouvaient non plus manquer d'y être, car les moutons étaient pour la plupart morts de l'épidémie. Ce qui dans le rêve était le plus saillant, les loups sur l'arbre, menait directement au récit du grand-père, qui ne devait guère à autre chose qu'à son rattachement au thème de la castration ce qui en lui captivait et incitait au rêve.

De la première analyse, incomplète, du rêve, nous avions de plus conclu que le loup était un substitut du père, de sorte que ce premier rêve d'angoisse avait fait apparaître cette angoisse devant le père, qui devait dès lors dominer sa vie. À vrai dire, cette conclusion elle-même ne nous liait pas encore. Mais si nous rassemblons comme résultat de l'analyse provisoire ce qui découle du matériel livré par le rêveur, nous disposons plus ou moins, pour la reconstruction, des fragments suivants :

Un événement effectif – d'une époque très précoce – regarder – immobilité – problèmes sexuels – castration – le père – quelque chose d'effroyable.

Un jour, le patient se mit à poursuivre l'interprétation de son rêve. Le passage du rêve, estimait-il, où il est dit : soudain, la fenêtre s'ouvre d'elle-même, n'est pas entièrement élucidé par la relation à la fenêtre devant laquelle le tailleur est assis et par laquelle le loup entre dans la chambre. Cela doit signifier : les yeux s'ouvrent soudain. Donc je dors et me réveille soudain, alors je vois quelque chose : l'arbre avec les loups. Il n'y avait rien à objecter là-contre, mais cela autorisait une exploitation menée plus avant. Il s'était réveillé et il lui avait été donné de voir quelque chose. Le fait de regarder avec attention, qui dans le rêve est imputé aux loups, est bien plutôt à déplacer sur lui. Sur un point décisif un renversement avait eu lieu, qui d'ailleurs s'annonce par un autre renversement dans le contenu de rêve manifeste. Il y avait bel et bien un renversement aussi lorsque les loups étaient assis sur l'arbre, alors que dans le récit du grand-père ils se trouvaient en bas et ne pouvaient monter sur l'arbre.

Et si l'autre facteur souligné par le rêveur était également déformé par un renversement ou une inversion ? Il faudrait alors, au lieu d'absence de mouvement (les loups sont assis sans remuer, ils le regardent, mais ne bougent pas) dire : le plus violent des mouvements. Il s'est donc réveillé soudain et a eu sous les yeux une scène de violente mobilité, qu'il regarda avec une attention tendue. Dans un cas, la déformation consisterait en une permutation du sujet et de l'objet, de l'activité et de la passivité, être regardé au lieu de regarder, dans l'autre cas en une transformation dans le contraire : calme au lieu de mobilité.

Un nouveau progrès dans la compréhension du rêve fut apporté une autre fois par cette idée incidente qui soudain émergea : l'arbre est l'arbre de Noël. Il le savait à présent, le rêve avait eu lieu peu avant Noël, dans l'attente de Noël. Comme le jour de Noël était aussi le jour de son anniversaire, le point dans le temps où intervint le rêve et la transformation qui en procéda se laissait désormais fixer avec certitude. C'était juste avant son quatrième anniversaire. Il s'était donc endormi dans l'attente tendue du jour qui devait lui apporter un double cadeau. Nous savons que, dans de telles conditions, l'enfant anticipe aisément en rêve l'accomplissement de ses souhaits. C'était donc déjà Noël dans le rêve, le contenu du rêve lui montrait ses étrennes, à l'arbre étaient accrochés les cadeaux à lui destinés. Mais au lieu des cadeaux, c'était devenu... des loups, et le rêve se termina par le fait qu'il fut pris par l'angoisse d'être dévoré par le loup (vraisemblablement par le père) et chercha refuge auprès de la bonne d'enfants.

La connaissance de son développement sexuel d'avant le rêve fait qu'il nous est possible de combler la lacune du rêve et d'élucider la transformation de la satisfaction en angoisse. Parmi les souhaits formateurs du rêve, le plus fort à s'être mobilisé dut nécessairement être celui de la satisfaction sexuelle qu'il désirait[1] alors obtenir du père. La force de ce souhait réussit à raviver la trace mnésique, depuis longtemps oubliée, d'une scène qui pouvait lui montrer de quoi il retournait dans la satisfaction sexuelle par le père, et le résultat fut effroi, épouvante devant l'accomplissement de ce souhait, refoulement de la motion qui s'était présentée à travers ce souhait et de là fuite loin du père vers la bonne d'enfants, moins dangereuse.

La significativité de cette échéance de Noël était restée conservée dans le prétendu souvenir d'après lequel il avait eu son premier accès de fureur parce qu'il n'avait pas été satisfait des cadeaux de Noël. Le souvenir réunissait du vrai et du faux ; il ne pouvait avoir raison sans modification, car aux dires répétés des parents, sa méchanceté les avait déjà frappés après leur retour en automne et pas seulement à Noël, mais l'essentiel des relations entre satisfaction d'amour déficiente, fureur et temps de Noël avait été maintenu dans le souvenir.

Quelle image cependant la désirance sexuelle, agissant nocturnement, pouvait-elle avoir évoquée pour être en mesure de détourner, avec un effroi si intense, de l'accomplissement souhaité ? Cette image devait nécessairement, d'après le matériel de l'analyse, remplir une condition, elle devait être propre à fonder la conviction de l'existence de la castration. L'angoisse de castration fut alors le moteur de la transformation d'affect.

Et maintenant voici l'endroit où il me faut cesser de m'étayer sur le déroulement de l'analyse. Je crains que ce ne soit aussi l'endroit où la foi des lecteurs m'abandonnera.

Ce qui, cette nuit-là, tiré du chaos des traces d'impressions inconscientes, fut activé, ce fut l'image d'un coït entre les parents, dans des circonstances pas tout à fait habituelles et particulièrement favorables à l'observation. On parvint peu à peu à obtenir des réponses satisfaisantes pour toutes les questions qui pouvaient se rattacher à cette scène, du fait que, pendant le déroulement de la cure, ce premier rêve fit retour en d'innombrables modifications et rééditions, dont l'analyse fournit les élucidations souhaitées. C'est ainsi que se révéla en premier lieu l'âge de l'enfant lors de l'observation, environ I an I/2[2]. Il souffrait alors d'une malaria, dont l'accès faisait retour chaque jour à une heure déterminée[3]. À partir de sa dixième année, il fut par moments victime de dépressions de l'humeur, qui arrivaient l'après-midi et atteignaient leur acmé vers cinq heures. Ce symptôme subsistait encore à l'époque du traitement analytique. La dépression récurrente[4] remplaça l'accès de fièvre ou d'abattement de jadis ; la cinquième heure était soit le moment de la fièvre à son acmé, soit celui de l'observation du coït, si tant est que les deux moments ne coïncident pas[1]. Il se trouvait probablement, à cause même de cet état de maladie, dans la chambre des parents. Cette affection, également corroborée par tradition directe, nous invite à situer l'incident en été et à admettre par là, pour cet enfant né le jour de Noël, un âge de n + I an I/2. Il avait donc dormi dans

1. *Ersehnte.*
2. Par ailleurs, l'âge de 6 mois pourrait entrer en ligne de compte, ce qui a bien moins de vraisemblance et à vrai dire est à peine soutenable.
3. Cf. les remodèlements ultérieurs de ce facteur dans la névrose de contrainte. Dans les rêves pendant la cure, remplacement par un vent violent (ajout de 1924 : [*aria* = air]).
4. *Wiederkehrende.*

son petit lit dans la chambre des parents et se réveilla, éventuellement à cause de la montée de la fièvre, l'après-midi, peut-être vers cette cinquième heure marquée plus tard de dépression. Que les parents se soient retirés, à demi dévêtus[2], pour une petite sieste cadre avec l'hypothèse d'une brûlante journée d'été. Lorsqu'il se réveilla, il fut témoin d'un *coitus a tergo* trois fois répété[3], put voir l'organe génital de la mère comme le membre du père, et comprit le processus ainsi que sa signification[4]. Il finit par troubler le commerce de ses parents d'une manière dont il sera question plus tard.

Au fond, il n'y a rien d'extraordinaire, rien qui donne l'impression d'être le produit d'une fantaisie extravagante, à ce que, par un été brûlant, un jeune couple marié depuis peu d'années seulement prolonge une sieste par un commerce tendre en passant outre à la présence du garçon, bébé de I an et I/2 dormant dans son petit lit. J'estime plutôt que ce serait là quelque chose de tout à fait banal, de quotidien, et même la position lors du coït, qui a été inférée, ne peut rien changer à ce jugement. D'autant qu'il ne ressort pas du matériel de preuves que le coït ait été chaque fois accompli dans cette position par-derrière. Une seule et unique fois aurait à vrai dire suffi pour donner au spectateur l'occasion d'observations qui auraient été rendues difficiles ou auraient été exclues par une autre posture des amants. Le contenu de cette scène elle-même ne peut donc pas être un argument contre sa crédibilité. La réserve quant à la vraisemblance se portera sur trois autres points : sur le fait qu'un enfant à l'âge tendre de I an et I/2 puisse être en mesure d'enregistrer les perceptions d'un processus aussi compliqué et de les conserver aussi fidèlement dans son inconscient, deuxièmement sur le fait qu'est possible à 4 ans une élaboration après coup, aboutissant à la compréhension, des impressions ainsi reçues, et enfin qu'un procédé quelconque puisse réussir à rendre conscients de façon cohérente et convaincante les détails d'une telle scène, vécue et comprise dans de telles circonstances[5].

Ces réserves, d'autres encore, je les examinerai plus tard soigneusement ; j'assure le lecteur que je ne me montre pas moins critique que lui envers l'hypothèse d'une telle observation de la part de l'enfant et je le prie de se résoudre avec moi à croire *provisoirement* à la réalité de cette scène. Nous allons d'abord continuer l'étude des relations de cette « *scène originaire* » au rêve, aux symptômes et à l'histoire de vie du patient. Nous nous attacherons à suivre séparément quels effets ont procédé du contenu essentiel de la scène et d'une de ses impressions visuelles.

---

1. À rapprocher du fait que le patient ne dessina, en accompagnement de son rêve, que *cinq* loups, alors que le texte du rêve parle de six ou sept.
2. En linge blanc, les loups *blancs*.
3. D'où provient trois fois ? Un jour il avança soudain l'affirmation que c'était moi qui avais par interprétation détecté ce détail. Ce n'était pas exact. C'était une idée incidente spontanée, soustraite à toute critique ultérieure, que selon son habitude il m'imputa et rendit par cette projection digne de confiance.
4. Je veux dire qu'il le comprit à l'époque du rêve, à 4 ans, non pas à l'époque de l'observation. À I an I/2 il recueillit les impressions dont la compréhension après coup lui fut rendue possible, à l'époque du rêve, de par son développement, son excitation sexuelle et sa recherche sexuelle.
5. On ne peut se rendre plus légère la première de ces difficultés par l'hypothèse que l'enfant, à l'époque de l'observation, ait eu vraisemblablement, après tout, une année de plus, c'est-à-dire 2 ans I/2, époque à laquelle il pouvait éventuellement être capable de parler. Pour mon patient, un tel déplacement d'époque était presque exclu par toutes les circonstances marginales de son cas. Au demeurant, on voudra bien prendre en considération qu'il n'est nullement rare que de telles scènes d'observation du coït parental soient mises à découvert dans l'analyse. Mais la condition en est justement qu'elles se situent dans l'enfance la plus précoce. Plus l'enfant avance en âge, plus, à un certain niveau social, les parents lui refuseront soigneusement l'occasion d'une semblable observation.

Par cette dernière, j'entends les positions qu'il vit prendre à ses parents, redressée pour l'homme et courbée comme chez l'animal pour la femme. Nous avons déjà vu qu'à l'époque de l'angoisse, sa sœur avait coutume de l'effrayer avec l'image dans le livre de contes, sur laquelle était présenté le loup dressé, une patte en avant, les griffes dehors et les oreilles pointées. Il ne recula durant la cure devant aucune peine en fouinant chez les bouquinistes jusqu'à ce qu'il eût retrouvé le livre de contes imagés de son enfance et il reconnut son image d'effroi dans une illustration de l'histoire du « Loup et les sept chevreaux ». Il estimait que la position du loup sur cette image aurait pu l'amener à se souvenir de celle du père pendant la scène originaire construite. Cette image devint en tout cas le point de départ de nouveaux effets d'angoisse. Le jour – il avait sept ou huit ans – où il reçut l'annonce qu'un nouveau maître arriverait le lendemain, il rêva la nuit suivante de ce maître sous la forme d'un lion qui, avec de grands rugissements, s'approchait de son lit dans la position du loup sur cette image, et il se réveilla de nouveau avec angoisse. La phobie du loup était alors déjà surmontée, c'est pourquoi il avait la liberté de se choisir un nouvel animal d'angoisse, et il reconnut dans ce rêve tardif le maître comme substitut du père. Chacun de ses maîtres joua, dans ses années d'enfance ultérieures, le même rôle de père et fut doté d'une influence de père pour le bien comme pour le mal.

Le destin lui offrit une singulière occasion de raviver pendant ses années de lycée sa phobie du loup et de faire de la relation qui en était le fondement le point de départ de graves inhibitions. Le maître qui dans sa classe assurait l'enseignement du latin s'appelait *Wolf*[1]. Il fut dès le début intimidé par lui ; un jour il essuya de sa part une grave insulte, parce qu'il avait commis une erreur stupide dans une traduction du latin et dès lors il ne se départit plus devant ce maître d'une angoisse paralysante, qui se transféra bientôt sur d'autres maîtres. Mais l'occasion qui le fit trébucher dans la traduction n'était pas sans relation avec le reste. Il avait à traduire le mot latin *filius* et le traduisit par le français *fils* et non par le mot correspondant de sa langue maternelle. Le loup continuait bel et bien d'être le père[2].

Le premier des « symptômes passagers »[3] que le patient produisit dans le traitement, renvoyait encore à la phobie du loup et au conte des Sept Chevreaux. Dans la pièce où eurent lieu les premières séances se trouvait une grande horloge murale à coffre en face du patient qui, détourné de moi, était couché sur un divan. Je fus frappé de ce que de temps à autre il orientait son visage vers moi, me regardait d'un air très amical et comme apaisant, et détournait ensuite le regard de moi vers l'horloge. Je pensais alors qu'il donnait là un signe de sa désirance de voir l'heure se terminer. Longtemps après, le patient me remémora cette mimique et m'en donna l'explication, en remémorant

1. *Wolf* = loup.
2. Après avoir été insulté par le maître-loup, il apprit comme étant l'opinion générale de ses camarades, que le maître, pour être apaisé, attendait de lui de l'argent. Nous reviendrons là-dessus plus tard. Je peux me représenter quel allégement signifierait, pour une considération rationaliste d'une telle histoire d'enfance, l'éventuelle hypothèse selon laquelle toute l'angoisse devant le loup avait en réalité procédé du maître de latin du même nom, avait été rétroprojetée dans l'enfance et aurait causé la fantaisie de la scène originaire en s'étayant sur l'illustration du conte. Cela n'est cependant pas soutenable ; la priorité temporelle de la phobie du loup et son report dans les années d'enfance, dans la première propriété, n'est que trop sûrement attestée. Et le rêve à 4 ans ?
3. Ferenczi, *Über passagere Symptombildungen während der Analyse* (Des formations de symptôme passagères pendant l'analyse), *Zbl. Psychoan.*, 1912, 2, p. 588 et suiv. (Trad. franç. *in* S. Ferenczi, *Œuvres complètes*, I, Paris, Payot, 1968, p. 199-209.)

que le plus jeune des sept chevreaux trouvait une cachette dans le coffre de l'horloge, tandis que ses six frères et sœurs étaient dévorés par le loup. Il voulait donc me dire alors : Sois bon avec moi ! Faut-il que j'aie peur de toi ? Vas-tu me dévorer ? Dois-je, comme le plus jeune chevreau, me cacher de toi dans le coffre de l'horloge ?

Le loup dont il avait peur était indubitablement le père, mais l'angoisse du loup était liée à la condition de la position debout. Son souvenir affirmait avec une grande précision que des images du loup marchant à quatre pattes ou couché dans le lit comme dans le conte du Petit Chaperon rouge ne l'auraient pas effrayé. La position que, d'après notre construction de la scène originaire, il avait vu prendre à la femme ne revêtait pas une moindre significativité ; cette significativité restait toutefois limitée au domaine sexuel. Le phénomène le plus frappant de sa vie amoureuse, la maturité venue, ce furent, par accès, des états amoureux sensuels marqués de contrainte, qui survenaient et redisparaissaient dans une succession énigmatique, déchaînaient en lui, même à des périodes où il était par ailleurs inhibé, une énergie gigantesque et échappaient à tout contrôle de sa part. En raison d'un contexte particulièrement précieux, il me faut encore ajourner l'appréciation complète de ces amours de contrainte, mais je puis rapporter ici qu'elles étaient attachées à une condition déterminée, dissimulée à sa conscience, que l'on ne put reconnaître que dans la cure. Il fallait que la femme ait pris la position que nous attribuons à la mère dans la scène originaire. Les grosses fesses voyantes, il les ressentit, à partir de la puberté, comme étant l'attrait le plus fort de la femme ; un autre coït que celui par-derrière ne lui procurait guère de jouissance. L'examen critique est certes autorisé à objecter ici qu'une telle préférence sexuelle pour les parties postérieures du corps est un caractère général des personnes inclinant à la névrose de contrainte et n'autorise pas qu'on la fasse découler d'une impression particulière de l'enfance. Elle trouverait place dans la texture de la prédisposition érotique-anale et ferait partie de ces traits archaïques qui caractérisent cette constitution. On peut en effet concevoir l'accouplement par-derrière – *more ferarum*[1] – comme la forme phylogénétiquement la plus ancienne. Nous reviendrons également sur ce point dans la discussion ultérieure, quand nous aurons apporté après coup le matériel afférent à sa condition d'amour inconsciente.

Poursuivons maintenant la discussion des relations entre rêve et scène originaire. D'après ce que nous avons entendu jusqu'ici, le rêve devrait mettre sous les yeux de l'enfant, qui se réjouit de l'accomplissement de ses souhaits à Noël, l'image de la satisfaction sexuelle par le père, telle que, dans cette scène originaire, il l'avait vue comme modèle de sa propre satisfaction, celle qu'il avait désiré[2] obtenir du père. Or au lieu de cette image survient le matériel de l'histoire que le grand-père avait racontée peu avant : l'arbre, les loups, l'absence de queue sous forme de surcompensation par les queues touffues des prétendus loups. Il nous manque ici une corrélation, un pont associatif qui fasse passer du contenu de l'histoire originaire à celui de l'histoire du loup. Cette liaison est à nouveau donnée par la position et seulement par celle-ci. Le loup sans queue, dans le récit du grand-père, invite les autres *à monter sur lui*. Par ce détail fut éveillé le souvenir de l'image de la scène originaire ; sur cette voie le matériel de la scène originaire put être représenté par celui de l'histoire du loup, et en même temps le nombre deux des parents fut remplacé de manière souhaitée par le

1. Selon les mœurs des bêtes sauvages.
2. *Ersehnt.*

nombre pluriel des loups. Le contenu du rêve subit une autre transformation par le fait que le matériel de l'histoire du loup s'adapta au contenu du conte des Sept Chevreaux, lui emprunta le nombre sept[1].

La transformation du matériel : scène originaire – histoire du loup – conte des Sept Chevreaux – reflète la progression de la pensée pendant la formation du rêve : désirance de satisfaction sexuelle par le père – intelligence de la castration comme condition qui s'y rattache – angoisse devant le père. C'est seulement maintenant, selon moi, que le rêve d'angoisse du garçon de quatre ans est élucidé sans aucun reste[2].

Sur l'action pathogène de la scène originaire et la modification que le réveil de celle-ci suscite dans son développement sexuel, je puis, après tout ce qui a déjà été abordé, être bref. Nous ne nous attacherons qu'à cette seule action à laquelle le rêve donne expression. Il nous faudra plus tard nous rendre compte que ce n'est pas en l'occurrence un seul courant sexuel qui procéda de la scène originaire mais toute une

1. 6 ou 7, est-il dit, dans le rêve. 6 est le nombre des enfants dévorés, le septième se sauve en entrant dans le coffre de l'horloge. Cela demeure une loi stricte de l'interprétation du rêve que chaque détail trouve son élucidation.

2. Après que nous ayons réussi la synthèse de ce rêve, je vais tenter de présenter une vue d'ensemble des relations du contenu de rêve manifeste avec les pensées de rêve latentes.

C'est la nuit, je suis couché dans mon lit. Ce dernier élément est le début de la reproduction de la scène originaire. « C'est la nuit » est la déformation de : j'avais dormi. La remarque : Je sais, c'était l'hiver lorsque je rêvais, et de nuit, se rapporte au souvenir du rêve, n'appartient pas à son contenu. Elle est exacte. C'était une des nuits avant le jour de son anniversaire, en l'occurrence le jour de Noël.

Soudain la fenêtre s'ouvre d'elle-même. À traduire : Soudain, je me réveille de moi-même, souvenir de la scène originaire. L'influence de l'histoire du loup, où le loup entre d'un bond par la fenêtre, s'exerce de façon modificatrice et transforme l'expression directe en une expression par l'image. Simultanément, l'introduction de la fenêtre sert à situer au présent le contenu du rêve suivant : Le soir de Noël la porte s'ouvre soudain et l'on voit devant soi l'arbre avec les cadeaux. Ici s'exerce donc l'influence de l'actuelle attente de Noël, qui inclut la satisfaction sexuelle.

Le grand noyer. Représentant de l'arbre de Noël, donc actuel : en outre l'arbre de l'histoire du loup sur lequel se réfugie le tailleur poursuivi et sous lequel les loups sont aux aguets. L'arbre élevé est également, comme j'ai pu souvent m'en convaincre, un symbole de l'observation, du voyeurisme. Quand on est assis sur un arbre, on peut voir tout ce qui se passe en bas et l'on n'est pas vu soi-même. Cf. l'histoire bien connue de Boccace (Giovanni Boccacio, *Il Decamerone*, Septième journée, Nouvelle IX) et les contes drolatiques analogues.

Les loups. Leur nombre : *six ou sept.* Dans l'histoire du loup, c'est une harde sans indication de nombre. La détermination du nombre montre l'influence du conte des sept chevreaux, dont six sont dévorés. Le remplacement du nombre deux de la scène originaire, par un nombre pluriel qui, dans la scène originaire, serait absurde, agrée à la résistance en tant que moyen de déformation. Dans le dessin confectionné pour le rêve, le rêveur a donné expression au 5, qui vraisemblablement corrige l'indication : c'était la nuit.

Ils sont assis sur l'arbre. Ils remplacent en premier lieu les cadeaux de Noël suspendus à l'arbre. Mais ils sont aussi transportés sur l'arbre parce que cela peut vouloir dire qu'ils regardent. Dans l'histoire du grand-père, ils sont postés en bas, tout autour de l'arbre. Leur rapport à l'arbre a donc été inversé dans le rêve, d'où il faut conclure que dans le contenu du rêve interviennent encore d'autres inversions du matériel latent.

Ils le regardent avec une attention tendue. Ce trait, entièrement tiré de la scène originaire, est arrivé dans le rêve au prix d'un total renversement.

Ils sont tout blancs. Ce trait, en soi inessentiel, fortement souligné dans le récit du rêveur, doit son intensité à une abondante fusion d'éléments tirés de toutes les strates du matériel et il unit alors des détails accessoires d'autres sources du rêve à un morceau plus significatif de la scène originaire. Cette dernière détermination provient sans doute de la blancheur du linge du lit et du linge de corps des parents, à quoi s'ajoutent le blanc des troupeaux des moutons et des chiens de berger en tant qu'allusion à ses recherches sexuelles sur les animaux, le blanc du conte des sept chevreaux, dans lequel la mère est reconnue à la blancheur de sa main. Plus loin nous comprendrons le linge blanc aussi comme allusion à la mort.

Ils sont assis là sans remuer. Par là se trouve contredit le contenu le plus frappant de la scène observée, la mobilité qui, par la position à laquelle elle conduit, établit la liaison entre la scène originaire et l'histoire du loup.

série de ces courants, véritablement un éclatement de la libido. En outre nous ne devrons pas perdre de vue que l'activation de cette scène (j'évite à dessein le mot : souvenir) a la même action que si elle était une expérience vécue récente. La scène agit après coup et n'a entre-temps, dans l'intervalle entre I an et I/2 et 4 ans, rien perdu de sa fraîcheur. Peut-être trouverons-nous par la suite encore un point de repère montrant qu'elle a agi avec des effets déterminés dès l'époque de sa perception, donc à partir de l'âge de I an et I/2.

Quand le patient se plongea dans la situation de la scène originaire il porta au jour les auto-perceptions suivantes : il avait auparavant admis que le processus observé était un acte violent, cela toutefois ne s'accordait pas avec le visage réjoui qu'il voyait prendre à sa mère ; il lui fallut reconnaître qu'il s'agissait d'une satisfaction[1]. Le nouveau essentiel que lui apporta l'observation du commerce parental fut la conviction de la réalité effective de la castration, dont la possibilité avait déjà auparavant occupé ses pensées. (La vue des deux petites filles en train d'uriner, la menace de la Nania, l'interprétation de la gouvernante concernant les bâtons de sucre d'orge, le souvenir que le père avait frappé et mis en morceaux un serpent.) Car maintenant il voyait de ses propres yeux la blessure dont la Nania lui avait parlé et comprenait que sa présence

---

Ils ont des queues comme des renards. Cela doit contredire un résultat qui fut acquis à partir de l'action de la scène originaire exercée sur l'histoire du loup et qu'il faut reconnaître comme la conclusion la plus importante de la recherche sexuelle : il y a donc effectivement une castration. L'effroi avec lequel est enregistré ce résultat de pensée se fraye enfin un chemin dans le rêve et en engendre la conclusion.

L'angoisse d'être dévoré par les loups. Elle apparaissait au rêveur comme non motivée par le contenu du rêve. Il disait : Je n'aurais pas dû avoir peur, car les loups avaient plutôt l'air de renards ou de chiens, ils ne se précipitaient pas non plus sur moi comme pour me mordre, mais étaient très calmes et pas du tout effrayants. Nous reconnaissons que le travail de rêve s'est efforcé un moment de rendre inoffensifs les contenus pénibles par transformation dans le contraire. (Ils ne font aucun mouvement, ils ont d'ailleurs les plus belles des queues.) Jusqu'à ce que ce moyen finisse par faire défaillance et que l'angoisse explose. Elle trouve son expression à l'aide du conte où les enfants-chevreaux sont dévorés par le père-loup. Il est possible que ce contenu du conte lui-même ait remémoré des menaces pour rire du père jouant avec l'enfant, si bien que l'angoisse d'être dévoré par le loup pourrait être tout aussi bien réminiscence que substitut par déplacement.

Les motifs de souhait de ce rêve sont à portée de la main ; aux souhaits du jour superficiels que Noël soit déjà là avec ses cadeaux (rêve d'impatience) s'associe le souhait plus profond, permanent à cette époque, de la satisfaction sexuelle par le père, souhait qui se remplace tout d'abord par celui de revoir ce qui était alors si captivant. Puis se déroule le processus psychique de l'accomplissement de ce souhait dans la scène originaire évoquée, jusqu'à la récusation devenue maintenant inévitable du souhait et jusqu'au refoulement.

L'ampleur et la richesse en détails de cette présentation, auxquelles m'obligent mes efforts pour offrir au lecteur quelque équivalent de la force probante d'une analyse que j'ai menée moi-même, pourront peut-être concurremment le dissuader de réclamer la publication d'analyses qui se sont étendues sur plusieurs années.

1. La meilleure façon de tenir compte des dires du patient est d'admettre que l'objet de son observation fut d'abord un coït en position normale, qui dut nécessairement éveiller l'impression d'un acte sadique. C'est après seulement que la position aurait été modifiée, si bien qu'il trouva l'occasion d'autres observations et jugements. Toutefois, cette hypothèse n'a pas été confirmée, elle ne me paraît pas non plus indispensable. Que la présentation en raccourci du texte ne nous fasse pas perdre de vue la situation effective, à savoir que l'analysé, de 25 ans plus âgé, a prêté à des impressions et motions de sa quatrième année des mots qu'il n'aurait pas trouvés alors. Néglige-t-on cette remarque, on peut trouver légèrement curieux et incroyable qu'un enfant de quatre ans puisse être capable de jugements si techniques et de pensées si savantes. Ceci est tout simplement un deuxième cas d'*après-coup*. L'enfant reçoit à I an I/2 une impression à laquelle il ne peut pas réagir suffisamment, il ne la comprend, n'en est saisi que lors de la revivification de cette impression à quatre ans et ce n'est que deux décennies plus tard, dans l'analyse, qu'il peut appréhender par une activité de pensée consciente ce qui s'est passé alors en lui. L'analysé se place alors avec raison hors des trois phases temporelles et place son moi présent dans la situation depuis longtemps révolue. Nous le suivons en cela ; car avec une auto-observation et une interprétation correctes l'effet doit finalement se donner comme si on pouvait négliger la distance entre la deuxième et la troisième phase temporelle. Nous n'avons d'ailleurs aucun autre moyen de décrire les processus de la deuxième phase.

était une condition du commerce avec le père. Il ne pouvait plus, comme dans l'observation des petites filles, la confondre avec le popo[1].

L'issue du rêve fut de l'angoisse, dont il ne se remit pas avant d'avoir sa Nania auprès de lui. Il prit donc la fuite loin du père en allant vers elle. L'angoisse était une récusation du souhait de satisfaction sexuelle par le père, tendance qui lui avait suggéré le rêve. Son expression : être dévoré par le loup, n'était qu'une transposition – régressive comme nous le verrons – du souhait d'être coïté par le père, c'est-à-dire satisfait comme l'est la mère. Son dernier but sexuel, la position passive envers le père, avait succombé à un refoulement, l'angoisse devant le père en avait pris la place sous la forme de la phobie du loup.

Et la force pulsante de ce refoulement ? D'après l'ensemble des faits, ce ne pouvait être que la libido génitale narcissique qui, par inquiétude pour son membre masculin, se rebellait contre une satisfaction dont la condition semblait être le renoncement à ce membre. Dans ce narcissisme menacé il puisait la masculinité avec laquelle il se défendait contre sa position passive envers le père.

Nous nous rendons compte maintenant qu'en ce point de notre présentation il nous faut modifier notre terminologie. Il avait pendant le rêve atteint une nouvelle phase de son organisation sexuelle. Les opposés sexuels avaient été jusque-là pour lui *actif* et *passif*, son but sexuel était depuis la séduction un but passif, être touché à l'organe génital, puis, par régression au stade antérieur, celui de l'organisation sadique-anale, il se transforma en celui, masochiste, d'être châtié, d'être puni. Il lui était indifférent de savoir s'il atteindrait ce but avec l'homme ou la femme. Il avait fait le chemin de la Nania au père sans égard à la différence des sexes, de la Nania il avait réclamé d'être touché au membre, du père il avait voulu par provocation obtenir le châtiment. L'organe génital n'entrait pas ici en ligne de compte ; c'est dans la fantaisie d'être battu sur le pénis que se manifestait encore la corrélation recouverte par la régression. Et voilà que l'activation de la scène originaire dans le rêve le ramenait à l'organisation génitale. Il découvrait le vagin et la signification biologique de masculin et féminin. Il comprenait maintenant qu'actif équivalait à masculin mais passif à féminin. Son but sexuel passif aurait dû maintenant nécessairement se transformer en un but féminin et revêtir l'expression : être coïté par le père, au lieu de : être battu par lui sur l'organe génital ou sur le popo. Ce but féminin tombait désormais sous le coup du refoulement et devait nécessairement se laisser remplacer par l'angoisse devant le loup.

Il nous faut interrompre ici la discussion concernant son développement sexuel jusqu'à ce qu'à partir de stades ultérieurs de son histoire une nouvelle lumière retombe sur ces stades antérieurs. Pour apprécier la phobie du loup, ajoutons encore que père et mère deviennent tous deux loups. La mère jouait bien sûr le loup castré, qui fait monter les autres sur lui, le père jouait celui qui monte. Son angoisse toutefois ne se rapportait, comme nous l'avons entendu l'assurer, qu'au loup debout, donc au père. De plus, nous ne pouvons qu'être frappés de ce que l'angoisse dans laquelle débouchait le rêve avait un modèle dans le récit du grand-père. Dans celui-ci en effet, le loup castré, qui a fait monter les autres sur lui, est assailli par l'angoisse dès qu'on lui remémore le fait de son absence de queue. Il semble donc que pendant le processus du rêve, il s'identifia avec la mère castrée et se rebella dès lors contre ce résultat. Dans une tra-

1. De quelle manière il continua de se confronter à cette part du problème, nous l'apprendrons plus tard, lorsque nous nous attacherons à son érotisme anal (cf. *infra*, chapitre VII).

duction qu'on espère adéquate : Si tu veux être satisfait par le père, il te faut, comme la mère, en passer par la castration ; mais, ça, je n'en veux pas. Donc, une nette protestation de masculinité. Ne perdons d'ailleurs pas de vue que le développement sexuel du cas auquel nous nous attachons ici présente pour notre recherche le grand désavantage de n'être pas dépourvu de perturbations. Il est d'abord influencé de façon décisive par la séduction et ensuite dévié par la scène de l'observation du coït, qui agit après coup comme une seconde séduction. [...]

VII

Érotisme anal et complexe de castration

[...] La prise de position initiale de notre patient envers le problème de la castration nous est déjà connue. Il la rejeta et en resta au point de vue du commerce dans l'anus. Lorsque j'ai dit qu'il la rejeta, la première signification de cette expression est qu'il n'en voulut rien savoir au sens du refoulement. Aucun jugement n'était à proprement parler porté par là sur son existence, mais ce fut tout comme si elle n'existait pas. Cependant cette position ne peut pas être restée la position définitive, pas même pour les années de sa névrose d'enfance. Il se trouvera plus tard de bonnes preuves attestant qu'il avait reconnu la castration en tant que fait. Sur ce point aussi il s'était comporté de la façon qui caractérisait son être, ce qui toutefois rend si extraordinairement difficile aussi bien notre présentation que notre empathie. Il s'était d'abord rebellé, avait ensuite cédé, mais une réaction n'avait pas supprimé l'autre. À la fin subsistaient chez lui côte à côte deux courants opposés, dont l'un abhorrait la castration et l'autre était prêt à l'admettre et à se consoler avec la féminité comme substitut. Le troisième courant, le plus ancien et le plus profond, qui avait simplement rejeté la castration, ce en quoi le jugement sur la réalité de celle-ci ne faisait pas encore question, était certainement encore et toujours susceptible d'être activé. J'ai raconté ailleurs[1], au sujet de ce même patient, une hallucination de sa cinquième année, à laquelle je n'ai à ajouter ici qu'un bref commentaire :

« Alors que j'avais cinq ans, je jouais dans le jardin à côté de ma bonne d'enfants et avec mon canif je taillais dans l'écorce d'un de ces noyers qui jouent aussi un rôle[2] dans mon rêve[3]. Soudain, je remarquai avec un indicible effroi que je m'étais coupé en deux le petit doigt de la main (droite ou gauche ?), si bien qu'il n'était plus accroché que par la peau. De douleur je n'en ressentais aucune, mais une grande angoisse. Je n'osai rien dire à la bonne d'enfants, qui était à quelques pas de là, m'effondrai sur le banc le plus proche et y restai assis, incapable de jeter encore un regard de plus sur le doigt. Enfin je recouvrai le calme, regardai le doigt en face, et voilà qu'il était tout à fait indemne. »

Nous savons qu'à 4 ans et I/2, après communication de l'Histoire Sainte, débuta chez lui cet intense travail de pensée qui déboucha sur la piété de contrainte. Nous sommes

1. De la fausse reconnaissance (« déjà raconté ») pendant le travail psychanalytique, *Int. Z. Psychoanal.*, 1913, I (Über fausse reconnaissance (« déjà raconté ») während der psychoanalytischen Arbeit, 1914 *a*, *G.W.*, X ; *OCF.P*, XII).

2. Correction lors d'un récit ultérieur : « Je crois que je n'entaillais pas l'arbre. C'est une fusion avec un autre souvenir, lui aussi forcément falsifié par hallucination, d'après lequel je faisais avec mon couteau une entaille dans l'arbre, ce qui faisait sortir du sang de l'arbre. »

3. Cf. Matériaux de conte dans les rêves, *Int. Z. Psychoanal.*, 1913, I (Märchenstoffe in Träumen, 1913 *d*, *G.W.*, X : *OCF.P*, XII).

donc en droit d'admettre que cette hallucination se situe à l'époque où il se résolut à reconnaître la réalité de la castration, et que peut-être c'est elle qui dut imprimer sa marque précisément à ce pas. La petite correction du patient n'est pas non plus sans intérêt. S'il a halluciné la même et horrible expérience vécue que celle que le Tasse rapporte de son héros *Tancrède* dans la « Jérusalem délivrée »[1], l'interprétation se trouve donc justifiée selon laquelle, pour mon petit patient lui aussi, l'arbre signifiait une femme. Ce faisant donc, il jouait le père et mettait en relation les saignements de la mère, connus de lui, avec la castration des femmes reconnue par lui, la « blessure ».

L'incitation à l'hallucination du doigt coupé lui vint, comme il le rapporta plus tard, du récit selon lequel on avait, à une parente qui était née avec six orteils, coupé peu après à la hache ce membre surnuméraire. Les femmes n'avaient donc pas de pénis parce qu'il leur avait été enlevé à la naissance. Par cette voie, il accepta à l'époque de la névrose de contrainte ce qu'il avait déjà appris pendant le processus du rêve et qu'il avait alors écarté de lui par refoulement. De même, la circoncision rituelle du Christ, comme celle des Juifs en général, ne pouvait pas, pendant la lecture de l'Histoire Sainte et les conversations sur celle-ci, rester inconnue de lui.

Il est tout à fait indubitable que vers cette époque son père devint pour lui ce personnage effrayant de qui provient la menace de la castration. Le Dieu cruel avec qui il était alors en lutte, celui qui fait que les hommes deviennent coupables[2] pour ensuite les punir, qui sacrifie son fils et les fils des hommes, répercute son caractère sur le père que, par ailleurs, il cherchait à défendre contre ce Dieu. Le garçon a ici à accomplir un schème phylogénétique et y parvient, même si ses expériences de vie personnelles peuvent bien ne pas concorder avec celui-ci. Les menaces de castration ou les allusions qui lui avaient été faites avaient plutôt procédé des femmes[3], mais cela ne pouvait pas retarder de beaucoup le résultat final. À la fin ce fut pourtant bien le père, de la part de qui il redouta la castration. Sur ce point l'hérédité triomphe de l'expérience de vie accidentelle ; dans la préhistoire de l'humanité, ce fut certainement le père qui pratiqua la castration comme punition et qui l'atténua ensuite en circoncision. Plus, d'ailleurs, au cours du procès de la névrose de contrainte, il avança dans le refoulement de la sensualité, plus cela dut lui devenir naturel de doter le père, le véritable représentant de l'activité sensuelle, de ces mauvais desseins.

L'identification du père avec le castrateur[4] devint significative comme source aussi bien d'une hostilité inconsciente envers lui, intense, haussée jusqu'au souhait de mort, que de sentiments de culpabilité réagissant contre elle. En cela toutefois il se comportait normalement, c'est-à-dire comme tout névrosé qui possède un complexe d'Œdipe positif. Ce qui était alors curieux, c'est qu'il existât également chez lui en échange un contre-courant, dans lequel le père était bien plutôt le castré et en tant que tel provoquait sa compassion.

---

1. Torquato Tasso, *La Gerusalemme liberata*, chant XIII.
2. Cf. les vers de Gœthe (*Wilhelm Meisters Lehrjahre* [Les années d'apprentissage de Wilhelm Meister], II, 13 : « Ihr laßt den Armen schuldig werden, / Dann überlaßt ihr ihn der Pein. » (« Vous faites [vous les puissances célestes] que le malheureux devienne coupable. Puis vous l'abandonnez au tourment. »)
3. Nous le savons pour la Nania et l'apprendrons pour une autre femme encore.
4. Au nombre des symptômes les plus tourmentants, mais aussi les plus grotesques de sa souffrance ultérieure, se trouvaient son rapport à chaque... tailleur (*der Schneider*, du verbe *schneiden* : couper, tailler ; cf. aussi *beschneiden* : circoncire), auquel il avait commandé un vêtement, son respect et sa timidité devant ce haut personnage, ses tentatives pour se le gagner par des pourboires immodérés et son désespoir devant le succès du travail, de quelque manière qu'il se terminât.

J'ai pu montrer, dans l'analyse du cérémonial de la respiration à la vue d'estropiés, de mendiants, etc., que ce symptôme lui aussi remontait au père qui, malade, lui avait fait de la peine lors de sa visite à l'établissement hospitalier. L'analyse permit de suivre ce fil en remontant encore plus loin. Il y avait dans la propriété à une époque très précoce et vraisemblablement même antérieure à la séduction (3 ans et 3 mois) un pauvre journalier chargé d'apporter de l'eau à la maison. Il ne pouvait pas parler, soi-disant parce qu'on lui avait coupé la langue. C'était vraisemblablement un sourd-muet. Le petit l'aimait beaucoup et le plaignait de tout son cœur. Lorsqu'il fut mort, il le chercha au ciel[1]. Ce fut donc le premier infirme dont il eut compassion ; selon le contexte et l'ordre d'insertion dans l'analyse, indubitablement un substitut du père.

L'analyse amena à sa suite le souvenir d'autres domestiques qui lui étaient sympathiques et dont il fit ressortir qu'il s'était agi d'êtres maladifs ou de Juifs (circoncision !). Le valet de pied lui aussi, qui l'avait aidé à se nettoyer lors de son malheur à 4 ans I/2, était juif et phtisique et jouissait de sa compassion. Toutes ces personnes se situent à l'époque antérieure à la visite rendue au père à la maison de santé, donc avant la formation de symptôme, qui devait bien plutôt, par l'expiration, le tenir éloigné d'une identification avec ceux qu'il plaignait. Puis l'analyse, prenant soudain un tournant à la suite d'un rêve, remonta à la préhistoire et lui fit poser l'affirmation qu'il avait, lors du coït de la scène originaire, observé la disparition du pénis, en avait éprouvé de la compassion pour le père et s'était réjoui de la réapparition de ce qu'il avait cru perdu. Ainsi donc une nouvelle motion de sentiment, qui procède de nouveau de cette scène. L'origine narcissique de la compassion, dont témoigne le mot lui-même, est ici d'ailleurs tout à fait indéniable.

VIII

Suppléments[2] provenant de l'époque originaire Solution

DANS BEAUCOUP D'ANALYSES, il arrive, lorsqu'on s'approche de la fin, qu'émerge soudain un nouveau matériel de souvenirs, qui jusqu'alors avait été soigneusement dissimulé. Ou bien une remarque qui n'a l'air de rien est une fois lancée, sur un ton indifférent, comme si c'était quelque chose de superflu, ce à quoi vient s'ajouter une autre fois quelque chose qui commence à faire tendre l'oreille au médecin, et l'on reconnaît enfin, dans cette bribe de souvenir tenue en piètre estime, la clé des secrets les plus importants qu'enrobait la névrose du malade.

De bonne heure, mon patient avait raconté un souvenir provenant de l'époque où sa méchanceté avait coutume de virer à l'angoisse. Il poursuivait un beau et grand papillon à rayures jaunes, dont les grandes ailes se terminaient en appendices pointus – c'est-à-dire un queue d'hirondelle. Soudain, lorsque le papillon se fut posé sur une fleur, une effroyable angoisse le saisit devant l'animal et il s'enfuit en criant.

Ce souvenir revenait de temps à autre dans l'analyse et exigeait son explication, que de longtemps il n'obtint pas. On pouvait pourtant admettre d'emblée qu'un tel détail

1. Je mentionne dans ce contexte des rêves qui se produisirent ultérieurement au rêve d'angoisse, mais encore dans la première propriété et qui présentaient la scène du coït comme un processus entre des corps célestes.
2. *Nachträge*, à rapprocher de *nachträglich* : après coup.

n'avait pas gardé une place dans la mémoire pour sa propre part, mais, en tant que souvenir-couverture, représentait quelque chose de plus important, avec quoi il était d'une manière ou d'une autre connecté. Il dit un jour que, dans sa langue, un papillon s'appelait Babouchka, petite grand-mère ; d'une façon générale, les papillons lui étaient apparus comme des femmes et des petites filles, les coléoptères et les chenilles comme des garçons. Ce devait donc bien être nécessairement le souvenir d'un être féminin qui s'était réveillé lors de cette scène d'angoisse. Je ne veux pas taire que je proposai alors comme possible que les rayures jaunes du papillon aient rappelé les rayures similaires d'un vêtement que portait une femme. Je ne fais cela que pour montrer sur un exemple combien est en général insuffisant ce que le médecin combine en vue de la solution des questions soulevées, combien on est injuste en rendant la fantaisie et la suggestion du médecin responsables des résultats de l'analyse.

Dans un tout autre contexte, plusieurs mois plus tard, le patient remarqua que l'ouverture et la fermeture des ailes, lorsque le papillon était à l'arrêt, auraient fait sur lui cette impression inquiétante. Il en aurait été comme d'une femme ouvrant les jambes, et les jambes donneraient alors la figure d'un V romain, heure, comme on sait, à laquelle, dans les années où il était petit garçon déjà, mais même encore maintenant, un assombrissement de son humeur avait coutume d'intervenir.

C'était une idée qui ne me serait jamais venue, mais dont l'appréciation tira profit de ce que, tout bien considéré, le processus associatif ici mis à nu avait un caractère si franchement infantile. L'attention des enfants, je l'ai souvent remarqué, est bien davantage attirée par des mouvements que par des formes au repos et ils établissent souvent, sur la base d'une similitude de mouvements, des associations qui sont, pour nous adultes, négligées ou omises.

Puis le petit problème se remit au repos pour un long temps. Je veux mentionner encore la supposition à bon marché selon laquelle les appendices pointus ou en forme de tige des ailes de papillons pourraient avoir une signification comme symboles génitaux.

Un jour émergea, avec timidité et sans netteté, une sorte de souvenir ; il avait dû y avoir, très tôt, bien avant la bonne d'enfants, une jeune bonne d'enfants qu'il chérissait beaucoup. Elle avait le même nom que la mère. Bien sûr, il répondait à sa tendresse. Ainsi donc un premier amour évanoui. Mais nous tombâmes d'accord que quelque chose devait alors forcément s'être produit qui acquit ultérieurement de l'importance.

Puis une autre fois il corrigea son souvenir. Elle ne pouvait pas s'être appelée comme la mère, c'était une erreur à lui, qui prouvait naturellement qu'elle avait dans son souvenir conflué avec la mère. Son nom exact lui était d'ailleurs venu à l'idée par un détour. Il avait dû soudain penser à un cellier de la première propriété, où étaient gardés les fruits cueillis, et à une certaine sorte de poire d'un goût exquis, de grosses poires avec des rayures jaunes sur la peau. Poire se dit dans sa langue *Grouscha*, et tel était aussi le nom de la jeune bonne d'enfants.

Il devenait donc clair que derrière le souvenir-couverture du papillon chassé se dissimulait la mémoire de la jeune bonne d'enfants. Toutefois les rayures jaunes ne se trouvaient pas sur sa robe, mais sur celle de la poire qui s'appelait tout comme elle. Mais d'où venait l'angoisse, lors de l'activation du souvenir qu'il gardait d'elle ? La première combinaison venue, toute grossière, aurait pu être : c'était chez cette jeune fille que, petit enfant, il avait vu pour la première fois les mouvements de jambes qu'il avait fixés en lui par le signe du V romain, mouvements qui rendent accessible l'organe génital. Nous fîmes l'économie de cette combinaison et attendîmes davantage de matériel.

Très tôt se présenta alors le souvenir d'une scène, incomplètement, mais, dans la mesure où elle était conservée, avec précision. Grouscha était à même le sol, à côté d'elle un baquet et un court balai fait de verges liées ensemble ; il était là et elle le taquinait ou le disputait.

Ce qui manquait ici pouvait, venant d'autres points, y être aisément inséré. Il avait, dans les premiers mois de la cure, raconté qu'il avait éprouvé un état amoureux, marqué de contrainte dans sa survenue, pour une jeune paysanne auprès de qui il était allé chercher, à 18 ans, l'occasion de son affection ultérieure. À l'époque il avait répugné de la manière la plus insolite à communiquer le nom de la jeune fille. C'était une résistance tout à fait isolée ; sinon, il obéissait sans réserve à la règle fondamentale de l'analyse. Mais il affirmait que s'il avait tellement honte de prononcer ce nom, c'est parce qu'il était purement paysan, une jeune fille plus distinguée ne le porterait jamais. Le nom, qu'on finit par apprendre, était *Matrona*. Il avait une résonance maternelle. Le vécu de honte était manifestement déplacé[1]. Du fait lui-même que ces états amoureux se soient exclusivement rapportés aux jeunes filles de la plus basse condition, il n'avait pas honte, il avait honte du seul nom. Si l'aventure avec la Matrona pouvait avoir quelque chose de commun avec la scène de Grouscha, la honte était alors à reporter rétroactivement sur cet événement précoce.

Il avait une autre fois raconté que, apprenant l'histoire de Jean Hus, il en fut très saisi et que son attention resta attachée aux fagots de brindilles qu'on traîna jusqu'à son bûcher. La sympathie pour Hus éveille dès lors un soupçon tout à fait précis ; je l'ai souvent trouvée chez des patients adolescents et j'ai toujours pu l'élucider de la même façon. L'un d'eux avait même fourni une élaboration dramatique des destinées de Hus. Il commença à écrire son drame le jour qui lui ravit l'objet de son état amoureux tenu secret. Hus meurt par le feu ; il devient, comme d'autres qui remplissent la même condition, le héros des anciens énurétiques. Les fagots de brindilles au bûcher de Hus, mon patient lui aussi les rapprocha du balai (fagots de verges) de la jeune bonne d'enfants.

Ce matériel se rassembla sans contrainte pour combler la lacune dans le souvenir de la scène avec la Grouscha. Il avait, alors qu'il regardait la jeune fille en train de frotter le sol, uriné dans la chambre, sur quoi elle avait prononcé, à coup sûr pour rire, une menace de castration[2].

Je ne sais si les lecteurs peuvent déjà deviner pourquoi j'ai si minutieusement communiqué cet épisode infantile-précoce[3]. Il établit une liaison importante entre la scène originaire et la contrainte d'amour ultérieure, qui est devenue si décisive pour son destin et introduit en outre une condition d'amour qui élucide cette contrainte.

Quand il vit la jeune fille à même le sol, occupée à frotter celui-ci, à genoux, les *nates* saillantes, le dos à l'horizontale, il retrouva en elle la position que sa mère avait prise dans la scène du coït. Elle devint pour lui la mère ; l'excitation sexuelle résultant de l'activation de cette fameuse image[4] s'empara de lui et il eut envers elle un comportement masculin, comme le père, dont il n'avait pu autrefois comprendre l'action que

1. *Deplaciert*.
2. Il est très curieux que la réaction de honte soit si intimement reliée à l'évacuation involontaire d'urine (aussi bien diurne que nocturne) et ne le soit pas tout autant, comme on s'y attendrait, à l'incontinence des selles. L'expérience ne laisse pas subsister ici le moindre doute. La relation habituelle de l'incontinence d'urine au feu donne, elle aussi, à penser. Il est possible que dans ces réactions et contextes se retrouvent des précipités de l'histoire de culture de l'humanité, atteignant une plus grande profondeur que tout ce qui nous a été conservé en laissant ses traces dans le mythe et le folklore.
3. Il se situe à peu près vers 2 ans I/2, entre la prétendue observation du coït et la séduction.
4. *Deplaciert*.

comme une action d'uriner. Pour lui, uriner sur le plancher était à vrai dire une tentative de séduction, et la jeune fille y répondit par une menace de castration, comme si elle avait compris cette tentative.

La contrainte procédant de la scène originaire se transféra à cette scène avec la Grouscha et continua à agir à travers elle. La condition d'amour connut cependant une modification qui témoigne de l'influence de la seconde scène ; elle se transféra de la position de la femme à son activité dans ladite position. Ceci devint évident, par exemple, dans l'expérience vécue avec la Matrona. Il se promenait dans le village qui faisait partie de la propriété (celle d'après), et il vit au bord de l'étang une jeune paysanne agenouillée, occupée à laver du linge dans l'étang. Il tomba, instantanément et avec une violence irrésistible, amoureux de la laveuse, bien qu'il n'ait même pas encore pu voir son visage. Elle avait pris pour lui, de par sa posture et son activité, la place de la Grouscha. Nous comprenons maintenant comment le vécu de honte qui touchait au contenu de la scène avec la Grouscha put se rattacher au nom de la Matrona.

Un autre accès amoureux, quelques années auparavant, montre encore plus nettement l'influence contraignante de la scène de Grouscha. Une jeune paysanne, qui se rendait utile dans la maison, lui avait plu depuis longtemps, mais il avait pris sur lui de ne pas s'approcher d'elle. L'état amoureux le reprit un jour qu'il la rencontra seule dans la pièce. Il la trouva à même le sol, occupée à frotter, baquet et balai à côté d'elle, ainsi donc tout à fait comme la jeune fille de son enfance.

Même son choix d'objet définitif, qui devint tellement significatif pour sa vie, se révèle, par ses circonstances immédiates qui n'ont pas à être rapportées ici, être dépendant de la même condition d'amour, être un prolongement de la contrainte qui, partant de la scène originaire en passant par la scène avec Grouscha, dominait son choix d'amour. J'ai plus haut remarqué que je reconnais bien chez le patient la tendance au rabaissement de l'objet d'amour. Elle doit être ramenée à une réaction contre la pression de cette sœur qui lui était supérieure. Mais je promis alors de montrer que ce motif de nature despotique n'a pas été le seul conditionnant, mais qu'il recouvre une détermination plus profonde par des motifs purement érotiques. Le souvenir de la jeune bonne d'enfants frottant le sol, rabaissée en effet dans sa position, mit cette motivation en lumière. Tous les objets d'amour ultérieurs étaient des substituts de cette seule et même personne, qui était elle-même devenue par le hasard de la situation le premier substitut de la mère. La première idée venue au patient sur le problème de l'angoisse devant le papillon se laisse aisément reconnaître après coup comme une allusion éloignée de la scène originaire (la cinquième heure). La relation de la scène de Grouscha à la menace de castration, il la confirma par un rêve particulièrement riche de sens, qu'il sut traduire à lui tout seul. Il dit : J'ai rêvé, *un homme arrache les ailes à une Espe*[1]. Espe ? me fallut-il demander, qu'entendez-vous par là ? – Eh bien ! l'insecte avec des rayures jaunes sur le corps[2], qui peut piquer. Ce ne peut être qu'une allusion à la Grouscha, la poire rayée de jaune. – Vous voulez donc dire une *Wespe*[3] ? pus-je corriger. – Cela s'appelle-t-il Wespe ? J'ai effectivement cru que cela s'appelait

1. *Die Espe* : le tremble.
2. *Am Leib.*
3. *Die Wespe* : la guêpe.

Espe. Comme tant d'autres, il se servait du fait qu'il était de langue étrangère pour couvrir des actions symptomatiques. – Mais Espe, alors c'est moi, S. P. (les initiales de son nom). L'Espe est naturellement une Wespe mutilée. Le rêve dit clairement qu'il se vengeait sur Grouscha de la menace de castration proférée par elle.

L'action du garçon de 2 ans I/2 dans la scène avec Grouscha est le premier effet de la scène originaire porté à notre connaissance, elle présente le garçon comme copie du père et nous fait reconnaître chez lui une tendance au développement dans la direction qui méritera plus tard l'épithète de masculine. Par la séduction il se trouve poussé à une passivité qui est certes déjà préparée par son comportement de spectateur lors du commerce parental.

Dans cette histoire de traitement, il me faut encore relever qu'on reçut l'impression qu'avec la maîtrise de la scène de Grouscha, première expérience vécue qu'il put effectivement remémorer et qu'il remémora sans supposition ni intervention de ma part, la tâche de la cure avait été résolue. Dès lors, il n'y eut plus de résistances, on n'avait plus qu'à collecter et recomposer. La vieille théorie du trauma, qui après tout était édifiée sur des impressions provenant de la thérapie psychanalytique, recouvra d'un coup sa validité. Par intérêt critique, je fis encore une fois la tentative d'imposer au patient une autre conception de son histoire qui fût mieux accueillie par la froide raison. De la scène avec Grouscha on ne pouvait certes pas douter, mais en soi elle ne signifiait rien et elle avait été plus tard, par régression, renforcée par les péripéties de son choix d'objet qui, suivant la tendance au rabaissement, s'était détourné de la sœur pour se porter sur les filles de service. Quant à l'observation du coït, elle était une fantaisie de ses années ultérieures, dont le noyau historique pourrait avoir été l'observation ou l'expérience vécue, par exemple, d'un anodin lavement. Plus d'un lecteur estime peut-être que c'est seulement maintenant avec ces hypothèses que je me serais rapproché de la compréhension du cas ; le patient me regarda sans comprendre et avec quelque peu de mépris, lorsque je lui exposai cette conception et ne réagit plus jamais à celle-ci. J'ai déjà développé plus haut, dans le contexte, mes propres arguments contre une telle rationalisation.

[La scène avec Grouscha[1], cependant, ne contient pas seulement les conditions de choix d'objet décisives pour la vie du patient et elle nous garde ainsi de l'erreur de surestimer la significativité de la tendance au rabaissement envers la femme. Elle est aussi en mesure de me justifier d'avoir précédemment récusé le parti de ramener, sans aucune hésitation, la scène originaire à une observation d'animaux faite peu avant le rêve, comme si c'était la seule solution possible (p. 57). Elle avait émergé dans le souvenir du patient spontanément et sans mon intervention. L'angoisse devant le papillon rayé de jaune, qui remontait à elle, prouva qu'elle avait eu un contenu significatif ou qu'il était devenu possible de conférer après coup une telle signification à son contenu. Cette chose significative, qui manquait dans le souvenir, pouvait, grâce aux idées incidentes l'accompagnant et aux conclusions s'y rattachant, s'obtenir par complément en toute sûreté. Il en résulta alors que l'angoisse du papillon était parfaitement analogue à l'angoisse du loup, dans les deux cas angoisse devant la castration, d'abord afférente à la personne qui avait prononcé en premier la menace de castration, puis reportée sur

1. Le passage entre crochets a été rédigé en 1917-1918.

cette autre, auprès de qui elle devait trouver un rattachement selon le modèle phylogénétique. La scène avec Grouscha eut lieu à 2 ans I/2, mais l'expérience vécue d'angoisse avec le papillon jaune, à coup sûr après le rêve d'angoisse. Il fut facile de comprendre que la compréhension ultérieure de la possibilité de castration avait développé après coup l'angoisse à partir de la scène avec Grouscha ; toutefois cette scène elle-même ne comportait rien de choquant ou d'invraisemblable, bien plutôt des détails absolument banals, dont on n'avait aucune raison de douter. Rien n'invitait à les ramener à une fantaisie de l'enfant ; cela paraît d'ailleurs à peine possible.

Voici dès lors la question : sommes-nous autorisés à voir dans le fait que le garçon, debout, urine, tandis que la jeune fille à genoux frotte le sol, une preuve de son état d'excitation sexuelle ? Cette excitation attesterait alors l'influence d'une impression antérieure qui pourrait être tout aussi bien la factualité de la scène originaire qu'une observation faite avant 2 ans I/2 sur des animaux. Ou bien cette situation était-elle absolument anodine, l'évacuation d'urine de l'enfant était-elle purement fortuite et toute la scène n'a-t-elle été sexualisée dans le souvenir que plus tard, après que de semblables situations ont été reconnues comme significatives ?

Je ne me hasarderai d'ailleurs pas à prendre ici la moindre décision. Je ne puis m'empêcher de dire à quel point je porte déjà au crédit de la psychanalyse d'être parvenue à poser de telles questions, mais je ne puis dénier que la scène avec Grouscha, le rôle qui lui échut dans l'analyse et les effets qui procédèrent d'elle dans la vie s'expliquent néanmoins, de la façon la moins contrainte et la plus complète, si on valide ici comme réalité la scène originaire, qui peut bien en d'autres cas être une fantaisie. Elle n'affirme au fond rien d'impossible, l'hypothèse de sa réalité se concilie également tout à fait avec l'influence incitatrice de l'observation d'animaux à laquelle renvoient les chiens de berger de l'image du rêve.

De cette conclusion insatisfaisante, je me tourne vers la question que j'ai tenté de traiter dans les « Leçons d'introduction à la psychanalyse »[1]. Moi-même j'aimerais bien savoir si chez mon patient la scène originaire était fantaisie ou expérience vécue réelle, mais eu égard à d'autres cas semblables, on peut dire qu'il n'est à proprement parler pas très important d'en décider. Les scènes d'observation du commerce sexuel parental, de séduction dans l'enfance et de menace de castration proférée sont indubitablement possession héritée, héritage phylogénétique, mais elles peuvent tout aussi bien être acquisition de l'expérience de vie personnelle. Chez mon patient, la séduction par la sœur aînée était une réalité incontestable ; pourquoi pas également l'observation du coït parental ?

Nous voyons seulement dans l'histoire originaire de la névrose que l'enfant a recours à cette expérience de vie phylogénétique là où sa propre expérience de vie ne suffit pas. Il comble les lacunes de la vérité individuelle avec de la vérité préhistorique, introduit l'expérience des ancêtres à la place de l'expérience propre. Pour ce qui est de reconnaître cet héritage phylogénétique, je suis entièrement d'accord avec Jung (La psychologie des procès inconscients, 1917[2], écrit qui ne pouvait plus influencer mes « Leçons ») ; mais je tiens pour inexact quant à la méthode de recourir à l'explication par la phylogenèse avant d'avoir épuisé les possibilités de l'ontogenèse ; je ne vois pas pourquoi on prétend contester avec entêtement à la préhistoire

1. *Vorlesungen zur Einführung in die Psychoanalyse*, 1916-1917, XXIIIe leçon, *G.W.*, XI ; *OCF.P*, XIV.
2. C.G. Jung, *Die Psychologie der unbewuBten Prozesse*, Zurich, 1917.

enfantine une significativité que l'on accorde avec empressement à la préhistoire ancestrale ; je ne puis méconnaître que les motifs et productions phylogénétiques ont eux-mêmes besoin de l'élucidation qui, dans toute une série de cas, peut leur revenir à partir de l'enfance individuelle, et pour conclure je ne m'étonnerai pas que le maintien des mêmes conditions chez l'individu fasse resurgir organiquement ce qu'elles ont jadis créé en des temps préhistoriques, et transmis par héritage en tant que disposition à la réacquisition.]

Dans l'intervalle entre scène originaire et séduction (de I an I/2 à 3 ans 3 mois) se doit encore d'être intercalé le porteur d'eau muet, qui fut pour lui substitut du père, comme la Grouscha substitut de la mère. Je crois qu'il est infondé de parler ici d'une tendance au rabaissement, bien que les deux parents se trouvent représentés par des personnes de service. L'enfant se place au-dessus des différences sociales, qui pour lui ne signifient pas encore grand-chose, et il met au rang de parents également des petites gens, s'ils lui apportent de l'amour à l'égal des parents. Cette tendance a tout aussi peu de significativité pour ce qui est du remplacement des parents par des animaux, que l'enfant est fort loin de dédaigner. C'est, sans que ledit rabaissement ait rien à y voir, que des oncles et des tantes sont promus substituts des parents, comme cela est d'ailleurs attesté pour notre patient par de multiples souvenirs.

À cette même époque appartient encore l'obscure connaissance d'une phase, durant laquelle il ne voulait rien manger en dehors de sucreries, si bien qu'on se fit du souci pour sa survie. On lui parla d'un oncle qui avait de la même façon refusé[1] de manger et avait fini par mourir jeune de consomption. Il entendit également dire qu'à l'âge de trois mois, il avait été si gravement malade (d'une congestion pulmonaire ?) qu'on avait déjà préparé son linceul. Cela parvint à le rendre anxieux, si bien qu'il se remit à manger. Dans les années ultérieures de son enfance, il exagéra même cette obligation, comme pour se protéger de la menace de mort proférée. L'angoisse de mort que l'on avait alors invoquée pour sa protection réapparut plus tard, lorsque la mère l'avertit du danger de dysenterie ; elle provoqua, plus tard encore, un accès de névrose de contrainte. Nous allons essayer plus loin d'en rechercher les origines et les significations.

Quant au trouble alimentaire, j'aimerais revendiquer pour lui la significativité d'une toute première affection névrotique ; si bien que trouble alimentaire, phobie du loup, piété de contrainte donnent la série complète des affections infantiles qui entraînent, dans les années d'après la puberté, la disposition à l'effondrement névrotique. On m'objectera que peu d'enfants échappent à des troubles tels qu'une inappétence alimentaire transitoire ou une phobie d'animal. Mais cet argument est pour moi très bienvenu. Je suis prêt à affirmer que toute névrose d'un adulte s'édifie sur sa névrose d'enfant, qui toutefois n'est pas toujours suffisamment intense pour frapper et être reconnue comme telle. La significativité théorique des névroses infantiles pour la conception des affections que nous traitons en tant que névroses et que nous voulons faire dériver des seules actions exercées par la vie ultérieure, ne se trouve que soulignée par cette objection. Si notre patient n'avait pas, à son trouble alimentaire et à sa phobie d'animal, ajouté encore la piété de contrainte, son histoire ne se différencierait pas de façon frappante de celle des autres humains et nous nous trouverions appauvris de matériaux précieux, susceptibles de nous préserver d'erreurs faciles à commettre.

1. *Verweigert.*

L'analyse serait insatisfaisante si elle n'apportait pas la compréhension de cette plainte dans laquelle le patient résumait sa souffrance. Les termes en étaient que pour lui le monde était dissimulé par un voile, et, à l'école de la psychanalyse, il est exclu d'escompter que ces paroles puissent être sans signification et choisies comme par hasard. Le voile – curieusement – ne se déchirait que dans une situation, à savoir lorsque, par suite d'un lavement, les selles passaient l'anus. Il se sentait alors de nouveau bien et pour un temps très court voyait le monde clairement. L'interprétation de ce « voile » présenta des difficultés analogues à celles rencontrées avec l'angoisse du papillon. D'ailleurs il ne resta pas attaché au voile, celui-ci se volatilisa en un sentiment de crépuscule, de « ténèbres »[1] et autres choses impalpables.

C'est seulement peu avant de prendre congé de la cure qu'il s'avisa d'avoir entendu dire qu'il était venu au monde avec la « coiffe du bonheur[2] ». Aussi s'était-il toujours considéré comme un enfant du bonheur, s'il en est, auquel rien de mauvais ne pouvait arriver. C'est seulement plus tard que cette confiance l'abandonna lorsqu'il fallut reconnaître en l'infection gonorrhéique un grave endommagement de son corps. Cette atteinte à son narcissisme le fit s'effondrer. Nous dirons qu'il répéta en cela un mécanisme qui avait déjà joué une fois chez lui. Sa phobie du loup, elle aussi, fit éruption lorsqu'il fut placé devant le fait qu'une castration était possible, et la gonorrhée, il la rangea manifestement dans la série de la castration.

La coiffe du bonheur est donc le voile qui le dissimulait au monde et lui dissimulait le monde. Sa plainte est à proprement parler l'accomplissement d'une fantaisie de souhait, elle le montre de nouveau retourné dans le ventre maternel, assurément la fantaisie de souhait de la fuite du monde. Elle est à traduire : je suis si malheureux dans la vie, il me faut réintégrer le giron maternel.

Mais que peut bien signifier que ce voile symbolique, qui fut une fois réel, se déchire au moment de l'évacuation des selles après le clystère, que sa maladie s'écarte de lui à cette condition ? Le contexte nous permet de répondre : quand le voile de naissance se déchire, il aperçoit le monde et il est de nouveau mis au monde. La selle, c'est l'enfant, tel qu'il est mis au monde une seconde fois pour une vie plus heureuse. Ce serait donc ici la fantaisie de renaissance, sur laquelle Jung a récemment orienté l'attention et à laquelle il a accordé une position si dominante dans la vie de souhait des névrosés.

Ce serait beau si c'était complet. Certains détails de la situation et le contexte, à prendre nécessairement en considération, de l'histoire spécifique de cette vie nous obligent à poursuivre l'interprétation. La condition de la renaissance est qu'un homme lui administre un clystère (cet homme, il ne l'a remplacé par lui-même que plus tard, pressé par la nécessité). Cela ne peut vouloir dire que : il s'est identifié avec la mère, l'homme joue le rôle du père, le clystère répète l'acte d'accouplement, comme fruit duquel l'enfant-excrément – lui, encore une fois – est mis au monde. La fantaisie de renaissance est donc étroitement connectée à la condition de la satisfaction sexuelle par l'homme. La traduction donne maintenant : c'est seulement s'il peut se substituer à la femme, remplacer la mère, pour se laisser satisfaire par le père et lui mettre au monde un enfant, que sa maladie sera écartée de lui. La fantaisie de renaissance n'était donc ici qu'une reproduction mutilée, censurée, de la fantaisie de souhait homosexuelle.

1. En français dans le texte.
2. *Glückshaube* : coiffe du bonheur ou coiffe de la chance ; cf. l'expression française « être né coiffé ».

Si nous y regardons de plus près, il nous faut à vrai dire remarquer qu'en mettant cette condition à sa guérison, le malade ne fait que répéter la situation de ce qui est appelé la scène originaire : il voulait alors se subroger à la mère ; l'enfant-excrément, il l'a, comme nous l'avions admis longtemps auparavant, produit lui-même dans cette scène ; il est encore et toujours fixé, comme par un charme, à la scène qui fut décisive pour sa vie sexuelle, dont le retour, dans cette nuit du rêve, inaugura son état de maladie. Le voile qui se déchire est analogue aux yeux qu'on ouvre, aux fenêtres qui s'ouvrent. La scène originaire a été remodelée en condition de guérison.

Ce qui est présenté par la plainte et ce qui l'est par l'exception peut aisément se ramener à une unité qui révèle alors tout son sens. Il souhaite réintégrer le ventre maternel, non pour y être alors tout simplement remis au monde, mais pour y être rencontré par le père lors du coït, recevoir de lui la satisfaction, lui mettre un enfant au monde.

Avoir été mis au monde par le père, comme il l'avait initialement pensé, être satisfait sexuellement par lui, lui faire cadeau d'un enfant, cela au prix de sa masculinité et exprimé dans la langue de l'érotisme anal : avec ces souhaits se clôt le cercle de la fixation au père, par là l'homosexualité a trouvé sa plus haute et plus intime expression[1].

J'estime que cet exemple jette également une lumière sur le sens et l'origine aussi bien de la fantaisie du ventre maternel que de celle de la renaissance. La première est issue fréquemment, comme dans notre cas, de la liaison au père. On souhaite entrer dans le ventre de la mère pour se substituer à elle lors du coït, prendre sa place auprès du père. La fantaisie de renaissance est vraisemblablement à chaque fois une atténuation, en quelque sorte un euphémisme, pour la fantaisie du commerce incestueux avec la mère, un raccourci *anagogique* de celui-ci, pour employer l'expression de H. Silberer[2]. On souhaite se remettre dans la situation où l'on se trouvait dans les organes génitaux de la mère, en quoi l'homme s'identifie avec son pénis, se fait représenter par lui. C'est alors que les deux fantaisies se dévoilent comme des pendants qui, selon la position masculine ou féminine de l'intéressé, donnent expression au souhait de commerce sexuel avec le père ou avec la mère. La possibilité n'est pas à écarter que dans la plainte et la condition de guérison de notre patient soient réunies les deux fantaisies, également les deux souhaits d'inceste.

Je vais encore une fois tenter de réinterpréter selon le modèle antagoniste les derniers résultats de l'analyse. Le patient se plaint, en une typique fantaisie du ventre maternel, de sa fuite du monde, et n'aperçoit sa guérison que dans une renaissance conçue sur un mode typique. Il exprime cette dernière en symptômes anaux conformément à sa prédisposition prédominante. Selon le modèle de la fantaisie de renaissance anale, il s'est arrangé une scène d'enfant qui répète ses souhaits avec des moyens d'expression au symbolisme archaïque. Ses symptômes s'enchaînent ensuite comme s'ils procédaient d'une telle scène originaire. Il lui fallut se décider à faire tout ce chemin en arrière, parce qu'il se heurta à une tâche vitale qu'il était trop paresseux pour résoudre, ou parce qu'il avait toute raison de se méfier de ses infériorités et qu'il pensait par de telles mesures se protéger au mieux de la disgrâce.

1. Le sens marginal possible, présentant le voile comme l'hymen qui se déchire lors du commerce avec l'homme, ne coïncide pas exactement avec la condition de guérison et n'est pas en relation avec la vie du patient, pour lequel la virginité n'avait aucune significativité.
2. Cf. H. Silberer, *Probleme der Mystik und ihrer Symbolik* (Problèmes de la mystique et de sa symbolique), Leipzig und Wien, 1914, II, 5.

Tout ceci serait bel et bon si seulement le malheureux n'avait pas à quatre ans fait un rêve par lequel débuta sa névrose, rêve qui avait été incité par le récit du tailleur et du loup fait par le grand-père, et dont l'interprétation rend nécessaire l'hypothèse d'une telle scène originaire. C'est sur ces faits, minimes mais intangibles, qu'échouent malheureusement les allégements que les théories de Jung et d'Adler veulent nous procurer. Telles que les choses se présentent, c'est la fantaisie de renaissance qui semble être un rejeton de la scène originaire, plutôt qu'à l'inverse la scène originaire un reflet de la fantaisie de renaissance. Peut-être est-on également en droit d'admettre que le patient aurait été alors, quatre ans après sa naissance, vraiment trop jeune pour se souhaiter déjà une renaissance. Mais il me faut pourtant retirer ce dernier argument ; mes propres observations prouvent qu'on a sous-estimé les enfants et qu'on ne sait plus de quoi on est en droit de les croire capables[1].

La Négation

(1925)

SIGMUND FREUD

L'article sur la négation, aussi bref qu'il soit, reste un des textes les plus importants de Freud. Il a déjà suscité, il suscitera encore des commentaires nombreux et approfondis. Disons seulement ici que c'est un texte décisif pour la pratique analytique : parce qu'il montre la façon dont la vérité surgit dans le discours même qui la nie, il rappelle le psychanalyste aux paradoxes inclus dans sa pratique. En même temps c'est sans doute le texte de Freud qui a les conséquences philosophiques les plus décisives. « L'opération de la fonction de jugement, écrit-il, n'est rendue possible qu'avec la création du symbole de la négation. » Or « la négation [...] appartient à la pulsion de destruction ». Freud s'est toujours gardé de proposer une conception du monde ; ici cependant il pousse très loin sa réflexion sur les principes mêmes de l'existence humaine.

Source : S. Freud, *Die Verneinung*, G.W., XIV. Traduction française (J. Laplanche), « La négation », in *Œuvres complètes*, tome XVII, p. 165-171, P.U.F., 1985.

1. J'avoue que cette question est la plus épineuse de toute la doctrine analytique. Je n'ai pas eu besoin des communications d'Adler ou de Jung pour chercher à voir de manière critique s'il est possible que les expériences vécues de l'enfance – vécues dans une enfance invraisemblablement précoce ! –, expériences oubliées, dont l'analyse affirme l'existence, reposent bien plutôt sur des fantaisies qui se créent lors d'occasions tardives, et si l'on doit partout admettre la manifestation d'un facteur constitutionnel ou d'une disposition phylogénétiquement conservée, là où l'on croit trouver dans les analyses le post-effet d'une telle impression infantile. Au contraire, aucun autre doute ne m'a davantage occupé, aucune autre incertitude ne m'a plus résolument retenu de publier. Tant le rôle des fantaisies dans la formation de symptôme que le « rétro-fantasier » dirigé sur l'enfance à partir d'incitations tardives et la sexualisation après coup de celles-ci, je suis le premier à les avoir fait connaître par mon enseignement, ce à quoi aucun de mes adversaires n'a fait allusion (cf. Interprétation du rêve, Ire édition, p. 49 a [*Die Traumdeutung*, 1900*a*, *G.W.*, II-III ; *OCF.P*, IV, chap. I, section G] et Remarques sur un cas de névrose de contrainte, 1908 [Bermerkungen über einen Fall von Zwangsneurose, 1909 *d*, *G.W.*, VII, p. 381 ; *OCF.P*, IX]). Si néanmoins j'ai retenu comme mienne la conception la plus difficile et la plus invraisemblable, c'est en vertu d'arguments tels que les imposent à l'enquêteur le cas ici décrit ou toute autre névrose infantile, arguments que je soumets maintenant aux lecteurs à titre de nouveauté, pour qu'ils en décident.

Bibliographie : J. Hyppolite, « Commentaire parlé sur la *Verneinung* de Freud, *in* J. Lacan, *Écrits*, 1965. J. Lacan « Réponse au commentaire de Jean Hyppolite sur la *Verneinung* de Freud », voir *infra*, p. 478.

La manière dont nos patients apportent, au cours du travail analytique, leurs idées incidentes nous donne l'occasion de quelques observations intéressantes. « Vous allez maintenant penser que je vais dire quelque chose d'offensant, mais je n'ai pas effectivement cette intention. » Nous comprenons que c'est le renvoi, par projection, d'une idée incidente qui vient juste d'émerger. Ou bien « Vous demandez qui peut être cette personne dans le rêve. Ma mère, ce n'est pas elle. » Nous rectifions : donc c'est sa mère. Nous nous octroyons la liberté, lors de l'interprétation, de faire abstraction de la négation, et d'extraire le pur contenu de l'idée incidente. C'est comme si le patient avait dit : « Certes c'est bien ma mère dont l'idée m'est venue à propos de cette personne, mais je n'ai aucun plaisir à donner crédit à cette idée. »

À l'occasion on peut se procurer d'une manière très commode un éclaircissement, que l'on cherche, sur le refoulé inconscient. On demande : Que pouvez-vous bien tenir pour le plus invraisemblable de tout dans cette situation ? Qu'est-ce qui, à votre avis, était alors le plus loin de vous ? Si le patient donne dans le piège et nomme ce à quoi il peut le moins croire, il a ainsi, presque toujours, avoué ce qui tombe juste. Un joli pendant de cette épreuve se produit souvent chez le névrosé de contrainte qui a déjà été introduit à la compréhension de ses symptômes. « J'ai eu une nouvelle représentation de contrainte. Il m'est aussitôt venu à ce propos l'idée qu'elle pourrait signifier ceci de précis. Mais non, cela ne peut sûrement pas être vrai, sinon cela n'aurait pas pu me venir à l'idée. » Ce qu'il rejette, en se fondant ainsi sur ce qu'il a pu épier de la cure, c'est naturellement le sens juste de la nouvelle représentation de contrainte.

Un contenu de représentation ou de pensée refoulé peut donc pénétrer jusqu'à la conscience à la condition de se faire nier. La négation est une manière de prendre connaissance du refoulé, à vrai dire déjà une suppression du refoulement, mais certes pas une admission du refoulé. On voit comment la fonction intellectuelle se démarque ici du processus affectif. À l'aide de la négation c'est seulement l'une des conséquences du processus de refoulement qui est abolie, à savoir que son contenu représentatif ne parvient pas à la conscience. Il en résulte une manière d'admission intellectuelle du refoulé tandis que persiste ce qui est essentiel dans le refoulement[1]. Au cours du travail analytique nous créons souvent une autre variante, très importante et assez déconcertante, de la même situation. Nous réussissons à vaincre même la négation et à imposer la pleine admission intellectuelle du refoulé – le processus de refoulement lui-même n'est pas encore supprimé pour autant.

La tâche de la fonction de jugement intellectuelle étant d'affirmer ou de nier des contenus de pensée, les remarques précédentes nous ont conduits à l'origine psychologique de cette fonction. Nier quelque chose dans le jugement veut dire au fond : c'est

1. Le même processus est au fondement de ce processus bien connu de l'« évocation ». « Quel bonheur que je n'aie pas eu ma migraine depuis si longtemps » ; pourtant, c'est la première annonce de l'accès dont on ressent déjà l'approche, mais auquel on ne veut pas encore croire. Cf. *Etudes sur l'hystérie* (*G.W.*, I, p. 129-130 ; *OCF.P*, II) : « Frau Cäcilie, une dame d'une haute intelligence, à qui je dois d'avoir beaucoup avancé dans la compréhension des symptômes hystériques, m'a rendu moi-même attentif à la possibilité que de tels événements aient occasionné la superstition bien connue, attachée à l'invocation et à l'évocation. On ne doit jamais se vanter d'un bonheur, ni non plus tenter le Diable, sinon il arrive. »

là quelque chose que je préférerais par-dessus tout refouler. Le jugement de condamnation est le substitut intellectuel du refoulement, son non est un signe de marquage de celui-ci, un certificat d'origine un peu comme le « made in Germany ». Au moyen du symbole de la négation, la pensée se libère des restrictions du refoulement et s'enrichit de contenus dont elle ne peut se passer pour ses opérations.

La fonction de jugement a pour l'essentiel deux décisions à prendre. Elle doit prononcer qu'une propriété est ou n'est pas à une chose, et elle doit concéder ou contester à une représentation l'existence dans la réalité. La propriété dont il doit être décidé pourrait originellement avoir été bonne ou mauvaise, utile ou nuisible. Exprimé dans le langage des motions pulsionnelles les plus anciennes, orales : cela je veux le manger ou bien je veux le cracher, et en poussant plus avant le transfert[1], cela je veux l'introduire en moi, et cela l'exclure de moi. Donc : ça doit être en moi ou bien hors de moi. Le moi-plaisir originel veut, comme je l'ai exposé ailleurs, s'introjecter tout le bon, jeter loin de lui tout le mauvais. Le mauvais, l'étranger au moi, ce qui se trouve à l'extérieur est pour lui tout d'abord identique[2].

L'autre décision de la fonction de jugement, celle qui porte sur l'existence réelle d'une chose représentée, est un intérêt du moi-réel définitif qui se développe à partir du moi-plaisir initial (examen de réalité). Maintenant il ne s'agit plus de savoir si quelque chose de perçu (une chose) doit être accueilli ou non dans le moi, mais si quelque chose de présent[3] dans le moi comme représentation peut aussi être retrouvé dans la perception (réalité). C'est, comme on le voit, de nouveau une question d'extérieur et d'intérieur. Le non-réel, le simplement représenté, le subjectif, n'est qu'à l'intérieur ; l'autre, le réel, est présent à l'extérieur aussi. Dans ce développement, la prise en considération du principe de plaisir a été mise à l'écart. L'expérience a enseigné qu'il n'est pas seulement important de savoir si une chose (objet de satisfaction) possède la « bonne » propriété, donc mérite l'accueil dans le moi, mais encore de savoir si elle est là dans le monde extérieur de sorte qu'on puisse s'en emparer si besoin est. Pour comprendre ce progrès, il faut se souvenir que toutes les représentations sont issues de perceptions, qu'elles en sont des répétitions. Originellement, l'existence de la représentation est donc déjà un garant de la réalité du représenté. L'opposition entre subjectif et objectif n'existe pas dès le début. Elle s'instaure seulement par le fait que la pensée possède la capacité de présentifier[4] de nouveau, par reproduction dans la représentation, quelque chose autrefois perçu, l'objet n'ayant plus à être encore présent à l'extérieur. La fin première et immédiate de l'examen de réalité n'est donc pas de trouver dans la perception réelle un objet correspondant au représenté mais de le retrouver, de se convaincre qu'il est encore présent. Un nouvel apport contribuant à rendre étrangers l'un à l'autre le subjectif et l'objectif provient d'une autre capacité de la faculté de penser. La reproduction de la perception dans la représentation n'en est pas toujours la répétition fidèle ; elle peut être modifiée par des omissions, altérée par des fusions entre divers éléments. L'examen de réalité a ensuite alors à contrôler jusqu'où vont ces déformations. Mais on reconnaît, comme condition pour la mise en place de l'examen de réalité, que se soient perdus des objets qui autrefois avaient apporté une satisfaction réelle.

1. *Übertragung* : transfert (de sens) ou traduction.
2. Cf. les développements dans « Pulsions et destins de pulsions » (Triebe und Triebschicksale, *G.W.*, X, p. 226-232 ; *OCF.P*, XIII, p. 179-185).
3. *Vorhanden*.
4. *Gegenwärtig machen*.

Le juger est l'action intellectuelle qui décide du choix de l'action motrice, met un terme à l'ajournement par la pensée et fait passer du penser à l'agir. L'ajournement par la pensée, j'en ai aussi traité déjà en un autre endroit. Il est à considérer comme une action d'essai, un tâtonnement moteur avec des dépenses d'éconduction réduites. Faisons réflexion : où le moi avait-il pratiqué auparavant un tel tâtonnement, en quel endroit a-t-il appris la technique qu'il applique à présent au niveau des processus de pensée ? Cela s'est produit à l'extrémité sensorielle de l'appareil animique, au niveau des perceptions des sens. En effet, selon notre hypothèse, la perception n'est pas un processus purement passif, mais le moi envoie périodiquement dans le système de perception des petites quantités d'investissement au moyen desquelles il déguste les stimuli externes pour, après chacune de ces incursions tâtonnantes, se retirer de nouveau.

L'étude du jugement nous donne accès, peut-être pour la première fois, à la compréhension de l'apparition d'une fonction intellectuelle à partir du jeu des motions pulsionnelles primaires. Le juger est le développement ultérieur, approprié à une fin, de l'inclusion dans le moi ou de l'expulsion hors du moi qui, originellement, se produisaient selon le principe de plaisir. Sa polarité semble correspondre à la relation d'opposition des deux groupes de pulsions dont nous avons fait l'hypothèse. L'affirmation – comme substitut de l'unification – appartient à l'Éros, la négation – successeur de l'expulsion – à la pulsion de destruction. Le plaisir à la négation généralisé, le négativisme de tant de psychotiques, doit être vraisemblablement à comprendre comme indice de la démixtion des pulsions par retrait des composantes libidinales. Mais l'opération de la fonction de jugement n'est rendue possible qu'avec la création du symbole de la négation qui a permis à la pensée un premier degré d'indépendance à l'égard des succès du refoulement et, par là, à l'égard de la contrainte du principe de plaisir.

Avec cette conception de la négation s'accorde très bien ceci que l'on ne rencontre dans l'analyse aucun « non » venant de l'inconscient, et que la reconnaissance de l'inconscient de la part du moi s'exprime en une formule négative. Nulle preuve plus forte de la mise à découvert réussie de l'inconscient que lorsque l'analysé y réagit par cette phrase : Cela je ne l'ai pas pensé, ou : À cela je n'ai (jamais) pensé.

Constructions dans l'analyse

(1937)

SIGMUND FREUD

Écrit par Freud deux ans avant sa mort, ce texte a une grande portée quant à notre conception de la cure. Il montre que l'interprétation ne peut pas constituer la seule forme de l'interprétation psychanalytique, que celle-ci doit inclure des « constructions ». En même temps, il rectifie l'idée triviale que nous pouvons nous faire de ces constructions dans l'analyse.

L'interprétation, pour l'analyste, tend toujours vers le minimal. On trouvera dans ce texte un exemple tout à fait remarquable d'une interprétation que Freud propose en changeant une seule lettre dans un mot qui revient souvent dans les rêves de son patient

(Gauner-Jauner), interprétation tout de suite confirmée par un glissement identique (à la limite une inflexion de prononciation) dans ce que lui répond l'analysant.

En ce qui concerne les constructions proprement dites, les analystes, ou du moins nombre d'entre eux, ont peut-être eu tendance à ne pas leur donner toute leur importance. Sans doute pour ne pas écraser la vérité de l'interprétation dans un pseudo-savoir historique, l'analyste ne tente plus guère de proposer à l'analysant une description systématique des temps oubliés de son histoire. Mais précisément Freud, dans ce texte, déplace le sens de gravité de la construction. Plus encore que restitution du passé, toujours un peu divinatoire, la construction saisit dans le transfert la structure même de ce qui se répète. Même si elle n'entraîne pas de nouvelle réminiscence, une construction ainsi articulée peut avoir « du point de vue thérapeutique [...] le même effet qu'un souvenir retrouvé ».

Source : S. Freud, *Konstruktionen in der Analyse*, G.W., XVI. Traduction française (E.R. Hawelka, U. Huber, J. Laplanche), « Constructions dans l'analyse », in *Résultats, idées, problèmes*, II, P.U.F., 1985.

Bibliographie : C. Rabant, *Inventer le réel*, Denoël, 1993, chap. IV, « Constructions dans (de) l'analyse ».

I

UN SAVANT DE MÉRITE, que j'ai toujours eu en grande estime parce qu'il a rendu justice à la psychanalyse à un moment où la plupart des autres ne s'y croyaient pas tenus, a tout de même énoncé une fois un propos aussi blessant qu'injuste au sujet de notre technique analytique. Lorsque vous proposez vos interprétations à un patient, a-t-il dit, vous agissez envers lui selon le fameux principe *« Heads I win, tails you lose »*. C'est-à-dire : s'il est d'accord avec l'interprétation, c'est bien, mais s'il y contredit ce n'est là qu'un signe de sa résistance et il nous donne encore raison. De cette façon nous avons toujours raison contre ce pauvre être sans recours que nous analysons, quel que soit son comportement en face de nos affirmations. Puisqu'il est exact qu'un « non » de notre patient ne nous décide pas, en général, à considérer notre interprétation comme incorrecte et à y renoncer, la possibilité de démasquer ainsi notre technique a été bien accueillie par les adversaires de l'analyse. Pour cette raison il vaut la peine de présenter en détail comment, pendant le traitement analytique, nous évaluons le « oui » et le « non » du patient, expressions de son assentiment et de sa contradiction. Il faut bien dire qu'en lisant cette justification aucun praticien n'apprendra rien qu'il ne sache déjà.

L'intention du travail analytique, comme on le sait, est d'amener le patient à lever les refoulements des débuts de son développement (le mot refoulement étant pris ici dans le sens le plus large), pour les remplacer par des réactions qui correspondraient à un état de maturité psychique. À cet effet il doit se souvenir de certaines expériences et des motions affectives suscitées par elles, les unes et les autres se trouvant oubliées à présent. Nous savons que ses symptômes et ses inhibitions actuels sont les suites de tels refoulements, donc les substituts de ce qui a été ainsi oublié. Quels matériaux met-il à notre disposition, dont l'exploitation nous permette de l'engager sur le chemin des souvenirs perdus ? Différentes choses : des fragments de ces souvenirs dans des rêves, en eux-mêmes d'une valeur incomparable mais en général fortement déformés par tous les facteurs qui participent à la formation du rêve ; des idées incidentes qui émergent lorsqu'il se laisse aller à l'« association libre », et dans lesquelles nous pouvons reconnaître des allusions aux expériences refoulées ainsi que des rejetons à la fois des motions affectives réprimées et des réactions contre elles ; finalement, des indices à la répétition des affects appartenant au refoulé apparaissant dans des actions plus ou moins importantes du patient à l'intérieur comme à l'extérieur de la situation analytique. Nous avons appris que la relation de transfert qui s'établit avec l'analyste est spécialement favorable au retour de telles relations affectives. À partir de cette matière première, pour ainsi dire, il nous appartient de restituer ce que nous souhaitons obtenir.

Ce que nous souhaitons, c'est une image fidèle des années oubliées par le patient, image complète dans toutes ses parties essentielles. Ici nous devons nous rappeler que le travail analytique consiste en deux pièces entièrement distinctes, qui se jouent sur deux scènes séparées et concernent deux personnages dont chacun est chargé d'un rôle différent. Si l'on se demande un instant pourquoi on n'a pas eu l'attention attirée depuis longtemps sur ce fait fondamental, on ne tardera pas à se dire que rien là n'avait été caché ; il s'agit là d'un fait bien connu et pour ainsi dire évident que, dans une intention particulière, on se borne ici à mettre en relief et à apprécier en lui-même. Nous savons tous que l'analysé doit être amené à se remémorer quelque chose qu'il a vécu et refoulé, et les conditions dynamiques de ce processus sont si intéressantes qu'en revanche l'autre partie du travail, l'action de l'analyste, est reléguée à l'arrière-plan. De tout ce dont il s'agit, l'analyste n'a rien vécu ni refoulé ; sa tâche ne peut pas être de se remémorer quelque chose. Quelle est donc sa tâche ? Il faut que, d'après les indices échappés à l'oubli, il devine ou, plus exactement, il *construise* ce qui a été oublié. La façon et le moment de communiquer ces constructions à l'analysé, les explications dont l'analyste les accompagne, c'est là ce qui constitue la liaison entre les deux parties du travail analytique, celle de l'analyste et celle de l'analysé.

Son travail de construction ou, si l'on préfère, de reconstruction présente une ressemblance profonde avec celui de l'archéologue qui déterre une demeure détruite et ensevelie, ou un monument du passé. Au fond, il lui est identique, à cette seule différence que l'analyste opère dans de meilleures conditions et dispose de plus de ressources en matériaux parce que ses efforts portent sur quelque chose qui est encore vivant et non sur un objet détruit, et peut-être encore pour une autre raison. Cependant, de même que l'archéologue, d'après des pans de murs restés debout, reconstruit les parois de l'édifice, d'après des cavités du sol détermine le nombre et la place des colonnes et, d'après des vestiges retrouvés dans les débris, reconstitue les décorations et les peintures qui ont jadis orné les murs, de même l'analyste tire ses conclusions des bribes de souvenirs, des associations et des déclarations actives de l'analysé. Tous les deux gardent sans conteste le droit de reconstruire en complétant et en assemblant les restes conservés. Dans les deux cas, beaucoup de difficultés et de sources d'erreurs sont les mêmes. On sait que la détermination de l'âge relatif d'une trouvaille est une des tâches les plus délicates de l'archéologie et, si un objet apparaît dans une certaine couche, il est souvent difficile de décider s'il a toujours appartenu à cette couche ou s'il est parvenu à une telle profondeur par une perturbation ultérieure. Ce qui, dans les constructions analytiques, correspond à ce doute est facile à deviner.

Nous avons dit que l'analyste travaille dans de meilleures conditions que l'archéologue parce qu'il a aussi à sa disposition un matériel qui n'offre rien de semblable à celui des fouilles, par exemple les répétitions de réactions remontant aux premiers âges de l'enfance et tout ce que, lors de telles répétitions, le transfert met à jour. Mais il faut considérer en outre que l'archéologue a affaire à des objets détruits dont des parties volumineuses et importantes ont sans aucun doute été perdues par l'effet de la violence mécanique, du feu ou du pillage. Aucun effort ne réussira à les retrouver pour les assembler avec les restes conservés. On en est réduit à la seule reconstruction, qui, de ce fait, ne saurait bien souvent dépasser un certain degré de vraisemblance. Il en va tout autrement de l'objet psychique, dont l'analyste veut recueillir la préhistoire. Ici il se passe régulièrement ce qui, dans le cas de l'objet archéologique, ne s'est produit que dans des circonstances exceptionnellement favorables, comme à *Pompéi* ou pour le tombeau de *Toutankhamon*. L'essentiel est entièrement conservé, même ce qui paraît complètement oublié subsiste encore de quelque façon et en quelque lieu, mais enseveli, inaccessible à l'individu. Comme on le sait, il est douteux qu'une formation psychique quelconque puisse vraiment subir une destruction totale. C'est une simple question de technique analytique que de déterminer si on réussira à faire apparaître entièrement ce qui a été caché. Il n'y a que deux faits qui s'opposent à cet extraordinaire privilège du travail analytique : l'objet psychique est incomparablement plus compliqué que l'objet matériel de l'archéologue, et notre connaissance n'est pas assez préparée à ce que nous devons trouver, parce que la structure intime de son objet recèle encore beaucoup de mystère. Et voici que notre comparaison entre les deux méthodes de travail arrive à son terme, car la différence principale entre elles consiste en ce que, pour l'archéologue, la reconstruction est le but et la fin de son effort, tandis que pour l'analyste la construction n'est qu'un travail préliminaire.

II

TRAVAIL PRÉLIMINAIRE, mais non en ce sens qu'il doive être terminé entièrement avant qu'on ne passe à la démarche suivante, comme dans la construction d'une maison où il faut d'abord ériger tous les murs et poser toutes les fenêtres avant de commencer la décoration intérieure des pièces. Tout analyste sait qu'il en va tout autrement de la cure analytique, où les deux sortes de travail se poursuivent parallèlement, l'une toujours d'un pas en avant, l'autre la suivant de près. L'analyste achève un fragment de construction et le communique à l'analysé pour qu'il agisse sur lui ; à l'aide du nouveau matériel qui afflue, il construit un autre fragment, qu'il utilise de la même façon, et ainsi de suite jusqu'à la fin. La raison pour laquelle on entend si peu parler de « constructions » dans les exposés de la technique analytique, c'est qu'au lieu de cela on parle d'« interprétations » et de leur effet. Mais, à mon avis, le terme de construction est de beaucoup le plus approprié. Le terme d'interprétation se rapporte à la façon dont on s'occupe d'un élément isolé du matériel, une idée incidente, un acte manqué, etc. Mais on peut parler de construction quand on présente à l'analysé une période oubliée de sa préhistoire, par exemple en ces termes : « Jusqu'à votre $n^{ième}$ année vous vous êtes considéré comme le possesseur unique et absolu de votre mère ; à ce moment-là un deuxième enfant est arrivé et avec lui une forte déception. Votre mère vous a quitté pendant quelque temps et, même après, elle ne s'est plus consacrée à vous exclusivement. Vos sentiments envers elle sont devenus ambivalents, votre père a acquis une nouvelle signification pour vous », et ainsi de suite.

Dans cet article notre attention se concentre uniquement sur ce travail préliminaire consacré aux constructions. Une question se pose de prime abord : Qu'est-ce qui nous garantit, pendant que nous travaillons aux constructions, que nous ne faisons pas fausse route et que nous ne compromettons pas la réussite de la cure en soutenant une construction inexacte ? Il peut sembler que cette question n'admette aucune réponse générale, mais, avant d'en discuter, prêtons d'abord attention à une information rassurante que nous donne l'expérience analytique. Celle-ci nous enseigne en effet que nous ne provoquons pas de dommage si nous nous sommes trompés une fois et avons présenté au patient une construction inexacte comme étant la vérité historique probable. Naturellement cela représente une perte de temps, et celui qui ne sait proposer au patient que des combinaisons constamment fausses ne fera pas une bonne impression sur lui et n'ira pas loin dans le traitement ; mais une seule erreur de ce genre est inoffensive. Ce qui se passe plutôt en pareil cas, c'est que le patient ne semble pas touché ; il ne réagit ni par oui ni par non. Il se peut qu'il ne s'agisse que d'un ajournement de sa réaction ; s'il ne s'en produit aucune, nous pouvons conclure que nous nous sommes trompés et, sans perdre pour cela de notre autorité, nous l'avouerons à notre patient à une occasion propice. Cette occasion se présentera lorsque apparaîtra un nouveau matériel permettant une construction plus adéquate, donc la correction de l'erreur. Dans ce cas la construction erronée ne laisse pas plus de trace que si elle n'avait jamais été faite, et dans certains cas on a même l'impression, pour parler comme Polonius, que la carpe de la vérité a été attrapée grâce à l'appât du mensonge. Il est certain qu'on a exagéré sans mesure le danger d'égarer le patient par la suggestion, en lui « mettant dans la tête » des choses auxquelles on croit soi-même mais qu'il ne devrait pas accepter. Il faudrait que l'analyste se soit comporté d'une façon très incorrecte pour qu'un pareil malheur lui arrive ; il aurait avant tout à se reprocher de ne pas avoir laissé parler le patient à son aise. Sans me vanter, je puis affirmer que jamais un tel abus de la « suggestion » ne s'est produit dans ma pratique analytique.

D'après ce qui précède on voit déjà que nous ne sommes nullement disposés à négliger les indices qu'on peut déduire de la réaction du patient à la communication d'une de nos constructions. Nous examinerons ce point en détail. Il est vrai que nous ne tenons pas un « non » de l'analysé pour entièrement valable, mais nous n'acceptons pas davantage son « oui ». Il est tout à fait injustifié de nous accuser d'interpréter sa déclaration en la transformant en une confirmation. En réalité ce n'est pas si simple et nous ne nous rendons pas la décision aussi facile.

Le « oui » direct de l'analysé est équivoque. Il peut effectivement indiquer que celui-ci reconnaît comme juste la construction proposée. Mais il peut aussi être dépourvu de sens et même être « hypocrite », comme nous pourrions dire, parce que sa résistance trouve son compte à ce qu'un tel consentement continue à cacher la vérité non découverte. Ce oui n'a de valeur que s'il est suivi de confirmations indirectes, si, immédiatement après son oui, le patient produit de nouveaux souvenirs qui complètent et élargissent la construction. Dans ce cas seulement nous reconnaissons que son « oui » met un point final au problème en question.

Le « non » de l'analysé est tout aussi équivoque que le « oui » et, à vrai dire, encore moins utilisable. Il n'exprime que rarement un refus justifié ; bien plus souvent, il manifeste une résistance qui est provoquée par le contenu de la construction communiquée, mais qui peut aussi provenir d'un autre facteur de la situation complexe de l'analyse. Le non du patient ne prouve donc rien quant à l'exactitude de la construction, mais il s'accorde très bien avec cette possibilité. Puisque toute espèce de construction est incomplète et ne saisit qu'une parcelle de l'expérience oubliée, nous sommes libres d'admettre que l'analysé ne dénie pas proprement ce qui lui a été communiqué, mais qu'il maintient sa contradiction en fonction de la partie non encore dévoilée. En général il ne donnera son accord qu'après avoir appris la vérité entière, qui est souvent bien loin d'être atteinte. La seule interprétation sûre de son « non » est donc que la construction a été incomplète et qu'elle ne lui a sûrement pas tout révélé.

Il s'ensuit que les déclarations directes du patient après la communication d'une construction ne peuvent donner que peu de précisions indiquant si on a deviné juste ou faux. Il est d'autant plus intéressant de noter qu'il existe des modes indirects de confirmation auxquels on peut absolument se fier. L'un d'eux est une formule que les personnes les plus diverses emploient sans presque en modifier les termes, comme si elles s'étaient concertées. La voici : *Je n'ai* (ou : *n'aurais*) *jamais pensé cela* (ou : *à cela*). Sans hésiter on peut traduire cette expression par : Oui, dans ce cas vous avez touché juste l'*inconscient*. Malheureusement on entend cette formule, si désirée par l'analyste, plus souvent à la suite d'interprétations de points isolés qu'après la communication de constructions étendues. On est en présence d'une confirmation aussi précieuse, mais exprimée cette fois d'une façon positive, lorsque l'analysé répond par une association qui contient quelque chose de ressemblant ou d'analogue au contenu de la construction. Au lieu d'en donner un exemple tiré d'une analyse, qui serait facile à trouver mais trop long à exposer, je désirerais raconter un petit événement extra-analytique, qui illustre une telle situation avec un relief presque comique. Il s'agissait d'un collègue qui – il y a longtemps de cela – avait l'habitude de me prendre comme consultant dans son activité médicale. Un jour il m'amena sa jeune femme, qui lui causait des ennuis. Sous des prétextes divers elle lui refusait les rapports sexuels, et il s'attendait apparemment à ce que je la renseigne sur les conséquences de son comportement inadéquat. J'y consentis et lui expliquai que son refus provoquerait probablement chez son mari des troubles de santé regrettables ou des tentations qui pourraient mener à la destruction de leur ménage. Il m'interrompit brusquement pour me dire : l'Anglais, chez qui vous avez posé le diagnostic de tumeur cérébrale, est bien mort, lui *aussi*. Ses paroles paraissaient d'abord incompréhensibles ; le mot *aussi* semblait énigmatique dans le contexte, car on n'avait parlé d'aucun autre mort. Un instant plus tard je compris. L'homme voulait apparemment abonder dans mon sens, il voulait dire : Oui, vous avez parfaitement raison, votre diagnostic chez ce malade s'est confirmé *aussi*. C'était là un pendant parfait des confirmations indirectes par associations que nous obtenons en analyse. Je ne songe pas à contester que les paroles de mon collègue aient pu être déterminées en outre par d'autres pensées, écartées par lui.

La confirmation indirecte par des associations qui répondent au contenu de la construction et impliquent un tel « *aussi* » fournit à notre jugement des indices précieux pour deviner si cette construction va se vérifier dans la suite de l'analyse. Particulièrement impressionnant est aussi le cas où la confirmation s'insinue, grâce à un acte manqué, dans la contradiction directe. J'ai publié autrefois un bel exemple de ce genre[1]. Dans les rêves du patient surgissait à plusieurs reprises le nom, bien connu à Vienne, de *Jauner*, sans qu'on pût en trouver une explication suffisante dans ses associations. Je lui proposai comme interprétation qu'il pensait probablement *Gauner* en

1. In *Psychopathologie de la vie quotidienne*, Paris, Payot, 107, *G.W.*, IV, 104.

disant *Jauner*, et le patient répondit promptement : « Ceci me semble tout de même trop *osé (jewagt)* »[1]. Ou encore le patient veut repousser notre supposition qu'un certain paiement lui paraît trop élevé, et en voulant dire : « Dix dollars n'ont pas d'importance pour moi », il remplace le mot dollars par une unité monétaire inférieure en disant « dix schillings ».

Si l'analyse se trouve sous la pression de facteurs puissants qui entraînent par force une réaction thérapeutique négative, tels qu'un sentiment de culpabilité, un besoin masochiste de souffrance, une opposition farouche au secours apporté par l'analyste, le comportement du patient, une fois la construction communiquée, nous rend souvent très facile la décision recherchée. Si la construction est fausse, rien n'est changé chez le patient, mais si elle est juste ou si elle représente un pas vers la vérité, il y réagit par une aggravation évidente de ses symptômes et de son état général.

En résumé, nous constatons que nous ne méritons pas le reproche d'écarter avec dédain l'attitude de l'analysé à l'égard de nos constructions. Nous en faisons grand cas et nous en tirons souvent des repères précieux. Mais ces réactions du patient sont la plupart du temps équivoques et n'autorisent pas de conclusion définitive. Ce n'est qu'en continuant l'analyse que nous pouvons décider si nos constructions sont exactes ou inutilisables. Nous n'attribuons à la construction isolée que la valeur d'une supposition qui attend examen, confirmation ou rejet. Nous ne revendiquons pas d'autorité pour cette construction, nous ne demandons au patient aucun accord immédiat ni ne discutons avec lui s'il commence par y contredire. Nous suivons simplement l'exemple d'un célèbre personnage de *Nestroy*, le domestique qui n'a qu'une réponse à toutes les questions et objections : *« Au cours des événements tout deviendra clair »*[2].

III

Il est inutile d'exposer comment cela se produit dans la suite de l'analyse et par quels chemins notre supposition se transforme en conviction chez le patient, chose familière à tout analyste grâce à son expérience quotidienne, et facile à comprendre. Un seul point demande à être examiné et élucidé. Le chemin qui part de la construction de l'analyste devrait mener au souvenir chez l'analysé ; il ne mène pas toujours jusque-là. Très souvent on ne réussit pas à ce que le patient se rappelle le refoulé. En revanche, une analyse correctement menée le convainc fermement de la vérité de la construction, ce qui, du point de vue thérapeutique, a le même effet qu'un souvenir retrouvé. Dans quelles conditions cela a lieu et de quelle façon il est possible qu'un substitut apparemment si imparfait produise quand même un plein effet, c'est ce qui devra faire l'objet de recherches ultérieures.

Je vais conclure cette brève communication par quelques remarques qui ouvrent encore une autre perspective. Ce qui m'a frappé dans quelques analyses, c'est que la

1. Dans quelques régions de langue allemande, le *g* (celui du français *gare*), surtout initial, est prononcé comme le *y* du français *yeux* (en orthographe allemande : *j*.) *Gauner* signifie « filou ». Le participe « osé » est, correctement, *gewagt*, mais le patient a dit *jewagt* (souligné dans le texte). Si Freud signale cette prononciation comme étant un lapsus, c'est probablement qu'il avait pu observer que ce n'était pas la manière dont son patient articulait habituellement ses *g*.

2. In *Der Zerrissene* (L'homme déchiré). La phrase attribuée par Freud à un domestique est en réalité dite par un serrurier, Gluthammer (« marteau incandescent »). Elle y figure plusieurs fois sous des formes légèrement différentes et apparaît d'abord au Ier acte, scène 3.

communication d'une construction manifestement pertinente provoquait chez les analysés un phénomène surprenant et d'abord incompréhensible. Ils sentaient émerger des souvenirs très vivaces, qu'ils qualifiaient eux-mêmes d'« excessivement nets » ; ils retrouvaient cependant, non pas l'événement même qui était le contenu de la construction, mais des détails voisins de ce contenu, par exemple, avec une extrême précision, les visages des personnes qui y figuraient, ou les pièces dans lesquelles quelque chose de semblable aurait pu se passer, ou bien encore, de façon un peu plus éloignée, les objets contenus dans ces pièces et que la construction ne pouvait évidemment pas connaître. Cela se produisait aussi bien dans les rêves survenant immédiatement après la communication, que dans des états de rêverie diurne. Ces souvenirs n'entraînaient rien d'autre ; on était porté à y voir les résultats d'un compromis. La « poussée vers le haut » du refoulé, activée par la communication de la construction, avait cherché à amener à la conscience ces traces mnésiques significatives. Mais une résistance avait réussi, non pas à arrêter ce mouvement, mais à se déplacer sur des objets voisins d'importance secondaire.

Ces souvenirs auraient pu être qualifiés d'hallucinations, si à leur netteté s'était ajoutée la croyance à leur actualité. Mais l'analogie gagna de l'importance quand mon attention fut attirée par la présence occasionnelle de véritables hallucinations dans d'autres cas, des cas qui n'étaient certainement pas psychotiques. Ainsi continuait mon raisonnement : on n'a pas encore assez apprécié ce caractère peut-être général de l'hallucination d'être le retour d'un événement oublié des toutes premières années, de quelque chose que l'enfant a vu ou entendu à une époque où il savait à peine parler. C'est ce qui s'impose maintenant à la conscience, mais probablement de façon déformée et déplacée par l'effet des forces qui s'opposent à un tel retour. Étant donné le rapport étroit de l'hallucination et de certaines formes de psychoses, notre raisonnement peut nous conduire encore plus loin. Même les formations délirantes, dans lesquelles nous trouvons si régulièrement incorporées ces hallucinations, ne sont peut-être pas aussi indépendantes qu'on l'admet généralement de la poussée de l'inconscient vers le haut et du retour du refoulé. Dans le mécanisme d'une formation délirante nous ne soulignons habituellement que deux facteurs, d'une part le fait de se détourner du monde réel et les motifs de ce retrait, d'autre part l'influence que l'accomplissement de désir exerce sur le contenu du délire. Mais le processus dynamique ne pourrait-il pas être plutôt celui-ci : cette poussée du refoulé profiterait du fait qu'on se détourne de la réalité pour imposer son contenu à la conscience, et dans ce cas les résistances mobilisées par ce processus et la tendance à l'accomplissement du désir se partageraient la responsabilité de la déformation et du déplacement de ce qui est remémoré ? Ceci n'est-il pas le mécanisme bien connu du rêve que, depuis l'antiquité la plus reculée, l'intuition des hommes a considéré comme l'équivalent de la folie ?

Je ne crois pas que cette conception du délire soit entièrement nouvelle, mais elle insiste sur un point de vue qui n'est généralement pas mis au premier plan. Ce qui importe, c'est l'affirmation que la folie non seulement procède avec méthode, comme le poète l'a déjà reconnu, mais qu'elle contient aussi un morceau de *vérité historique* ; ainsi, on est amené à admettre que la croyance compulsive que rencontre le délire tire sa force justement de cette source infantile. Pour prouver cette théorie je ne trouve aujourd'hui à ma disposition que des réminiscences et non des impressions fraîches. Il vaudrait probablement la peine d'essayer d'étudier, selon les hypothèses exposées, des cas de cette espèce, et d'y adapter le traitement en fonction de ces hypothèses. On renoncerait à la peine inutile de persuader le malade de la folie de son délire et de la contradiction qui l'oppose à la réalité, et on baserait plutôt le travail thérapeutique sur le fait de reconnaître avec lui le noyau de vérité contenu dans son délire. Ce travail consisterait à débarrasser le morceau de vérité historique de ses déformations et de ses appuis sur la réalité actuelle, et à le ramener au point du passé auquel il appartient. Que le passé oublié soit transporté dans le présent ou dans l'attente de l'avenir, c'est ce qui arrive régulièrement aussi chez le névrosé. Assez souvent, lorsqu'un état d'angoisse lui fait pressentir quelque chose de terrible, il est simplement sous l'influence d'un souvenir refoulé qui voudrait s'imposer à la conscience mais n'arrive pas à devenir conscient, le souvenir qu'une chose alors effrayante s'est effectivement produite. Je pense que de tels efforts déployés auprès de psychotiques apporteront beaucoup de connaissances, même s'ils ne sont couronnés d'aucun succès thérapeutique.

Je sais qu'il n'y a guère de profit à traiter en passant, comme je le fais ici, un problème aussi important. C'est que j'ai cédé à l'attrait d'une analogie. Les délires des malades m'apparaissent comme des équivalents des constructions que nous bâtissons dans le traitement psychanalytique, des tentatives d'explication et de restitution, qui, dans les conditions de la psychose, ne peuvent pourtant conduire qu'à remplacer le morceau de réalité qu'on dénie dans le présent par un autre morceau qu'on avait également dénié dans la période d'une enfance reculée. C'est par l'étude de cas particuliers qu'on pourra découvrir les rapports intimes entre la matière sur laquelle porte actuellement le déni et celle sur laquelle a porté jadis le refoulement. De même que l'effet de notre construction n'est dû qu'au fait qu'elle nous rend un morceau perdu de l'histoire vécue, de même le délire doit sa force convaincante à la part de vérité historique qu'il met à la place de la réalité repoussée. De cette manière je pourrais appliquer au délire ce que, jadis, j'ai énoncé pour la seule hystérie : le malade souffre de ses réminiscences. Pas plus qu'aujourd'hui je ne voulais alors, par cette brève formule, contester la complexité étiologique de la maladie, ni exclure l'action de tant d'autres facteurs.

Si l'on considère l'humanité comme un tout, et qu'on la mette à la place de l'individu isolé, on trouve qu'elle aussi a développé des délires inaccessibles à la critique logique et contredisant la réalité. S'ils peuvent malgré cela exercer un empire extraordinaire sur les hommes, la recherche conduit à la même conclusion que pour l'individu isolé. Leur pouvoir provient de leur contenu de *vérité historique*, vérité qu'ils ont été puiser dans le refoulement de temps originaires oubliés.

Réponse au commentaire de Jean Hyppolite sur la « Verneinung » de Freud

(1954-1966)

JACQUES LACAN

Jacques Lacan avait de la philosophie une connaissance approfondie et diversifiée. Il n'a cessé de témoigner, entre autres, d'un intérêt prononcé pour Hegel. Outre la lecture personnelle qu'il pouvait en faire, il suivit pendant plusieurs années l'enseignement d'A. Kojève à l'École des hautes études. Un autre grand spécialiste de Hegel, Jean Hyppolite, assistait à son séminaire durant l'année universitaire 1953-1954 (Séminaire I, Les écrits techniques de Freud) *et fit, le 10 février 1954, un « commentaire » de l'article de Freud sur la « Verneinung », «la (dé)négation ». Lacan introdui-*

sit cet exposé et le fit suivre d'une réponse, longue et détaillée. Cette réponse a été reprise en 1966 dans les Écrits.

La description de Lacan est complexe. D'un terme que Freud n'accentue pas particulièrement, celui de « Verwerfung », *Lacan fait un concept essentiel, en le traduisant par* « forclusion ». *Celle-ci coupe court, dit-il, à la* « Bejahnung » *(l'affirmation, dans le jugement d'attribution), et donc* « à toute manifestation de l'ordre symbolique » *:*

[...] « Ce qu'il en advient, vous pouvez le voir : *ce qui n'est pas venu au jour du symbolique, apparaît dans le réel.*

Car c'est ainsi qu'il faut comprendre l'*Einbeziehung ins Ich*, l'introduction dans le sujet, et l'*Ausstossung aus dem Ich*, l'expulsion hors du sujet. C'est cette dernière qui constitue le réel en tant qu'il est le domaine de ce qui subsiste hors de la symbolisation. Et c'est pourquoi la castration ici retranchée par le sujet des limites mêmes du possible, mais aussi bien par là soustraite aux possibilités de la parole, va apparaître dans le réel. » [...]

Lacan renvoie ici, explicitement, à la non-symbolisation, à la « forclusion » de la castration par l'Homme aux loups, et à cette hallucination du doigt coupé qui constitue chez lui un retour de la castration « dans le réel ».

La seconde partie du texte est consacrée à « l'acting-out », *agir du sujet fait pour donner à entendre quelque chose (notamment, pour le sujet en analyse, donner à entendre quelque chose à son analyste).*

Psychanalyser
(1968)

SERGE LECLAIRE
(né en 1924)

Élève de J. Lacan depuis l'époque de la Société psychanalytique de Paris, Serge Leclaire, neuropsychiatre et psychanalyste, a participé à la fondation de la Société française de psychanalyse dont il a été président entre 1959 et 1963, puis à celle de l'École freudienne de Paris où il fut membre du directoire puis du jury de la passe[1]*. Il a fondé en 1968 le département de psychanalyse de l'université de Paris VIII. Il s'est semble-t-il toujours soucié, à divers titres, de l'insertion de la psychanalyse dans le social. Il a ainsi participé en 1984-85 à une série télévisée, Psy-Show, qui constituait un des premiers essais d'utilisation « en direct » de la psychanalyse pour tenter de saisir quelque chose des difficultés des gens qui voulaient bien y avoir recours. Il a par ailleurs été membre du comité national du Centre national de la recherche scientifique. Enfin il a été à l'origine de la proposition « Pour une instance ordinale des psychanalystes ». Cette proposition visait à faire réguler par une instance spécifique comparable à l'« ordre » des médecins par exemple, les problèmes de la profession, ainsi que ceux des rapports des psychanalystes avec le reste du corps social. Elle a été très controversée.*

Psychanalyser *est son premier livre. Il a constitué à sa parution une introduction vivante à ce qu'apportait, dans la pratique de la cure, un abord lacanien, d'ailleurs*

1. Voir *infra*, chapitre XIX.

utilisé de façon originale. À travers la lecture de Freud, à travers aussi la présentation d'un cas, Serge Leclaire fait valoir comment une existence peut s'organiser autour de séquences signifiantes minimales, mieux, autour de la répétition de quelques lettres qui se répètent et se combinent de diverses façons.

Source : S. Leclaire, *Psychanalyser*, Seuil, 1968.

N'IMPORTE QUEL OBJET PEUT, en principe, déclencher le mouvement du désir : la courbe d'une épaule aussi bien qu'un morceau de caoutchouc, la chevelure ou le pied, l'autre sexe, mais aussi bien le même, peuvent, selon les corps, évoquer le plaisir. Devant cette constatation que la clinique impose contre toute évidence première, il faut bien admettre que c'est la qualité propre d'objet qui est fondamentalement en cause dans ce qui met en jeu le plaisir.

L'objet qui est ici en question est le terme autour de quoi se développe le cycle du désir, et il ne saurait, pour l'instant tout au moins, être défini qu'en fonction de la zone érogène, cet élément majeur constitutif du corps de plaisir. C'est ce qu'on avait déjà esquissé en évoquant sa fonction d'occultation de l'écart érogène.

Différent, nécessairement, de la différence qu'il ravive comme plaisir de zone, l'objet doit se concevoir comme étranger au corps qu'il excite ; et l'on ne peut manquer au passage, dans cette notion d'étrangeté, de souligner la véritable origine du fantasme de complémentarité par lequel on obture communément la question du désir, tant il est vrai que la représentation d'une bouche béante comblée par le sein suffit ordinairement à apaiser tout essai de pensée. L'objet, c'est fondamentalement l'autre corps dont la rencontre actualise ou rend sensible la dimension essentielle de la séparation. Si la zone érogène peut être conçue comme cette limite qui cerne la différence sensible dans son irréductibilité essentielle, l'objet, lui, constitue le terme d'une séparation mesurable, et, d'une certaine façon, réductible jusqu'à l'annulation d'une rencontre. Si l'écart qui fait, des deux lèvres, la différence sensible ne peut jamais être réduit, encore moins effacé, l'écart qui sépare la bouche de l'objet qui apaisera son désir peut, lui, être réduit jusqu'à l'annulation de toute distance.

L'objet semble bien pouvoir se caractériser par sa qualité d'être séparé, pour autant que l'écart de cette séparation fait apparaître la dimension de l'espace en même temps que l'annulation possible de l'intervalle qui s'y inscrit. Mais cette séparation de l'entre-deux-corps par où se révèle le modèle primordial de l'altérité ne suffit pas à rendre compte du fait que l'objet apparaît, en pratique, non point seulement comme un autre corps, dans sa cohérence ou dans son unité organique, mais bien plus souvent comme un morceau à son tour détaché ou chu de l'ensemble (J. Lacan)[1]. Ainsi le sein, pour en reprendre l'exemple suggestif, se trouve-t-il, contrairement à l'anatomie apparente, littéralement détaché de l'ensemble du corps maternel par le nourrisson qui s'en repaît : tout se passe comme si le clivage de la séparation de l'entre-deux-corps se trouvait projeté sur les limites de l'objet qui pourvoit à la satisfaction de la pulsion issue de la zone érogène orale : et dès lors, au même titre que n'importe quelle sucette, le sein se trouve détaché, et, du même coup, en tant que tel, qualifié comme un objet, autour de quoi pourra pivoter et se satisfaire le circuit du plaisir de bouche.

1. J. Lacan, *Écrits*, Seuil, 1966, p. 10, et *D'une question préliminaire à tout traitement possible de la psychose, ibid.*, p. 553-554.

On voit que, tout comme n'importe quelle partie du corps est une zone érogène, donc une « lettre » en puissance, pareillement, toute partie du corps peut devenir objet. Mais alors que, pour prendre fonction de lettre, la zone corporelle doit fixer ou limiter une différence sensible, en quelque sorte intrinsèque, et fondamentalement irréductible, le même point du corps, pour prendre fonction d'objet, doit se distinguer de l'ensemble par une différence extrinsèque, analogue à l'écart de la distance de l'entre-deux-corps. On a vu, avec l'exemple du sein, que la séparation de l'objet n'est pas nécessairement, comme l'a montré J. Lacan[1], le fait d'une coupure réelle, mais essentiellement celui d'un clivage, qui le sépare de l'ensemble érogène pour en faire un terme devenant dès lors, et pour le temps de son exclusion, inerte et « insécable », hors d'atteinte d'une nouvelle différence sensible comme celle qui s'inscrit, érogène, sur le corps.

Deux types d'écarts, bien différents, entrent donc en jeu dans l'économie du plaisir : d'une part, l'écart qui marque la séparation de l'objet d'avec le corps (variante de l'entre-deux-corps) ; d'autre part, l'écart de la différence sensible susceptible de s'inscrire sur le corps comme zone érogène.

D'être ainsi distingué, « différencié », par une sorte de clivage extrinsèque, l'objet semble devenir le représentant tangible, on pourrait dire le complément positif, de l'irréductible différence intrinsèque que limite la zone érogène. L'objet, par l'insécable qu'il offre, dans ses formes dérivées, à une manipulation conceptuelle ou concrète, entretient une relation privilégiée avec la différence insaisissable qui fait la sensibilité exquise de la zone érogène. Cette relation, qui ne saurait se qualifier de façon univoque, entre la lettre et l'objet apparaît comme le modèle de celle qui constitue la relation sexuelle proprement dite[2].

Ce qu'on voit ici se dessiner, c'est la définition de la qualité objectale. Sa fonction, dans l'économie libidinale, d'être une sorte de pivot *indifférent*, autour duquel se réfléchit le cycle du désir (ou plus précisément le circuit de la pulsion[3]), met l'accent à la fois sur la neutralité (indifférence) intrinsèque de l'objet et, corrélativement, sur sa détermination par une sorte de clivage « extrinsèque ». Ainsi peut-on dire que l'objet, comme partie (morceau séparé) du corps, *représente* (au sens commun du terme) la dimension d'altérité essentielle impliquée dans la conception du corps érogène : si une organisation des zones érogènes, tel un ensemble de lettres, ne se soutient que d'une altérité fondamentale par rapport à un terme manquant (ainsi qu'on le détaillera plus loin), on peut dire que l'objet, comme on l'a déjà remarqué, vient « à la place » de la lettre perdue, et représente ainsi de façon immédiate l'altérité, ou encore l'étrangeté.

De plus, on peut remarquer que cette interrogation sur la qualité propre d'objet fait apparaître l'intrication profonde de la fonction littérale et de la fonction objectale, dans la mesure où l'objet se définit comme ce qui vient à la place de la lettre perdue : on pourrait dire, inversement, que l'objet tient lieu, par son opacité, d'assurance à l'endroit de ce manque.

Sans doute n'en reste-t-il pas moins difficile de penser ce jeu autour de l'immédiateté de l'annulation que réalise le plaisir ; dire que la lettre fixe la différence et que

1. J. Lacan, *Position de l'inconscient*, in *Écrits*, Seuil, 1966, p. 847-848.
2. On pourrait ajouter ici, que cette description d'un modèle de l'articulation majeure qu'est la conjonction sexuelle, ouvre une voie possible vers l'interrogation sur la nature des articulations logiques.
3. J. Lacan, Séminaire de l'École pratique des Hautes Études à l'École Normale Supérieure, inédit, 13 mai 1964.

l'objet semble le garantir en l'occultant peut paraître, à certains, fort éloigné des problèmes que pose l'exercice de la psychanalyse.

Aussi bien allons-nous tenter maintenant de dégager, par un abord plus clinique, comment, dans le cours d'une analyse, fonctionnent l'objet et la lettre. Incidemment, on verra que cette démarche fait nécessairement apparaître, dans le déploiement des formations intermédiaires entre le conscient et l'inconscient, fantasmes, rêves et symptômes, le niveau dérivé ou second qui est, à proprement parler, celui de la démarche clinique.

Lorsque Freud eut, dans son effort d'analyse avec l'Homme aux loups, mis à jour la « scène avec Grouscha », il put considérer « la tâche de la cure achevée[1] ». En effet il avait trouvé là un événement dont le patient se souvenait réellement, « sans que l'analyste y eût été pour rien » et qui se présentait comme un premier effet repérable de la scène primitive supposée, on pourrait presque dire une preuve du bien-fondé de son hypothèse.

Considérons en détail la découverte et le contenu de cette scène avec Grouscha. Freud et son patient étaient occupés à reprendre une nouvelle fois le souvenir, resté énigmatique, d'un des symptômes de l'enfance, contemporain de la peur des loups : la phobie des papillons que nous avons déjà évoquée. « Un jour, rapporte Freud, il poursuivait un grand, beau papillon, aux ailes rayées de jaune, terminées en pointe, afin de l'attraper. (C'était sans doute un machaon.) Soudain, comme le papillon s'était posé sur une fleur, il fut saisi d'une peur terrible du petit animal et s'enfuit en poussant des cris[2]. »

Malgré des tentatives maintes fois répétées, le papillon, appelé *Babotchka* en russe, ce qui ressemble à *Babouchka* qui veut dire petite grand-mère, gardait son secret. Jusqu'à ce qu'un jour surgît, timide et indistincte, une sorte de réminiscence[3] : « Quand il était tout, tout petit, avant même qu'il n'eût sa Nania, il devait y avoir eu une jeune bonne qui le soignait et l'aimait beaucoup. Elle portait le même nom que sa mère. Il répondait certainement à sa tendresse. C'était ainsi un premier amour disparu dans l'oubli, mais nous fûmes d'accord là-dessus : à cette époque devait s'être passé quelque chose qui, plus tard, avait acquis de l'importance. Une autre fois, il rectifia le souvenir. Cette fille ne pouvait pas s'être appelée comme sa mère, c'était de sa part à lui une erreur qui signifiait, bien entendu, qu'elle s'était confondue dans son souvenir avec sa mère. Il avait tout à coup dû penser à un garde-manger qui se trouvait dans la première propriété rurale, où l'on gardait les fruits, après leur cueillette, et à une certaine sorte de poire d'un goût délicieux et qui avait sur la peau des raies jaunes. Dans sa langue, poire se dit *Grouscha* et tel était aussi le nom de sa jeune bonne. » « Par là, on voyait clairement, conclut Freud, que, derrière le souvenir-écran du papillon (rayé de jaune) poursuivi, se dissimulait le souvenir de la jeune bonne. » Enfin, « bientôt se présenta le souvenir d'une scène incomplète, mais distincte dans ce que la mémoire en avait conservé. Grouscha était à genoux par terre. Près d'elle se trouvaient un baquet et un court balai fait de brindilles liées ensemble. Il était là, et elle le taquinait ou le grondait. » Avant de rapporter, textuellement aussi, la reconstitution intégrale par Freud de

1. S. Freud, *Extrait de l'histoire d'une névrose infantile*, in *Cinq Psychanalyses*, P.U.F., 1954, p. 397 ; *G.W.*, XII, 128.
2. *Ibid.*, P.U.F., p. 332 ; *G.W.*, XII, 39.
3. *Ibid.*, P.U.F., p. 394 ; *G.W.*, XII, 123-124.

la scène avec Grouscha, j'ajouterai ce dont tout lecteur peut aisément se convaincre, à savoir qu'il n'est point de détail de ce souvenir qui échappe à l'analyse ; ainsi, le court balai fait de brindilles conduit aux fagots du bûcher de Jean Hüss, et cette mort du héros par le feu, à l'énurésie. Voici donc comment Freud reconstitue et analyse l'ensemble de la scène[1] : « Quand il vit la jeune bonne par terre en train de frotter le plancher à genoux, les fesses proéminentes et le dos horizontal, il retrouva en elle l'attitude que sa mère avait prise pendant la scène du coït. Elle devint pour lui sa mère ; en vertu de la réactivation de cette image, l'excitation sexuelle s'empara de lui et il se comporta alors envers elle en mâle, comme son père dont il n'avait pu, autrefois, comprendre l'action qu'en y voyant une miction. (Il urina alors dans la chambre.) Uriner sur le plancher était, au fond, de sa part, une tentative de séduction, et la jeune bonne y répondit par une menace de castration, tout comme si elle avait compris le petit garçon. »

Il apparaît clairement ici que Freud trouve, dans cette scène avec Grouscha, une preuve possible de la réalité de l'observation par l'enfant, à un âge très tendre, d'un coït « a tergo » entre ses parents : « La scène avec Grouscha, le rôle qui lui revient dans l'analyse, et les effets qui s'ensuivirent dans la vie du patient s'expliquent de la façon la moins forcée et la plus complète, si l'on admet que la scène primitive qui, dans d'autres cas, peut être fantasme, dans celui-ci ait été réalité[2]. »

Ce qui donne le plus grand poids à l'hypothèse de Freud, c'est assurément la constance et la force d'attraction qu'exercera sur son patient, tout au long de sa vie, la vue d'une femme agenouillée, appuyée en avant sur ses mains, les fesses proéminentes : c'est ainsi qu'il s'éprit de Matrona et c'est ainsi, pareillement, qu'il fut saisi sur-le-champ d'un désir d'une rare violence en rencontrant une laveuse au bord d'une mare, sans avoir seulement aperçu son visage.

Par l'excès même des traits qu'il dessine, l'exemple de l'Homme aux loups, s'enflammant instantanément d'un désir irrépressible à la vue d'une femme accroupie, nous présente l'objet dans sa fonction de cause du désir telle qu'elle a été dégagée par J. Lacan[3] ; en ce cas, même, l'objet a presque valeur de fétiche.

Mais suffit-il, pour rendre compte de la parfaite définition de cet objet, de la permanence de son pouvoir, de se reporter, comme le fait Freud, à l'impression laissée par la scène, réellement observée à l'âge d'un an et demi, d'un coït entre ses parents, accompli par derrière ? On le sait, Freud n'a cessé de s'interroger sur la vraisemblance d'une telle reconstruction, d'hésiter sur la question de savoir s'il s'agissait là d'une élaboration fantasmatique à partir d'observations banales, ou bien, au contraire, d'un événement réel de l'histoire du patient ; il s'est aussi interrogé, d'autre part, sur la question de savoir « comment un enfant, à cet âge, est capable de recueillir des perceptions relatives à un processus aussi compliqué, et de les conserver si fidèlement dans son inconscient[4] ». Il ne fait pas de doute, pour Freud, qu'une impression, une sorte de trace indélébile, la position de la femme, a été, en cette occasion, inscrite et conservée ; mais comment et pourquoi, c'est ce qui n'est pas véritablement détaillé, sinon par le recours, implicite plus qu'explicite, à la théorie traumatique. Ce qui aurait décidé de

1. *Ibid.*, P.U.F., p. 396 ; *G.W.*, XII, 126.
2. *Ibid.*, P.U.F., p. 399 ; *G.W.*, XII, 130.
3. J. Lacan, *Kant avec Sade*, in *Écrits*, Seuil, 1966, p. 775.
4. S. Freud, *Extrait de l'histoire d'une névrose infantile*, in *Cinq Psychanalyses*, P.U.F., 1954, p. 350 ; *G.W.*, XII, 65.

l'empreinte laissée, c'est assurément que cette scène ait été sexuelle, mais surtout qu'elle aurait été ressentie comme trop « forte », trop violente, par le petit spectateur, en quelque sorte non assimilable par l'économie libidinale de l'enfant : « La libido de l'enfant, par cette scène, fut comme fendue en éclats[1]. »

On trouve cependant, quelques lignes plus loin, une précision sur deux aspects du caractère traumatique de la scène : « ... Devant l'air réjoui de sa mère il dut reconnaître qu'il s'agissait – non point d'un acte de violence – mais d'une satisfaction. La nouveauté essentielle que l'observation des rapports entre ses parents lui apporta, fut la conviction de la réalité de la castration. »

Je voudrais ici proposer une description plus complète de ce temps, qui apparaît comme la fixation virtuelle mais indélébile d'une impression, fixation, qui, du même coup, se présente comme la détermination irrévocable de l'objet du désir sexuel. Il me suffit, d'ailleurs, pour ce faire, de reprendre à la lettre l'enseignement de la découverte freudienne.

Ainsi y a-t-il tout lieu de penser qu'à l'âge d'un an et demi l'enfant était déjà libidinalement lié à sa mère et même, selon toute vraisemblance, d'une façon particulièrement étroite. Je tiens en effet pour très probable, sinon pour assuré, qu'il fut très tôt « séduit » par elle, et non seulement par sa soeur ; il se trouva donc de ce fait précocement investi par elle comme petit phallus, lettre et objet du névrotique désir maternel[2], et son inappétence des premiers mois pourrait en avoir été le symptôme.

Pour l'enfant, cette situation privilégiée, d'être ainsi promu par sa mère au rang de petit dieu, constitue aussi une situation close ; car une telle conjoncture efface, par l'intensité de la jouissance atteinte, l'effet des insatisfactions où naît le désir. L'idole-enfant se trouve ainsi pris dans une sorte de châsse précieuse dont la coque le sépare d'un accès véritable à la réalité de la lettre ; autrement dit, la voie d'un engagement singulier dans l'ordre du désir semble lui être fermée.

Telle était sommairement esquissée, dans le cadre du complexe d'Œdipe, la situation libidinale de l'enfant, le spectacle de la scène primitive est traumatique en ce sens qu'il représente une catastrophe amoureuse : si cette mère dont il est l'objet chéri prend ainsi plaisir avec un autre, son monde s'effondre... à moins qu'il ne trouve une parade à ce coup fatal. Je pense qu'en l'occurrence sa seule défense a été de crier : « Merde ! ce n'est pas elle. » Merde : c'est ce qu'il fait, suppose Freud, sur le champ. « Ce n'est pas elle » : c'est la pierre qu'il pose pour fonder rétrospectivement le monde qu'il veut préserver. Par cette affirmation, il nie l'identité de sa mère, et pose le corps de femme accroupie comme objet.

« Ce n'est pas elle » d'où surgit l'objet, dans notre exemple, suppose que soit établie l'affirmation d'un « c'est elle ». Mais on peut se demander sur quoi se fonde en fait cette formule de la reconnaissance, cette identification d'une personne dans sa singularité. Sans doute est-ce essentiellement sur le nom, « maman » en l'occurrence, ou quelque diminutif que ce soit, mais aussi, et non moins nécessairement, sur une série de « signes particuliers » tels ceux qu'on mentionne précisément dans les fiches d'identité : ainsi une verrue noire sur le nez, comme celle qui apparaît, tardivement il est vrai,

1. *Ibid.*, P.U.F., p. 356 ; *G.W.*, XII, 71.
2. J'ai développé cette interprétation dans S. Leclaire, *Les éléments en jeu dans une psychanalyse*, in *Cahiers pour l'analyse*, n° 5, nov.-déc. 1966, p. 17-24.

chez la mère de l'Homme aux loups, un dessin de bouche, une rangée de dents, pour évoquer là des éléments qui jouent un rôle important dans l'histoire de ce patient. Ce peuvent être aussi bien des singularités qui paraissent plus accidentelles, comme la litanie d'une plainte : « Je ne peux plus vivre ainsi », cette phrase qu'il entendit prononcer par sa mère à l'adresse d'un médecin et dont il reprit aussitôt la formule pour s'identifier à sa mère, lorsque par accident il lui arrivait de se souiller. « Elle », c'est ce nez, cette bouche, ces dents, cette plainte et d'autres détails ou fragments dont l'énumération secrète constitue pour chaque amant, si jeune soit-il, l'évocation véritable de la personne aimée : un grain de peau, la chaleur d'un bras, un certain parfum poivré, le dessin d'un sourcil, la modulation d'une voix. Pouvoir dire « c'est elle » (ou « c'est lui »), c'est tenir pour un ensemble privilégié cette somme de traits comme autant de lettres ou de monèmes[1] qui constituent le nom véritable et secret de l'autre aimé et désiré. *Ce nom est aussi le corps* conçu comme ensemble de lettres, de zones érogènes.

Corrélativement, l'urgence libidinale du « ce n'est pas elle », qui se formule là comme une dénégation, demande en fait à être considérée comme une dislocation, pour reprendre l'image par laquelle Freud décrit l'effet traumatique de la scène primitive. C'est à proprement parler le nom de la mère qui, sous l'effet du refus – ou de l'impossibilité – d'accepter la réalité, « vole en éclats » ; l'ensemble de traits que nous venons de concevoir comme nom se désagrège brusquement, pour être remplacé par un seul élément, véritablement anonyme : une croupe proéminente. Au vide insupportable laissé par la dislocation du nom – ou l'effet du nom – se substitue un terme objectal, qui ne présente intrinsèquement aucune articulation, mais concrétise cette unité opaque bien faite, au reste, on le verra plus loin, pour masquer le vide, et du même coup servir d'appui au réel. Aussi peut-on concevoir que les fesses proéminentes d'une femme anonyme deviennent, pour l'Homme aux loups, le terme électif qui déclenche automatiquement le cycle du désir. L'objet apparaît ici, dans sa finitude inerte, comme l'élément concret qui assure d'une façon centrale, en corrélation avec l'articulation littérale, à la place du nom, une fonction stable dans l'économie du désir : nous y reviendrons.

Je pense, au reste, que le processus que je décris là pour rendre compte de la détermination de l'objet, se retrouve de façon quasi constante dans les histoires libidinales qui font les névroses : ce qui varie, c'est le moment où se produit la séquence et, bien sûr, l'articulation littérale elle-même. Ainsi, pour l'homosexuel masculin dont l'objet est le pénis, la contestation d'identité, surgie en des circonstances diverses, semble porter sur le père, ou plus précisément encore sur son nom : ce n'est pas lui ; à cette déconstruction répond l'élection de l'objet pénien comme substitut du « nom du père »[2] et soutien du désir. D'une façon plus générale encore, il apparaît clairement que, dans les évolutions dites normales, la détermination de l'objet sexuel participe de ce processus ; ainsi pour l'homme, l'attrait électif pour tel type de corps féminin implique toujours, plus ou moins, un « ce n'est pas elle, ma mère », comme mode d'assomption de la relation incestueuse ; de même que pour une femme, l'homme comme objet sexuel résulte sans doute d'un « ce n'est pas lui, mon père ».

1. Terme utilisé par Martinet pour désigner l'unité linguistique minimale. A. Martinet, *Éléments de linguistique générale*, A. Colin (2e édit.), 1961, p. 20.
2. Sur l'usage de cette locution par J. Lacan, voir, entre autres J. Lacan : a) *Subversion du sujet et dialectique du désir*, in *Écrits*, Seuil, 1966, p. 812 et note 2. b) *La Science et la Vérité, Ibid.*, p. 874 et note.

Mais revenons, pour l'instant, à la question de la lettre, et précisément au repérage de son mode de présence dans le texte de la même psychanalyse. *L'histoire d'une névrose infantile* met en valeur une lettre au moins, dans son acception la plus « littérale », par la singularité qu'elle prend pour l'Homme aux loups ; autour d'elle se développent des variations qui se jouent, pour ainsi dire, autour d'un seul trait. Il s'agit du cinq romain : V, que Freud isole lorsque le patient évoque à nouveau le mouvement, inquiétant pour lui, des ailes d'un papillon posé sur une fleur : « Le patient fit observer que ce fait d'ouvrir et de fermer les ailes ainsi qu'avait fait le papillon une fois posé sur une fleur, était ce qui avait fait sur lui cette impression inquiétante. On aurait dit une femme qui ouvre les jambes et les jambes font alors un cinq romain, V, ce qui était, poursuit Freud, nous le savons, l'heure (la cinquième heure) où, déjà au temps où il était petit, un assombrissement de son humeur avait coutume de se produire[1]. »

Ce passage immédiat des ailes de papillon aux jambes de femme, puis de là au repère de la cinquième heure, illustre bien la fonction littérale du V.

Ainsi, ce trait brisé à angle aigu semble être, pour l'Homme aux loups, non seulement la figuration mais surtout le chiffre ou la lettre d'un mouvement d'ouverture-fermeture, au sens où l'on parle d'une lettre pour la « combinaison » d'une serrure à secret, ou encore du chiffre d'un code. Autour de cette lettre pivotent des temps essentiels de son analyse : l'angoisse du cauchemar aux loups culmine au moment où « tout à coup la fenêtre s'ouvre d'elle-même » et Freud interprète aussitôt ce temps, en se fondant littéralement sur le terme d'ouverture, par : « Les yeux s'ouvrent tout à coup[2]. » Cette interprétation renvoie donc au temps du réveil qui inaugure la vision de la scène primitive, tout comme le mouvement d'ouverture marque le temps du réveil qui met fin au cauchemar. Sans doute pourrait-on ne s'attacher ici qu'à la valeur figurative de ce trait ; mais ce serait s'exposer à méconnaître l'essentiel de sa fonction de repère formel, ou de « ressort » de la combinaison inconsciente, pour reprendre l'image serrurière. Au reste, dans le texte du rêve, comme en un secret mal celé, cette lettre semble insister d'elle-même : d'une part au niveau de la littéralité graphique du W initial du mot loup en allemand, *Wolf*[3], d'autre part au niveau du dessin que le patient produit pour figurer son rêve, où les oreilles attentives, grandes ouvertes, sont dessinées comme deux V renversés joints par un tiret Λ–Λ ; enfin la lettre insiste encore dans le fait que cinq loups seulement, V, sont représentés sur l'image, alors que dans le récit il est question de six ou sept animaux. On peut considérer que « la peur du loup », dans sa concision traditionnelle, est bien évoquée dans le rêve comme peur d'être mangé par le loup : c'est l'occasion pour le patient de rappeler cette image d'un loup debout qui illustrait le conte du petit chaperon rouge, et dont la vue le terrifiait dans son enfance. Un V couché : $<$, c'est ainsi, en plus, la figuration sommaire d'une gueule ouverte, vue de profil, qu'elle soit de loup ou de crocodile. Autour du mouvement d'ouvrir ou de fermer, dont V semble être la figuration aussi bien que la lettre, on entrevoit déjà une multiplicité de déterminations dont chacune concerne une porte du corps, c'est-à-dire une zone érogène.

1. S. Freud, *Extrait de l'histoire d'une névrose infantile*, in *Cinq Psychanalyses*, P.U.F., 1954, p. 393 ; *G.W.*, XII, 123.
2. *Ibid.*, P.U.F., p. 347 ; *G.W.*, XII, 61.
3. On peut remarquer ici qu'en passant par le détour du latin, l'insistance du V ferait apparaître *vulpus* à la place de *lupus* ; cela pourrait aider à l'interprétation du dessin du rêve où les loups sont figurés comme des renards.

Ouvrir, fermer la bouche, s'enracine loin dans l'expérience singulière du patient : dans sa toute première enfance, avant l'âge de trois mois, il faillit mourir d'une broncho-pneumonie, et selon le dit familial on avait même préparé son linceul. En ce temps, il avait été, sinon anorexique, du moins difficile à nourrir, ce qui laisse supposer que, comme beaucoup d'autres enfants trop tôt figés dans une impasse de désir par le fait de l'amour névrotique de leur mère, il jouait précocement de la possibilité de ne pas ouvrir sa bouche ; et chacun connaît les ruses naïves des mères ou nourrices pour susciter l'ouverture d'une bouche, voire même en forcer la fermeture. Ouvrir les oreilles, sinon les fermer, est figuré en clair dans le rêve par les oreilles dressées des loups, comme celles des chiens quand ils sont attentifs à quelque chose ; ainsi peut-on imaginer que le patient l'était pareillement lorsqu'il épiait dans le silence, ou la feinte du sommeil, la respiration haletante qui rythmait l'étreinte des parents. Ouvrir, fermer les yeux est doublement représenté dans le rêve, d'un côté par l'ouverture de la fenêtre, d'un autre par le regard fixe et immobile des loups. Cette ouverture des yeux et cette contemplation fascinée autant qu'angoissante renvoient, Freud n'en doute pas, au regard porté par l'enfant sur la scène primitive du coït entre les parents : « Ainsi, il venait de dormir dans son petit lit en la chambre de ses parents et s'éveilla peut-être à cause de la montée de fièvre, l'après-midi, peut-être à la Ve heure, marquée plus tard par un état de dépression. Que les parents se soient retirés à demi dévêtus pour une sieste diurne, voilà qui cadrerait avec l'hypothèse d'une chaude journée d'été. En s'éveillant il fut témoin d'un coïtus a tergo trois fois répété, il put voir l'organe de sa mère, comme le membre de son père et comprit le processus ainsi que son sens. Enfin il troubla les rapports de ses parents d'une manière dont il sera question plus tard (à savoir en émettant une selle et en criant)[1]. »

Ouvrir, fermer les yeux, les oreilles, la bouche, semblent s'inscrire en cette seule lettre V (ou ce chiffre V), comme si le trait anguleux, bien plus qu'il ne figure l'ouverture, marquait par sa brisure l'impalpable écart qui fait le temps sensible du passage de l'ouverture à la fermeture ; elle est en tout cas l'un des ressorts efficaces de la « combinaison » inconsciente de l'Homme aux loups.

Au reste, l'insistance de cette lettre se retrouve aussi bien dans la série des V et W, depuis les ailes de papillon jusqu'aux ailes mutilées de la guêpe (*Wespe*) qu'il nomme fautivement *Espe*, par ses propres initiales : S. P.[2]. On la retrouve aussi dans la suite des Wolf ou Wulff, maître d'école, médecin ou dentiste, qui le marqueront à des titres divers dans son existence, mais essentiellement, semble-t-il, à cause de l'orthographe de leur nom. De plus, le W renversé – renversé comme le personnage fantasmatique érotiquement manipulé par sa nourrice[3] – constitue la lettre M dont Freud souligne la valeur directement maternelle, à propos de l'oubli puis de l'occultation de Matrona, le nom de la fille qui fut la première à recevoir ses hommages, non sans, d'ailleurs, lui transmettre cette gonococcie qui marqua le départ de sa névrose d'adulte.

Sans doute peut-on arguer que l'importance ainsi accordée à la lettre de l'ouverture (fermeture) ne correspond pas exactement au progrès de la démarche freudienne. C'est assurément vrai en apparence ; et cet argument va justement nous permettre de préci-

1. *Ibid.*, P.U.F., p. 350 ; *G.W.*, XII, 64.
2. *Ibid.*, P.U.F., p. 397 ; *G.W.*, XII, 128.
3. *Ibid.*, P.U.F., p. 335 ; *G.W.*, XII, 43.

ser en quoi consiste, en vérité, la démarche du psychanalyste dont nous avons déjà souligné le paradoxe : l'attention flottante désigne justement cette sorte d'écoute latérale, plus vive à saisir les phénomènes de frange, les achoppements ou les ombres, que l'enflure d'un signe en place ou l'équilibre d'un élégant raisonnement.

Pratiquement, la lettre en jeu, à tel moment de la cure, restera le plus souvent, jusqu'au terme de l'analyse, dans l'ombre de la marge, lumière noire qu'irise la brillance de la frange. Ainsi, ce qui apparaît de la démarche analytique dans les écrits et les comptes rendus, c'est bien cette sorte de construction déconcertante, qui donne à la fois le sentiment d'être logique et incohérente, sérieuse et fantaisiste, aussi arbitraire que véridique, offrant surabondamment prétexte à l'indignation des bien-pensants. Qu'il suffise pour s'en convaincre de se reporter au premier degré de l'analyse du cauchemar de l'Homme aux loups que Freud nous détaille ; il nous propose ces fragments énumérés, juxtaposés[1] : un événement réel – datant d'une époque très lointaine – regarder – immobilité – problèmes sexuels – castration – le père – quelque chose de terrible. C'est ainsi que procède l'analyse. Cela n'a ni la rigueur d'une suite homogène, ni l'aveugle cohérence d'un discours bien pensé, ni le dérisoire d'un rassemblement de lieux communs ; c'est une suite d'éléments, telle qu'elle apparaît dans ce champ médian où se développe le discours analytique, entre le bon sens et l'ordre de l'inconscient. C'est au reste dans la ligne qui suit ce premier rassemblement des données de l'analyse que l'accent est porté par Freud, avec une admirable sûreté, sur le terme nodal du rêve : « la fenêtre s'ouvre d'elle-même » ; et l'analyse pivote, s'ouvre à son tour vers une dimension nouvelle. La voie est ouverte dès lors à la question de la scène primitive... et à ses impasses.

Ainsi la psychanalyse s'avère-t-elle, en son essence, être une pratique de la lettre pour autant qu'aucune lettre ne saurait en vérité être abstraite du mouvement libidinal du corps qui la produit comme marque et masque, qu'elle ne saurait en tant que telle être démarquée de son inscription corporelle. Pour le psychanalyste, la lettre est ce stigmate de plaisir, cette inscription, ce trait dont le propre est précisément de pouvoir être détaché, tel un objet, du corps sur lequel il est marqué. Cette qualité objective de la lettre, de pouvoir ainsi être abstraite, se conjoint fondamentalement à cette autre qualité, d'être l'indice positif d'une différence érogène, la trace « sur le terrain » de l'écart du plaisir.

La lettre semble ainsi avoir une fonction privilégiée entre l'objet et l'immédiateté de la différence érogène, desquels nous avons établi l'essentielle distinction pour toute approche véritablement psychanalytique. D'un côté, elle peut être dite zone érogène, bord qui limite et fixe « *in situ* » l'écart où s'ouvre la possibilité du plaisir ; et d'un autre côté elle est ce trait, détachable, tel un objet, du corps qui le fait apparaître. La lettre n'est cependant ni zone érogène, ni objet, encore qu'elle ne semble, justement, pouvoir se concevoir qu'en référence à ces deux termes : elle se distingue de la zone érogène pour autant qu'elle est matériellement saisissable, alors que l'essentiel de la zone érogène gît dans l'insaisissable différence d'un pareil–pas-pareil d'où vient le plaisir ; elle se distingue de l'objet pour autant qu'elle n'est pas tout à fait un morceau de corps, mais plus précisément le trait qui en constitue autant qu'il en figure la limite. Surtout, elle peut être reproduite pareille à elle-même.

1. *Ibid.*, P.U.F., p. 347 ; *G.W.*, XII, 60.

La pratique de la circoncision rituelle réalise très nettement la distinction entre ces différents termes. D'une part, le prépuce coupé figure parfaitement l'objet, en même temps que la cicatrice de la coupure s'inscrit manifestement sur la zone érogène pénienne ; mais la lettre de l'opération, la réalité de la coupure, n'est ni le prépuce détaché, sinon dans sa limite, ni la trace sur le pénis, sinon comme trace de l'ouverture ou incision érogène. En fait la *lettre est*, pourrait-on dire paradoxalement, *la matérialité du trait dans son abstraction*, limite, trace, fil du couteau autant que trait d'union. Mais l'essentiel, le caractère unique de ce trait, est de pouvoir être répété, semblable à lui-même, indice partant du pareil et du pas pareil où s'ouvre la possibilité du jeu de désir. On ne saurait se cacher que la question du « pareil à soi-même » reste ici en suspens ; signalons cependant dès maintenant que les éléments d'une réponse seront évoqués dans le dernier chapitre.

Tel est le privilège de la lettre : d'être, entre la différence érogène et l'objet, cette matérialité abstraite qui semble fixer la syncope du plaisir et peut se répéter ; le maniement de la lettre ainsi conçue est certainement l'accès le plus direct à l'économie du plaisir pour autant que, comme marque de la différence, elle constitue le corps érogène dans sa cohérence.

Il resterait sans doute à considérer en détail les formes diverses que peut revêtir la lettre, car il est bien certain que les 26 caractères de l'alphabet, s'ils en représentent une catégorie bien répertoriée, ne suffisent pas pour autant – et de loin – à en couvrir le champ dans sa variété. On se contentera pour l'instant de souligner que, pour le praticien, *mérite le nom de lettre toute matérialité abstraite du corps érogène comme élément formel*, repérable dans sa singularité ; elle est, comme telle, susceptible d'être reproduite, réévoquée, répétée de quelque façon, pour scander et articuler le chant du désir.

La suite de notre propos suffira sans doute à soutenir cette définition en développant, dans la variété qu'offre la psychanalyse, les différentes formes où peuvent se repérer la lettre dans sa distinction et son intrication avec l'objet, de l'odeur de menthe à l'étoile noire d'un nævus pigmentaire.

XVIII

LA SEXUATION

Freud, dans « L'organisation génitale infantile », affirmait qu'il y a dans l'enfance une organisation de la libido, organisation telle qu'« un seul organe génital, l'organe mâle, joue un rôle ». Il affirmait aussi que ce « primat du phallus », qui permet de définir comme tel un stade phallique, valait « pour les deux sexes ». « Malheureusement, ajoutait-il, nous ne pouvons décrire cet état de fait que chez l'enfant masculin[1] *».*

Il y a là bien sûr un paradoxe. Freud commence par affirmer un principe universel pour relever ensuite qu'on ne peut le vérifier que pour la moitié seulement des individus qu'il concerne. Mais ce paradoxe n'est peut-être pas dû seulement à une difficulté de Freud. Il renvoie sans doute à un paradoxe plus structural, celui de la « sexuation » elle-même, c'est-à-dire de l'opération qui constitue deux classes distinctes, hommes et femmes, en fonction d'un seul et même signifiant, le phallus. Comment spécifier les positions masculines et féminines si la référence au phallus organise l'identification sexuelle féminine comme l'identification sexuelle masculine ? Comment penser qu'il puisse y avoir de l'Autre là où l'unicité du référent phallique semble devoir impliquer qu'il n'y a que du même ?

À partir de 1925, Freud revient, à diverses reprises, sur la différence entre les sexes. Le titre du premier article qu'il lui consacre est déjà significatif. « Quelques conséquences psychiques de la différence des sexes au niveau anatomique[2] *» : Freud pense pouvoir s'appuyer, pour avancer dans ses questions, sur les données de la réalité biologique. Encore faut-il voir ce qui leur donne leur importance ; les différences anatomiques sont à prendre en compte en tant qu'elles donnent une forme différente au complexe de castration chez les hommes et chez les femmes. Ce complexe ne marque pas de la même façon la petite fille et le petit garçon.*

« Quand le petit garçon aperçoit pour la première fois la région génitale de la petite fille[3] *», il est d'abord « peu intéressé ». Ou alors, « il dénie sa perception ». Ce n'est que plus tard, « lorsqu'une menace de castration a acquis de l'influence sur lui*[4] *» que*

1. Voir *supra*, p. 189. On trouve des remarques identiques ailleurs, par exemple dans l'article de Freud « Les théories sexuelles infantiles » (in *la Vie sexuelle*, P.U.F., 1969). S'apprêtant à décrire ces « théories », Freud relève que « des circonstances externes et internes défavorables font que les informations dont je vais faire état portent principalement sur l'évolution sexuelle d'un seul sexe, à savoir le sexe masculin ».
2. Voir *infra*, p. 498.
3. Voir *infra*, p. 501.
4. Est-il besoin de noter que cette menace n'est pas nécessairement proférée explicitement comme telle ?

son observation deviendra pour lui pleine de signification. S'il se la remémore ou la répète, il sera la proie d'une « tempête d'affect », disons d'une violente angoisse. Cette découverte intervient en effet sur fond de rivalité œdipienne. Pour le petit garçon, l'absence de pénis s'explique alors par le fait qu'il ait été coupé, et cette castration se lie inconsciemment à la crainte d'être châtié par le père du fait de son désir pour sa mère. Dès lors l'enfant renonce à la mère pour préserver son pénis. On considère que dans le meilleur des cas il sort de l'Œdipe en s'identifiant au père, ce qui lui garantit une virilité dont la réalisation est seulement différée.

En ce qui concerne la fille, Freud relève que la question de la castration se présente tout à fait autrement, et cela dès le moment où elle perçoit la différence des sexes. « Dans l'instant, dit-il, son jugement et sa décision sont arrêtés. Elle l'a vu, sait qu'elle ne l'a pas, et veut l'avoir[1] ». *Si l'homme souffre d'une angoisse de castration, la femme est plutôt du côté de la revendication, de « l'envie du pénis ». Cela peut renforcer chez elle un sentiment d'infériorité, renforcer sa jalousie, détourner la fille de la tendresse pour la mère. Désormais l'amour ne sera plus dirigé essentiellement vers celle-ci, estimée responsable de l'absence de pénis, mais vers le père, porteur de l'attribut désiré, et plus tard vers les autres hommes.*

Ainsi, « tandis que le complexe d'Œdipe du garçon périt de par le complexe de castration, celui de la fille est rendu possible et introduit par le complexe de castration[2] ». *Est-ce alors dire que la sexualité féminine est moins marquée que celle de l'homme par la castration[3] ? Freud semble presque en venir à cette conclusion. Le complexe de castration, écrit-il, encourage la féminité[4].*

Tout cela a encore d'autres conséquences. C'est que le surmoi, héritier de la castration, « ne devient jamais aussi impitoyable » chez la femme que chez l'homme. Ajoutons enfin que l'envie de pénis ne se traduit pas seulement dans des représentations imaginaires, généralement inconscientes, représentations par lesquelles une femme peut s'attribuer un pénis ou plus généralement un substitut phallique. Elle joue un rôle non négligeable dans l'envie de jouir du pénis dans le coït ; et elle pourra conduire la femme à l'envie de l'enfant, selon l'équation symbolique pénis=enfant que nous avons déjà relevée.

Freud reviendra sur tous ces thèmes en 1931, dans son article « Sur la sexualité féminine » et de nouveau encore en 1932, dans une de ses Nouvelles Conférences sur la psychanalyse. *Il s'agit pour lui de les expliciter, de les développer, mais aussi de les défendre, car ils ont été très vite fort discutés. Relevons cependant que, dans un premier temps tout au moins, ces discussions-là ne conduisirent à aucune nouvelle rupture.*

---

1. Voir *infra*, p. 501. Freud considère qu'après les stades oral et anal la sexualité de la petite fille s'organise autour du clitoris. La rencontre de la différence des sexes la fait se détourner du clitoris, désormais considéré comme inférieur. Cela expliquerait la fréquence moins grande de la masturbation chez la femme.
2. Voir *infra*, p. 504.
3. Parce que Freud a pu écrire que l'absence de pénis chez la femme amène fréquemment celle-ci à un sentiment d'infériorité, on a souvent prétendu qu'il s'inscrivait dans une tradition phallocrate, qui dévalorise le sexe féminin par rapport au sexe masculin. Le lecteur attentif constatera qu'il n'en est rien. Ce sont d'ailleurs les hommes qui font sentir, par une ostentation de virilité à la mesure de leur inquiétude, que le risque de la perte est de leur côté. Sans doute faut-il poser qu'il n'y a pas un sexe plus « castré » que l'autre. On n'est pas ici devant une différence quantitative, mais devant des formes différentes du rapport à la castration.
4. Voir *infra*, p. 504.

Ernest Jones fut un de ceux qui s'opposa le plus nettement au point de vue freudien et qui tenta d'introduire de nouvelles thèses. Dès 1927, il prononce à Innsbruck, à l'occasion du dixième congrès international de psychanalyse, un exposé sur « Le développement précoce de la sexualité féminine[1] ». *Cette contribution sera suivie de deux autres articles, « Le stade phallique » et « Sexualité féminine primitive[2] ». L'ensemble ne manque pas d'intérêt.*

Que dit Ernest Jones ? Lui aussi tente de saisir ce qui à la fois rapproche la sexualité féminine de la sexualité masculine et ce qui l'en différencie. Mais ce n'est pas à la castration qu'il pense devoir se référer sur ce point.

Ce qu'Ernest Jones nous propose, c'est le concept d'aphanisis. Ce terme, emprunté à la langue grecque, désigne chez lui une crainte de « l'abolition totale et donc permanente de la capacité (et de l'occasion) de jouir[3] ». Cette crainte, qui concernerait donc le risque d'abolition totale de la sexualité[4], peut se traduire chez l'homme par la crainte de la castration. Chez la femme, qui n'a pas de pénis mais qui dépendrait davantage de l'homme pour sa jouissance, elle pourrait prendre la forme d'une peur de la séparation.

En ce qui concerne plus spécifiquement la sexualité féminine, Ernest Jones tend à la distinguer, dès la petite enfance, de la sexualité masculine. Il ne nie pas, par exemple, le rôle qu'y joue le clitoris. Mais celui-ci « n'est pas associé à une attitude masculine particulièrement active (se jeter en avant, etc.)[5]. Jones considère de toute façon qu'il y a une évolution particulière qui conduit la petite fille de l'investissement de la bouche à celui de l'anus et de là au vagin, qui n'en est pas primitivement différencié. Il ne nie pas par ailleurs l'envie du pénis chez la petite fille, par exemple le désir de le sucer. Mais, distinguant l'envie du pénis pré-œdipienne de l'envie du pénis post-œdipienne, l'envie auto-érotique et l'envie allo-érotique (tournée vers l'autre), il affirme que, dès lors que la petite fille est engagée dans le complexe d'Œdipe, seule la déception la conduit à désirer avoir un pénis, à en venir à une identification phallique. « C'est la privation qui résulte de la déception permanente de ne jamais pouvoir dans le coït, partager le pénis avec la mère, qui réactive le désir de la fille de posséder un pénis bien à elle. » La fille s'identifie au père afin de refouler ses désirs spécifiquement féminins. Jones le montre notamment à partir de l'homosexualité masculine mais en affirmant que cela reste vrai, quoique moins net, chez les autres femmes. En somme, « chez les filles, le "stade phallique" de Freud est probablement plus une construction défensive secondaire qu'un véritable stade du développement ». *On conçoit qu'un certain nombre d'analystes, et notamment de femmes analystes, aient pensé trouver chez Jones des arguments décisifs pour concevoir une organisation génitale féminine qui serait indépendante de la problématique phallique[6].*

À la question que nous posions, est-ce donc la seule réponse possible ? La théorie de Jones aboutit effectivement à distinguer l'organisation sexuelle féminine de l'organisation sexuelle masculine. Mais il lui faut pour cela relativiser la question du phallus

1. Voir *infra*, p. 504.
2. Ces articles sont publiés in E. Jones, *Théorie et pratique de la psychanalyse*, Payot, 1969.
3. Voir *infra*, p. 507.
4. Jones relève qu'elle correspond à quelque chose de vécu dans l'enfance, dans la mesure où les parents, très fréquemment, ne tolèrent chez leur enfant aucune manifestation de la sexualité.
5. Voir *infra*, p. 510.
6. Voir là-dessus Michèle Montrelay, « Recherches sur la féminité », in *l'Ombre et le nom*, Éditions de Minuit, 1977.

(dont le moindre rêve montre pourtant l'importance, chez les femmes comme chez les hommes), et aussi la question de la castration. Ce n'est pas du tout la démarche de Lacan, qu'il nous faut maintenant présenter[1].

Si le phallus est un symbole, mieux, un signifiant, il n'est pas seulement le signifiant du désir, mais tout autant de la loi qui le règle dans le monde humain, qui interdit l'inceste, qui condamne l'excès, etc. En fait, dans la logique lacanienne il faut partir, non de la réalité sexuelle biologique, mais de cette loi : si le pénis peut servir de support au signifiant phallique, c'est peut-être simplement parce que la détumescence métaphorise assez aisément la limitation du désir.

Qu'est-ce alors que la castration ? Partons du petit garçon. S'il s'éprouve au départ être tout pour sa mère, avoir pour elle une valeur phallique, il y a en même temps d'emblée présence du père, ou tout au moins d'une loi symbolique qui vient le séparer de sa mère. La castration c'est avant tout la renonciation à être le phallus. Lacan dit ainsi que l'homme « n'est pas sans l'avoir », où l'on entend à la fois qu'il ne l'est pas mais qu'il l'a. Mais il montre aussi qu'il ne l'a que par procuration, en s'identifiant au père, au chef, au héros. Bref, il l'a sur fond de ne pas l'avoir. Quant à la fille, c'est précisément parce qu'elle ne l'a pas qu'elle peut l'être, qu'elle peut être investie elle-même comme phallicisée. Lacan dit qu'« elle est sans l'avoir ». Mais cet être est bien sûr fragile, autant que l'avoir masculin. Le plus souvent, le phallicisme féminin se développe au niveau du semblant, dans le vêtement ou le maquillage, qui mettent en valeur des parties du corps, fétichisées dans le désir masculin.

Lacan en viendra cependant à une présentation plus formalisée, celle des « formules de la sexuation[2] ». qui constituent les deux lignes supérieures du tableau suivant :

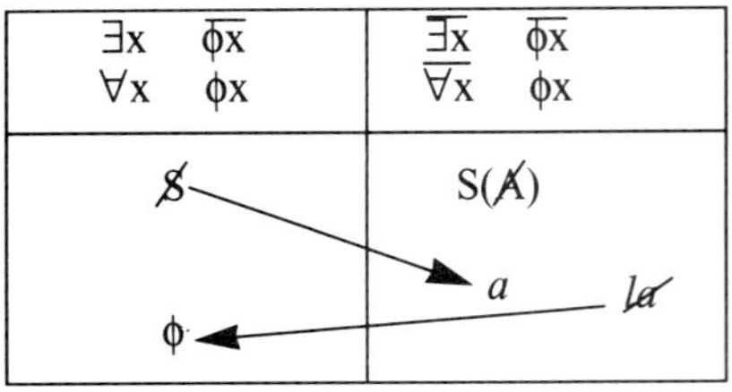

Celles-ci sont produites pour rendre compte de la façon dont les êtres humains peuvent venir s'inscrire du côté masculin ou du côté féminin, « à gauche » ou « à droite » du tableau. C'est dire que la sexualité biologique n'est pas absolument déterminante : le sexe biologique prédispose à s'inscrire d'un des côtés, il ne suffit pas à produire cette inscription.

Du côté homme, Lacan écrit $\forall x \phi x$. Cela peut se lire : tous s'inscrivent dans la fonction phallique, ou encore tous sont soumis à la castration, puisque le fait d'assumer sa position virile suppose que l'on soit passé par la castration[3]. Mais à quelle condition peut-on poser l'existence de ce « tous » ? À cette condition, apparemment paradoxale,

1. J. Lacan est revenu plusieurs fois sur le concept d'aphanisis. Jones, dit-il, fait de l'aphanisis la substance de la crainte de la castration ; or il convient de renverser cette approche. C'est parce qu'il peut y avoir castration que le sujet peut craindre la disparition possible de son désir. Lacan ajoute que, si le sujet reconnaissait la castration comme loi réglant le désir, il serait davantage à l'abri de l'angoisse qui se manifeste dans la crainte de l'aphanisis.

2. Voir J. Lacan, Séminaire XX, *Encore*, Éditions du Seuil, 1975, p. 73 et suivantes. On distinguera la sexuation, qui est ce par quoi un sujet se constitue comme « homme » ou comme « femme », de ce que l'on appelle ordinairement la sexualité.

3. Voir J. Lacan, *op. cit.*, p. 67 : « Pour l'homme, à moins de castration, c'est-à-dire de quelque chose qui dit non à la fonction phallique, il n'y a aucune chance qu'il ait jouissance du corps de la femme, autrement dit fasse l'amour. » L'année qui précédait celle du séminaire *Encore*, d'où sont extraites ces lignes, dans son séminaire *Ou pire*, Lacan allait jusqu'à identifier la fonction phallique et la castration : « c'est la fonction qui s'appelle la castration », disait-il.

qu'il y en ait un qui n'y soit pas inclus, qui ne soit pas soumis à la castration : $\exists x \overline{\phi x}$. *C'est en effet, rappelle Lacan, le propre de toute constitution d'universel. Pour constituer une classe, le zoologiste doit déterminer la possibilité de l'absence du trait qui la distingue. Il peut alors, à partir de là, poser une classe où ce trait ne peut manquer.*

Ce $\exists x \overline{\phi x}$, *cette inscription de l'exception, c'est l'écriture logique de la fonction paternelle. Ainsi les formules* $\forall x \phi x$ *et* $\exists x \overline{\phi x}$ *organisent la façon dont les sujets mâles se rapportent à la castration : posant l'existence d'un Père qui n'y serait pas soumis*[1], *elles établissent à partir de là le statut de ceux qui se réclament de ce père. Parce qu'ils se prévalent de posséder les insignes du Père, parce qu'ils acceptent sa loi, ils peuvent se rassembler en Églises ou en armées, en syndicats, en partis, en groupes de toutes sortes. C'est leur façon ordinaire de faire univers, de faire « tous ».*

Il est d'ailleurs intéressant de noter que, pour désigner l'espèce humaine dans son ensemble (hommes et femmes), notre langue parle de « l'homme ». La femme, dit Lacan, n'existe pas, ce qui lui fait écrire ~~La~~. Entendons que les femmes n'ont pas vocation à faire univers. On pourrait aisément le montrer à partir de la vie quotidienne. Si l'on se borne ici à une présentation aussi concise que possible des formules de la sexuation, on dira que $\overline{\forall x} \phi x$ *cela peut se lire : pas-toutes sont soumises à la castration, elles ne se reconnaissent pas toutes soumises à une même loi*[2]. *Ce qu'on reliera alors à la formule suivante :* $\overline{\exists x} \overline{\phi x}$, *il n'y a pas d'exception à la castration, signifiant par là que les femmes ne se réfèrent pas aussi volontiers que les hommes à un père par qui elles se sentent moins reconnues.*

Dans le tableau de la sexuation, ce qui s'écrit « en bas » ce sont les lignes de force du désir réparties chez les deux sexes. Du sujet masculin une ligne part vers a. Cela indique que l'homme cherche dans une femme à retrouver un objet perdu, cet objet partiel détaché par l'opération de la castration. La flèche qui va de ~~La~~ à ϕ *indique qu'une femme a d'une certaine façon un accès plus aisé au phallus (n'ayant pas, par exemple, à craindre de le perdre). Mais le plus nouveau est ce qui la relie à* $S(\not{A})$. *Si une femme, en effet, n'est « pas-toute » dans la castration, on peut lui supposer une jouissance qui n'est pas seulement la jouissance du phallus, c'est-à-dire une jouissance strictement réglée par le langage, délimitée et définie par l'opération du signifiant. Cette idée d'une jouissance « au-delà du phallus » ne pourrait-elle nous aider à concevoir une sexualité féminine où le corps prend une tout autre place que dans le désir masculin, où la jouissance n'est pas aussi strictement localisée qu'elle peut l'être chez l'homme ? Notons toutefois que cette jouissance, c'est aussi à partir du langage qu'on peut tenter de l'approcher. Lacan écrit* $S(\not{A})$ *où A renvoie à l'Autre (ici l'Autre par rapport au phallus), mais où l'ensemble de la formule* $S(\not{A})$ *(signifiant d'un manque dans l'Autre) renvoie au fait que le champ de l'Autre n'est pas clos, que rien n'y fait garantie, et en particulier ici qu'une femme peut ne rien savoir de cette jouissance, quand bien même elle l'éprouve.*

1. Dans *Totem et Tabou,* Freud avait renouvelé la question de l'Œdipe en construisant le mythe d'un père originel, le Père de la horde primitive, qui s'approprie toutes les femmes et interdit la jouissance à ses fils. On pourrait prendre ce Père comme illustration de l'écriture $\exists x \phi x$.

2. Voir J. Lacan, *op. cit.*, p. 69 : « Le populaire [...] appelle la femme *la bourgeoise* [...]. C'est lui qui l'est, à la botte, pas elle. Le phallus, son homme comme elle dit, depuis Rabelais on sait que ça ne lui est pas indifférent. Seulement, toute la question est là, elle a divers modes de l'aborder, ce phallus, et de se le garder. »

Quelques conséquences psychiques de la différence des sexes au niveau anatomique

(1925)

SIGMUND FREUD

Ce texte introduit quelques idées sur les différences entre hommes et femmes, qui ne manqueront pas de déclencher de très nombreuses questions. Freud n'y amène rien de très nouveau concernant la découverte par le garçon de la différence des sexes. En ce qui concerne la fille, par ailleurs, il a déjà décrit l'envie du pénis. Mais le point le plus important concerne sans doute l'articulation différente chez la petite fille, entre complexe de castration et complexe d'Œdipe. On relèvera que l'attirance vers le père, point de départ de son désir hétérosexuel, n'est pas limitée, mais au contraire introduite par le complexe de castration. Cela n'est pas sans conséquences.

L'article de Freud ne va tout de même pas sans ambiguïté. Alors qu'il tente de fonder les différences psychologiques sur la différence anatomique, Freud en vient à dire, pour finir, « que tous les individus humains, par suite de leur prédisposition bisexuelle et de l'hérédité croisée réunissent en eux des caractères masculins et féminins, de sorte que la masculinité et la féminité pures restent des constructions théoriques au contenu mal assuré ». *Lacan donnera les moyens de dépasser ce type de difficultés, en situant deux types de positions par rapport à la fonction phallique, et en indiquant que chaque individu peut s'inscrire d'un côté ou d'un autre, quel que soit son sexe biologique.*

Source : S. Freud, *Einige psychische Folgen des anatomischen Geschlechtsunterschieds*, G.W., XIV. Traduction française : M. Candelier, C. Chiland, M. Pollack-Cornillot, « Quelques conséquences psychiques de la différence des sexes au niveau anatomique », in *Œuvres complètes*, t. XVII, p. 173-188.

Bibliographie : S. Freud, « Sur la sexualité féminine », in *la Vie sexuelle. Nouvelles conférences d'introduction à la psychanalyse*, conférence 33, « La féminité ».

MES TRAVAUX et ceux de mes élèves plaident avec une résolution toujours croissante en faveur de l'exigence que l'analyse des névrosés doit pénétrer également la première période d'enfance, l'époque de la floraison précoce de la vie sexuelle. C'est seulement en explorant les premières manifestations de la constitution pulsionnelle innée et les effets des plus précoces impressions de la vie qu'on peut reconnaître correctement les forces de pulsion de la névrose ultérieure et qu'on est assuré contre les erreurs auxquelles on serait tenté d'être conduit par les remaniements et les couches superposées de la maturité. Cette exigence n'est pas seulement significative théoriquement, elle a aussi une importance pratique, car elle distingue nos efforts du travail de ces médecins qui, orientés seulement vers la thérapeutique, se servent des méthodes analytiques pour une partie du chemin. Une telle analyse de l'époque précoce est longue, pénible et ce qu'elle réclame du médecin et du patient, la pratique ne vient pas toujours l'accomplir. En outre, elle conduit dans des régions obscures, pour la traversée desquelles les poteaux indicateurs ne cessent de nous manquer. Oui, j'estime qu'on peut donner aux analystes l'assurance que leur travail scientifique n'est pas menacé, même pour les prochaines décennies, par le danger de devenir mécanisé et par là inintéressant.

Dans ce qui suit, je communique un résultat de la recherche analytique qui serait très important s'il pouvait s'avérer universellement valable. Pourquoi est-ce que je n'en diffère pas la publication jusqu'à ce qu'une expérience plus riche m'ait livré cette preuve, si tant est qu'on la puisse apporter ? Parce qu'est intervenue dans mes conditions de travail une modification dont je ne puis dénier les conséquences. Il y eut un temps où je ne faisais pas partie de ceux qui ne peuvent garder un moment par-devers eux une présumée nouveauté jusqu'à ce qu'elle ait trouvé confirmation ou justification. « L'interprétation du rêve[1] » ou le « Fragment d'une analyse d'hystérie[2] » (le cas Dora) ont été réprimés par moi, sinon pendant neuf ans selon le précepte d'Horace[3], du moins pendant quatre à cinq ans, avant que je ne les aie livrés au public. Mais à cette époque le temps s'étendait à perte de vue devant moi – *oceans of time* comme le dit un aimable poète[4] – et le matériel affluait vers moi en telle abondance que je ne pouvais guère opposer de défense aux expériences. J'étais également le seul à travailler dans ce domaine nouveau, ma retenue n'entraînait pour moi aucun danger et pour d'autres aucun dommage.

Maintenant tout cela a changé. Le temps devant moi est limité, il n'est plus totalement mis à profit par le travail ; les occasions de faire de nouvelles expériences n'arrivent donc pas avec la même abondance. Quand je crois voir quelque chose de nouveau, je ne suis pas certain de pouvoir en attendre la confirmation. De plus, tout ce qui flottait à la surface est déjà écrémé ; le reste, il faut aller le puiser lentement et péniblement dans la profondeur. Enfin je ne suis plus seul, une légion de collaborateurs zélés est prête à tirer profit même de ce qui n'est pas achevé, de ce qui est reconnu de façon incertaine, je peux leur laisser la part du travail dont autrement je me serais occupé moi-même. Je me sens ainsi justifié à communiquer cette fois quelque chose qui nécessite vérification de manière pressante avant de pouvoir être reconnu dans sa valeur ou sa non-valeur.

Lorsque nous avons examiné les premières configurations psychiques de la vie sexuelle chez l'enfant, nous avons régulièrement pris pour objet l'enfant masculin, le petit garçon. Chez la petite fille, estimions-nous, cela devait se passer semblablement, mais pourtant, d'une certaine manière, autrement. À quel endroit du parcours de développement cette distinction est à trouver, cela ne parvenait pas à se révéler clairement.

---

1. *Die Traumdeutung, G.W.*, II-III ; *OCF.P*, IV.
2. Bruchstück einer Hysterie-Analyse, *G.W.*, V ; *OCF.P*, VI.
3. *Art poétique*, v. 386-388 :
« ... siquid tamen olim
Scripseris, in Maeci descendat judicis auris
Et patris, et nostras, nonumque prematur in annum. »
« ... cependant tout ce que
Tu pourras un jour écrire, soumets-le aux oreilles du critique Mécius,
À celles de ton père, aux miennes, et garde-le chez toi jusqu'à la neuvième année. »

4. Allusion au poème de Shelley (1792-1822) intitulé *Time* et écrit en 1821, un an avant la mort du poète dans un naufrage en mer :
Unfathomable Sea ! whose waves are years,
Ocean of Time, whose waters of deep woe
Are brackish with the salt of human tears !

Mer insondable ! dont les vagues sont des années,
Océan du Temps, dont les eaux de profonde détresse
Sont chargées du sel de larmes humaines !

La situation du complexe d'Œdipe est la première station que nous reconnaissons avec certitude chez le garçon. Elle nous est facile à comprendre, parce qu'ici l'enfant reste attaché au même objet qu'il avait déjà investi de sa libido, encore non génitale, dans la période précédente, la période de nourrisson et de soins. Que, ce faisant, il ressente son père comme rival perturbant qu'il voudrait éliminer et remplacer, cela aussi découle aisément de l'état des faits réel. Que la position œdipienne du garçon appartienne au stade phallique et qu'elle périsse de par l'angoisse de castration, donc de par l'intérêt narcissique pour l'organe génital, je l'ai exposé ailleurs[1]. La compréhension est rendue plus difficile par cette complication que le complexe d'Œdipe lui-même, chez le garçon, est prédisposé en un double sens, actif et passif, ce qui correspond à la prédisposition bisexuelle. Le garçon veut également remplacer la mère en tant qu'objet d'amour du père, ce que nous désignons comme position féminine.

Dans la préhistoire du complexe d'Œdipe chez le garçon, tout ne sera pas clair pour nous avant longtemps. Par celle-ci, nous connaissons une identification, de nature tendre, avec le père, à laquelle le sens de la rivalité auprès de la mère manque encore. Un autre élément de ce temps préhistorique est l'activité masturbatoire sur l'organe génital qui, selon moi, n'est jamais absente, l'onanisme de l'enfance précoce, dont la répression plus ou moins violente, de la part des personnes prenant soin de l'enfant, active le complexe de castration. Nous faisons l'hypothèse que cet onanisme est attaché au complexe d'Œdipe et signifie l'éconduction de son excitation sexuelle. Qu'il ait cette relation dès le début ou que bien plutôt il survienne spontanément comme activité d'organe, acquérant seulement plus tard son rattachement au complexe d'Œdipe, cela est incertain ; la dernière possibilité est de loin la plus vraisemblable. Reste encore en question le rôle de l'énurésie au lit et de la déshabituation de celle-ci par les interventions de l'éducation. Nous préférons la synthèse disant que la persistance de l'énurésie au lit est le succès de l'onanisme, que sa répression prend pour le garçon la valeur d'une inhibition de l'activité génitale, donc le sens d'une menace de castration, mais reste à savoir si nous avons là chaque fois raison. Enfin l'analyse nous permet de reconnaître de manière vague qu'être aux écoutes du coït parental dans une enfance très précoce peut installer la première excitation sexuelle et devenir par ses effets après coup le point de départ de tout le développement sexuel. L'onanisme ainsi que les deux positions du complexe d'Œdipe se rattachent plus tard à cette impression interprétée par la suite. Cependant nous ne pouvons pas faire l'hypothèse que de telles observations du coït se produisent régulièrement et nous nous heurtons ici au problème des « fantaisies originaires ». Ainsi donc, dans la préhistoire du complexe d'Œdipe chez le garçon aussi, bien des choses restent non clarifiées, attendant qu'on les passe au crible pour décider si c'est toujours le même déroulement qu'il faut admettre, ou si des stades préliminaires très divers ne conduisent pas, comme point de rencontre, à la même situation terminale.

Le complexe d'Œdipe de la petite fille recèle un problème de plus que celui du garçon. La mère était au début pour tous deux le premier objet, nous ne devons pas nous étonner si le garçon le conserve pour le complexe d'Œdipe. Mais comment la fille en vient-elle à l'abandonner et à prendre en échange le père pour objet ? En poursuivant cette interrogation, j'ai pu faire quelques constatations qui peuvent justement jeter de la lumière sur la préhistoire de la relation œdipienne chez la fille.

1. « La disparition du complexe d'Œdipe ».

Tout analyste a fait la connaissance de ces femmes qui restent attachées avec une intensité et une ténacité particulières à leur liaison au père et au souhait d'avoir du père un enfant, souhait dans lequel cette liaison culmine. On a de bonnes raisons d'admettre que cette fantaisie de souhait était aussi la force de pulsion de leur onanisme infantile et l'on acquiert facilement l'impression de se trouver ici devant un fait élémentaire de la vie sexuelle infantile, non décomposable plus avant. Mais une analyse plus approfondie de ces cas précisément montre quelque chose d'autre, à savoir que le complexe d'Œdipe a ici une longue préhistoire et est, dans une certaine mesure, une formation secondaire.

D'après une remarque du vieux médecin d'enfants Lindner[1], l'enfant découvre la zone génitale dispensatrice de plaisir – pénis ou clitoris – au cours de la tétée de volupté (suçotement). Je laisserai en suspens la question de savoir si l'enfant prend effectivement cette source de plaisir nouvellement acquise pour substitut du mamelon de la mère récemment perdu, comme peuvent l'indiquer des fantaisies ultérieures (fellatio). Bref, la zone génitale est découverte un jour ou l'autre et il semble injustifié d'attribuer un contenu psychique aux premières activités s'y rapportant. Le pas suivant dans le stade phallique qui commence ainsi n'est cependant pas la connexion de cet onanisme avec les investissements d'objet du complexe d'Œdipe, mais une découverte lourde de conséquences, qui est le lot de la petite fille. Elle remarque le pénis, visible de manière frappante et bien dimensionné, d'un frère ou d'un compagnon de jeu, le reconnaît aussitôt comme la contrepartie supérieure de son propre organe, petit et caché, et elle a dès lors succombé à l'envie de pénis.

Une opposition intéressante dans le comportement des deux sexes : dans le cas analogue, quand le petit garçon aperçoit pour la première fois la région génitale de la fille, il se montre indécis, tout d'abord peu intéressé ; il ne voit rien, ou il dénie sa perception, l'atténue, cherche des expédients pour la mettre en harmonie avec son attente. Ce n'est que plus tard, lorsqu'une menace de castration a acquis de l'influence sur lui, que cette observation va devenir significative pour lui ; le souvenir ou le renouvellement de la menace suscite en lui une terrible tempête d'affect et le soumet à la croyance en la réalité effective de la menace proférée dont il se riait jusque-là. Deux réactions procéderont de cette conjonction, qui peuvent se fixer et qui ensuite, soit isolément, soit toutes deux réunies, soit jointes à d'autres facteurs, détermineront de manière permanente son rapport à la femme : répugnance face à cette créature mutilée ou dépréciation triomphante de celle-ci. Mais ces développements appartiennent à l'avenir, même s'il ne s'agit pas d'un avenir très éloigné.

Il en va autrement pour la petite fille. Dans l'instant, son jugement et sa décision sont arrêtés. Elle l'a vu, sait qu'elle ne l'a pas et veut l'avoir[2].

C'est à cet endroit que bifurque ce qu'on appelle le complexe de masculinité de la femme, complexe qui réservera éventuellement de grandes difficultés au développement tracé d'avance vers la féminité, si l'on ne réussit pas à le surmonter rapidement.

1. Voir : Trois traités sur la théorie sexuelle (*Drei Abhandlungen zur Sexualtheorie, G.W.*, V ; *OCF.P*, VI). [S. Lindner, Das Saugen an den Fingern, Lippen etc. bei den Kindern. (Ludeln) (La succion des doigts, des lèvres, etc., chez les enfants. (Suçotement)), *Jb. Kinderheilk., Neue Folge*, 1879, 14, 68-91.]

2. C'est ici l'occasion de rectifier une affirmation que j'ai posée il y a des années. J'estimais que l'intérêt sexuel des enfants n'était pas éveillé, comme celui des adolescents, par la différence des sexes, mais s'allumait à propos du problème : d'où viennent les enfants. Pour la fille du moins, cela n'est sûrement pas pertinent. Chez le garçon, il pourra bien en aller une fois ainsi, une autre fois autrement, ou bien dans les deux sexes, ce seront les occasions fortuites de la vie qui en décideront.

L'espoir de finir par avoir tout de même un jour un pénis et par là de devenir égale à l'homme peut se maintenir jusqu'en des temps invraisemblablement tardifs et devenir le motif d'actions singulières, incompréhensibles autrement. Ou bien intervient le processus que j'aimerais désigner comme déni qui, dans la vie d'âme enfantine, semble n'être ni rare ni très dangereux, mais qui, chez l'adulte, introduirait une psychose. La fille refuse[1] d'admettre le fait de sa castration, se raidit dans la conviction qu'elle possède malgré tout un pénis et est contrainte de se comporter par la suite comme si elle était un homme.

Les conséquences psychiques de l'envie de pénis, pour autant qu'elle n'est pas absorbée dans la formation réactionnelle qu'est le complexe de masculinité, sont diverses et de grande portée. Avec la reconnaissance de sa blessure narcissique, s'instaure chez la femme – pour ainsi dire comme cicatrice – un sentiment d'infériorité. Après avoir surmonté la première tentative consistant à expliquer son manque de pénis comme punition personnelle et avoir saisi la généralité de ce caractère sexué, elle commence à partager la dépréciation de l'homme pour ce sexe raccourci en un point décisif et reste attachée, au moins dans ce jugement, à sa propre parité avec l'homme[2].

Même lorsque l'envie de pénis a renoncé à son véritable objet, elle ne cesse pas d'exister, elle se perpétue, avec un léger déplacement, dans la particularité de caractère qu'est la jalousie. Certes la jalousie n'est pas le propre d'un seul sexe et se fonde sur une base plus large, mais j'estime qu'elle joue quand même un rôle bien plus grand dans la vie d'âme de la femme, parce qu'elle tire un énorme renforcement de cette source qu'est l'envie de pénis déviée. Avant de connaître encore cette dérivation de la jalousie, j'avais construit pour la fantaisie onanique si fréquente chez les filles, « Un enfant est battu », une première phase dans laquelle elle a pour signification qu'un autre enfant, dont on est jaloux, un rival, doit être battu[3]. Cette fantaisie semble être un reliquat de la période phallique des filles ; la rigidité spécifique, qui m'a frappé dans la formule monotone : un enfant est battu, permet encore vraisemblablement une interprétation particulière. L'enfant qui là est battu-caressé peut au fond n'être rien d'autre que le clitoris lui-même, de sorte que cette déclaration contient au plus profond l'aveu de la masturbation qui, dès le début de la phase phallique et jusqu'en des temps tardifs, se rattache au contenu de la formule.

Une troisième conséquence de l'envie de pénis semble être le relâchement du rapport tendre à l'objet maternel. On ne comprend pas très bien la corrélation, mais on se convainc qu'à la fin c'est presque toujours la mère qui est rendue responsable du manque de pénis, elle qui a envoyé l'enfant dans le monde avec un équipement aussi insuffisant. Le déroulement historique est souvent que, peu après la découverte du désavantage

1. *Verweigert.*
2. J'ai déjà reconnu dans ma première déclaration critique « Sur l'histoire du mouvement psychanalytique » [« Zur Geschichte der psychoanalytischen Bewegung », *G.W.*, X ; *OCF.P*, XII] (1913) que c'est là le noyau de vérité de la doctrine adlérienne qui n'hésite pas à expliquer le monde entier à partir de ce seul point (infériorité d'organe – protestation masculine – prise de distance par rapport à la ligne féminine) et ce faisant se vante d'avoir dépouillé la sexualité de sa significativité au profit de l'aspiration à la puissance ! Le seul organe « inférieur », qui mérite sans ambiguïté ce nom, serait ainsi le clitoris. Par ailleurs on entend dire que des analystes se vantent de n'avoir, en dépit de décennies d'effort, rien perçu de l'existence d'un complexe de castration. Il faut s'incliner avec admiration devant la grandeur de cette performance, même si ce n'est qu'une performance négative, un tour de force dans l'art de ne pas voir et de méconnaître. Les deux doctrines offrent un intéressant couple d'opposés : ici aucune trace d'un complexe de castration, là rien d'autre que ses conséquences.
3. « Un enfant est battu » (« Ein Kind wird geschlagen », *G.W.*, XII ; *OCF.P*, XV).

concernant l'organe génital, survient de la jalousie à l'égard d'un autre enfant qui est prétendument plus aimé par la mère, par quoi est acquise une motivation pour résoudre la liaison à la mère. C'est alors en accord avec cela que cet enfant préféré de la mère devient le premier objet de la fantaisie de fustigation débouchant dans la masturbation.

Un autre effet surprenant de l'envie de pénis – ou de la découverte de l'infériorité du clitoris – est certainement le plus important de tous. J'avais auparavant souvent acquis l'impression que la femme en général supporte plus mal la masturbation que l'homme, se rebelle plus souvent contre elle et est hors d'état de s'en servir, là où l'homme dans les mêmes circonstances se serait saisi sans hésiter de cet expédient. On peut concevoir que l'expérience révélerait d'innombrables exceptions à cette proposition si on voulait l'ériger en règle. Les réactions des individus humains des deux sexes sont en effet un mélange de traits masculins et féminins. Mais il n'en restait pas moins l'apparence que la masturbation serait plus éloignée de la nature de la femme, et pour résoudre ce problème supposé on pouvait recourir à la considération que tout au moins la masturbation au niveau du clitoris serait une activité masculine et que l'épanouissement de la féminité aurait pour condition l'élimination de la sexualité clitoridienne. Or les analyses du temps préhistorique phallique m'ont enseigné que chez la fille, peu après les premiers signes de l'envie de pénis, survient un intense contre-courant à l'encontre de l'onanisme, lequel ne peut être ramené à la seule influence de la personne qui prend soin et éduque. Cette motion est manifestement un avant-coureur de cette vague de refoulement qui, au temps de la puberté, écartera une grande part de la sexualité masculine afin de faire de la place pour le développement de la féminité. Il peut arriver que cette première opposition à l'activité auto-érotique n'atteigne pas son but. Il en a bien été ainsi dans les cas analysés par moi. Le conflit se poursuivait alors et la fille faisait à ce moment-là, comme ultérieurement, tout pour se libérer de la contrainte à l'onanisme. Bien des manifestations ultérieures de la vie sexuelle chez la femme demeurent incompréhensibles si l'on ne reconnaît pas ce puissant motif.

Je ne peux pas m'expliquer cette révolte de la petite fille contre l'onanisme phallique autrement que par l'hypothèse que cette activité porteuse de plaisir lui est durement gâchée par un facteur jouant parallèlement. Ce facteur, on n'aurait pas à le chercher bien loin : ce ne pourrait être que l'atteinte narcissique connectée à l'envie de pénis, l'avertissement que sur ce point on ne peut vraiment pas affronter le garçon et que le mieux est donc de s'abstenir de toute concurrence avec lui. De cette façon la connaissance que la petite fille prend de la différence des sexes au niveau anatomique l'éloigne de la masculinité et de l'onanisme masculin, et la pousse dans de nouvelles voies, qui conduisent à l'épanouissement de la féminité.

Du complexe d'Œdipe il n'a jusqu'à présent pas été question, il n'a jusqu'ici d'ailleurs joué aucun rôle. Mais maintenant la libido de la fille glisse – on peut se borner à dire : le long de l'équation symbolique tracée d'avance, pénis = enfant – jusque dans une nouvelle position. Elle abandonne le souhait du pénis pour y mettre à la place le souhait d'un enfant et prend dans cette intention le père pour objet d'amour. La mère devient l'objet de la jalousie, ce qui était la fille est devenu une petite femme. Si je peux en croire une enquête analytique isolée, dans cette nouvelle situation les choses peuvent aboutir à des sensations corporelles qu'il faut considérer comme un éveil prématuré de l'appareil génital féminin. Lorsque plus tard cette liaison au père doit être abandonnée comme ayant échoué, elle peut céder la place à une identification au père, par laquelle la fille revient au complexe de masculinité et éventuellement s'y fixe.

J'ai maintenant dit l'essentiel de ce que j'avais à dire et je m'arrête pour jeter un regard d'ensemble sur le résultat. Nous avons pu pénétrer dans la préhistoire du complexe d'Œdipe chez la fille. Ce qui y correspond chez le garçon est passablement inconnu. Chez la fille le complexe d'Œdipe est une formation secondaire. Les répercussions du complexe de castration le précèdent et le préparent. Pour ce qui est du rapport entre le complexe d'Œdipe et le complexe de castration, il s'instaure une opposition fondamentale entre les deux sexes. Tandis que le complexe d'Œdipe du garçon périt[1] de par le complexe de castration, celui de la fille est rendu possible et est introduit par le complexe de castration. Cette contradiction reçoit son élucidation, si l'on considère que le complexe de castration agit là toujours dans le sens de son contenu, de manière inhibante et restrictive pour la masculinité, et sur la féminité de manière favorisante. La différence dans cette part du développement sexuel chez l'homme et la femme est une conséquence compréhensible de la diversité anatomique des organes génitaux et de la situation psychique qui s'y connecte, elle correspond à la différence entre la castration accomplie et la castration simplement proférée en menace. Notre résultat est donc au fond quelque chose qui va de soi, qu'on aurait pu prévoir.

Cependant le complexe d'Œdipe est quelque chose de tellement significatif que la façon dont on s'y est trouvé engagé et celle dont on s'en est débarrassé ne peuvent pas non plus rester sans conséquence. Chez le garçon – comme je l'ai exposé dans la publication mentionnée en dernier, à laquelle, de façon générale, ce que je dis ici se rattache –, le complexe n'est pas simplement refoulé, il vole littéralement en éclats sous le choc de la menace de castration. Ses investissements libidinaux sont abandonnés, désexualisés et en partie sublimés, ses objets incorporés au moi, où ils forment le noyau du surmoi et confèrent à cette néo-formation des propriétés caractéristiques. Dans le cas normal ou, pour mieux dire, idéal, il ne subsiste plus alors, même dans l'inconscient, de complexe d'Œdipe, le sur-moi est devenu son héritier. Comme le pénis – pour suivre Ferenczi[2] – doit son investissement narcissique extraordinairement élevé à sa significativité organique pour la continuation de l'espèce, on peut concevoir la catastrophe[3] du complexe d'Œdipe – se détourner de l'inceste et instaurer la conscience morale et la morale – comme une victoire de la génération sur l'individu. Point de vue intéressant si l'on considère que la névrose repose sur une rébellion du moi contre la revendication de la fonction sexuelle. Mais quitter le point de vue de la psychologie individuelle ne conduit pas immédiatement à la clarification de cet entrelacs de relations.

Chez la fille, il manque le motif pour la ruine du complexe d'Œdipe. La castration a déjà produit son effet plus tôt et celui-ci consistait à pousser l'enfant dans la situation du complexe d'Œdipe. C'est pourquoi ce dernier échappe au destin qui lui est réservé chez le garçon, il peut être quitté lentement, être liquidé par refoulement, et déplacer ses effets loin dans ce qui est la vie d'âme normale de la femme. On hésite à l'énoncer, mais on ne peut cependant se défendre de l'idée que le niveau de ce qui est moralement normal devient autre pour la femme. Le sur-moi ne devient jamais aussi impitoyable, aussi impersonnel, aussi indépendant de ses origines affectives que nous l'exigeons de l'homme. Des traits de caractère que la critique a depuis toujours reprochés à la femme,

1. Voir « La disparition du complexe d'Œdipe ».
2. *Versuch einer Genitaltheorie* (Essai de théorie génitale), Wien, Internationaler Psychoanalytischer Verlag, 1924. Internat. Psychoanal. Bibliothek, vol. 15. (Trad. franç. *Thalassa, psychanalyse des origines de la vie*, Paris, Payot.)
3. *Katastrophe*, au sens didactique : tournant décisif conduisant à la résolution du conflit.

à savoir qu'elle fait montre d'un moindre sentiment de la justice que l'homme, d'une moindre inclination à se soumettre aux grandes nécessités de la vie, qu'elle se laisse plus souvent guider dans ses décisions par des sentiments tendres et hostiles, trouveraient un fondement suffisant dans la modification de la formation du sur-moi, dont nous avons dit plus haut d'où elle dérive. Dans ces jugements, on ne se laissera pas fourvoyer par la contestation des féministes, qui veulent nous imposer une complète parité de position et d'appréciation entre les sexes, mais en revanche on leur accordera volontiers que la majorité des hommes aussi reste loin en arrière de l'idéal masculin, et que tous les individus humains, par suite de leur prédisposition bisexuelle et de l'hérédité croisée, réunissent en eux des caractères masculins et féminins, de sorte que la masculinité et la féminité pures restent des constructions théoriques au contenu mal assuré.

Je suis enclin à accorder de la valeur aux développements exposés ici sur les conséquences psychiques de la différence des sexes au niveau anatomique, mais je sais que cette appréciation ne peut être maintenue que si les découvertes faites sur une poignée de cas se confirment de façon générale et se révèlent être typiques. Sinon ce serait juste une contribution à la connaissance des multiples voies dans le développement de la vie sexuelle.

Dans les travaux si appréciables et riches sur le complexe de masculinité et de castration de la femme dus à Abraham (Formes de manifestation du complexe de castration féminin[1], *int. Zschr. f. PsA.*, vol. VII), Horney (Sur la genèse du complexe de castration de la femme[2], *ibid.*, vol. 9), Hélène Deutsch (Psychanalyse des fonctions sexuelles féminines[3], *Neue Arb. z. ärztl. PsA.*, n° 5), on trouve beaucoup de choses qui se rapprochent de ma présentation, mais rien qui se recouvre totalement avec elle, si bien que je voudrais justifier cette publication également de ce point de vue.

Le développement précoce de la sexualité féminine

(1927)

ERNEST JONES

(1879-1958)

Ernest Jones, pour le lecteur non-spécialiste, est essentiellement l'auteur d'un ouvrage monumental sur Freud, sur sa vie et sur son œuvre. Il fut pourtant lui-même une figure marquante de l'histoire de la psychanalyse. Neurologue britannique, il rejoignit Freud en 1908 et lui resta toujours fidèle. À la suite des dissensions qui entraînèrent la rupture d'Adler et de Jung, il eut l'idée d'un « comité » qui aurait à défendre la psychanalyse dans son authenticité, ses membres s'engageant à ne jamais en rejeter publiquement un des principes fondamentaux avant d'en avoir discuté avec les autres. Freud accueillit l'idée avec enthousiasme, et proposa que l'existence et l'action de ce comité restent secrets. Il se composa, outre de Freud et de Jones, de Rank, de Sachs, d'Abraham, de Ferenczi et d'Eitingon. Freud offrit à chacun d'eux une intaille

1. Äusserungsformen des weiblichen Kastrationskomplexes, *Int. Z. Psychoanal.*, 1921, 7, 422-452.
2. Zur Genese des weiblichen Kastrationskomplexes, *Int. Z. Psychoanal.*, 1923, 9, 12-26.
3. *Psychoanalyse der weiblichen Sexualfunktionen*, Wien, Internationaler Psychoanalytischer Verlag, 1925.

grecque qu'ils firent monter en chevalière. Jones aida par ailleurs beaucoup à l'immigration des psychanalystes allemands et autrichiens persécutés par le nazisme.

Son œuvre comporte en particulier des études approfondies portant sur le symbolisme. Quant à ses théories sur la sexualité féminine, dont cet article donne un aperçu, elles ont été largement discutées, notamment en ce qu'elles impliquent que la phase phallique chez la petite fille n'est qu'une défense par rapport à l'affirmation d'un désir spécifiquement féminin.

Source : E. Jones, *Papers on Psycho-analysis*, Baillière, Tindall & Co, Ltd, Londres, 1948. Traduction française (Annette Stronck) : *Théorie et pratique de la psychanalyse*, Payot, 1969.

Bibliographie : E. Jones, « Le Stade phallique » et « Sexualité féminine primitive », *op. cit.* ; Michèle Montrelay, « Recherches sur la féminité », in *L'ombre et le nom*, Éditions de Minuit, 1977.

FREUD A PLUS D'UNE FOIS commenté le fait que notre connaissance des premiers stades de l'évolution féminine est beaucoup plus obscure et imparfaite que celle du développement masculin et, avec énergie mais à juste titre, Karen Horney a indiqué qu'il faut rattacher cela à une tendance marquée à juger ce qui existe sur le premier sujet à partir d'un préjugé. Il est probable que cette attitude est commune aux deux sexes et il serait bon que chaque auteur ait toujours sa remarque présente à l'esprit. Il faut espérer, ce qui serait encore mieux, que les recherches analytiques éclaireront progressivement la nature de ce préjugé et le feront finalement disparaître. On commence à soupçonner fortement que les analystes du sexe masculin ont été conduits à adopter à l'égard de ce problème des vues exagérément centrées sur le phallus, l'importance des organes féminins étant d'autant sous-estimée. De leur côté, en adoptant une attitude réservée vis-à-vis de leurs propres organes et en manifestant un intérêt à peine déguisé pour celui de l'homme, les femmes ont contribué à la mystification générale.

Les recherches sur lesquelles l'étude présente se fonde principalement ont été directement stimulées il y a quelques années par l'expérience inhabituelle d'avoir à analyser en même temps cinq cas d'homosexualité féminine manifeste. Ces analyses furent toutes des analyses profondes et elles ont duré de trois à cinq ans. Trois d'entre elles sont terminées, les deux autres ont atteint un stade plus poussé. Parmi les nombreux problèmes soulevés, deux d'entre eux peuvent servir de point de départ aux réflexions que j'ai l'intention d'exposer. Quel est, chez les femmes, l'élément qui correspond à la peur de la castration chez l'homme ? Quel est le facteur qui différencie le développement d'une femme homosexuelle de celui d'une femme hétérosexuelle ? On remarquera que ces deux questions sont très proches l'une de l'autre, le mot « pénis » indiquant le rapport existant entre elles.

À propos de ces cas, bien que je n'aie pas l'intention d'en relater le matériel, quelques faits cliniques sont intéressants à noter. Trois des patientes avaient moins de trente ans, deux étaient plus âgées. Parmi les cinq, deux seulement d'entre elles avaient à l'égard des hommes une attitude entièrement négative. Il ne fut pas possible d'établir une règle générale concernant leur attitude consciente envers les parents : toutes les variétés se manifestèrent, attitude négative envers le père s'accompagnant d'une attitude négative ou positive envers la mère, et vice versa. Dans tous les cas, il s'avéra cependant que l'attitude inconsciente envers les deux parents était fortement ambivalente et, dans tous les cas aussi, fut mise en évidence une fixation infantile, inhabituellement forte, à l'égard de la mère ; cette fixation se rattachait nettement au stade oral et elle était toujours suivie d'une forte fixation au père, consciente ou non.

La première des deux questions posées plus haut pourrait aussi se formuler de la manière suivante : lorsque la fille éprouve le sentiment qu'elle a déjà été châtrée, quel est l'événement futur imaginaire qui peut faire naître une peur proportionnée à celle de la castration ? En essayant de répondre à cette question (c'est-à-dire en considérant que les femmes souffraient de peur au moins autant que les hommes), j'en suis arrivé à la conclusion que ce concept de « castration » a dans une certaine mesure mis un obstacle à notre compréhension des conflits fondamentaux. En fait nous avons ici un exemple de ce que Karen Horney a appelé un préjugé inconscient, qui vient de ce que ces recherches sont entreprises d'un point de vue trop masculin. Dans son étude remarquable du complexe du pénis chez les femmes, Abraham[1] avait observé qu'il n'y avait pas de raison de ne pas se servir du mot « castration » pour les femmes, aussi bien que pour les hommes, car on retrouve chez les deux des désirs et des peurs parallèles concernant le pénis. Qu'on soit d'accord avec cette proposition ne veut cependant pas dire qu'il faille négliger les différences dans les deux cas, ni qu'on doive être aveugle au danger d'appliquer dans un cas des observations qui sont déjà connues dans l'autre. À propos des éléments pré-génitaux précurseurs de la castration (le sevrage et la défécation, mis en avant par Stärcke et moi-même respectivement), Freud a fait remarquer avec juste raison que le concept psychanalytique de la castration, à la différence du concept biologique correspondant, ne s'applique, sans aucun doute, qu'au pénis seul, les testicules tout au plus pouvant s'y ajouter.

Or l'erreur sur laquelle je veux attirer votre attention est celle-ci : le rôle de première importance que les organes génitaux jouent normalement dans la sexualité masculine tend à nous faire mettre en équation castration et abolition complète de la sexualité. Cette erreur se glisse souvent dans nos raisonnements bien que nous sachions que beaucoup d'hommes, pour des raisons érotiques entre autres, souhaitent être châtrés et que l'abandon du pénis n'entraîne donc pas la disparition de leur sexualité. Ceci devrait être encore plus évident chez les femmes où toute idée du pénis est toujours partielle et plutôt de nature secondaire. En d'autres termes, la prédominance des peurs de la castration chez les hommes nous fait quelquefois oublier que chez les deux sexes la menace de la castration, aussi importante soit-elle, n'est qu'une menace *partielle* contre la capacité et le plaisir sexuel considérés comme un tout. Pour l'atteinte principale que représenterait une abolition totale, nous ferions mieux d'utiliser un autre terme comme le mot grec « aphanisis ».

Or, si nous analysons jusque dans ses racines cette peur fondamentale qui se trouve à la base de toutes les névroses, nous arrivons, d'après moi, à la conclusion que sa signification réelle, c'est cette aphanisis, l'abolition totale et donc permanente de la capacité (et de l'occasion) de jouir. Après tout, c'est, à l'égard des enfants, l'intention consciemment avouée de la plupart des adultes. Leur attitude est tout à fait intransigeante : *aucune* satisfaction sexuelle ne doit être permise aux enfants. Et nous savons que pour l'enfant l'idée d'un ajournement indéfini équivaut à peu près à celle d'un refus permanent. Naturellement, nous ne pouvons pas nous attendre à ce que l'incons-

1. Abraham, *Selected Papers*, 1927, p. 339 (trad. franç. in *Œuvres Complètes* de K. Abraham, 2 vol., Payot, Paris).

cient, très concret par nature, s'exprime en ces termes abstraits, qui, nous l'admettons, représentent une généralisation. Cliniquement, ce que nous rencontrons de plus proche de l'idée d'aphanisis c'est l'idée de castration et celle de pensées de mort (peur consciente de la mort et désirs de mort inconscients). Je peux mentionner ici un cas de névrose obsessionnelle chez un jeune homme qui illustre ce point. À l'idée de satisfaction sexuelle, il avait substitué celle de plaisir esthétique et ses peurs de la castration avaient pris la forme d'une crainte de perdre cette possibilité de plaisir ; naturellement, derrière ces peurs se trouvait l'idée concrète de la perte du pénis.

De ce point de vue, nous voyons que la question que nous discutions est mal posée. La peur masculine d'être châtré peut, ou non, avoir une contrepartie précise chez la femme, mais ce qui importe le plus, c'est de se rendre compte que cette peur n'est qu'un cas particulier et qu'en fin de compte les deux sexes craignent exactement la même chose : l'aphanisis. Le mécanisme par lequel nous supposons que cela s'établit diffère de façon importante chez les deux sexes. Si nous laissons de côté pour le moment le domaine de l'auto-érotisme (pour la raison justifiée que les conflits s'y rapportant tirent principalement leur importance de la cathexis allo-érotique qui en est la conséquence) et si nous considérons l'allo-érotisme lui-même, nous pouvons dire que chez l'homme les pensées s'enchaînent de la façon suivante : « Je désire obtenir une satisfaction en accomplissant un certain acte, mais je n'ose pas parce que j'ai peur qu'il ne soit suivi du châtiment de l'aphanisis, de la castration, ce qui pour moi signifierait l'abolition permanente du plaisir sexuel. » L'enchaînement des idées chez la femme, avec sa nature plus passive, est quelque peu différent : « Je désire obtenir une satisfaction au moyen d'une certaine expérience, mais je n'ose pas prendre des mesures pour la provoquer, la demander, confessant ainsi mon désir coupable, parce que j'ai peur que cela ne soit suivi par l'aphanisis. » Naturellement, il est clair que cette différence n'est pas invariable, et qu'il ne s'agit, en tout cas, que d'une différence de degré. Dans les deux cas, l'activité s'exprime, bien que plus ouvertement et plus vigoureusement chez l'homme. Mais là n'est pas la différence principale. Une différence plus importante vient du fait que, pour des raisons physiologiques évidentes, la femme dépend beaucoup plus pour sa satisfaction de son partenaire que l'homme de la sienne. Vénus a eu plus de mal avec Adonis, par exemple, que Pluton avec Perséphone.

Dans cette dernière remarque nous trouvons la raison biologique des différences psychologiques les plus importantes relatives au comportement et à l'attitude des deux sexes. La conséquence directe c'est que la femme, plus que l'homme, dépend du consentement et de l'approbation morale de son partenaire ; chez celui-ci une sensibilité correspondante ne se révèle, d'une façon caractéristique, qu'à l'égard d'un autre homme de nature autoritaire. D'où, entre autres choses, ces attitudes bien connues chez la femme que sont les reproches et le besoin d'être rassurée. Parmi les conséquences sociales importantes, on peut mentionner les suivantes. On sait que la morale du monde est essentiellement une création de l'homme et, ce qui est beaucoup plus curieux, que les idéaux moraux des femmes sont copiés de ceux des hommes. Cela doit certainement se rattacher au fait, mis en avant par Hélène Deutsch[1], que le surmoi des femmes, tout comme celui des hommes, dérive des réactions par rapport au père. Une autre conséquence, qui nous ramène au centre de notre sujet, c'est que le méca-

1. Hélène Deutsch, *Zur Psychologie der weiblichen Sexualfunktionen*, 1925, p. 9.

nisme de l'aphanisis a tendance à se manifester différemment chez les deux sexes. Alors que chez l'homme, il est typiquement conçu sous la forme active de la castration, chez la femme la peur primitive semblerait être celle de la séparation. Dans l'imagination, cette séparation émane soit de la mère qui, en tant que rivale, intervient entre la fille et le père et qui va même jusqu'à renvoyer cette dernière pour toujours, soit du père qui refuse d'accorder la satisfaction désirée. La peur profonde d'être abandonnée qui habite la plupart des femmes dérive de là.

À ce point, l'analyse des femmes permet, mieux que celle des hommes, une compréhension plus profonde de la question importante du rapport entre la privation et la culpabilité, en d'autres termes, une meilleure compréhension de la genèse du surmoi. Dans son article sur la disparition du complexe d'Œdipe, Freud émettait l'hypothèse que chez la femme cette disparition était la conséquence directe d'une déception permanente (privation) ; nous savons que chez elle le surmoi est l'héritier de ce complexe tout comme chez l'homme où il dérive de la culpabilité, qui dérive elle-même de la peur de la castration. Cela veut dire, et mes travaux analytiques confirment tout à fait cette conclusion[1], que la simple privation en vient, chez les deux sexes bien entendu, à avoir exactement la même signification qu'une dépossession imposée par l'environnement. Nous arrivons donc à la formule que *la privation équivaut à la frustration*. Il est même possible, ainsi qu'on peut le déduire des remarques de Freud sur la disparition du complexe d'Œdipe chez la femme, que la privation seule soit une cause suffisante dans la genèse de la culpabilité. Discuter plus avant de cette question nous emporterait trop loin dans la structure du surmoi et nous écarterait de notre sujet. J'aimerais toutefois dire un mot concernant une conclusion à laquelle je suis arrivé et qui est assez voisine. C'est que la culpabilité, et avec elle le surmoi, s'établirait artificiellement dans le but de protéger l'enfant de la tension de la privation (c'est-à-dire de la libido non satisfaite), écartant ainsi la terreur de l'aphanisis qui l'accompagne toujours. Elle agit ainsi, bien sûr, en étouffant les désirs qui ne sont pas destinés à être satisfaits. Je pense même que la désapprobation extérieure, à laquelle on avait l'habitude de rattacher tout ce processus, est en grande partie mise à profit par l'enfant, c'est-à-dire qu'au début la non-satisfaction signifie danger, danger qui, comme tous les dangers intérieurs, est projeté par l'enfant sur le monde extérieur. L'enfant utilise ensuite toute désapprobation qui survient à ce moment-là (*moralisches Entgegenkommen*) pour signaliser le danger et pour l'aider à construire une défense contre lui.

Pour en revenir à la petite fille, nous avons pour tâche de reconstituer les différents stades de son développement à partir du stade oral initial. L'hypothèse généralement acceptée, c'est que le mamelon, ou la tétine artificielle, est remplacé, après avoir un peu joué avec le pouce, par le clitoris qui devient la source principale du plaisir tout comme l'est le pénis pour le garçon. Freud[2] soutient que, comparé à ce dernier, le caractère peu satisfaisant de cette solution conduit automatiquement l'enfant à rechercher un pénis extérieur qui soit meilleur, la précipitant ainsi dans la situation œdipienne où le désir d'un bébé[3] remplace progressivement celui d'un pénis. En plus de

1. Conclusion découlant de travaux effectués conjointement avec Joan Riviere, dont les vues sont exposées dans un autre texte, *International Journal of Psycho-Analysis*, vol. VIII, p. 374-375.
2. Freud, *International Journal of Psycho-Analysis*, vol. VII, p. 140.
3. Je dirai peu de chose dans cet article à propos du désir d'avoir un bébé, parce que je traite principalement des stades primitifs. Je considère que ce désir dérive en grande partie, plus tard, des tendances anales et phalliques.

cela, mes propres analyses, ainsi que les analyses d'enfants de Mélanie Klein, indiquent des transitions plus directes entre le stade oral et le stade œdipien. Il m'apparaît que les tendances dérivées du stade oral bifurquent assez tôt vers le clitoris ou la fellation, c'est-à-dire qu'elles se portent respectivement vers le pincement digital du clitoris ou vers des fantasmes de la fellation, bien entendu, suivant une proportion qui varie selon les cas, et on peut s'attendre à ce que cela ait des conséquences inévitables sur l'évolution ultérieure.

Nous devons maintenant examiner de plus près ces voies d'évolution et j'exposerai tout d'abord le mode de développement que je conçois comme le plus normal, celui qui conduit à l'hétérosexualité. Dans ce cas, la phase sadique s'installe tardivement, si bien que ni le stade oral, ni celui du clitoris, ne reçoivent une forte cathexis sadique. En conséquence, le clitoris n'est pas associé à une attitude masculine particulièrement active (se jeter en avant, etc.), pas plus que n'est très développé, d'un autre côté, le fantasme sadique-oral de mordre le pénis de l'homme. L'attitude orale est principalement de succion et suivant la transition bien connue évolue vers le stade anal. Les deux orifices alimentaires constituent donc l'organe récepteur féminin. Au début, l'anus est évidemment identifié avec le vagin, la différenciation entre les deux faisant l'objet d'un processus extrêmement obscur, plus peut-être qu'aucun autre de l'évolution féminine. Je suppose cependant qu'il s'établit partiellement plus tôt qu'on ne le pense généralement. En rapport avec le stade anal, une quantité variable de sadisme se développe toujours et se révèle dans les fantasmes connus de viol anal qui peuvent se transformer ou non en fantasmes d'être battue. Ici, la relation œdipienne est en pleine activité et les fantasmes anaux, comme nous le verrons plus tard, constituent déjà un compromis entre les tendances libidinales et les tendances à l'auto-punition. C'est pourquoi ce stade bouche-anus-vagin représente une identification avec la mère.

Entre-temps, quelle a été l'attitude envers le pénis ? Il est vraisemblable que l'attitude initiale ait été purement positive[1], se manifestant par le désir de le sucer. Mais l'envie du pénis s'établit bientôt et apparemment toujours. Les raisons premières, pour ainsi dire auto-érotiques, de cet établissement ont été bien décrites par Karen Horney[2] dans sa discussion du rôle joué par cet organe dans les activités urinaires, exhibitionnistes, scoptophiliques et masturbatoires. Toutefois, le désir de posséder un pénis comme l'homme se transforme normalement en celui de partager son pénis dans un acte comme le coït au moyen de la bouche, de l'anus ou du vagin. Différentes sublimations et réactions montrent qu'aucune femme n'échappe à ce premier stade d'envie du pénis, mais je suis tout à fait d'accord avec Karen Horney[3], Hélène Deutsch[4], Mélanie Klein[5] et d'autres que ce que nous observons cliniquement dans les névroses comme une envie du pénis ne dérive que très partiellement de cette source. Il nous faut distinguer entre ce qu'on pourrait peut-être appeler l'envie du pénis pré-œdipienne et l'envie du pénis post-œdipienne (plus exactement, entre une envie du pénis auto-érotique et une envie allo-érotique). Du point de vue clinique, je suis convaincu que cette dernière

1. Hélène Deutsch (*op. cit.*, p. 19) rapporte le cas intéressant d'une petite fille de dix-huit mois qui, à l'époque, regarda un pénis avec une indifférence apparente et chez laquelle se constituèrent seulement plus tard des réactions affectives.
2. Karen Horney, *International Journal of Psycho-Analysis*, vol. V, p. 52-54.
3. *Ibid.*, p. 64.
4. Hélène Deutsch, *op. cit.*, p. 16-18.
5. Mélanie Klein, communications à la Société Britannique de Psychanalyse.

a beaucoup plus de signification. De même que les activités masturbatoires et les autres activités auto-érotiques tirent leur importance principale d'un réinvestissement provenant de sources allo-érotiques, nous devons reconnaître que de nombreux phénomènes cliniques dépendent de la fonction défensive de la régression sur laquelle Freud a récemment insisté[1]. C'est la privation qui résulte de la déception permanente de ne jamais pouvoir, dans le coït, partager le pénis avec la mère, et d'obtenir ainsi un bébé, qui réactive le désir primitif de la fille de posséder un pénis bien à elle. Selon la théorie avancée ci-dessus, c'est elle qui au départ constitue la situation insupportable, la raison étant qu'elle équivaut à la peur fondamentale de l'aphanisis. Comme je l'ai déjà expliqué, la première et invariable défense contre cette privation insupportable est formée par la culpabilité et l'établissement du surmoi. Mais en elle-même, cette solution est trop négative et il faut que la libido s'exprime aussi d'une façon quelconque.

La libido peut investir la situation de deux façons seulement, qui naturellement peuvent toutes les deux être tentées. En gros, la petite fille doit choisir entre le sacrifice de son attachement érotique au père et celui de sa féminité, c'est-à-dire son identification anale à la mère. L'objet ou le désir doivent être échangés. Il est impossible de garder les deux. Il faut renoncer soit au père, soit au vagin (y compris les vagins pré-génitaux). Dans le premier cas, les désirs féminins se développent sur un plan adulte (c'est-à-dire un attrait érotique diffus [narcissisme], une attitude vaginale positive à l'égard du coït, qui atteignent leur plus haut point dans la grossesse et l'accouchement) et sont transférés sur des objets plus accessibles. Dans le second cas, le lien avec le père demeure, mais la relation d'objet qui y intervient se convertit en identification, ce qui veut dire qu'un complexe du pénis se développe.

J'en dirai plus dans ce qui va suivre sur la manière précise dont cette défense par identification opère, mais pour le moment j'aimerais attirer l'attention sur l'intéressant parallèle ainsi établi, que Karen Horney[2] a déjà mentionné, entre les solutions au conflit œdipien dans les deux sexes. Le garçon est également menacé par l'aphanisis, la peur connue de la castration, par le fait d'être inévitablement privé de ses désirs incestueux. Lui aussi doit choisir entre la transformation du désir et celle de l'objet, entre le renoncement à sa mère et le renoncement à sa masculinité, c'est-à-dire à son pénis. Nous arrivons ainsi à une généralisation qui s'applique d'une façon unitaire au garçon et à la fille : *en face de l'aphanisis, résultat d'une privation inévitable, ils doivent renoncer soit à leur sexe, soit à l'inceste*. Sauf au prix de la névrose, il n'est pas possible de retenir un inceste hétéro- et allo-érotique, c'est-à-dire une relation d'objet incestueuse. Dans les deux cas, la difficulté principale de la situation est celle, simple mais fondamentale, de l'union du pénis et du vagin. Cette union est normalement rendue possible par le dépassement du complexe d'Œdipe. Lorsque, d'un autre côté, la solution de l'inversion est tentée, tous les efforts sont faits pour éviter cette union, parce qu'elle est liée à la crainte de l'aphanisis. L'individu, qu'il s'agisse d'un homme ou d'une femme, identifie alors son intégrité sexuelle à la possession de l'organe du sexe opposé et en devient pathologiquement dépendant. Chez les garçons, cela peut se faire soit en utilisant leur bouche ou leur anus qui remplace l'organe féminin nécessaire (soit avec un homme, soit avec une femme masculine), soit en adoptant par substitution (à la place) la génitalité d'une femme avec laquelle ils s'identifient. Dans ce

1. Freud, *Inhibition, Symptôme et Angoisse*, p. 34, etc.
2. Karen Horney, *op. cit.*, p. 64.

dernier cas, ils dépendent de la femme qui porte le précieux objet et une angoisse s'établit si elle vient à s'absenter ou si quelque chose dans son attitude rend l'organe difficile à atteindre. Chez les filles, la même alternative se présente et elles deviennent pathologiquement dépendantes soit de posséder elles-mêmes un pénis en imagination, soit d'accéder librement à celui de l'homme avec lequel elles se sont identifiées. Si la « condition de dépendance » (chez Freud : *Liebesbedingung*) n'est pas atteinte, les individus, hommes ou femmes, approchent de l'état d'aphanisis ou, pour parler moins strictement, se « sentent châtrés ». C'est pourquoi ils alternent entre une capacité sexuelle se fondant sur une satisfaction invertie et l'aphanisis. En termes plus simples, ils possèdent soit un organe du sexe opposé, soit rien. Posséder un organe correspondant à leur sexe est hors de question.

Nous devons maintenant revenir à la seconde des deux questions posées concernant la différence dans l'évolution des femmes hétérosexuelles et homosexuelles. Cette différence est indiquée dans notre discussion des deux solutions possibles au conflit œdipien, mais il nous faut la préciser. La divergence mentionnée alors, qui, est-il besoin de le dire, est toujours affaire de degré, entre celles qui abandonnent la position de leur libido objectale (le père) et celles qui abandonnent la position de leur libido subjective (le sexe) peut se retrouver dans le domaine de l'homosexualité. On peut ici distinguer deux larges groupes : 1) celles qui conservent un intérêt pour les hommes, mais qui s'efforcent d'être acceptées par eux comme étant des leurs. À ce groupe appartient le type bien connu des femmes qui ne cessent de se plaindre de l'injustice de la condition féminine ; 2) celles qui s'intéressent peu ou pas du tout aux hommes, et dont la libido se porte sur les femmes. L'analyse montre que cet intérêt pour les femmes est une manière substitutive de tirer du plaisir de la féminité : elles ne font qu'utiliser d'autres femmes qui la manifestent pour elles[1].

Il n'est pas difficile de voir que le premier groupe d'homosexuelles correspond à celles qui, dans notre division précédente, abandonnent leur sexe, alors que le deuxième groupe correspond à celles qui abandonnent l'objet (le père), le remplaçant, au moyen de l'identification, par leur propre personne. Pour plus de clarté, je voudrais ajouter quelques précisions. Les homosexuelles du premier groupe échangent leur propre sexe, mais conservent leur premier amour objectal ; toutefois, la relation d'objet est remplacée par l'identification et le but de la libido est de procurer la reconnaissance de cette identification par le premier objet. Celles du second groupe s'identifient également à l'amour objectal, mais cessent ensuite de s'intéresser à lui. Leur relation d'objet extérieure avec l'autre femme est très imparfaite, car elle ne représente, par identification, que leur propre féminité et leur but est d'en tirer une satisfaction substitutive, de la main d'un homme invisible (le père incorporé en elles).

L'identification au père est donc commune à toutes les formes d'homosexualité, bien qu'elle soit plus complète dans le premier groupe que dans le second où, d'une façon substitutive, une certaine féminité demeure malgré tout. Il n'y a pas de doute que cette identification a pour fonction de garder refoulés les désirs féminins. Elle consti-

1. Dans un but de simplification, j'ai omis de parler dans ce texte d'une troisième forme intéressante, qu'il me faut pourtant mentionner. Certaines femmes satisfont leurs désirs féminins si deux conditions sont présentes : 1) que le pénis soit remplacé par un substitut comme la langue ou le doigt, et 2) que le partenaire utilisant cet organe soit une femme au lieu d'un homme. Bien que cliniquement ces cas puissent apparaître comme une inversion complète, ils sont évidemment plus près de la normale qu'aucun des deux mentionnés dans le texte.

tue le déni le plus complet qu'on puisse imaginer d'abriter des désirs féminins coupables, car elle affirme : « Il n'est pas possible que ma satisfaction dépende d'un pénis masculin, car j'en possède déjà un à moi et, en tout cas, je ne veux rien d'autre que le mien. » Exprimé dans les termes de la théorie exposée plus haut, elle assure la défense la plus complète contre le danger d'aphanisis par privation provenant de la non-satisfaction de désirs incestueux. En fait, cette défense est si parfaite qu'il ne faut pas s'étonner qu'on puisse en trouver des indications chez toutes les filles traversant le stade œdipien du développement ; le degré suivant lequel elle demeure plus tard est très variable. J'oserais même avancer que lorsque Freud postule un stade « phallique » dans le développement féminin correspondant à celui de l'homme, c'est-à-dire un stade dans lequel tout l'intérêt paraît s'attacher à l'organe mâle avec oblitération du vagin ou des organes pré-vaginaux, il donnait une description clinique de ce qui peut plutôt s'observer comme l'analyse finale de la véritable position libidinale à ce stade. Car il me semble vraisemblable que chez des filles normales le stade phallique ne soit qu'une forme atténuée de l'identification au père-pénis des femmes homosexuelles et, comme elles, d'une nature essentiellement secondaire et défensive.

Karen Horney[1] a montré que chez une fille le maintien de la position féminine et l'acceptation de l'absence d'un pénis à elle signifient très souvent, non seulement qu'elle ose avoir des désirs objectaux incestueux, mais aussi qu'elle vit le fantasme que sa condition physique est la conséquence d'un viol castrateur véritablement accompli par le père. L'identification au pénis implique donc un déni des deux formes de culpabilité, celle s'attachant au désir que l'inceste puisse se produire à l'avenir et celle s'attachant au fantasme (réalisation du désir) qu'il s'est déjà produit dans le passé. En outre, Karen Horney montre que l'avantage de l'identification au sexe opposé est plus grand pour la fille que pour le garçon, parce que l'avantage de cette défense, commune aux deux sexes, est renforcé, chez la fille, par le narcissisme qui dérive des sources anciennes d'envie pré-œdipienne (urinaires, exhibitionnistes et masturbatoires), et affaibli chez le garçon par le coup que porte au narcissisme l'acceptation de la castration.

Étant donné que cette identification doit être considérée chez les petites filles comme un phénomène universel, nous devons rechercher les raisons qui la renforcent d'une manière si extraordinaire et si caractéristique chez celles qui, plus tard, deviennent homosexuelles. Je dois exposer mes conclusions sur ce point encore plus brièvement que les précédentes. Les facteurs fondamentaux (et autant qu'on puisse le voir, innés), qui sont décisifs à cet égard, apparaissent au nombre de deux : érotisme oral et sadisme d'une intensité inhabituelle. Ces éléments participent tous deux à une *intensification du stade sadique-oral*, que je considère, en un mot, comme la *caractéristique centrale du développement homosexuel chez la femme*.

Le sadisme s'exprime non seulement au travers des manifestations musculaires bien connues et de leurs dérivations caractérielles correspondantes, mais aussi parce qu'il confère une qualité particulièrement active aux pulsions du clitoris, ce qui augmente d'autant la valeur du pénis qui peut être acquis en fantasme. Sa manifestation la plus caractéristique, cependant, s'observe dans la pulsion sadique-orale d'arracher de force le pénis de l'homme en le mordant. Lorsque, ainsi que cela se produit souvent, le tempérament sadique s'accompagne d'une facilité de transformer l'amour en haine,

1. *Loc. cit.*

d'idées d'injustice, de ressentiment et de vengeance, ces fantasmes de morsure satisfont à la fois le désir d'obtenir un pénis par la force et la pulsion de se venger de l'homme en le châtrant.

Le grand développement de l'érotisme oral se manifeste de nombreuses façons, que les recherches d'Abraham[1] et d'Edward Glover[2] nous ont bien fait connaître. Dans la conscience, elles peuvent être positives ou négatives. Toutefois, un trait particulier, sur lequel il faut attirer l'attention, c'est l'importance de la langue dans ces cas. L'identification de la langue au pénis, sujet que Flügel[3] et moi-même[4] avons longuement traité, atteint chez quelques homosexuelles un degré tout à fait extraordinaire. J'ai observé des cas d'activité homosexuelle où la langue était un substitut du pénis presque entièrement satisfaisant. Il est évident que la fixation au sein, qui entre ici en jeu, favorise de deux manières le développement de l'homosexualité. Elle rend plus difficile pour la fille de passer de la position de fellation à celle du coït vaginal, en même temps qu'elle facilite le recours à la femme comme objet de la libido.

On peut, à ce point, établir une autre corrélation intéressante. Les deux facteurs mentionnés ci-dessus, l'érotisme oral et le sadisme sembleraient très bien correspondre aux deux catégories d'homosexuelles. Lorsque l'érotisme oral prédomine, la personne appartiendra probablement au second groupe (intérêt pour les femmes) ; au premier (intérêt pour les hommes) si c'est le sadisme qui domine.

Il faut dire un mot des facteurs importants qui influencent le développement *ultérieur* de l'homosexualité féminine. Nous avons dit que pour se protéger de l'aphanisis la fille érige diverses barrières contre sa féminité, principalement l'identification au pénis. Parmi celles-ci dominent un fort sentiment de culpabilité et une condamnation des désirs féminins : cela est en grande partie inconscient. Pour renforcer cette barrière de culpabilité, l'idée se développe que les hommes (c'est-à-dire le père) s'opposent fortement aux désirs féminins. Et pour renforcer la condamnation, la fille est forcée de croire qu'au fond d'eux-mêmes tous les hommes désapprouvent la féminité. À cela s'ajoute la circonstance malheureuse que beaucoup d'hommes qui ont peur de l'organe de la femme dénigrent réellement la sexualité féminine. À cela, il y a plusieurs raisons, qu'il n'est pas nécessaire que nous analysions en détail. Elles tournent toutes autour du complexe masculin de la castration. La femme homosexuelle, cependant, se saisit de ces manifestations qui font qu'elle convertit quelquefois sa croyance en un système tout à fait hallucinatoire. Même dans des cas moins marqués, il n'est pas du tout rare d'observer des hommes et des femmes qui imputent la totalité de l'infériorité supposée des femmes[5] aux influences sociales que des tendances plus profondes ont exploitées de la manière indiquée.

En conclusion, j'avancerai quelques remarques sur les sujets de la peur et du châtiment chez les femmes en général. Les idées touchant à ces sujets peuvent se rattacher principalement soit à la mère, soit au père. D'après moi, elles sont plus caractéristiques de la femme hétérosexuelle dans le premier cas, et de l'homosexuelle dans le second.

1. Abraham, *op. cit.*, chap. XII.
2. Edward Glover, *Notes on Oral Character Formation*, International Journal of Psycho-Analysis, vol. VI, p. 131.
3. J.C. Flügel, *A note on the Phallic Significance of the Tongue*, International Journal of Psycho-Analysis, 1925, vol. VI, p. 209.
4. Ernest Jones, *Essays in applied Psycho-Analysis*, 1923, chap. VIII.
5. En réalité, leur infériorité *en tant que* femmes.

Dans le premier cas, elles ne sont qu'un simple châtiment pour l'agressivité et les désirs de mort contre la mère, qui punit la fille s'interposant entre elle et le père, en la renvoyant pour toujours ou en agissant de telle sorte que ses désirs incestueux ne soient pas satisfaits. La réaction de la fille est en partie de sauvegarder sa féminité en renonçant au père, en partie d'obtenir une satisfaction substitutive de ses désirs incestueux imaginaires en s'identifiant à la mère.

Lorsque la peur concerne principalement le père, le châtiment prend la forme évidente de la non-satisfaction de ses désirs et cela se transforme rapidement en l'idée qu'il les désapprouve. Dans la conscience, ce châtiment est vu sous la forme de déboires et d'abandon. Si cette privation intervient sur le plan oral, la réaction se manifeste par le ressentiment et des fantasmes de castration (par morsure). Si elle intervient sur le plan anal qui lui succède, le résultat est plutôt meilleur. Dans ce cas, la fille arrive à combiner dans un seul acte ses désirs érotiques et l'idée du châtiment. Je veux parler du viol anal-vaginal. Les fantasmes d'être mangée dérivent naturellement de cela. Ainsi que nous l'avons remarqué plus haut, c'est l'une des façons dont l'inceste est mis en équation avec la castration, si bien que le fantasme du pénis est une protection contre ces deux situations.

Nous pouvons maintenant *récapituler les conclusions principales* auxquelles nous sommes arrivés. Pour des raisons différentes, les garçons et les filles ont également tendance à voir la sexualité sous l'angle du seul pénis et, à cet égard, il apparaît nécessaire que les analystes fassent preuve de scepticisme. Le concept de la « castration » devrait s'appliquer, comme Freud l'a indiqué, au pénis seul et ne devrait pas être confondu avec celui de l'« extinction de la sexualité » pour lequel je propose le terme d'« aphanisis ». La privation qui s'applique aux désirs sexuels fait naître chez l'enfant la peur de l'aphanisis, équivalente à la crainte de la frustration. La culpabilité est éveillée plutôt de l'intérieur, en tant que défense contre cette situation, qu'imposée de l'extérieur, si bien que l'enfant utilise tout *moralisches Entgegenkommen* venant du monde extérieur.

Chez la petite fille, le stade de l'érotisme oral se transforme directement en stades de la fellation et du clitoris, le premier d'entre eux formant ensuite le stade de l'érotisme anal. La bouche, l'anus et le vagin forment donc une série d'équivalents à l'organe féminin. Le refoulement des désirs incestueux aboutit à une régression vers l'envie du pénis pré-œdipienne ou auto-érotique, qui est une défense contre ces désirs. L'envie du pénis qu'on observe cliniquement dérive principalement de cette réaction sur le plan allo-érotique, l'identification au père représentant essentiellement un déni de la féminité. *Chez les filles, le « stade phallique » de Freud est probablement plus une construction défensive secondaire qu'un véritable stade du développement.*

Pour éviter la névrose, le garçon et la fille doivent surmonter de la même façon le complexe d'Œdipe : ils peuvent renoncer soit à l'objet de l'amour, soit à leur propre sexe. Dans cette dernière solution, celle de l'homosexualité, ils deviennent dépendants de la possession imaginaire de l'organe du sexe opposé, soit directement, soit en s'identifiant à une autre personne de ce sexe. Ceci aboutit aux deux formes principales d'homosexualité.

Les facteurs essentiels qui font qu'une fille élaborera une identification au père tellement forte qu'elle constituera une inversion clinique sont un érotisme oral et un sadisme particulièrement prononcés qui se combinent typiquement dans un stade sadique-oral intense. Si le premier de ces deux facteurs domine, l'inversion prend la forme de la dépendance à l'égard d'une autre femme et d'un désintérêt pour les hommes. Le sujet est masculin, mais tire également un plaisir de sa féminité en s'identifiant à une femme féminine qu'elle satisfait avec un substitut du pénis, généralement la langue. La prédominance du deuxième facteur conduit à s'intéresser aux hommes à travers le désir qu'on leur reconnaisse des qualités masculines. C'est ce type de femme qui manifeste si souvent un ressentiment contre les hommes et qui élabore des fantasmes de castration (par morsure).

La femme hétérosexuelle craint la mère plus que ne le fait la femme homosexuelle, dont la crainte s'attache au père. Dans ce dernier cas, le châtiment redouté est le retrait (abandon) sur le plan oral, et, sur le plan anal, le fait d'être battue (attaque rectale).

Encore

(1973)

JACQUES LACAN

Le séminaire Encore *est un très beau séminaire, où approche philosophique et mise en forme topologique viennent éclairer le point de vue psychanalytique, où les questions les plus diverses, du baroque à la fonction de l'écrit, viennent s'ordonner autour d'une interrogation plus fondamentale, qui concerne ici la jouissance féminine.*

Sera-t-on tenté, dans une démarche réductrice, de faire un lien entre cette attention précise à ce qui se passe côté féminin et ce qui se développe alors dans le champ des idées – ou des idéologies ? On ne manquera pas de rappeler que c'est l'époque où le féminisme commence à se faire entendre un peu plus fort.

Bien entendu Lacan ne se souciait en rien d'être conforme, fût-ce à une pensée contestataire. Certes, il ouvre un champ de questionnement pour penser une jouissance féminine qui ne soit pas toute rivée au phallus. La femme, dit-il, n'est « pas-toute ».

« [...] d'être pas toute, elle a, par rapport à ce que désigne de jouissance la fonction phallique, une jouissance supplémentaire. Vous remarquerez que j'ai dit *supplémentaire.* Si j'avais dit *complémentaire*, où en serions-nous ! On retomberait dans le tout [...] ».

Mais son rapport spécifique à cette jouissance supplémentaire, au-delà du phallus, ne l'empêche pas, on l'a dit, d'assurer son pouvoir sur l'attribut phallique et l'homme qui en est porteur. Le rappeler, n'est-ce pas donner les moyens théoriques nécessaires pour en finir avec le mythe d'un pouvoir masculin dont les femmes auraient à se libérer. La femme, pour « le populaire », c'est la bourgeoise. « C'est lui qui l'est, à la botte, pas elle. »

D'une manière plus générale, le lecteur trouvera dans le séminaire Encore *la présentation rigoureuse de deux types d'inscription dans la sexualité – ou mieux, la sexuation – qui sont effectivement différents mais non étrangers l'un à l'autre.*

Source : J. Lacan, Séminaire XX, *Encore*, chapitres VI, 3 et VII, 1, Éditions du Seuil, 1975.

XIX

QU'ADVIENT-IL À LA FIN D'UNE PSYCHANALYSE ?

Durant les premières décennies de l'histoire de la psychanalyse, le problème de la fin de la cure, au double sens de la terminaison et de la finalité, ne se constitue pas comme tel. La levée du refoulement semble permettre la disparition des symptômes et celle-ci constitue un objectif assez important pour qu'on s'y arrête. Pourtant l'expérience devait démontrer que toute sédation n'était pas définitive, que le symptôme réapparaissait parfois, éventuellement sous une forme nouvelle. Il semble dès lors nécessaire de définir autrement la visée de la cure : levée de l'amnésie infantile, restitution de la capacité d'aimer et de travailler, introduction du sujet au langage de son désir... la disparition du symptôme semblant être obtenue par surcroît.

À vrai dire, quoi qu'il en soit du point précis jusqu'où un analyste souhaite conduire une cure, une chose est qu'il le souhaite, une autre que cela lui soit possible. Vers la fin de sa vie, Freud en venait à prendre en compte de façon de plus en plus radicale ce qui peut faire obstacle au travail psychanalytique. Non certes ce qui le rendrait impossible : il ne cesse de faire la preuve de sa vitalité. Plutôt ce qui l'empêche d'aller à son terme. De là son texte fameux : « Analyse avec fin et analyse sans fin[1] ».

Écrit en 1937, cet article apparaît presque comme conclusif. Freud s'y interroge, non seulement sur sa propre pratique de l'analyse, mais sur quelques innovations techniques introduites par certains de ses élèves. Il est loin de penser avec Rank, par exemple, qu'il soit possible d'accélérer « le lent déroulement d'une analyse ». Rank espérait, en centrant la cure sur « le traumatisme de la naissance », la « fixation originaire » à la mère, « faire l'économie de tout le travail analytique restant ». Freud le conteste, de même qu'il critique sa propre tentative pour accélérer l'analyse dans le cas de l'homme aux loups, en fixant lui-même, par avance, un terme à la cure. Que peut-on d'ailleurs entendre par fin de la psychanalyse ? S'il est un peu exigeant, s'il souhaite pousser les choses si loin « qu'on ne (puisse) attendre de la poursuite de l'analyse aucune modification ultérieure », l'analyste s'apercevra que de nombreux facteurs font obstacle à la pleine réussite. Le premier est le facteur quantitatif. La force des pulsions est parfois telle qu'on ne peut les dompter. Comme le patient ne peut non plus les satisfaire, la névrose reprend de plus belle. D'autres facteurs d'échec tiennent à la résistance, dont Freud rappelle ici diverses formes. Plus fondamentale est la dimension de la pulsion de mort, qui depuis 1920 impose à Freud l'idée d'une force négative qui ramène le sujet à ce qui est pour lui le plus pénible. Mais le

1. Voir *infra*, p. 519 sq.

plus original dans le texte se trouve tout à fait à la fin : il concerne les modalités différentes que prend le complexe de castration chez l'homme et chez la femme. Freud indique qu'à la fin d'une analyse une femme bute couramment sur « l'envie du pénis[1] *», un homme sur « la rébellion contre sa position passive ou féminine à l'égard d'un autre homme ». « Il faut, pensait Ferenczi, que tout patient masculin acquière à l'égard du médecin, comme signe qu'il a surmonté l'angoisse de castration, le sentiment d'être son égal en droit ; il faut que toutes les malades féminines, pour que leur névrose passe pour pleinement liquidée, en aient fini avec leur complexe de virilité et s'adonnent sans rancœur aux possibilités de penser propres au rôle féminin*[2]. *» Mais Freud ne partage pas l'optimisme de Ferenczi. « À aucun moment du travail analytique on ne souffre davantage de sentir de manière oppressante la vanité d'efforts répétés* [...] *que lorsqu'on veut inciter les femmes à abandonner leur désir de pénis comme irréalisable, et lorsqu'on voudrait convaincre les hommes qu'une position passive envers l'homme n'a pas toujours la signification d'une castration et qu'elle est indispensable dans de nombreuses relations de l'existence*[3]. *»*

Voilà donc finalement ce sur quoi Freud débouche. Dominés par la crainte de la castration, hommes et femmes ne peuvent aller jusqu'au bout de leur cure et adopter, dans la réalité elle-même, un point de vue qui les soulagerait des contraintes qu'ils s'imposent pour l'éviter. Cette vaine tentative de contournement de la castration est peut-être ce qui définit au mieux la névrose comme telle. Est-ce en même temps le dernier mot de la cure ?

Pour en juger, il faut peut-être prendre les choses autrement, en tentant de saisir quel sujet advient au terme d'une analyse et où ce sujet advient.

Nous nous référons ici à une formule par laquelle Freud conclut, en 1932, la 31e de ses Nouvelles Conférences d'introduction à la psychanalyse : *« Wo Es war, soll Ich werden. » Sa traduction même a été l'objet de nombreuses controverses. Lacan fait remarquer que Freud ne dit pas* das Es, *ni* das Ich (le *ça,* le *moi*). *Au fil de ses œuvres, il propose diverses traductions. Disons simplement : « Là où c'était, je dois advenir. » En somme ça agit ou ça parle « en moi » (la langue l'impose presque, mais ce n'est pas du moi qu'il s'agit). Ce qui m'est proposé comme tâche éthique, comme devoir, c'est de faire le chemin qui me permet de retrouver ce qui était déjà là sans que je le sache (mais là encore ce « je » ne se confond pas avec le « moi » freudien, il ne peut faire l'objet d'aucun énoncé objectivant, il est plutôt le sujet supposé à toute énonciation).*

Mais Lacan va plus loin. S'autorisant de l'existence chez Freud de deux topiques non superposables[4]*, il propose de considérer qu'il y a deux « là où c'était ». Le « là où c'était » de l'inconscient et le « là où c'était » du ça.*

L'inconscient, il est clair que je n'y suis pas. De là vient d'ailleurs la surprise du lapsus par exemple. Il y a ici révélation d'une pensée qui cheminait sans que je m'en mêle. À la limite, si j'y suis, c'est dans l'éclair d'une sidération, vite oubliée. Ou encore, c'est avec cette ambiguïté que comporte l'imparfait en français. « Un instant plus tard la bombe éclatait » : dans cette formule je ne peux savoir si elle a ou non éclaté. Ainsi en

1. Sur l'envie du pénis, voir chap. précédent.
2. Cité par Freud, voir *infra*, p. 532, note 1.
3. Voir *infra*, p. 532.
4. Inconscient. Préconscient. Conscient / Ça. Moi. Surmoi.

va-t-il du « je » inconscient, toujours vacillant. Et il est vrai que la pensée inconsciente bute toujours sur un impossible ou un interdit, un désir limité par la loi même qui le produit, bref sur la castration[1]. *Lacan est là-dessus assez proche de Freud.*

Il y a cependant pour lui un deuxième là ou c'était. Le ça, Lacan l'aborde notamment à partir du fantasme, plus précisément de la grammaire du fantasme. Nous avons déjà dit[2] *que dans la forme « visible » du fantasme, dans son état terminal, le sujet a disparu (on ne sait plus qui bat, ni qui est battu). Ce niveau est celui du ça, qui représente tout ce qui n'est pas je. Le « pas-je » est constitué par le reste de la structure grammaticale, ces transformations relatives au sujet et à l'objet qui définissent le fonctionnement de la pulsion. Quant à cet objet, Lacan montre qu'il s'agit en dernier ressort de l'objet* a. *Objet chu que le sujet ne peut se représenter, qu'il ne peut intégrer dans son discours, l'objet* a *implique au niveau du ça un impossible semblable à celui que représente la castration au niveau de l'inconscient.*

Qu'en est-il, à partir de là, de la fin de la cure ? On voit que la distinction de deux « là où c'était » permet de déplacer l'aporie freudienne. Lacan reconnaît l'importance que présente ou présenterait, dans la terminaison d'une cure, la possibilité d'assumer la castration. Si le sujet pouvait reconnaître ce qui fait loi pour lui, s'il cessait de s'en lamenter, s'il pouvait, à partir de là, ne pas céder sur son désir alors légitime, il aurait déjà accompli un changement de position tout à fait essentiel. Mais Lacan engage le questionnement également dans une autre voie.

Il y a une contrainte propre liée au fantasme. Pour s'assurer de son être, le sujet accepte, par exemple, d'être maltraité par celui qui vient se substituer au père, sous-entendant inconsciemment que s'il est maltraité, c'est qu'il est aimé. La fin de la cure permet-elle de se déprendre, pour finir, de ce goût du sacrifice ? Elle pourrait alors se définir comme « traversée du fantasme ».

En ce qui concerne ce qu'il en est, plus précisément, de l'objet a *à la fin de la cure, les formulations de Lacan peuvent varier. Il indique parfois qu'il faut que cet objet – qui est précisément l'objet du fantasme – vienne à se détacher*[3]. *N'est-ce pas à lui que nous sommes ordinairement assujettis*[4] *(a-sujettis pourrait-on écrire). Parfois il semble s'agir, plus simplement, d'en reconnaître la place. Mais, là encore, une question se pose : est-ce le psychanalyste qui au dernier terme se révèle avoir fait fonction d'objet* a, *de telle sorte que l'analysant puisse à partir de là mieux se repérer ? Ou n'est-ce pas aussi bien l'étoffe même de son être que le sujet reconnaît dans cet objet ? Ce qu'il se croit être est le plus souvent illusion, représentation imaginaire, vain discours. L'objet qui commande son désir, en revanche, ce pourrait bien être ce à quoi finalement se réduit son être*[5].

---

1. Lacan l'écrit-φ.
2. Voir *supra*, chapitre IX.
3. Lacan propose une présentation topologique de cette opération, de cette « coupure ». Voir là-dessus M. Darmon, *Essais sur la topologie lacanienne*, Éditions de l'Association freudienne, 1990.
4. Nous avons déjà vu que c'est à partir de la théorie freudienne des objets de la pulsion sexuelle que Lacan forge le concept d'objet *a*. Cependant il en introduit de nouveaux : en plus du sein et des fèces il propose notamment de désigner comme objet *a* la voix et le regard. Or si l'on considère le regard, par exemple, il est à distinguer strictement de ce qui constitue notre vision. Ce qu'il faut souligner c'est que nous sommes fondamentalement des êtres regardés, comme il apparaît notamment dans la honte. La cure permet-elle d'être moins assujettis à ce regard que nous craignons, ce regard qui nous fascine, ce regard auquel nous essayons de plaire ?
5. Une autre question pourrait être posée à partir de l'évolution de la théorie de Lacan dans les dernières années. Il propose en effet une topologie où l'objet *a* n'est pas obtenu par coupure mais produit par coinçage des trois ronds du nœud borroméen. Quelle conséquence cela peut-il avoir dans notre conception de la fin de la cure ?

Toutes ces thèses sont difficiles. On ne les trouve guère que dans des séminaires qui ne sont pas publiés et qui circulent surtout dans les groupes analytiques. De toute façon, sur cette question de la fin de la psychanalyse, Lacan semblait moins soucieux de proposer une réponse que de susciter des témoignages. C'est pour en recevoir qu'il inventa la « passe[1] ».

Qu'est-ce que la passe ? C'est d'abord semble-t-il une tentative faite pour rompre avec une tradition concernant la « formation » ou la « nomination » des analystes. Nombre de sociétés de psychanalystes, celles qui fonctionnent selon les standards de l'I.P.A., organisent des formations réglées de façon minutieuse, où la longueur des analyses « didactiques[2] », la durée de chaque séance, le moment pour le candidat de suivre un enseignement théorique, le nombre de contrôles[3], les listes de « didacticiens » ou de contrôleurs sont fixés de façon très précise – très formaliste, voire bureaucratique, à notre sens. C'est après un parcours ainsi déterminé que dans ces sociétés quelqu'un peut être reconnu analyste. Lacan pour sa part relève qu'un tel dispositif – bien obsessionnel – a toutes les chances de faire obstacle à la cure du futur analyste. Par ailleurs lorsqu'il a, dans la cure, à prendre la responsabilité de ses interventions, de ses interprétations, l'analyste ne s'autorise que de lui-même. Une association d'analystes peut au mieux renvoyer après coup au sujet qui s'engage dans une pratique qu'il ne le fait pas dans des conditions qui compromettraient son exercice.

Pour tenter de saisir ce qu'il en était du passage de l'analysant à l'analyste, Lacan inventa donc la passe. Dans l'École freudienne de Paris, ceux qui le souhaitaient pouvaient s'adresser à des personnes qui étaient les passeurs, parler de leur cure, de la fin de leur cure, de ce qui les amenait à occuper la position de l'analyste[4]. Les passeurs rendaient compte de ce qu'ils avaient entendu à un jury, et celui-ci pouvait nommer Analyste de l'École celui qui, pouvant rendre compte de son propre trajet, semblait particulièrement à même de témoigner des problèmes cruciaux de la psychanalyse. Ainsi, pour une fois, une question institutionnelle semblait pouvoir déboucher sur une élaboration théorique essentielle, celle qui concerne la fin de la psychanalyse.

Dans les différentes associations qui se réclament de l'enseignement de Lacan, cependant, la passe est aujourd'hui diversement appréciée. Si nul ne conteste l'importance des questions que pose le passage à l'analyste, il est curieux qu'une « proposition » ouverte au questionnement ait abouti généralement à des représentations assez figées de la fin de la cure. Peut-être conviendrait-il aujourd'hui de rouvrir des questions plus diversifiées, à partir de tout autres approches, que l'œuvre de Lacan d'ailleurs permet elle-même.

---

1. Voir là-dessus « Proposition du 9 octobre 1967 sur le psychanalyste de l'École », in *Scilicet n° 1*, 1968, Éditions du Seuil.
2. Nous avons déjà vu que l'histoire de la psychanalyse avait amené à considérer comme indispensable l'analyse de celui qui doit devenir analyste : c'est celle-ci que l'on nomme classiquement analyse didactique.
3. On appelle « contrôle », ou supervision, le travail qu'un analyste effectue avec un autre, plus expérimenté, auquel il parle d'un ou plusieurs « cas » afin d'éviter de trop projeter sa problématique propre dans la cure de ses analysants.
4. Dans la perspective lacanienne, cela pose réellement question. Si en effet, notamment au début de la cure, l'analyste est perçu par l'analysant comme « sujet-supposé-savoir », il finit par faire fonction d'objet *a*. Or celui-ci n'est pas seulement l'objet cause du désir : il peut susciter l'horreur, le dégoût, et au bout du processus il constitue de toute façon ce qui est destiné à être rejeté. Qu'est-ce qui peut alors pousser à occuper cette place ?

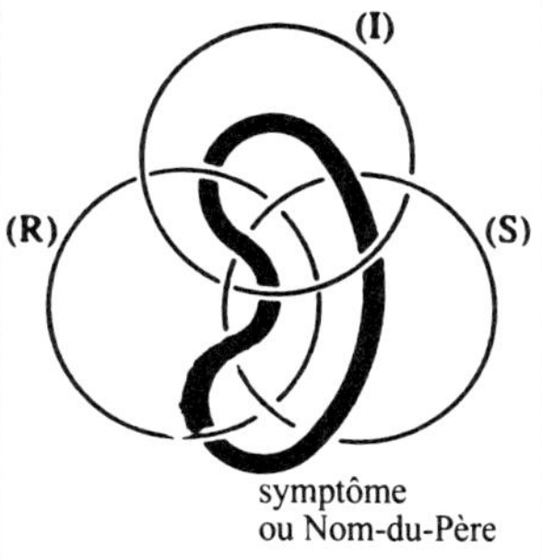

Nœud à 4 ronds (non borroméen). Réel, Symbolique et Imaginaire sont seulement superposés. Leur consistance est assurée par un quatrième rond, celui du Nom-du-Père ou aussi bien du symptôme.

Considérons par exemple la question du père. Lacan n'a cessé de souligner son importance. Ce n'est pas seulement que la forclusion du Nom-du-Père soit pour lui à l'origine de la psychose. Il n'a cessé de désigner le « déclin des Noms-du-Père », ou encore, dans ses tout premiers textes, le déclin des « imagos paternelles », des images sociales de la paternité, comme étant le phénomène culturel le plus propre à entretenir la névrose de l'homme moderne. Lorsqu'il en vient à la topologie des nœuds, il dessine un nœud à 4 ronds pour indiquer que c'est le Nom-du-Père qui fait généralement tenir la structure subjective : le sujet se conforte de l'interdit, quand bien même celui-ci produit le symptôme. Pire, il ne cesse d'en appeler à un maître, qui incarne cette dimension qui le soutient. Lacan dira alors que le Nom-du-Père, on pourrait peut-être s'en passer, à condition de s'en servir. N'est-ce pas à partir d'interrogations de ce type que l'on pourra avancer quant à la question de la fin de la cure ?

L'analyse avec fin et l'analyse sans fin

(1937)

SIGMUND FREUD

Ernest Jones, dans son ouvrage monumental sur la Vie et l'œuvre de Sigmund Freud, *ne signale pour les années 1924-1939 que trois articles concernant la « technique » psychanalytique. Au demeurant, un texte comme « L'analyse avec fin et l'analyse sans fin », qu'il inclut dans cette liste, ne relève pas clairement d'une telle désignation.*

Nous avons déjà dit (voir supra, *chapitre X) qu'il ne s'agissait jamais chez Freud de l'« application » systématique d'une théorie, mais de la présentation des moyens dont il se servait de fait : d'une méthode, plutôt que d'une technique.*

Ici il est encore plus net qu'il n'est pas question de donner une réponse technique à des difficultés qui engagent la conception d'ensemble que nous pouvons avoir de la psychanalyse. C'est sur le sujet lui-même sans son rapport fondamental avec la dimension de la castration que porte finalement la réflexion freudienne.

D'un article assez long nous reprenons le début (première, deuxième et troisième partie) ainsi que la fin (septième et huitième partie). Les parties centrales concernent principalement un retour sur le moi et les mécanismes de défense.

Source : S. Freud, *Die endliche und die unendliche Analyse*, G.W., XVI. Traduction française, « L'analyse avec fin et l'analyse sans fin », *in* Résultats, idées, problèmes, II, P.U.F., 1985.

I

L'EXPÉRIENCE NOUS A ENSEIGNÉ que la thérapie psychanalytique, la libération d'un être humain de ses symptômes névrotiques, inhibitions et anomalies caractérielles, est un travail de longue haleine. C'est pourquoi, dès le tout début, des tentatives ont été faites pour raccourcir la durée des analyses. De tels efforts n'avaient besoin d'aucune justification, ils pouvaient se réclamer des motivations les plus sensées et les plus appropriées. Mais, en eux, agissait, probablement, un reste de ce mépris impatient avec lequel une période antérieure de la médecine avait considéré les névroses comme des suites superfétatoires de dommages invisibles. Dès lors qu'on était obligé de s'en occuper, on voulait du moins en finir avec elles le plus tôt possible. C'est une tentative particulièrement énergique dans ce sens que O. Rank a faite en ajout à son livre *le Traumatisme de la naissance* (1924). Il supposait que l'acte de la naissance était la véritable source de la névrose, en impliquant la possibilité que la « fixation originaire » à la mère ne soit pas surmontée et qu'elle persiste en tant que « refoulement originaire ». Grâce à la liquidation analytique après coup de ce traumatisme originaire, Rank espérait éliminer la névrose entière, de sorte que ce petit morceau d'analyse fasse l'économie de tout le travail analytique restant. Quelques petits mois devaient suffire pour cette opération. On ne contestera pas que le raisonnement rankien était audacieux et ingénieux, mais il ne résista pas à un examen critique. La tentative de Rank était du reste née de son époque et élaborée sous l'impression du contraste entre la misère européenne de l'après-guerre et la *« prosperity »* américaine, et destinée à aligner le tempo de la thérapie analytique sur la précipitation de la vie américaine. On n'a pas eu beaucoup d'écho de ce qu'a fait pour des cas pathologiques la réalisation du projet rankien. Vraisemblablement pas plus que ce que feraient les pompiers si, en cas d'incendie d'une maison provoqué par une lampe à pétrole renversée, ils se contentaient d'enlever la lampe de la pièce où le feu s'est déclaré. Nul doute que de la sorte on pourrait obtenir un abrègement important de l'acte d'extinction. Théorie et pratique de la tentative rankienne appartiennent aujourd'hui au passé – tout comme la *« prosperity »* américaine elle-même.

Moi-même j'avais, déjà avant la guerre, ouvert une autre voie pour accélérer le déroulement d'une cure analytique. Je me chargeai alors du traitement d'un jeune Russe qui, gâté par la richesse, en plein état de détresse, accompagné d'un médecin traitant et d'un garde-malade, était arrivé à Vienne[1]. En l'espace de quelques années il fut possible de lui rendre une grande part de son autonomie, d'éveiller son intérêt pour la vie, de mettre de l'ordre dans ses relations avec les personnes les plus importantes pour lui, mais ensuite s'arrêta le progrès ; l'élucidation de la névrose infantile, sur la base de laquelle avait bien éclos la maladie ultérieure, n'alla pas plus loin, et l'on put reconnaître clairement que le patient ressentait son état présent comme très confortable et ne voulait faire aucun pas qui le rapprochât de la fin du traitement. C'était un cas d'auto-inhibition de la cure ; elle était en danger d'échouer justement de par son succès – partiel. Dans cette situation, je recourus au moyen héroïque de la fixation d'un

1. Voir le texte publié avec le consentement du patient, *l'Histoire d'une névrose infantile*, 1918. L'éclosion ultérieure de la maladie du jeune homme n'y est pas décrite en détail, mais simplement effleurée, là où l'exige absolument ce qui est en rapport avec la névrose de l'enfance.

terme. Je déclarai au patient lors d'une rentrée de travail, que cette prochaine année serait la dernière du traitement, quoi qu'il pût faire durant le temps qui lui était imparti. Il ne m'accorda tout d'abord aucun crédit, mais après s'être convaincu du sérieux inébranlable de mon intention, survint en lui le changement souhaité. Ses résistances se réduisirent à rien et dans les derniers mois il put reproduire tous les souvenirs et retrouver toutes les connexions qui semblaient nécessaires à la compréhension de sa névrose passée et à la maîtrise de sa névrose présente. Lorsqu'il me quitta en plein été 1914, sans pressentir, pas plus que nous tous, les événements si imminents, je le tenais pour guéri, en profondeur et durablement.

Dans une note ajoutée à l'histoire de sa maladie (1923), j'ai déjà signalé que cela ne s'avéra pas exact. Lorsque, vers la fin de la guerre, fugitif sans ressource, il revint à Vienne, je dus l'aider à maîtriser une part non résolue du transfert ; cela réussit en quelques mois et je pus conclure cet additif en informant que « le patient, que la guerre avait dépouillé de sa patrie, de sa fortune, et de toutes ses relations familiales, s'était depuis senti normal et s'était comporté impeccablement ». Les quinze années suivantes n'ont pas démenti ce jugement, mais ont rendu nécessaire d'y apporter des réserves. Le patient est resté à Vienne et a fait ses preuves dans une certaine position sociale, à vrai dire modeste. Mais à plusieurs reprises durant ce temps, son bon état de santé fut interrompu par des incidents morbides, que l'on ne pouvait comprendre que comme des prolongements de la névrose de sa vie. L'habileté d'une de mes élèves, Mme le Dr Ruth Mack Brunswick, a mis à chaque fois un terme à ces états, après un bref traitement ; j'espère qu'elle relatera bientôt elle-même ces expériences. Dans quelques-uns de ces accès, il s'agissait encore et toujours des reliquats du transfert ; ils présentaient alors clairement, malgré toute leur fugacité, un caractère paranoïaque. Mais dans d'autres, le matériel pathogène consistait en fragments de son histoire infantile qui, dans l'analyse avec moi, ne s'étaient pas révélés et se détachaient après coup – on ne peut éviter cette comparaison – comme des fils après une opération ou des fragments osseux nécrosés. Je trouvais l'histoire de la guérison de ce patient non moins intéressante que l'histoire de sa maladie.

J'ai appliqué ultérieurement aussi la fixation d'un terme dans d'autres cas et j'ai aussi pris connaissance des expériences d'autres analystes. Le jugement sur la valeur de cette mesure d'extorsion ne fait pas de doute. Elle est efficace, à condition que l'on choisisse pour elle le bon moment. Mais elle ne peut donner aucune garantie sur la pleine résolution de la tâche. On peut être sûr au contraire que, alors qu'une partie du matériel devient accessible sous la contrainte de la menace, une autre partie reste retenue et se trouve, de ce fait, en quelque sorte ensevelie, se perdant pour l'effort thérapeutique. On ne peut évidemment reculer le terme après qu'il a été une fois fixé ; sinon il a perdu pour la suite à venir tout crédit. La continuation de la cure avec un autre analyste serait l'issue la plus proche ; on sait bien sûr qu'un tel changement signifie une nouvelle perte de temps et un renoncement au gain du travail entrepris. Aussi ne peut-on indiquer en général d'une façon valable quand est arrivé le bon moment pour la mise en œuvre de ce moyen technique violent, il faut s'en remettre à l'intuition. Une fausse manœuvre est irréparable. Le proverbe, le lion ne bondit qu'une fois, a nécessairement raison.

II

Les discussions sur le problème technique de savoir comment on peut accélérer le lent déroulement d'une analyse nous conduisent maintenant à une autre question d'un intérêt plus profond, celle de savoir s'il existe une fin naturelle à une analyse, s'il est même possible de mener une analyse à une telle fin. La langue courante entre analystes semble favoriser une telle supposition, car on entend souvent dire avec regret ou excuse, au sujet d'un frère humain reconnu dans son imperfection : son analyse n'a pas été finie, ou il n'a pas été analysé jusqu'à la fin.

Il faut tout d'abord s'accorder sur ce que l'on entend par l'expression à plusieurs sens « Fin d'une analyse ». En pratique il est facile de le dire. L'analyse est terminée quand l'analyste et le patient ne se rencontrent plus pour l'heure de travail analytique. Ils agiront ainsi lorsque deux conditions sont à peu près remplies ; la première, que le patient ne souffre plus de ses symptômes et ait surmonté ses angoisses comme ses inhibitions ; la seconde, que l'analyste juge que chez le malade tant de refoulé ait été rendu conscient, tant d'incompréhensible élucidé, tant de résistance intérieure vaincue, que l'on n'ait pas à craindre la répétition des processus pathologiques en question. Si par des difficultés extérieures on a été empêché d'atteindre ce but, on préfère parler d'une analyse incomplète plutôt que d'une analyse inachevée.

L'autre signification de la fin d'une analyse est de loin plus ambitieuse. En son nom, la question se pose de savoir si l'influence exercée sur le patient a été poussée si loin qu'on ne peut attendre de la poursuite de l'analyse aucune modification ultérieure. Comme si l'on pouvait donc atteindre par analyse un niveau de normalité psychique absolue, auquel on serait aussi en droit de faire confiance quant à la faculté de se maintenir stable, comme si d'aventure on avait réussi à lever tous les refoulements survenus et à remplir toutes les lacunes du souvenir. On interrogera d'abord l'expérience pour savoir si une telle chose arrive et ensuite la théorie pour savoir si même c'est possible.

Chaque analyste aura traité quelques cas à l'issue aussi heureuse. On a réussi à éliminer le trouble névrotique présent, il n'a pas fait retour et aucun autre ne s'y est substitué. On n'est pas non plus sans comprendre les conditions de ces succès. Le moi des patients n'a pas été notablement modifié et l'étiologie du trouble était essentiellement traumatique. L'étiologie de tous les troubles névrotiques est bien sûr mixte ; il s'agit soit de pulsions excessivement fortes, donc réfractaires au domptage par le moi, soit de l'action de traumatismes précoces, c'est-à-dire prématurés, dont un moi immature n'a pu se rendre maître. En règle générale, il s'agit d'une action conjointe de deux facteurs, le constitutionnel et l'accidentel. Plus le premier est fort, plus un traumatisme conduira à une fixation et laissera derrière lui un trouble de développement ; plus fort est le traumatisme, plus sûrement il manifestera son action nocive, même dans des conditions pulsionnelles normales. Il n'y a aucun doute que l'étiologie traumatique offre à l'analyse l'occasion de loin la plus favorable. C'est seulement dans le cas à prépondérance traumatique que l'analyse réalisera ce dont elle est magistralement capable : substituer, grâce au renforcement du moi, une résolution correcte à la décision inadéquate remontant à l'âge précoce. C'est seulement en pareil cas qu'on peut parler d'une analyse définitivement terminée. Ici l'analyse a fait son devoir et n'a pas besoin d'être poursuivie. Si le patient ainsi rétabli ne produit plus jamais un trouble qui lui rende l'analyse nécessaire, on ne sait évidemment pas quelle part de cette immunité revient à la faveur du destin, qui a pu lui épargner le poids de trop fortes épreuves.

La force pulsionnelle constitutionnelle et la modification défavorable du moi acquise dans la lutte défensive, au sens d'une dislocation et d'une restriction, sont les facteurs qui sont défavorables à l'action de l'analyse et peuvent prolonger sa durée dans une impossible conclusion. On est tenté de rendre le premier facteur, la force pulsionnelle, responsable également de la formation de l'autre, la modification du moi, mais il semble que cette dernière ait aussi sa propre étiologie, et il faut à vrai dire avouer que ces choses-là ne sont pas encore suffisamment connues. C'est tout juste maintenant qu'elles deviennent objet de l'étude analytique. L'intérêt des analystes ne me semble pas du tout bien orienté en ce domaine. Au lieu d'examiner comment la guérison advient par l'analyse, ce que je tiens pour suffisamment élucidé, la question à poser devrait être : quels obstacles se trouvent sur le chemin de la guérison analytique.

Je voudrais ici à titre de complément traiter deux problèmes, qui résultent directement de la pratique analytique, comme doivent le montrer les exemples suivants. Un homme, qui a pratiqué l'analyse lui-même avec grand succès, juge que son rapport à l'homme comme à la femme – aux hommes qui sont ses concurrents et à la femme qu'il aime – n'est pourtant pas libre d'entraves névrotiques, et pour cette raison se constitue l'objet analytique d'un autre qu'il tient pour supérieur à lui. Cette radioscopie critique de sa propre personne lui vaut un plein succès. Il épouse la femme aimée et se transforme en ami et maître de ses rivaux supposés. Bien des années se passent ainsi, au cours desquelles même la relation à l'analyste d'autrefois se maintient sans nuage. Mais ensuite survient un trouble sans cause extérieure décelable. L'analysé entre en opposition avec l'analyste, il lui reproche d'avoir négligé de lui donner une analyse complète. Il aurait pourtant dû savoir et prendre en considération qu'une relation de transfert ne peut jamais être purement positive ; il aurait dû se soucier des possibilités d'un transfert négatif. L'analyste se justifie de ce qu'au temps de l'analyse on ne pouvait rien percevoir d'un transfert négatif. Mais à supposer même qu'il n'ait pas vu les plus légers indices de celui-ci, ce qui n'était pas exclu en raison de l'étroitesse de l'horizon en cette aube de l'analyse, il resterait douteux qu'il ait eu le pouvoir d'activer, par une simple indication de sa part, un thème ou, comme on dit, un « complexe », tant que celui-ci n'était pas actuel chez le patient lui-même. Pour ce faire il aurait donc certes fallu recourir à une action, au sens réel, inamicale à l'encontre du patient. Et d'ailleurs il ne faut pas estimer comme un transfert toute bonne relation entre analyste et analysé, pendant et après l'analyse. Il y a aussi des relations amicales qui sont fondées en réalité et s'avèrent viables.

Je joins tout de suite le deuxième exemple d'où émerge le même problème. Une fille d'un certain âge, depuis sa puberté, a été écartée de la vie par une incapacité à marcher consécutive à de violentes douleurs aux jambes, l'état est manifestement de nature hystérique, il a défié de nombreux traitements ; une cure analytique de trois trimestres l'élimine et redonne à cette personne capable, et de valeur, ses droits de prendre part à la vie. Les années après la guérison n'apportent rien de bon : catastrophes dans la famille, perte de biens ; l'âge venant, disparition de toute perspective de bonheur en amour et de mariage. Mais la malade d'autrefois fait face à tout avec vaillance et dans ces temps difficiles sert de soutien aux siens. Je ne sais plus si ce fut douze ou quatorze ans après l'achèvement de la cure que des saignements profus rendirent nécessaire un examen gynécologique. On découvrit un myome qui justifia l'ablation totale de l'utérus. À partir de cette opération la jeune fille redevint malade. Elle tomba amoureuse du chirurgien, s'adonna à des fantasmes masochistes sur les modifications effroyables de l'intérieur de son corps, dont elle voila son roman d'amour, se révéla inaccessible à une nouvelle tentative analytique et ne redevint plus jamais normale jusqu'à la fin de sa vie. Le traitement couronné de succès remonte à si loin qu'on ne peut émettre à son endroit de grandes exigences ; il se situe dans les premières années de mon activité analytique. Il est néanmoins possible que la seconde atteinte provienne de la même racine que la première qui avait été heureusement surmontée, et qu'elle soit l'expression modifiée des mêmes motions refoulées qui n'avaient trouvé dans l'analyse qu'une résolution imparfaite. Mais je serais tenté de croire que sans le nouveau traumatisme on n'en serait pas venu à une nouvelle irruption de la névrose.

Ces deux cas, intentionnellement choisis à partir d'un grand nombre de cas semblables, suffiront à attiser la discussion sur nos thèmes. Sceptiques, optimistes, ambitieux les évalueront de manière tout à fait différente. Les premiers diront qu'il est bien prouvé que même un traitement analytique réussi ne préserve pas celui qui fut autrefois guéri d'être atteint plus tard d'une autre névrose, et même d'une névrose issue de la même racine pulsionnelle, donc à vrai dire d'un retour de l'ancienne souffrance. Les autres considéreront que la preuve n'en est pas apportée. Ils objecteront que les deux expériences provenaient des tout premiers temps de l'analyse, il y a vingt et il y a trente ans. Depuis lors nos vues se seraient approfondies et élargies, notre technique se serait modifiée en s'adaptant aux nouvelles acquisitions. On serait aujourd'hui en droit d'exiger et d'attendre qu'une guérison analytique prouve sa durabilité ou pour le moins qu'une nouvelle atteinte ne s'avère pas être une reviviscence, sous de nouvelles formes d'expression, de la perturbation pulsionnelle antérieure. L'expérience ne nous obligerait pas à limiter d'une façon si sensible les exigences à l'égard de notre thérapie.

J'ai naturellement choisi ces deux observations justement parce qu'elles remontent à si loin. Plus le succès du traitement est récent, plus il devient, comme cela se conçoit, inutilisable pour nos considérations, puisque nous n'avons aucun moyen de prévoir le destin ultérieur d'une guérison. Les attentes des optimistes présupposent manifestement bien des choses qui ne vont précisément pas de soi, premièrement, qu'il est en somme possible de résoudre un conflit pulsionnel (pour mieux dire : un conflit du moi avec une pulsion) définitivement et pour toujours, deuxièmement, que l'on peut réussir à vacciner, pour ainsi dire, un homme, pendant qu'on le traite pour un conflit pulsionnel donné, contre toutes les autres possibilités de conflit de cette sorte, troisièmement, qu'on a le pouvoir de réveiller, dans le but d'un traitement préventif, un tel conflit pathogène qui ne se trahit actuellement par aucun indice, et qu'il est sage d'agir ainsi. Je soulève ces questions sans vouloir présentement y répondre. Peut-être une réponse certaine ne nous est-elle absolument pas possible actuellement.

Des réflexions théoriques nous autoriseront probablement à contribuer quelque peu à leur appréciation. Mais quelque chose d'autre nous est d'ores et déjà devenu clair : la voie de la satisfaction des exigences accrues envers la cure analytique ne mène pas au raccourcissement de sa durée ni ne passe par celui-ci.

III

UNE EXPÉRIENCE ANALYTIQUE qui s'étend sur plusieurs décennies et un changement dans les modalités de ma pratique m'encouragent à tenter de répondre aux questions posées. Dans les tout premiers temps j'avais affaire à un assez grand nombre de patients qui, comme on le conçoit, faisaient pression pour une liquidation rapide ; dans les dernières années, les analyses didactiques devinrent prépondérantes et il resta auprès de moi un nombre relativement restreint de malades graves, pour un traitement suivi bien qu'entrecoupé d'interruptions plus ou moins longues. Pour ces derniers la finalité thérapeutique était devenue autre. Un raccourcissement de la cure n'entrait plus en ligne de compte, l'intention était d'en arriver à un tarissement radical des possibilités de maladie et à une modification en profondeur de la personne.

Des trois facteurs que nous avons reconnus comme déterminants quant aux chances de la thérapie analytique : influence des traumatismes – force constitutionnelle des pulsions – modification du moi, seul nous importe ici celui du milieu, la force pulsionnelle. La réflexion suivante nous fait mettre en doute que la limitation par l'épithète constitutionnel (ou congénital) soit indispensable. Pour si décisif que puisse être au tout début le facteur constitutionnel, il n'en demeure pas moins pensable qu'un renforcement pulsionnel survenant plus tard dans la vie puisse manifester les mêmes effets. La formule serait donc à modifier : force pulsionnelle actuelle au lieu de constitutionnelle. La première de nos questions s'énonçait ainsi : est-il possible de liquider durablement et définitivement par thérapie analytique un conflit de la pulsion avec le moi ou une revendication pulsionnelle pathogène à l'égard du moi ? Il n'est probablement pas inutile, pour éviter tout malentendu, d'expliciter davantage ce que l'on entend par la formule : liquidation durable d'une revendication pulsionnelle. Sûrement pas l'amener à disparaître au point qu'elle ne refasse plus jamais parler d'elle. C'est en général impossible et ce ne serait pas non plus du tout souhaitable. Non, mais quelque chose d'autre que l'on peut à peu près désigner comme le « domptage » de la pulsion : ce qui veut dire que la pulsion, totalement intégrée dans l'harmonie du moi, est accessible à toutes les influences exercées par les autres tendances dans le moi, qu'elle ne suit plus ses propres voies vers la satisfaction. Si l'on demande sur quelles voies et par quels moyens cela se produit, il n'est guère facile d'apporter une réponse. Il faut se dire : « Il faut donc bien que la sorcière s'en mêle. [1]» Entendez : la sorcière métapsychologie. Sans spéculer ni théoriser – pour un peu j'aurais dit fantasmer – métapsychologiquement, on n'avance pas ici d'un pas. Malheureusement les informations de la sorcière ne sont cette fois encore ni très claires ni très explicites. Nous n'avons qu'un seul point de repère – toutefois inestimable – dans l'opposition entre processus primaire et secondaire, et c'est à lui que je veux, ici également, renvoyer.

Si nous revenons maintenant à notre première question, nous trouvons que notre nouveau point de vue nous impose une décision déterminée. La question s'énonçait : est-il possible de liquider durablement et définitivement un conflit pulsionnel, c'est-à-dire de « dompter » la revendication pulsionnelle de la sorte. Dans cette formulation de la question, la force pulsionnelle n'est absolument pas mentionnée, mais c'est justement d'elle que dépend l'issue. Partons du fait que l'analyse ne réalise chez le névrosé

1. Citation extraite du *Faust* de Goethe (première partie, scène « Cuisine de sorcière », vers 2365).

rien d'autre que ce à quoi réussit l'homme sain sans cette aide. Mais chez l'homme sain, l'expérience quotidienne l'enseigne, toute décision d'un conflit pulsionnel ne vaut que pour une force pulsionnelle déterminée, plus exactement, ne vaut qu'au sein d'une relation déterminée entre force de la pulsion et force du moi[1]. Si la force du moi cède, par maladie, épuisement et autres, toutes les pulsions jusqu'alors domptées avec bonheur peuvent présenter de nouveau leurs revendications et aspirer à leurs satisfactions substitutives par des voies anormales[2]. La preuve irréfutable de cette assertion est bien apportée par le rêve nocturne, qui réagit à la position de sommeil du moi par le réveil des revendications pulsionnelles.

Tout aussi indubitable est le matériel provenant de l'autre côté. À deux reprises au cours du développement individuel surviennent des renforcements considérables de certaines pulsions, à la puberté et aux environs de la ménopause chez les femmes. Nous ne sommes pas le moins du monde surpris de voir des personnes qui n'étaient auparavant pas névrosées le devenir à ces moments-là. Le domptage des pulsions, qu'elles avaient réussi lorsque celles-ci avaient une force moindre, échoue maintenant lors de leur renforcement. Les refoulements se comportent comme des digues contre l'assaut des eaux. Le même résultat que réalisent ces deux renforcements pulsionnels physiologiques peut être produit de façon irrégulière à tout autre moment de la vie par des influences accidentelles. On en arrive à des renforcements pulsionnels par de nouveaux traumatismes, des frustrations imposées, des influences collatérales des pulsions les unes sur les autres. Le résultat est chaque fois le même, il confirme la puissance irrésistible du facteur quantitatif dans la causation de la maladie.

J'ai ici l'impression que je devrais avoir honte de toutes ces discussions pesantes, ce qu'elles disent étant connu depuis longtemps et allant de soi. Effectivement nous nous sommes toujours comporté comme si nous savions cela, à cette réserve près que dans nos représentations théoriques nous avons négligé la plupart du temps de tenir compte du point de vue *économique* dans la même mesure que des points de vue *dynamique* et *topique*. Mon excuse c'est donc que je remets en mémoire cette négligence.

Mais avant de nous décider à répondre à notre question nous devons écouter une objection dont la force réside en ce que nous lui sommes vraisemblablement acquis d'emblée. Elle énonce que nos arguments sont tous tirés des processus spontanés existant entre moi et pulsion, et qu'ils présupposent que la thérapie analytique ne peut rien faire qui ne se produise de soi-même dans des conditions favorables normales. Mais en est-il vraiment ainsi ? Notre théorie ne revendique-t-elle justement pas l'instauration d'un état qui n'est jamais présent spontanément dans le moi et dont la création originale constitue la différence essentielle entre l'homme analysé et celui qui ne l'est pas ? Examinons à quoi se réfère cette revendication. Tous les refoulements se produisent dans la première enfance ; ce sont des mesures de défense primitives du moi immature et faible. Dans les années ultérieures aucun nouveau refoulement ne s'accomplit, mais les anciens se maintiennent et le moi continue à recourir à leurs services en vue de la domination sur les pulsions. De nouveaux conflits sont, comme nous le disons, liquidés

1. Pour corriger scrupuleusement : pour une certaine étendue de cette relation.
2. Ceci pour justifier la revendication étiologique de facteurs aussi peu spécifiques que le surmenage, l'effet de choc, etc., qui ont toujours été assurés d'une reconnaissance unanime et qui ont dû être repoussés à l'arrière-plan précisément par la psychanalyse. La santé, justement, ne se laisse pas décrire autrement que de façon métapsychologique, en référence à des rapports de force entre les instances de l'appareil de l'âme que nous avons reconnues ou, si l'on veut, supposées, déduites.

par « refoulement après coup ». On peut dire à juste titre de ces refoulements infantiles ce que nous avons généralement affirmé, à savoir qu'ils dépendent pleinement et totalement du rapport relatif des forces et qu'ils ne peuvent tenir bon devant un accroissement de la force pulsionnelle. Mais l'analyse amène le moi, qui a mûri et s'est fortifié, à réviser ces anciens refoulements ; quelques-uns sont détruits, d'autres reconnus, mais nouvellement construits en matériau plus solide. Ces nouvelles digues ont une tout autre solidité que les premières ; on peut se fier à elles pour qu'elles ne cèdent pas si facilement à la marée montante de l'accroissement pulsionnel. La correction après coup du processus de refoulement originaire, laquelle met fin à la puissance excessive du facteur quantitatif, serait donc l'opération proprement dite de la thérapie analytique.

Voilà où nous amène notre théorie, à laquelle nous ne pouvons renoncer sans une contrainte irrécusable. Et qu'en dit l'expérience ? Elle n'est peut-être pas encore suffisamment étendue pour qu'on en décide avec certitude. Assez souvent elle fait droit à nos attentes, mais pas à chaque fois. On a l'impression qu'on ne devrait pas être surpris quand il apparaît à la fin que la différence entre le non-analysé et le comportement ultérieur de l'analysé n'est pas aussi radicale que nous y aspirons, l'attendons et l'affirmons. De ce fait, l'analyse pourrait certes parvenir plus d'une fois à éliminer l'influence du renforcement pulsionnel, mais pas régulièrement. Ou bien son action se limiterait à élever la force de résistance des inhibitions si bien que celles-ci seraient, après l'analyse, à la hauteur d'exigences bien plus fortes qu'avant l'analyse ou sans celle-ci. Ici je ne me hasarderai vraiment à aucune décision, et ne sais non plus si celle-ci est possible pour l'instant.

Mais la compréhension de cette inconstance dans l'action de l'analyse peut être abordée d'un autre côté. Nous savons que le premier pas vers la maîtrise intellectuelle du monde environnant, où nous vivons, consiste à découvrir des généralités, des règles, des lois, qui mettent de l'ordre dans le chaos. Par ce travail, nous simplifions le monde des phénomènes, mais nous ne pouvons nous empêcher aussi de le falsifier, particulièrement lorsqu'il s'agit de processus de développement et de transformation. Ce qui nous importe, c'est de saisir un changement qualitatif, et en règle générale nous négligeons alors, au moins au début, un facteur quantitatif. Dans la réalité, les transitions et étapes intermédiaires sont bien plus fréquentes que les états opposés nettement tranchés. Dans les développements et les transformations notre attention se porte seulement sur le résultat ; nous aimons ne pas voir que d'habitude de tels processus s'accomplissent de façon plus ou moins incomplète, et qu'à vrai dire ils ne sont au fond que des modifications partielles. Le pénétrant auteur satirique de la vieille Autriche, J. Nestroy, a déclaré une fois : « Tout progrès n'est jamais qu'à moitié aussi grand qu'il ne le paraît dès l'abord. » On serait tenté d'attribuer à cette phrase malicieuse une valeur tout à fait générale. Il y a presque toujours des manifestations résiduelles, une immobilisation partielle en arrière. Quand le mécène généreux nous surprend par un trait isolé de pingrerie, quand celui qui déborde habituellement de bonté se laisse aller brusquement à un acte hostile, ces « manifestations résiduelles » sont inestimables pour la recherche génétique. Elles nous montrent que ces qualités louables et précieuses reposent sur la compensation et la surcompensation qui, comme on pouvait s'y attendre, n'ont pas réussi complètement, dans toute leur ampleur. Si, dans notre première description du développement libidinal, nous avons énoncé qu'une phase orale originaire faisait place à la phase sadique-anale et celle-ci à la phase phallique-génitale, la recherche ultérieure n'y a sans doute pas contredit, mais a ajouté en correctif que ces substitutions ne s'effectuent pas brusquement mais progressivement, de sorte qu'à tout moment des fragments de l'organisation antérieure subsistent à côté de la plus récente et que, même dans le développement normal, la transformation ne se fait jamais complètement, de sorte que des restes des fixations libidinales antérieures peuvent être maintenus jusque dans la configuration définitive. Nous voyons la même chose dans de tout autres domaines. Aucune des croyances erronées et superstitieuses de l'humanité, prétendument vaincues, dont il ne survive aujourd'hui parmi nous des restes, dans les couches profondes des peuples civilisés ou même dans les couches supérieures de la société civilisée. Ce qui une fois est venu à la vie, sait s'affirmer avec ténacité. On pourrait parfois douter que les dragons du temps originaire soient vraiment morts jusqu'au dernier.

Pour appliquer maintenant cela à notre cas, je pense qu'à la question de savoir comment s'explique l'inconstance de notre thérapie analytique, on pourrait facilement répondre que nous ne réalisons pas toujours dans une pleine mesure et donc pas assez profondément notre intention de remplacer les refoulements perméables par des maîtrises fiables et conformes au moi. La transformation réussit, mais souvent de façon seulement partielle ; des parties des mécanismes anciens restent sans avoir été touchées par le travail analytique. Il est difficile de prouver qu'il en est vraiment ainsi ; nous n'avons évidemment pas d'autre moyen d'en juger que précisément le résultat qu'il s'agit d'expliquer. Mais les impressions que l'on recueille pendant le travail analytique ne contredisent pas notre hypothèse, elles semblent plutôt la confirmer. Seulement la clarté de notre propre compréhension ne doit pas nous servir de mesure pour la conviction que nous faisons naître chez l'analysé. Elle peut manquer de « profondeur », pourrions-nous dire ; il s'agit toujours du facteur quantitatif que nous aimons ne pas voir. Si telle est la solution, on peut dire que l'analyse, avec sa prétention de guérir des névroses en assurant la domination sur les pulsions, a toujours raison en théorie, mais pas toujours en pratique. Et cela du fait qu'elle ne réussit pas toujours à assurer dans une mesure suffisante les bases de la maîtrise pulsionnelle. La raison de cet insuccès partiel est facile à trouver. Le facteur quantitatif de la force pulsionnelle s'était opposé en son temps à la visée défensive du moi ; c'est pourquoi nous avons appelé le travail analytique à l'aide, et voilà que ce même facteur d'efficacité pose une limite à ce nouvel effort. En cas de force pulsionnelle excessivement grande, le moi mûri et soutenu par l'analyse échoue dans sa tâche, tout comme autrefois le moi démuni[1], la domination sur les pulsions s'améliore, mais elle demeure imparfaite parce que la transformation du mécanisme de défense n'est qu'incomplète. Rien d'étonnant à cela, car l'analyse ne travaille pas avec des pouvoirs illimités, mais restreints, et le résultat final dépend toujours du rapport de forces relatif des instances qui luttent entre elles.

Il est indubitablement souhaitable de raccourcir la durée d'une cure analytique, mais la voie pour parvenir à notre objectif thérapeutique ne fait toujours que passer par l'accroissement de la force d'appoint analytique que nous voulons apporter au moi. L'influence exercée sous hypnose semblait être un excellent moyen pour atteindre nos fins ; on sait pourquoi nous avons dû y renoncer. On n'a pas trouvé jusqu'à présent de substitut à l'hypnose, mais on comprend, de ce point de vue, les efforts thérapeutiques malheureusement infructueux auxquels un maître de l'analyse comme Ferenczi a consacré les dernières années de sa vie.

1. *Hilflos.*

VII

Une substantielle conférence prononcée par S. Ferenczi en 1927, « Le problème de la terminaison des analyses »[1], se conclut par la réconfortante assurance « que l'analyse n'est pas un processus sans fin, mais peut, si l'analyste possède la compétence et la patience requises, être menée jusqu'à une conclusion naturelle ». J'estime qu'au total cet essai a malgré tout la valeur d'une exhortation à s'assigner comme but non le raccourcissement, mais l'approfondissement de l'analyse. Ferenczi ajoute encore la précieuse remarque selon laquelle il est à un tel point décisif, pour le succès, que l'analyste ait suffisamment appris de ses propres « errements et erreurs », et qu'il ait soumis à son pouvoir les « points faibles de sa propre personnalité ». Il en résulte un complément important à notre sujet. Ce n'est pas seulement la constitution du moi du patient, mais le caractère propre de l'analyste qui revendique sa place parmi les facteurs qui influencent les perspectives de la cure analytique et rendent celle-ci difficile selon le caractère des résistances.

Il est incontestable que les analystes n'ont pas complètement atteint, dans leur propre personnalité, le degré de normalité psychique auquel ils veulent faire accéder leurs patients. Des adversaires de l'analyse ont coutume de relever cet état de fait en ricanant et d'en tirer argument pour conclure à la vanité des efforts analytiques. On pourrait rejeter cette critique en tant qu'exigence injustifiée. Les analystes sont des personnes qui ont appris à exercer un art défini et ont par ailleurs le droit d'être des hommes tout comme d'autres. On n'a pourtant pas coutume d'affirmer que quelqu'un n'est pas bon à faire un médecin des maladies internes si ses organes internes ne sont pas sains ; on peut au contraire trouver certains avantages à ce que quelqu'un menacé lui-même de tuberculose se spécialise dans le traitement des tuberculeux. Mais les cas ne se recouvrent pas. Le médecin malade des poumons ou du cœur, dans toute la mesure où il est resté apte à remplir sa fonction, n'est handicapé par son état de malade ni dans le diagnostic ni dans la thérapeutique des maux internes, alors que l'analyste, par suite des conditions particulières du travail analytique, est vraiment perturbé par ses propres défectuosités quand il s'agit de saisir exactement la situation du patient et d'y réagir de manière efficace. C'est donc à bon escient qu'on exigera de l'analyste, comme une part de ce qui atteste sa qualification, un assez haut degré de normalité et de rectitude psychique ; à cela s'ajoute qu'il a, en outre, besoin d'une certaine supériorité pour agir sur le patient comme modèle dans certaines situations analytiques, comme maître dans d'autres. Et enfin, il ne faut pas oublier que la relation analytique est fondée sur l'amour de la vérité, c'est-à-dire sur la reconnaissance de la réalité, et qu'elle exclut tout faux-semblant et tout leurre.

Arrêtons-nous un instant pour assurer l'analyste de notre sincère compassion, sachant qu'il doit, dans l'exercice de son activité, satisfaire à de si lourdes exigences. Il semble presque, cependant, qu'analyser soit le troisième de ces métiers « impossibles », dans lesquels on peut d'emblée être sûr d'un succès insuffisant. Les deux autres, connus depuis beaucoup plus longtemps, sont éduquer et gouverner. Que le futur analyste soit un homme accompli avant qu'il se soit occupé d'analyse, partant que seules puissent se tourner vers ce métier des personnes d'une si haute et si rare

1. *Internationale Zeitschrift für Psychoanalyse*, vol. XIV, 1928.

perfection, c'est ce qu'on ne peut manifestement pas exiger. Mais où et comment le pauvre malheureux doit-il acquérir cette aptitude idéale dont il aura besoin dans son métier ? La réponse sera : dans l'analyse personnelle, par laquelle commence sa préparation à sa future activité. Pour des raisons pratiques, celle-ci ne peut être que brève et incomplète ; son but essentiel est de donner au maître la possibilité de juger si le candidat peut être admis à poursuivre sa formation. Sa tâche est accomplie si elle apporte à l'apprenti la ferme conviction de l'existence de l'inconscient, si elle lui procure lors de l'émergence du refoulé les perceptions de soi habituellement non dignes de foi et si, grâce à un premier échantillon, elle lui indique la technique qui est la seule à avoir fait ses preuves dans l'activité analytique. Cela seul ne suffirait pas à instruire, mais on escompte que les incitations contenues dans l'analyse personnelle ne prendront pas fin avec l'arrêt de celle-ci, que les processus de remaniement du moi se poursuivront spontanément chez l'analysé et qu'ils utiliseront toutes les expériences ultérieures dans le sens nouvellement acquis. C'est en effet ce qui se produit et, dans la mesure où cela se produit, cela rend l'analysé propre à devenir analyste.

Il est regrettable qu'il se produise par ailleurs encore autre chose. On en est réduit à des impressions lorsqu'on veut le décrire ; hostilité d'un côté, partialité de l'autre créent une atmosphère qui n'est pas favorable à l'investigation objective. Il semble ainsi que nombre d'analystes apprennent à utiliser des mécanismes de défense qui leur permettent de détourner de leur propre personne des conséquences et exigences de l'analyse, probablement en les dirigeant sur d'autres, si bien qu'ils restent eux-mêmes comme ils sont, et peuvent se soustraire à l'influence critique et correctrice de l'analyse. Il se peut que ce processus donne raison à l'écrivain lorsqu'il nous rappelle qu'à l'homme à qui échoit la puissance il est bien difficile de ne pas en mésuser[1]. De temps à autre s'impose, à qui s'efforce de comprendre, l'analogie déplaisante avec l'effet des rayons Roentgen, lorsqu'on les manie sans précautions particulières. Il n'y aurait pas lieu de s'étonner si, chez l'analyste lui-même, du fait du commerce incessant avec tout le refoulé qui, dans l'âme humaine, lutte pour sa libération, se voient arrachées à leur sommeil toutes ces revendications pulsionnelles qu'il peut habituellement maintenir dans l'état de répression. Ce sont là aussi des « dangers de l'analyse » qui, à vrai dire, ne menacent pas le partenaire passif, mais le partenaire actif de la situation analytique, et l'on ne devrait pas omettre de les affronter. De quelle manière, cela ne fait aucun doute. Chaque analyste devrait périodiquement, par exemple tous les cinq ans, se constituer à nouveau objet de l'analyse, sans avoir honte de cette démarche. Cela signifierait donc que l'analyse personnelle, elle aussi, et pas seulement l'analyse thérapeutique pratiquée sur le malade, cesserait d'être une tâche ayant une fin pour devenir une tâche sans fin.

Il est temps cependant ici d'écarter un malentendu. Je n'ai pas l'intention d'affirmer que l'analyse est fondamentalement un travail sans conclusion. Quelle que soit la position théorique qu'on adopte quant à cette question, la terminaison d'une analyse est d'après moi une affaire de pratique. Tout analyste expérimenté pourra se souvenir d'une série de cas dans lesquels il a durablement pris congé d'un patient *rebus bene gestis*. La pratique s'éloigne beaucoup moins de la théorie dans les cas de ce qu'on appelle analyse de caractère. Ici l'on ne pourra pas facilement prévoir une fin naturelle, même si l'on se garde d'attentes exagérées et si l'on ne fixe aucune tâche

1. Anatole France, *la Révolte des anges*.

extrême à l'analyse. On ne s'assignera pas pour but d'abraser toutes les particularités humaines au profit d'une normalité schématique, ni même d'exiger que celui qui a été « analysé à fond » n'ait plus le droit de ressentir aucune passion ni de développer aucun conflit interne. L'analyse doit instaurer les conditions psychologiques les plus favorables aux fonctions du moi ; cela fait, sa tâche serait accomplie.

VIII

DANS LES ANALYSES THÉRAPEUTIQUES, tout comme dans les analyses de caractère, on est amené à remarquer le fait que deux thèmes se distinguent particulièrement et donnent singulièrement de mal à l'analyste. La loi qui s'exprime ici ne saurait être longtemps méconnue. Les deux thèmes sont liés à la différence des sexes ; l'un est tout aussi caractéristique de l'homme que l'autre de la femme. Malgré la différence du contenu il y a là des correspondances évidentes. Quelque chose qui est commun aux deux sexes a été forcé, par la différence des sexes, à se mouler dans l'une et l'autre formes d'expression.

Les deux thèmes en correspondance mutuelle sont pour la femme l'*envie du pénis* – l'aspiration positive à la possession d'un organe génital masculin –, pour l'homme la rébellion contre sa position passive ou féminine envers un autre homme. Ce qu'il y a de commun aux deux a été très tôt mis en relief par la nomenclature psychanalytique en tant que comportement à l'égard du complexe de castration ; Alfred Adler a plus tard mis en usage l'appellation, pleinement pertinente pour l'homme, de « protestation virile » ; je pense que le « refus de la féminité » aurait été dès le début la description exacte de cette part si remarquable de la vie de l'âme humaine.

Si l'on tente d'insérer ce facteur dans notre corps de doctrine théorique, il ne faut pas méconnaître que, de par sa nature, il ne peut avoir la même place dans les deux sexes. Chez l'homme, l'aspiration à la virilité est dès le début et entièrement en accord avec le moi ; la position passive, étant donné qu'elle présuppose l'hypothèse de la castration, est énergiquement refoulée et plus d'une fois seules d'excessives surcompensations révèlent son existence. Chez la femme aussi, l'aspiration à la virilité est en accord avec le moi à une certaine époque, celle de la phase phallique, avant le développement qui mène à la féminité. Mais ensuite cette aspiration est soumise à cet important processus de refoulement de l'issue duquel, comme nous l'avons souvent exposé, dépendant les destins de la féminité. Ce qui comptera beaucoup, c'est de savoir si une quantité suffisante du complexe de virilité se soustrait au refoulement et influence durablement le caractère ; de grandes parts du complexe sont normalement transformées pour contribuer à l'édification de la féminité ; du désir inassouvi du pénis doit naître le désir de l'enfant et de l'homme qui porte le pénis. Nous trouvons cependant, avec une fréquence inhabituelle, que le désir de virilité est resté conservé dans l'inconscient et déploie à partir du refoulement ses effets perturbateurs.

Comme on le voit d'après ce qui précède, c'est, dans les deux cas, ce qui concerne le sexe opposé qui succombe au refoulement. J'ai déjà mentionné ailleurs[1] que ce point de vue me fut en son temps exposé par Wilhelm Fliess, qui était enclin à voir dans l'opposition des sexes la cause véritable et le motif originaire du refoulement. Je

1. Ein Kind wird geschlagen, *G.W.*, vol. XII, p. 222. (Un enfant est battu.)

ne fais que réitérer mon désaccord d'autrefois en refusant de sexualiser de cette manière le refoulement et donc de lui donner un fondement biologique et non pas seulement psychologique.

La signification éminente de ces deux thèmes – le désir de pénis chez la femme et la rébellion contre la position passive chez l'homme – n'a pas échappé à l'attention de Ferenczi. Dans sa conférence de 1927, il pose comme exigence que toute analyse devrait, pour être couronnée de succès, avoir maîtrisé ces deux complexes[1]. J'aimerais, à partir de ma propre expérience, ajouter que je trouve ici Ferenczi particulièrement ambitieux. À aucun moment du travail analytique on ne souffre davantage de sentir de manière oppressante la vanité d'efforts répétés, de soupçonner que l'on « prêche aux poissons », que lorsqu'on veut inciter les femmes à abandonner leur désir de pénis comme irréalisable, et lorsqu'on voudrait convaincre les hommes qu'une position passive envers l'homme n'a pas toujours la signification d'une castration et qu'elle est indispensable dans de nombreuses relations de l'existence. De la surcompensation arrogante de l'homme découle l'une des plus fortes résistances de transfert. L'homme ne veut pas se soumettre à un substitut paternel, ne veut pas être son obligé, ne veut donc pas davantage accepter du médecin la guérison. Un transfert analogue ne peut pas s'instaurer à partir du désir de pénis de la femme, par contre proviennent de cette source des accès de dépression grave née de la certitude intérieure que la cure analytique ne servira de rien et qu'aucune aide ne peut être apportée à la malade. On ne lui donnera pas tort si l'on sait que l'espoir d'acquérir malgré tout l'organe masculin, dont le manque est douloureusement ressenti, fut le motif le plus fort qui l'ai poussée à la cure.

Mais de cela on tire encore un enseignement : la forme sous laquelle la résistance apparaît, que ce soit ou non en tant que transfert, importe peu. Ce qui reste déterminant c'est que la résistance ne laisse se faire aucune modification, que tout reste en l'état. On a souvent l'impression, avec le désir de pénis et la protestation virile, de s'être frayé un passage, à travers toute la stratification psychologique, jusqu'au « roc d'origine » et d'en avoir ainsi fini avec son travail. Il ne peut pas en être autrement, car pour le psychique le biologique joue véritablement le rôle du roc d'origine sous-jacent. Le refus de la féminité ne peut évidemment rien être d'autre qu'un fait biologique, une part de cette grande énigme de la sexualité[2]. Dire si et quand nous avons réussi dans une cure analytique à maîtriser ce facteur sera difficile. Nous nous consolons avec la certitude que nous avons procuré à l'analysé toute incitation possible pour réviser et modifier sa position à l'égard de ce facteur.

1. « ... il faut que tout patient masculin acquière à l'égard du médecin, comme signe qu'il a surmonté l'angoisse de castration, le sentiment d'être son égal en droit ; il faut que toutes les malades féminines, pour que leur névrose passe pour pleinement liquidée, en aient fini avec leur complexe de virilité et s'adonnent sans rancœur aux possibilités de penser propres au rôle féminin » (*loc. cit.*, p. 8).

2. L'appellation « protestation virile » ne doit pas nous entraîner à supposer que le refus de l'homme concerne la position passive, l'aspect pour ainsi dire social de la féminité. Cela est contredit par l'observation, facile à confirmer, que de tels hommes font fréquemment étalage envers la femme d'un comportement masochiste, et carrément d'un assujettissement. L'homme ne se défend que contre la passivité dans le rapport à l'homme, non contre la passivité en général. En d'autres termes, la « protestation virile » n'est en fait rien d'autre qu'angoisse de castration.

Proposition du 9 octobre 1967 sur le psychanalyste de l'École

(1967)

JACQUES LACAN

À partir de l'année 1964, Lacan occupe, dans le champ de la psychanalyse, une place tout à fait singulière. On a déjà dit qu'à la suite de la scission de 1953 la Société française de Psychanalyse avait tenté, à plusieurs reprises, de se faire reconnaître par l'Association internationale de Psychanalyse, l'I.P.A. Des négociations avaient été menées pendant plusieurs années, bien qu'il soit apparu très vite que l'I.P.A. ne renoncerait jamais à imposer la mise à l'écart de Lacan, qui ne devait plus être compté parmi les didacticiens. Les « ipéïstes » prenant la majorité dans la S.F.P., il ne restait plus à Lacan et à ceux qui le suivirent qu'à constituer une nouvelle société de psychanalyse. Lacan fonda l'E.F.P., d'abord « École française de psychanalyse », puis « École freudienne de Paris ».

La création de la S.F.P. avait essentiellement pour origine la « révolte » d'élèves auxquels Lacan et quelques autres s'étaient joints. Ici Lacan est apparemment plus conscient de ce que lui, et lui seul, peut apporter et de ce que sont ses responsabilités propres. C'est pourquoi, dans cette nouvelle École, il tente d'introduire quelques principes qui lui paraissent essentiels concernant la formation, le travail, la reconnaissance des analystes. On peut relever que ce qu'il proposait ne fut pas toujours bien accepté, y compris parmi ceux qui l'avaient suivi. Il en fut ainsi pour cette « Proposition du 9 octobre 1967 » : un petit groupe de disciples, parmi les plus anciens, ne voulut pas s'engager dans une expérience qui bouleversait trop sensiblement les formes habituelles de nomination des analystes.

Dans cette proposition, certes difficile, le lecteur trouvera l'exposé précis d'une conception de la cure, y compris de sa terminaison, l'analysant découvrant son être en « (– φ), la béance que l'on désigne comme la fonction du phallus à l'isoler dans le complexe de castration, ou (a) pour ce qui l'obture de l'objet qu'on reconnaît sous la fonction approchée de la relation prégénitale[1] ». Mais il verra aussi que la réflexion de Lacan le mène jusqu'au point où il s'agit d'interroger le développement de la psychanalyse dans son rapport avec le monde où nous vivons. « Notre avenir de marchés communs, prévoit Lacan, trouvera sa balance d'une extension de plus en plus dure des procès de ségrégations. » On sait hélas combien cette prévision devait se révéler exacte.

Source : Jacques Lacan, « Proposition du 9 octobre 1967 sur le psychanalyste de l'École », in *Scilicet*, n° 1, Éditions du Seuil, 1968.

1. Dans cette phrase, Lacan articule deux dimensions qu'il peut aussi, nous l'avons vu, opposer l'une à l'autre : la castration comme loi qui règle la sexualité qu'il écrit (– φ) et qui représente pour l'homme une béance, et l'objet (a) : objet et cause du désir, construit à partir de l'objet partiel de Freud et qui constitue « un bouchon » imaginaire à cette béance.

XX

LE PSYCHANALYSTE ET LA CITÉ

Nous avons déjà relevé[1] *que nombre d'analystes avaient tenté de renvoyer de l'étude du sujet individuel à l'environnement social. Un tel projet peut susciter quelques réserves : encore convient-il de préciser sur quoi elles portent exactement.*

Trop souvent, psychologie individuelle et déterminations sociales sont opposées de façon absolue. On se demande notamment si c'est à partir de l'individu et de ses pulsions qu'il faut comprendre les réalités sociales, ou si ce sont celles-ci qui déterminent l'individu. Ou encore, est-ce le refoulement sexuel qui commande la répression, est-ce la répression, à l'échelle de la société tout entière, qui impose le refoulement ? Or une telle démarche n'est jamais très convaincante, car on peut se demander comment articuler des réalités qu'on commence par opposer comme deux ordres de phénomènes totalement distincts.

Ce n'est pas du tout la problématique de Freud. Qu'on ouvre un de ses ouvrages essentiels, Psychologie des foules et analyse du moi. *On verra que Freud commence par réinstaller l'Autre au cœur même de la vie psychique de l'individu, comme modèle, soutien ou adversaire. Ainsi la psychologie individuelle est déjà, d'une certaine façon, sociale*[2]. *Réciproquement la psychologie sociale se comprend fort bien à partir de ce que la psychanalyse a pu saisir du sujet individuel. Freud montre notamment que des mécanismes identiques fonctionnent dans l'amour, l'hypnose et « la formation en foule ».*

Après une introduction générale, Freud emprunte à Gustave Le Bon[3] *une description de la foule comme impulsive, influençable, irritable, versatile. Dans une foule, dit Le Bon, l'inconscient de la race ressort. Les individus qui composent une foule acquièrent un sentiment de puissance invincible qui leur permet de céder à des instincts que, seuls, ils auraient réfrénés. Ils peuvent avoir « les enthousiasmes et les héroïsmes des êtres primitifs », mais aussi leur violence et leur férocité. Freud émet peu de réserves sur cette description qui devait, d'ailleurs, se révéler cruellement exacte quelques*

1. Voir *supra*, chap. XVI.
2. Voir S. Freud, « Psychologie des foules et analyse du moi », in *Essais de psychanalyse*, Payot, p. 123 : « L'opposition entre la psychologie individuelle et la psychologie sociale, ou psychologie des foules, qui peut à première vue nous paraître très importante, perd beaucoup de son acuité si on l'examine à fond [...]. Dans la vie psychique de l'individu pris isolément, l'Autre intervient très régulièrement en tant que modèle, soutien et adversaire, et de ce fait la psychologie individuelle est aussi, d'emblée et simultanément, une psychologie sociale, en ce sens élargi mais parfaitement justifié. » « L'inconscient, dira Lacan, c'est le social. »
3. Gustave Le Bon (1841-1931), fondateur de la Bibliothèque de philosophie scientifique, est un auteur original qui développa une œuvre d'abord médicale, puis des recherches en physique théorique, et surtout des travaux qui font de lui un précurseur de la sociologie ou de la psychologie sociale, en tout cas de l'analyse des foules.

années plus tard en Allemagne, et qui retrouve aujourd'hui en Europe toute son actualité. Il propose simplement quelques instruments théoriques qui permettent de mieux saisir les mécanismes en jeu dans la psychologie collective.

Il est intéressant, à cet égard, de noter que c'est dans une œuvre consacrée aux foules que Freud articule une théorie de l'identification – la plus précise dans son œuvre. Le concept d'identification est d'un usage très étendu en psychanalyse. L'enfant s'identifie à l'image de l'autre, et aussi bien d'ailleurs à sa propre image dans le miroir[1]*. Le garçon, qui doit renoncer à sa mère dans le complexe d'Œdipe, ne peut le faire qu'en s'identifiant à son père, ce qui lui assure la possibilité, seulement différée, d'un usage légitime de la position virile*[2]*. Mais c'est dans* Psychologie des foules et analyse du moi *que Freud propose une description très claire de trois types d'identification*[3]*. La première est présentée à partir du garçon qui prend son père comme idéal. « Ce comportement, dit Freud, n'a rien à voir avec une position passive ou féminine* [...] *il est bien plutôt typiquement masculin. » Freud affirme qu'il se met en place dans la « préhistoire » du complexe d'Œdipe. La seconde est abordée à partir de la fille, qui renonce à l'amour objectal pour le père sous l'influence du complexe de culpabilité, et s'identifie soit à la mère soit au père. Elle reprend, par exemple, un de leurs symptômes : « l'identification est, les deux fois, partielle, extrêmement limitée, et n'emprunte qu'un seul trait à la personne objet*[4] *». Enfin la troisième est constituée par l'identification hystérique, une jeune fille hystérique pouvant, par exemple, s'identifier à une de ses camarades de pension avec laquelle elle perçoit une analogie significative*[5]*. Freud rassemble alors ces trois formes dans une synthèse qui met en relief l'importance de l'identification : « premièrement l'identification est la forme la plus originaire du lien affectif à un objet ; deuxièmement, par voie régressive, elle devient le substitut d'un lien objectal libidinal, en quelque sorte par introjection de l'objet dans le moi ; et troisièmement, elle peut naître chaque fois qu'est perçue à nouveau une certaine communauté avec une personne qui n'est pas objet des pulsions sexuelles*[6] *».*

C'est grâce à ces instruments théoriques que Freud va pouvoir, dans le chapitre qui suit et que nous reproduisons ici, mettre en série l'état amoureux, l'hypnose et la foule. Dans l'hypnose, comme dans l'état amoureux, l'objet a pris la place de l'idéal du moi et devient ainsi le seul objet digne d'attention (même si par ailleurs « l'hypnose s'écarte [...] *de l'état amoureux par le manque de tendances directement sexuelles*[7] *». D'un autre côté, l'hypnose est si proche de la foule (avec la fascination de celle-ci pour le meneur) qu'on peut dire qu'elle constitue « une formation en foule à deux*[8] *». Freud peut dès lors présenter ce qui se passe dans la foule à l'aide du schéma suivant :*

---

1. Voir *supra*, chap. XII.
2. Cette identification est différente de celle qui précède, n'étant pas identification spéculaire au semblable, mais identification symbolique à celui qui détient les insignes du désir et du pouvoir.
3. Voir là-dessus S. Freud, « Psychologie des foules et analyse du moi », in *Essais de psychanalyse*, Payot, p. 167-174.
4. C'est à partir de ce trait unique (Einziger Zug en allemand) que Lacan introduit son concept de « trait unaire », c'est-à-dire du signifiant en tant qu'unité, dès lors susceptible de se répéter, de se compter, de servir de support au sujet dans son identification aux autres mais également dans sa singularité, éventuellement dans son « narcissisme de la petite différence ».
5. Cette dernière forme d'identification (par contagion pourrait-on dire) explique ainsi les grandes hystéries collectives qui jalonnent l'histoire.
6. L'introjection est un processus qui consiste à transposer les objets extérieurs et leurs qualités inhérentes dans les diverses instances de l'appareil psychique. Ainsi un symptôme peut être emprunté par un sujet à l'objet aimé ; un trait caractéristique de l'autre (signifiant) peut valoir pour un sujet comme idéal.
7. Voir *infra*, p. 545.
8. *Ibid.*

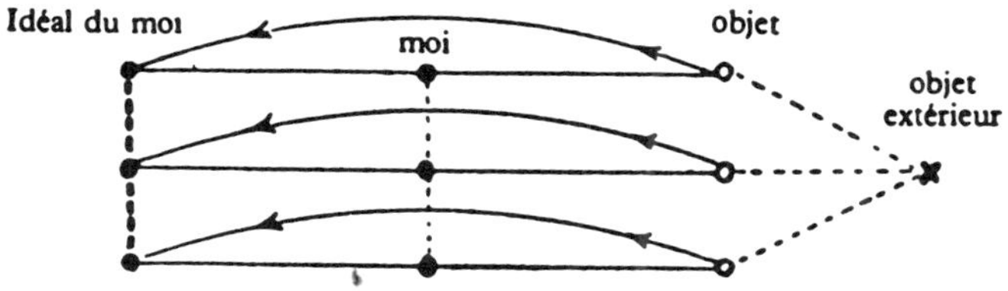

Ce schéma permet de faire valoir qu'« une foule primaire se présente comme une réunion d'individus ayant tous remplacé leur idéal du moi par le même objet, ce qui a eu pour conséquence l'identification de leur propre moi ».

On voit la portée d'un tel texte qui, avec des moyens théoriques assez simples, parvient à rendre compte de ce qui homogénéise des foules souvent fanatisées et leur fait obéir à un maître, à un « Führer ».

Lacan, comme Freud, se soucia d'éclairer la dimension collective de l'existence humaine. Comme lui il estimait que l'individuel et le collectif obéissent aux mêmes lois, relèvent des mêmes structures.

C'est dans le Séminaire XVII, l'Envers de la psychanalyse, *qu'il introduit une théorie assez connue depuis comme théorie des « quatre discours ». Le lecteur se reportera en particulier au premier chapitre de ce livre.*

L'homme est pris dans la chaîne du langage. Cela signifie que les signifiants le déterminent, mais qu'aucun signifiant, en même temps, ne suffit à l'assurer de son être. Un signifiant le représente, simplement, auprès d'un autre signifiant, dans un mouvement ininterrompu qui est celui même de son désir[1]. *Et cette opération comporte un reste, l'objet* a, *qui, comme on l'a dit, n'est pas représentable.*

On peut, à partir de là, en venir à l'écriture de ce qui est constitutif pour le sujet, de ce que Lacan appelle le discours du maître.

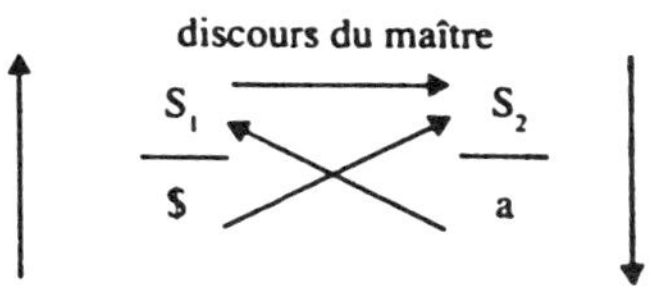

Dans cet « algorithme »[2], *S_1 désigne un signifiant qui représente le sujet auprès de l'ensemble des signifiants S_2, ensemble que Lacan dénomme « savoir ». S est barré pour indiquer qu'il n'est pas sujet autonome, mais déterminé par le signifiant, qui a « barre » sur lui. On peut aussi noter que, dans cet algorithme, il n'y a pas de rapport direct entre* $ *et* a, *parce qu'il n'y a pas d'accès direct du sujet à l'objet de son désir.*

Or il y a dans l'élaboration de Lacan quelque chose de remarquable. C'est que le « discours » qui constitue le sujet comme tel rend compte, en même temps, des formes ordinaires de l'assujettissement politique. Ainsi, la façon dont un sujet se soumet à

1. Voir *supra*, chap. XVII, p. 540, note 3.
2. Lacan rapproche les écritures qu'il propose des algorithmes mathématiques, en indiquant qu'il s'agit pour lui de constituer des formules intégralement transmissibles et dont la « syntaxe » est strictement réglée, même si l'interprétation sémantique peut beaucoup varier.

l'énonciation d'un commandement, son attachement à tel maître-mot politique s'écrivent facilement : $S_1 / \$$*, qui peut alors se lire Signifiant-maître / Sujet*[1]*. De même, il y a un parallèle possible entre le statut foncièrement perdu de l'objet pour le sujet et la plus-value, désignée par Karl Marx comme ce à quoi doit renoncer le travailleur, mais aussi, pour la plus grande part, le capitaliste, s'il doit la réinvestir dans la production. De là le nom de « plus-de-jouir » que Lacan donne alors à l'objet* a, *en fonction de cette analogie. La psychanalyse, dans cette perspective, se doit d'apporter sa contribution à une théorie du fonctionnement de la cité : elle démontre qu'aucun ordre social, fût-il apparemment le plus coercitif, ne pourrait se maintenir s'il ne correspondait pas, d'une certaine façon, à l'attente du sujet, s'il n'était pas déjà prévu dans la structure de discours qui le constitue*[2].

Nous ne nous attarderons pas ici sur la formalisation des quatre discours, pas plus que sur leur portée clinique[3]*. Il suffit sans doute d'indiquer qu'ils pourraient être désormais d'une grande fécondité pour la psychanalyse. Lacan lui-même, d'ailleurs, a pu leur en adjoindre un cinquième, le « discours du capitaliste », qui rend compte de façon décisive de ce qui constitue aujourd'hui notre rapport aliéné à un objet auquel nous sommes de plus en plus étroitement rivé*[4]*, phénomène dont les analyses de la « société de consommation » n'ont donné, en leur temps, qu'une image bien affaiblie.*

Qu'est-ce qui fonde, finalement, pour le psychanalyste, l'assimilation entre les structures sociales et les structures subjectives ? C'est peut-être cette question, également difficile dans les deux cas, de ce qui fait tenir ensemble les composantes hétérogènes de la cité, d'un côté, celles du sujet dans son identité, de l'autre.

On a vu que Lacan a introduit les trois registres de l'imaginaire, du symbolique et du réel. Dans les dernières années de son enseignement, il les « nouait » de façon borroméenne et pensait pouvoir rendre compte à partir de là de la structure subjective, en se demandant seulement s'il ne convenait pas plutôt d'écrire un « nœud à quatre », le qua-

1. L'accent mis ici, davantage que chez Freud, sur la dimension de signifiant de ce qui commande dans la politique, paraît particulièrement pertinent. Chacun sait aujourd'hui que ce sont souvent les discours les plus ramassés, réduits parfois à quelques formules ritualisées, à quelques slogans sans cesse répétés, qui entraînent le mieux les foules.
2. On aura compris que le « discours » ne se réduit pas dans la théorie des quatre discours à un acte singulier de parole. Il constitue une structure où le sujet s'inscrit dans une relation spécifique avec la chaîne signifiante et l'objet *a*, une structure qui en même temps fait « lien social ».
3. Relevons seulement qu'on peut faire abstraction de la nature des éléments en jeu (S, S1, S2, a) pour dégager la valeur propre des places où ils s'inscrivent dans le discours du maître. Tout discours s'adresse à un autre, même si celui-ci ne se réduit pas à une personne particulière ; et il s'adresse à cet autre à partir d'une certaine place, en un certain nom, que ce soit au nom de celui qui parle ou au nom d'un tiers. À ces deux places : l'argent – l'autre, il faut ajouter que la vérité peut interférer, latente, sous le propos officiellement tenu ; et que dans les dispositifs du discours quelque chose est à chaque fois produit. D'où le système complet des places : $\frac{\text{l'agent}}{\text{la vérité}} \quad \frac{\text{l'autre}}{\text{la production}}$
Une fois cette opération effectuée, on peut faire circuler, par quarts de tours successifs, les quatre termes aux quatre places sans rompre l'ordre de la série. On aura ainsi quatre discours dont la valeur peut être établie à partir de ce qui joue le rôle de l'agent. La présence, à cette place, de S1 qualifiant donc le discours du maître, celle de S2, le savoir, permet de définir un « discours de l'université » ; celle de $\$$, le sujet, le « discours de l'hystérique » ; enfin, celle de *a*, le « discours du psychanalyste » : il est en effet concevable que, dans l'hystérie, ce soit le sujet qui vienne sur le devant de la scène, le sujet marqué par le signifiant jusque dans le corps ; quant au discours du psychanalyste, ce qui l'organise, c'est l'objet même que le discours du maître fait choir, l'objet auquel le sujet n'a pas accès dans le discours du maître.
4. Voir là-dessus R. Chemama, « Un sujet pour l'objet », in *le Discours psychanalytique*, nouvelle série, Éditions J. Clims – Association freudienne, n° 1, 1989.

trième rond étant représenté par le « Nom-du-Père », ou encore le symptôme, qui ferait tenir ensemble les trois autres. Ces préoccupations sont reprises aujourd'hui par divers analystes. Charles Melman[1]*, notamment, démontre de façon décisive combien ce que nous appelons notre identité n'est pas « un », mais divers. Nous avons une « identité imaginaire », celle de l'identification moïque, celle de la rivalité*[2]*, celle qui a souvent quelque chose de paranoïaque parce que l'autre, à ce niveau, est toujours tellement proche de nous qu'il risque de prendre notre place. Nous avons une identité symbolique. C'est cette identité, dit Charles Melman, qui pourrait fonder notre permanence, au-delà de tous les appels au mimétisme. « Ce qui fonde cette permanence, ce sont les éléments de mon histoire personnelle, de mes origines, de ma famille, de ma religion, de ma formation culturelle, de mon patronyme. »*[3] *« L'identité réelle » est située par Charles Melman au niveau du désir en tant que le lapsus, par exemple, le révèle. Enfin, la quatrième composante de l'identité, c'est le symptôme névrotique, qui nous engage dans la voie de l'automatisme de répétition, qui fait que, même à un âge avancé, nous répétons la relation à Papa et à Maman, qui fait que, souvent, il n'y a pour le sujet, au sens strict, aucun avenir, la possibilité de rien de nouveau, le retour épuisant du même.*

Ainsi le sujet oscille entre une plasticité qui ne va pas sans angoisse, celle de son identité imaginaire, et un « sentiment de fatigue ou de pesanteur » dû à son identité symptomatique. Comment s'étonner, dès lors, qu'il s'inquiète de ce qui peut remettre en cause une identité si difficile à établir ? Charles Melman nous donne ici les moyens pour aborder l'un des problèmes sociaux les plus difficiles de notre temps, celui qui est lié aux migrations. Il montre que ce qui, dans certains cas, peut conduire à la violence, est lié non au mauvais vouloir, mais à des phénomènes en quelque sorte « physiologiques ». Certes on peut toujours prendre position idéologiquement, condamner le racisme, etc. Mais le psychanalyste a sans doute un autre rôle, celui de rendre compte des sentiments sociaux les plus divers, y compris de ceux qu'on se contente généralement de dénoncer.

Psychologie des foules et analyse du moi

(1921)

SIGMUND FREUD

L'article « Psychologie des foules et analyse du moi » est contemporain de « Au-delà du principe de plaisir », c'est-à-dire de la seconde topique et de l'hypothèse de la pulsion de mort. Ce n'est pas la première incursion de Freud dans ce domaine, qu'on aurait tort de réduire à une contribution de « sociologie » ou de « psychologie sociale ». Déjà, en 1912, il a publié Totem et tabou, *qui établit, entre autres, une analogie entre les tabous « primitifs » et les symptômes obsessionnels, mais qui propose aussi une reconstitution de la vie des premiers hommes sous la forme d'une horde pri-*

1. Sur Charles Melman, voir *infra*, p. 547.
2. La rivalité porte notamment, dit Charles Melman, sur ce qui vaut comme idéal. Voir *infra*, p. 549 : « Il y a fondamentalement cette rivalité, cette compétition dans le fait de savoir de quel côté se trouve l'idéal. » Lorsque, de nos jours encore, des peuples civilisés semblent se transformer en bandes armées sauvages, c'est le plus souvent pour réaliser leur idéal, pour faire triompher leur Dieu, leur tradition nationale, leurs ancêtres, sur ceux du voisin, perçu comme agressif dès lors que sa seule présence semble mettre en cause ce qui pour chaque peuple vaut comme idéal.
3. Voir *infra*, p. 550.

mitive semblable aux groupes de singes supérieurs, où un seul mâle s'approprie toutes les femelles, en interdisant l'inceste à ses jeunes rivaux. Dans cette œuvre, c'est le meurtre du père par les fils ligués entre eux qui déclenche le sentiment de culpabilité et entraîne la soumission à de multiples prohibitions. Freud revient d'ailleurs aux thèses de ce livre à partir du chapitre 9 de Psychologie des foules et analyse du moi. *« L'homme, dit-il, est* [...] *un* animal de horde, *être individuel d'une horde menée par un chef. » Il compare ce chef au* surhomme *de Nietzsche. « Aujourd'hui encore, écrit-il, les individus en foule ont besoin de l'illusion d'être aimés de manière égale et juste par le meneur, mais le meneur, lui, n'a besoin d'aimer personne d'autre. »*

Nous publions ici le chapitre 8 de l'ouvrage.

Source : S. Freud, *Massenpsychologie und Ich Analyse*, G.W., XIII. Traduction française (Pierre Cotet, André Bourguignon, Janine Altounian, Odile Bourguignon et Alain Rauzy) « Psychologie collective et analyse du moi », in *Essais de psychanalyse*, Payot, 1981.

Bibliographie : S. Freud, *Totem et tabou*, Payot.

8. État amoureux et hypnose

L'USAGE DE LA LANGUE reste, même dans ses caprices, fidèle à une certaine réalité. C'est ainsi qu'il a beau nommer « amour » des relations sentimentales très diverses, que nous aussi regroupons, du point de vue théorique, comme étant de l'amour, il ne s'en remet pas moins à douter que cet amour soit l'amour véritable, authentique, réel, et montre ainsi qu'il y a, au sein des phénomènes amoureux, toute une échelle de possibilités. Il ne nous sera pas non plus difficile de retrouver cette même échelle au cours de notre observation.

Dans un grand nombre de cas, l'état amoureux n'est rien d'autre que de l'investissement d'objet provenant des pulsions sexuelles en vue de la satisfaction sexuelle directe, investissement qui d'ailleurs disparaît lorsque le but est atteint ; c'est ce qu'on nomme l'amour commun, sensuel. Mais, comme on sait, la situation libidinale demeure rarement aussi simple. La certitude de pouvoir compter sur le réveil du besoin qui vient de disparaître, doit bien avoir été le motif premier pour réaliser sur l'objet sexuel un investissement durable, et pour l'« aimer » aussi dans les intervalles libres de désir.

Il vient s'ajouter un deuxième facteur tiré de la très remarquable histoire du développement de la vie amoureuse de l'homme. Dans la première phase, le plus souvent déjà achevée à cinq ans l'enfant avait trouvé dans l'un des deux parents un premier objet d'amour sur lequel s'étaient réunies toutes ses pulsions sexuelles exigeant satisfaction. Le refoulement survenant alors imposa le renoncement à la plupart de ces buts sexuels infantiles et laissa derrière lui une modification profonde du rapport aux parents. L'enfant resta désormais attaché aux parents, mais avec des pulsions qu'il faut appeler « inhibées quant au but ». Les sentiments qu'il éprouve dorénavant pour ces personnes aimées sont qualifiés de « tendres ». Il est connu que dans l'inconscient les tendances « sensuelles » précoces subsistent plus ou moins fortement, si bien que, dans un certain sens, se maintient[1] la plénitude du courant originaire.

1. Voir « Théorie de la sexualité », loc. cit.

Avec la puberté, s'installent, comme on sait, des tendances nouvelles et très intenses, orientées vers les buts sexuels directs. Dans des cas défavorables, elles demeurent, en tant que courant sensuel, séparées des orientations sentimentales « tendres » qui perdurent. On a alors sous les yeux l'image dont les deux aspects sont idéalisés avec tant de complaisance par certaines orientations de la littérature. L'homme témoigne de penchants romanesques envers des femmes tenues en haute estime, qui pourtant ne l'incitent pas au commerce amoureux, et il n'est puissant qu'avec d'autres femmes qu'il n'« aime » pas, qu'il estime peu ou même qu'il méprise[2]. Plus fréquemment, cependant l'adolescent réussit, à un certain degré, la synthèse de l'amour non sensuel, céleste, et de l'amour sensuel, terrestre, et son rapport à l'objet sexuel se caractérise par l'action conjuguée des pulsions non inhibées et de celles inhibées quant au but. Selon la part que reprennent les pulsions de tendresse, inhibées quant au but, on peut mesurer l'intensité de l'état amoureux opposé au désir purement sexuel.

Dans le cadre de cet état amoureux, nous avons été frappé dès le début par le phénomène de la surestimation sexuelle, par le fait que l'objet aimé jouit d'une certaine liberté au regard de la critique, que toutes ses qualités sont estimées davantage que celles de personnes non aimées ou que du temps où il n'était pas aimé. Lors d'un refoulement tant soit peu efficace ou d'une mise à l'écart des tendances sensuelles, s'installe l'illusion que l'objet est aimé, même sensuellement, à cause de ses avantages psychiques, alors qu'au contraire c'est le contentement sensuel qui doit lui avoir conféré d'abord ces avantages.

Le mouvement qui fausse ici le jugement est celui de *l'idéalisation*. Mais de ce fait il nous est plus facile de nous orienter ; nous reconnaissons que l'objet est traité comme le moi propre, donc que dans l'état amoureux une certaine quantité de libido narcissique déborde sur l'objet[2]. Dans maintes formes de choix amoureux, il devient même évident que l'objet sert à remplacer un idéal du moi propre, non atteint. On l'aime à cause des perfections auxquelles on a aspiré pour le moi propre et qu'on voudrait maintenant se procurer par ce détour pour satisfaire son narcissisme.

Que la surestimation sexuelle et l'état amoureux continuent de croître et l'interprétation du tableau est de moins en moins contestable. Les tendances poussant à la satisfaction sexuelle directe peuvent alors être totalement repoussées, comme il arrive régulièrement par exemple dans l'amour romanesque du jeune homme ; le moi devient de moins en moins exigeant et prétentieux, l'objet de plus en plus magnifique et précieux ; il entre finalement en possession de la totalité de l'amour de soi du moi ; si bien que l'autosacrifice de celui-ci en devient une conséquence naturelle. L'objet a pour ainsi dire absorbé le moi. Des traits d'humanité, de limitation du narcissisme, d'autopréjudice, sont présents dans chaque cas d'état amoureux ; à l'extrême, il n'y a rien d'autre qu'une intensification de ceux-ci qui, du fait du retrait des exigences sensuelles, restent seuls à régner.

Ceci se produit avec une particulière facilité dans le cas d'un amour malheureux, irréalisable, puisque justement lors de chaque satisfaction sexuelle la surestimation sexuelle subit toujours de nouveau une réduction. Simultanément à cet « abandon » du moi à

1. Über die allgemeinste Erniedrigung des Liebenslebens (Sur le rabaissement le plus habituel de la vie amoureuse), Sammlung, 4. Folge, 1918 (*Ges. Werke*, vol. VIII).
2. Cf. un passage au début du chapitre III de « Pour introduire le narcissisme », 1914.

l'objet, abandon qui ne se distingue déjà plus de l'abandon sublimé à une idée abstraite, les fonctions imparties à l'idéal du moi sont totalement défaillantes. La critique, exercée par cette instance, se tait ; tout ce que fait et exige l'objet est bon et irréprochable. La conscience morale ne s'applique à rien de ce qui advient en faveur de l'objet ; dans l'aveuglement de l'amour on devient criminel sans remords. Toute la situation se laisse résumer intégralement en une formule : *l'objet s'est mis à la place de l'idéal du moi.*

La différence entre l'identification et l'état amoureux, dans ses développements extrêmes qu'on appelle fascination, sujétion amoureuse[1], est maintenant facile à décrire. Dans le premier cas, le moi s'est enrichi des qualités de l'objet, s'est, selon l'expression de Ferenczi, « introjecté » celui-ci ; dans le second cas, il est appauvri, il s'est abandonné à l'objet, a mis celui-ci à la place de son élément constitutif le plus important. Cependant, en y regardant de plus près, on remarque bientôt qu'une telle représentation fait croire à des contrastes qui n'existent pas. Il ne s'agit pas, du point de vue économique, d'appauvrissement ou d'enrichissement, on peut aussi décrire l'état amoureux extrême comme étant celui où le moi se serait introjecté l'objet. C'est peut-être une autre discrimination qui touche davantage à l'essentiel. Dans le cas de l'identification, l'objet s'est perdu ou on y a renoncé ; il est alors rétabli dans le moi ; le moi se modifie partiellement selon le modèle de l'objet perdu. Dans l'autre cas, l'objet a été conservé et est surinvesti en tant que tel par le moi et aux dépens de celui-ci. Mais cela aussi appelle une réserve. Est-il donc certain que l'identification suppose le renoncement à l'investissement d'objet, ne peut-il y avoir identification, l'objet étant conservé ? Avant que nous nous engagions dans la discussion de cette question épineuse, nous pouvons déjà pressentir que c'est une autre alternative qui rend compte de l'essence des faits, savoir *si l'objet est mis à la place du moi ou de l'idéal du moi.*

Il n'y a manifestement pas loin de l'état amoureux à l'hypnose. Les concordances entre les deux sont évidentes. Même soumission humble, même docilité, même absence de critique envers l'hypnotiseur comme envers l'objet aimé[2]. Même résorption de l'initiative personnelle ; aucun doute, l'hypnotiseur a pris la place de l'idéal du moi. Simplement, dans l'hypnose les rapports sont encore plus nets et plus intenses, si bien qu'il conviendrait plutôt d'expliquer l'état amoureux par l'hypnose que l'inverse. L'hypnotiseur est l'objet unique, à côté de lui nul autre objet ne compte. Que le moi vive dans un rêve ce que l'hypnotiseur exige et affirme, nous rappelle que nous avons négligé de mentionner que, parmi les fonctions de l'idéal du moi, il y avait aussi l'exercice de l'épreuve de réalité[3]. Rien d'étonnant à ce que le moi tienne pour réelle une perception, lorsque l'instance psychique à qui incombe habituellement la tâche de l'épreuve de réalité cautionne cette réalité. L'absence totale de tendances à buts sexuels non interdits contribue par ailleurs à l'extrême pureté des phénomènes. La relation hypnotique est un abandon amoureux illimité, la satisfaction sexuelle étant exclue, alors que dans l'état amoureux celle-ci est repoussée pour un temps et demeure l'arrière-plan à titre de but possible ultérieurement.

1. La « sujétion amoureuse » a été discutée par Freud dans la première partie de son article, « Le tabou de la virginité » (1918).
2. Ce point a déjà été traité par Freud dans une note de bas de page au début des *Trois Essais* (1905) et dans son article sur le « Traitement psychique » (1905).
3. Cf. Metapsychologische Ergänzung zur Traumlehre (Complément métapsychologique à la théorie du rêve). Collection des petits écrits sur la théorie des névroses. Suite 4, 1918, *Ges. Werke*, tome X. Il semble toutefois permis de douter du bien-fondé de cette attribution de fonction, doute qui requiert une discussion approfondie.

Mais d'un autre côté on peut dire aussi que la relation hypnotique est – si cette expression est permise – une formation en foule à deux. L'hypnose n'est pas un bon objet de comparaison avec la formation en foule parce qu'elle est bien plutôt identique à elle. De la structure compliquée de la foule, elle isole pour nous un élément, le comportement de l'individu en foule envers le meneur. L'hypnose s'écarte de la formation en foule par cette limitation du nombre, comme de l'état amoureux par le manque de tendances directement sexuelles. En ce sens elle tient le milieu entre les deux.

Il est intéressant de voir que ce sont justement les tendances sexuelles inhibées quant au but qui aboutissent à des liens aussi durables unissant les hommes entre eux. Mais cela se comprend aisément par le fait qu'elles ne sont pas susceptibles d'une pleine satisfaction, alors que les tendances sexuelles non inhibées éprouvent, par la décharge survenant chaque fois que le but sexuel est atteint, une extraordinaire réduction. L'amour sensuel est destiné à s'éteindre dans la satisfaction ; pour pouvoir durer, il faut qu'il soit pourvu dès le début de composantes purement tendres, c'est-à-dire inhibées quant au but, ou bien qu'il subisse une transformation de ce type.

L'hypnose résoudrait pour nous, sans la moindre difficulté, l'énigme de la constitution libidinale d'une foule, si elle ne comportait encore elle-même des traits qui se soustraient à l'explication rationnelle fournie jusqu'à présent – état amoureux avec exclusion des tendances directement sexuelles. Il y a encore beaucoup de choses en elle dont il faut reconnaître qu'elles sont incomprises, mystiques. Elle comporte en supplément la paralysie née du rapport d'un être surpuissant à un être sans puissance, sans défense, ce qui se rattache en quelque sorte à l'hypnose de frayeur des animaux. La manière dont elle est engendrée, sa relation au sommeil, ne sont pas transparentes, et le choix énigmatique de personnes qui y sont aptes, alors que d'autres la repoussent totalement, renvoie à un facteur encore inconnu, qui se réalise en elle et qui seul peut-être rend possible en elle la pureté des positions libidinales. Autre fait digne de remarque, il est fréquent que la conscience morale de la personne hypnotisée puisse se montrer résistante, même si par ailleurs la suggestion entraîne une pleine docilité. Mais cela peut provenir du fait que, dans l'hypnose telle qu'elle est pratiquée la plupart du temps, un savoir a pu s'être conservé, aux termes duquel il ne s'agit que d'un jeu, d'une reproduction sans vérité d'une autre situation d'une importance vitale bien plus grande.

À la suite des observations précédentes, nous sommes toutefois pleinement préparés à donner la formule de la constitution libidinale d'une foule. Tout au moins d'une foule telle que nous l'avons considérée, qui donc a un meneur, et non d'une foule secondaire qui, par excès d'« organisation », n'a pu acquérir les propriétés d'un individu. *Une telle foule primaire est une somme d'individus, qui ont mis un seul et même objet à la place de leur idéal du moi et se sont en conséquence, dans leur moi, identifiés les uns aux autres*. Ce rapport autorise une représentation graphique.

L'envers de la psychanalyse

(1969)

JACQUES LACAN

Qu'est-ce qui fait lien social ? Voilà la question dont traite le séminaire de Lacan en 1969-1970. On ne s'étonnera pas de le voir aborder cette question avec les instruments théoriques qu'il s'est lui-même forgés, les concepts de sujet, de signifiant, d'objet a. *Ainsi, même si ce séminaire est presque contemporain des événements de 1968, il aborde la question du pouvoir d'une façon qui prend à contre-pied les contestataires comme les conservateurs. Il démonte les mécanismes du « discours du maître », il les ramène à la combinaison de quelques éléments fondamentaux, et surtout, il est assez sceptique sur ce qui présente parfois l'apparence du changement et ne fait que ramener le même, sous une forme à peine différente. Le signifiant « révolution », après tout, renvoie aussi au mouvement des astres, c'est-à-dire à ce qui leur fait répéter sans cesse la même trajectoire.*
Lacan, dans la première leçon du séminaire, part de la formule du discours du maître

$$\frac{S_1}{\$} \longrightarrow \frac{S_2}{a}.$$

« [...] Que dit-elle ? Elle situe un moment. C'est la suite de ce que développera ici notre discours, qui nous dira quel sens il convient de donner à ce moment. Elle dit que c'est à l'instant même où le S_1 intervient dans le champ déjà constitué des autres signifiants en tant qu'ils s'articulent déjà entre eux comme tels, qu'à intervenir auprès d'un autre, de système, surgit ceci, $, qui est ce que nous avons appelé le sujet comme divisé. Tout le statut en est à reprendre cette année, avec son accent fort.
Enfin, nous avons accentué de toujours que, de ce trajet, sort quelque chose de défini comme une perte. C'est cela que désigne la lettre qui se lit comme étant l'objet *a*. [...] »

Le « champ constitué des autres signifiants » *c'est ce que Lacan, dans sa formule, écrit* S_2 *et appelle le* « savoir », « batterie signifiante que nous n'avons aucun droit, jamais, de tenir pour dispersée [...] ».
Ce savoir, Lacan lui donne ici une place importante. En tant que savoir inconscient, articulation inconsciente de signifiants, il trace à l'homme le chemin de la jouissance sexuelle dans son rapport à la castration mais il a aussi rapport à la mort comme terme vers lequel tend la vie. Dans la première leçon de son séminaire, Lacan commence à examiner cette question du savoir à partir de la philosophie. À partir de Platon et du vol d'un savoir à l'esclave, plutôt qu'à partir de la théorie hégélienne d'un « savoir totalement transparent en lui-même » :

« [...] L'esclave dont parle Aristote est tout autant dans la famille que dans l'État. [...] Il l'est parce qu'il est celui qui a un savoir-faire. Avant de savoir si le savoir se sait, si l'on peut fonder un sujet sur la perspective d'un savoir totalement transparent en lui-même, il est important de savoir éponger le registre de ce qui, d'origine, est savoir-faire. [...] Qu'est-ce que la philosophie désigne dans toute son évolution ? C'est ceci – le vol, le rapt, la soustraction à l'esclavage, de son savoir, par l'opération du maître. [...] »

En ce qui concerne ce vol à l'esclave, Lacan se réfère au Ménon *de Platon, où le maître obtient de l'esclave l'énoncé d'un savoir (grâce à quelques questions judicieuses).*

Voici en tout cas quelques-uns des premiers éléments d'une théorisation importante, en ce qu'elle traite en même temps du sujet et de la cité.

Source : J. Lacan, *Séminaire XVII, L'Envers de la psychanalyse*, Éditions du Seuil, 1991, chapitre I.

Les quatre composantes de l'identité

(1990)

CHARLES MELMAN

(né en 1931)

Psychiatre des hôpitaux, psychanalyste, Charles Melman est l'un des élèves de Lacan qui ont le plus fait pour le développement de l'École freudienne de Paris. Il y a été responsable de l'enseignement. Il a également dirigé la revue Scilicet, *revue fondée par Lacan en 1968 et dont chacun s'accorde à reconnaître la qualité. Après la dissolution de l'E.F.P., soucieux, au milieu des luttes de pouvoir, de maintenir un lieu où la dimension de l'analytique réglerait la vie même de l'institution, il a fondé l'Association freudienne, devenue depuis l'Association freudienne internationale.*

Depuis une dizaine d'années notamment, Charles Melman intervient beaucoup au niveau des discours qui régissent la cité : méconnaître l'importance de ces discours, c'est se condamner à ne pouvoir saisir ce qu'il en est du sujet lui-même. Un ouvrage comme Clinique psychanalytique et lien social *témoigne bien de cette orientation. Il a par ailleurs pris l'initiative, avec Claude Dumézil, Gérard Pommier et Moustapha Safouan, de créer la « Fondation européenne pour la psychanalyse », qui a organisé entre autres, en juin 1993, des journées d'étude sur l'actualité de la « Psychologie des foules ».*

À cette orientation, faut-il en opposer une autre, plus clinique, très attentive au style propre de chaque formation névrotique ? Non, sans doute. Les deux vont de pair puisque, là-même où il semble ne s'agir que du sujet individuel, les implications collectives sont évidentes. Ainsi l'hystérique, par exemple (voir : Nouvelles Études sur l'hystérie*), se vit comme exilée, porteur, ou le plus souvent « porteuse d'un défaut, d'une infirmité qui la feraient bonne seulement pour le rebut, et la conduiraient à s'interdire de figurer pour de bon dans le monde » ; cependant elle n'aspire à rien tant qu'à un maître, qui avaliserait son sacrifice et réparerait son défaut d'arrimage. N'y a-t-il pas dans cet appel au maître quelque chose qui a une portée politique évidente ?*

Nous publions ici une conférence prononcée le 27 octobre 1990 à l'hôpital Bicêtre, dans le service du professeur Féline, et qui a gardé, à la publication, son style très oral. Cela donne une idée de ce que peut être une théorisation psychanalytique en cours d'élaboration.

Source : C. Melman, « Les quatre composantes de l'identité », in *Bulletin de l'Association freudienne* n° 43, juin 1991.

Bibliographie : C. Melman, *Nouvelles Études sur l'hystérie*, Éditions Joseph Clims, 1984 ; Charles Melman, *Clinique psychanalytique et lien social*, Bibliothèque du Bulletin freudien, Association freudienne de Belgique.

J'AI CHOISI POUR TITRE... je ne sais comment l'appeler, disons que c'est un titre d'éveil puisque l'identité est en général recherchée au niveau d'un trait unique, ce qui serait le trait unique caractérisant tel ou tel, qui serait par exemple, le trait unique me caractérisant. Or j'ai choisi pour titre « Les quatre composantes de l'identité » pour peut-être déjà essayer de faire percevoir que l'identité est à la fois plus incertaine, et en même temps beaucoup plus sûre dans ses éléments que nous le pensons. Je vais tâcher, puisque nous sommes dans le service de psychiatrie de Bicêtre, d'étayer mon propos, chaque fois, de justifications cliniques. C'est après tout de celles-là que nous partons. Ce sont les seules qui sont en mesure de nous valider et d'assurer que nous ne sommes pas en train de rêver, ni en train d'échafauder des constructions susceptibles éventuellement de nous satisfaire, mais aucunement d'avoir prise sur les problèmes qui nous concernent et pour lesquels nous passons en général notre temps, et nos années.

*

Je vous ferai d'abord remarquer ceci, qui après tout est assez expérimental : c'est que pour vous parler, maintenant, il faut bien que nous partagions une certaine identité.

Je veux dire que s'il y avait entre nous des « différences majeures » (il faut mettre ça entre guillemets, puisque pour le moment, nous ne savons pas encore ce que c'est), je pourrais vous parler dans la rubrique éventuellement du commandement, je pourrais vous dire « Faites ceci, ou faites cela. » Je pourrais vous parler dans la rubrique qui serait celle de l'éducateur, vous faire un cours, ce qui n'est pas tout à fait ce que je vais faire aujourd'hui, c'est-à-dire que je pourrais estimer que la différence entre nous est telle que j'aie à vous enseigner. Je pourrais éventuellement, si cette différence entre nous est considérable, chercher à vous évangéliser, ça ne sera pas non plus l'intention de mon propos.

S'il est supposé que la parole que je vous adresse porte, comporte la dimension d'un dialogue, cette dimension implique qu'il y ait entre nous, déjà, à titre de préalable, de préliminaire implicite, et c'est cet implicite qui nous intéresse, une certaine identité, une certaine communauté et je dirai que cette communauté est habituellement recherchée – c'est là que je franchis un premier pas –, elle est habituellement recherchée dans le champ de la communauté de forme. C'est-à-dire le fait que nous ayons ici des formes... à peu près semblables, en tout cas marquées de traits communs. Ce qui fait donc que, ne serait-ce qu'à vous parler, je suis astreint, cette forme commune qui flotte ainsi parmi nous, entre nous, implicite, je suis astreint à la partager. Autrement dit, elle s'impose à moi.

Elle s'impose à moi, ce n'est pas une façon de parler métaphorique, ou purement subjective, elle s'impose à moi parce que si, par exemple, je suis hystérique, je peux ressentir cette imposition comme étant minorante ou péjorative, ou bien estimer que je ne me reconnais pas dans mon semblable, que la forme qu'il me propose est une forme qui ne me convient pas, qui ne me plaît pas, je ne la trouve pas... tout ce que vous voudrez, assez belle, assez bonne. Et donc, je peux me maintenir à distance de cette invitation à partager la forme commune, je peux la refuser et me maintenir, donc, dans un refus de la spécularité.

Présenter la chose comme je le fais a également l'avantage de vous marquer que cette participation à la forme implicite commune, je peux donc la ressentir comme porteuse d'une certaine menace, puisque je suis obligé de me faire autre. Car, après tout, je suis obligé de venir partager cette forme commune, et donc, d'une certaine façon, de venir, ne serait-ce qu'à l'égard de ma propre subjectivité, me mettre dans une position d'altérité vis-à-vis de moi-même. Je vais me faire comme tout le monde, du même coup, je me fais autre, c'est-à-dire qu'à partir de cet instant, c'est cet autre qui devient mon moi, ce Moi-idéal, par exemple, dont parle Freud.

Autrement dit, l'autre, il est là en moi, et puisque je communique, que je parle avec vous, c'est cet autre qui du même coup m'anime. Ce qui implique une dimension paranoïaque que l'on peut dire inhérente à l'identification moïque. Je ne vais pas vous raconter ce qu'est la paranoïa, mais vous savez qu'elle est cette certitude que, à l'intérieur de son propre espace, il y a toujours cet autre qui est là, menaçant, inquiétant, altérant, et qui dérobe à soi-même sa propre identité. Ce caractère paranoïa-gène – si je peux me servir de ce terme – de l'identification moïque est pour nous intéressant, dans la mesure où il installe cette dimension pathologique au cœur de la formation de notre identité. Il installe une dimension paranoïaque, que nous allons retrouver tout du long ensuite avec tous les problèmes concernant l'identité qu'il installe au cœur de notre subjectivité. Je suis toujours, alors que je cherche à me réaliser dans mon identité vraie, dans mon « self », dans ce qui serait vraiment moi, je suis obligé pour cela de passer par cette altérité qui m'altère à moi-même, et qui m'agit. Et il y a ces circonstances particulières de la paranoïa, où ce moi, où cet autre qui est en moi peut se dédoubler de moi-même, avec les conséquences que vous savez.

Un autre effet sur lequel j'attire tout de suite votre attention à propos de cette dimension *imaginaire* de l'identité, pour lui donner son nom, est que, dans le rapport à autrui, avec qui je partage ce moi, ce moi commun, cette forme commune, il se produira toujours qu'une asymétrie s'instaurera entre nous, avec mon interlocuteur. Une asymétrie qui fera que, à la fois le moi va peser comme un idéal, vaudra comme un idéal, et qu'il sera de l'un ou l'autre côté. Autrement dit, avec l'interlocuteur, et cela contribue sans doute au caractère, je dirais, paranoïaque de nos relations avec autrui, il y a fondamentalement cette rivalité, cette compétition dans le fait de savoir de quel côté se situe l'idéal. Ce matin, est-il de votre côté, est-il du mien ? Je n'en sais rien... mais en tout cas, il est inévitable, il est obligatoire que ce type d'asymétrie se produise et que j'entre donc, avec autrui, avec mon semblable, dans une relation de concurrence jalouse, voire revendicative.

Nous sommes, je me permets de faire cette remarque, dans ce qui est, ce qu'on peut appeler la constitution ordinaire, normale, de la dimension imaginaire de notre identité. Et, comme vous le voyez, j'essaie de vous la repérer dans la lignée d'un enseignement qui est celui de Lacan. Je vous la situe tout de suite, cette identité imaginaire, imaginaire puisqu'elle a trait avec l'image que me renvoie mon prochain, et cette image commune, je viens éventuellement y participer, je dis éventuellement puisque je peux vivre en la refusant, en me tenant en retrait du monde et du dialogue, et du commerce social, sexuel, professionnel et autre. Cette dimension imaginaire du moi vient déjà troubler mon aspiration à ce qui serait une identité assumée dans son authenticité.

Il est évident que si mon identité devait se réduire à cette image, elle serait exposée, comme c'est le cas d'ailleurs lorsque c'est cette image qui est prévalante dans la constitution de l'identité, elle serait exposée à une plasticité qui, évidemment, serait chaque fois, d'une certaine manière, obligée de se mouler sur les circonstances, sur les conditions factuelles, momentanées, locales, qui m'invitent en quelque sorte à participer à telle ou telle communauté.

C'est l'un des éléments fréquents chez l'hystérique, de venir justement se plaindre de vivre cette plasticité, d'avoir ce caractère caméléon, n'est-ce pas ? – je passe sur le film qui a été fait là-dessus –, d'avoir ce côté caméléon qui l'oblige, en quelque sorte, à s'insérer comme convenable dans les divers groupes auxquels il peut être amené à participer, et qui peuvent être parfaitement contradictoires entre eux. D'où cette douleur de l'hystérique d'avoir, d'une certaine façon, à changer de personnalité, d'une façon parfois très rapide, selon les exigences de la rencontre avec tel ou tel autrui, avec tel ou tel semblable, chaque semblable appelant chez son partenaire une représentation de lui, convéniente, c'est-à-dire venant établir cette dualité que j'évoquais il y a un instant.

Alors, si nous n'avions que cette identité imaginaire dont je parlais à l'instant, nous serions exposés à être des caméléons, c'est-à-dire à faire comme ces animaux, le mimétisme que connaissent certains animaux qui viennent prendre la couleur du fond sur lequel ils sont posés. Nous serions, nous fonctionnerions comme ça.

*

Mais il y a justement, dans la constitution de l'identité, un tout autre trait, et qui, lui, est susceptible de me donner cette sorte d'axe, cette sorte de constance, de permanence, de solidité, qui en quelque sorte, assurerait ma permanence au-delà de tous ces appels au mimétisme. Ce qui fonde cette permanence, ce sont les éléments de mon histoire personnelle, de mes origines, de ma famille, de ma religion, de ma formation culturelle, de mon patronyme, qui jouent un rôle évidemment décisif à cet égard.
Et cette identité-là, qui donc est en mesure d'assurer la permanence de mon être, pour le dire comme cela, nous pouvons l'appeler l'identité, non plus imaginaire, mais *symbolique*.

Symbolique, puisque, pour le résumer, le condenser comme cela, elle est déjà symbolique de la dette qui accompagne mon existence, qui accompagne ma vie, qui conjoint ma culpabilité, le sentiment d'avoir toujours, à l'égard justement de ce qui est venu là constituer mon identité, d'avoir toujours quelque chose à payer, quelque chose dont j'ai à m'acquitter, et avec volontiers ce sentiment que je parviens difficilement à être en paix ; c'est en général le sentiment le plus commun, avec les exigences imposées par cette identité symbolique pour pouvoir l'accomplir parfaitement.

Ce qui est plus important encore, c'est que c'est cette identité symbolique qui, contrairement à l'identité imaginaire dont je parlais tout à l'heure, est susceptible de venir assurer mon identité sexuée. Car c'est dans celle-là que je peux, une bonne fois, me retrouver ou bien homme, ou bien femme et que, en tout cas, j'éprouve comme un devoir le fait de me situer de tel côté et pas de tel autre, comme un impératif surmoïque. J'ai été fait fille ou garçon. Alors que l'identité imaginaire peut, d'une certaine façon, être un piège, une capture dans ses effets mimétiques ou transvestistes, voire trans-sexualistes, pourquoi pas ?, et vous savez combien, cliniquement, ce phénomène gagne en fréquence. En revanche, cette identité symbolique dont je vous parle à l'instant et qui m'a fait naître donc, qui me reconnaît, qui m'identifie comme fille ou garçon, eh bien, elle m'impose ce qu'il en est de mon sexe. Et donc aussi du devoir que j'ai à accomplir quant à mon sexe. Du devoir, autrement dit, que j'ai à m'accomplir comme père, comme mère. Il y a là un facteur qui intervient, qui est tout à fait sensible dans la subjectivité de quelqu'un. Et c'est au niveau de cette instance symbolique que cette exigence se manifeste.

Dans le meilleur des cas, dans le cas où nous nous sentons confortables avec nous-mêmes, ce qui n'est pas forcément la règle, lorsqu'on se sent bien avec soi-même, c'est en général le témoignage d'un accord entre l'identité imaginaire dont je parlais tout à l'heure, et l'identité symbolique. Lorsque ça vient se trouver en congruence, cela procure en général ce sentiment que... le fait que les autres disent : « Tiens, celui-là, il est bien dans sa peau, il a l'air à l'aise, il a l'air tranquille ». Alors que la discordance qui de nos jours est fréquente, ne serait-ce que pour des raisons culturelles, pour des raisons liées aux migrations, etc., la discordance entre l'identité imaginaire et l'identité symbolique est fréquemment source d'un malaise ; sur lequel, en conclusion, je dirai quelques mots, puisque ça semble devenir aujourd'hui un problème qui se manifeste non plus seulement à l'échelle individuelle, mais à l'échelle sociale, j'en dirai un petit mot à la fin.

Une remarque, peut-être, pour vous faire valoir que mon propos n'est pas seulement théorique comme vous risqueriez de le penser : ce phénomène qui s'appelle les amnésies d'identité, et que vous avez sûrement eu l'occasion de maintes fois rencontrer. Les amnésiques d'identité vous montrent ceci que l'amnésie peut porter sur une composante parfaitement isolée de l'identité, comme celles que je suis en train d'étaler, dont je suis en train de faire le spectre pour vous. C'est-à-dire que l'amnésie, dans le cas de l'amnésie d'identité, l'amnésie porte exclusivement sur l'identité symbolique. Celui auquel vous avez affaire a une représentation moïque, un moi imaginaire qui est parfaitement correct. Il a d'ailleurs avec autrui une relation qui est en général, le plus souvent, correcte. L'amnésie porte exclusivement sur tous les repères symboliques. Il s'est d'ailleurs arrangé le plus souvent, pour que sa carte d'identité, tous ses papiers, tous les tickets, la marque de son veston, etc., pour que tout cela ait été détruit, et il se présente de la sorte.

Cette identité symbolique est également atteinte chez le schizophrène, bien sûr, mais aussi avec, dans ce cas-là, la composante imaginaire. Et c'est pour cela que vous avez, chez le schizophrène... (enfin, maintenant, avec les médicaments, comme les drogues leur donnent un certain tonus, c'est devenu différent) mais autrefois, avant les neuroleptiques, ne serait-ce que le tonus du malade, du fait même de la défaillance du moi imaginaire, de la représentation de soi, ses troubles du tonus faisaient que vous pouviez, rien qu'à l'allure, reconnaître un schizophrène. Et puis, s'il est atteint dans son identité symbolique, cela, bien sûr, va se traduire dans ce que pourront être, par exemple, tous les délires de filiation que vous connaissez, que vous savez, dans ces cas.

*

Donc, identité imaginaire, identité symbolique, est-ce tout ? Est-ce que nous avons à en rester là et puis à travailler avec cela, ce qui constitue, enfin, ce qui représente des instruments ayant déjà leur efficace ?

Eh bien non, puisque si, au moment, là, par exemple, où je vous parle, il m'arrivait de commettre un lapsus, une bévue, de me trahir, par quelque..., de trahir quoi ? De trahir ce moi imaginaire, par exemple, que j'aie quelque tic, ou je ne sais quoi, si cela se produisait... Supposons que, dans l'une de mes phrases – peut-être après tout, est-ce que cela s'est produit ? Je n'en sais rien –, vienne se produire le lapsus. Il sera remarquable qu'il sera entendu, et que aussitôt, vous serez amené à penser que celui qui vous parle, il a un nom, il a une certaine présentation, il se réfère à des enseignements, il en expose un, etc., mais que sa vraie identité, c'est là, dans cette toute petite chose où il est venu à se trahir, que c'est là qu'en réalité gît l'authenticité de son être.

À vrai dire, vous n'auriez pas tort de le penser puisque ce qui viendrait se manifester, cet accident, malheureux dans certains cas, serait, comme vous l'entendriez spontanément sans avoir besoin de quelque formation pour cela, l'expression d'un désir, ou d'un vœu, de quelque chose que j'aurais par ailleurs, dans ma présentation ou dans mon propos, tue, et qui viendrait là montrer le bout de l'oreille, comme on s'exprime ordinairement. Qui viendrait donc dire, vous dire, ce qu'il en est de la vérité de mon identité, en tant que c'est là l'identité de celui qui, au-delà de ce qu'il peut dire, au-delà de son adresse, est l'identité de celui qui désire, qui a des désirs.

Le problème est que celui qui parle, celui qui se présente, ses désirs à lui ne lui sont pas forcément connus, ne lui sont pas forcément familiers, ou bien alors, il les refuse, il les rejette. Supposons que mon lapsus vienne dire un vœu de mort à l'égard d'une personne respectable, un vœu de mort à l'égard du père par exemple. Il est bien évident que le mouvement normal de celui qui parle sera de le mettre à l'écart, de le refuser ou de le nier, n'est-ce pas. Mais il est vraisemblable, néanmoins, qu'il aura été entendu comme venant dire ici une vérité, peut-être la vérité sur l'identité de celui qui vous parle, même si cette identité, à celui qui parle, comme je le disais à l'instant, lui est parfaitement méconnue, s'il ne se reconnaît pas dans ce vœu de mort à l'égard d'une personne qui lui est chère.

Or ce qui risque d'être le trait le plus constant, le plus inaliénable de son identité, celui contre lequel il ne peut rien, – puisque son identité imaginaire, il peut la travestir, son identité symbolique, il peut essayer de l'oublier, il peut essayer d'aller dans quelque pays étranger et de laisser derrière lui sa filiation, sa culture, sa langue, etc., ce sont des choses qui aujourd'hui sont devenues des phénomènes fréquents. Mais cette identité, *significative de ce désir* insu de lui-même, c'est quelque chose qu'il ne pourra laisser derrière nulle frontière, derrière aucun oubli, c'est quelque chose qu'il emporte forcément avec lui, et qui sera donc cette espèce de témoignage, cet appendice qui, permettez-moi cette image, vient le trahir et dont la maîtrise lui échappe.

Autrement dit, vous voyez à propos de ce phénomène extrêmement mince, extrêmement succinct – et comme vous le savez, c'est à ce genre de phénomènes que les psychanalystes s'intéressent –, ce phénomène tout petit, c'est déjà de ce côté-là qu'il y aurait à chercher l'élément constitutif, nous pourrions dire le plus fort, de l'identité. C'est quelque chose que, à vrai dire, des philosophes ont perçu bien avant nous. Il y a bien longtemps, puisque des gens comme Spinoza, par exemple, pouvaient écrire tranquillement que c'est le désir qui est l'essence de l'homme. Pas la sagesse, pas le rire, pas... je ne sais pas, moi, tout ce que vous voudrez, la culture, la station debout, etc., mais que ce qui est le propre de l'homme, c'est le désir. Ce qui était une remarque, je dois dire, extrêmement vigoureuse, puisque, à l'époque, le désir continuait d'être assimilé chez l'homme au désir animal, c'était la part animale en chacun. Qu'un philosophe ait fait de cette part-là l'élément essentiel de l'humanité mérite un instant, mérite un petit coup de chapeau au passage.

J'en suis, comme vous le voyez, au troisième élément avec cela, troisième composante de l'identité, et j'en ai promis quatre.

*

Alors, si je veux tenir mon titre, quel serait ce quatrième composant de l'identité, et que vaudrait-il ? À vrai dire, il est tout à fait noué au précédent mais il mérite d'être isolé néanmoins comme quatrième. Le quatrième élément de mon identité, c'est mon symptôme, mon *symptôme névrotique*. Il est constitutif de mon identité, dans la mesure où lui aussi, je ne peux pas l'oublier, je ne peux pas m'en défaire par quelque acte délibéré. Je ne peux pas non plus le méconnaître, il me suit, il m'accompagne, je ne peux pas le laisser à la porte de cette salle, je vis avec ce symptôme névrotique, je vis avec lui.

Il est évidemment tout à fait lié au précédent dans la mesure où, en général, il est constitué comme une défense contre le désir. Donc, le symptôme est cet élément qui pérennise chez moi le désir mais en tant que je m'en défends, en tant que je ne l'accepte pas. Pour des raisons diverses que je ne peux pas du tout, bien entendu, développer, il a métabolisé mon désir d'une certaine façon qui maintenant, donc, se manifeste chez moi, se traduit chez moi par ce symptôme.

Ce symptôme... À la différence du désir qui est toujours, nous pourrions le dire ainsi, un désir qui, au-delà de sa singularité, s'apparente aux désirs communs, aux désirs généraux. Les fantasmes qui organisent le désir ont cette propriété d'être très partagés, très, très communs, et c'est sans doute ce qui fait l'un des grands éléments de la communication entre nous. Le désir pour les uns et pour les autres fonctionne dans une culture donnée de façon à peu près semblable et avec des fantasmes à peu près identiques. Vous savez sans doute que l'inventivité en matière de fantasmes est extrêmement limitée. C'est ce à quoi les spécialistes, c'est-à-dire les auteurs érotiques par exemple, se heurtent, c'est-à-dire que l'inventivité, l'invention..., les fantasmes, ça ne se fabrique pas comme cela. Très vite, cela retombe dans des stéréotypes. Et c'est, sans doute, l'une des curiosités de notre constitution, que d'être ainsi stéréotypés dans l'organisation du désir et donc d'avoir des désirs qui sont en général ceux de chacun, ceux de tout le monde.

Alors que le symptôme, lui, c'est là la différence, est la marque individuelle, c'est vraiment la marque privée. Évidemment, il peut venir s'inscrire dans l'une des grandes classes de la nosographie, même si elles ne se retrouvent plus dans le DSM III (mais ce n'est pas ce qui les empêche forcément d'exister). Donc, mon symptôme vient prendre part, s'inscrit dans une des grandes catégories de la nosographie, mais il a, néanmoins, un caractère parfaitement distinctif, c'est le mien et c'est pas celui d'un autre. C'est d'ailleurs ce qui fait que le psychanalyste ne peut aucunement traiter ses patients à *la grosse*, si je peux m'exprimer ainsi, même lorsqu'il peut ranger ses patients dans telle ou telle catégorie de la pathologie. Mais il est forcément amené, chaque fois, à traiter chacun comme un cas parfaitement singulier, et cela à cause de cette singularité du symptôme névrotique chez chacun. C'est la petite invention tout à fait personnelle et qui appellera donc une réponse parfaitement personnelle, une réponse parfaitement singulière.

Ce symptôme a l'effet, qui n'est pas mince, de m'engager dans ce que Freud a distingué très bien comme étant l'automatisme de répétition, c'est-à-dire faire que ma vie n'est jamais linéaire, ni ascendante, ni descendante, contrairement à ce que l'on croit, mais que ma vie est cyclique. Elle répète des cycles et ces cycles sont très ordinairement la répétition des modalités de l'échec qu'organise mon symptôme. C'est un trait assez important dans l'organisation de notre subjectivité pour être relevé.

Dans ce domaine, dans ce champ, nous avons sûrement à laisser tomber les notions de passé et d'avenir, puisque je crois que les psychanalystes vérifient constamment, que, une fois que le symptôme s'est mis en place, au moment de ce qui est appelé le fantasme originaire, c'est-à-dire très tôt, vers un an et demi, deux ans, à partir de ce moment-là, il n'y a plus ni passé, ni avenir. Il n'y a plus de passé parce que ce qui existait avant n'était pas organisé. Il n'y a plus d'avenir parce que tout ce qui va se passer dans l'avenir va être entièrement pris dans l'automatisme régi par ce fantasme originaire, c'est-à-dire une certaine modalité d'affronter un impossible, d'affronter ce qu'on appelle aussi bien l'échec, et le fait que le temps soit en général dévolu à l'accomplissement de ces cycles qui sont plus ou moins longs, ou plus ou moins courts. Je ne crois pas nécessaire d'attirer votre attention sur le fait que la vie aussi bien privée, sentimentale, que professionnelle, est en général exemplaire de cette disposition, de cette distribution et nous pouvons sûrement regretter d'être assez mal foutus pour que celle-ci vienne nous commander de la sorte.

À ce propos, je fais souvent une remarque qui mériterait de paraître banale à ceux qui ont l'habitude de m'écouter : la constatation que, à un âge avancé de la vie, celui que vous voudrez (je laisse la détermination de ce qu'est un âge avancé à chacun de vous), eh bien, la constatation qu'à un âge déjà avancé de la vie, aussi bien sur le divan, car il y a des personnes d'un certain âge qui peuvent se trouver sur le divan, que dans leurs raisonnements, dans leurs relations, dans leurs vibrations, c'est toujours la relation à Papa et à Maman, et ce qui s'est bien noué ou mal noué à cette occasion avec eux, qui continue de dominer l'ensemble des préoccupations privées, sentimentales, professionnelles, etc. Cela fait toujours, toujours, un certain choc de le constater, c'est-à-dire que c'est le point d'ancrage, le piquet autour duquel, nous les glorieux humains, nous continuons de tourner, et manifestement en y étant solidement attachés, et de telle sorte que tout ce qui va pouvoir arriver va être inévitablement dominé et captif de ce scénario originel, qui est le script ineffaçable de notre existence.

Je crois que ce rappel, puisque nous parlons de l'identité et que je suis en train d'évoquer devant vous cette quatrième instance qui est le symptôme, ce rappel a le mérite de faire valoir que, encore plus que du côté du désir, c'est du côté du symptôme que nous avons le témoignage de ce qu'il y a de plus solide dans notre identité.

Ce qui ferait que si, par quelque accident fortuit, je me trouvais un instant soulagé de mon symptôme, je pourrais avoir un sentiment de dépersonnalisation, ne plus du tout me reconnaître. Cela peut se produire à l'occasion de toxiques variés qui permettent ce genre d'effacement momentané, avec les conséquences que nous savons.

En tout cas, les psychanalystes sont éminemment concernés par cette identité assurée en chacun de nous par le symptôme et qui nous rend, les uns et les autres, sans doute, à la longue, un peu pesants. Au bout d'un moment, notre entourage nous connaît bien, il sait bien comment nous allons réagir, ce que nous allons dire, comment nous allons sentir les choses. Nous sommes ainsi imprimés, ce qui fait que, peut-être même à soi-même, il paraît un peu fatigant d'avoir toujours les stéréotypes que j'évoque.

Vous voyez comment nous oscillons entre, d'une part, ce qui serait une identité acquise, affermie, établie, l'angoisse devant cette plasticité qui pourrait être la nôtre, et puis d'autre part, ce sentiment de fatigue ou de pesanteur due à cette identité typifiée, ce qu'on appelle aussi bien le caractère : « Celui-là, on connaît son caractère », c'est-à-dire les traits par lesquels il va immanquablement répondre à une situation, quelle qu'elle soit. On sait qu'il va gueuler, on sait qu'il va s'effacer, on sait qu'il va se réjouir, on sait qu'il va protester, etc. Voilà !

*

Alors, et c'est là-dessus que je vais conclure. Puisque vous savez qu'on accuse volontiers les psychanalystes, puisque c'est mon sort..., on les accuse volontiers de venir apporter de la métapsychologie, de la théorie, etc., je voudrais essayer de vous faire valoir combien ces éléments que j'ai essayé de vous exposer sont homogènes avec les phénomènes que nous observons. C'est-à-dire que ce ne sont pas tant des constructions, si je ne me trompe pas, que le dégagement de ce que nous voyons se produire.

En effet, la question de l'identité est, aujourd'hui, un problème qui se pose à l'échelle non plus seulement de l'hôpital ou de la consultation, mais à une échelle sociale, c'est-à-dire que l'inquiétude ou le malaise, quant à l'identité, se produit au niveau de manifestations, d'explosions sociales.

C'est, je crois, ne pas beaucoup se risquer de dire que ces problèmes sociaux sont liés aux phénomènes récents – récents c'est-à-dire que cela date du début du siècle –, de migrations et de pénétrations des cultures. Les grandes migrations ont commencé au début du siècle, en particulier aux États-Unis et c'est bien évident aussi chez nous. Nous allons essayer de nous servir des quelques instruments que j'ai voulu vous proposer. Nous pouvons penser que le malaise provoqué par ces migrations et ces interpénétrations de culture est lié, chez ceux qui se trouvent pris dans le phénomène, c'est-à-dire pas seulement les migrants mais bien entendu ceux qui les reçoivent, est lié aux incertitudes que provoque le phénomène de la migration sur le bien-fondé de l'identité symbolique.

Si je me trouve... je crois qu'il faut là-dessus être simple et clair et ne pas se précipiter dans les jugements de valeur, ce n'est pas notre travail de médecins. Notre travail de médecins est d'être cliniciens, c'est-à-dire d'essayer de dire les choses telles qu'elles sont, même si ça déplaît, mais de les dire telles que nous croyons qu'elles sont.

Eh bien, il est évident que si, dans ma propre rue, dans ma propre maison, dans mon village – je vous parlais tout à l'heure de cette communauté d'image –, mon identité imaginaire se trouve déjà mise en cause par le fait que les images qui me sont proposées sont différentes des miennes, ne sont pas les miennes et que, d'autre part, la langue qui est parlée ou les coutumes qui me sont proposées et qui viennent coexister avec les miennes, sont différentes des miennes, il va s'en produire un phénomène partagé d'incertitude quant au bien-fondé de l'identité symbolique. Aussi bien chez le migrant que chez celui, je ne sais pas si le nom a déjà été inventé, le nom de celui qui reçoit le migrant ; il faudra lui inventer un nom s'il n'a pas encore été inventé. Sur le champ, je n'en trouve pas d'adéquat.

Cette incertitude quant à l'identité imaginaire et symbolique met forcément en cause des valeurs qui sont celles que j'évoquais tout à l'heure comme fondatrices de l'identité symbolique, c'est-à-dire l'histoire, la famille, la religion, etc., c'est-à-dire des valeurs qui sont nécessairement, inévitablement, des valeurs que l'on peut dire sacrées, c'est-à-dire ce à quoi on ne saurait toucher. Il va s'en produire un certain nombre de conséquences que l'on peut dire réciproques.

C'est un phénomène, je crois, qu'il ne faut pas qualifier de pathologique, c'est un phénomène que l'on peut dire normal, compte tenu de la façon dont nous sommes faits. Je crois qu'il faut plutôt appeler cela un phénomène physiologique. On peut le juger comme on veut. On a le droit de le juger comme on veut, mais il faut le prendre comme un phénomène naturel parce que nous sommes faits comme cela. C'est déjà la première utilisation, à quoi se prêtrent, à quoi se prêtent les instruments que... Hein ? voyez, il y en a qui ont entendu..., les instruments que je vous propose.

Mais nous pouvons faire un pas de plus qui, lui, analyse la difficulté chez le jeune migrant. Puisque, je dis bien, ces difficultés se manifestent à l'échelle sociale. Lorsque quelqu'un se trouve pris entre une culture d'origine qu'il est amené à désavouer, à désavouer non pas forcément d'un mouvement spontané, d'un mouvement intuitif, parce qu'il veut la désavouer, mais qu'il est amené à la désavouer parce qu'elle se présente comme une culture minorée, non pas tant la culture d'une minorité, mais une culture minorée parce qu'elle n'a pas de prise effective sur le réel : ce n'est pas elle qui commande le réel, ce n'est pas elle qui commande le paysage, ce n'est pas elle qui commande les monuments, ce n'est pas elle qui commande l'urbanisme, ni la vestimentation, ce n'est pas elle qui commande les échanges, le plaisir des échanges, ce n'est pas elle qui commande la nourriture. À partir de là, celui qui se trouve devant ce qui est l'impuissance manifestée et manifeste de sa culture à avoir prise sur le réel, du même coup, il perçoit cette impuissance comme une invitation à la désavouer, parce que cela veut dire que, du même coup, il n'a rien à attendre de sa culture. En particulier, et c'est là un fait pour nous majeur, ce n'est pas elle qui lui donnera l'identification, donc sa culture qui lui donnera l'appui pour qu'il puisse se faire reconnaître comme un homme, ou comme femme. Cela, c'est important. Il ne peut plus aller chercher dans sa culture d'origine, faire valoir sa culture d'origine comme ce qui va l'assurer dans son identité d'homme ou de femme. Et cela pas seulement pour se faire reconnaître par les autres qui sont différents de lui, qui appartiennent à une autre culture, mais pour se faire reconnaître comme un homme dans sa propre culture, ou comme une femme dans sa propre culture.

Le problème est différent pour les femmes, mais je ne veux pas m'engager, tout de suite, là-dessus. Puisqu'on peut dire que les femmes ont l'avantage, je résume, ou la facilité qui leur est propre qui fait que nous pourrions dire que, d'une certaine façon, elles sont d'une culture internationale. Elles peuvent partout être reconnues comme femmes, quelle que soit justement leur culture. Mais là, c'est un problème que je laisse de côté, car ce serait traiter tout autre chose.

Je veux simplement attirer votre attention sur ce fait automatique, c'est-à-dire indépendant de la volonté de l'impétrant. S'il a le témoignage que sa culture n'est pas en position dominante, du même coup, il ne peut plus prendre appui sur elle pour se faire valoir, et donc se faire valoir à lui-même. Car il ne s'agit pas seulement de se faire reconnaître par autrui. Et cela vaudra tellement à l'intérieur de sa propre culture que vous avez remarqué combien, dans ce cas-là, la vie conjugale dans cette culture minorée, je dis cela pour abréger, sera volontiers dominée par des tensions :

– ou la femme sera sans cesse amenée, par exemple, à provoquer ou à dénoncer son homme dans ce qui serait son manque de virilité,

– ou inversement, l'homme, être vis-à-vis de la femme, dans une position soit de revendication, soit de jalousie paranoïaque : revendication, parce qu'elle ne lui donnerait pas ce qu'il faut, elle ne serait pas assez obéissante pour qu'il puisse se reconnaître comme homme, elle ne serait pas assez serve pour qu'il puisse se reconnaître comme dominateur, ou bien dans une position paranoïaque, qui serait que, en réalité, elle regarde les autres hommes, les vrais, dont lui ne serait pas...

Voilà le premier volet d'une difficulté essentielle.

Le second volet est constitué par ceci que si cet impétrant, ce candidat, ce jeune, ce jeune immigré cherche à se faire valoir dans la culture d'adoption, dans la culture dominante, il peut se produire qu'il soit accepté ou qu'il ne le soit pas, autrement dit, qu'on le reconnaisse comme un semblable, ou qu'on ne le reconnaisse pas. Là encore, on aurait tort d'y voir un phénomène de rejet pathologique. Parce que le moteur n'est pas seulement la bonne ou la mauvaise volonté des gens, ou leur niveau culturel, ou tout ce que l'on voudra.

Le moteur, c'est la langue et les mots qu'elle véhicule, et donc avec les mots, les valeurs qu'elle véhicule. Lorsque dans une langue dominante, vous repérez le mot qui désigne votre culture, votre origine, lorsque vous le repérez comme péjoratif, comme indicateur d'un rejet, il est inévitable que, aussi bien pour le candidat que pour ceux qui manient cette langue, se produise le phénomène en cause, c'est-à-dire ledit rejet ou ladite minoration. Contre ce phénomène-là, vous pouvez édicter toutes les lois que vous voulez, vous ne pouvez rien. Car c'est quelque chose qui est inscrit dans le code du langage, et qui fonctionne, en tout cas dans nos zones, dans notre pays, dans notre contrée et dans notre langue, qui est une langue qui a un certain souci de préservation, contrairement à d'autres langues, un souci de préserver sa pureté, comme on dit. Vous vous trouvez là devant un phénomène contre lequel personne ne peut rien. Ce n'est pas la peine, je dis bien, ni d'étaler de bons ou de mauvais sentiments, ni de quoi que ce soit. C'est un fait. Et peut-être faut-il commencer par considérer le fait tel qu'il est, tel que je suppose qu'il est, pour voir, pour réfléchir.

En tout cas, et c'est enfin ma conclusion, ce jeune qui, donc, ne peut plus se faire reconnaître dans son identité sexuée dans sa culture d'origine, qui ne peut pas non plus se faire admettre dans son identité sexuée dans la culture d'adoption, se trouve exposé à une frustration majeure, qui n'est pas celle que l'on croit, qui n'est pas celle, seulement, des cages d'escalier qui ne sont pas repeintes. C'est une frustration beaucoup plus essentielle, et qui ne laisse accès, c'est en tout cas ce que l'on vérifie chaque fois, qui ne laisse plus accès qu'à ce que nous appelons le passage à l'acte, c'est-à-dire la violence, et à la tentative de rapter par la violence ce qui lui est ainsi refusé de part et d'autre, inéluctablement. C'est la délinquance. Sauf, et alors c'est la dernière issue, et elle m'est sans doute si peu sympathique que je ne l'avais même pas notée sur mon papier, sauf à s'engager dans cette autre manifestation sociale que vous voyez se produire, flamber de nos jours, et qui s'appelle l'intégrisme, quel qu'il soit. C'est-à-dire cette affirmation exacerbée, violente, de l'identité symbolique, et du même coup, de l'identité imaginaire et culturelle, mais dans ce qui est un désaveu et un affrontement avec les autres cultures.

*

J'ai essayé de faire pour vous ce parcours et de justifier ces « quatre composantes de l'identité », *imaginaire, symbolique, réelle* et *symptomatique*. J'ai essayé de vous en faire valoir les conséquences, aussi bien pour chacun qu'à l'échelle sociale. Je ne doute pas que cela puisse paraître éventuellement difficile, ou peut-être ne pas répondre directement aux questions que chacun de vous se pose à ce sujet. Mais il est normal que les questions de chacun soient les siennes. J'ai essayé de répondre de façon extrêmement générale, c'est-à-dire je vous ai supposé un moi collectif, ce qui est toujours évidemment une erreur mais je n'avais pas le choix. J'espère en tout cas que vous n'aurez pas vu dans mon propos de souci didactique, je veux dire un souci éducatif, c'est-à-dire que j'aurais pu penser que mes propos devaient s'adresser à vous, non pas tant comme à des semblables qui se trouvent après tout forcément frottés, pris dans tous ces problèmes, mais comme des gens ignorants que mon savoir devait, comme ça, un peu cultiver, un peu enseigner. J'espère que vous voudrez m'accorder que, quelle que soit la qualité de mon intervention, cela ne s'est pas voulu le style de mon propos.

Voilà donc ce que je voulais vous dire.

ÉLÉMENTS DE BIBLIOGRAPHIE

I. Freud (Sigmund)

Les Œuvres complètes de Freud sont publiées en langue allemande :
FREUD (SIGMUND), *Gesammalte Werke,* Imago Publishing Co., London 1940-1952, à présent S. Fischer Verlag Gmbh, Frankfurt am Main.
Les traductions françaises sont publiées chez trois éditeurs ; les Presses universitaires de France (*Cinq psychanalyses,* 1989 ; *l'Interprétation des rêves,* 1987 ; *Névrose, psychose et perversion,* 1988 ; *la Vie sexuelle, Résultats, idées, problèmes*, 1986...), Gallimard (*Métapsychologie,* 1985 ; *le Mot d'esprit et sa relation à l'inconscient,* 1988 ; *Trois Essais sur la théorie sexuelle*, 1987...) et Payot (*Essais de psychanalyse,* 1988 ; *Introduction à la psychanalyse,* 1989 ; *Psychopathologie de la vie quotidienne,* 1989...).
Une édition des *Œuvres complètes* est en cours de publication, aux Presses universitaires de France, sous la direction de Jean Laplanche, André Bourguignon et Pierre Cotet. Sont déjà parus les tomes : III, (1894-1899), 1989 ; XIII, (1924-1925), 1988 ; XVI, (1921-1923), 1991 ; XVIII, (1924-1925, 1992 ; X, (1909-1910), 1993.

II. Les disciples directs

ABRAHAM (KARL), *Œuvres complètes,* 2 tomes, Payot, 1968.
FERENCZI (SANDOR), *Œuvres complètes,* 4 tomes, Payot, 1968-1982 ; *Psychanalyse Journal clinique,* Payot, 1986.
JONES (ERNEST), *Théorie et pratique de la psychanalyse,* Payot, 1969.
REIK (THÉODOR), *le Masochisme,* 2 tomes, Payot, 1958.

III. Les « dissidents »

ADLER (ALFRED), *le Tempérament nerveux,* Payot, 1948 ; *Pratique et théorie de la psychologie individuelle comparée,* Payot, 1961.
BAUDOIN (CHARLES), *l'Œuvre de Jung et la psychologie complexe,* Payot, 1963.
JUNG (CARL-GUSTAV), *l'Homme à la découverte de son âme,* Aubier Montaigne, 1950.
RANK (OTTO), *le Traumatisme de la naissance,* Payot, 1968.

IV. Développements de la psychanalyse en Grande-Bretagne et aux États-Unis

ALEXANDER (FRANZ), *Principes de psychanalyse,* Payot, 1968.
BALINI (MICHAEL), *le Médecin, son malade et la maladie,* Payot, 1969 ; *le Défaut fondamental,* Payot, 1971.
FREUD (ANNA), *le Moi et les mécanismes de défense,* P.U.F., 1949 ; *le Traitement psychanalytique des enfants,* P.U.F., 1959.
FROMM (ÉRIC), *la Peur de la liberté,* Buchet Chastel, 1963 ; *la Crise de la psychanalyse,* Anthropos, 1971.
HARTMANN (HEINZ), *la Psychologie du moi et le problème de l'adaption,* P.U.F., 1968.
HORNEY (KAREN), *la Personnalité névrotique de notre temps,* l'Arche, 1953.
KLEIN (MELANIE), *Essais de psychanalyse,* Payot, 1972 ; *l'Amour et la haine,* Payot, 1968 ; *Envie et gratitude,* Gallimard, 1968.
LOEWENSTEIN (RUDOLPH), *Psychanalyse de l'antisémitisme,* P.U.F., 1951.
SPITZ (RENÉ ARPAD), *le Non et le oui,* P.U.F., 1962.
WINNICOTT (DONALD WOODS), *De la pédiatrie à la psychanalyse,* Payot, 1969 ; *Jeu et réalité,* Gallimard, 1975.

V. Lacan (Jacques)

LACAN (JACQUES), *Écrits,* Le Seuil, 1966 ; *Télévision,* Le Seuil, 1974 ; *De la psychose paranoïaque dans ses rapports avec la personnalité,* Le Seuil, 1976 ; le *Séminaire* est en cours de publication aux éditions du Seuil. Sont actuellement parus les tomes, I, II, III, VII, XI, XVII et XX.

VI. Développements de la psychanalyse en France

BOUVET (MAURICE), *Œuvres psychanalytiques,* 2 tomes, Payot, 1967-1968.
CALLIGARIS (CONTARDO), *Hypothèse sur le fantasme,* Le Seuil, 1983.
CZERMAK (MARCEL), *Passions de l'objet, Études psychanalytiques des psychoses,* Clims, 1986.
DOLTO (FRANÇOISE), *Psychanalyse et pédiatrie,* Le Seuil, 1971 ; *Au jeu du désir,* Le Seuil, 1981.
DUMEZIL (CLAUDE), *le Trait du cas,* Point hors ligne, 1989.
LAGACHE (DANIEL), *Œuvres,* 6 tomes, P.U.F, 1977-1984.
LAPLANCHE (JEAN), *Problématiques,* 5 tomes, P.U.F., 1981-1987.
LECLAIRE (SERGE), *Psychanalyser,* Le Seuil, 1968 ; *Démasquer le réel,* Le Seuil, 1971.
MANNONI (MAUD), *l'Enfant, sa « maladie » et les autres,* Le Seuil, 1967 ; *la Psychiatrie, son fou et la psychanalyse,* Le Seuil, 1970.
MANNONI (OCTAVE), *Clefs pour l'imaginaire ou l'autre scène,* Le Seuil, 1971.
MELMAN (CHARLES), *Nouvelles Études sur l'hystérie,* Clims, 1984.
POMMIER (GÉRARD), *l'Ordre sexuel,* Aubier, 1989.
PONTALIS (JEAN-BAPTISTE), *Après Freud,* Julliard, 1970.
SAFOUAN (MOUSTAPHA), *Études sur l'Œdipe,* Le Seuil, 1974 ; *la Sexualité féminine,* Le Seuil, 1976.
STEIN (CONRAD), *l'Enfant imaginaire,* Denoël, 1971.
VIDERMAN (SERGE), *la Construction de l'espace analytique,* Denoël, 1970.

VII. Ouvrages généraux ou historiques, commentaires et dictionnaires

DARMON (MARC), *Essais sur la topologie lacanienne,* Éditions de l'Association freudienne, 1990.

Dictionnaire de la Psychanalyse, sous la direction de R. CHEMAMA, Larousse, 1993.

DOR (JOEL), *Introduction à la lecture de Lacan,* 2 tomes, Denoël, 1971.

DORGUEILLE (CLAUDE), *la Seconde mort de Jacques Lacan,* Actualités freudienne, 1981.

ÉCOLE LACANIENNE DE PSYCHANALYSE, *le Transfert dans tous ses errata,* suivi de *Pour une transcription critique des séminaires de J. Lacan,* E.P.E.L.

FAGES (JEAN-BAPTISTE), *Histoire de la psychanalyse après Freud,* Privat, 1991.

GRANON LAFONT (JEANNE), *la Topologie ordinaire de Jacques Lacan,* Point hors ligne, 1985.

JULIEN (PHILIPPE), *le Retour à Freud de J. Lacan,* E.P.E.L., 1985.

LAGACHE (DANIEL), *la Psychanalyse,* P.U.F., 1971.

LAPLANCHE (JEAN) et PONTALIS (JEAN-BAPTISTE), *Vocabulaire de la psychanalyse,* P.U.F., 1967.

MANNONI (OCTAVE), *Freud,* Le Seuil, 1968.

ROBERT (MARTHE), *la Révolution psychanalytique,* 2 tomes, Payot, 1964.

ROUDINESCO (ELISABETH), *Histoire de la psychanalyse en France,* 2 tomes, Le Seuil, 1986.

Aubin Imprimeur
LIGUGÉ, POITIERS

Photocomposition : Anagram Gentilly
Aubin Imprimeur Ligugé, Poitiers L 43764
Dépôt légal : octobre 1993 – N° série éditeur : 17649
Imprimé en France (Printed in France) 741008 - octobre 1993